NAOKI URASAWA
präsentiert

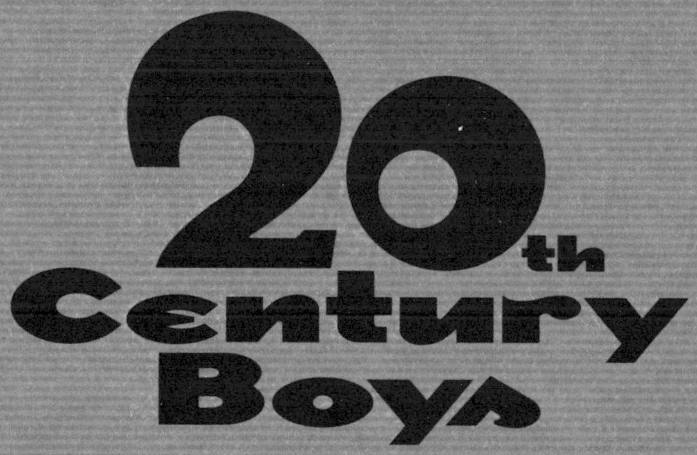

Band 1

ULTIMATIVE EDITION

INHALT

KAPITEL 1 - DER FREUND

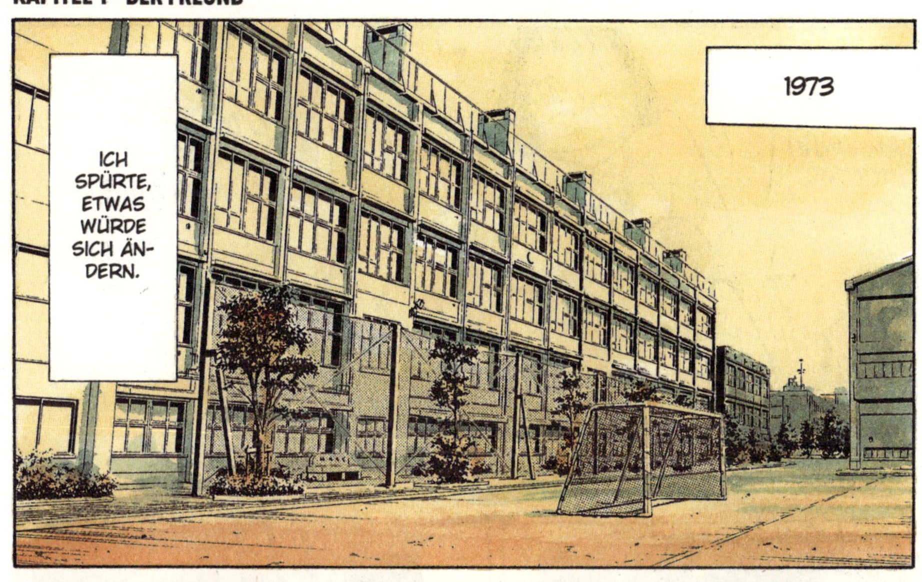

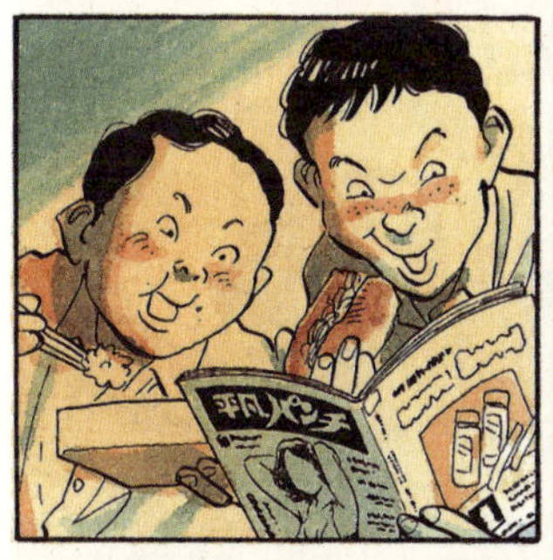

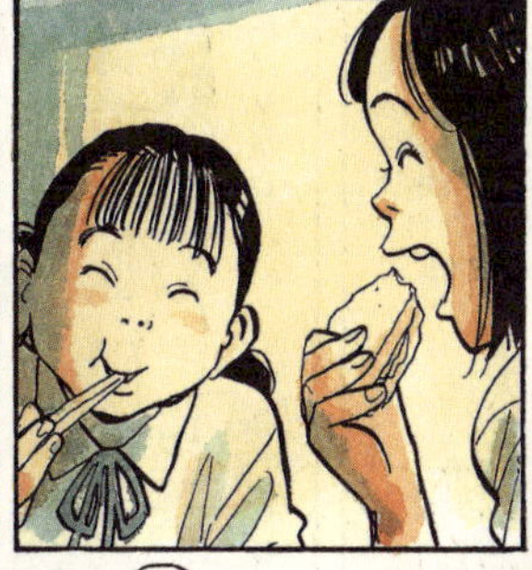

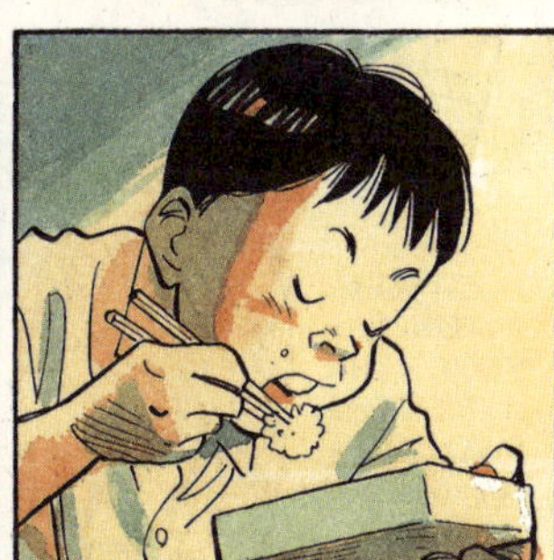

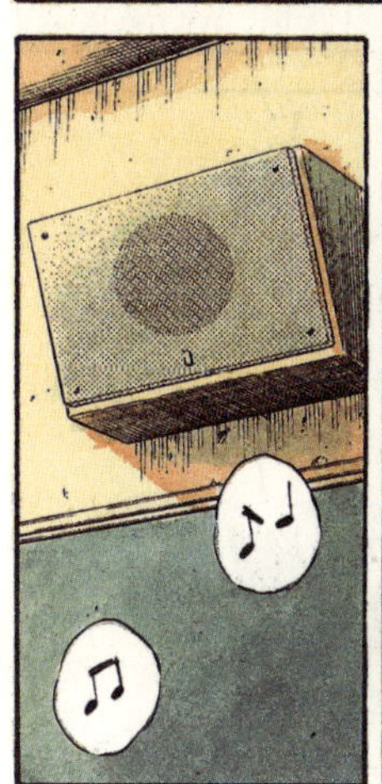

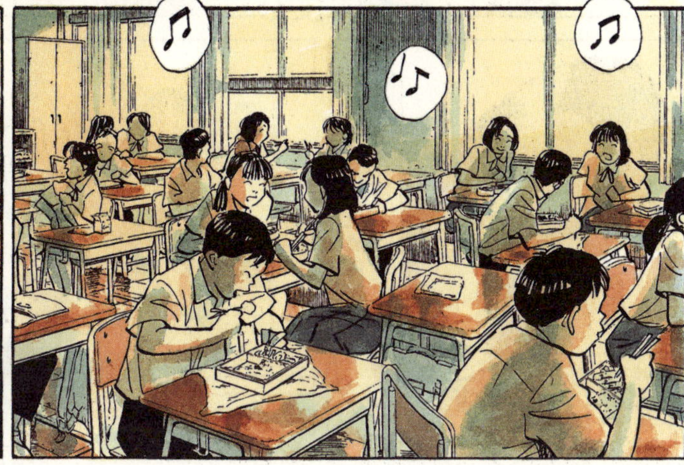

* SENDERAUM

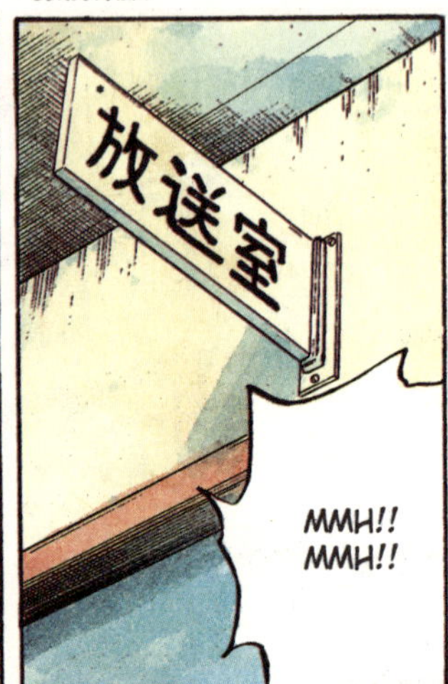
放送室
MMH!! MMH!!

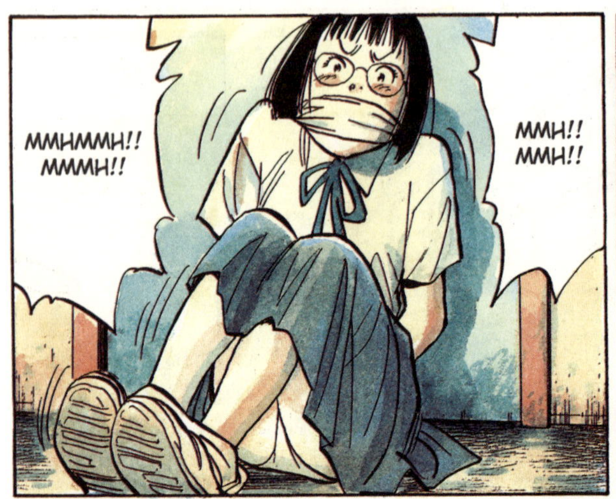
MMH!! MMH!!
MMHMMH!! MMMH!!

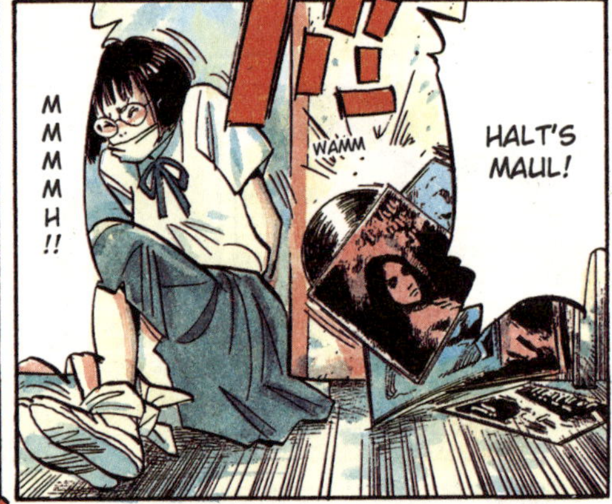
HALT'S MAUL!
WAMM
MMMMMH!!

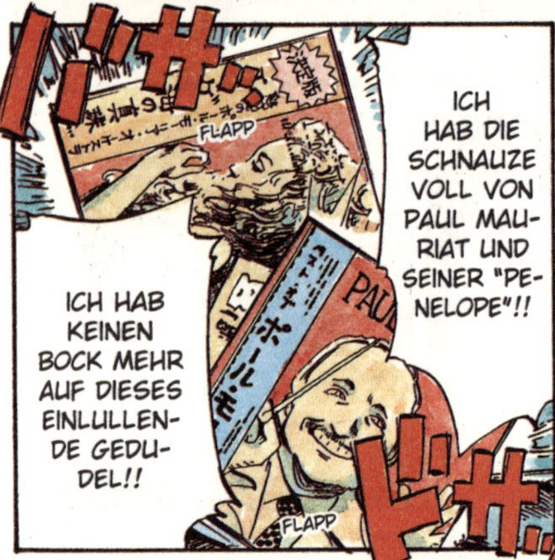
FLAPP
ICH HAB DIE SCHNAUZE VOLL VON PAUL MAURIAT UND SEINER "PENELOPE"!!
ICH HAB KEINEN BOCK MEHR AUF DIESES EINLULLENDE GEDUDEL!!
PAUL
FLAPP

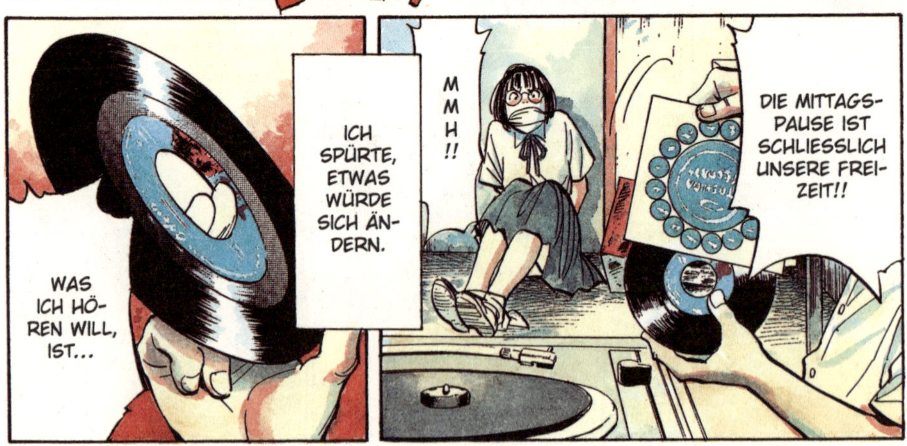
DIE MITTAGSPAUSE IST SCHLIESSLICH UNSERE FREIZEIT!!
MMH!!
ICH SPÜRTE, ETWAS WÜRDE SICH ÄNDERN.
WAS ICH HÖREN WILL, IST...

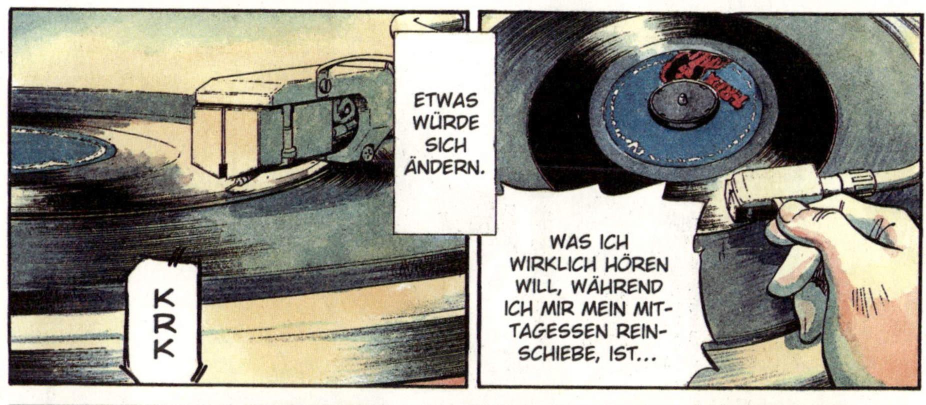
ETWAS WÜRDE SICH ÄNDERN.
WAS ICH WIRKLICH HÖREN WILL, WÄHREND ICH MIR MEIN MITTAGESSEN REINSCHIEBE, IST...
KRK

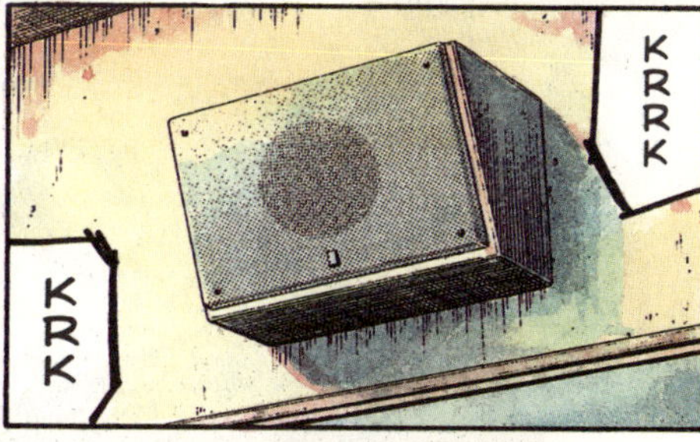
KRRK
KRK

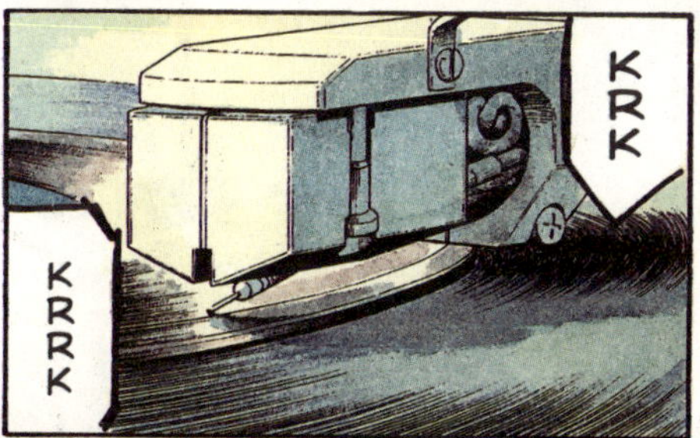
KRK
KRRK

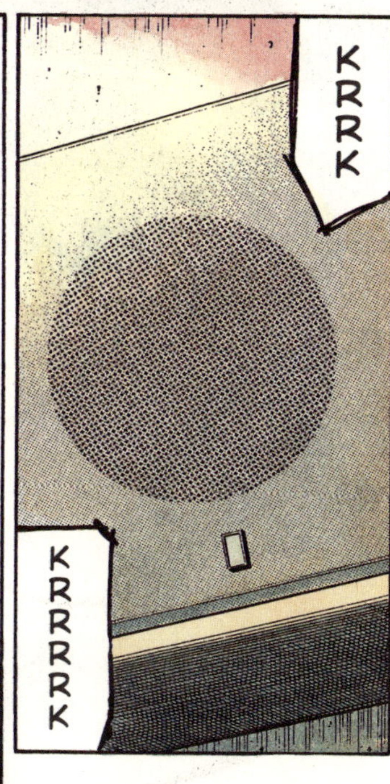
KRRK
KRRRRK

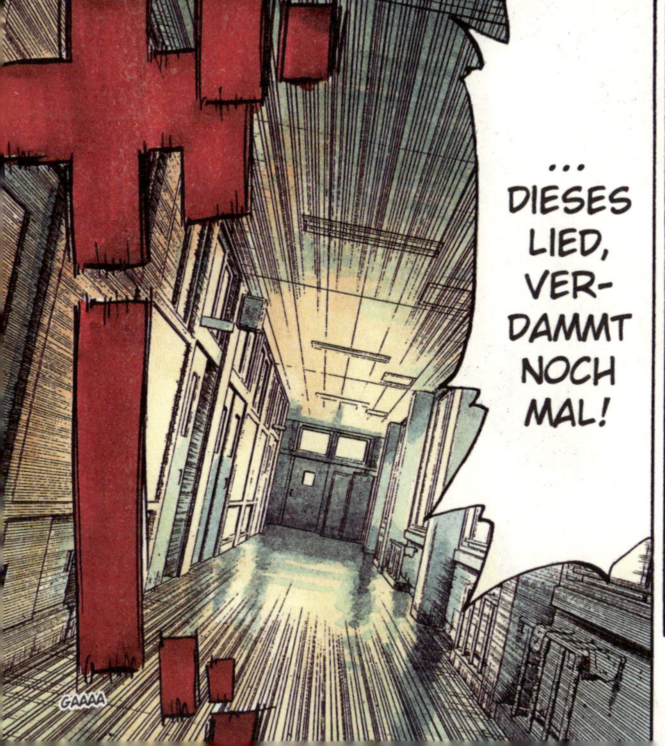
... DIESES LIED, VERDAMMT NOCH MAL!
GAAAA

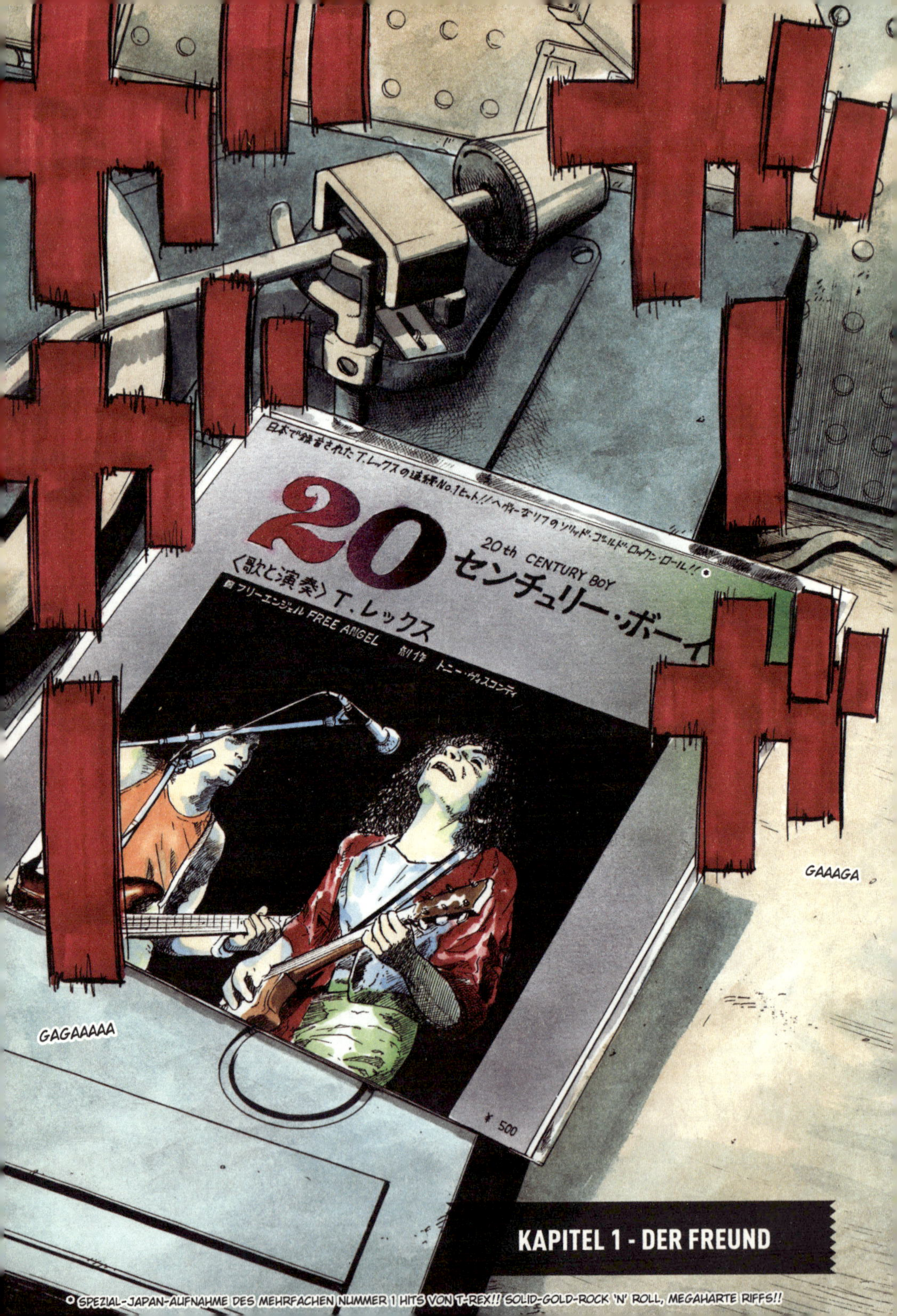
日本で録音されたT.レックスの連続No.1ヒット!!ヘヴィーなリフのソリッド・ゴールド・ロックン・ロール!! *
20
20th CENTURY BOY
センチュリー・ボーイ
〈歌と演奏〉T.レックス
フリーエンジェル FREE ANGEL 制作 トニー・ヴィスコンティ
¥ 500
GAAAGA
GAGAAAAA
KAPITEL 1 - DER FREUND
* SPEZIAL-JAPAN-AUFNAHME DES MEHRFACHEN NUMMER 1 HITS VON T-REX!! SOLID-GOLD-ROCK 'N' ROLL, MEGAHARTE RIFFS!!

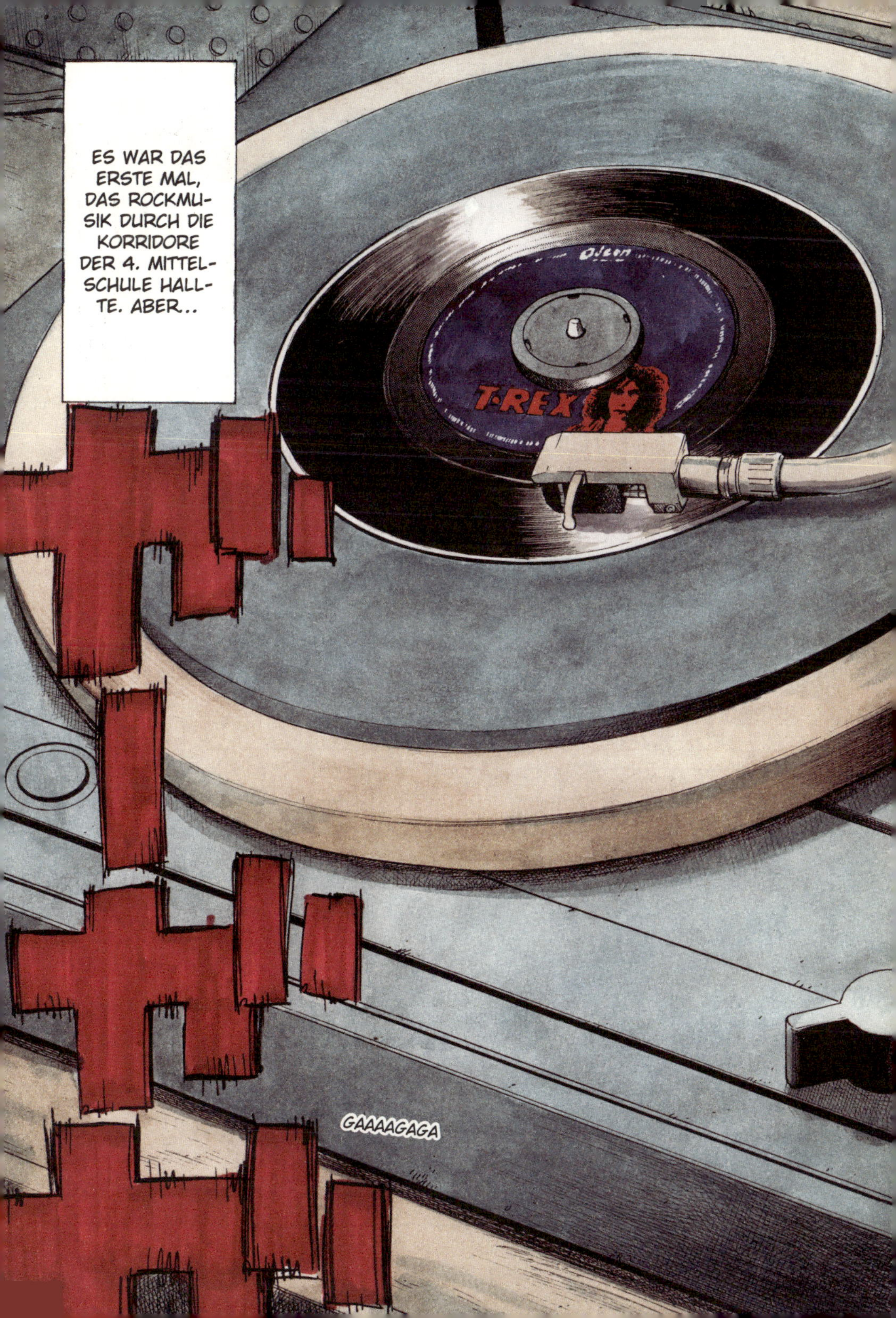
ES WAR DAS ERSTE MAL, DAS ROCKMUSIK DURCH DIE KORRIDORE DER 4. MITTELSCHULE HALLTE. ABER..
Odeon
T·REX
GAAAAGAGA

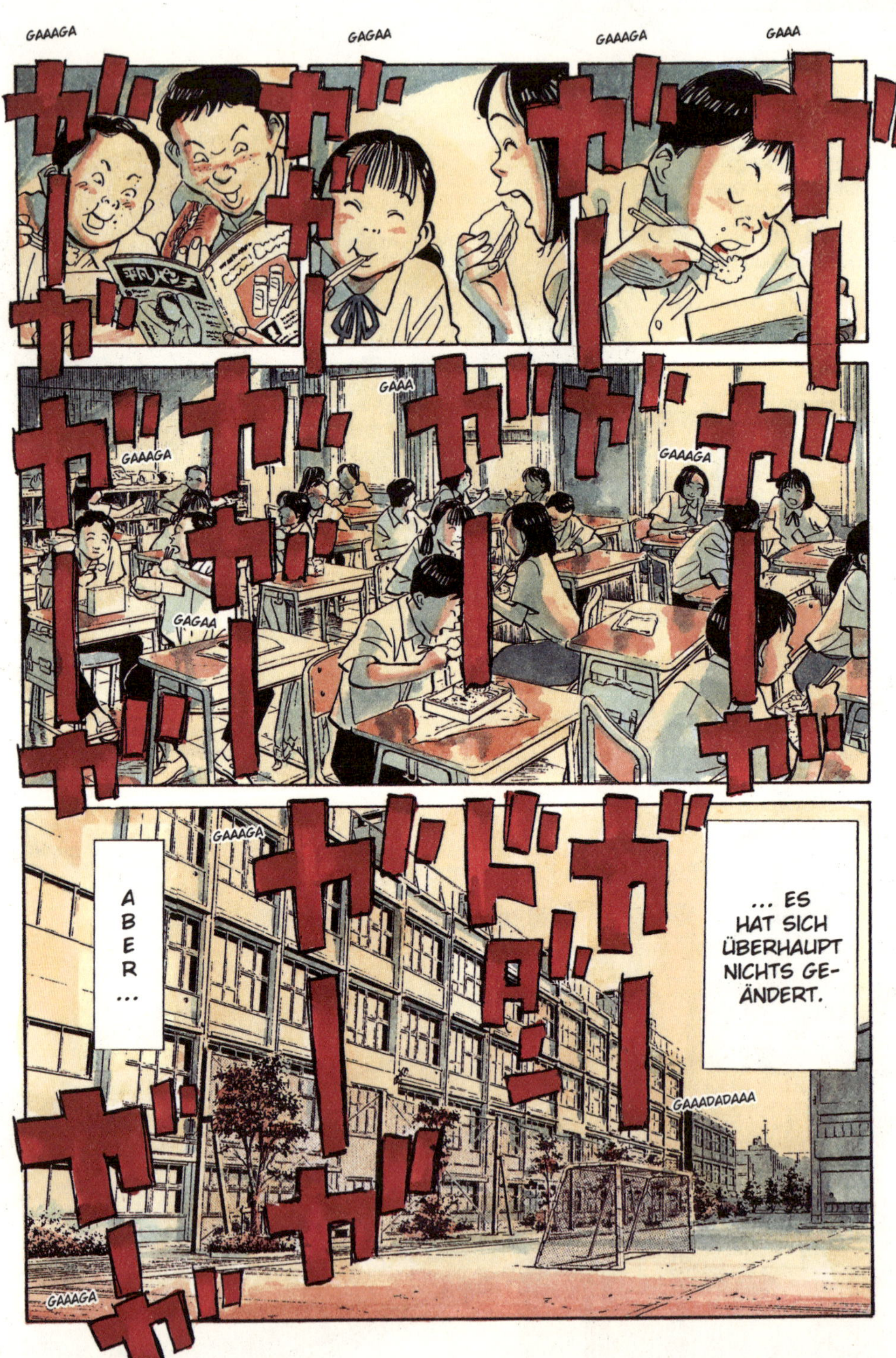
GAAAGA
GAGAA
GAAAGA
GAAA
GAAA
GAAAGA
GAAAGA
GAGAA
GAAAGA
ABER ...
... ES HAT SICH ÜBERHAUPT NICHTS GEÄNDERT.
GAAADADAAA
GAAAGA

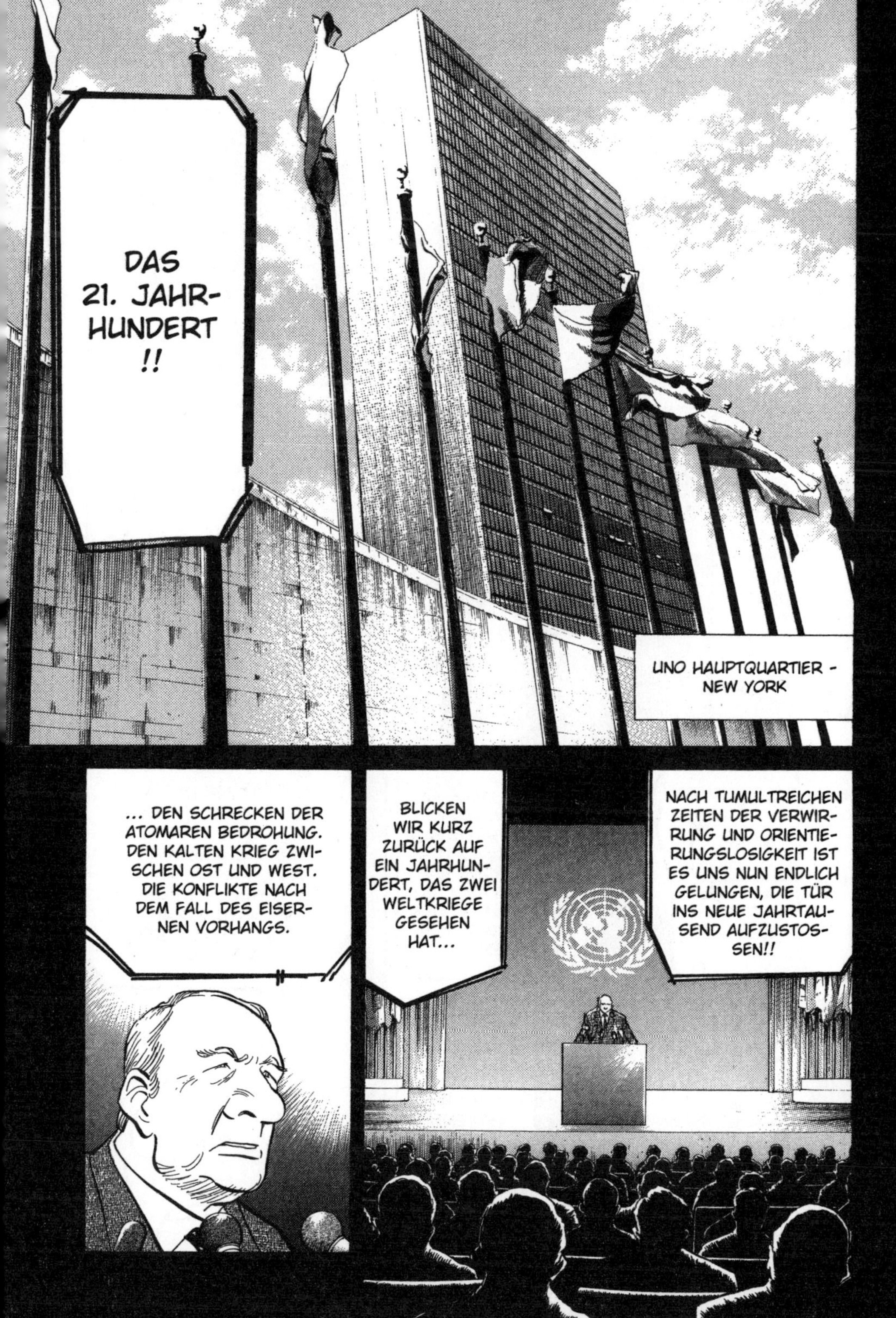
DAS 21. JAHR-HUNDERT !!
UNO HAUPTQUARTIER - NEW YORK
NACH TUMULTREICHEN ZEITEN DER VERWIRRUNG UND ORIENTIERUNGSLOSIGKEIT IST ES UNS NUN ENDLICH GELUNGEN, DIE TÜR INS NEUE JAHRTAUSEND AUFZUSTOSSEN!!
BLICKEN WIR KURZ ZURÜCK AUF EIN JAHRHUNDERT, DAS ZWEI WELTKRIEGE GESEHEN HAT…
… DEN SCHRECKEN DER ATOMAREN BEDROHUNG. DEN KALTEN KRIEG ZWISCHEN OST UND WEST. DIE KONFLIKTE NACH DEM FALL DES EISERNEN VORHANGS.

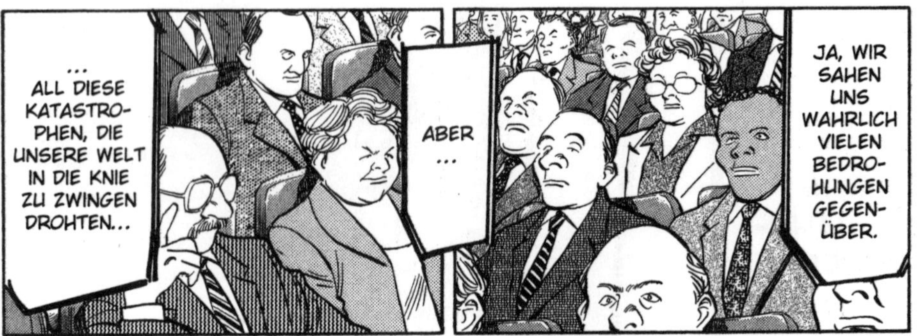
... ALL DIESE KATASTROPHEN, DIE UNSERE WELT IN DIE KNIE ZU ZWINGEN DROHTEN...
ABER ...
JA, WIR SAHEN UNS WAHRLICH VIELEN BEDROHUNGEN GEGENÜBER.

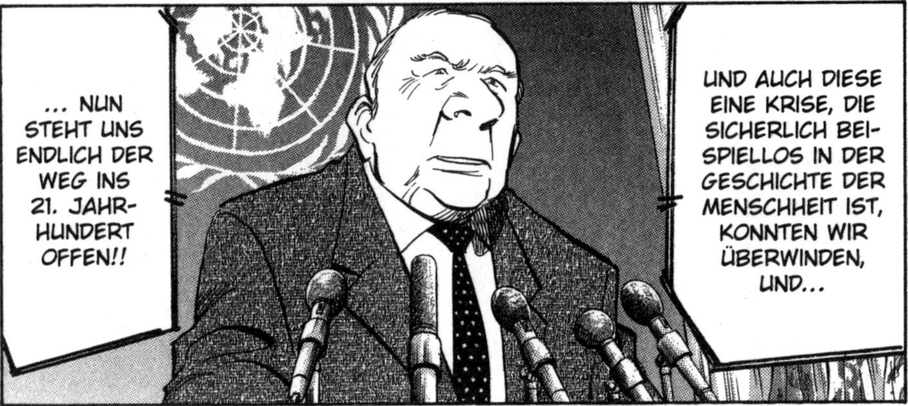
UND AUCH DIESE EINE KRISE, DIE SICHERLICH BEISPIELLOS IN DER GESCHICHTE DER MENSCHHEIT IST, KONNTEN WIR ÜBERWINDEN, UND...
... NUN STEHT UNS ENDLICH DER WEG INS 21. JAHRHUNDERT OFFEN!!

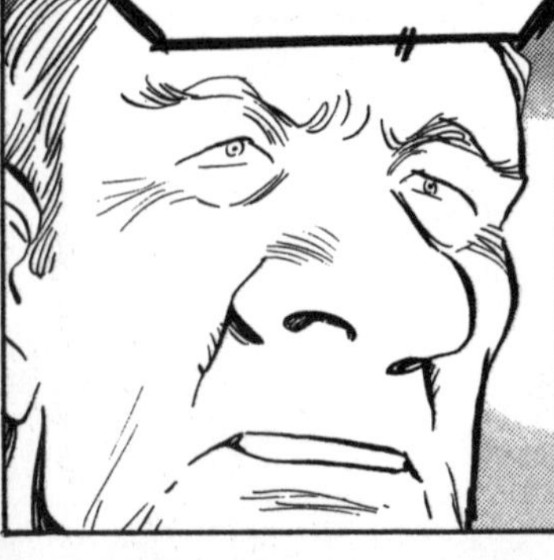
DOCH WIR HABEN ES NICHT VERGESSEN! WIR HABEN NICHT VERGESSEN, WEM WIR ES ZU VERDANKEN HABEN, DASS WIR JETZT ÜBERHAUPT EINEN SCHRITT INS NEUE MILLENNIUM SETZEN KÖNNEN!!

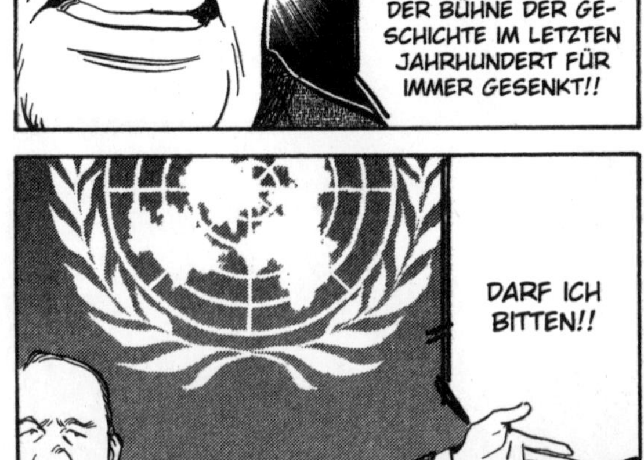
JA! DENN WENN SIE NICHT GEWESEN WÄREN, DANN HÄTTE SICH DER VORHANG FÜR DIE MENSCHEN AUF DER BÜHNE DER GESCHICHTE IM LETZTEN JAHRHUNDERT FÜR IMMER GESENKT!!
DARF ICH BITTEN!!

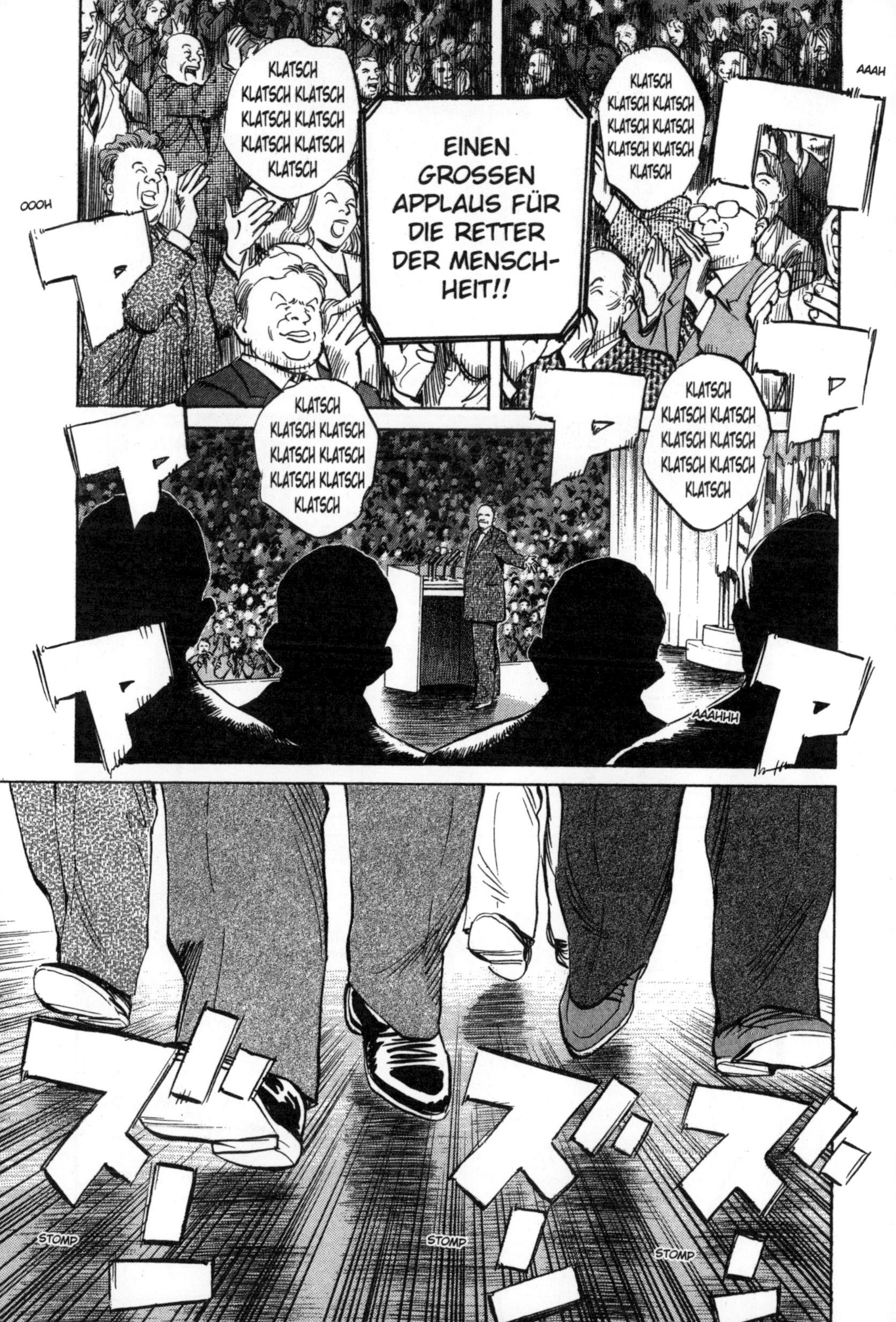
AAAH
KLATSCH
KLATSCH KLATSCH
KLATSCH KLATSCH
KLATSCH KLATSCH
KLATSCH
EINEN GROSSEN APPLAUS FÜR DIE RETTER DER MENSCH-HEIT!!
KLATSCH
KLATSCH KLATSCH
KLATSCH KLATSCH
KLATSCH KLATSCH
KLATSCH
OOOH
KLATSCH
KLATSCH KLATSCH
KLATSCH KLATSCH
KLATSCH KLATSCH
KLATSCH
KLATSCH
KLATSCH KLATSCH
KLATSCH KLATSCH
KLATSCH KLATSCH
KLATSCH
AAAHHH
STOMP
STOMP
STOMP

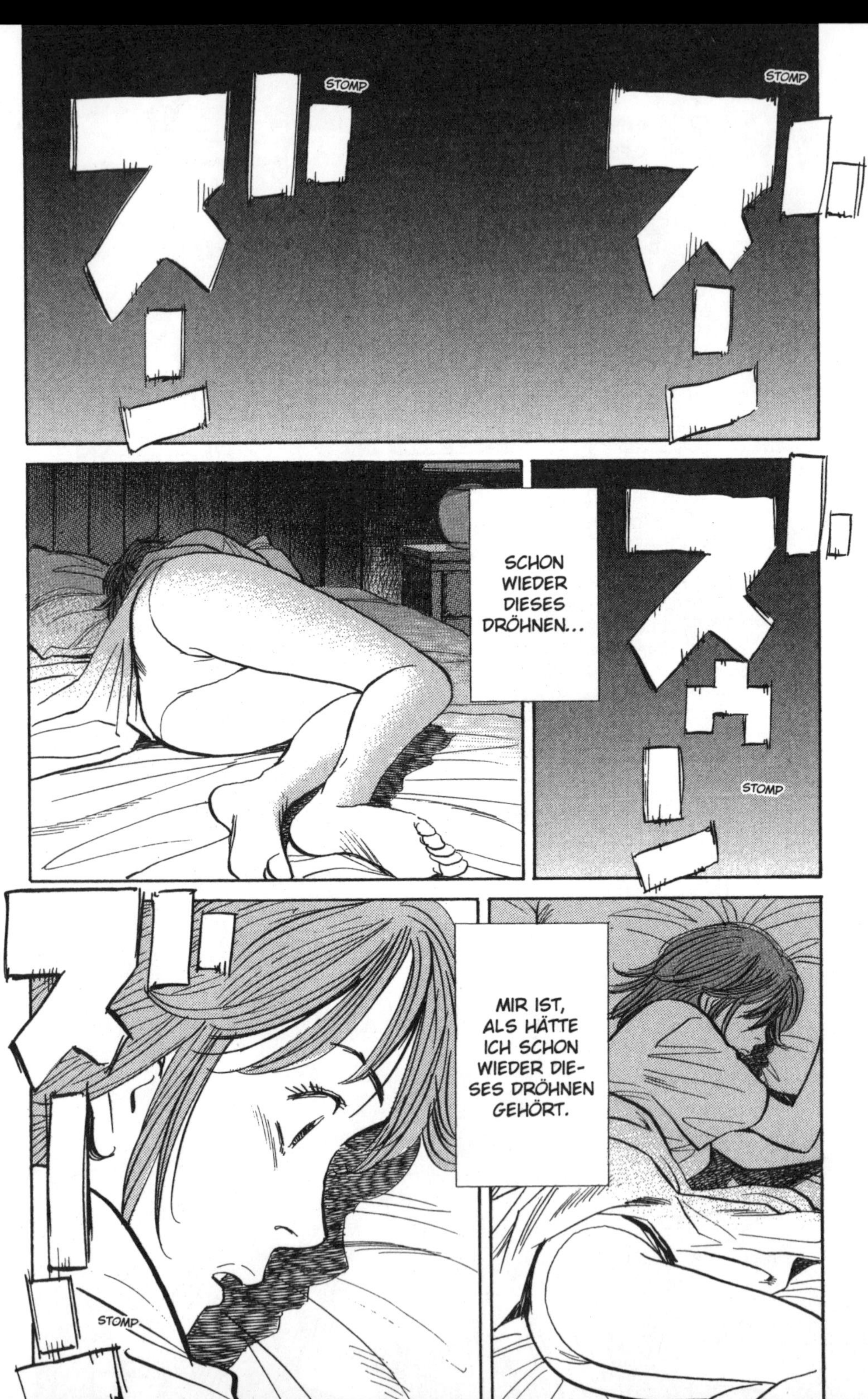
STOMP
ズン
STOMP
ズン
STOMP
ズシ
SCHON WIEDER DIESES DRÖHNEN...
MIR IST, ALS HÄTTE ICH SCHON WIEDER DIESES DRÖHNEN GEHÖRT.
STOMP
ズン

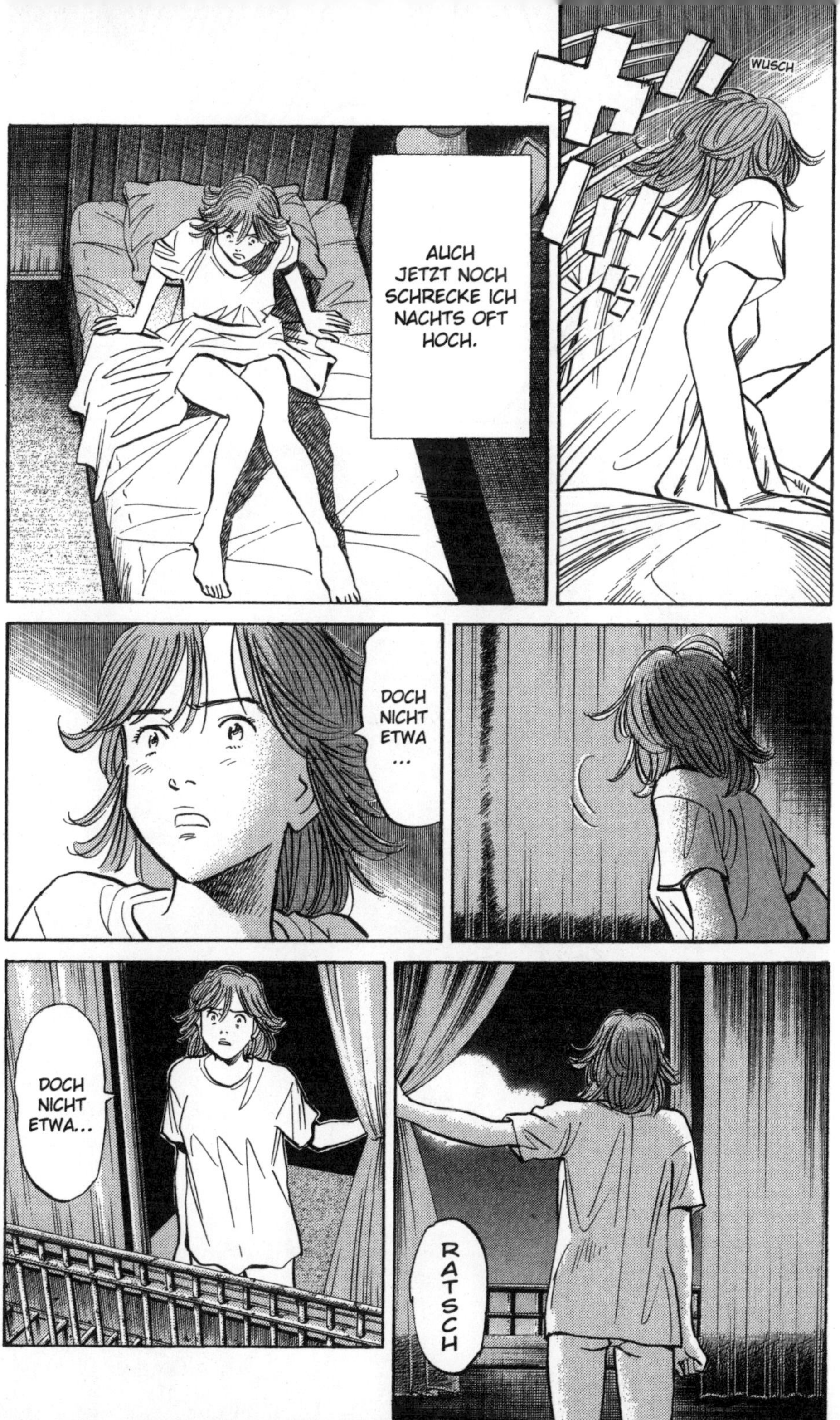

WUSCH

AUCH JETZT NOCH SCHRECKE ICH NACHTS OFT HOCH.

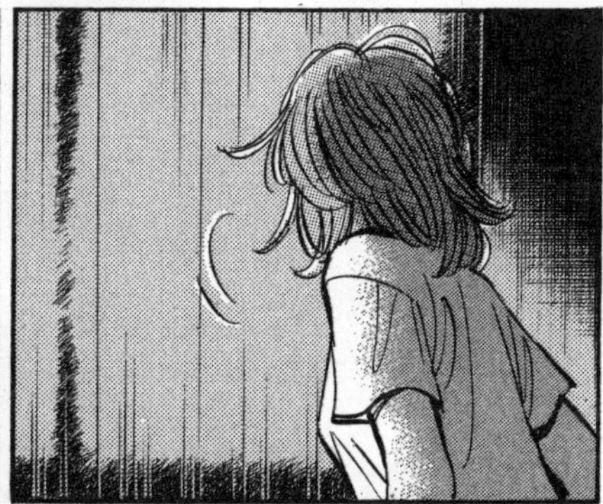

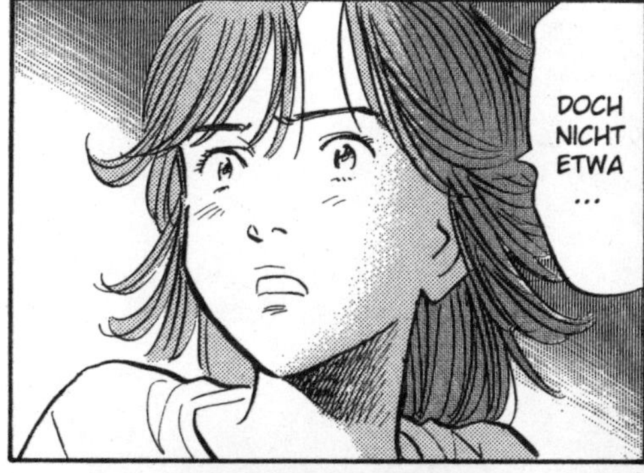

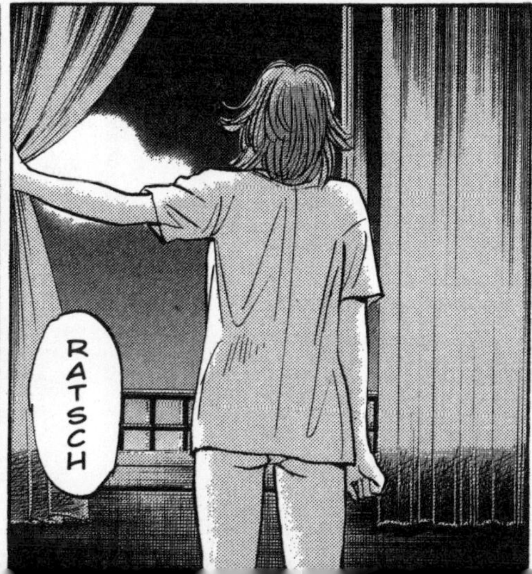

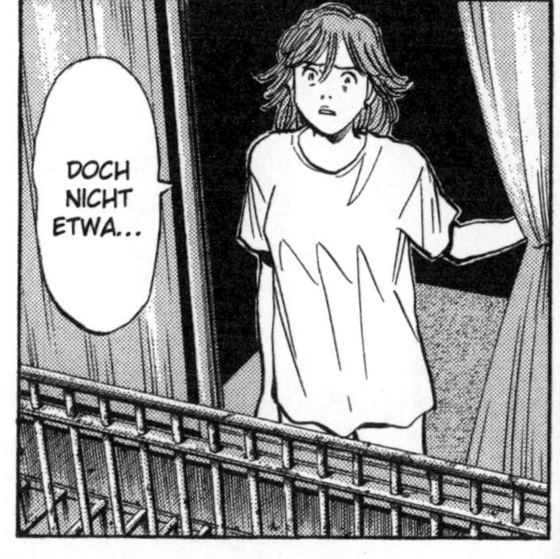

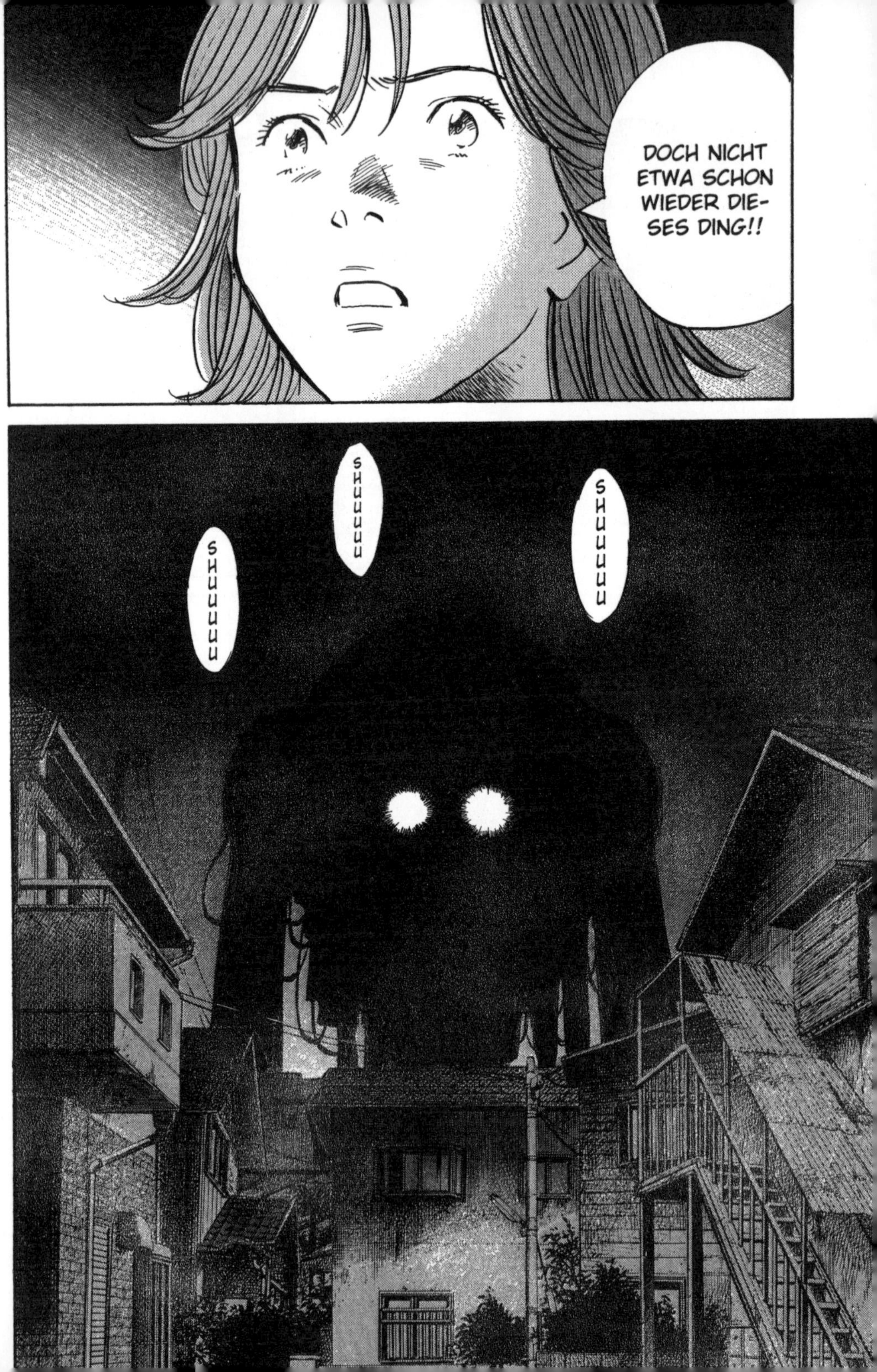

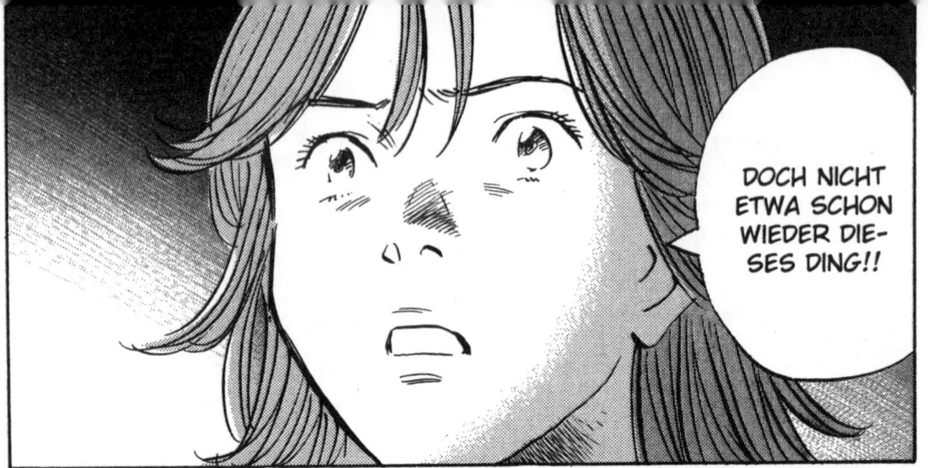
DOCH NICHT ETWA SCHON WIEDER DIE-SES DING!!

SHUUUUUU
SHUUUUU
SHUUUUUU

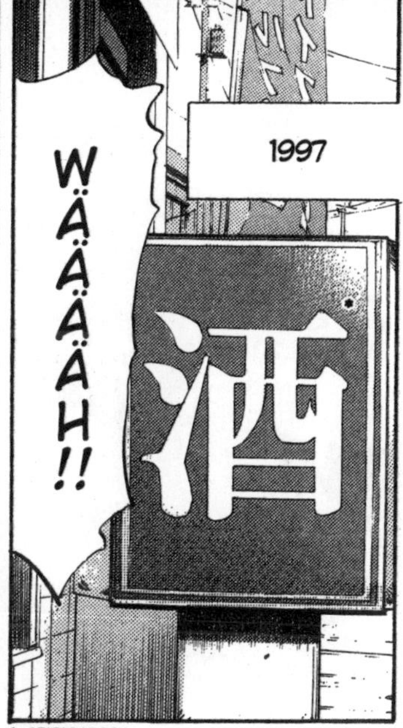
1997
WÄÄÄÄÄH!!
酒*

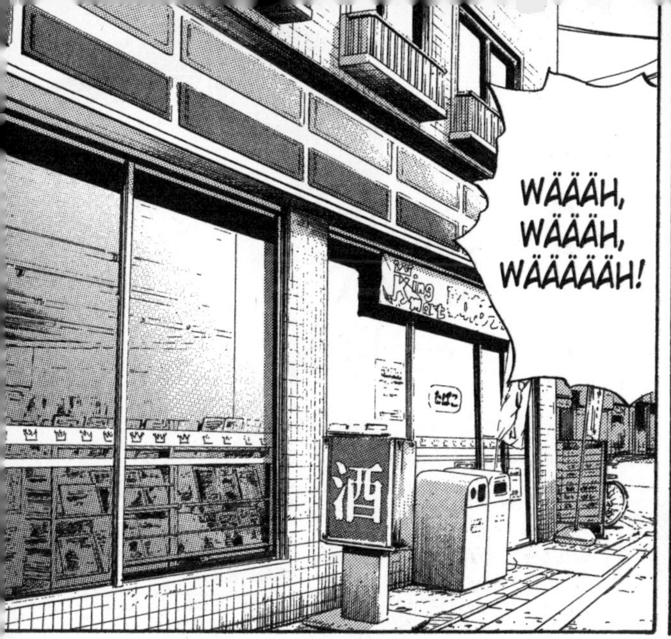
WÄÄÄH, WÄÄÄH, WÄÄÄÄÄH!
酒

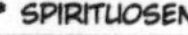
* SPIRITUOSEN

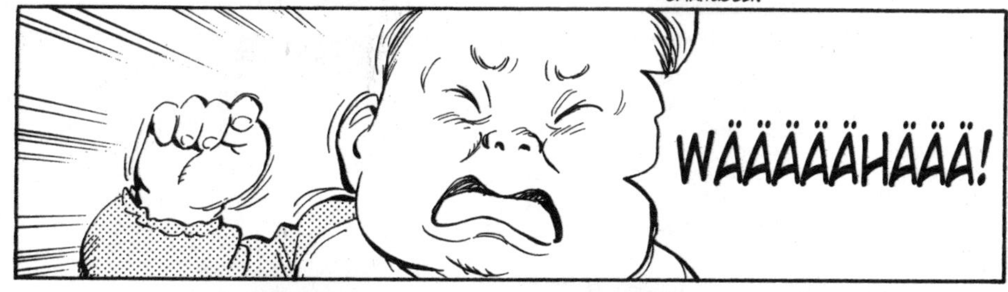
WÄÄÄÄÄHÄÄÄ!

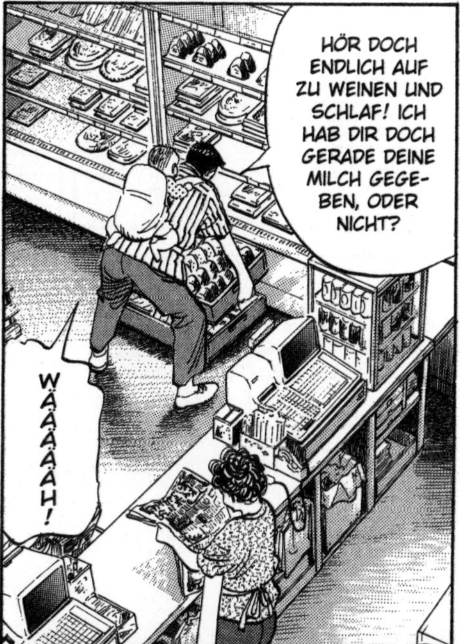
HÖR DOCH ENDLICH AUF ZU WEINEN UND SCHLAF! ICH HAB DIR DOCH GERADE DEINE MILCH GEGEBEN, ODER NICHT?
WÄÄÄÄÄH!

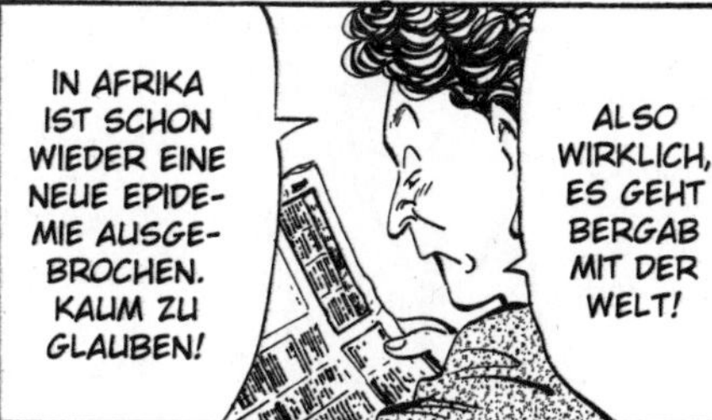
ALSO WIRKLICH, ES GEHT BERGAB MIT DER WELT!
IN AFRIKA IST SCHON WIEDER EINE NEUE EPIDEMIE AUSGEBROCHEN. KAUM ZU GLAUBEN!

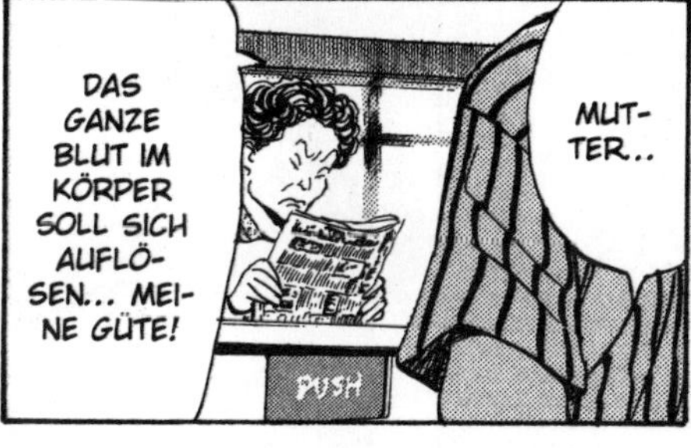
MUTTER...
DAS GANZE BLUT IM KÖRPER SOLL SICH AUFLÖSEN... MEINE GÜTE!
PUSH

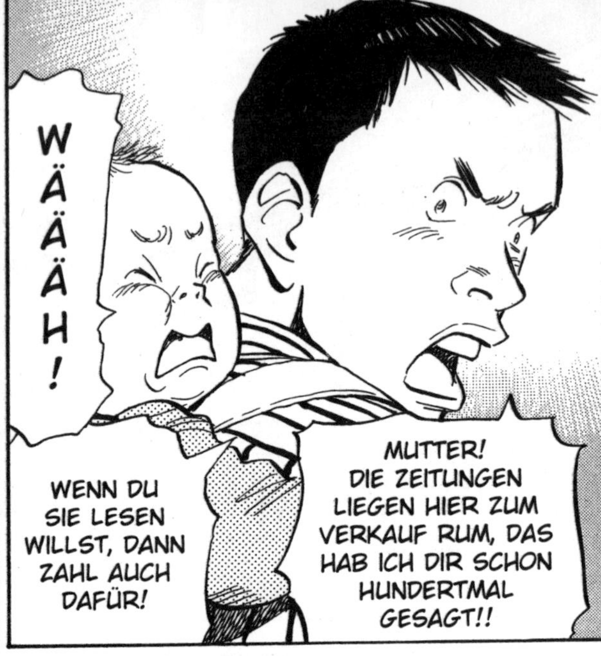
MUTTER! DIE ZEITUNGEN LIEGEN HIER ZUM VERKAUF RUM, DAS HAB ICH DIR SCHON HUNDERTMAL GESAGT!!
WENN DU SIE LESEN WILLST, DANN ZAHL AUCH DAFÜR!
WÄÄÄH!

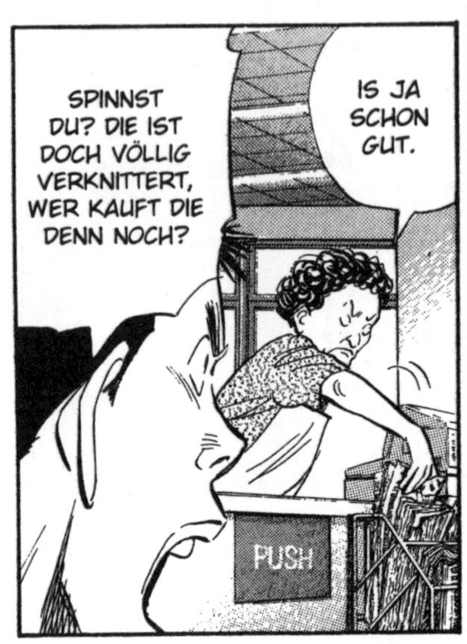
IS JA SCHON GUT.
SPINNST DU? DIE IST DOCH VÖLLIG VERKNITTERT, WER KAUFT DIE DENN NOCH?
PUSH

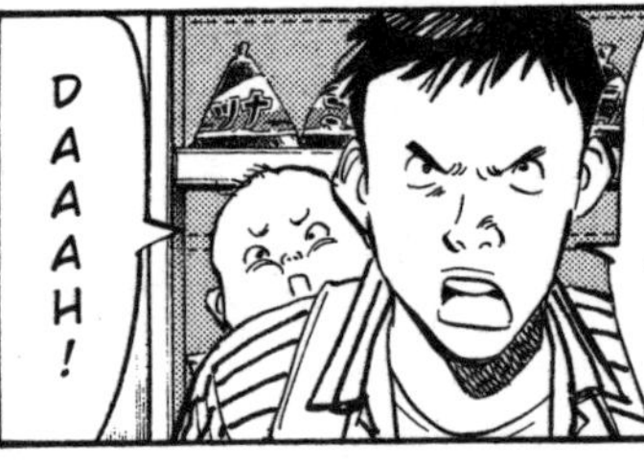
UND ZUM MIT-TAGESSEN HAST DU DIR EINFACH 'NEN ONIGIRI AUS DEM REGAL GENOMMEN. STIMMT DOCH, ODER?
DAAAAH!

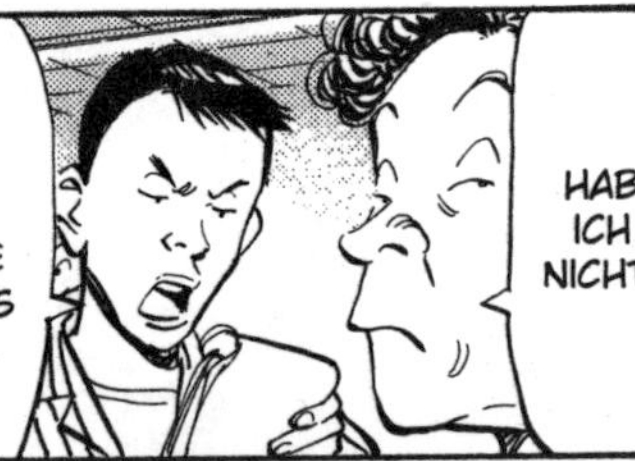
HAB ICH NICHT.
WAS DU NICHT SAGST... AUF MEINER INVEN-TAR-CHECKLISTE STEHT ABER WAS GANZ ANDERES.

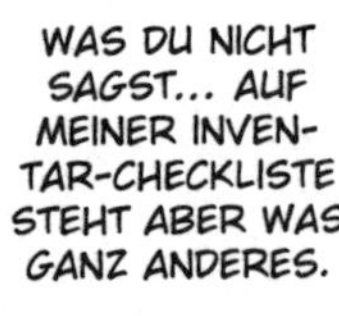

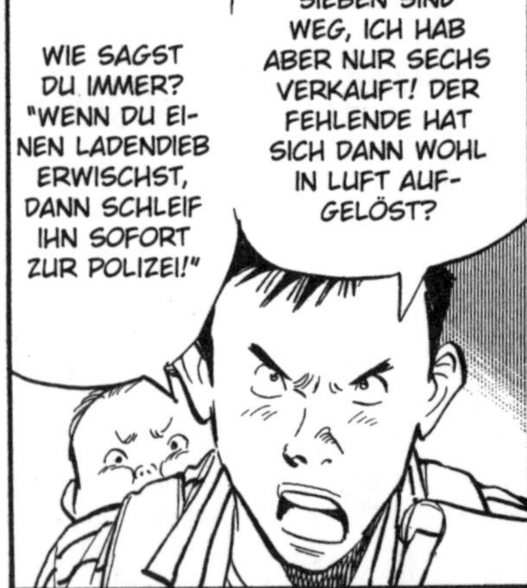
SIEBEN SIND WEG, ICH HAB ABER NUR SECHS VERKAUFT! DER FEHLENDE HAT SICH DANN WOHL IN LUFT AUF-GELÖST?
WIE SAGST DU IMMER? "WENN DU EI-NEN LADENDIEB ERWISCHST, DANN SCHLEIF IHN SOFORT ZUR POLIZEI!"

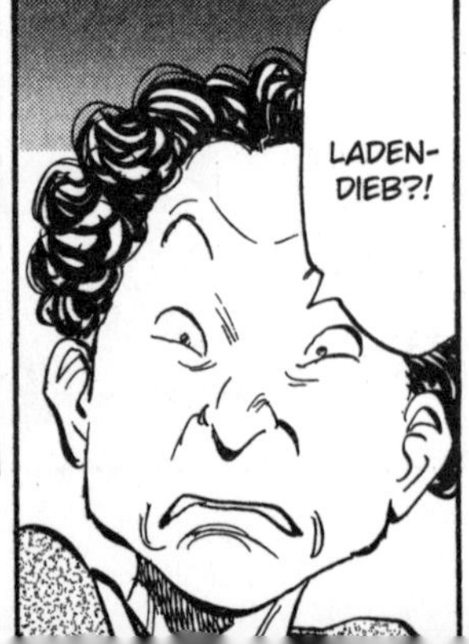
LADEN-DIEB?!

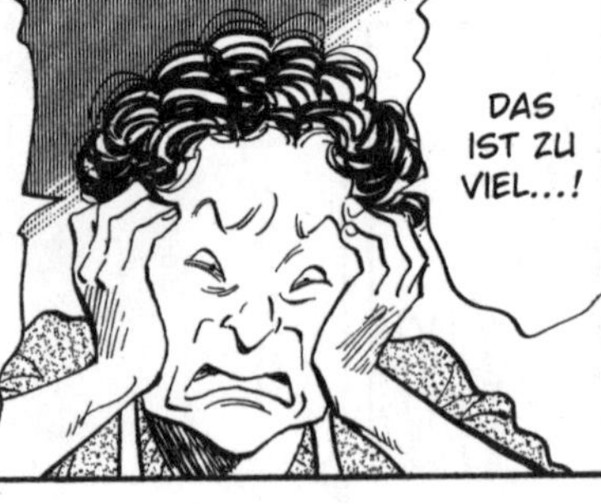
DAS IST ZU VIEL...!
MEIN SOHN BE-SCHIMPFT MICH ALS LADENDIEB, UND MEI-NE TOCHTER LÄSST MIR HIER EINFACH IHR KIND ZURÜCK, VON DEM SOWIESO KEINER WEISS, WER EIGENTLICH DER VATER IST!!

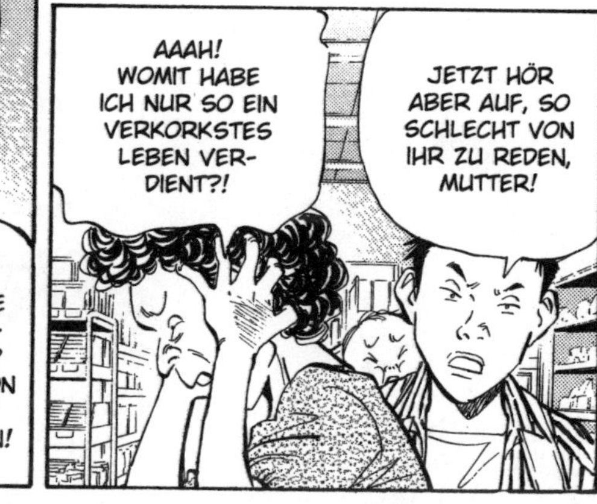
JETZT HÖR ABER AUF, SO SCHLECHT VON IHR ZU REDEN, MUTTER!
AAAH! WOMIT HABE ICH NUR SO EIN VERKORKSTES LEBEN VERDIENT?!

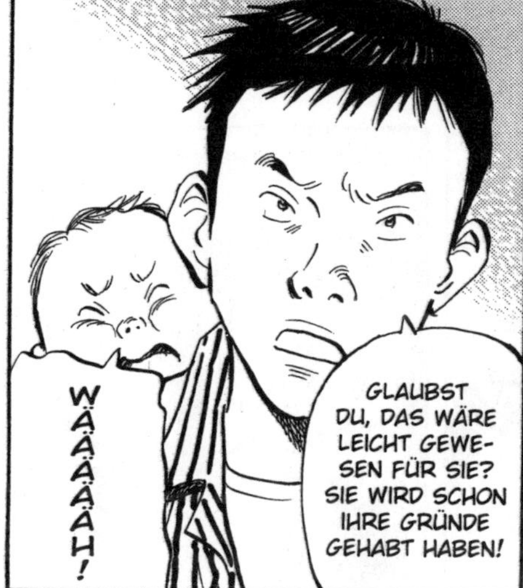
GLAUBST DU, DAS WÄRE LEICHT GEWESEN FÜR SIE? SIE WIRD SCHON IHRE GRÜNDE GEHABT HABEN!
WÄÄÄÄÄH!

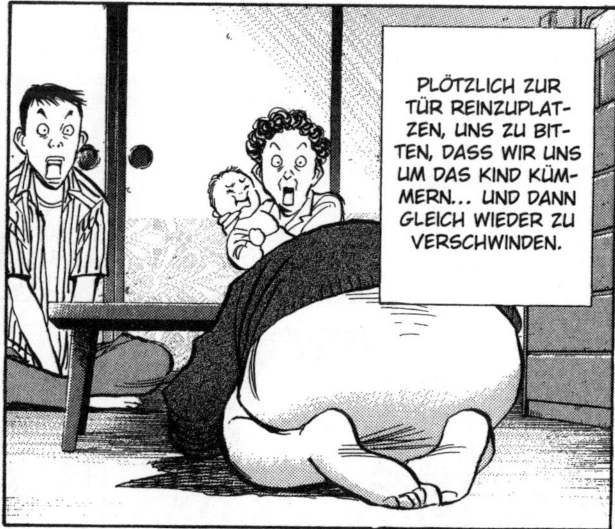
PLÖTZLICH ZUR TÜR REINZUPLATZEN, UNS ZU BITTEN, DASS WIR UNS UM DAS KIND KÜMMERN… UND DANN GLEICH WIEDER ZU VERSCHWINDEN.

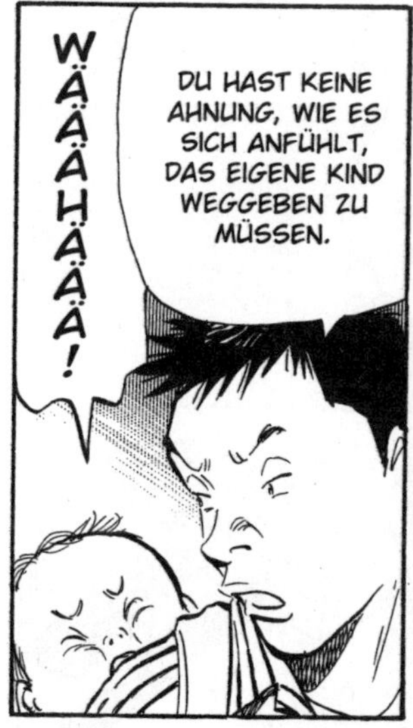
DU HAST KEINE AHNUNG, WIE ES SICH ANFÜHLT, DAS EIGENE KIND WEGGEBEN ZU MÜSSEN.
WÄÄÄHÄÄÄÄ!

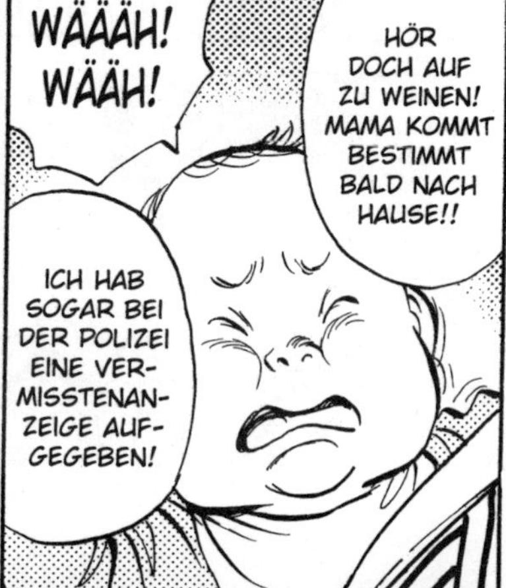
HÖR DOCH AUF ZU WEINEN! MAMA KOMMT BESTIMMT BALD NACH HAUSE!!
WÄÄÄH! WÄÄH!
ICH HAB SOGAR BEI DER POLIZEI EINE VERMISSTENANZEIGE AUFGEGEBEN!

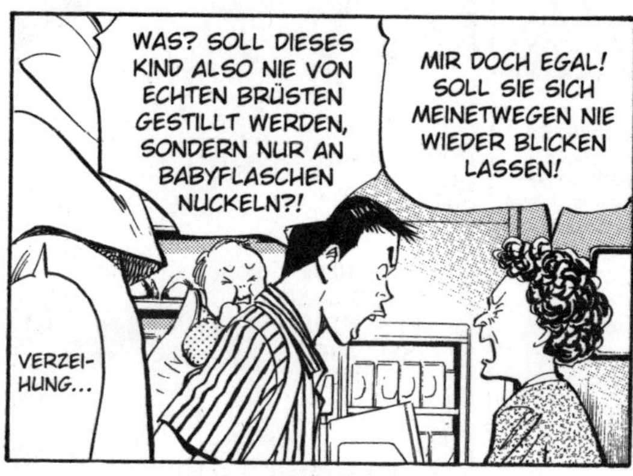
MIR DOCH EGAL! SOLL SIE SICH MEINETWEGEN NIE WIEDER BLICKEN LASSEN!
WAS? SOLL DIESES KIND ALSO NIE VON ECHTEN BRÜSTEN GESTILLT WERDEN, SONDERN NUR AN BABYFLASCHEN NUCKELN?!
VERZEIHUNG…

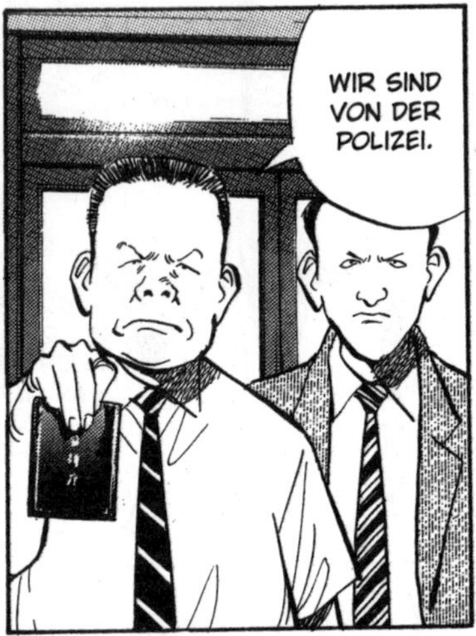
WIR SIND VON DER POLIZEI.

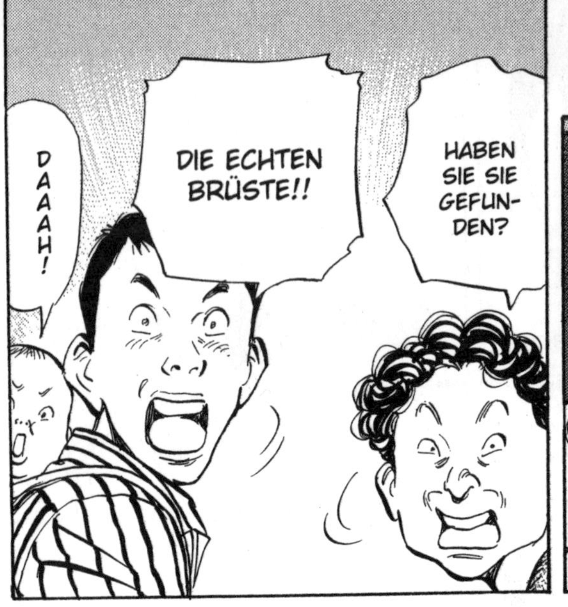
HABEN SIE SIE GEFUNDEN?
DIE ECHTEN BRÜSTE!!
DAAAAH!

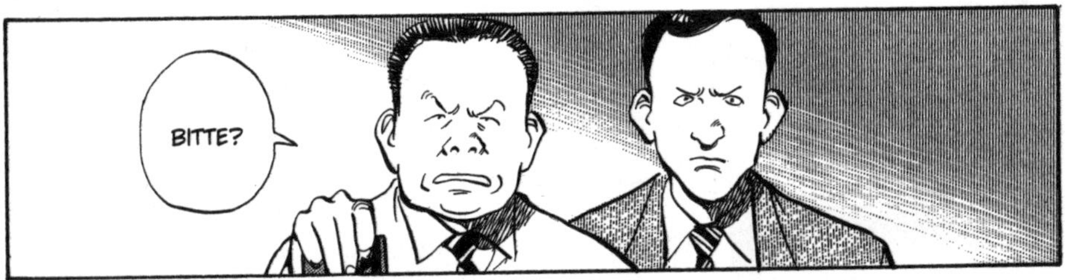
BITTE?

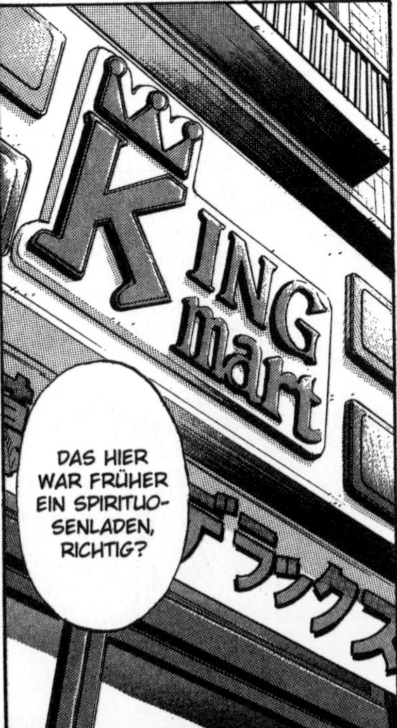
KING mart
DAS HIER WAR FRÜHER EIN SPIRITUOSENLADEN, RICHTIG?

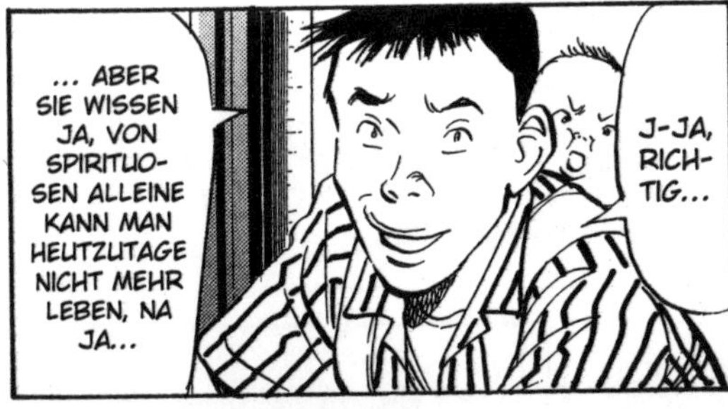
J-JA, RICHTIG…
… ABER SIE WISSEN JA, VON SPIRITUOSEN ALLEINE KANN MAN HEUTZUTAGE NICHT MEHR LEBEN, NA JA…

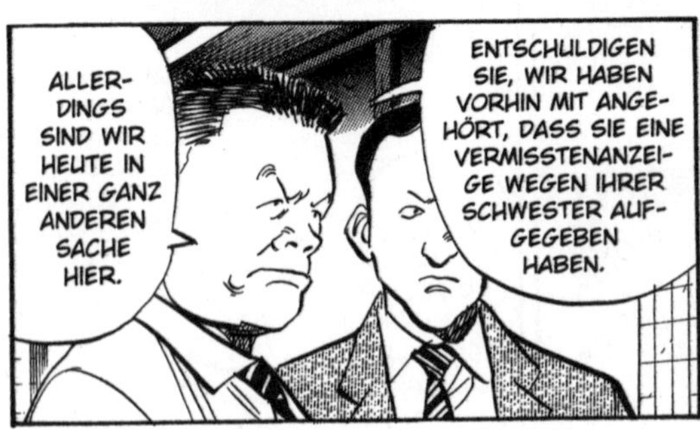
ENTSCHULDIGEN SIE, WIR HABEN VORHIN MIT ANGEHÖRT, DASS SIE EINE VERMISSTENANZEIGE WEGEN IHRER SCHWESTER AUFGEGEBEN HABEN.
ALLERDINGS SIND WIR HEUTE IN EINER GANZ ANDEREN SACHE HIER.

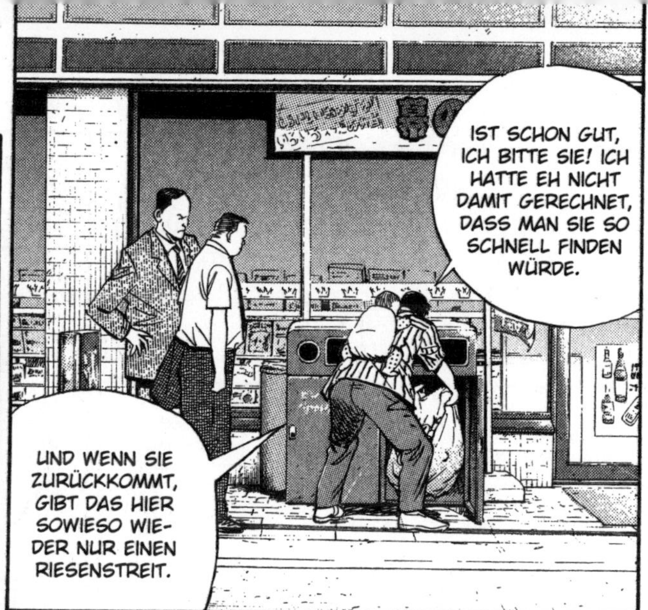

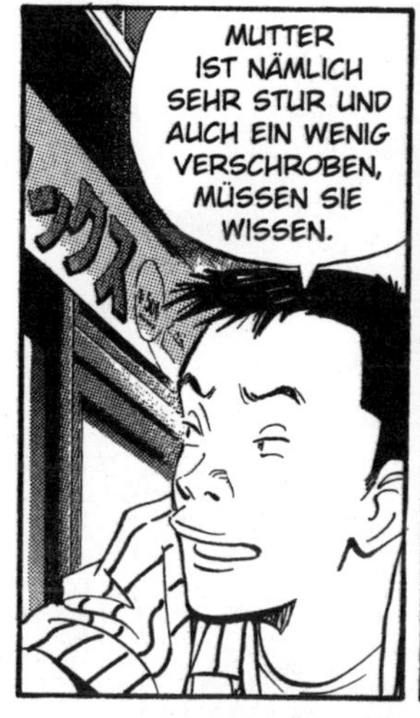

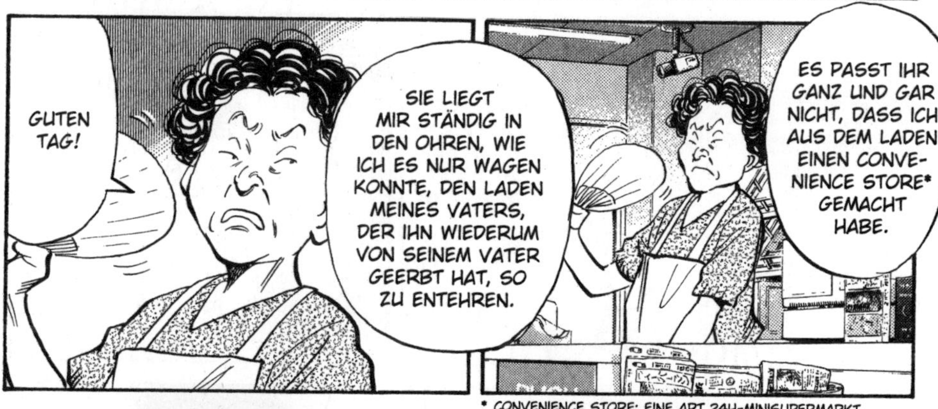

* CONVENIENCE STORE: EINE ART 24H-MINISUPERMARKT

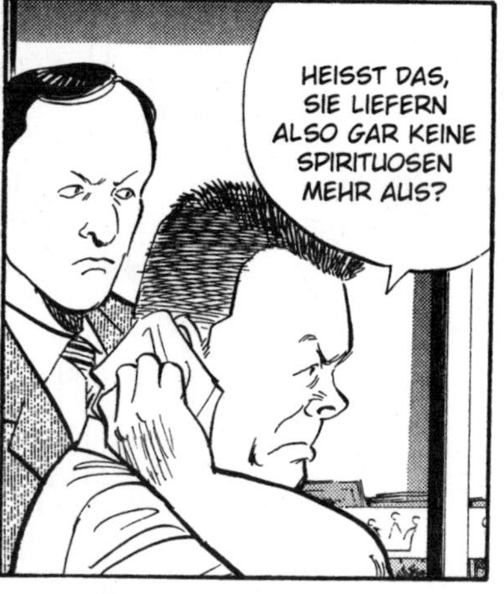

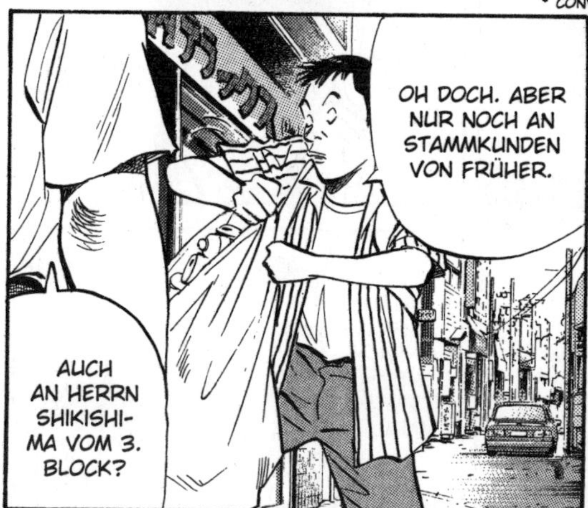

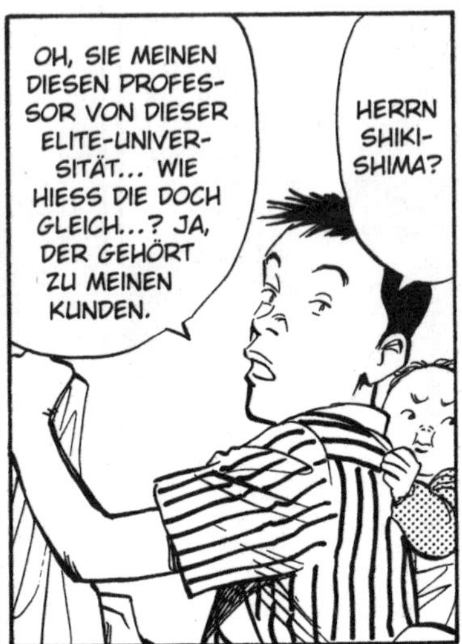
HERRN SHIKI-SHIMA?
OH, SIE MEINEN DIESEN PROFES-SOR VON DIESER ELITE-UNIVER-SITÄT... WIE HIESS DIE DOCH GLEICH...? JA, DER GEHÖRT ZU MEINEN KUNDEN.

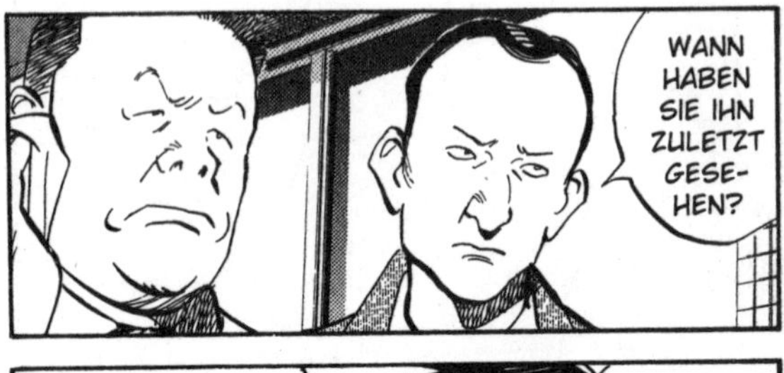
WANN HABEN SIE IHN ZULETZT GESE-HEN?
ÄHM... DAS MUSS SO VOR ZWEI WO-CHEN GE-WESEN SEIN.
SEIN HAUS IST VOLLER KOMI-SCHER GERÄTE UND SKIZZEN, WÜSSTE GERNE, WAS DER DA EIGENTLICH SO TREIBT.

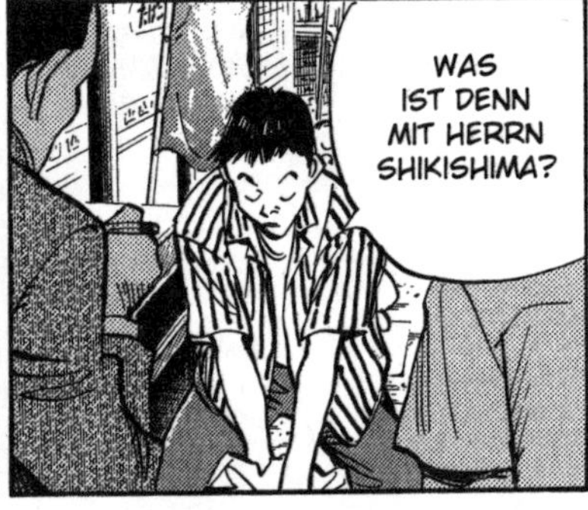
WAS IST DENN MIT HERRN SHIKISHIMA?

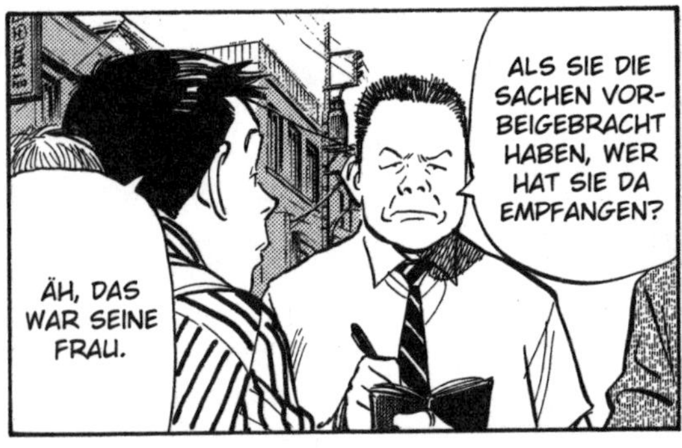
ALS SIE DIE SACHEN VOR-BEIGEBRACHT HABEN, WER HAT SIE DA EMPFANGEN?
ÄH, DAS WAR SEINE FRAU.

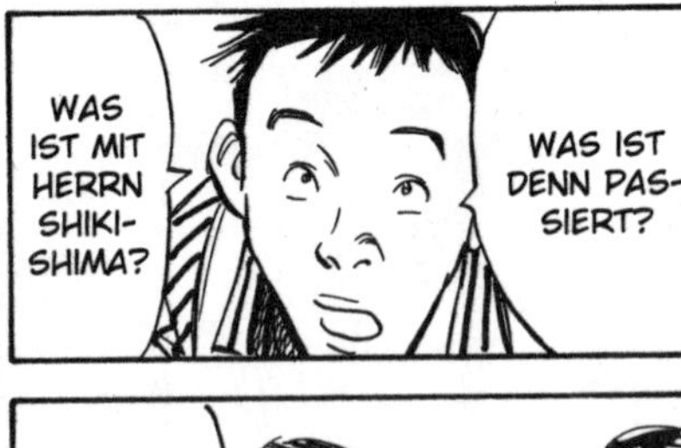
WAS IST DENN PAS-SIERT?
WAS IST MIT HERRN SHIKI-SHIMA?

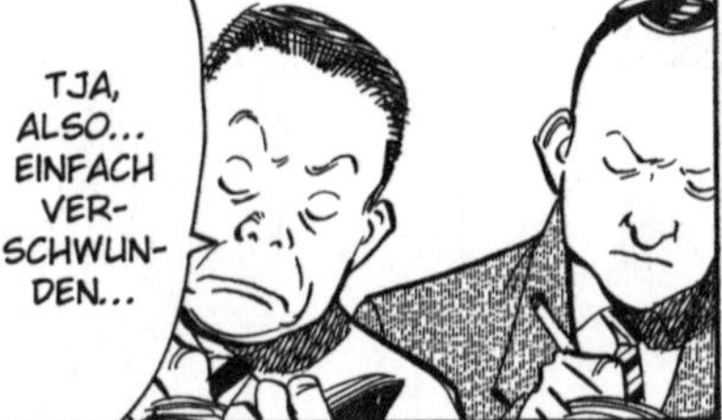
TJA, ALSO... EINFACH VER-SCHWUN-DEN...

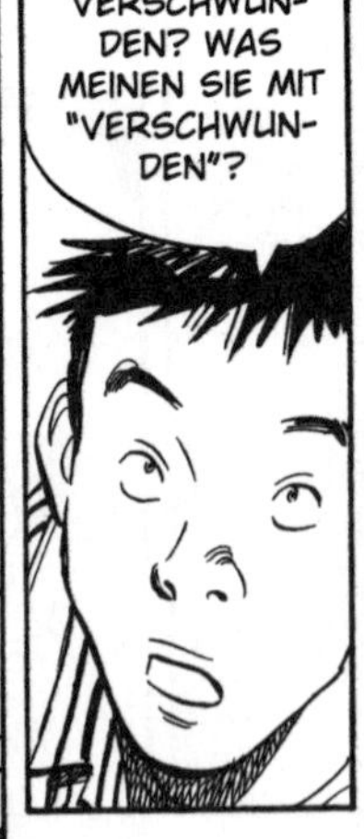
VERSCHWUN-DEN? WAS MEINEN SIE MIT "VERSCHWUN-DEN"?

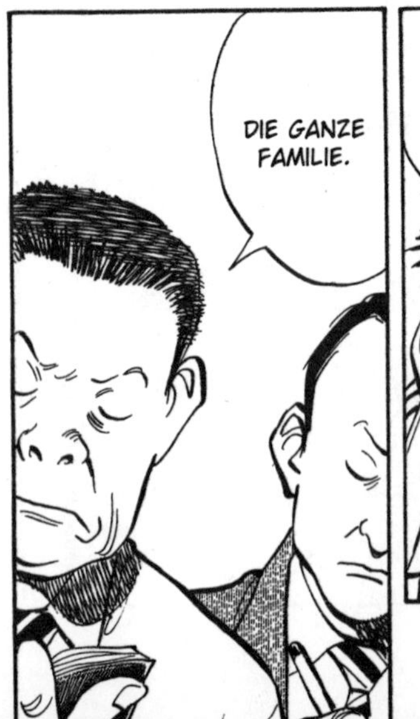
DIE GANZE FAMILIE.

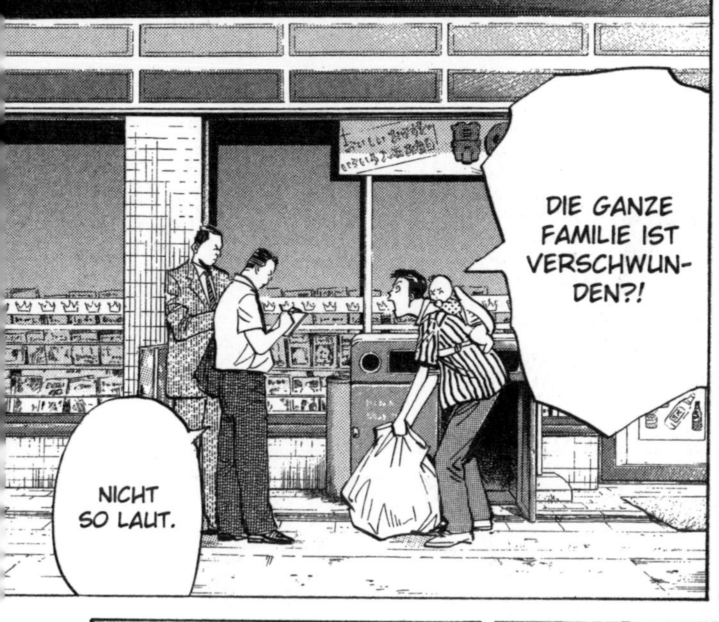
DIE GANZE FAMILIE IST VERSCHWUNDEN?!
NICHT SO LAUT.

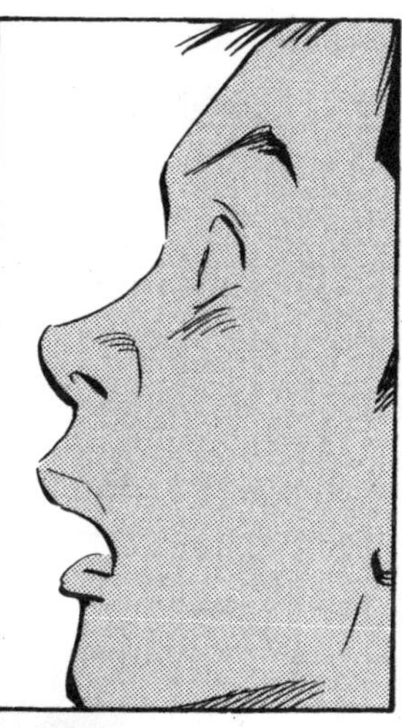

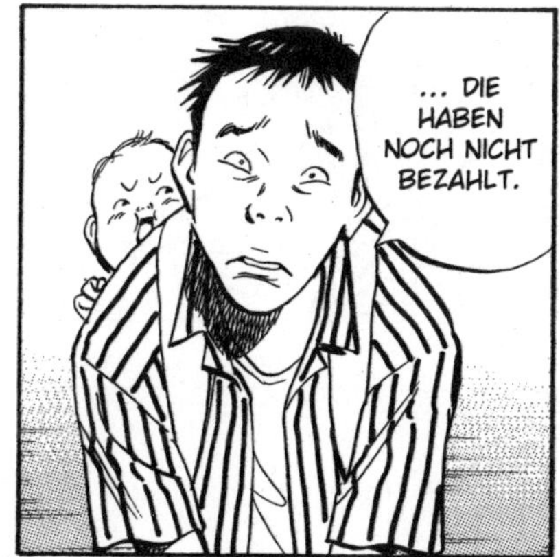
... DIE HABEN NOCH NICHT BEZAHLT.

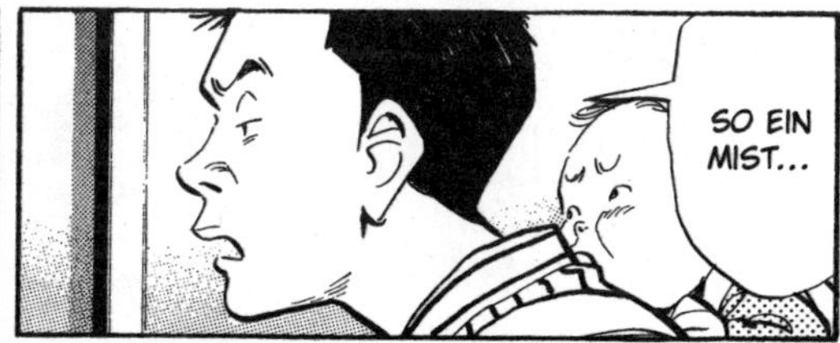
SO EIN MIST...

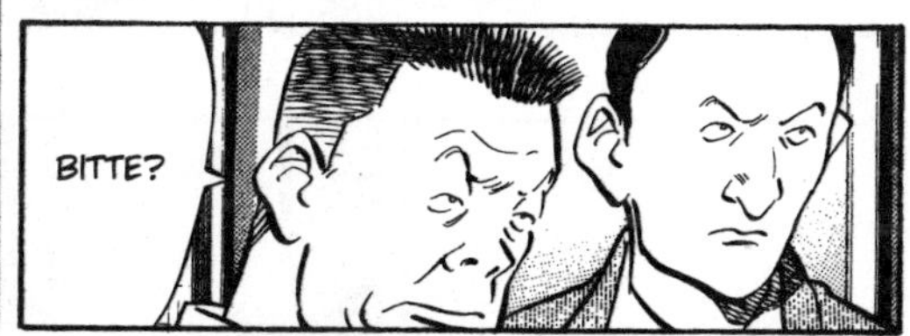
BITTE?

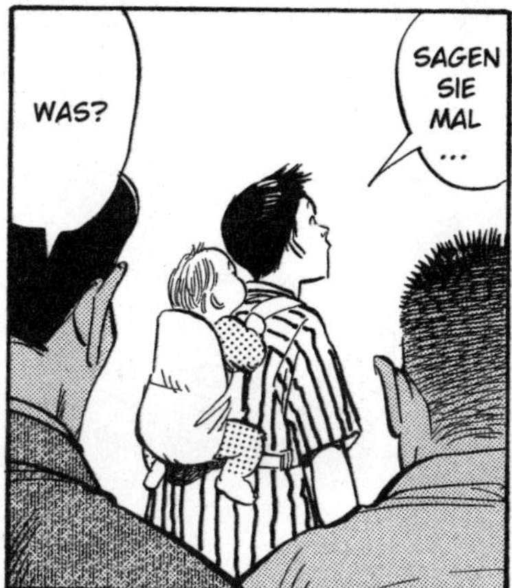
SAGEN SIE MAL ...
WAS?

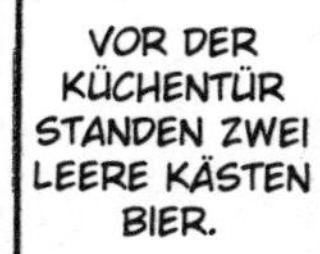
VOR DER KÜCHENTÜR STANDEN ZWEI LEERE KÄSTEN BIER.
...

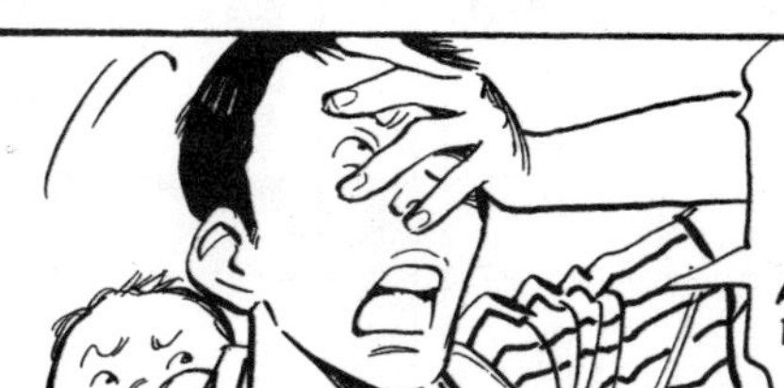
WAAAS? DANN HABEN DIE MICH ALSO GE-PRELLT?!

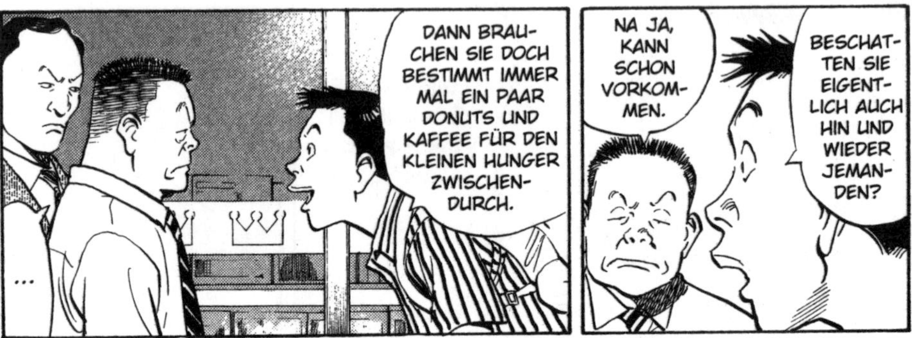

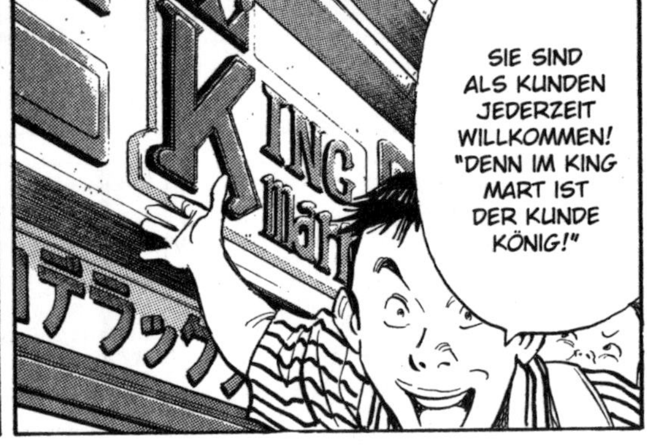

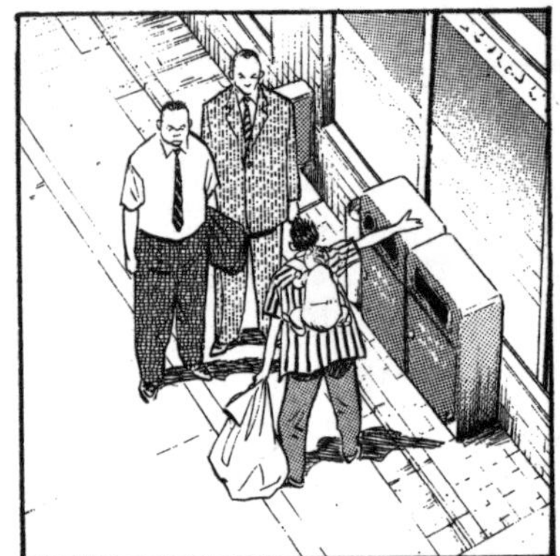

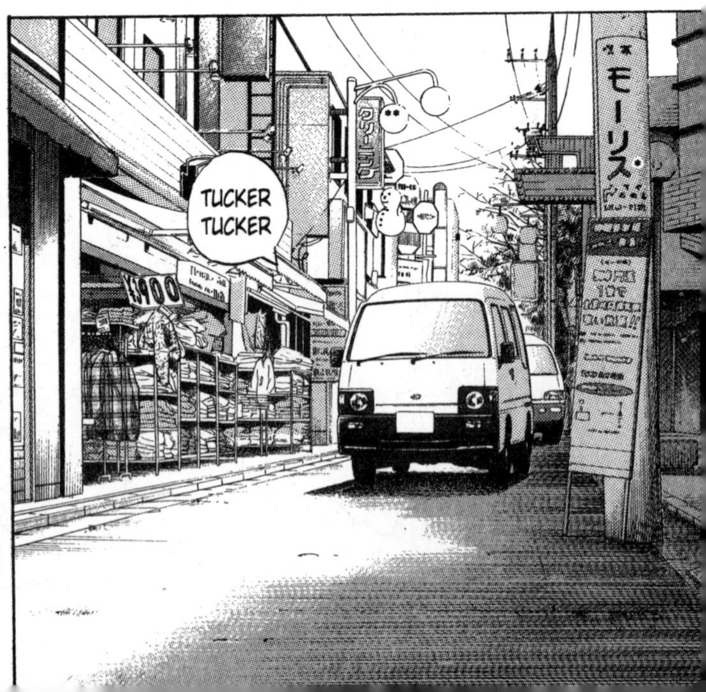

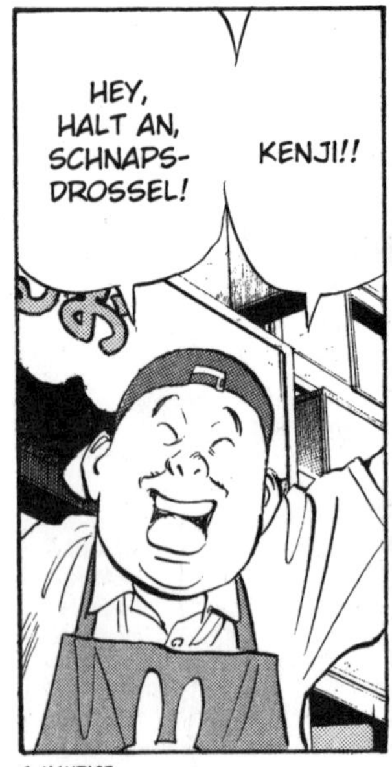

* MAURICE
** REINIGUNG

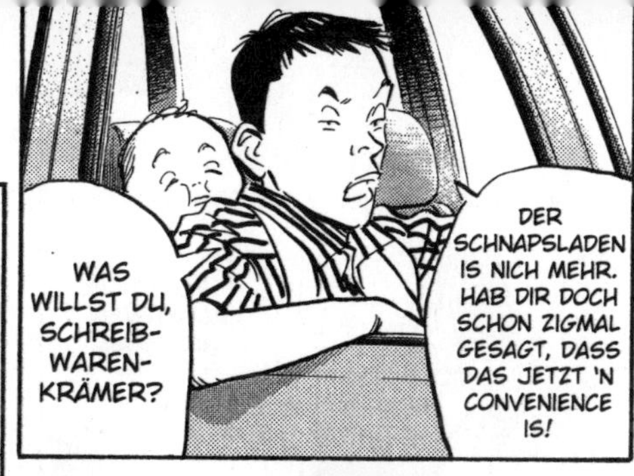
DER SCHNAPSLADEN IS NICH MEHR. HAB DIR DOCH SCHON ZIGMAL GESAGT, DASS DAS JETZT 'N CONVENIENCE IS!
WAS WILLST DU, SCHREIB-WAREN-KRÄMER?

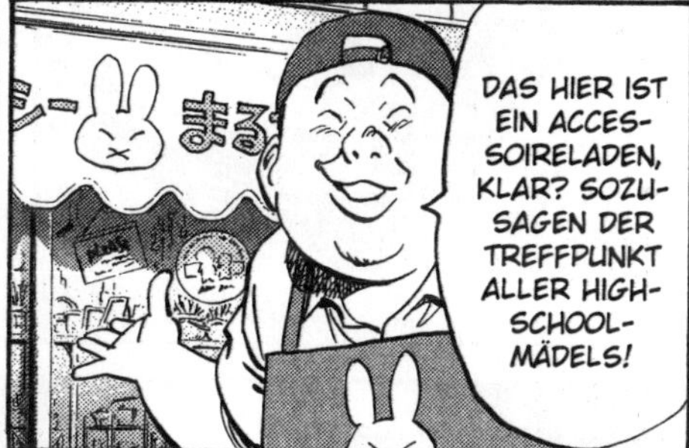
DAS HIER IST EIN ACCES-SOIRELADEN, KLAR? SOZU-SAGEN DER TREFFPUNKT ALLER HIGH-SCHOOL-MÄDELS!

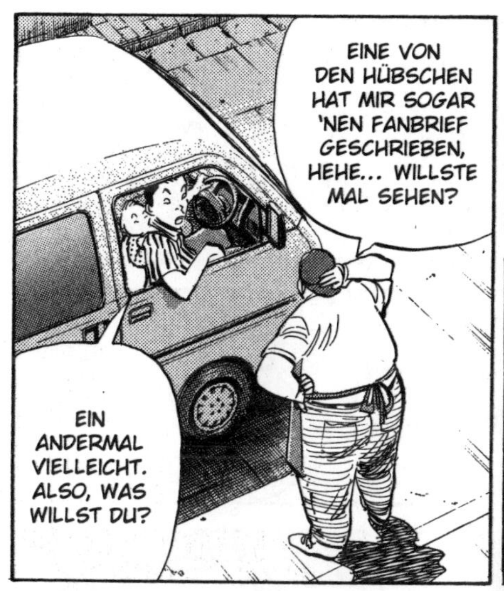
EINE VON DEN HÜBSCHEN HAT MIR SOGAR 'NEN FANBRIEF GESCHRIEBEN, HEHE... WILLSTE MAL SEHEN?
EIN ANDERMAL VIELLEICHT. ALSO, WAS WILLST DU?

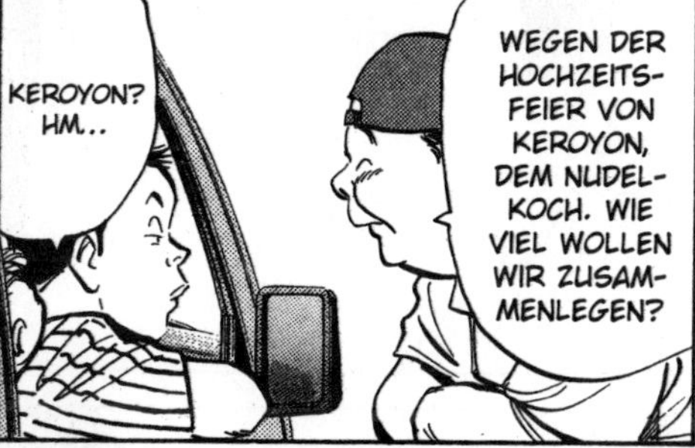
WEGEN DER HOCHZEITS-FEIER VON KEROYON, DEM NUDEL-KOCH. WIE VIEL WOLLEN WIR ZUSAM-MENLEGEN?
KEROYON? HM..

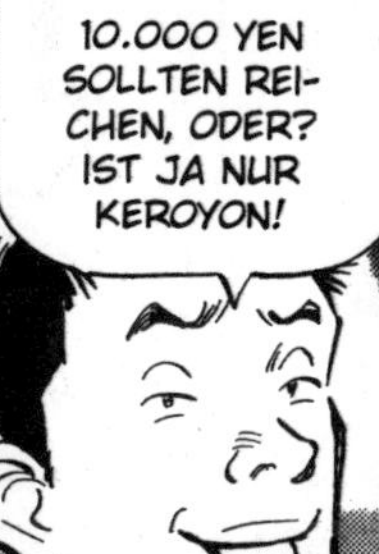
10.000 YEN SOLLTEN REI-CHEN, ODER? IST JA NUR KEROYON!

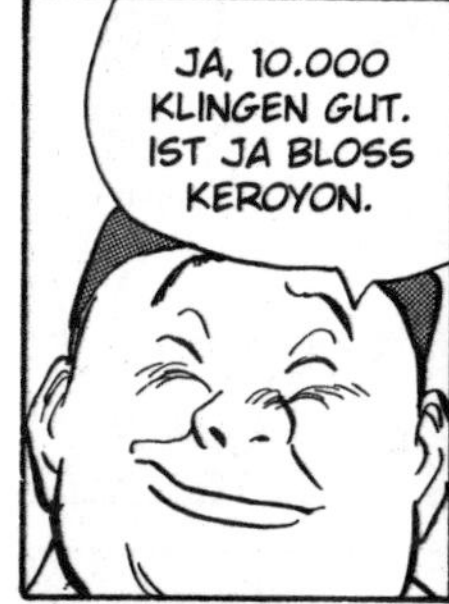
JA, 10.000 KLINGEN GUT. IST JA BLOSS KEROYON.

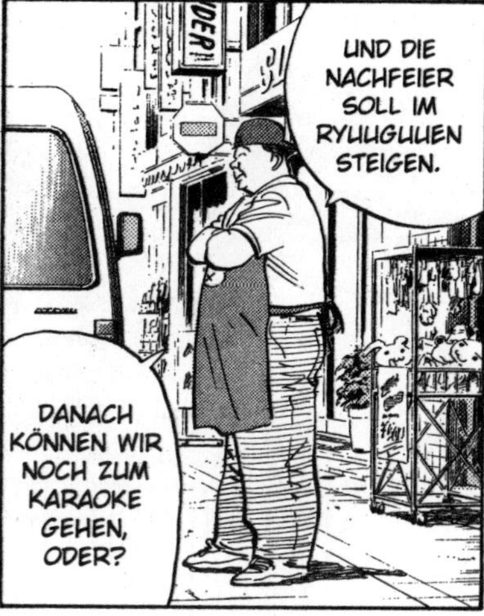
UND DIE NACHFEIER SOLL IM RYUUGUUEN STEIGEN.
DANACH KÖNNEN WIR NOCH ZUM KARAOKE GEHEN, ODER?

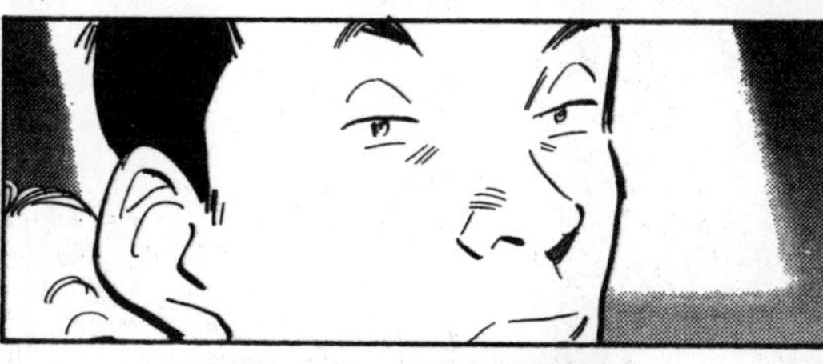

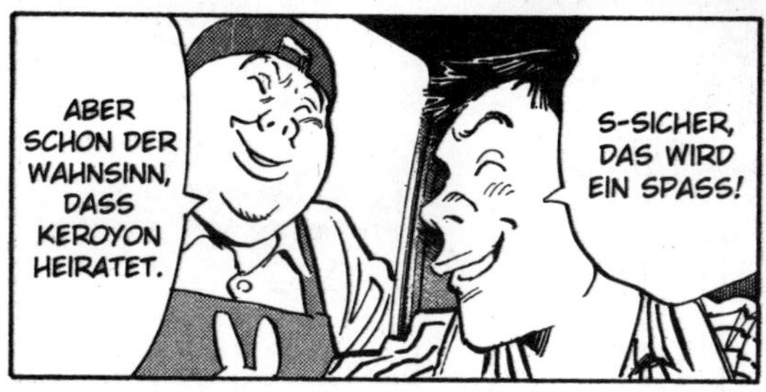
S-SICHER, DAS WIRD EIN SPASS!
ABER SCHON DER WAHNSINN, DASS KEROYON HEIRATET.

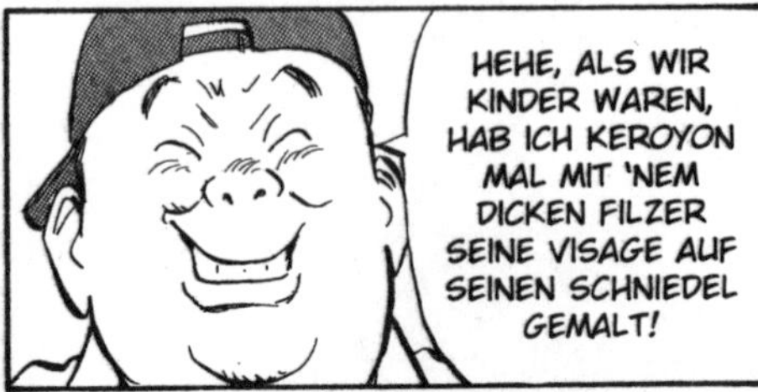
HEHE, ALS WIR KINDER WAREN, HAB ICH KEROYON MAL MIT 'NEM DICKEN FILZER SEINE VISAGE AUF SEINEN SCHNIEDEL GEMALT!

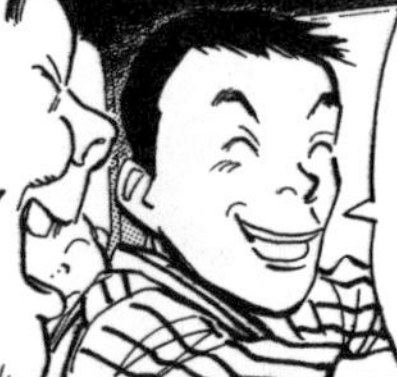
HAHA, IST DAS AUCH WIEDER ABGE-GAN-GEN?

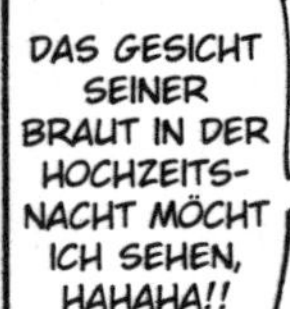
DAS GESICHT SEINER BRAUT IN DER HOCHZEITS-NACHT MÖCHT ICH SEHEN, HAHAHA!!

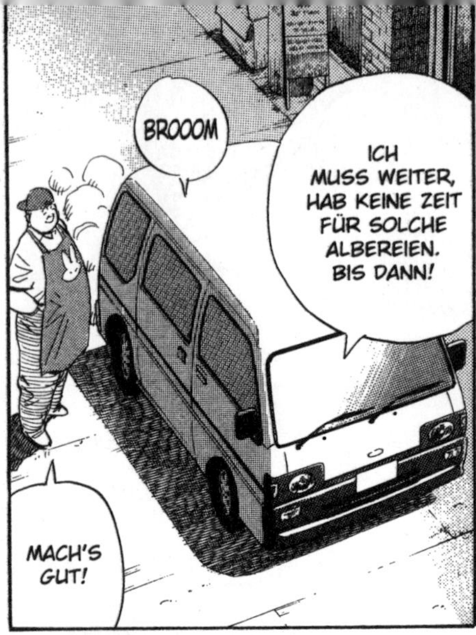
ICH MUSS WEITER, HAB KEINE ZEIT FÜR SOLCHE ALBEREIEN. BIS DANN!
BROOOM
MACH'S GUT!

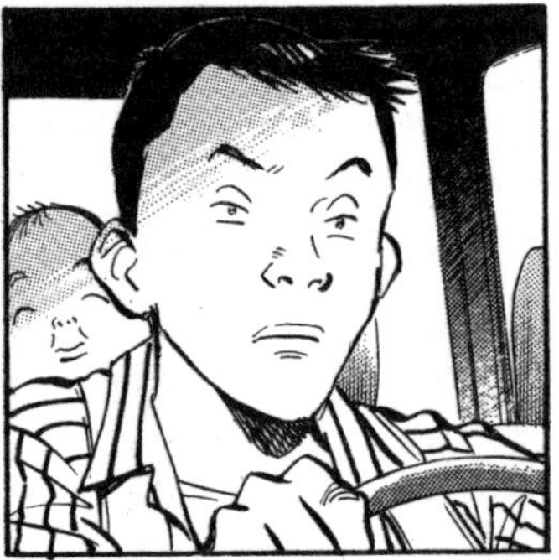

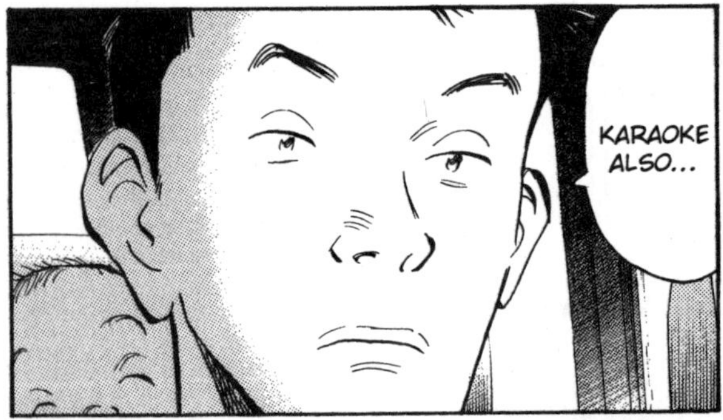
KARAOKE ALSO...

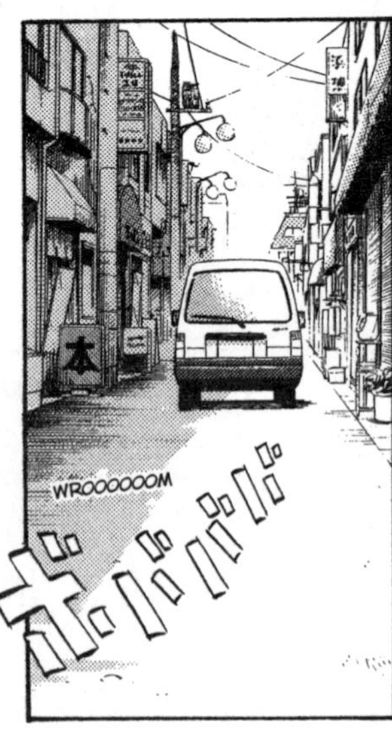
WROOOOOOM

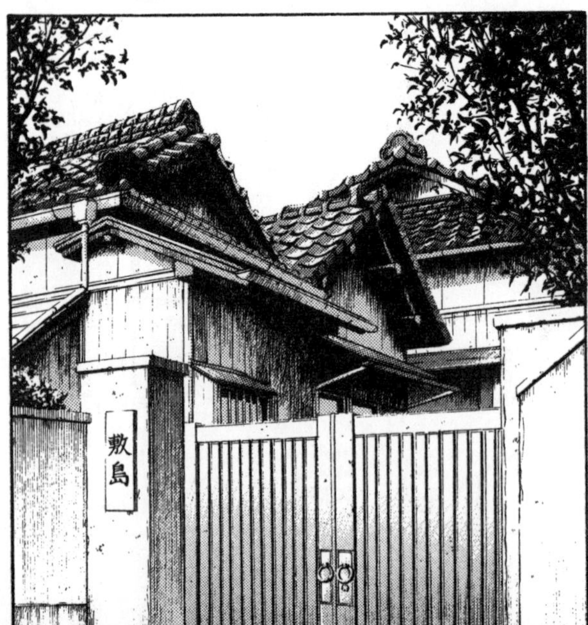

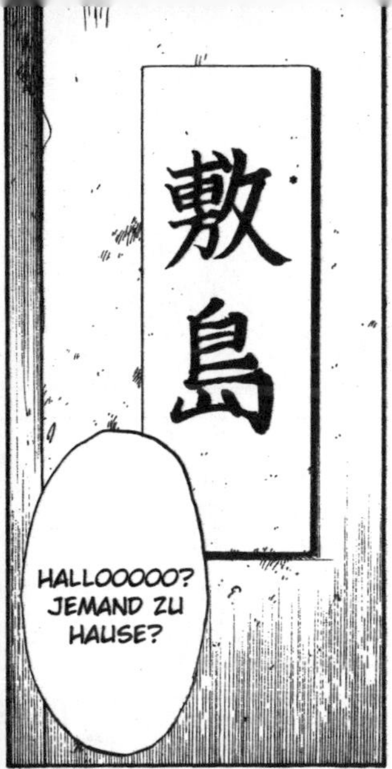
敷島
HALLOOOOO? JEMAND ZU HAUSE?

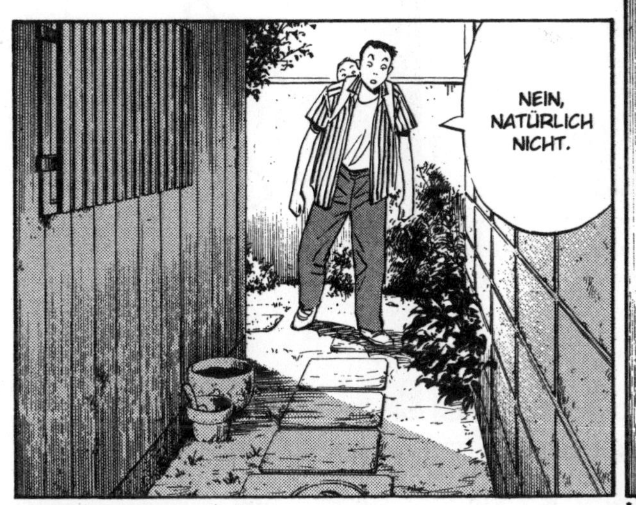
NEIN, NATÜRLICH NICHT.

* SHIKISHIMA

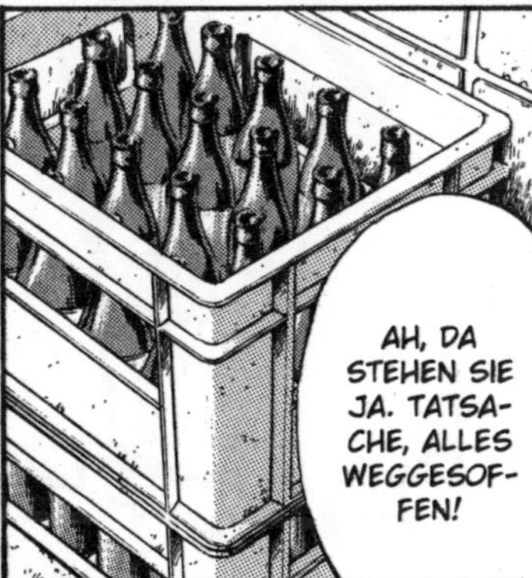
AH, DA STEHEN SIE JA. TATSA-CHE, ALLES WEGGESOF-FEN!

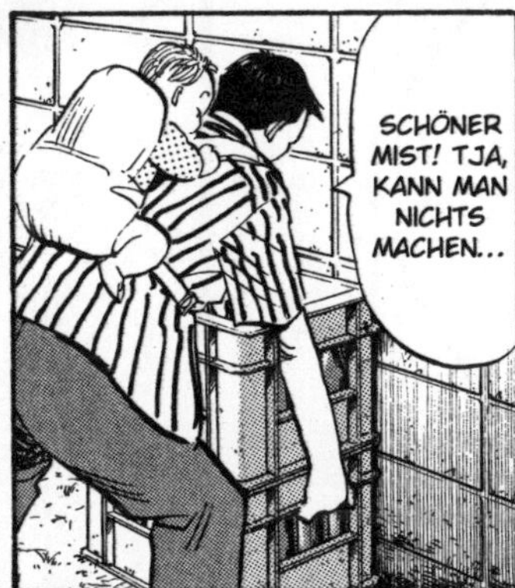
SCHÖNER MIST! TJA, KANN MAN NICHTS MACHEN...

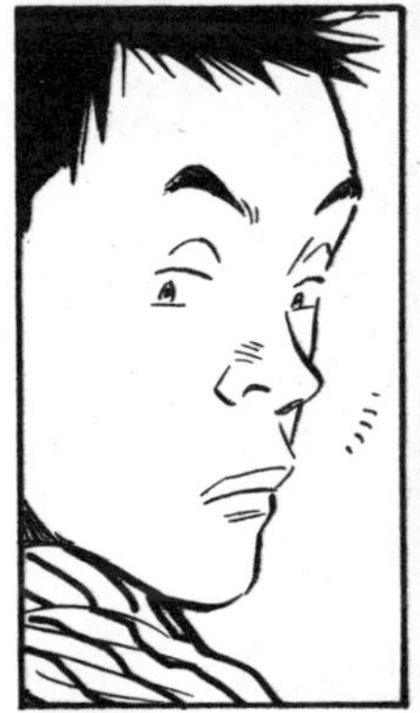

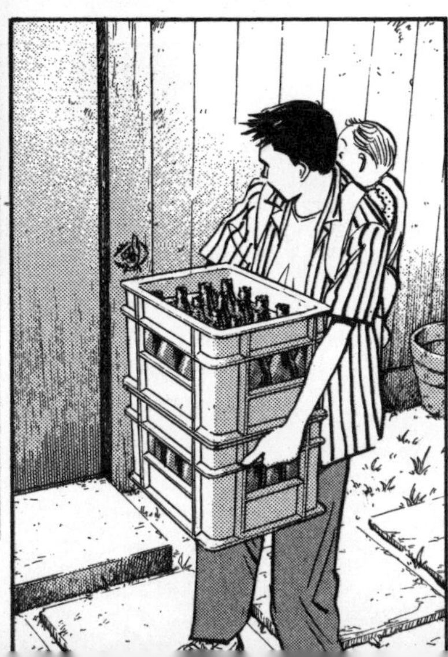

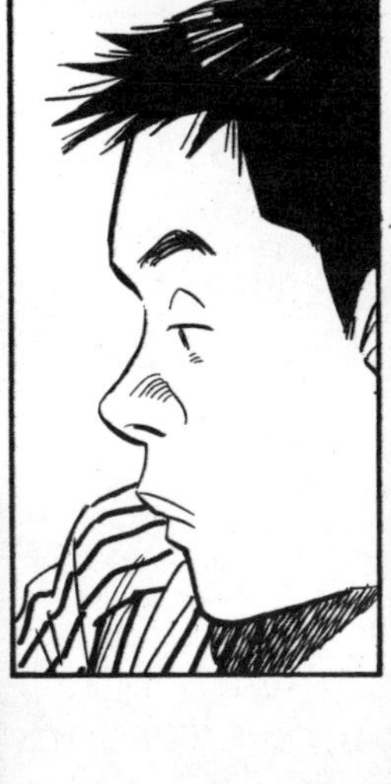

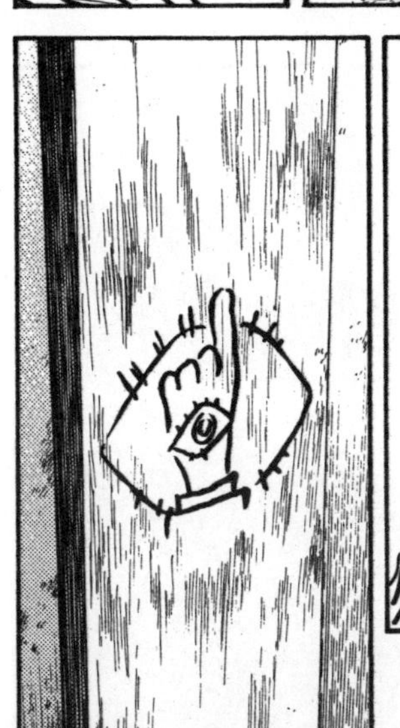

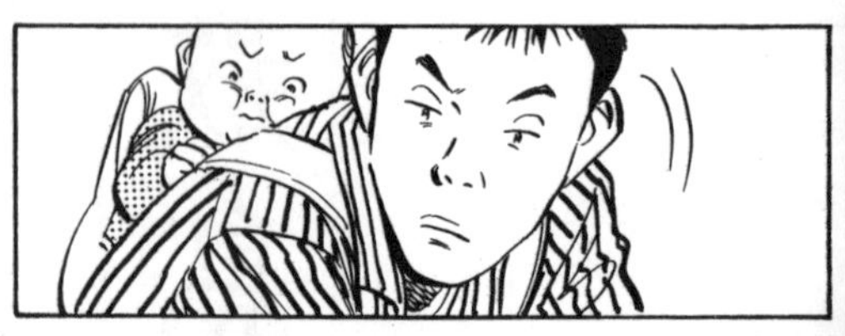
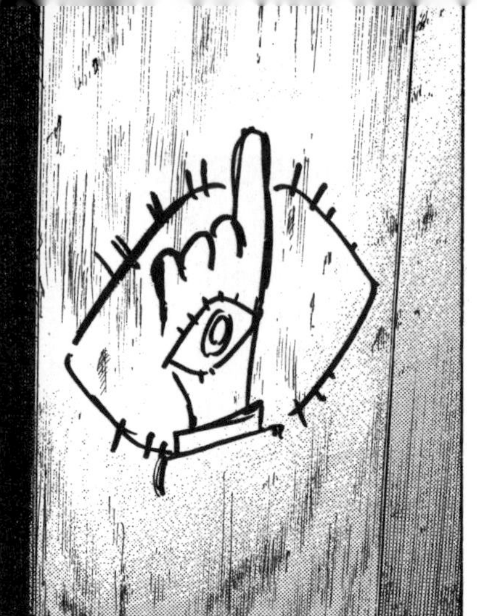
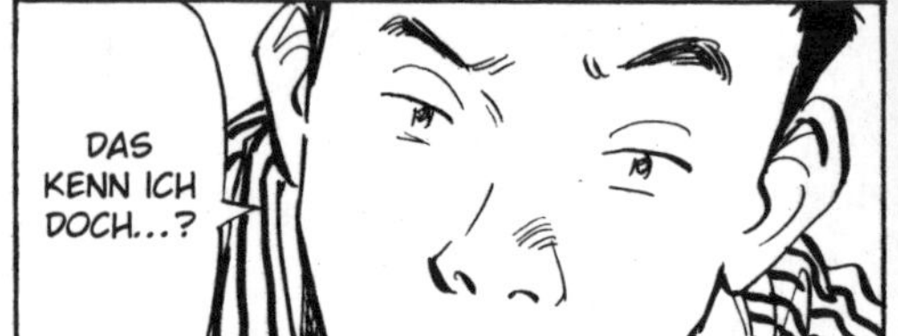
DAS KENN ICH DOCH...?
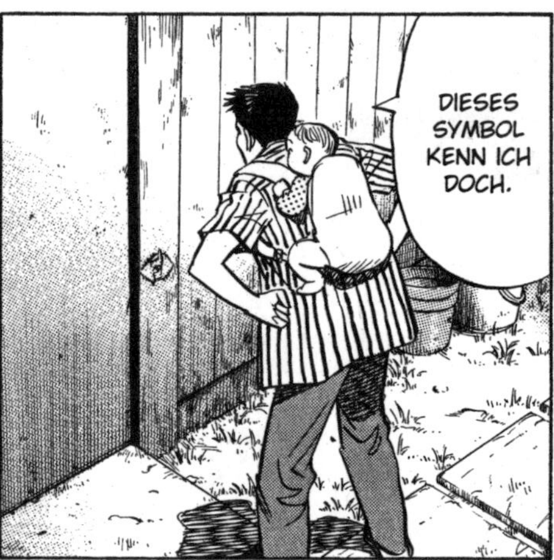
DIESES SYMBOL KENN ICH DOCH.
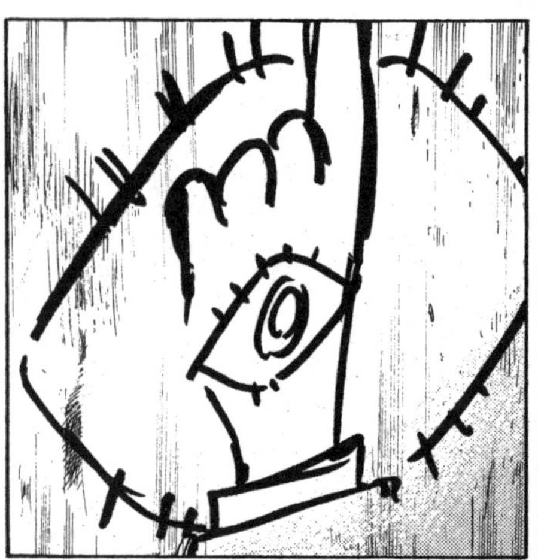
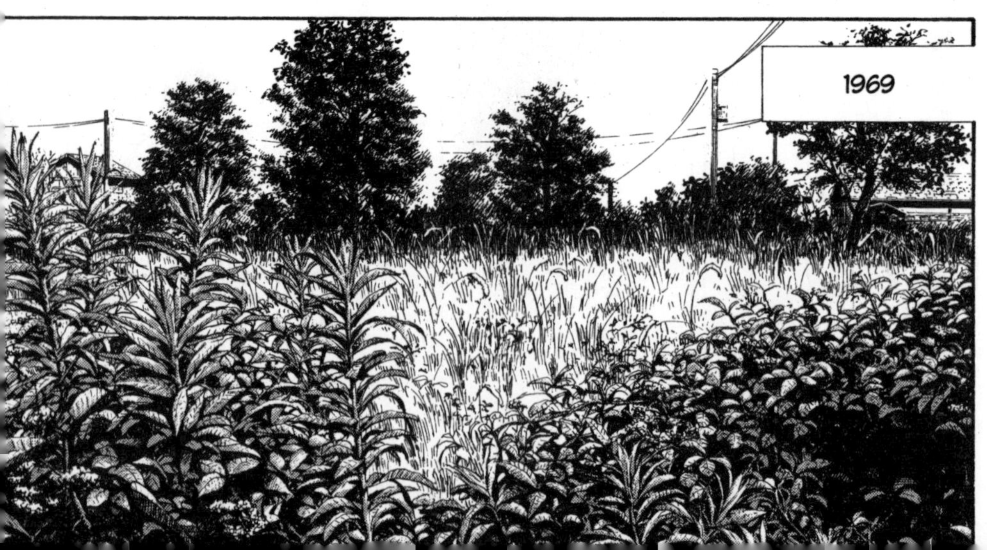
1969

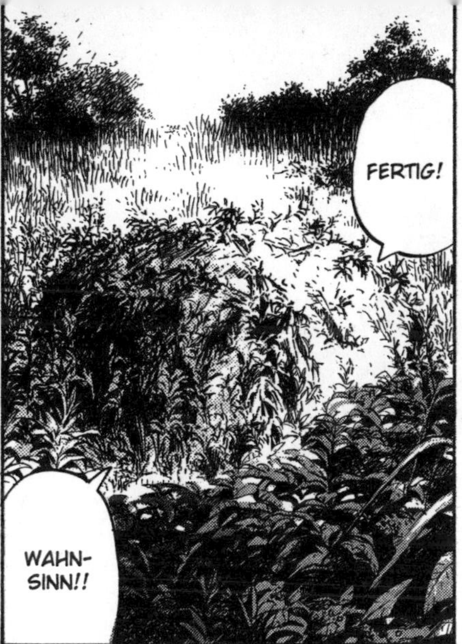
FERTIG!
WAHN-SINN!!

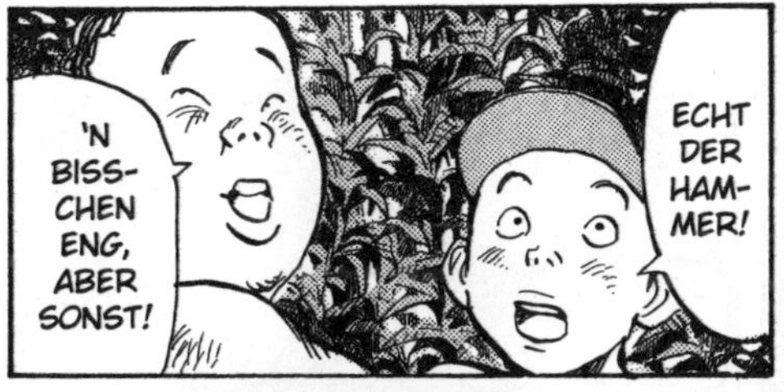
ECHT DER HAM-MER!
'N BISS-CHEN ENG, ABER SONST!

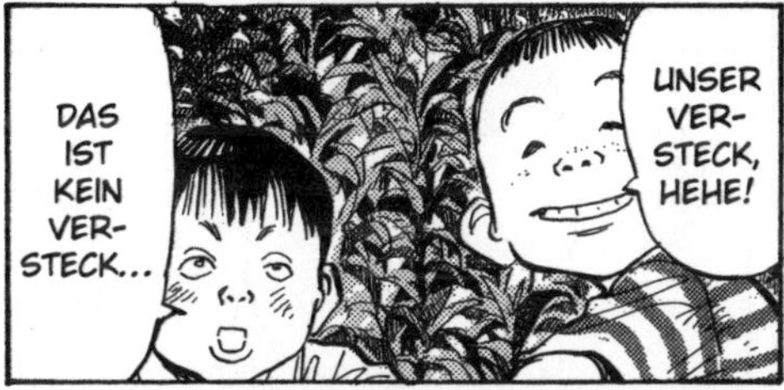
UNSER VER-STECK, HEHE!
DAS IST KEIN VER-STECK...

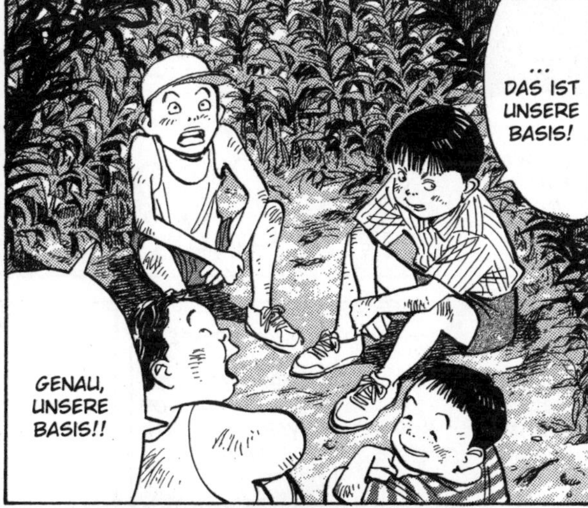
... DAS IST UNSERE BASIS!
GENAU, UNSERE BASIS!!

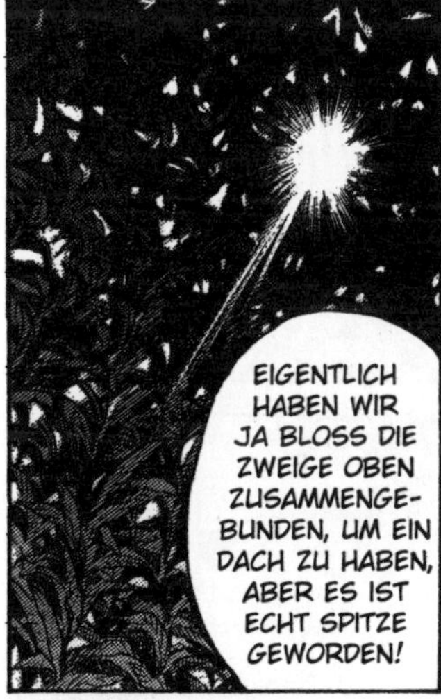
EIGENTLICH HABEN WIR JA BLOSS DIE ZWEIGE OBEN ZUSAMMENGE-BUNDEN, UM EIN DACH ZU HABEN, ABER ES IST ECHT SPITZE GEWORDEN!

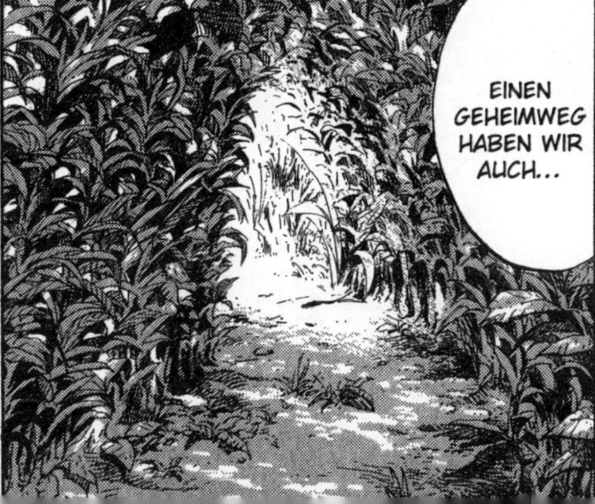
EINEN GEHEIMWEG HABEN WIR AUCH...

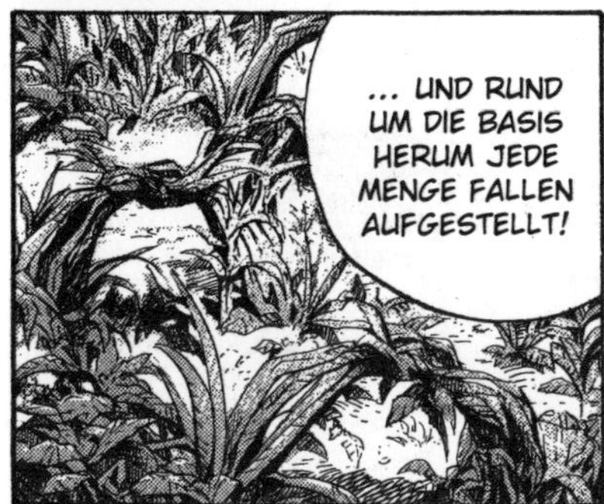
... UND RUND UM DIE BASIS HERUM JEDE MENGE FALLEN AUFGESTELLT!

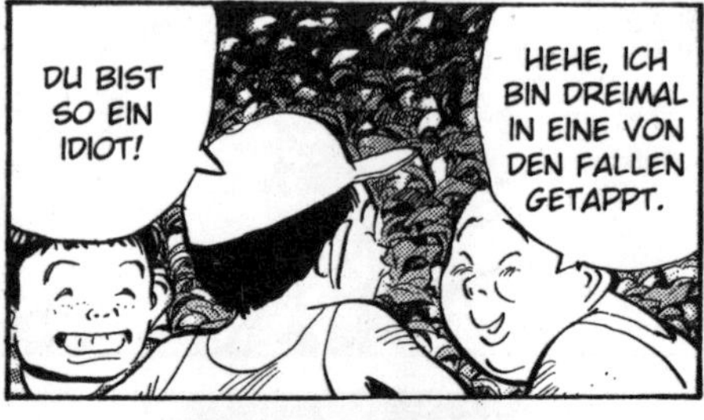
HEHE, ICH BIN DREIMAL IN EINE VON DEN FALLEN GETAPPT.
DU BIST SO EIN IDIOT!

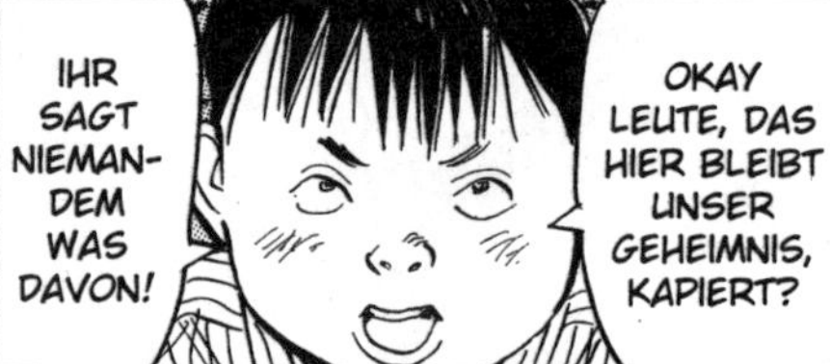
OKAY LEUTE, DAS HIER BLEIBT UNSER GEHEIMNIS, KAPIERT?
IHR SAGT NIEMAN-DEM WAS DAVON!

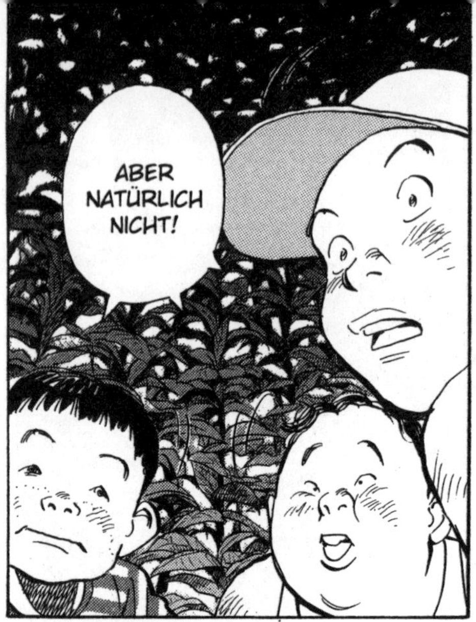
ABER NATÜRLICH NICHT!

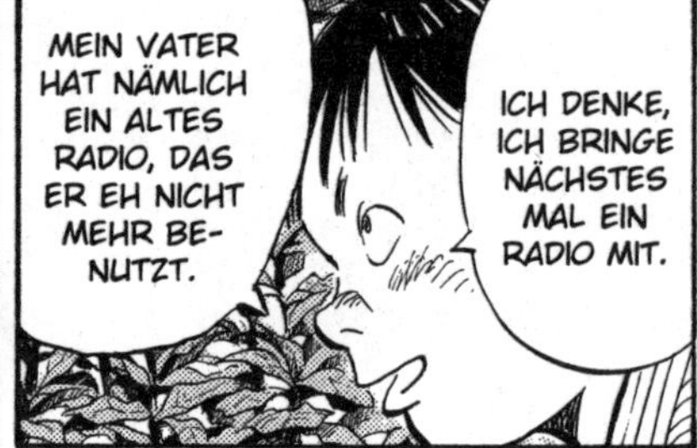
ICH DENKE, ICH BRINGE NÄCHSTES MAL EIN RADIO MIT.
MEIN VATER HAT NÄMLICH EIN ALTES RADIO, DAS ER EH NICHT MEHR BE-NUTZT.

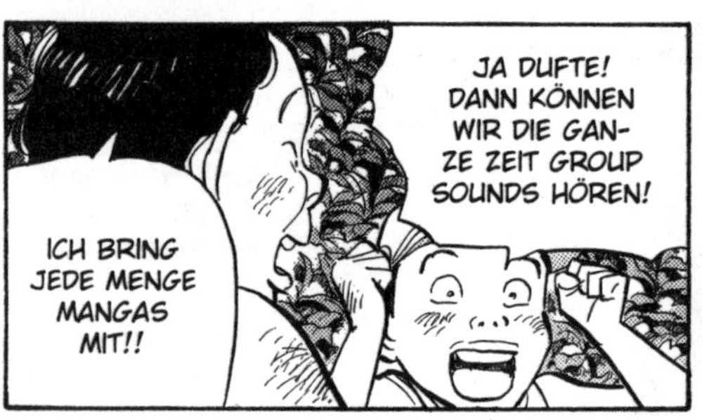
JA DUFTE! DANN KÖNNEN WIR DIE GAN-ZE ZEIT GROUP SOUNDS HÖREN!
ICH BRING JEDE MENGE MANGAS MIT!!

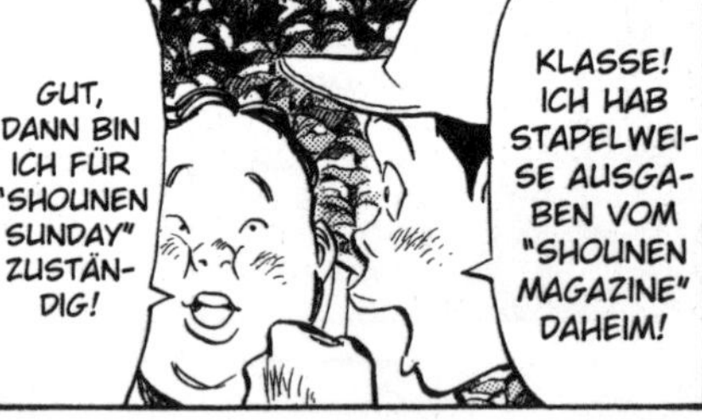
KLASSE! ICH HAB STAPELWEI-SE AUSGA-BEN VOM "SHOUNEN MAGAZINE" DAHEIM!
GUT, DANN BIN ICH FÜR "SHOUNEN SUNDAY" ZUSTÄN-DIG!

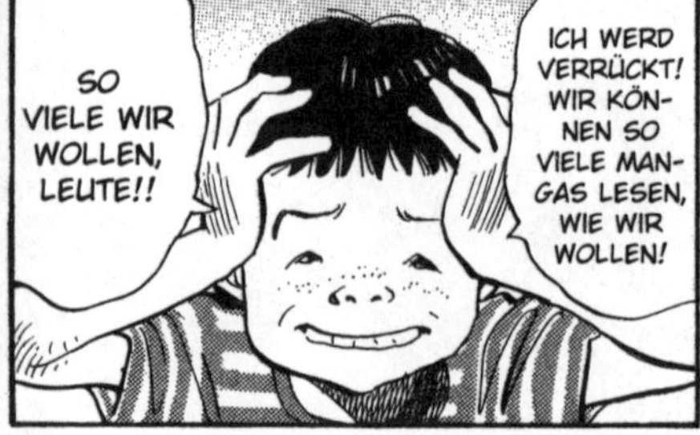
ICH WERD VERRÜCKT! WIR KÖN-NEN SO VIELE MAN-GAS LESEN, WIE WIR WOLLEN!
SO VIELE WIR WOLLEN, LEUTE!!

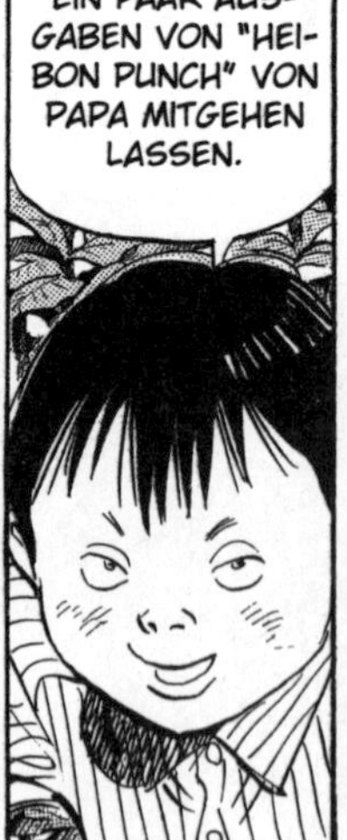
ICH KÖNNTE EIN PAAR AUS-GABEN VON "HEI-BON PUNCH" VON PAPA MITGEHEN LASSEN.

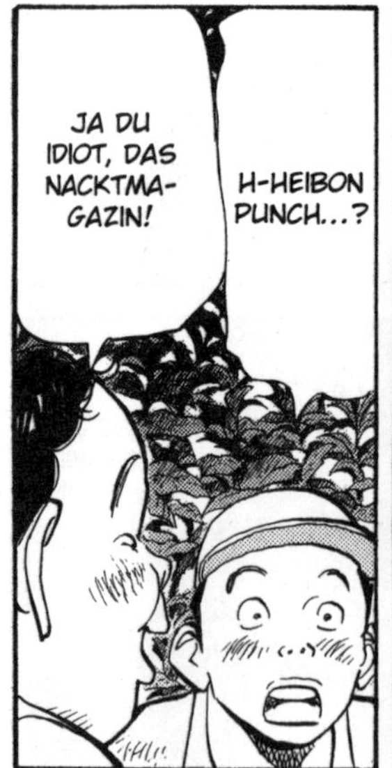
H-HEIBON PUNCH...?
JA DU IDIOT, DAS NACKTMA-GAZIN!

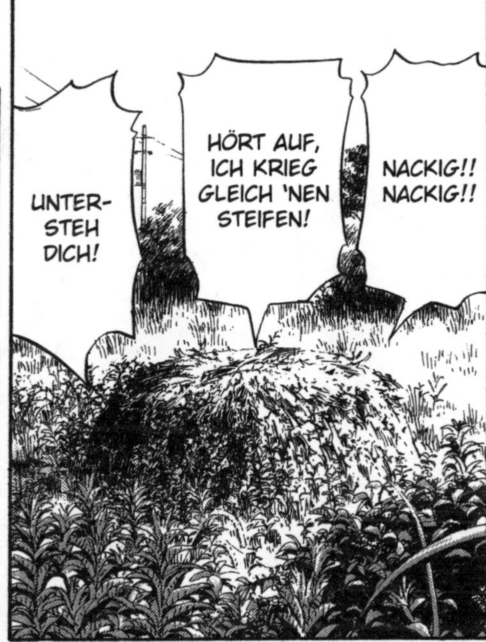
NACKIG!! NACKIG!!
HÖRT AUF, ICH KRIEG GLEICH 'NEN STEIFEN!
UNTER-STEH DICH!

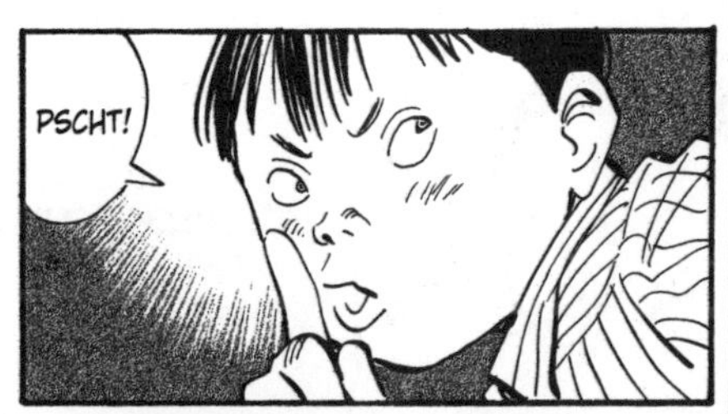
PSCHT!

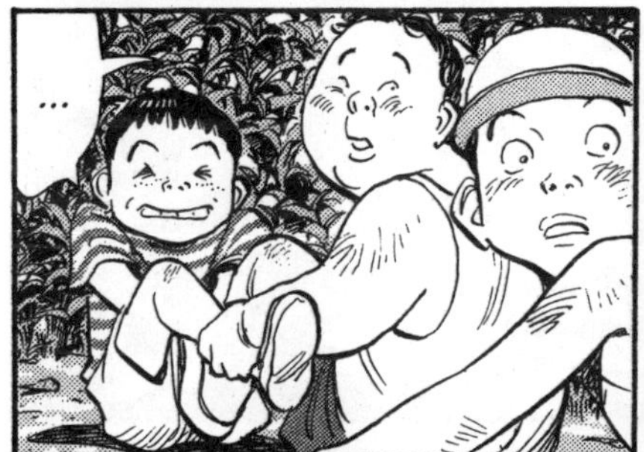
...

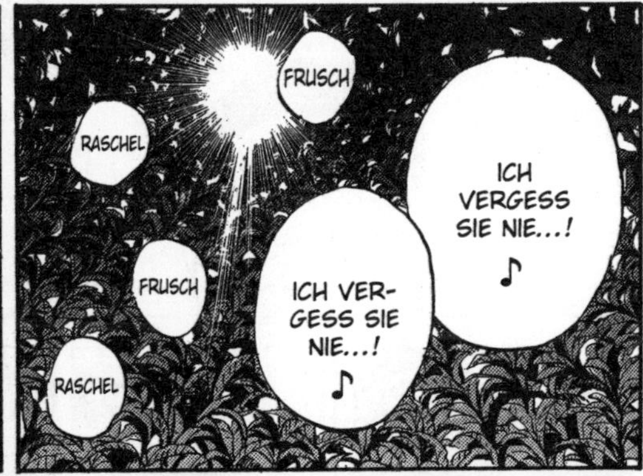
FRUSCH
ICH VERGESS SIE NIE...! ♪
RASCHEL
ICH VER-GESS SIE NIE...! ♪
FRUSCH
RASCHEL

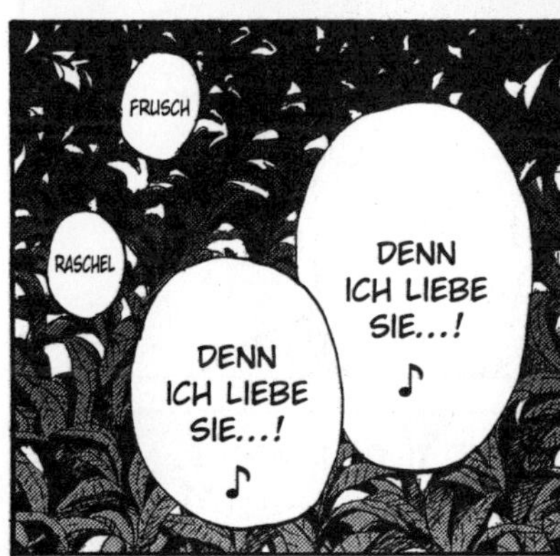
FRUSCH
DENN ICH LIEBE SIE...! ♪
RASCHEL
DENN ICH LIEBE SIE...! ♪

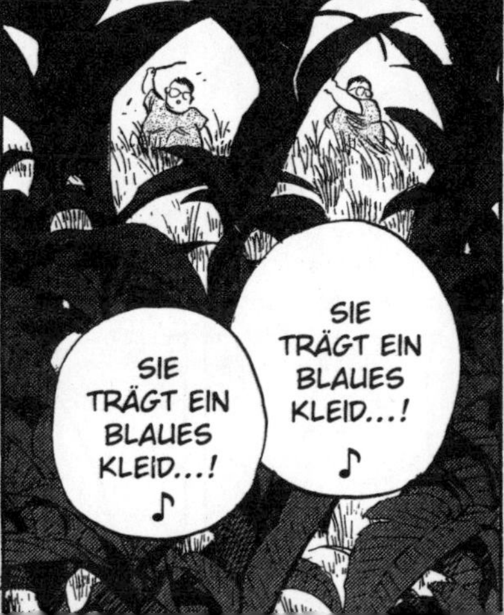
SIE TRÄGT EIN BLAUES KLEID...! ♪
SIE TRÄGT EIN BLAUES KLEID...! ♪

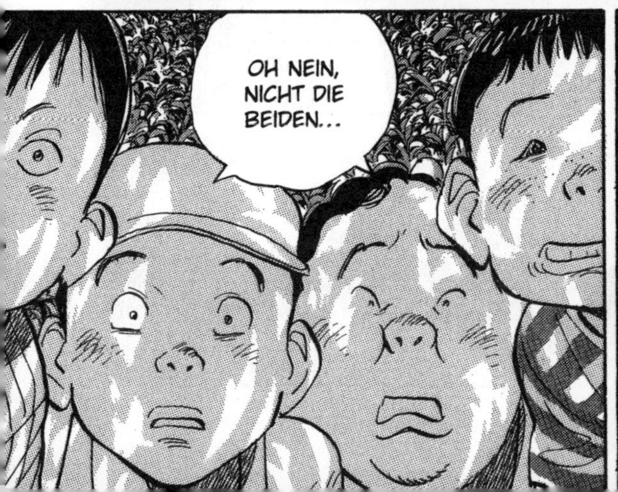
OH NEIN, NICHT DIE BEIDEN...

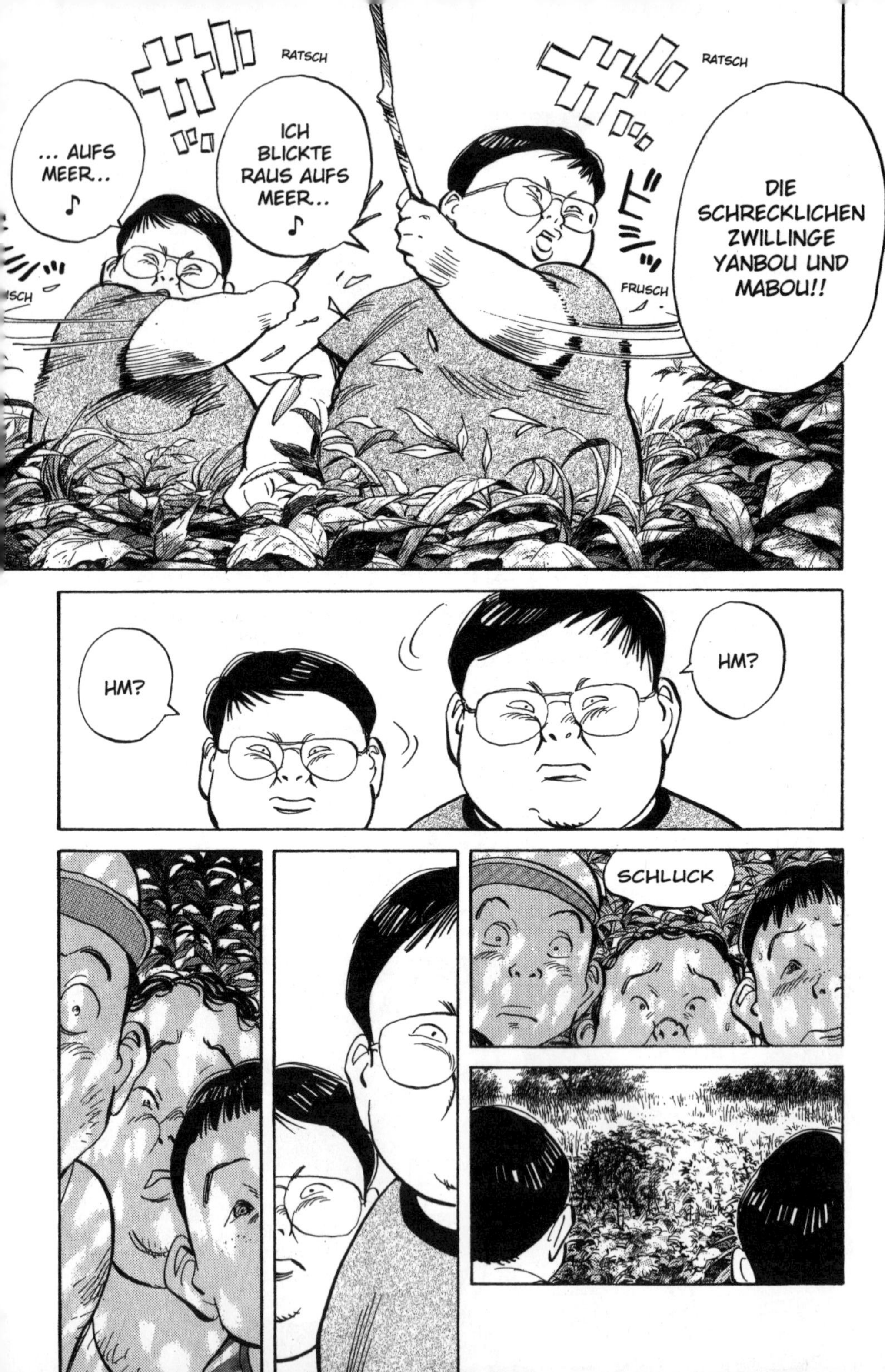
RATSCH
DIE SCHRECKLICHEN ZWILLINGE YANBOU UND MABOU!!
FRUSCH
RATSCH
ICH BLICKTE RAUS AUFS MEER.. ♪
... AUFS MEER.. ♪
HM?
HM?
SCHLUCK

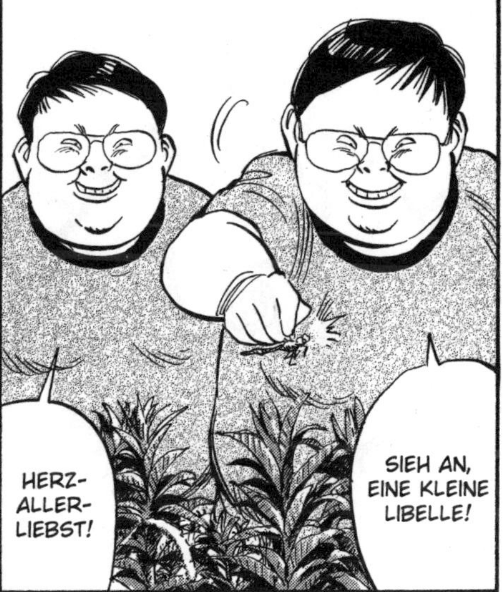
SIEH AN, EINE KLEINE LIBELLE!
HERZALLERLIEBST!

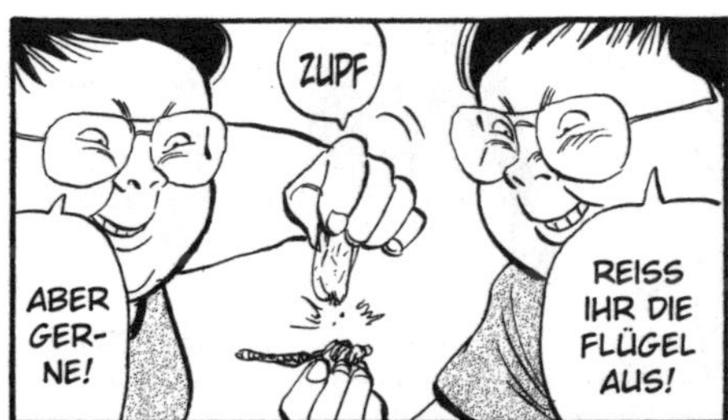
REISS IHR DIE FLÜGEL AUS!
ZUPF
ABER GERNE!

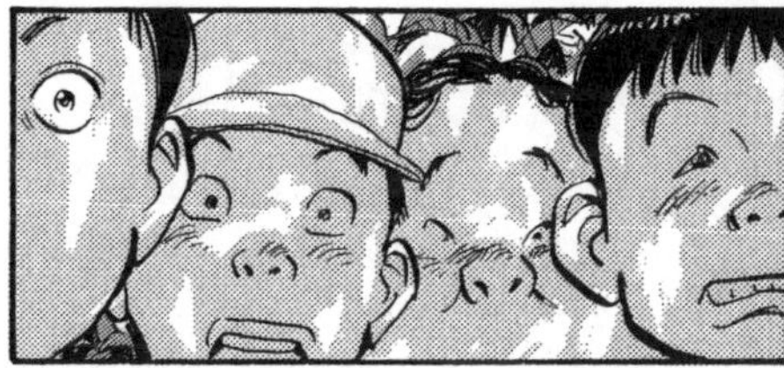

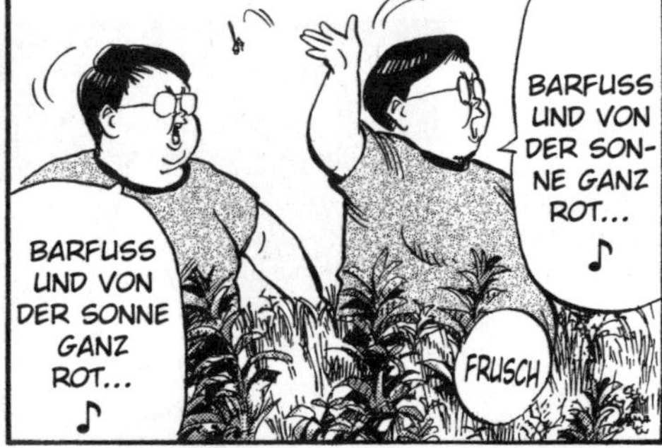
BARFUSS UND VON DER SONNE GANZ ROT... ♪
BARFUSS UND VON DER SONNE GANZ ROT... ♪
FRUSCH

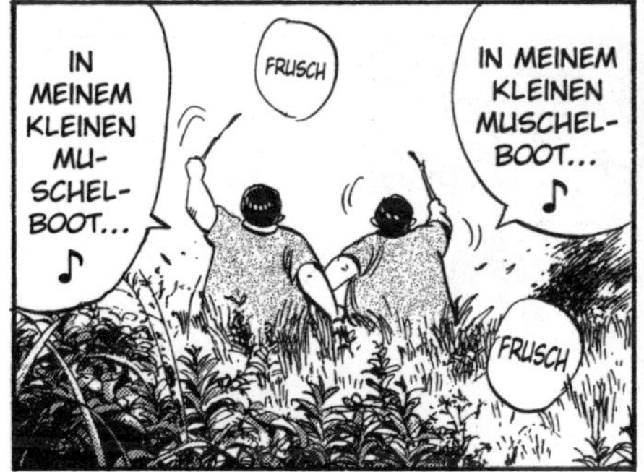
IN MEINEM KLEINEN MUSCHELBOOT... ♪
FRUSCH
IN MEINEM KLEINEN MUSCHELBOOT... ♪
FRUSCH

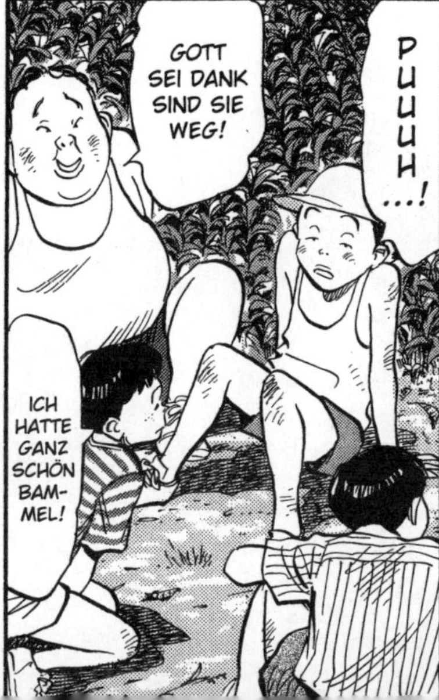
PUUUH ...!
GOTT SEI DANK SIND SIE WEG!
ICH HATTE GANZ SCHÖN BAMMEL!

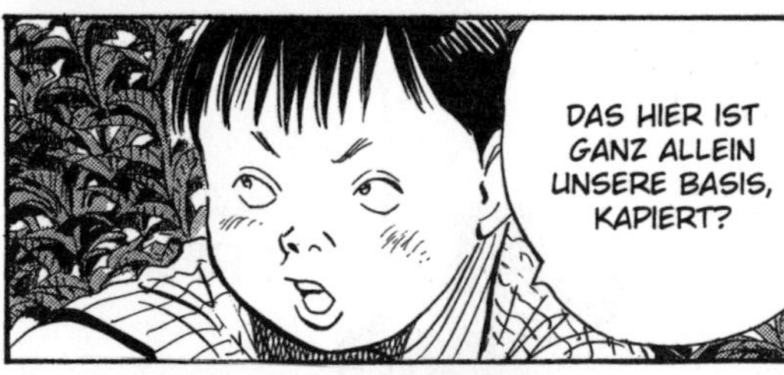
DAS HIER IST GANZ ALLEIN UNSERE BASIS, KAPIERT?

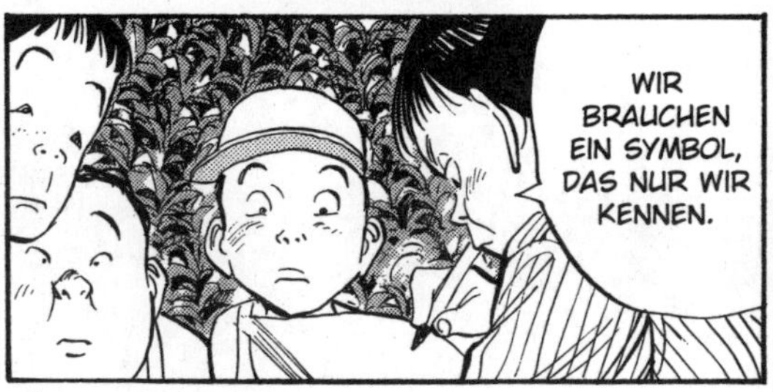
WIR BRAUCHEN EIN SYMBOL, DAS NUR WIR KENNEN.

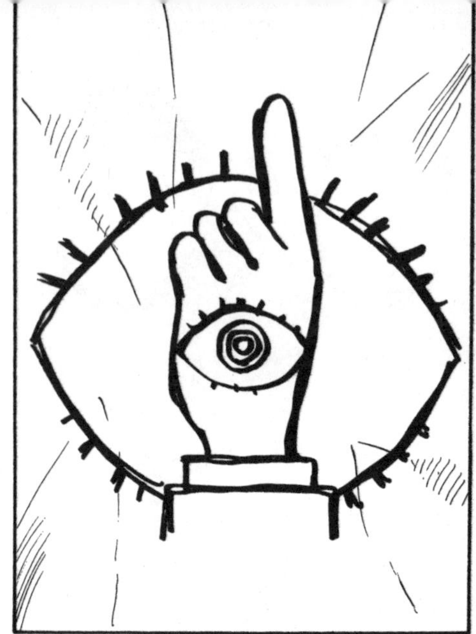

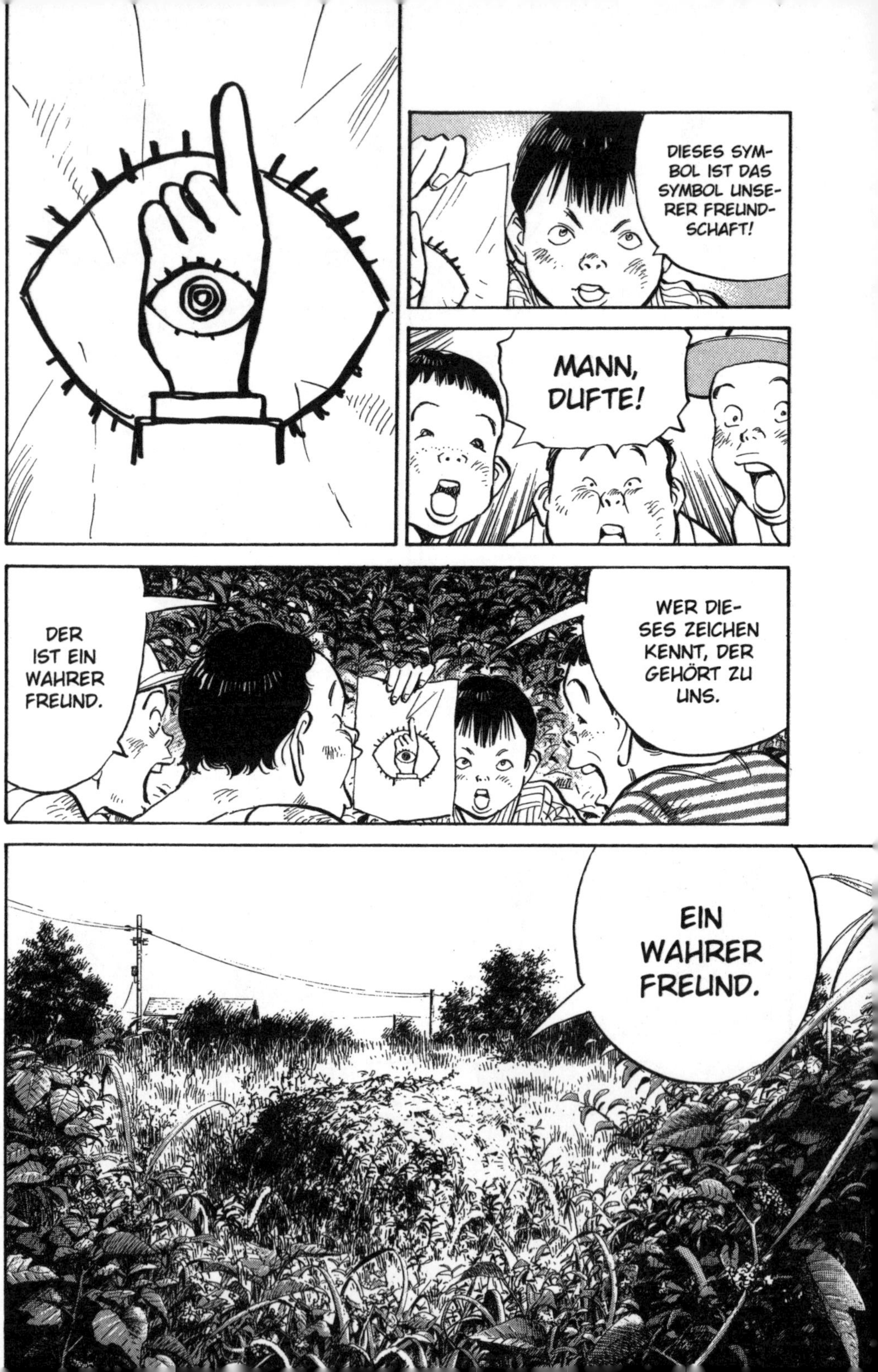

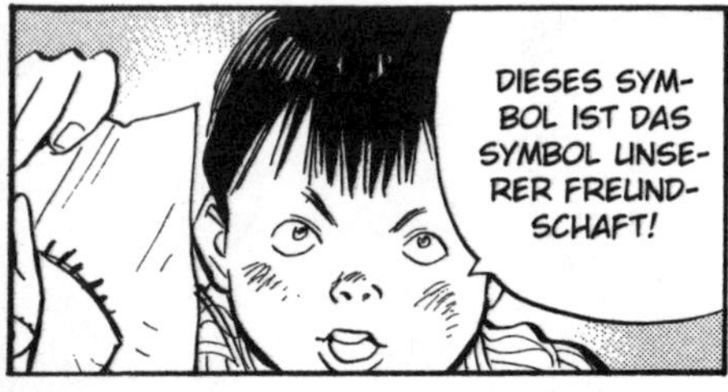
DIESES SYMBOL IST DAS SYMBOL UNSERER FREUNDSCHAFT!

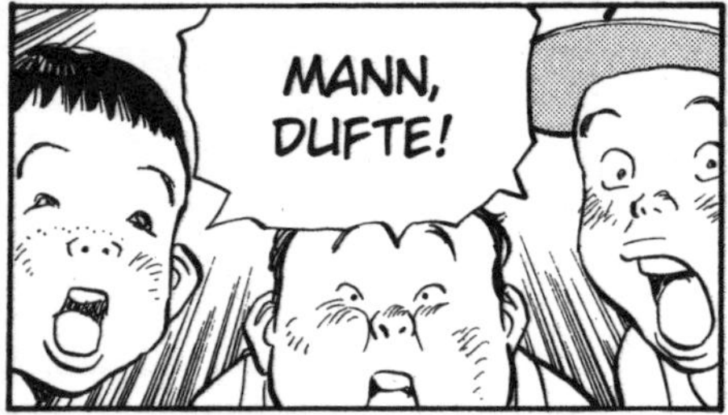
MANN, DUFTE!

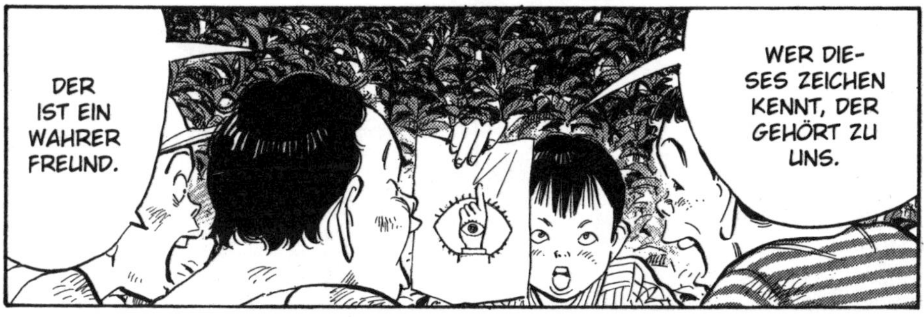
WER DIESES ZEICHEN KENNT, DER GEHÖRT ZU UNS.
DER IST EIN WAHRER FREUND.

EIN WAHRER FREUND.

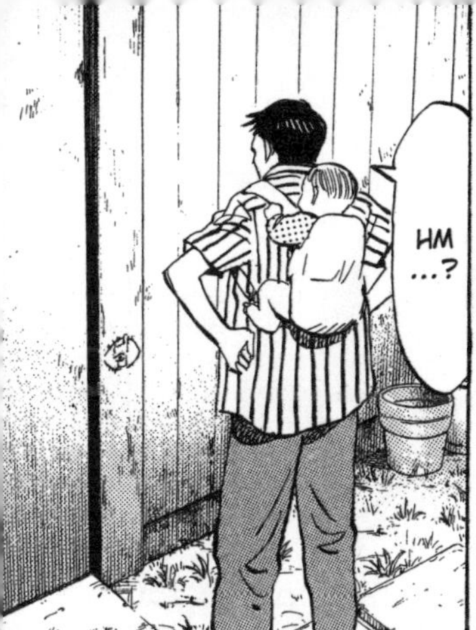
HM ...?

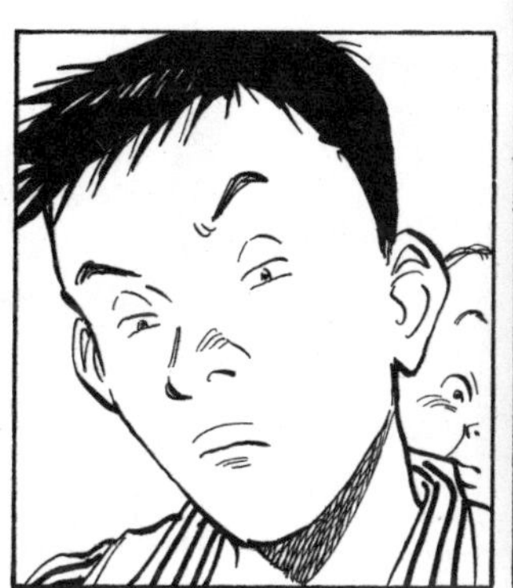

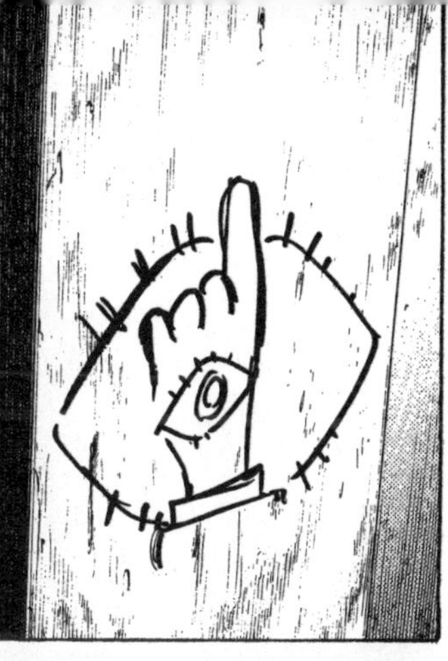

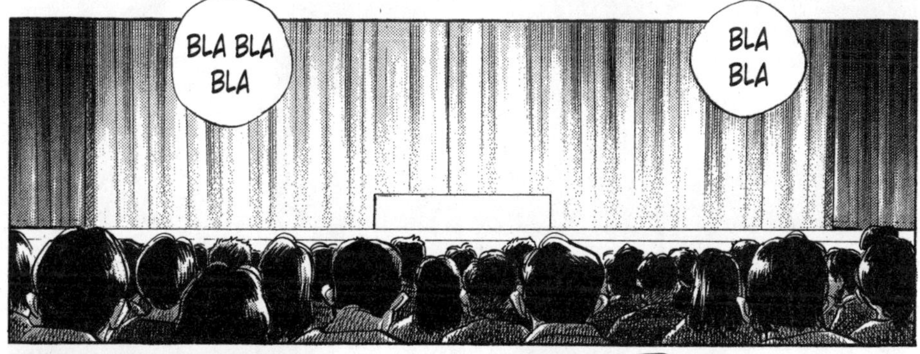
BLA
BLA
BLA BLA
BLA

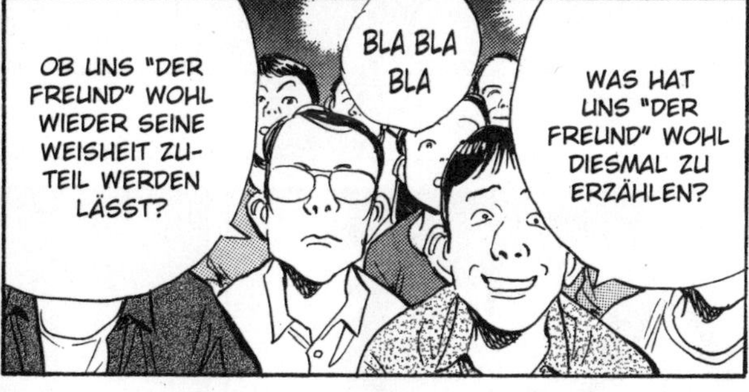
WAS HAT UNS "DER FREUND" WOHL DIESMAL ZU ERZÄHLEN?
BLA BLA BLA
OB UNS "DER FREUND" WOHL WIEDER SEINE WEISHEIT ZUTEIL WERDEN LÄSST?

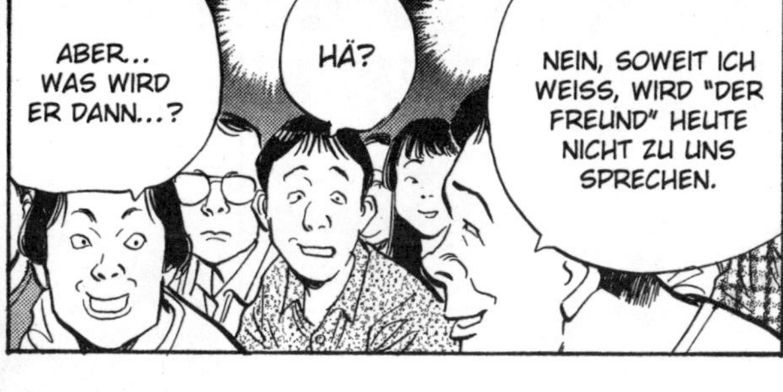
NEIN, SOWEIT ICH WEISS, WIRD "DER FREUND" HEUTE NICHT ZU UNS SPRECHEN.
HÄ?
ABER... WAS WIRD ER DANN...?

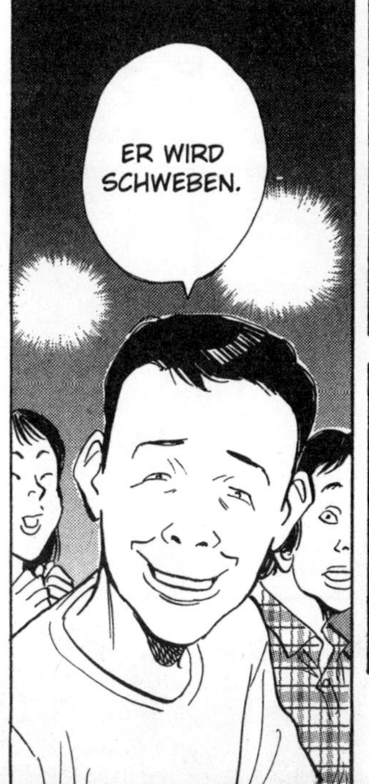
ER WIRD SCHWEBEN.

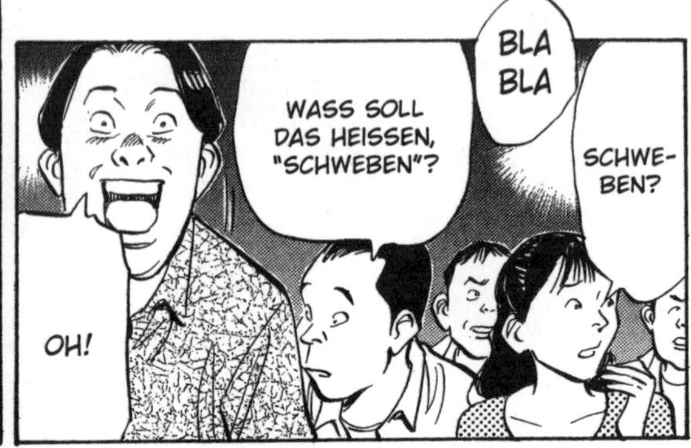

SCHWE-
BEN?
BLA
BLA
WASS SOLL
DAS HEISSEN,
"SCHWEBEN"?
OH!

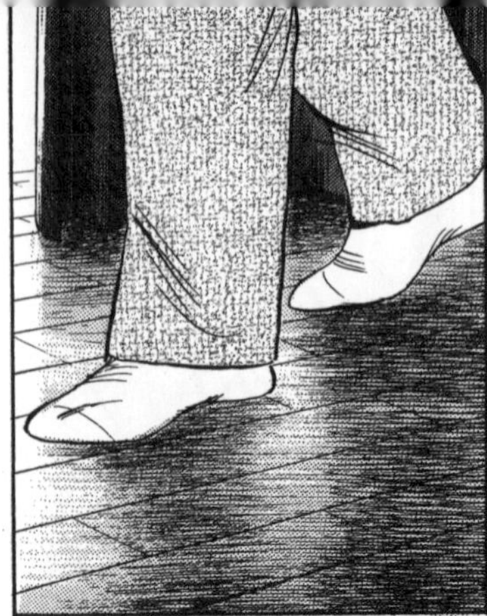

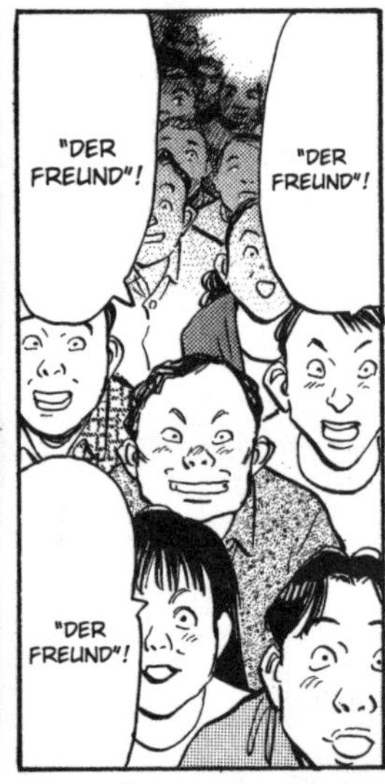

"DER
FREUND"!
"DER
FREUND"!
"DER
FREUND"!

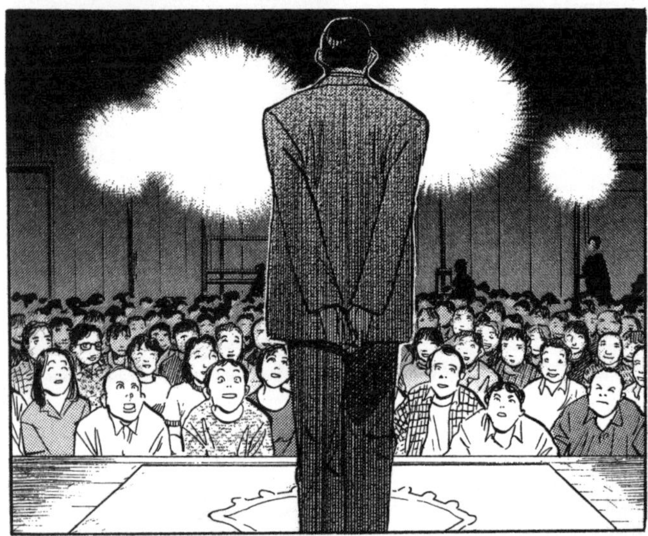

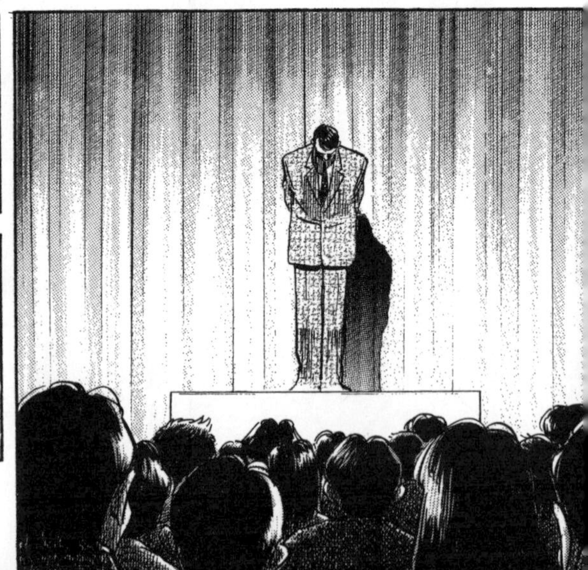

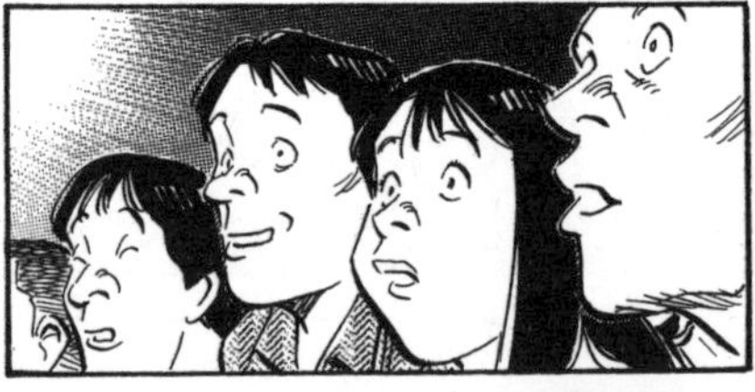

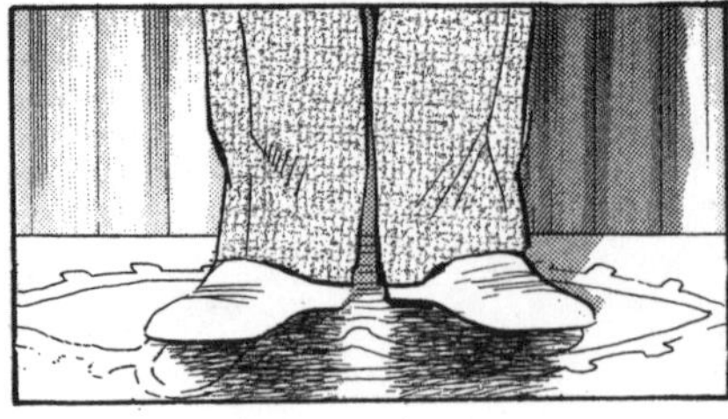

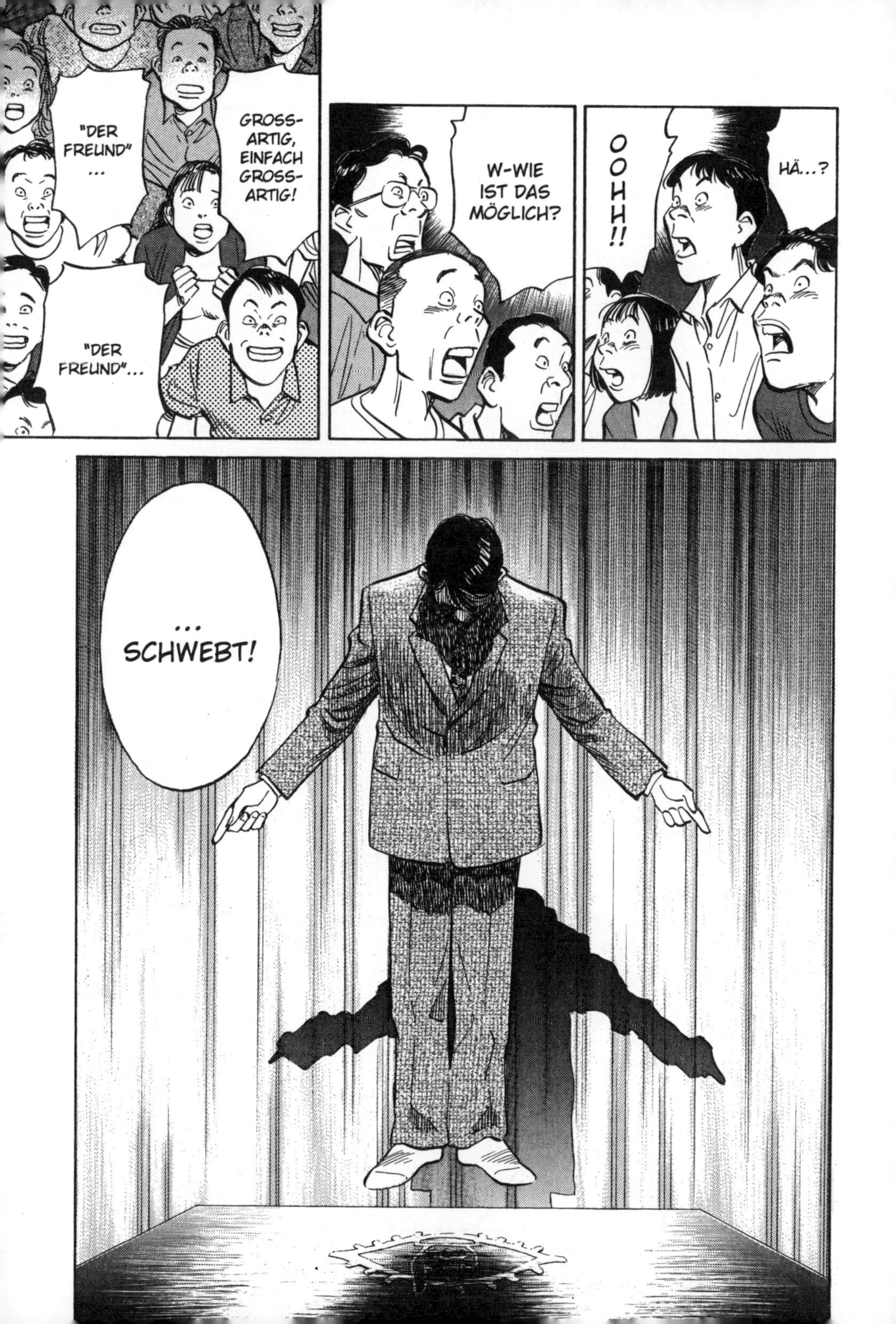

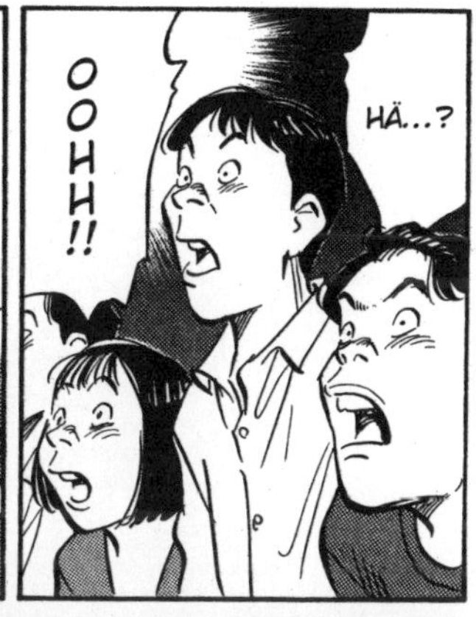
HÄ...?
OOHH!!

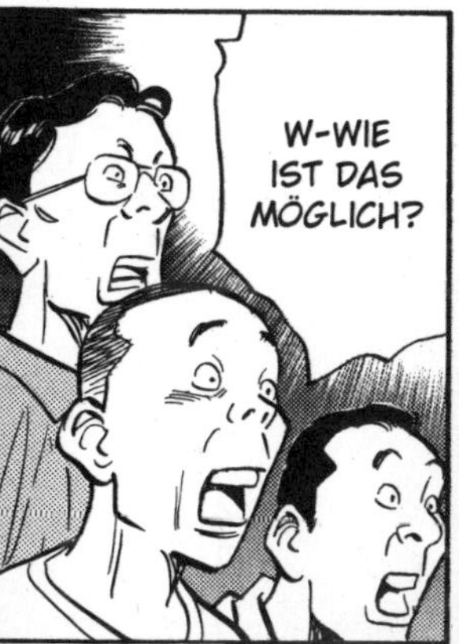
W-WIE IST DAS MÖGLICH?

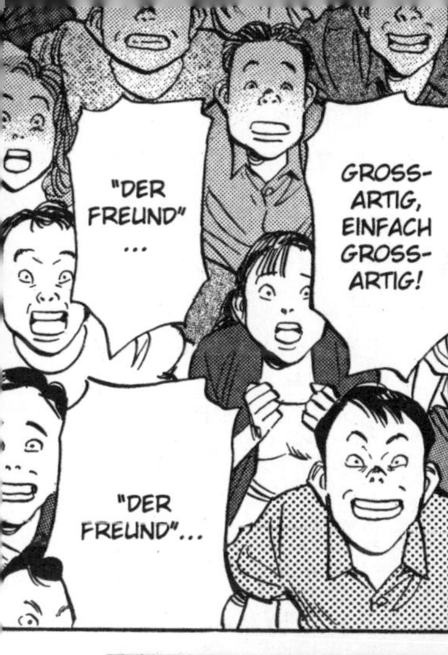
GROSS-ARTIG, EINFACH GROSS-ARTIG!
"DER FREUND" ...
"DER FREUND"...

... SCHWEBT!

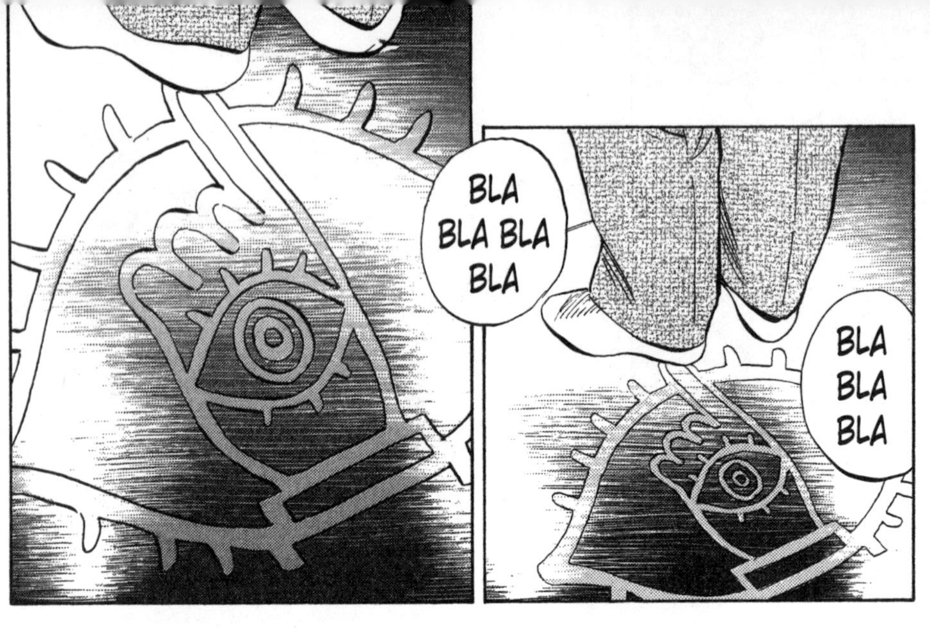
BLA
BLA BLA
BLA
BLA
BLA
BLA
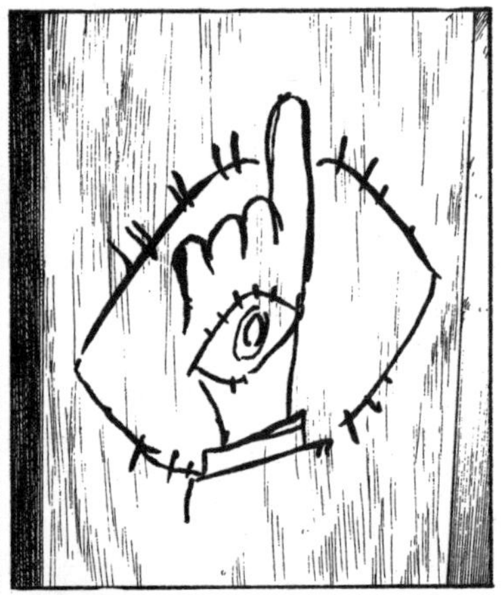
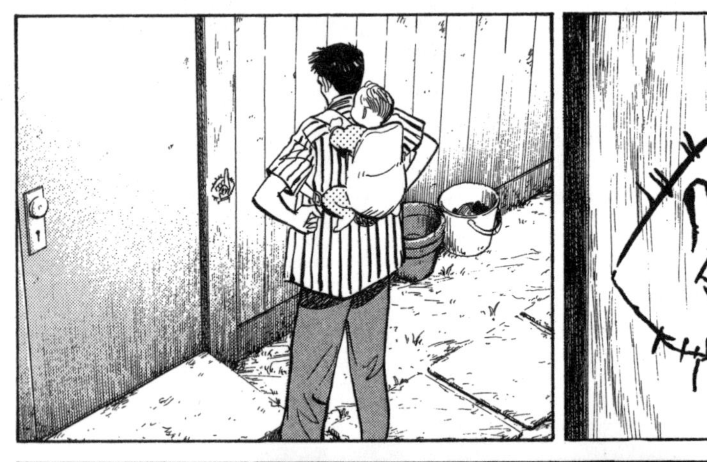
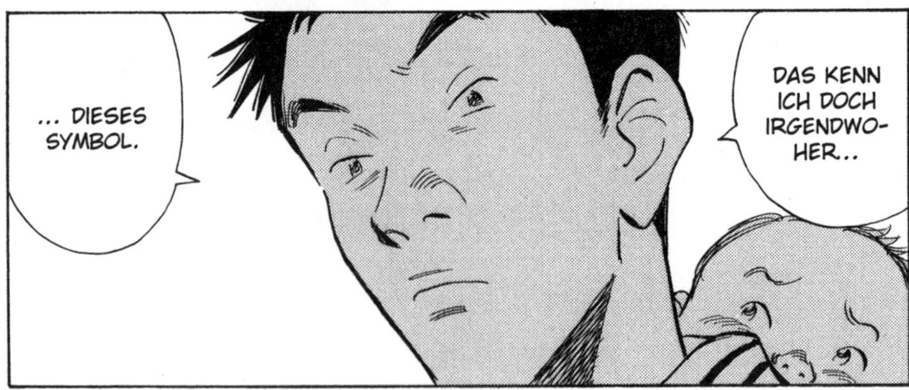
DAS KENN ICH DOCH IRGENDWO-HER...
... DIESES SYMBOL.

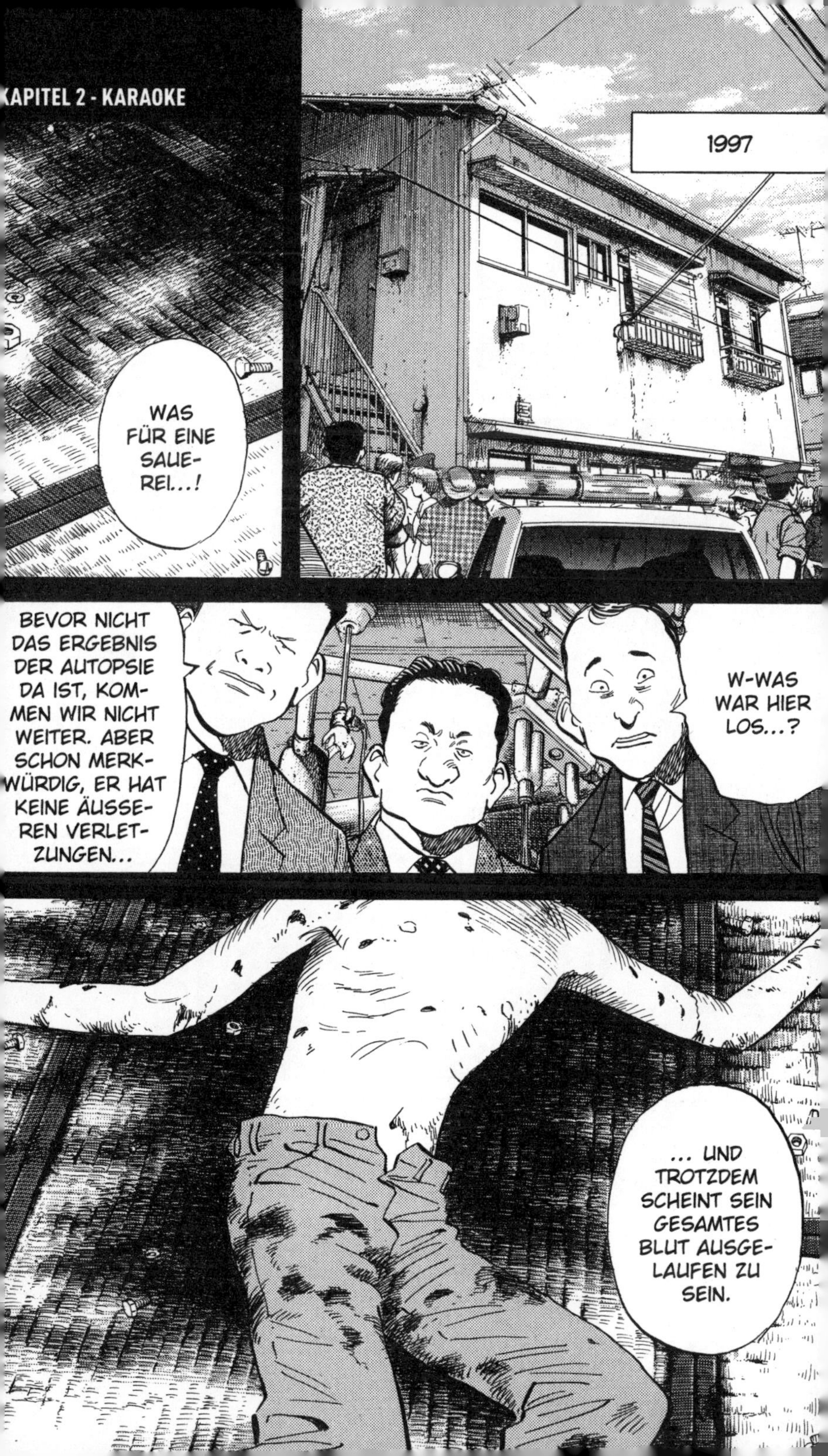
1997
KAPITEL 2 - KARAOKE
WAS FÜR EINE SAUEREI...!
W-WAS WAR HIER LOS...?
BEVOR NICHT DAS ERGEBNIS DER AUTOPSIE DA IST, KOMMEN WIR NICHT WEITER. ABER SCHON MERKWÜRDIG, ER HAT KEINE ÄUSSEREN VERLETZUNGEN...
... UND TROTZDEM SCHEINT SEIN GESAMTES BLUT AUSGELAUFEN ZU SEIN.

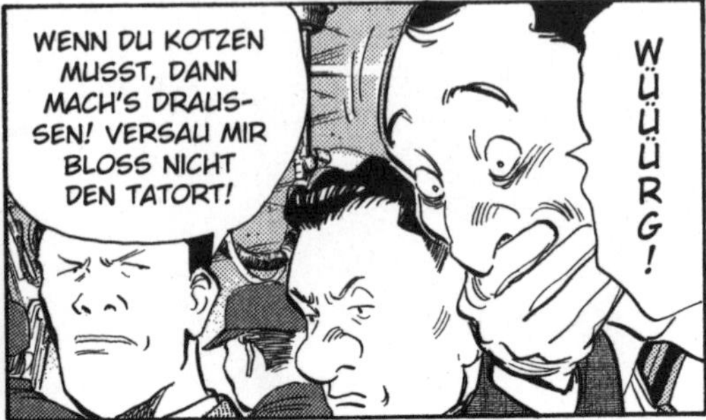
WÜÜÜRG!
WENN DU KOTZEN MUSST, DANN MACH'S DRAUS-SEN! VERSAU MIR BLOSS NICHT DEN TATORT!

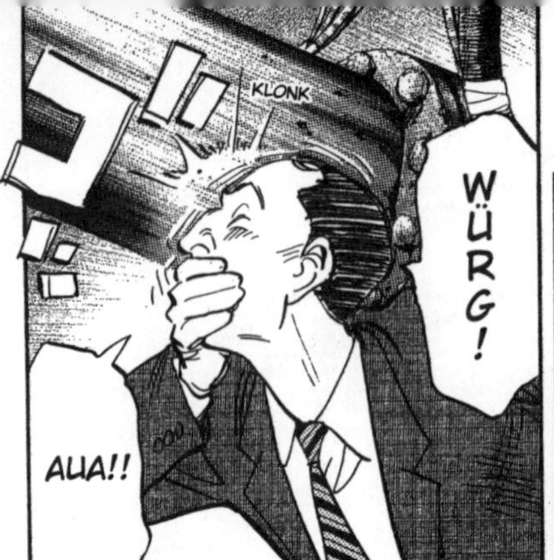
KLONK
WÜRG!
AUA!!

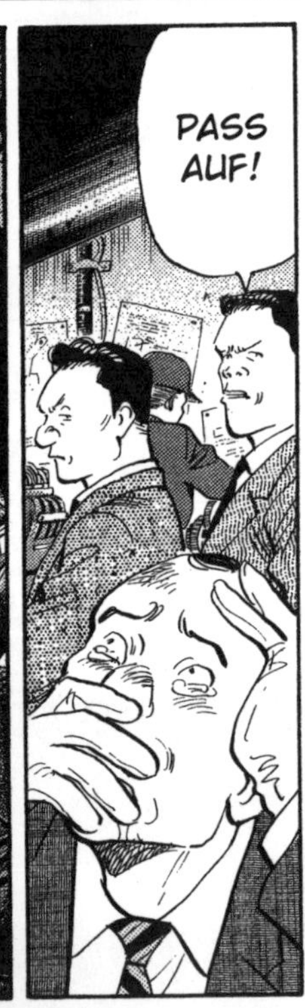
PASS AUF!

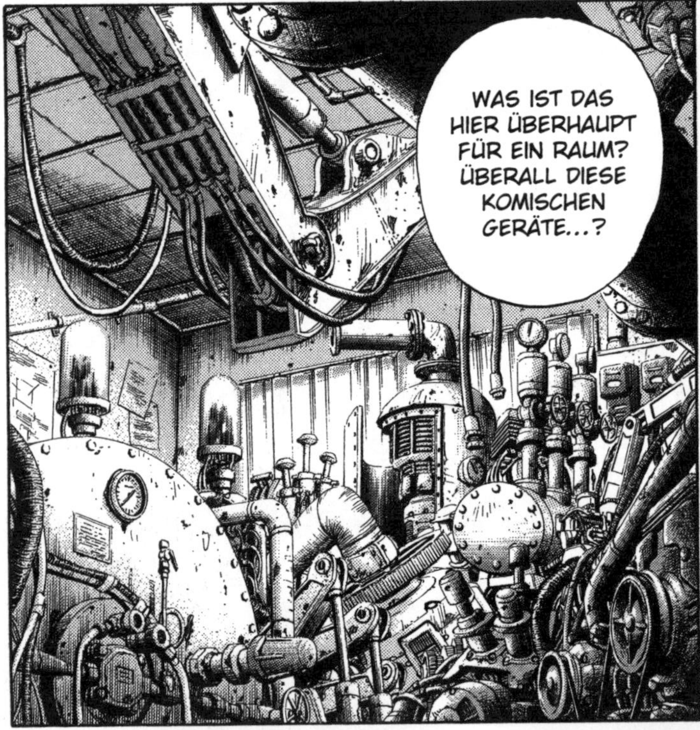
WAS IST DAS HIER ÜBERHAUPT FÜR EIN RAUM? ÜBERALL DIESE KOMISCHEN GERÄTE...?

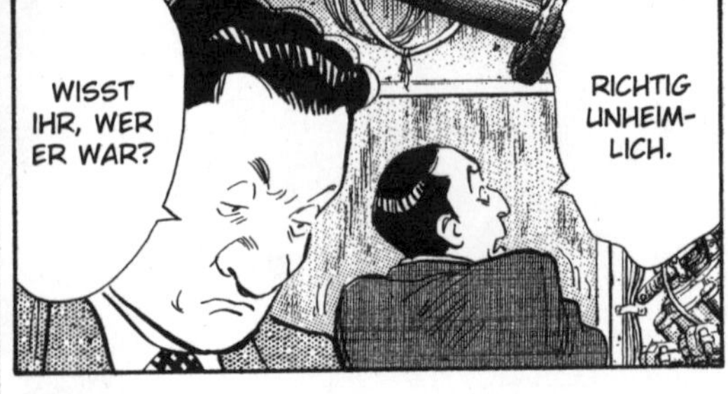
RICHTIG UNHEIM-LICH.
WISST IHR, WER ER WAR?

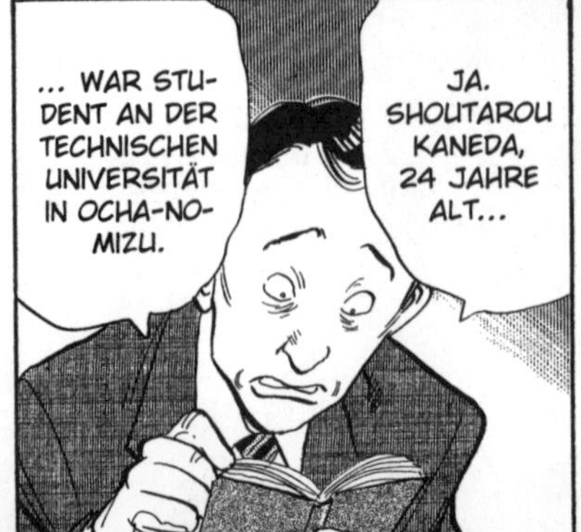
JA. SHOUTAROU KANEDA, 24 JAHRE ALT...
... WAR STU-DENT AN DER TECHNISCHEN UNIVERSITÄT IN OCHA-NOMIZU.

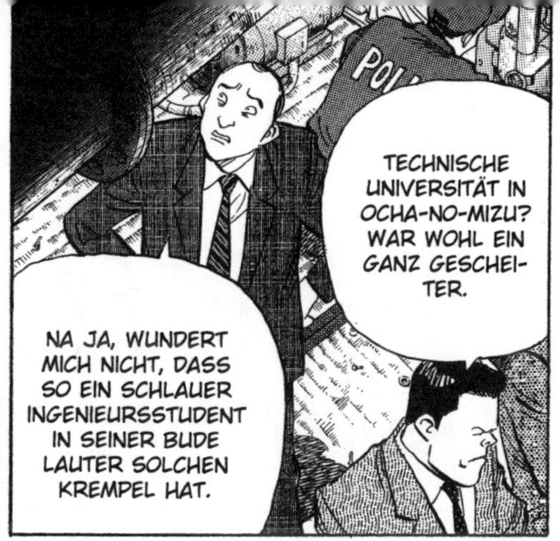
TECHNISCHE UNIVERSITÄT IN OCHA-NO-MIZU? WAR WOHL EIN GANZ GESCHEI-TER.
NA JA, WUNDERT MICH NICHT, DASS SO EIN SCHLAUER INGENIEURSSTUDENT IN SEINER BUDE LAUTER SOLCHEN KREMPEL HAT.

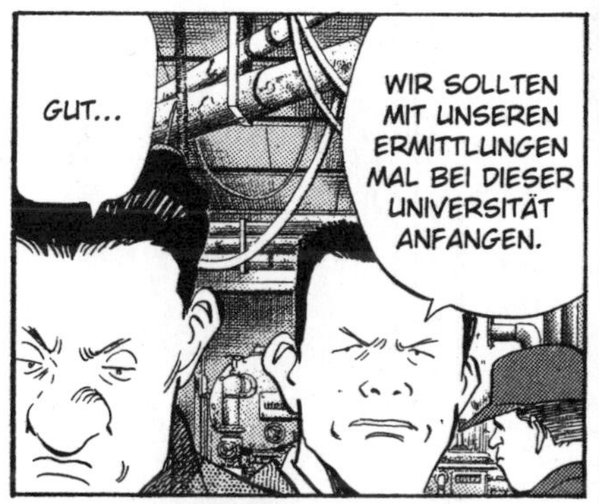
WIR SOLLTEN MIT UNSEREN ERMITTLUNGEN MAL BEI DIESER UNIVERSITÄT ANFANGEN.
GUT…

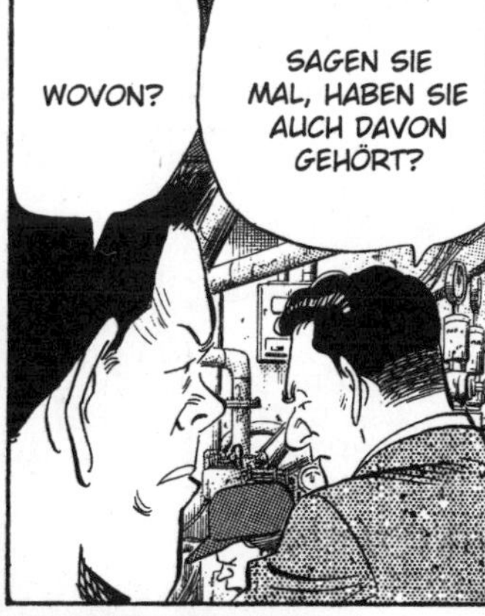
SAGEN SIE MAL, HABEN SIE AUCH DAVON GEHÖRT?
WOVON?

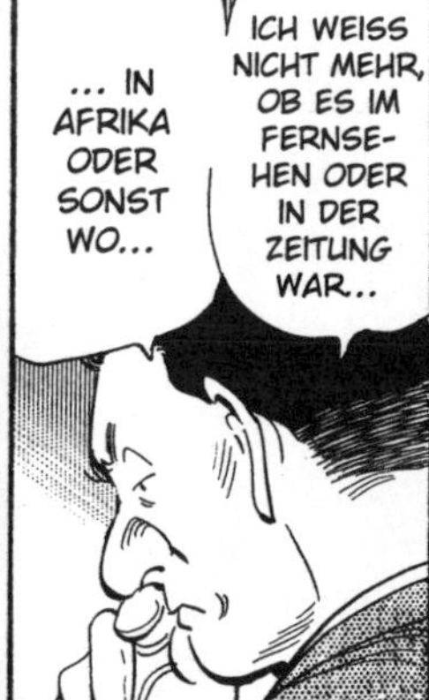
ICH WEISS NICHT MEHR, OB ES IM FERNSE-HEN ODER IN DER ZEITUNG WAR..
… IN AFRIKA ODER SONST WO…

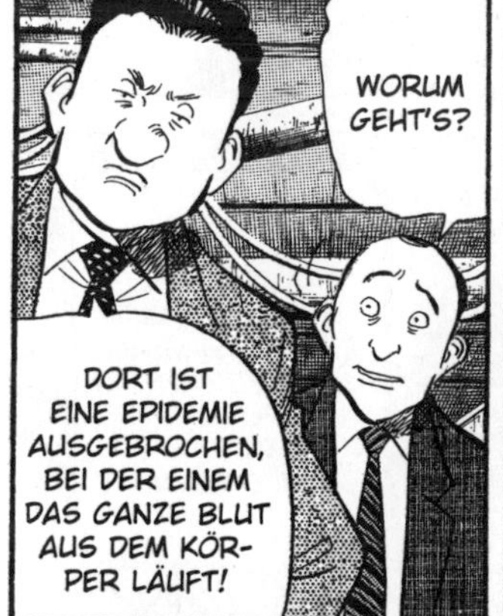
WORUM GEHT'S?
DORT IST EINE EPIDEMIE AUSGEBROCHEN, BEI DER EINEM DAS GANZE BLUT AUS DEM KÖR-PER LÄUFT!

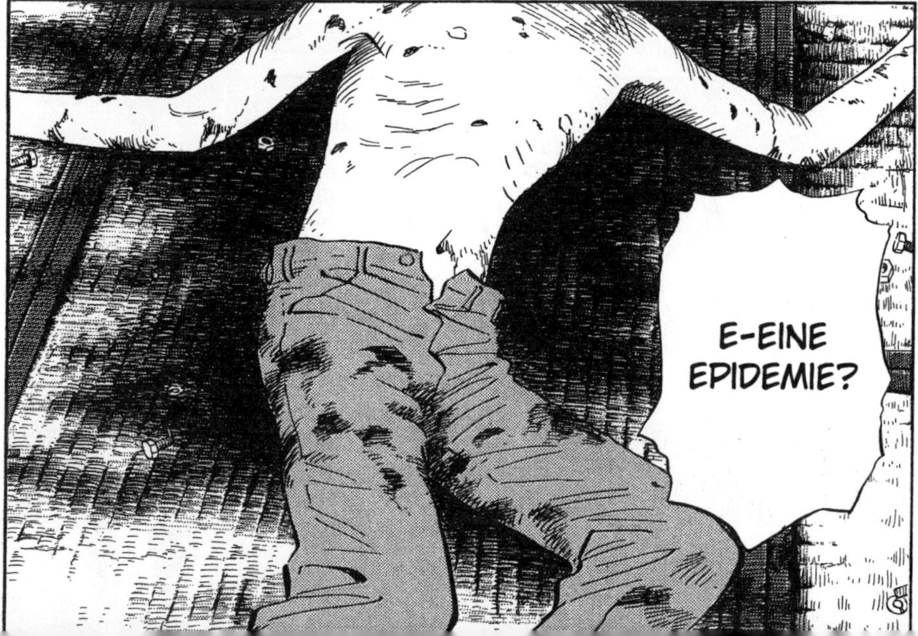
E-EINE EPIDEMIE?

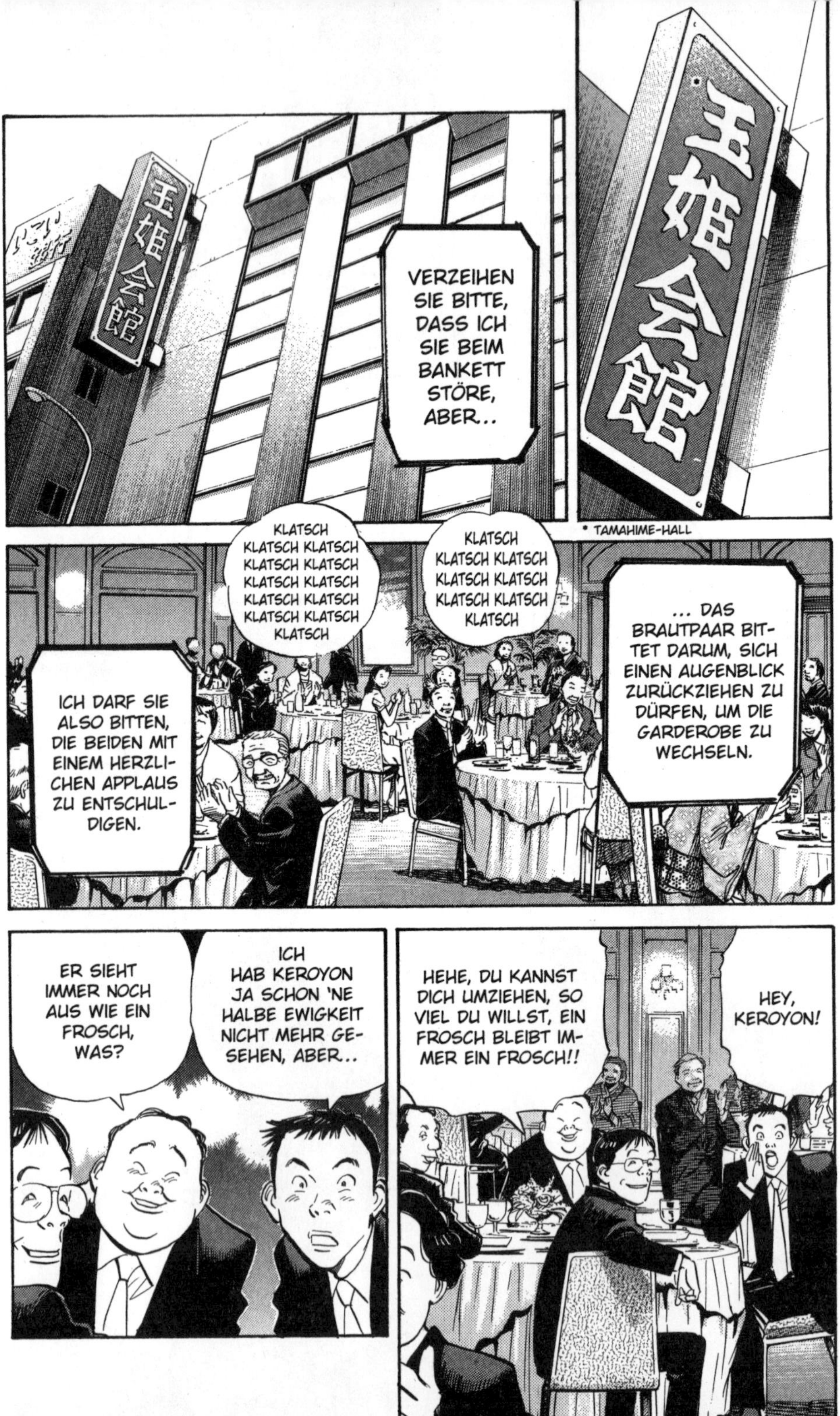

玉姫会館*

VERZEIHEN SIE BITTE, DASS ICH SIE BEIM BANKETT STÖRE, ABER...

* TAMAHIME-HALL

... DAS BRAUTPAAR BITTET DARUM, SICH EINEN AUGENBLICK ZURÜCKZIEHEN ZU DÜRFEN, UM DIE GARDEROBE ZU WECHSELN.

KLATSCH KLATSCH KLATSCH KLATSCH KLATSCH KLATSCH KLATSCH KLATSCH

KLATSCH KLATSCH KLATSCH KLATSCH KLATSCH KLATSCH KLATSCH KLATSCH KLATSCH KLATSCH KLATSCH KLATSCH

ICH DARF SIE ALSO BITTEN, DIE BEIDEN MIT EINEM HERZLICHEN APPLAUS ZU ENTSCHULDIGEN.

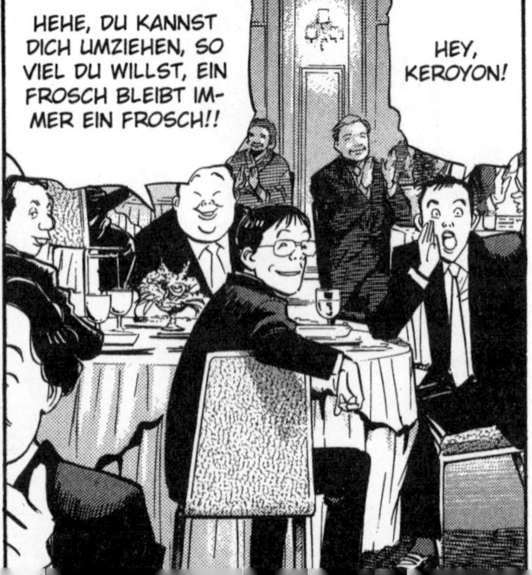

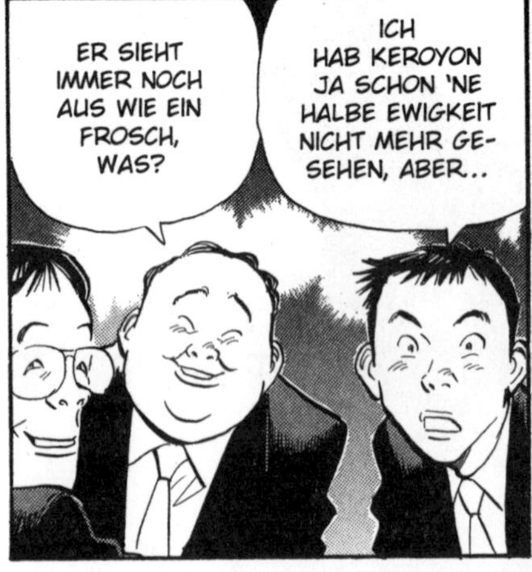

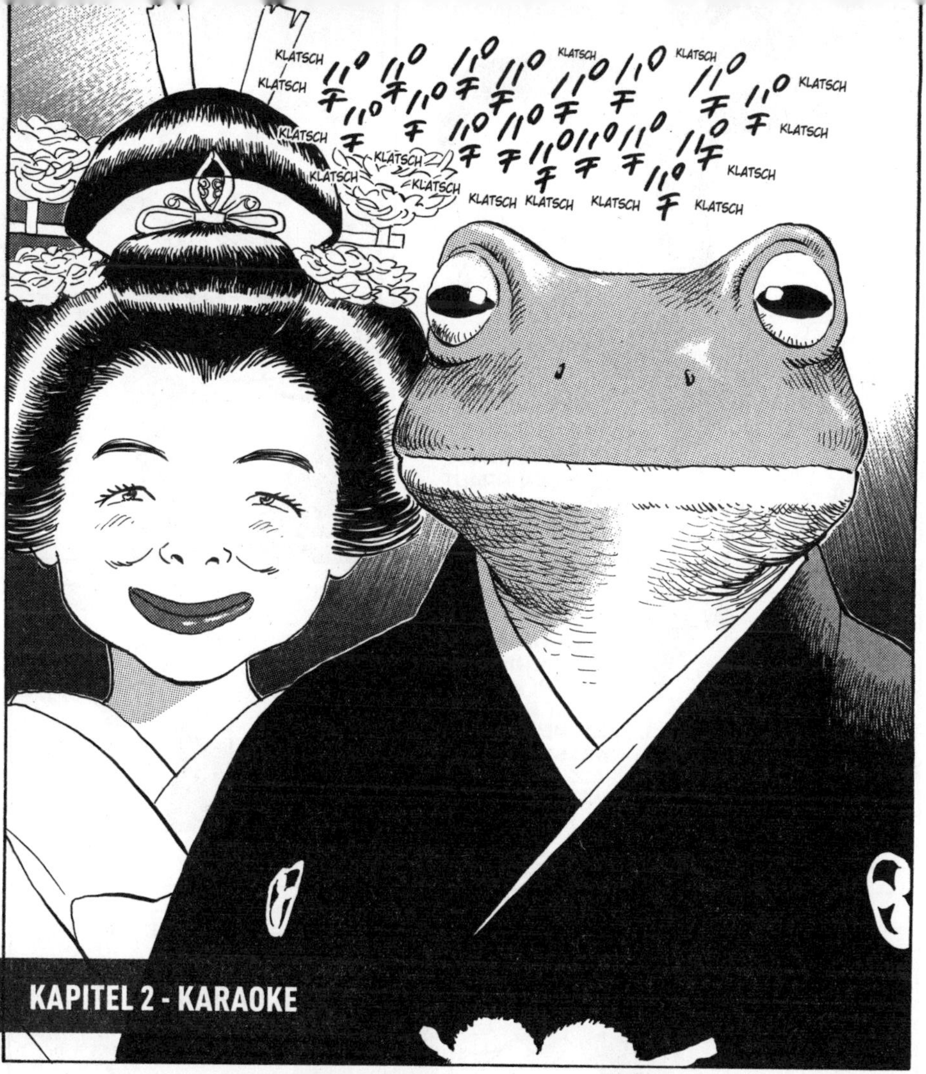

KAPITEL 2 - KARAOKE

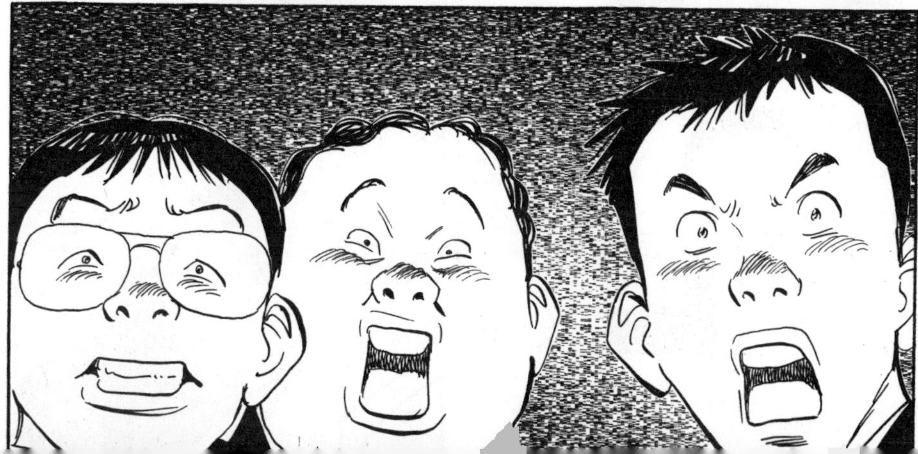

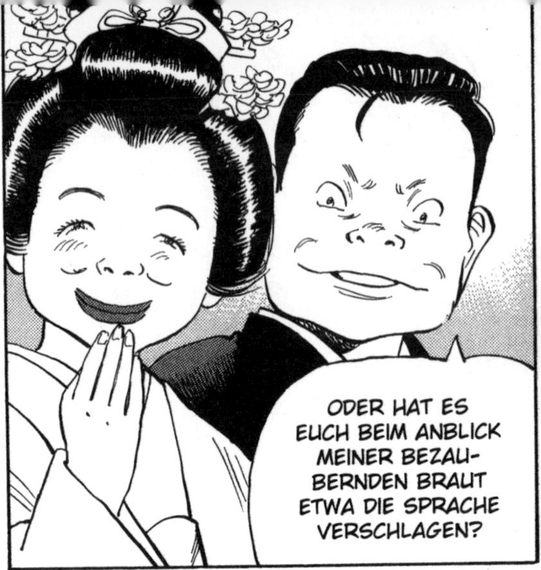
ODER HAT ES EUCH BEIM ANBLICK MEINER BEZAU-BERNDEN BRAUT ETWA DIE SPRACHE VERSCHLAGEN?
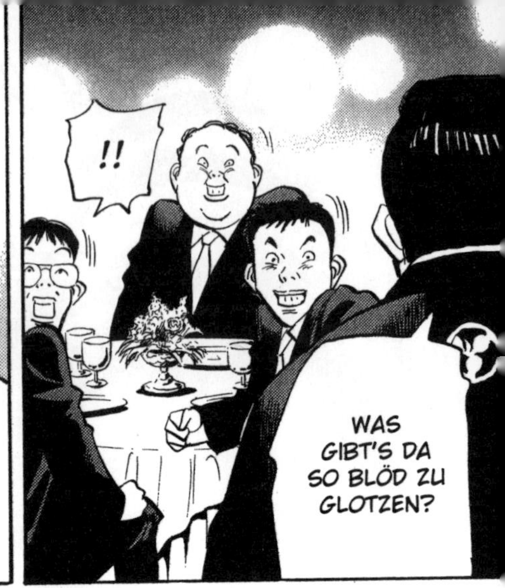
!!
WAS GIBT'S DA SO BLÖD ZU GLOTZEN?
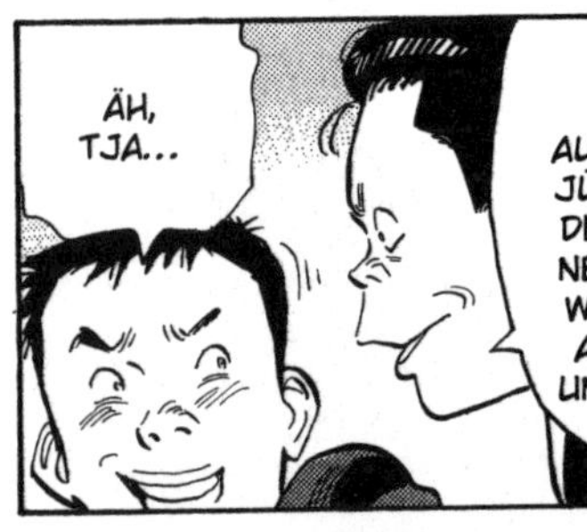
ÄH, TJA...
KENJI, WIR WERDEN AUCH NICHT MEHR JÜNGER! AUSSER DIR IST HIER KEI-NER MEHR LEDIG. WILLST DU NICHT AUCH LANGSAM UNTER DIE HAUBE KOMMEN?
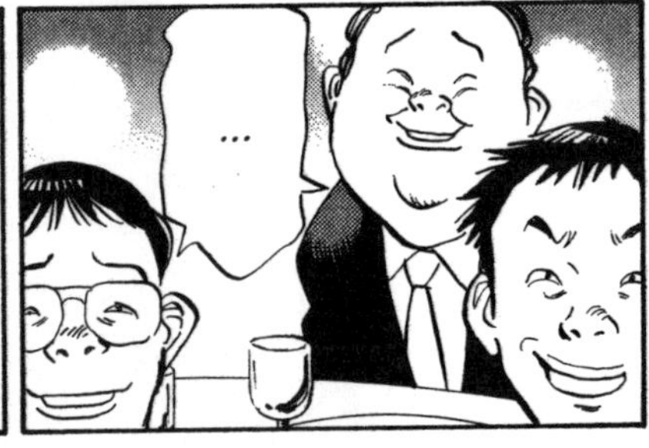
...
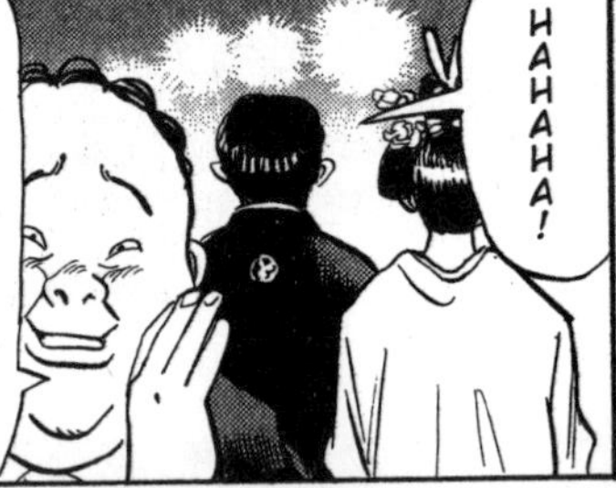
SEINE FRAU TUT MIR ECHT LEID! SIE MUSS IHM JETZT EIN PAAR DUTZEND KAULQUAP-PEN GE-BÄREN!
HAHAHA!
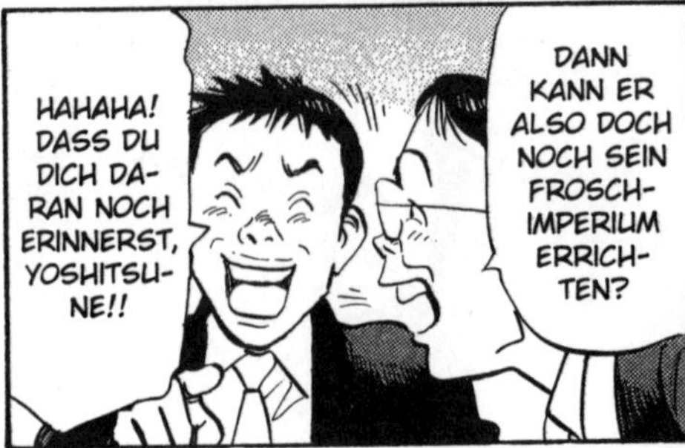
HAHAHA! DASS DU DICH DA-RAN NOCH ERINNERST, YOSHITSU-NE!!
DANN KANN ER ALSO DOCH NOCH SEIN FROSCH-IMPERIUM ERRICH-TEN?
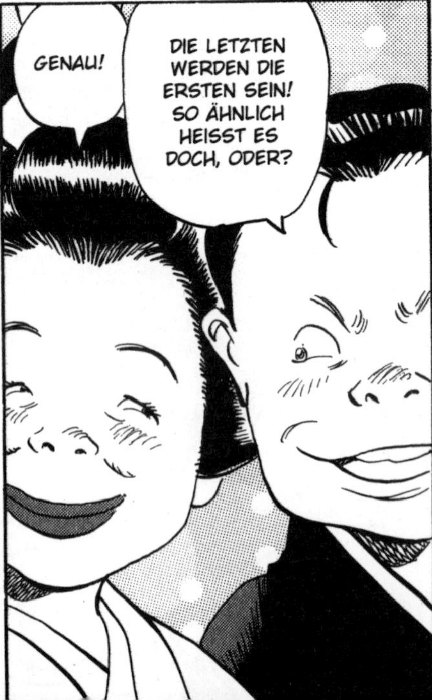
DIE LETZTEN WERDEN DIE ERSTEN SEIN! SO ÄHNLICH HEISST ES DOCH, ODER?
GENAU!

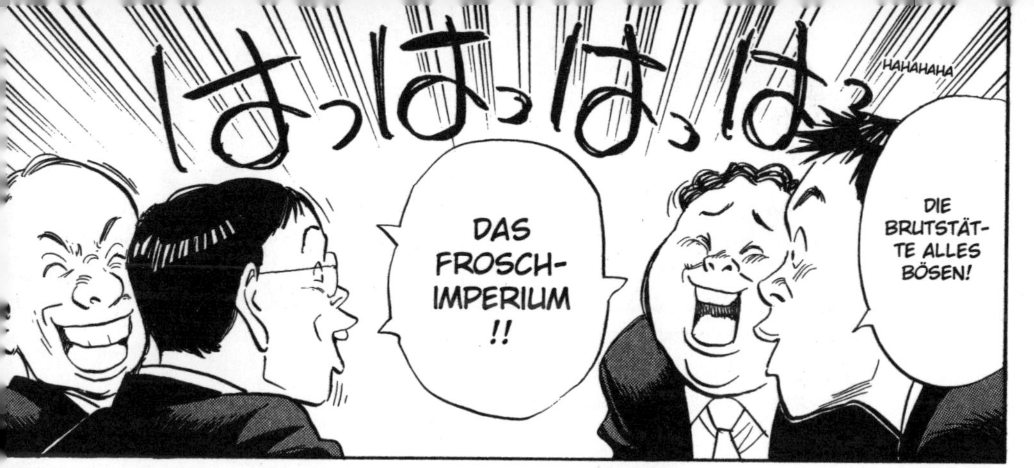

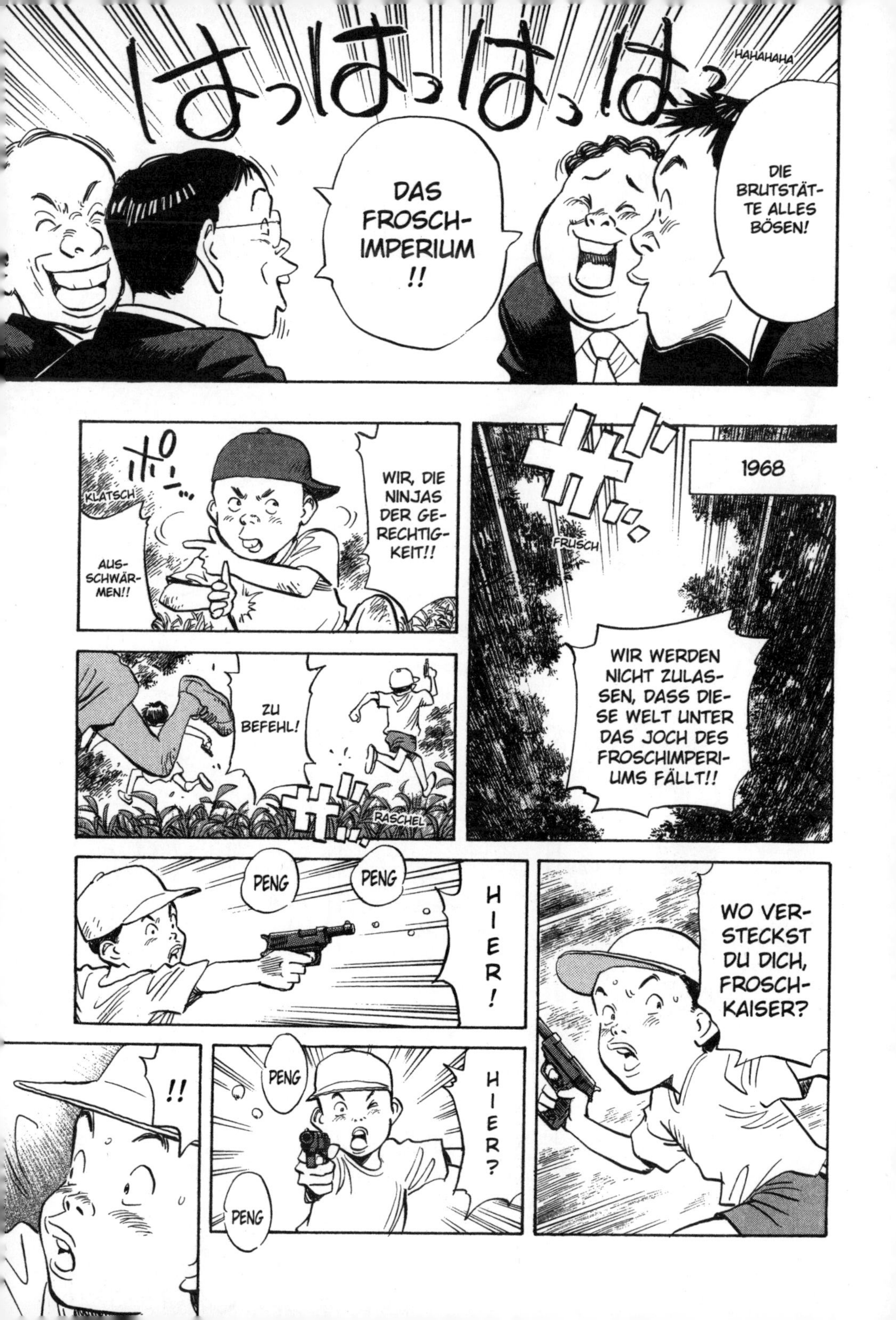

1968

FRUSCH

WIR WERDEN NICHT ZULASSEN, DASS DIESE WELT UNTER DAS JOCH DES FROSCHIMPERIUMS FÄLLT!!

WIR, DIE NINJAS DER GERECHTIGKEIT!!

KLATSCH

AUSSCHWÄRMEN!!

ZU BEFEHL!

RASCHEL

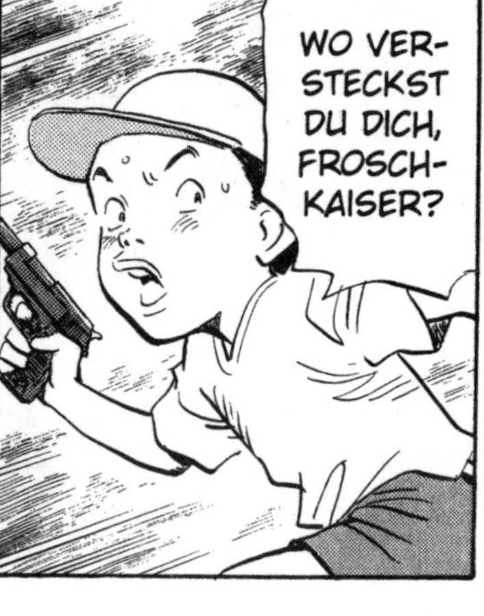

HIER!

PENG

PENG

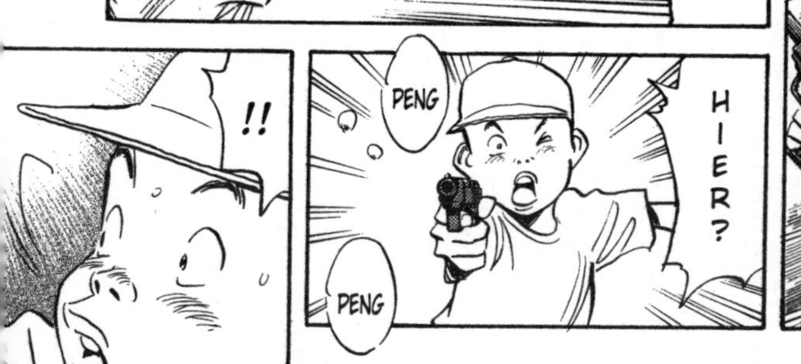

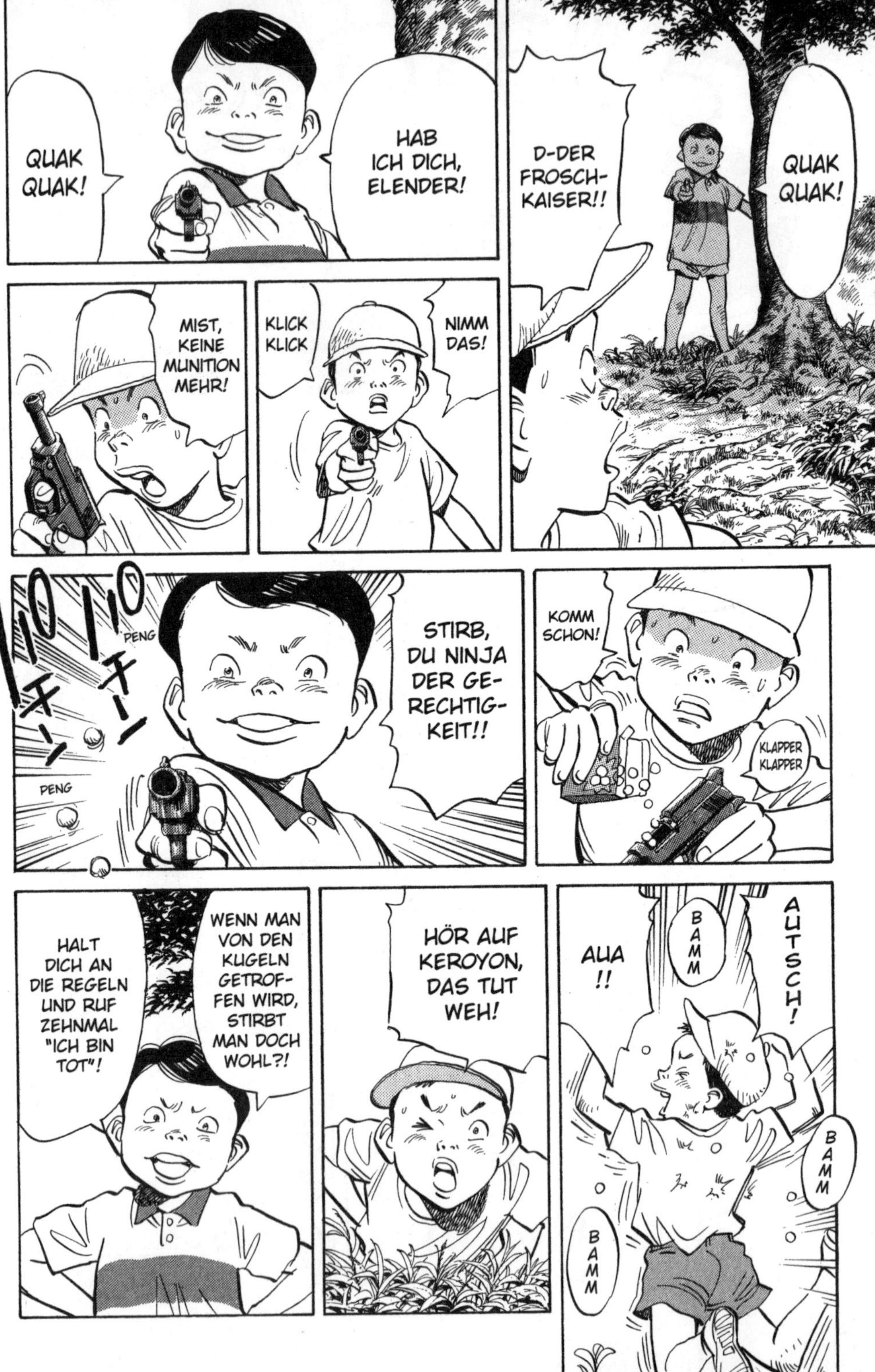
QUAK QUAK!
D-DER FROSCH-KAISER!!
HAB ICH DICH, ELENDER!
QUAK QUAK!
NIMM DAS!
KLICK KLICK
MIST, KEINE MUNITION MEHR!
KOMM SCHON!
KLAPPER KLAPPER
STIRB, DU NINJA DER GE-RECHTIG-KEIT!!
PENG
PENG
AUTSCH!
BAMM
AUA!!
BAMM
BAMM
HÖR AUF KEROYON, DAS TUT WEH!
WENN MAN VON DEN KUGELN GETROF-FEN WIRD, STIRBT MAN DOCH WOHL?!
HALT DICH AN DIE REGELN UND RUF ZEHNMAL "ICH BIN TOT"!

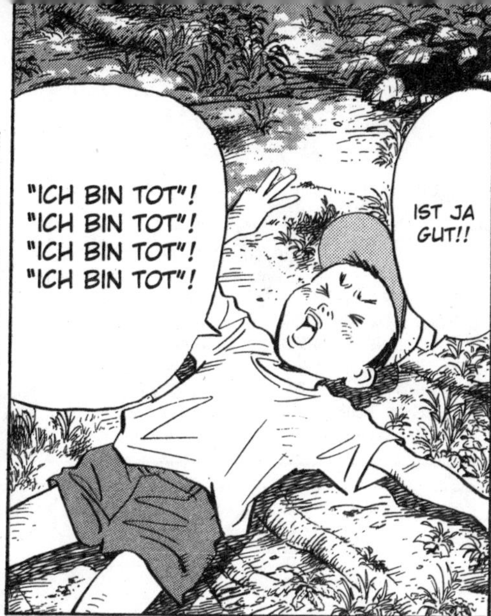
IST JA GUT!!
"ICH BIN TOT"! "ICH BIN TOT"! "ICH BIN TOT"! "ICH BIN TOT"!

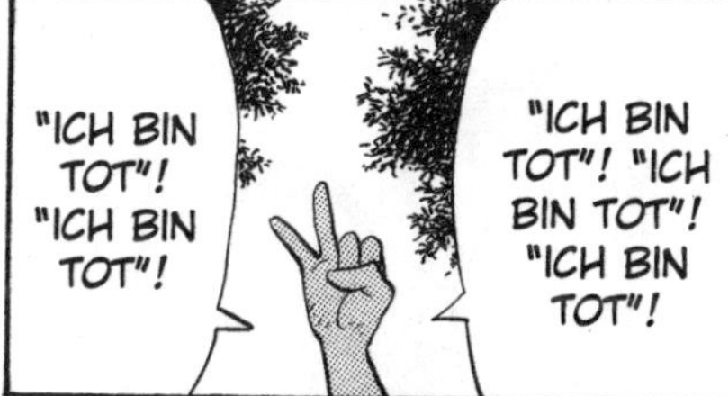
"ICH BIN TOT"! "ICH BIN TOT"! "ICH BIN TOT"!
"ICH BIN TOT"! "ICH BIN TOT"!

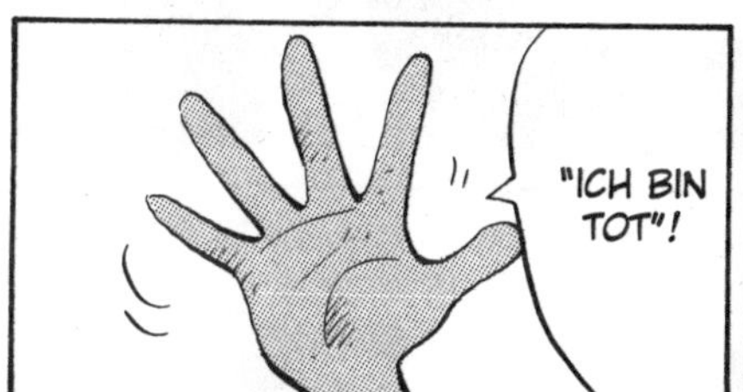
"ICH BIN TOT"!

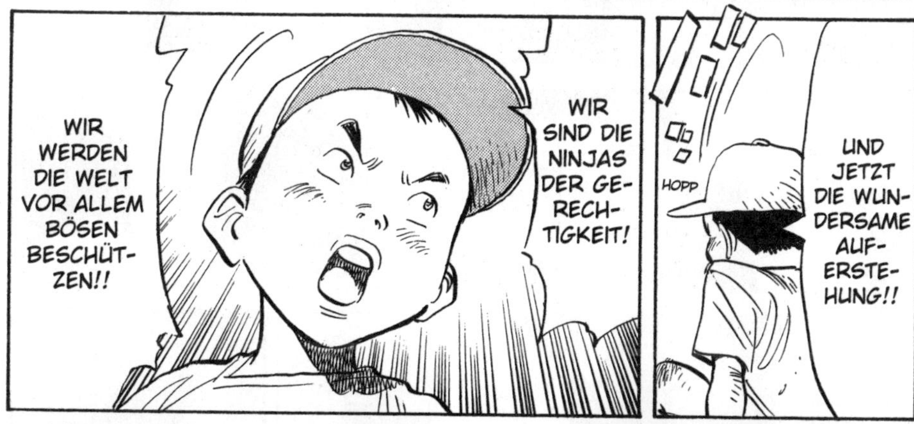
UND JETZT DIE WUNDERSAME AUFERSTEHUNG!!
HOPP
WIR SIND DIE NINJAS DER GERECHTIGKEIT!
WIR WERDEN DIE WELT VOR ALLEM BÖSEN BESCHÜTZEN!!

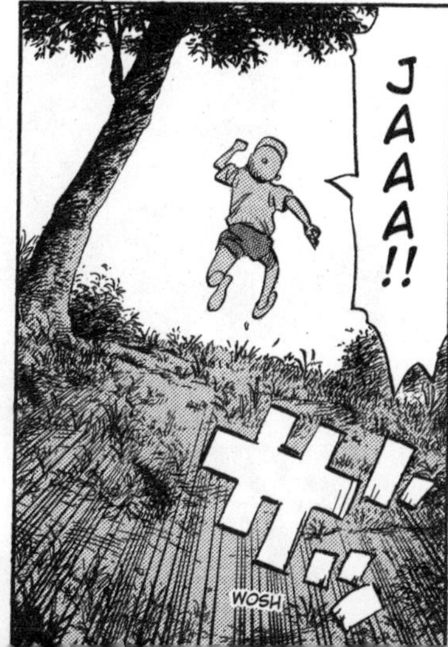
JAAAA!!
WOSH

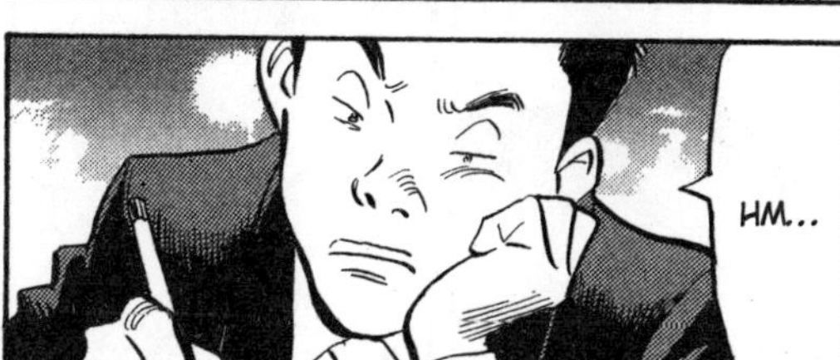
HM...

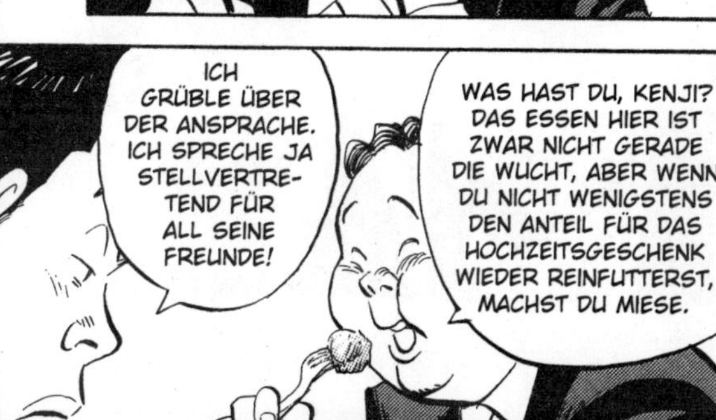
WAS HAST DU, KENJI? DAS ESSEN HIER IST ZWAR NICHT GERADE DIE WUCHT, ABER WENN DU NICHT WENIGSTENS DEN ANTEIL FÜR DAS HOCHZEITSGESCHENK WIEDER REINFUTTERST, MACHST DU MIESE.
ICH GRÜBLE ÜBER DER ANSPRACHE. ICH SPRECHE JA STELLVERTRETEND FÜR ALL SEINE FREUNDE!

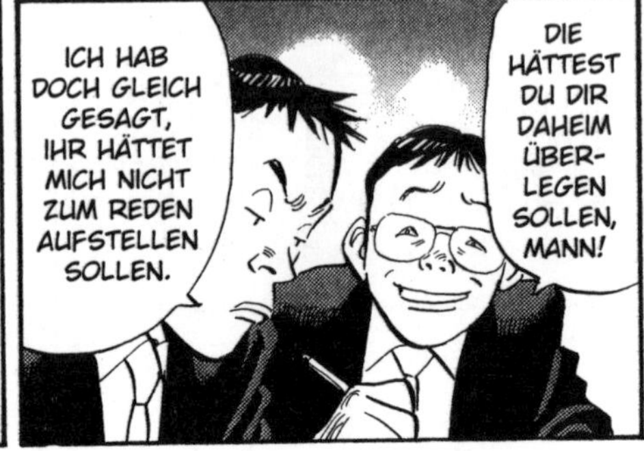
DIE HÄTTEST DU DIR DAHEIM ÜBER-LEGEN SOLLEN, MANN!
ICH HAB DOCH GLEICH GESAGT, IHR HÄTTET MICH NICHT ZUM REDEN AUFSTELLEN SOLLEN.

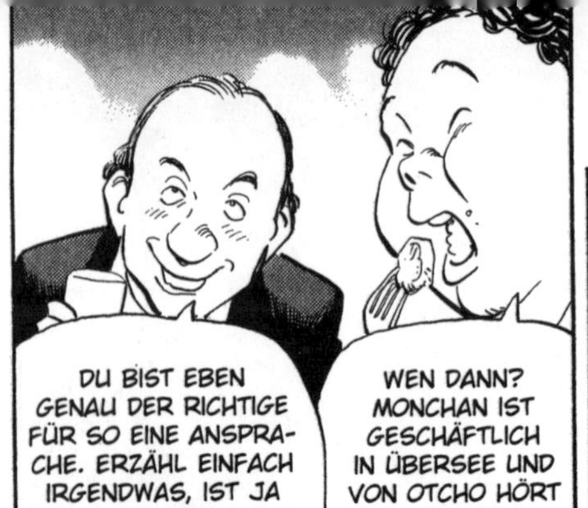
WEN DANN? MONCHAN IST GESCHÄFTLICH IN ÜBERSEE UND VON OTCHO HÖRT MAN JA NICHTS MEHR.
DU BIST EBEN GENAU DER RICHTIGE FÜR SO EINE ANSPRA-CHE. ERZÄHL EINFACH IRGENDWAS, IST JA EH BLOSS KEROYONS HOCHZEITSFEIER.

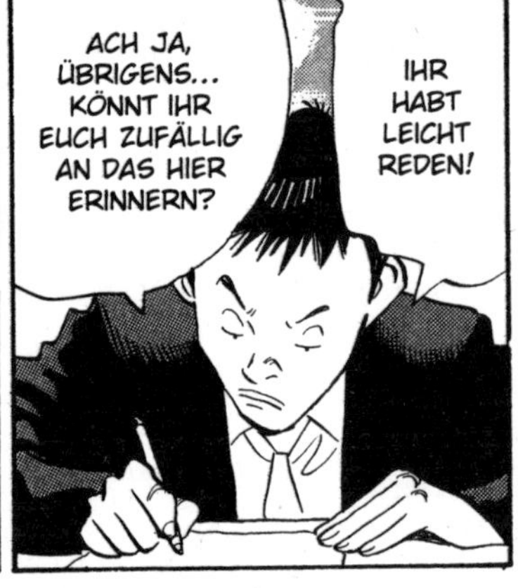
IHR HABT LEICHT REDEN!
ACH JA, ÜBRIGENS... KÖNNT IHR EUCH ZUFÄLLIG AN DAS HIER ERINNERN?

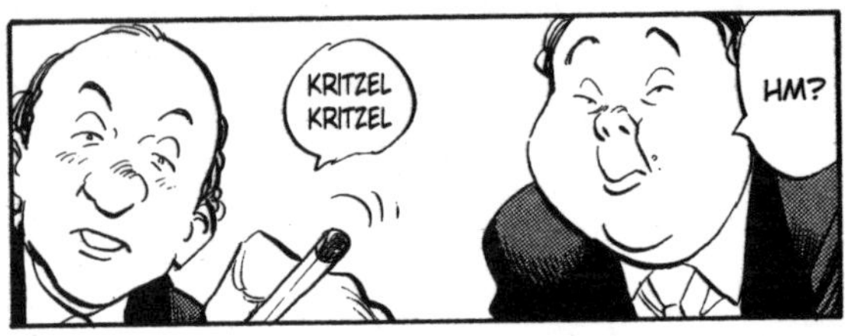
HM?
KRITZEL KRITZEL

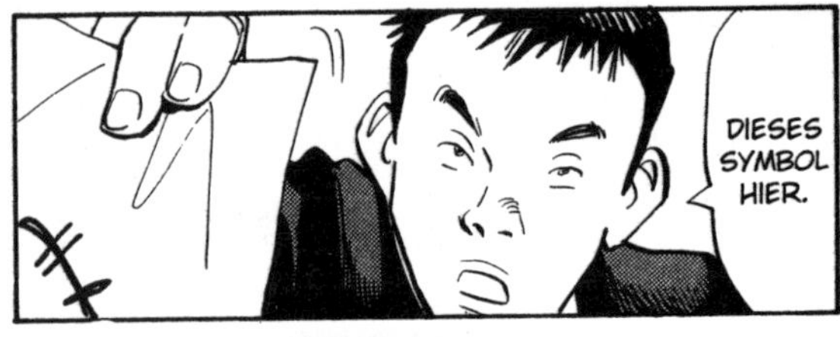
DIESES SYMBOL HIER.

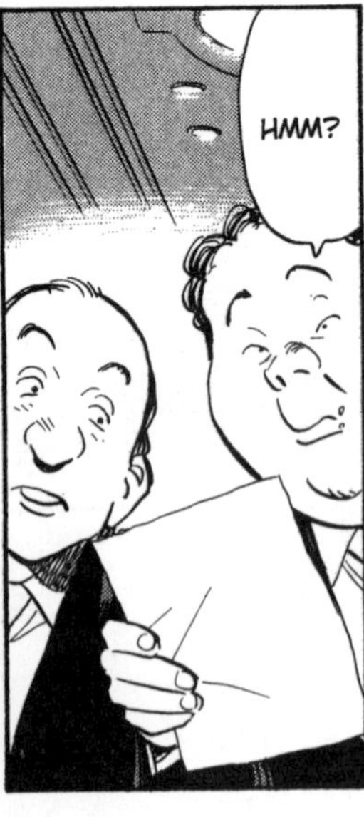
HMM?

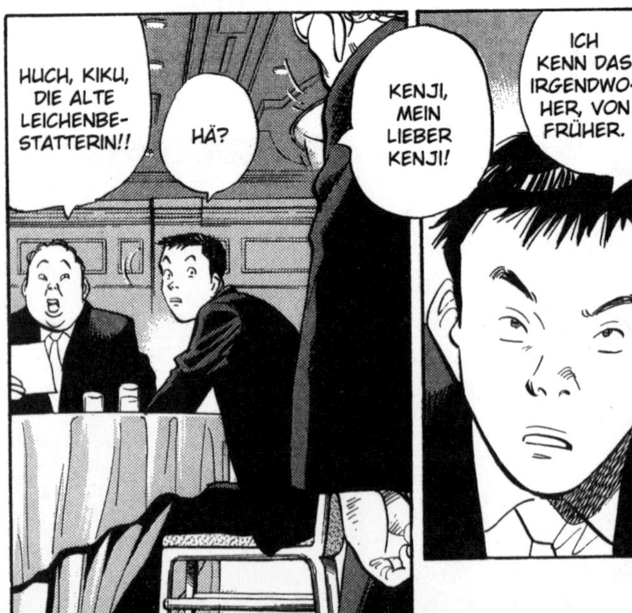
ICH KENN DAS IRGENDWO-HER, VON FRÜHER.
KENJI, MEIN LIEBER KENJI!
HÄ?
HUCH, KIKU, DIE ALTE LEICHENBE-STATTERIN!!

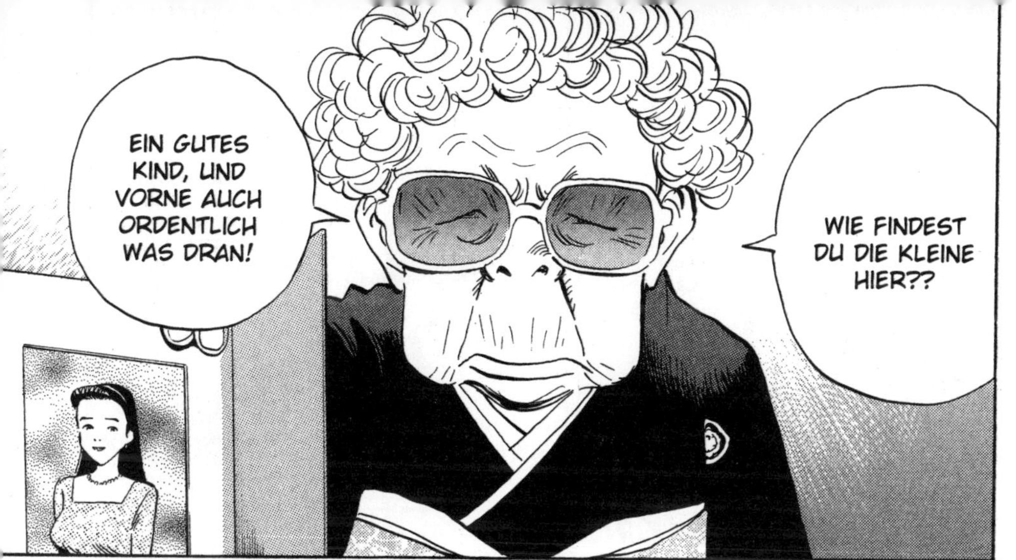
WIE FINDEST DU DIE KLEINE HIER??
EIN GUTES KIND, UND VORNE AUCH ORDENTLICH WAS DRAN!

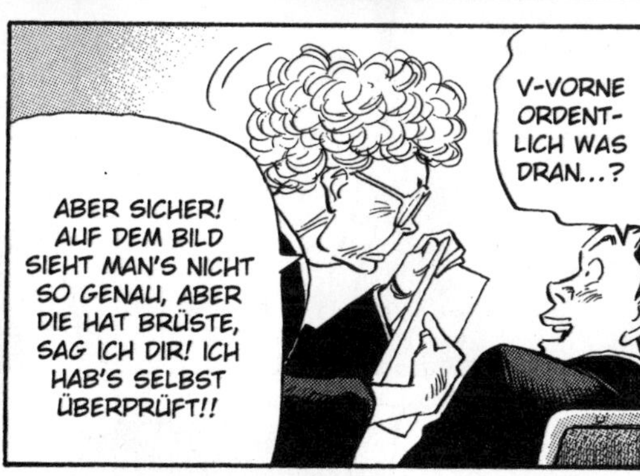
V-VORNE ORDENTLICH WAS DRAN...?
ABER SICHER! AUF DEM BILD SIEHT MAN'S NICHT SO GENAU, ABER DIE HAT BRÜSTE, SAG ICH DIR! ICH HAB'S SELBST ÜBERPRÜFT!!

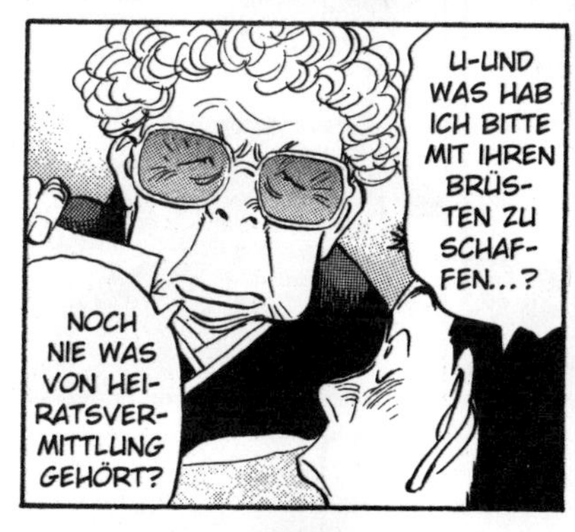
U-UND WAS HAB ICH BITTE MIT IHREN BRÜSTEN ZU SCHAFFEN...?
NOCH NIE WAS VON HEIRATSVERMITTLUNG GEHÖRT?

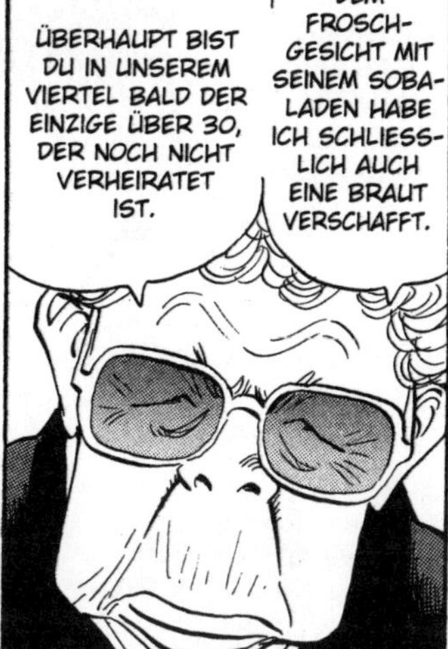
DEM FROSCHGESICHT MIT SEINEM SOBALADEN HABE ICH SCHLIESSLICH AUCH EINE BRAUT VERSCHAFFT.
ÜBERHAUPT BIST DU IN UNSEREM VIERTEL BALD DER EINZIGE ÜBER 30, DER NOCH NICHT VERHEIRATET IST.

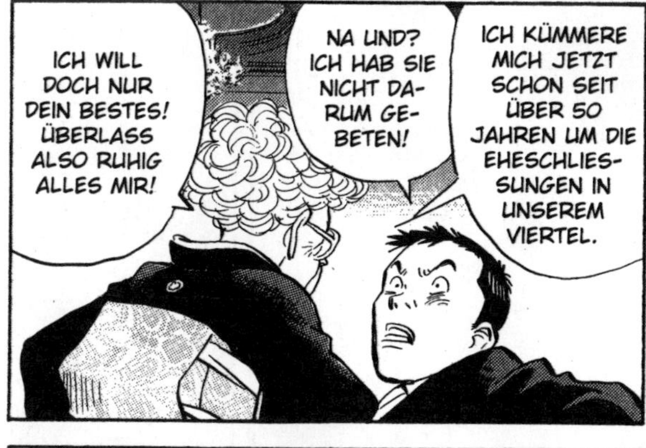
ICH KÜMMERE MICH JETZT SCHON SEIT ÜBER 50 JAHREN UM DIE EHESCHLIESSUNGEN IN UNSEREM VIERTEL.
NA UND? ICH HAB SIE NICHT DARUM GEBETEN!
ICH WILL DOCH NUR DEIN BESTES! ÜBERLASS ALSO RUHIG ALLES MIR!

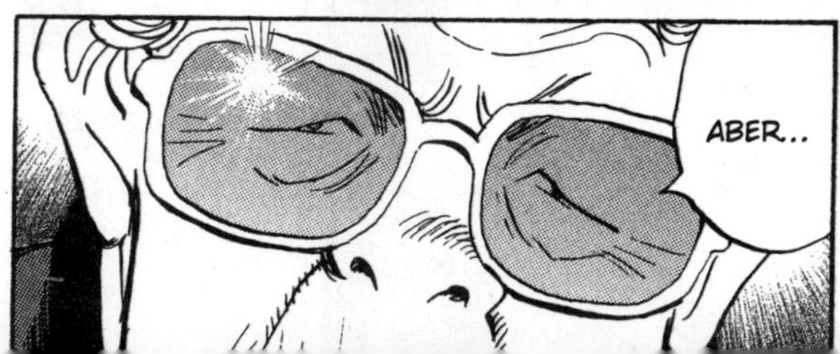
ABER...

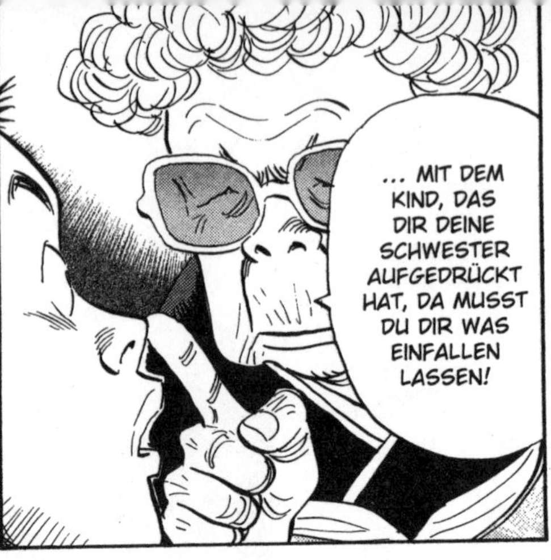
... MIT DEM KIND, DAS DIR DEINE SCHWESTER AUFGEDRÜCKT HAT, DA MUSST DU DIR WAS EINFALLEN LASSEN!

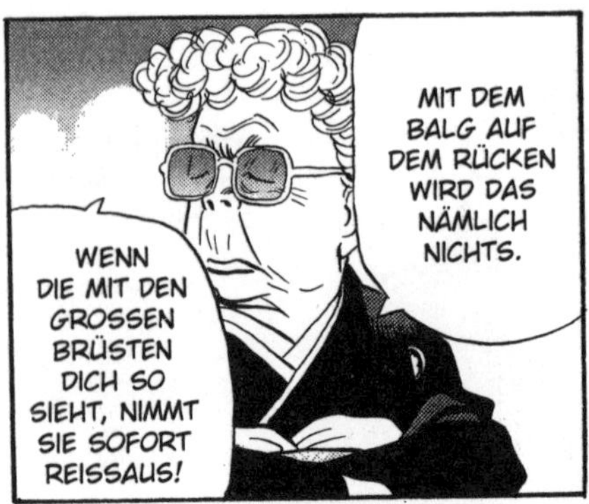
MIT DEM BALG AUF DEM RÜCKEN WIRD DAS NÄMLICH NICHTS.
WENN DIE MIT DEN GROSSEN BRÜSTEN DICH SO SIEHT, NIMMT SIE SOFORT REISSAUS!

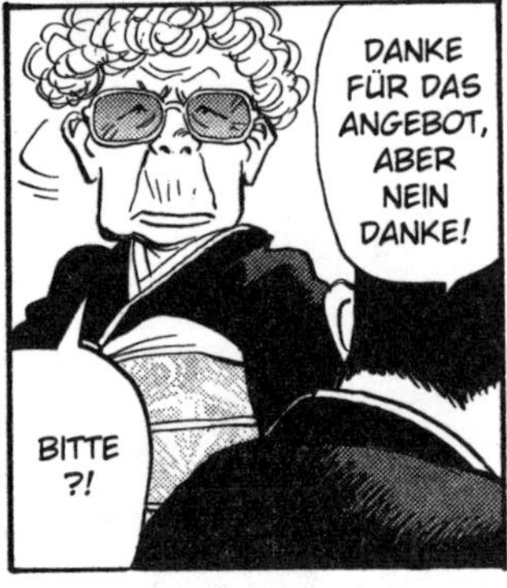
DANKE FÜR DAS ANGEBOT, ABER NEIN DANKE!
BITTE ?!

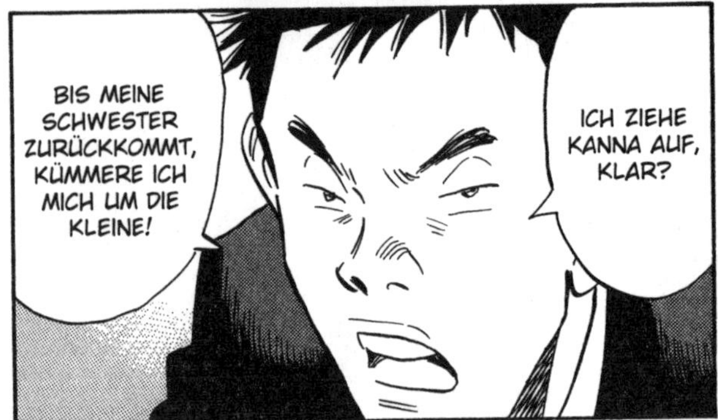
ICH ZIEHE KANNA AUF, KLAR?
BIS MEINE SCHWESTER ZURÜCKKOMMT, KÜMMERE ICH MICH UM DIE KLEINE!

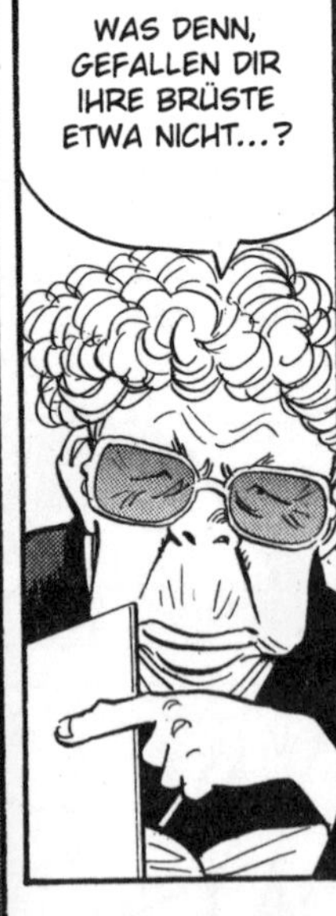
WAS DENN, GEFALLEN DIR IHRE BRÜSTE ETWA NICHT...?

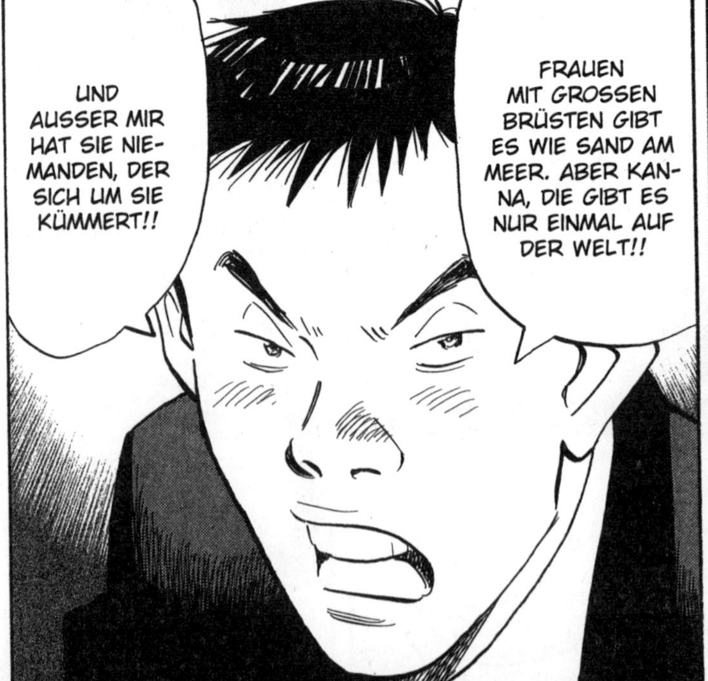
FRAUEN MIT GROSSEN BRÜSTEN GIBT ES WIE SAND AM MEER. ABER KAN-NA, DIE GIBT ES NUR EINMAL AUF DER WELT!!
UND AUSSER MIR HAT SIE NIE-MANDEN, DER SICH UM SIE KÜMMERT!!

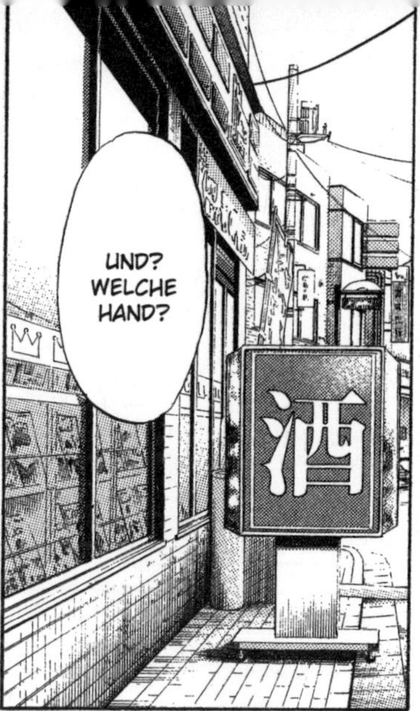
UND? WELCHE HAND?

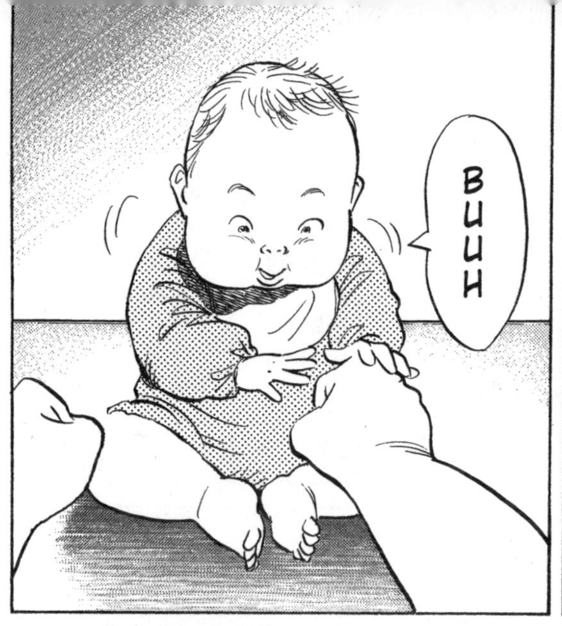
BUUH

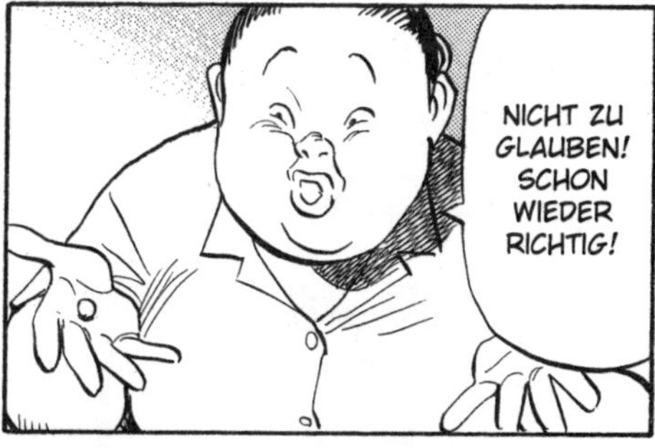
NICHT ZU GLAUBEN! SCHON WIEDER RICHTIG!

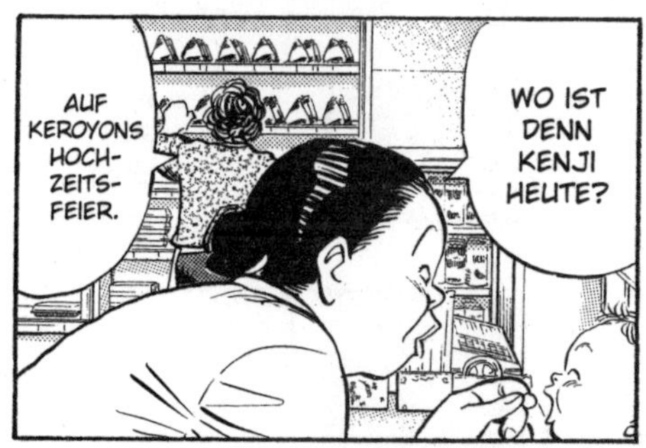
WO IST DENN KENJI HEUTE?
AUF KEROYONS HOCHZEITSFEIER.

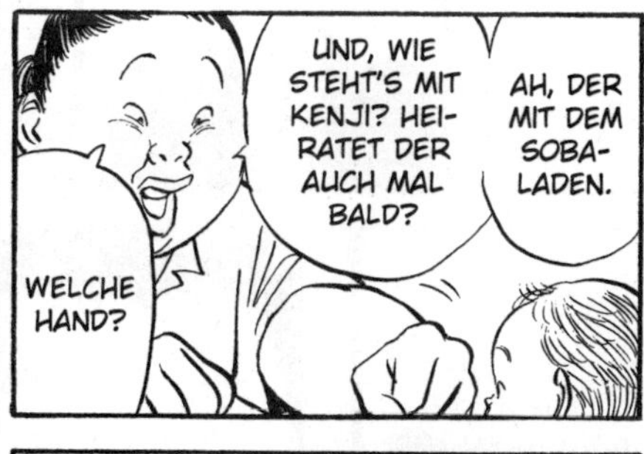
AH, DER MIT DEM SOBA-LADEN.
UND, WIE STEHT'S MIT KENJI? HEIRATET DER AUCH MAL BALD?
WELCHE HAND?

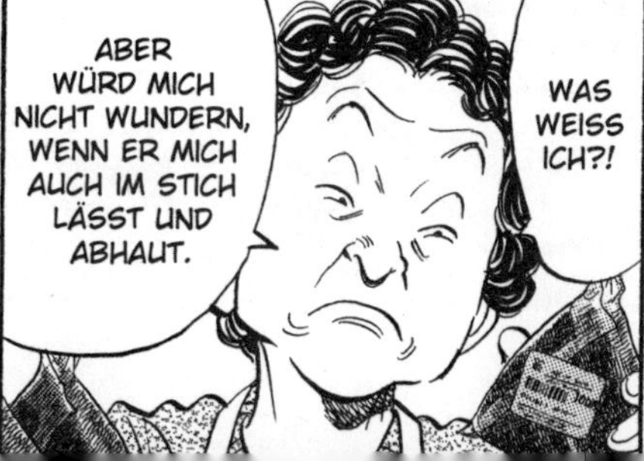
WAS WEISS ICH?!
ABER WÜRD MICH NICHT WUNDERN, WENN ER MICH AUCH IM STICH LÄSST UND ABHAUT.

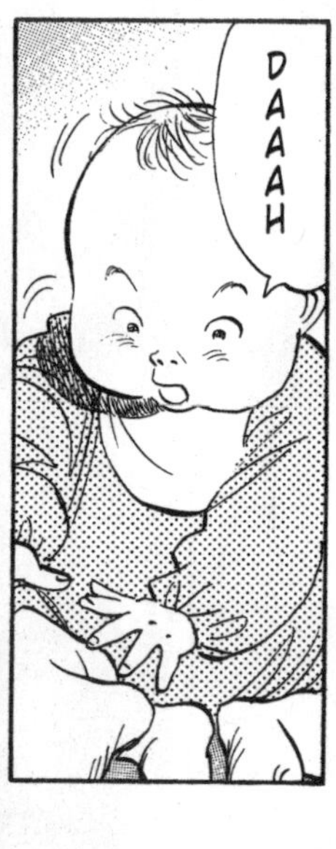
DAAAAH

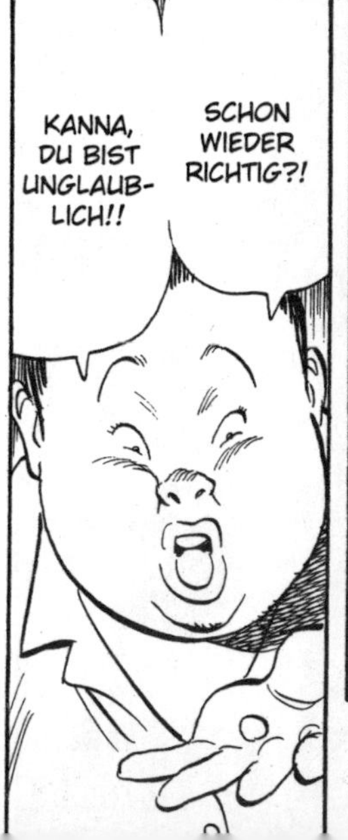
SCHON WIEDER RICHTIG?!
KANNA, DU BIST UNGLAUBLICH!!

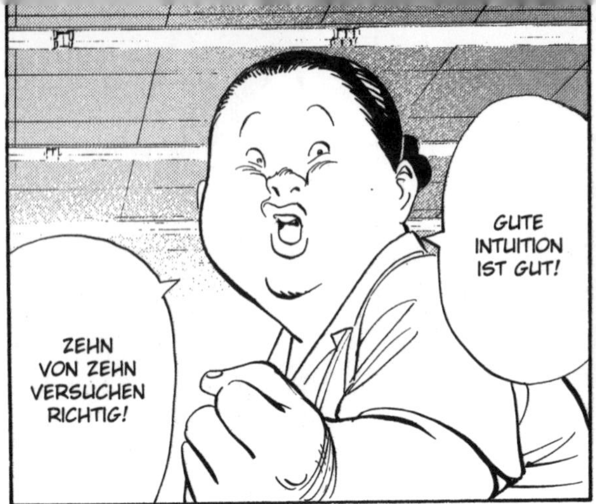
GUTE INTUITION IST GUT!
ZEHN VON ZEHN VERSUCHEN RICHTIG!

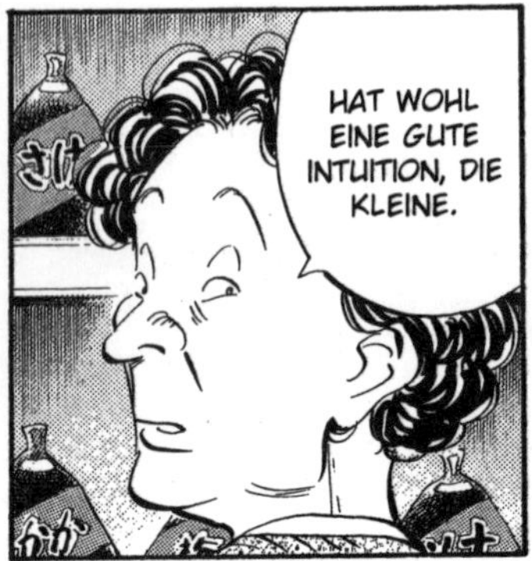
HAT WOHL EINE GUTE INTUITION, DIE KLEINE.

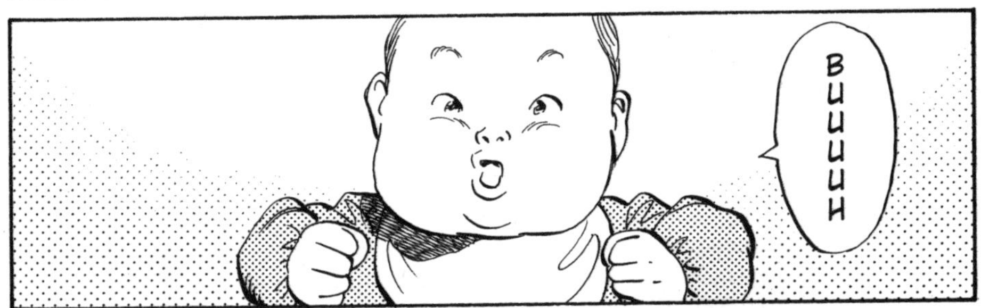
BUUUUH

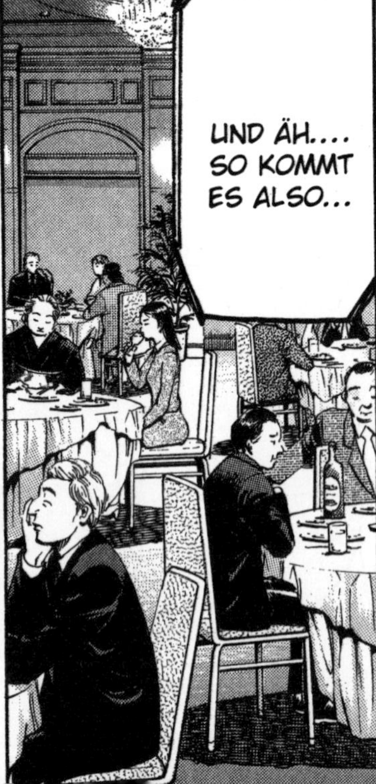
UND ÄH.... SO KOMMT ES ALSO...

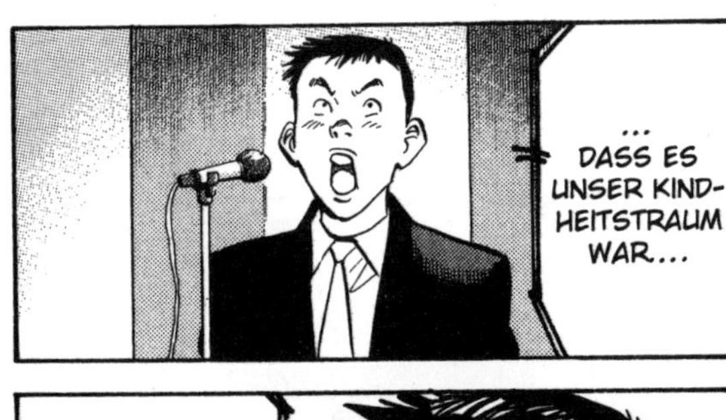
... DASS ES UNSER KIND-HEITSTRAUM WAR...

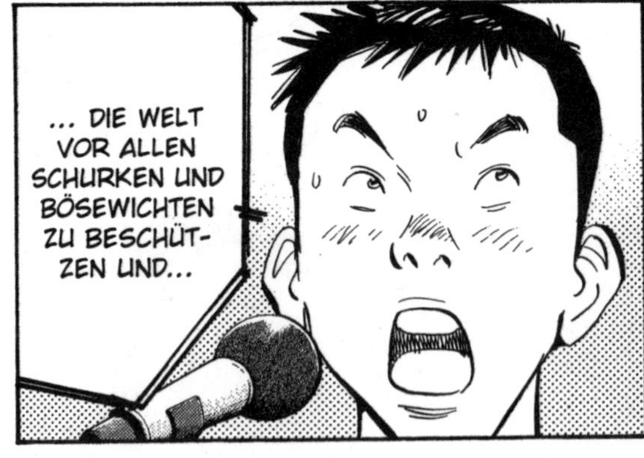
... DIE WELT VOR ALLEN SCHURKEN UND BÖSEWICHTEN ZU BESCHÜT-ZEN UND...

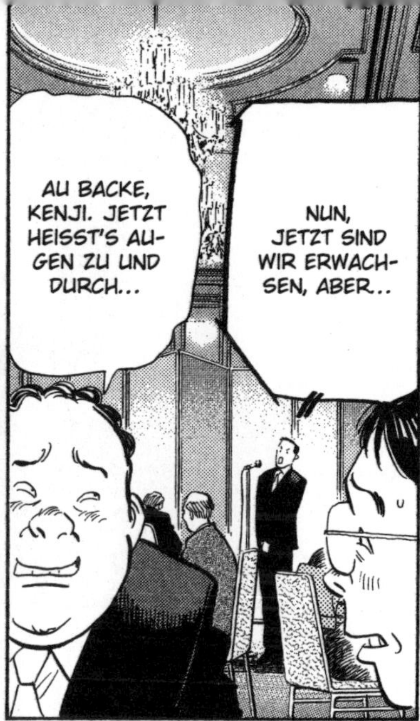
NUN, JETZT SIND WIR ERWACHSEN, ABER...
AU BACKE, KENJI. JETZT HEISST'S AUGEN ZU UND DURCH...

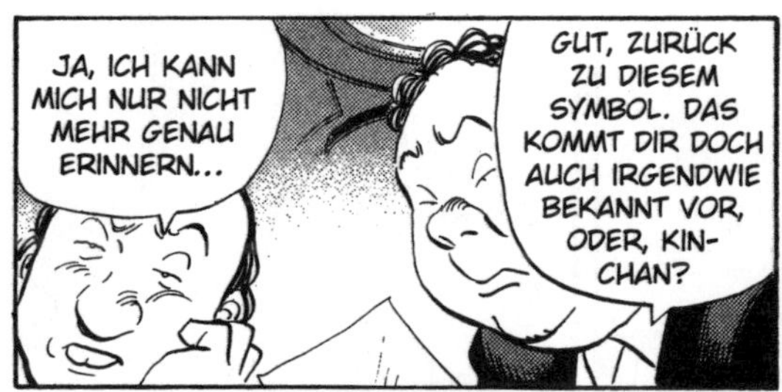
GUT, ZURÜCK ZU DIESEM SYMBOL. DAS KOMMT DIR DOCH AUCH IRGENDWIE BEKANNT VOR, ODER, KINCHAN?
JA, ICH KANN MICH NUR NICHT MEHR GENAU ERINNERN...

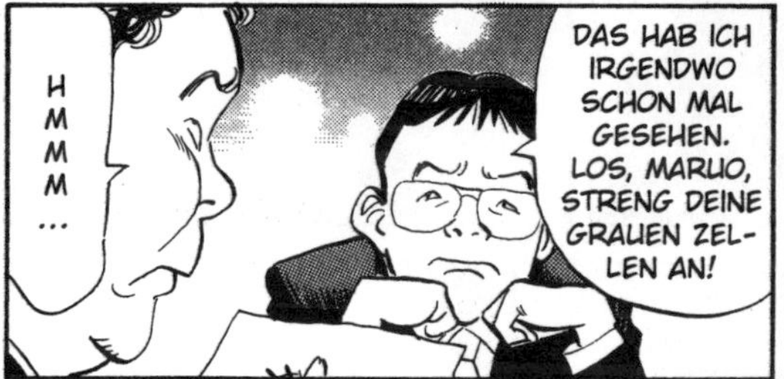
DAS HAB ICH IRGENDWO SCHON MAL GESEHEN. LOS, MARUO, STRENG DEINE GRAUEN ZELLEN AN!
HMMM...

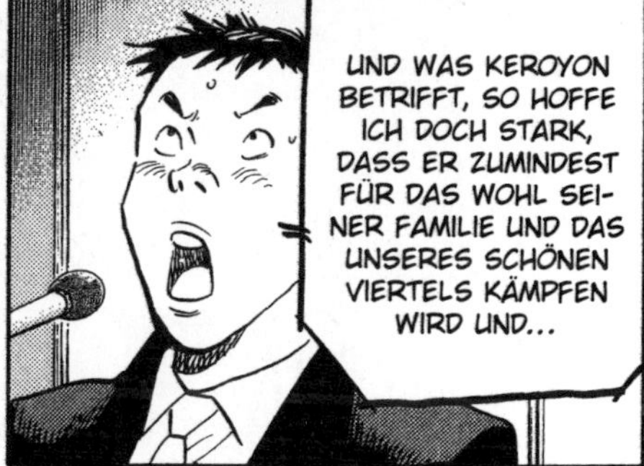
UND WAS KEROYON BETRIFFT, SO HOFFE ICH DOCH STARK, DASS ER ZUMINDEST FÜR DAS WOHL SEINER FAMILIE UND DAS UNSERES SCHÖNEN VIERTELS KÄMPFEN WIRD UND...

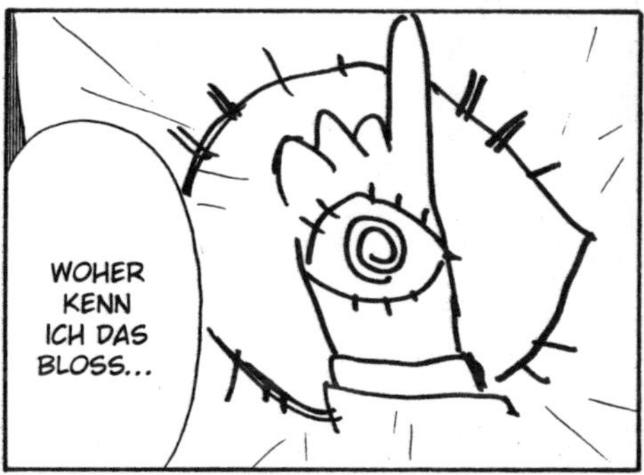
WOHER KENN ICH DAS BLOSS...

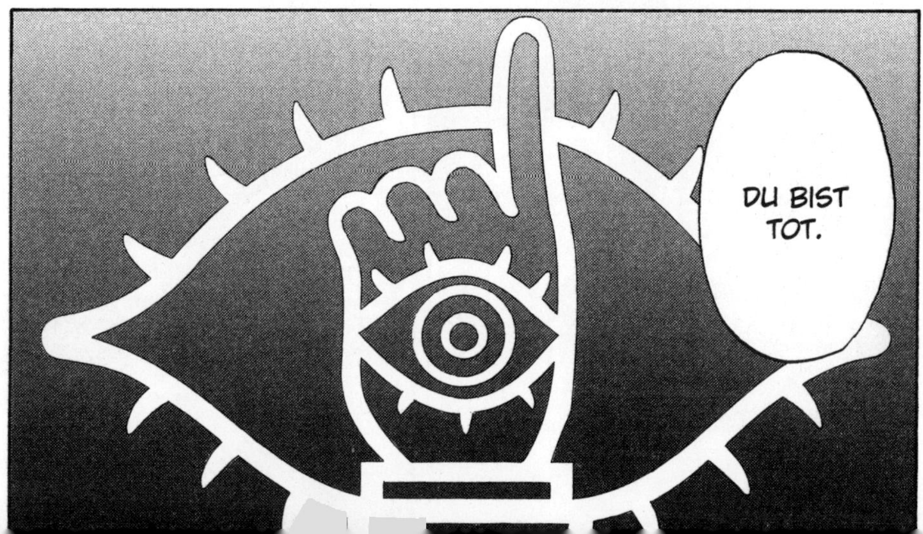
DU BIST TOT.

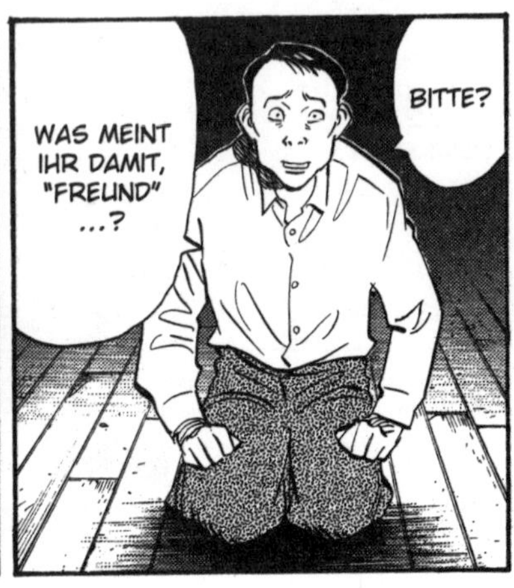
BITTE?
WAS MEINT IHR DAMIT, "FREUND" ...?

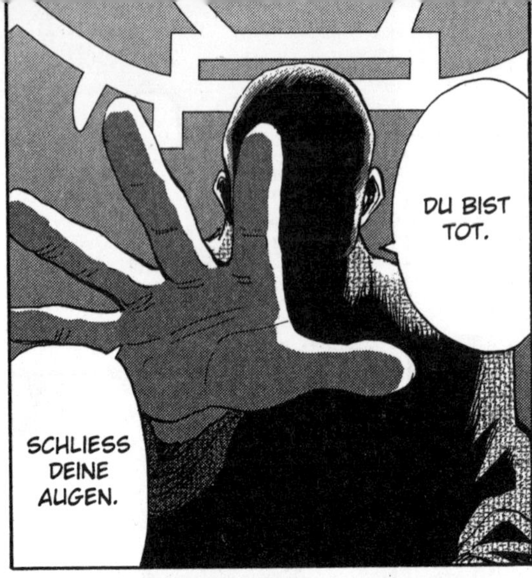
DU BIST TOT.
SCHLIESS DEINE AUGEN.

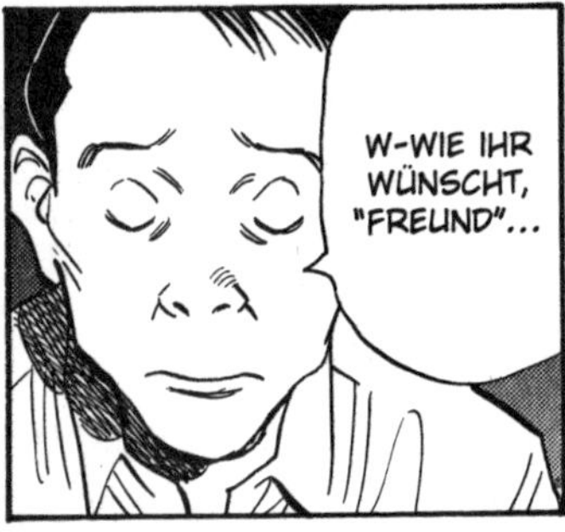
W-WIE IHR WÜNSCHT, "FREUND"...

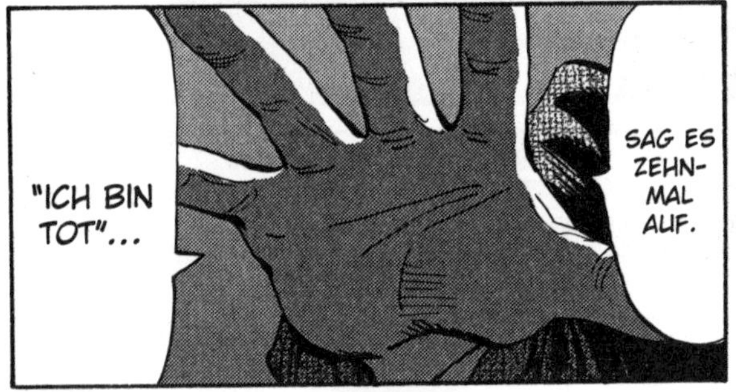
SAG ES ZEHN-MAL AUF.
"ICH BIN TOT"...

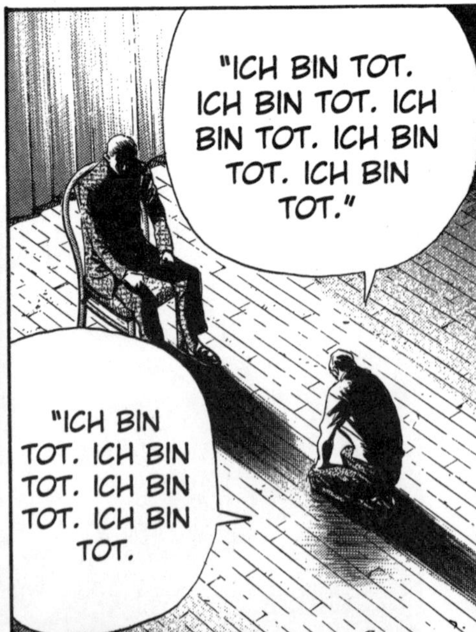
"ICH BIN TOT. ICH BIN TOT. ICH BIN TOT. ICH BIN TOT. ICH BIN TOT."
"ICH BIN TOT. ICH BIN TOT. ICH BIN TOT. ICH BIN TOT.

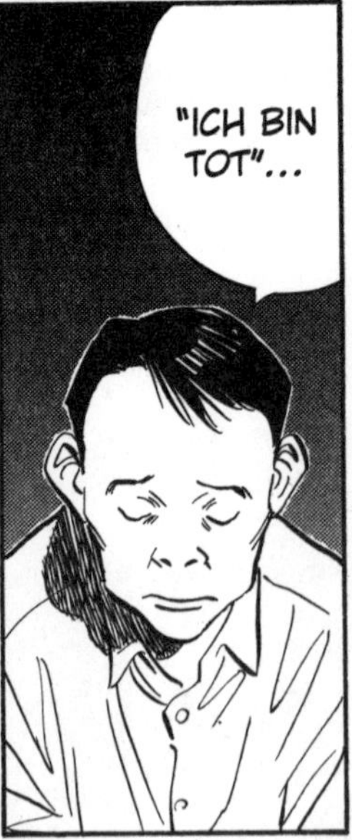
"ICH BIN TOT"...

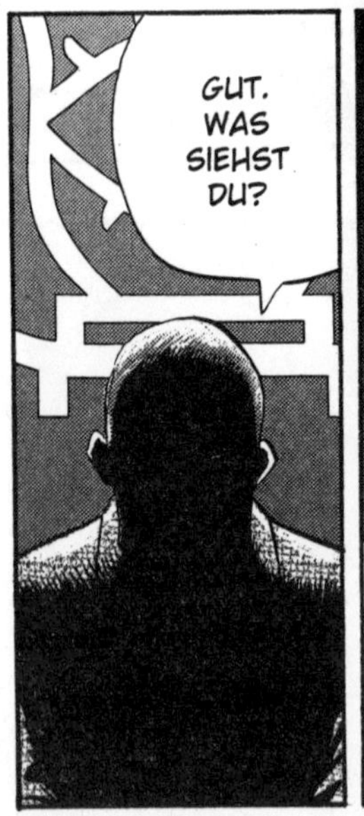
GUT. WAS SIEHST DU?

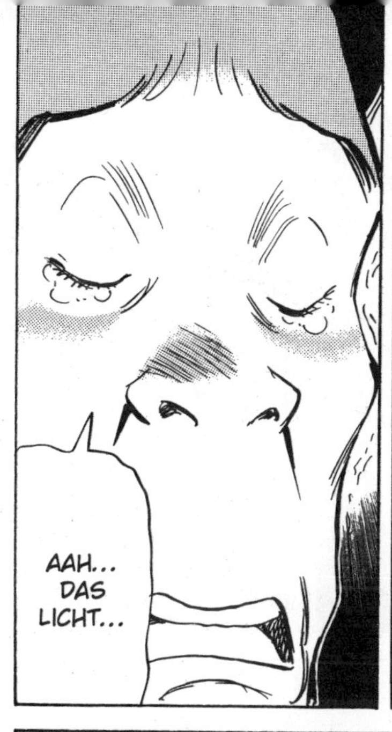

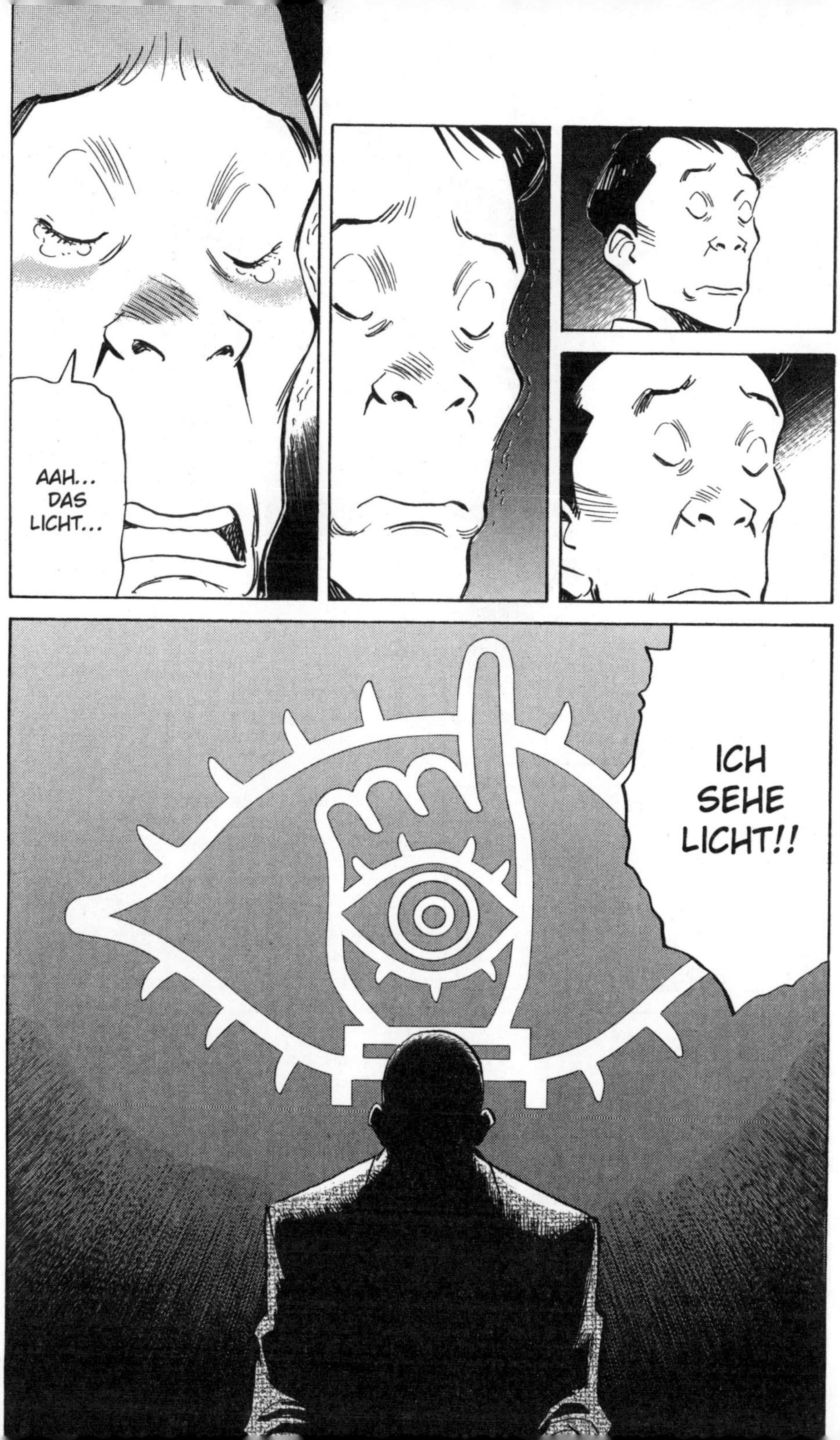

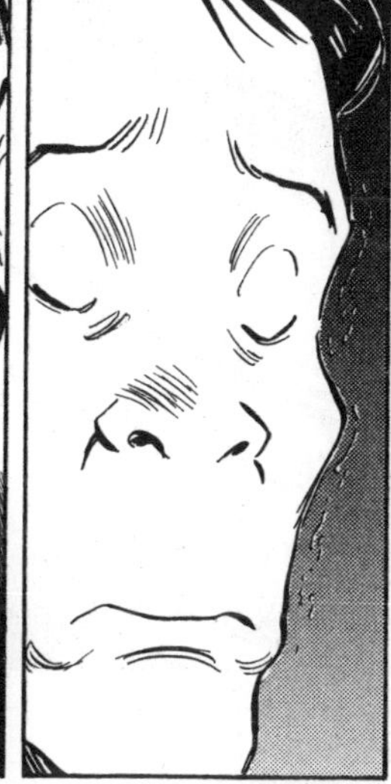

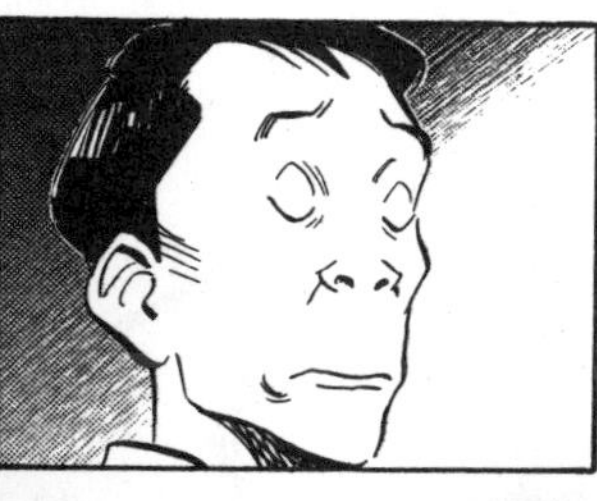

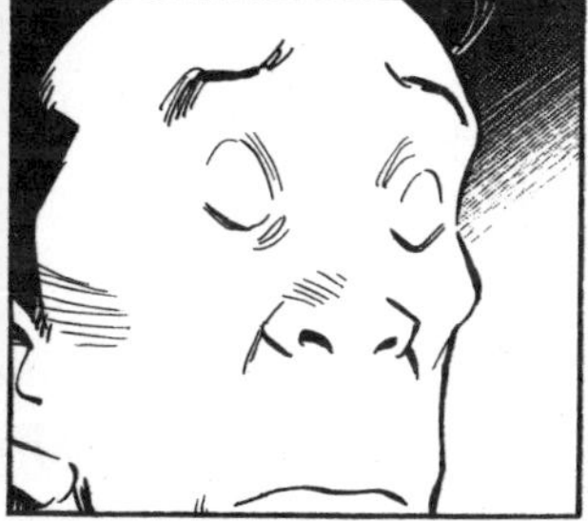

ICH SEHE LICHT!!

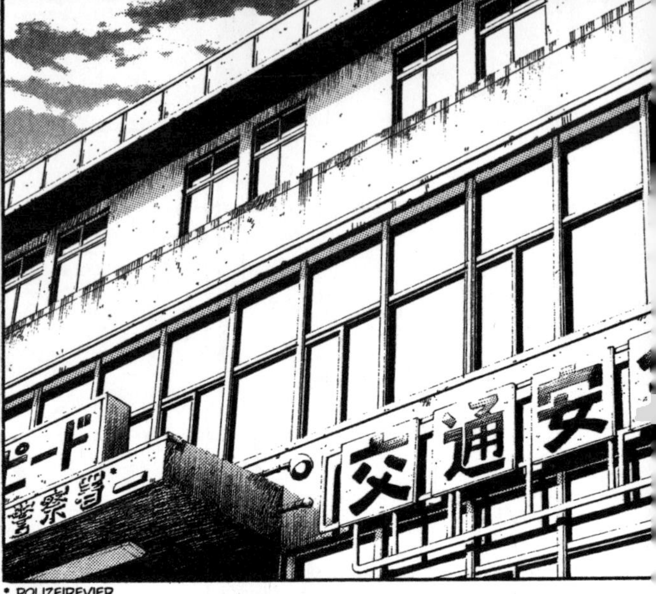

* POLIZEIREVIER

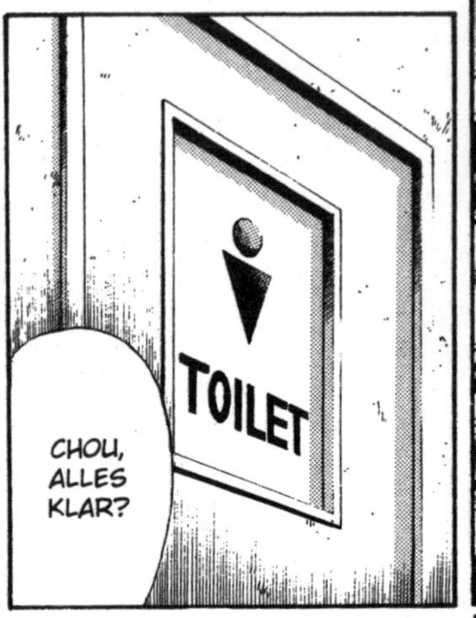

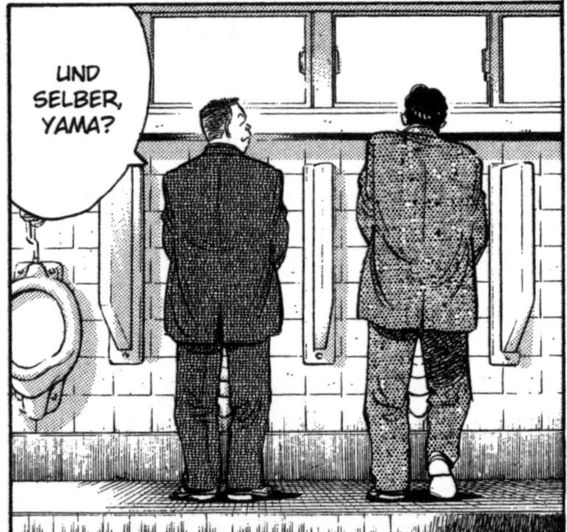

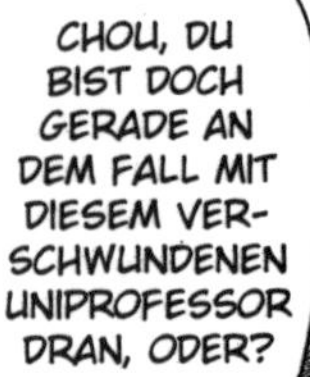

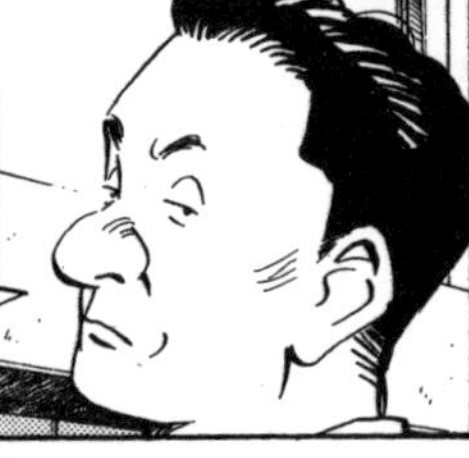

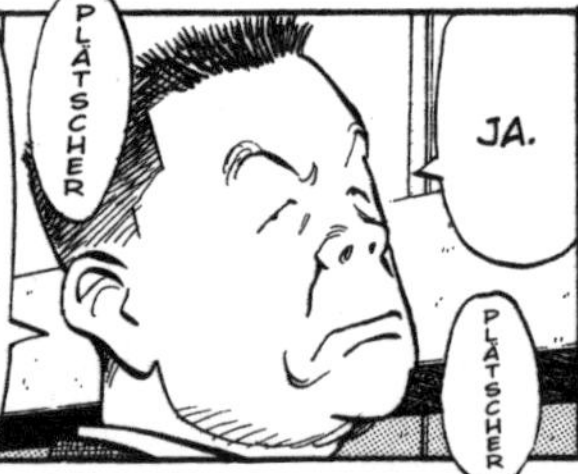

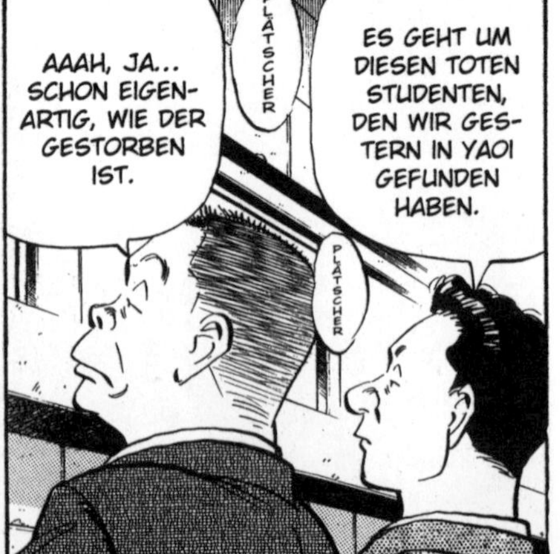

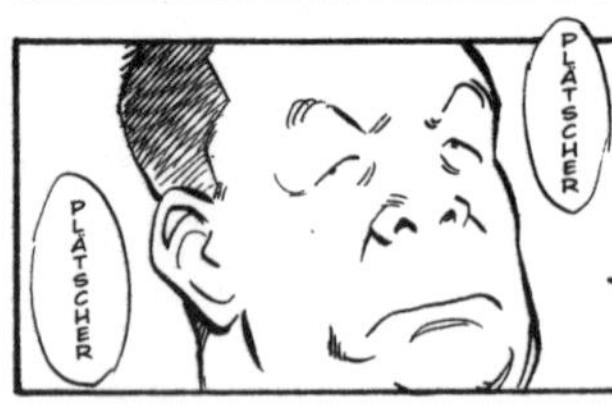

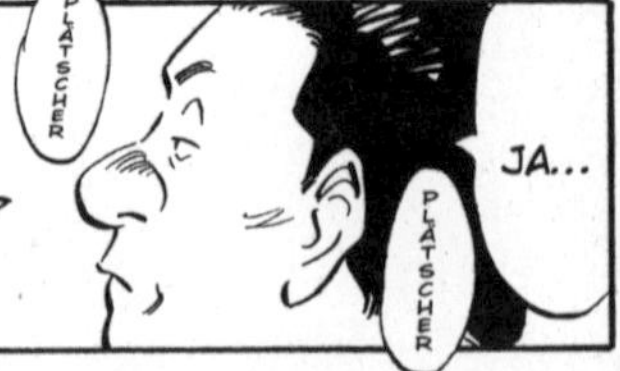

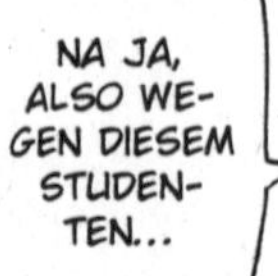

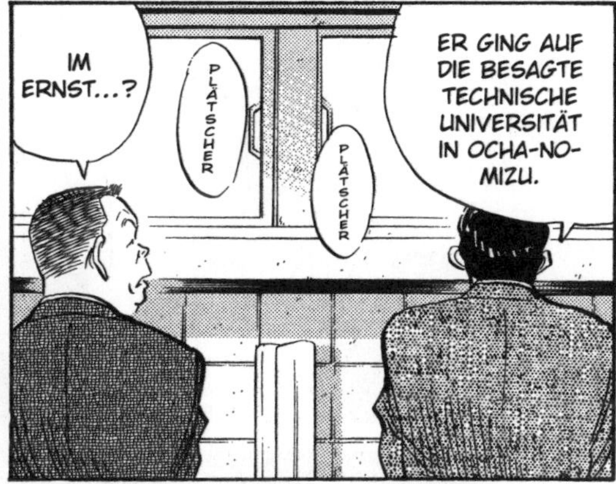

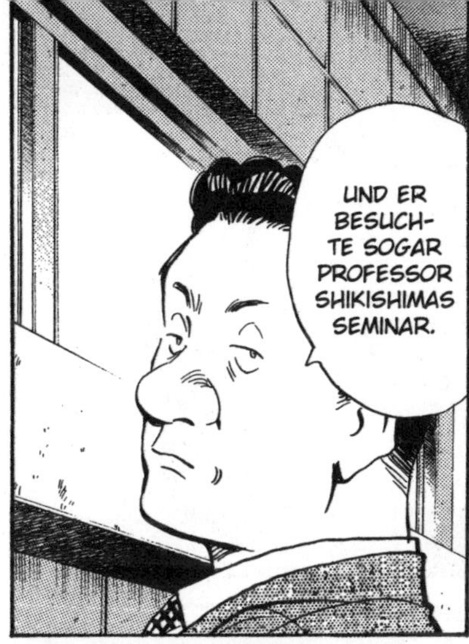

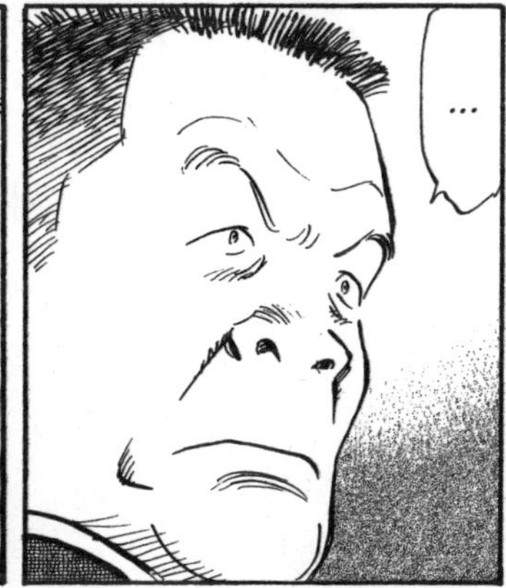

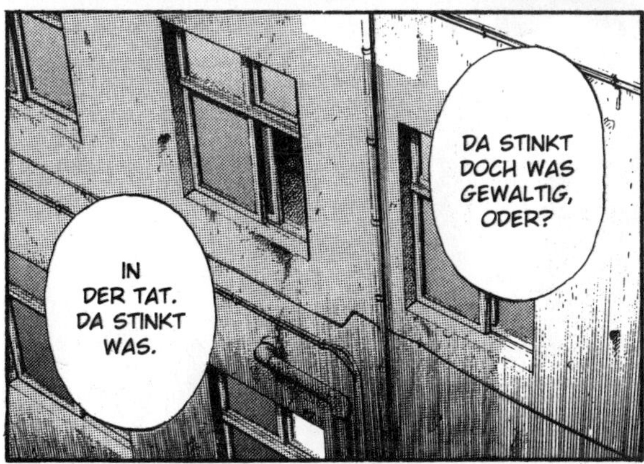

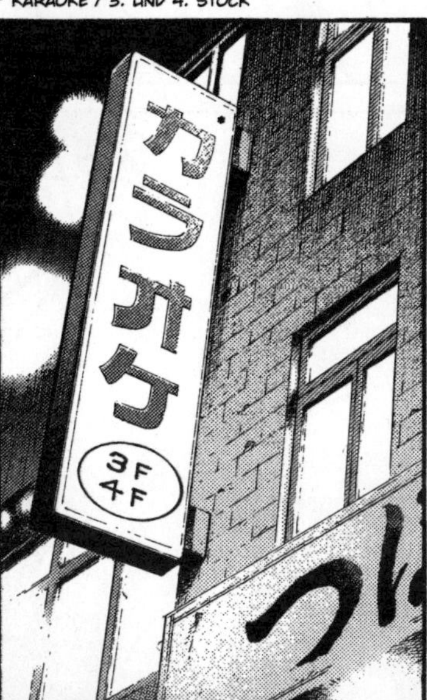

* KARAOKE / 3. UND 4. STOCK

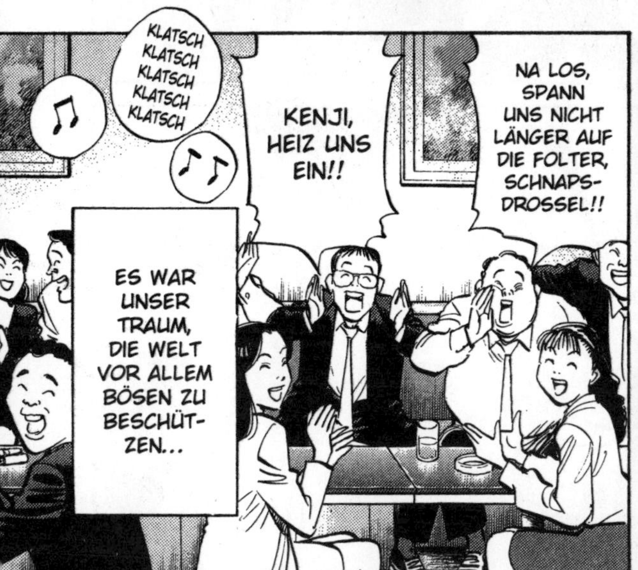

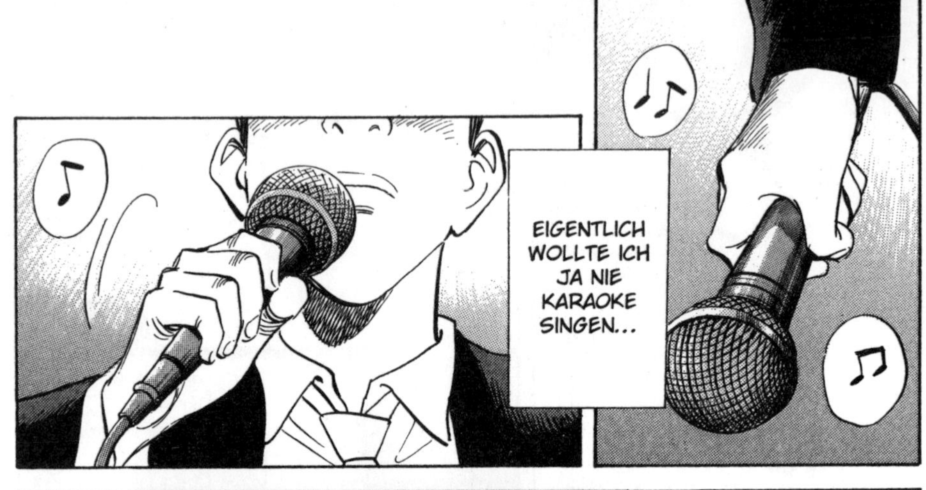
EIGENTLICH WOLLTE ICH JA NIE KARAOKE SINGEN…

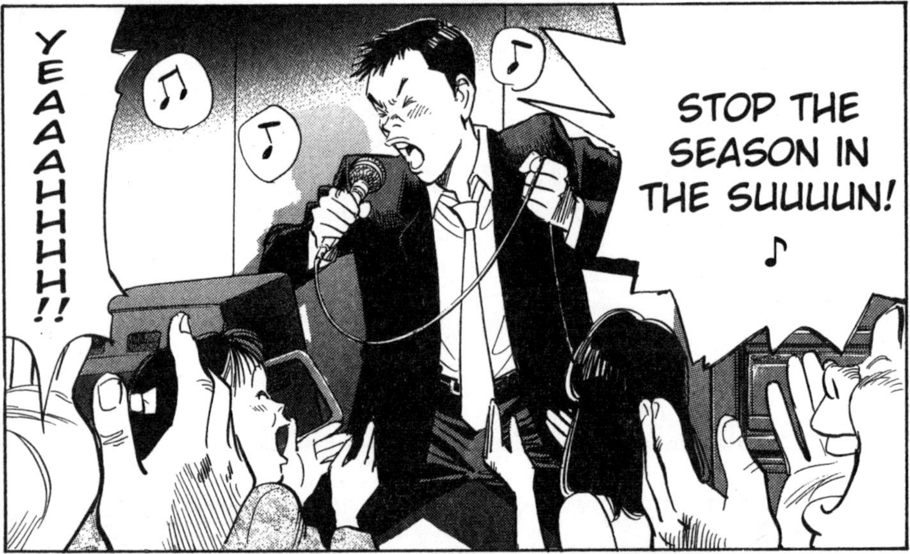
STOP THE SEASON IN THE SUUUUN! ♪
YEAAAHHHH!!

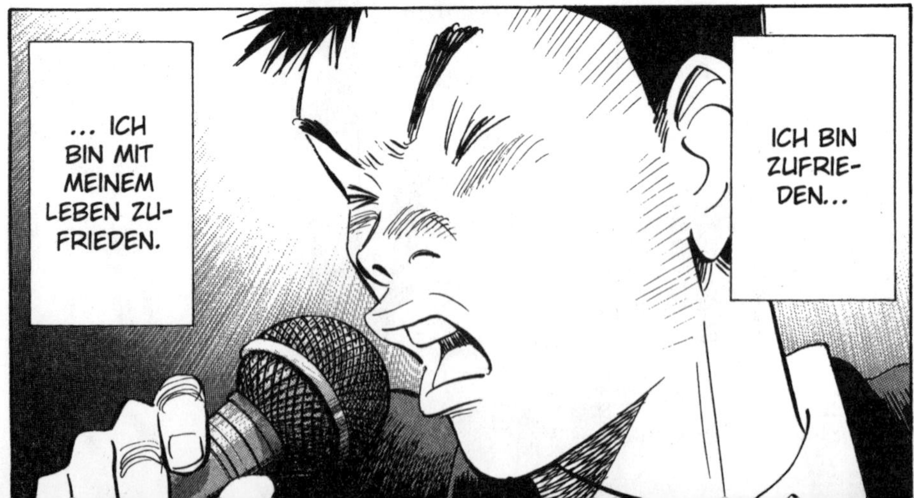
ICH BIN ZUFRIE-DEN…
… ICH BIN MIT MEINEM LEBEN ZU-FRIEDEN.

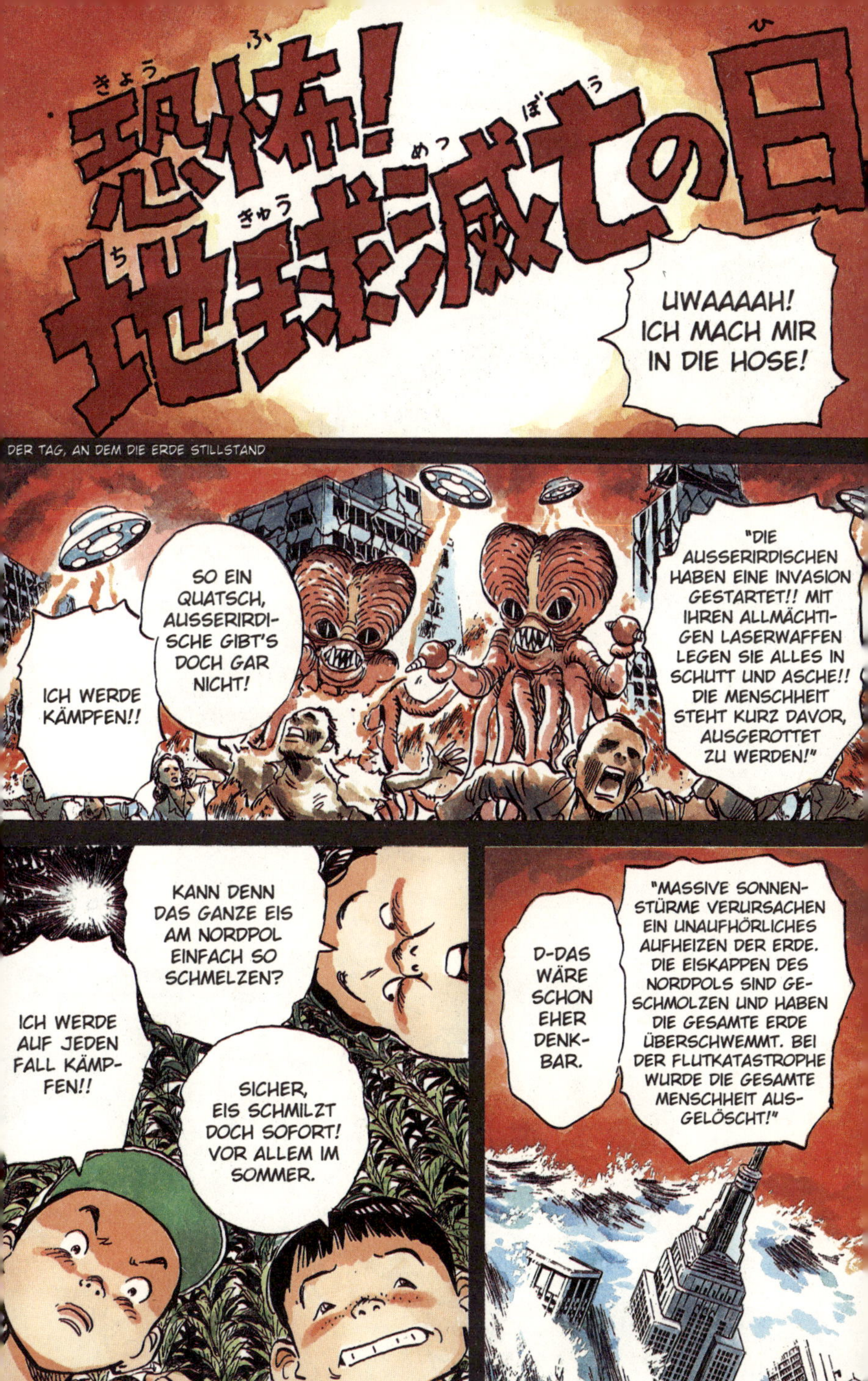
恐怖！地球滅亡の日
UWAAAAH! ICH MACH MIR IN DIE HOSE!
DER TAG, AN DEM DIE ERDE STILLSTAND
"DIE AUSSERIRDISCHEN HABEN EINE INVASION GESTARTET!! MIT IHREN ALLMÄCHTIGEN LASERWAFFEN LEGEN SIE ALLES IN SCHUTT UND ASCHE!! DIE MENSCHHEIT STEHT KURZ DAVOR, AUSGEROTTET ZU WERDEN!"
SO EIN QUATSCH, AUSSERIRDISCHE GIBT'S DOCH GAR NICHT!
ICH WERDE KÄMPFEN!!
"MASSIVE SONNENSTÜRME VERURSACHEN EIN UNAUFHÖRLICHES AUFHEIZEN DER ERDE. DIE EISKAPPEN DES NORDPOLS SIND GESCHMOLZEN UND HABEN DIE GESAMTE ERDE ÜBERSCHWEMMT. BEI DER FLUTKATASTROPHE WURDE DIE GESAMTE MENSCHHEIT AUSGELÖSCHT!"
D-DAS WÄRE SCHON EHER DENKBAR.
KANN DENN DAS GANZE EIS AM NORDPOL EINFACH SO SCHMELZEN?
SICHER, EIS SCHMILZT DOCH SOFORT! VOR ALLEM IM SOMMER.
ICH WERDE AUF JEDEN FALL KÄMPFEN!!

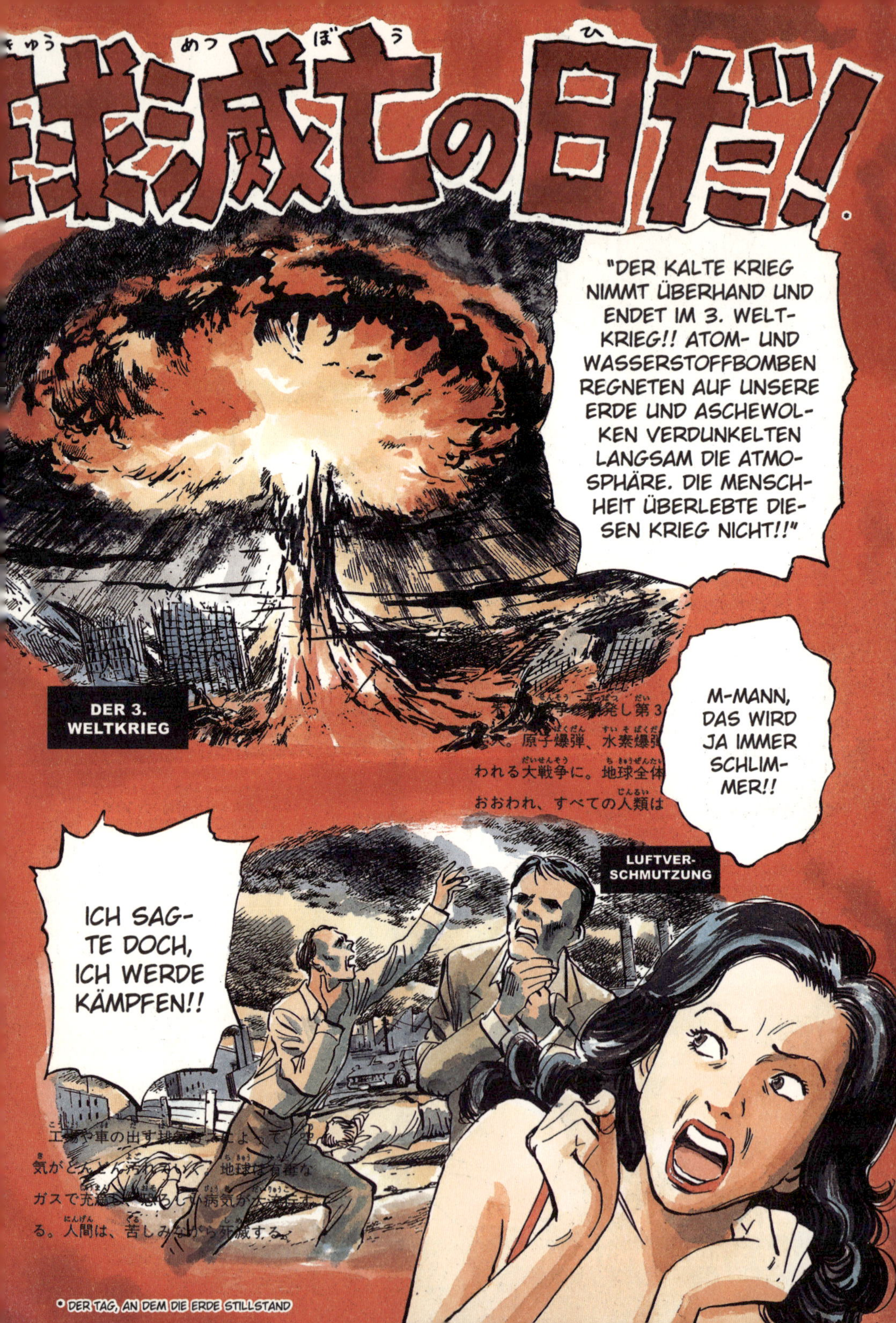

* DER TAG, AN DEM DIE ERDE STILLSTAND

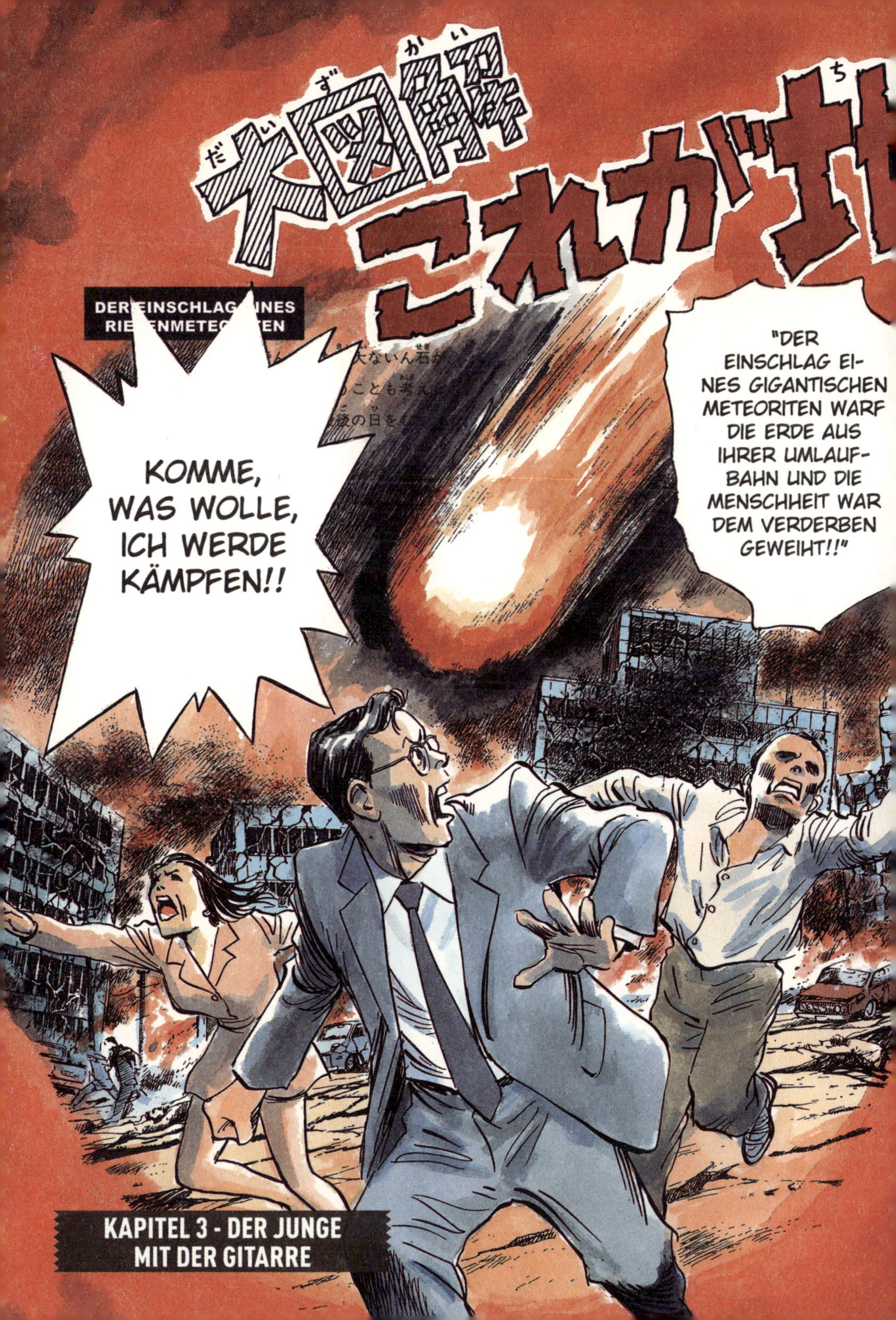

大図解
これが
DER EINSCHLAG INES
RIE ENMETEO TEN
"DER EINSCHLAG EINES GIGANTISCHEN METEORITEN WARF DIE ERDE AUS IHRER UMLAUFBAHN UND DIE MENSCHHEIT WAR DEM VERDERBEN GEWEIHT!!"
KOMME, WAS WOLLE, ICH WERDE KÄMPFEN!!
KAPITEL 3 - DER JUNGE MIT DER GITARRE

Twentieth Century Boys

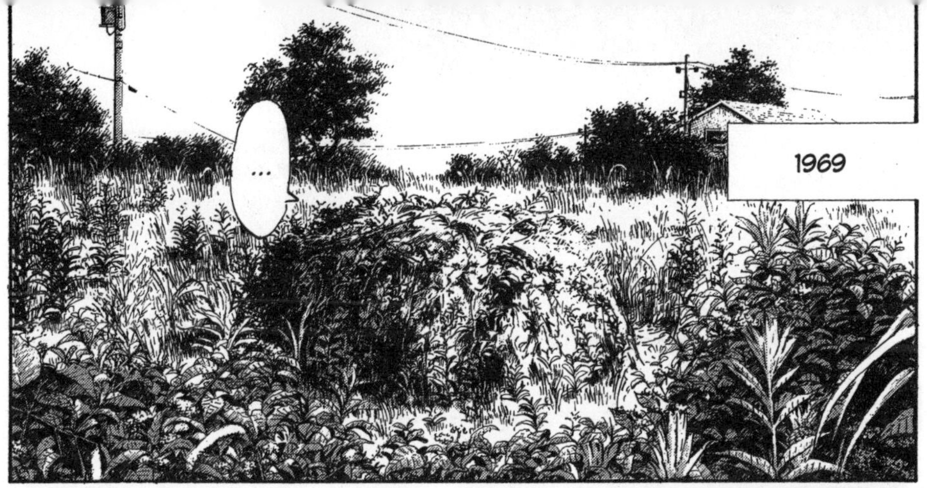
1969
...

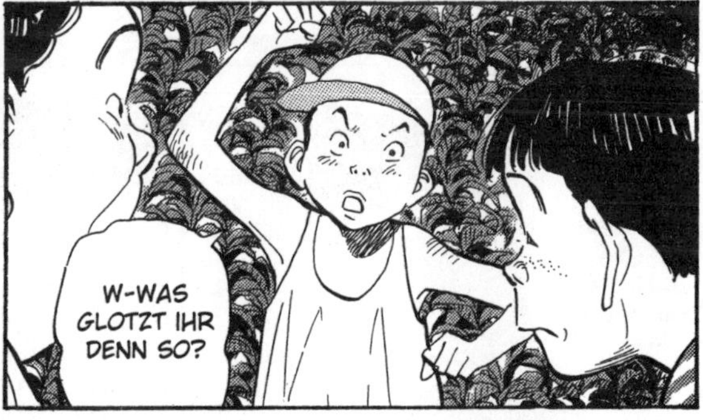
W-WAS GLOTZT IHR DENN SO?

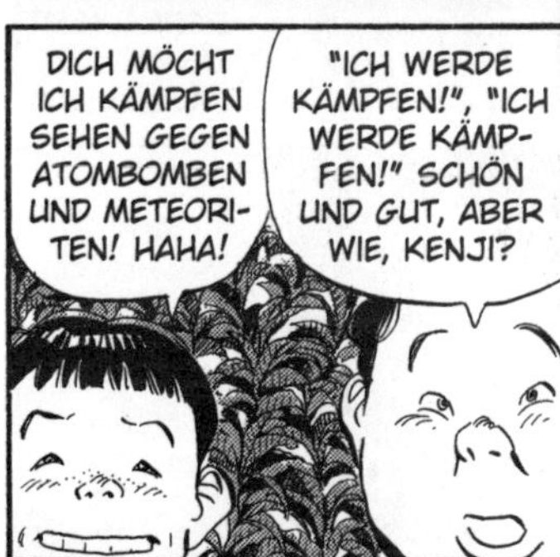
"ICH WERDE KÄMPFEN!", "ICH WERDE KÄMPFEN!" SCHÖN UND GUT, ABER WIE, KENJI?
DICH MÖCHT ICH KÄMPFEN SEHEN GEGEN ATOMBOMBEN UND METEORITEN! HAHA!

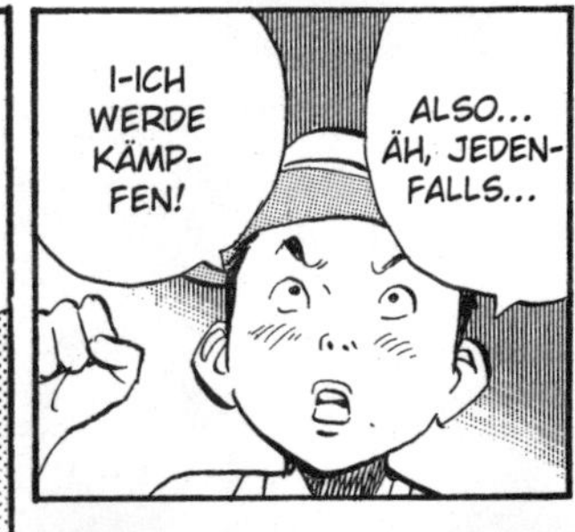
ALSO... ÄH, JEDENFALLS...
I-ICH WERDE KÄMPFEN!

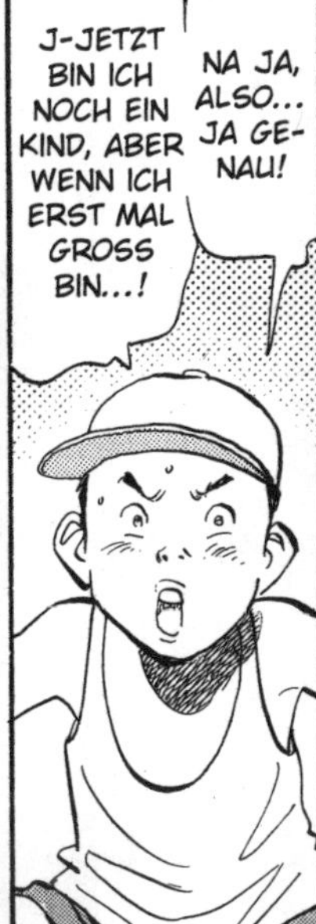
NA JA, ALSO... JA GENAU!
J-JETZT BIN ICH NOCH EIN KIND, ABER WENN ICH ERST MAL GROSS BIN...!

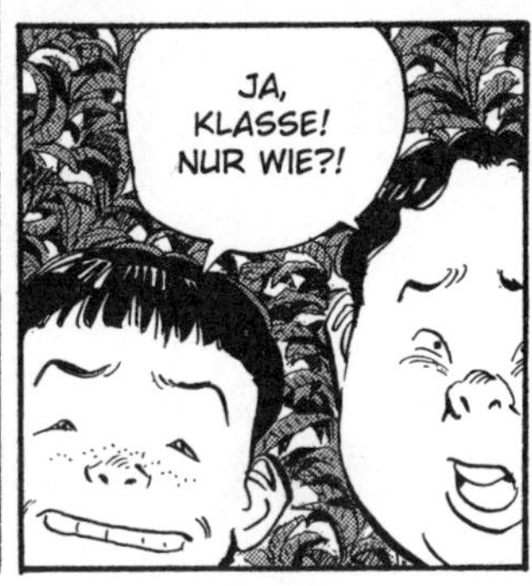
JA, KLASSE! NUR WIE?!

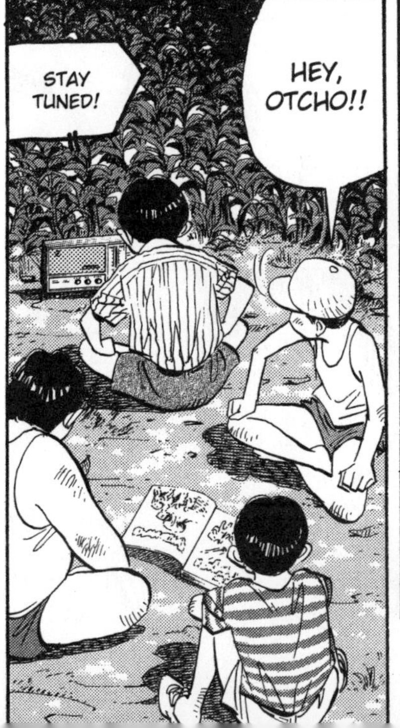
HEY, OTCHO!!
STAY TUNED!

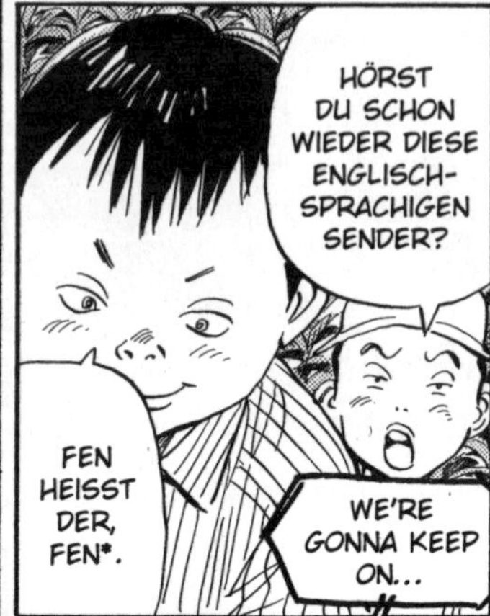

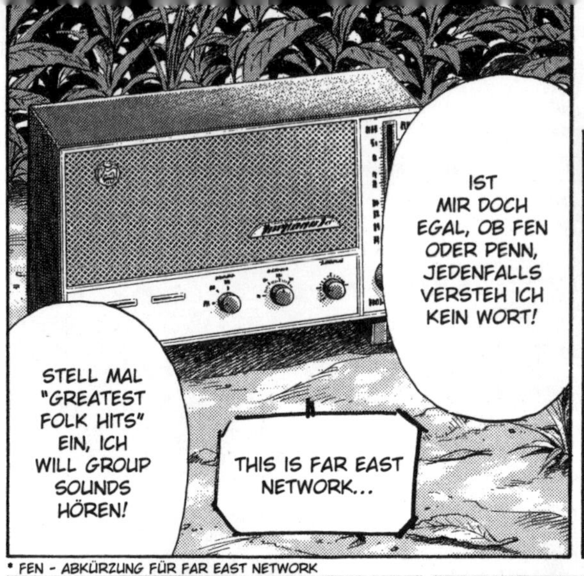

* FEN – ABKÜRZUNG FÜR FAR EAST NETWORK

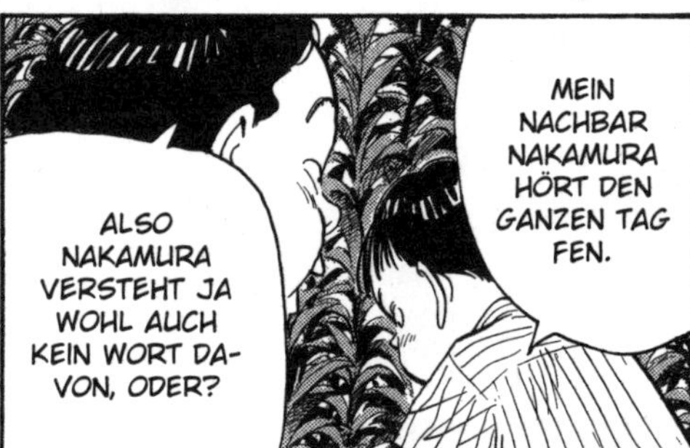

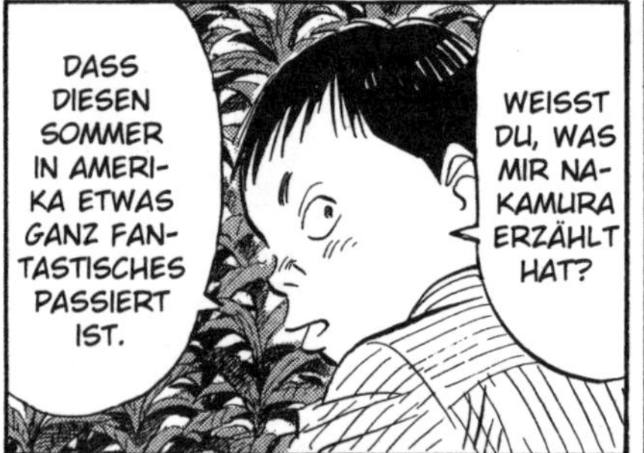

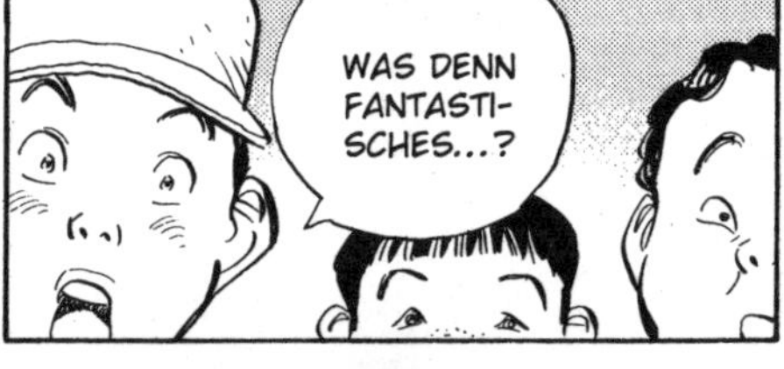

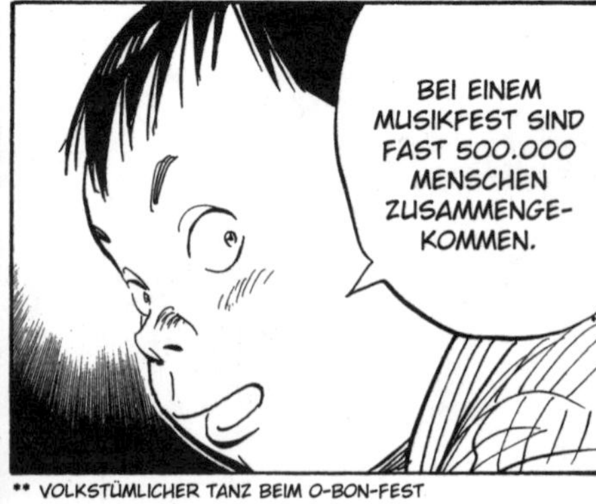

** VOLKSTÜMLICHER TANZ BEIM O-BON-FEST

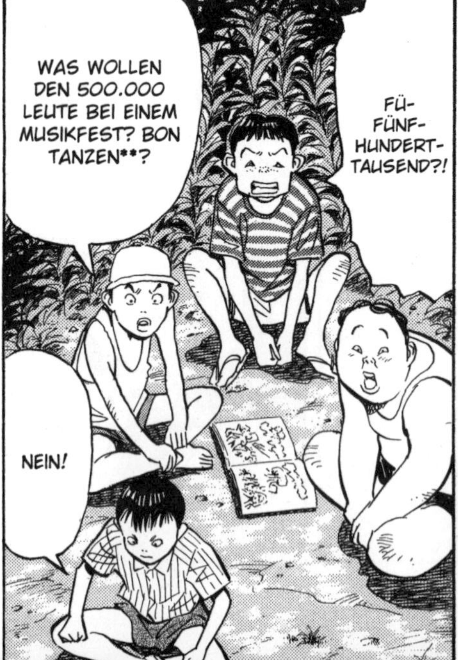

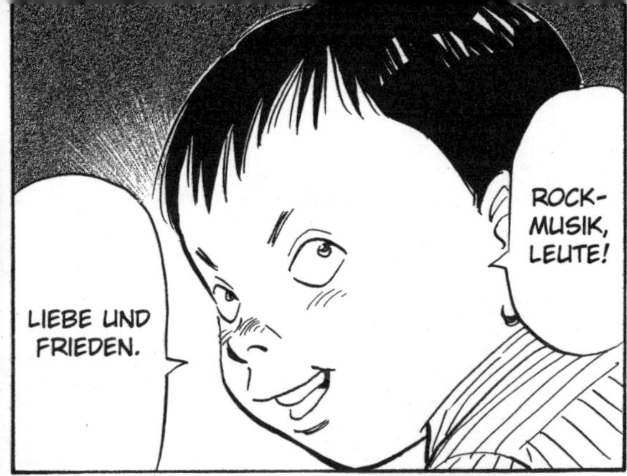

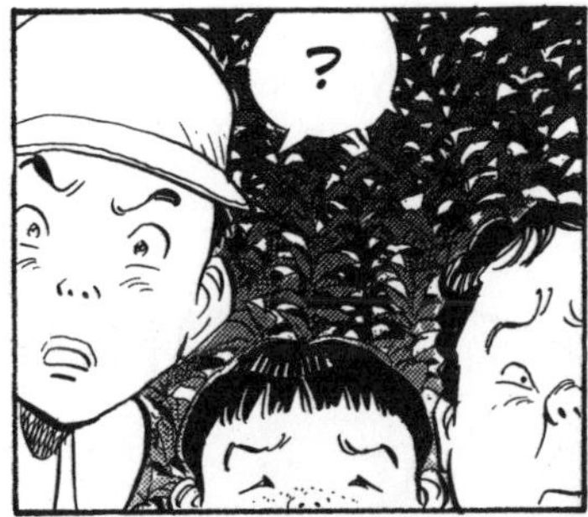

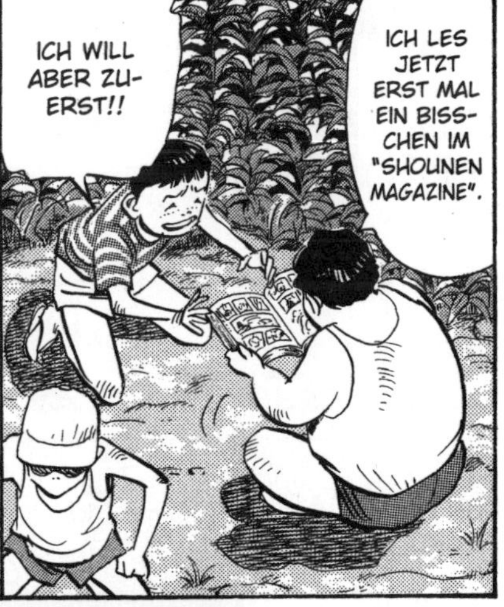

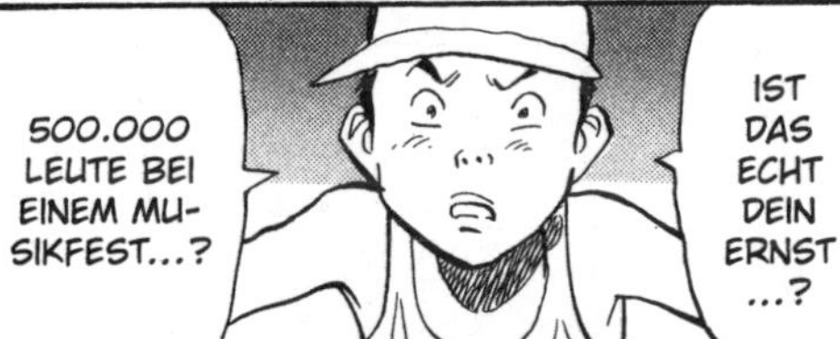

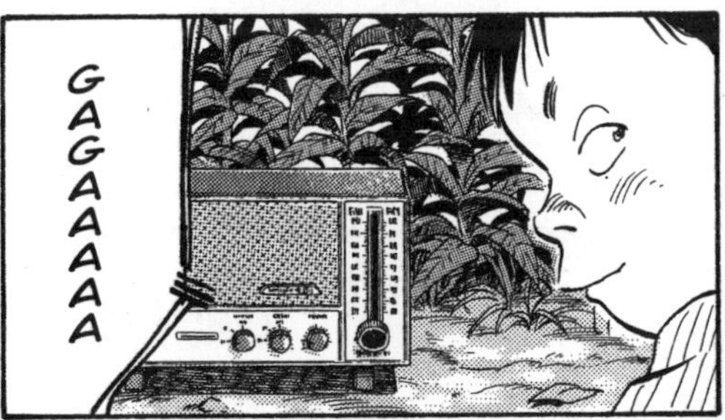

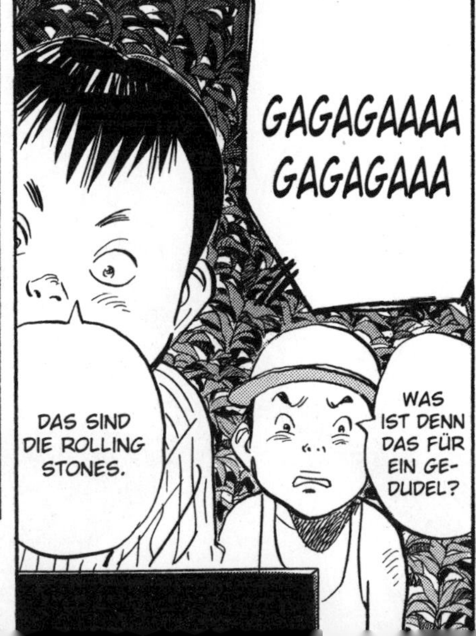

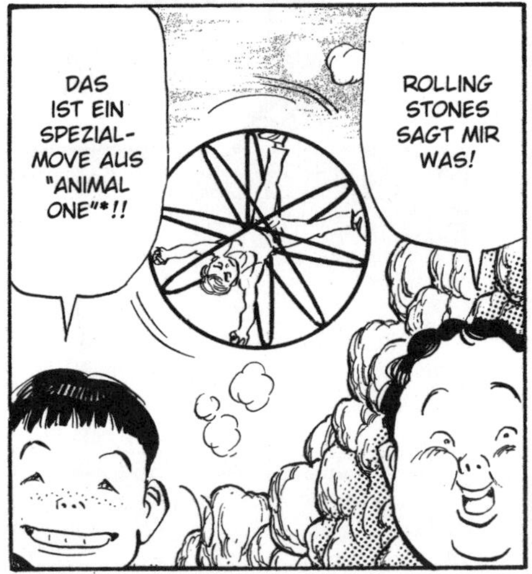

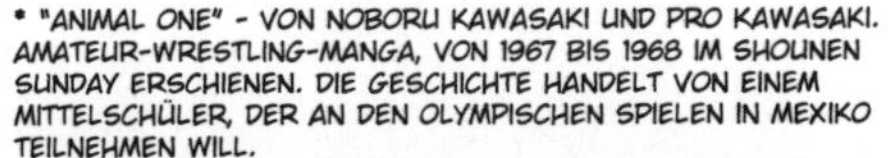
* "ANIMAL ONE" - VON NOBORU KAWASAKI UND PRO KAWASAKI. AMATEUR-WRESTLING-MANGA, VON 1967 BIS 1968 IM SHOUNEN SUNDAY ERSCHIENEN. DIE GESCHICHTE HANDELT VON EINEM MITTELSCHÜLER, DER AN DEN OLYMPISCHEN SPIELEN IN MEXIKO TEILNEHMEN WILL.

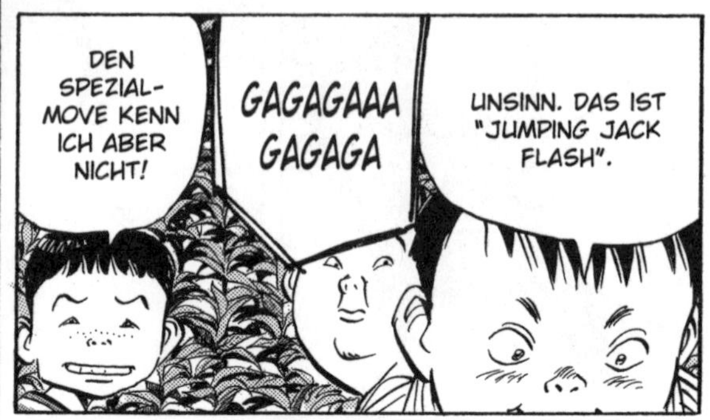
UNSINN. DAS IST "JUMPING JACK FLASH".
GAGAGAAA GAGAGA
DEN SPEZIAL-MOVE KENN ICH ABER NICHT!

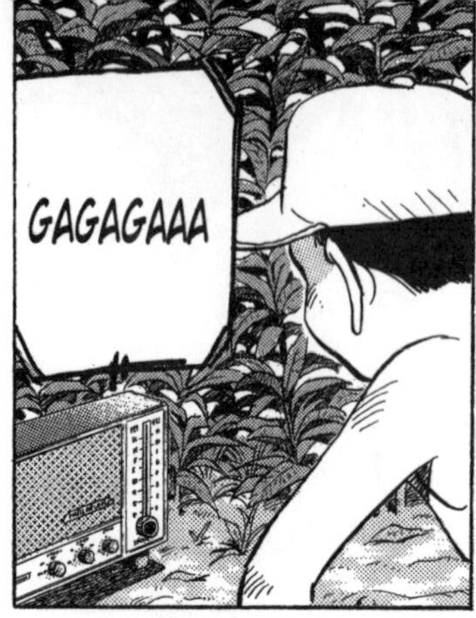
GAGAGAAA

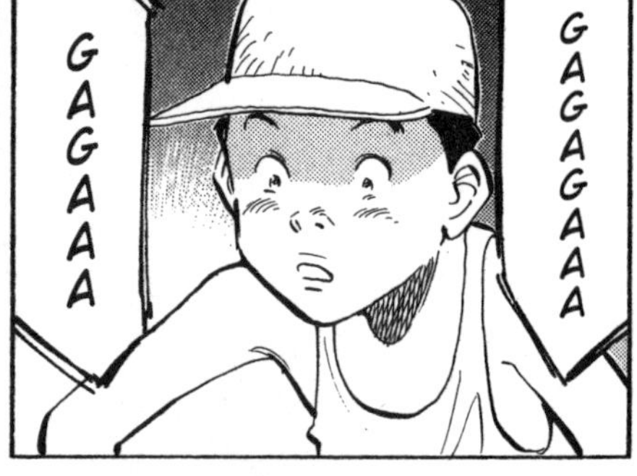
GAGAGAGAAA
GAGAAA

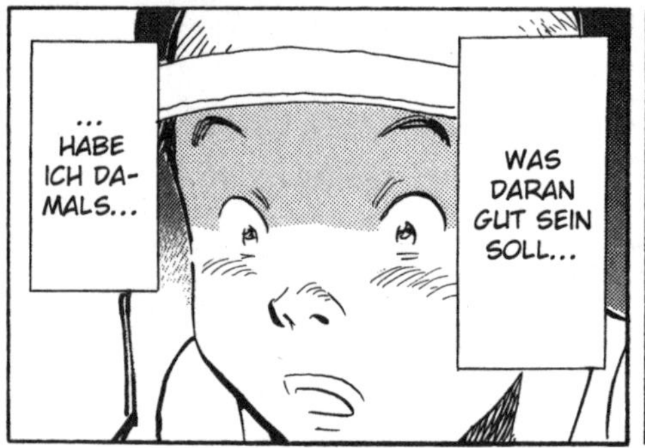
WAS DARAN GUT SEIN SOLL…
… HABE ICH DAMALS…

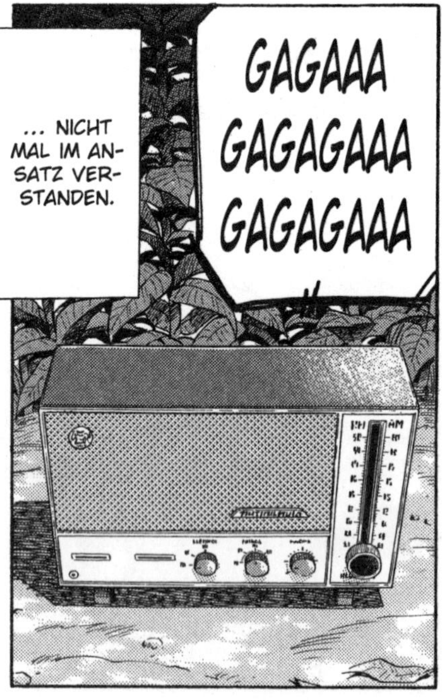
GAGAAA GAGAGAAA GAGAGAAA
… NICHT MAL IM ANSATZ VERSTANDEN.

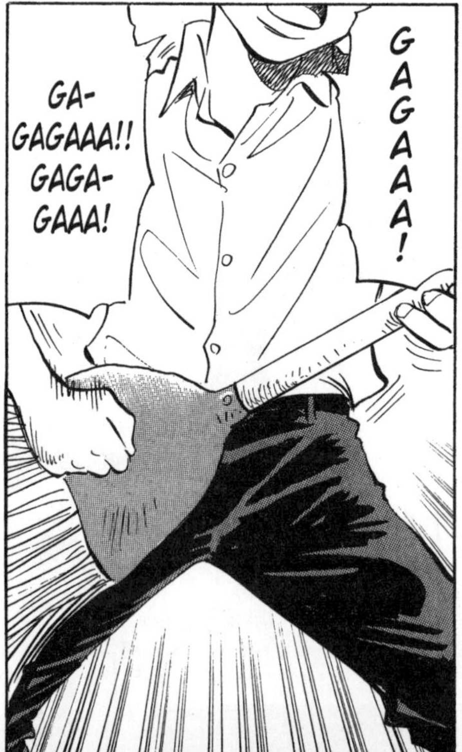
GAGAAAA!
GA-GAGAAA!! GAGA-GAAA!

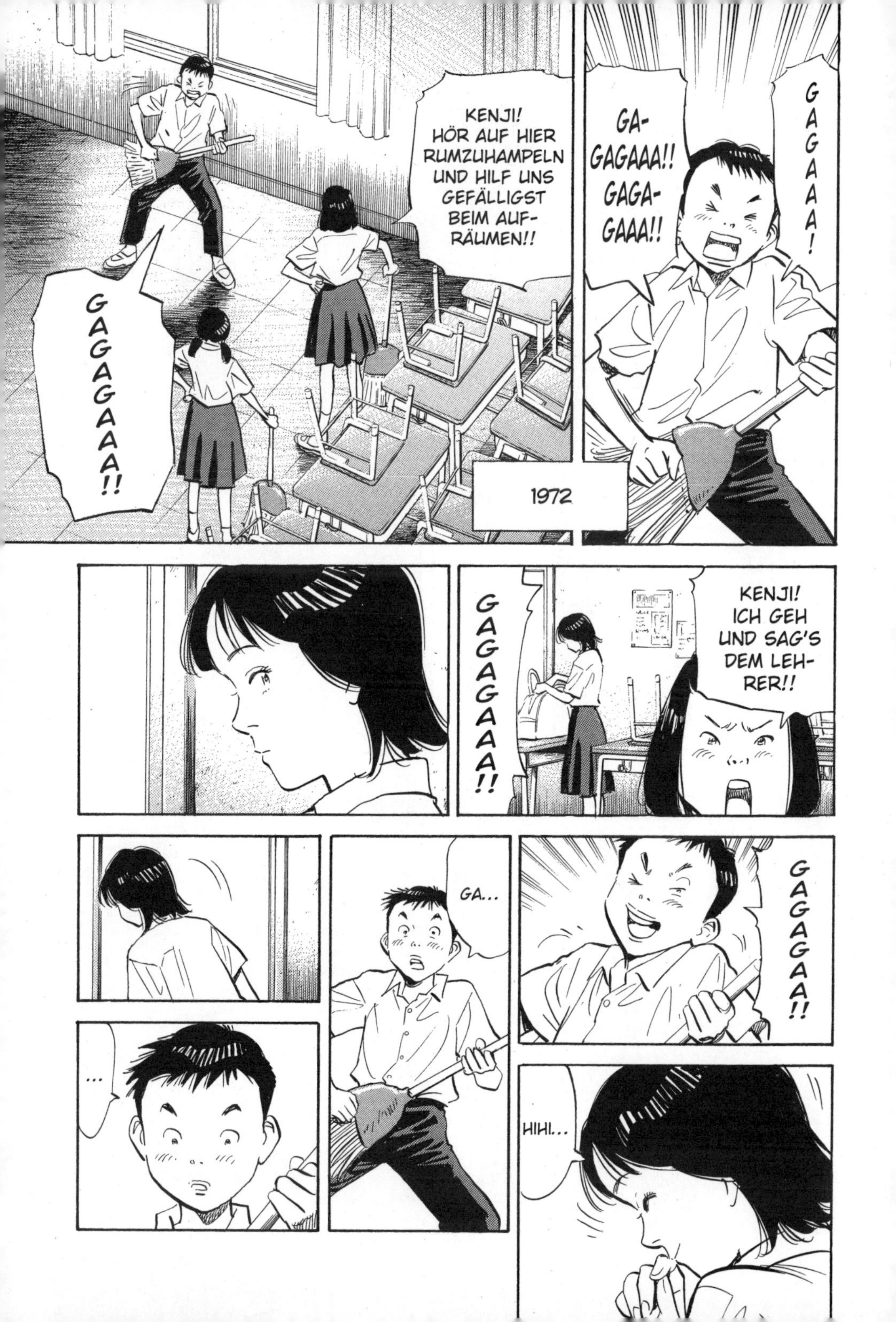

GA-
GAGAAA!!
GAGA-
GAAA!!

GAGAAAA!

KENJI!
HÖR AUF HIER
RUMZUHAMPELN
UND HILF UNS
GEFÄLLIGST
BEIM AUF-
RÄUMEN!!

GAGAGAAA!!

1972

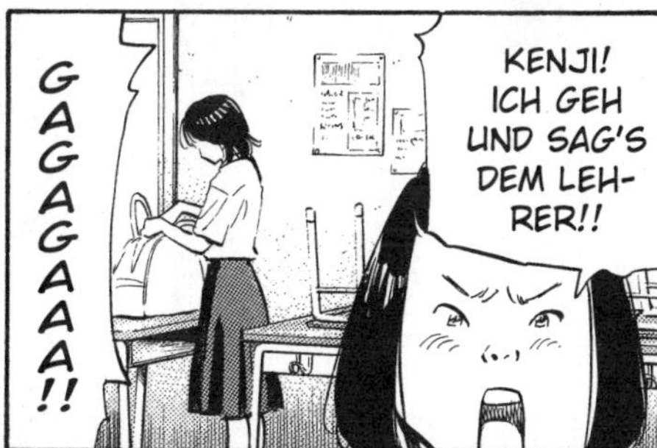

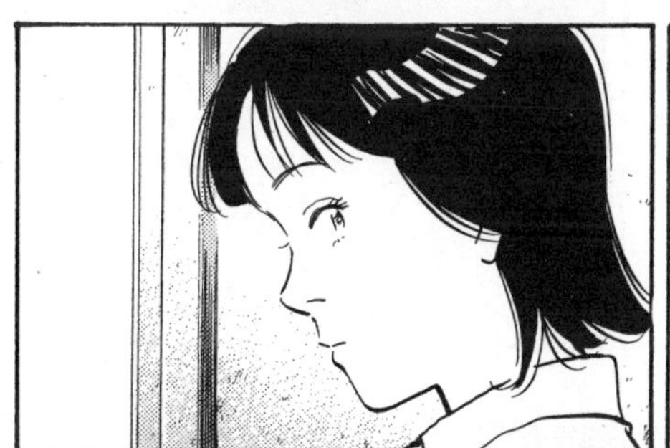

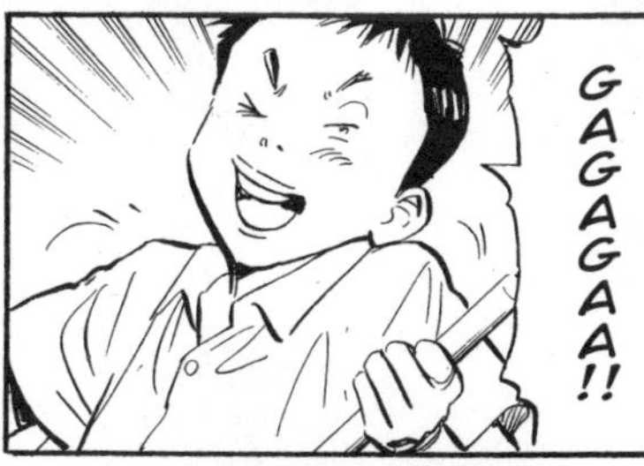

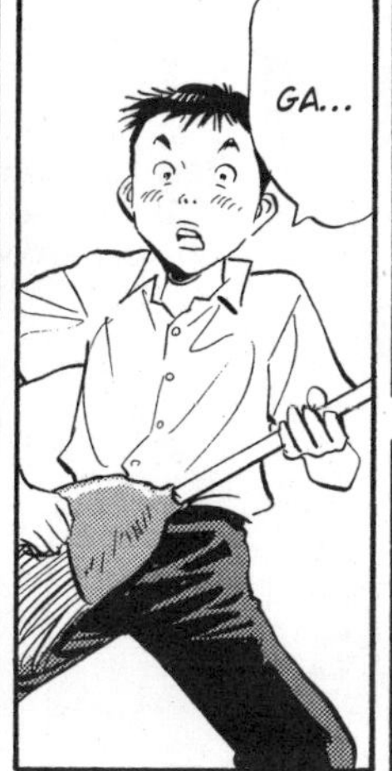

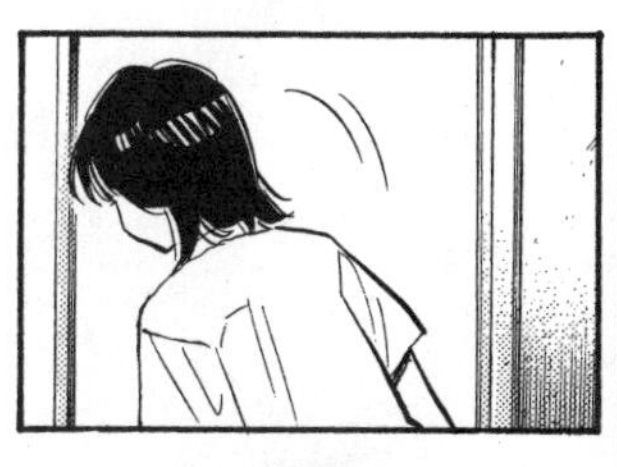

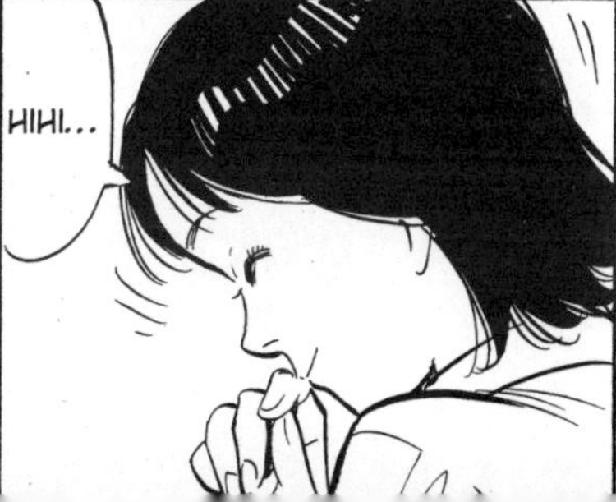

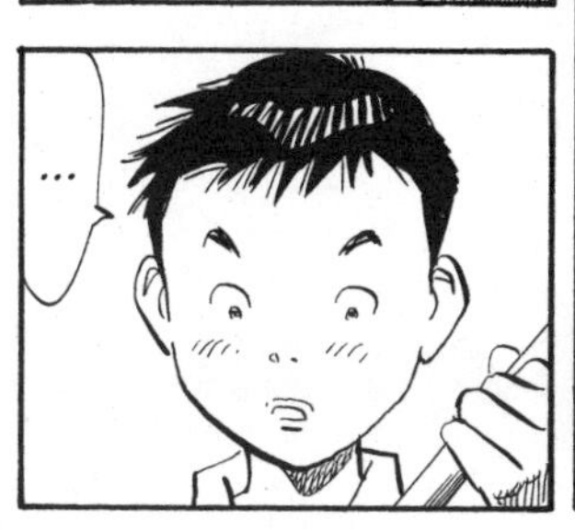

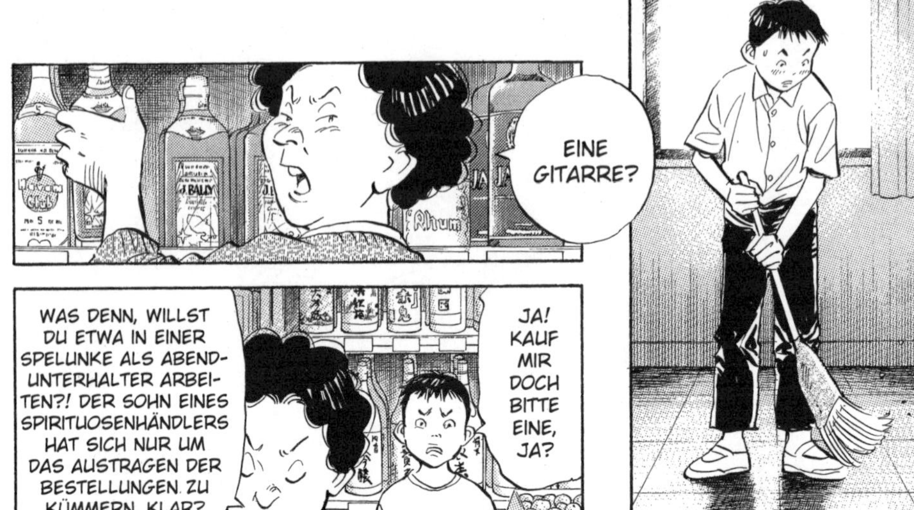

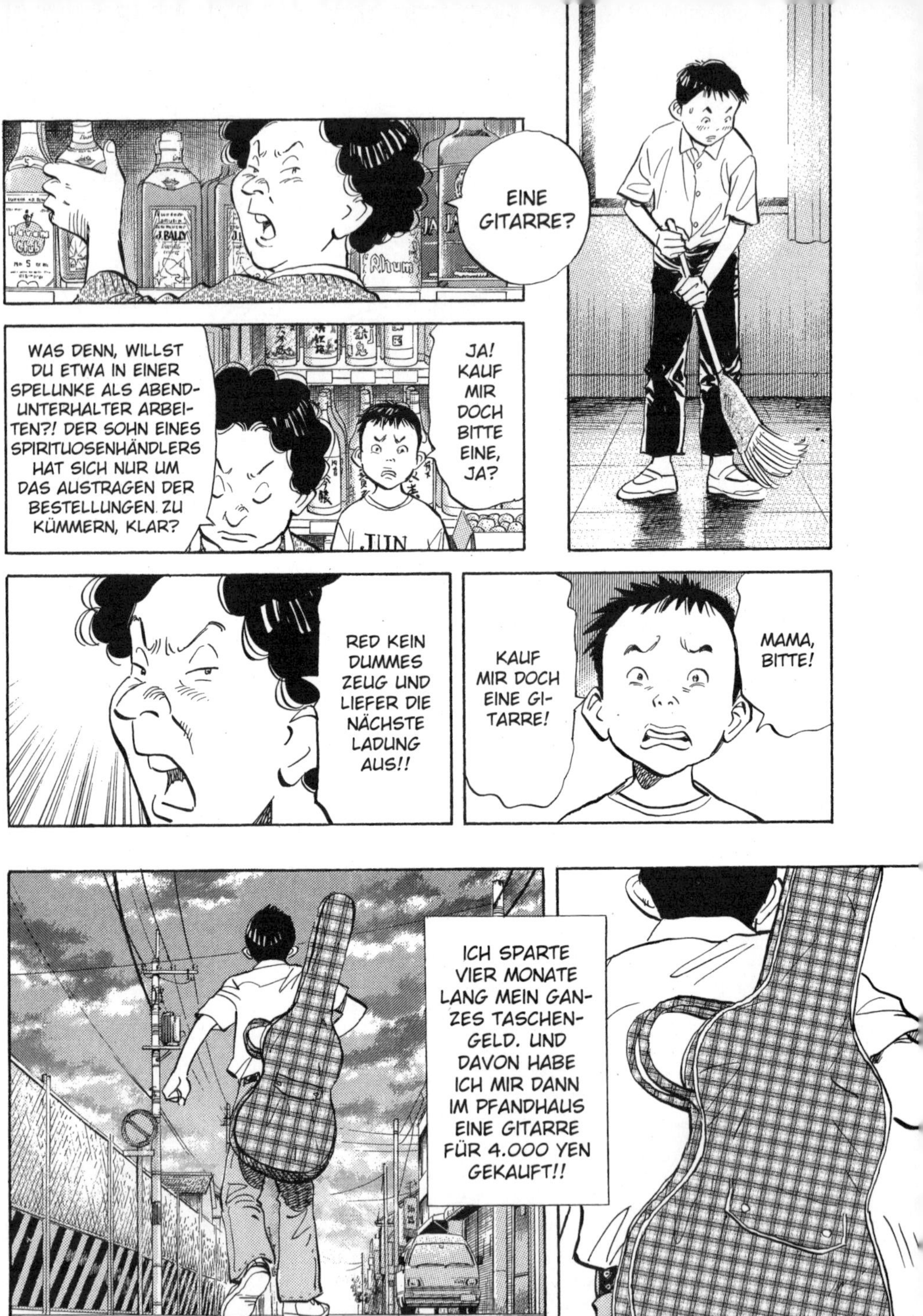

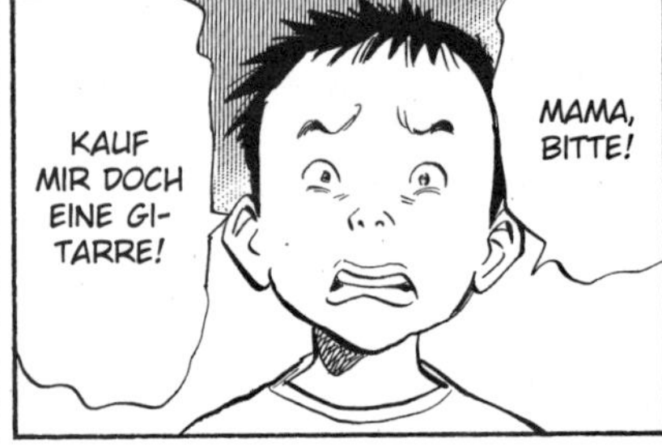

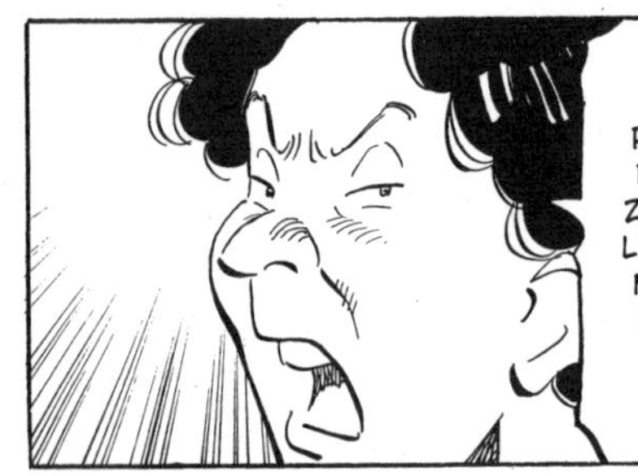

ICH SPARTE VIER MONATE LANG MEIN GANZES TASCHENGELD. UND DAVON HABE ICH MIR DANN IM PFANDHAUS EINE GITARRE FÜR 4.000 YEN GEKAUFT!!

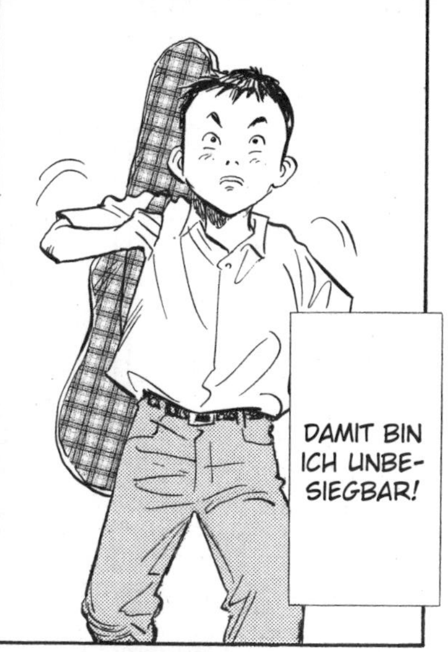
DAMIT BIN ICH UNBE-SIEGBAR!

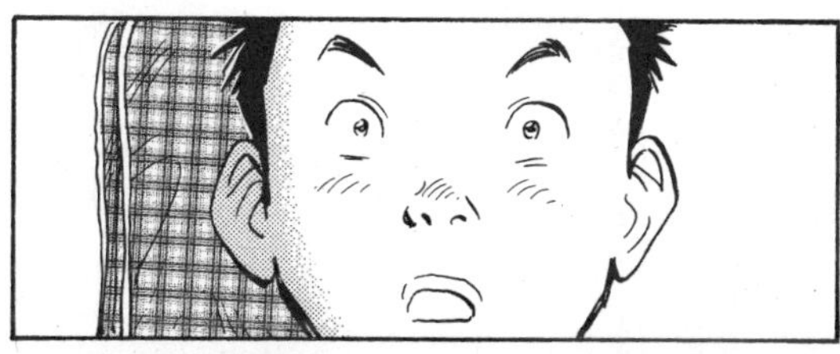

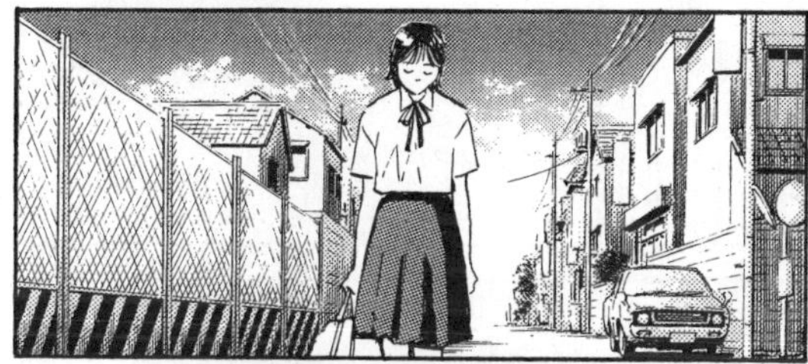

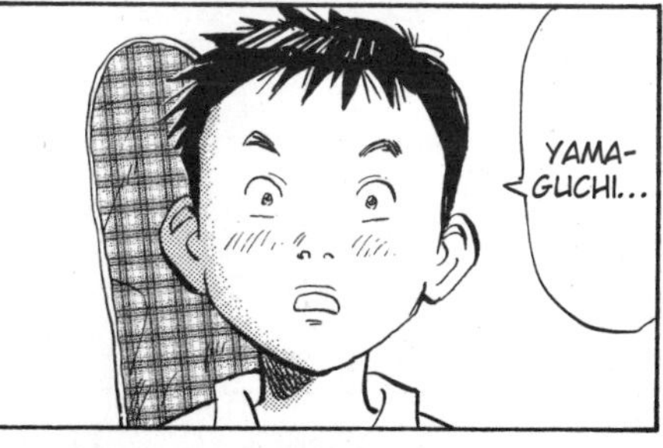
YAMA-GUCHI...

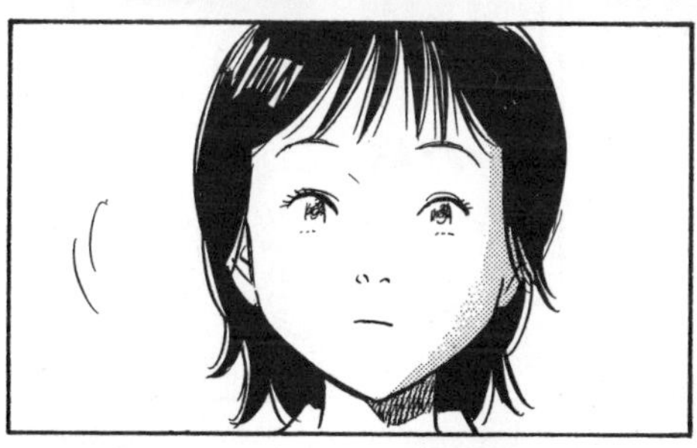

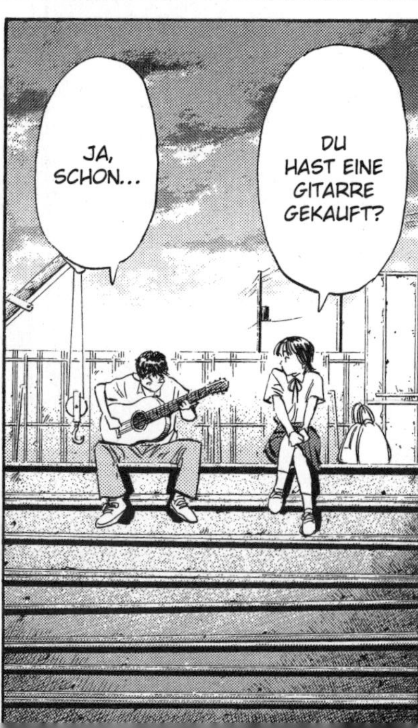
DU HAST EINE GITARRE GEKAUFT?
JA, SCHON...

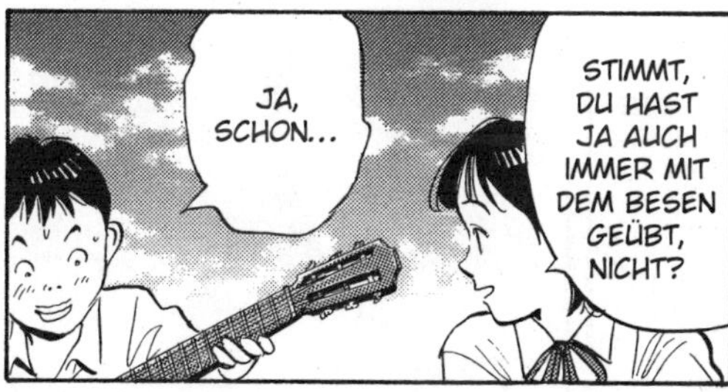
STIMMT, DU HAST JA AUCH IMMER MIT DEM BESEN GEÜBT, NICHT?
JA, SCHON...

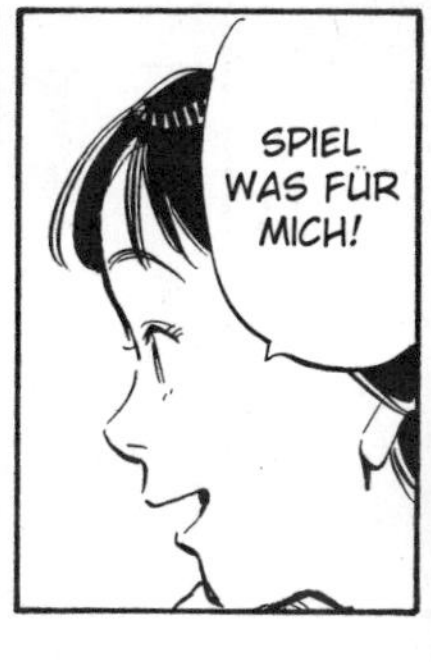
SPIEL WAS FÜR MICH!

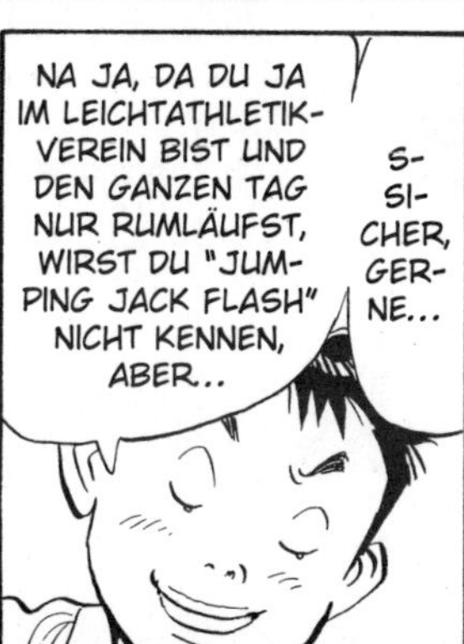
S-SI-CHER, GER-NE...
NA JA, DA DU JA IM LEICHTATHLETIK-VEREIN BIST UND DEN GANZEN TAG NUR RUMLÄUFST, WIRST DU "JUMP-ING JACK FLASH" NICHT KENNEN, ABER...

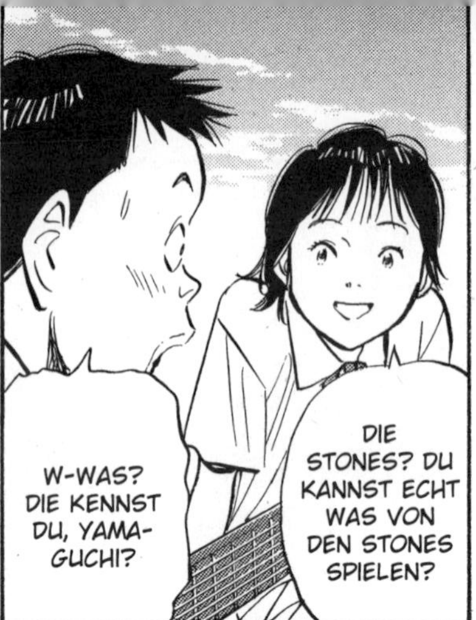
DIE STONES? DU KANNST ECHT WAS VON DEN STONES SPIELEN?
W-WAS? DIE KENNST DU, YAMAGUCHI?

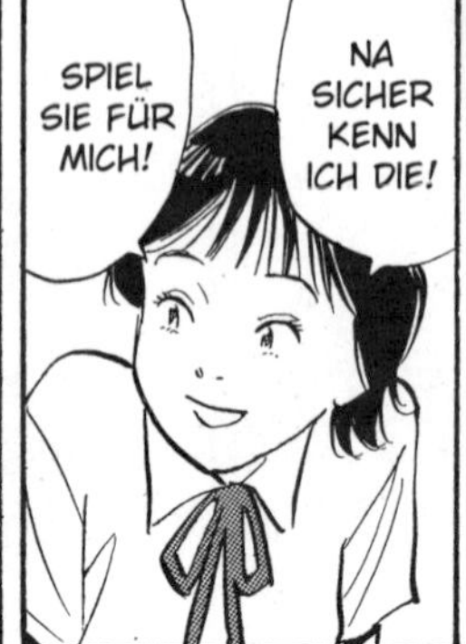
NA SICHER KENN ICH DIE!
SPIEL SIE FÜR MICH!

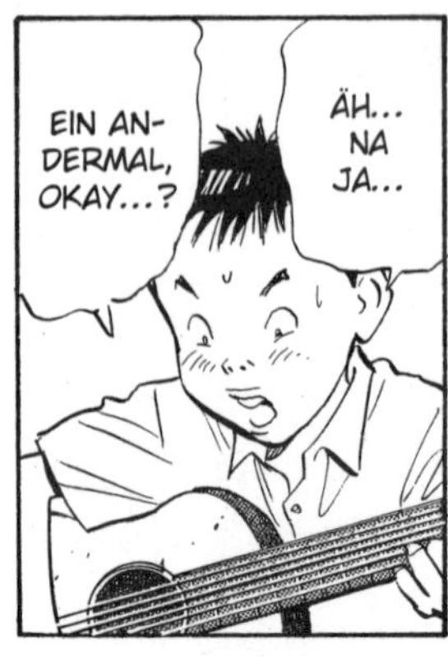
ÄH… NA JA…
EIN ANDERMAL, OKAY…?

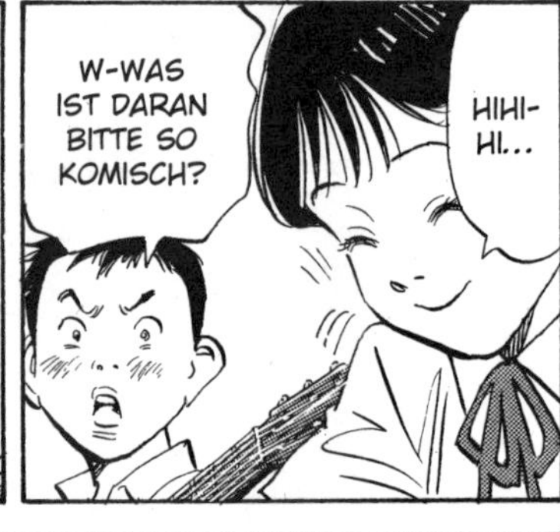
HIHIHI…
W-WAS IST DARAN BITTE SO KOMISCH?

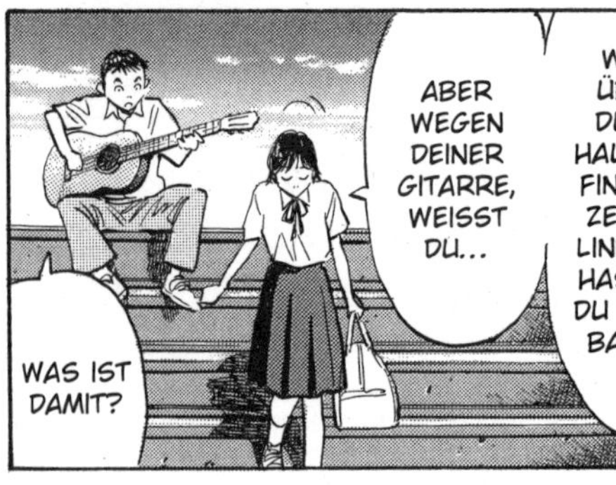
WENN DU ÜBST, BIS DU HORNHAUT AN DEN FINGERSPITZEN DEINER LINKEN HAND HAST, WIRST DU BESTIMMT BALD SEHR GUT.
ABER WEGEN DEINER GITARRE, WEISST DU…
WAS IST DAMIT?

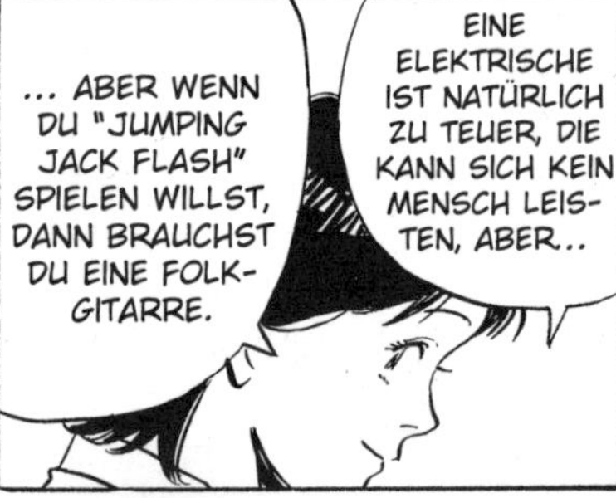
EINE ELEKTRISCHE IST NATÜRLICH ZU TEUER, DIE KANN SICH KEIN MENSCH LEISTEN, ABER…
… ABER WENN DU "JUMPING JACK FLASH" SPIELEN WILLST, DANN BRAUCHST DU EINE FOLKGITARRE.

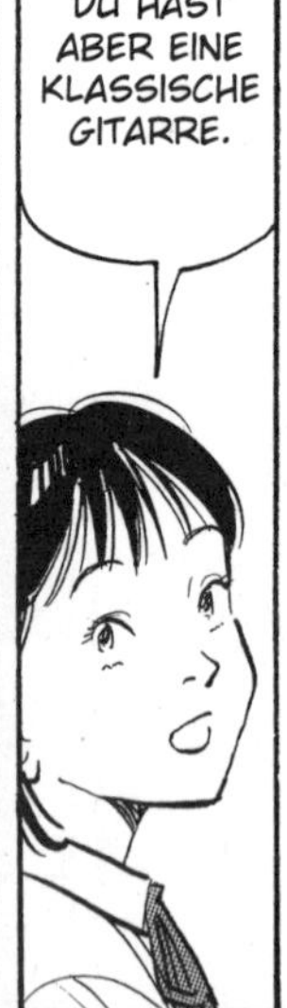
DU HAST ABER EINE KLASSISCHE GITARRE.

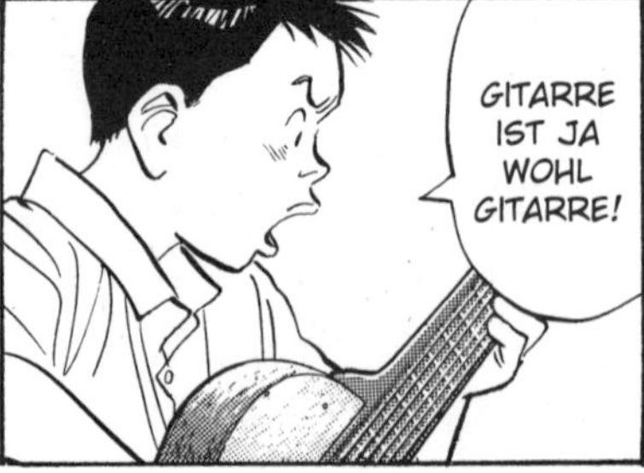
GITARRE IST JA WOHL GITARRE!

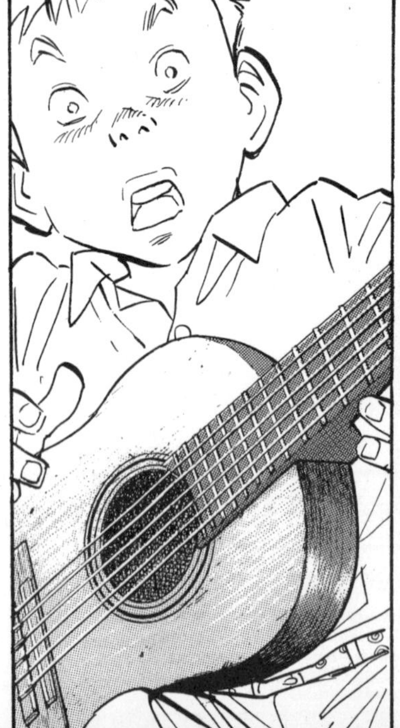

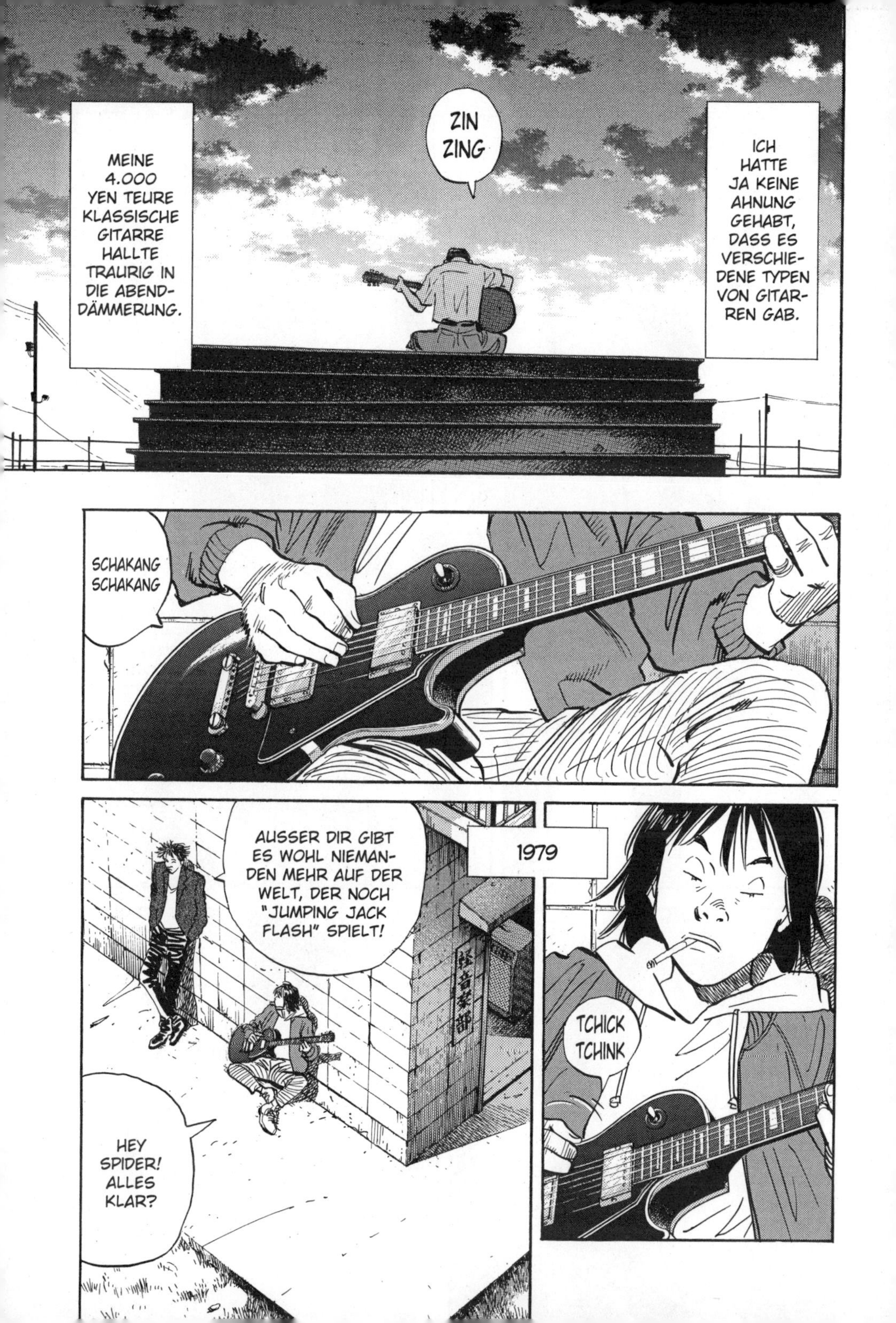

ICH HATTE JA KEINE AHNUNG GEHABT, DASS ES VERSCHIEDENE TYPEN VON GITARREN GAB.

ZIN ZING

MEINE 4.000 YEN TEURE KLASSISCHE GITARRE HALLTE TRAURIG IN DIE ABENDDÄMMERUNG.

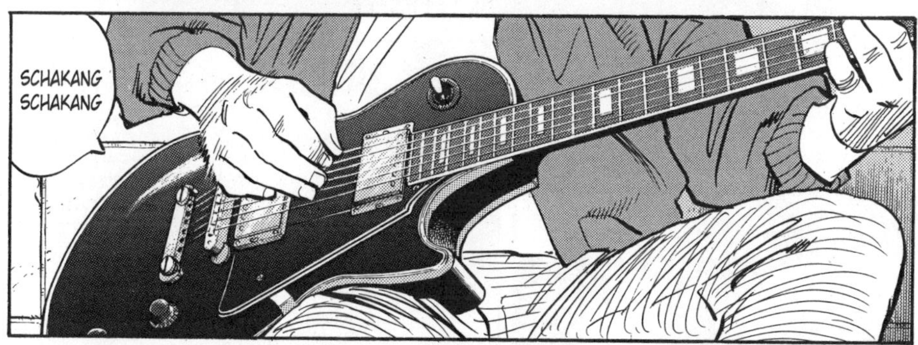

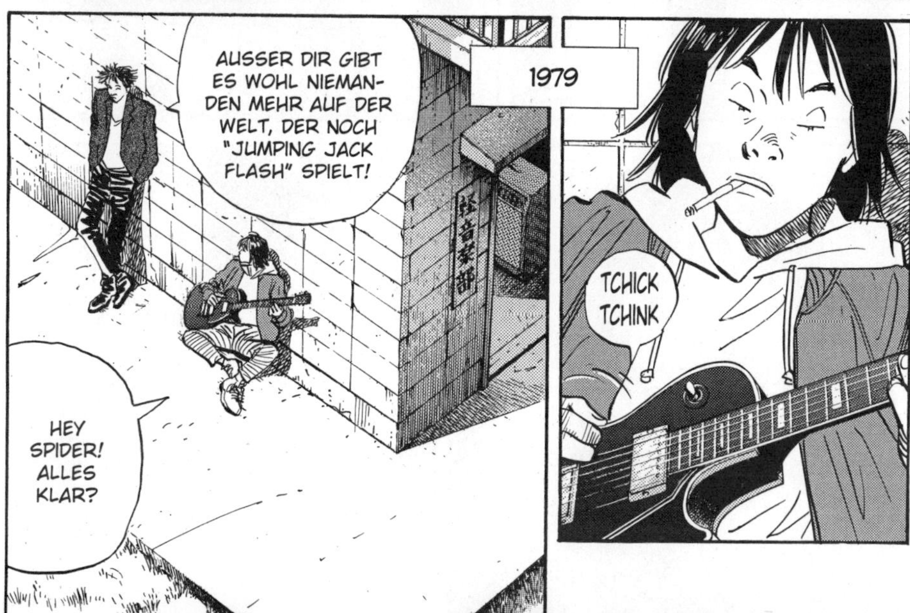

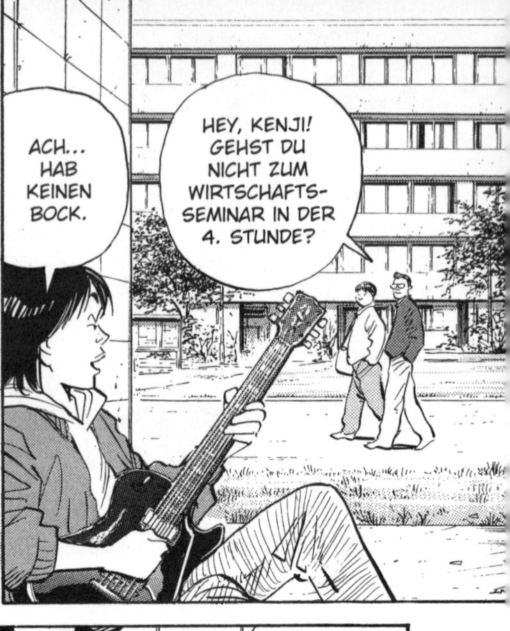
HEY, KENJI! GEHST DU NICHT ZUM WIRTSCHAFTS-SEMINAR IN DER 4. STUNDE?
ACH... HAB KEINEN BOCK.

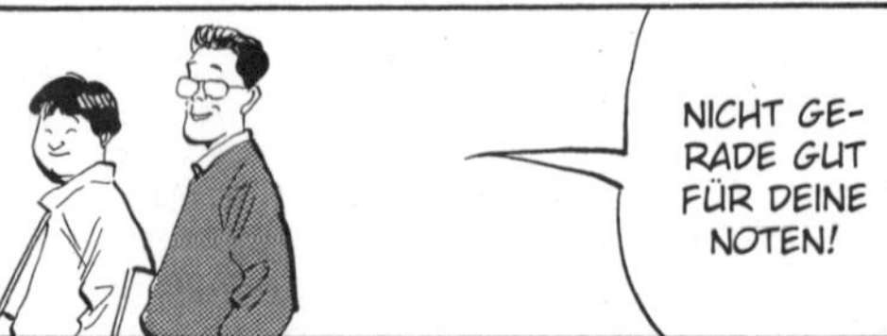
NICHT GE-RADE GUT FÜR DEINE NOTEN!

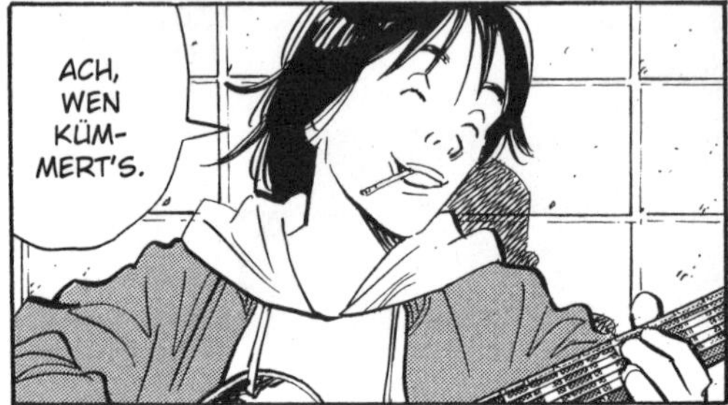
ACH, WEN KÜM-MERT'S.

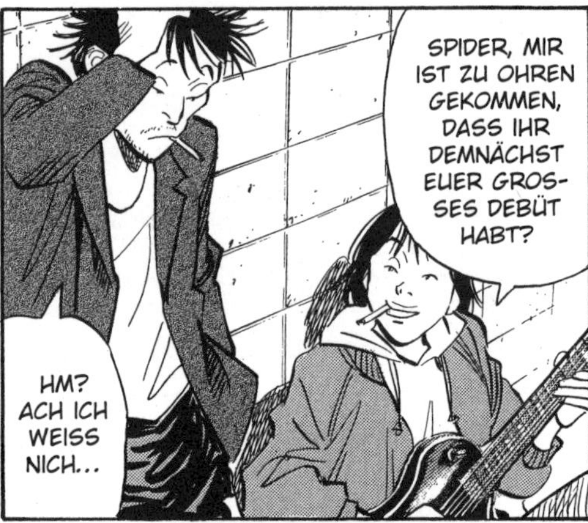
SPIDER, MIR IST ZU OHREN GEKOMMEN, DASS IHR DEMNÄCHST EUER GROS-SES DEBÜT HABT?
HM? ACH ICH WEISS NICH...

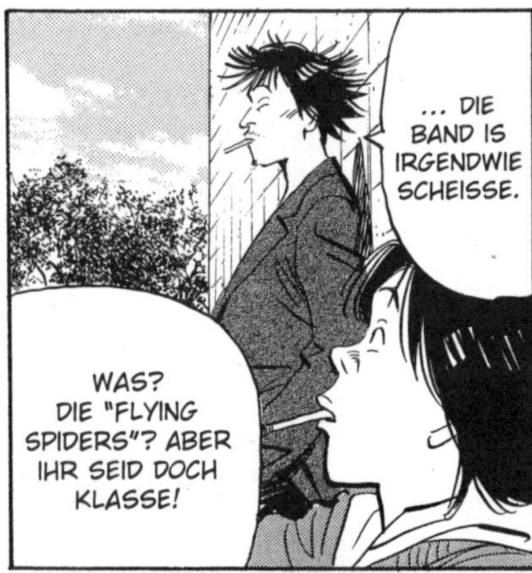
... DIE BAND IS IRGENDWIE SCHEISSE.
WAS? DIE "FLYING SPIDERS"? ABER IHR SEID DOCH KLASSE!

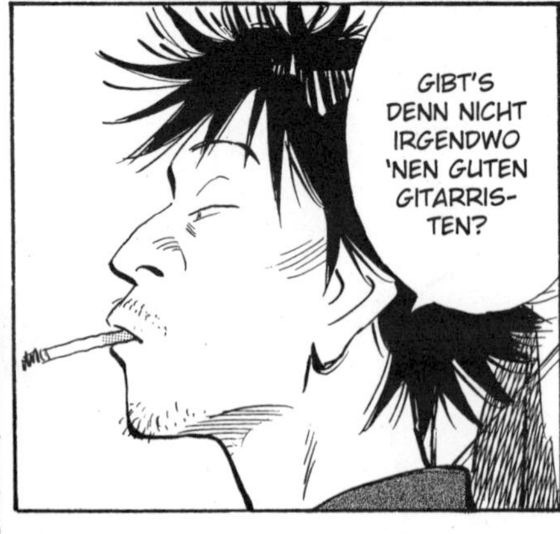
GIBT'S DENN NICHT IRGENDWO 'NEN GUTEN GITARRIS-TEN?

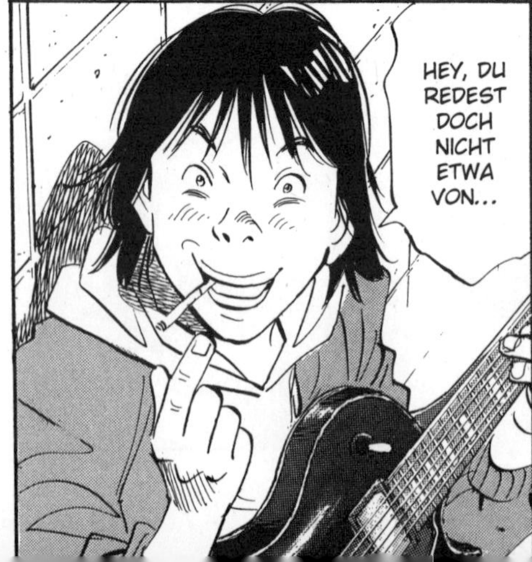
HEY, DU REDEST DOCH NICHT ETWA VON...

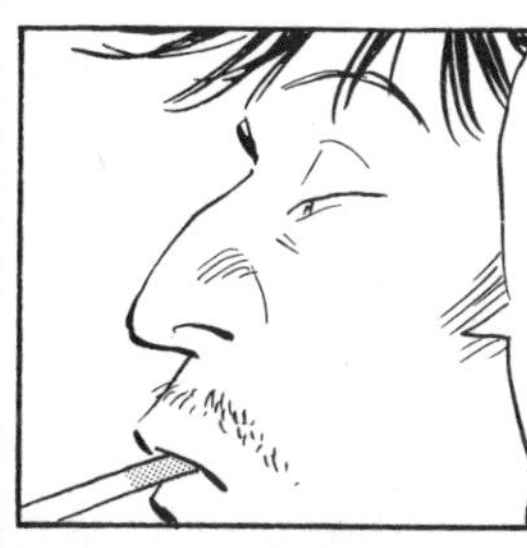
WEISST DU, ICH BRÄUCHTE JEMANDEN, DER VOM STIL HER AUCH LOCKER SO WAS WIE KEITH RICHARDS ODER MICK TAYLOR SPIELEN KANN...

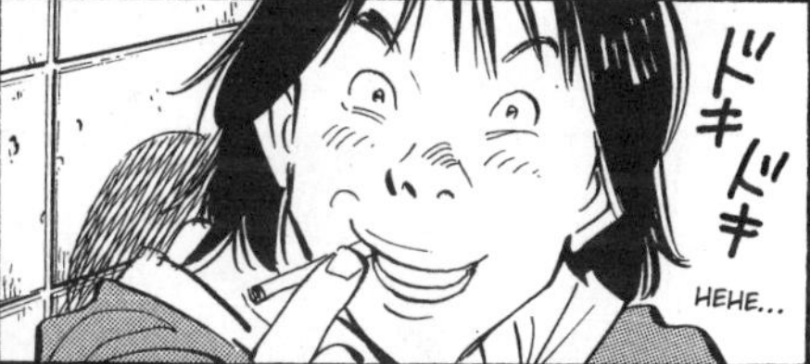
ドキドキ
HEHE...

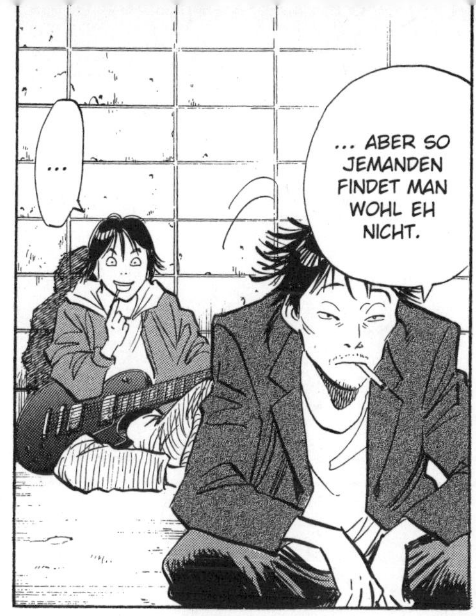
... ABER SO JEMANDEN FINDET MAN WOHL EH NICHT.
...

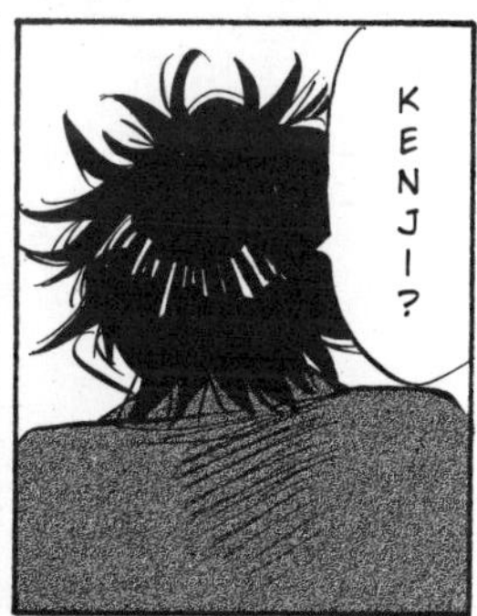
KENJI?

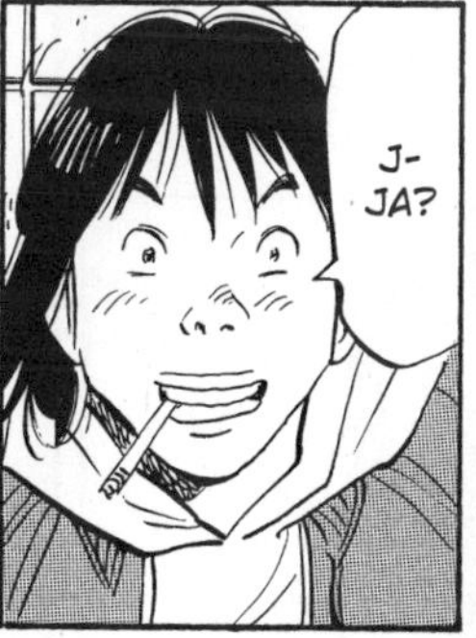
J-JA?

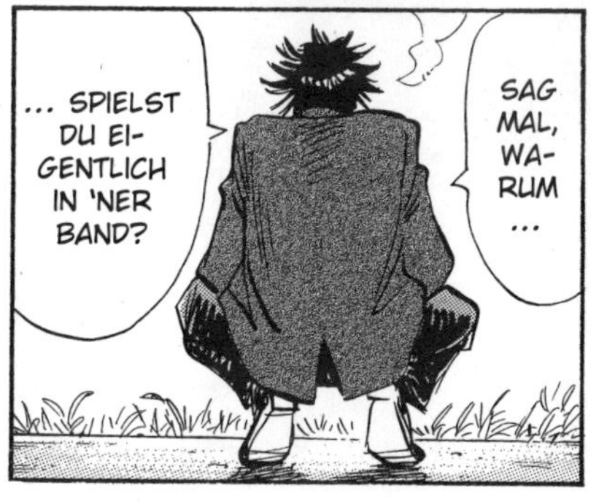
SAG MAL, WARUM ...
... SPIELST DU EIGENTLICH IN 'NER BAND?

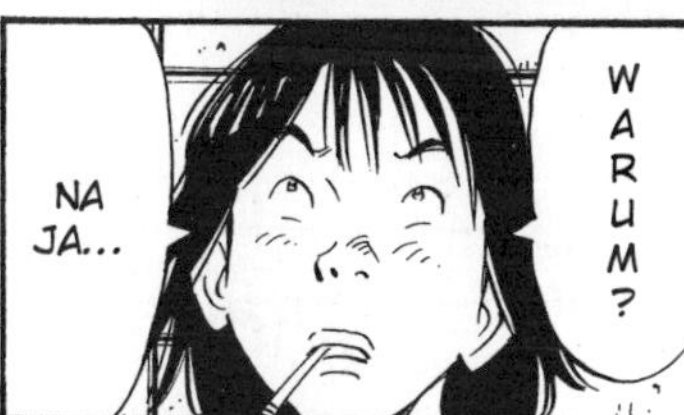
WARUM?
NA JA...

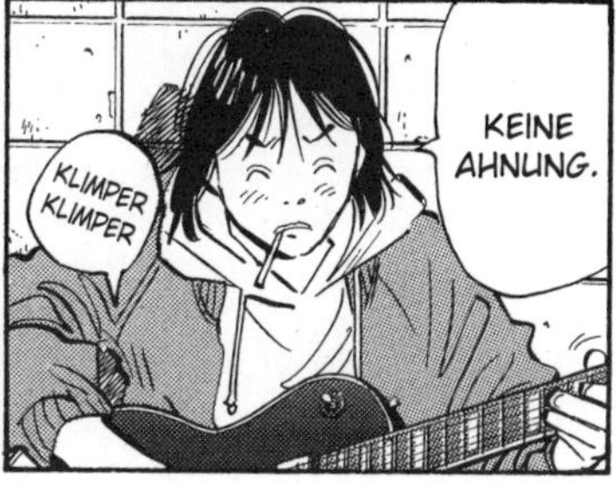
KEINE AHNUNG.
KLIMPER KLIMPER

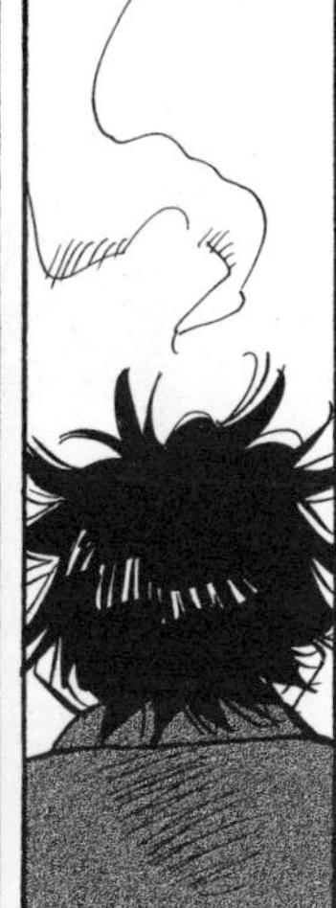

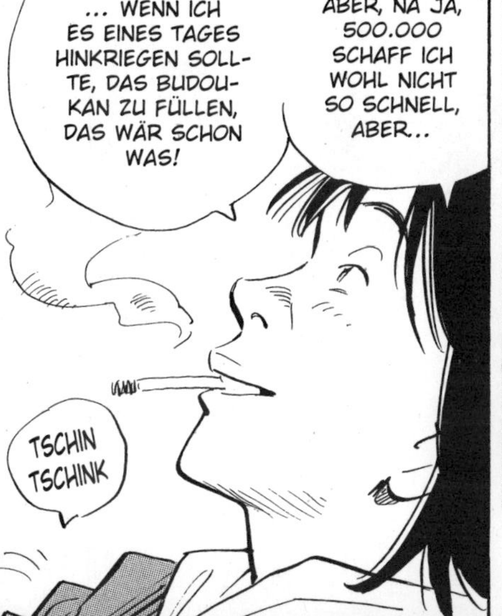
ABER, NA JA, 500.000 SCHAFF ICH WOHL NICHT SO SCHNELL, ABER...
... WENN ICH ES EINES TAGES HINKRIEGEN SOLLTE, DAS BUDOUKAN ZU FÜLLEN, DAS WÄR SCHON WAS!
TSCHIN TSCHINK

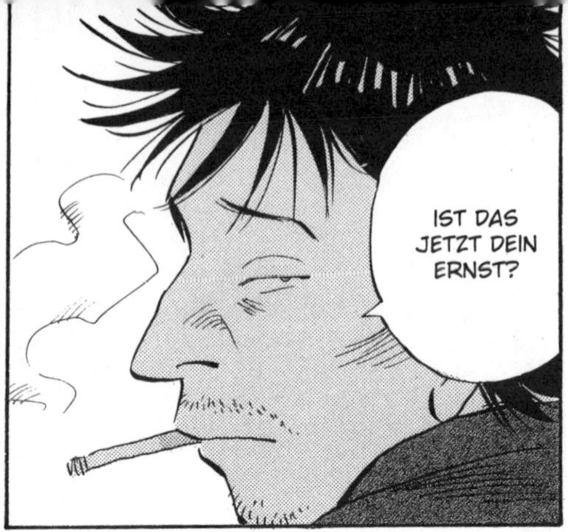
IST DAS JETZT DEIN ERNST?

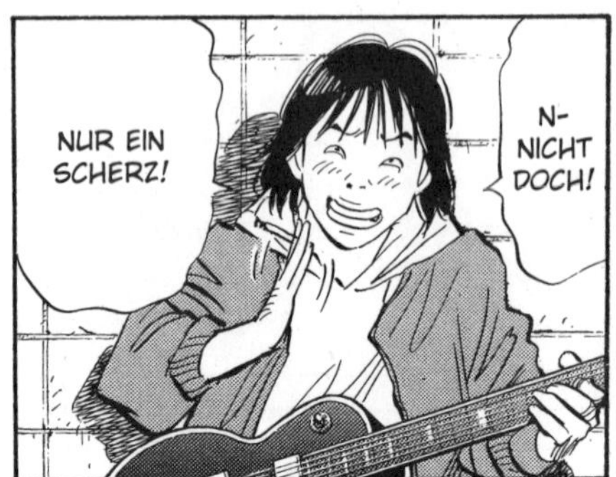
N-NICHT DOCH!
NUR EIN SCHERZ!

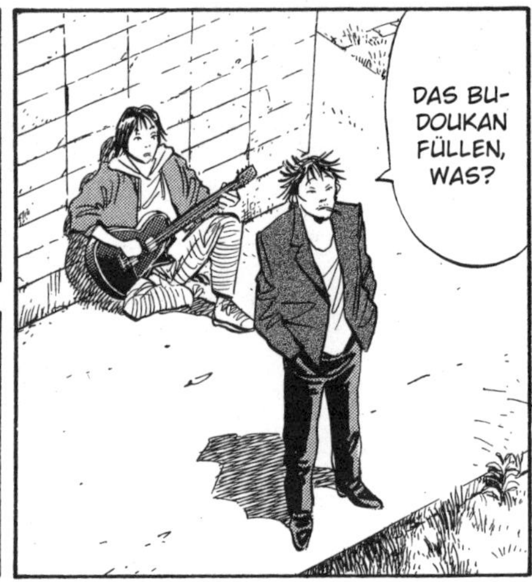
DAS BUDOUKAN FÜLLEN, WAS?

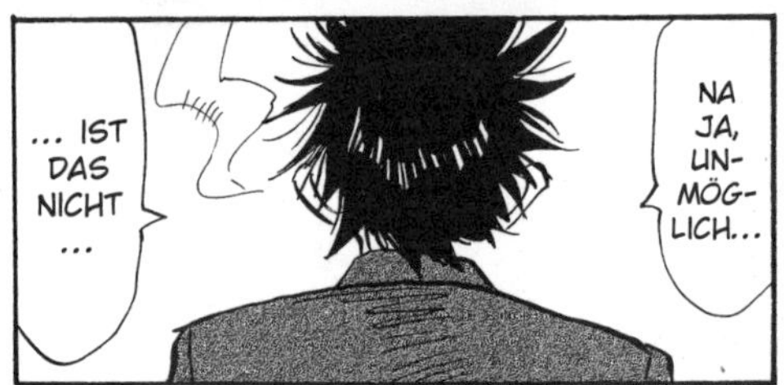
NA JA, UNMÖGLICH...
... IST DAS NICHT ...

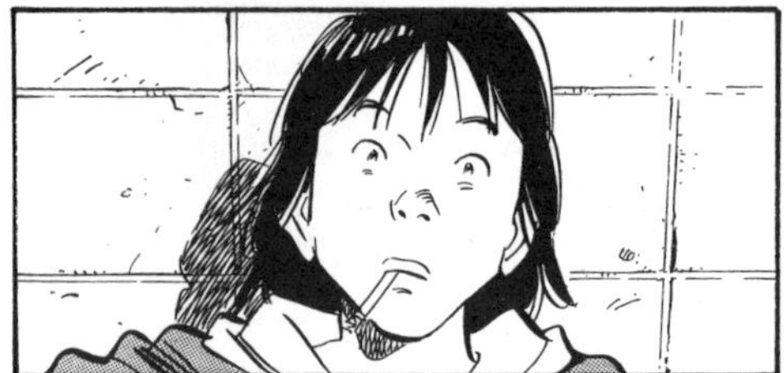

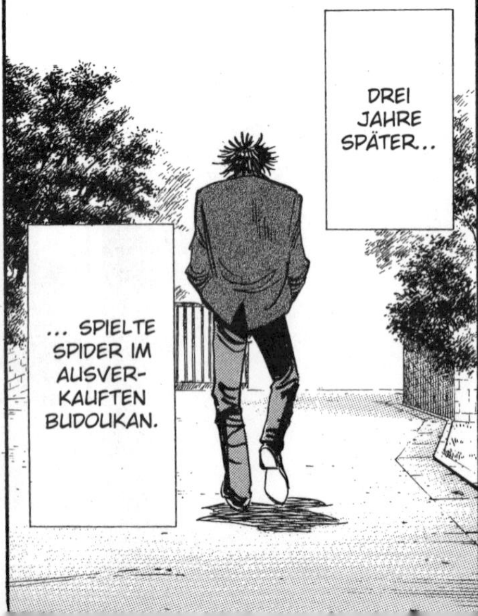
DREI JAHRE SPÄTER..
... SPIELTE SPIDER IM AUSVERKAUFTEN BUDOUKAN.

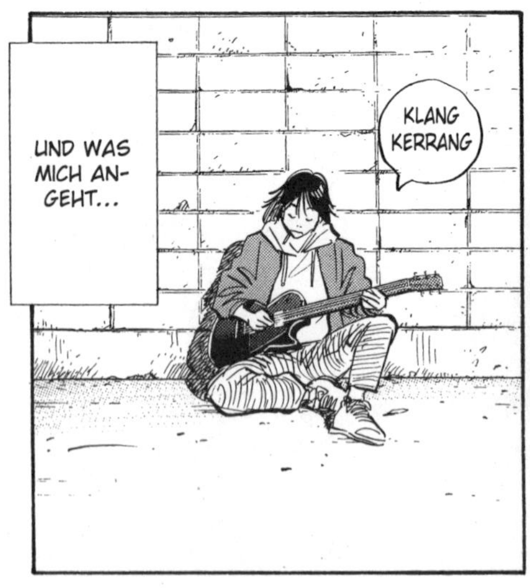
KLANG KERRANG
UND WAS MICH ANGEHT...

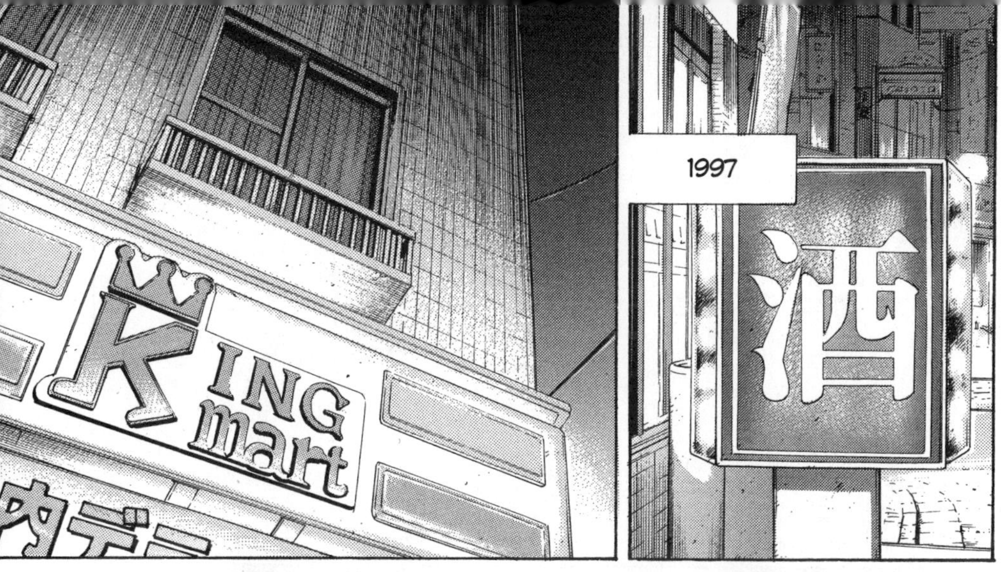
1997
酒
KING mart

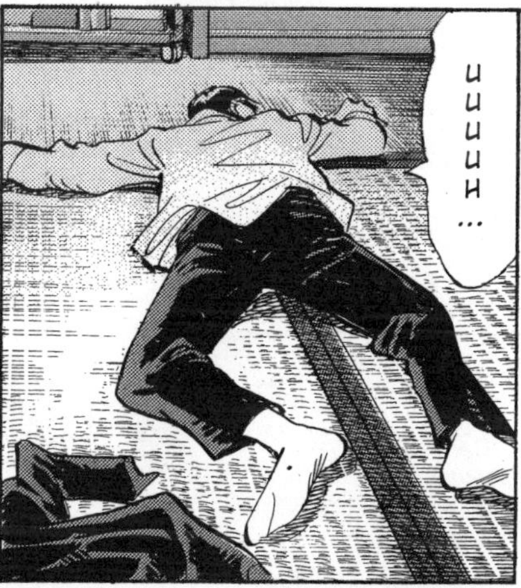
UUUUH…

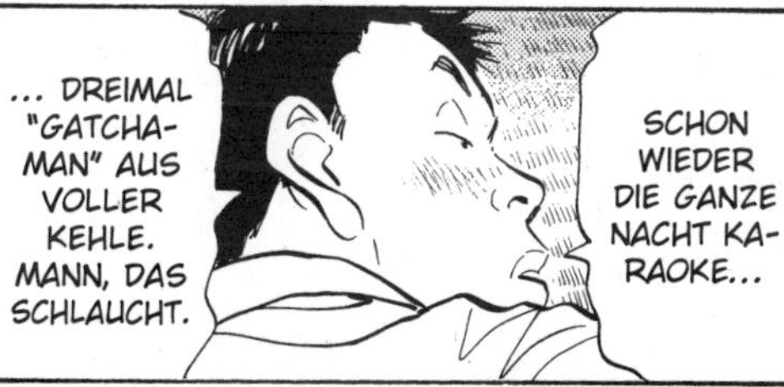
SCHON WIEDER DIE GANZE NACHT KARAOKE…
… DREIMAL "GATCHAMAN" AUS VOLLER KEHLE. MANN, DAS SCHLAUCHT.

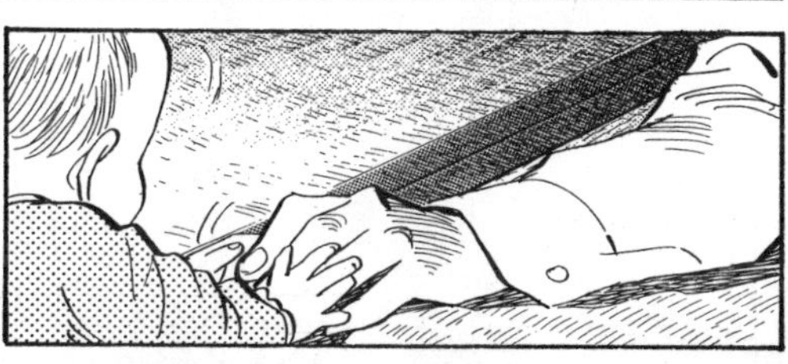

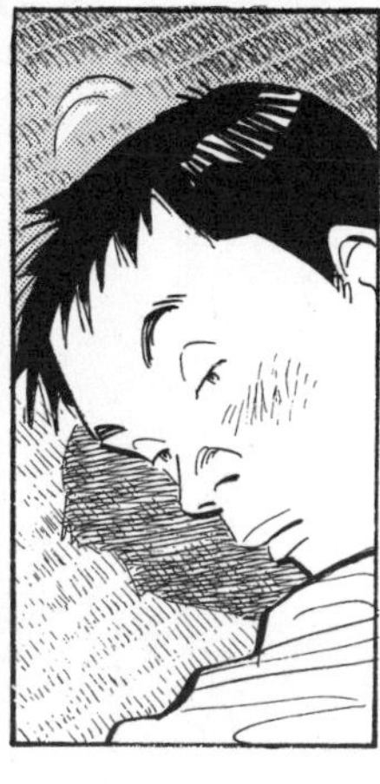

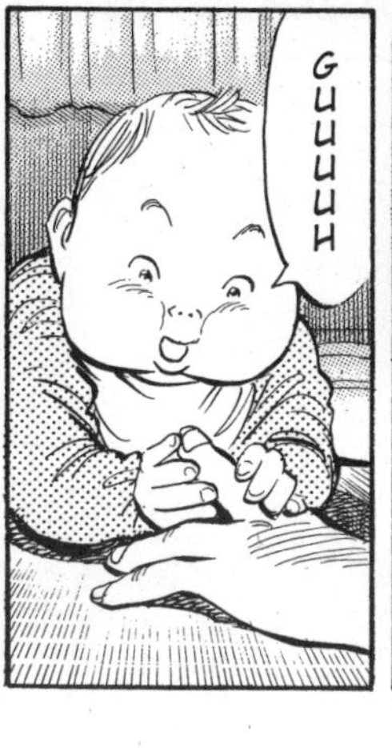
GUUUUH

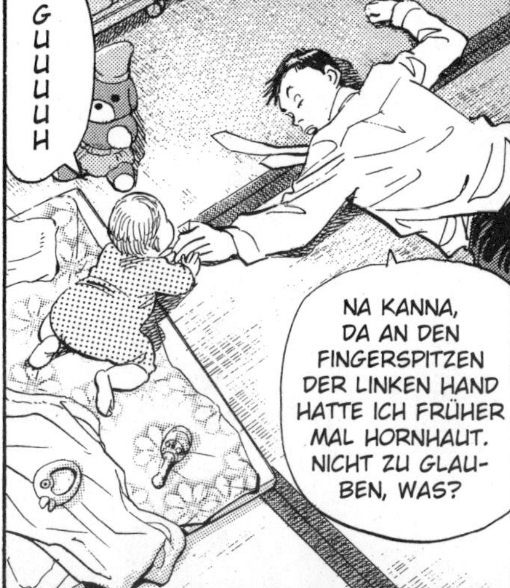
GUUUUH
NA KANNA, DA AN DEN FINGERSPITZEN DER LINKEN HAND HATTE ICH FRÜHER MAL HORNHAUT. NICHT ZU GLAUBEN, WAS?

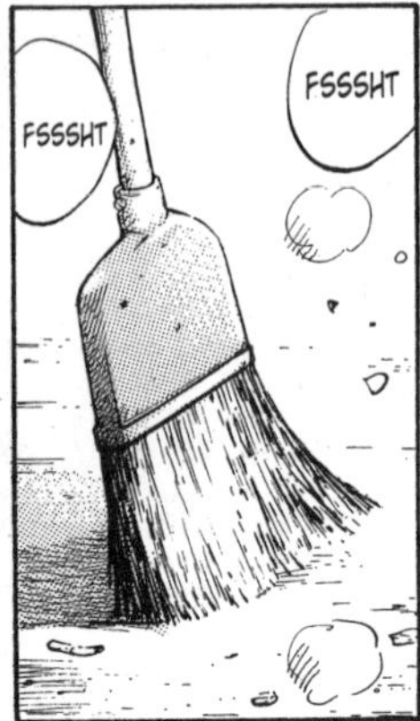
FSSSHT
FSSSHT

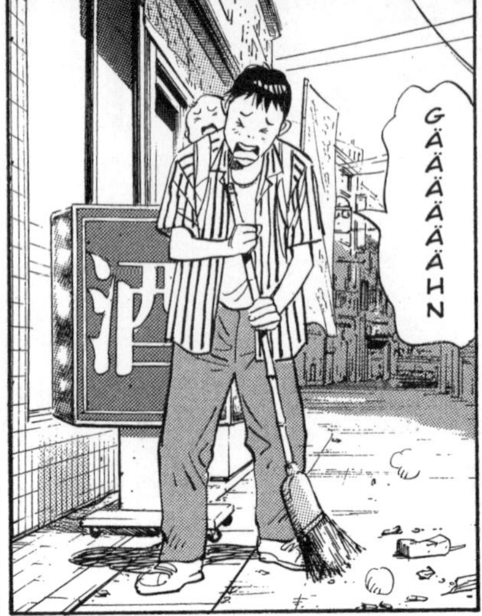
GÄÄÄÄÄÄHN

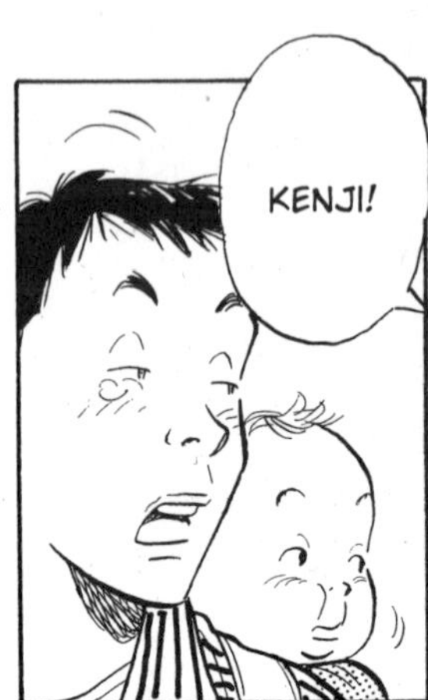
KENJI!

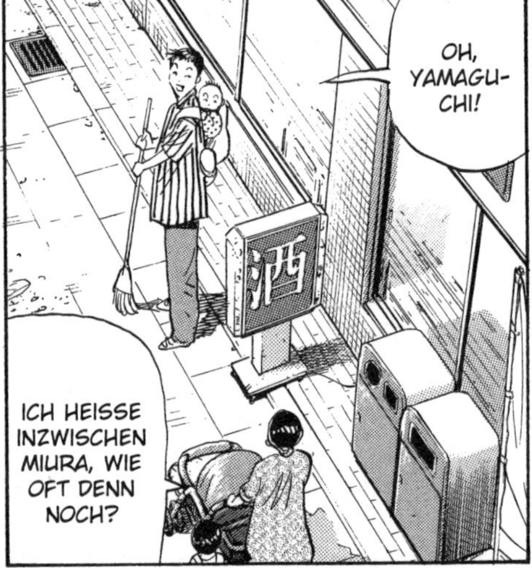
OH, YAMAGUCHI!
ICH HEISSE INZWISCHEN MIURA, WIE OFT DENN NOCH?

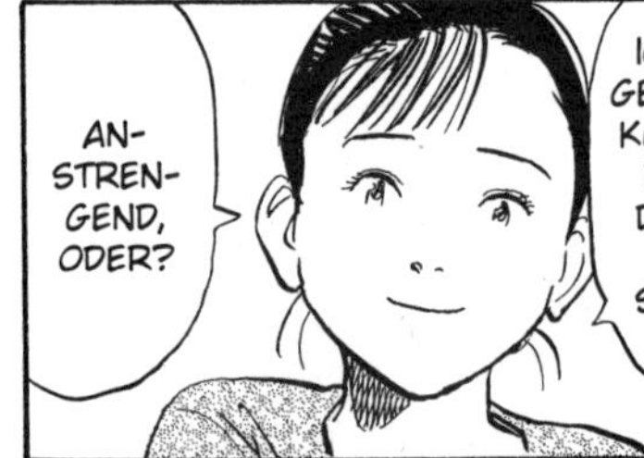
ICH HABE GEHÖRT, DU KÜMMERST DICH UM DAS KIND DEINER SCHWESTER?
ANSTRENGEND, ODER?

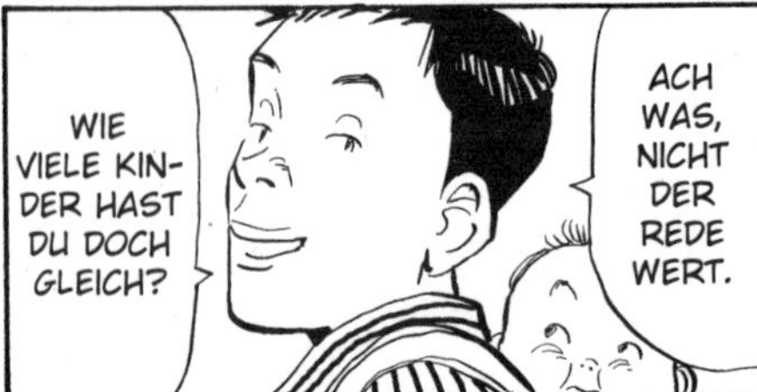
ACH WAS, NICHT DER REDE WERT.
WIE VIELE KINDER HAST DU DOCH GLEICH?

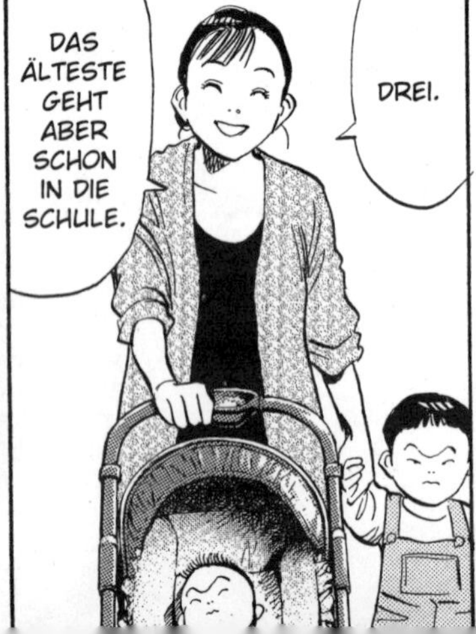
DREI.
DAS ÄLTESTE GEHT ABER SCHON IN DIE SCHULE.

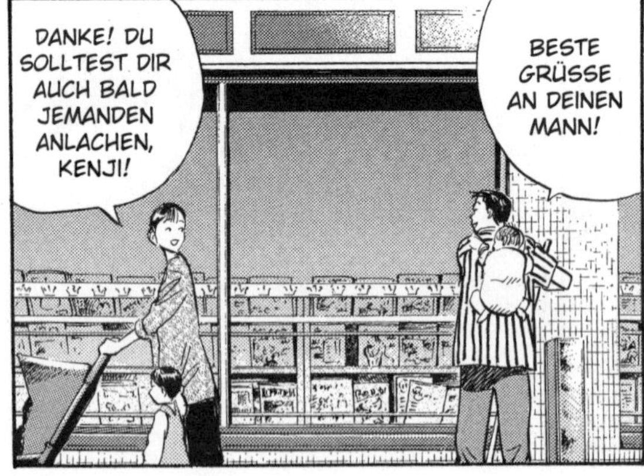
BESTE GRÜSSE AN DEINEN MANN!
DANKE! DU SOLLTEST DIR AUCH BALD JEMANDEN ANLACHEN, KENJI!

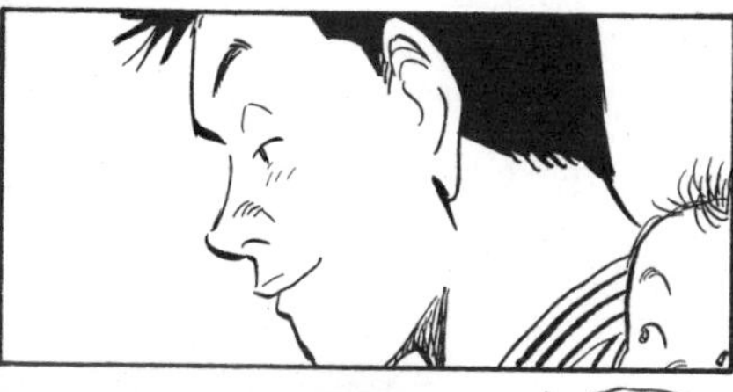

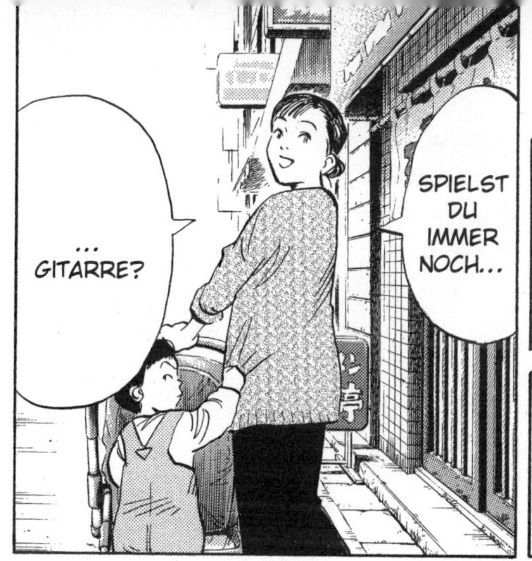
SPIELST DU IMMER NOCH...
... GITARRE?

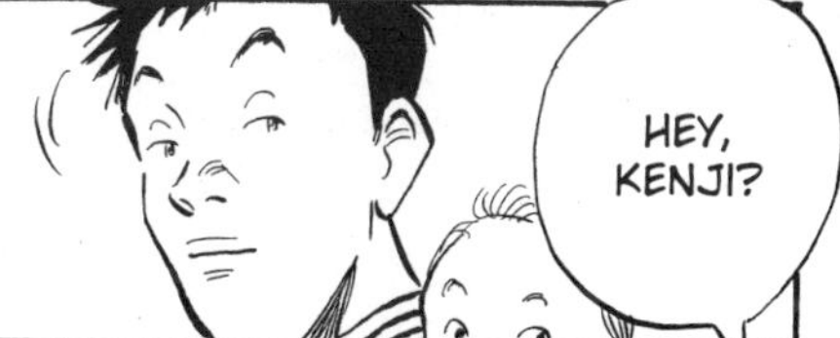
HEY, KENJI?

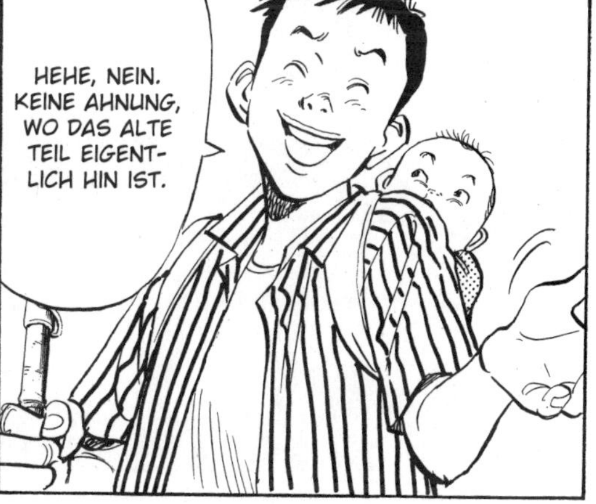
HEHE, NEIN. KEINE AHNUNG, WO DAS ALTE TEIL EIGENTLICH HIN IST.

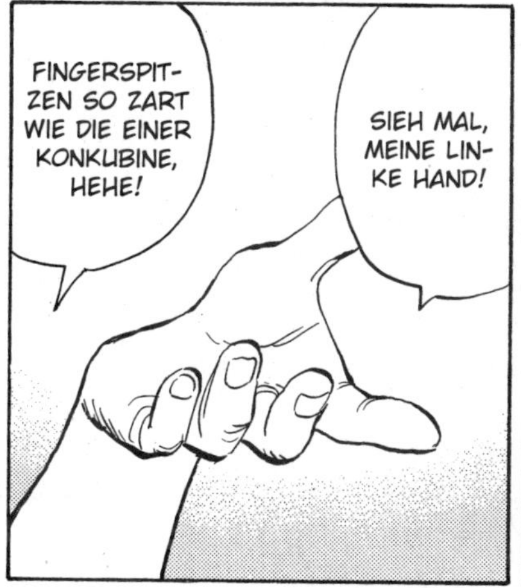
SIEH MAL, MEINE LINKE HAND!
FINGERSPITZEN SO ZART WIE DIE EINER KONKUBINE, HEHE!

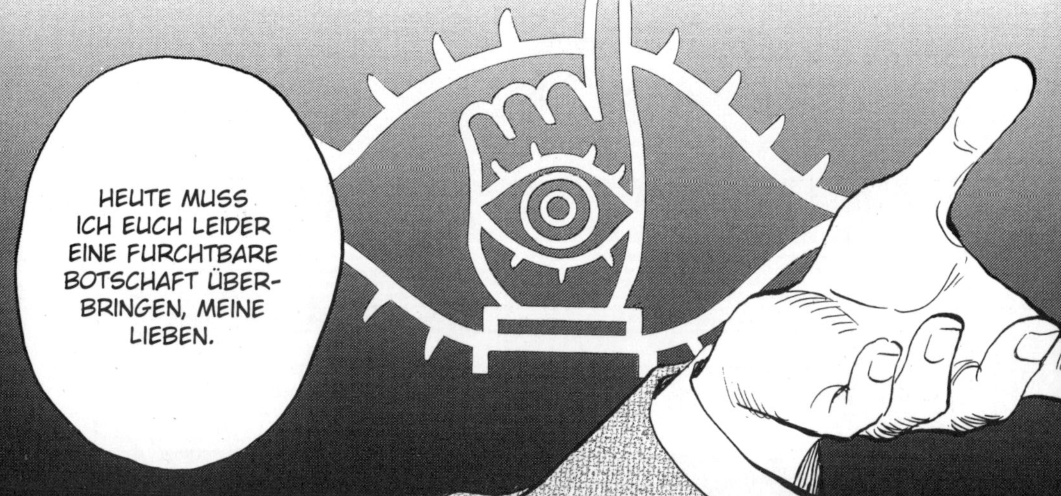
HEUTE MUSS ICH EUCH LEIDER EINE FURCHTBARE BOTSCHAFT ÜBERBRINGEN, MEINE LIEBEN.

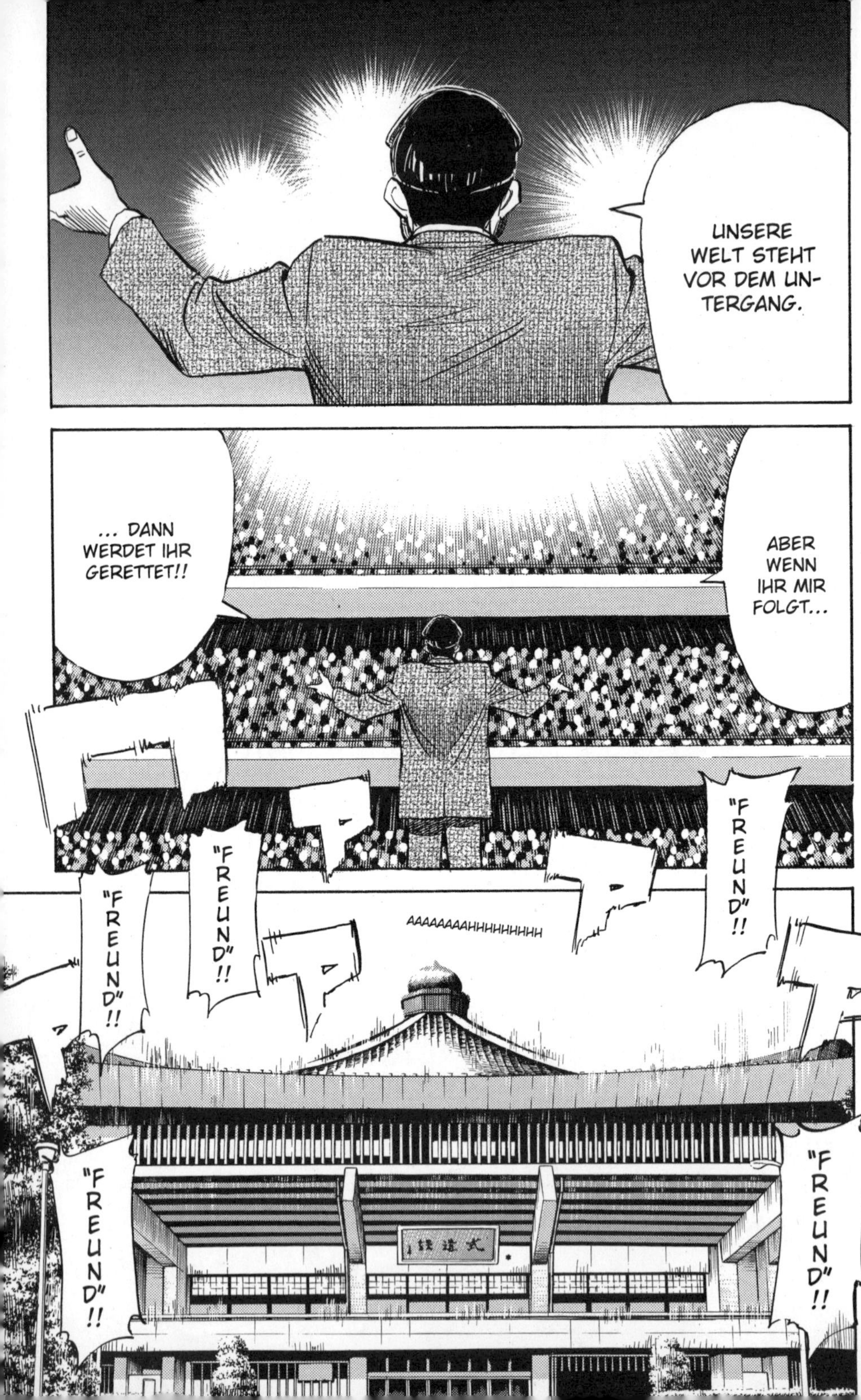

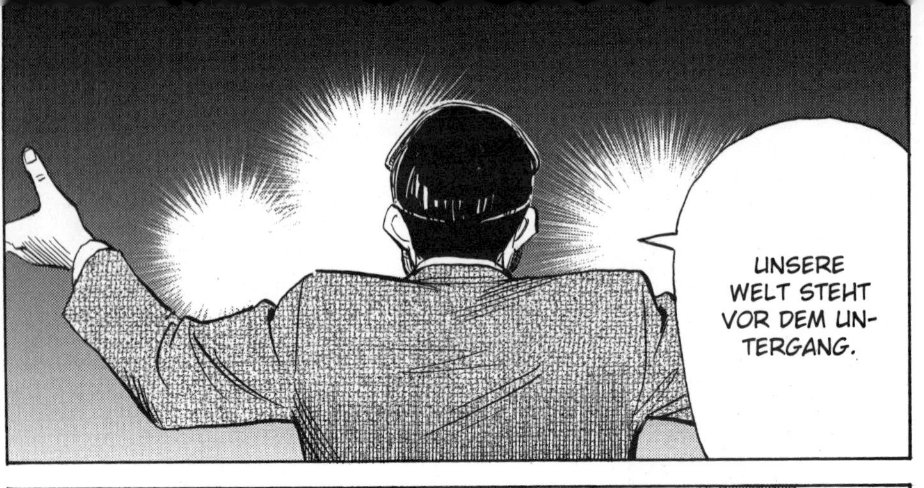

ABER WENN IHR MIR FOLGT...

... DANN WERDET IHR GERETTET!!

"FREUND"!!

AAAAAAAAHHHHHHHHH

"FREUND"!!

"FREUND"!!

"FREUND"!!

"FREUND"!!

* BUDOUKAN

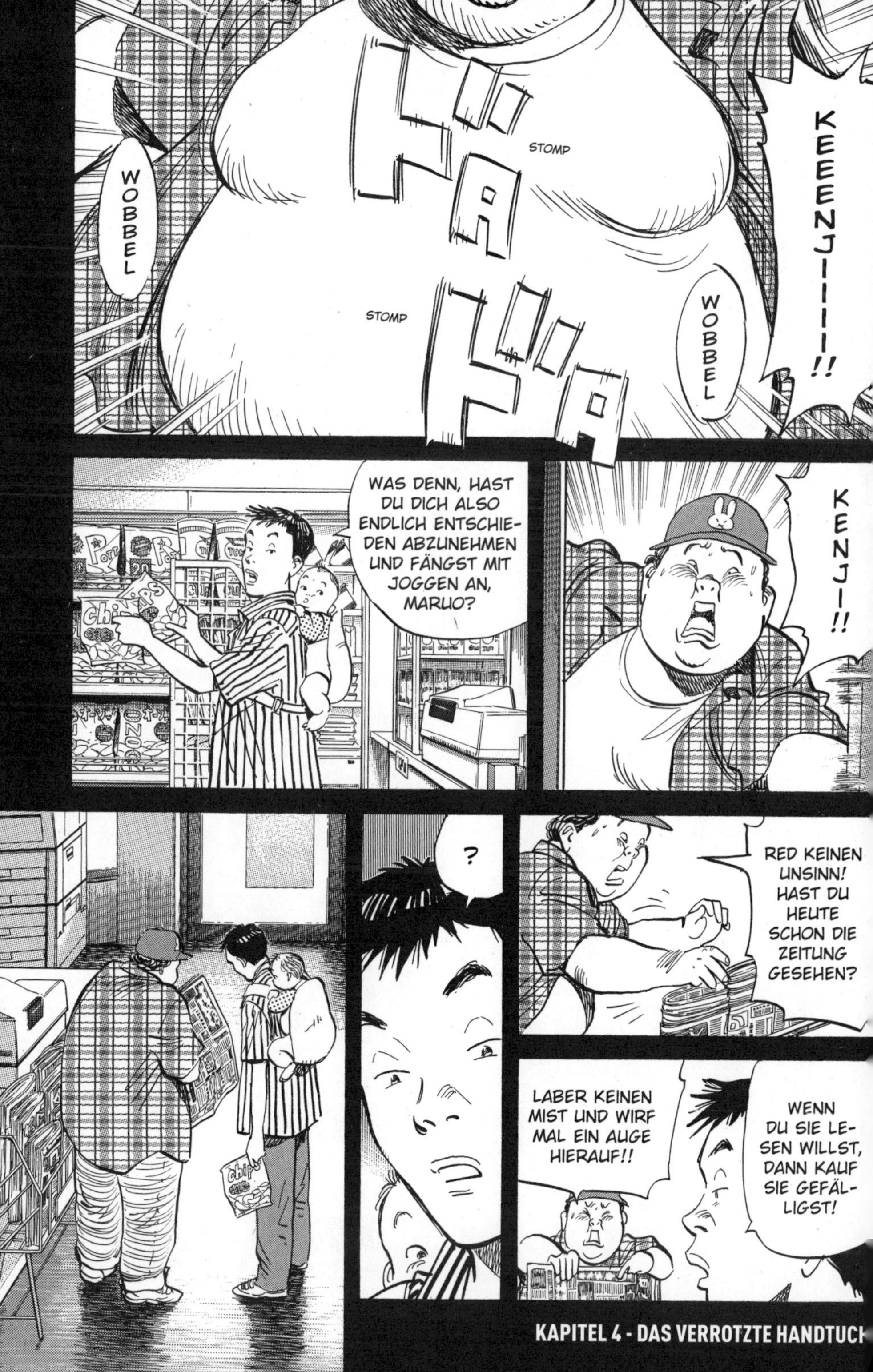
KEEENJIIIIII!!
WOBBEL
STOMP
WOBBEL
STOMP
KENJI!!
WAS DENN, HAST DU DICH ALSO ENDLICH ENTSCHIEDEN ABZUNEHMEN UND FÄNGST MIT JOGGEN AN, MARUO?
RED KEINEN UNSINN! HAST DU HEUTE SCHON DIE ZEITUNG GESEHEN?
?
WENN DU SIE LESEN WILLST, DANN KAUF SIE GEFÄLLIGST!
LABER KEINEN MIST UND WIRF MAL EIN AUGE HIERAUF!!

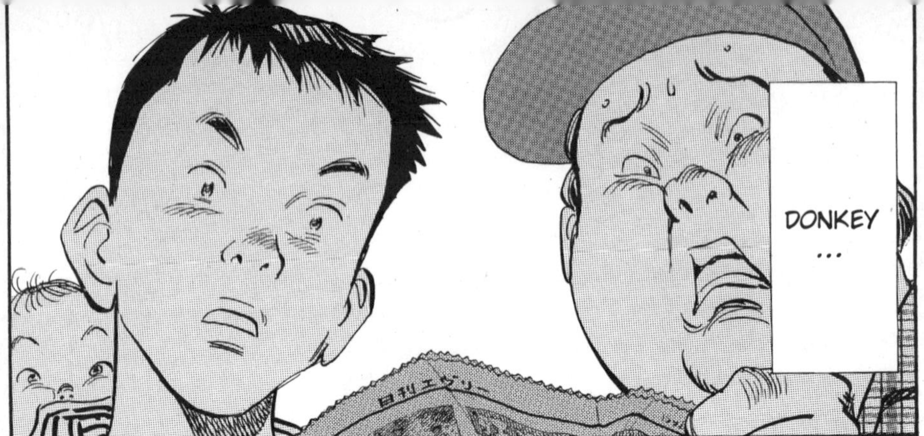

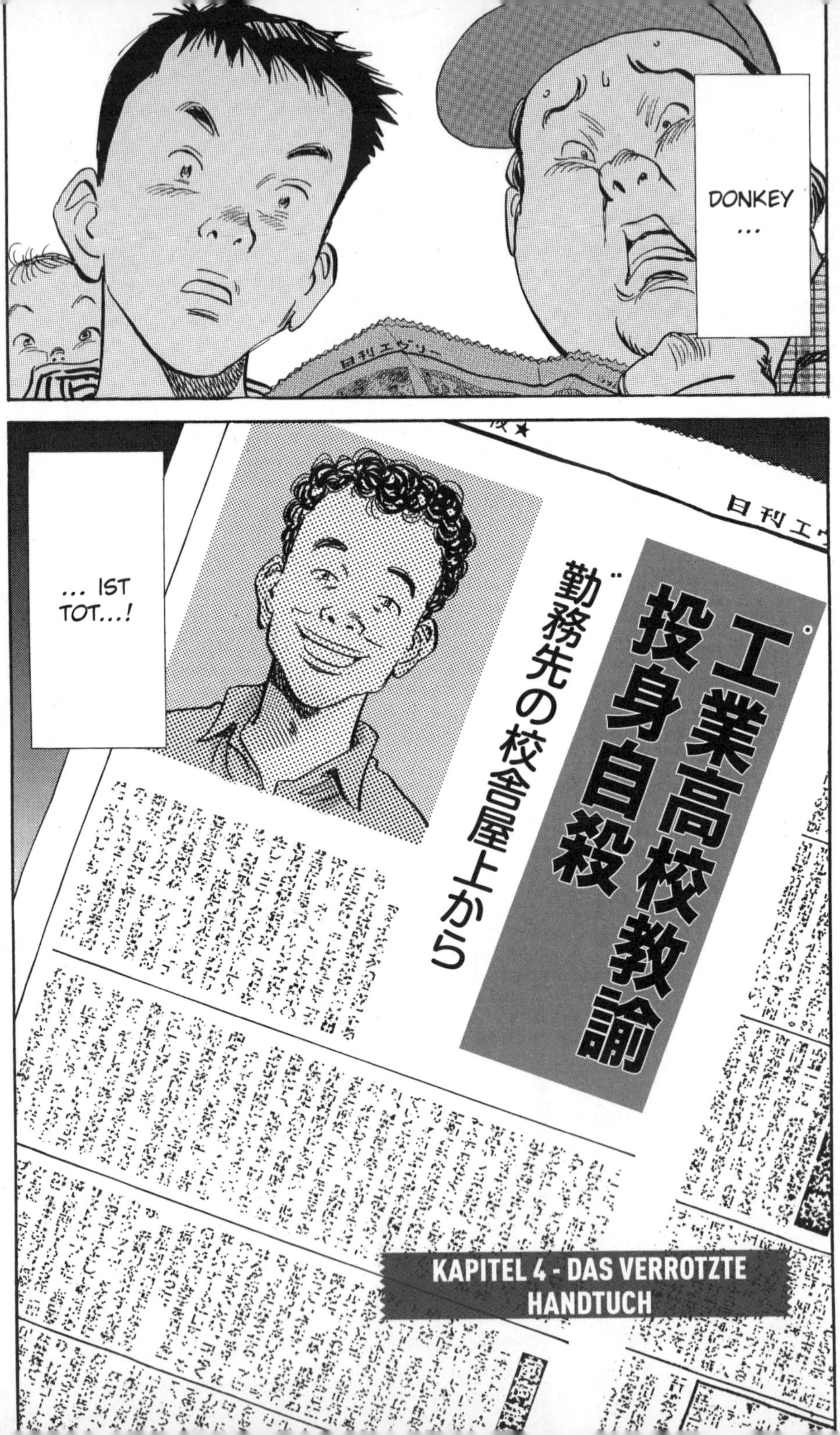

... IST TOT...!

工業高校教諭 投身自殺

勤務先の校舎屋上から

KAPITEL 4 - DAS VERROTZTE HANDTUCH

* LEHRER EINER TECHNISCHEN OBERSCHULE BEGEHT SELBSTMORD

** ER STÜRZTE VOM DACH DES SCHULGEBÄUDES

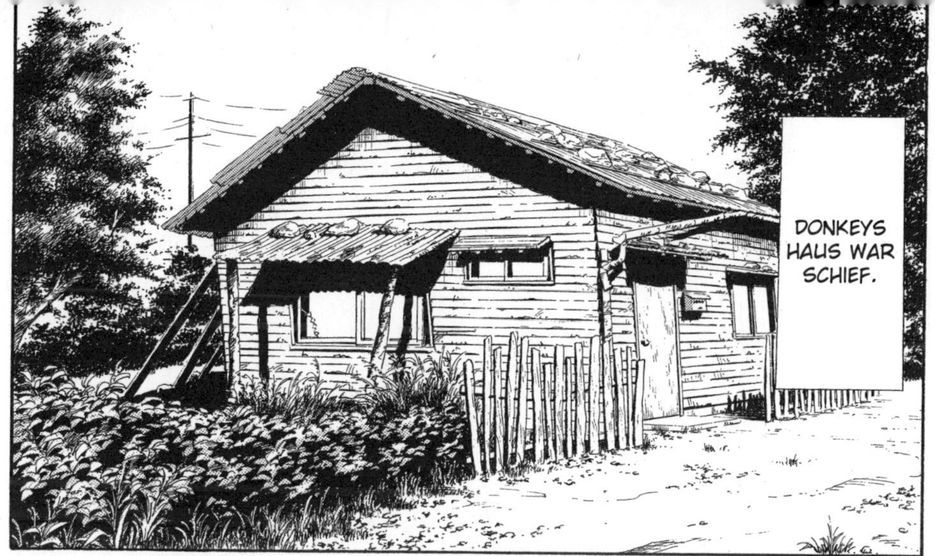
DONKEYS HAUS WAR SCHIEF.

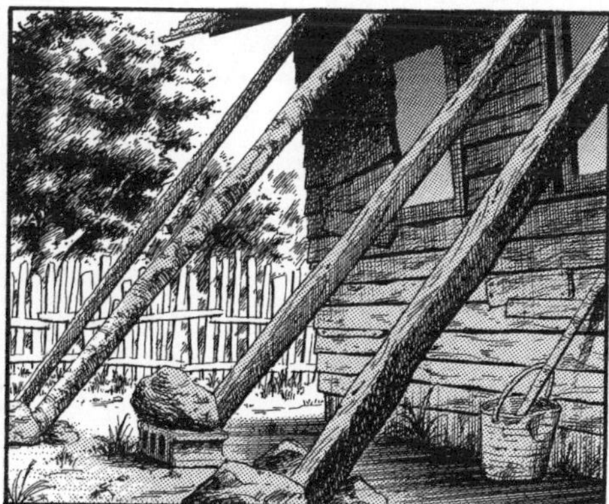

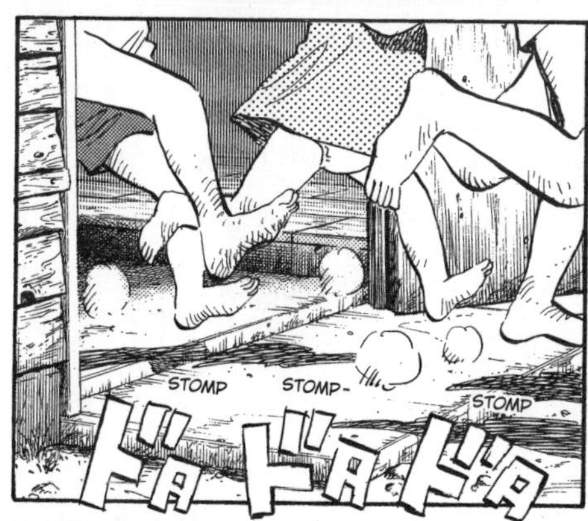
STOMP
STOMP-
STOMP
ドタドタドタ

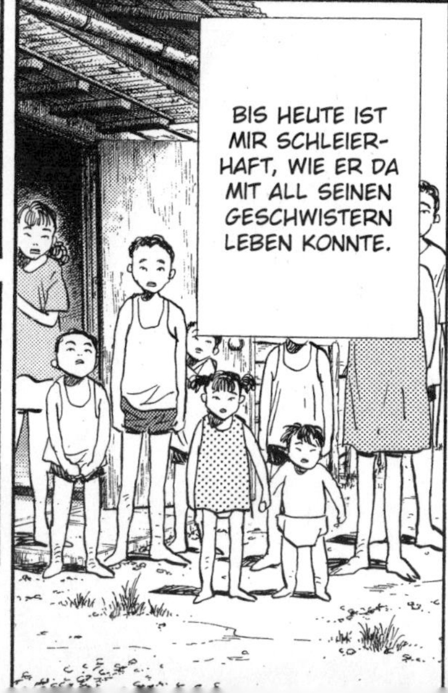
BIS HEUTE IST MIR SCHLEIER-HAFT, WIE ER DA MIT ALL SEINEN GESCHWISTERN LEBEN KONNTE.

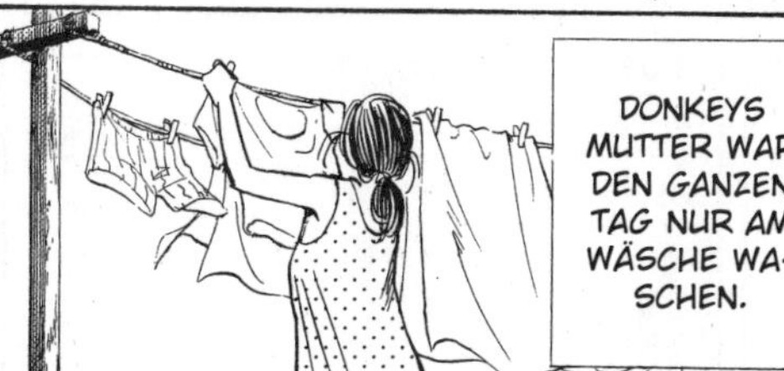
DONKEYS MUTTER WAR DEN GANZEN TAG NUR AM WÄSCHE WA-SCHEN.

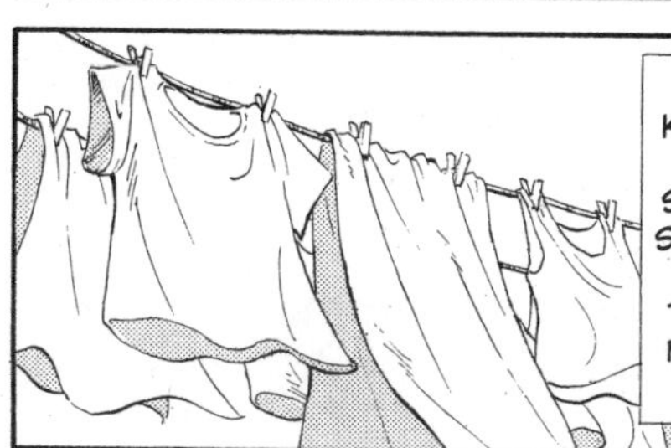
DOCH SIE KONNTE SO VIEL WA-SCHEN, WIE SIE WOLLTE, SIE KAM TROTZDEM NICHT HIN-TERHER.

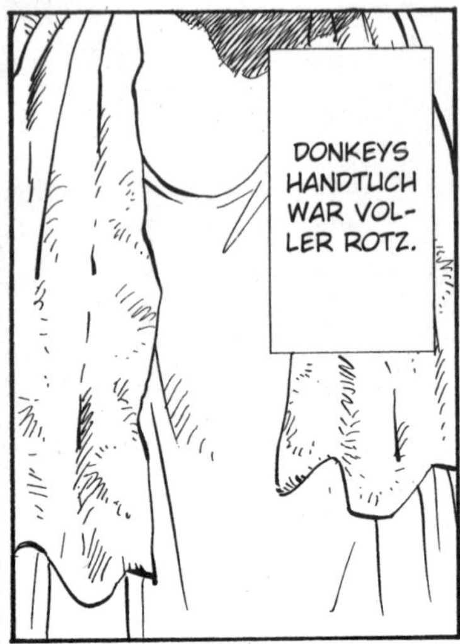
DONKEYS
HANDTUCH
WAR VOL-
LER ROTZ.

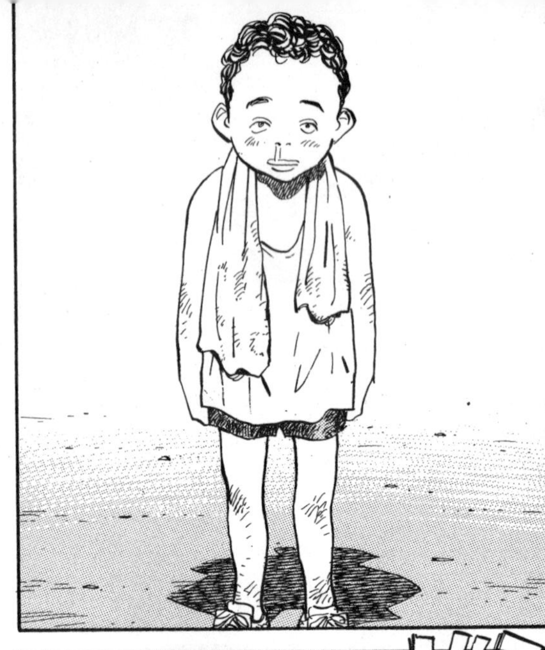

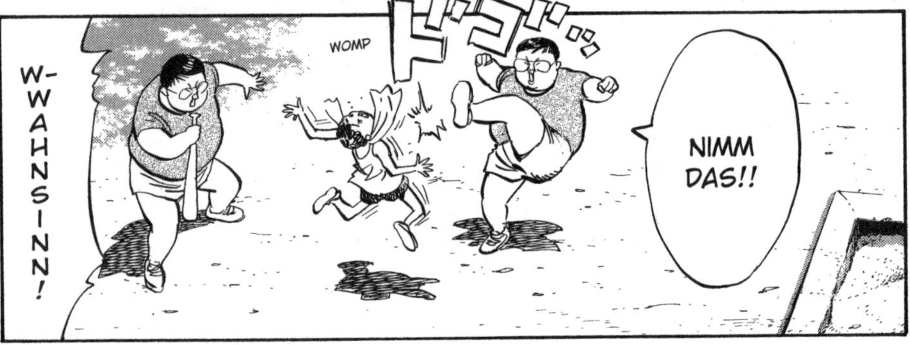
NIMM
DAS!!
WOMP
W-
WAHNSINN!

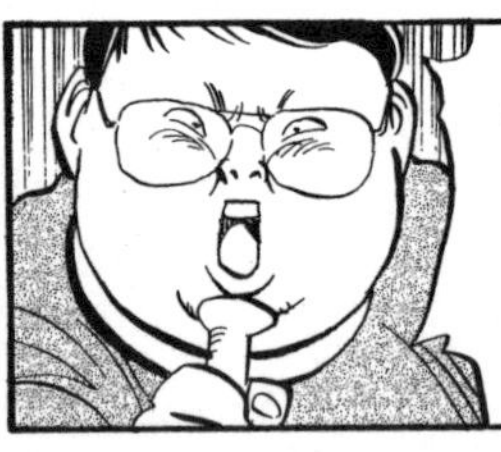
MIT SEINEM BIG
BOOT SCHICKT
YANBOU SEI-
NEN GEGNER
UNSANFT ZU
BODEN!!

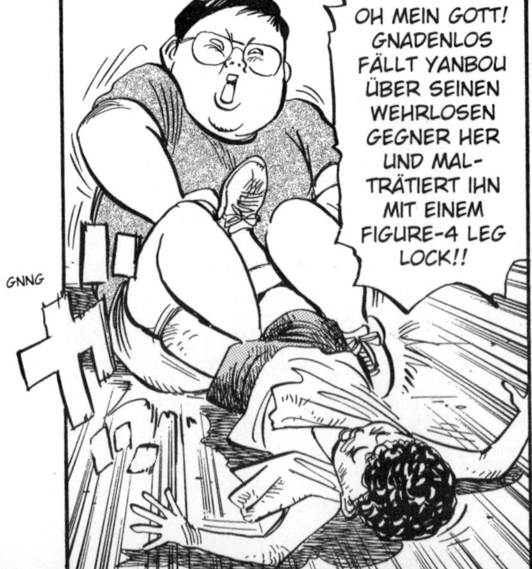
OH MEIN GOTT!
GNADENLOS
FÄLLT YANBOU
ÜBER SEINEN
WEHRLOSEN
GEGNER HER
UND MAL-
TRÄTIERT IHN
MIT EINEM
FIGURE-4 LEG
LOCK!!
GNNG

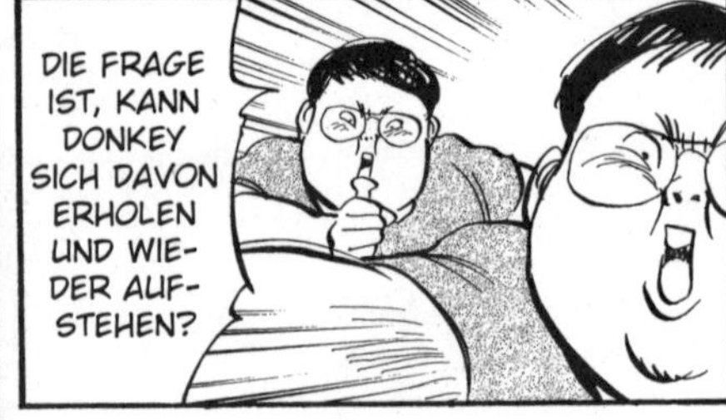
DIE FRAGE
IST, KANN
DONKEY
SICH DAVON
ERHOLEN
UND WIE-
DER AUF-
STEHEN?

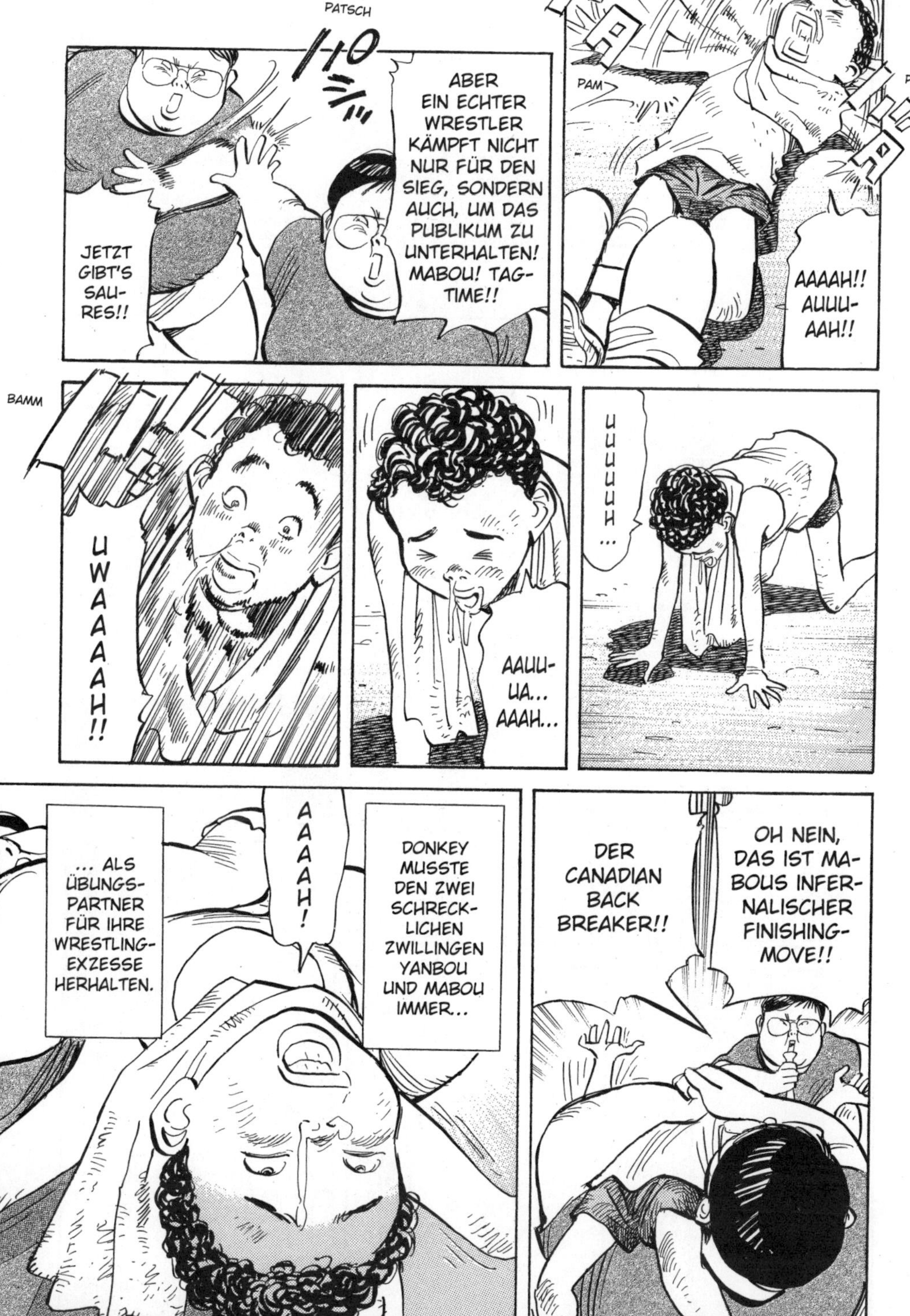PATSCH
ABER EIN ECHTER WRESTLER KÄMPFT NICHT NUR FÜR DEN SIEG, SONDERN AUCH, UM DAS PUBLIKUM ZU UNTERHALTEN! MABOU! TAG-TIME!!
JETZT GIBT'S SAURES!!
PAM
PAM
AAAAH!! AUUUAAH!!
BAMM
UWAAAAAAH!!
AAUUUA... AAAH...
UUUUUUH...
DER CANADIAN BACK BREAKER!!
OH NEIN, DAS IST MABOUS INFERNALISCHER FINISHING-MOVE!!
DONKEY MUSSTE DEN ZWEI SCHRECKLICHEN ZWILLINGEN YANBOU UND MABOU IMMER...
AAAAAH!
... ALS ÜBUNGSPARTNER FÜR IHRE WRESTLING-EXZESSE HERHALTEN.

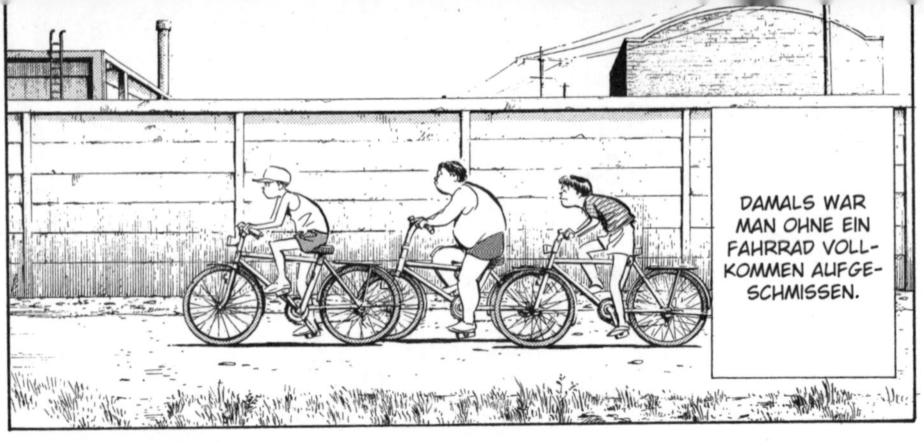

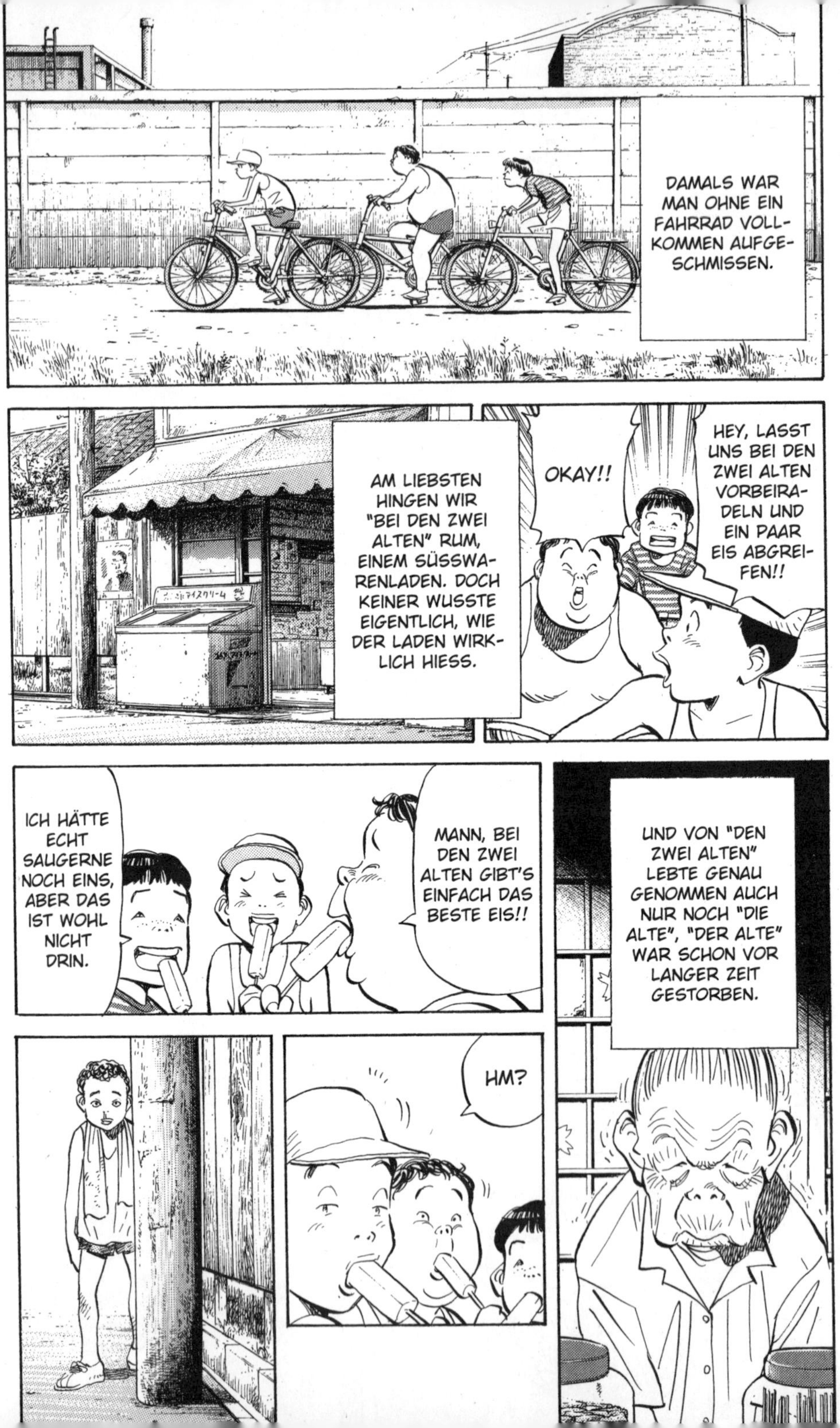

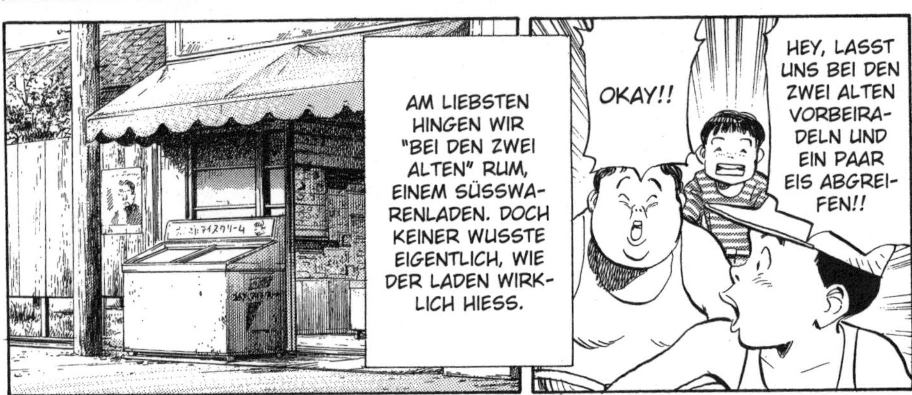

MANN, BEI DEN ZWEI ALTEN GIBT'S EINFACH DAS BESTE EIS!!

ICH HÄTTE ECHT SAUGERNE NOCH EINS, ABER DAS IST WOHL NICHT DRIN.

UND VON "DEN ZWEI ALTEN" LEBTE GENAU GENOMMEN AUCH NUR NOCH "DIE ALTE", "DER ALTE" WAR SCHON VOR LANGER ZEIT GESTORBEN.

HM?

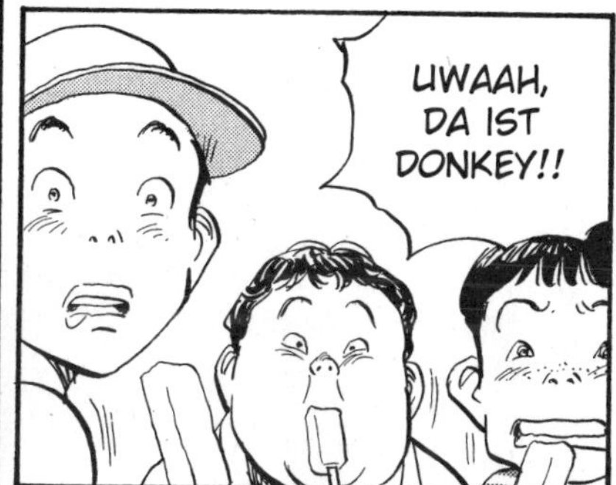
UWAAH, DA IST DONKEY!!

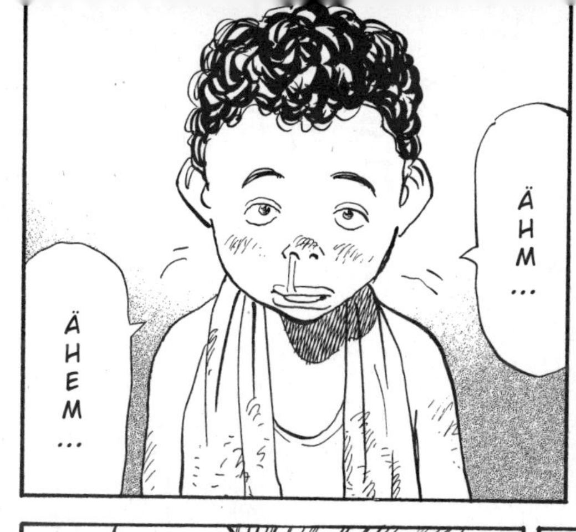
ÄHM ...
ÄHEM ...

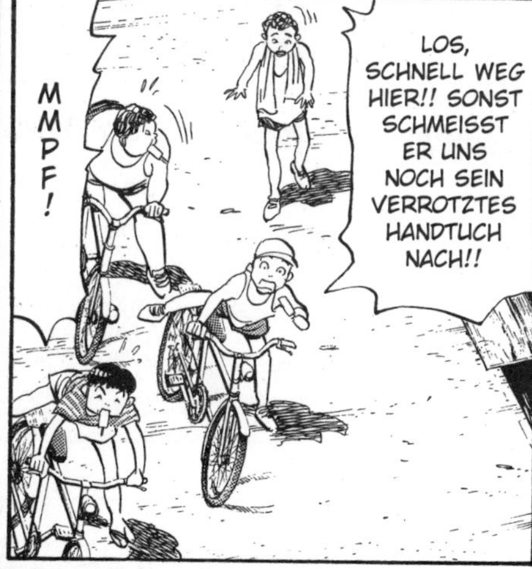
LOS, SCHNELL WEG HIER!! SONST SCHMEISST ER UNS NOCH SEIN VERROTZTES HANDTUCH NACH!!
MMPF!

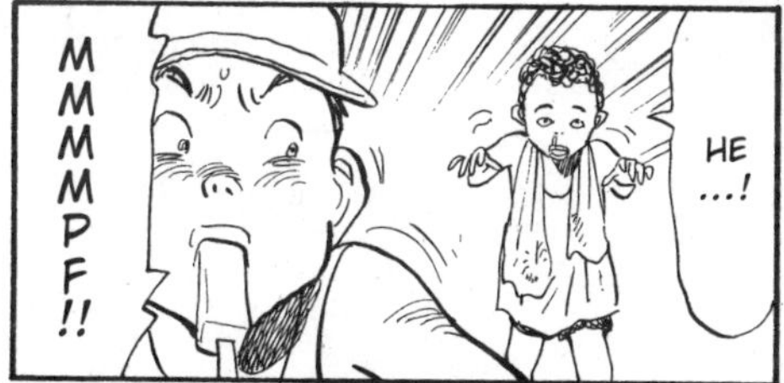
HE ...!
MMMMMPF!!

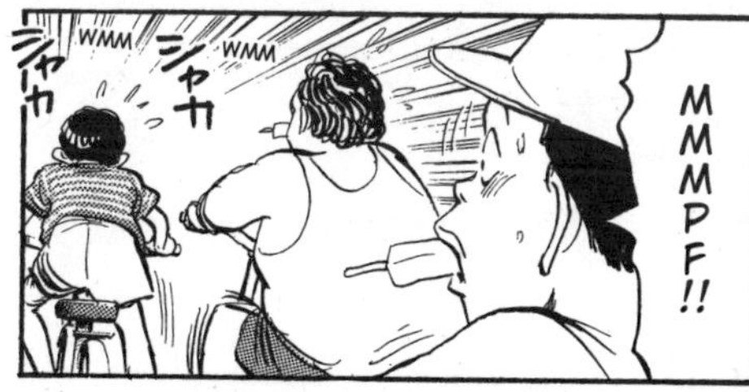
MMMMPF!!
シャカ WMM
シャカ WMM

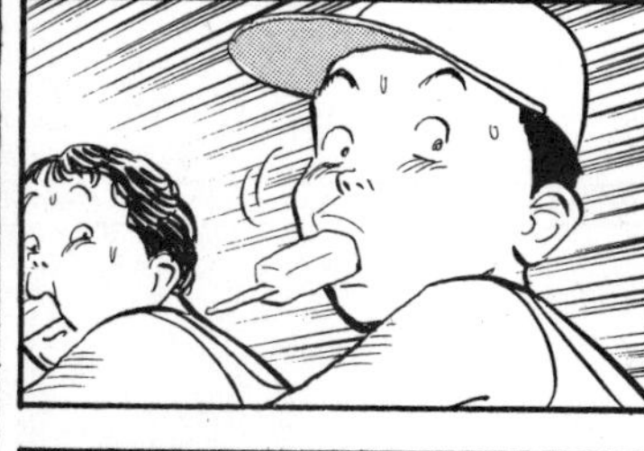

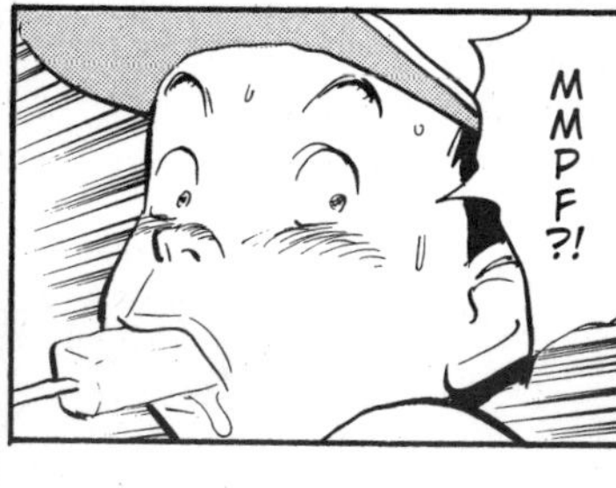
MMPF?!

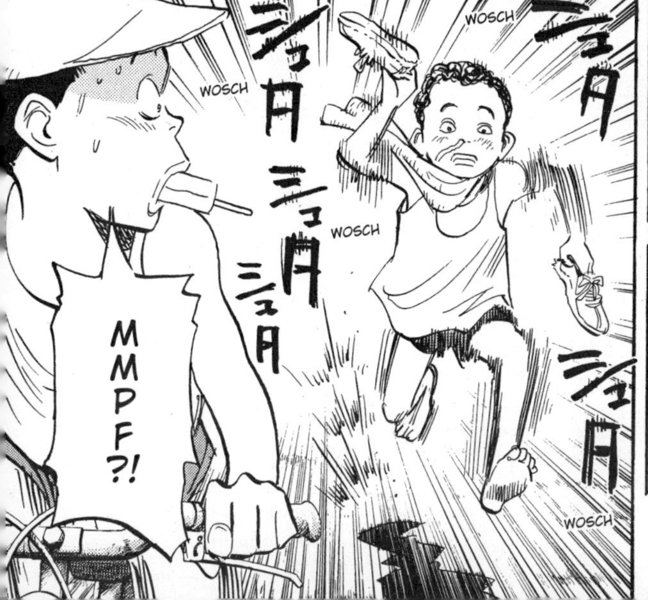
WOSCH
WOSCH
WOSCH
WOSCH
MMPF?!

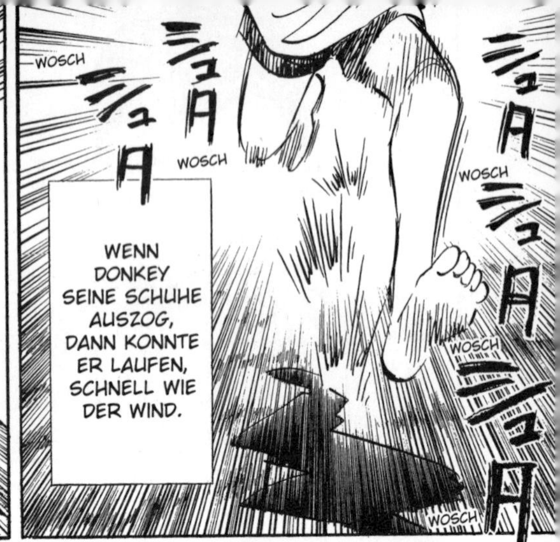

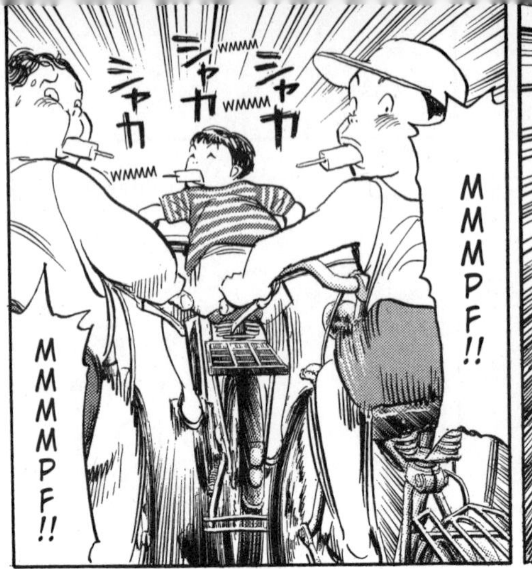

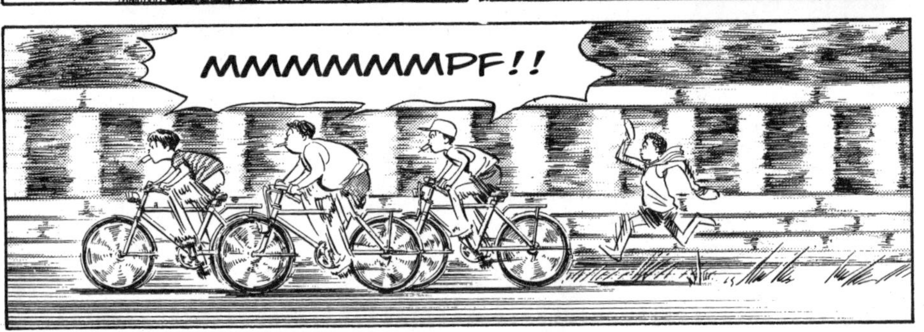

● ジャリ穴に子どもだけでいっては*
いけません。

* NIE OHNE AUFSICHT VON ERWACHSENEN ZUM BAGGERSEE GEHEN

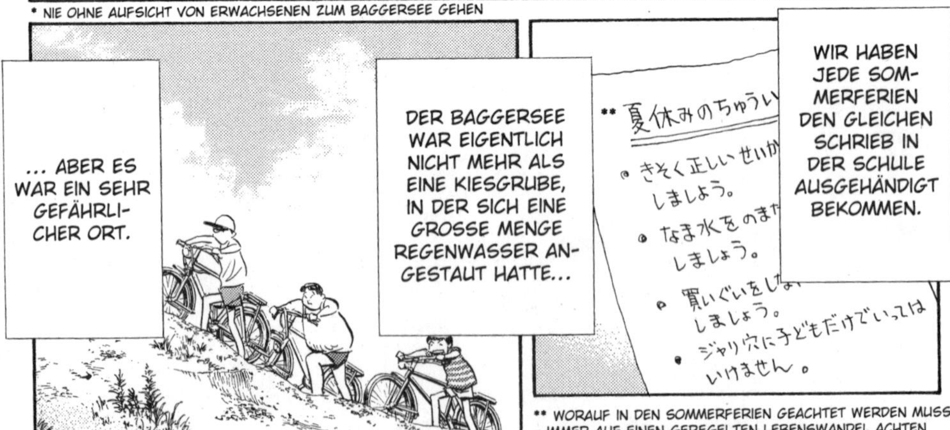

** WORAUF IN DEN SOMMERFERIEN GEACHTET WERDEN MUSS:
- IMMER AUF EINEN GEREGELTEN LEBENSWANDEL ACHTEN
- NIEMALS UNGEKOCHTES WASSER TRINKEN
- NICHT DAS GANZE TASCHENGELD FÜR SÜSSIGKEITEN AUSGEBEN
- NIE OHNE AUFSICHT VON ERWACHSENEN ZUM BAGGERSEE GEHEN

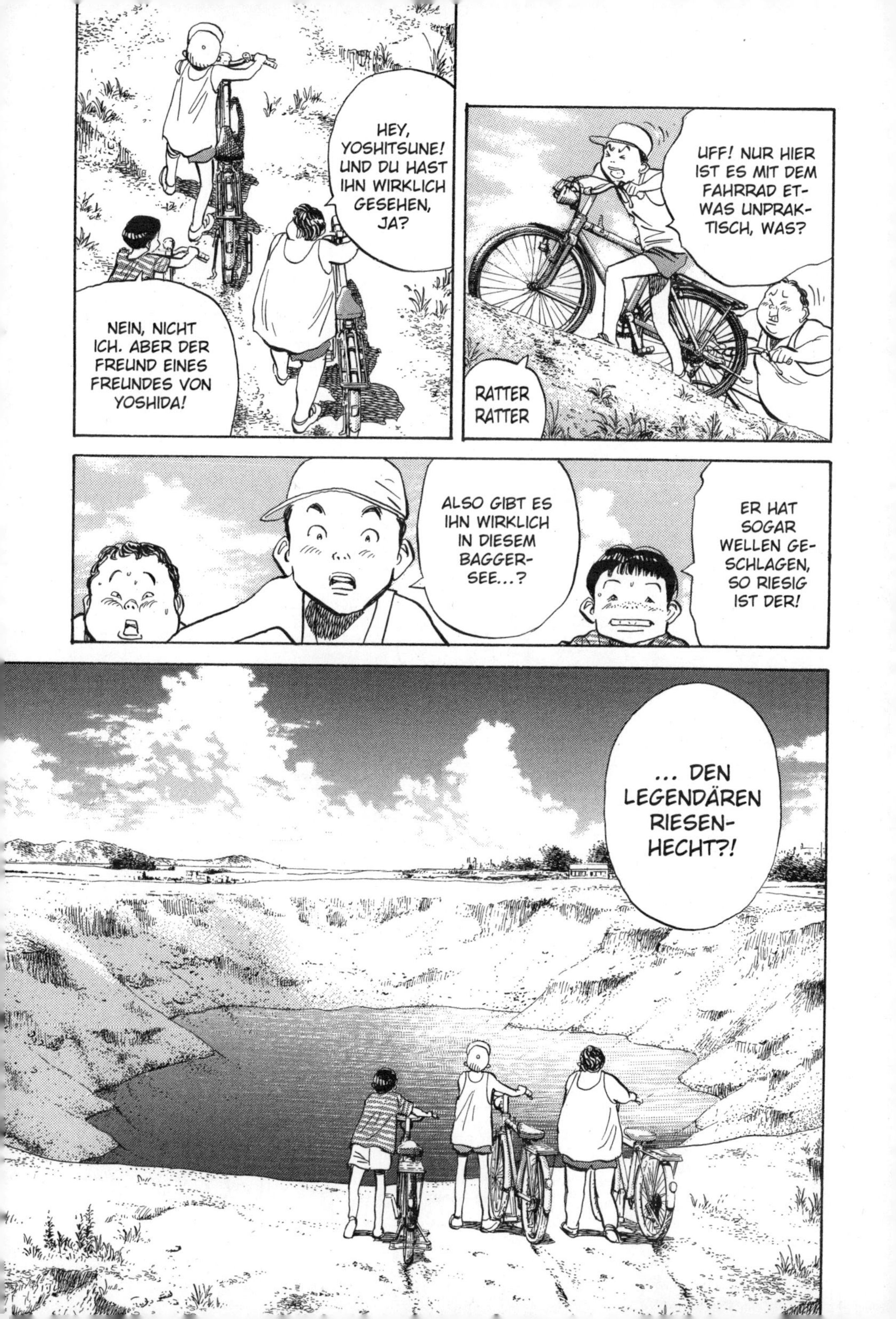

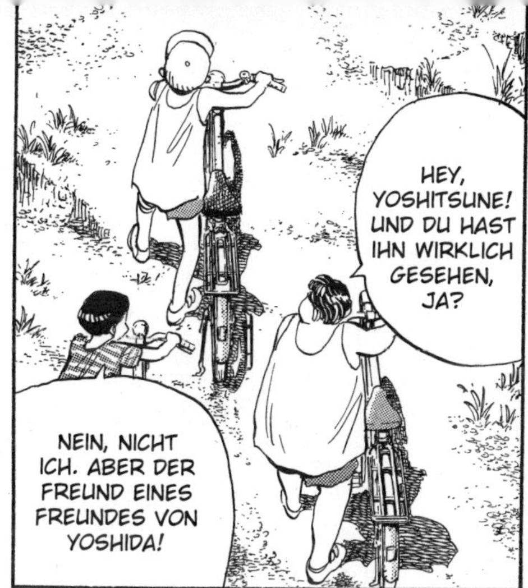
HEY, YOSHITSUNE! UND DU HAST IHN WIRKLICH GESEHEN, JA?
NEIN, NICHT ICH. ABER DER FREUND EINES FREUNDES VON YOSHIDA!

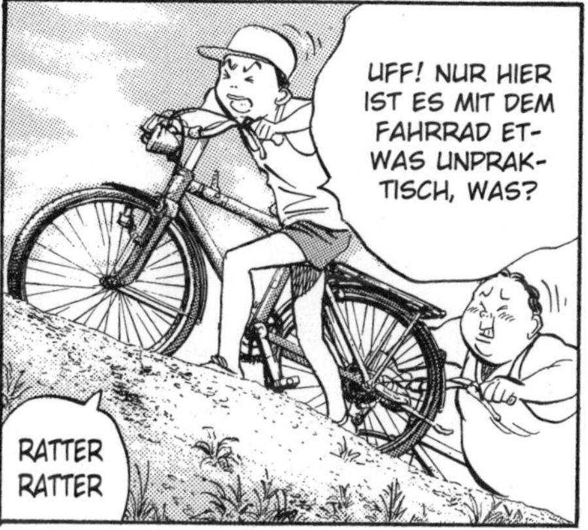
UFF! NUR HIER IST ES MIT DEM FAHRRAD ET-WAS UNPRAK-TISCH, WAS?
RATTER RATTER

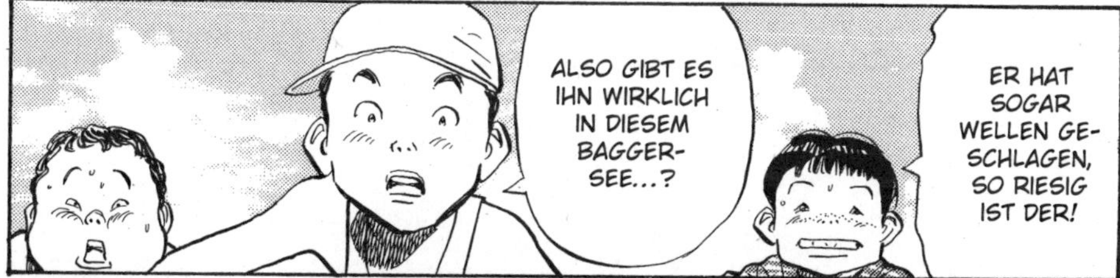
ER HAT SOGAR WELLEN GE-SCHLAGEN, SO RIESIG IST DER!
ALSO GIBT ES IHN WIRKLICH IN DIESEM BAGGER-SEE...?

... DEN LEGENDÄREN RIESEN-HECHT?!

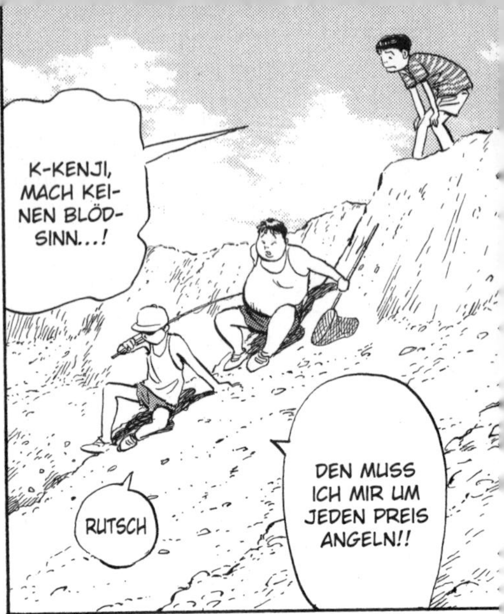

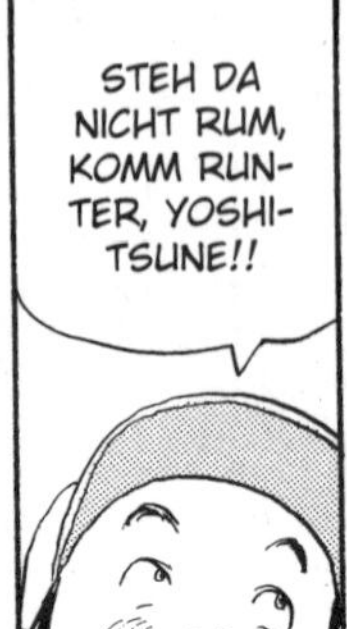

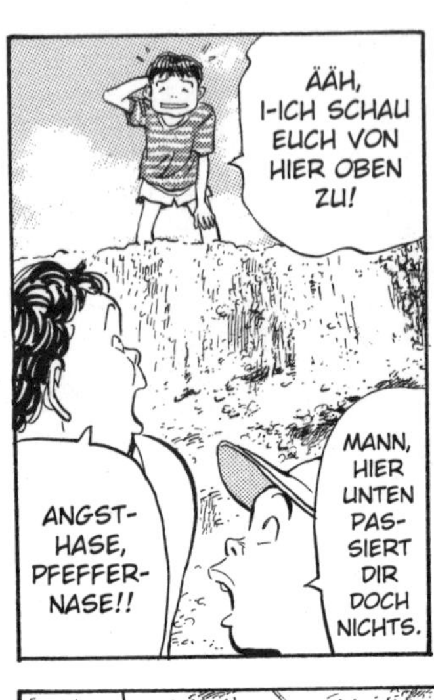

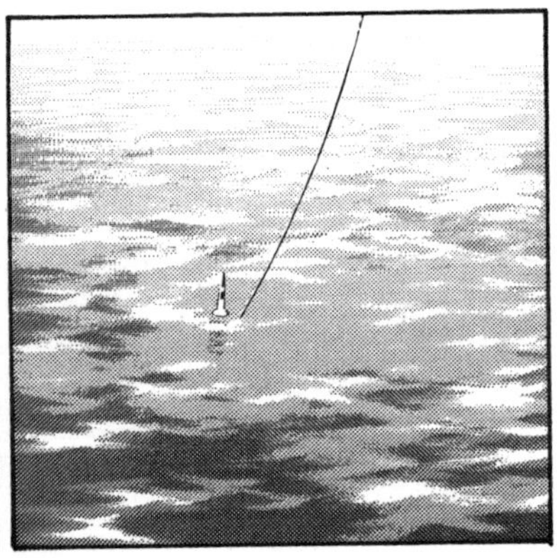

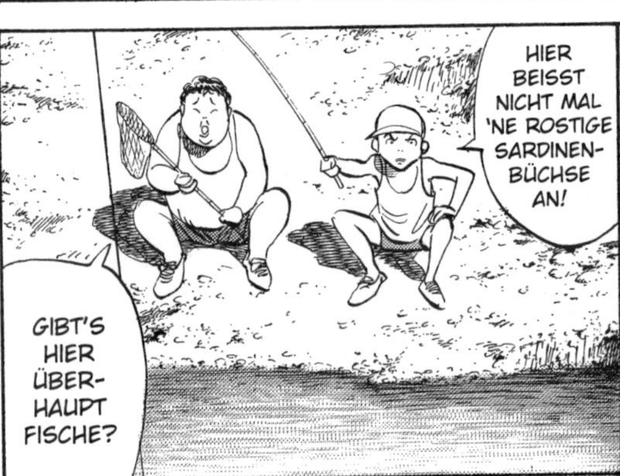

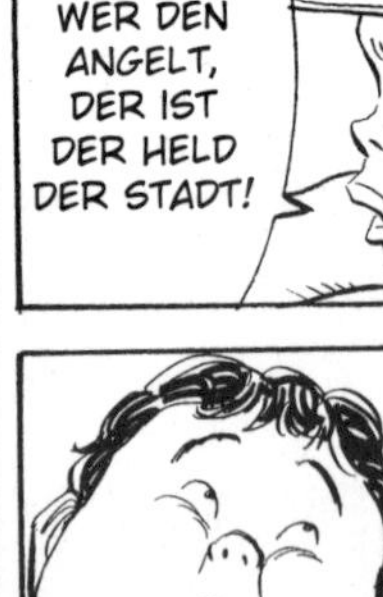

WIE GROSS SOLL DAS VIEH EIGENTLICH SEIN? HAT DER FREUND DES FREUNDES VON YOSHIDA WAS GESAGT?

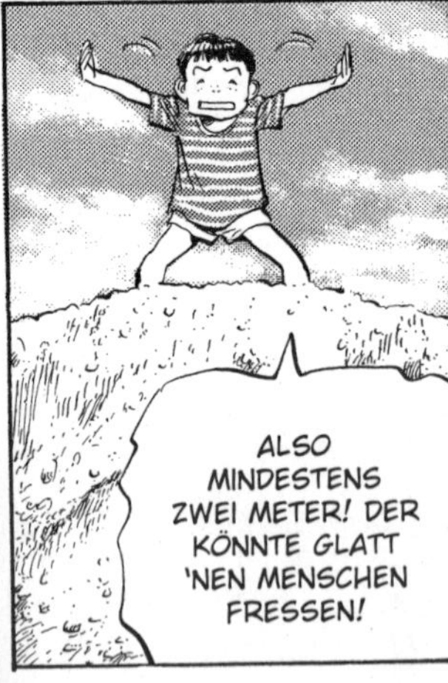

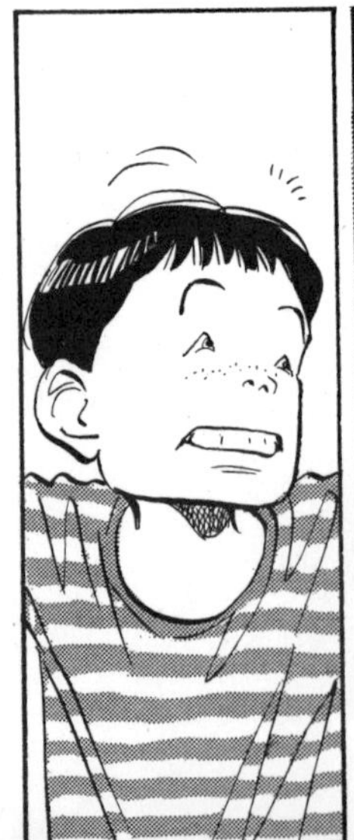

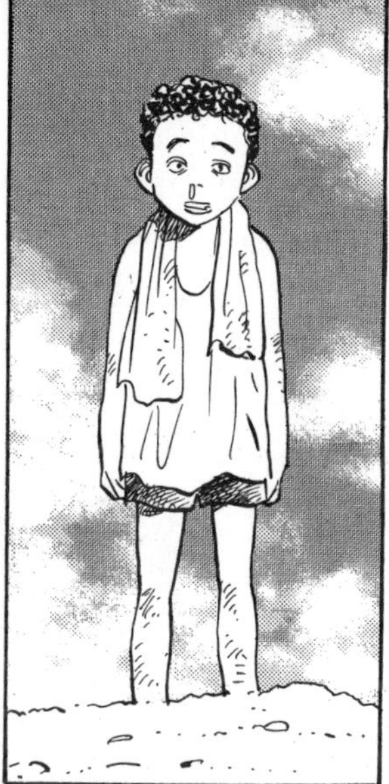

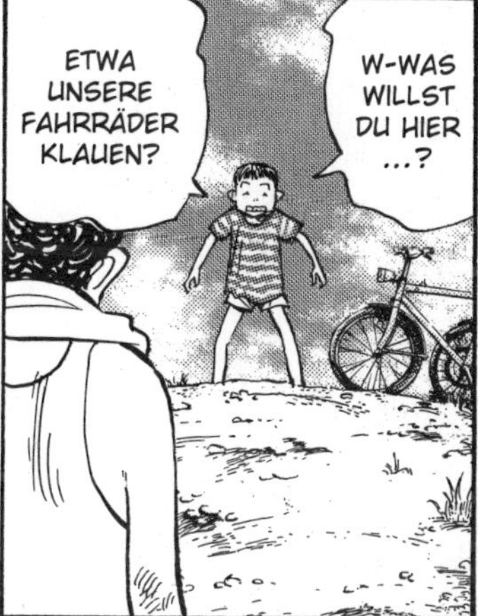

W-WAS WILLST DU HIER ...?
ETWA UNSERE FAHRRÄDER KLAUEN?

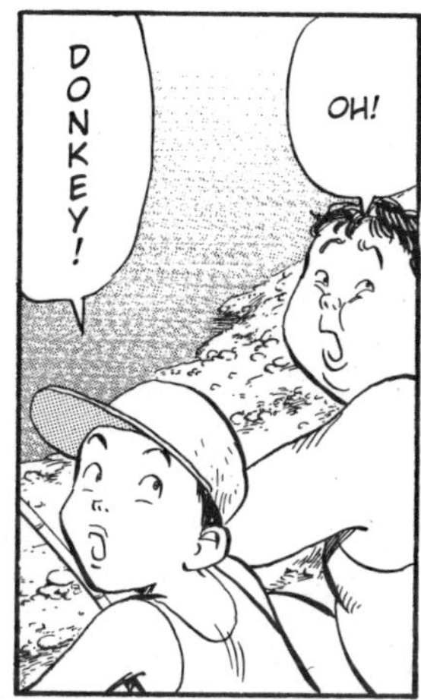

OH!
DONKEY!

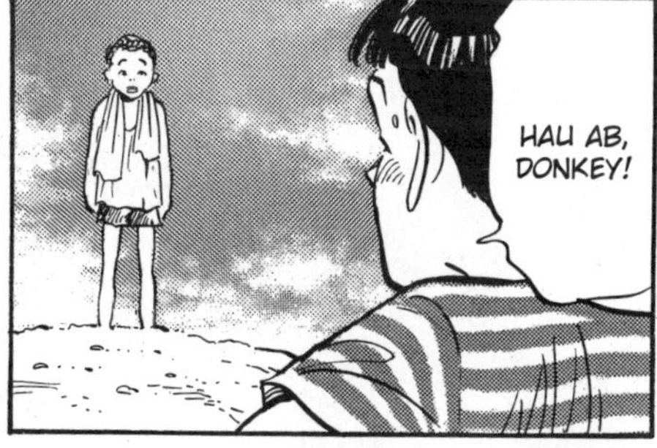

HAU AB, DONKEY!

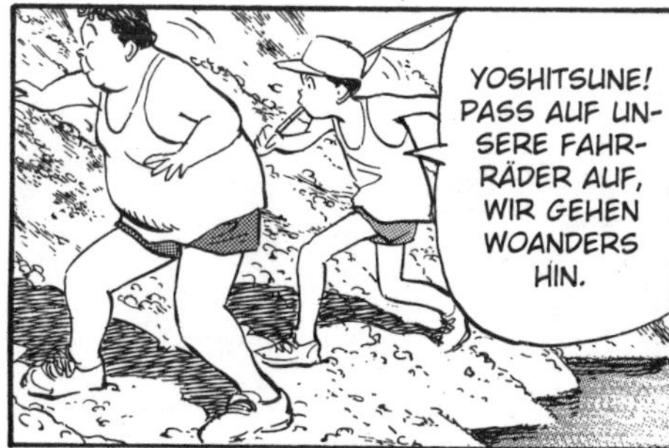

YOSHITSUNE! PASS AUF UNSERE FAHRRÄDER AUF, WIR GEHEN WOANDERS HIN.

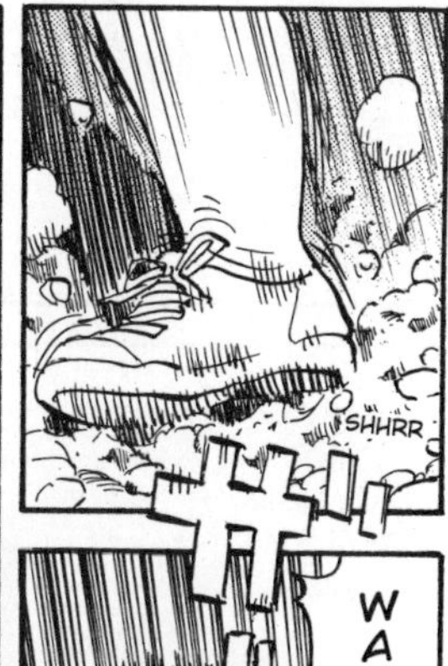

SHHRR

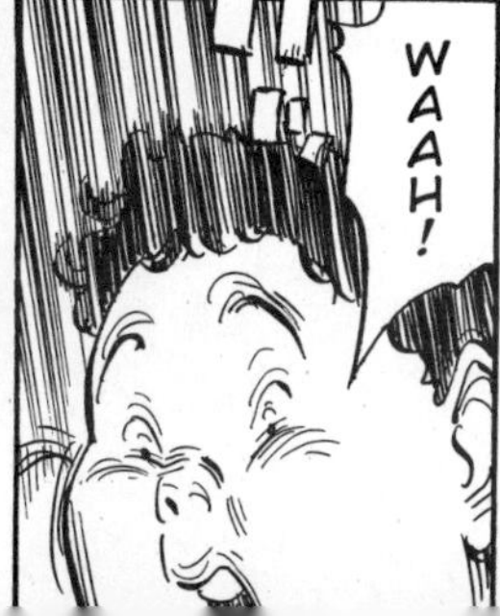

WAAH!

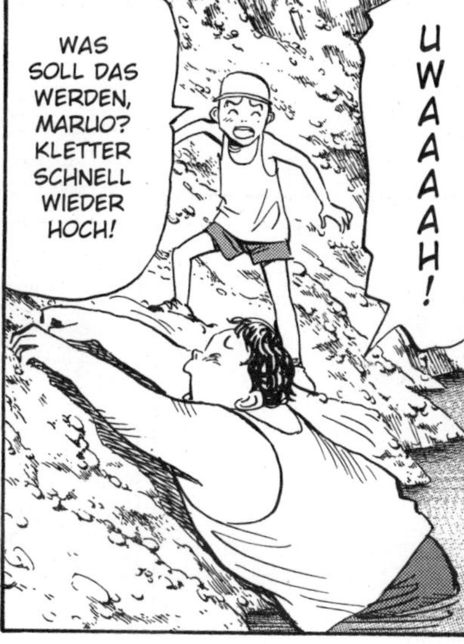

UWAAAAAAH!
WAS SOLL DAS WERDEN, MARUO? KLETTER SCHNELL WIEDER HOCH!

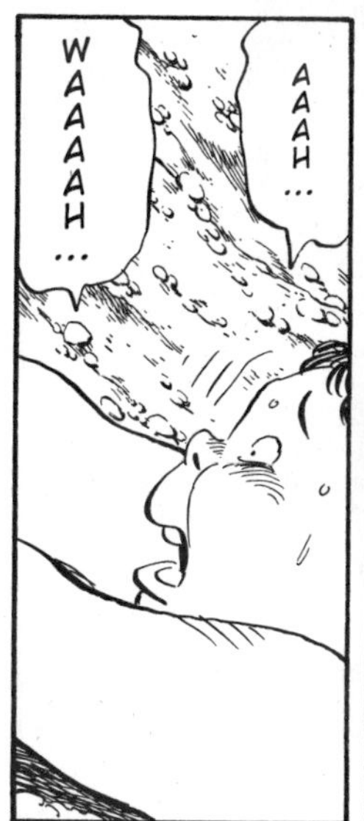

AAAH...
WAAAAAH...

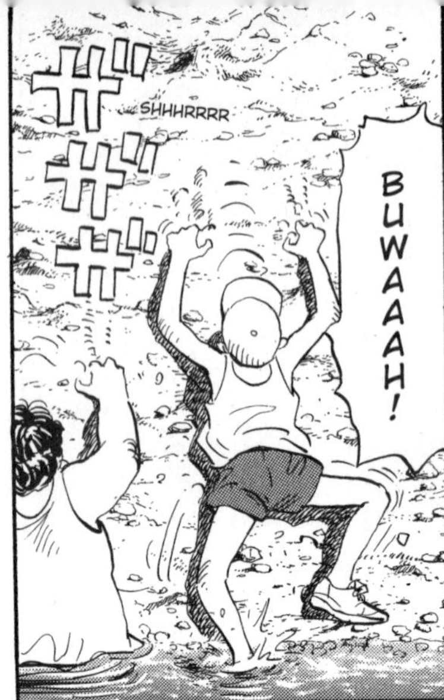
SHHHRRRR
BUWAAAAH!
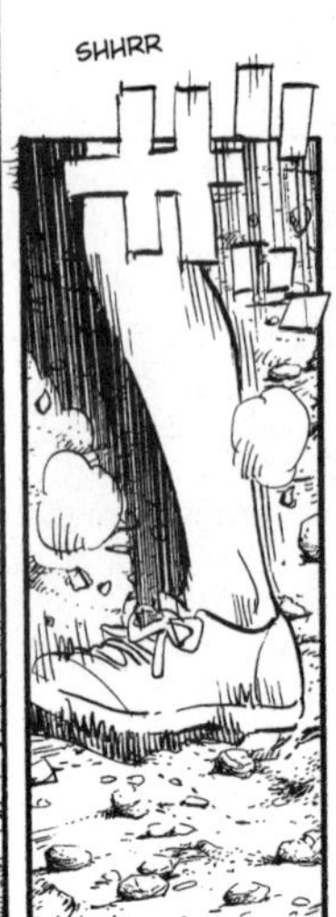
SHHRR
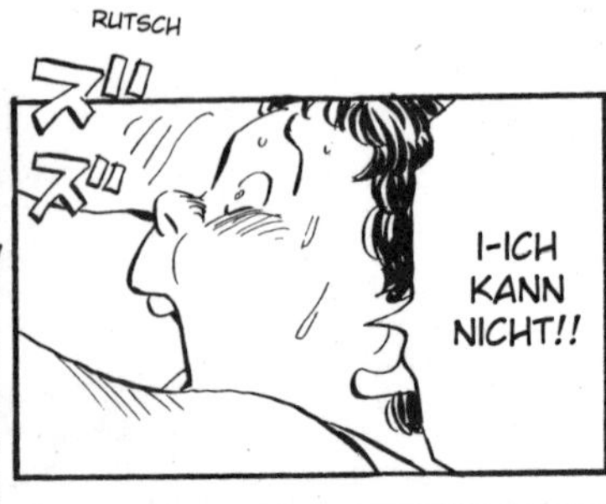
RUTSCH
I-ICH KANN NICHT!!
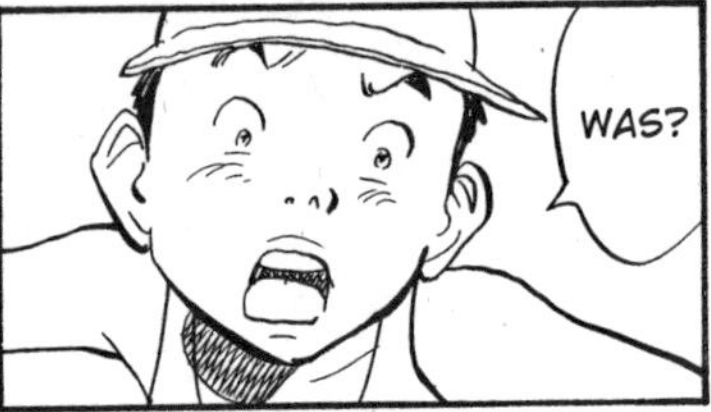
WAS?
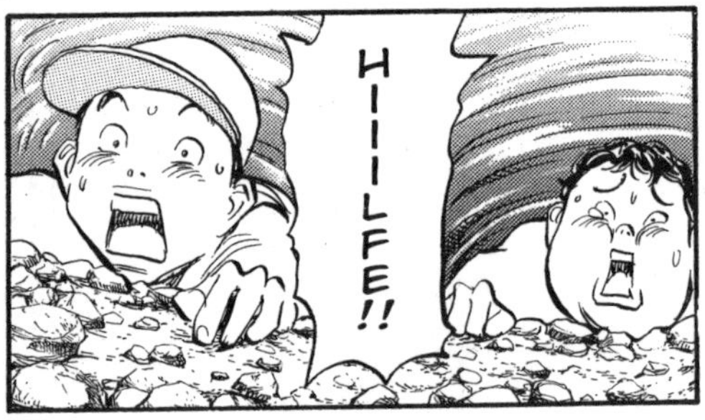
HIIILFE!!
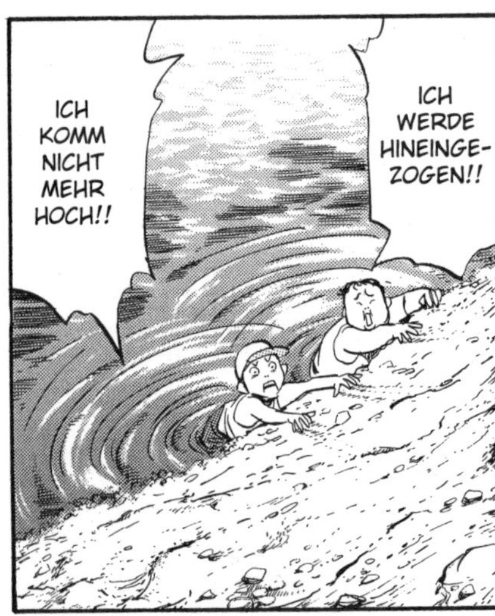
ICH WERDE HINEINGE-ZOGEN!!
ICH KOMM NICHT MEHR HOCH!!
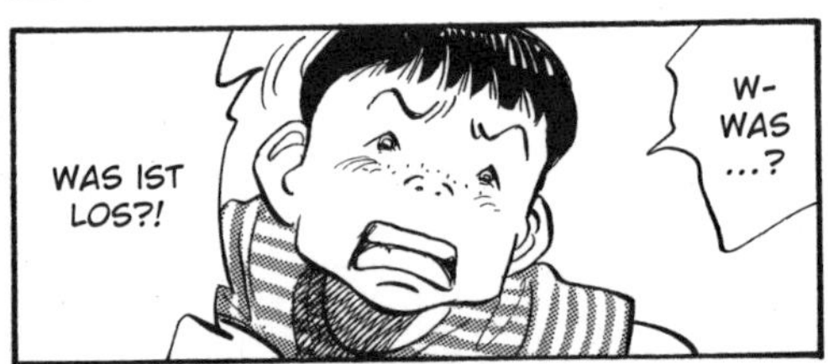
W-WAS ...?
WAS IST LOS?!
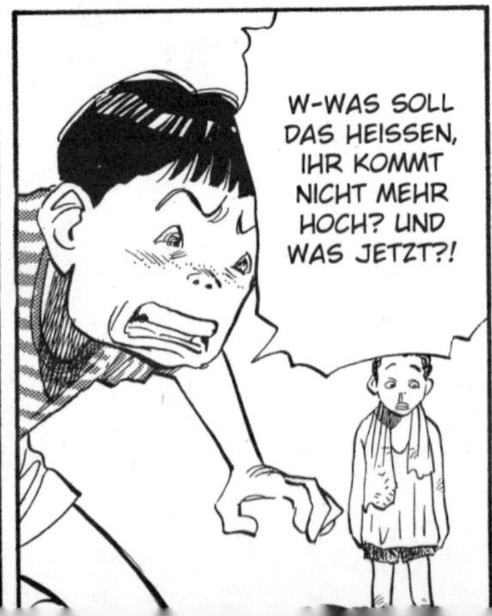
W-WAS SOLL DAS HEISSEN, IHR KOMMT NICHT MEHR HOCH? UND WAS JETZT?!
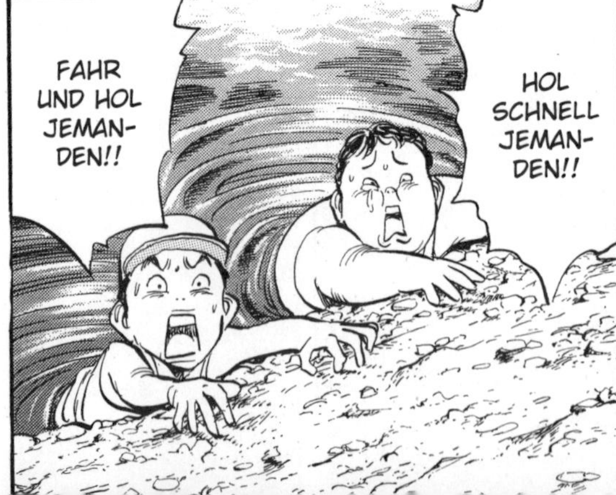
HOL SCHNELL JEMAN-DEN!!
FAHR UND HOL JEMAN-DEN!!

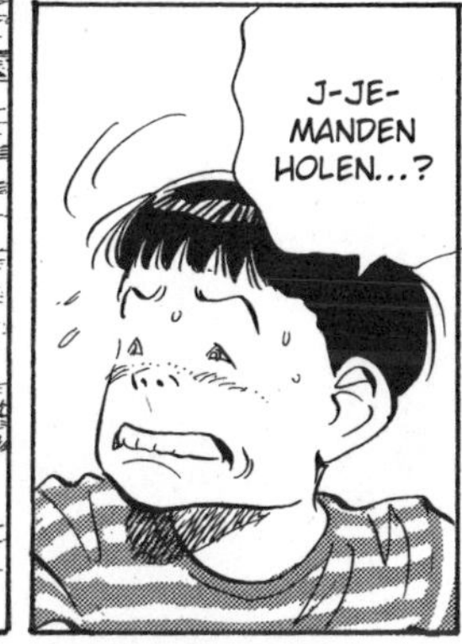
J-JE-
MANDEN
HOLEN...?

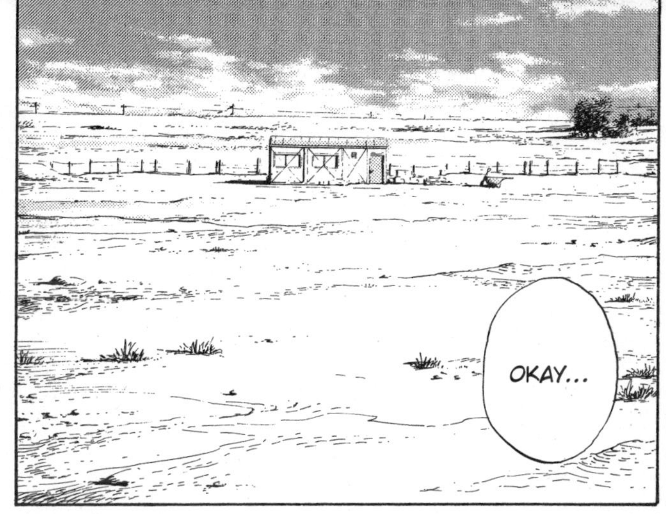
OKAY...

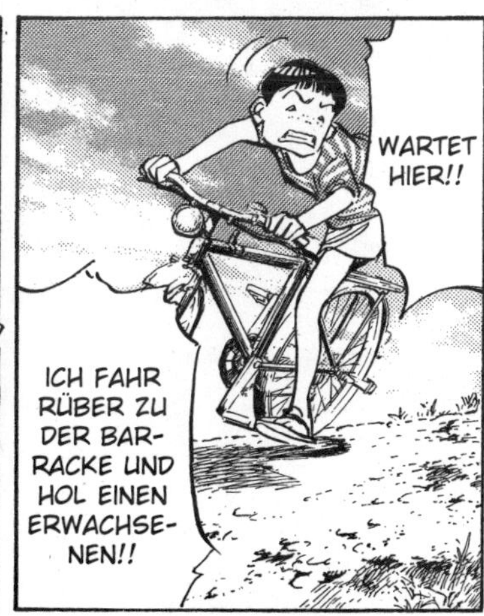
WARTET
HIER!!
ICH FAHR
RÜBER ZU
DER BAR-
RACKE UND
HOL EINEN
ERWACHSE-
NEN!!

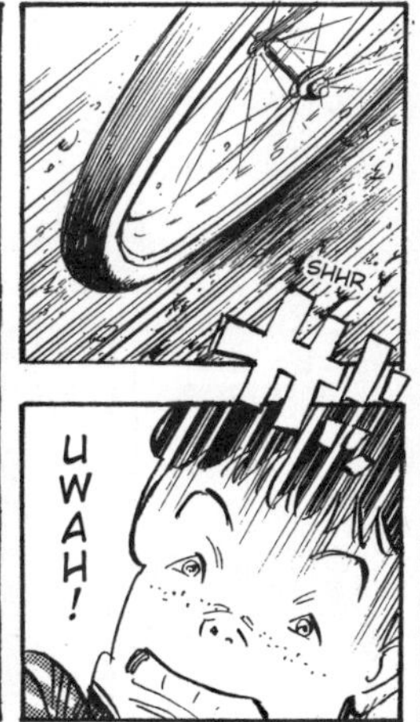
SHHR
UWAH!

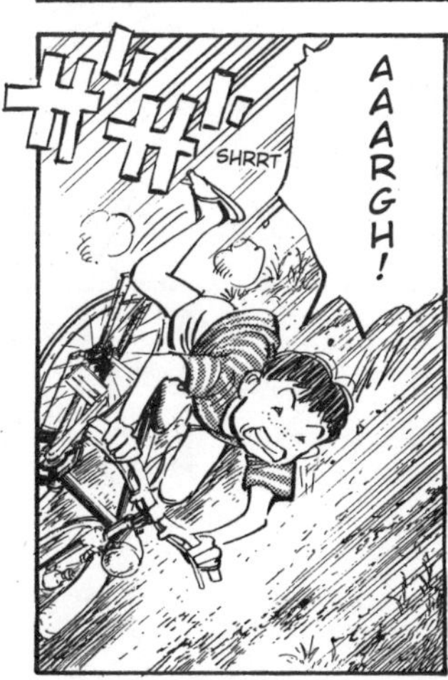
AAAARGH!
SHRRT

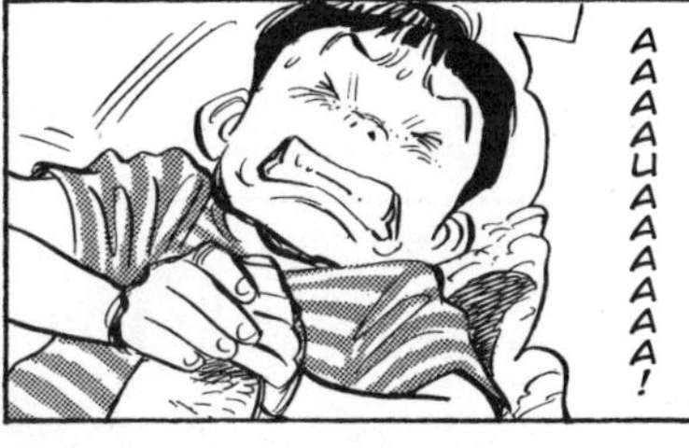
AAAAUAAAAAAA!

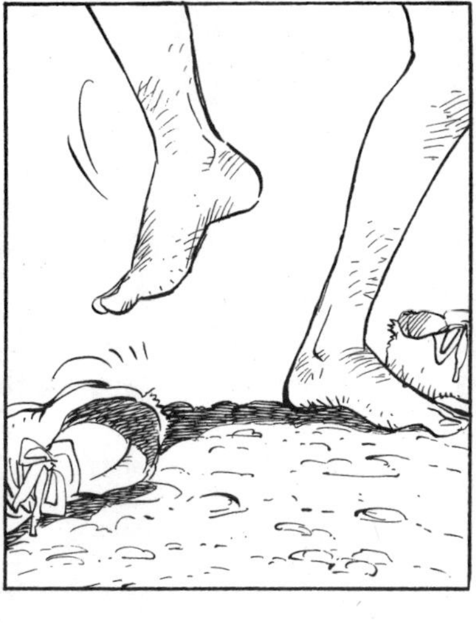

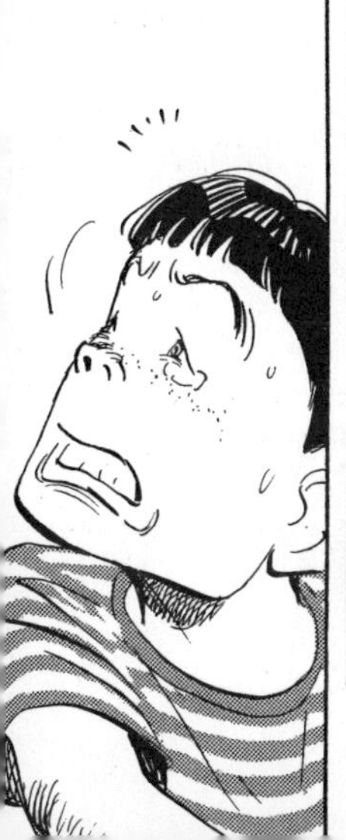

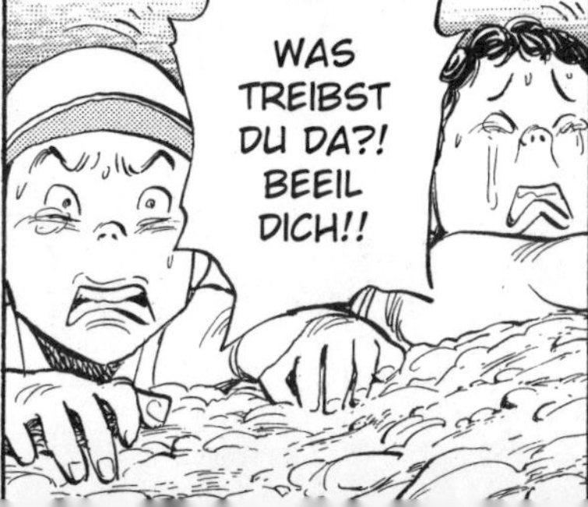
WAS
TREIBST
DU DA?!
BEEIL
DICH!!

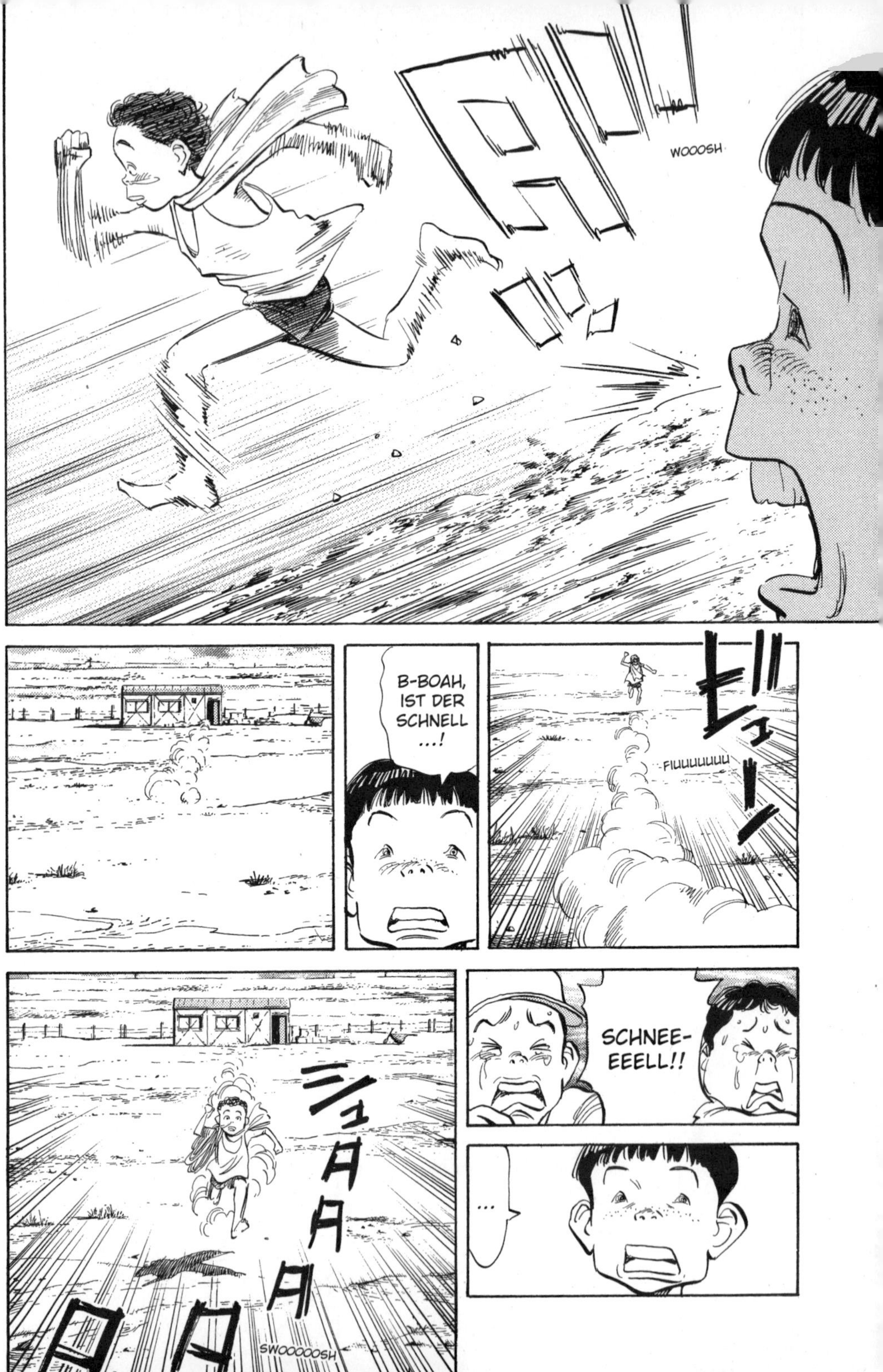

WOOOSH

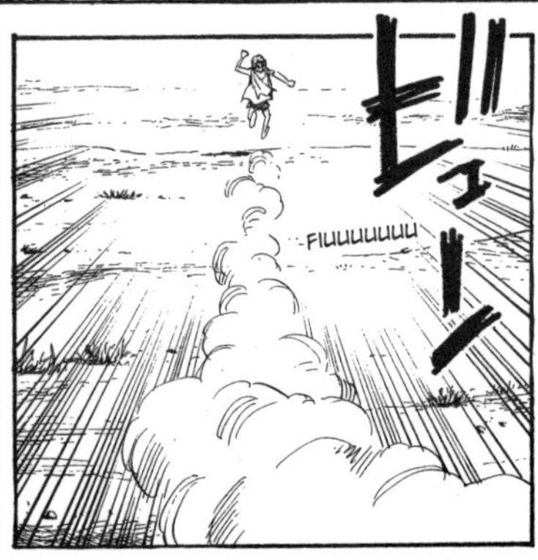
FIUUUUUUU

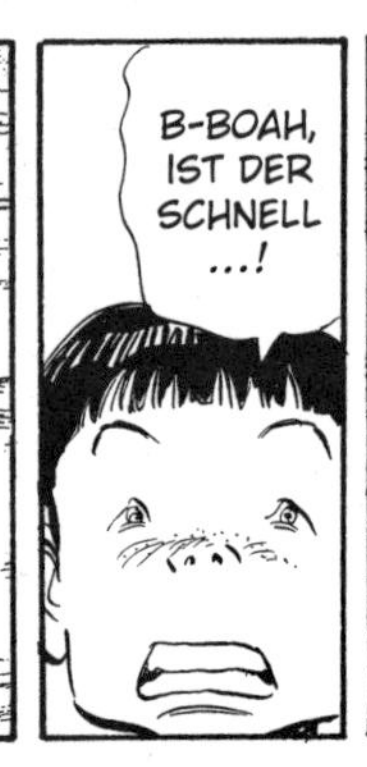
B-BOAH, IST DER SCHNELL ...!

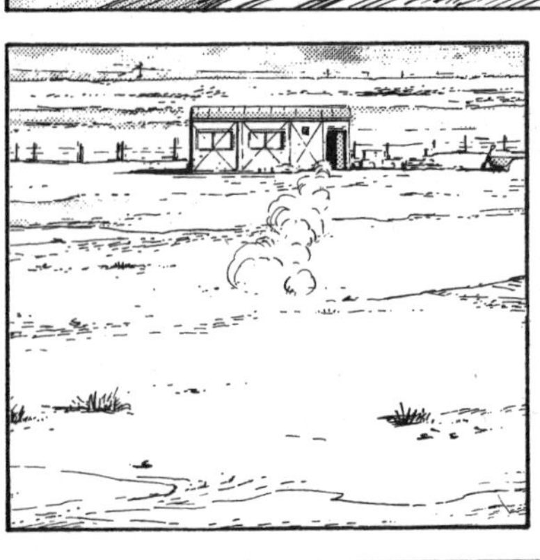

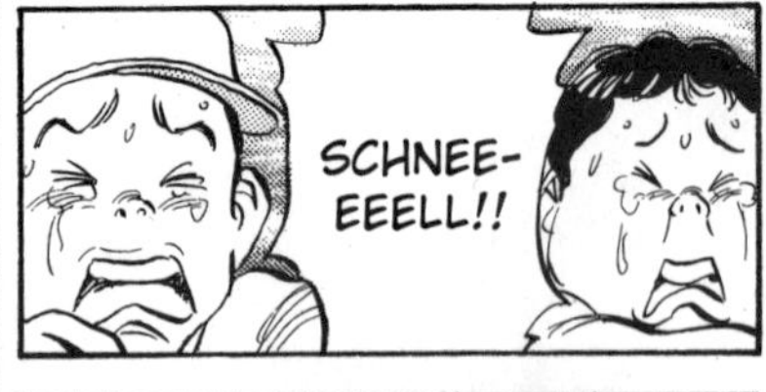
SCHNEE-EEELL!!

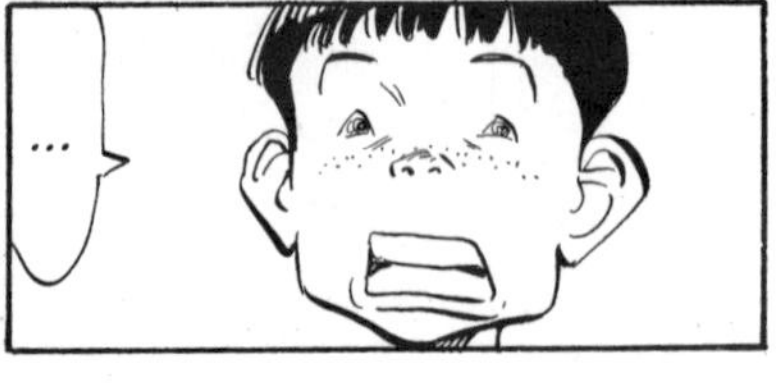
...

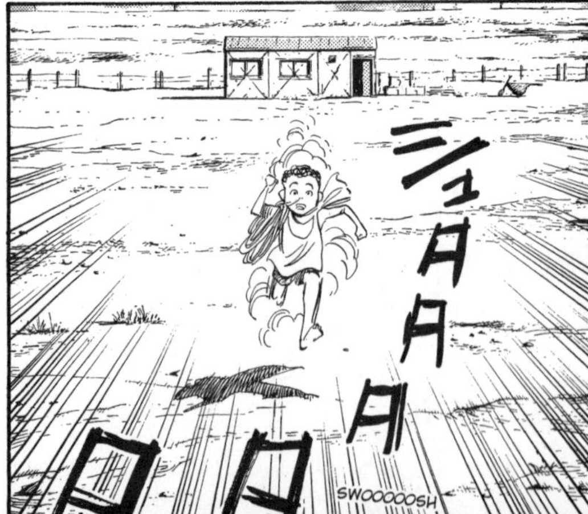
SWOOOOOSH

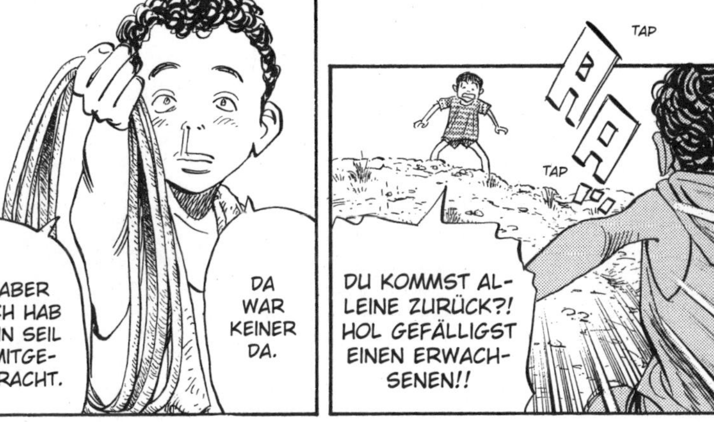
TAP
TAP
DU KOMMST ALLEINE ZURÜCK?! HOL GEFÄLLIGST EINEN ERWACHSENEN!!
DA WAR KEINER DA.
ABER ICH HAB EIN SEIL MITGEBRACHT.

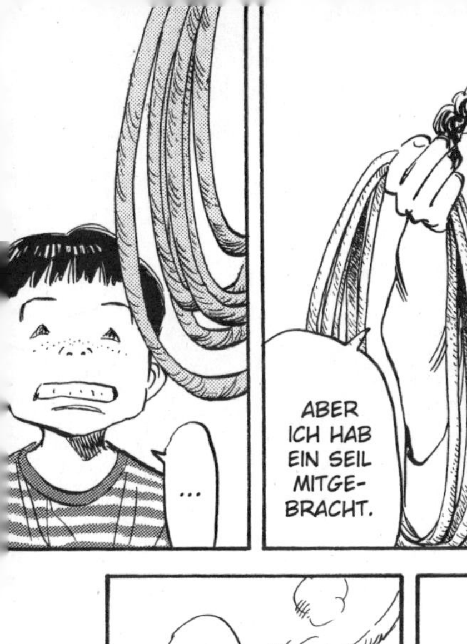
...

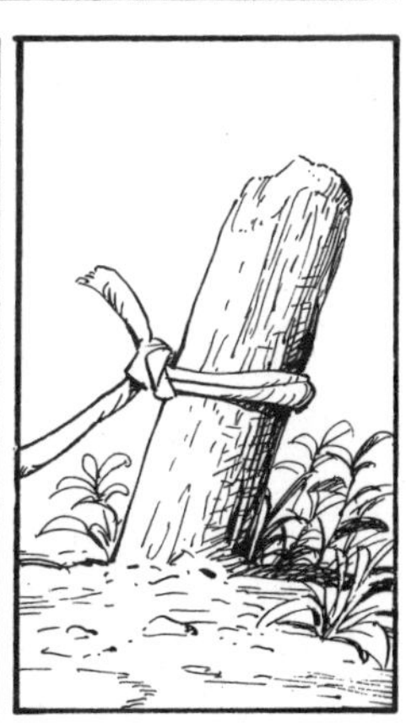

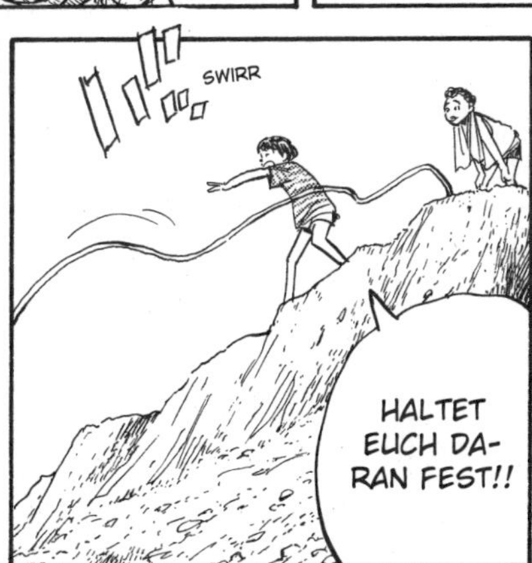
SWIRR
HALTET EUCH DARAN FEST!!

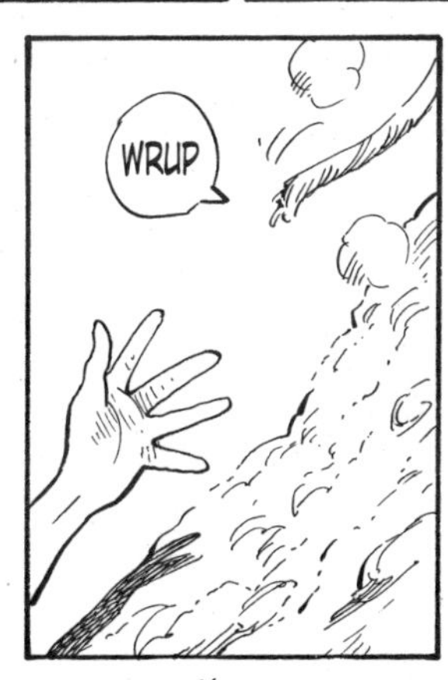
WRUP

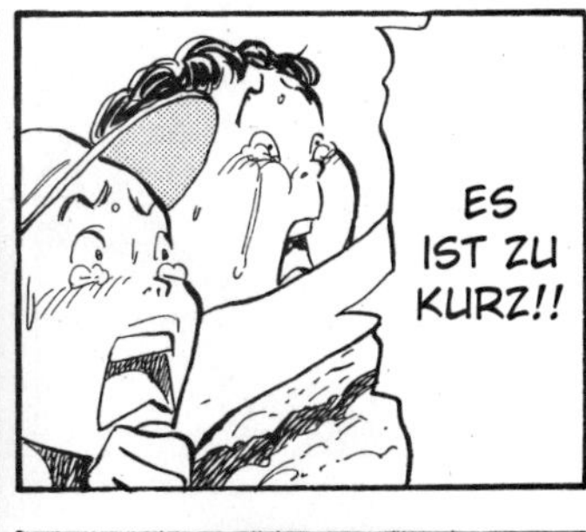
ES IST ZU KURZ!!

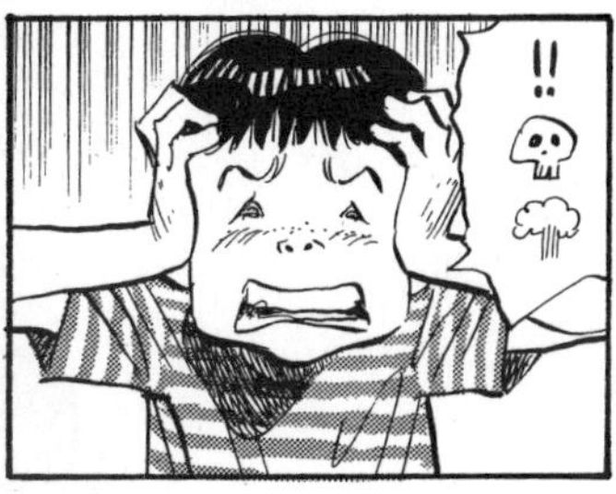
!!

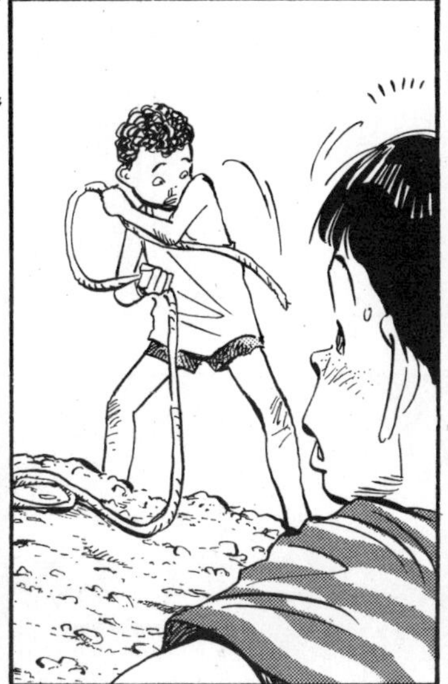

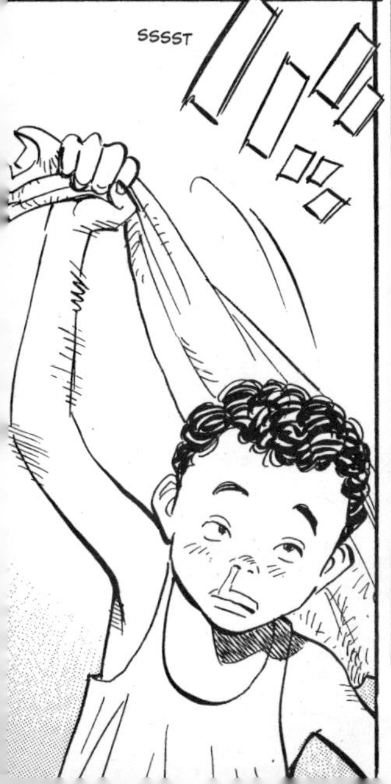
SSSST

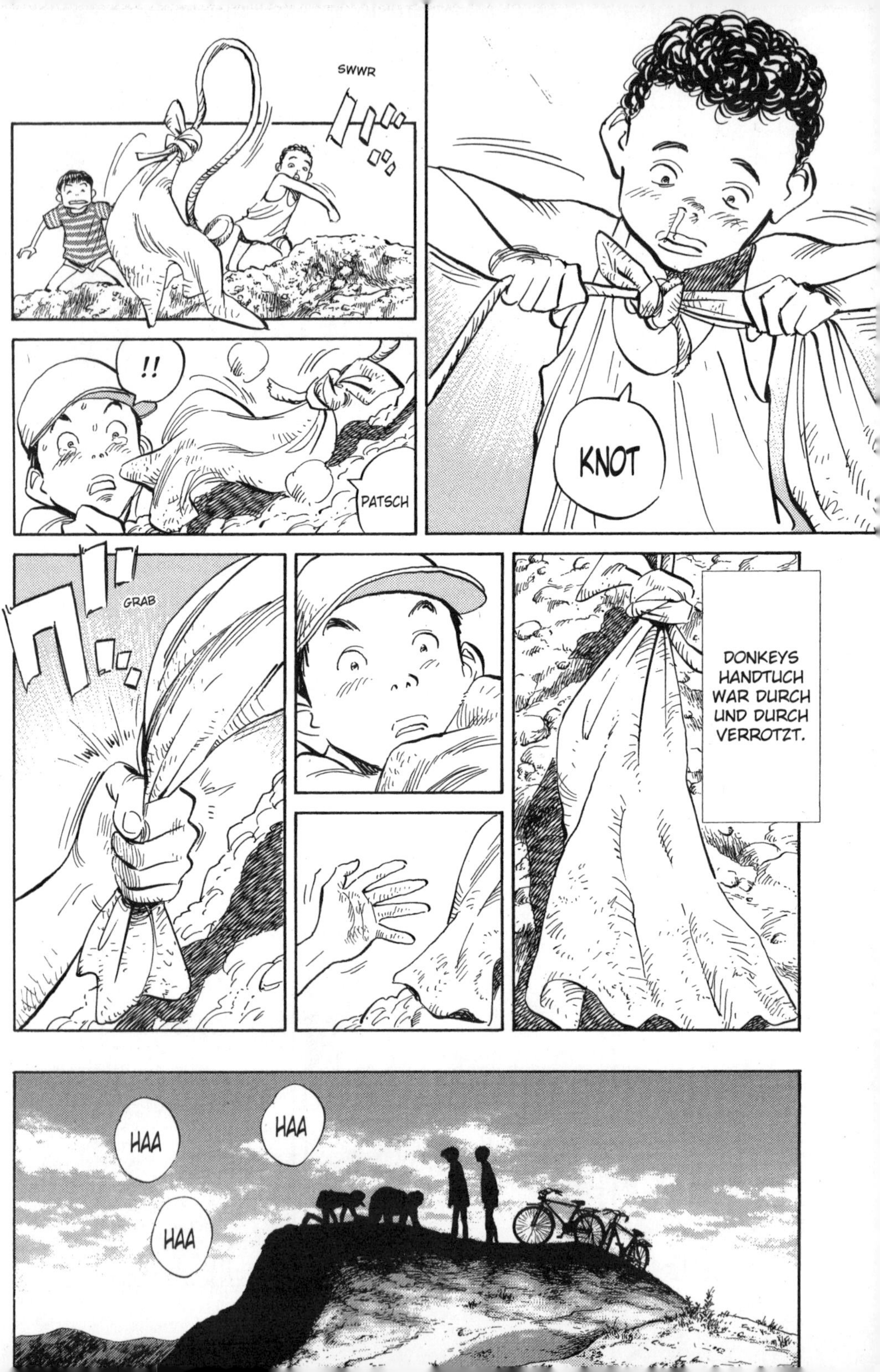

SWWR

!!

PATSCH

KNOT

GRAB

DONKEYS HANDTUCH WAR DURCH UND DURCH VERROTZT.

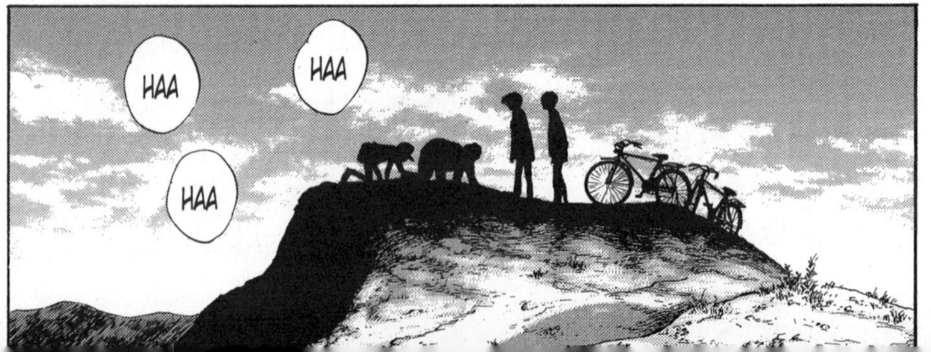

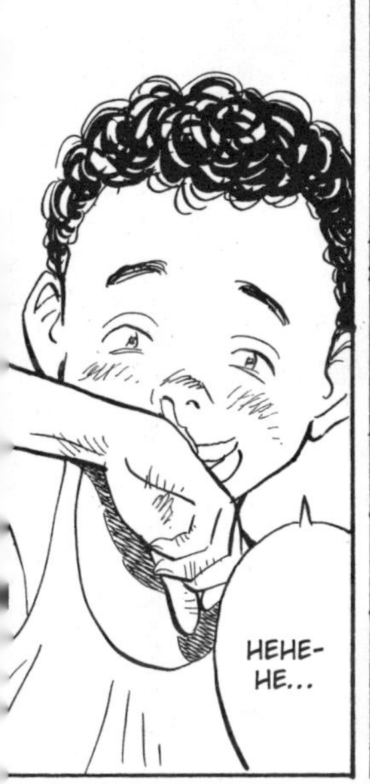
HEHEHE-
HE...

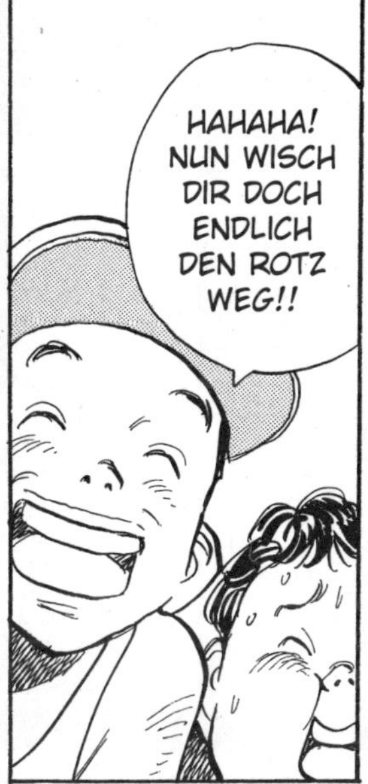
HAHAHA! NUN WISCH DIR DOCH ENDLICH DEN ROTZ WEG!!

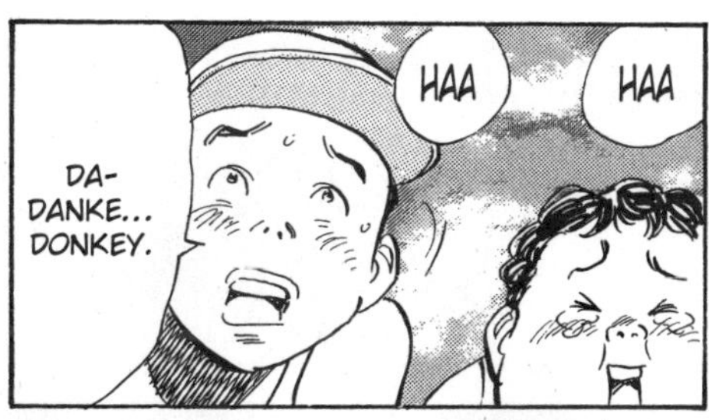
DA-DANKE... DONKEY.
HAA
HAA

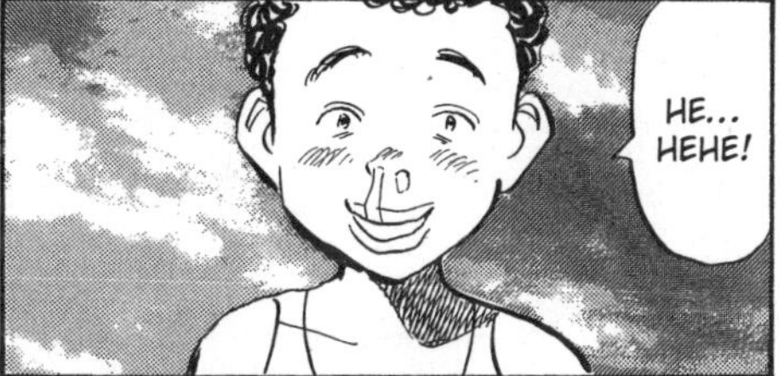
HE... HEHE!

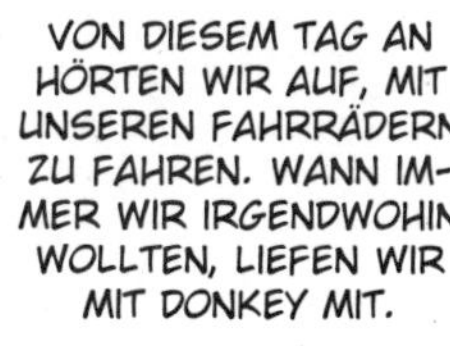
VON DIESEM TAG AN HÖRTEN WIR AUF, MIT UNSEREN FAHRRÄDERN ZU FAHREN. WANN IMMER WIR IRGENDWOHIN WOLLTEN, LIEFEN WIR MIT DONKEY MIT.

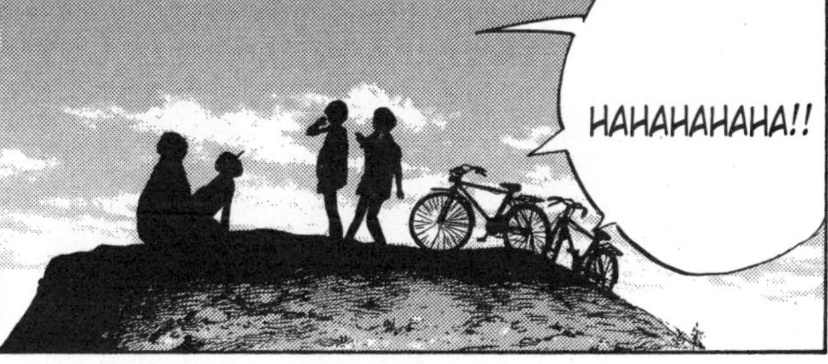
HAHAHAHAHA!!

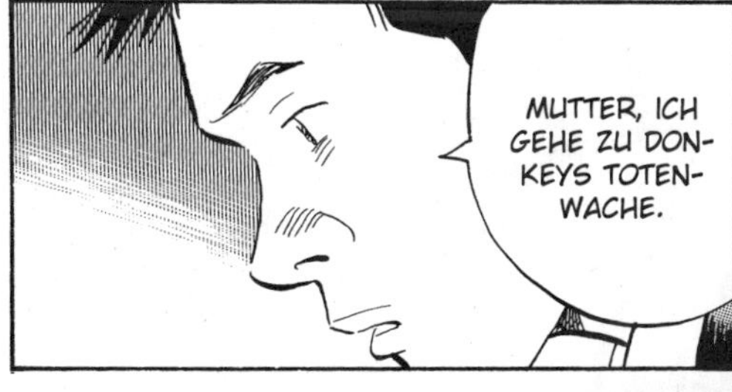
MUTTER, ICH GEHE ZU DONKEYS TOTENWACHE.

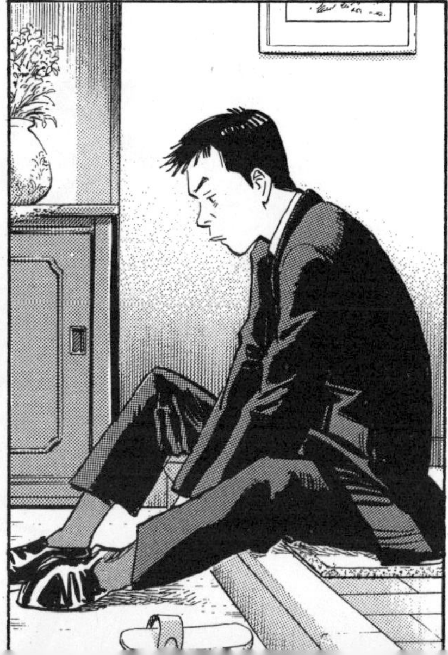

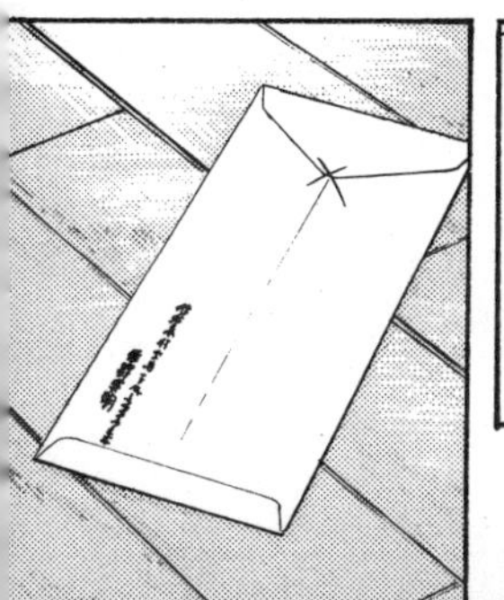

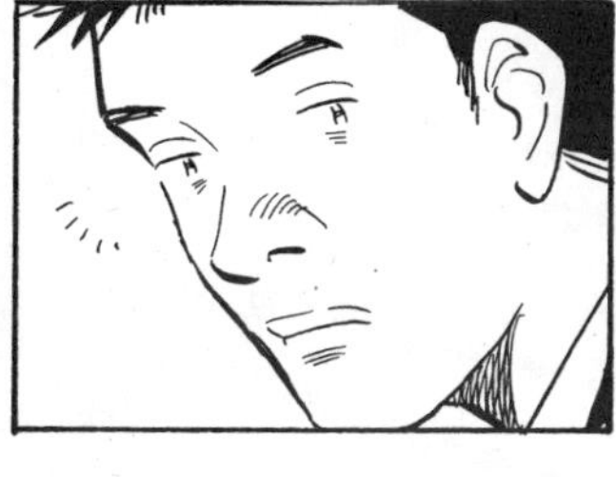

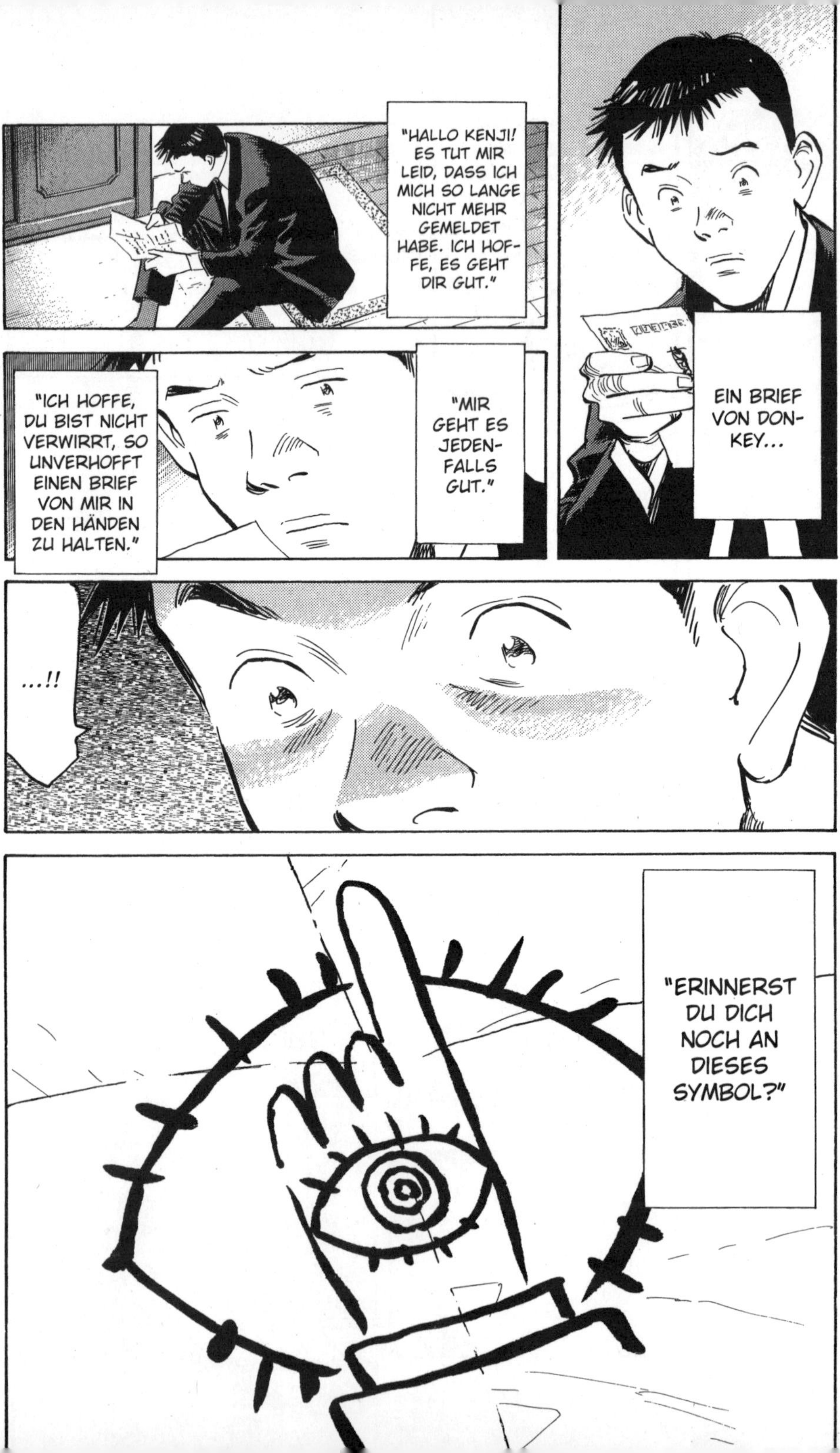

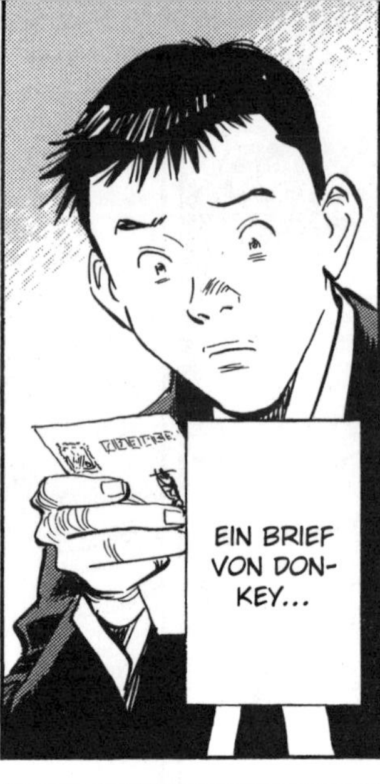

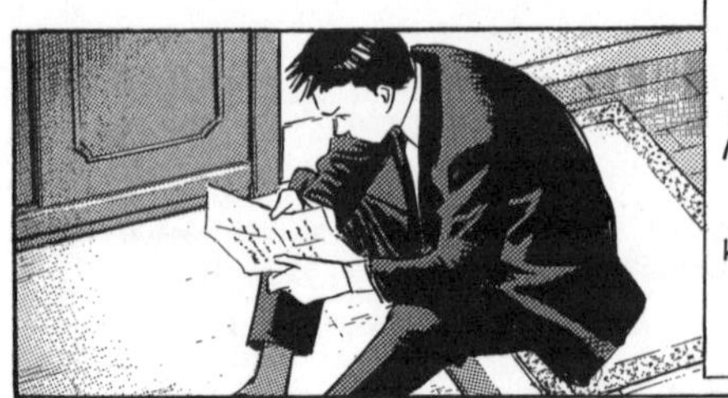

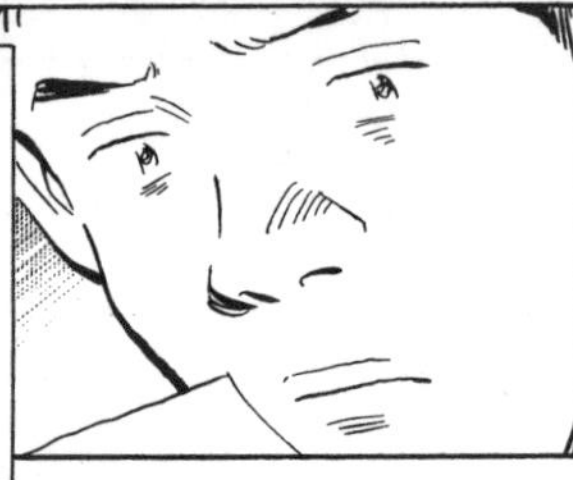

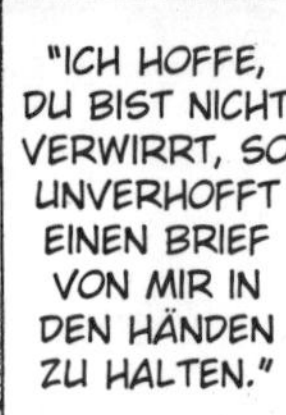

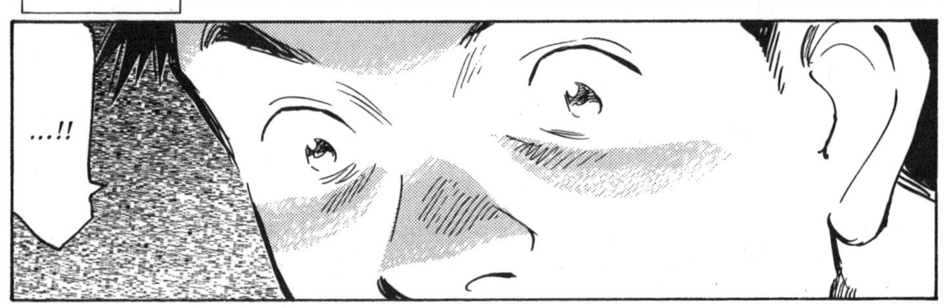

"ERINNERST DU DICH NOCH AN DIESES SYMBOL?"

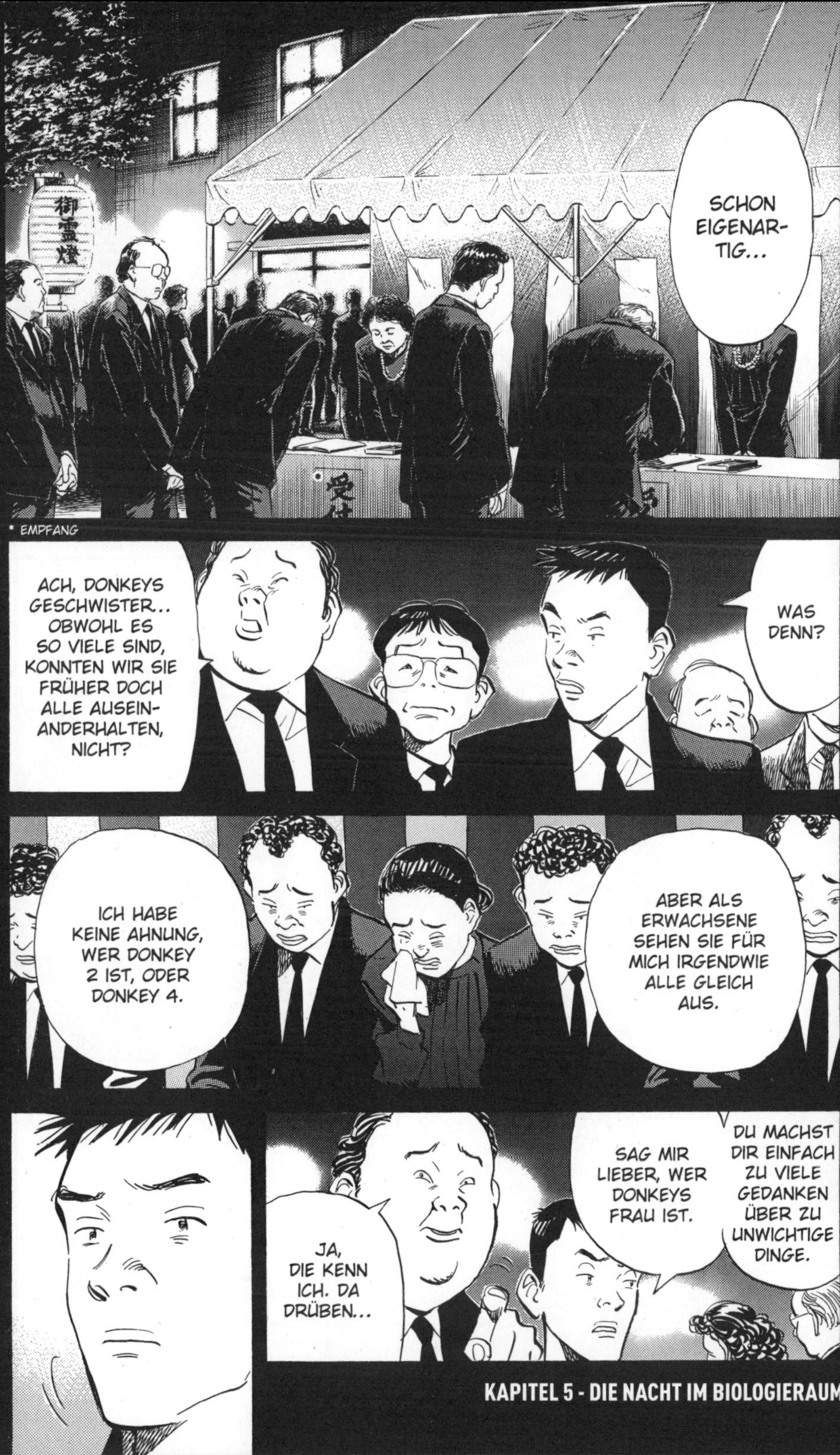

SCHON EIGENARTIG…

* EMPFANG

WAS DENN?

ACH, DONKEYS GESCHWISTER… OBWOHL ES SO VIELE SIND, KONNTEN WIR SIE FRÜHER DOCH ALLE AUSEINANDERHALTEN, NICHT?

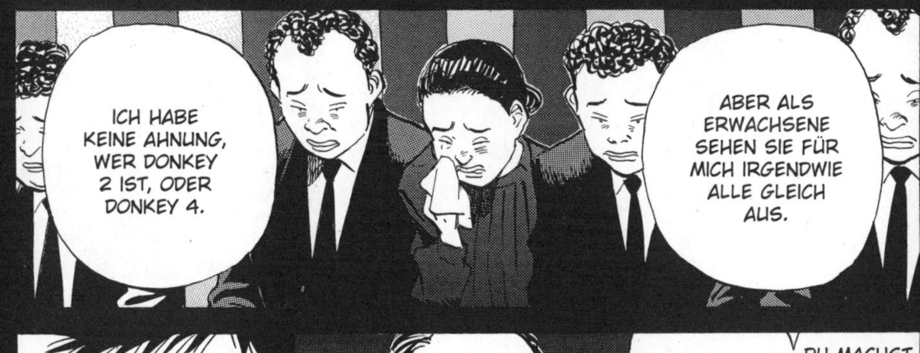

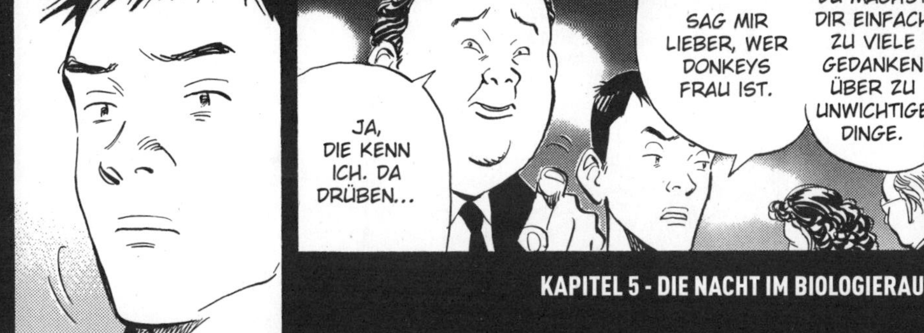

KAPITEL 5 - DIE NACHT IM BIOLOGIERAUM

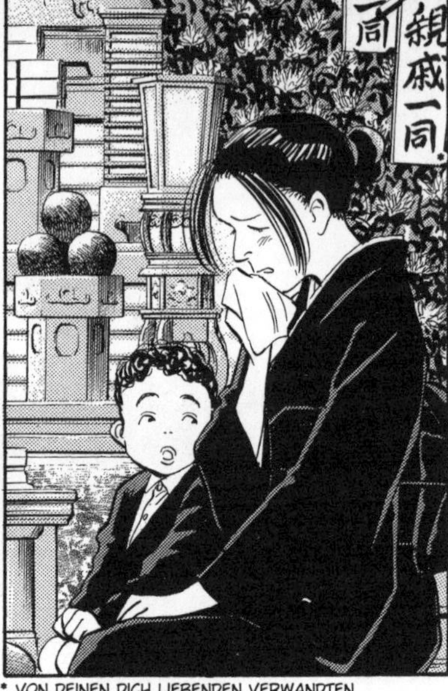

* VON DEINEN DICH LIEBENDEN VERWANDTEN

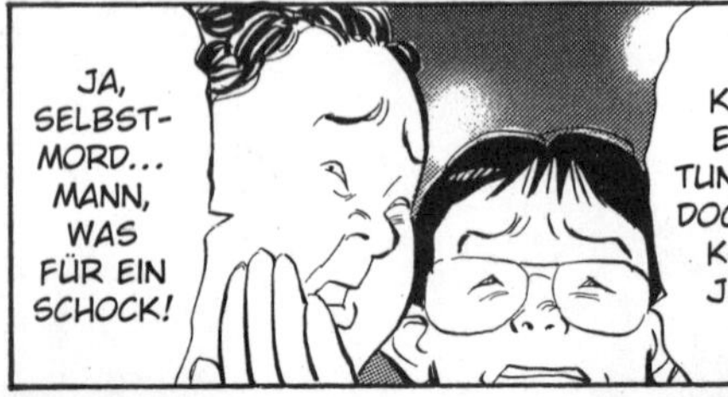

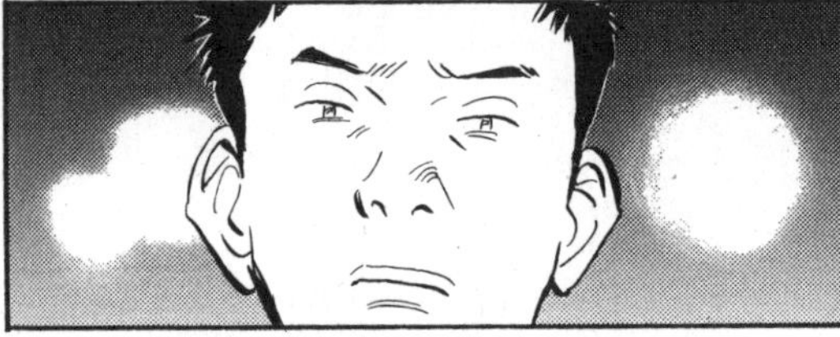

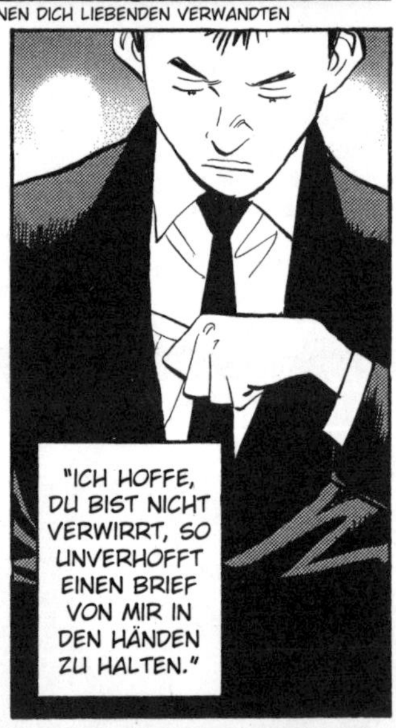

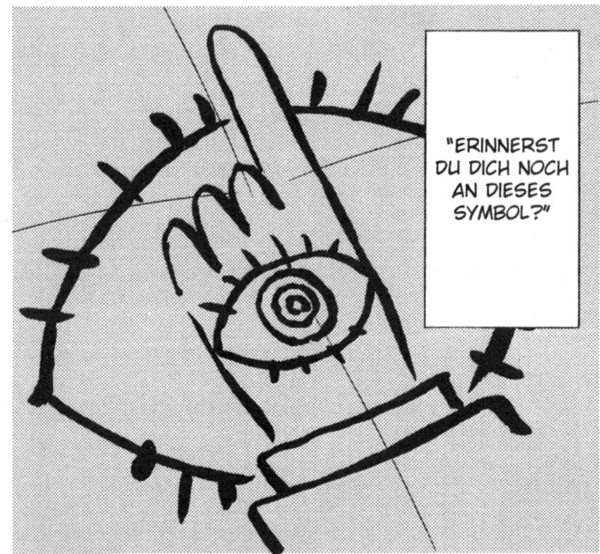

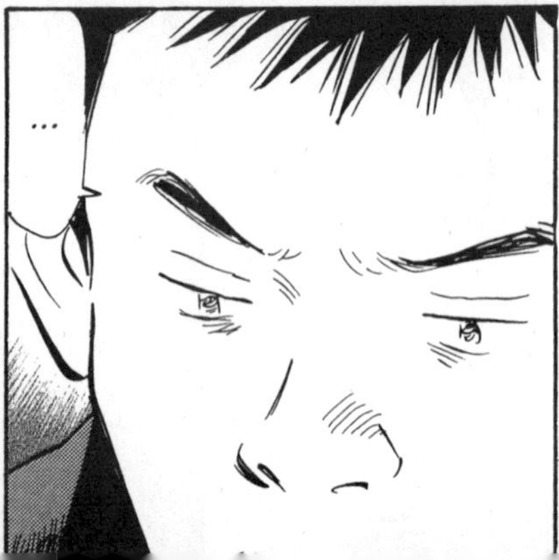

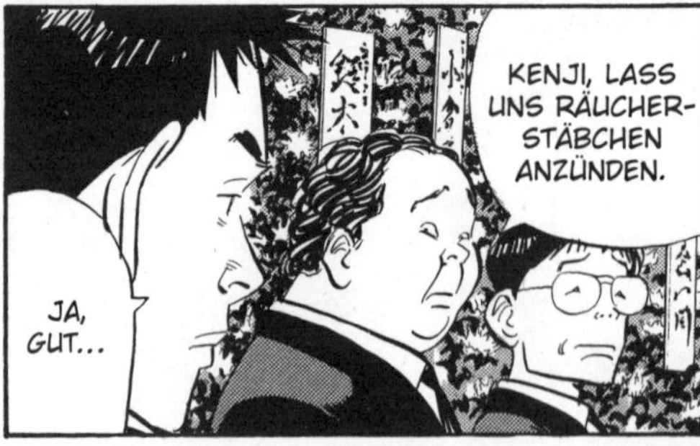

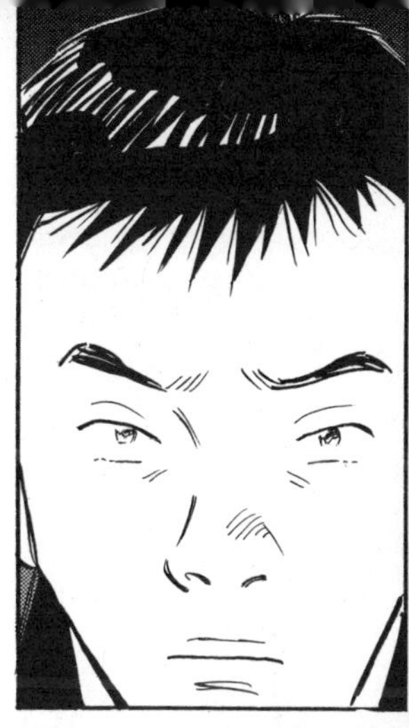

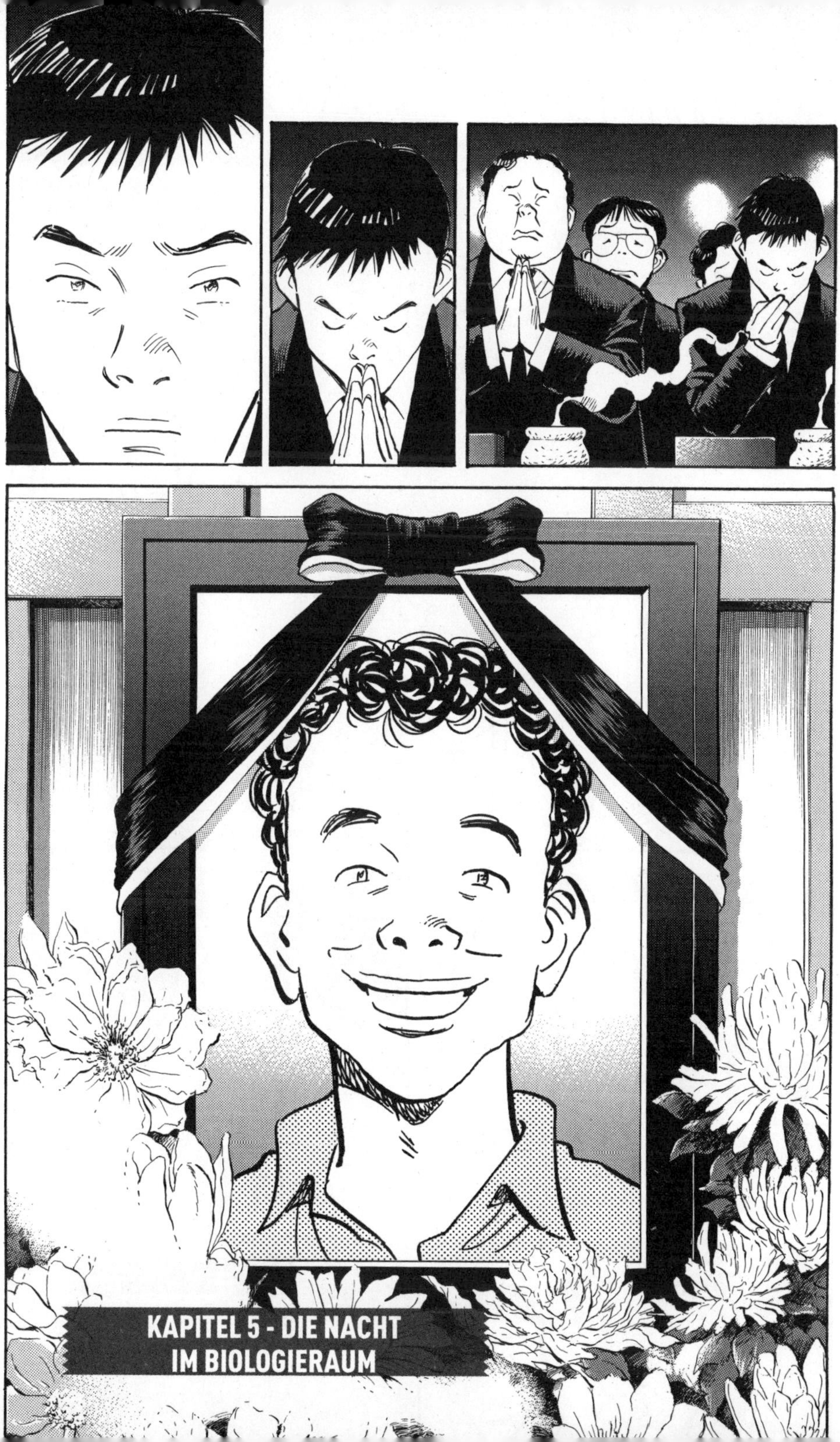

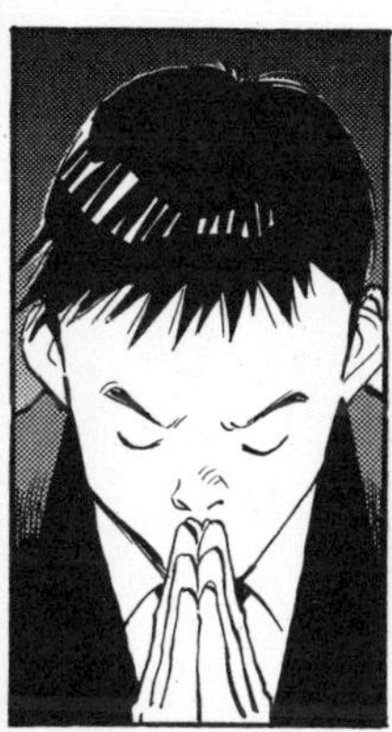

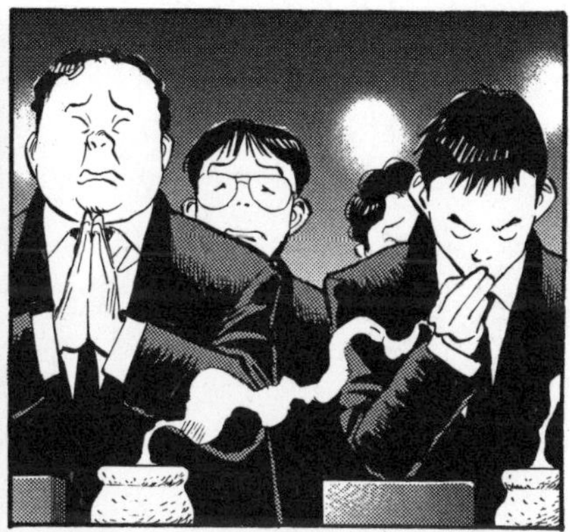

KAPITEL 5 - DIE NACHT IM BIOLOGIERAUM

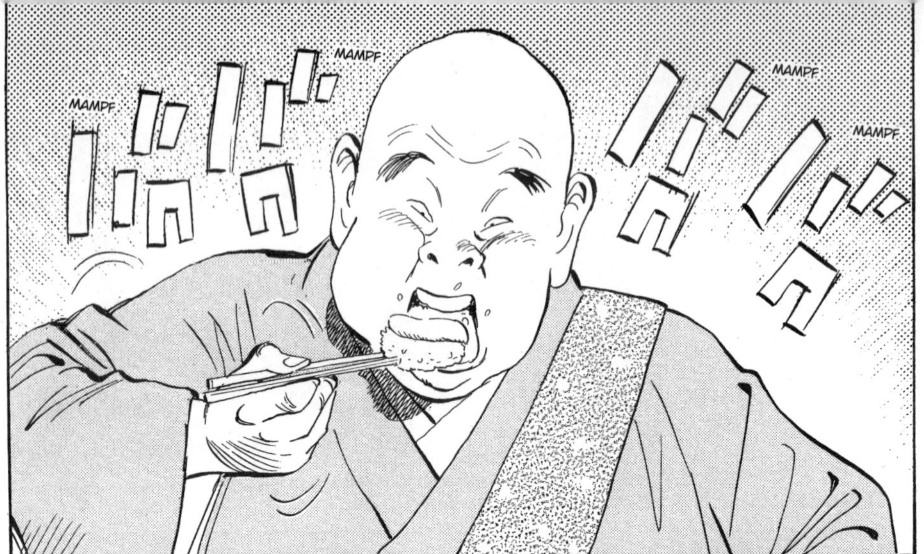
MAMPF
MAMPF
MAMPF
MAMPF

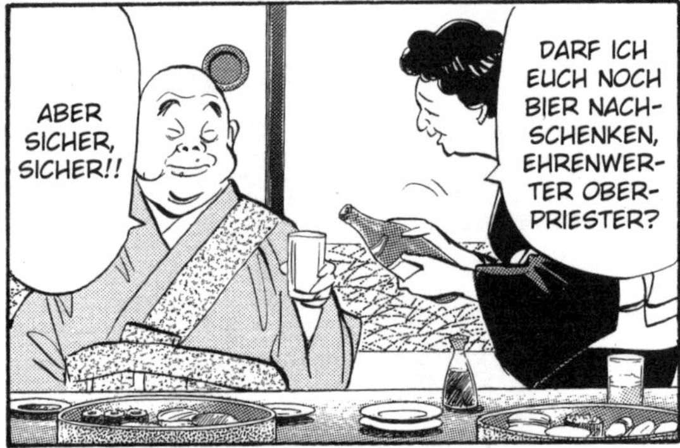
DARF ICH EUCH NOCH BIER NACHSCHENKEN, EHRENWERTER OBERPRIESTER?
ABER SICHER, SICHER!!

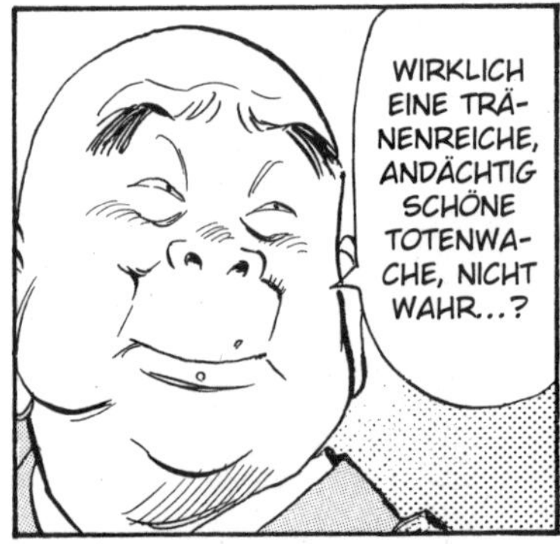
WIRKLICH EINE TRÄNENREICHE, ANDÄCHTIG SCHÖNE TOTENWACHE, NICHT WAHR...?

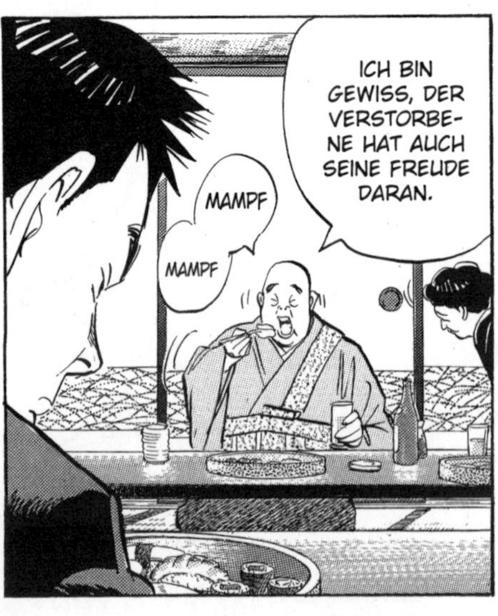
ICH BIN GEWISS, DER VERSTORBENE HAT AUCH SEINE FREUDE DARAN.
MAMPF
MAMPF

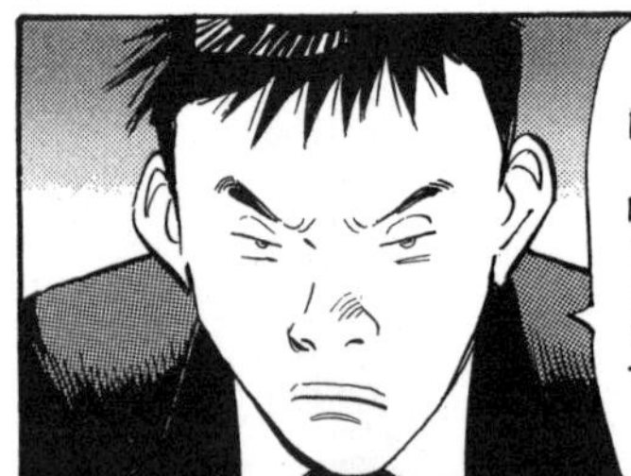
DER ALTE FRESSSACK IST AUCH NUR WEGEN DEM ESSEN HIER... FEINER PRIESTER IST MIR DAS!

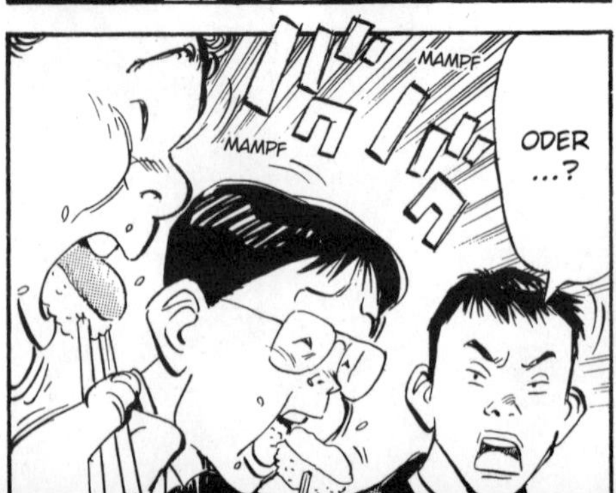
ODER ...?
MAMPF
MAMPF

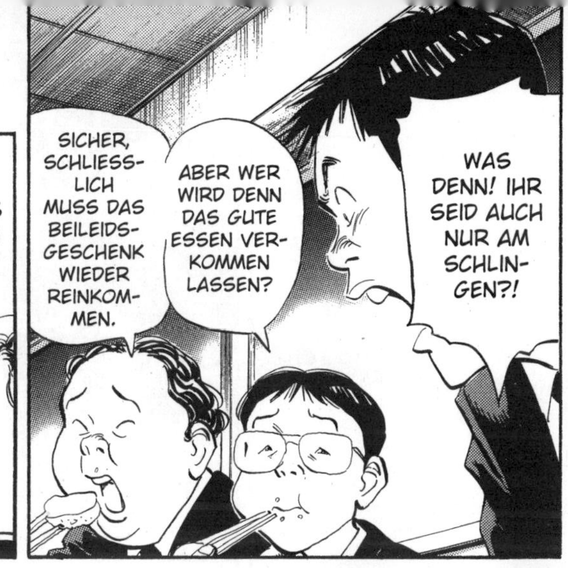
WAS DENN! IHR SEID AUCH NUR AM SCHLINGEN?!
ABER WER WIRD DENN DAS GUTE ESSEN VERKOMMEN LASSEN?
SICHER, SCHLIESSLICH MUSS DAS BEILEIDSGESCHENK WIEDER REINKOMMEN.

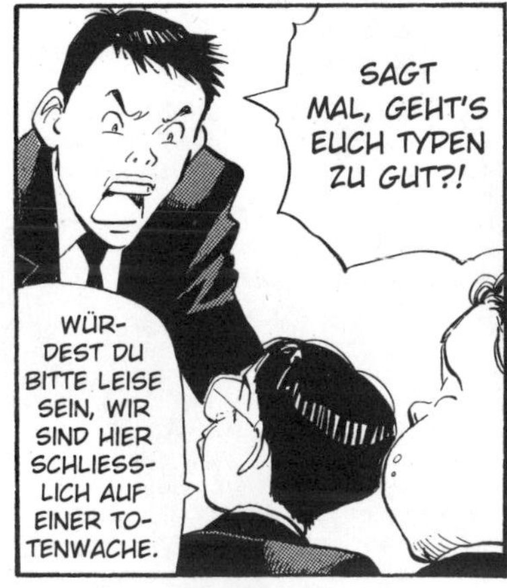
SAGT MAL, GEHT'S EUCH TYPEN ZU GUT?!
WÜRDEST DU BITTE LEISE SEIN, WIR SIND HIER SCHLIESSLICH AUF EINER TOTENWACHE.

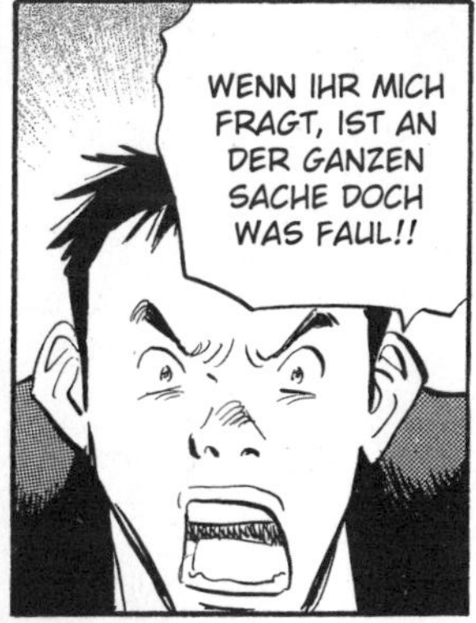
WENN IHR MICH FRAGT, IST AN DER GANZEN SACHE DOCH WAS FAUL!!

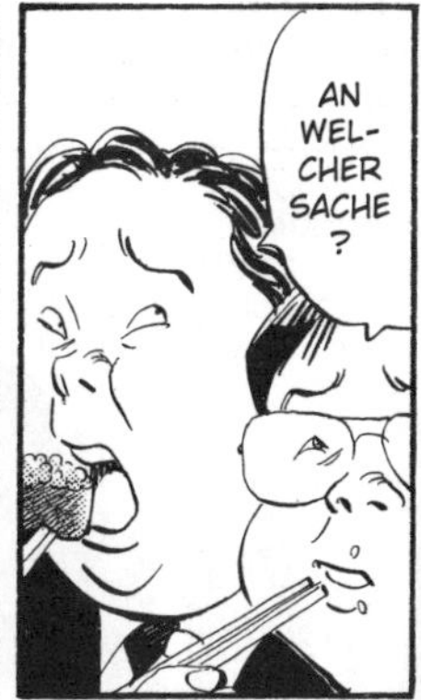
AN WELCHER SACHE ?

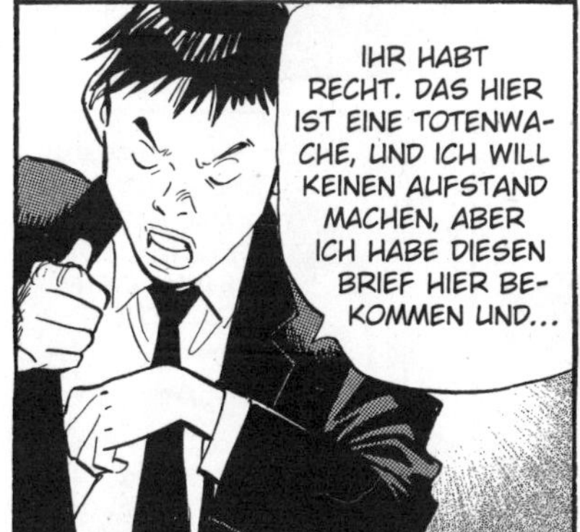
IHR HABT RECHT. DAS HIER IST EINE TOTENWACHE, UND ICH WILL KEINEN AUFSTAND MACHEN, ABER ICH HABE DIESEN BRIEF HIER BEKOMMEN UND...

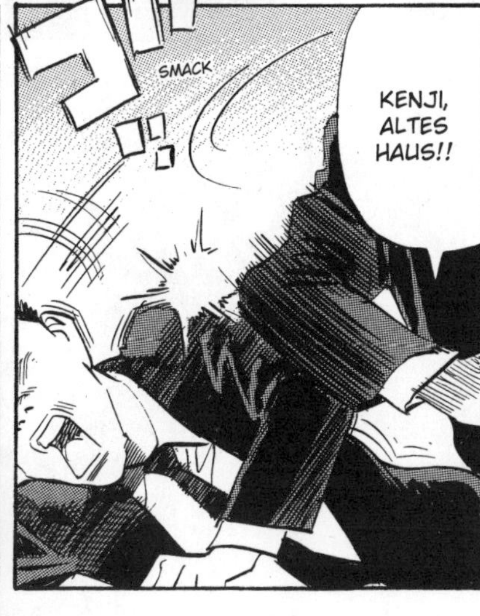
SMACK
KENJI, ALTES HAUS!!

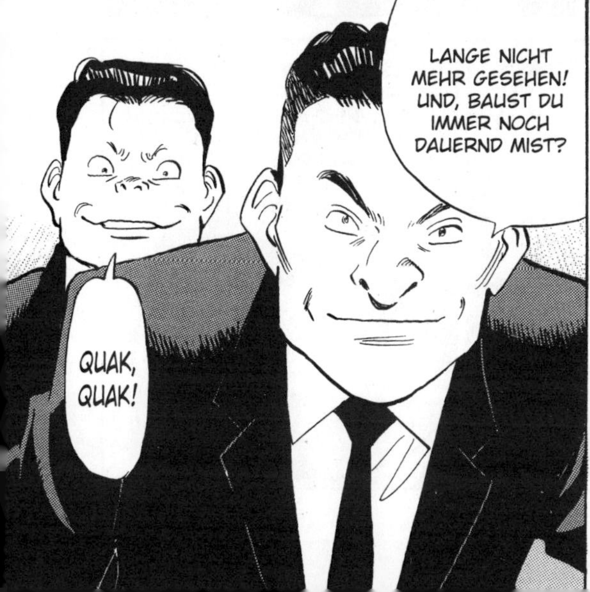
LANGE NICHT MEHR GESEHEN! UND, BAUST DU IMMER NOCH DAUERND MIST?
QUAK, QUAK!

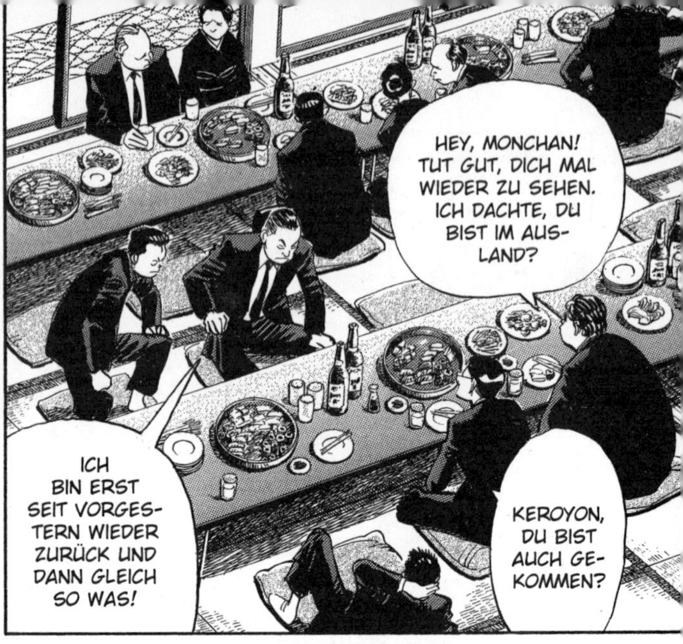
HEY, MONCHAN! TUT GUT, DICH MAL WIEDER ZU SEHEN. ICH DACHTE, DU BIST IM AUS-LAND?
ICH BIN ERST SEIT VORGES-TERN WIEDER ZURÜCK UND DANN GLEICH SO WAS!
KEROYON, DU BIST AUCH GE-KOMMEN?

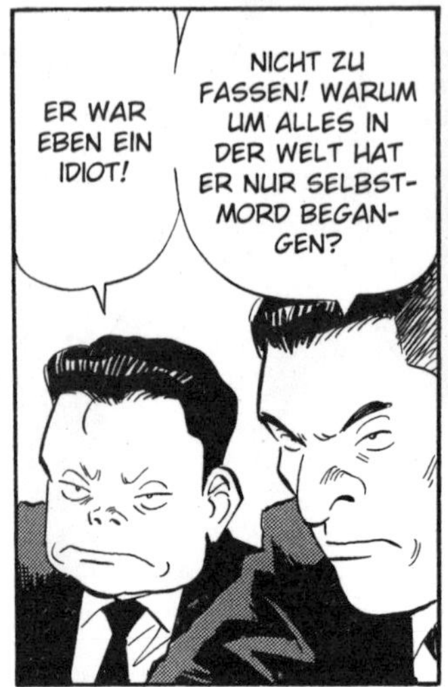
NICHT ZU FASSEN! WARUM UM ALLES IN DER WELT HAT ER NUR SELBST-MORD BEGAN-GEN?
ER WAR EBEN EIN IDIOT!

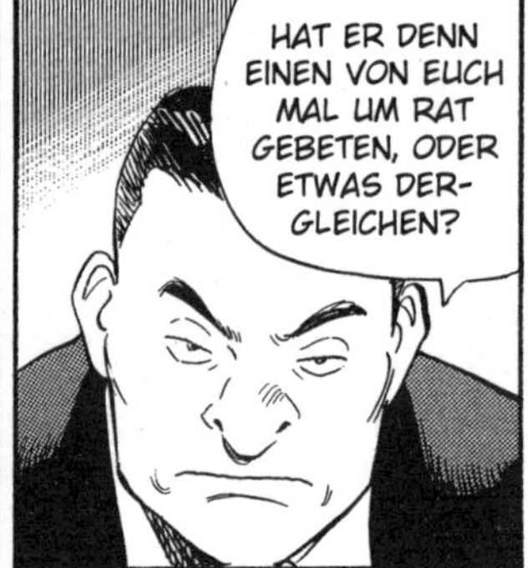
HAT ER DENN EINEN VON EUCH MAL UM RAT GEBETEN, ODER ETWAS DER-GLEICHEN?

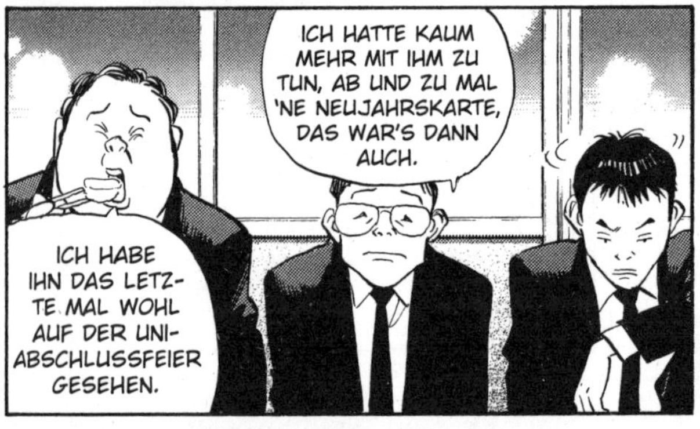
ICH HATTE KAUM MEHR MIT IHM ZU TUN, AB UND ZU MAL 'NE NEUJAHRSKARTE, DAS WAR'S DANN AUCH.
ICH HABE IHN DAS LETZ-TE MAL WOHL AUF DER UNI-ABSCHLUSSFEIER GESEHEN.

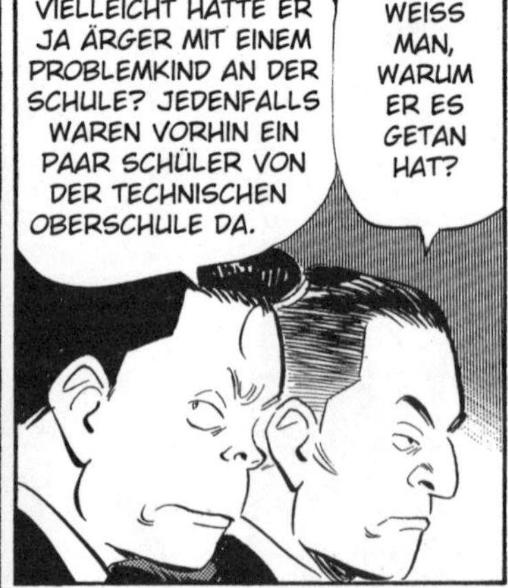
WEISS MAN, WARUM ER ES GETAN HAT?
VIELLEICHT HATTE ER JA ÄRGER MIT EINEM PROBLEMKIND AN DER SCHULE? JEDENFALLS WAREN VORHIN EIN PAAR SCHÜLER VON DER TECHNISCHEN OBERSCHULE DA.

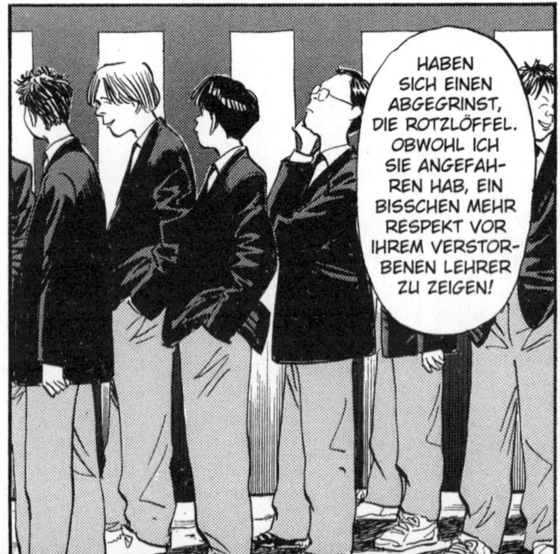
HABEN SICH EINEN ABGEGRINST, DIE ROTZLÖFFEL. OBWOHL ICH SIE ANGEFAH-REN HAB, EIN BISSCHEN MEHR RESPEKT VOR IHREM VERSTOR-BENEN LEHRER ZU ZEIGEN!

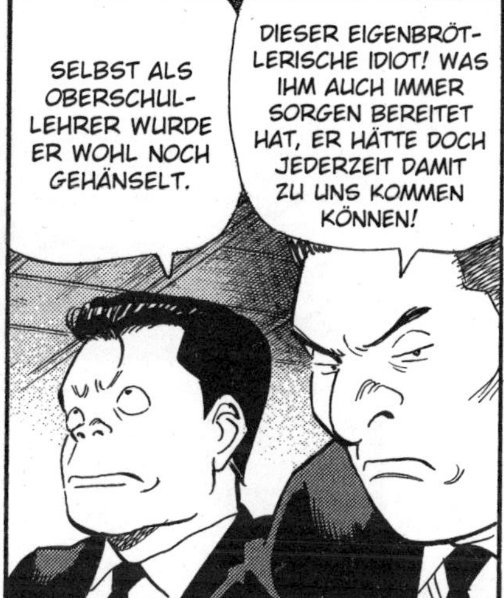
DIESER EIGENBRÖT-LERISCHE IDIOT! WAS IHM AUCH IMMER SORGEN BEREITET HAT, ER HÄTTE DOCH JEDERZEIT DAMIT ZU UNS KOMMEN KÖNNEN!
SELBST ALS OBERSCHUL-LEHRER WURDE ER WOHL NOCH GEHÄNSELT.

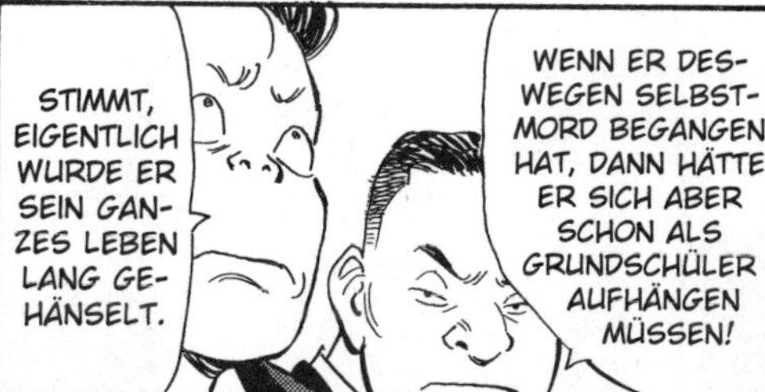
WENN ER DES-WEGEN SELBST-MORD BEGANGEN HAT, DANN HÄTTE ER SICH ABER SCHON ALS GRUNDSCHÜLER AUFHÄNGEN MÜSSEN!
STIMMT, EIGENTLICH WURDE ER SEIN GAN-ZES LEBEN LANG GE-HÄNSELT.

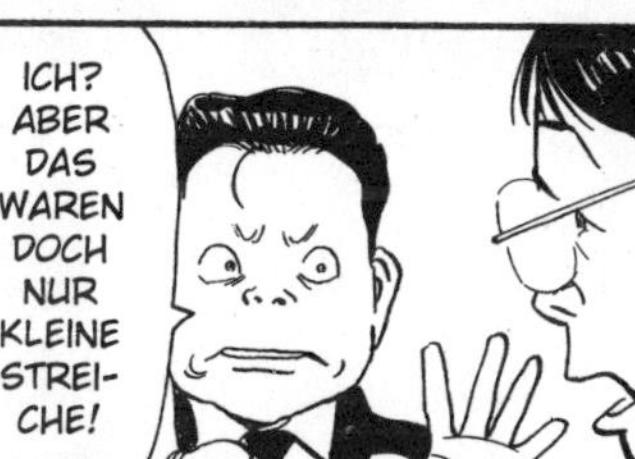
DU HAST IHM DOCH AUCH EIN PAAR MAL ÜBEL MIT-GESPIELT, ODER, KERO-YON?
ICH? ABER DAS WAREN DOCH NUR KLEINE STREI-CHE!

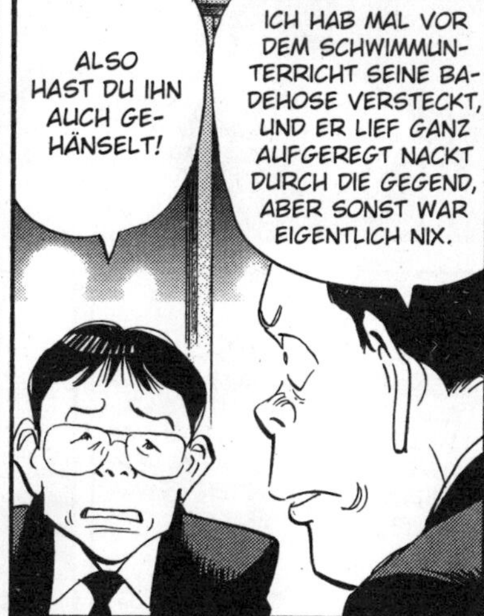
ICH HAB MAL VOR DEM SCHWIMMUN-TERRICHT SEINE BA-DEHOSE VERSTECKT, UND ER LIEF GANZ AUFGEREGT NACKT DURCH DIE GEGEND, ABER SONST WAR EIGENTLICH NIX.
ALSO HAST DU IHN AUCH GE-HÄNSELT!

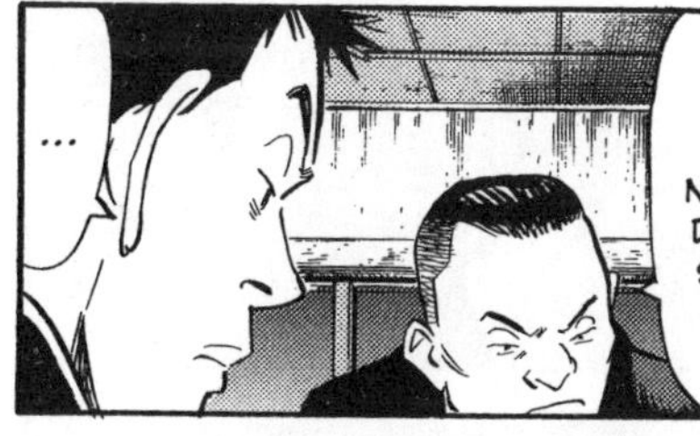
JEDENFALLS KANN ICH ES IMMER NOCH NICHT FASSEN, DASS DONKEY SELBSTMORD BEGANGEN HAT.
...

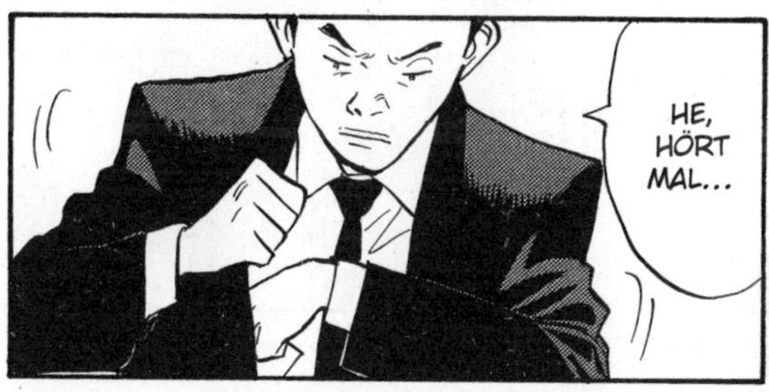
HE, HÖRT MAL...

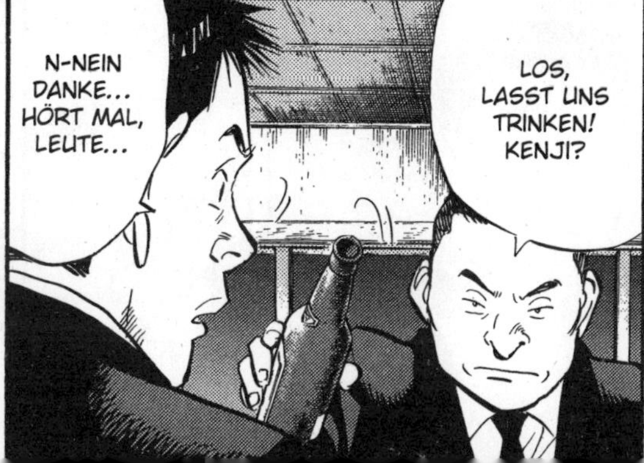
LOS, LASST UNS TRINKEN! KENJI?
N-NEIN DANKE... HÖRT MAL, LEUTE...

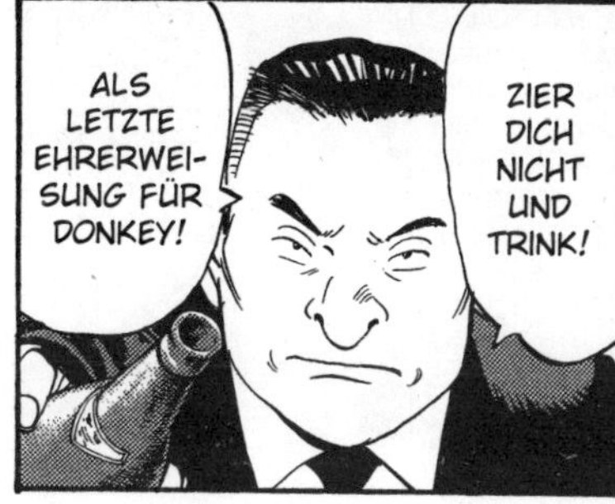
ZIER DICH NICHT UND TRINK!
ALS LETZTE EHRERWEI-SUNG FÜR DONKEY!

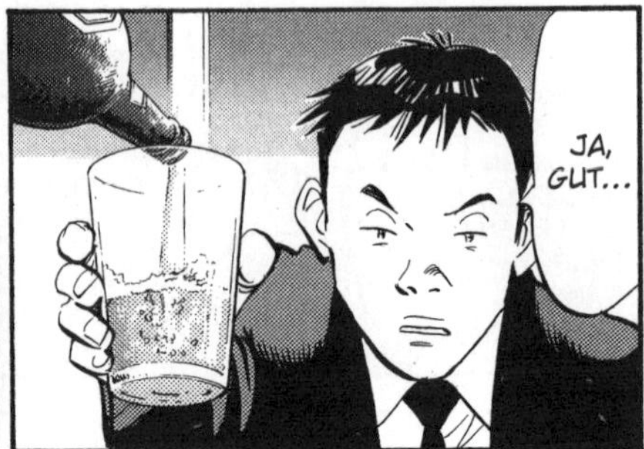
JA, GUT...

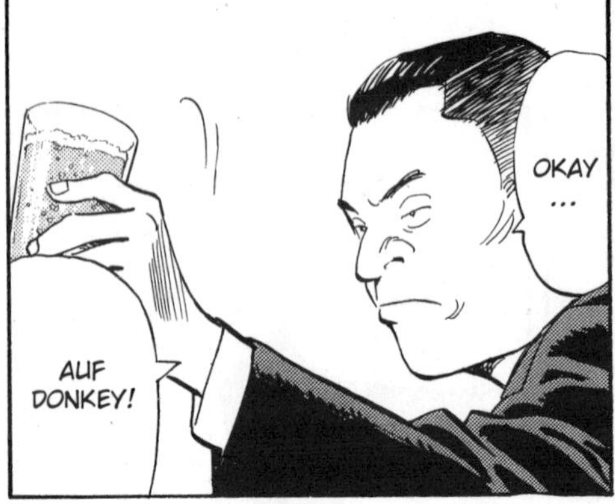
OKAY ...
AUF DONKEY!

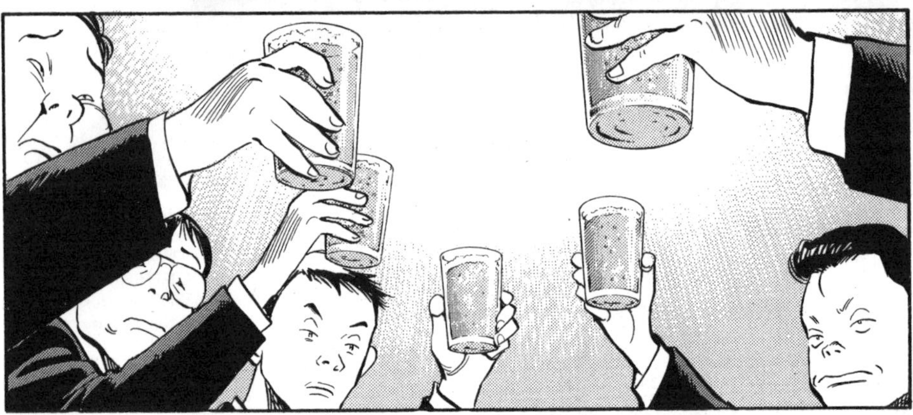

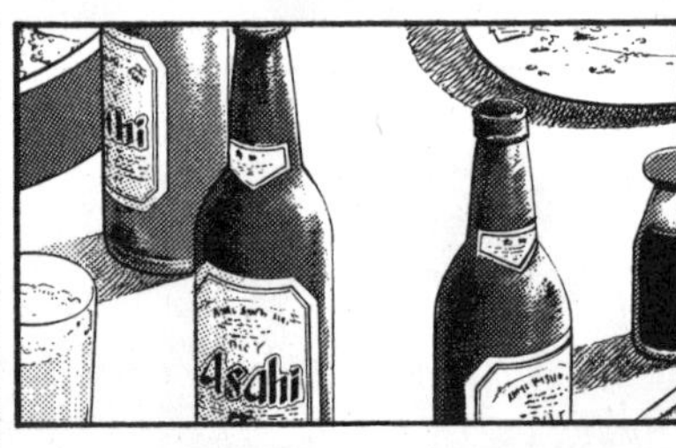

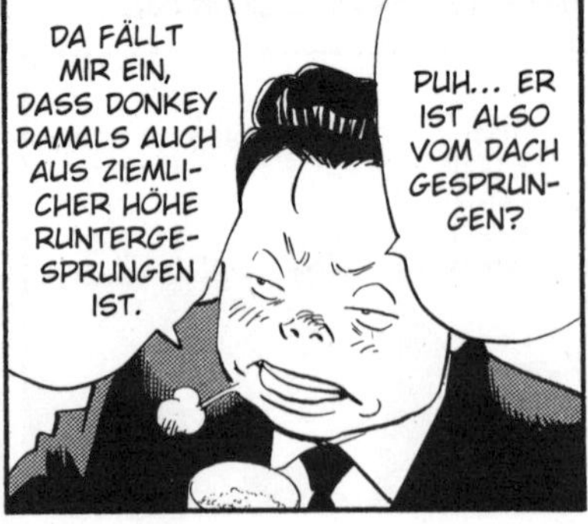
PUH... ER IST ALSO VOM DACH GESPRUNGEN?
DA FÄLLT MIR EIN, DASS DONKEY DAMALS AUCH AUS ZIEMLICHER HÖHE RUNTERGESPRUNGEN IST.

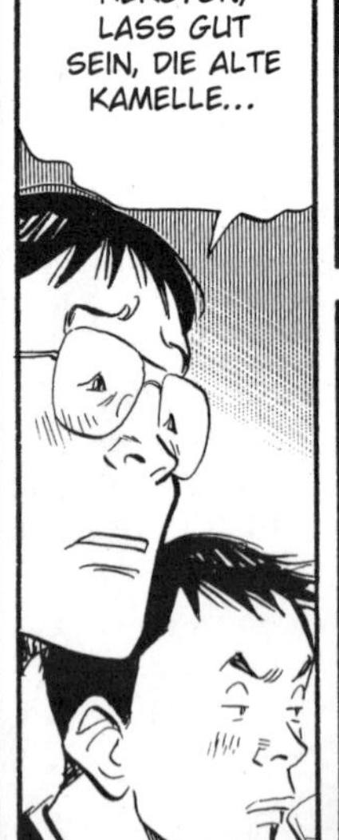
KEROYON, LASS GUT SEIN, DIE ALTE KAMELLE...

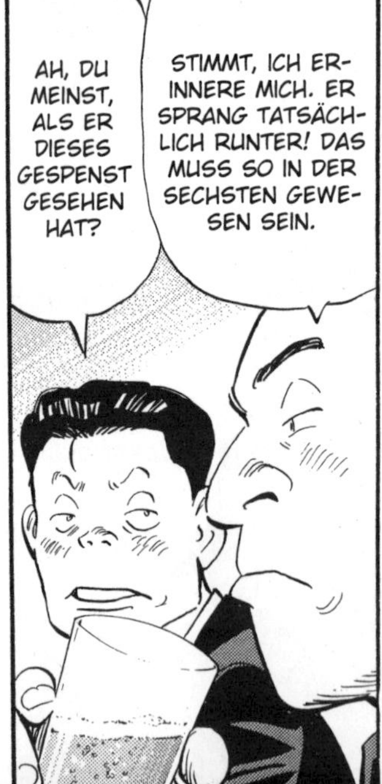
AH, DU MEINST, ALS ER DIESES GESPENST GESEHEN HAT?
STIMMT, ICH ERINNERE MICH. ER SPRANG TATSÄCHLICH RUNTER! DAS MUSS SO IN DER SECHSTEN GEWESEN SEIN.

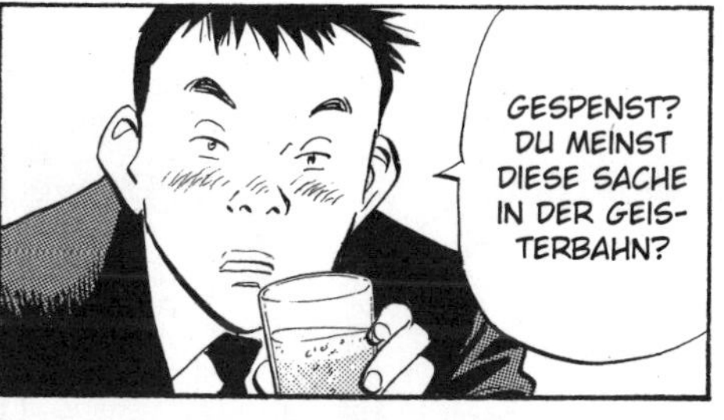
GESPENST? DU MEINST DIESE SACHE IN DER GEISTERBAHN?

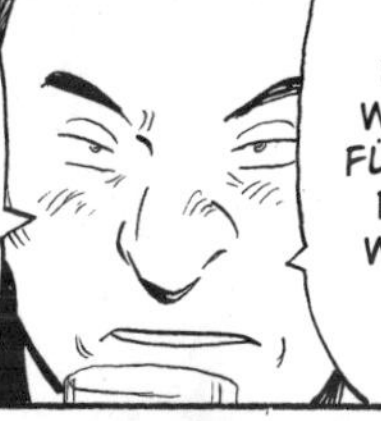
NEIN, DAS WAR IN DER FÜNFTEN. ICH REDE VON WAS ANDEREM.
ACH SO, WIR WAREN GAR NICHT MIT EUCH IN EINER KLASSE, KENJI...?

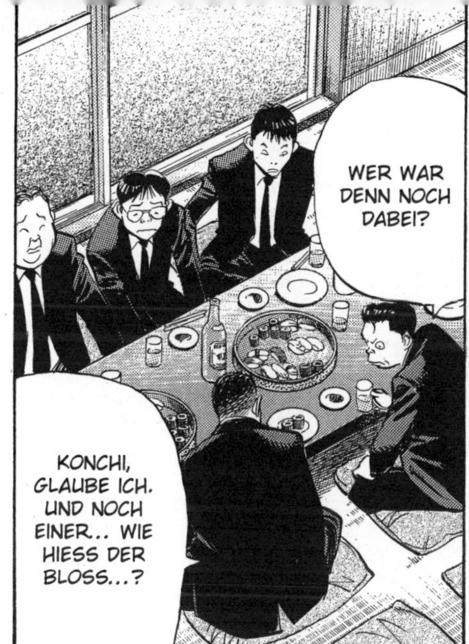
WER WAR DENN NOCH DABEI?
KONCHI, GLAUBE ICH. UND NOCH EINER... WIE HIESS DER BLOSS...?

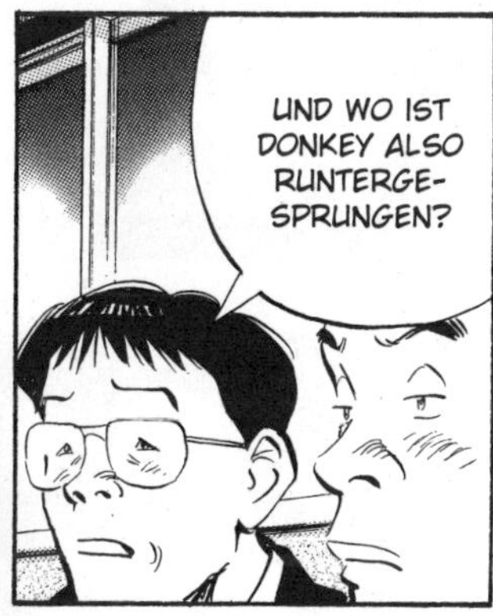
UND WO IST DONKEY ALSO RUNTERGESPRUNGEN?

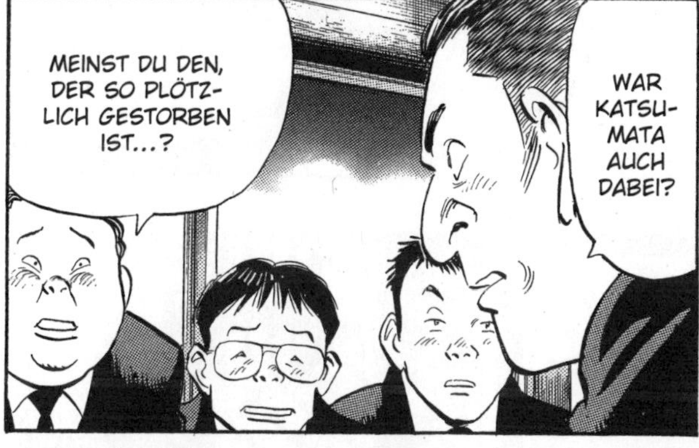
WAR KATSUMATA AUCH DABEI?
MEINST DU DEN, DER SO PLÖTZLICH GESTORBEN IST...?

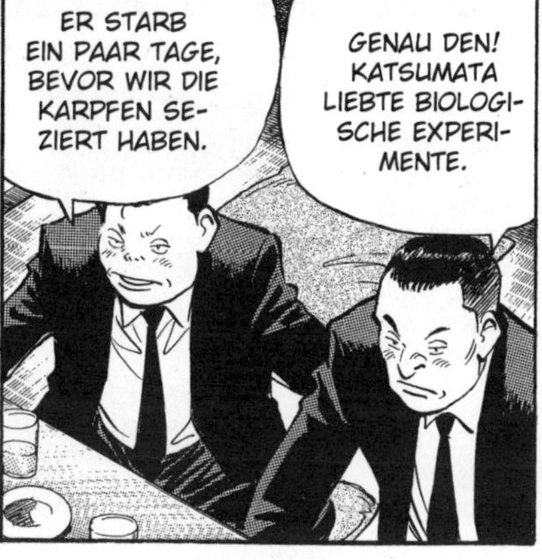
GENAU DEN! KATSUMATA LIEBTE BIOLOGISCHE EXPERIMENTE.
ER STARB EIN PAAR TAGE, BEVOR WIR DIE KARPFEN SEZIERT HABEN.

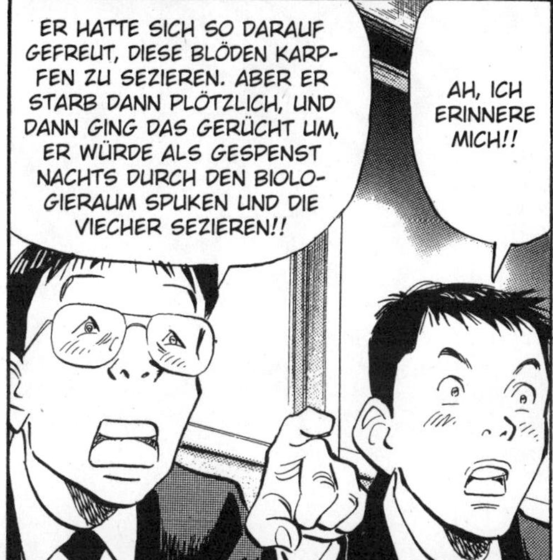
AH, ICH ERINNERE MICH!!
ER HATTE SICH SO DARAUF GEFREUT, DIESE BLÖDEN KARPFEN ZU SEZIEREN. ABER ER STARB DANN PLÖTZLICH, UND DANN GING DAS GERÜCHT UM, ER WÜRDE ALS GESPENST NACHTS DURCH DEN BIOLOGIERAUM SPUKEN UND DIE VIECHER SEZIEREN!!

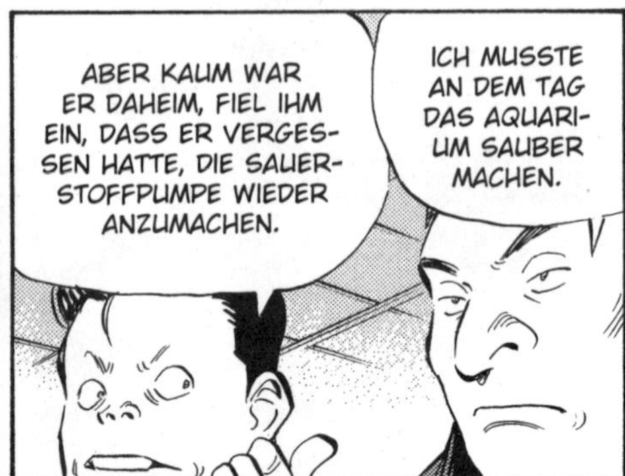
ICH MUSSTE AN DEM TAG DAS AQUARIUM SAUBER MACHEN.
ABER KAUM WAR ER DAHEIM, FIEL IHM EIN, DASS ER VERGESSEN HATTE, DIE SAUERSTOFFPUMPE WIEDER ANZUMACHEN.

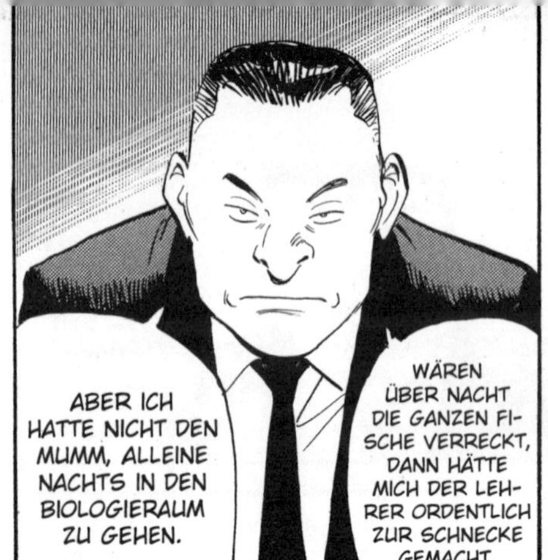
WÄREN ÜBER NACHT DIE GANZEN FISCHE VERRECKT, DANN HÄTTE MICH DER LEHRER ORDENTLICH ZUR SCHNECKE GEMACHT.
ABER ICH HATTE NICHT DEN MUMM, ALLEINE NACHTS IN DEN BIOLOGIERAUM ZU GEHEN.

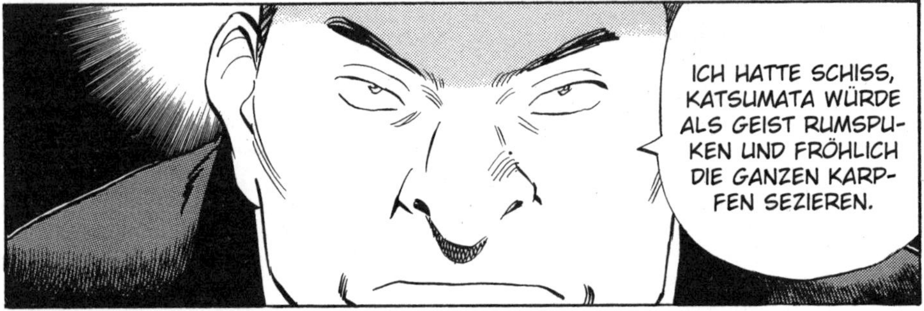
ICH HATTE SCHISS, KATSUMATA WÜRDE ALS GEIST RUMSPUKEN UND FRÖHLICH DIE GANZEN KARPFEN SEZIEREN.

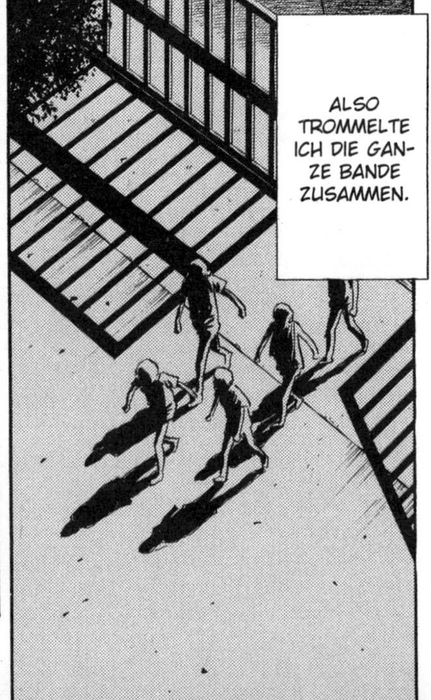
ALSO TROMMELTE ICH DIE GANZE BANDE ZUSAMMEN.

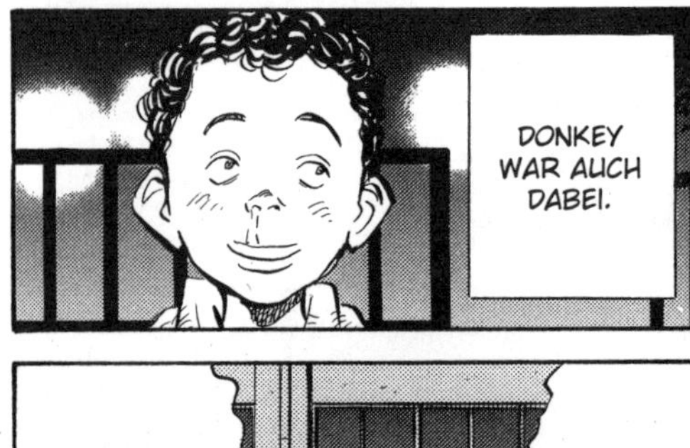
DONKEY WAR AUCH DABEI.

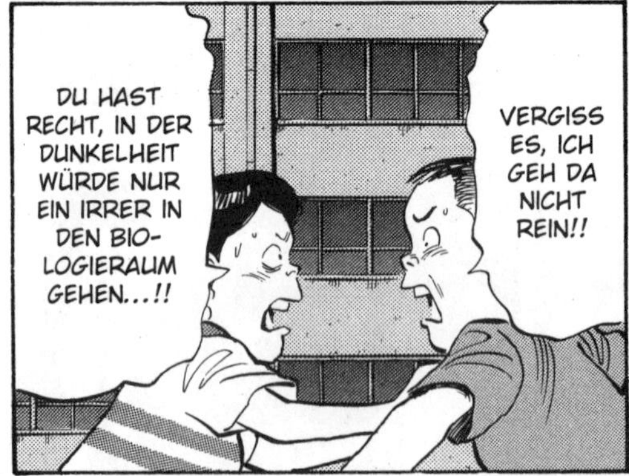
VERGISS ES, ICH GEH DA NICHT REIN!!
DU HAST RECHT, IN DER DUNKELHEIT WÜRDE NUR EIN IRRER IN DEN BIOLOGIERAUM GEHEN...!!

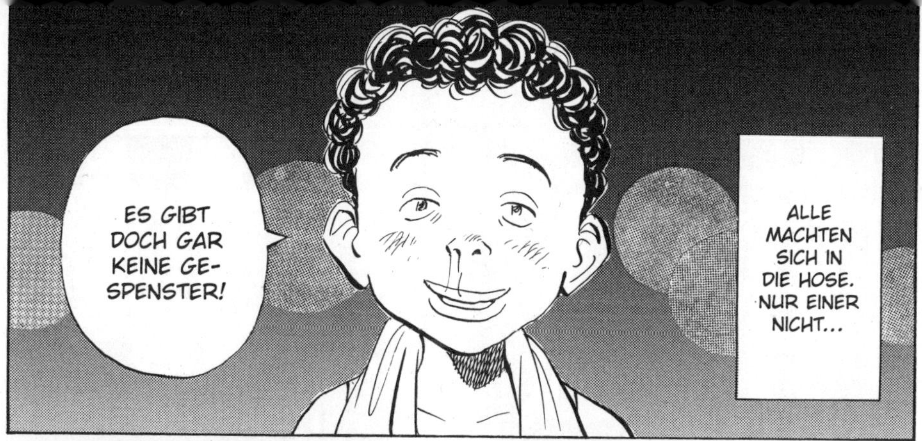
ALLE MACHTEN SICH IN DIE HOSE. NUR EINER NICHT...
ES GIBT DOCH GAR KEINE GE-SPENSTER!

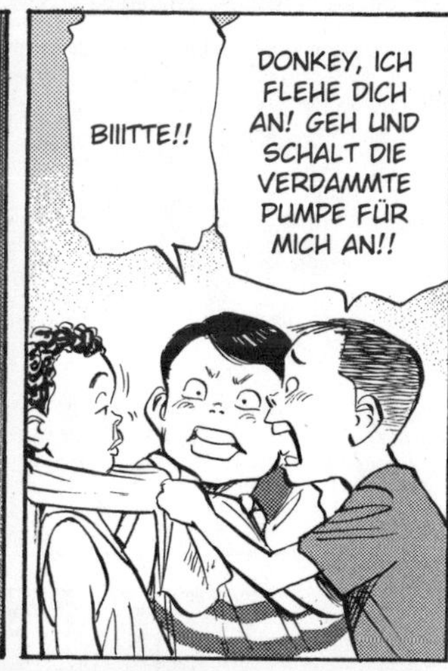
DONKEY, ICH FLEHE DICH AN! GEH UND SCHALT DIE VERDAMMTE PUMPE FÜR MICH AN!!
BIIITTE!!

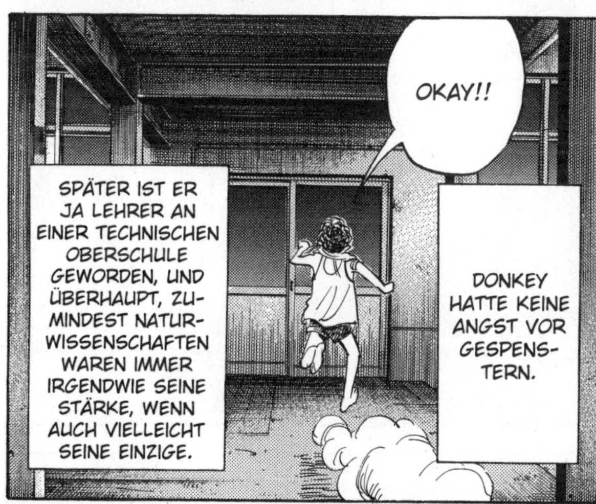
DONKEY HATTE KEINE ANGST VOR GESPENS-TERN.
OKAY!!
SPÄTER IST ER JA LEHRER AN EINER TECHNISCHEN OBERSCHULE GEWORDEN, UND ÜBERHAUPT, ZU-MINDEST NATUR-WISSENSCHAFTEN WAREN IMMER IRGENDWIE SEINE STÄRKE, WENN AUCH VIELLEICHT SEINE EINZIGE.

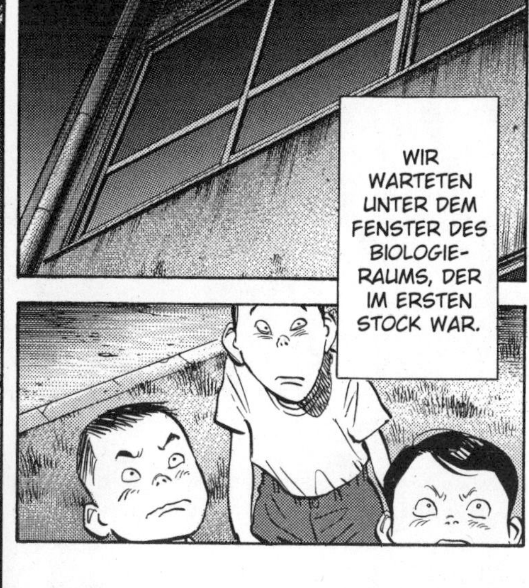
WIR WARTETEN UNTER DEM FENSTER DES BIOLOGIE-RAUMS, DER IM ERSTEN STOCK WAR.

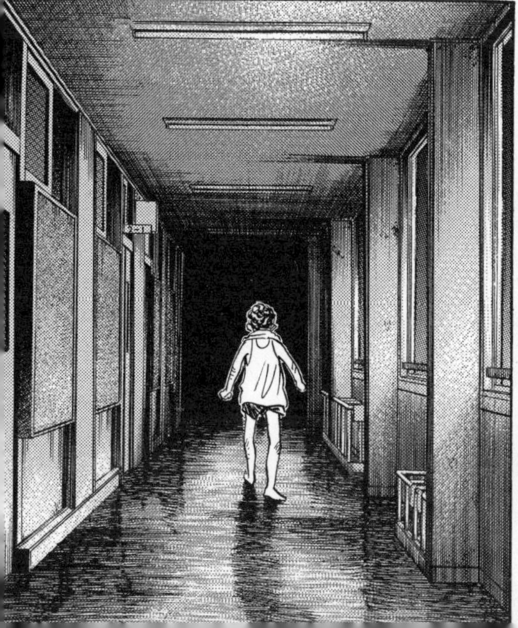

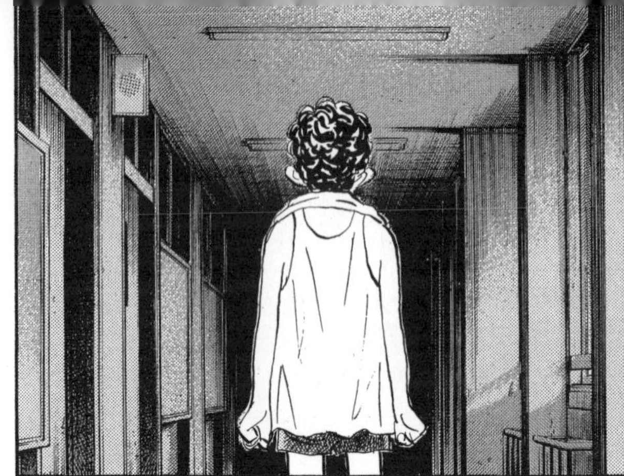
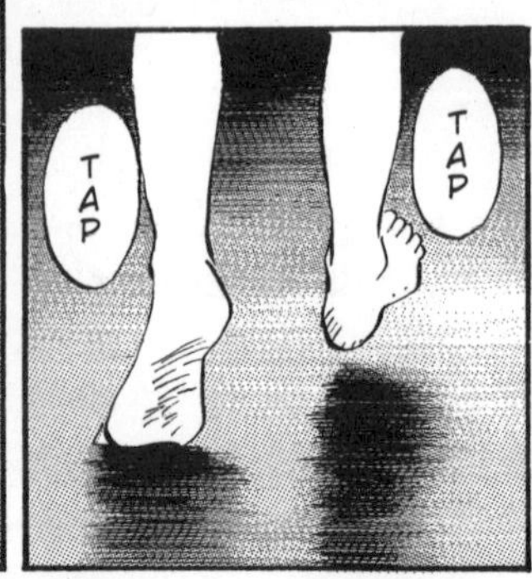
TAP
TAP
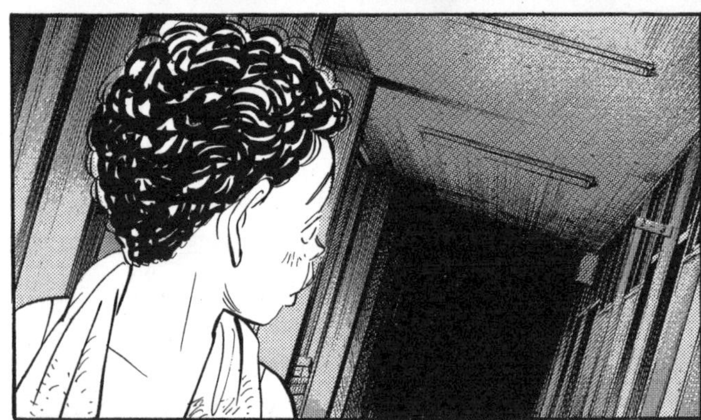
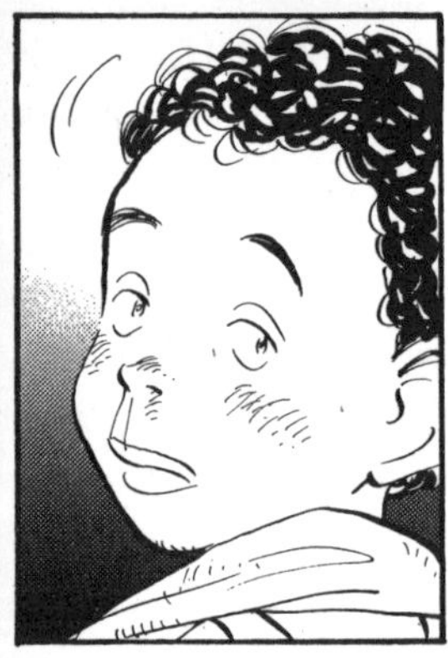
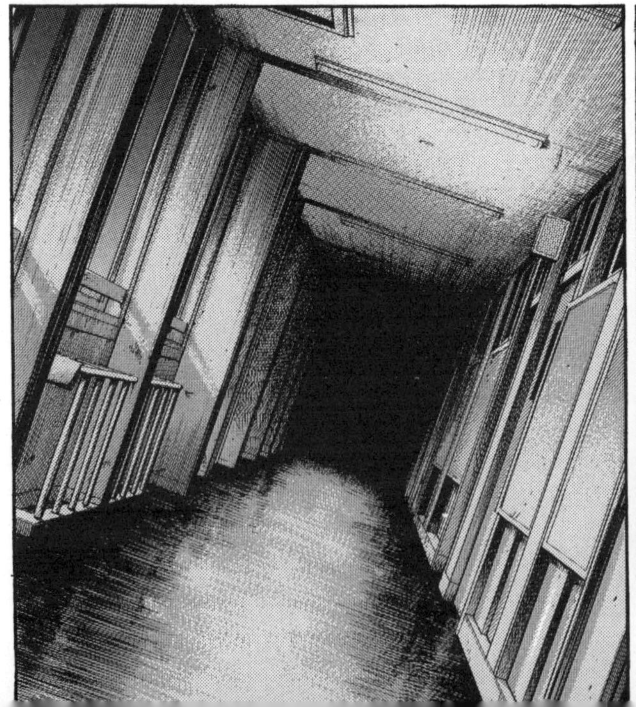
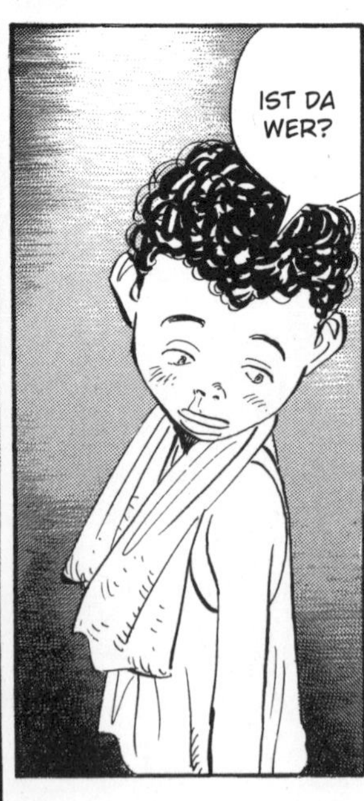
IST DA WER?

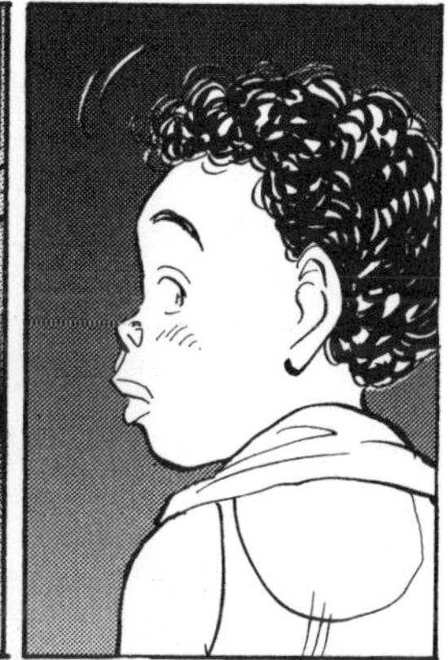

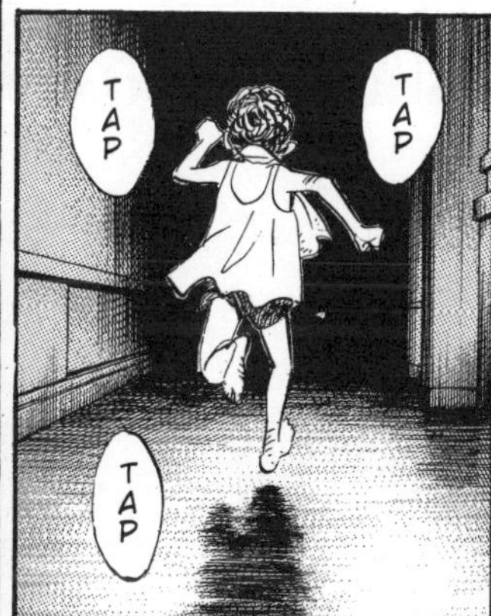

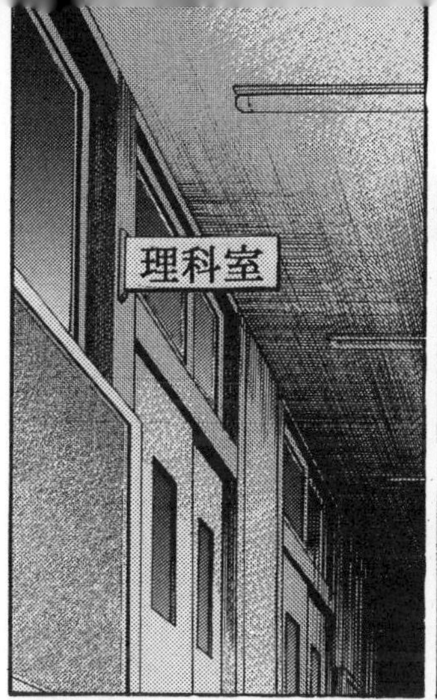

*理科室

* BIOLOGIERAUM

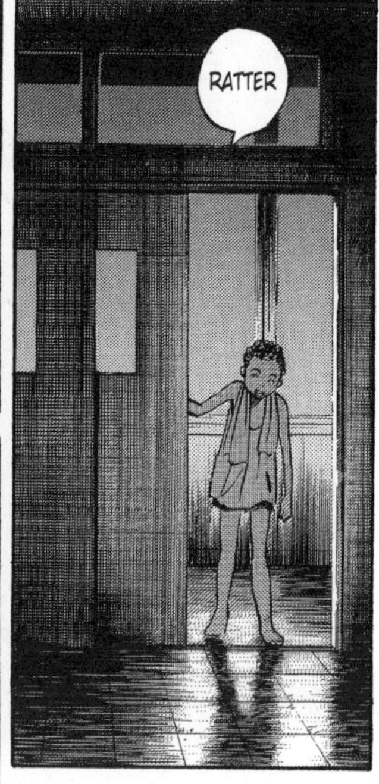

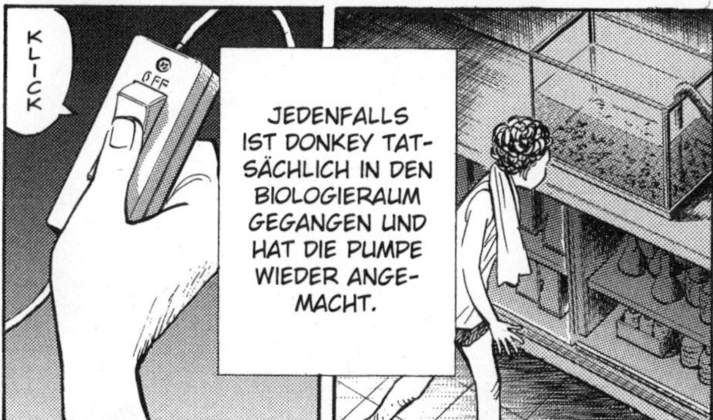

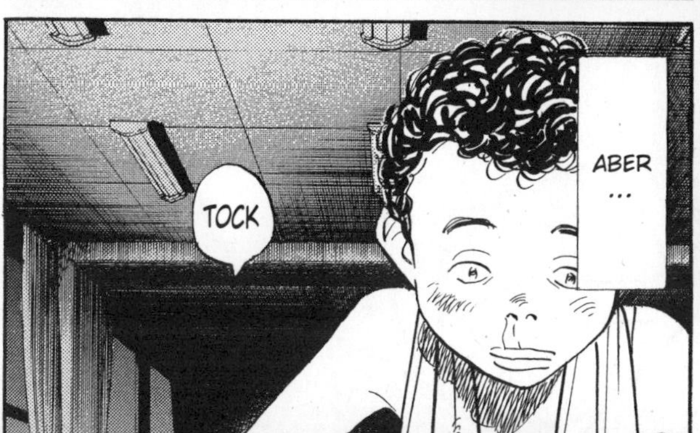

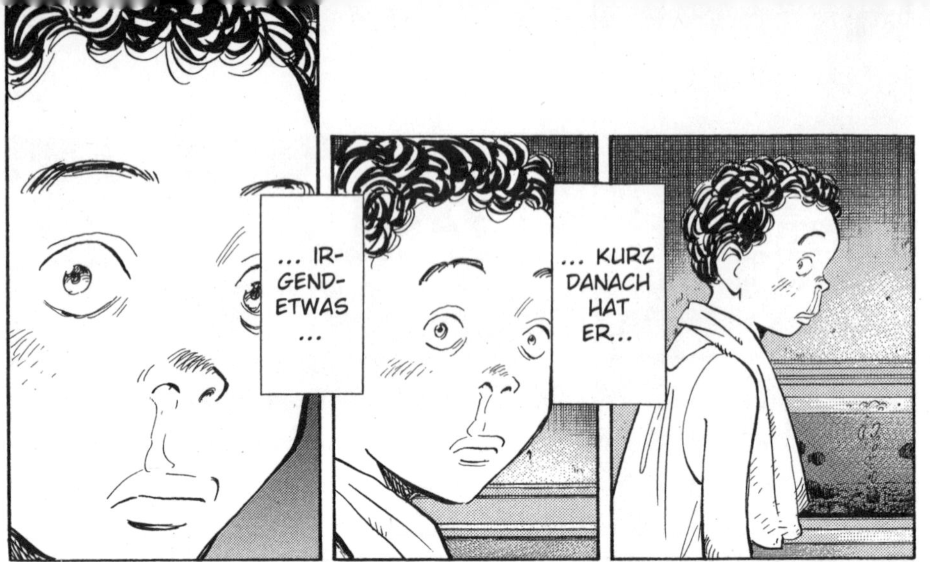
... KURZ DANACH HAT ER...
... IRGENDETWAS ...
... GESEHEN.

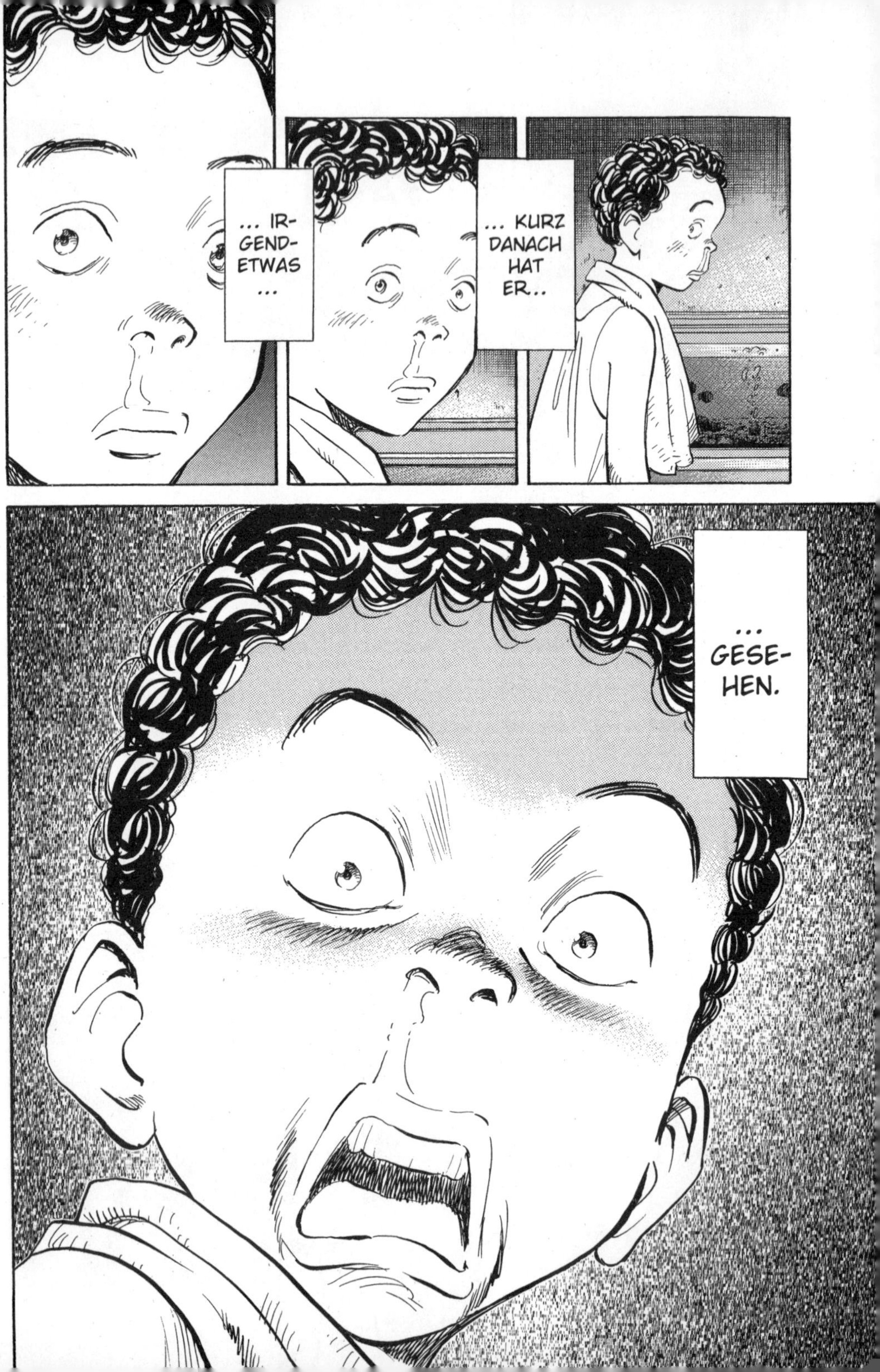

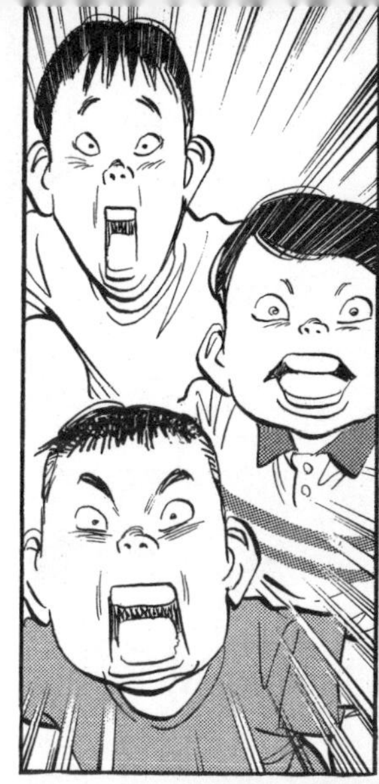

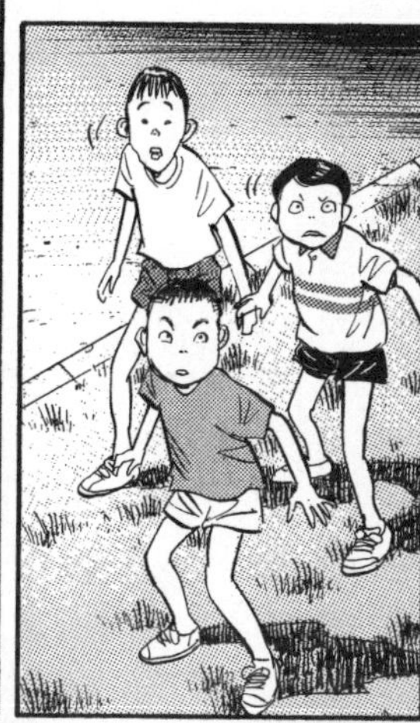

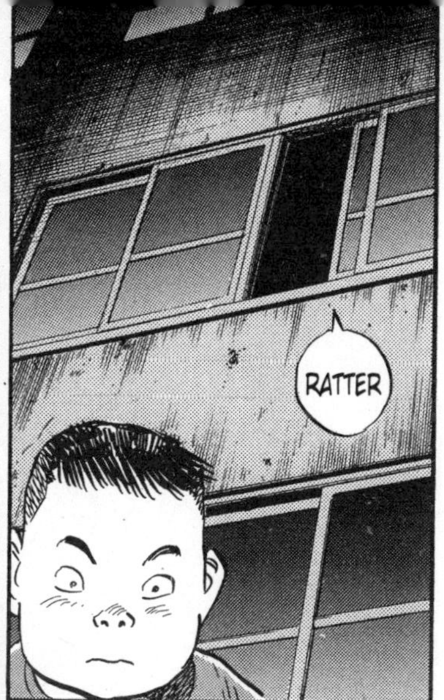
RATTER

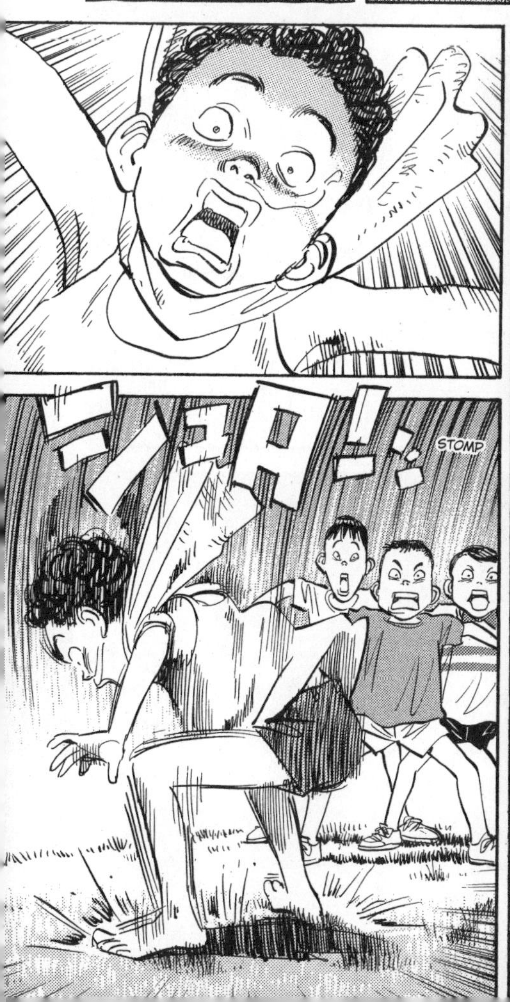
STOMP

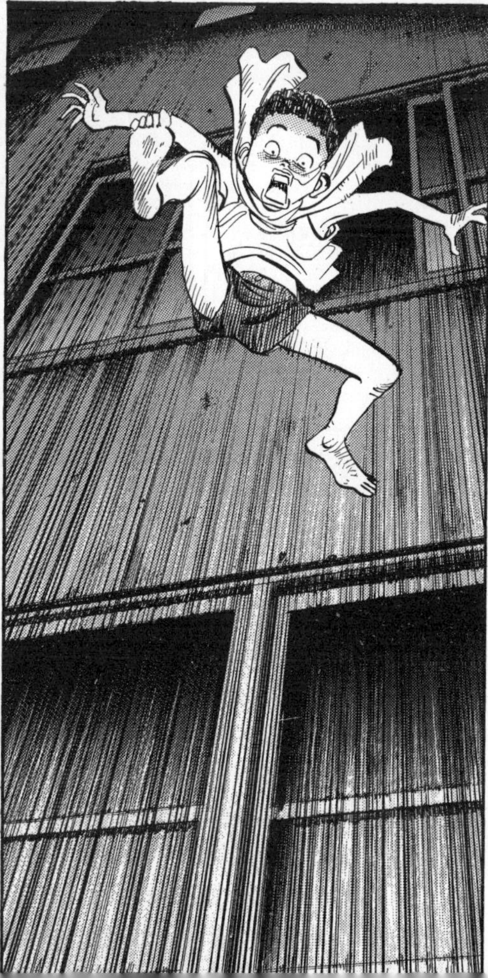

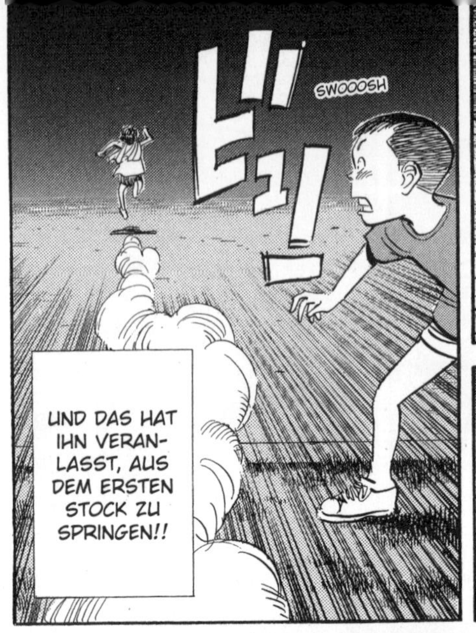
SWOOOSH
UND DAS HAT IHN VERANLASST, AUS DEM ERSTEN STOCK ZU SPRINGEN!!

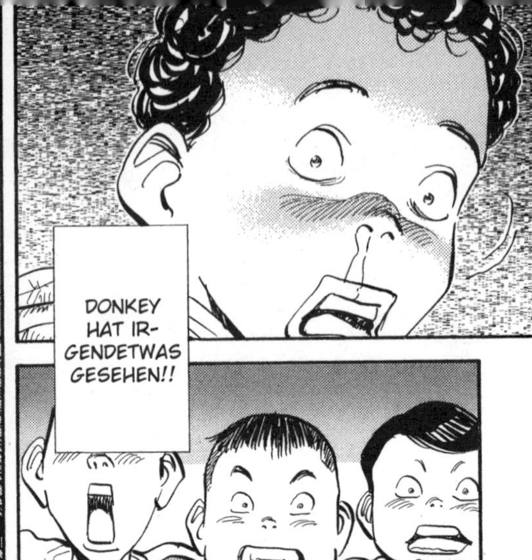
DONKEY HAT IRGENDETWAS GESEHEN!!

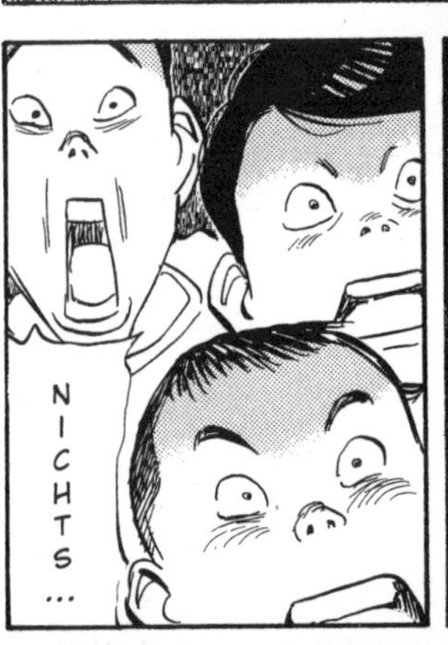
NICHTS ...

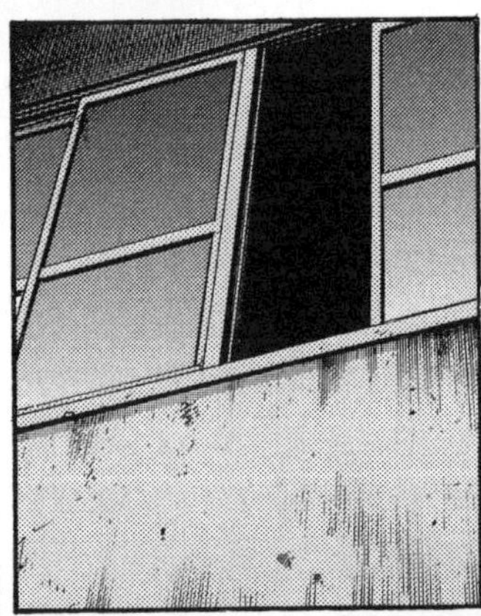

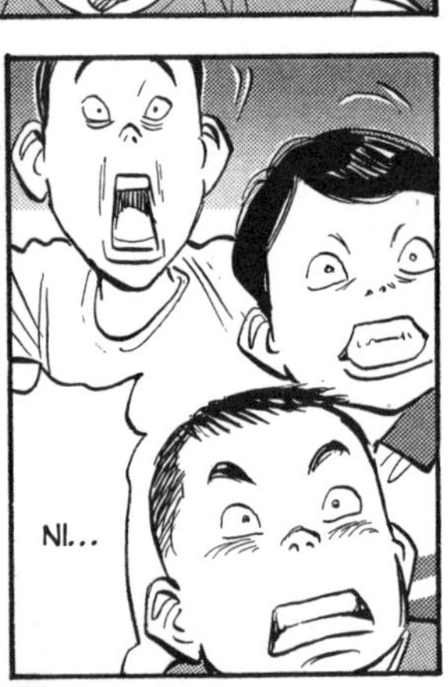
NI...

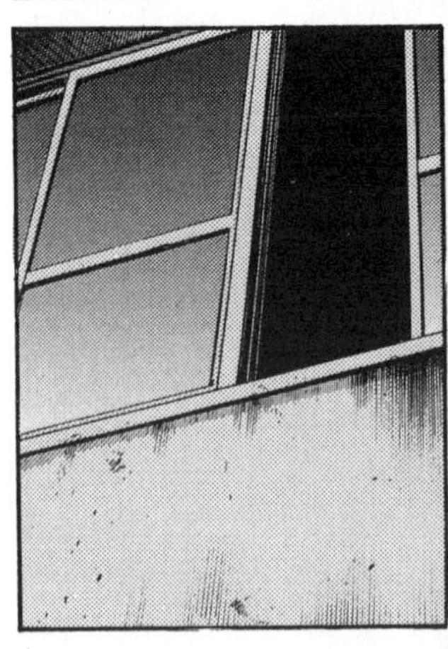

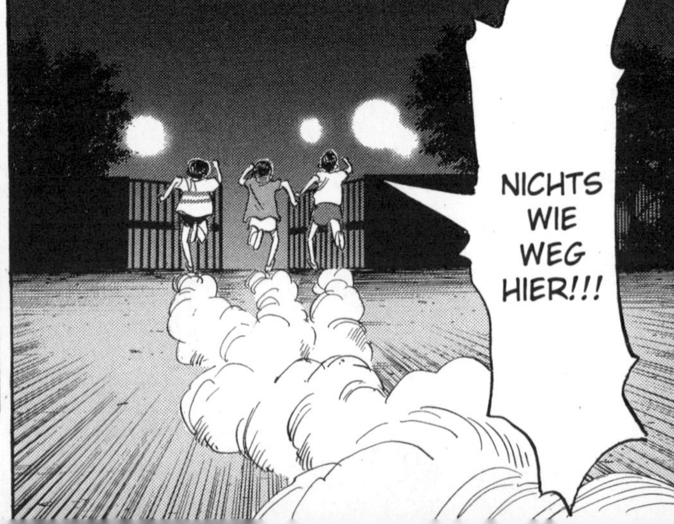
NICHTS WIE WEG HIER!!!

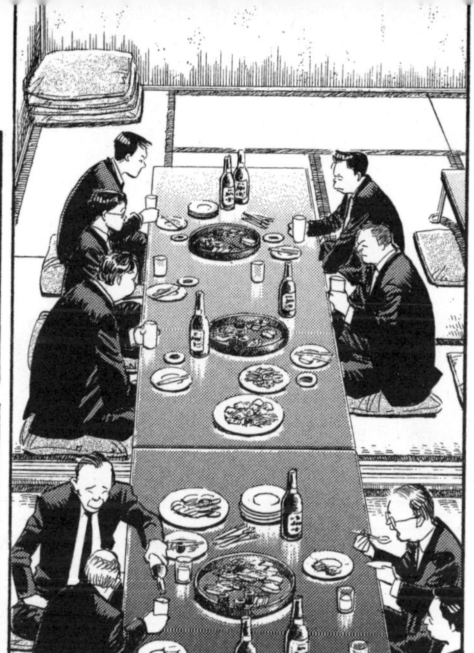

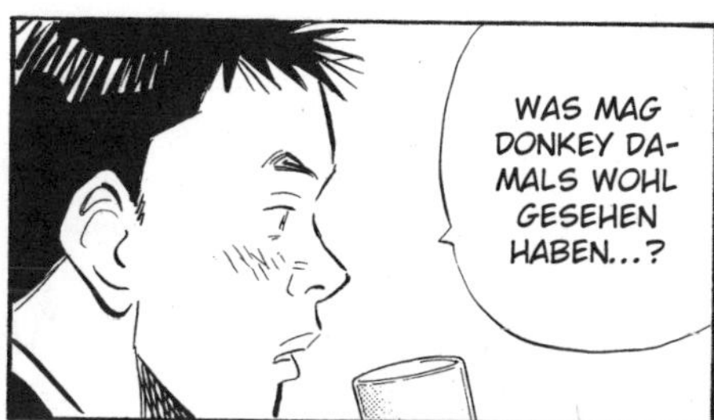
WAS MAG DONKEY DAMALS WOHL GESEHEN HABEN…?

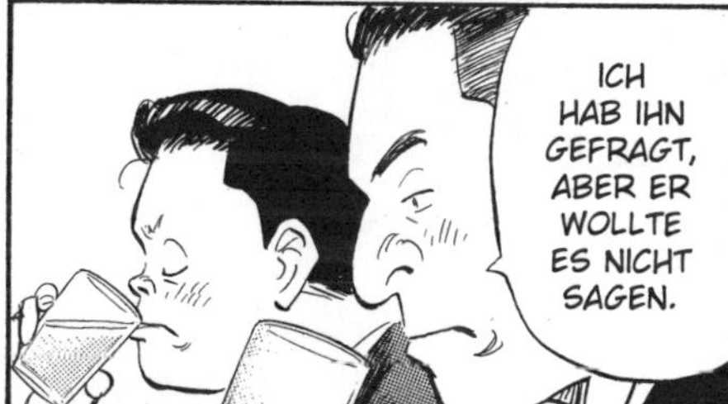
ICH HAB IHN GEFRAGT, ABER ER WOLLTE ES NICHT SAGEN.

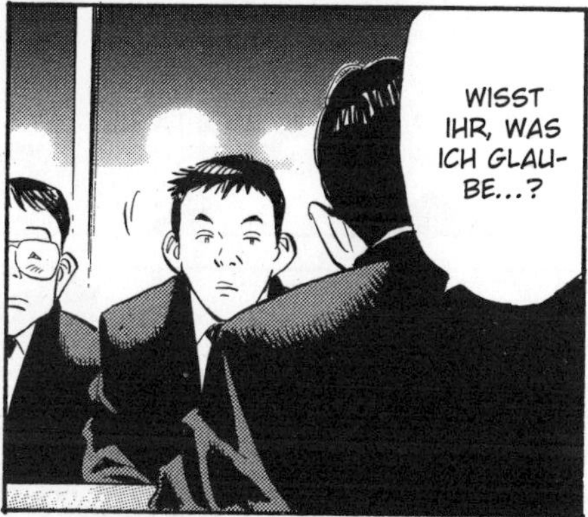
WISST IHR, WAS ICH GLAUBE…?

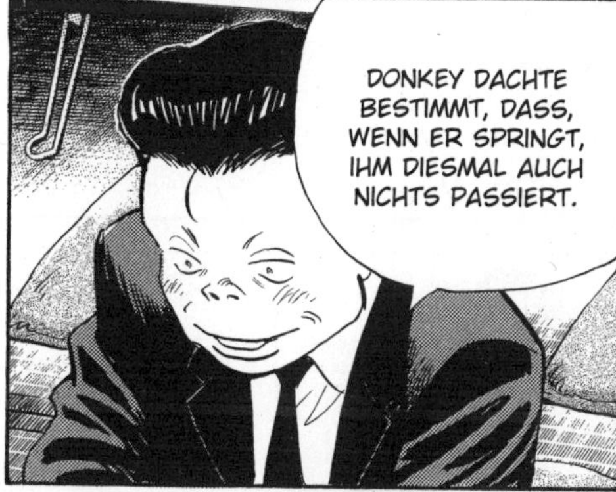
DONKEY DACHTE BESTIMMT, DASS, WENN ER SPRINGT, IHM DIESMAL AUCH NICHTS PASSIERT.

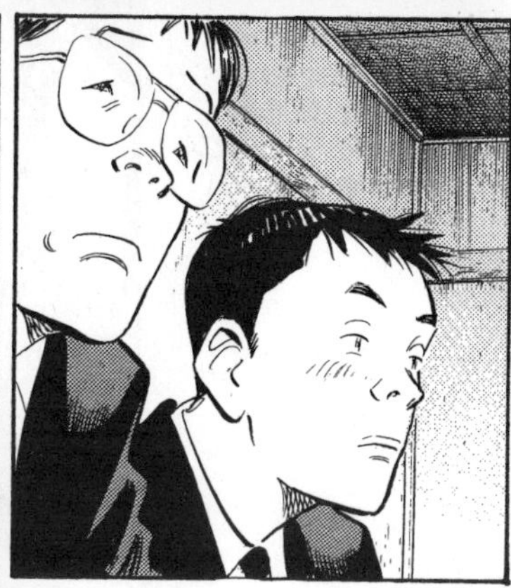

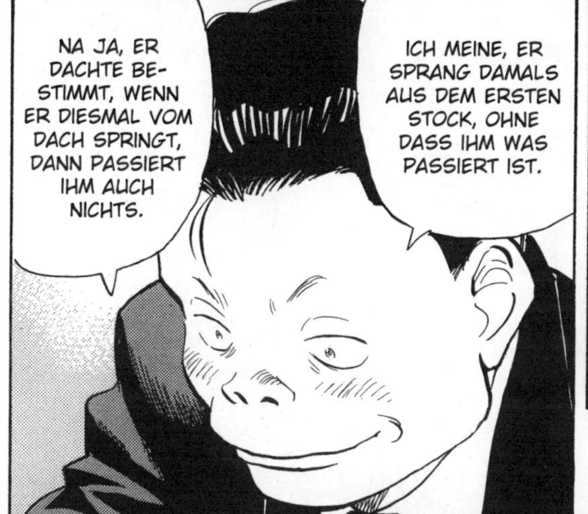
ICH MEINE, ER SPRANG DAMALS AUS DEM ERSTEN STOCK, OHNE DASS IHM WAS PASSIERT IST.
NA JA, ER DACHTE BESTIMMT, WENN ER DIESMAL VOM DACH SPRINGT, DANN PASSIERT IHM AUCH NICHTS.

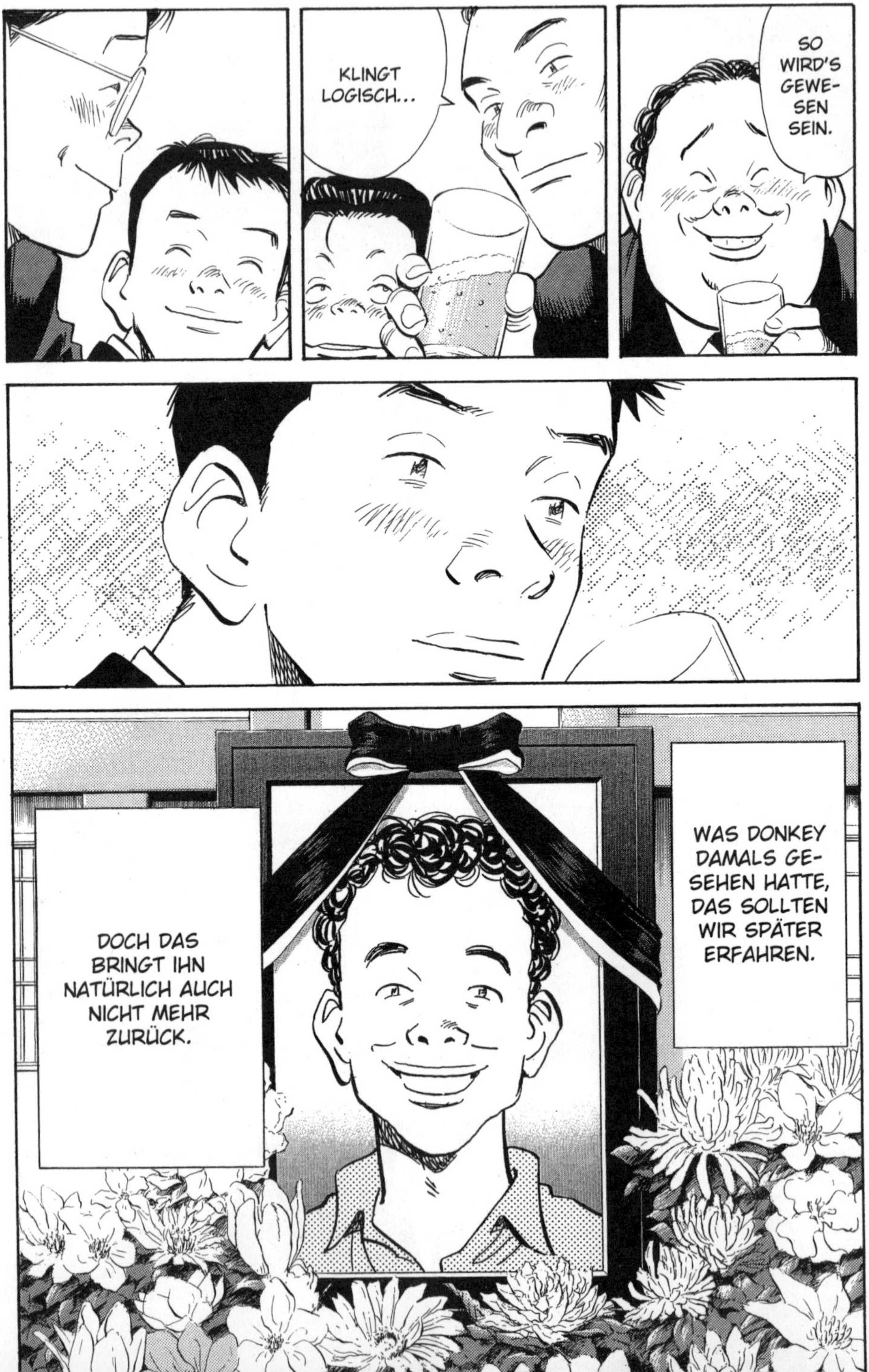

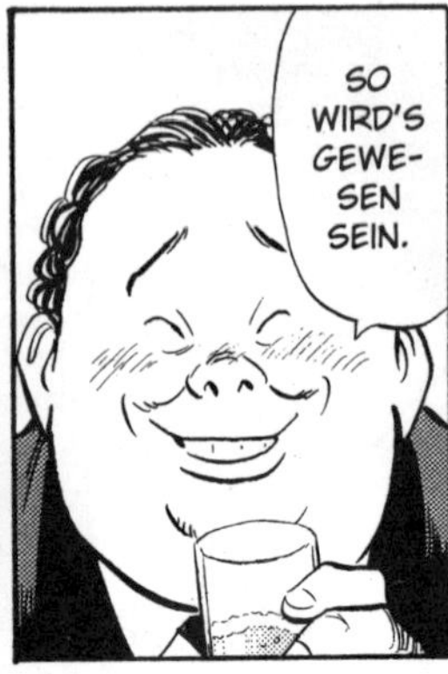

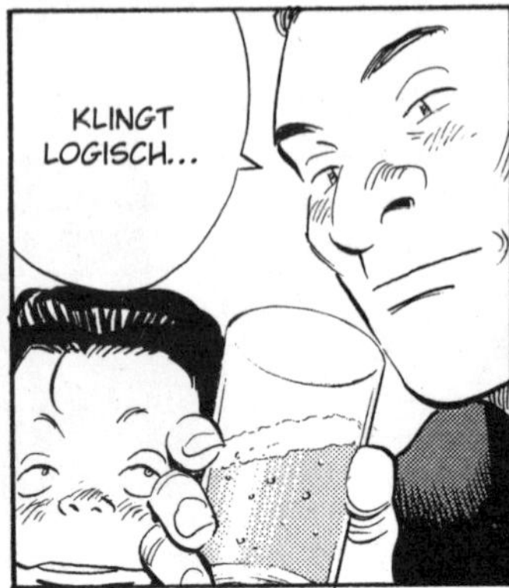

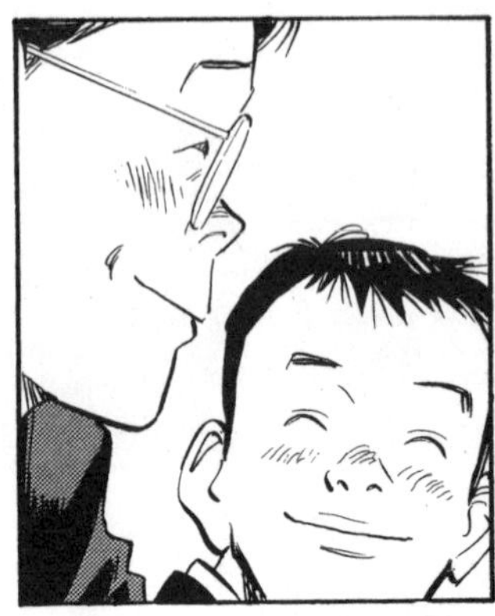

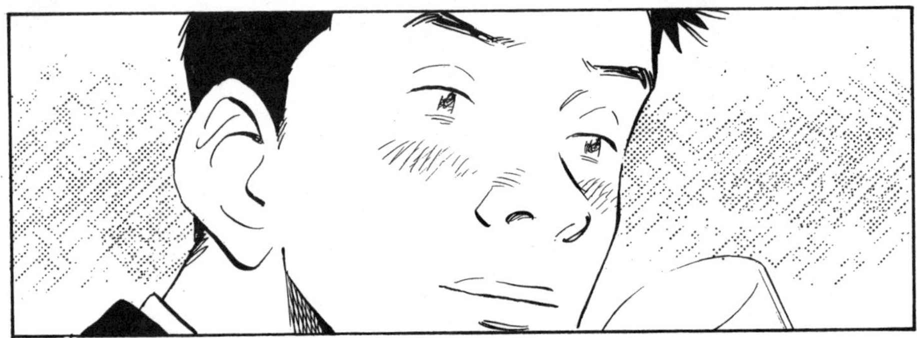

WAS DONKEY DAMALS GESEHEN HATTE, DAS SOLLTEN WIR SPÄTER ERFAHREN.

DOCH DAS BRINGT IHN NATÜRLICH AUCH NICHT MEHR ZURÜCK.

KAPITEL 6 - DIE FLAGGE AUF DEM MOND

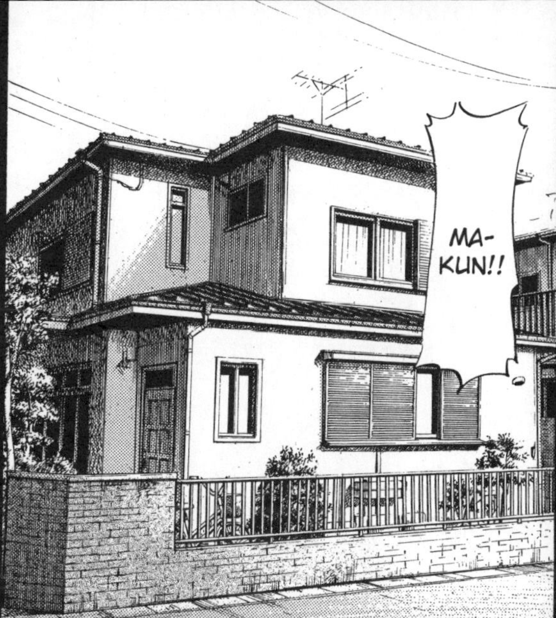

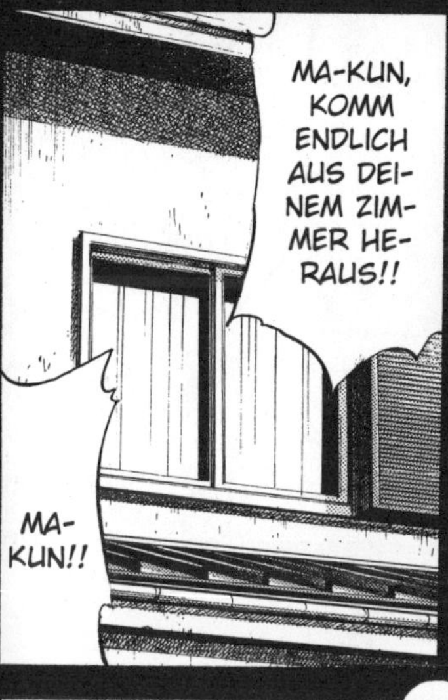

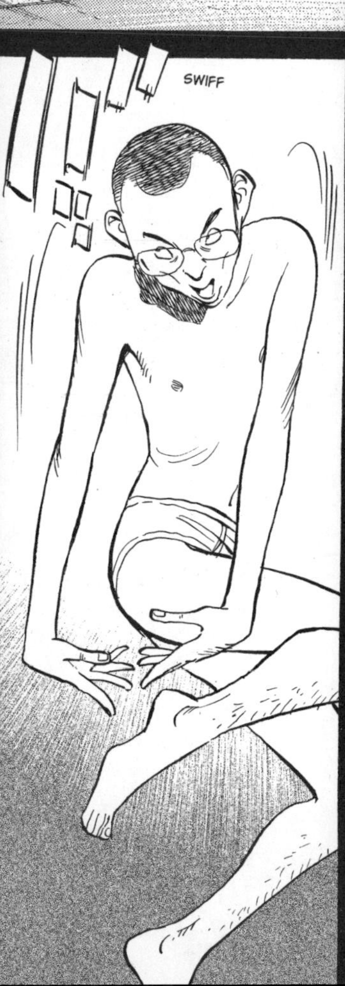

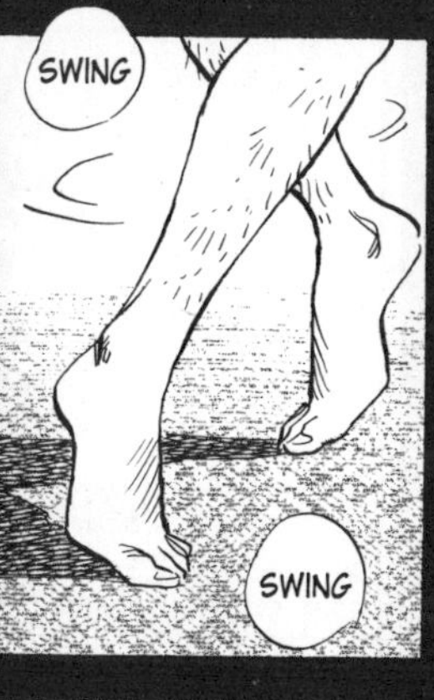

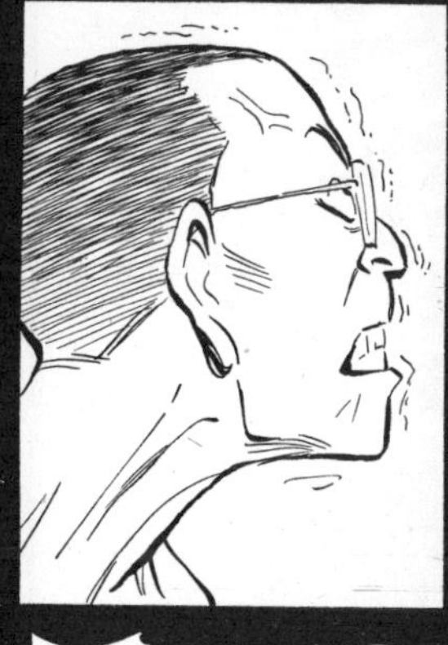

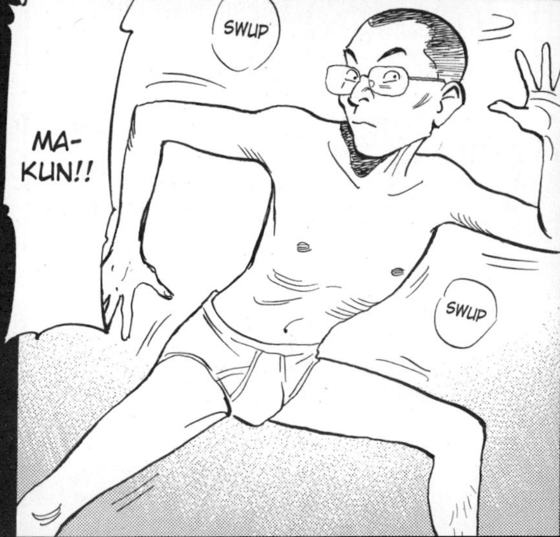

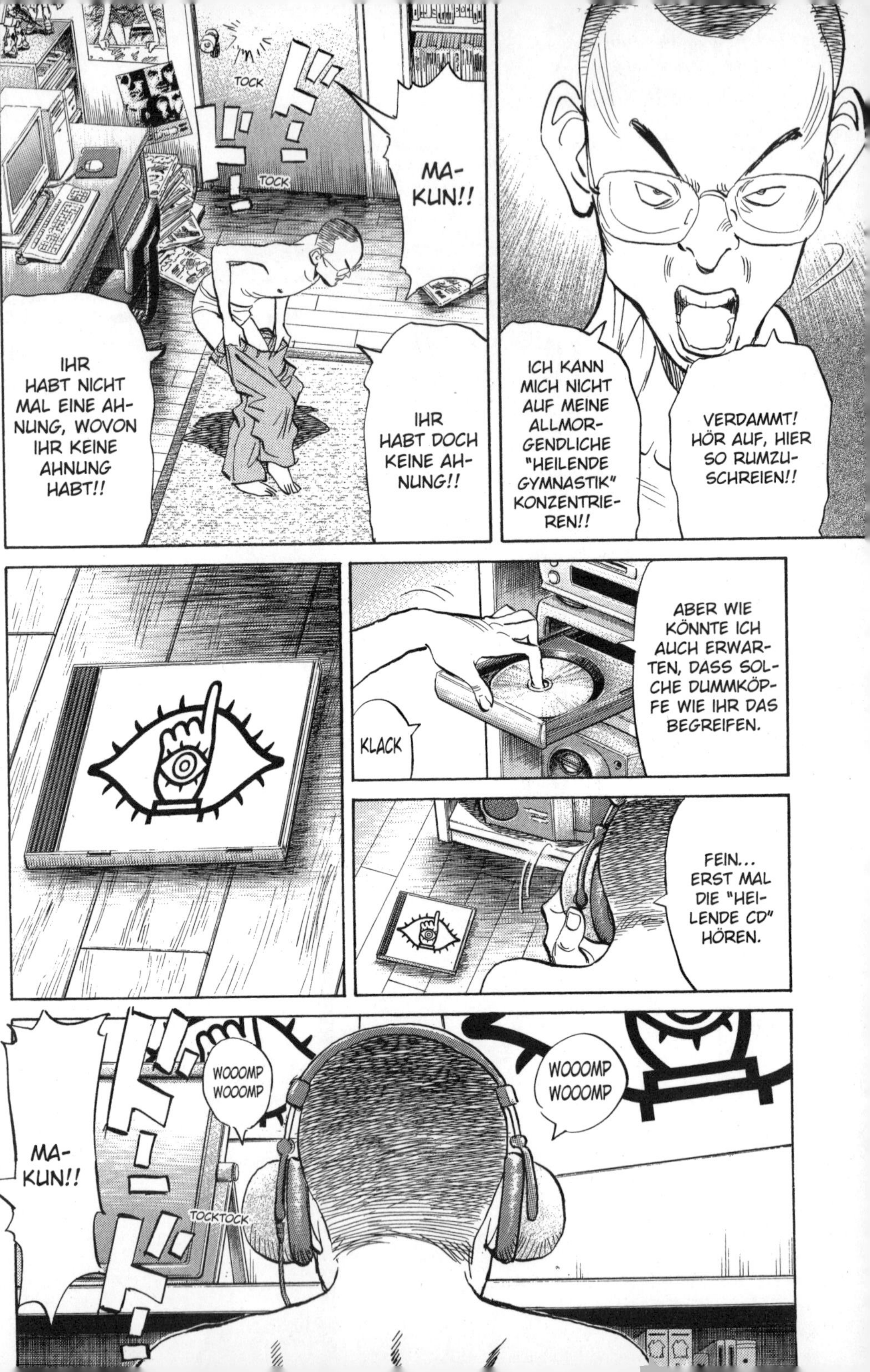

VERDAMMT! HÖR AUF, HIER SO RUMZUSCHREIEN!!

ICH KANN MICH NICHT AUF MEINE ALLMORGENDLICHE "HEILENDE GYMNASTIK" KONZENTRIEREN!!

MA-KUN!!

TOCK

TOCK

IHR HABT DOCH KEINE AHNUNG!!

IHR HABT NICHT MAL EINE AHNUNG, WOVON IHR KEINE AHNUNG HABT!!

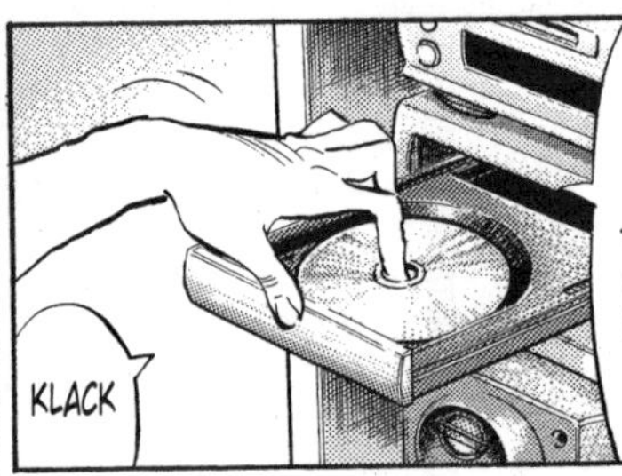

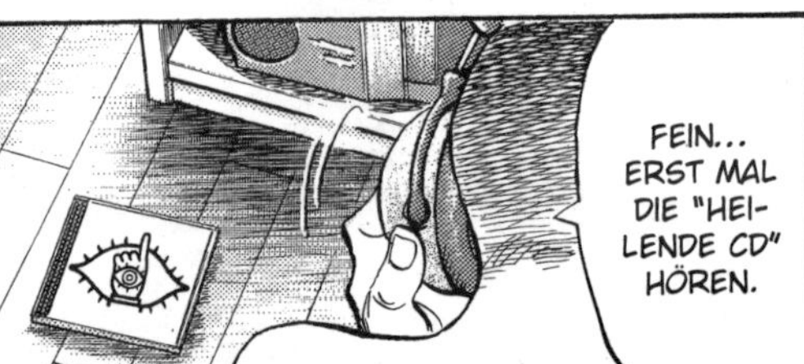

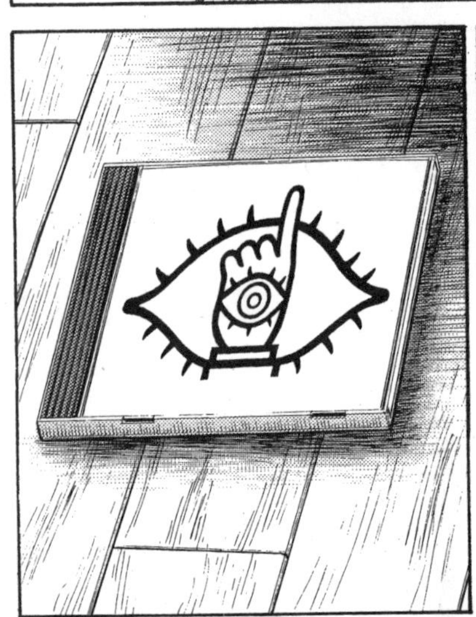

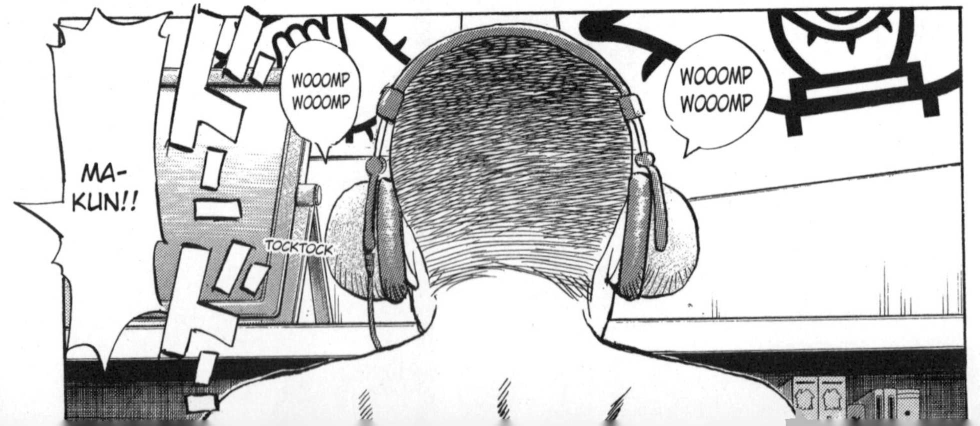

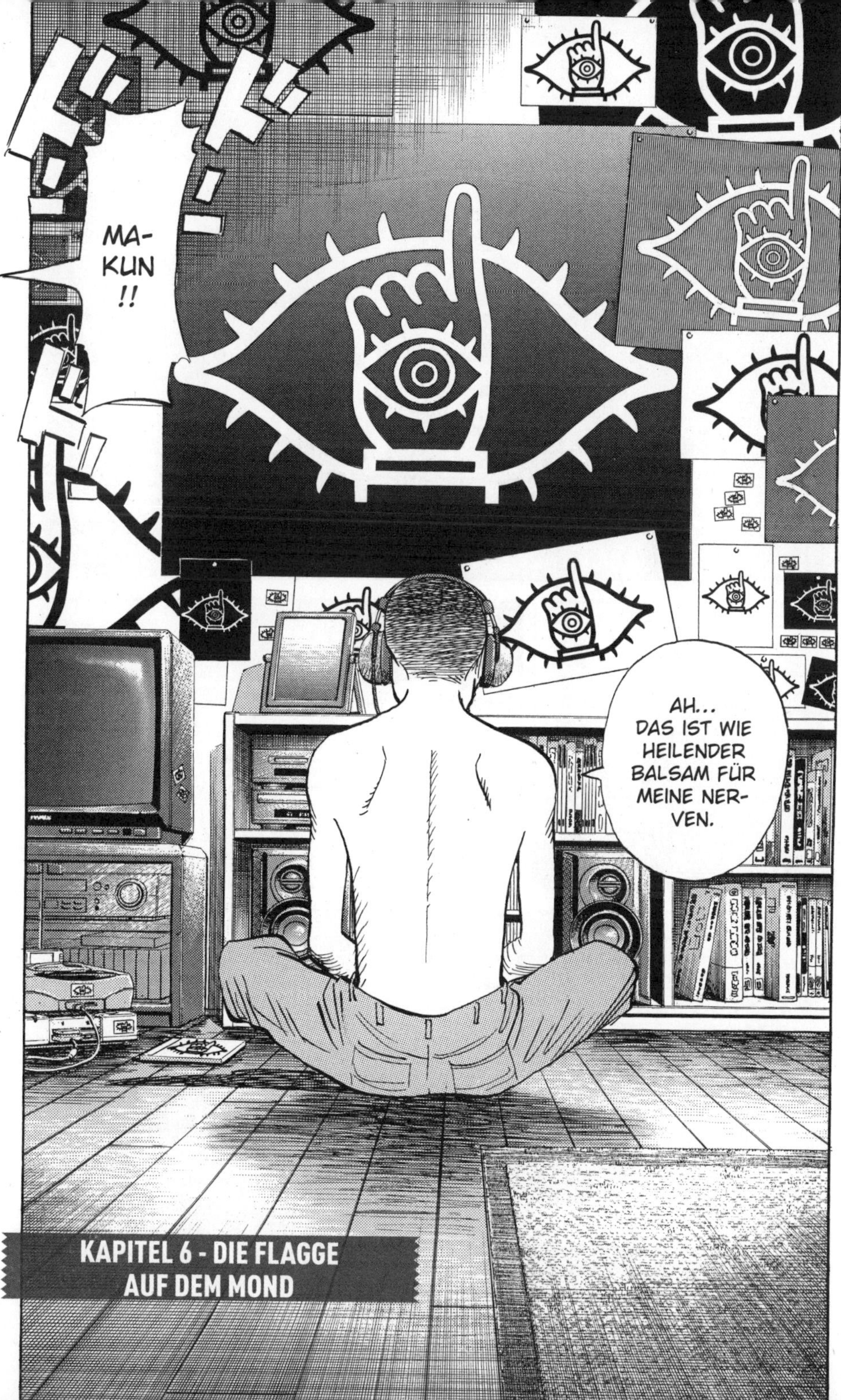

KAPITEL 6 - DIE FLAGGE AUF DEM MOND

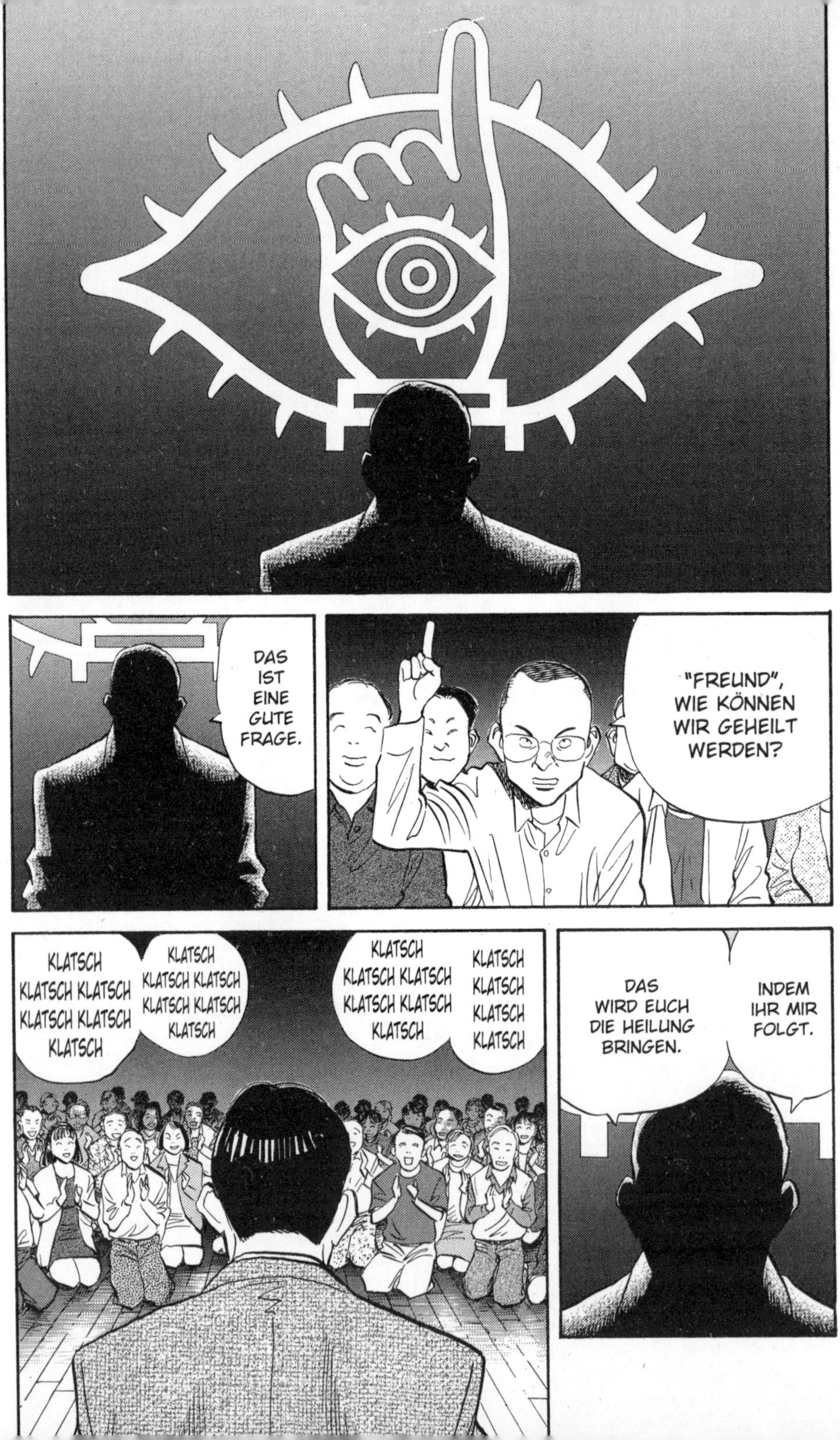

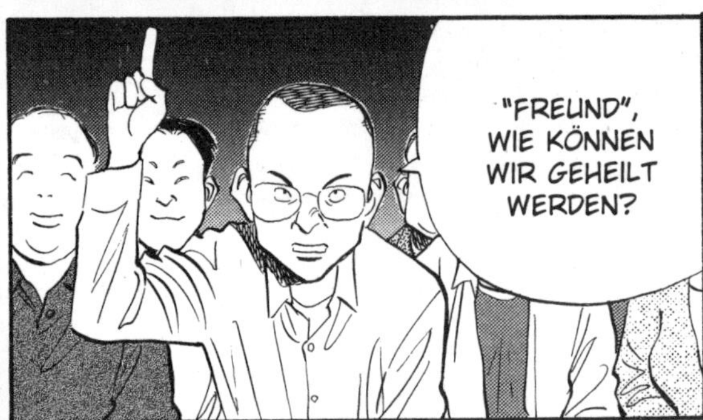
"FREUND", WIE KÖNNEN WIR GEHEILT WERDEN?

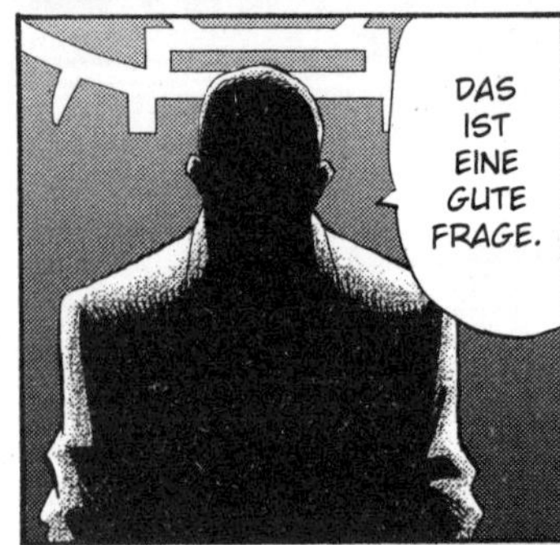
DAS IST EINE GUTE FRAGE.

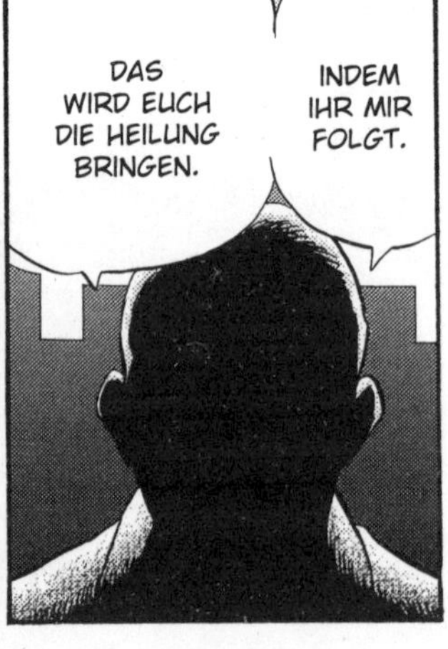
INDEM IHR MIR FOLGT.
DAS WIRD EUCH DIE HEILUNG BRINGEN.

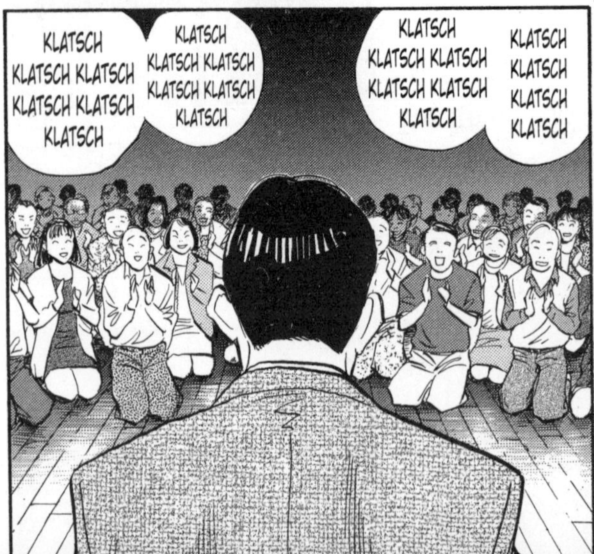
KLATSCH KLATSCH KLATSCH KLATSCH
KLATSCH KLATSCH KLATSCH KLATSCH KLATSCH KLATSCH
KLATSCH KLATSCH KLATSCH KLATSCH KLATSCH KLATSCH
KLATSCH KLATSCH KLATSCH KLATSCH KLATSCH KLATSCH

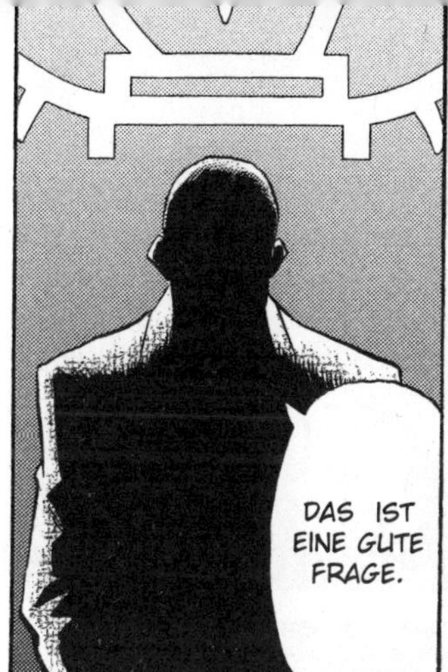
DAS IST EINE GUTE FRAGE.

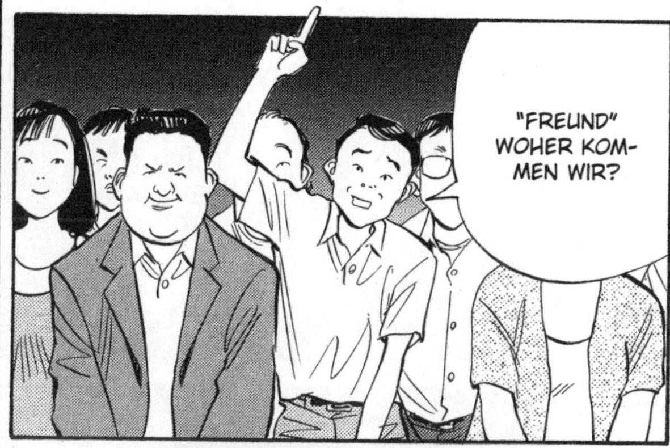
"FREUND" WOHER KOMMEN WIR?

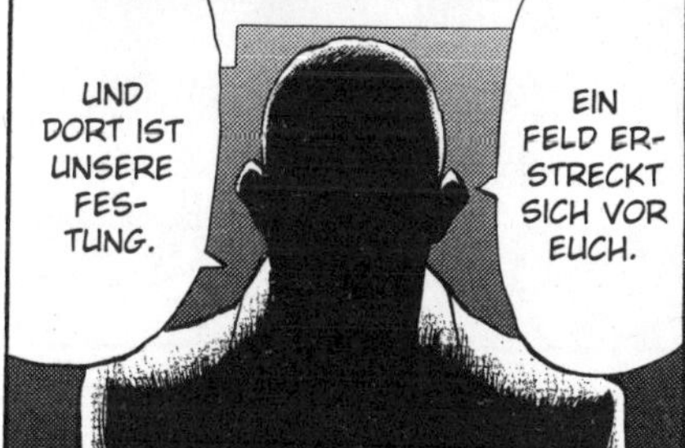
EIN FELD ERSTRECKT SICH VOR EUCH.
UND DORT IST UNSERE FESTUNG.

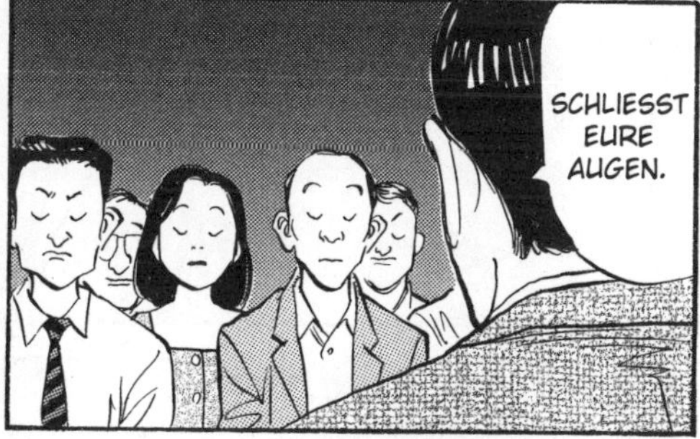
SCHLIESST EURE AUGEN.

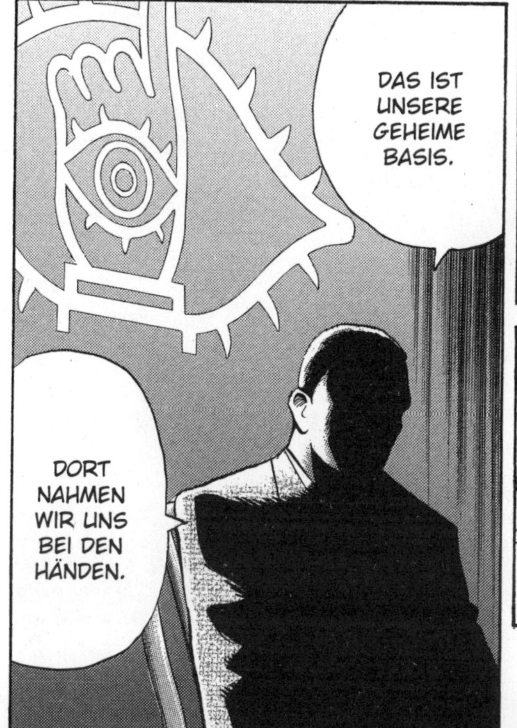
DAS IST UNSERE GEHEIME BASIS.
DORT NAHMEN WIR UNS BEI DEN HÄNDEN.

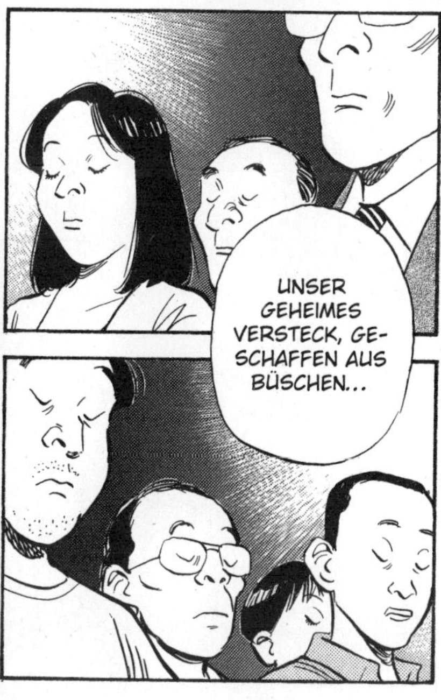
UNSER GEHEIMES VERSTECK, GESCHAFFEN AUS BÜSCHEN...

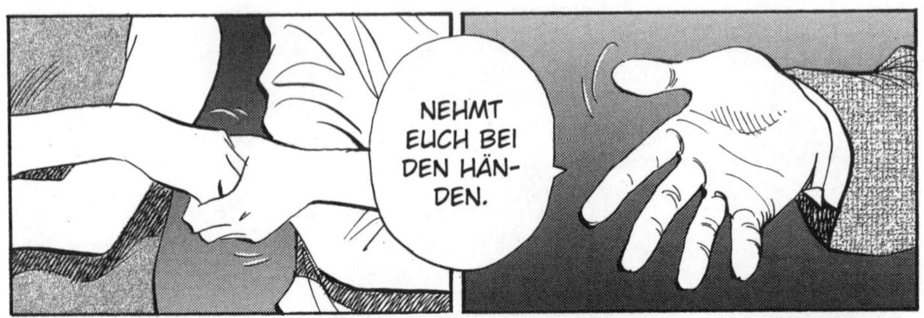

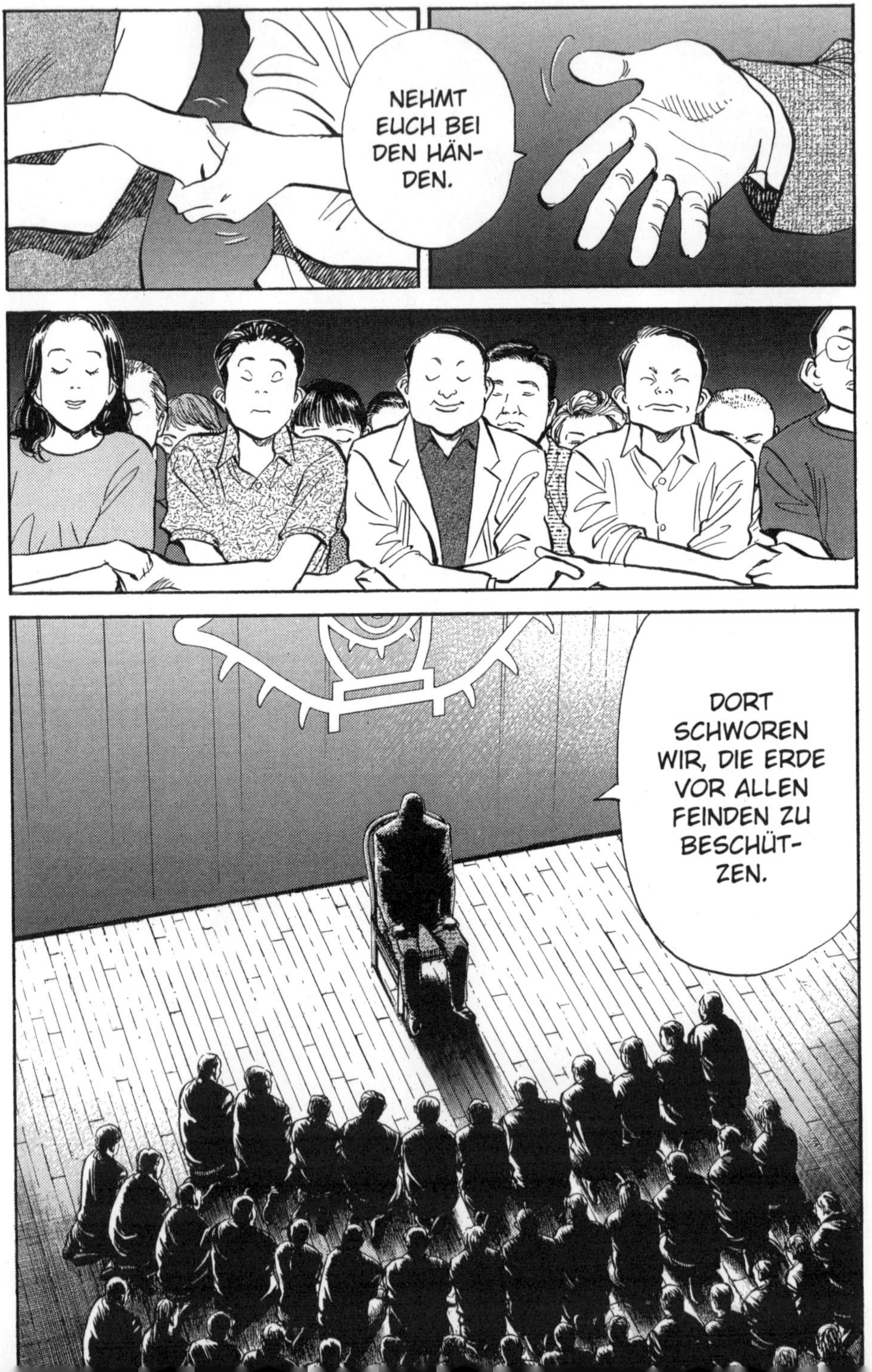

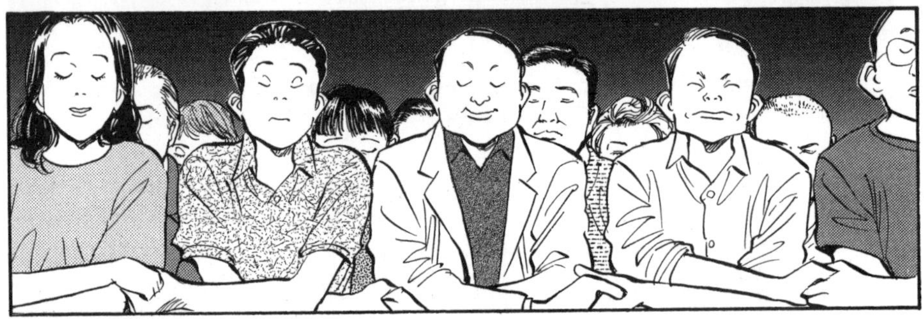

DORT SCHWOREN WIR, DIE ERDE VOR ALLEN FEINDEN ZU BESCHÜT-ZEN.

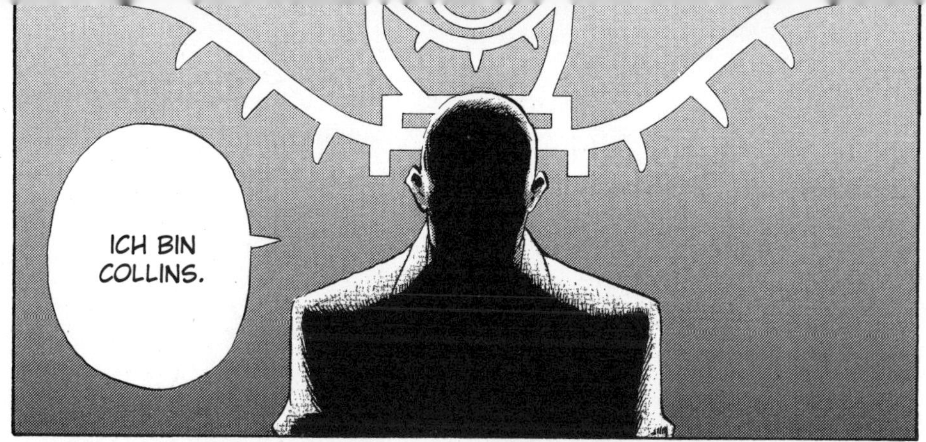
ICH BIN COLLINS.

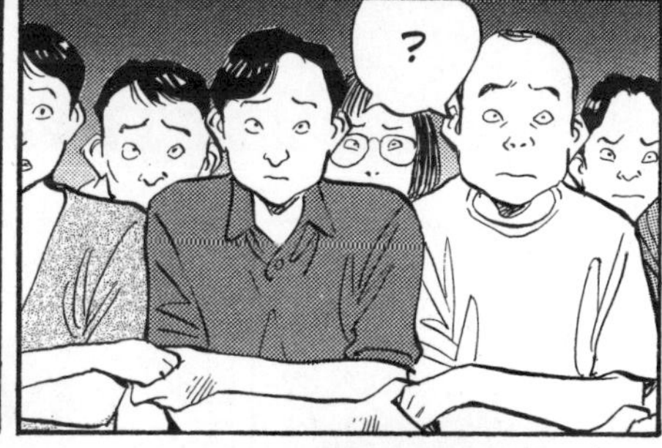
?

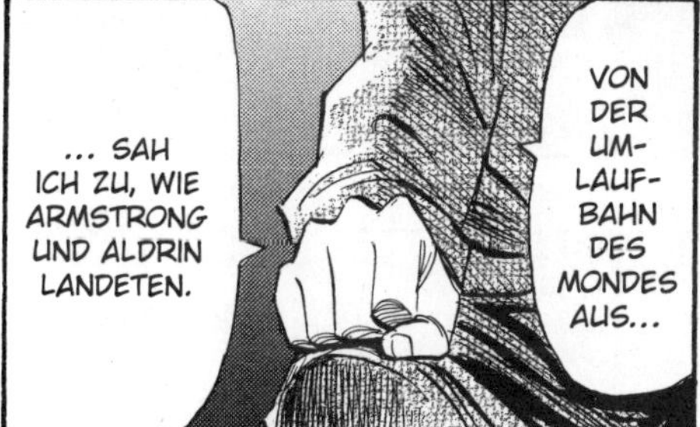
VON DER UM-LAUF-BAHN DES MONDES AUS...
... SAH ICH ZU, WIE ARMSTRONG UND ALDRIN LANDETEN.

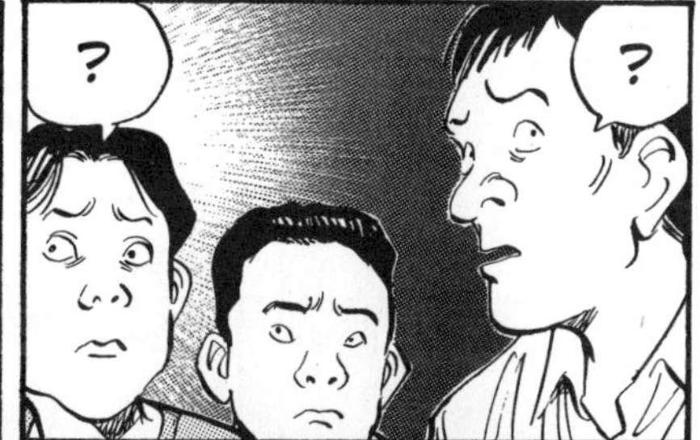
?
?

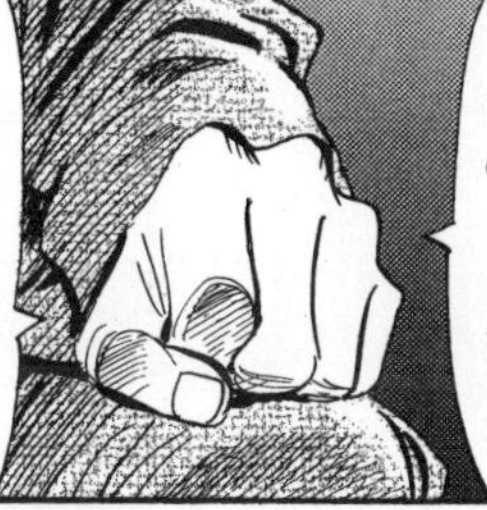
OBWOHL ICH DIE MOND-OBERFLÄ-CHE AUS SOLCH NÄCHS-TER NÄHE GESEHEN HATTE...
... KEHRTE ICH HEIM, OHNE EINEN FUSS AUF SIE GE-SETZT ZU HABEN.

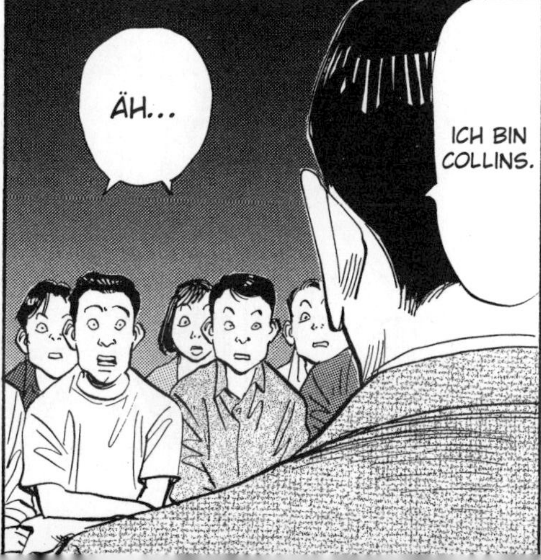
ICH BIN COLLINS.
ÄH...

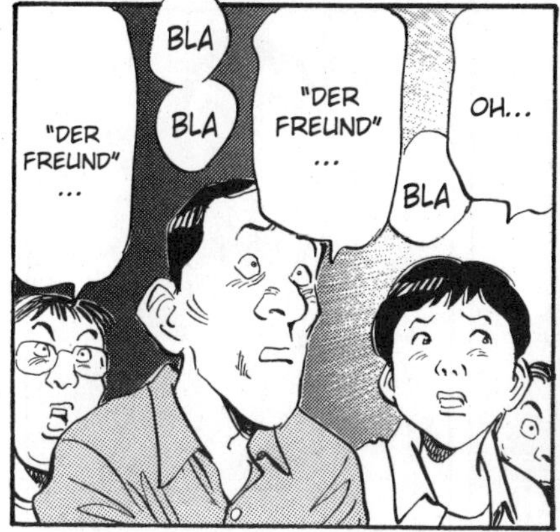
OH...
BLA
"DER FREUND" ...
BLA
BLA
"DER FREUND" ...

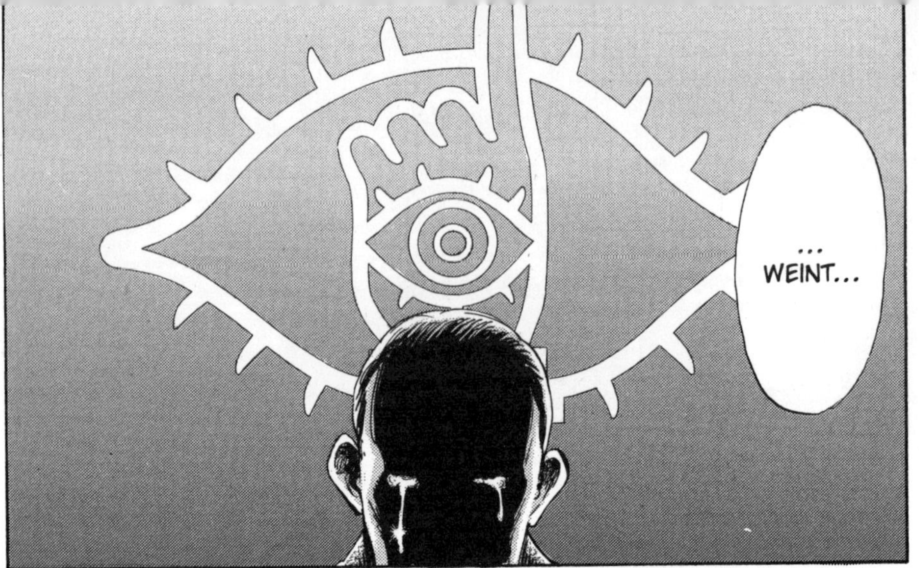
... WEINT...

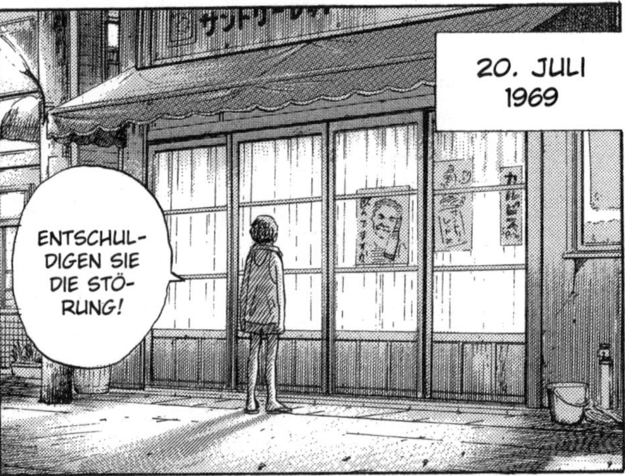
20. JULI 1969
ENTSCHULDIGEN SIE DIE STÖRUNG!

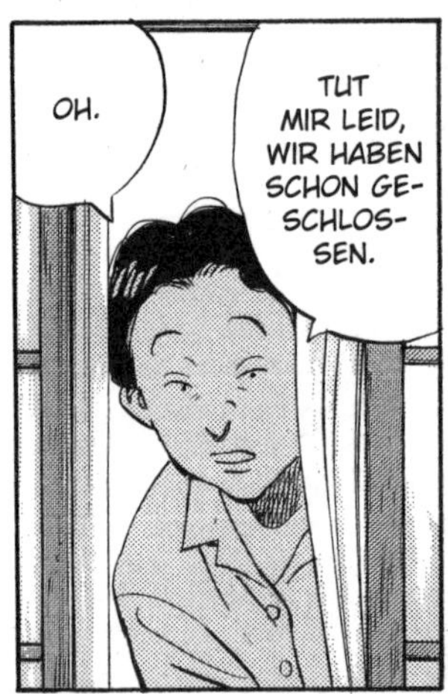
TUT MIR LEID, WIR HABEN SCHON GESCHLOSSEN.
OH.

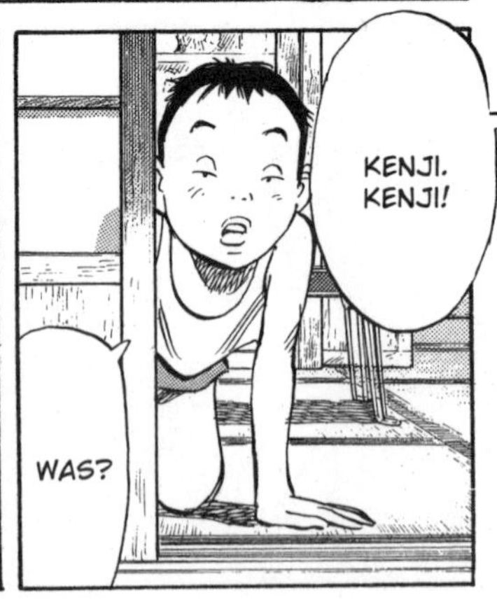
KENJI. KENJI!
WAS?

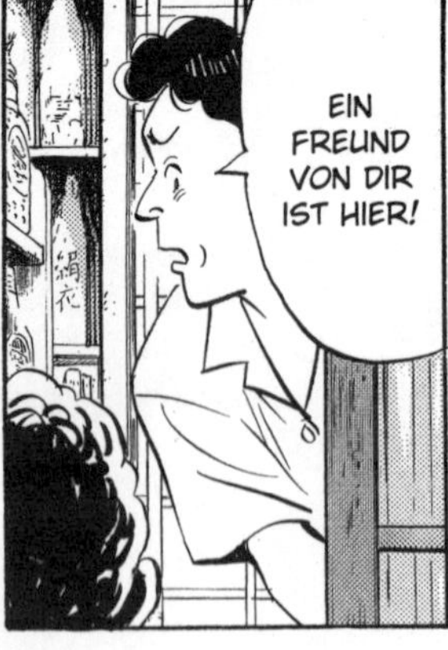
EIN FREUND VON DIR IST HIER!

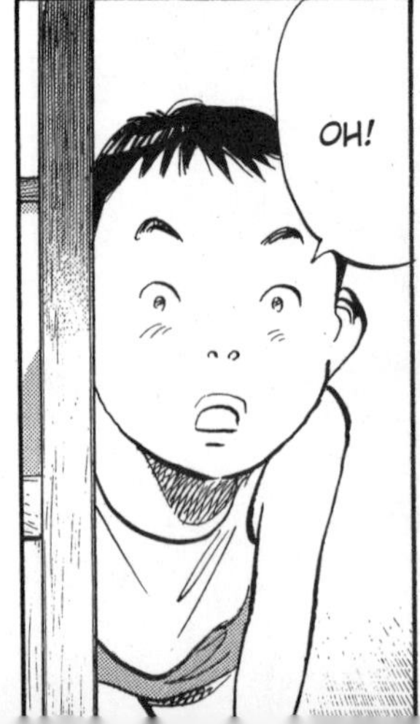
OH!

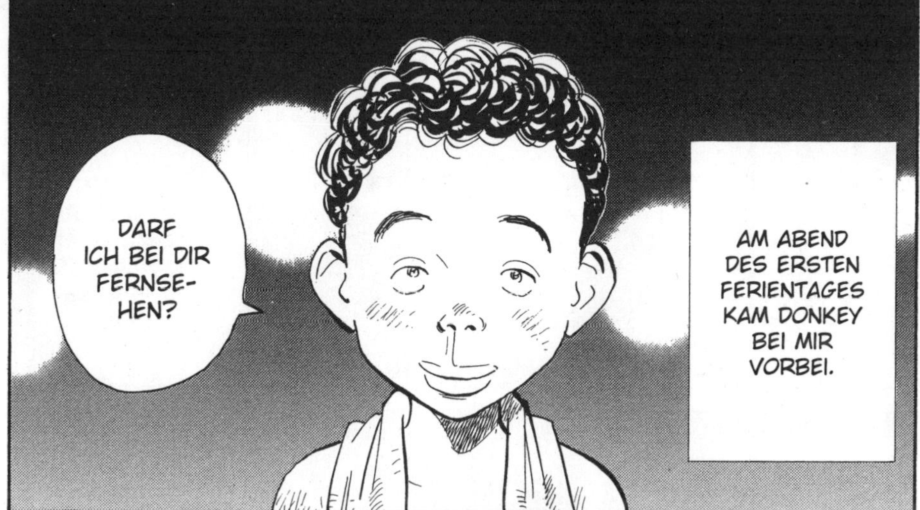
AM ABEND DES ERSTEN FERIENTAGES KAM DONKEY BEI MIR VORBEI.
DARF ICH BEI DIR FERNSE- HEN?

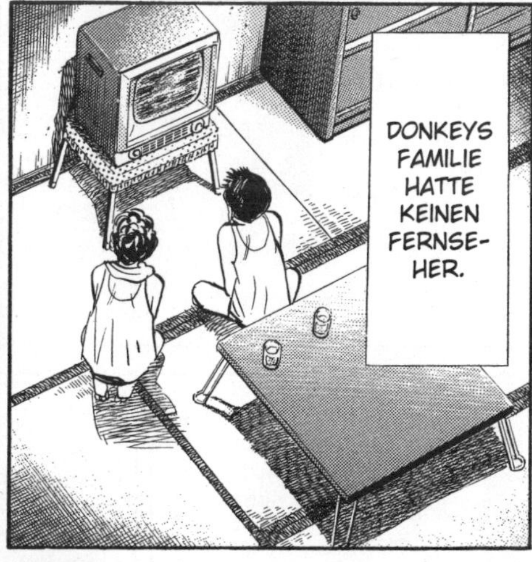
DONKEYS FAMILIE HATTE KEINEN FERNSE- HER.

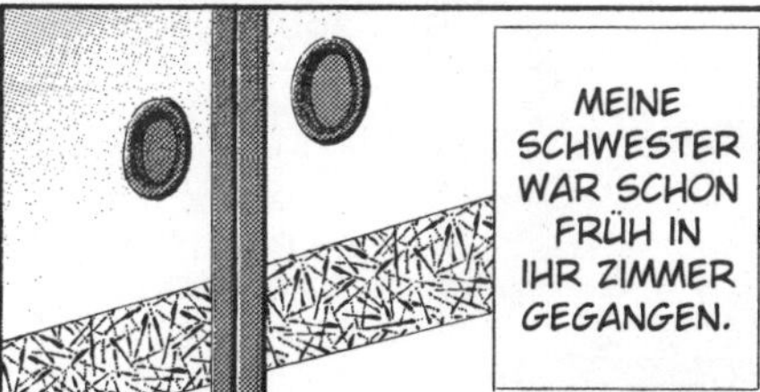
MEINE SCHWESTER WAR SCHON FRÜH IN IHR ZIMMER GEGANGEN.

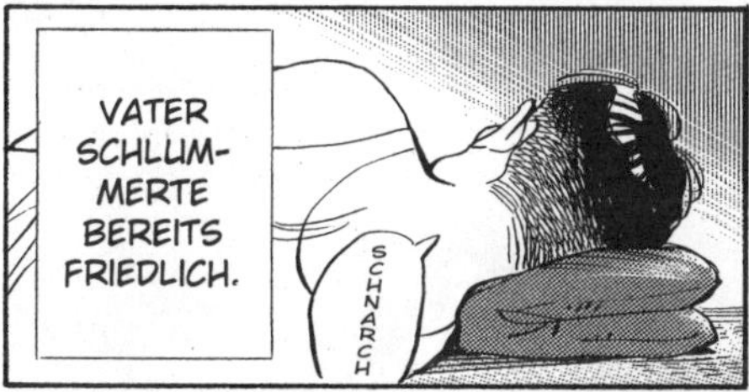
VATER SCHLUM- MERTE BEREITS FRIEDLICH.
SCHNARCH

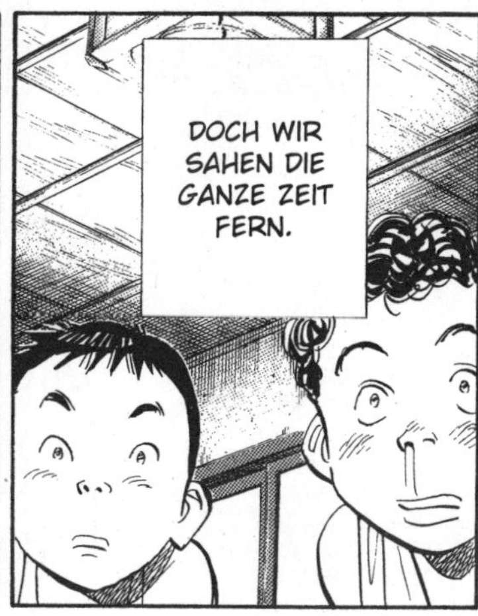
DOCH WIR SAHEN DIE GANZE ZEIT FERN.

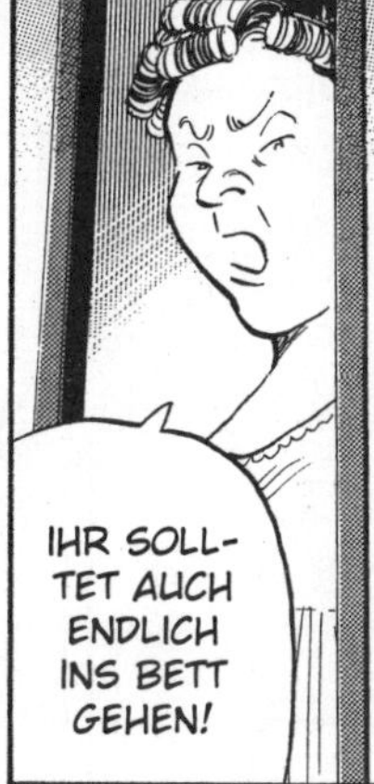
IHR SOLL- TET AUCH ENDLICH INS BETT GEHEN!

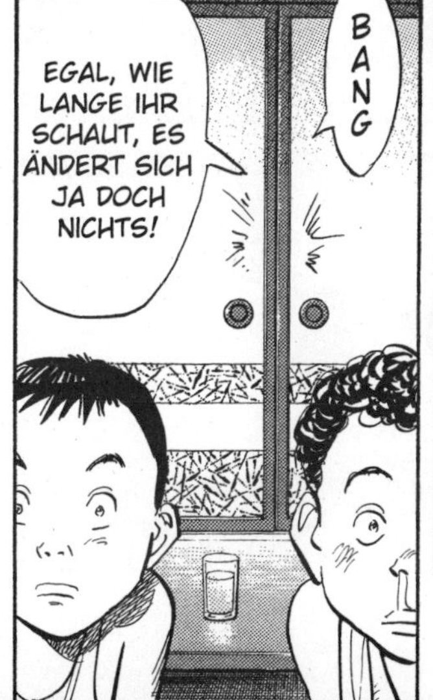
BANG
EGAL, WIE LANGE IHR SCHAUT, ES ÄNDERT SICH JA DOCH NICHTS!

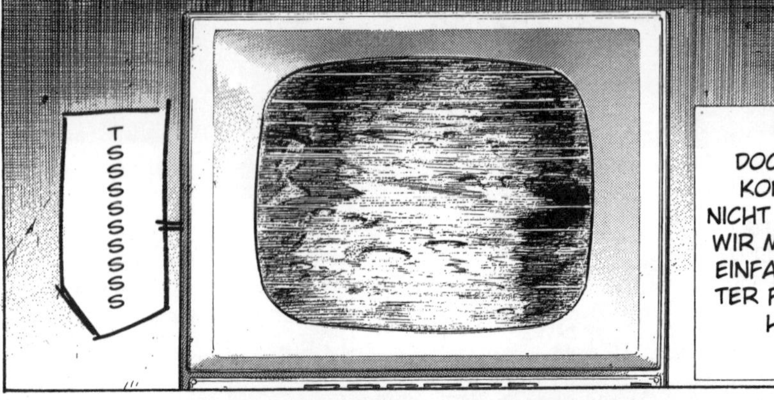
TSSSSSSSS
DOCH WIR KONNTEN NICHT ANDERS, WIR MUSSTEN EINFACH WEITER FERNSEHEN.

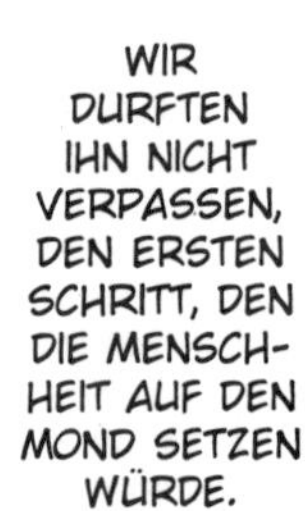
WIR DURFTEN IHN NICHT VERPASSEN, DEN ERSTEN SCHRITT, DEN DIE MENSCHHEIT AUF DEN MOND SETZEN WÜRDE.

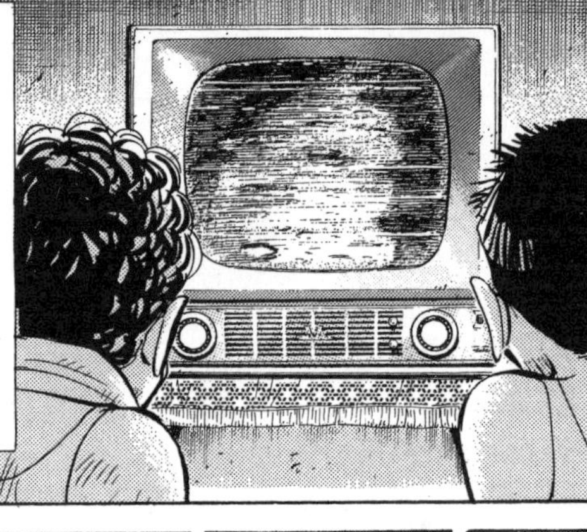
COMMANDER ARMSTRONG, COLONEL ALDRIN UND LT. COLONEL COLLINS. DIE DREI ASTRONAUTEN AN BORD DER MONDLANDEFÄHRE APOLLO 11.

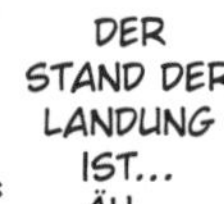
DER STAND DER LANDUNG IST... ÄH...
ÄH... EINE MELDUNG AUS DEM KENNEDY-SPACE-CENTER...

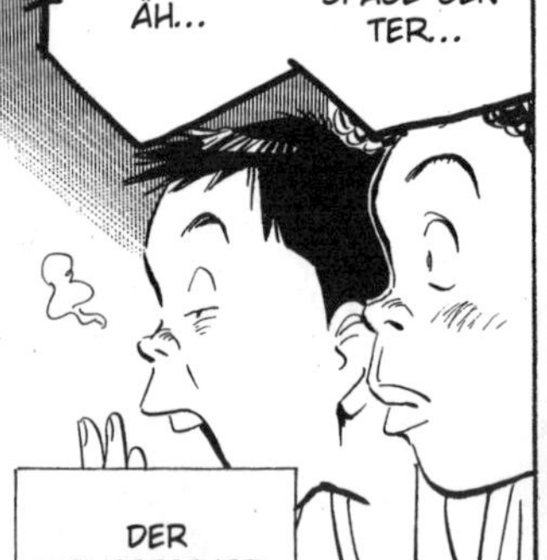
DER DOLMETSCHER, DER DAS ALLES ZIEMLICH MONOTON KOMMENTIERTE, MACHTE DIE SACHE AUCH NICHT GERADE ERTRÄGLICHER.

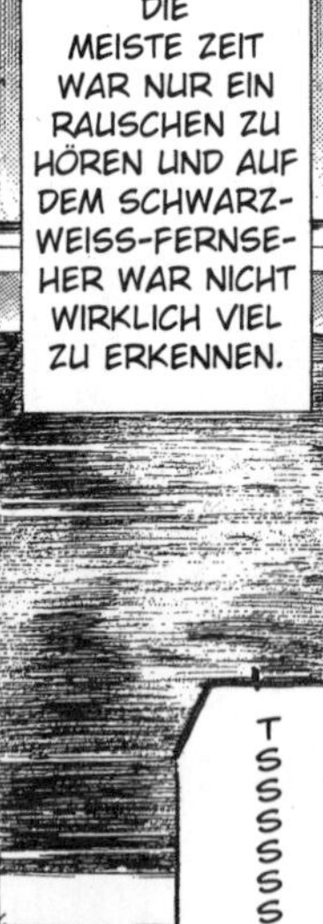
DIE MEISTE ZEIT WAR NUR EIN RAUSCHEN ZU HÖREN UND AUF DEM SCHWARZWEISS-FERNSEHER WAR NICHT WIRKLICH VIEL ZU ERKENNEN.
TSSSSSSSS

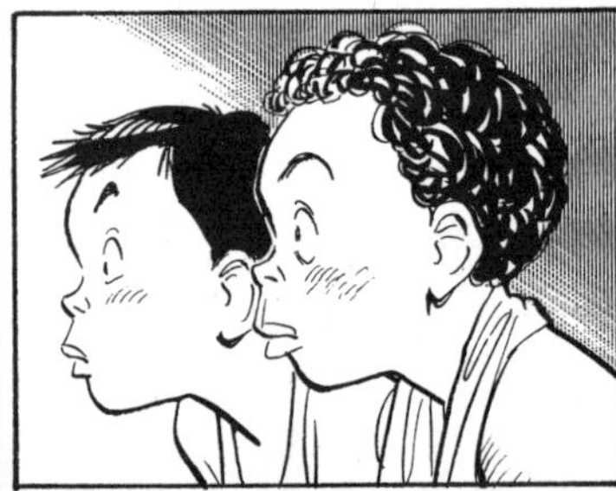

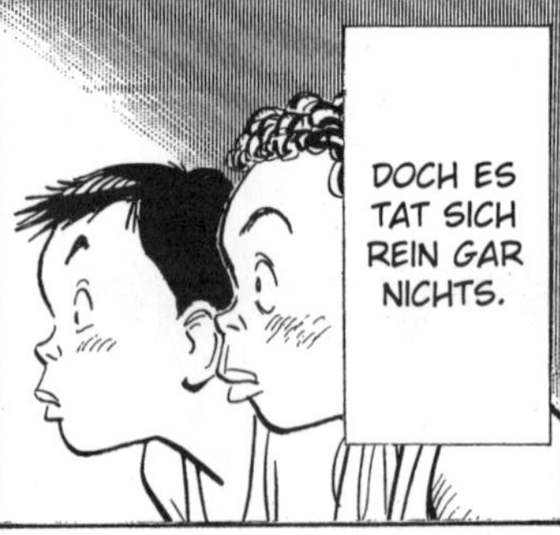
DOCH ES TAT SICH REIN GAR NICHTS.

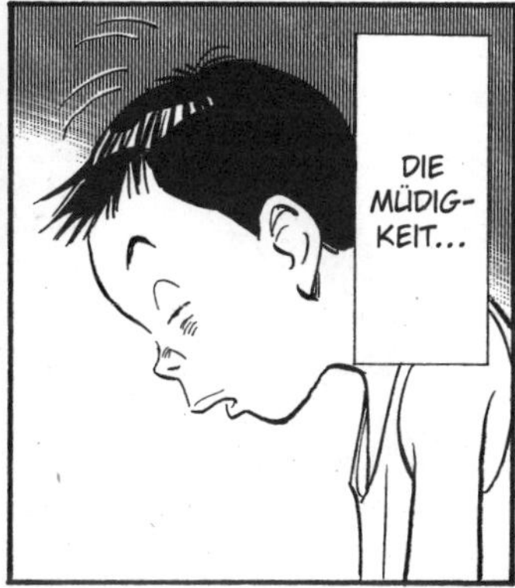
DIE MÜDIG-
KEIT...

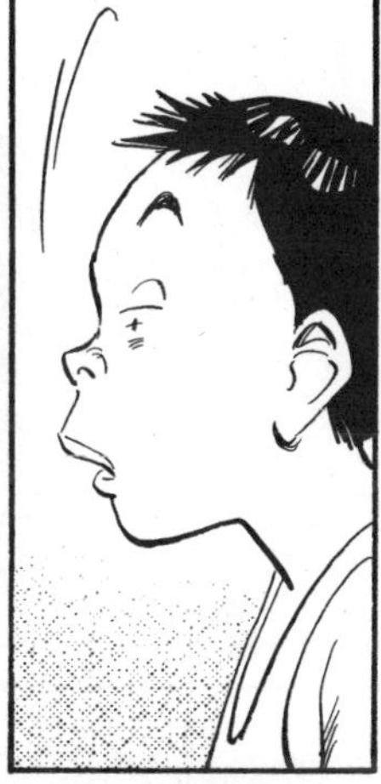

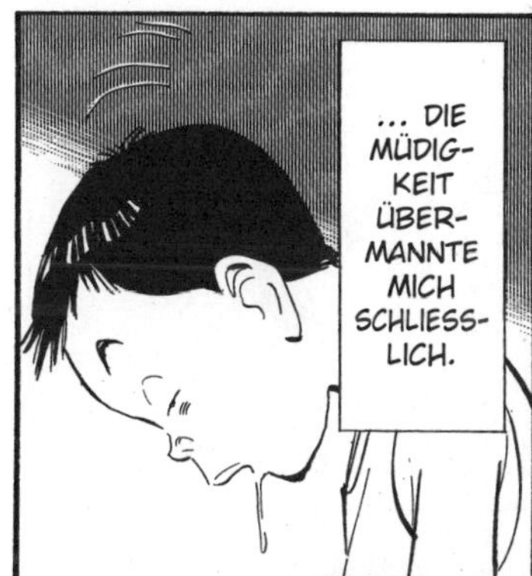
... DIE MÜDIG-
KEIT ÜBER-
MANNTE MICH SCHLIESS-
LICH.

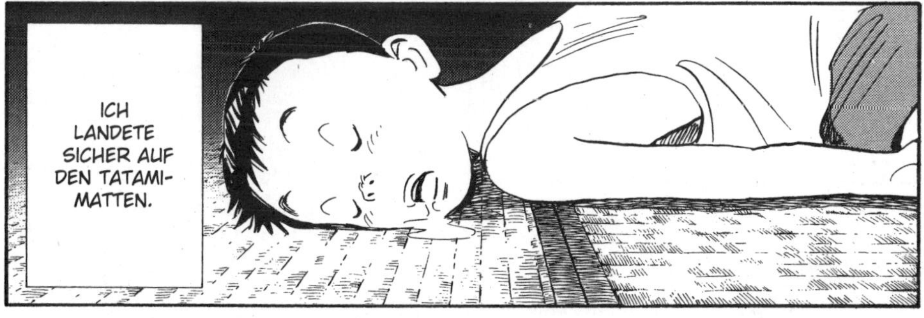
ICH LANDETE SICHER AUF DEN TATAMI-
MATTEN.

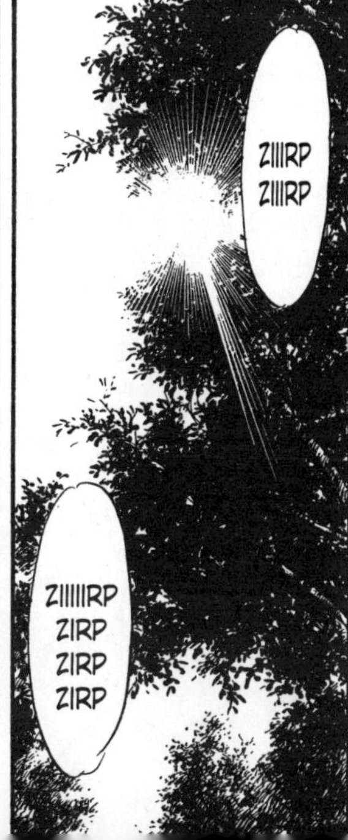
ZIIIRP ZIIIRP
ZIIIIIRP ZIRP ZIRP ZIRP

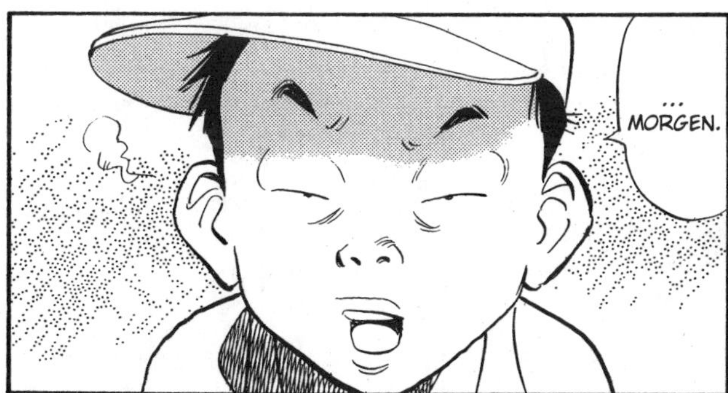
... MORGEN.

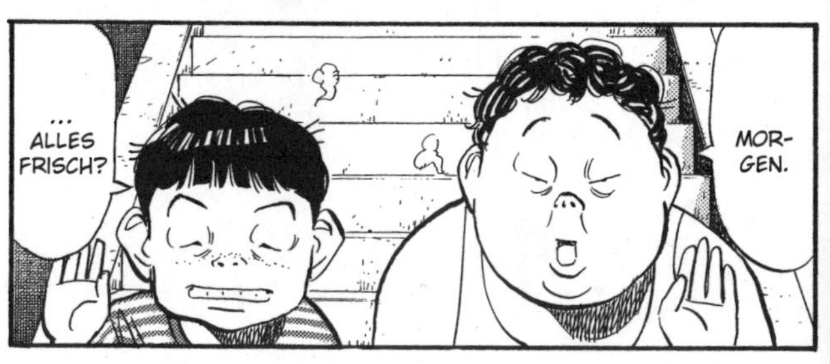
MOR-
GEN.
... ALLES FRISCH?

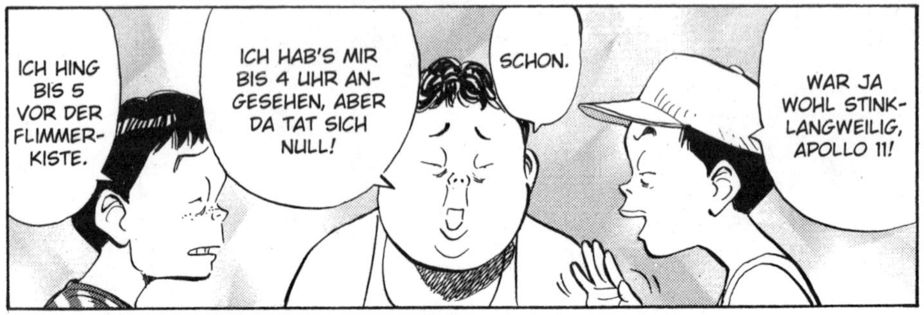
WAR JA WOHL STINKLANGWEILIG, APOLLO 11!
SCHON.
ICH HAB'S MIR BIS 4 UHR ANGESEHEN, ABER DA TAT SICH NULL!
ICH HING BIS 5 VOR DER FLIMMERKISTE.

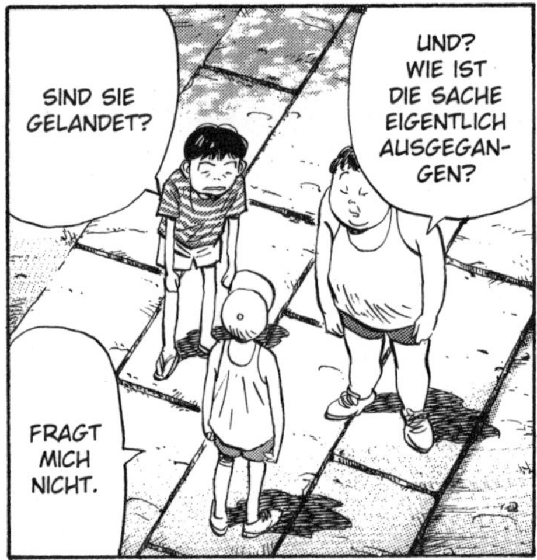
UND? WIE IST DIE SACHE EIGENTLICH AUSGEGANGEN?
SIND SIE GELANDET?
FRAGT MICH NICHT.

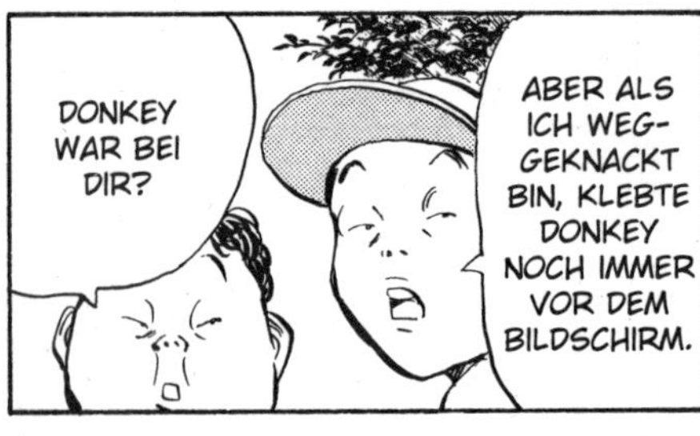
ABER ALS ICH WEGGEKNACKT BIN, KLEBTE DONKEY NOCH IMMER VOR DEM BILDSCHIRM.
DONKEY WAR BEI DIR?

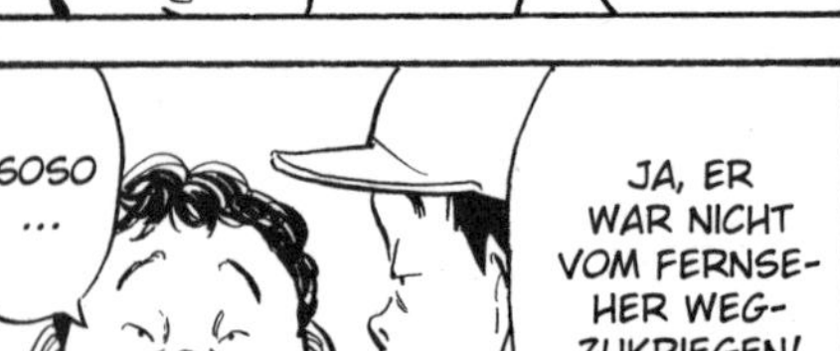
JA, ER WAR NICHT VOM FERNSEHER WEGZUKRIEGEN!
SOSO ...

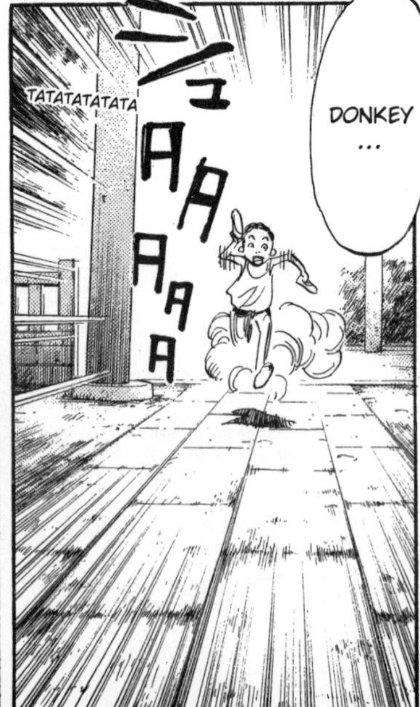
DONKEY ...
TATATATATATA
AAAAAAA

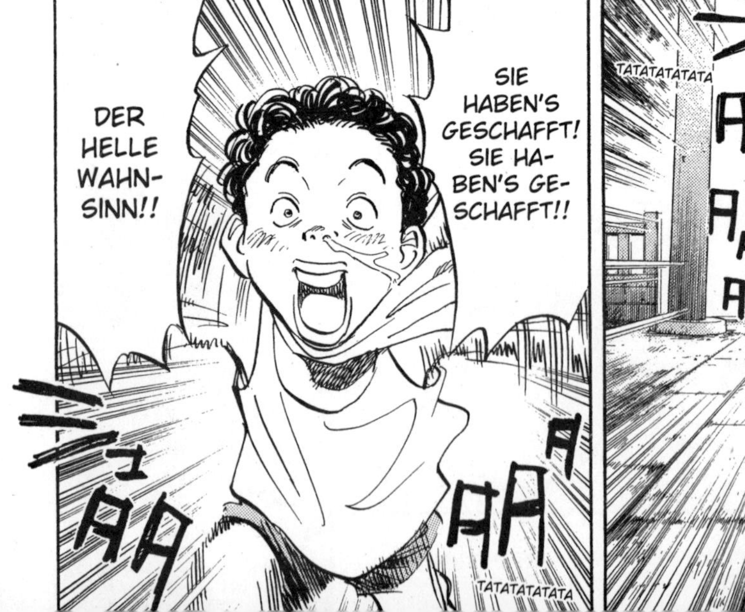
SIE HABEN'S GESCHAFFT! SIE HABEN'S GESCHAFFT!!
DER HELLE WAHNSINN!!
AAAAAA
TATATATATATA

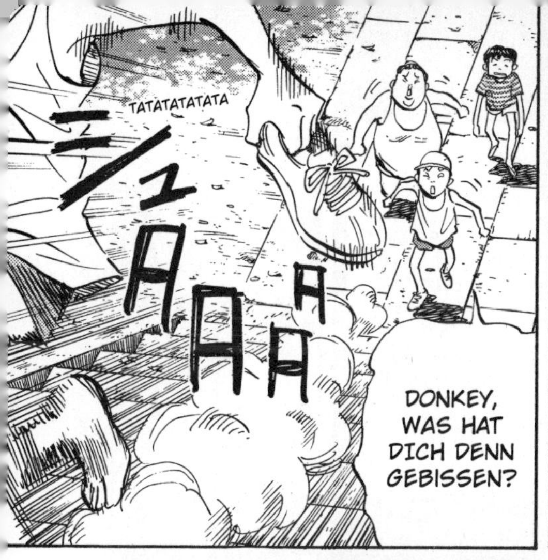
TATATATATATA
DONKEY, WAS HAT DICH DENN GEBISSEN?

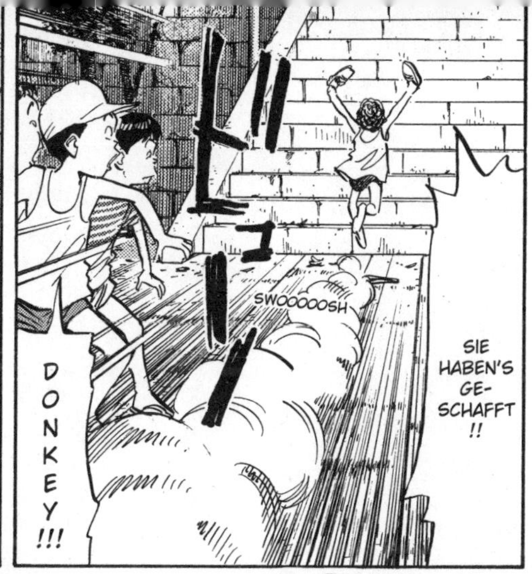
SIE HABEN'S GE-SCHAFFT!!
SWOOOOOSH
DONKEY!!!

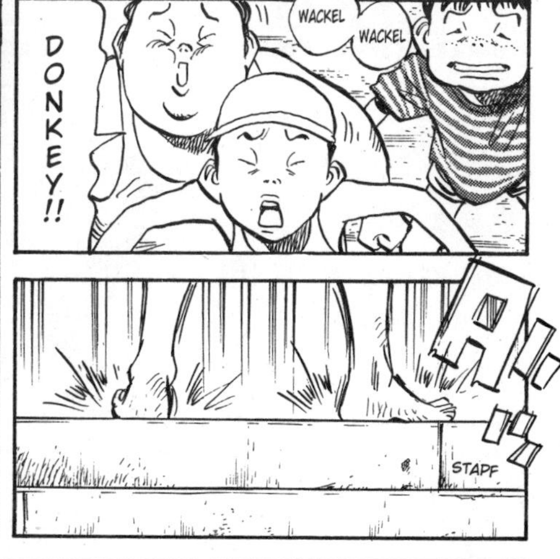
WACKEL
WACKEL
DONKEY!!

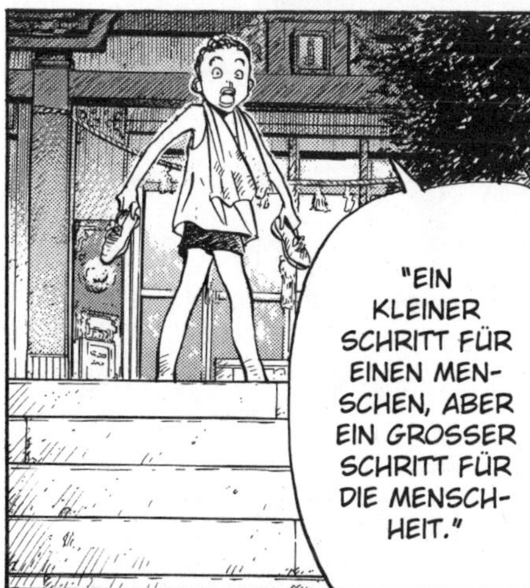
"EIN KLEINER SCHRITT FÜR EINEN MEN-SCHEN, ABER EIN GROSSER SCHRITT FÜR DIE MENSCH-HEIT."
STAPF

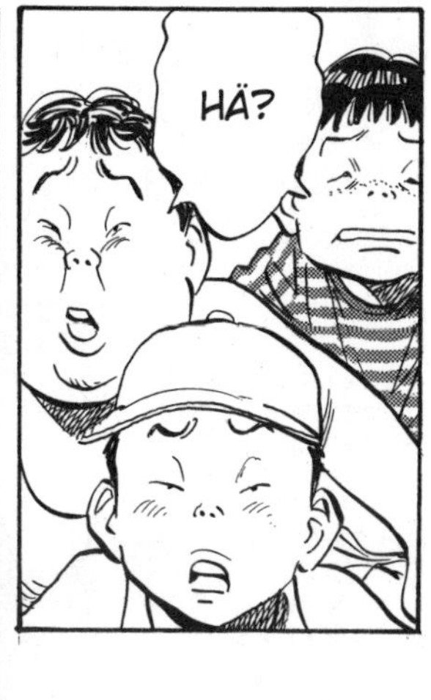
HÄ?

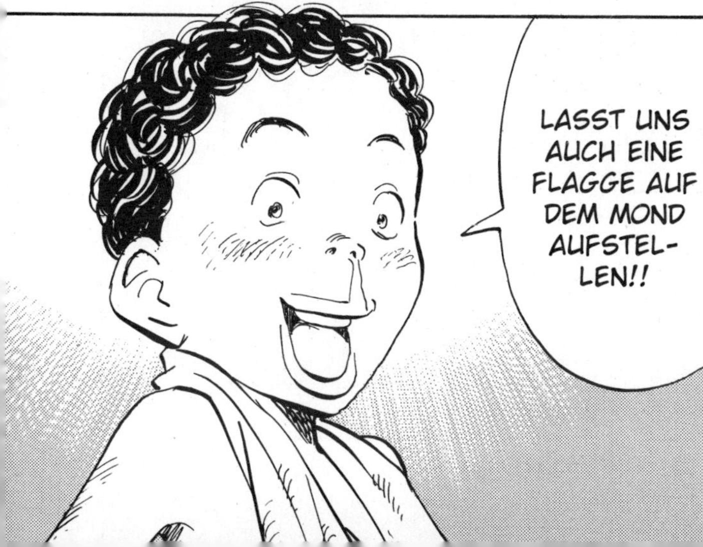
LASST UNS AUCH EINE FLAGGE AUF DEM MOND AUFSTEL-LEN!!

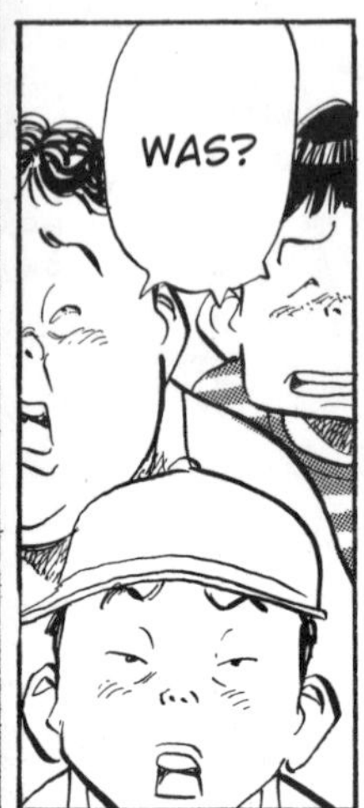
WAS?

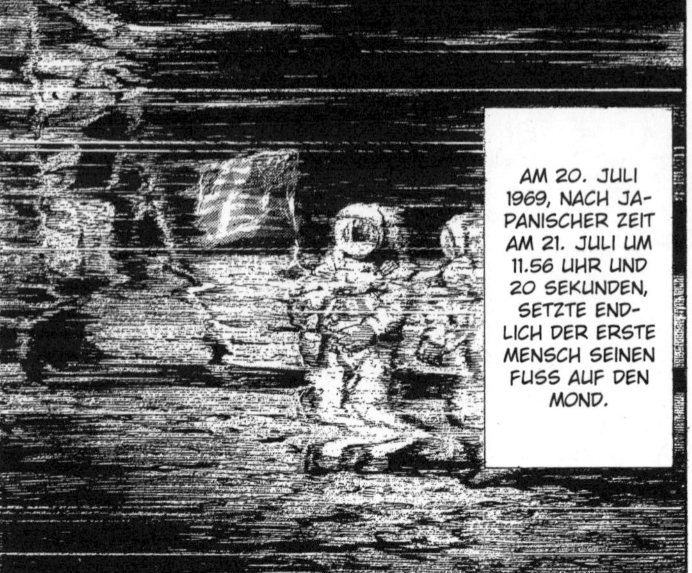
AM 20. JULI 1969, NACH JAPANISCHER ZEIT AM 21. JULI UM 11.56 UHR UND 20 SEKUNDEN, SETZTE ENDLICH DER ERSTE MENSCH SEINEN FUSS AUF DEN MOND.

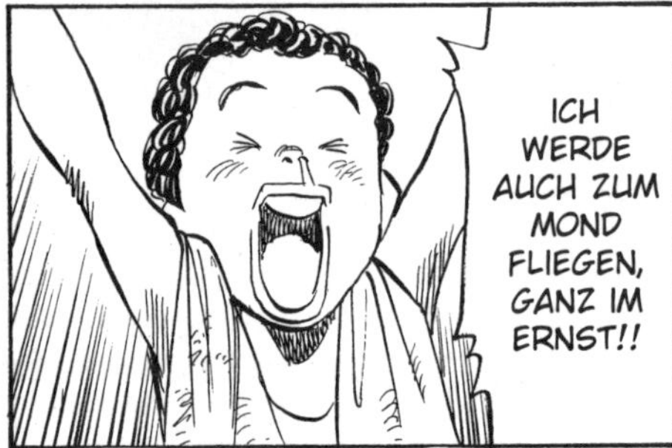
ICH WERDE AUCH ZUM MOND FLIEGEN, GANZ IM ERNST!!

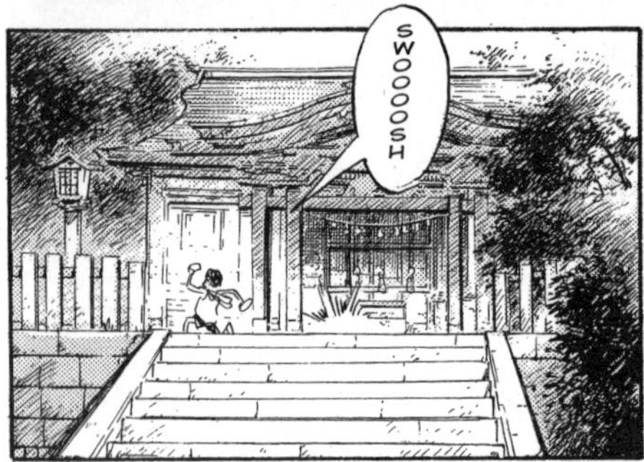
SWOOOOSH

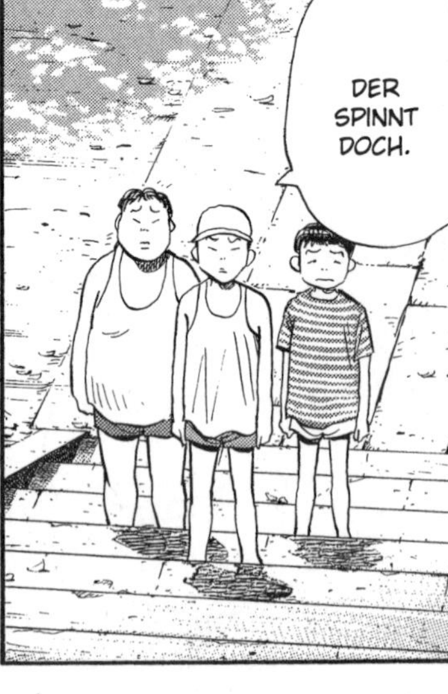
DER SPINNT DOCH.

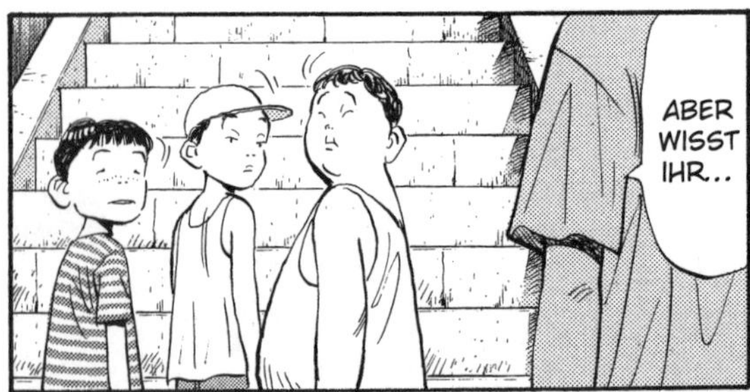
ABER WISST IHR..

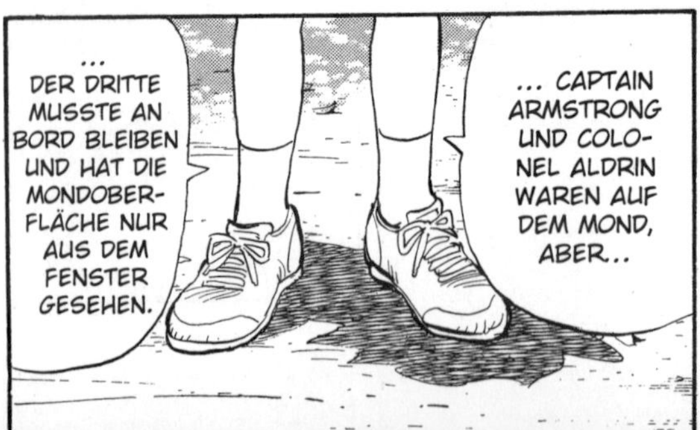
... CAPTAIN ARMSTRONG UND COLONEL ALDRIN WAREN AUF DEM MOND, ABER..
... DER DRITTE MUSSTE AN BORD BLEIBEN UND HAT DIE MONDOBERFLÄCHE NUR AUS DEM FENSTER GESEHEN.

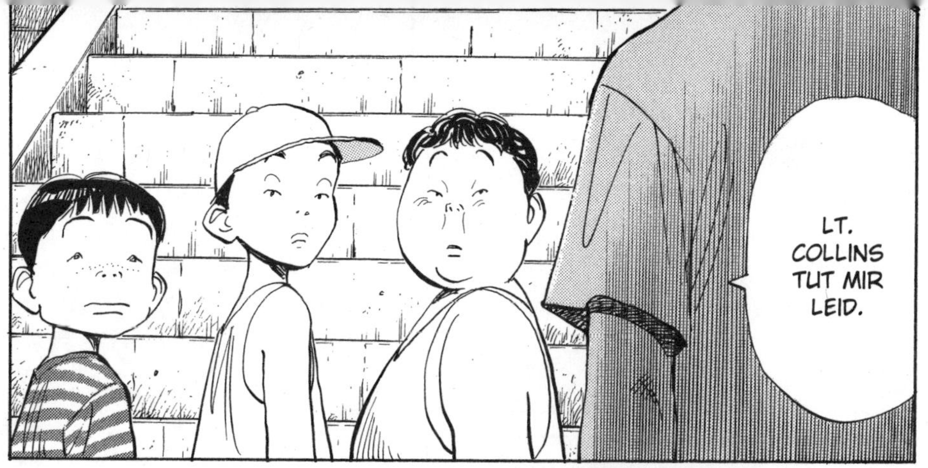
LT. COLLINS TUT MIR LEID.

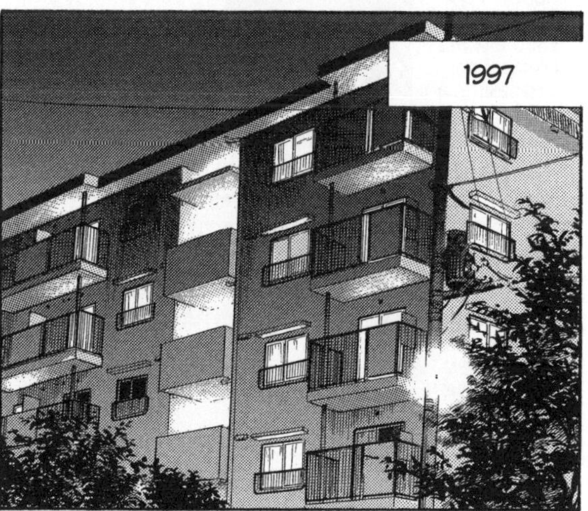
1997

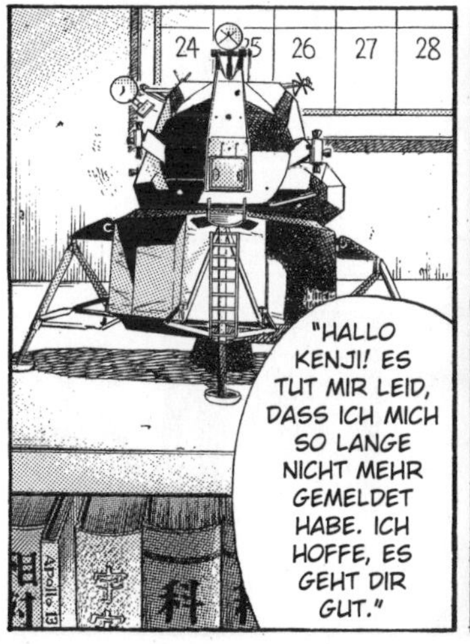
24 25 26 27 28
"HALLO KENJI! ES TUT MIR LEID, DASS ICH MICH SO LANGE NICHT MEHR GEMELDET HABE. ICH HOFFE, ES GEHT DIR GUT."

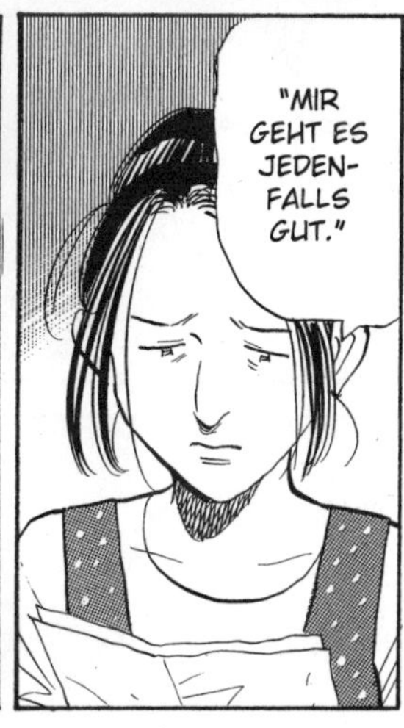
"MIR GEHT ES JEDENFALLS GUT."

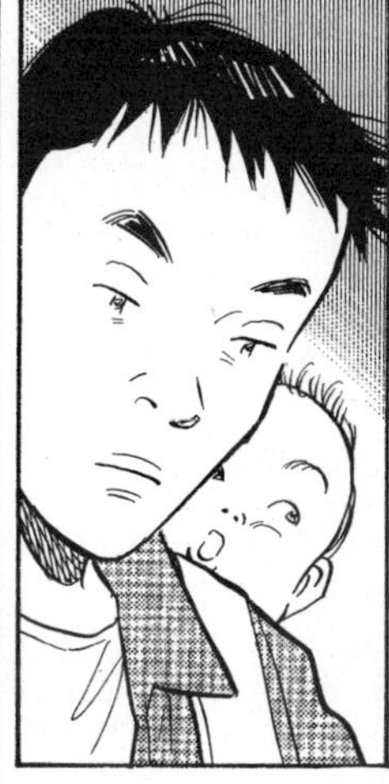

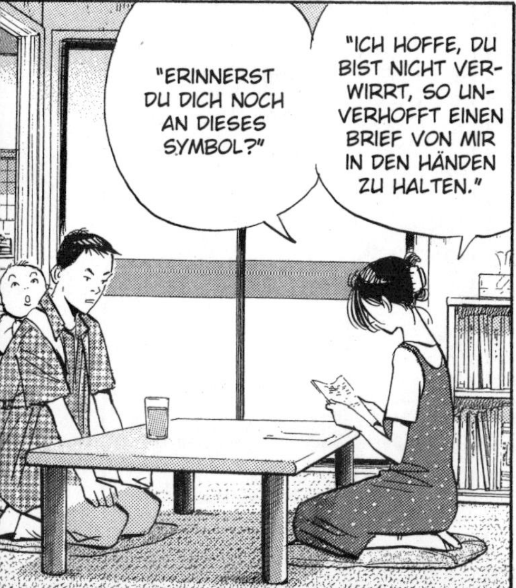
"ICH HOFFE, DU BIST NICHT VERWIRRT, SO UNVERHOFFT EINEN BRIEF VON MIR IN DEN HÄNDEN ZU HALTEN."
"ERINNERST DU DICH NOCH AN DIESES SYMBOL?"

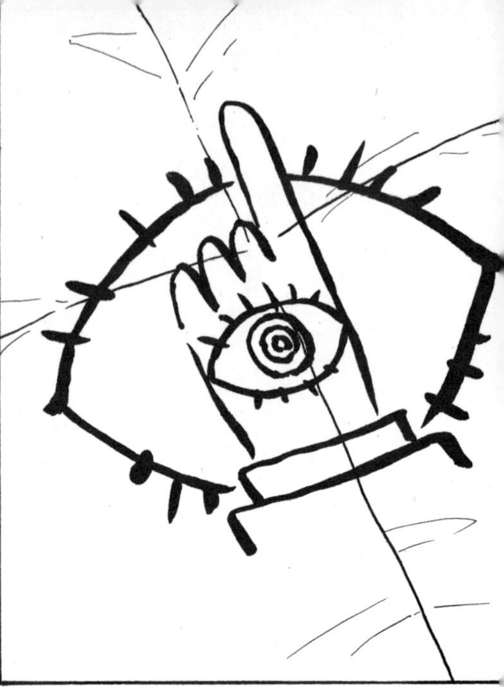

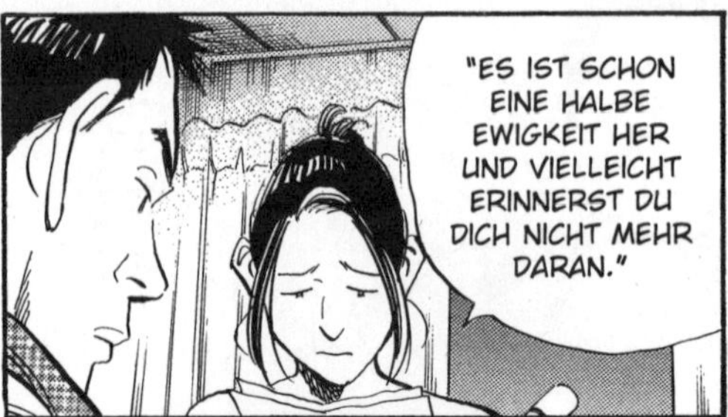
"ES IST SCHON EINE HALBE EWIGKEIT HER UND VIELLEICHT ERINNERST DU DICH NICHT MEHR DARAN."

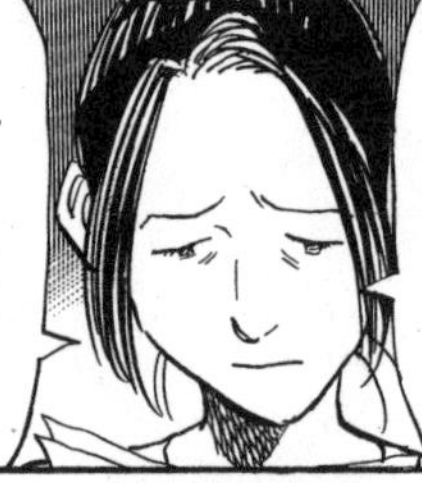
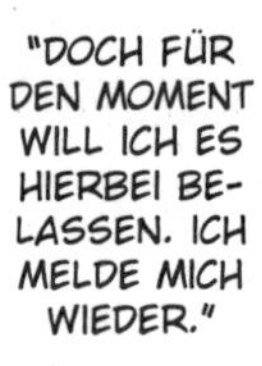
"ABER WENN DU DEMNÄCHST MAL ZEIT HAST, WÜRDE ICH GERNE ETWAS MIT DIR BESPRECHEN."
"DOCH FÜR DEN MOMENT WILL ICH ES HIERBEI BELASSEN. ICH MELDE MICH WIEDER."

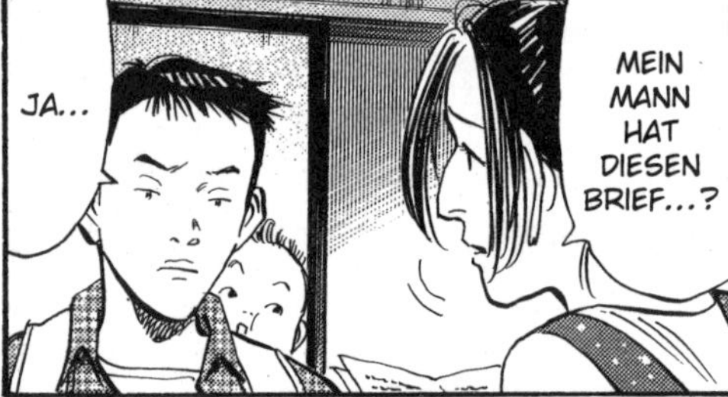
MEIN MANN HAT DIESEN BRIEF...?
JA...

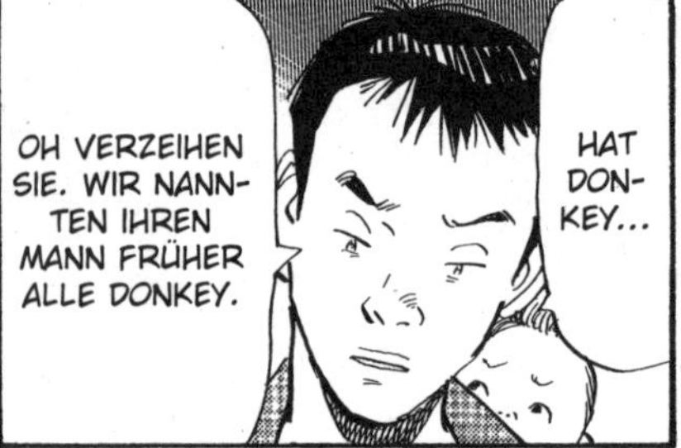
HAT DONKEY...
OH VERZEIHEN SIE. WIR NANNTEN IHREN MANN FRÜHER ALLE DONKEY.

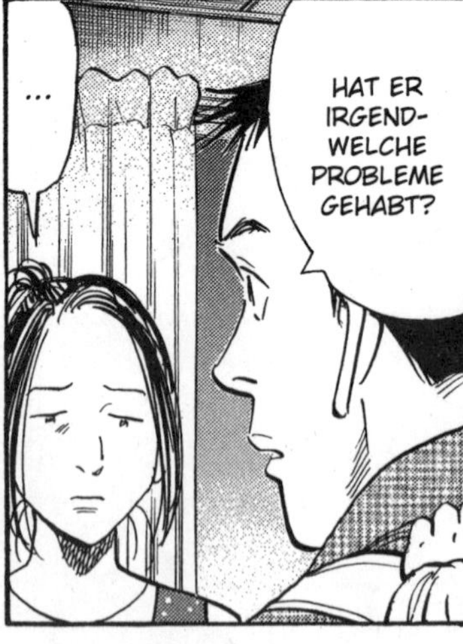
HAT ER IRGENDWELCHE PROBLEME GEHABT?
...

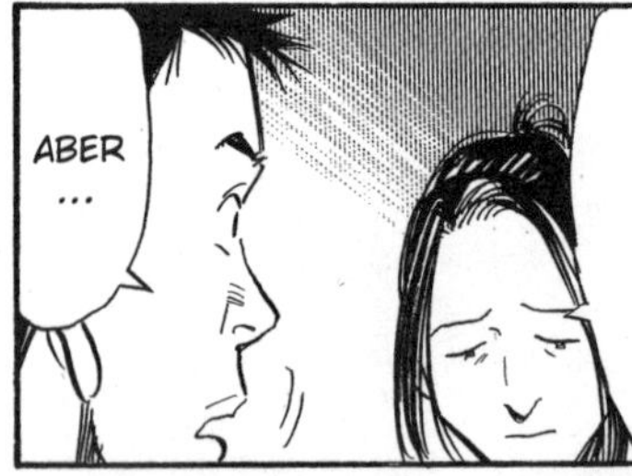
ER PFLEGTE NICHT SEHR VIEL ÜBER SEINE ARBEIT MIT MIR ZU SPRECHEN.
ABER ...

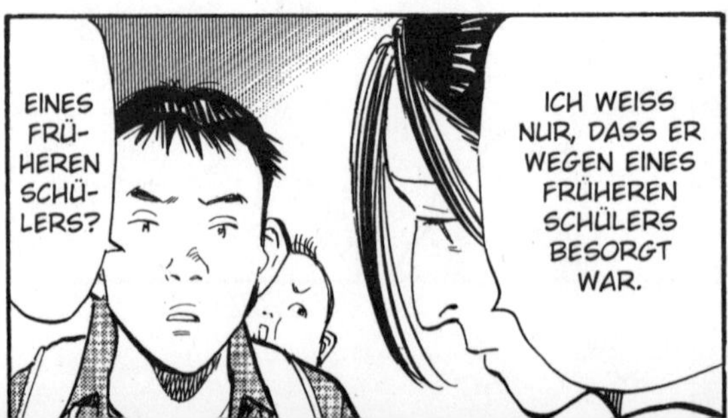
ICH WEISS NUR, DASS ER WEGEN EINES FRÜHEREN SCHÜLERS BESORGT WAR.
EINES FRÜHEREN SCHÜLERS?

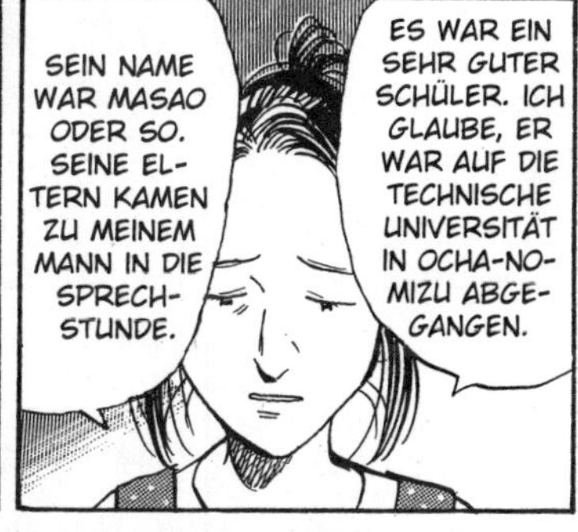

ES WAR EIN SEHR GUTER SCHÜLER. ICH GLAUBE, ER WAR AUF DIE TECHNISCHE UNIVERSITÄT IN OCHA-NOMIZU ABGEGANGEN.
SEIN NAME WAR MASAO ODER SO. SEINE ELTERN KAMEN ZU MEINEM MANN IN DIE SPRECHSTUNDE.

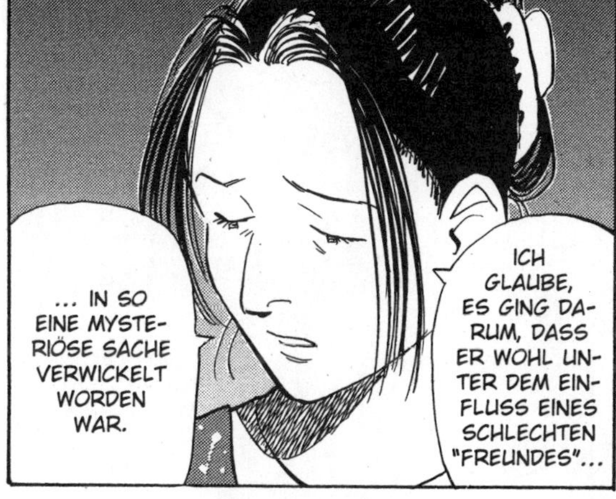

ICH GLAUBE, ES GING DARUM, DASS ER WOHL UNTER DEM EINFLUSS EINES SCHLECHTEN "FREUNDES"...
... IN SO EINE MYSTERIÖSE SACHE VERWICKELT WORDEN WAR.

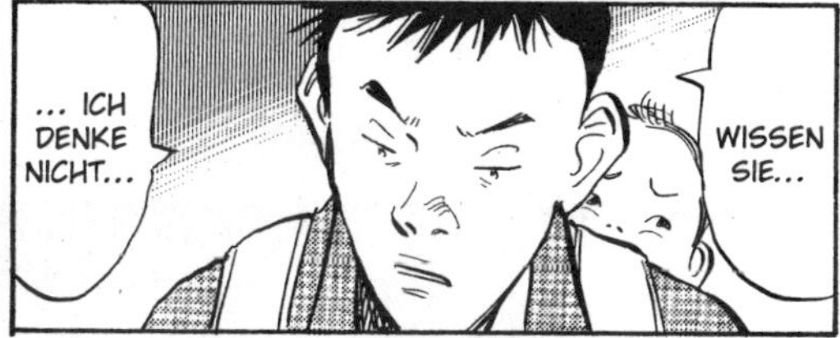

WISSEN SIE...
... ICH DENKE NICHT...

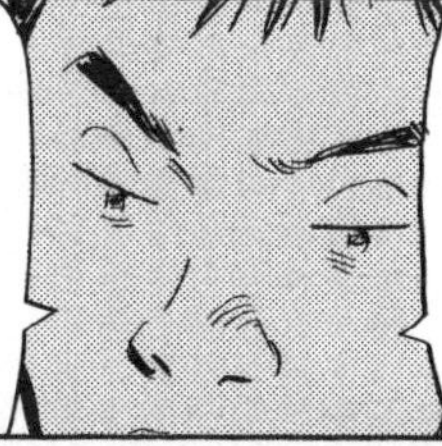

... DASS JEMAND, DER "ICH MELDE MICH WIEDER" SCHREIBT...

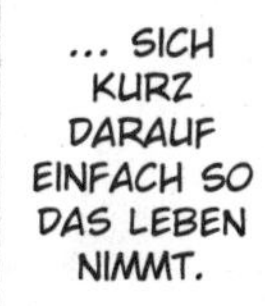

... SICH KURZ DARAUF EINFACH SO DAS LEBEN NIMMT.

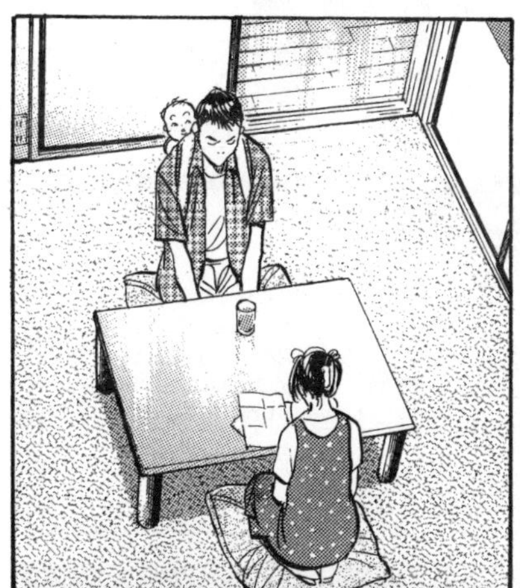

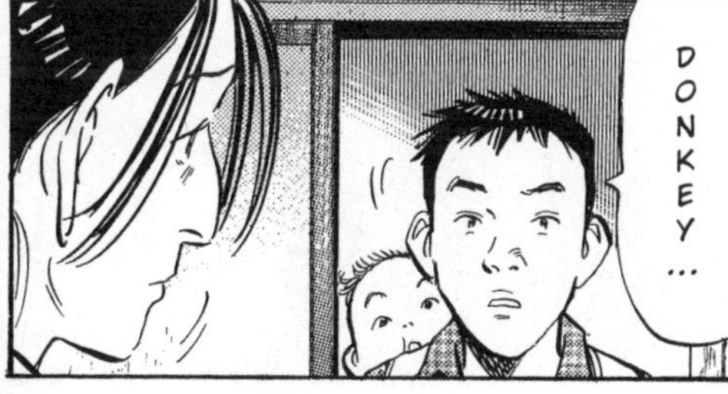

DONKEY...

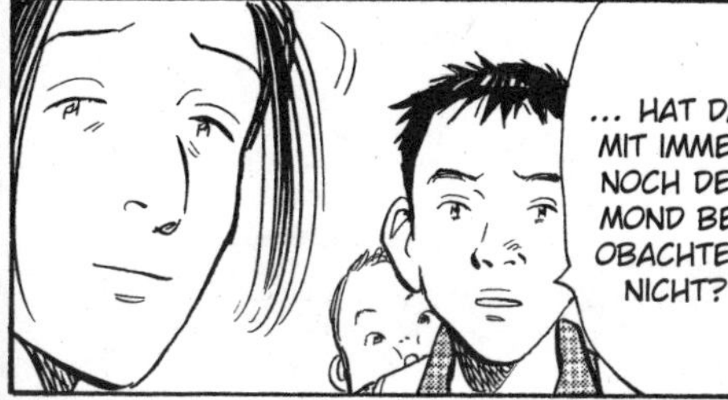

... HAT DAMIT IMMER NOCH DEN MOND BEOBACHTET, NICHT?

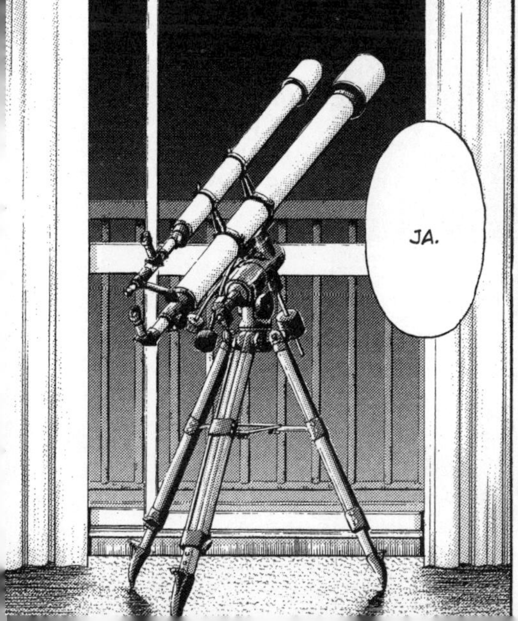

JA.

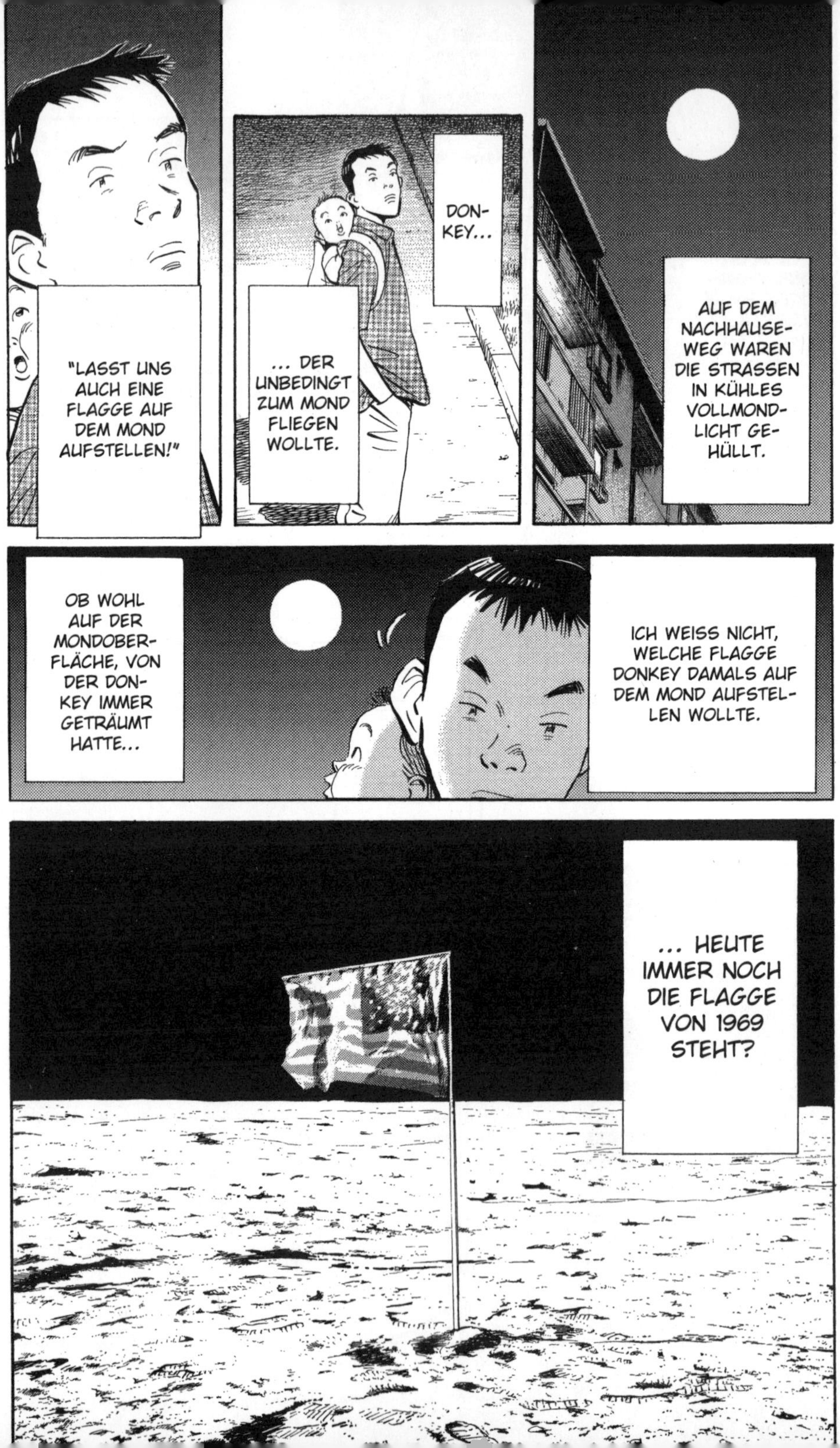

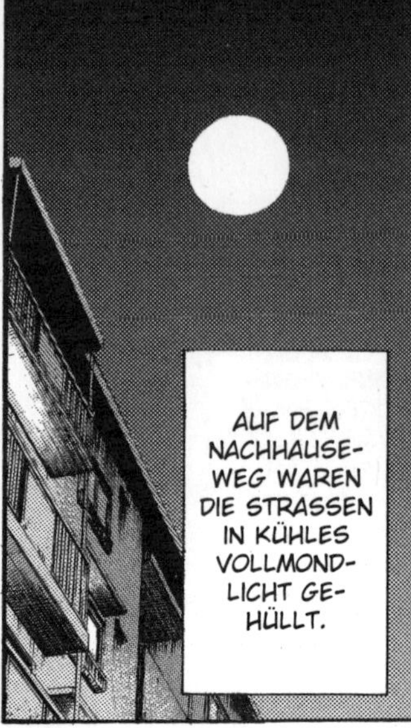

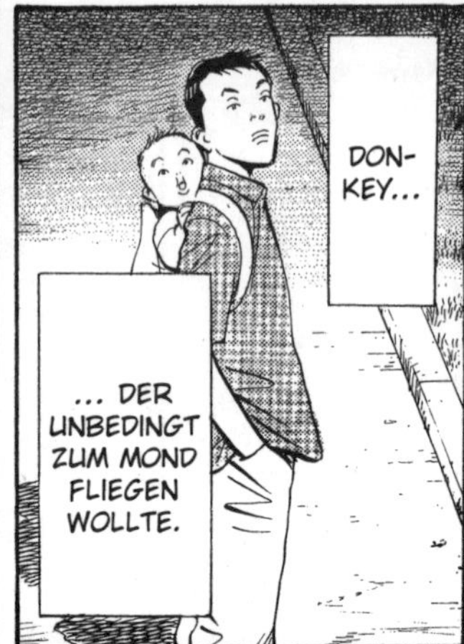

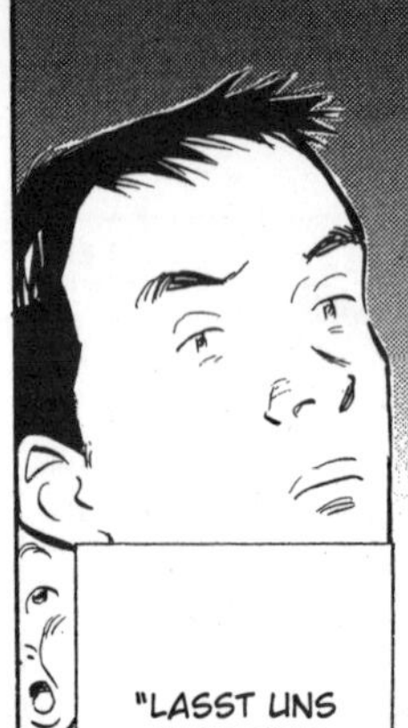

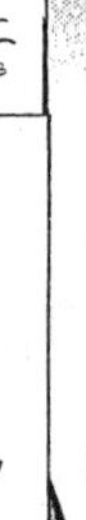

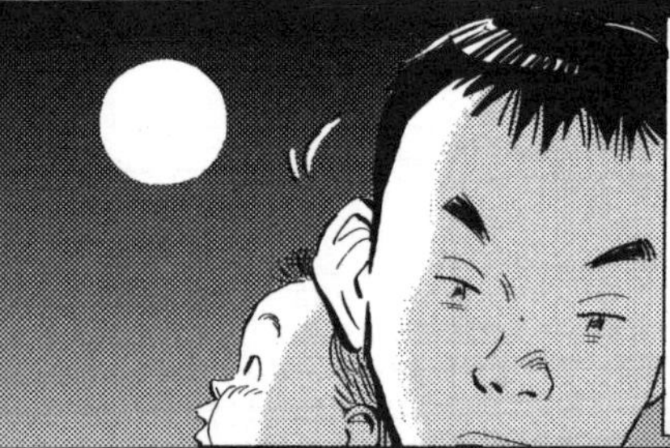

... HEUTE IMMER NOCH DIE FLAGGE VON 1969 STEHT?

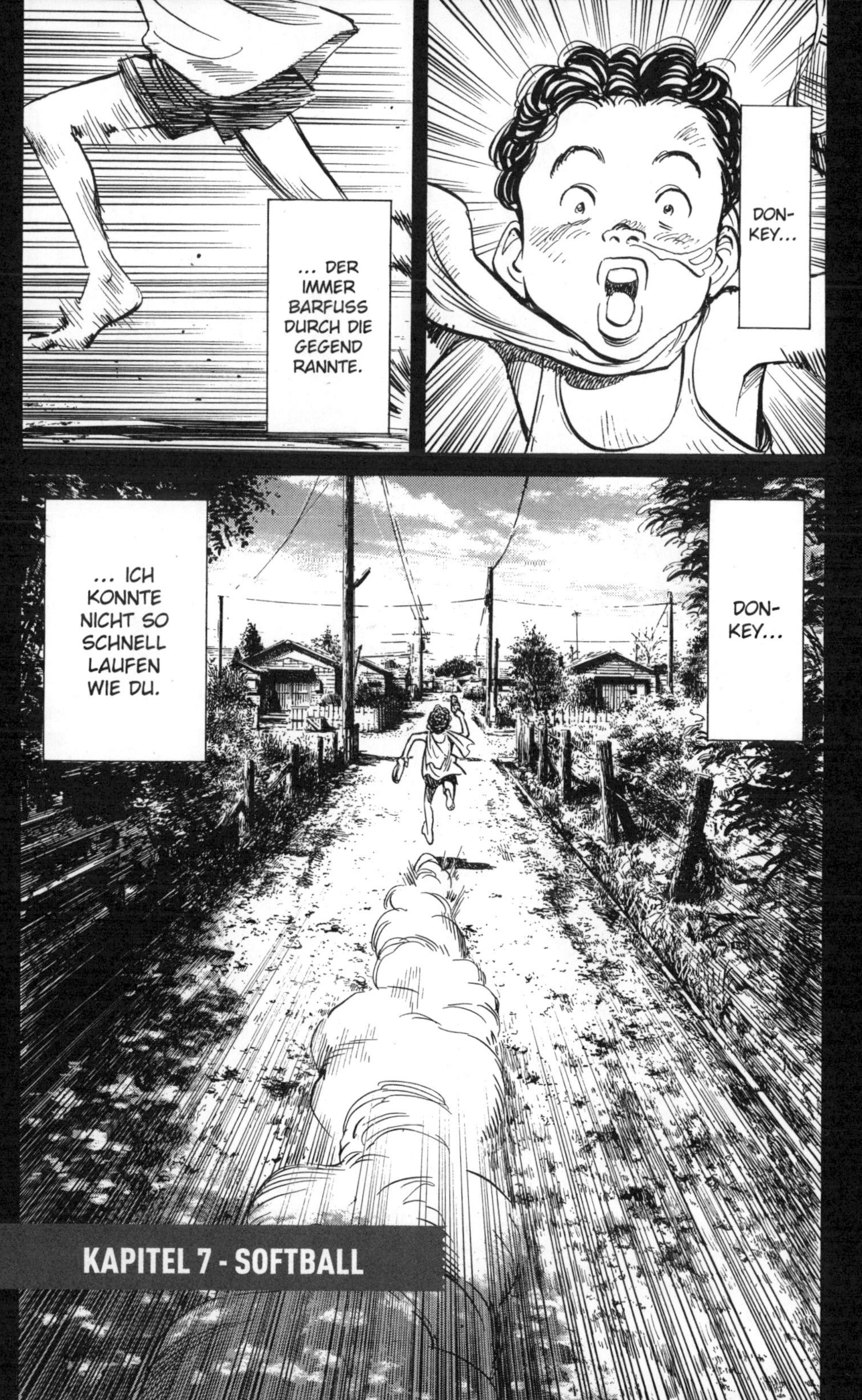
DON-KEY...
... DER IMMER BARFUSS DURCH DIE GEGEND RANNTE.
DON-KEY...
... ICH KONNTE NICHT SO SCHNELL LAUFEN WIE DU.
KAPITEL 7 - SOFTBALL

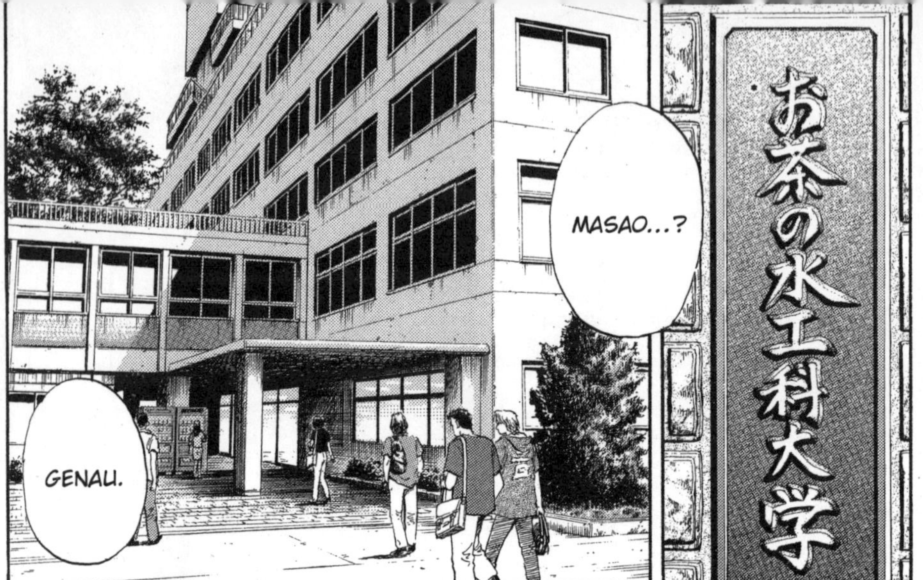

* TECHNISCHE UNIVERSITÄT OCHA-NO-MIZU

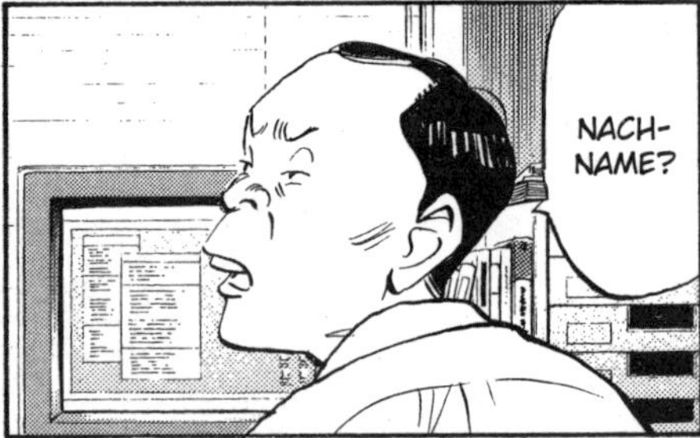

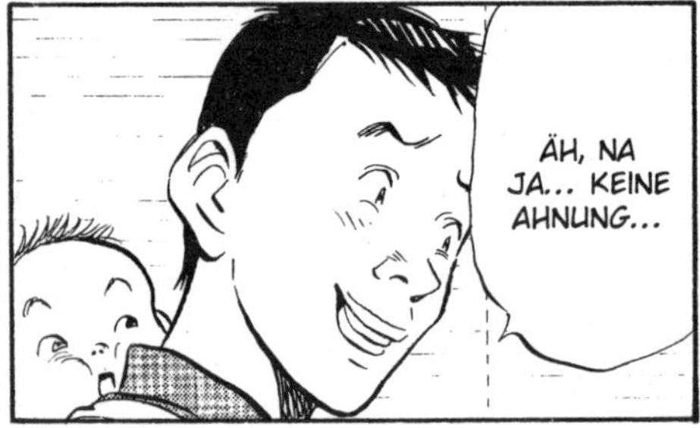

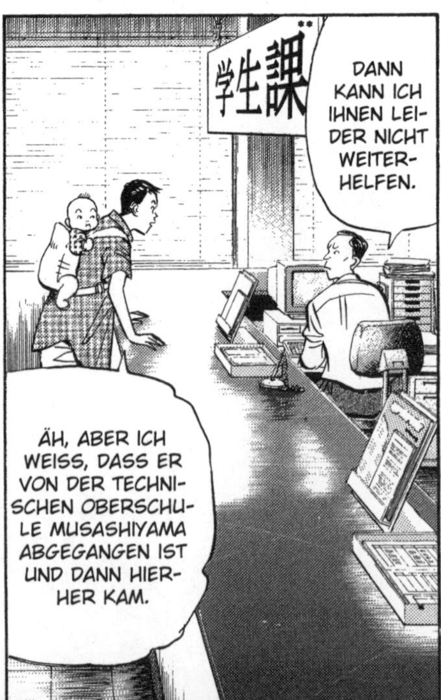

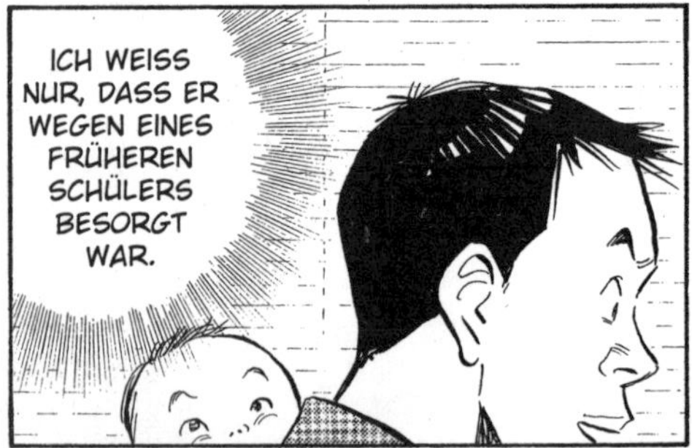

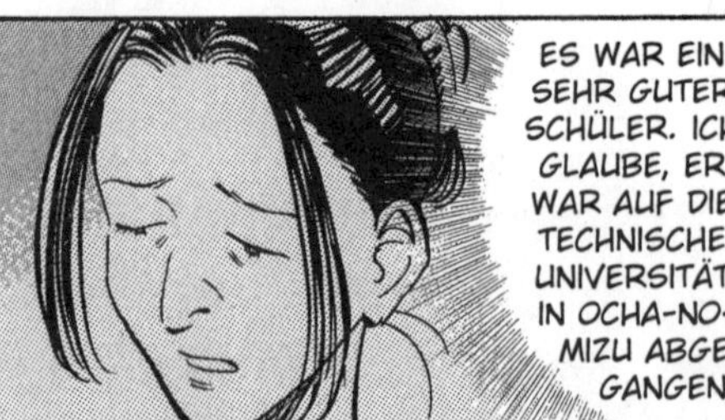

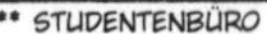
** STUDENTENBÜRO

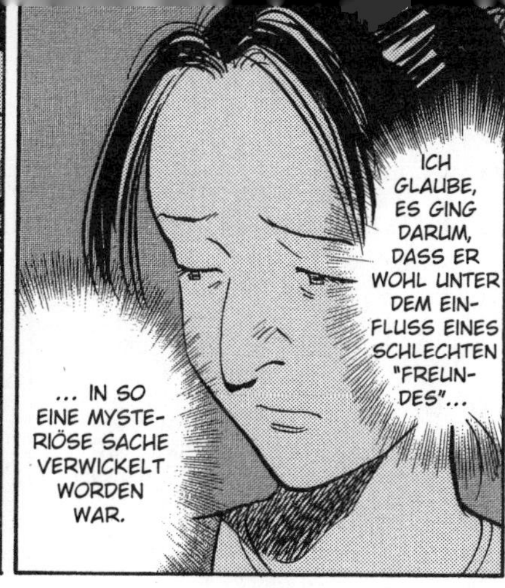
ICH GLAUBE, ES GING DARUM, DASS ER WOHL UNTER DEM EINFLUSS EINES SCHLECHTEN "FREUNDES"...
... IN SO EINE MYSTERIÖSE SACHE VERWICKELT WORDEN WAR.

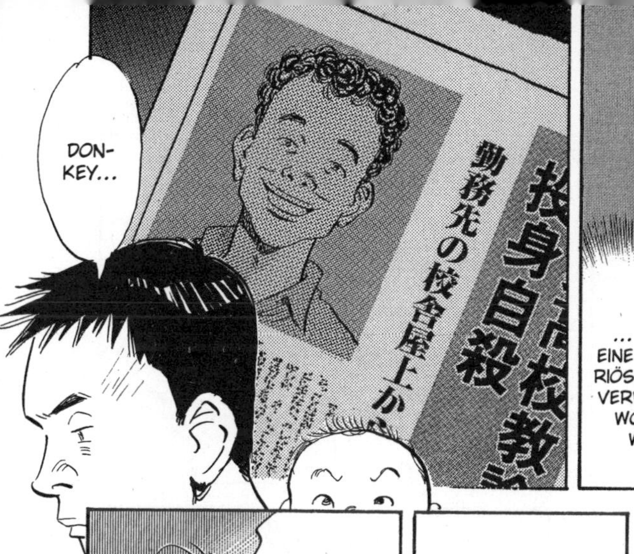
DON-KEY...
投身自殺
勤務先の校舎屋上か

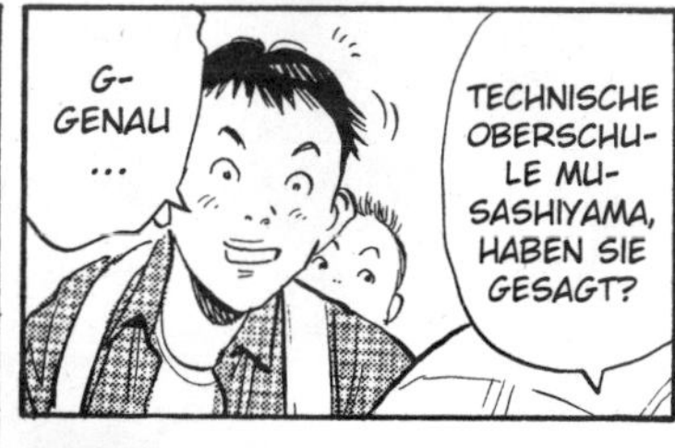
TECHNISCHE OBERSCHULE MUSASHIYAMA, HABEN SIE GESAGT?
G-GENAU ...

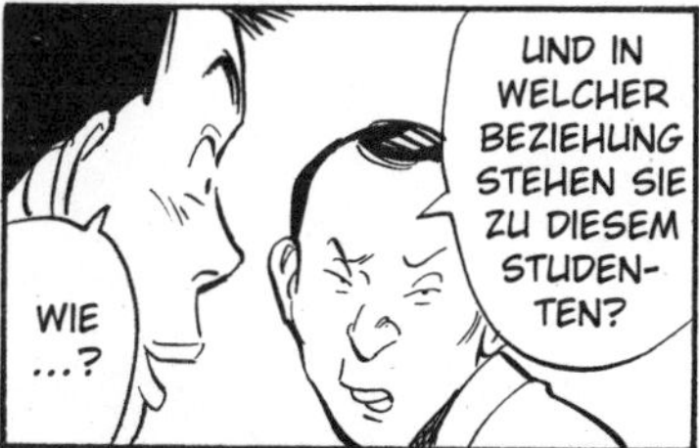
UND IN WELCHER BEZIEHUNG STEHEN SIE ZU DIESEM STUDENTEN?
WIE ...?

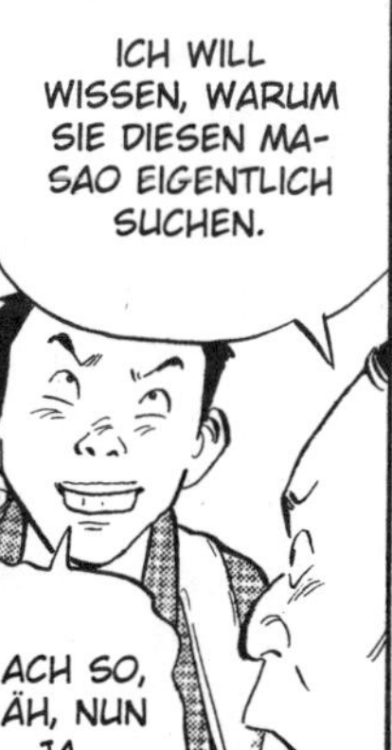
ICH WILL WISSEN, WARUM SIE DIESEN MASAO EIGENTLICH SUCHEN.
ACH SO, ÄH, NUN JA...

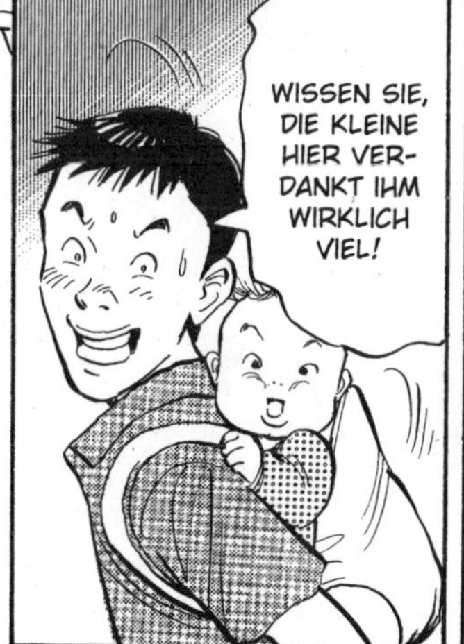
WISSEN SIE, DIE KLEINE HIER VERDANKT IHM WIRKLICH VIEL!

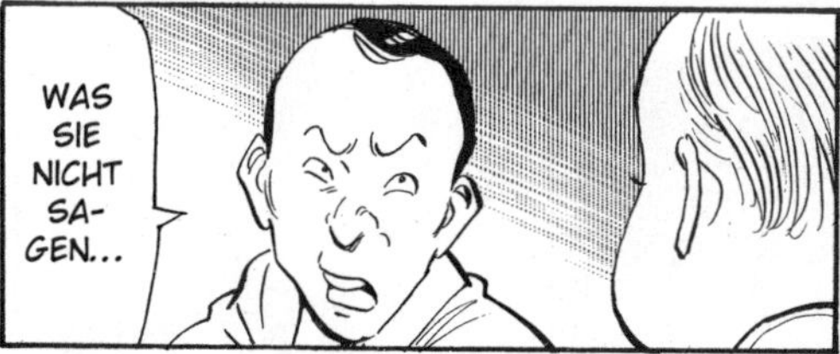
WAS SIE NICHT SAGEN...

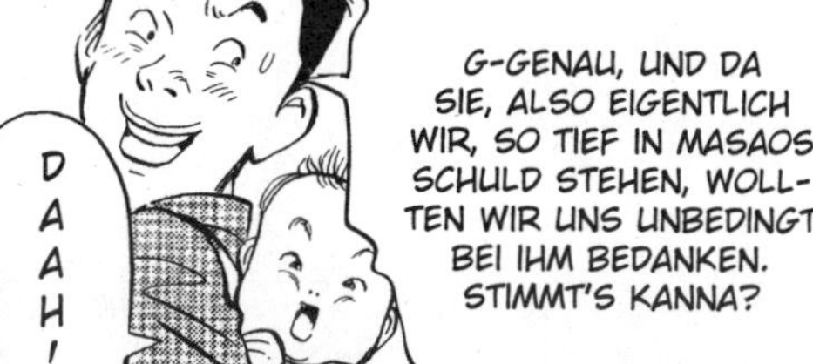
G-GENAU, UND DA SIE, ALSO EIGENTLICH WIR, SO TIEF IN MASAOS SCHULD STEHEN, WOLLTEN WIR UNS UNBEDINGT BEI IHM BEDANKEN. STIMMT'S KANNA?
DAAAH!

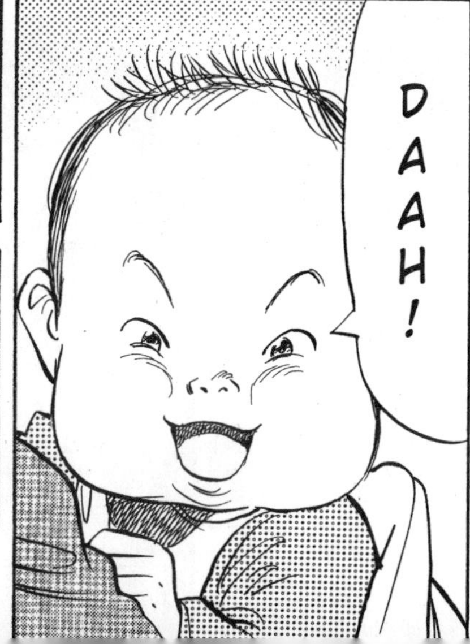
DAAAH!

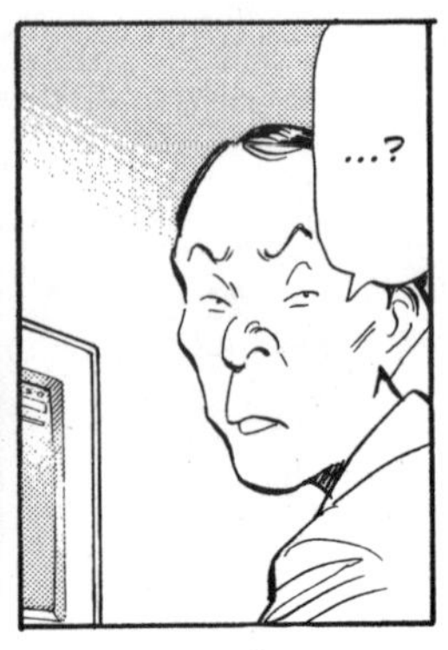
...?

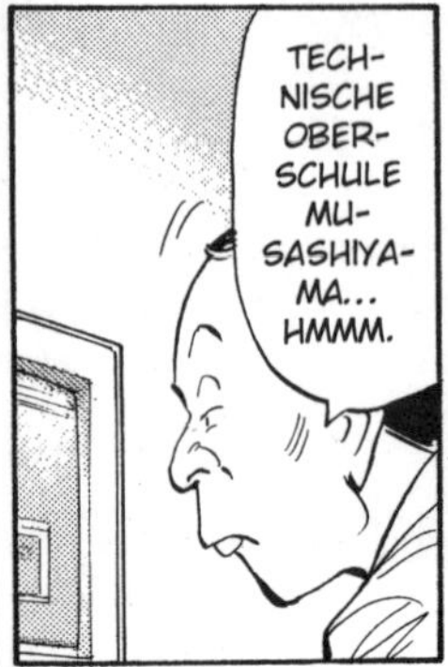
TECHNISCHE OBERSCHULE MUSASHIYAMA... HMMM.

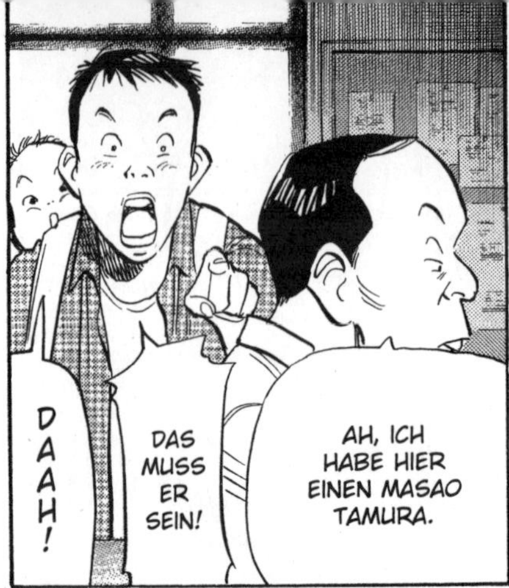
AH, ICH HABE HIER EINEN MASAO TAMURA.
DAS MUSS ER SEIN!
DAAH!

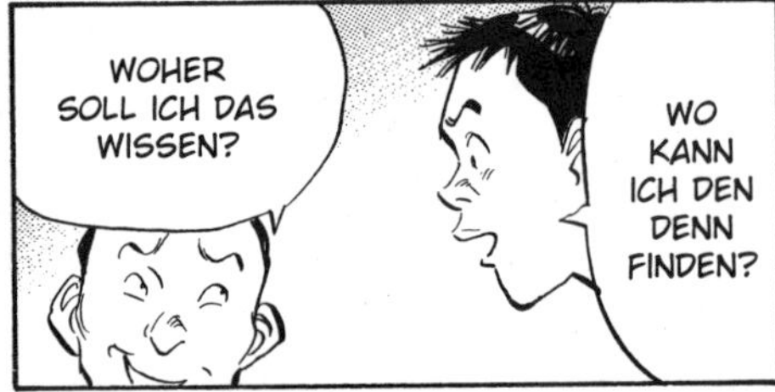
WO KANN ICH DEN DENN FINDEN?
WOHER SOLL ICH DAS WISSEN?

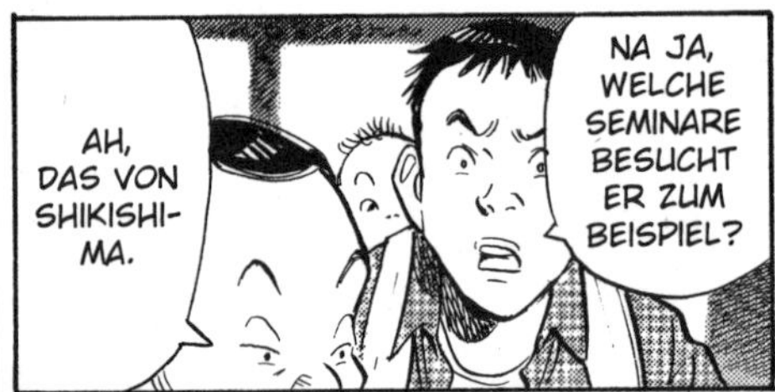
NA JA, WELCHE SEMINARE BESUCHT ER ZUM BEISPIEL?
AH, DAS VON SHIKISHIMA.

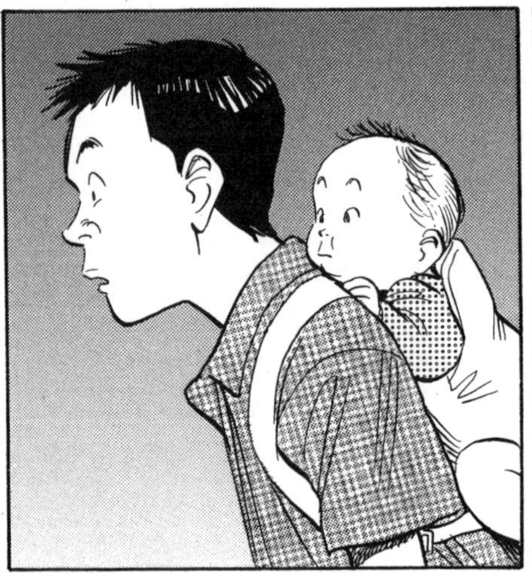

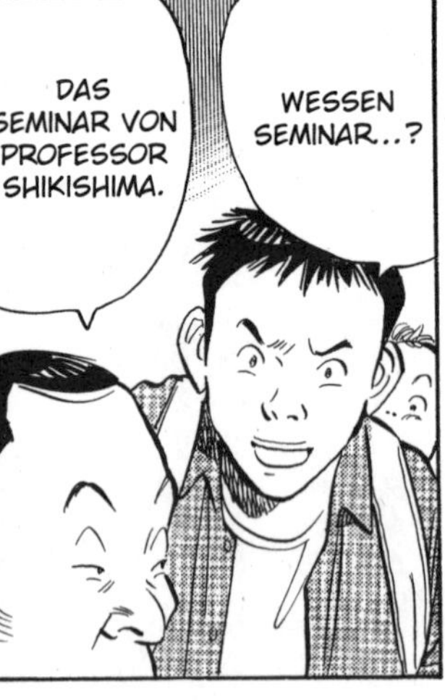
WESSEN SEMINAR...?
DAS SEMINAR VON PROFESSOR SHIKISHIMA.

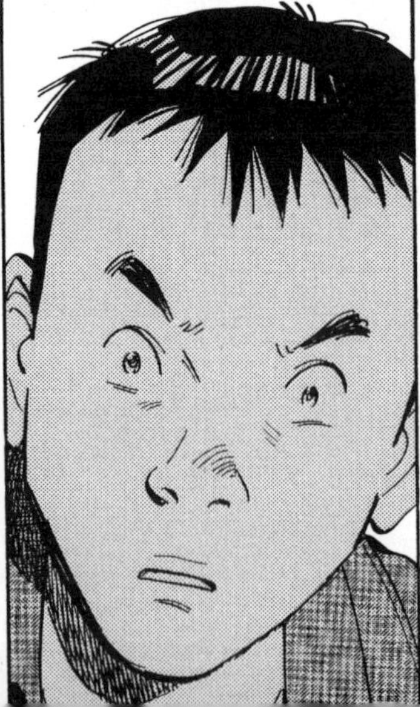

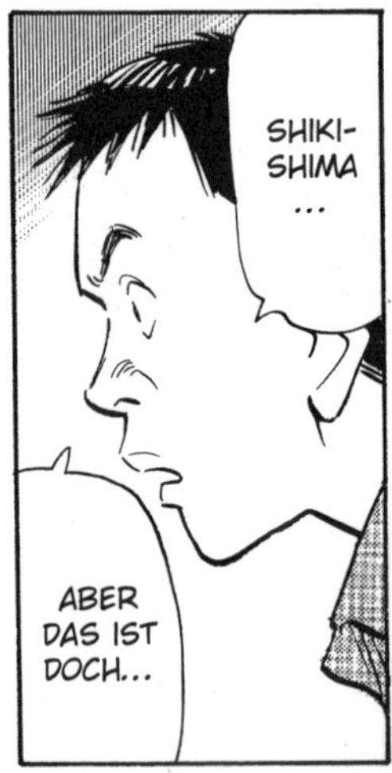
SHIKISHIMA...
ABER DAS IST DOCH...

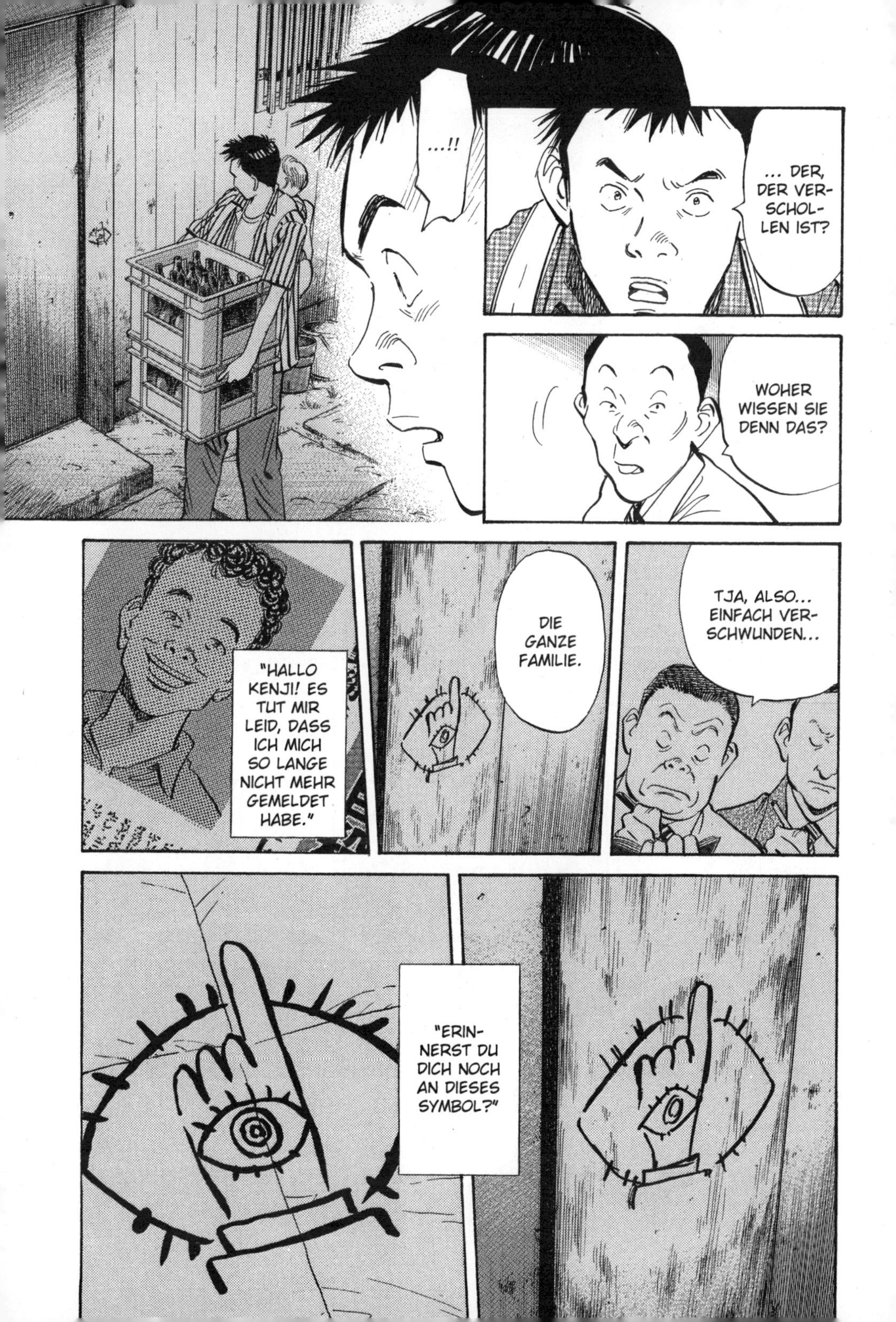

... DER, DER VERSCHOLLEN IST?

WOHER WISSEN SIE DENN DAS?

...!!

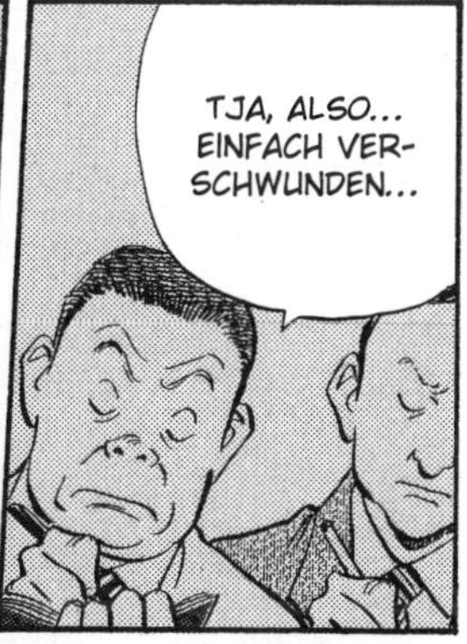

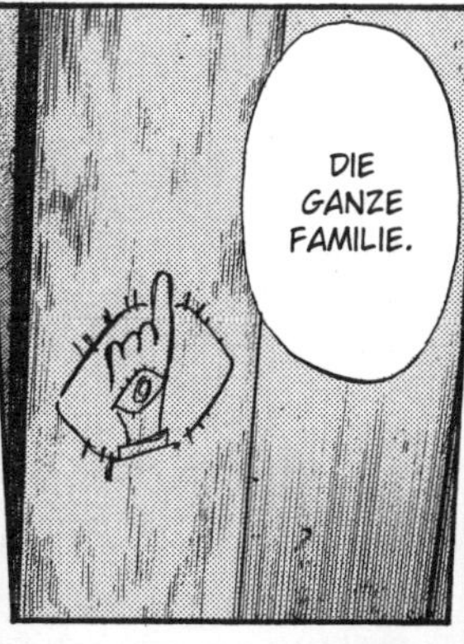

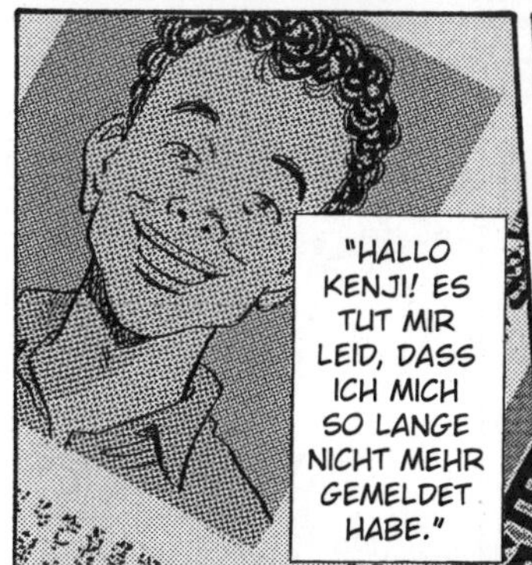

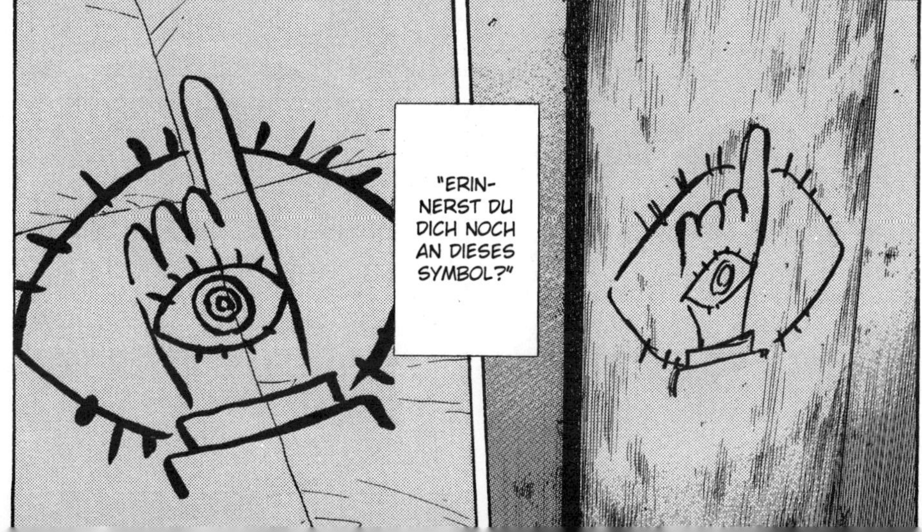

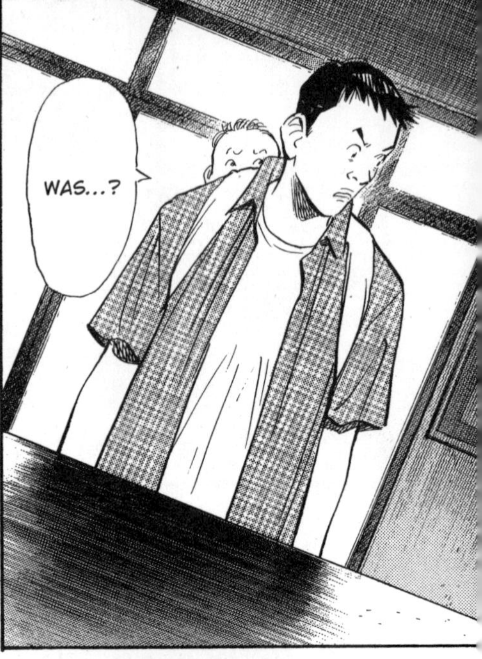
WAS...?

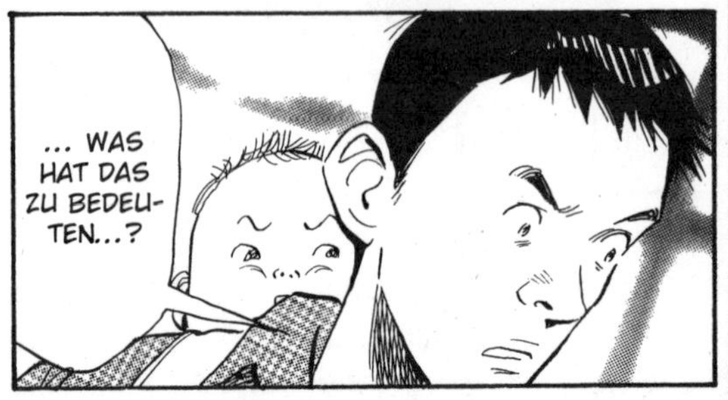
... WAS HAT DAS ZU BEDEUTEN...?

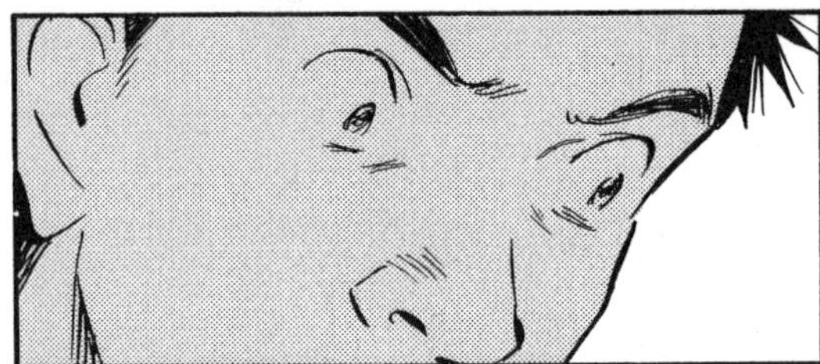

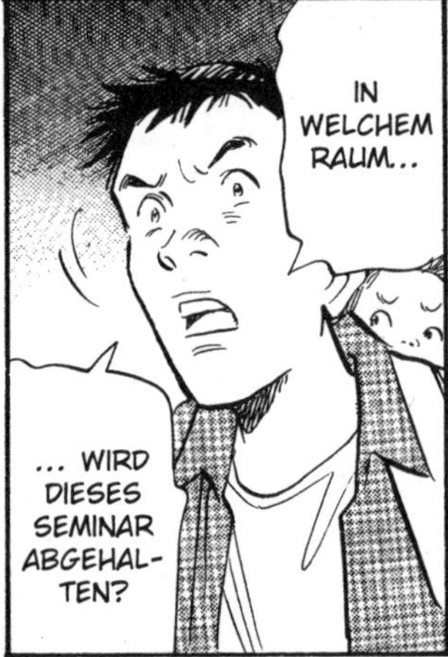
IN WELCHEM RAUM...
... WIRD DIESES SEMINAR ABGEHALTEN?

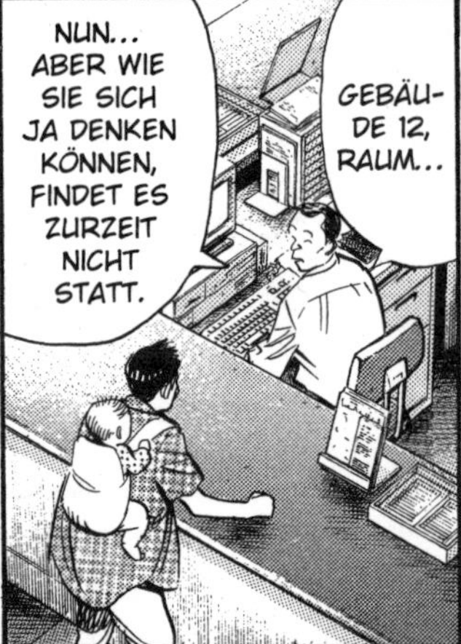
GEBÄUDE 12, RAUM...
NUN... ABER WIE SIE SICH JA DENKEN KÖNNEN, FINDET ES ZURZEIT NICHT STATT.

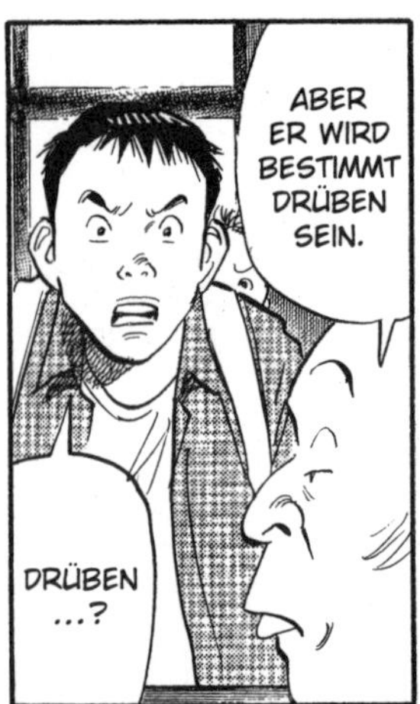
ABER ER WIRD BESTIMMT DRÜBEN SEIN.
DRÜBEN ...?

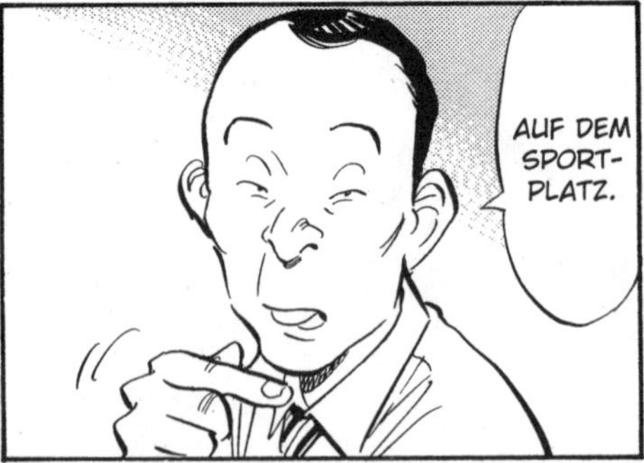
AUF DEM SPORTPLATZ.

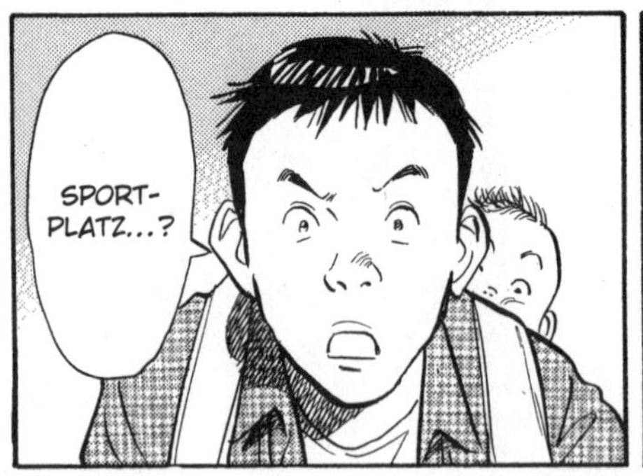
SPORTPLATZ...?

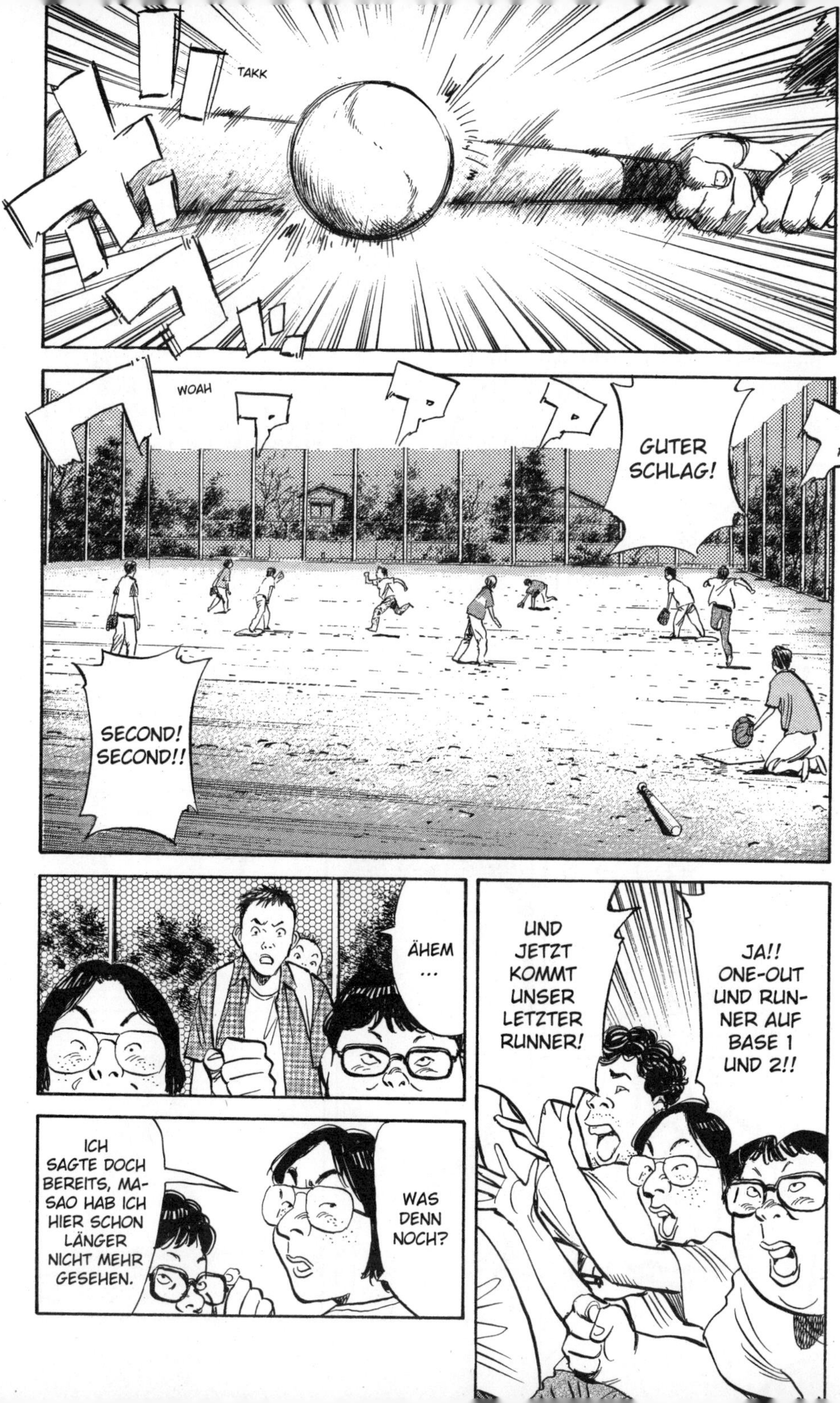

TAKK

GUTER SCHLAG!

WOAH

SECOND! SECOND!!

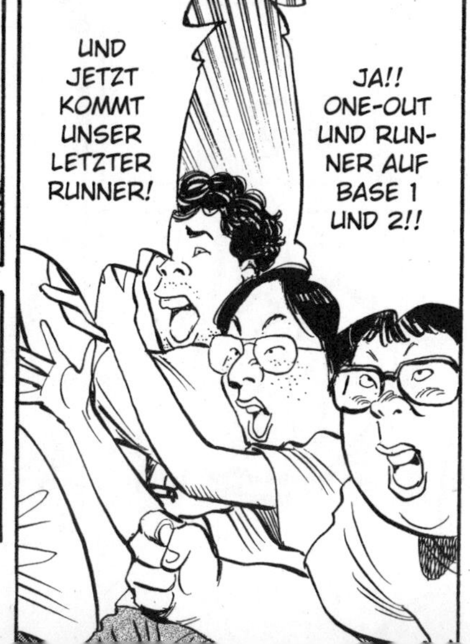

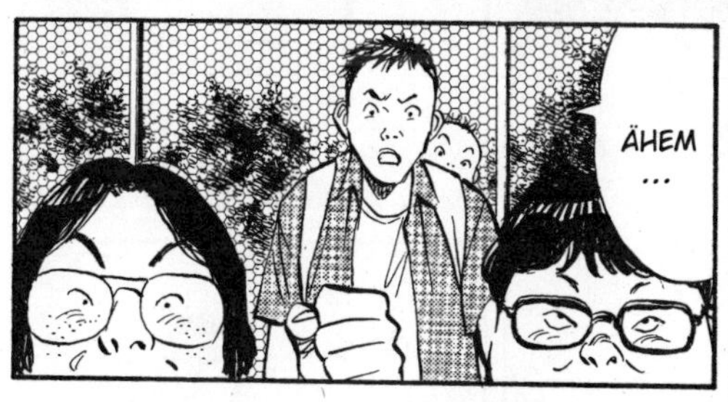

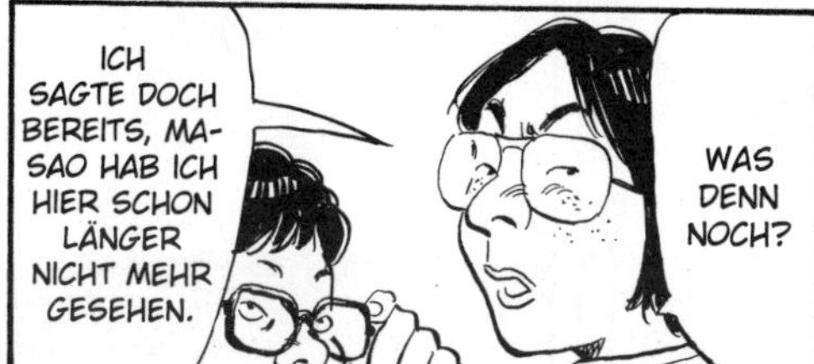

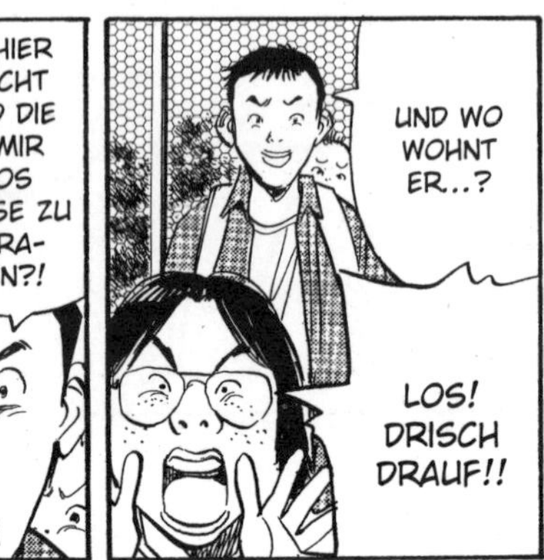
UND WO WOHNT ER...?
LOS! DRISCH DRAUF!!

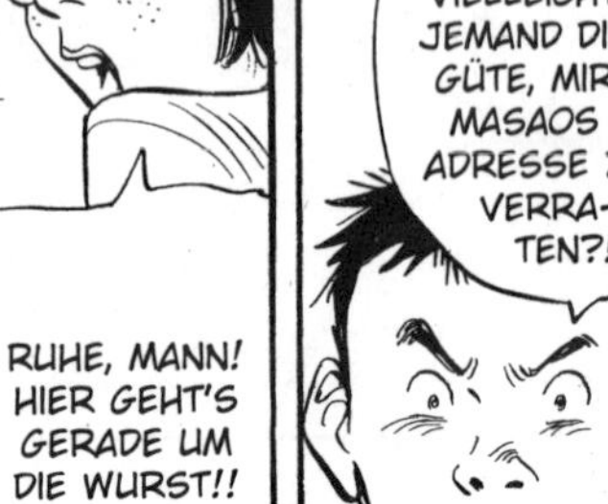
HÄTTE HIER VIELLEICHT JEMAND DIE GÜTE, MIR MASAOS ADRESSE ZU VERRA-TEN?!

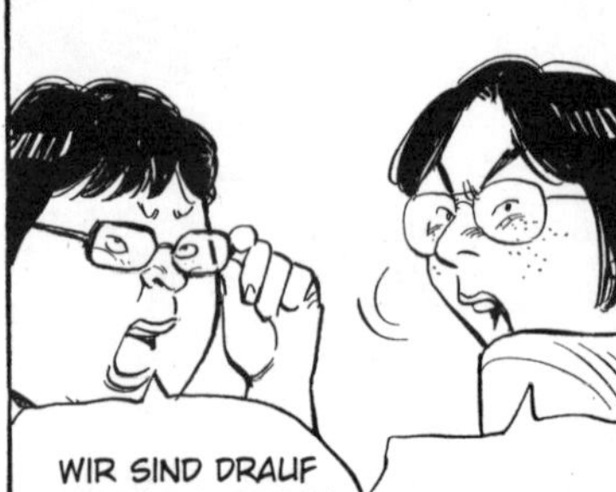
RUHE, MANN! HIER GEHT'S GERADE UM DIE WURST!!
WIR SIND DRAUF UND DRAN, GEGEN UNSEREN ERZFEIND IN DER SEMINAR-MEISTERSCHAFT ZU GEWINNEN, DIE TYPEN AUS DEM SEMINAR VON PRO-FESSOR KABUTO!!

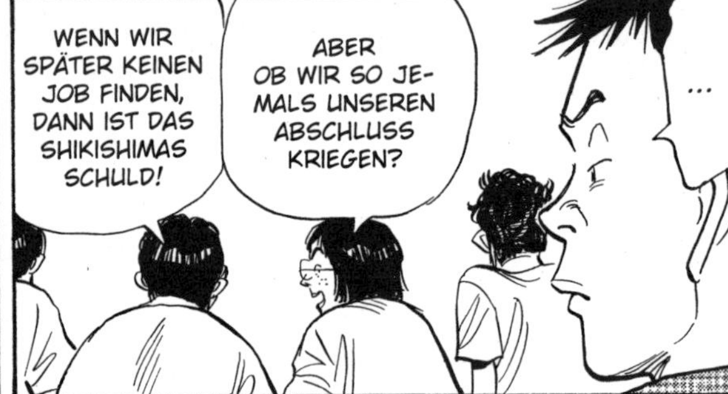
...
ABER OB WIR SO JE-MALS UNSEREN ABSCHLUSS KRIEGEN?
WENN WIR SPÄTER KEINEN JOB FINDEN, DANN IST DAS SHIKISHIMAS SCHULD!

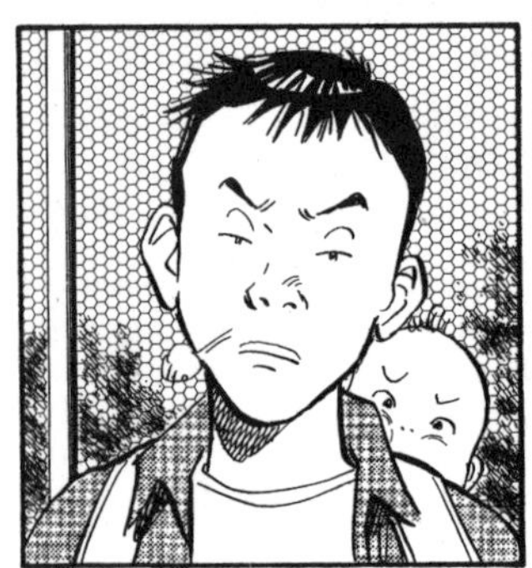

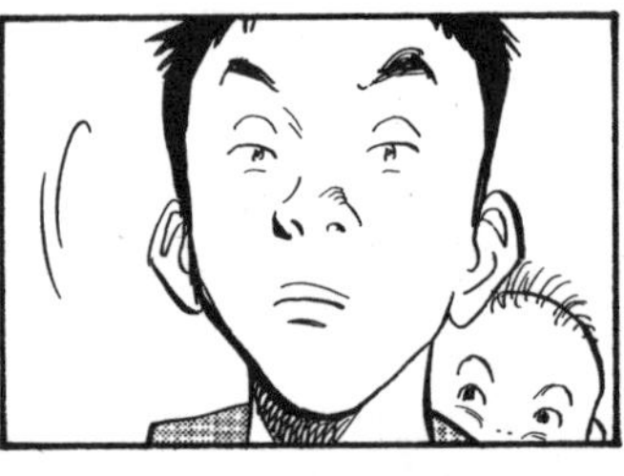

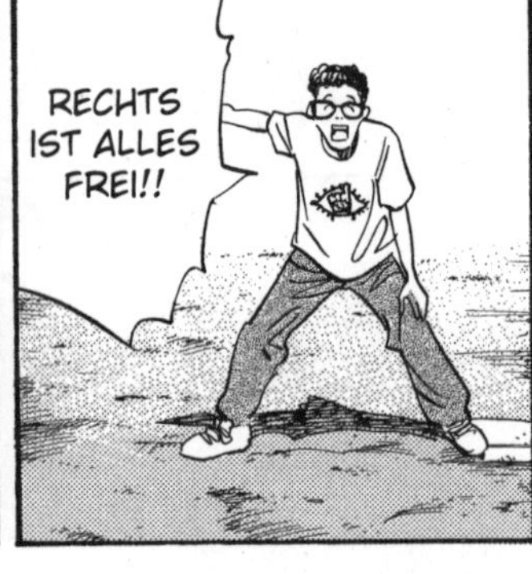
RECHTS IST ALLES FREI!!

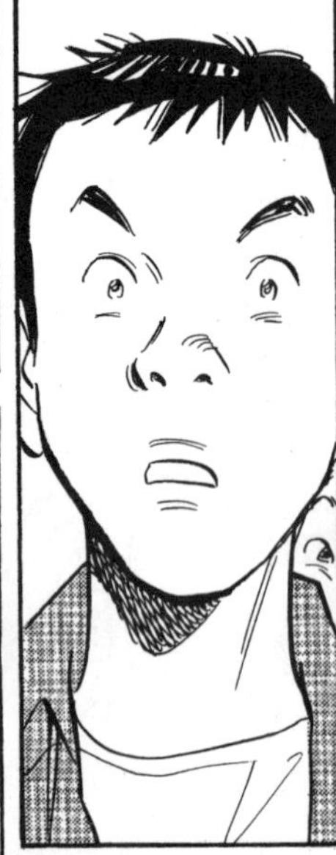

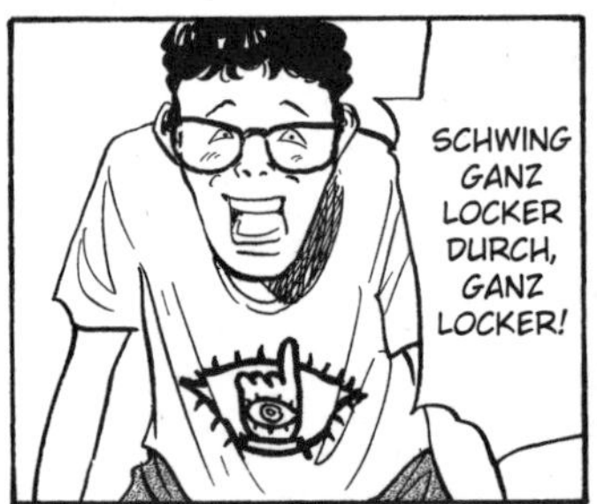
SCHWING GANZ LOCKER DURCH, GANZ LOCKER!

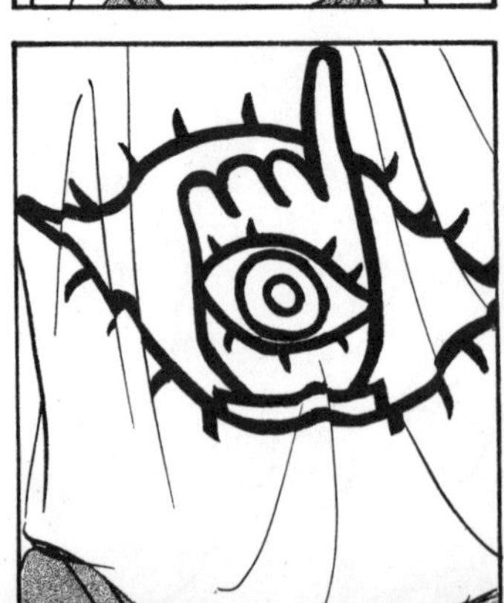

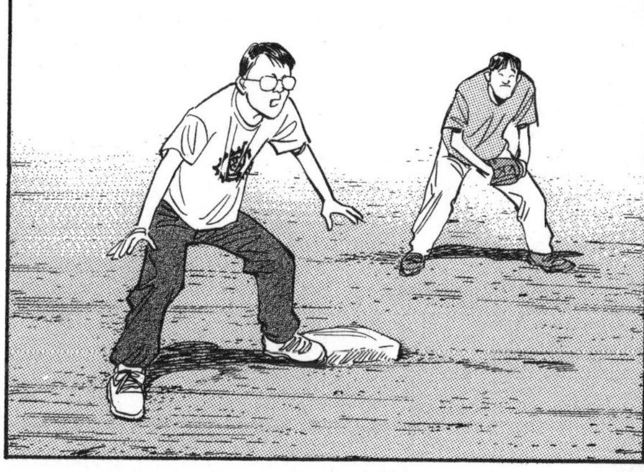

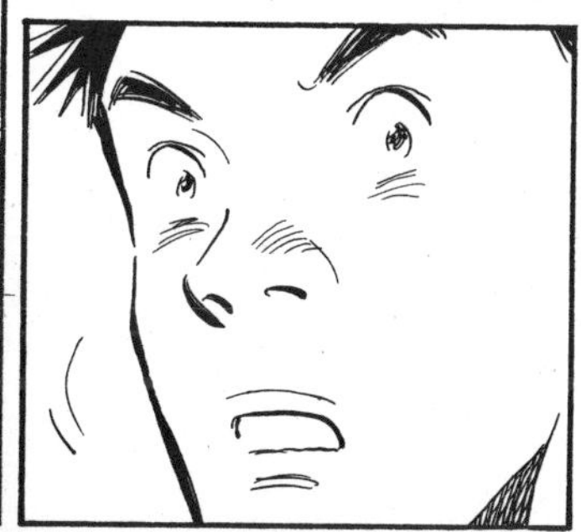

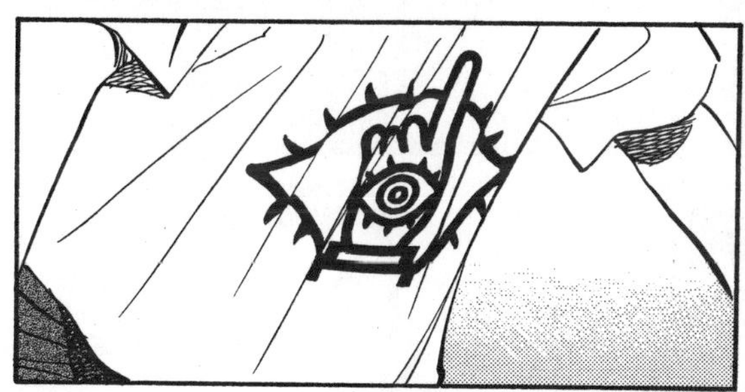

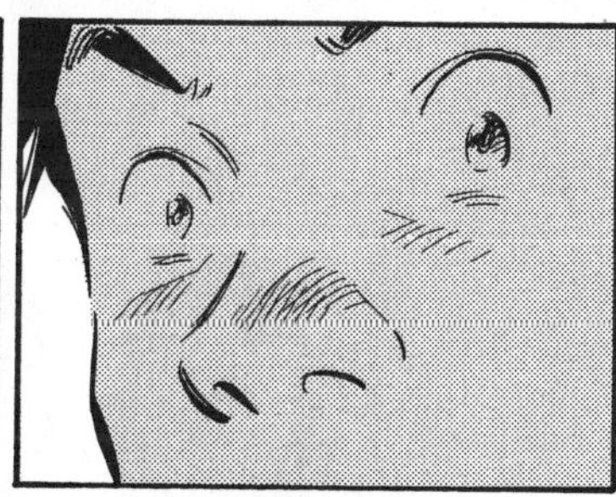

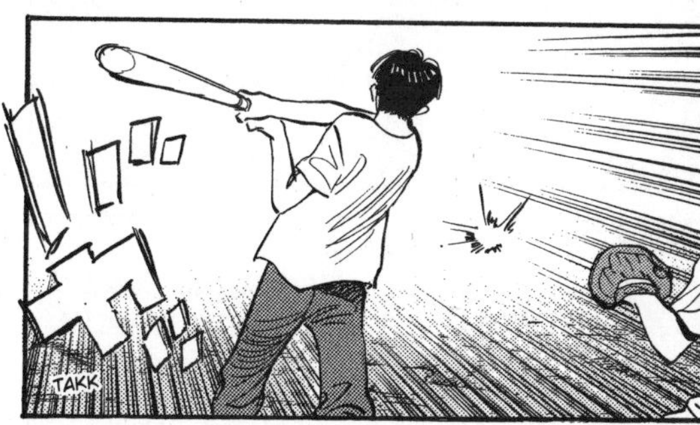
TAKK

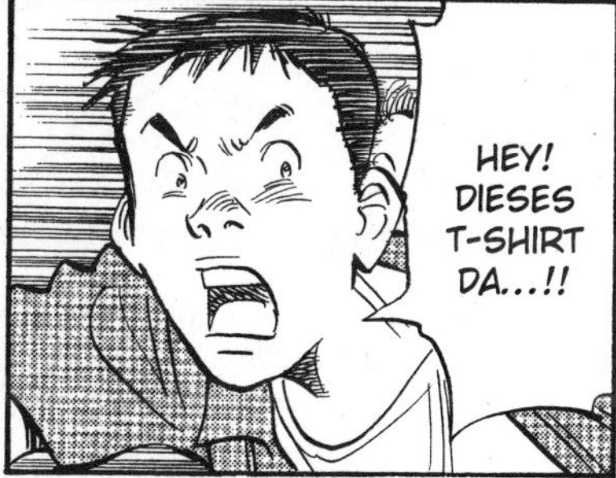
HEY! DIESES T-SHIRT DA...!!

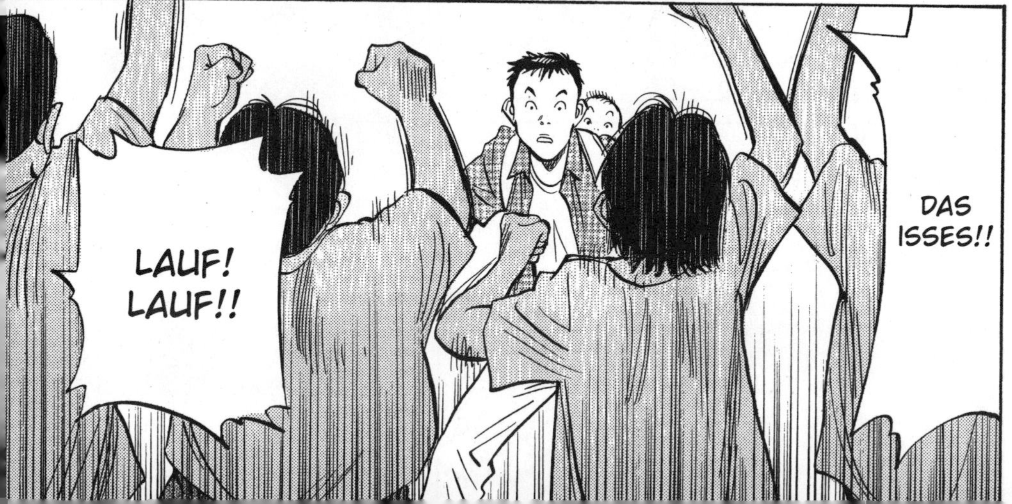
DAS ISSES!!
LAUF! LAUF!!

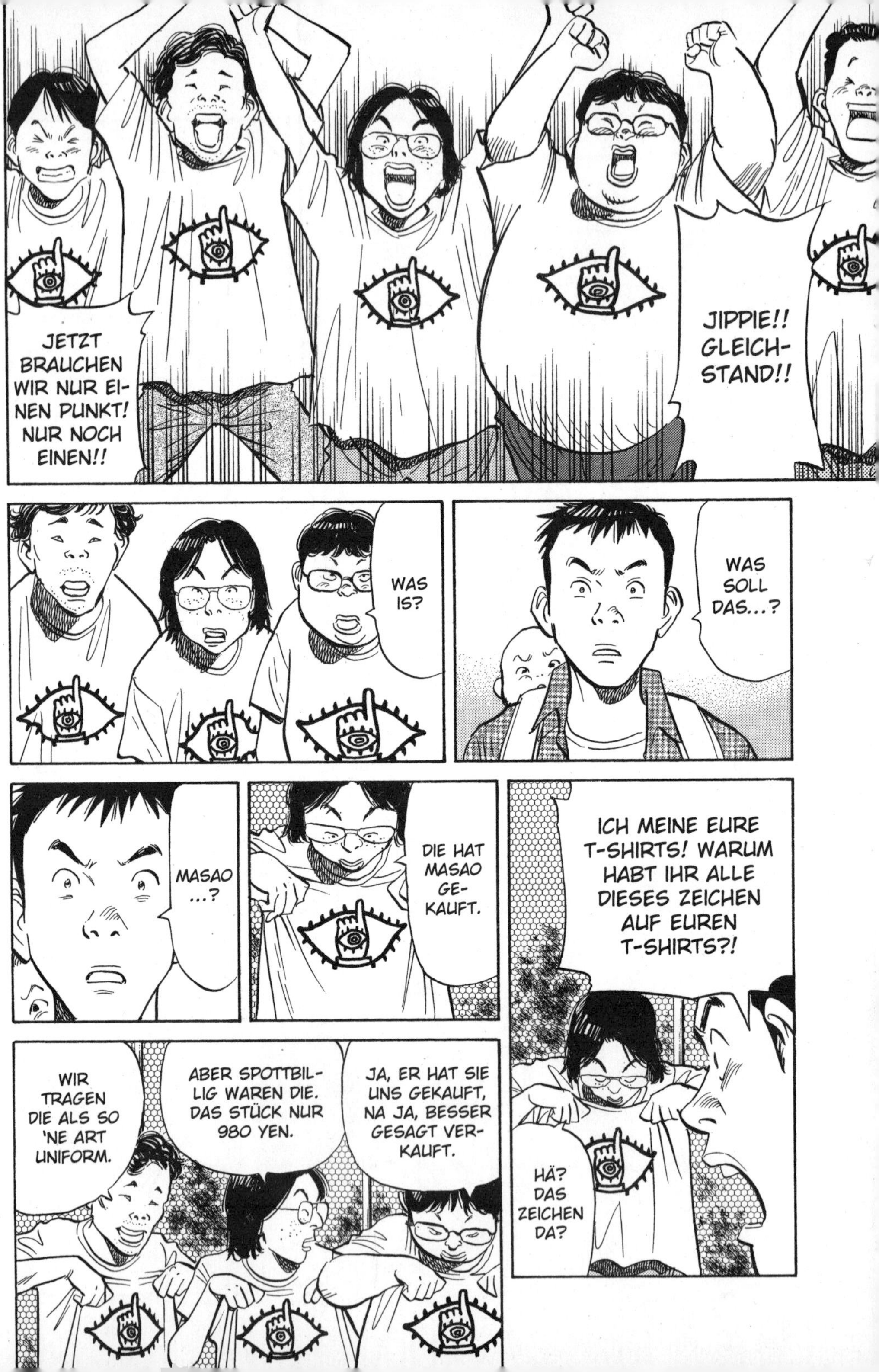

JIPPIE!! GLEICH-STAND!!
JETZT BRAUCHEN WIR NUR EINEN PUNKT! NUR NOCH EINEN!!

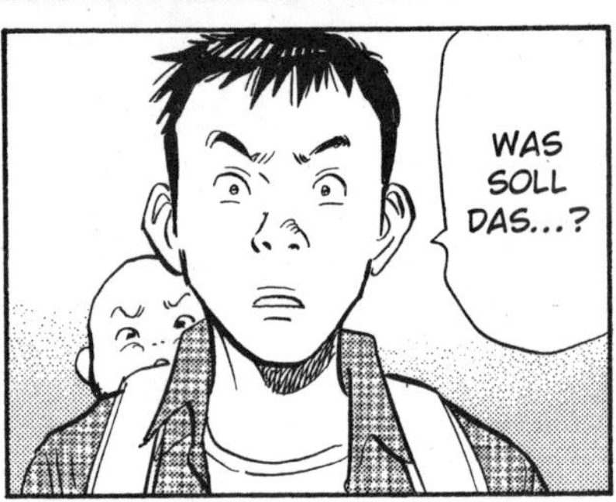
WAS SOLL DAS...?

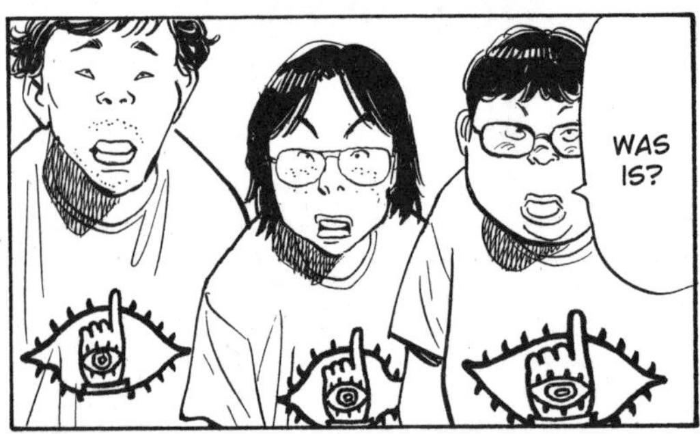
WAS IS?

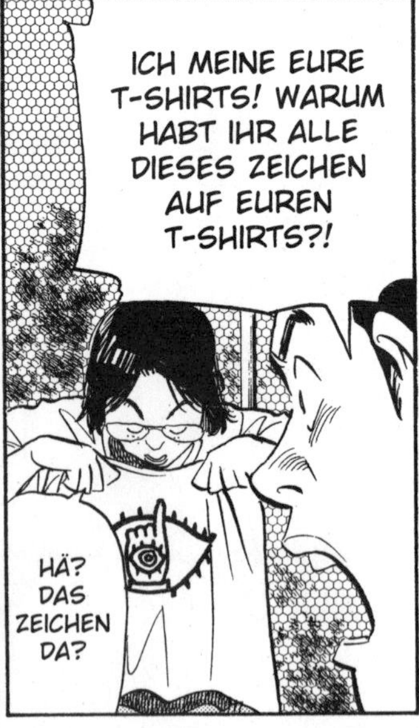
ICH MEINE EURE T-SHIRTS! WARUM HABT IHR ALLE DIESES ZEICHEN AUF EUREN T-SHIRTS?!
HÄ? DAS ZEICHEN DA?

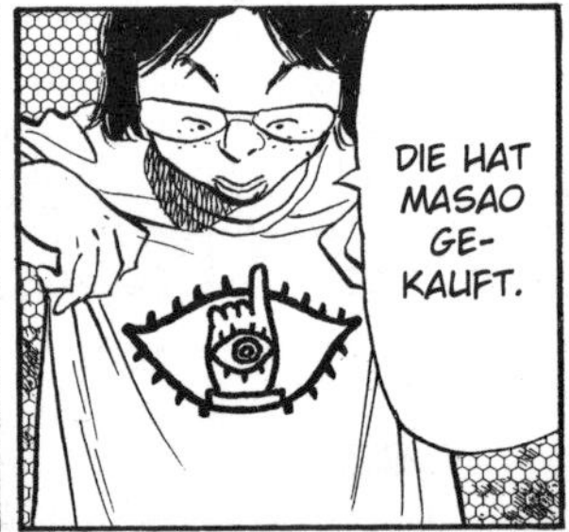
DIE HAT MASAO GE-KAUFT.

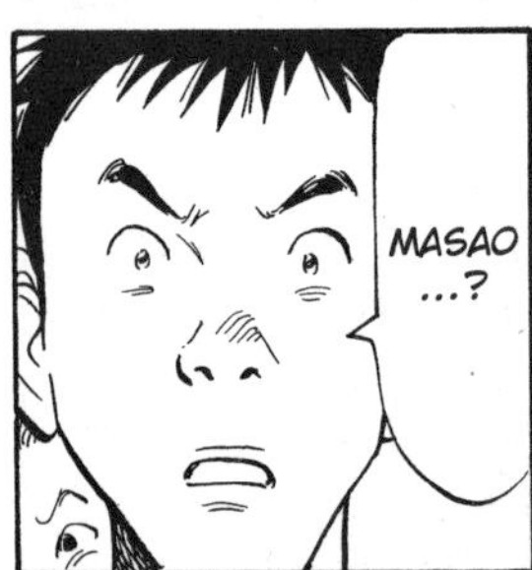
MASAO ...?

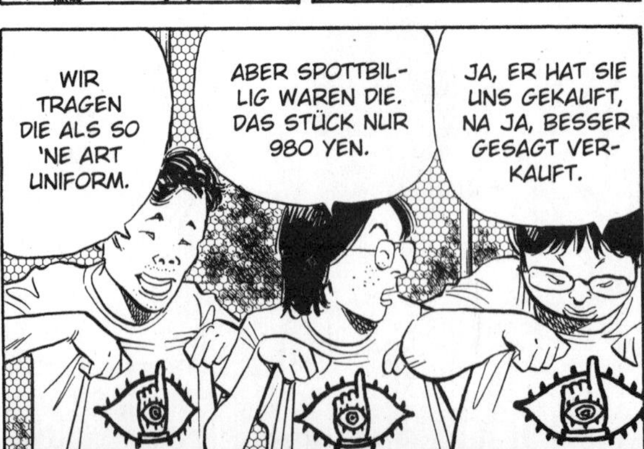
JA, ER HAT SIE UNS GEKAUFT, NA JA, BESSER GESAGT VER-KAUFT.
ABER SPOTTBIL-LIG WAREN DIE. DAS STÜCK NUR 980 YEN.
WIR TRAGEN DIE ALS SO 'NE ART UNIFORM.

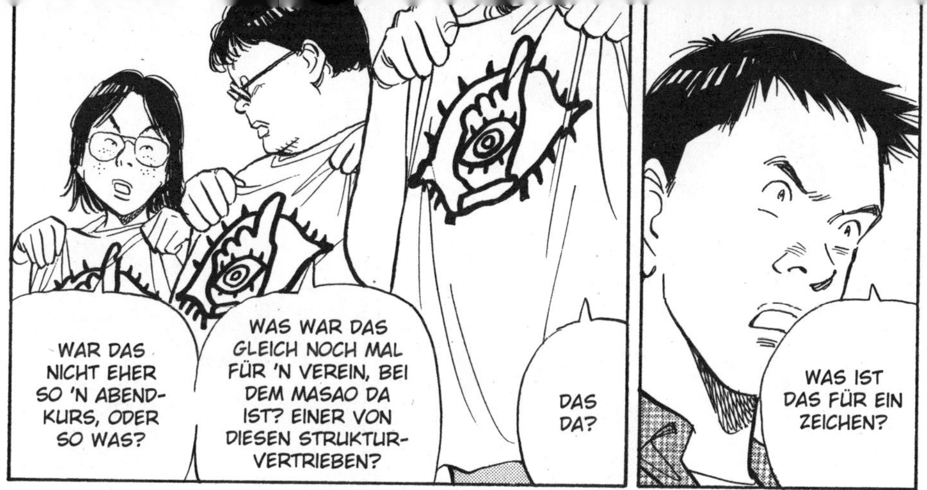
WAS IST DAS FÜR EIN ZEICHEN?
DAS DA?
WAS WAR DAS GLEICH NOCH MAL FÜR 'N VEREIN, BEI DEM MASAO DA IST? EINER VON DIESEN STRUKTURVERTRIEBEN?
WAR DAS NICHT EHER SO 'N ABENDKURS, ODER SO WAS?

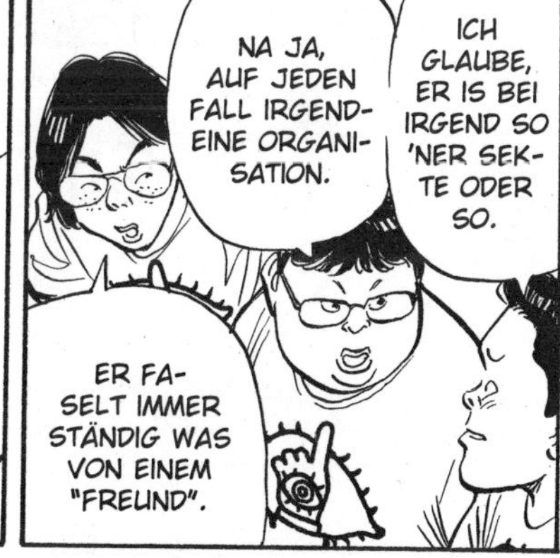
ICH GLAUBE, ER IS BEI IRGEND SO 'NER SEKTE ODER SO.
NA JA, AUF JEDEN FALL IRGENDEINE ORGANISATION.
ER FASELT IMMER STÄNDIG WAS VON EINEM "FREUND".

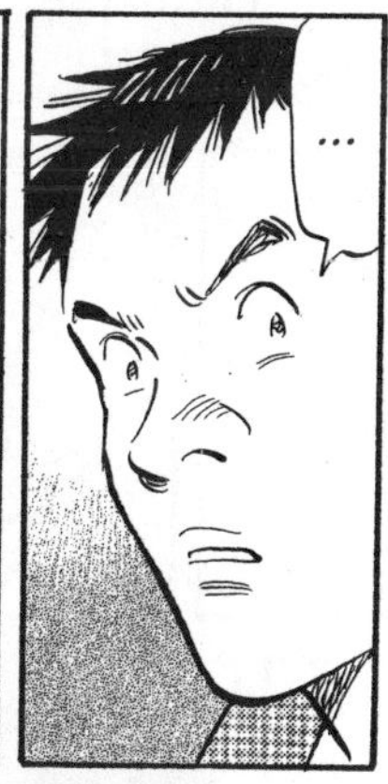
...

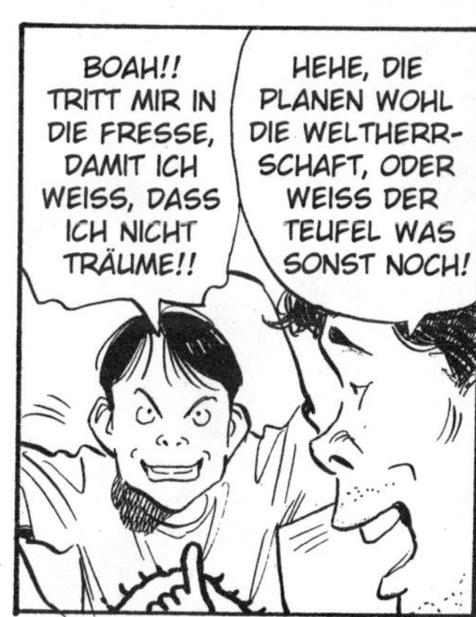
HEHE, DIE PLANEN WOHL DIE WELTHERRSCHAFT, ODER WEISS DER TEUFEL WAS SONST NOCH!
BOAH!! TRITT MIR IN DIE FRESSE, DAMIT ICH WEISS, DASS ICH NICHT TRÄUME!!

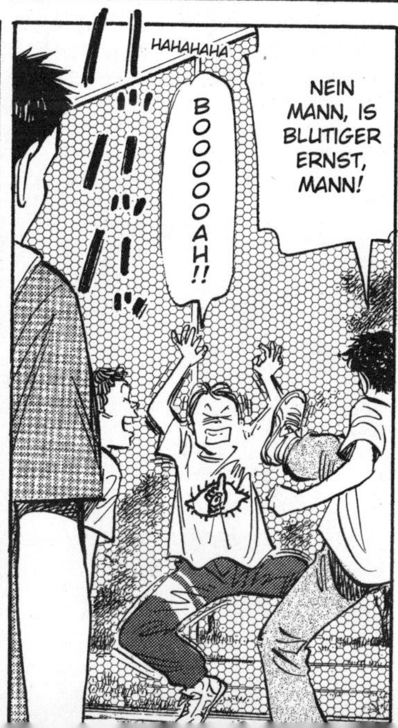
HAHAHAHA
NEIN MANN, IS BLUTIGER ERNST, MANN!
BOOOOOAH!!

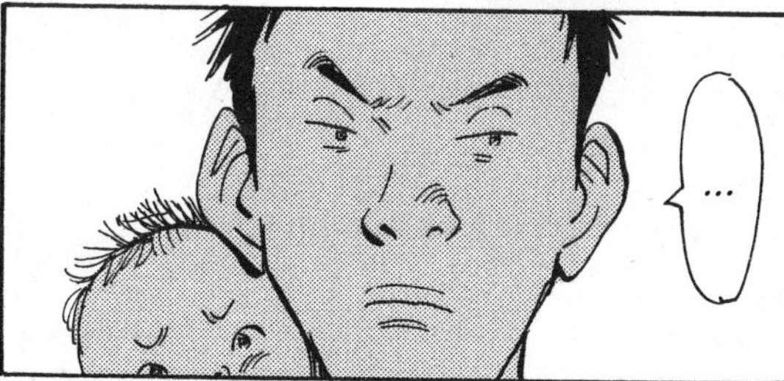
...

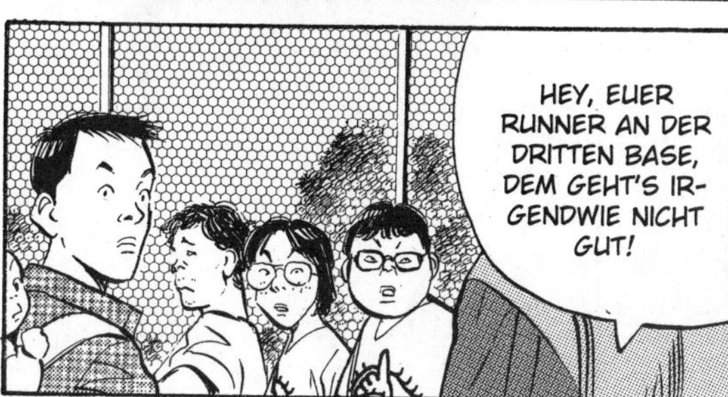
HEY, EUER RUNNER AN DER DRITTEN BASE, DEM GEHT'S IRGENDWIE NICHT GUT!

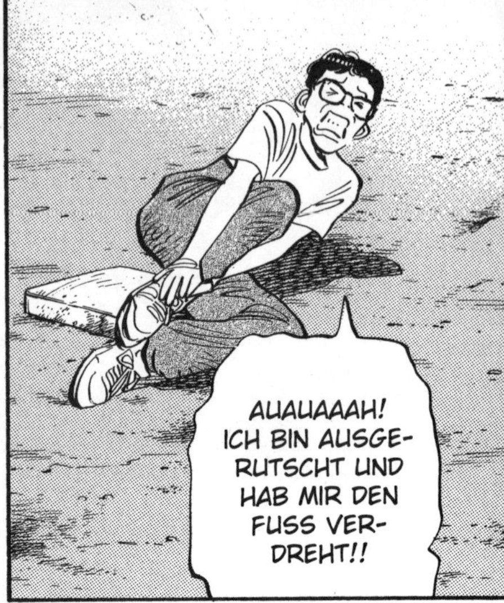
AUAUAAAH! ICH BIN AUSGE-RUTSCHT UND HAB MIR DEN FUSS VER-DREHT!!

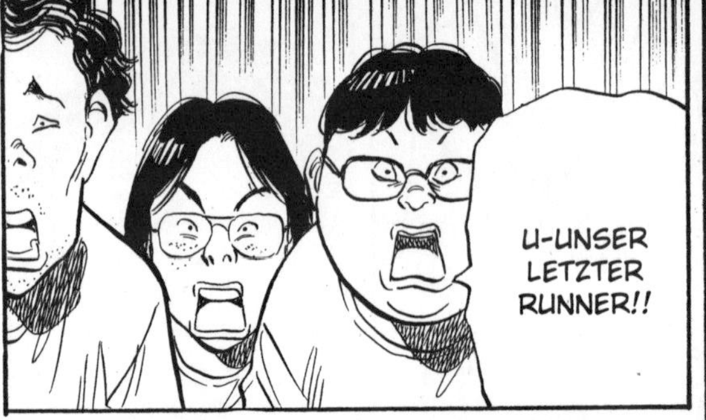
U-UNSER LETZTER RUNNER!!

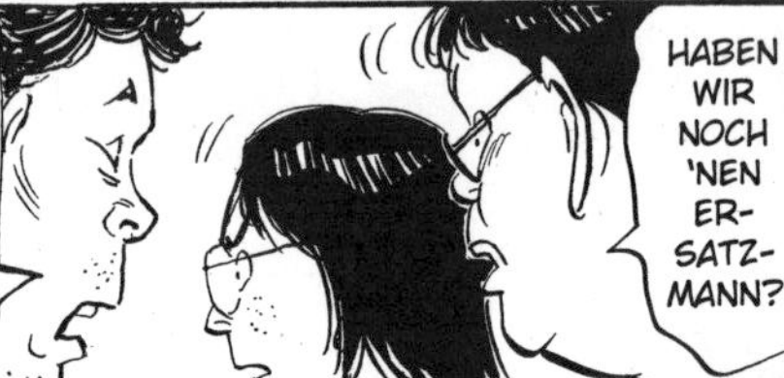
HABEN WIR NOCH 'NEN ER-SATZ-MANN?

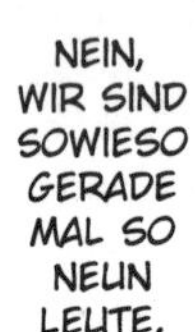
NEIN, WIR SIND SOWIESO GERADE MAL SO NEUN LEUTE.

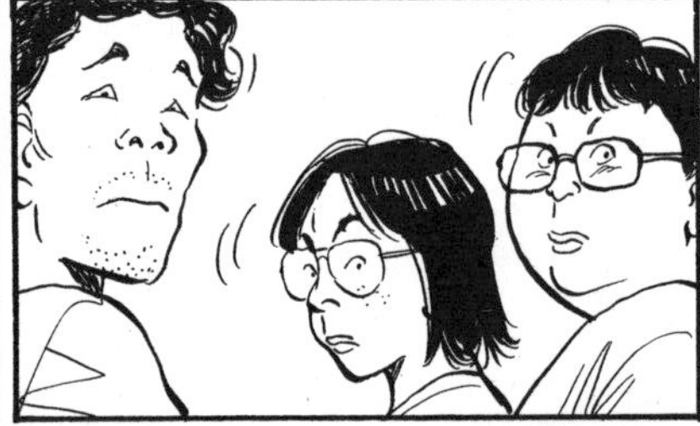

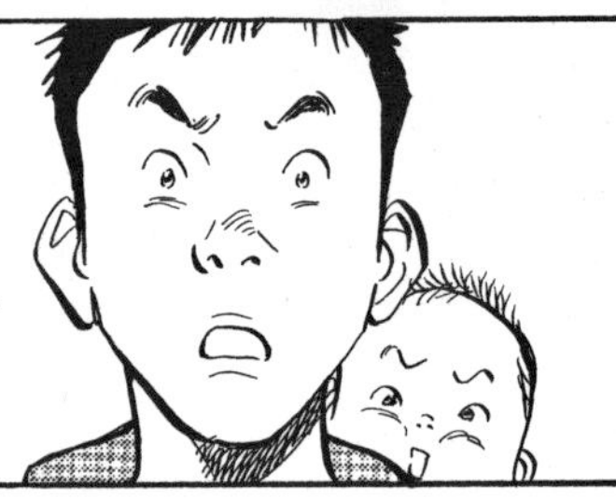

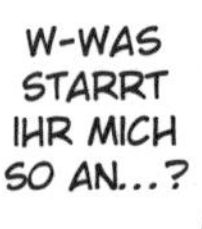
W-WAS STARRT IHR MICH SO AN...?

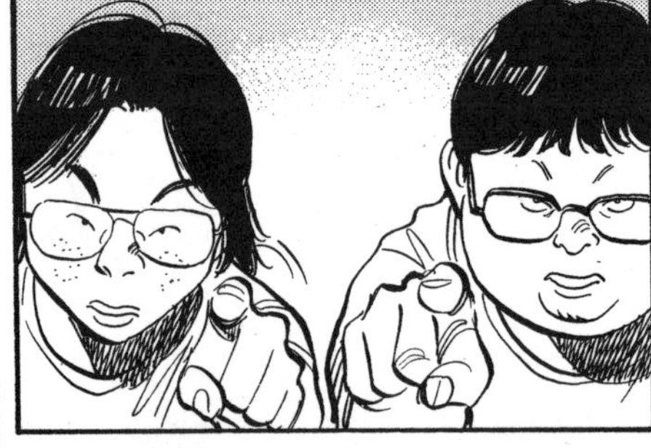

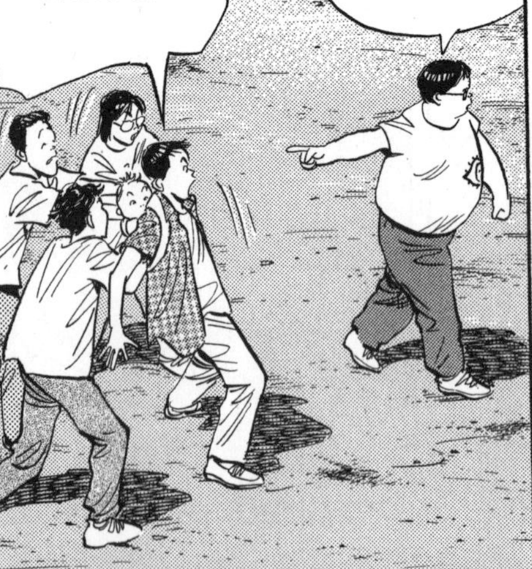

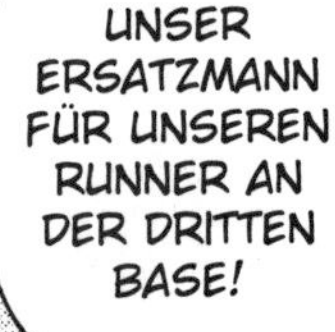
UNSER ERSATZMANN FÜR UNSEREN RUNNER AN DER DRITTEN BASE!

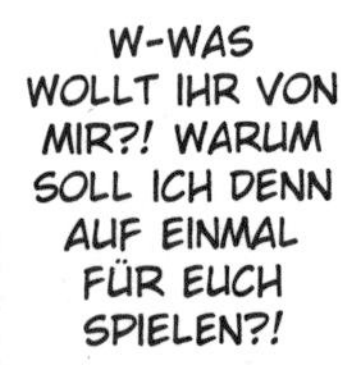
W-WAS WOLLT IHR VON MIR?! WARUM SOLL ICH DENN AUF EINMAL FÜR EUCH SPIELEN?!

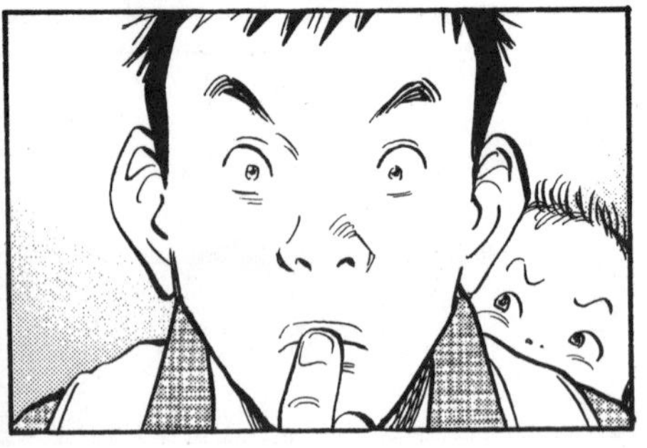

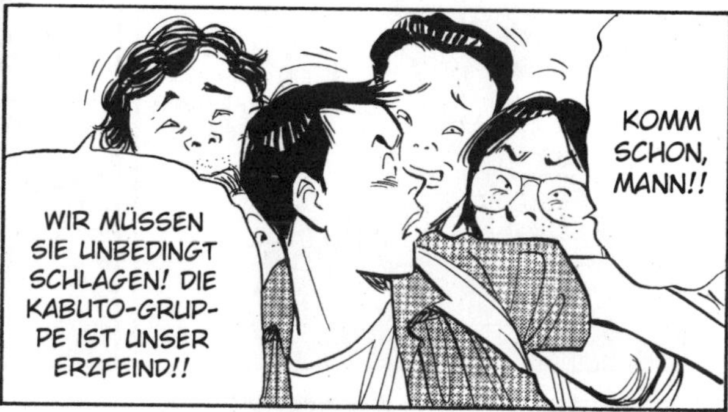
KOMM SCHON, MANN!!
WIR MÜSSEN SIE UNBEDINGT SCHLAGEN! DIE KABUTO-GRUPPE IST UNSER ERZFEIND!!
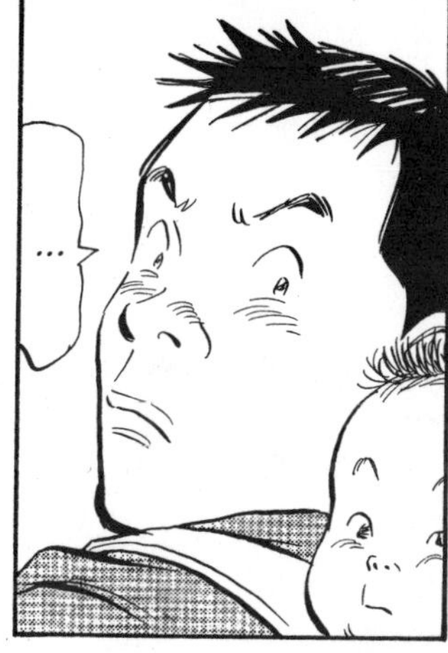
...
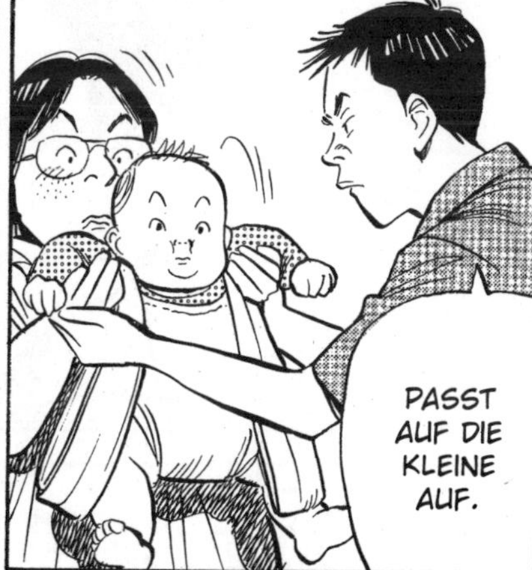
PASST AUF DIE KLEINE AUF.
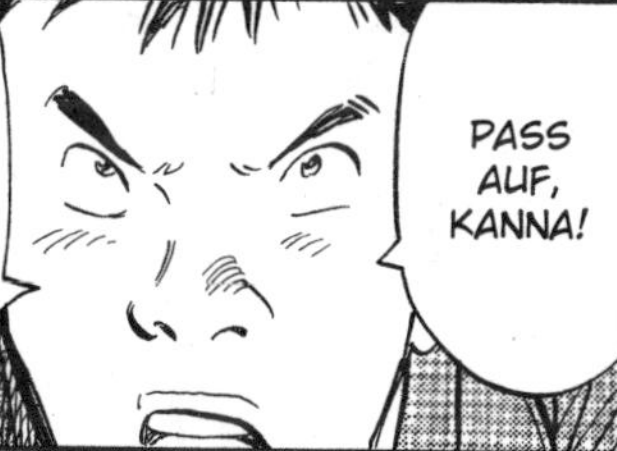
PASS AUF, KANNA!
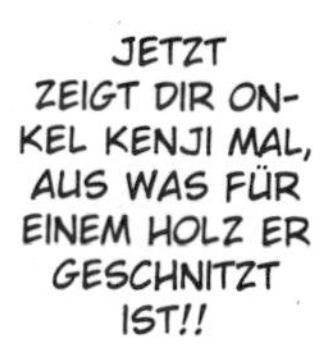
JETZT ZEIGT DIR ONKEL KENJI MAL, AUS WAS FÜR EINEM HOLZ ER GESCHNITZT IST!!
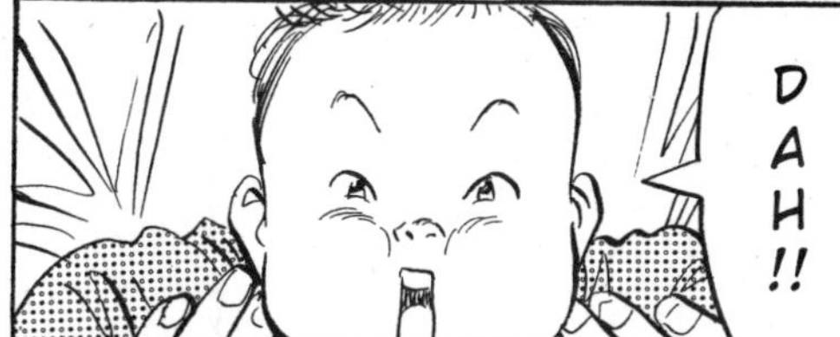
DAH!!
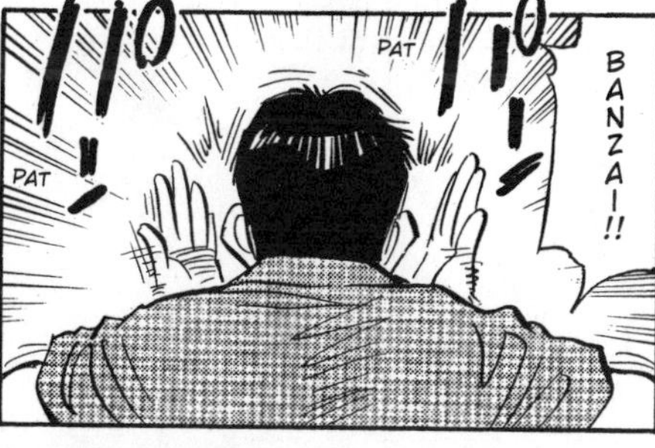
BANZAI!!
PAT
PAT
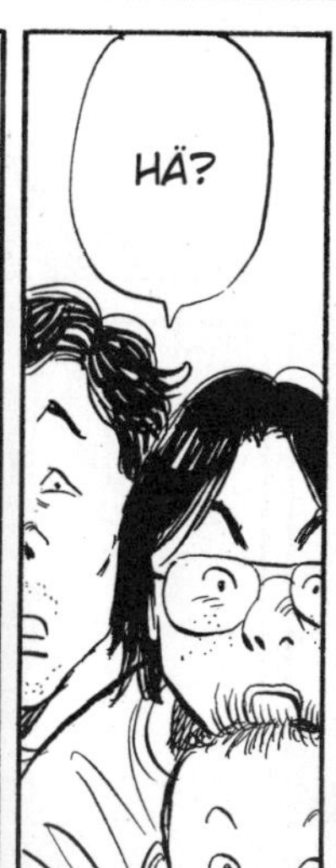
HÄ?
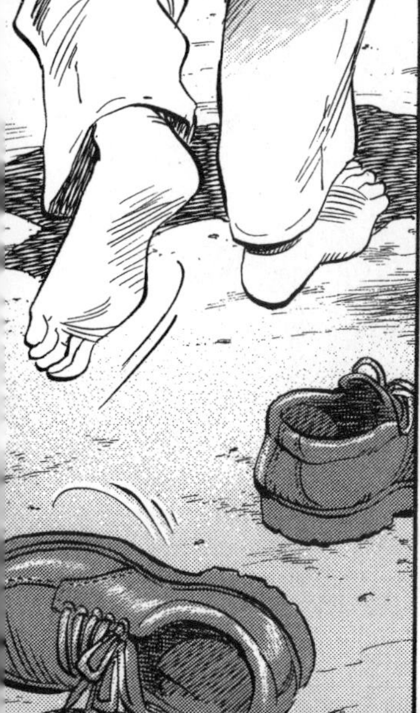
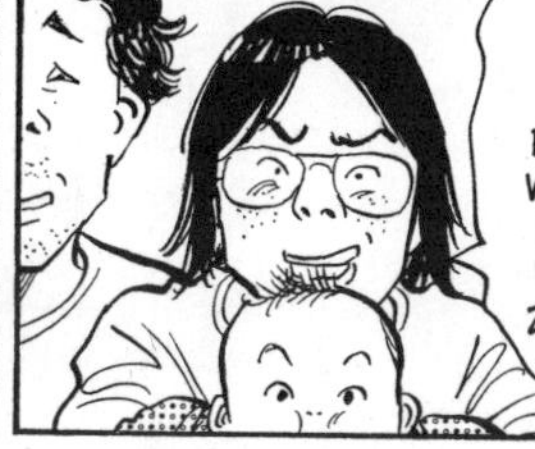
ALTER, ES IST NUR SOFTBALL, KRIEG DICH WIEDER EIN. IS JA NICH SO, ALS OB DU IN DEN KRIEG ZIEHEN WÜRDEST, ODER SO.

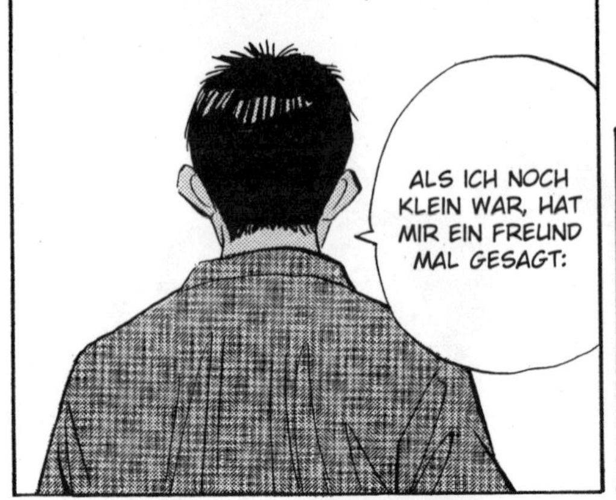
ALS ICH NOCH KLEIN WAR, HAT MIR EIN FREUND MAL GESAGT:
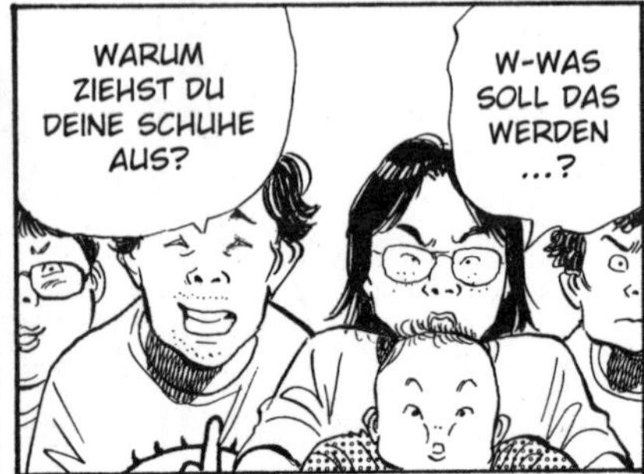
W-WAS SOLL DAS WERDEN ...?
WARUM ZIEHST DU DEINE SCHUHE AUS?
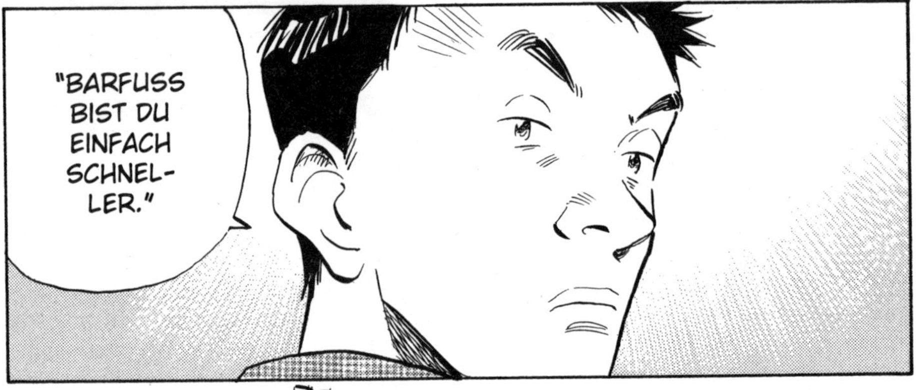
"BARFUSS BIST DU EINFACH SCHNEL-LER."
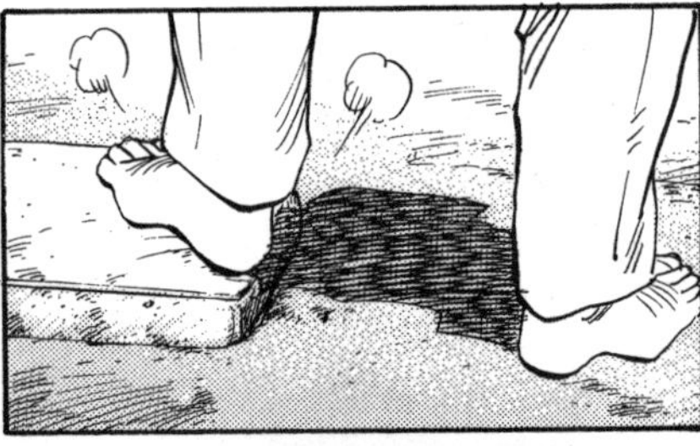
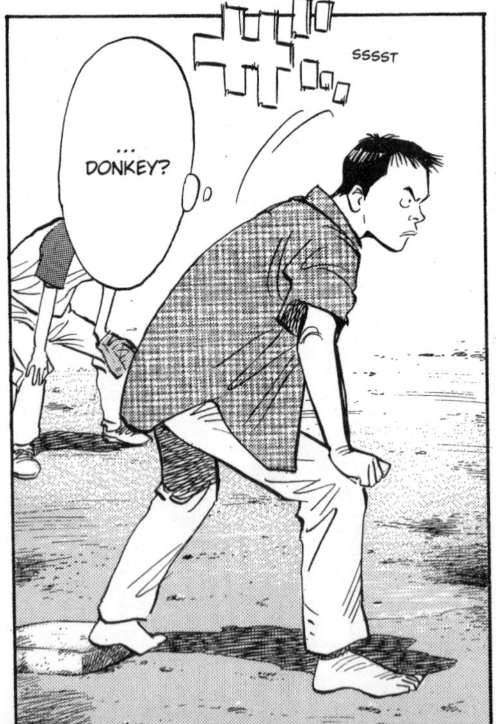
SSSST
... DONKEY?
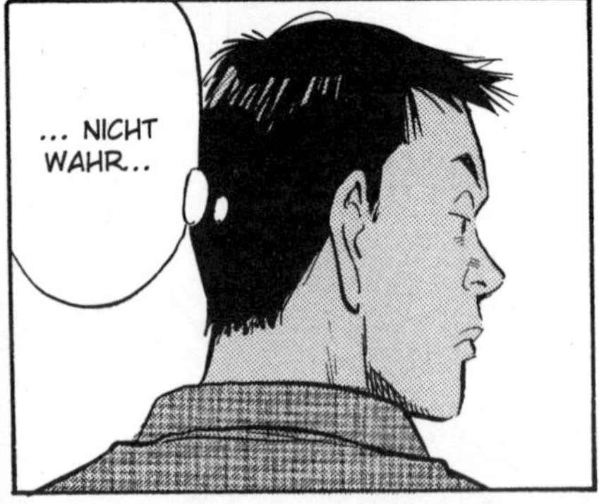
... NICHT WAHR...

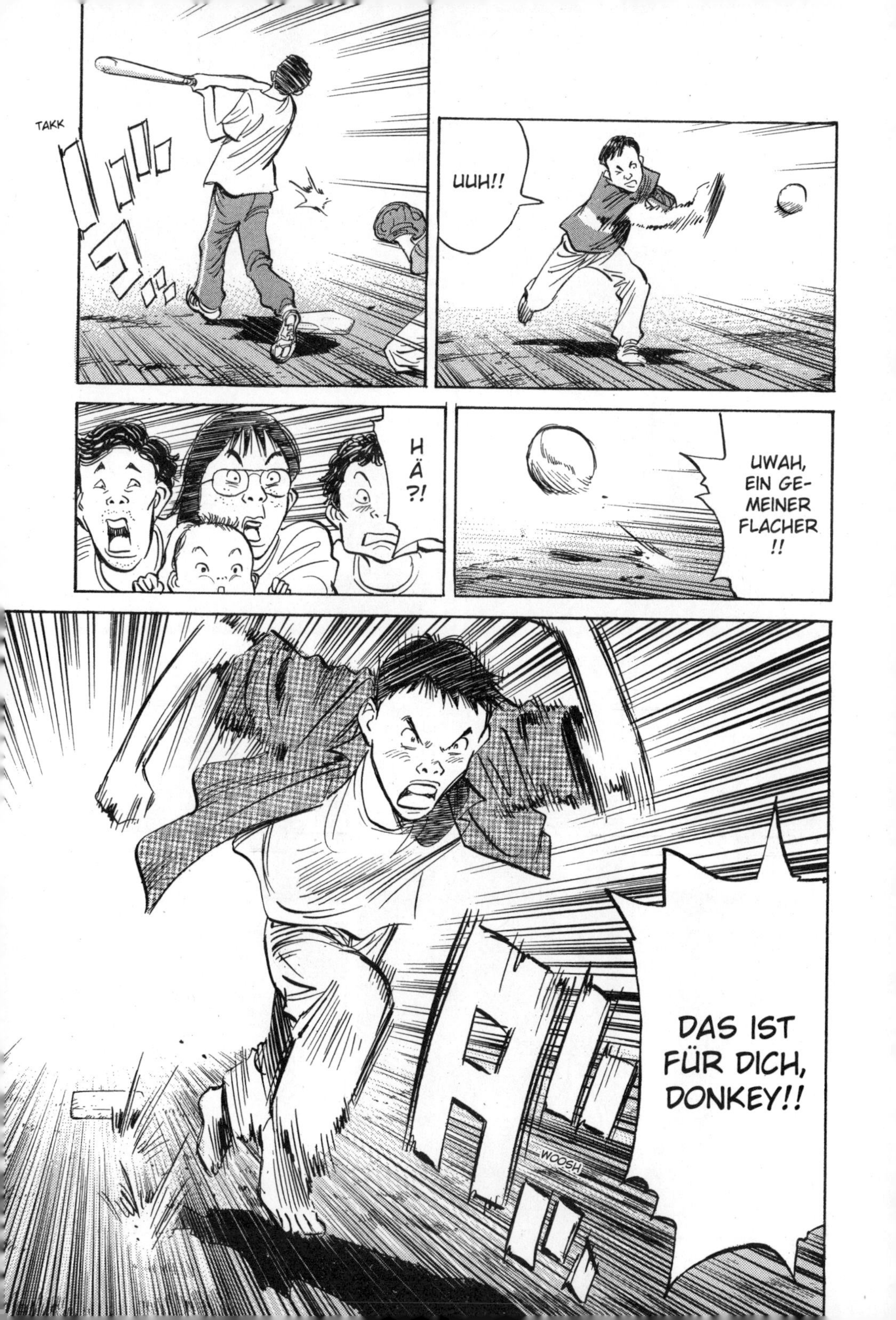

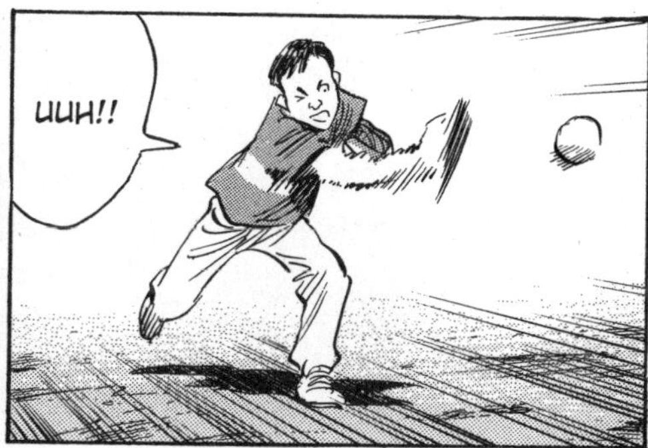

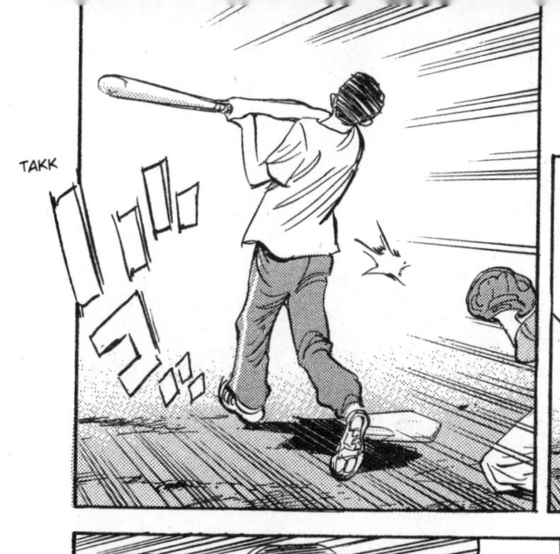

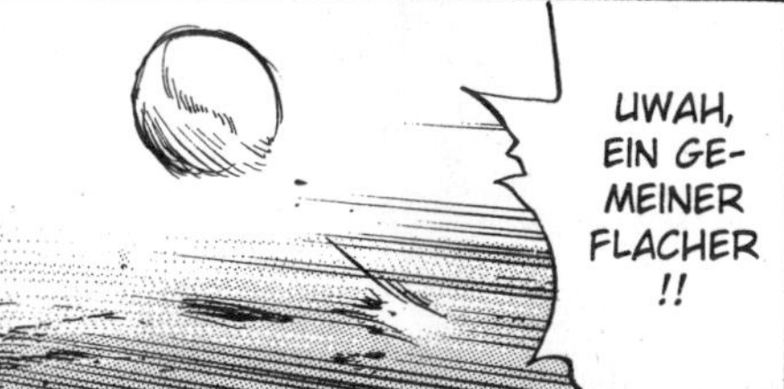

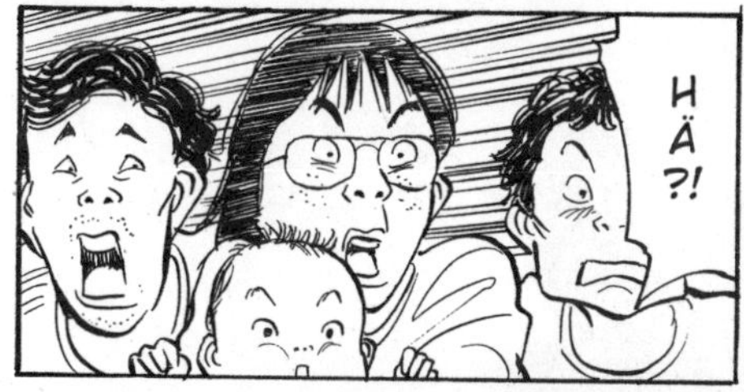

DAS IST FÜR DICH, DONKEY!!

WOOSH

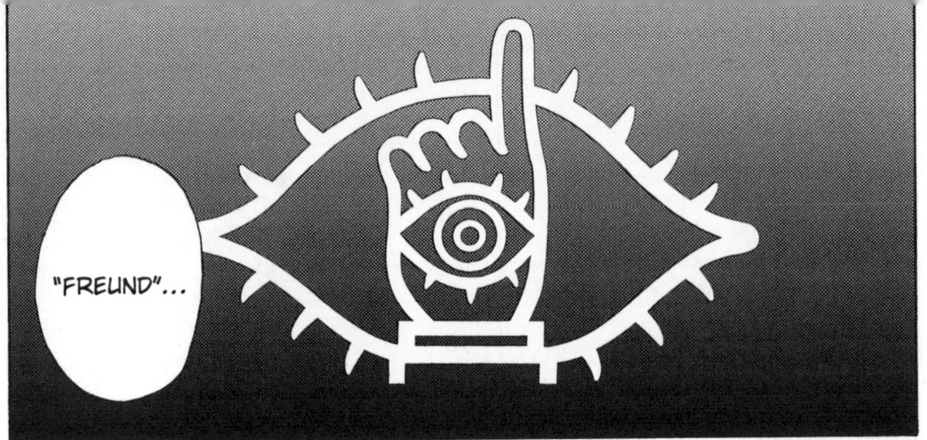
"FREUND"...

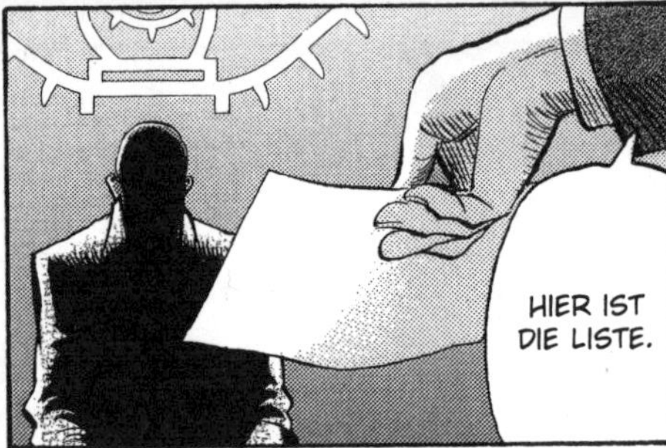
HIER IST DIE LISTE.

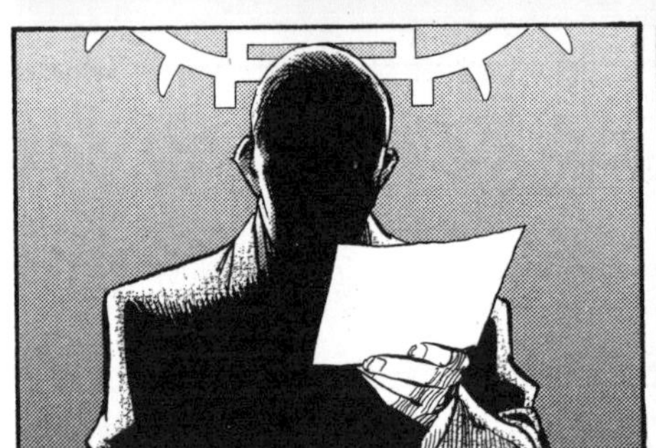

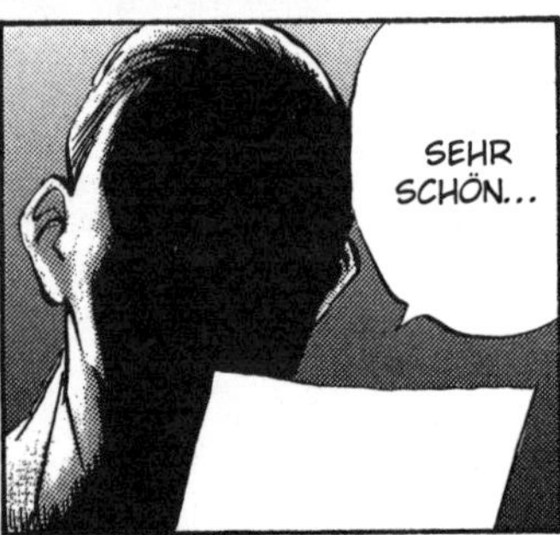
SEHR SCHÖN...

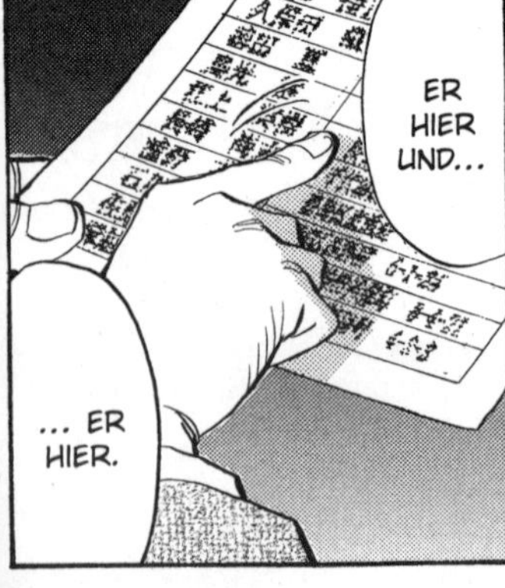
ER HIER UND...
... ER HIER.

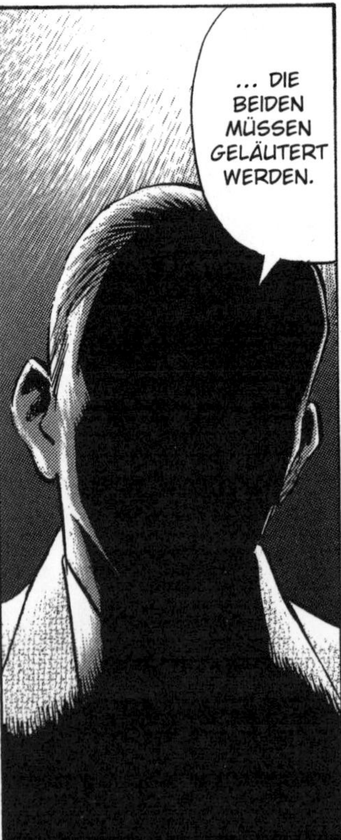
... DIE BEIDEN MÜSSEN GELÄUTERT WERDEN.

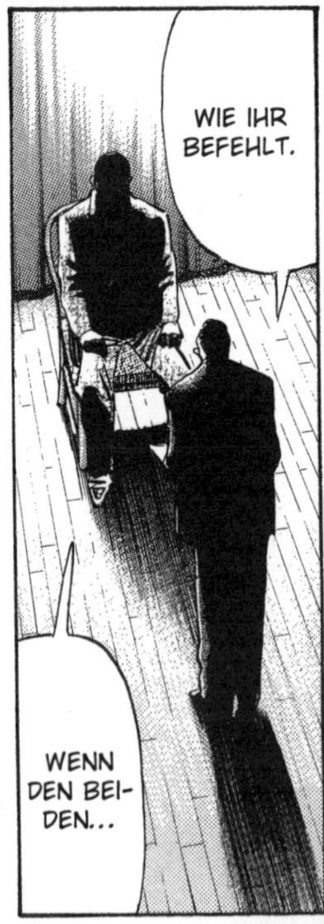
WIE IHR BEFEHLT.
WENN DEN BEI-DEN...

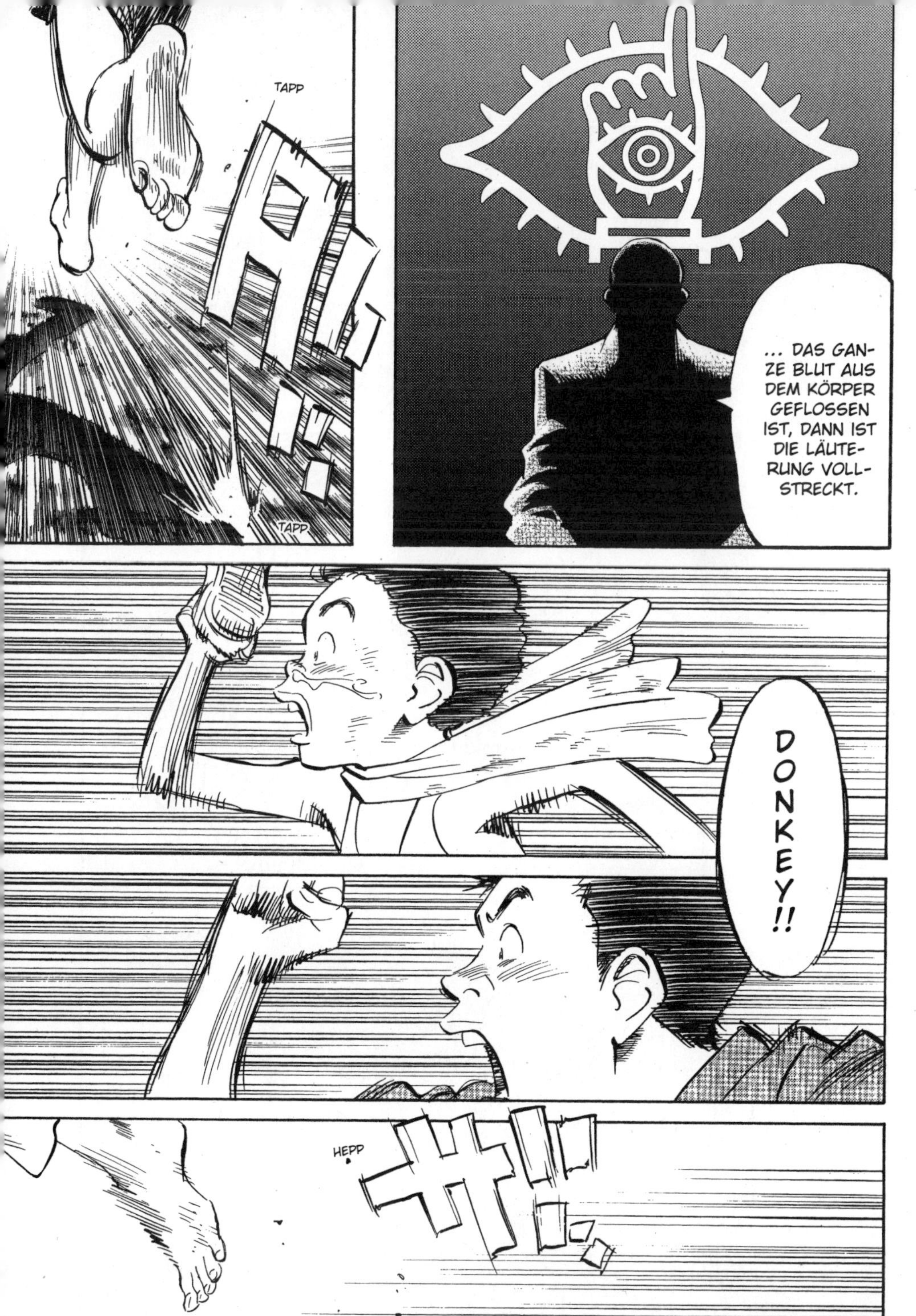
... DAS GANZE BLUT AUS DEM KÖRPER GEFLOSSEN IST, DANN IST DIE LÄUTERUNG VOLLSTRECKT.
TAPP
TAPP
DONKEY!!
HEPP

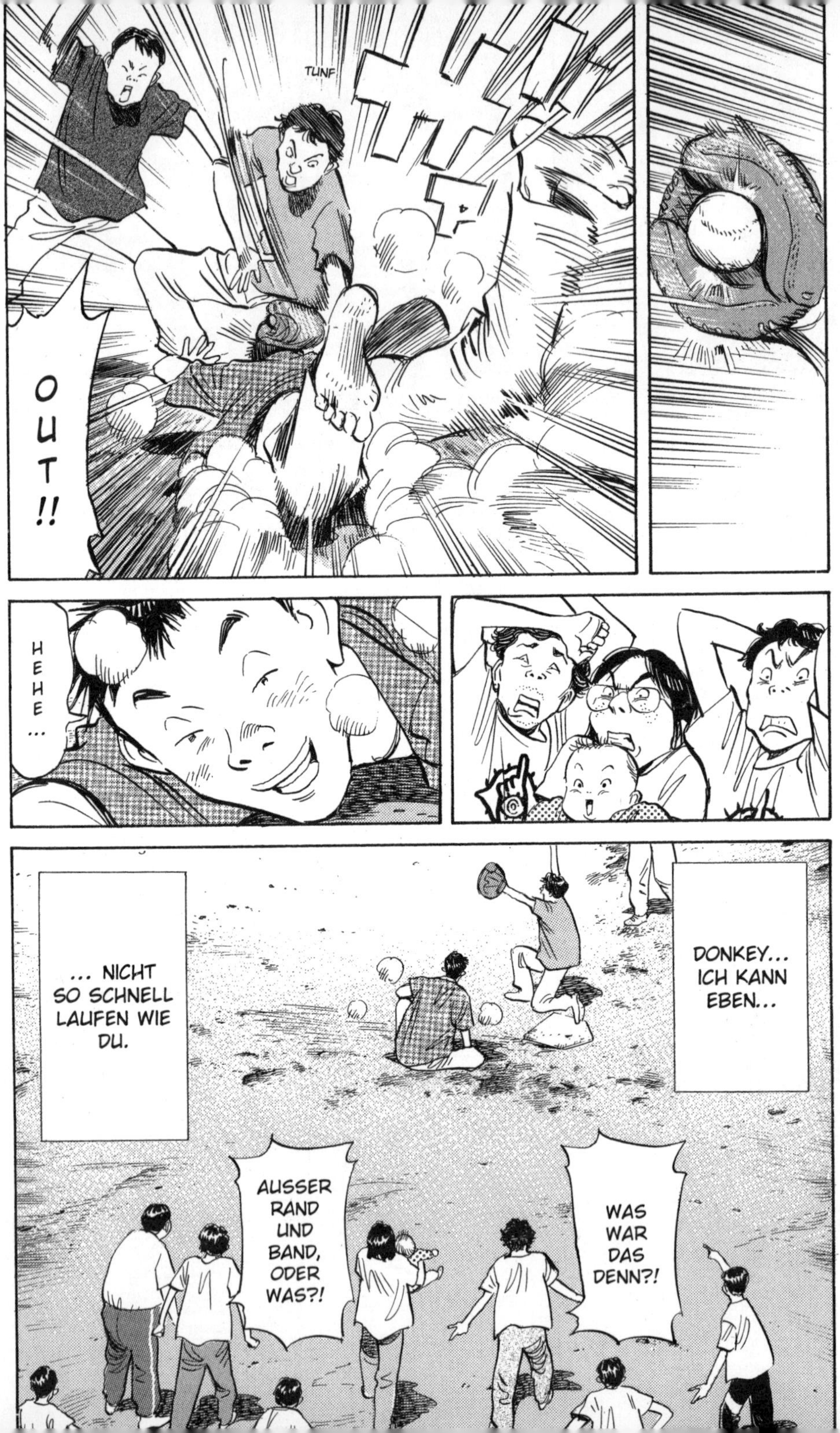

TUNF

OUT!!

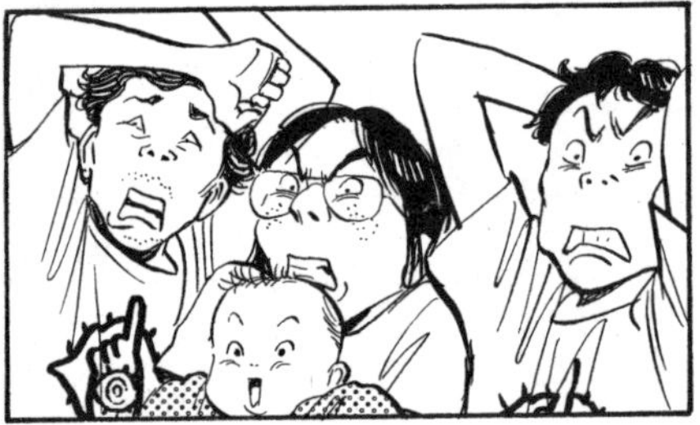

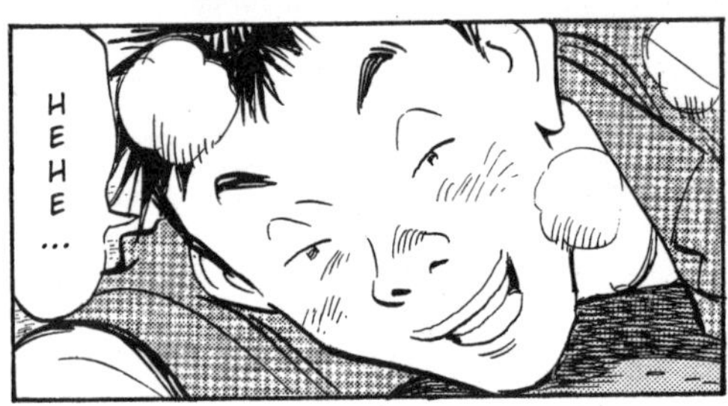

DONKEY... ICH KANN EBEN...

... NICHT SO SCHNELL LAUFEN WIE DU.

WAS WAR DAS DENN?!

AUSSER RAND UND BAND, ODER WAS?!

KAPITEL 8 - GRABEN IN DER NACHT

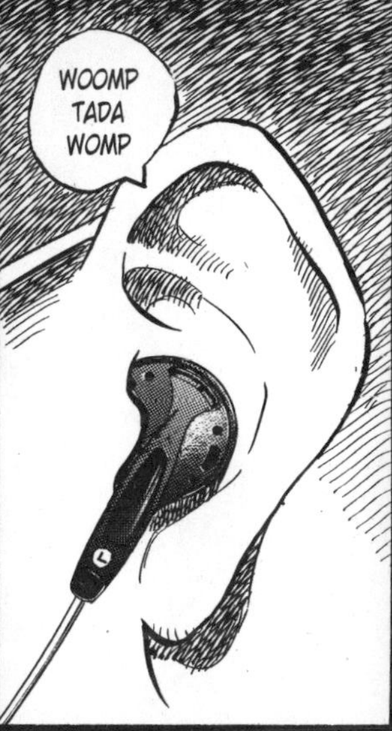

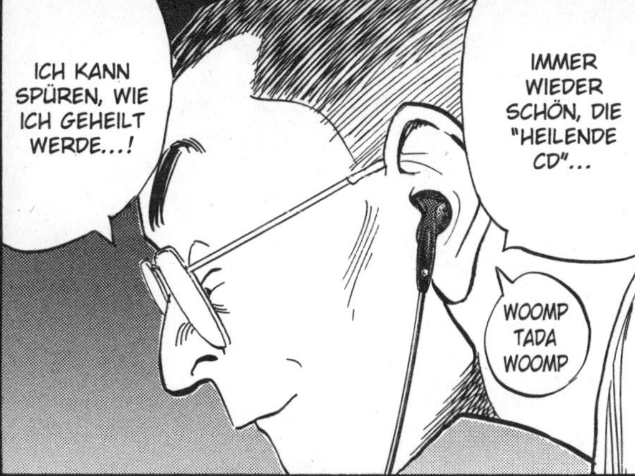

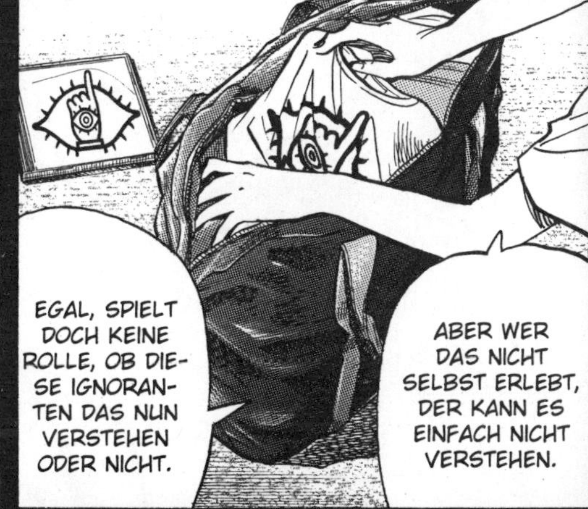

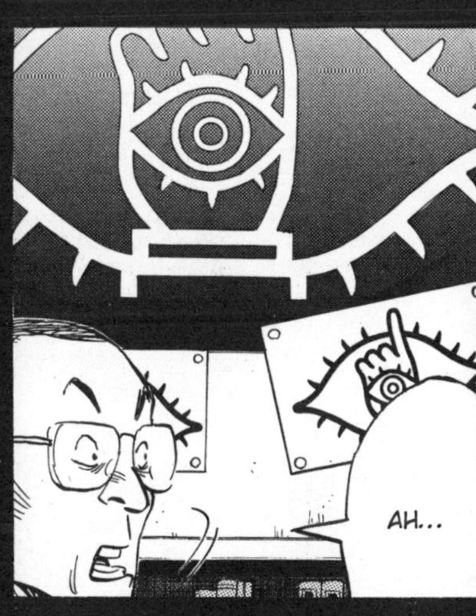

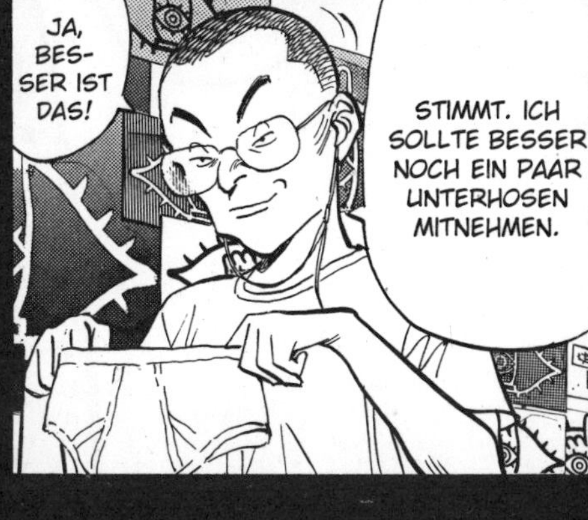

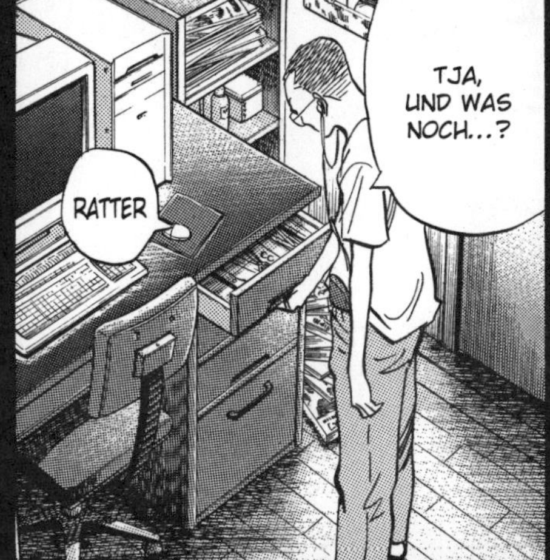

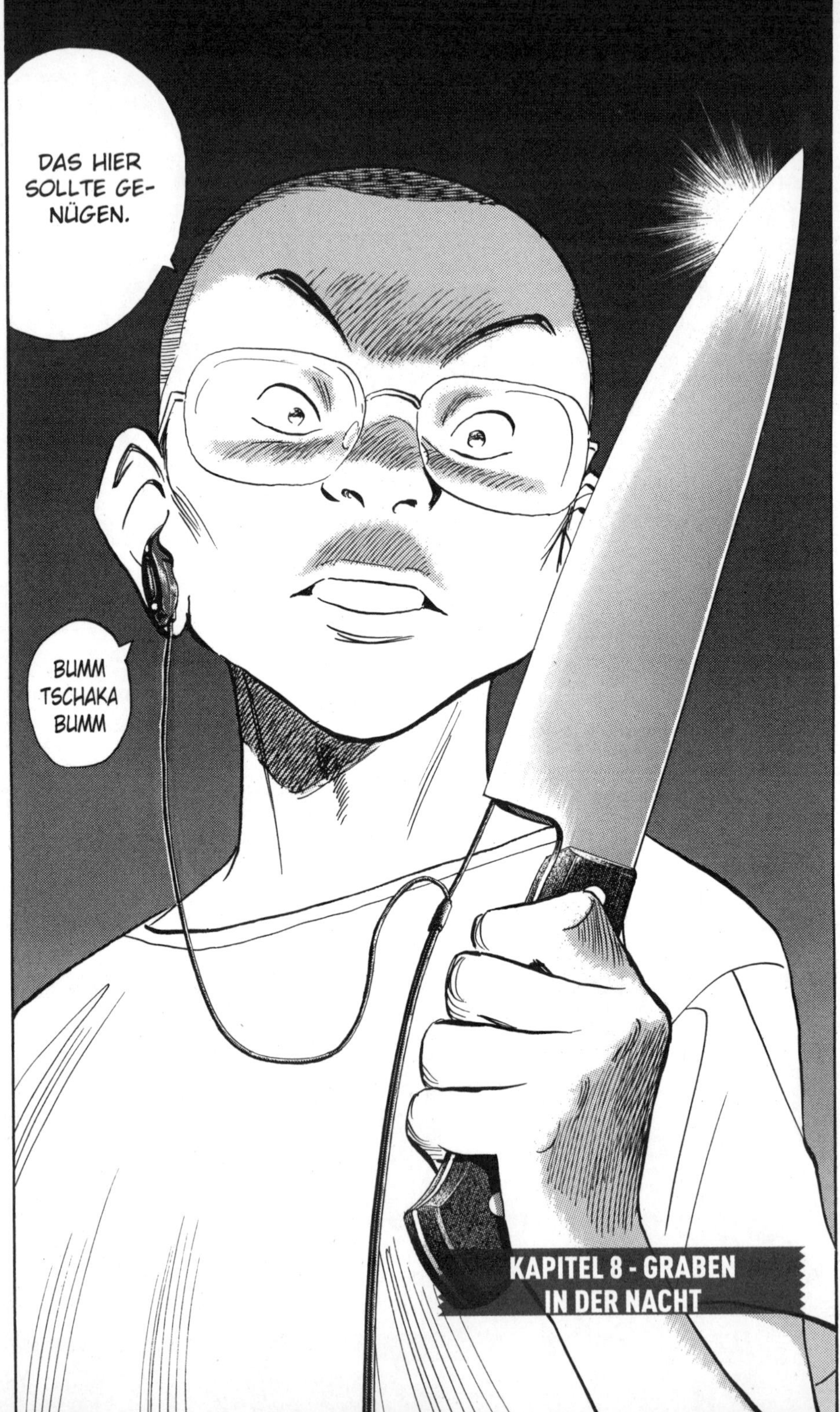
DAS HIER SOLLTE GE-NÜGEN.
BUMM TSCHAKA BUMM
KAPITEL 8 - GRABEN IN DER NACHT

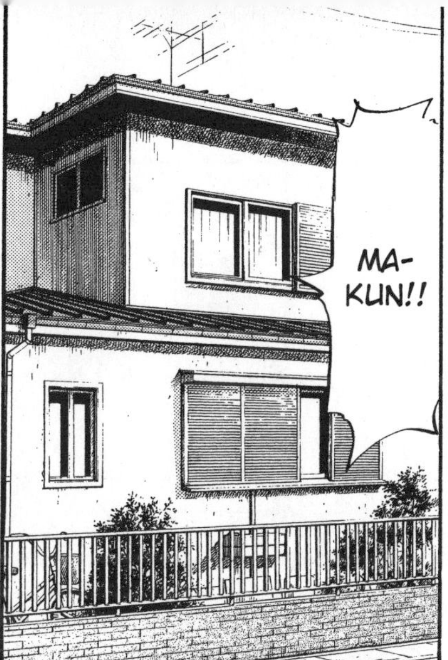
MA-
KUN!!

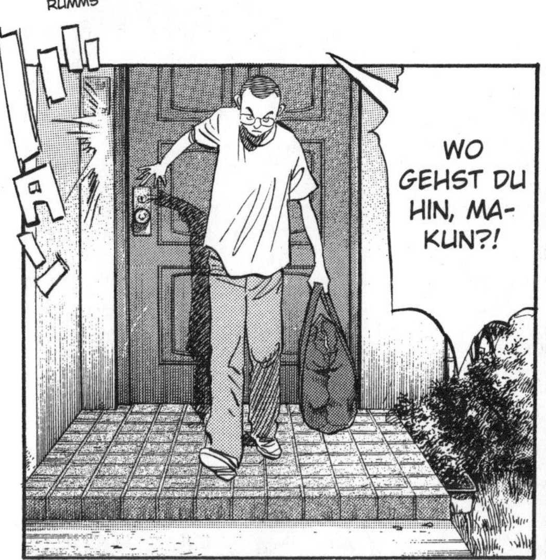
RUMMS
WO GEHST DU HIN, MA-KUN?!

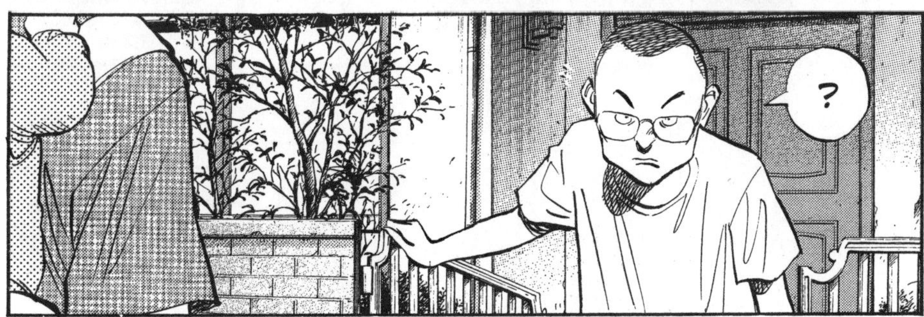
?

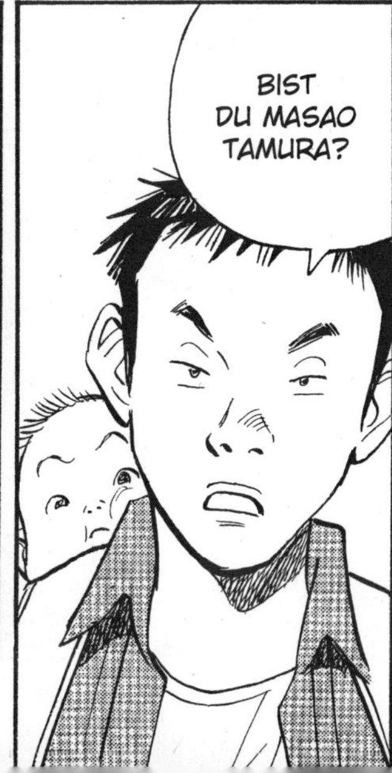
BIST DU MASAO TAMURA?

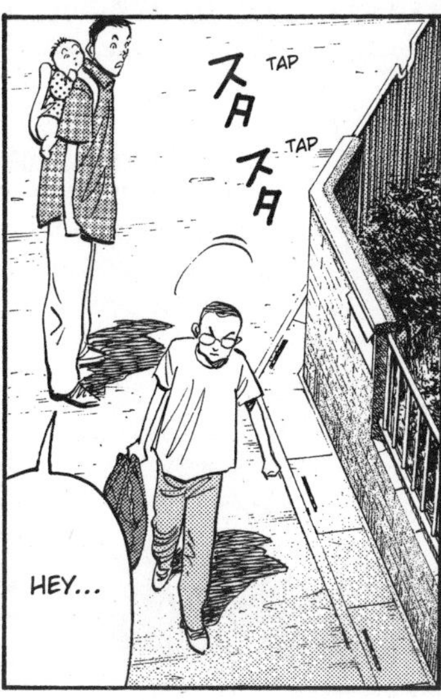
スタ TAP
スタ TAP
HEY...

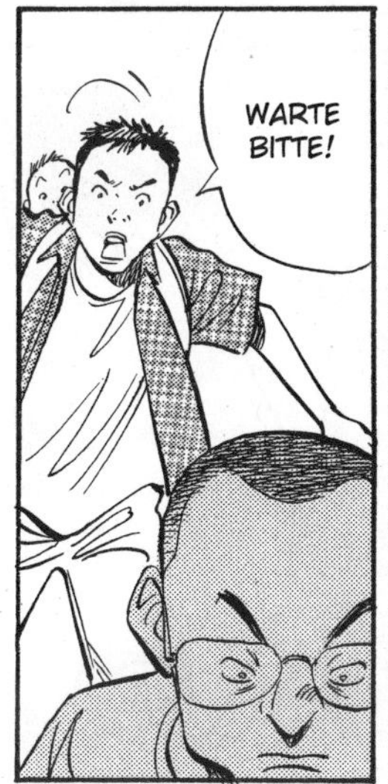
WARTE BITTE!

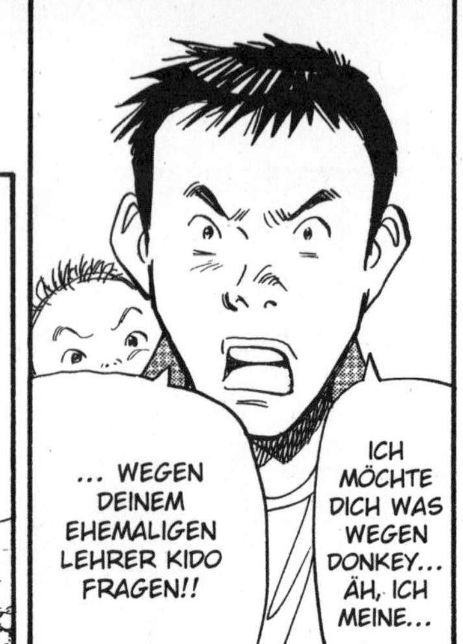
ICH MÖCHTE DICH WAS WEGEN DONKEY… ÄH, ICH MEINE…
… WEGEN DEINEM EHEMALIGEN LEHRER KIDO FRAGEN!!

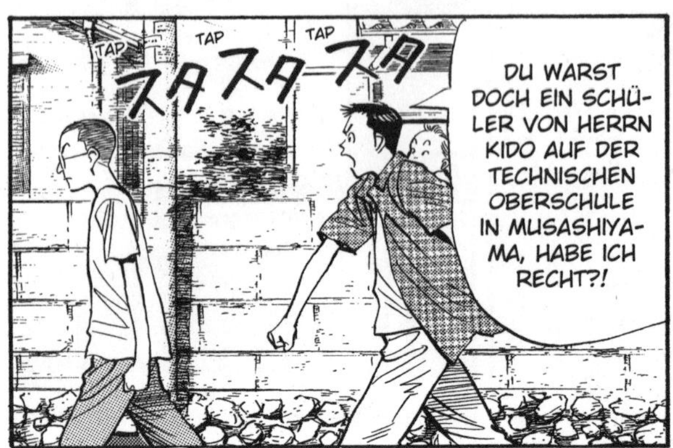
TAP
TAP
TAP
スタスタスタ
DU WARST DOCH EIN SCHÜLER VON HERRN KIDO AUF DER TECHNISCHEN OBERSCHULE IN MUSASHIYAMA, HABE ICH RECHT?!

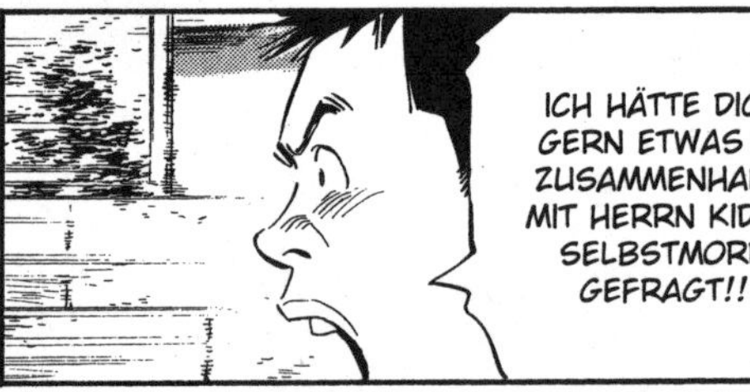
ICH HÄTTE DICH GERN ETWAS IM ZUSAMMENHANG MIT HERRN KIDOS SELBSTMORD GEFRAGT!!

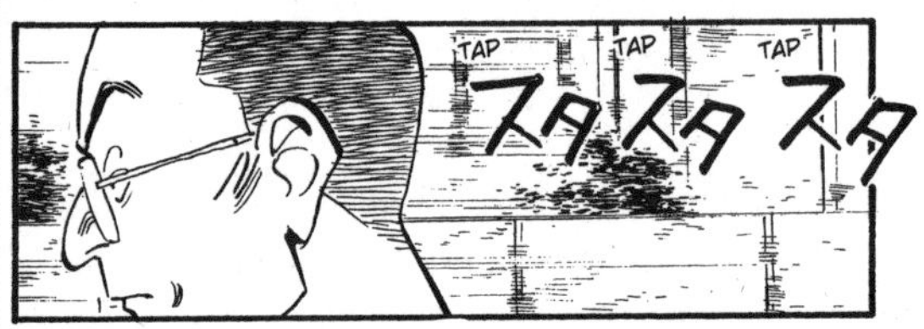
TAP
TAP
TAP
スタスタスタ

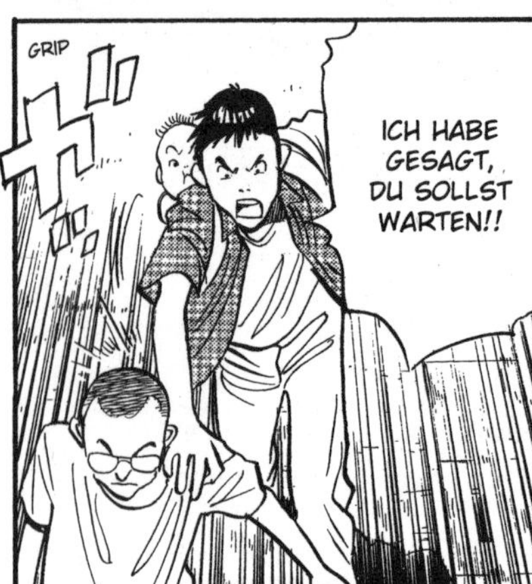
GRIP
ICH HABE GESAGT, DU SOLLST WARTEN!!

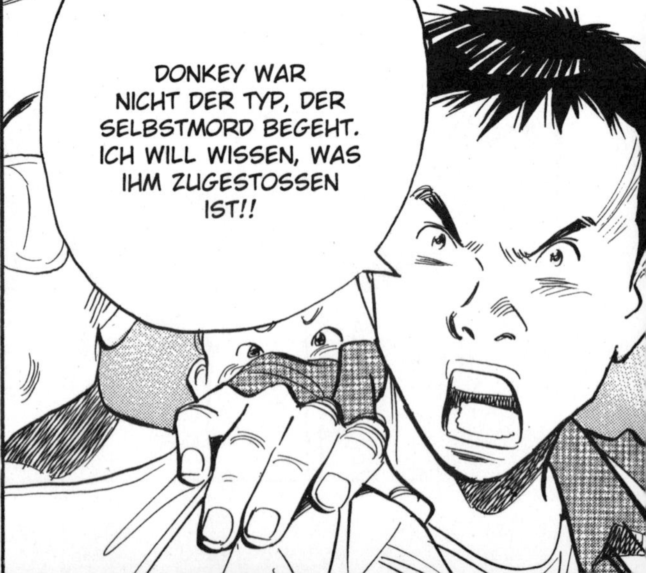
DONKEY WAR NICHT DER TYP, DER SELBSTMORD BEGEHT. ICH WILL WISSEN, WAS IHM ZUGESTOSSEN IST!!

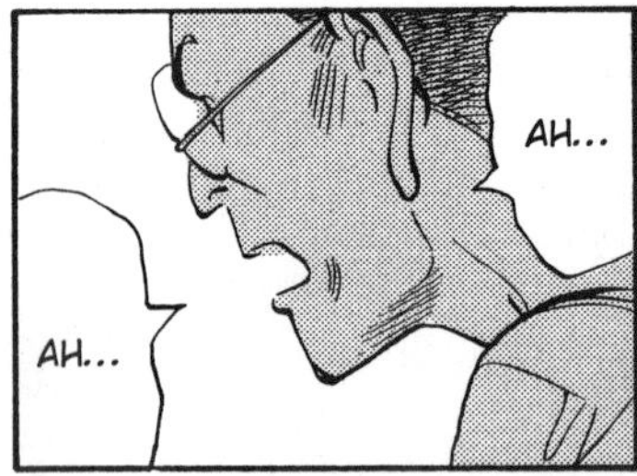
AH…
AH…

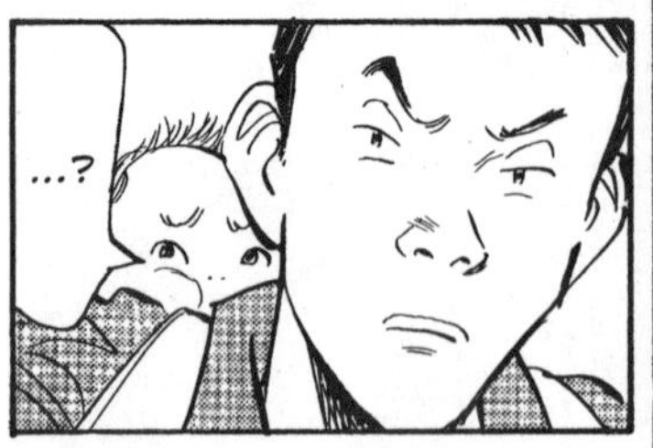
…?

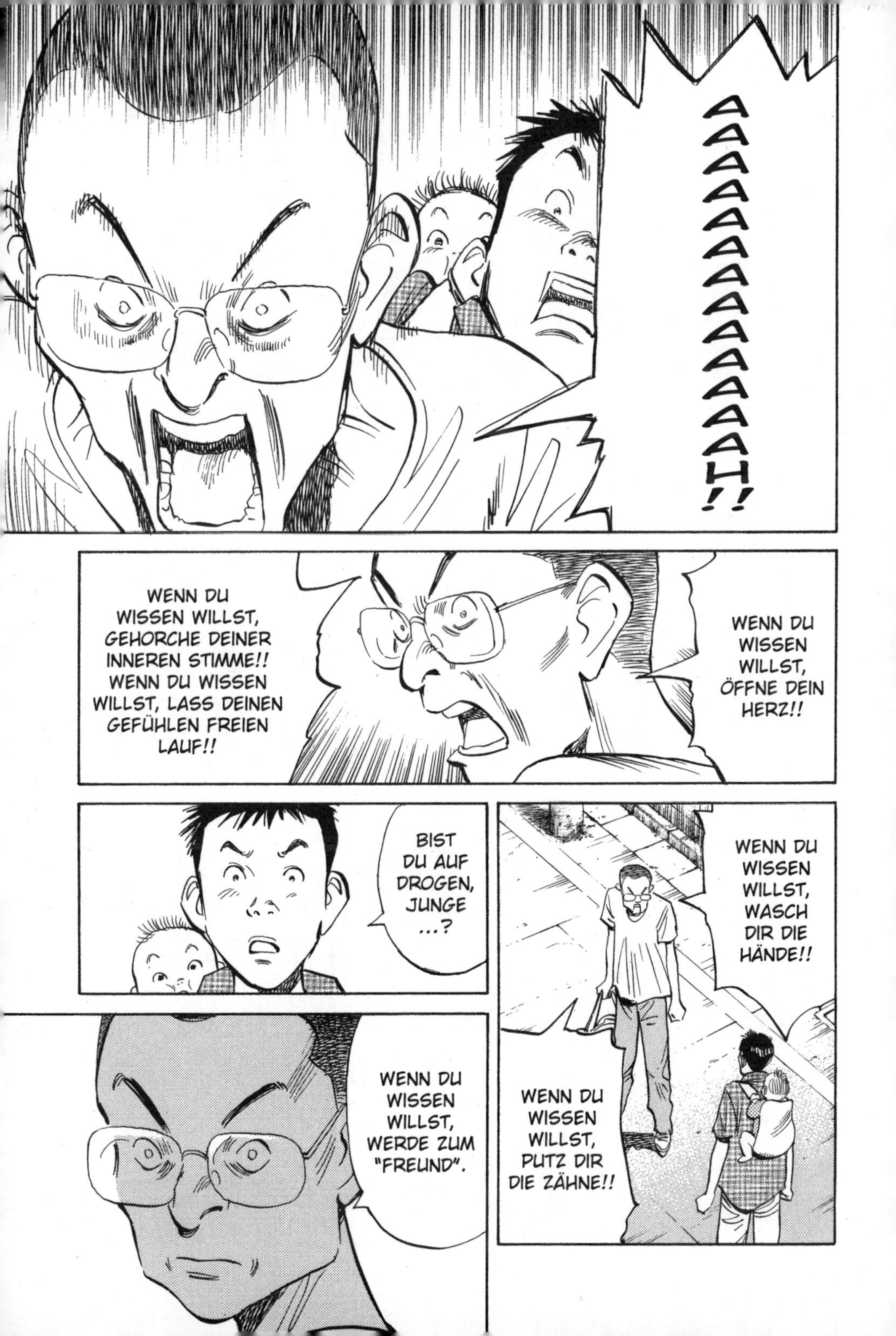

AAAAAAAAAAAAAH!!

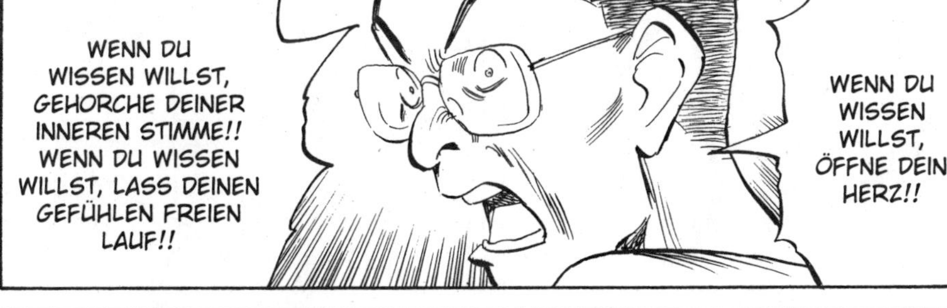

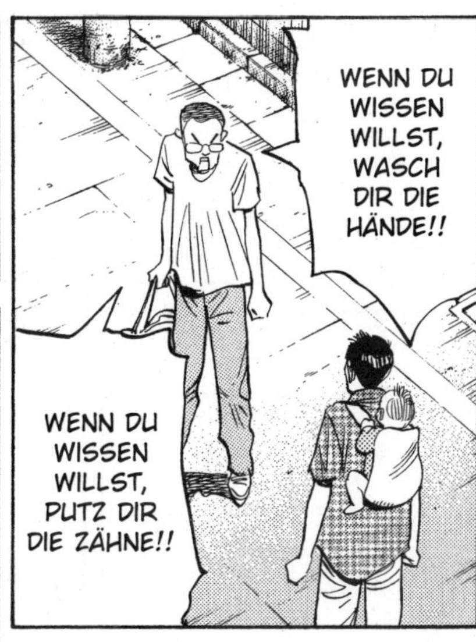

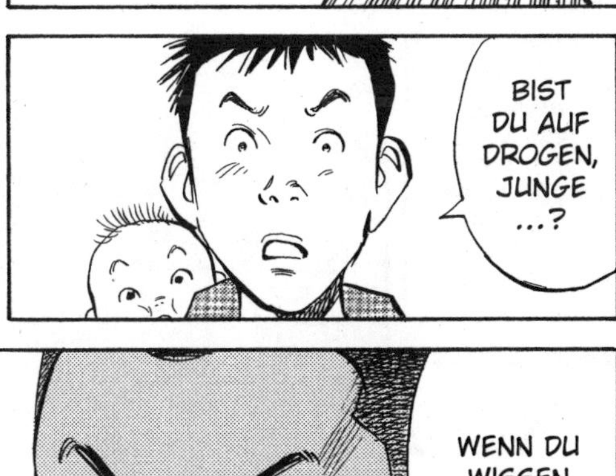

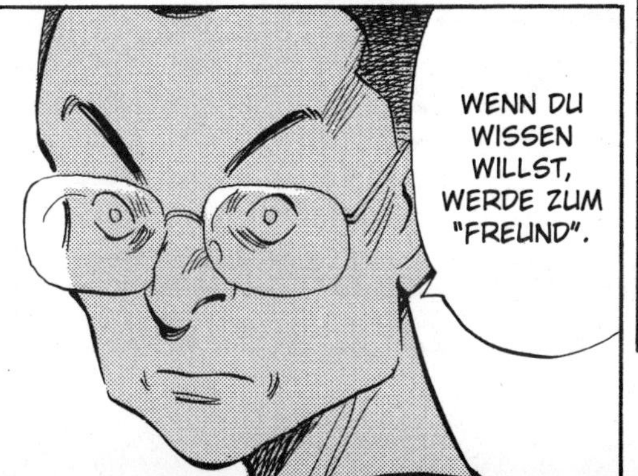

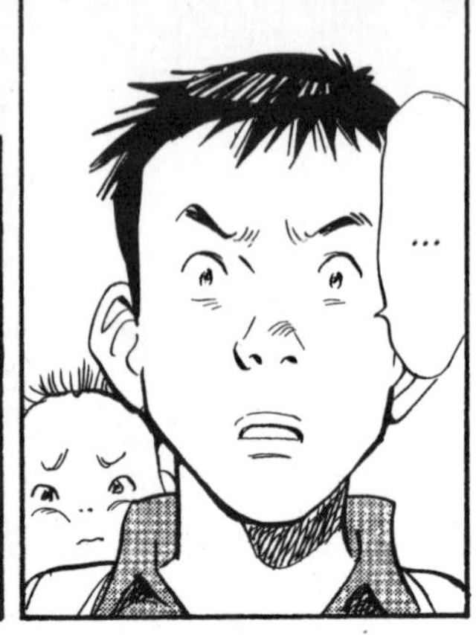
...

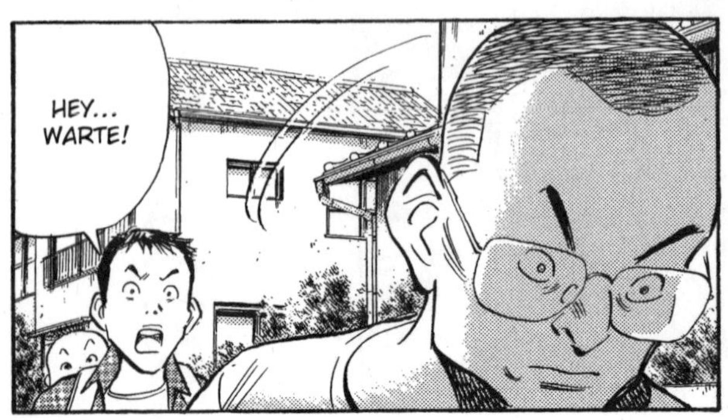
HEY... WARTE!

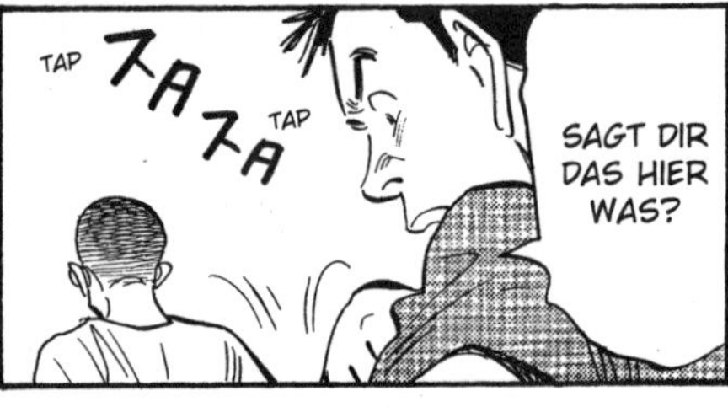
TAP
スタスタ
TAP
SAGT DIR DAS HIER WAS?

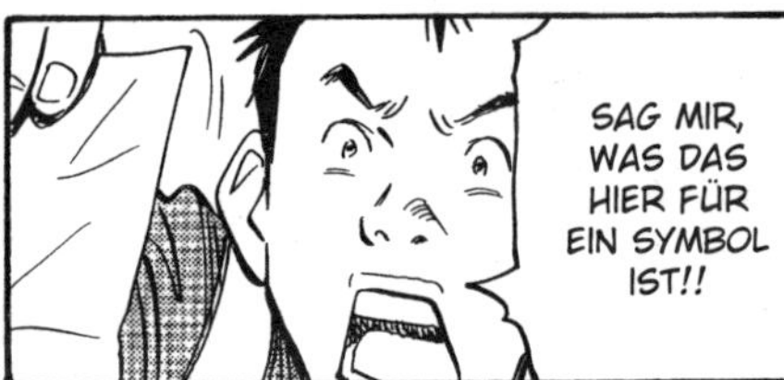
SAG MIR, WAS DAS HIER FÜR EIN SYMBOL IST!!

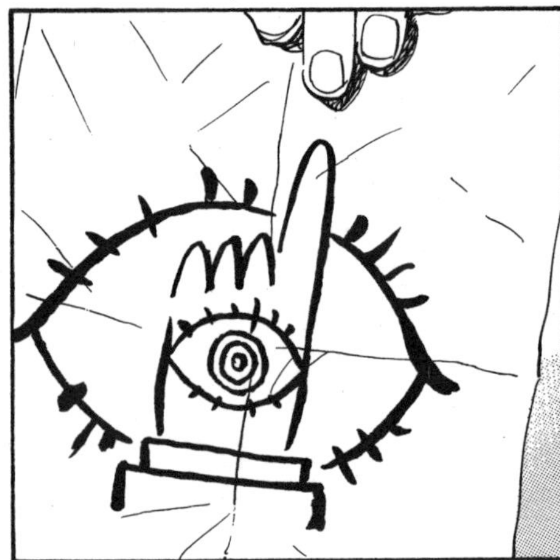

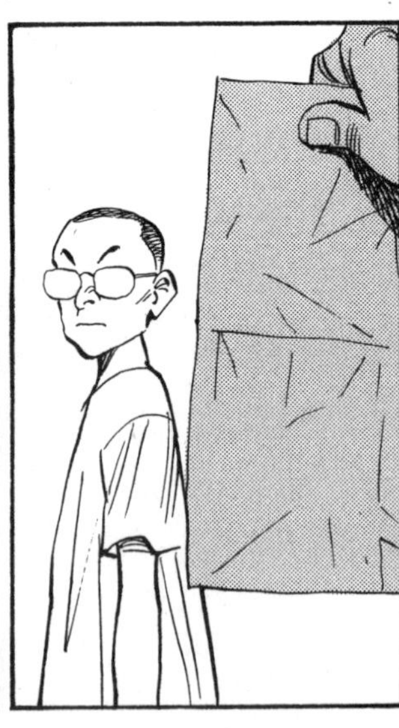

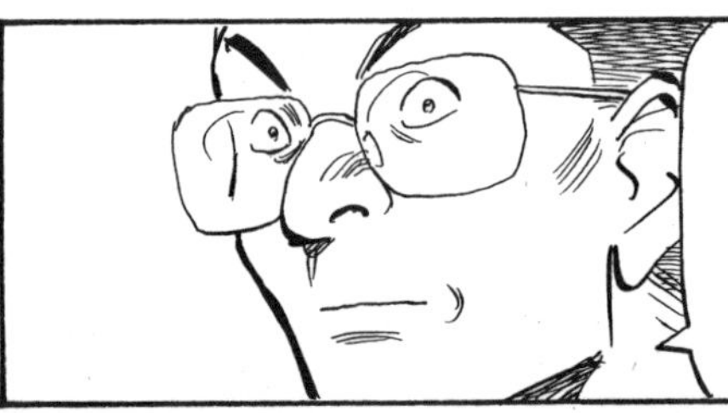
WENN DU SCHON SO WEIT BIST, DANN IST ES NUR NOCH EIN SCHRITT.

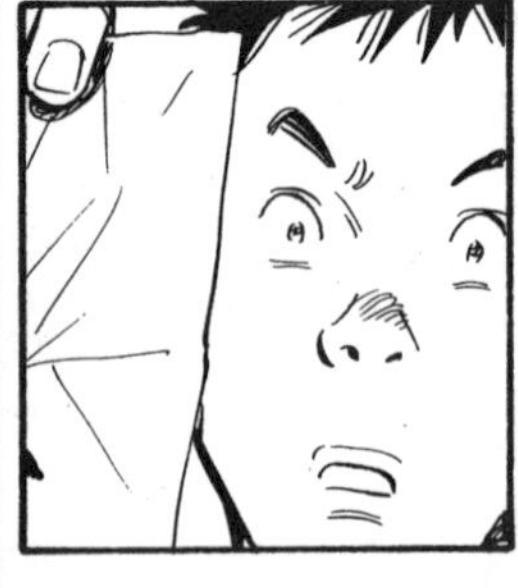

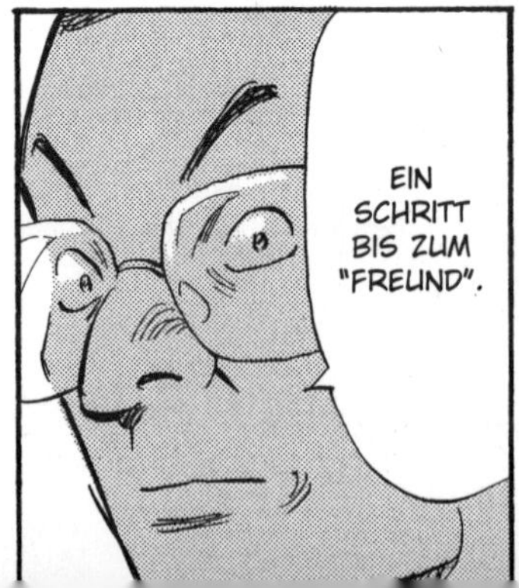
EIN SCHRITT BIS ZUM "FREUND".

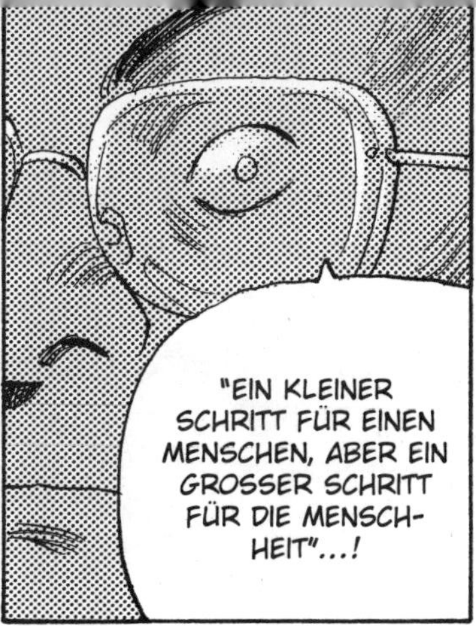

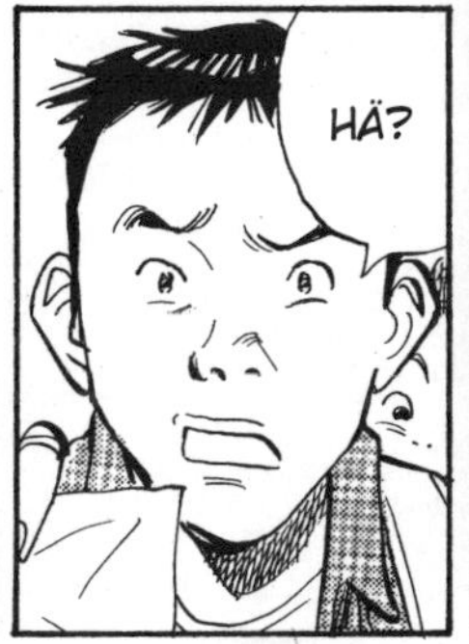

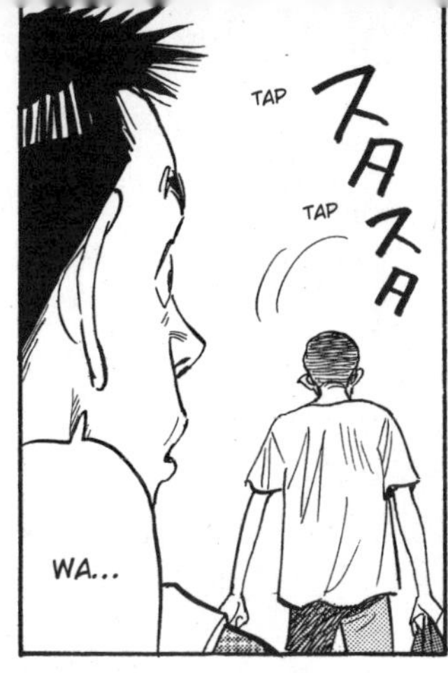

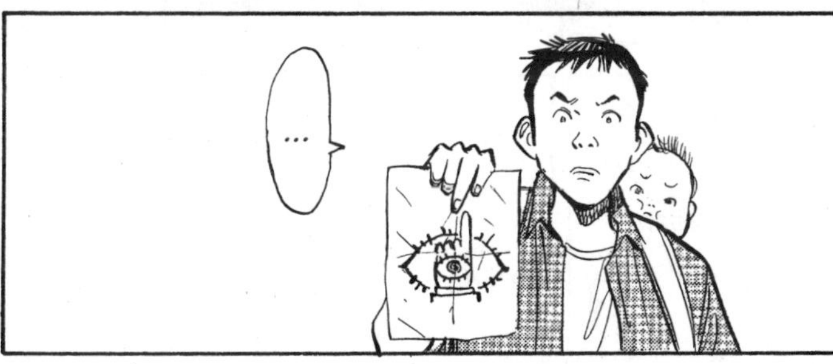

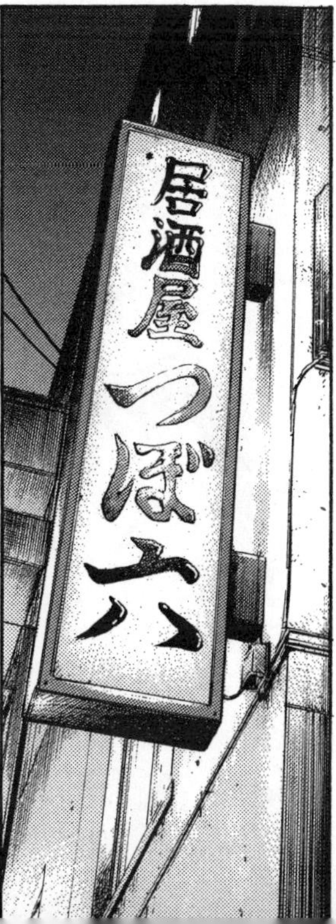

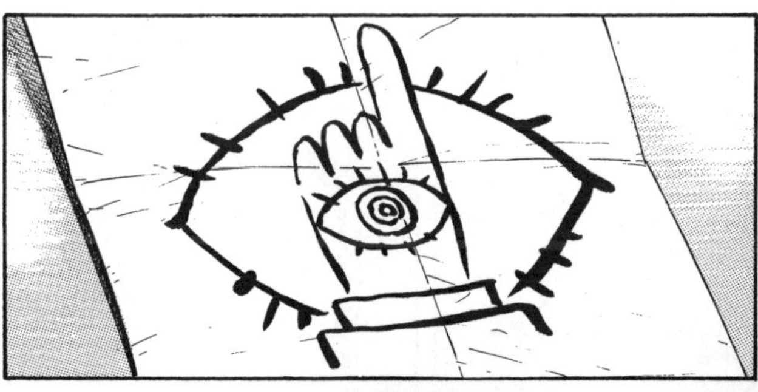

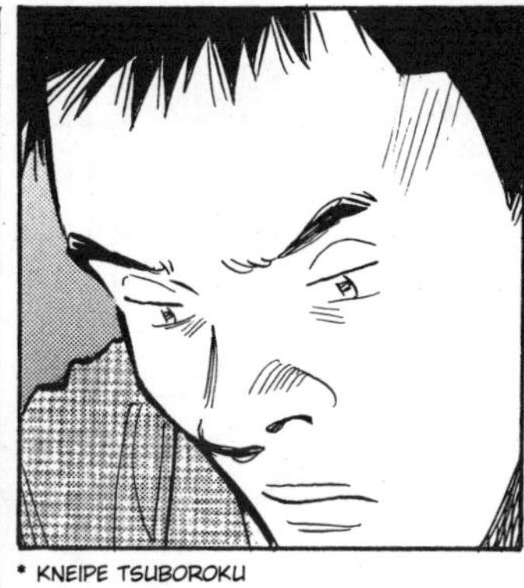

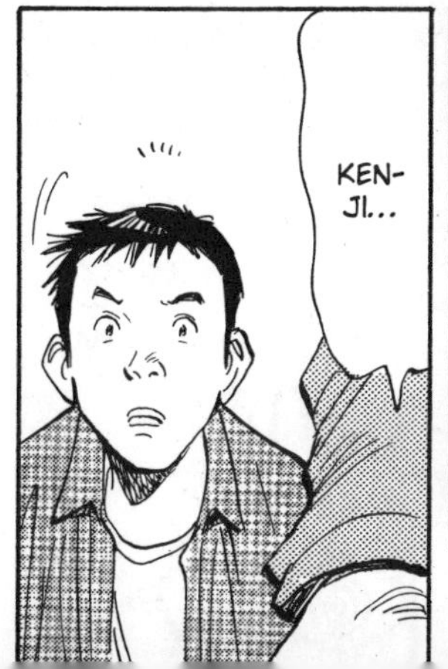

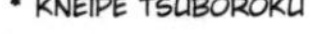
* KNEIPE TSUBOROKU

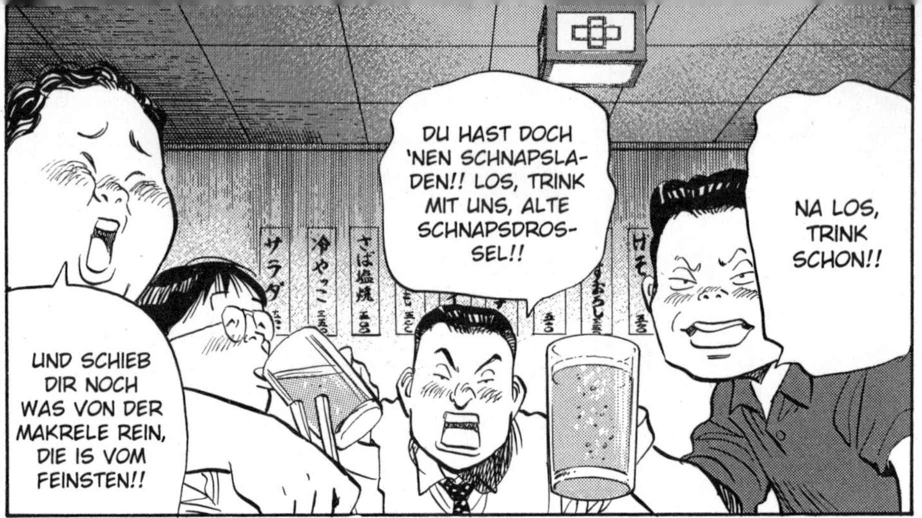

NA LOS, TRINK SCHON!!
DU HAST DOCH 'NEN SCHNAPSLADEN!! LOS, TRINK MIT UNS, ALTE SCHNAPSDROSSEL!!
UND SCHIEB DIR NOCH WAS VON DER MAKRELE REIN, DIE IS VOM FEINSTEN!!

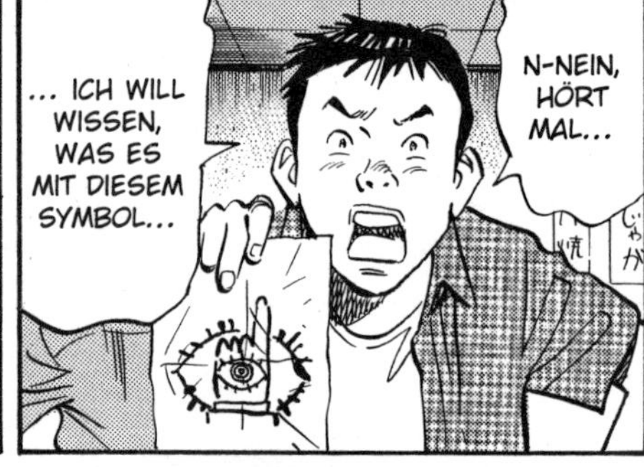

N-NEIN, HÖRT MAL...
... ICH WILL WISSEN, WAS ES MIT DIESEM SYMBOL...

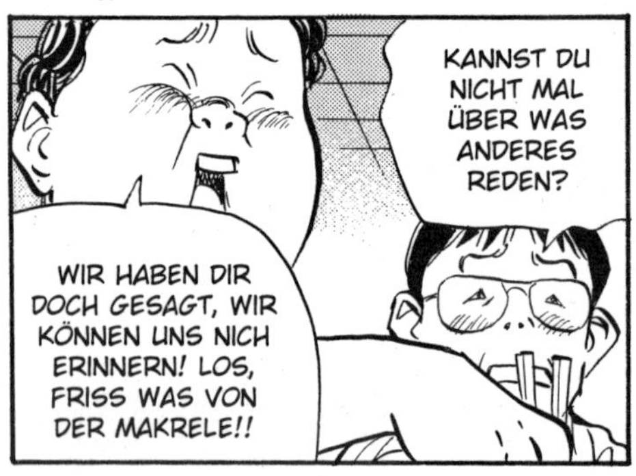

KANNST DU NICHT MAL ÜBER WAS ANDERES REDEN?
WIR HABEN DIR DOCH GESAGT, WIR KÖNNEN UNS NICH ERINNERN! LOS, FRISS WAS VON DER MAKRELE!!

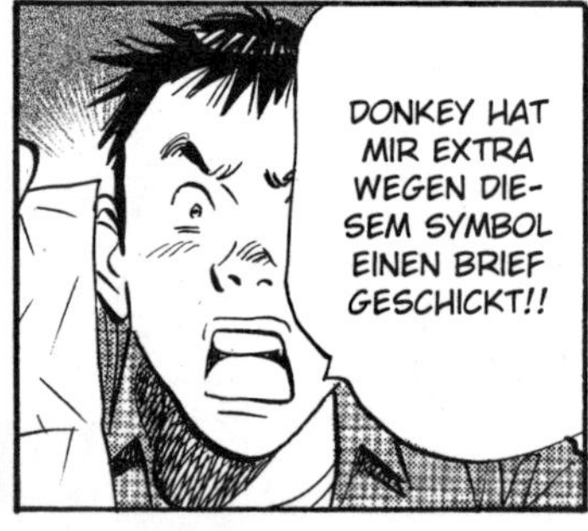

DONKEY HAT MIR EXTRA WEGEN DIESEM SYMBOL EINEN BRIEF GESCHICKT!!

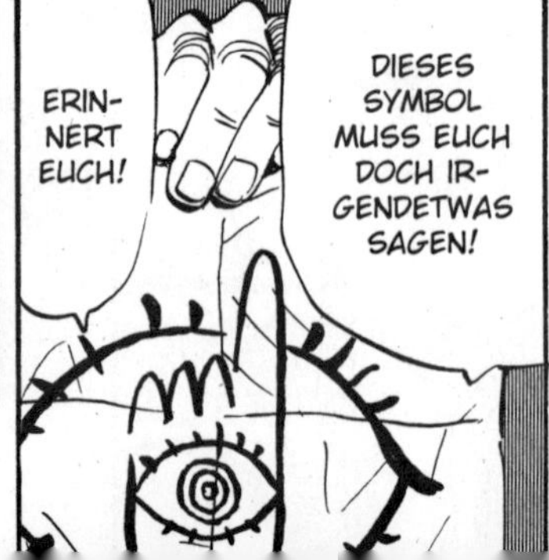

DIESES SYMBOL MUSS EUCH DOCH IRGENDETWAS SAGEN!
ERINNERT EUCH!

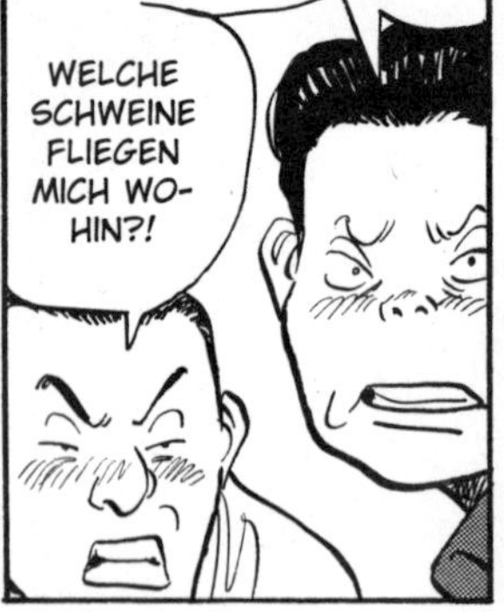

JETZT REICHT'S ABER! DIE SCHWEINE FLIEGEN MON-CHAN MORGEN WIEDER NACH DÜSSELDORF, DESWEGEN SITZEN WIR DOCH ALLE HIER UND SCHÜTTEN NOCH MAL EINEN AUF SEIN WOHL!!
WELCHE SCHWEINE FLIEGEN MICH WOHIN?!

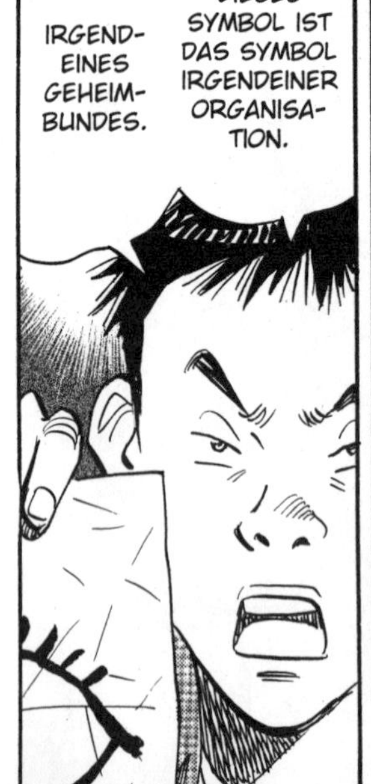

DIESES SYMBOL IST DAS SYMBOL IRGENDEINER ORGANISATION.
IRGENDEINES GEHEIMBUNDES.

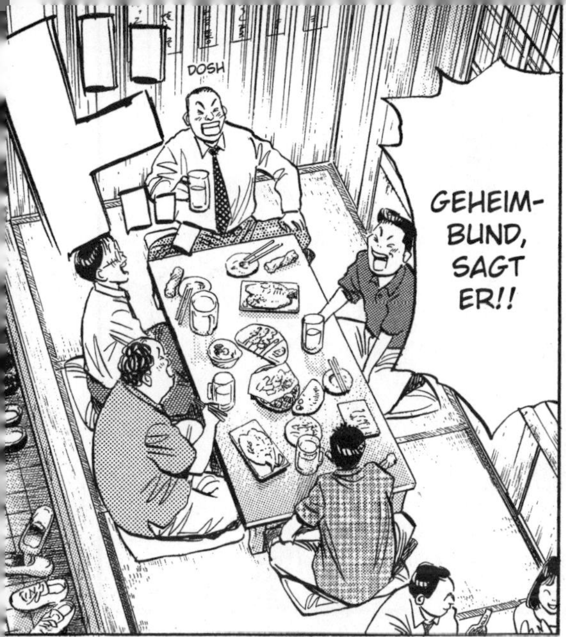
DOSH
GEHEIM-
BUND,
SAGT
ER!!

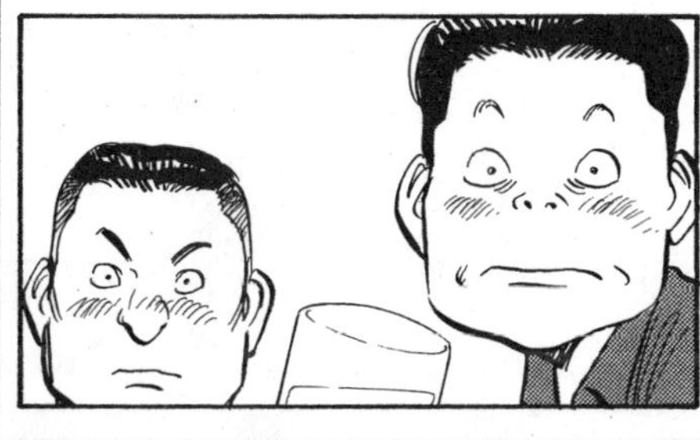

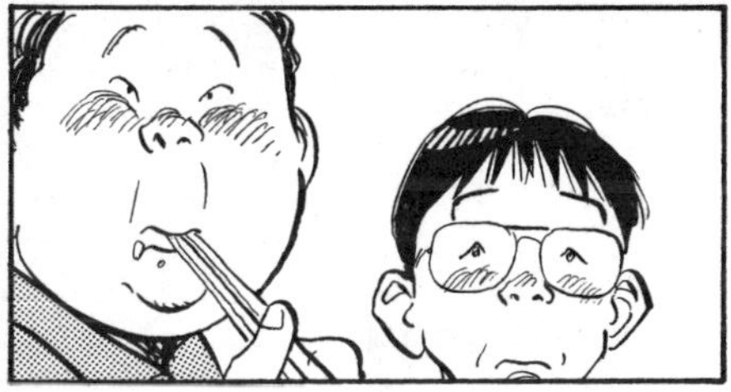

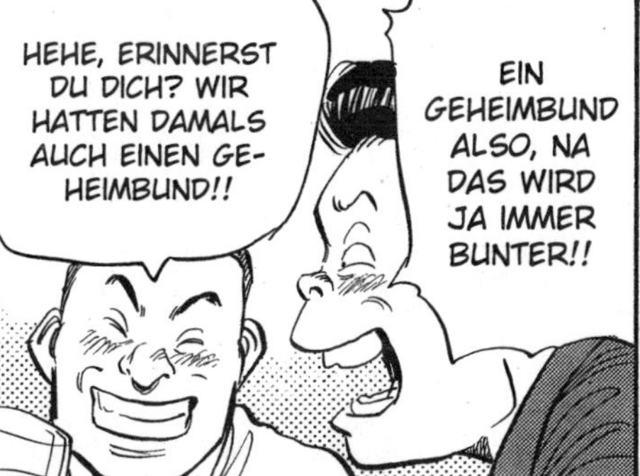
EIN GEHEIMBUND ALSO, NA DAS WIRD JA IMMER BUNTER!!
HEHE, ERINNERST DU DICH? WIR HATTEN DAMALS AUCH EINEN GE-HEIMBUND!!

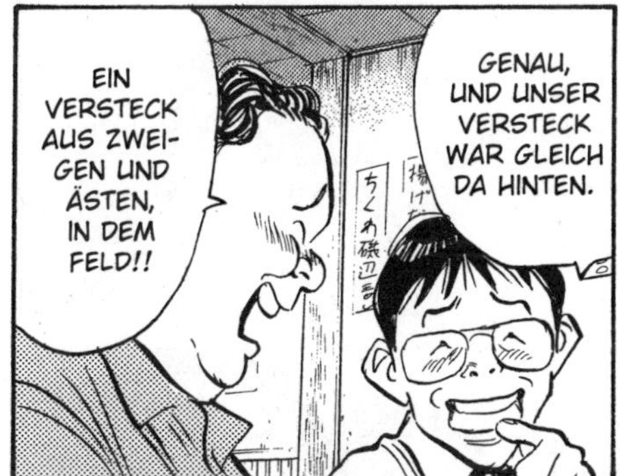
GENAU, UND UNSER VERSTECK WAR GLEICH DA HINTEN.
EIN VERSTECK AUS ZWEI-GEN UND ÄSTEN, IN DEM FELD!!

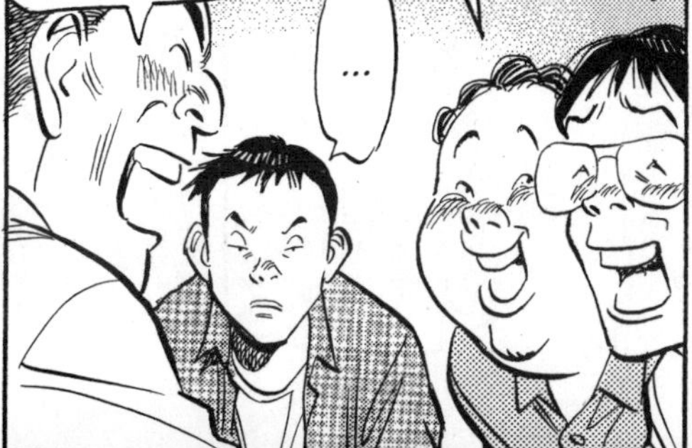
WO UNS STÄNDIG DIE MOS-KITOS GE-STOCHEN HABEN!
WIR HABEN DIE GANZE ZEIT RADIO GEHÖRT UND MANGAS GELESEN!!
WIR HATTEN AUCH STAPELWEI-SE EROTIKHEFTE! VON WEM WAREN DIE GLEICH WIE-DER?
...

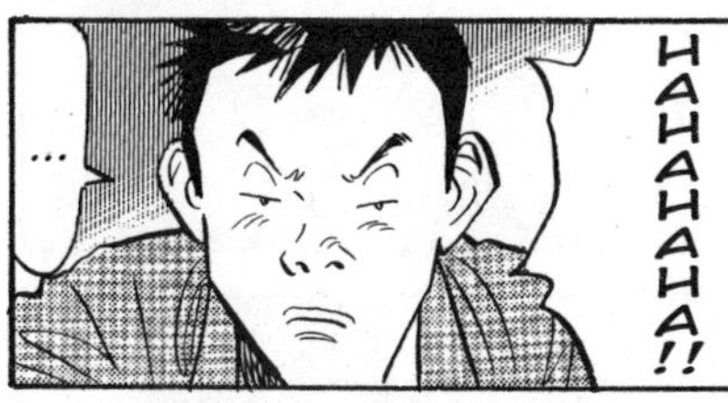
HAHAHAHAHA!!
...

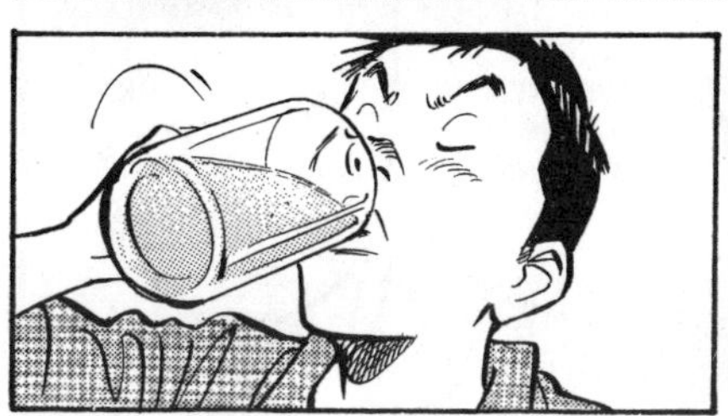

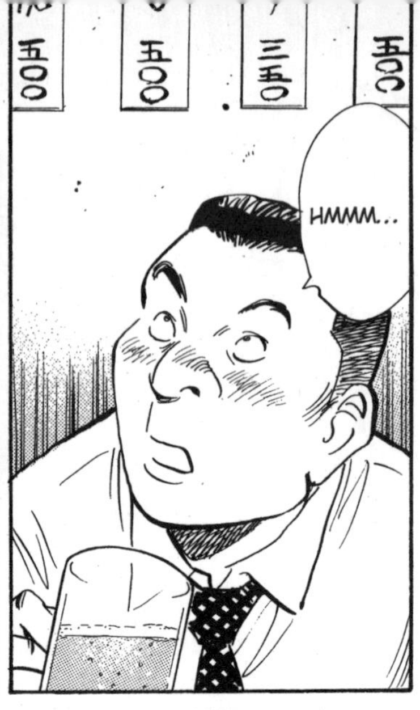
HMMM...

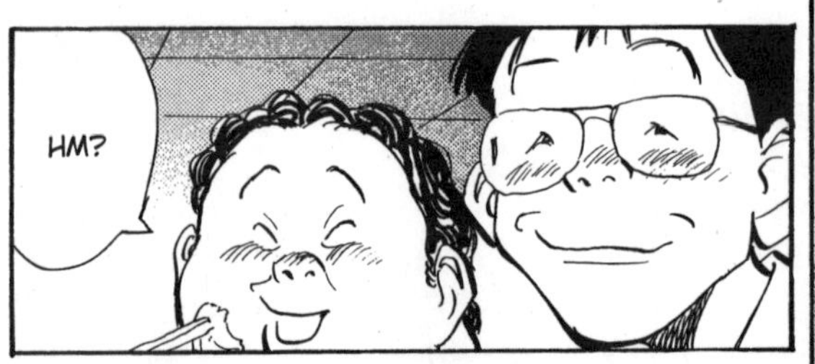
HM?

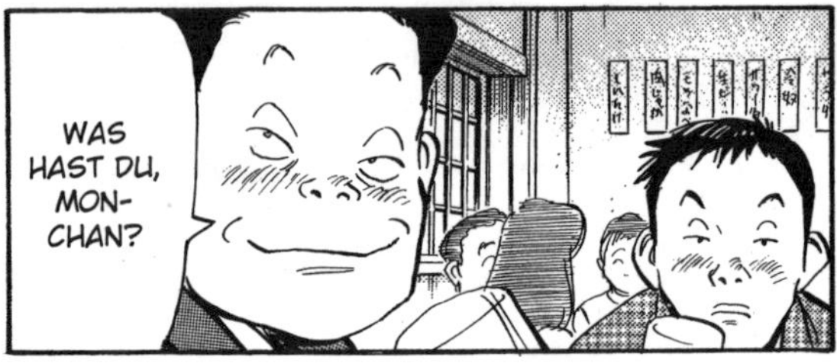
WAS HAST DU, MON-CHAN?

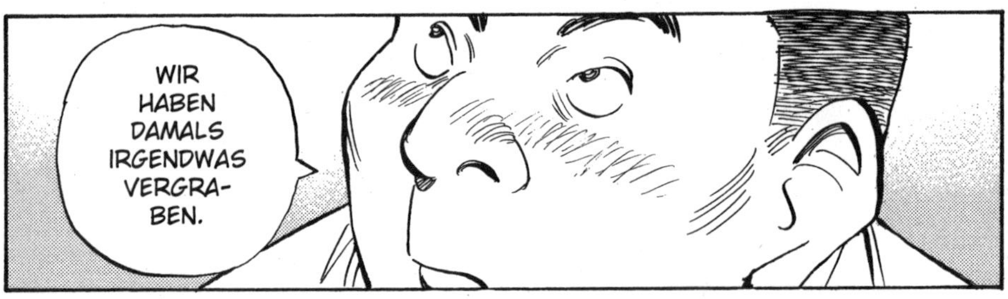
WIR HABEN DAMALS IRGENDWAS VERGRA-BEN.

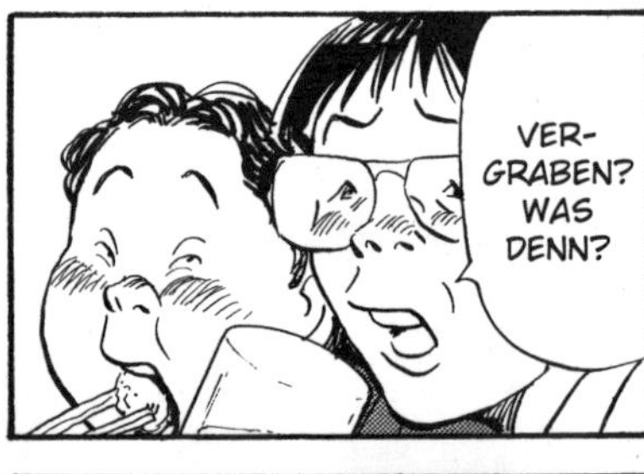
VER-GRABEN? WAS DENN?

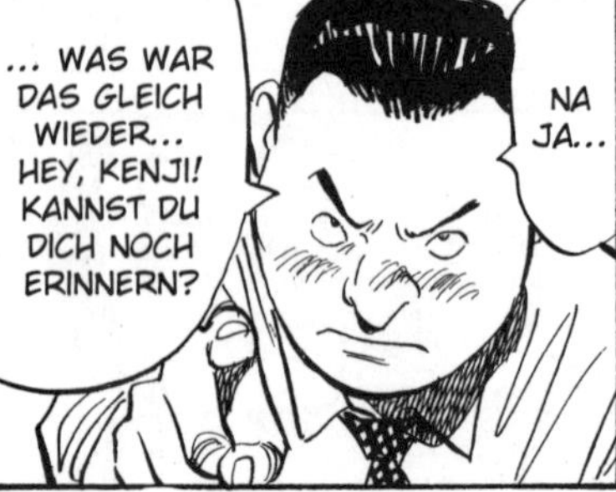
NA JA...
... WAS WAR DAS GLEICH WIEDER... HEY, KENJI! KANNST DU DICH NOCH ERINNERN?

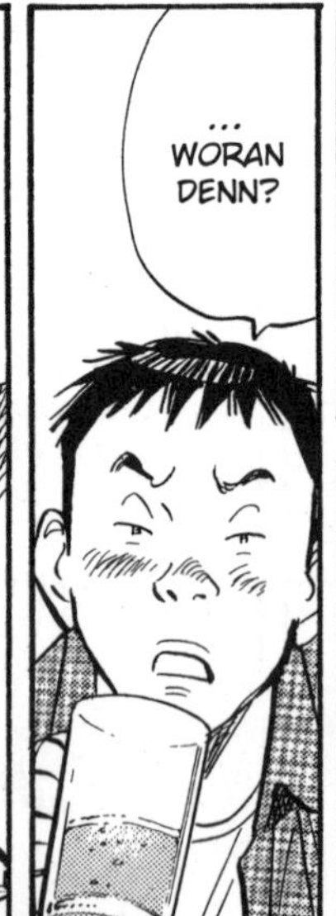
... WORAN DENN?

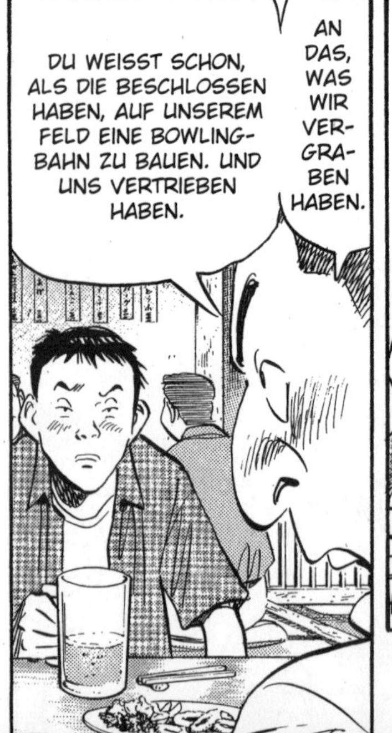
AN DAS, WAS WIR VER-GRA-BEN HABEN.
DU WEISST SCHON, ALS DIE BESCHLOSSEN HABEN, AUF UNSEREM FELD EINE BOWLING-BAHN ZU BAUEN. UND UNS VERTRIEBEN HABEN.

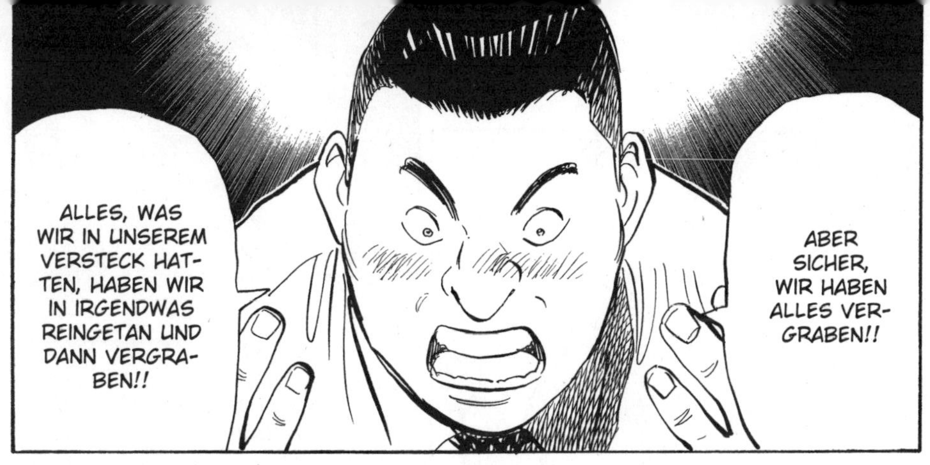
ABER SICHER, WIR HABEN ALLES VERGRABEN!!
ALLES, WAS WIR IN UNSEREM VERSTECK HATTEN, HABEN WIR IN IRGENDWAS REINGETAN UND DANN VERGRABEN!!

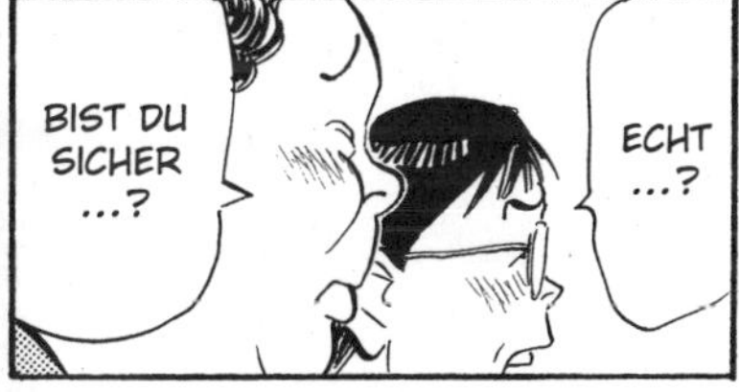
ECHT ...?
BIST DU SICHER ...?

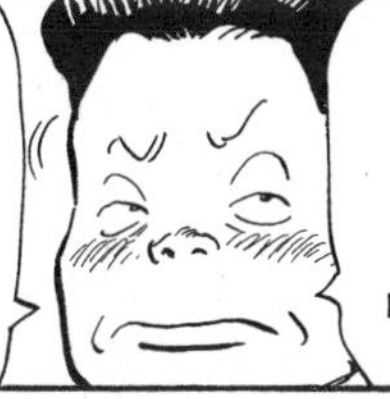
ICH KANN MICH NICHT ERINNERN.
KENJI? ERINNERST DU DICH DARAN?

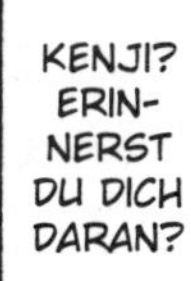

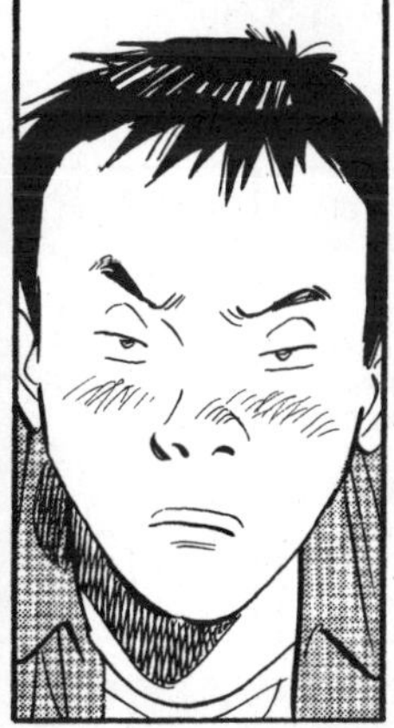

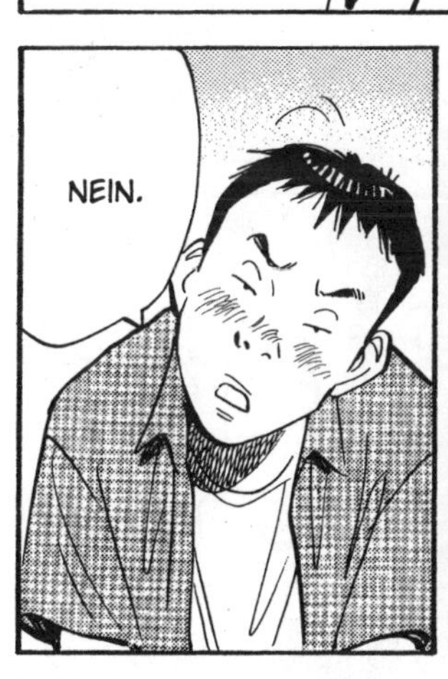
NEIN.

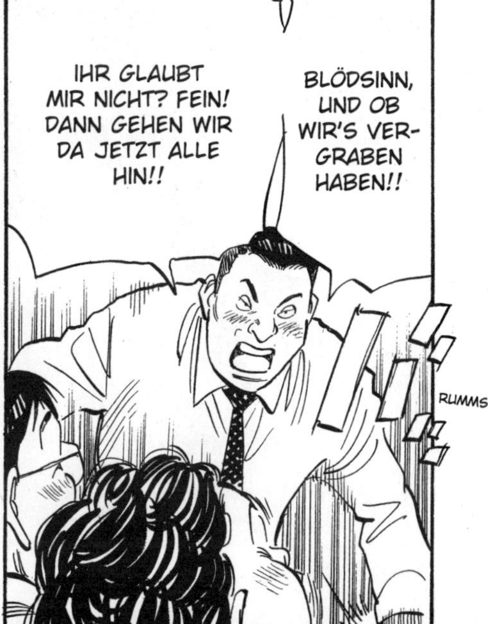
BLÖDSINN, UND OB WIR'S VERGRABEN HABEN!!
IHR GLAUBT MIR NICHT? FEIN! DANN GEHEN WIR DA JETZT ALLE HIN!!
RUMMS

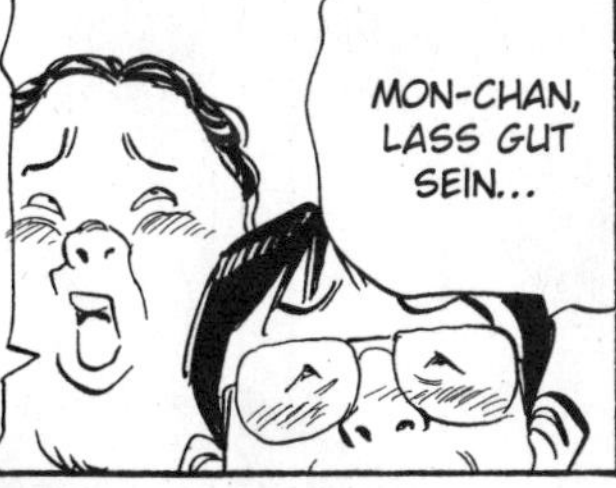
MON-CHAN, LASS GUT SEIN...

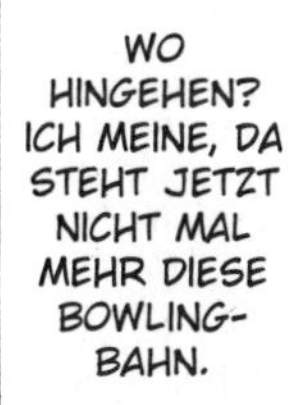
WO HINGEHEN? ICH MEINE, DA STEHT JETZT NICHT MAL MEHR DIESE BOWLINGBAHN.

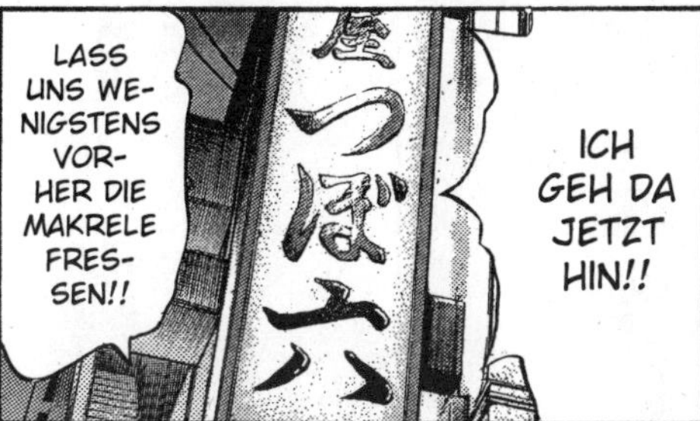
ICH GEH DA JETZT HIN!!
LASS UNS WENIGSTENS VORHER DIE MAKRELE FRESSEN!!

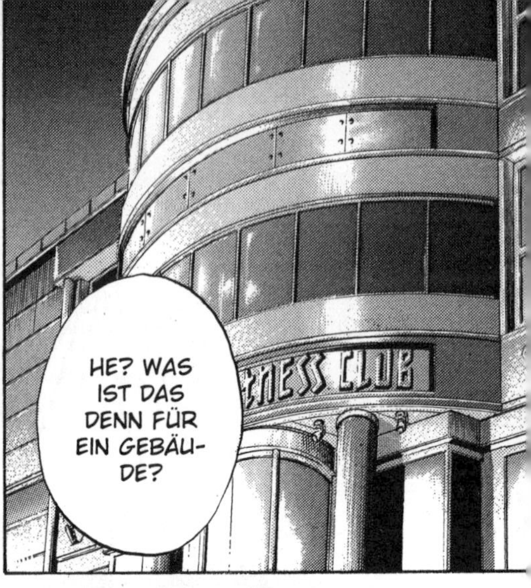
HE? WAS IST DAS DENN FÜR EIN GEBÄUDE?

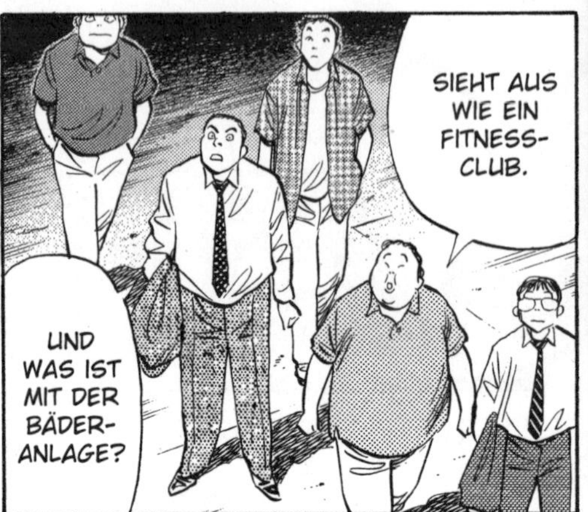
SIEHT AUS WIE EIN FITNESS-CLUB.
UND WAS IST MIT DER BÄDER-ANLAGE?

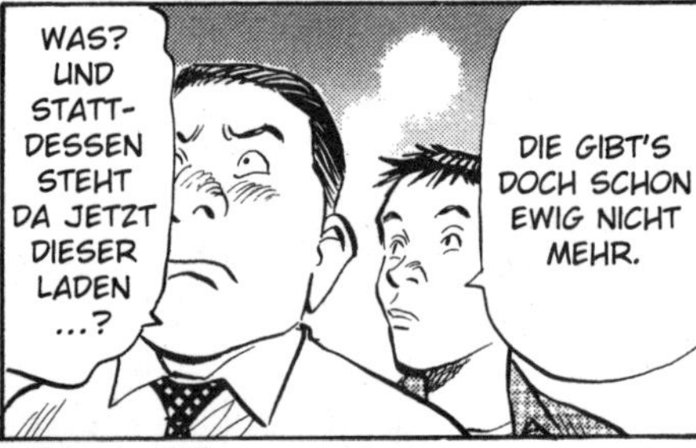
DIE GIBT'S DOCH SCHON EWIG NICHT MEHR.
WAS? UND STATT-DESSEN STEHT DA JETZT DIESER LADEN ...?

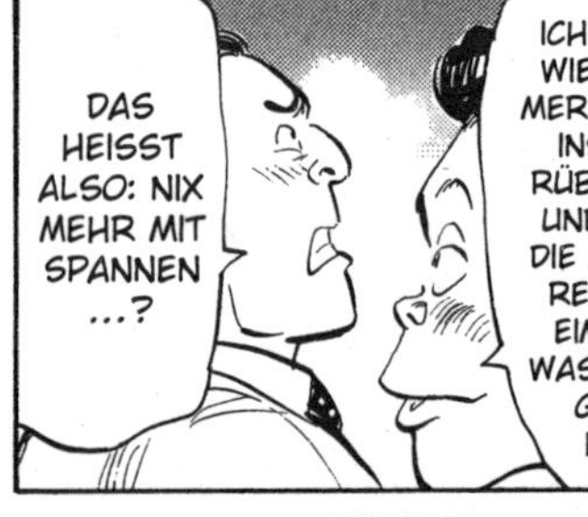
ICH WEISS NOCH, WIE WIR UNS IMMER ZUM SPANNEN INS DAMENBAD RÜBERSCHLICHEN, UND UNS EINMAL DIE ALTE VON DER REZEPTION 'NEN EIMER HEISSES WASSER DRÜBERGESCHÜTTET HAT. HEHE!
DAS HEISST ALSO: NIX MEHR MIT SPANNEN ...?

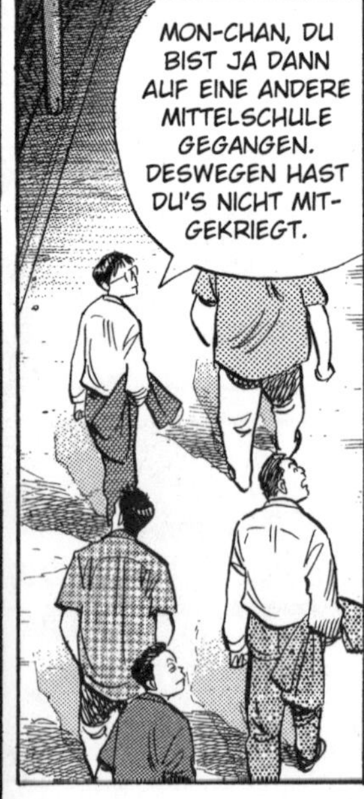
MON-CHAN, DU BIST JA DANN AUF EINE ANDERE MITTELSCHULE GEGANGEN. DESWEGEN HAST DU'S NICHT MITGEKRIEGT.

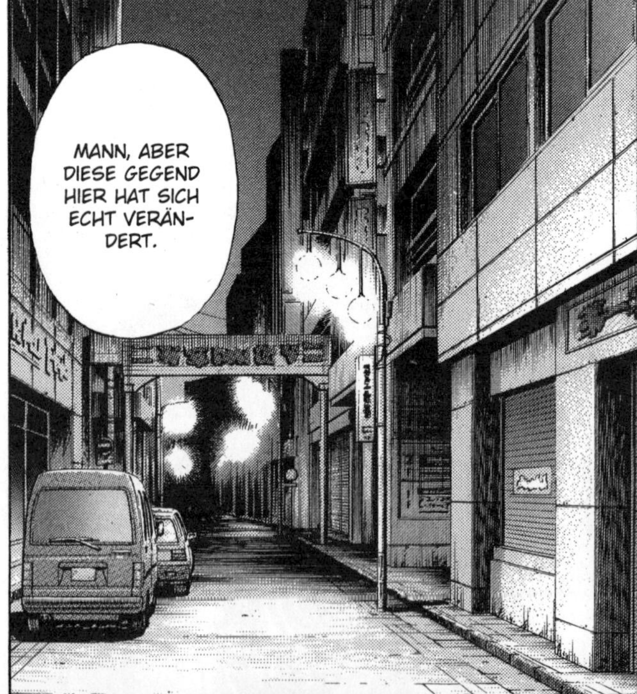
MANN, ABER DIESE GEGEND HIER HAT SICH ECHT VERÄNDERT.

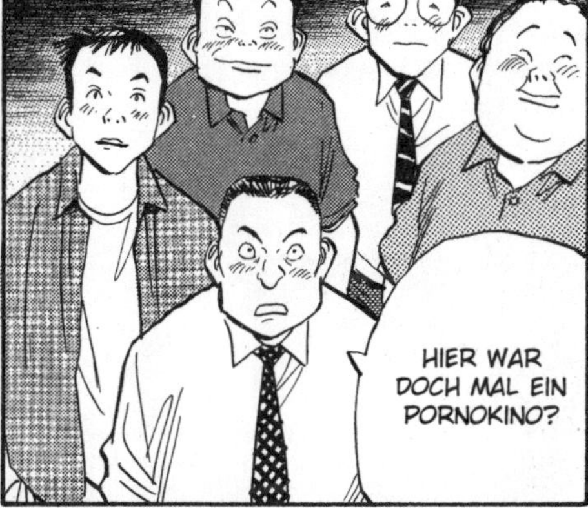

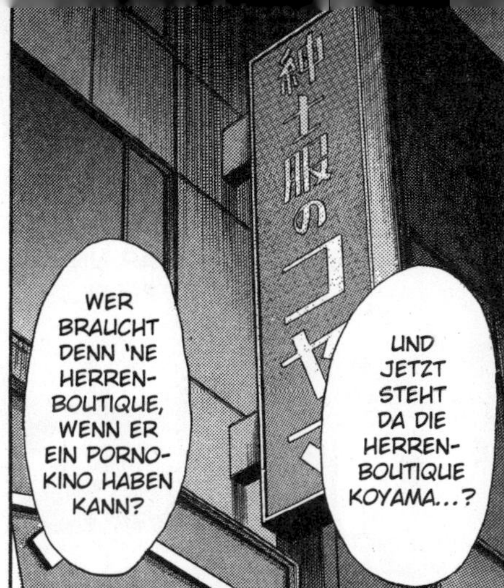

ICH WOLLTE DAMALS UNBEDINGT REIN UND MIR 'NEN PORNO GEBEN. WENIGSTENS EINMAL.

HEHE, WIR HABEN UNS EIN PAAR ANGESCHAUT, ALS WIR AUF DER OBERSCHULE WAREN. WEISST DU NOCH, KENJI?

WIE HIESSEN DIE TEILE DOCH GLEICH WIEDER? MARUO, WEISST DU'S NOCH? WAR'S DIE "HAUSFRAUEN VON NEBENAN"-REIHE?

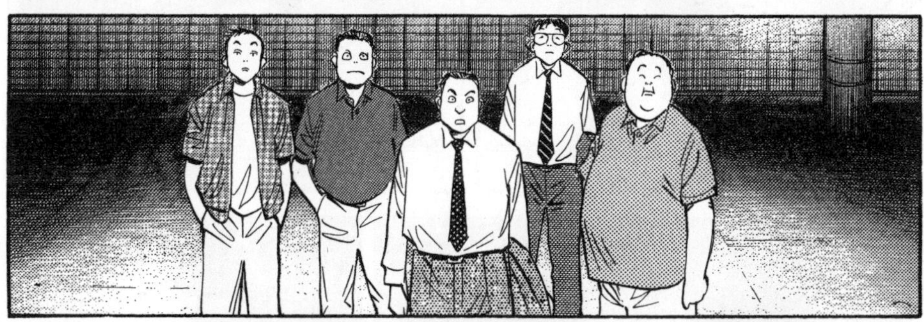

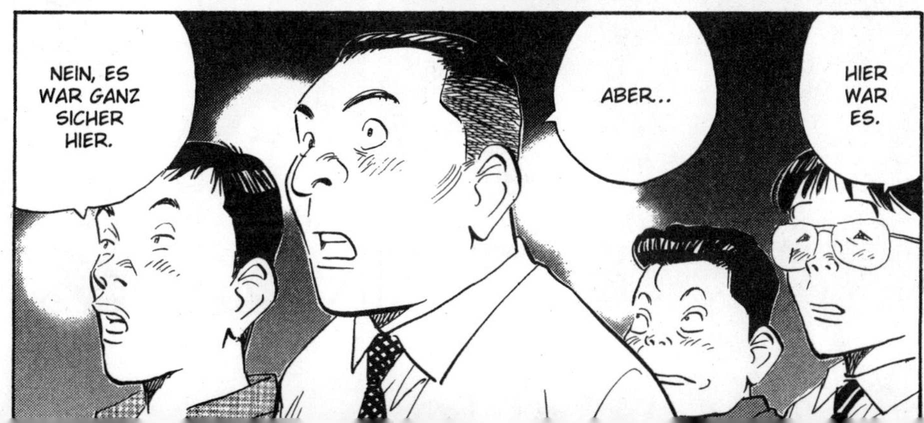

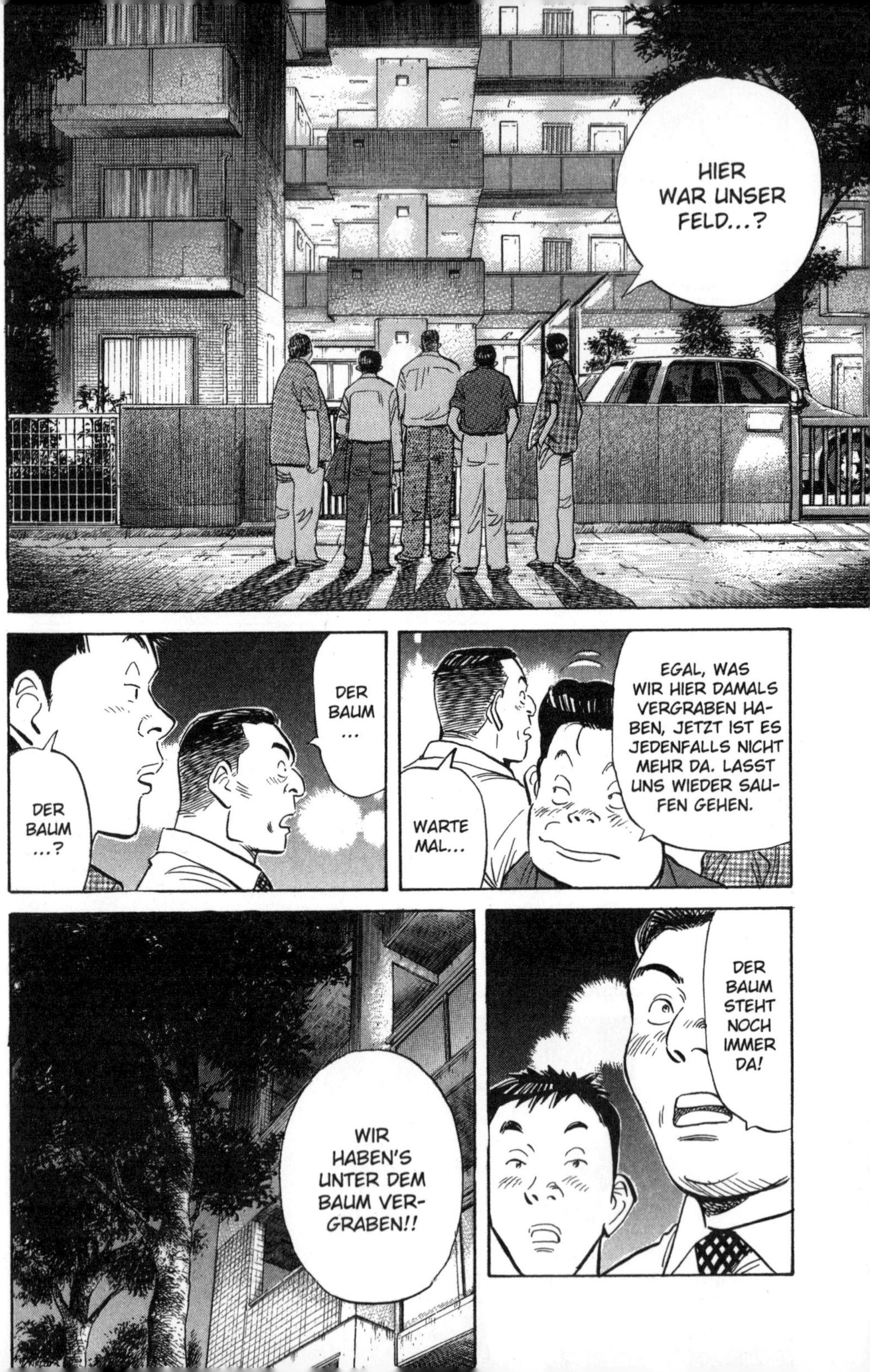

HIER WAR UNSER FELD...?

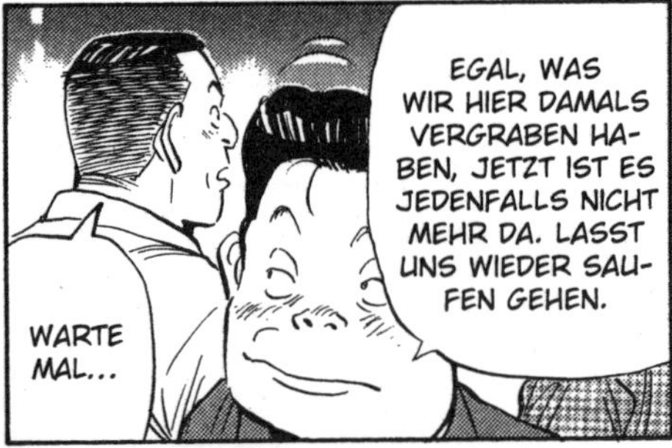

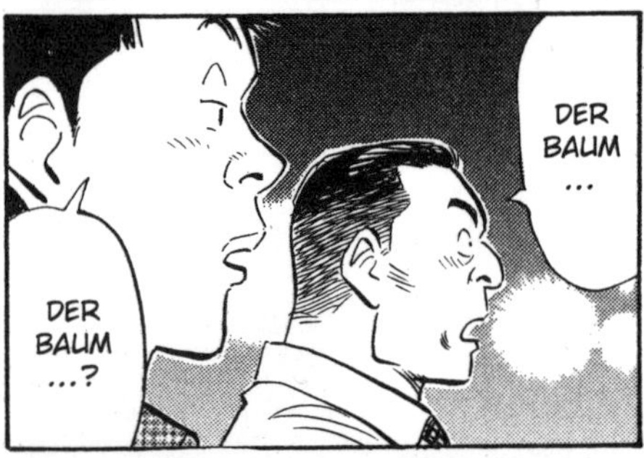

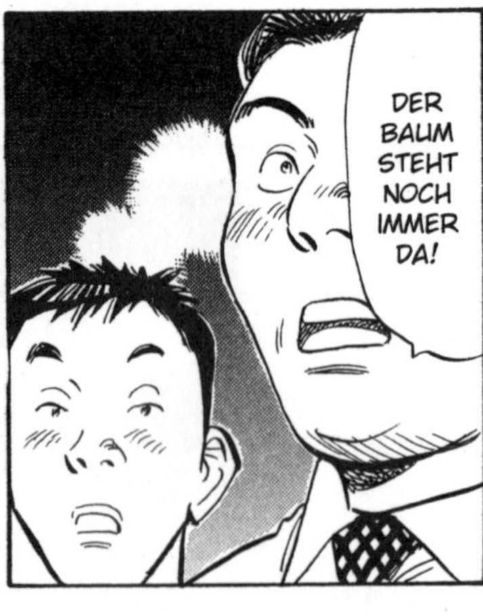

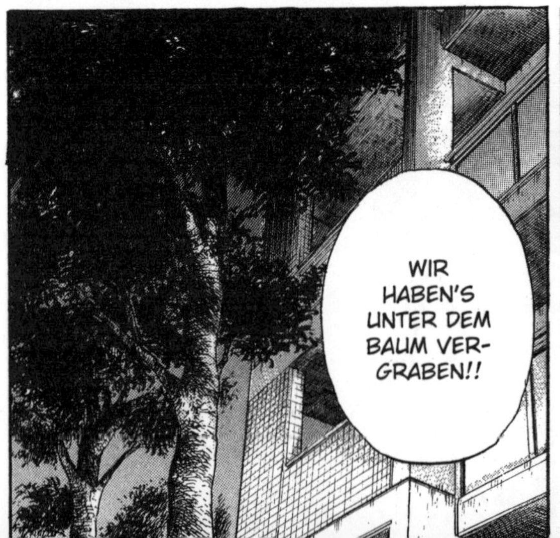

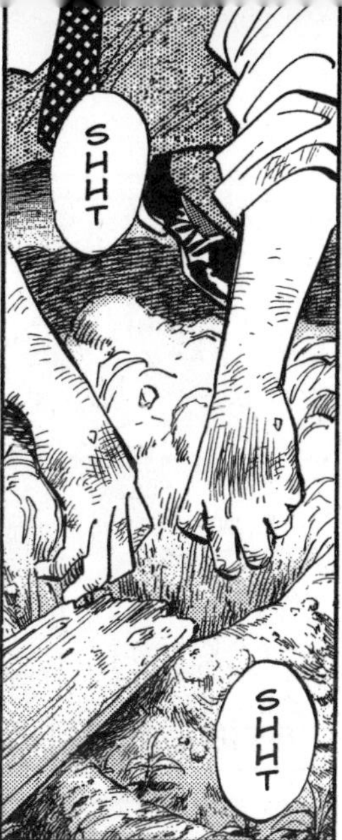
SHHT
SHHT
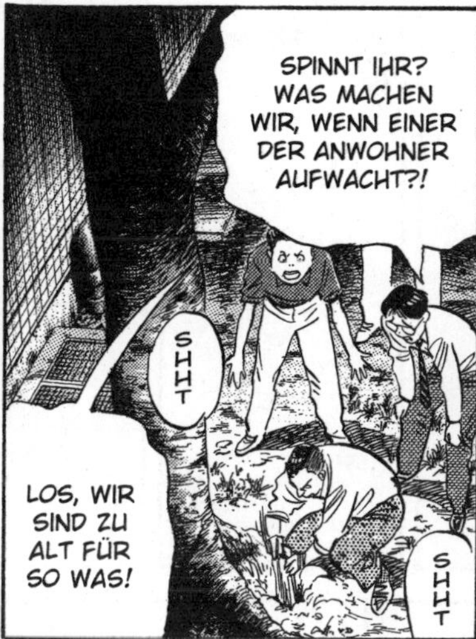
SPINNT IHR? WAS MACHEN WIR, WENN EINER DER ANWOHNER AUFWACHT?!
SHHT
LOS, WIR SIND ZU ALT FÜR SO WAS!
SHHT
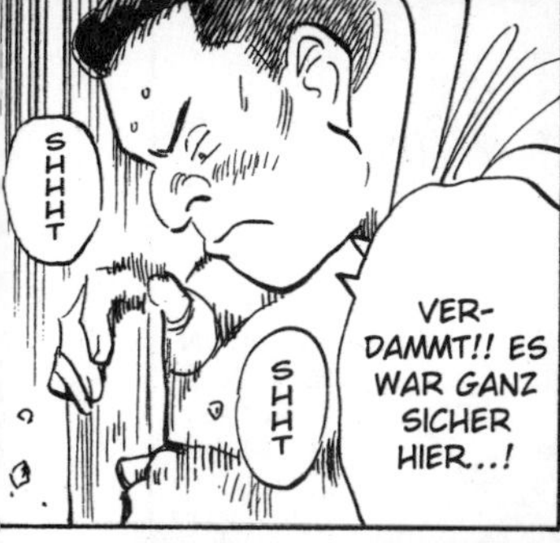
SHHHT
VER-DAMMT!! ES WAR GANZ SICHER HIER...!
SHHT
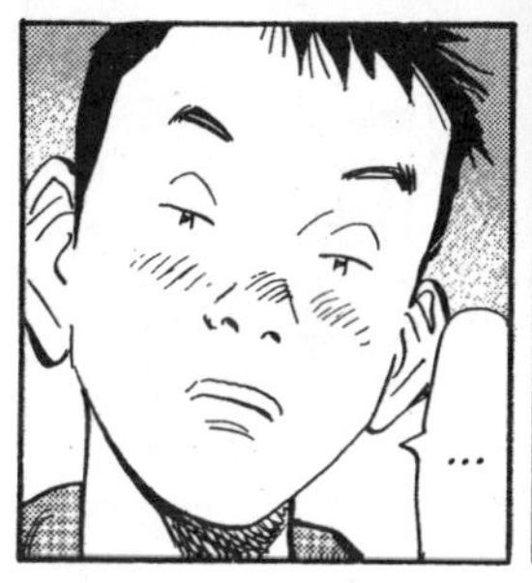
...
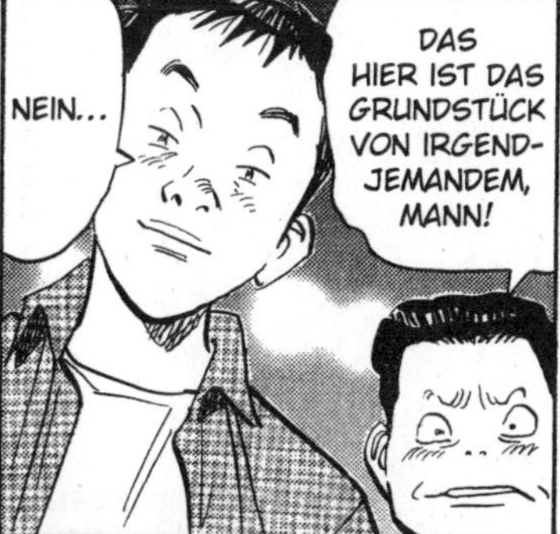
DAS HIER IST DAS GRUNDSTÜCK VON IRGEND-JEMANDEM, MANN!
NEIN...
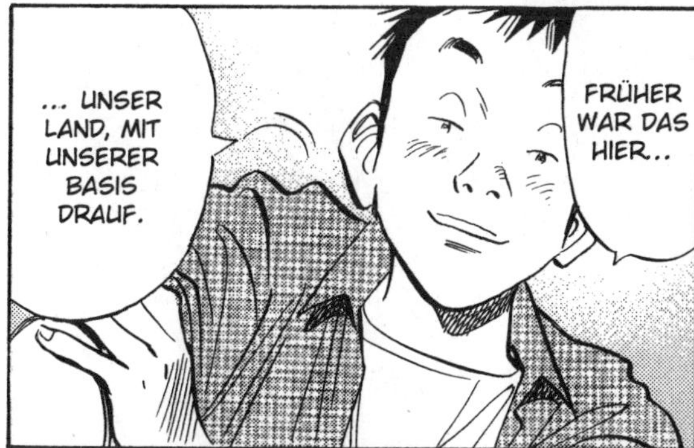
FRÜHER WAR DAS HIER..
... UNSER LAND, MIT UNSERER BASIS DRAUF.
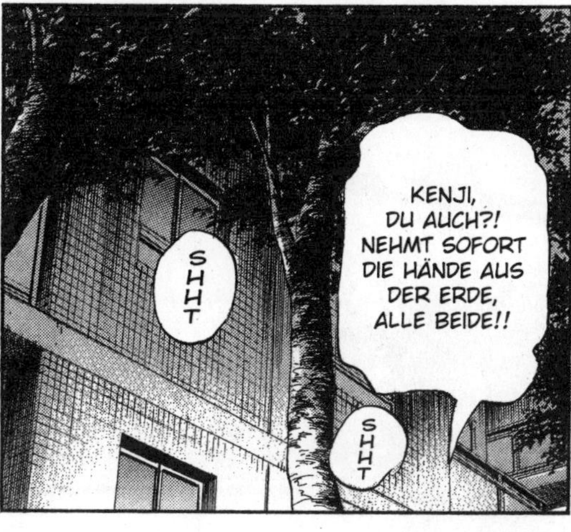
KENJI, DU AUCH?! NEHMT SOFORT DIE HÄNDE AUS DER ERDE, ALLE BEIDE!!
SHHT
SHHT
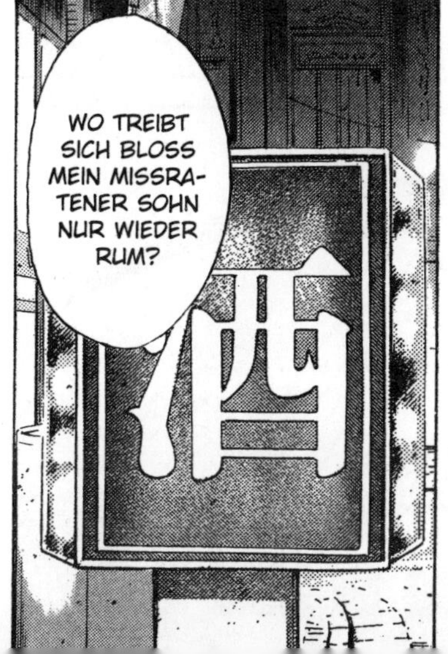
WO TREIBT SICH BLOSS MEIN MISSRA-TENER SOHN NUR WIEDER RUM?
酒

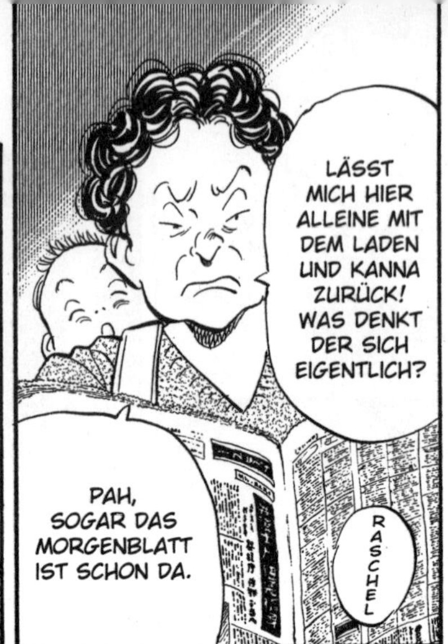

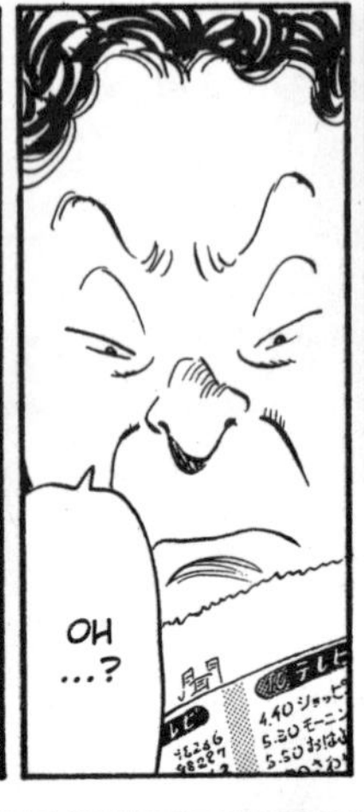

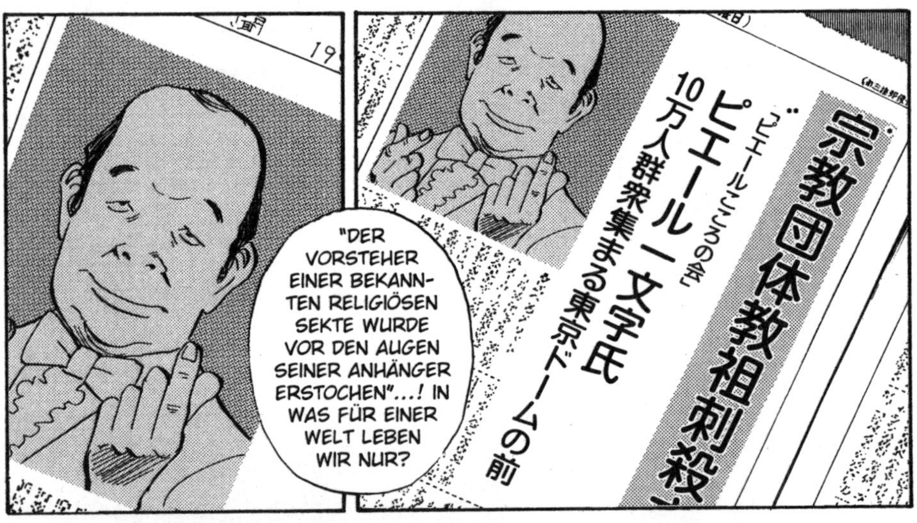

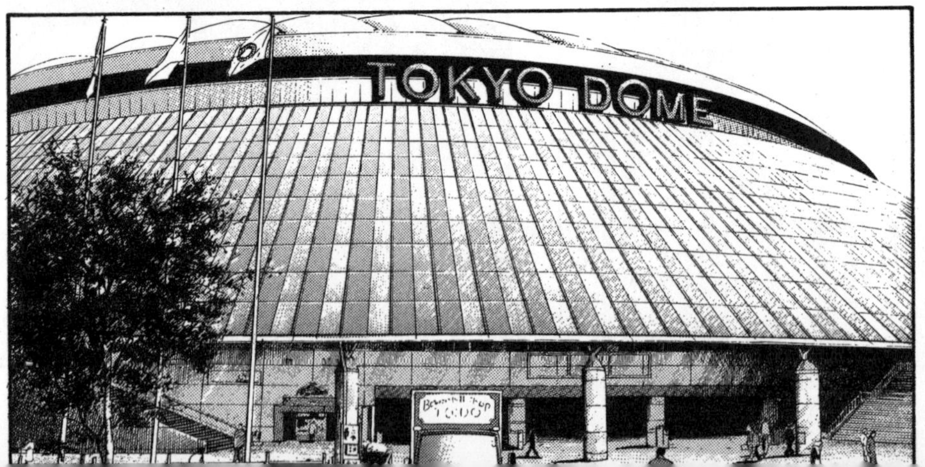

* SEKTENGURU ERSTOCHEN
** "PIERRES LEHRE DES HERZENS" - PIERRE ICHIMONJI - 100.000 ERWARTETEN IHN IM TOKYO DOME

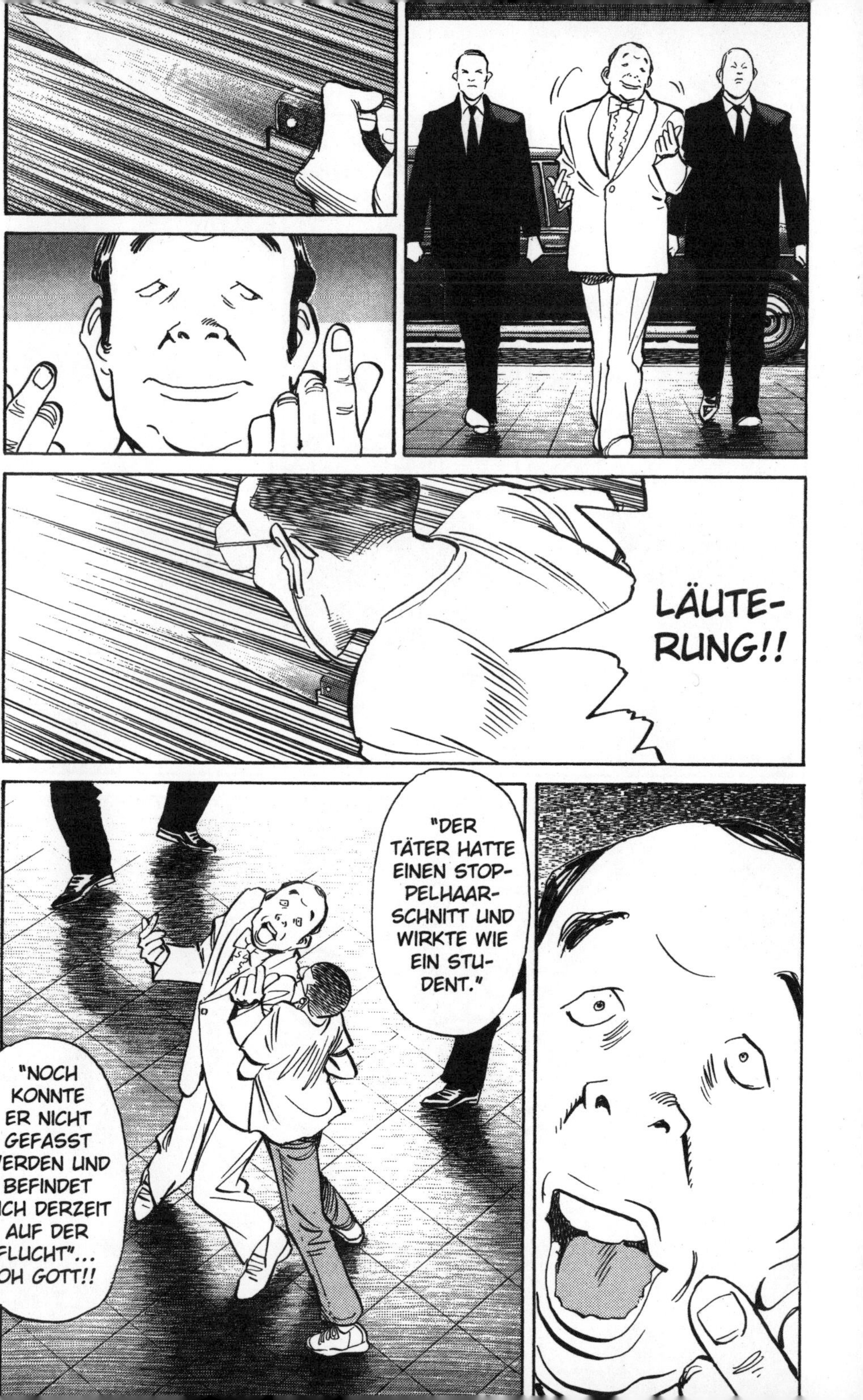

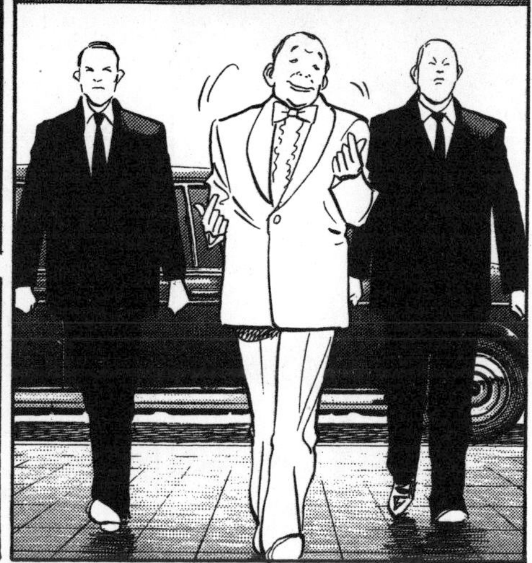

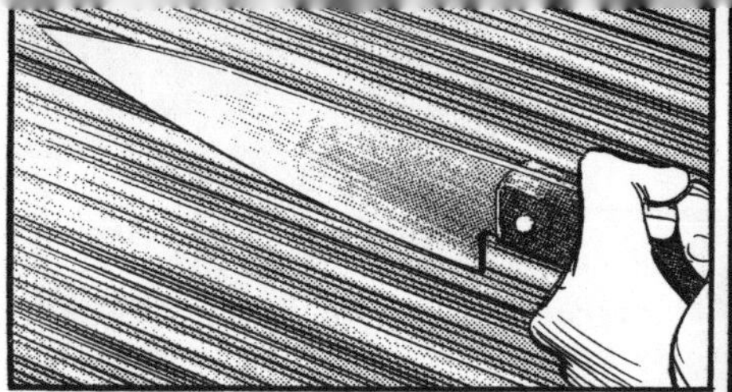

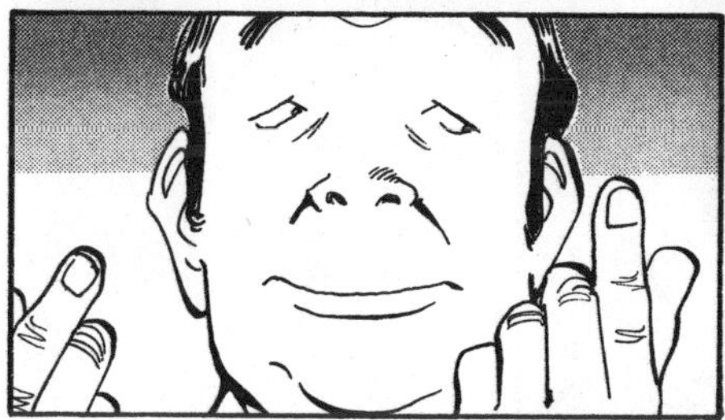

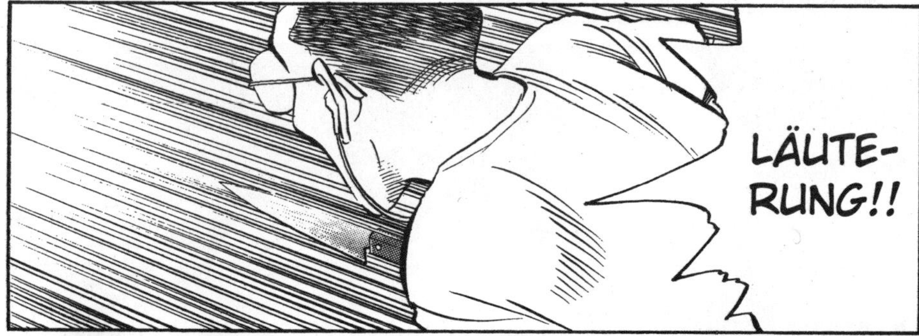

"DER TÄTER HATTE EINEN STOP-PELHAAR-SCHNITT UND WIRKTE WIE EIN STU-DENT."

"NOCH KONNTE ER NICHT GEFASST WERDEN UND BEFINDET SICH DERZEIT AUF DER FLUCHT"... OH GOTT!!

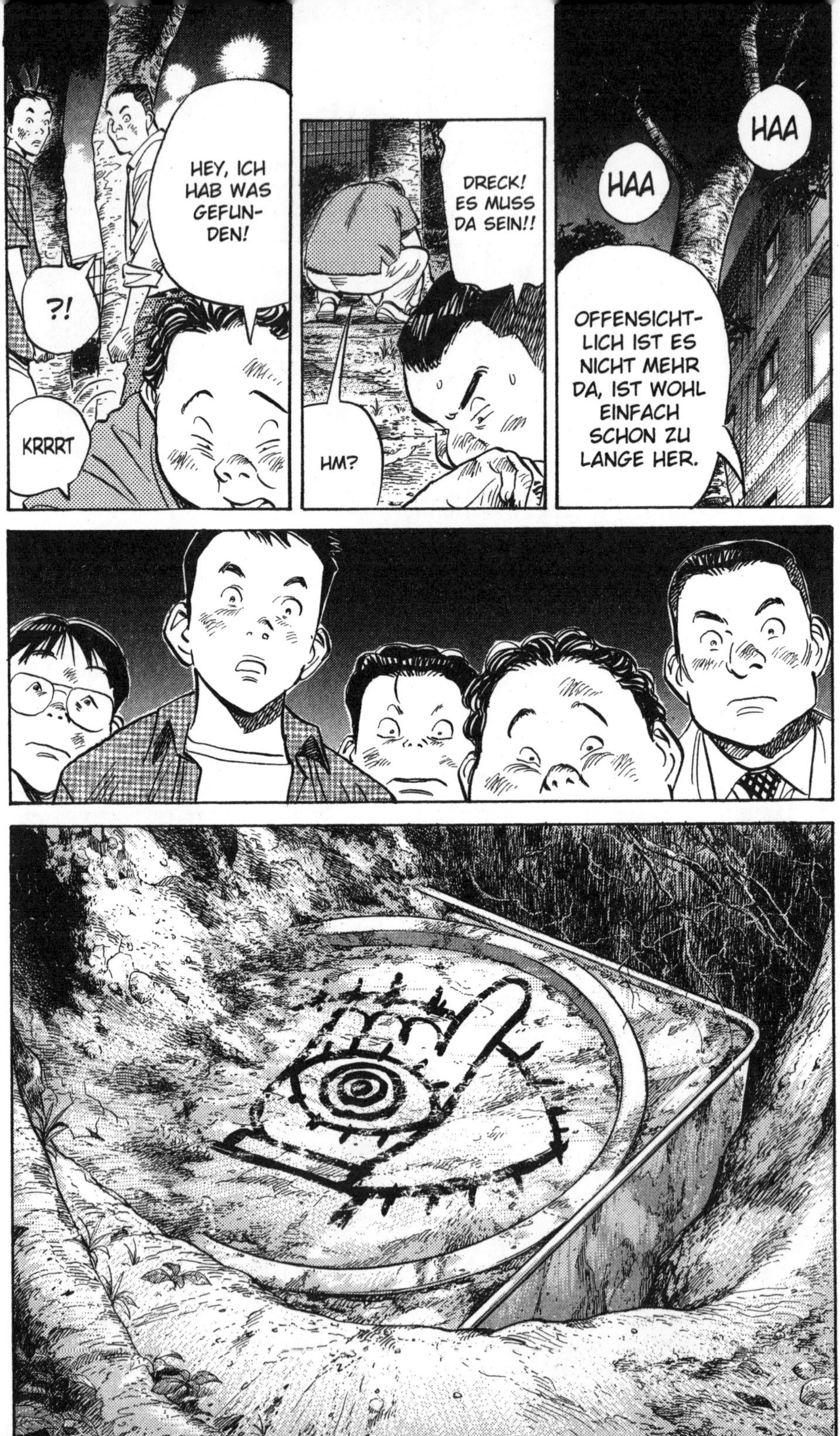

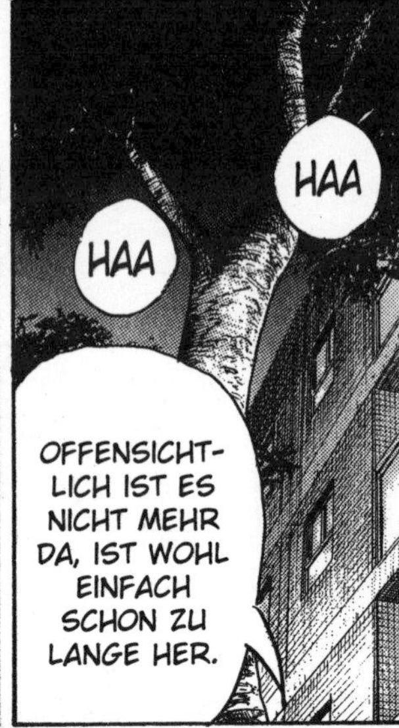
HAA
HAA
OFFENSICHTLICH IST ES NICHT MEHR DA, IST WOHL EINFACH SCHON ZU LANGE HER.

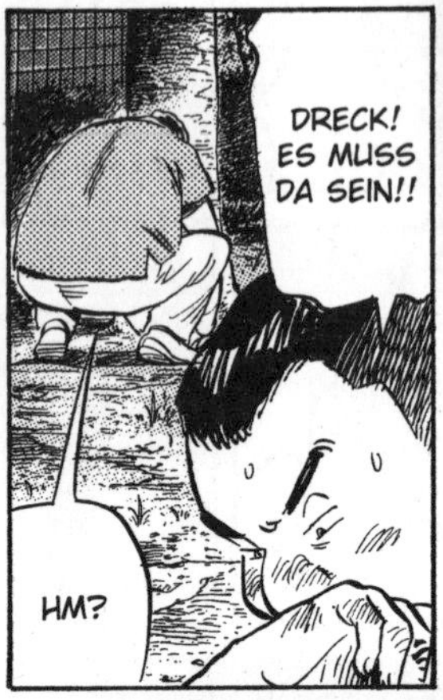
DRECK! ES MUSS DA SEIN!!
HM?

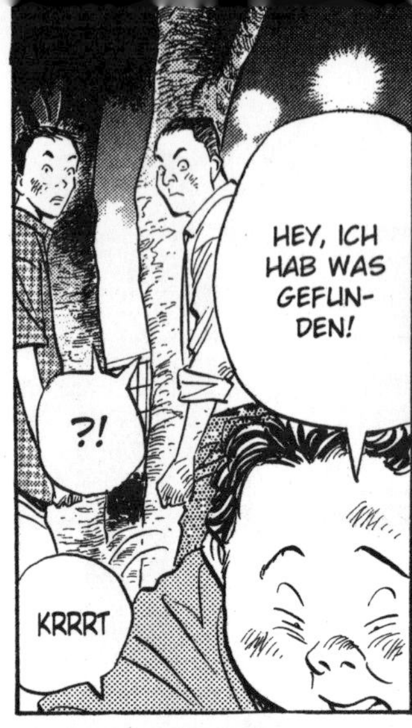
HEY, ICH HAB WAS GEFUNDEN!
?!
KRRRT

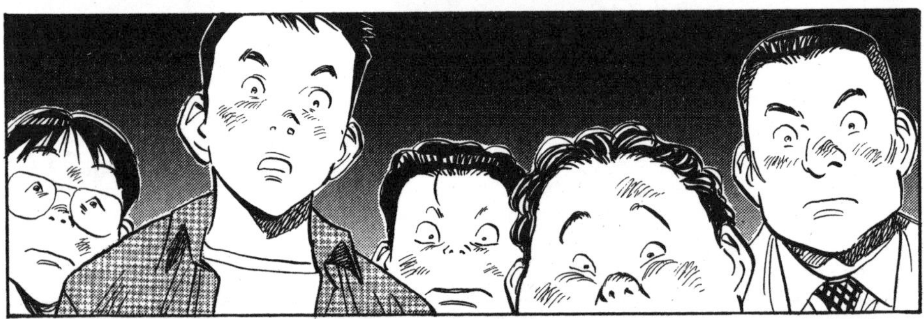

Twentieth Century Boys

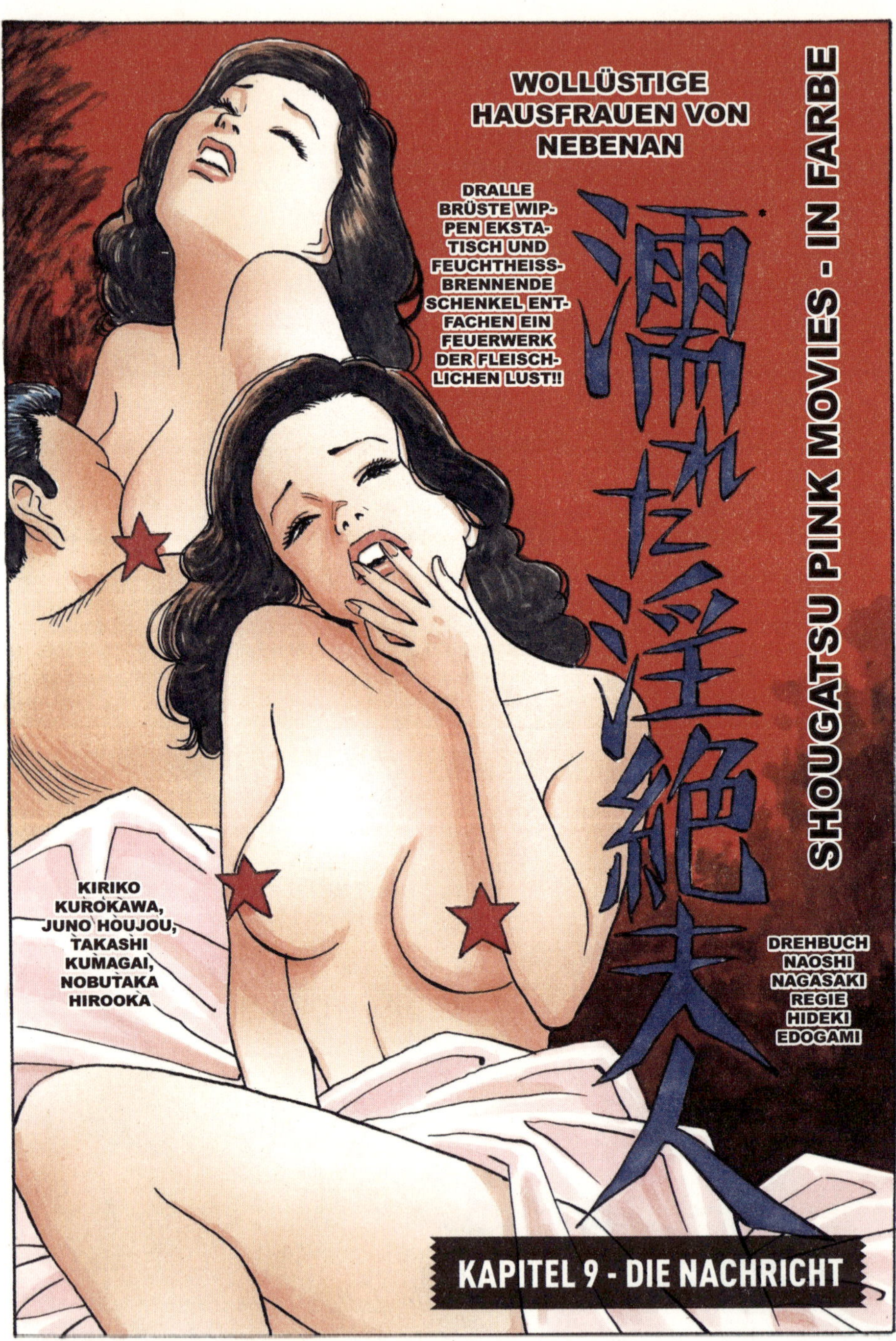

* FEUCHTE DIENERINNEN DER EKSTASE

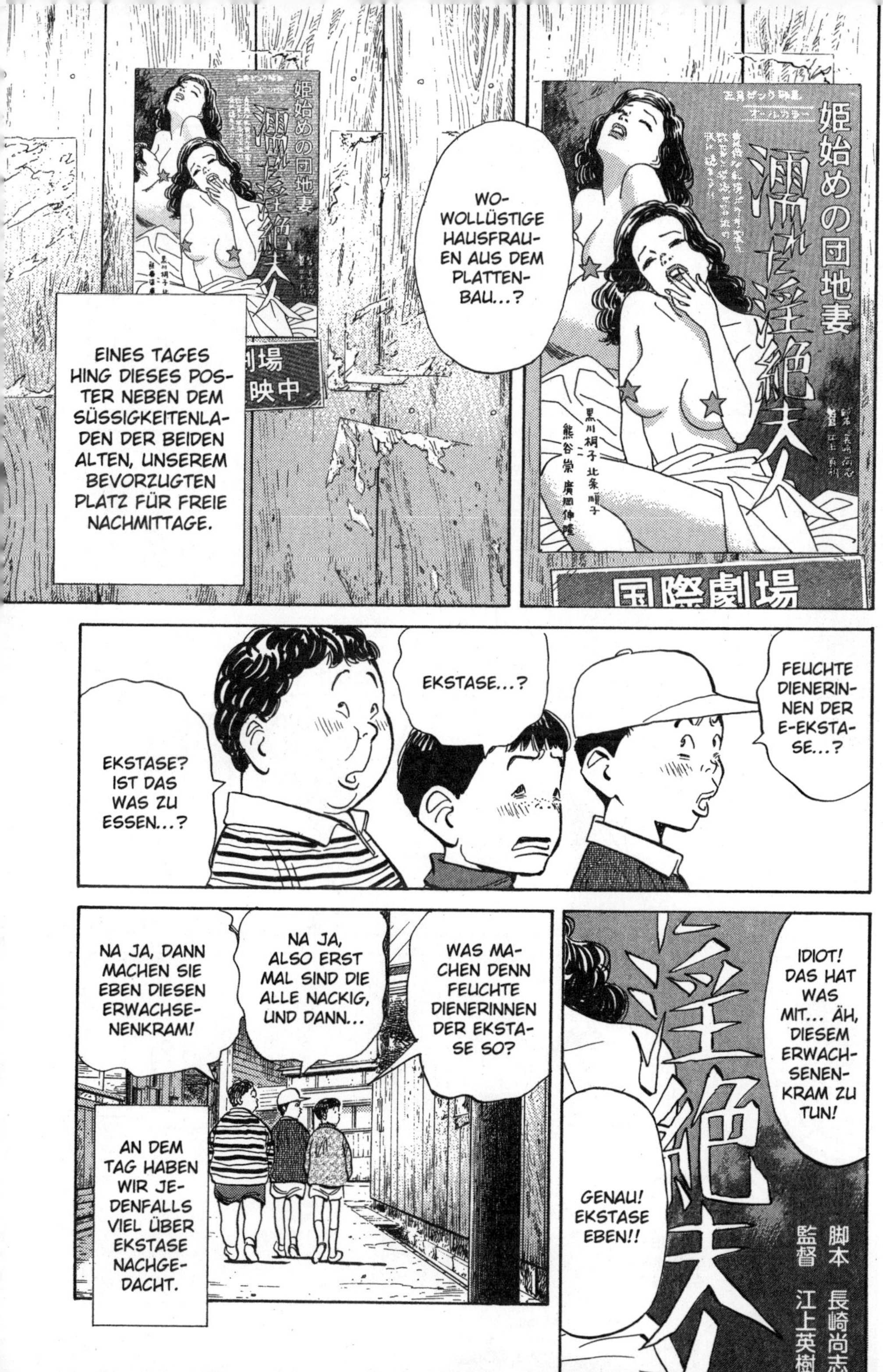

姫始めの団地妻
濡れた淫絶夫人
黒川桐子 北条順子
熊谷崇 廣岡伸隆
国際劇場

WO-WOLLÜSTIGE HAUSFRAUEN AUS DEM PLATTENBAU...?

EINES TAGES HING DIESES POSTER NEBEN DEM SÜSSIGKEITENLADEN DER BEIDEN ALTEN, UNSEREM BEVORZUGTEN PLATZ FÜR FREIE NACHMITTAGE.

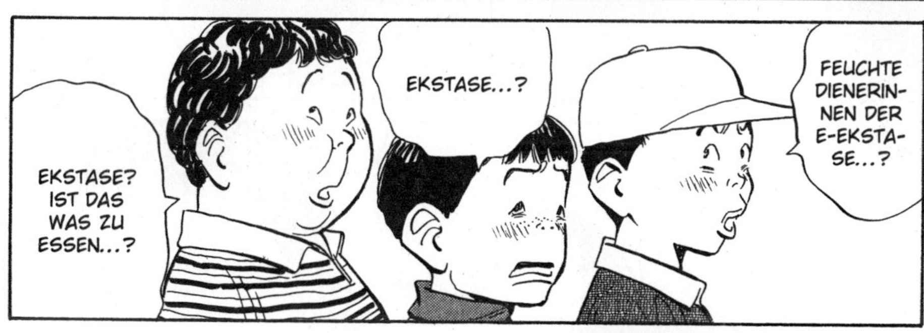

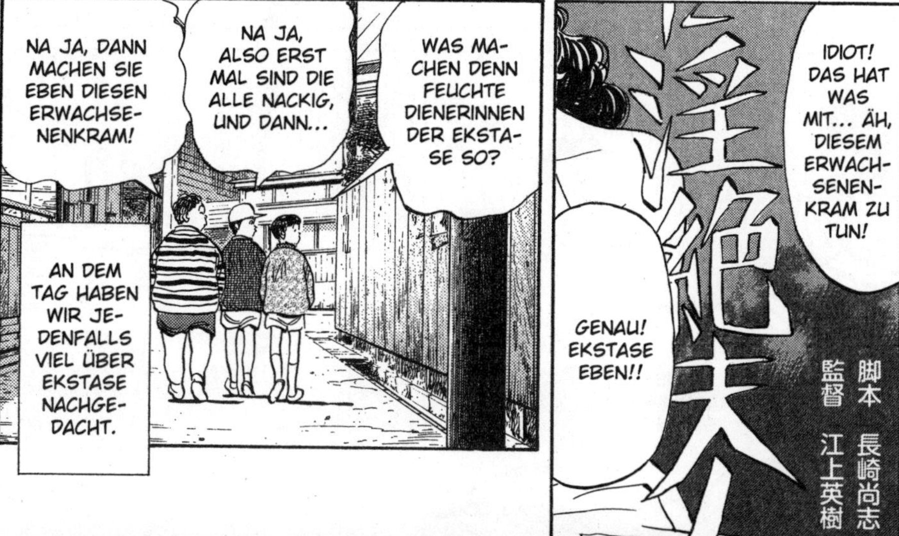

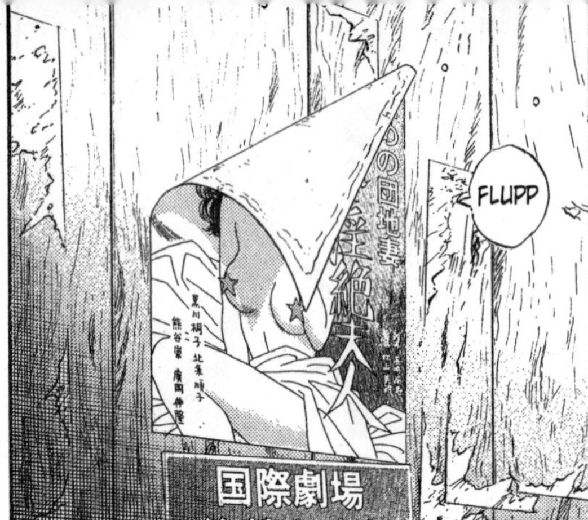
FLUPP
国際劇場

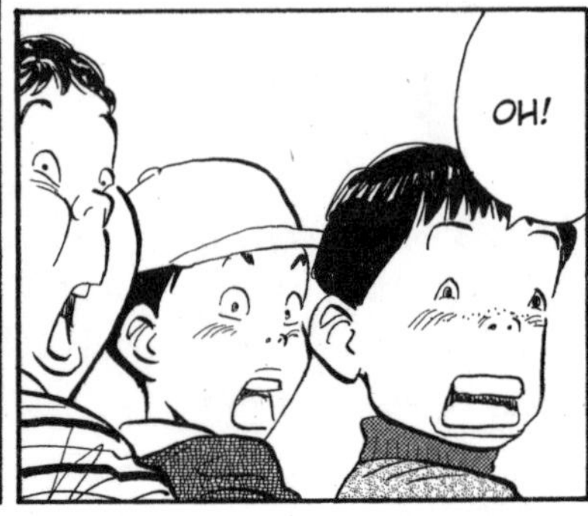
OH!

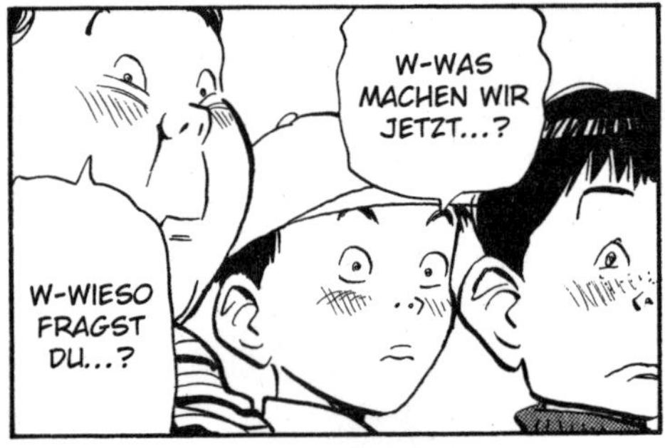
W-WAS MACHEN WIR JETZT...?
W-WIESO FRAGST DU...?

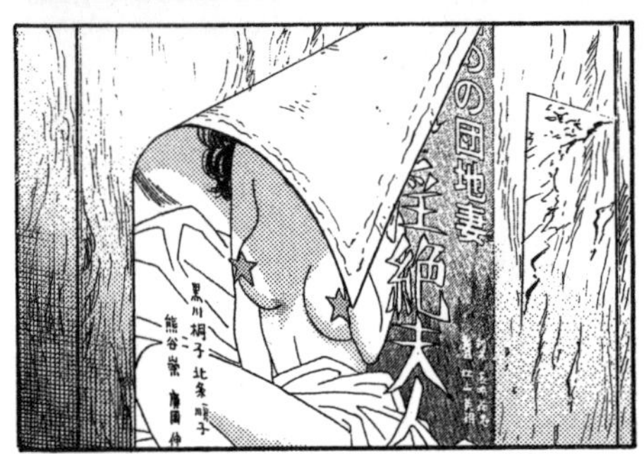

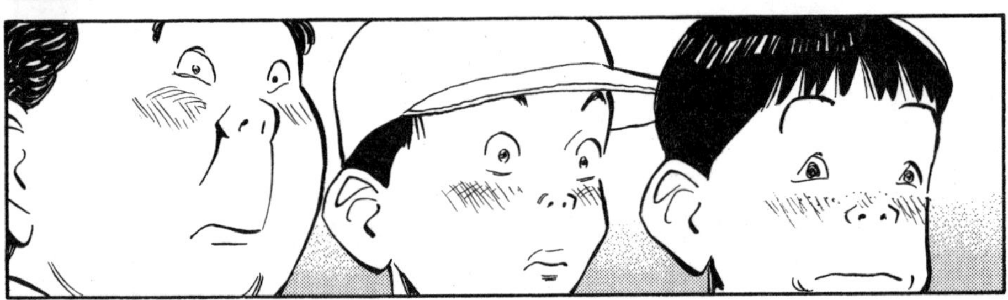

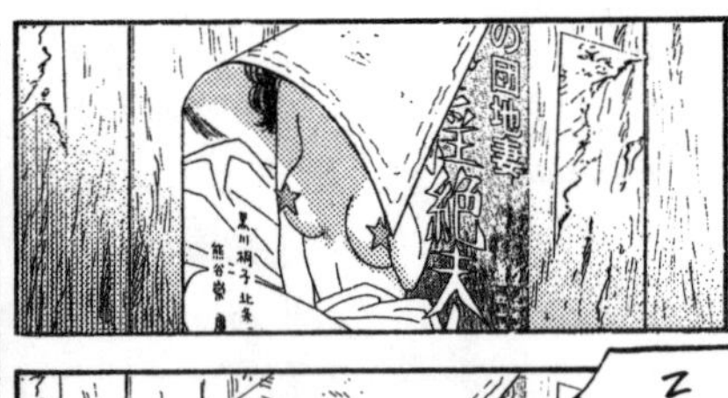

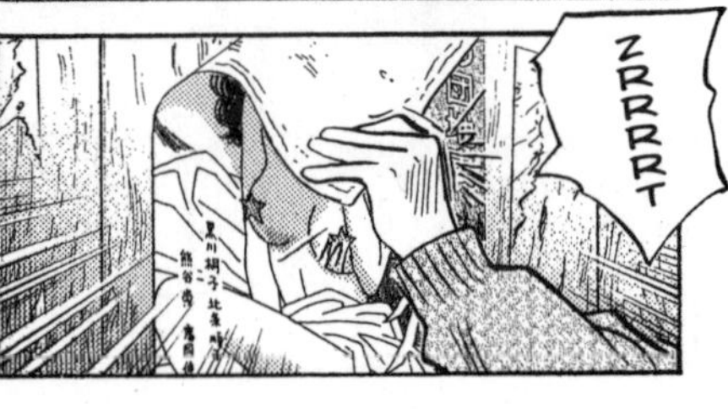
ZRRRRT

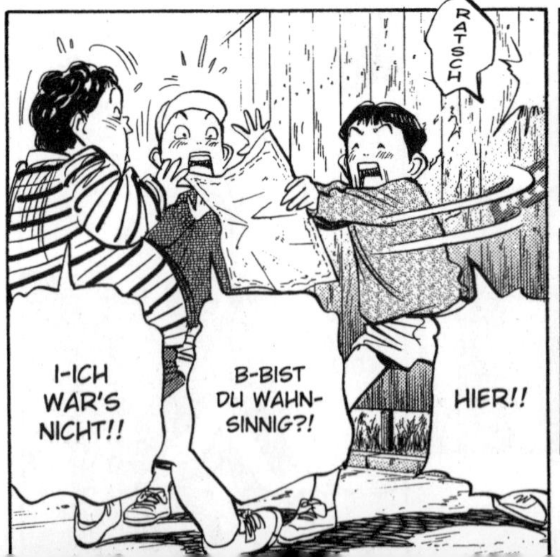
RATSCH
HIER!!
B-BIST DU WAHN-SINNIG?!
I-ICH WAR'S NICHT!!

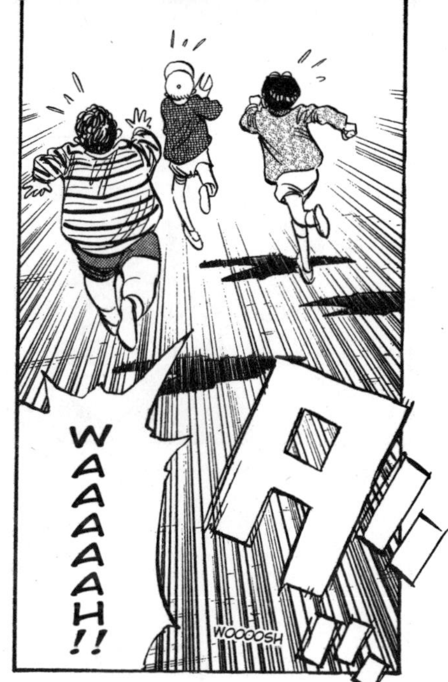

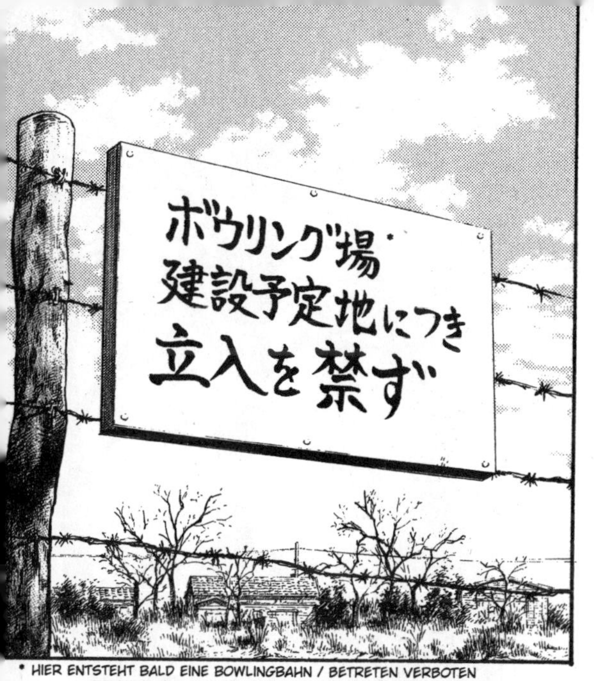

* HIER ENTSTEHT BALD EINE BOWLINGBAHN / BETRETEN VERBOTEN

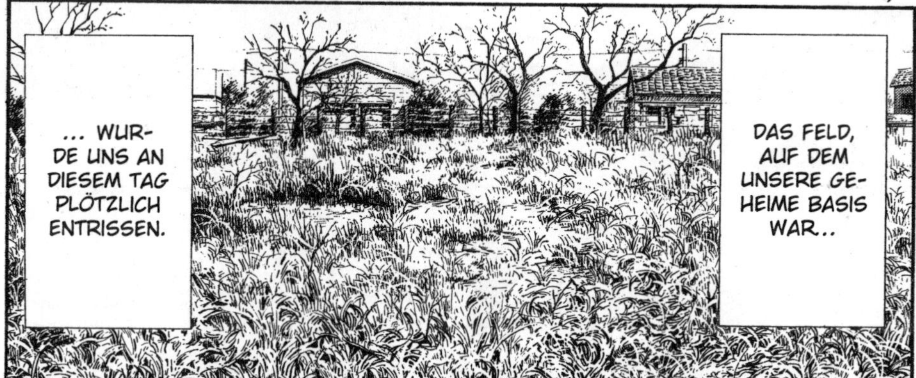

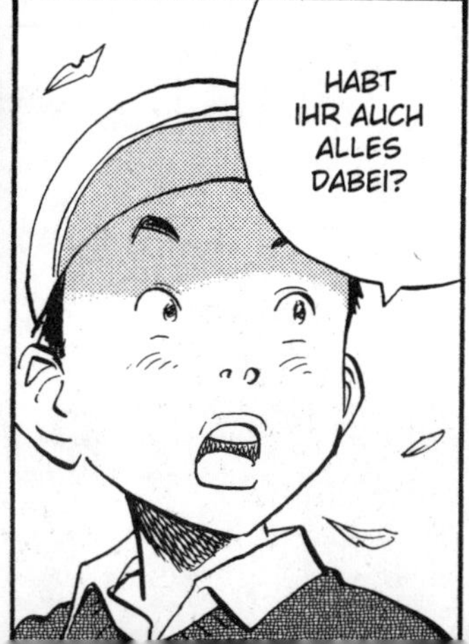

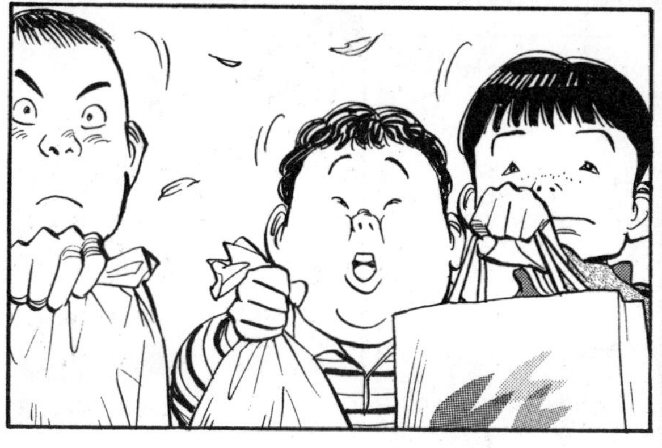

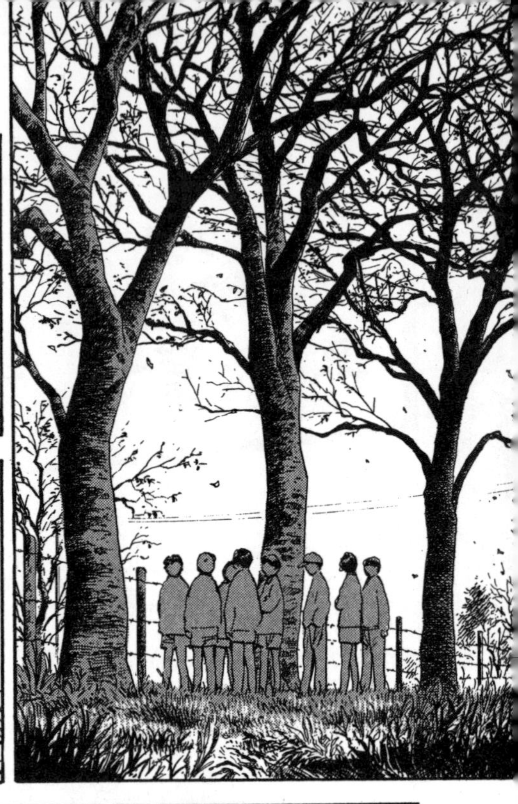

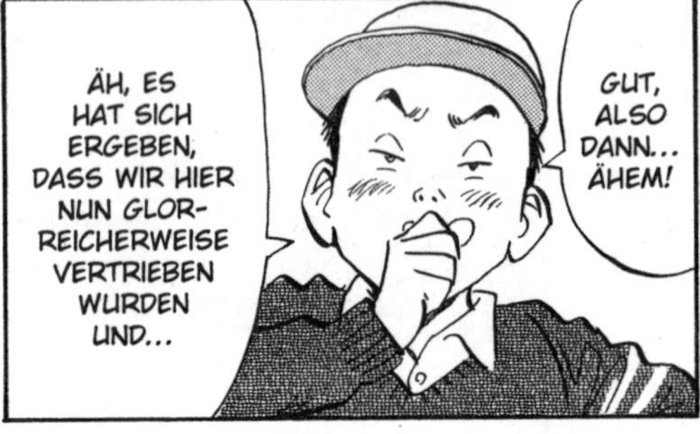
GUT, ALSO DANN... ÄHEM!
ÄH, ES HAT SICH ERGEBEN, DASS WIR HIER NUN GLORREICHERWEISE VERTRIEBEN WURDEN UND...

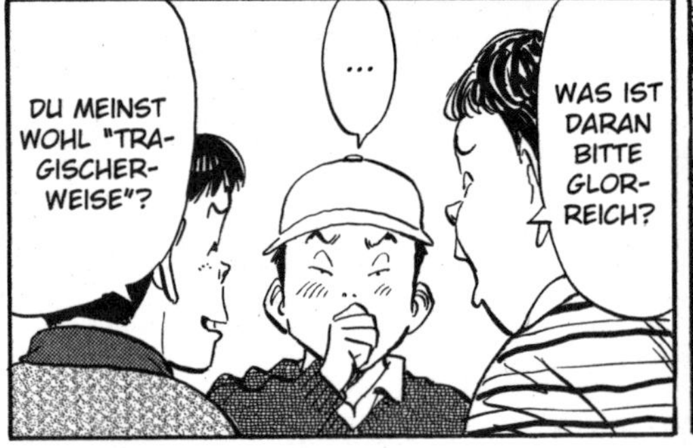
WAS IST DARAN BITTE GLORREICH?
...
DU MEINST WOHL "TRAGISCHERWEISE"?

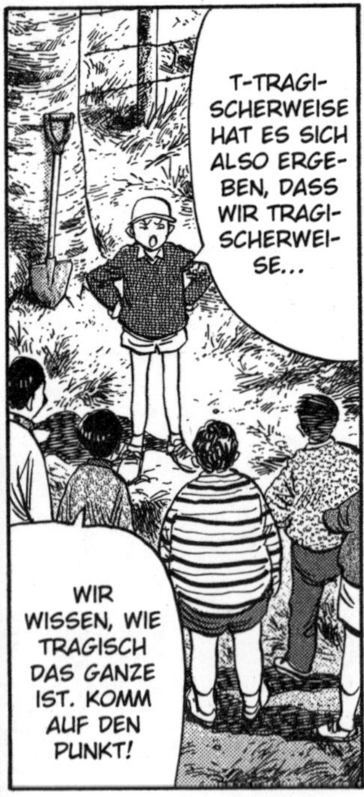
T-TRAGISCHERWEISE HAT ES SICH ALSO ERGEBEN, DASS WIR TRAGISCHERWEISE...
WIR WISSEN, WIE TRAGISCH DAS GANZE IST. KOMM AUF DEN PUNKT!

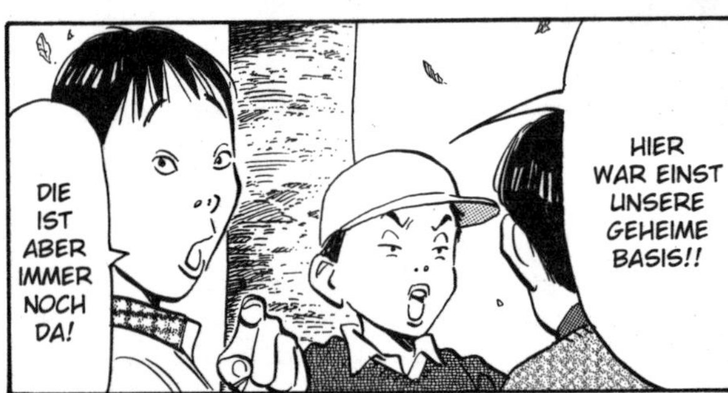
HIER WAR EINST UNSERE GEHEIME BASIS!!
DIE IST ABER IMMER NOCH DA!

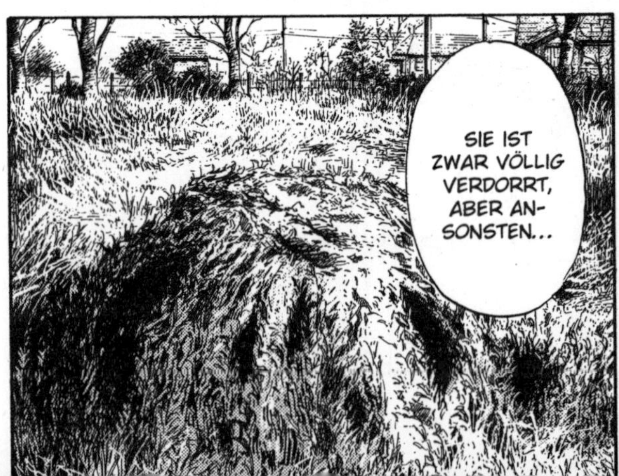
SIE IST ZWAR VÖLLIG VERDORRT, ABER ANSONSTEN...

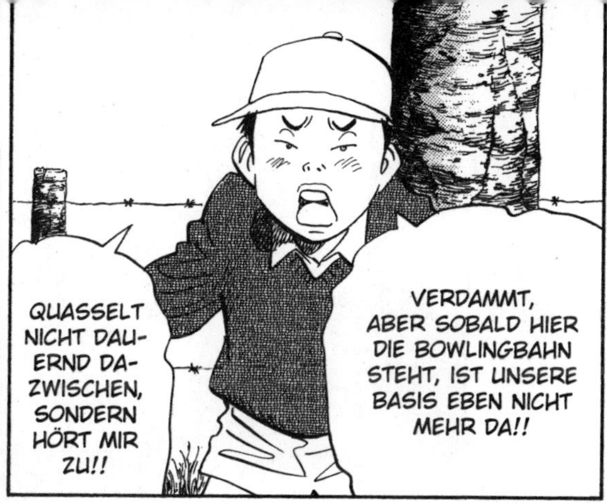
VERDAMMT, ABER SOBALD HIER DIE BOWLINGBAHN STEHT, IST UNSERE BASIS EBEN NICHT MEHR DA!!
QUASSELT NICHT DAUERND DAZWISCHEN, SONDERN HÖRT MIR ZU!!

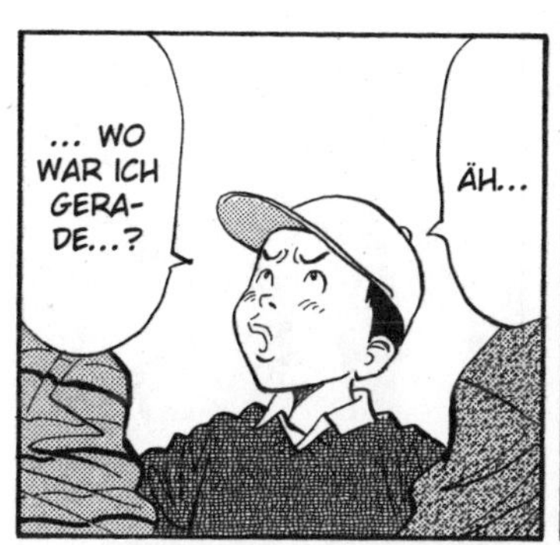
ÄH…
… WO WAR ICH GERADE…?

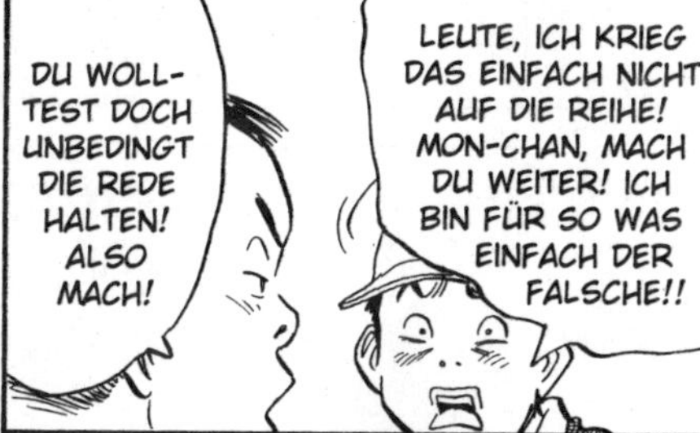
LEUTE, ICH KRIEG DAS EINFACH NICHT AUF DIE REIHE! MON-CHAN, MACH DU WEITER! ICH BIN FÜR SO WAS EINFACH DER FALSCHE!!
DU WOLLTEST DOCH UNBEDINGT DIE REDE HALTEN! ALSO MACH!

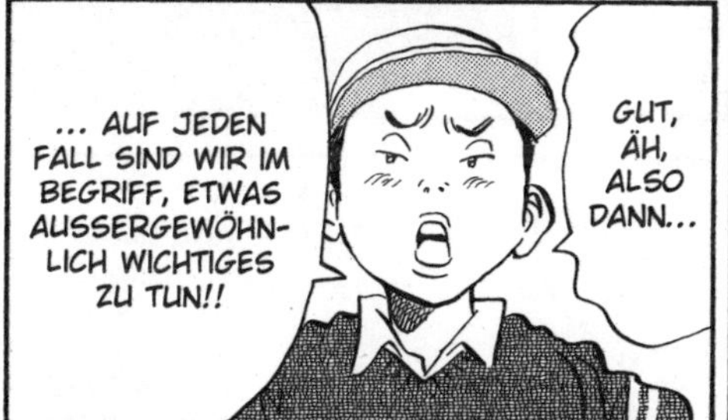
GUT, ÄH, ALSO DANN…
… AUF JEDEN FALL SIND WIR IM BEGRIFF, ETWAS AUSSERGEWÖHNLICH WICHTIGES ZU TUN!!

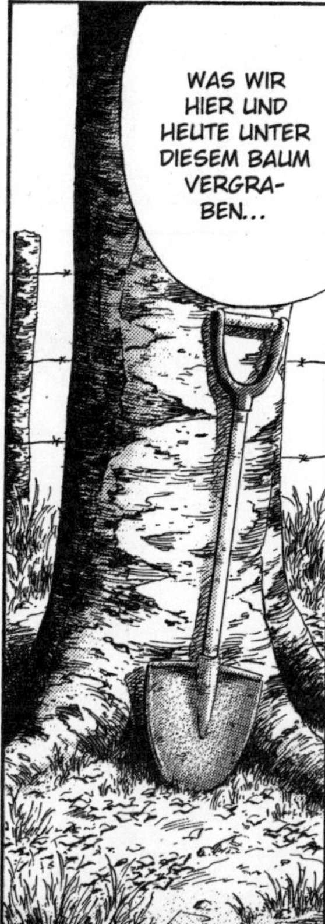
WAS WIR HIER UND HEUTE UNTER DIESEM BAUM VERGRABEN…

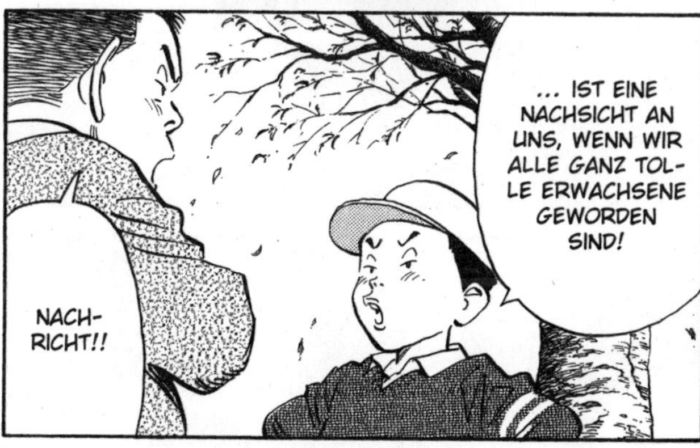
… IST EINE NACHSICHT AN UNS, WENN WIR ALLE GANZ TOLLE ERWACHSENE GEWORDEN SIND!
NACHRICHT!!

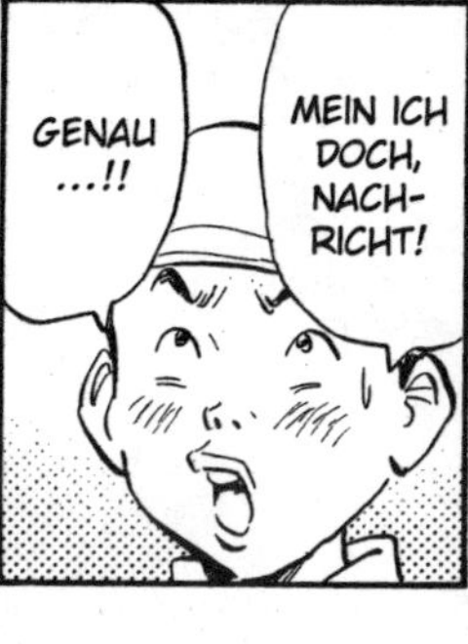
MEIN ICH DOCH, NACHRICHT!
GENAU …!!

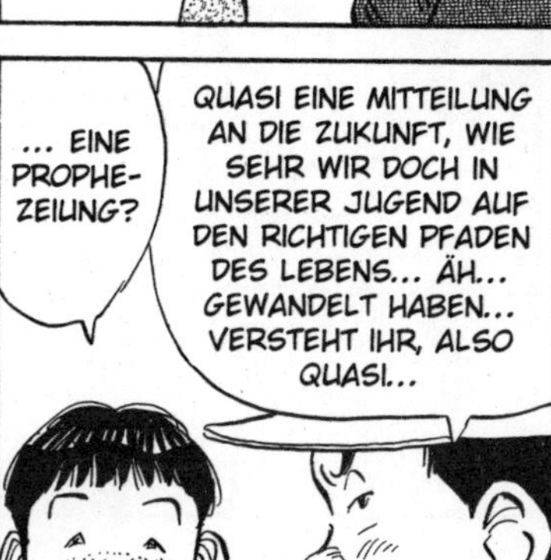
QUASI EINE MITTEILUNG AN DIE ZUKUNFT, WIE SEHR WIR DOCH IN UNSERER JUGEND AUF DEN RICHTIGEN PFADEN DES LEBENS… ÄH… GEWANDELT HABEN… VERSTEHT IHR, ALSO QUASI…
… EINE PROPHEZEIUNG?

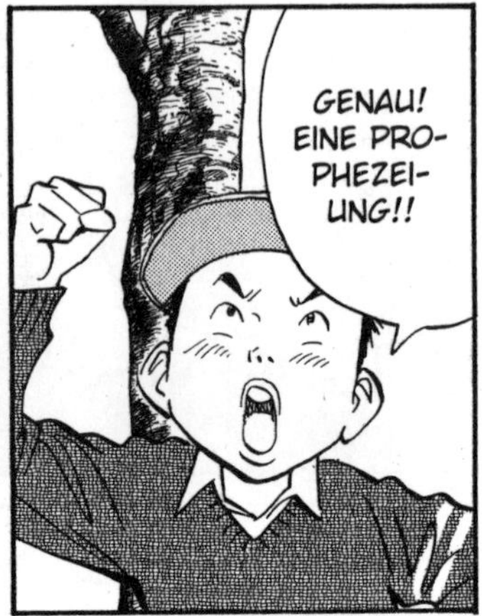
GENAU! EINE PROPHEZEIUNG!!

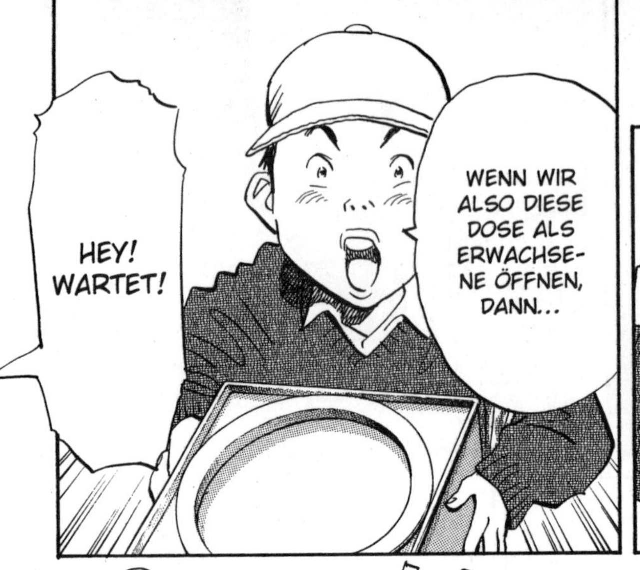
WENN WIR ALSO DIESE DOSE ALS ERWACHSENE ÖFFNEN, DANN…
HEY! WARTET!

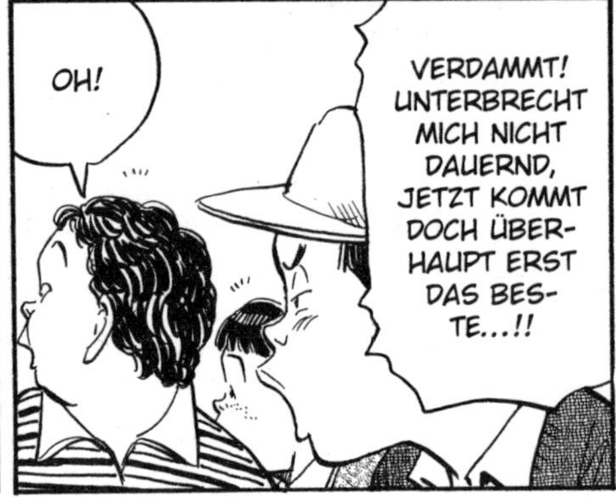
VERDAMMT! UNTERBRECHT MICH NICHT DAUERND, JETZT KOMMT DOCH ÜBERHAUPT ERST DAS BESTE…!!
OH!

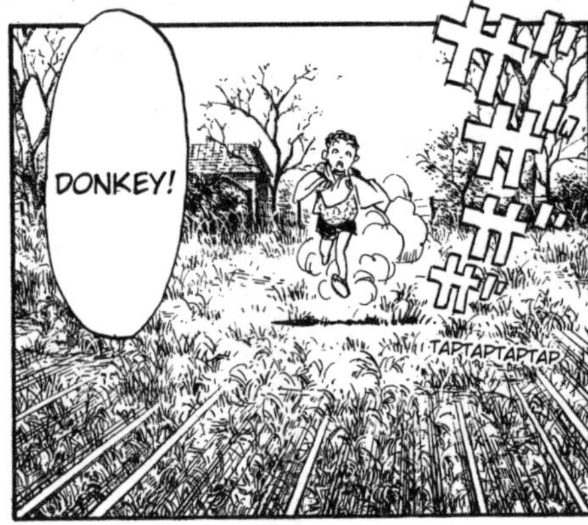
DONKEY!
TAPTAPTAPTAP

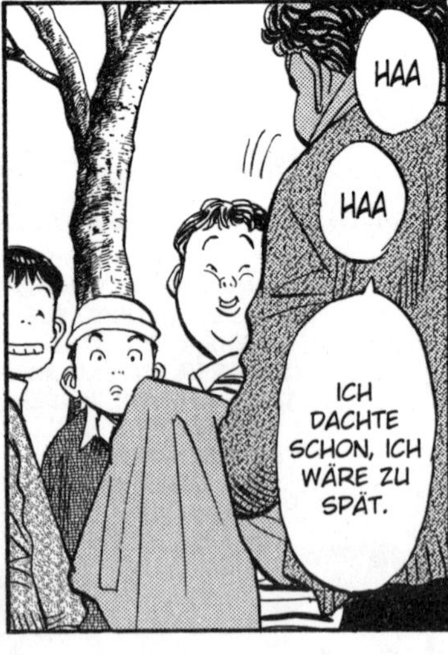
HAA
HAA
ICH DACHTE SCHON, ICH WÄRE ZU SPÄT.

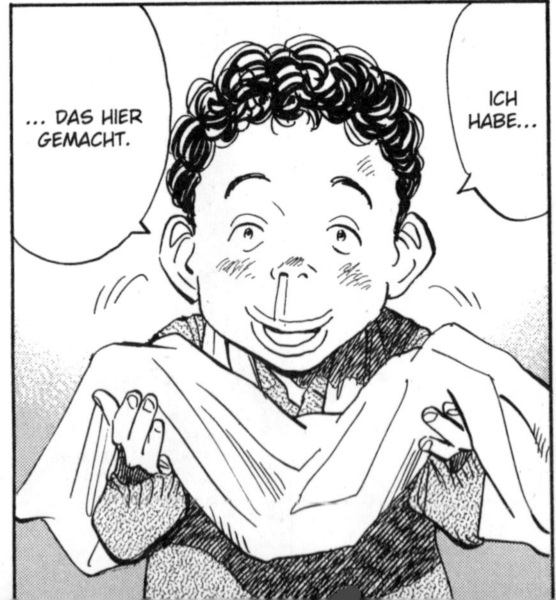
ICH HABE…
… DAS HIER GEMACHT.

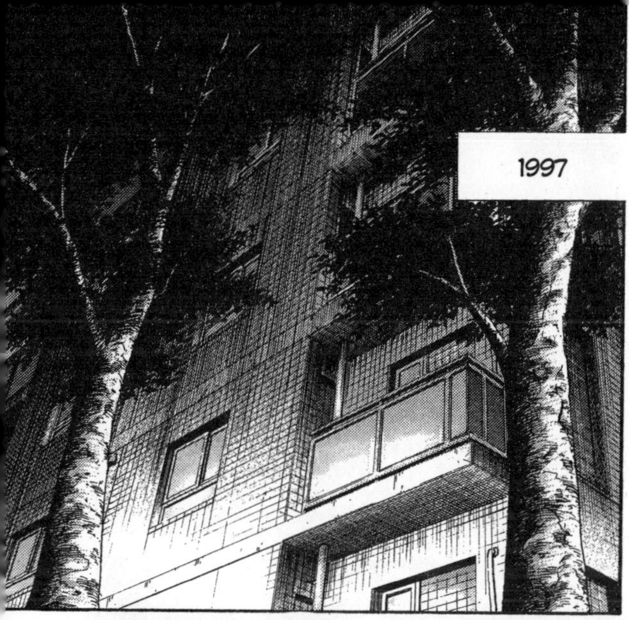
1997
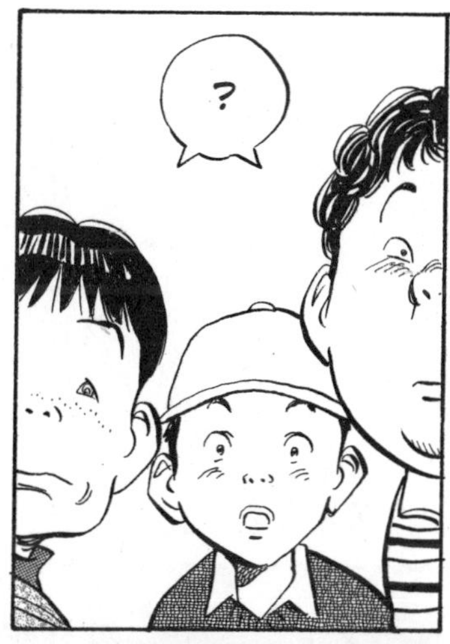
?
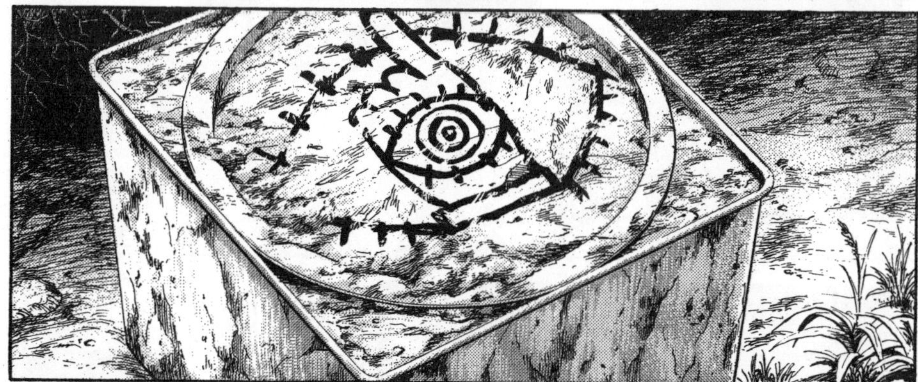
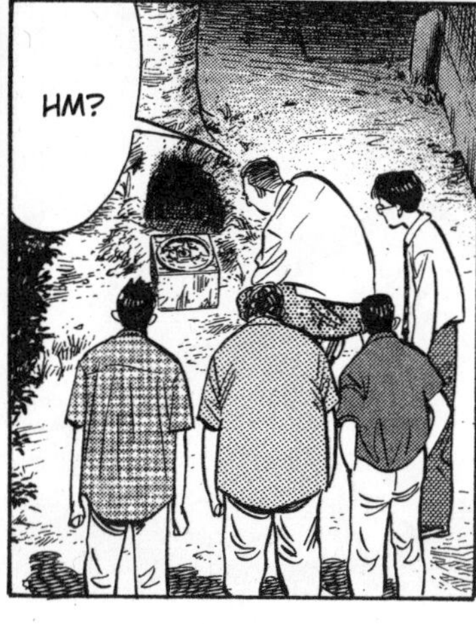
HM?
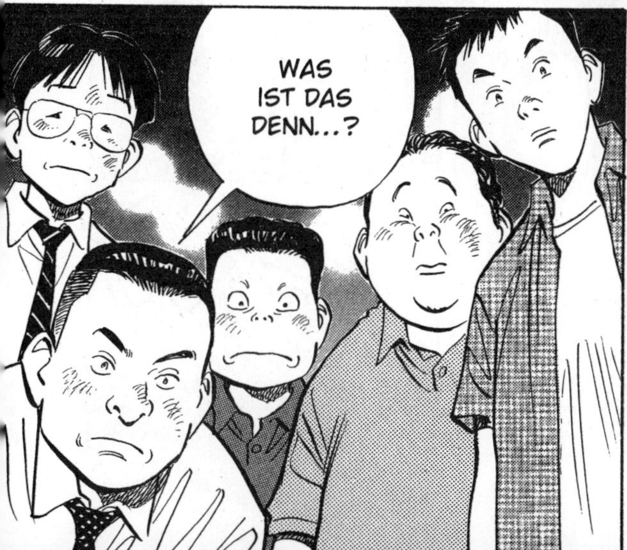
WAS IST DAS DENN…?

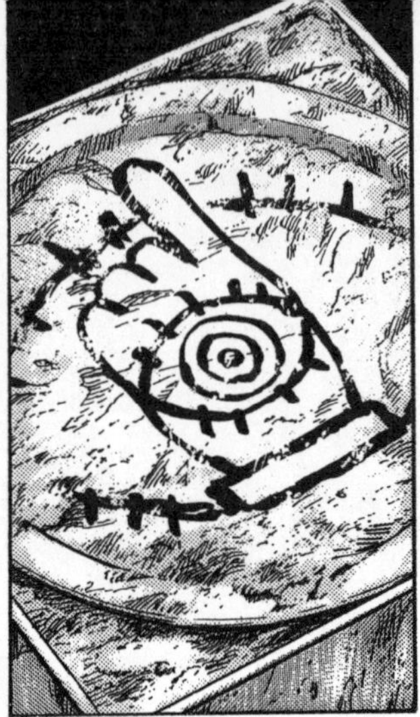

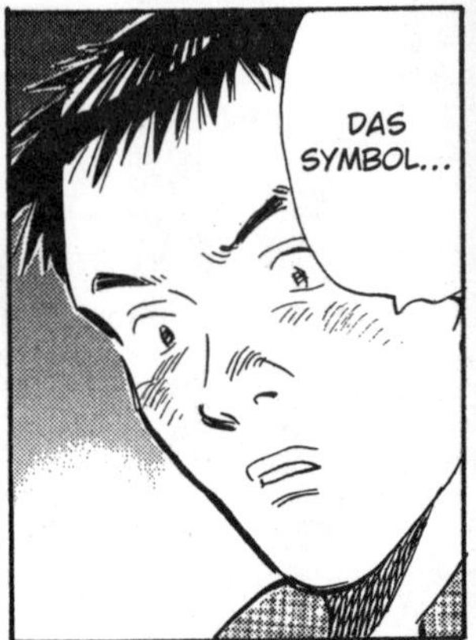
DAS SYMBOL...

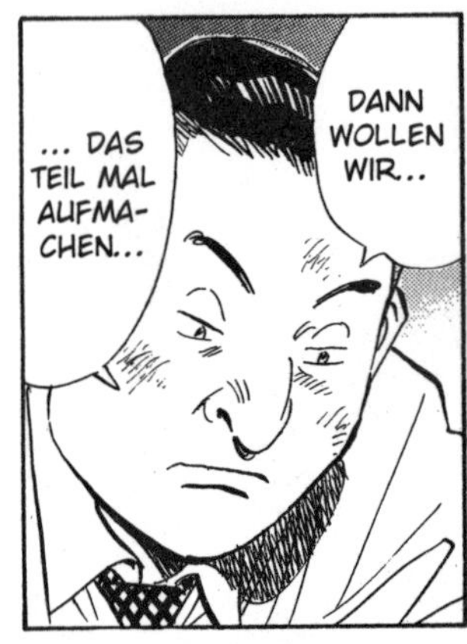
DANN WOLLEN WIR...
... DAS TEIL MAL AUFMACHEN...

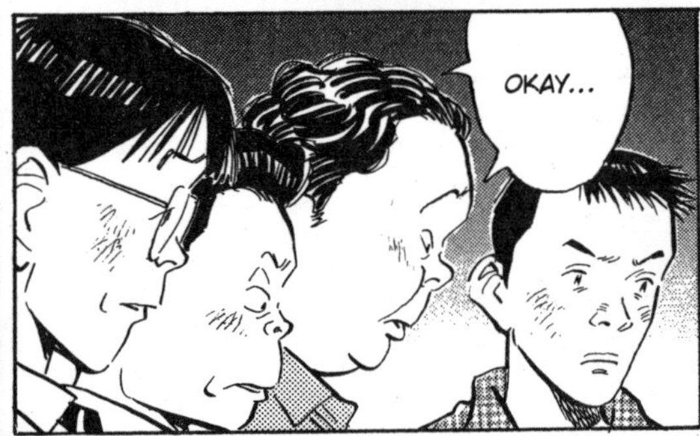
OKAY...

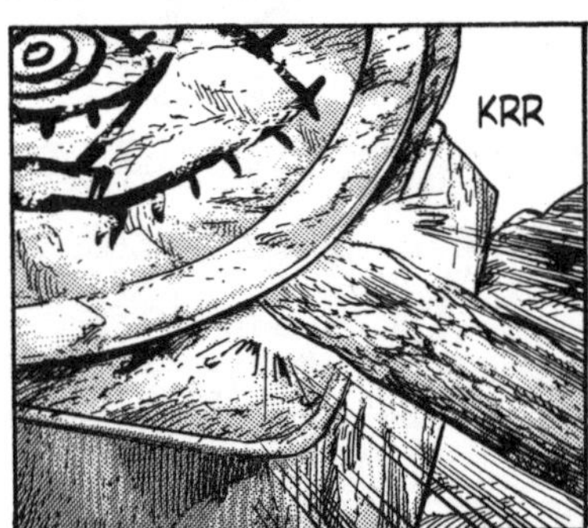
KRR

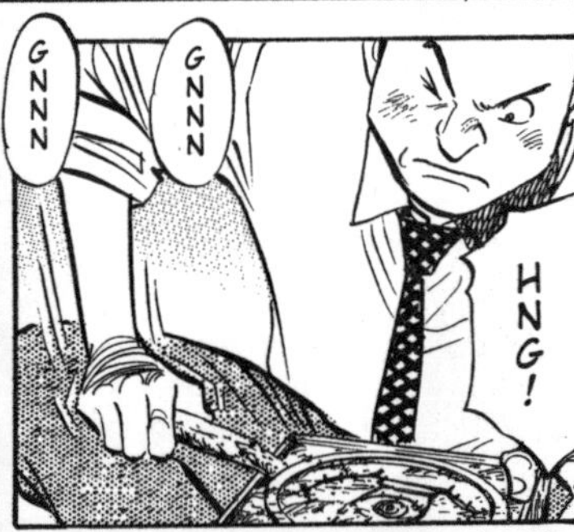
GNNN
GNNN
HNG!

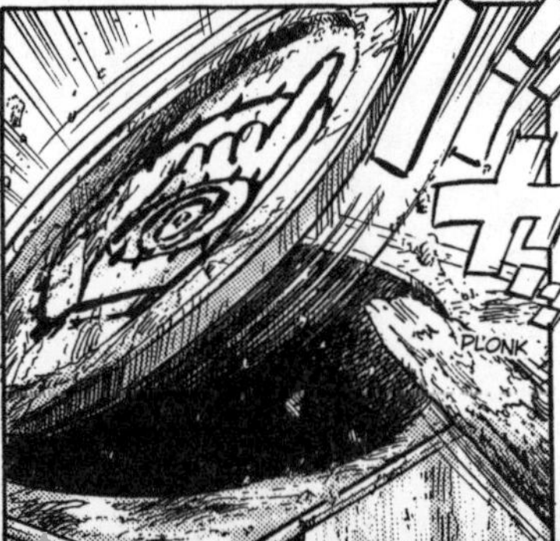
PLONK

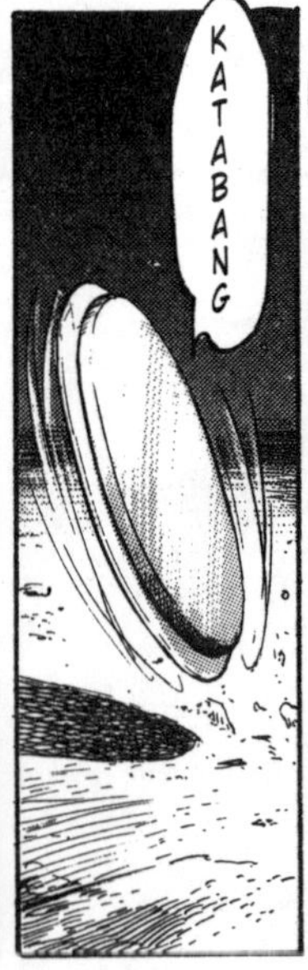
KATABANG

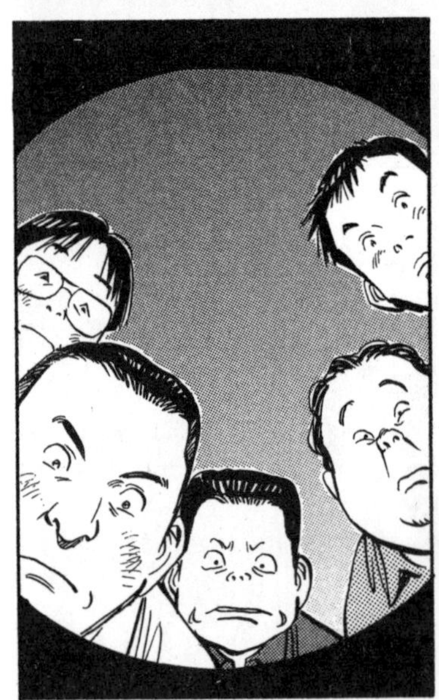

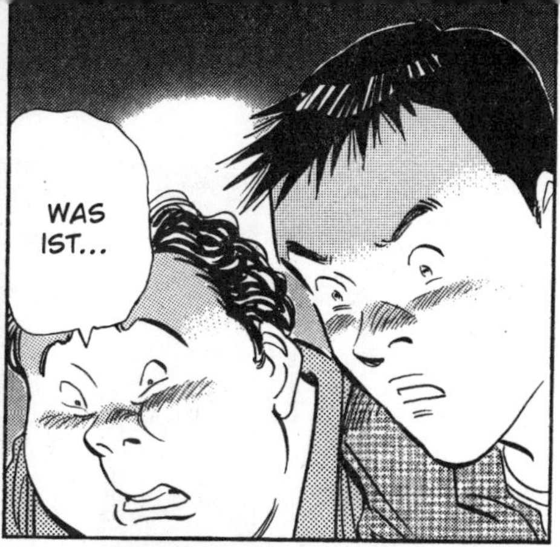
WAS IST...

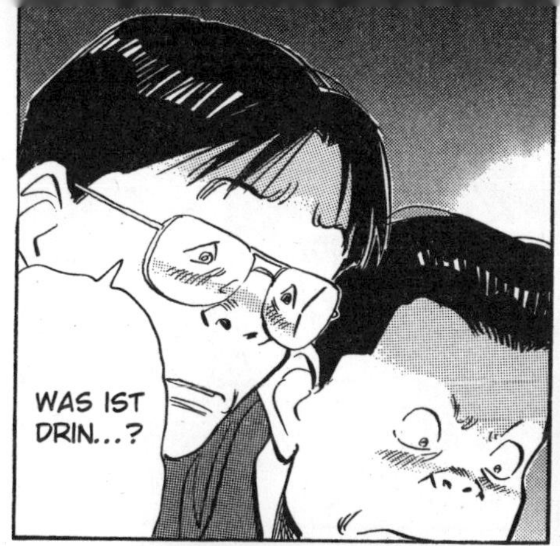
WAS IST DRIN...?

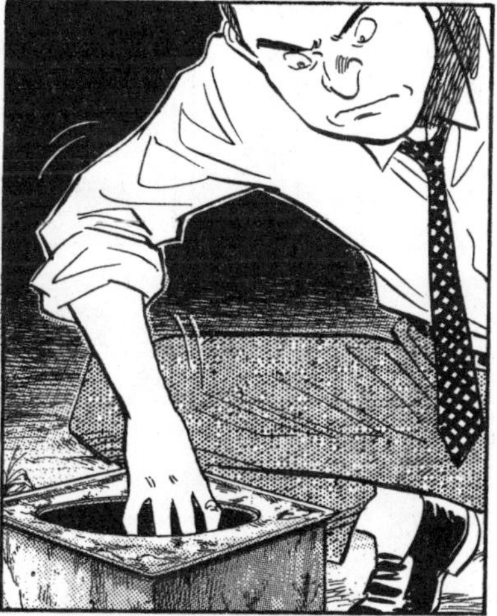

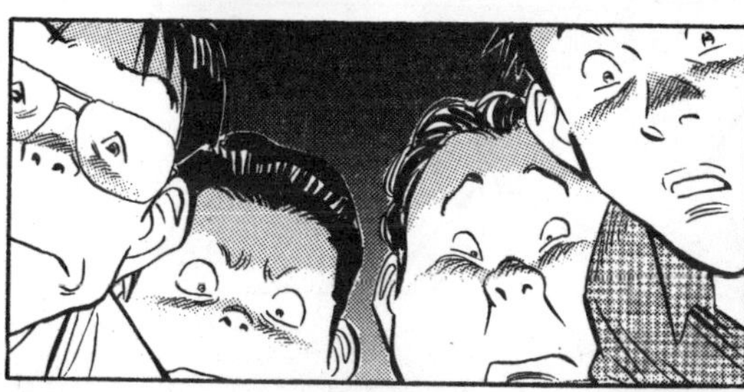

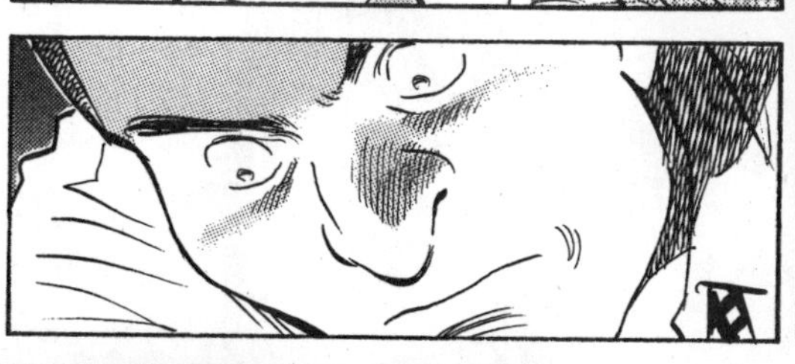

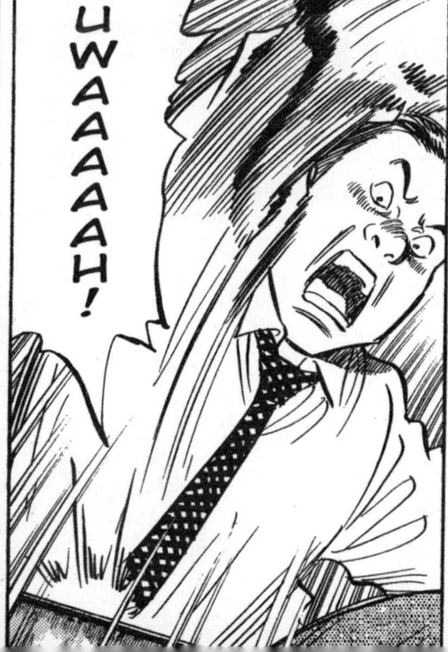
UWAAAAAH!

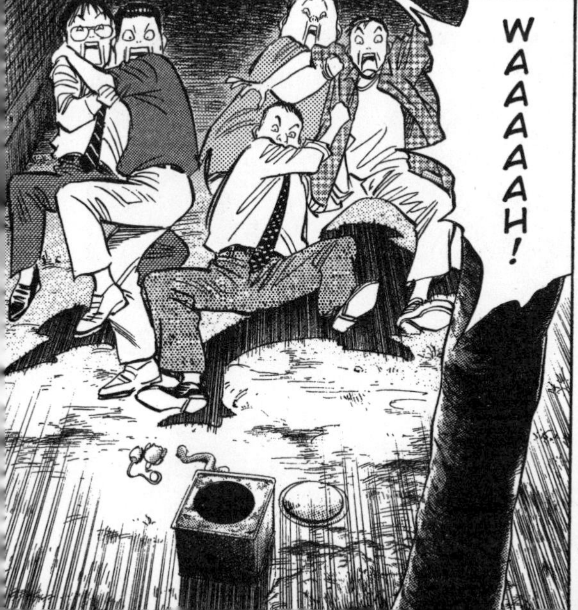
WAAAAAH!

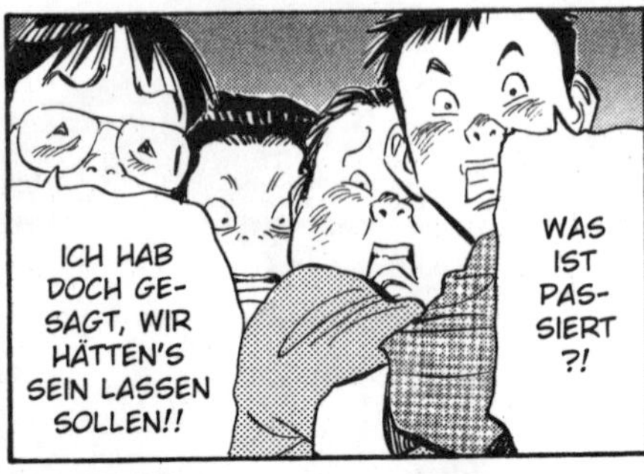
WAS IST PAS-SIERT ?!
ICH HAB DOCH GE-SAGT, WIR HÄTTEN'S SEIN LASSEN SOLLEN!!

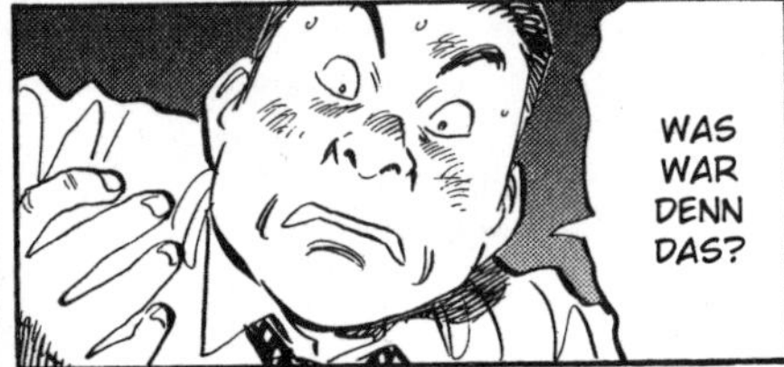
WAS WAR DENN DAS?

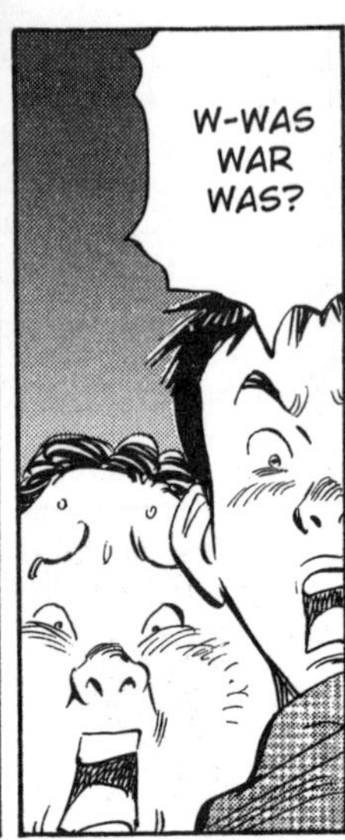
W-WAS WAR WAS?

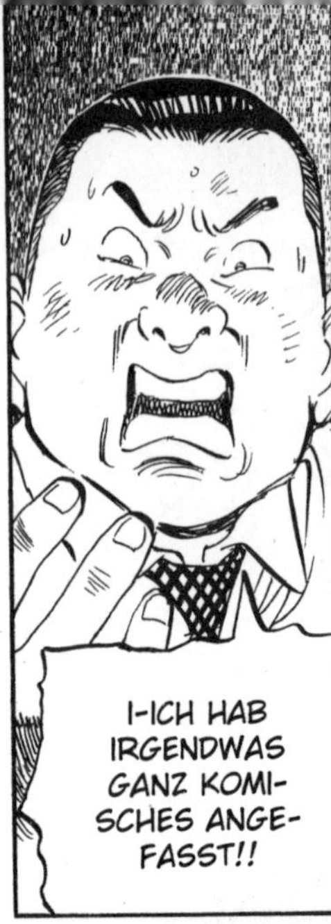
I-ICH HAB IRGENDWAS GANZ KOMI-SCHES ANGE-FASST!!

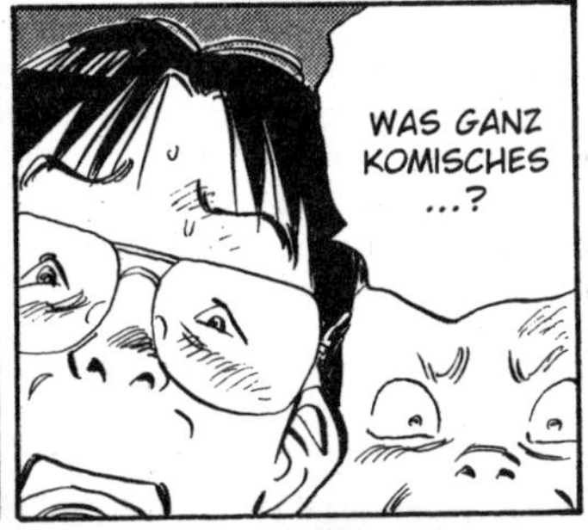
WAS GANZ KOMISCHES ...?

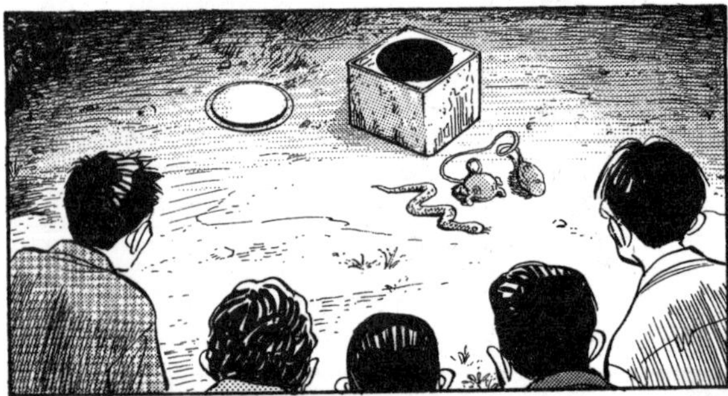

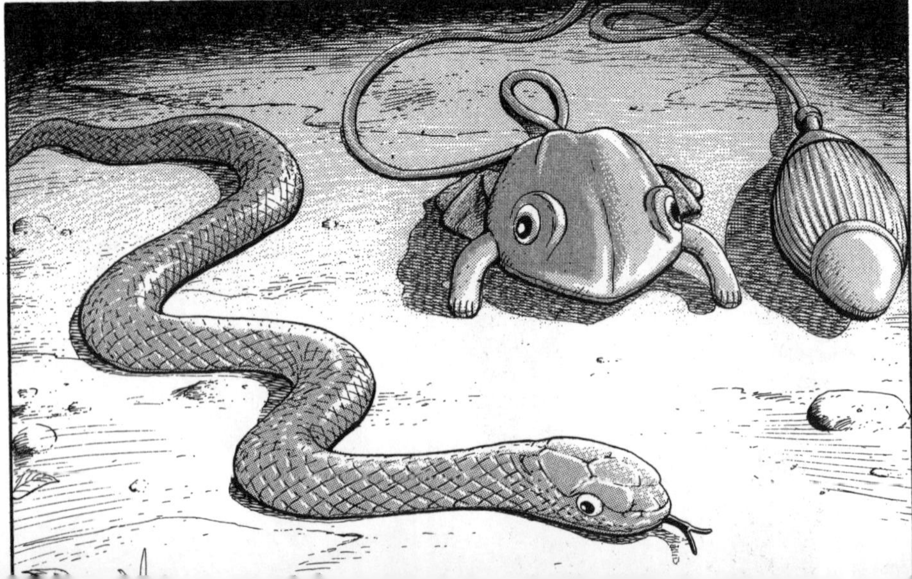

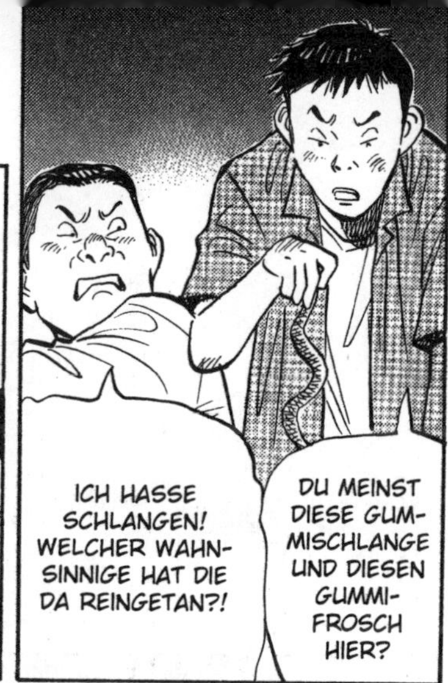
DU MEINST DIESE GUMMISCHLANGE UND DIESEN GUMMIFROSCH HIER?
ICH HASSE SCHLANGEN! WELCHER WAHNSINNIGE HAT DIE DA REINGETAN?!

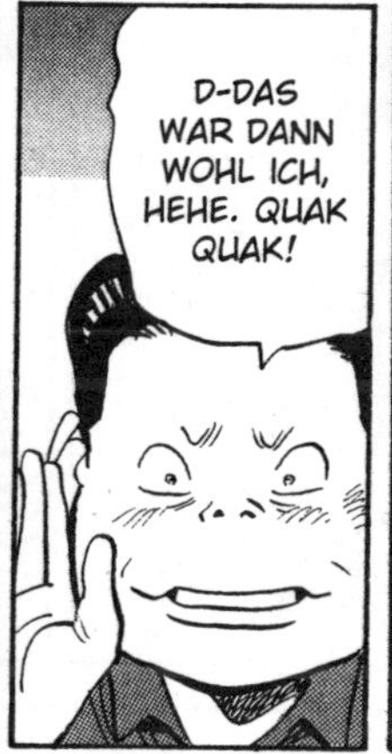
D-DAS WAR DANN WOHL ICH, HEHE. QUAK QUAK!

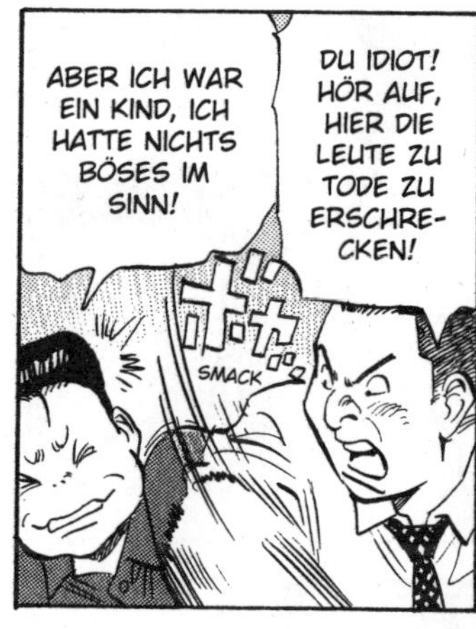
DU IDIOT! HÖR AUF, HIER DIE LEUTE ZU TODE ZU ERSCHRECKEN!
ABER ICH WAR EIN KIND, ICH HATTE NICHTS BÖSES IM SINN!
SMACK

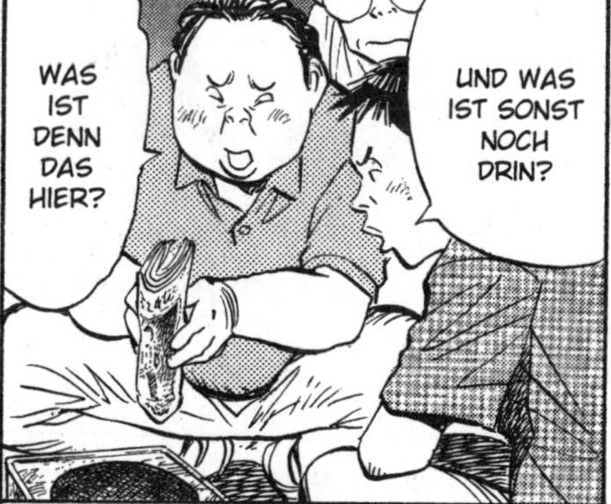
UND WAS IST SONST NOCH DRIN?
WAS IST DENN DAS HIER?

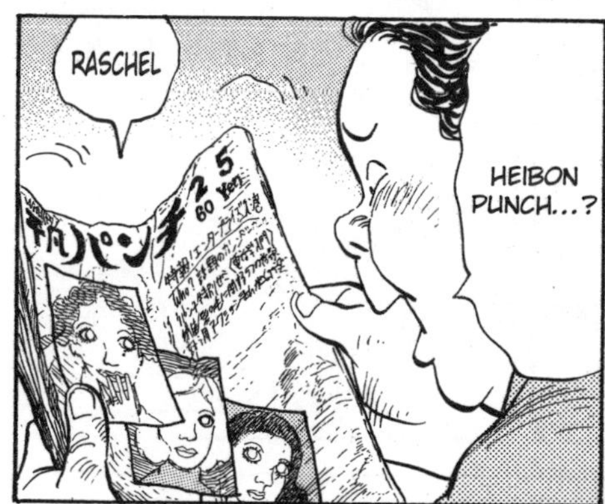
HEIBON PUNCH...?
RASCHEL

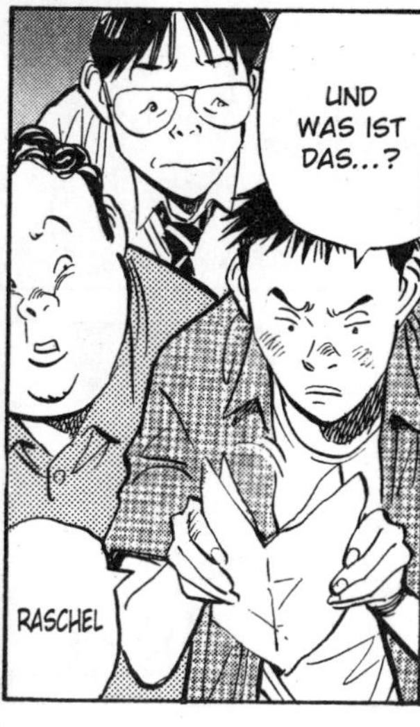
UND WAS IST DAS...?
RASCHEL

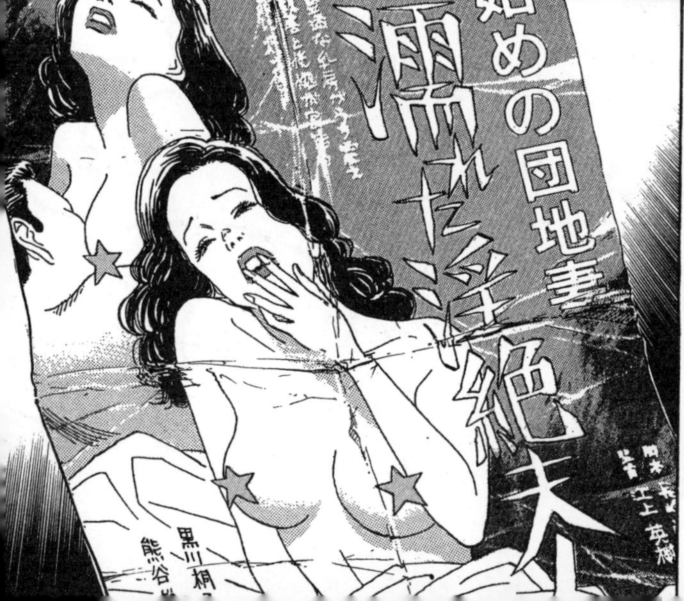

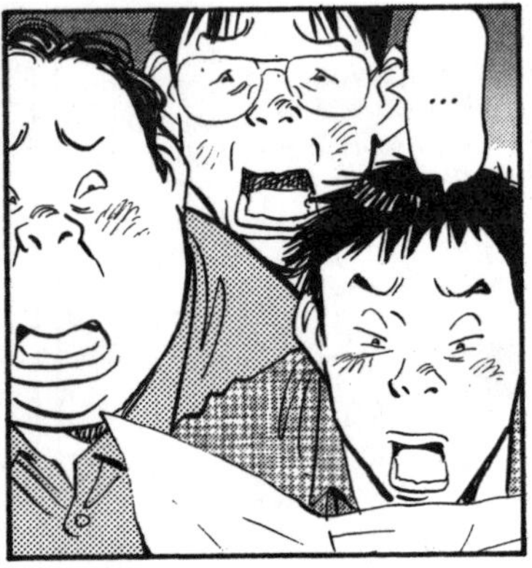

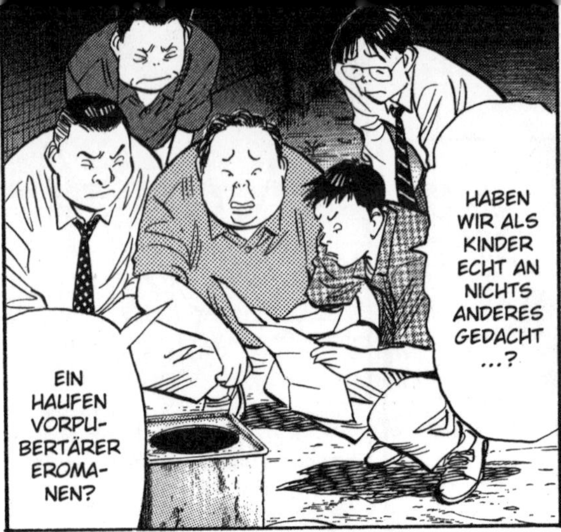

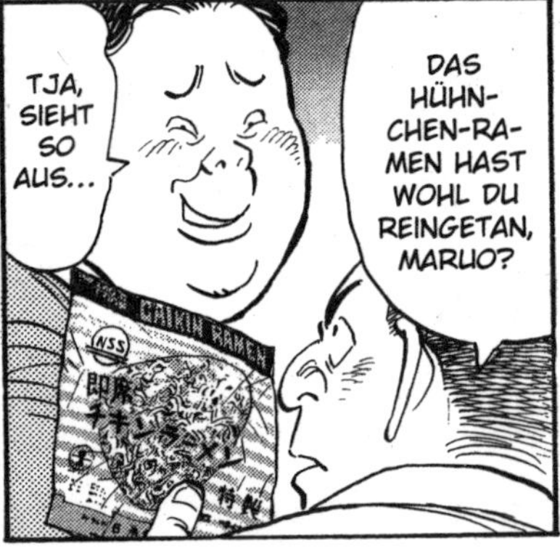

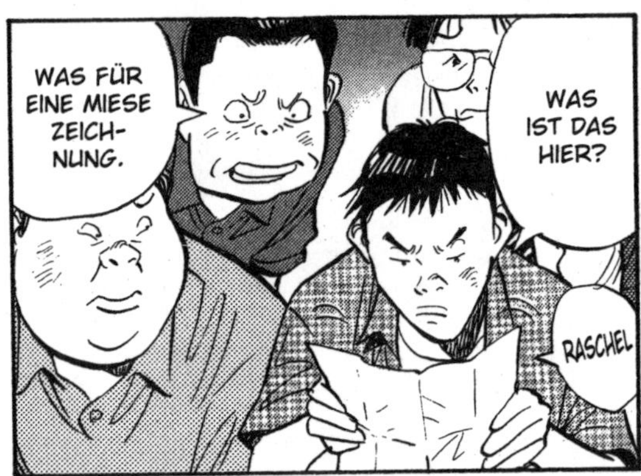

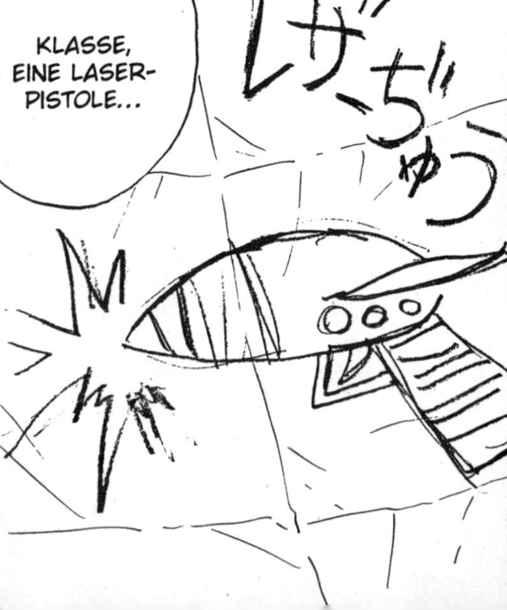

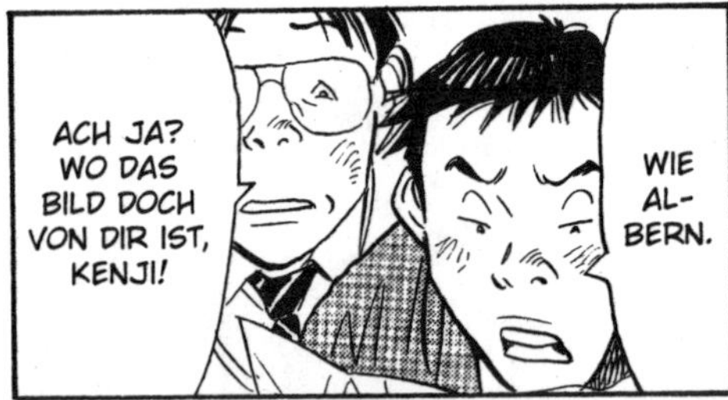

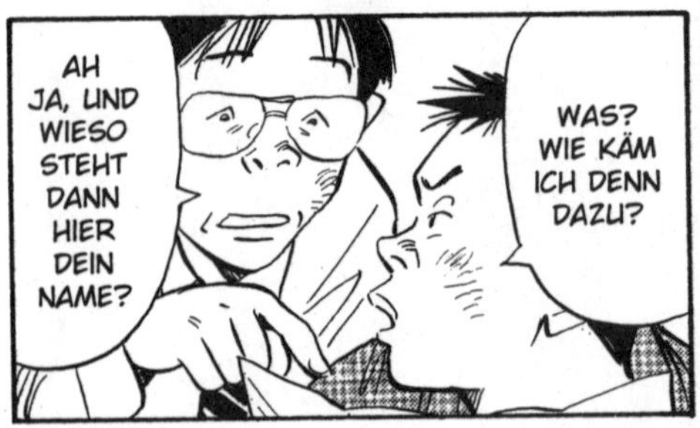

*LASERPISTOLE

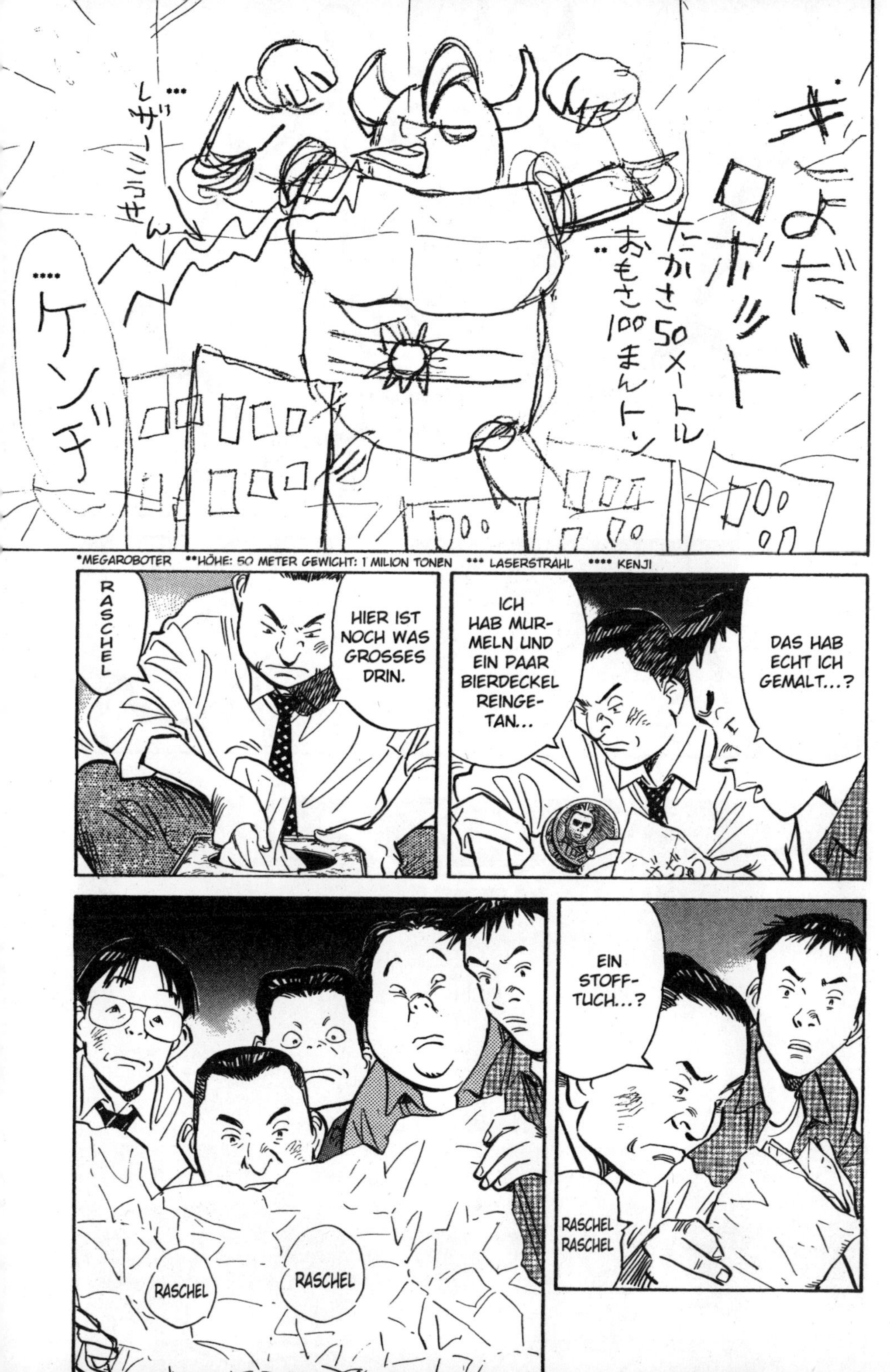
*ぎよだいロボット
**たかさ50メートル
おもさ100まんトン
***レザーこうせん
****ケンヂ
*MEGAROBOTER **HÖHE: 50 METER GEWICHT: 1 MILION TONEN *** LASERSTRAHL **** KENJI
DAS HAB ECHT ICH GEMALT…?
ICH HAB MURMELN UND EIN PAAR BIERDECKEL REINGETAN…
HIER IST NOCH WAS GROSSES DRIN.
RASCHEL
EIN STOFFTUCH…?
RASCHEL RASCHEL
RASCHEL
RASCHEL

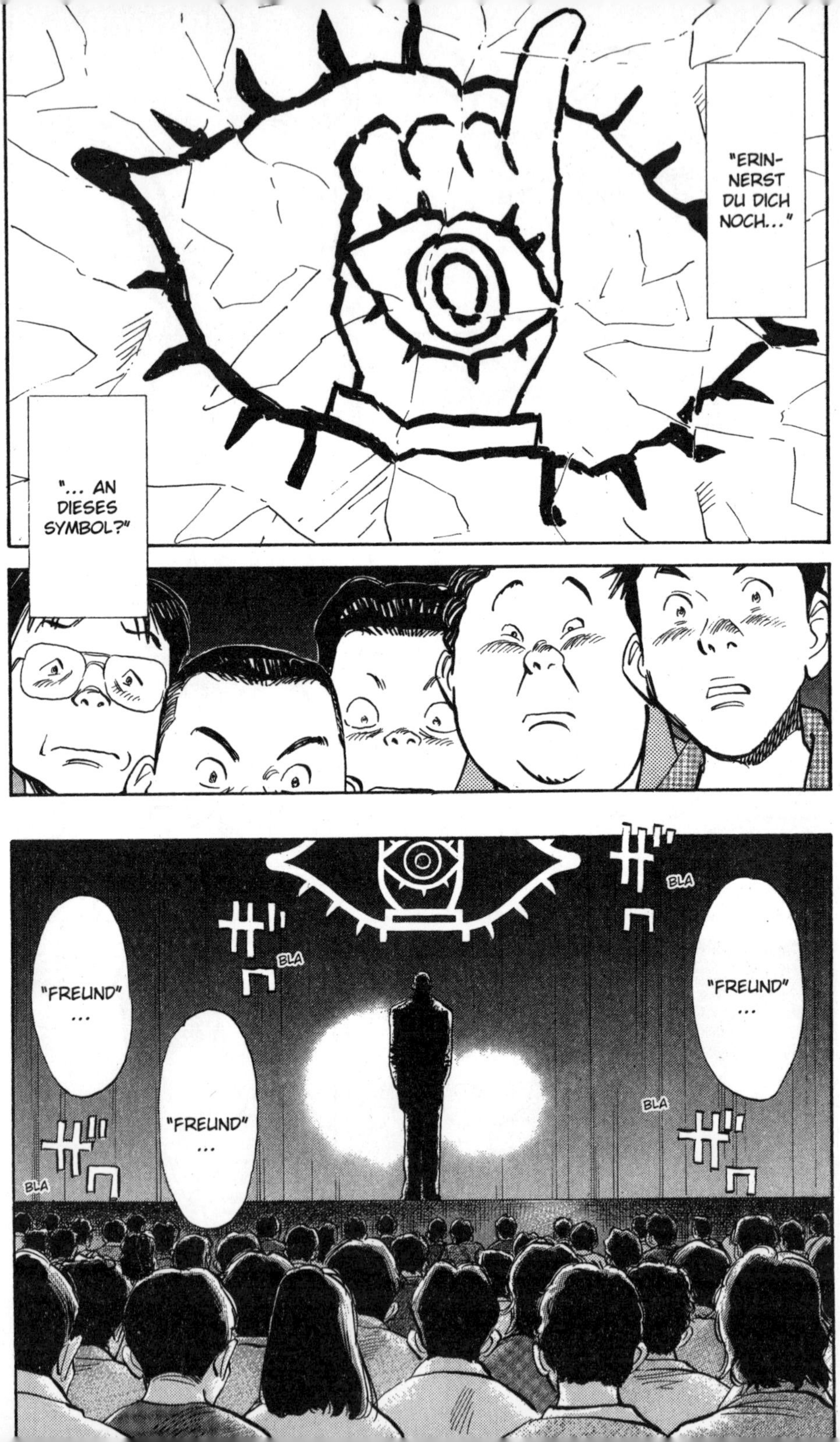

"ERIN-
NERST
DU DICH
NOCH..."

"... AN
DIESES
SYMBOL?"

BLA

"FREUND"
...

BLA

"FREUND"
...

"FREUND"
...

BLA

BLA

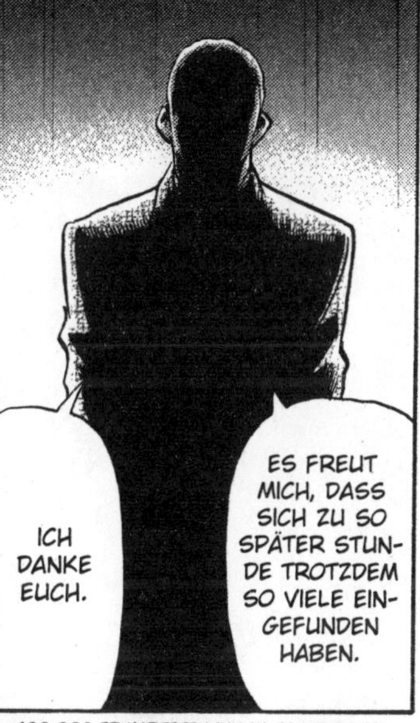

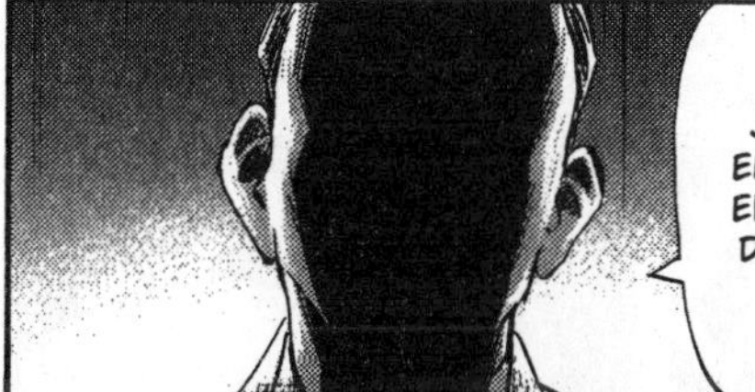

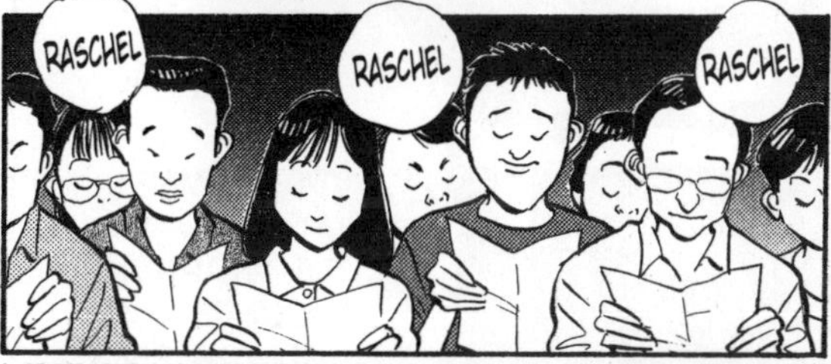

* Sektenguru erstochen ** "Pierres Lehre des Herzens" - Pierre Ichimonji - 100.000 erwarteten ihn im Tokyo Dome

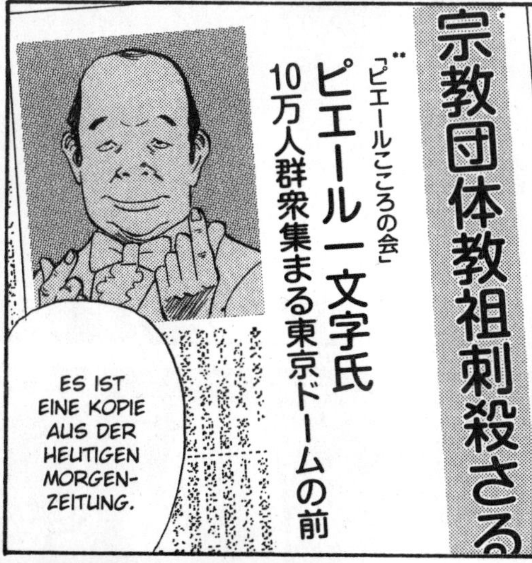

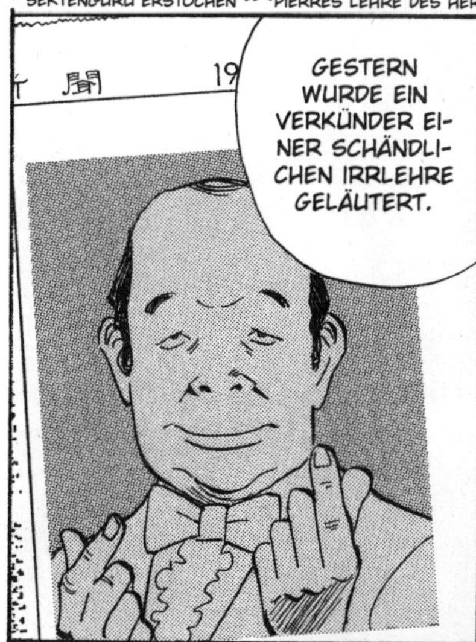

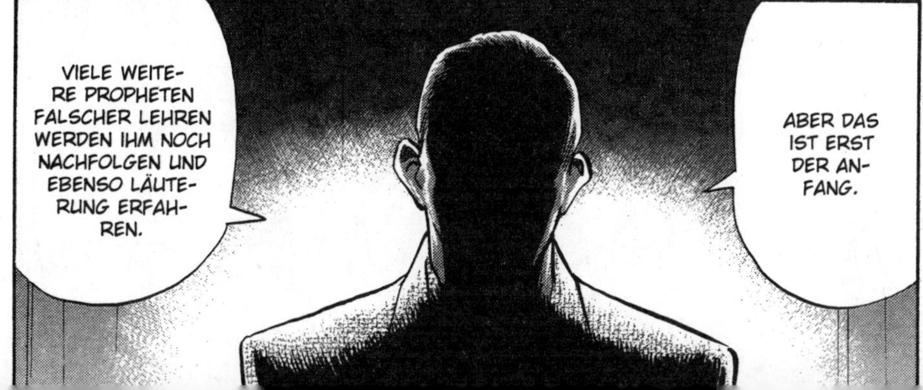

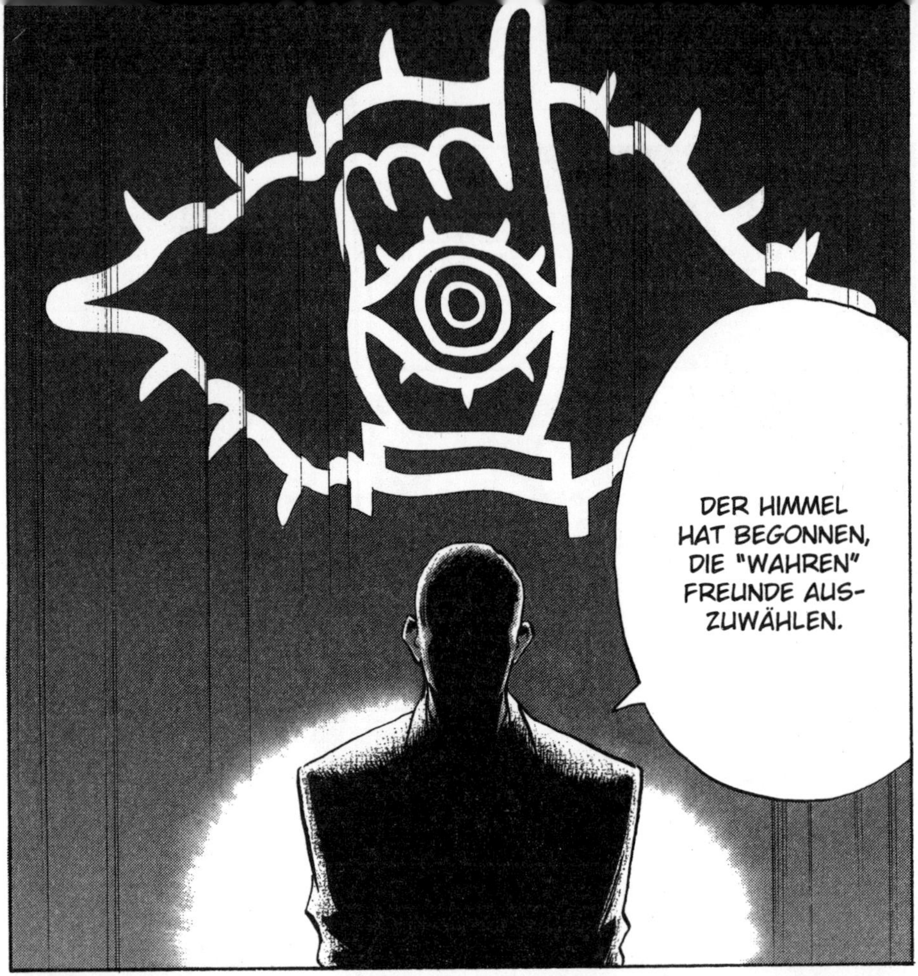

DER HIMMEL HAT BEGONNEN, DIE "WAHREN" FREUNDE AUS-ZUWÄHLEN.

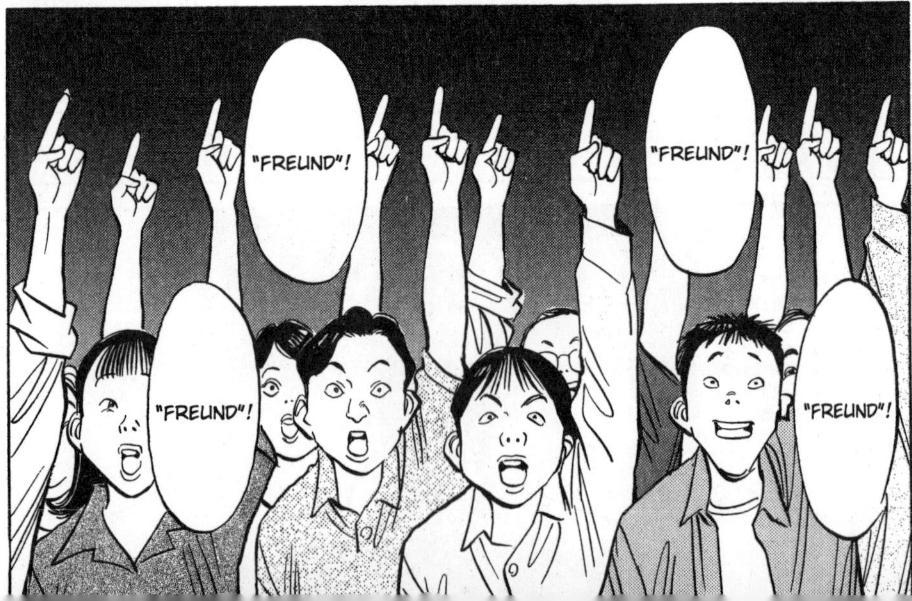

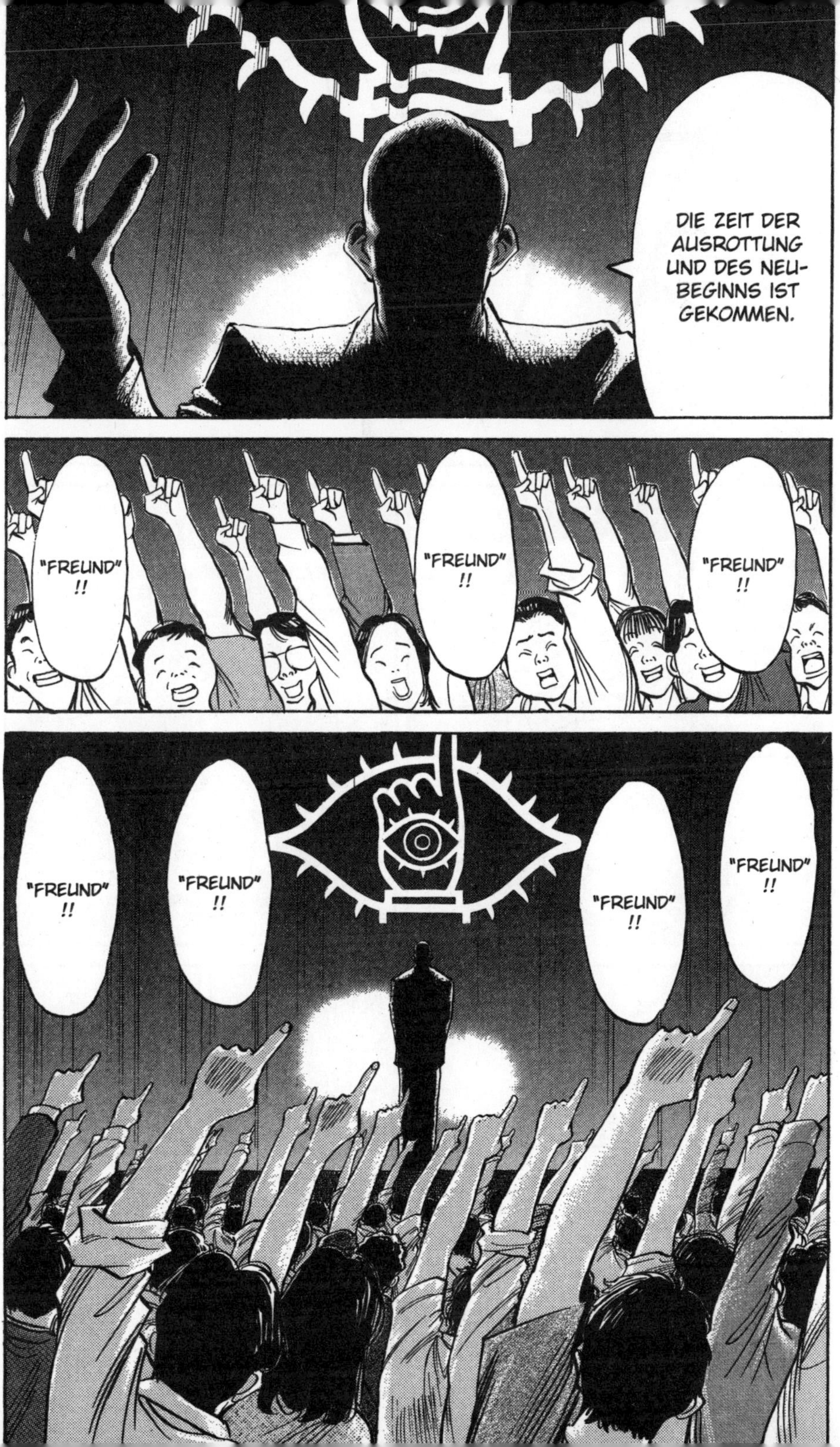

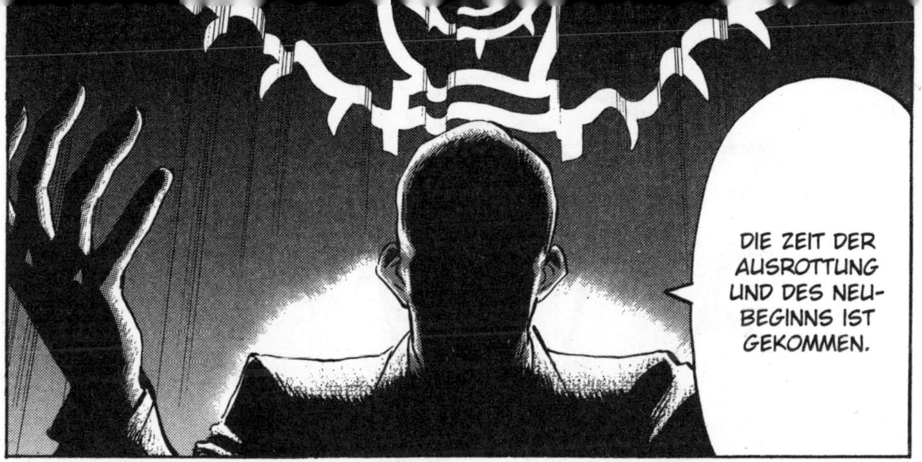

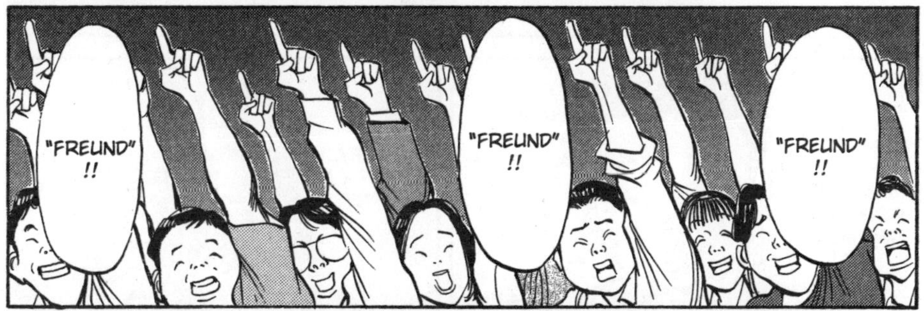

"FREUND" !!

"FREUND" !!

"FREUND" !!

"FREUND" !!

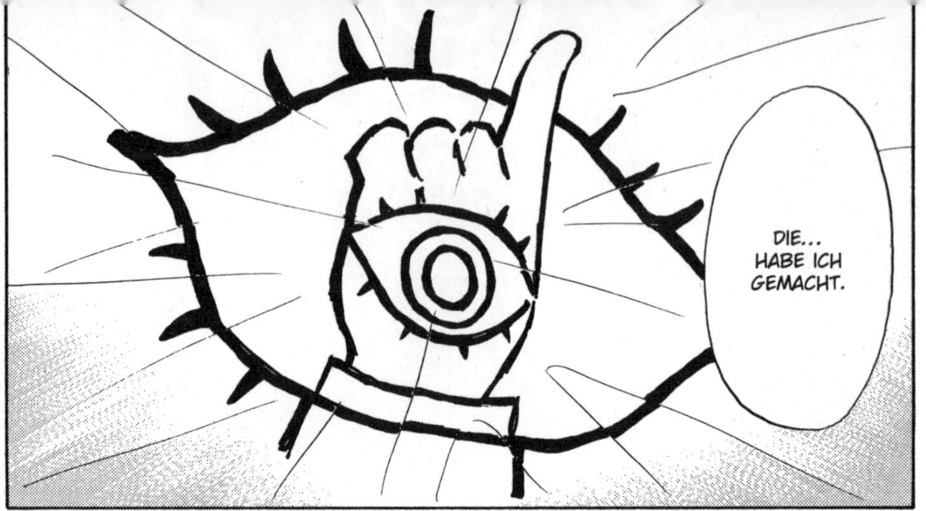

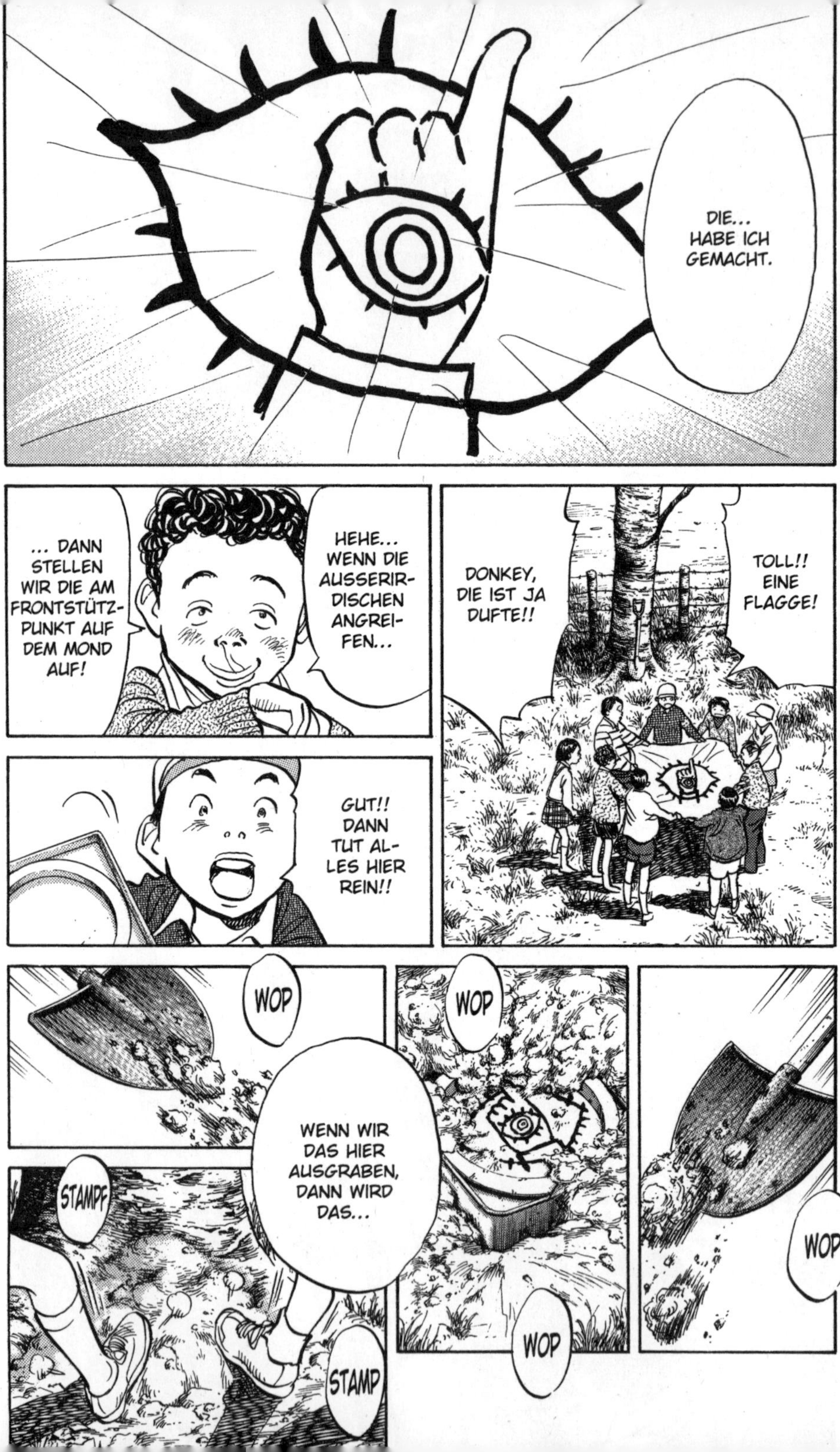

TOLL!! EINE FLAGGE!

DONKEY, DIE IST JA DUFTE!!

HEHE... WENN DIE AUSSERIRDISCHEN ANGREIFEN...

... DANN STELLEN WIR DIE AM FRONTSTÜTZPUNKT AUF DEM MOND AUF!

GUT!! DANN TUT ALLES HIER REIN!!

WOP

WOP

WOP

WOP

WENN WIR DAS HIER AUSGRABEN, DANN WIRD DAS...

STAMPF

STAMP

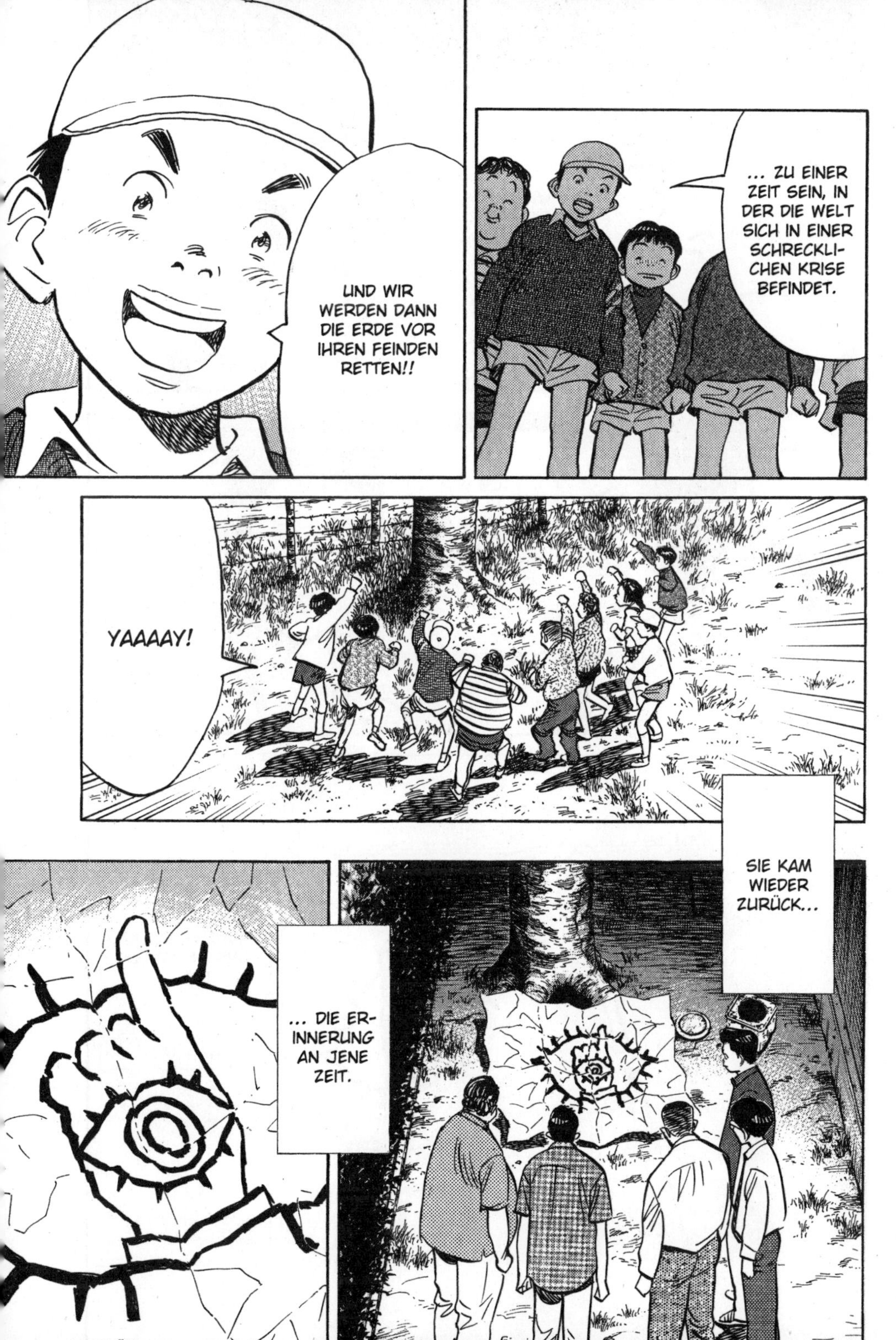
... ZU EINER ZEIT SEIN, IN DER DIE WELT SICH IN EINER SCHRECKLICHEN KRISE BEFINDET.
UND WIR WERDEN DANN DIE ERDE VOR IHREN FEINDEN RETTEN!!
YAAAAY!
SIE KAM WIEDER ZURÜCK...
... DIE ERINNERUNG AN JENE ZEIT.

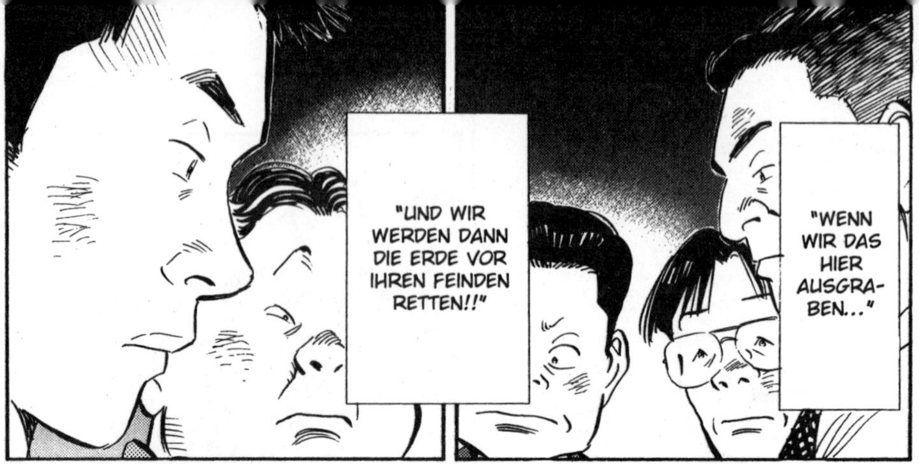
"WENN WIR DAS HIER AUSGRABEN..."
"UND WIR WERDEN DANN DIE ERDE VOR IHREN FEINDEN RETTEN!!"

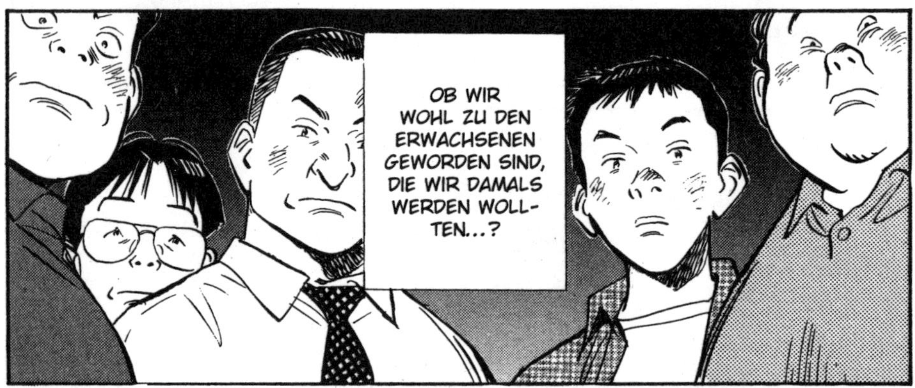
OB WIR WOHL ZU DEN ERWACHSENEN GEWORDEN SIND, DIE WIR DAMALS WERDEN WOLLTEN...?

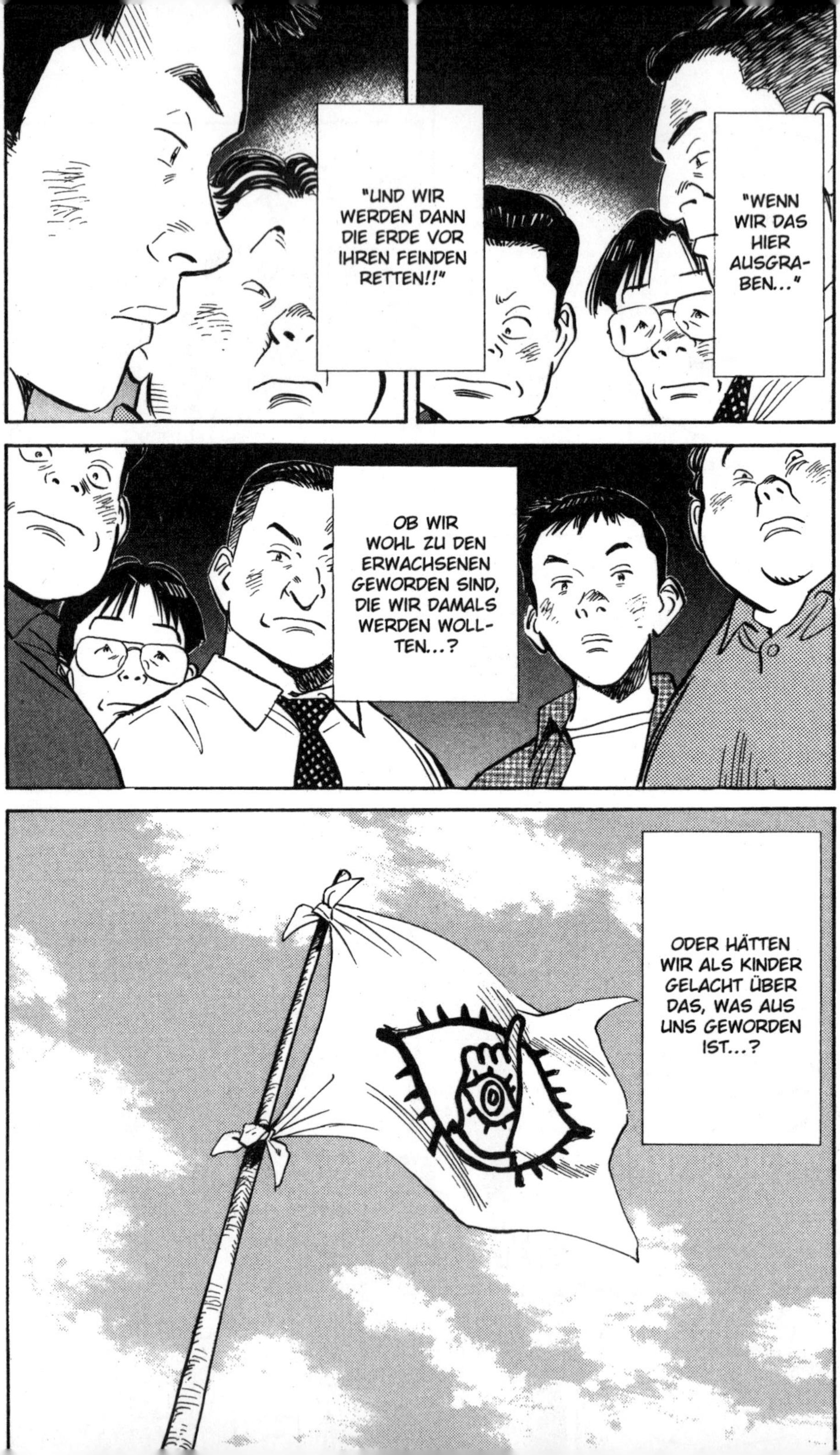

ODER HÄTTEN WIR ALS KINDER GELACHT ÜBER DAS, WAS AUS UNS GEWORDEN IST...?

Twentieth Century Boys

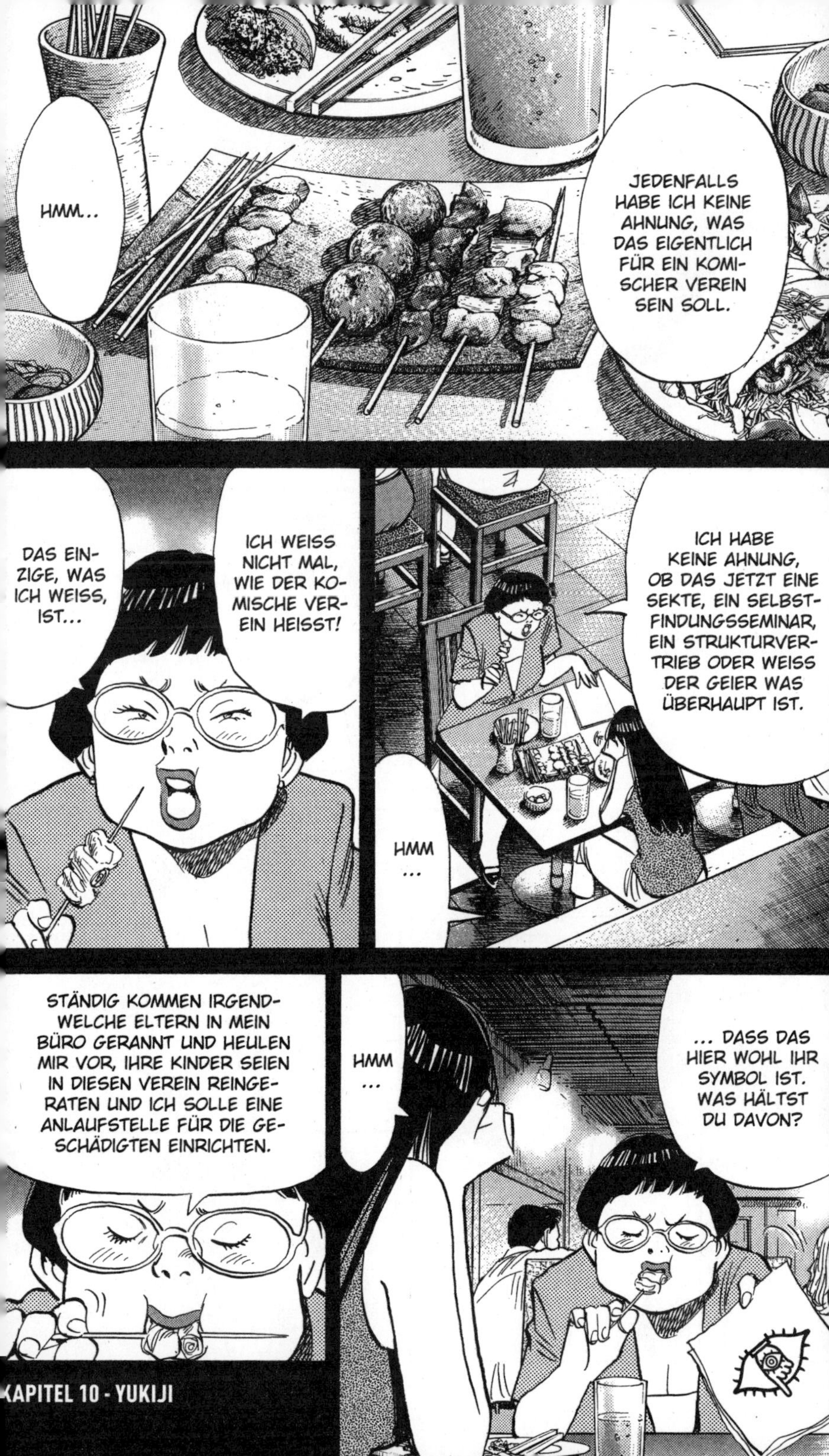
JEDENFALLS HABE ICH KEINE AHNUNG, WAS DAS EIGENTLICH FÜR EIN KOMI-SCHER VEREIN SEIN SOLL.
HMM...
ICH HABE KEINE AHNUNG, OB DAS JETZT EINE SEKTE, EIN SELBST-FINDUNGSSEMINAR, EIN STRUKTURVER-TRIEB ODER WEISS DER GEIER WAS ÜBERHAUPT IST.
HMM ...
ICH WEISS NICHT MAL, WIE DER KO-MISCHE VER-EIN HEISST!
DAS EIN-ZIGE, WAS ICH WEISS, IST...
... DASS DAS HIER WOHL IHR SYMBOL IST. WAS HÄLTST DU DAVON?
HMM ...
STÄNDIG KOMMEN IRGEND-WELCHE ELTERN IN MEIN BÜRO GERANNT UND HEULEN MIR VOR, IHRE KINDER SEIEN IN DIESEN VEREIN REINGE-RATEN UND ICH SOLLE EINE ANLAUFSTELLE FÜR DIE GE-SCHÄDIGTEN EINRICHTEN.

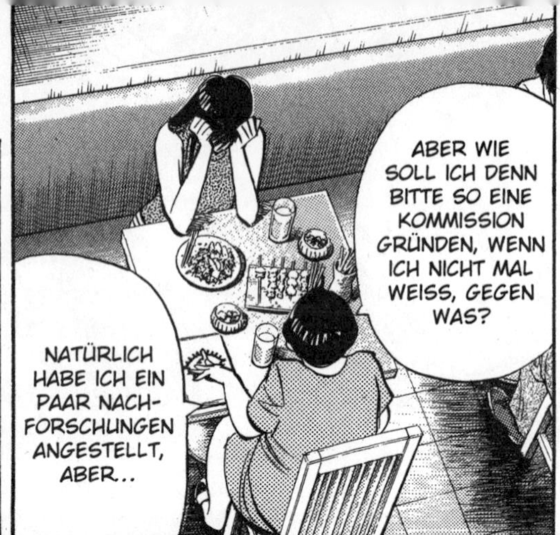
ABER WIE SOLL ICH DENN BITTE SO EINE KOMMISSION GRÜNDEN, WENN ICH NICHT MAL WEISS, GEGEN WAS?
NATÜRLICH HABE ICH EIN PAAR NACHFORSCHUNGEN ANGESTELLT, ABER...

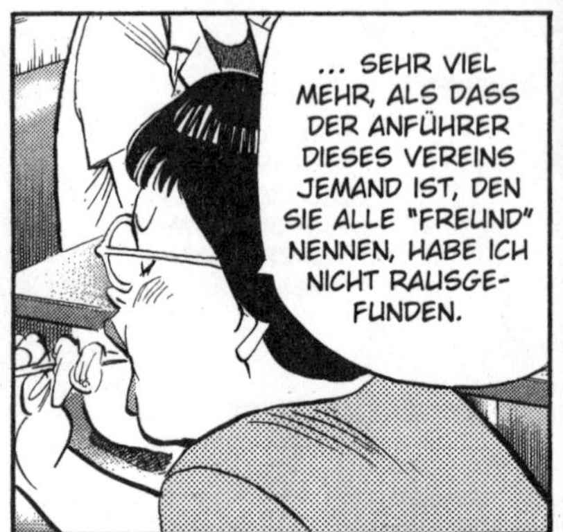
... SEHR VIEL MEHR, ALS DASS DER ANFÜHRER DIESES VEREINS JEMAND IST, DEN SIE ALLE "FREUND" NENNEN, HABE ICH NICHT RAUSGEFUNDEN.

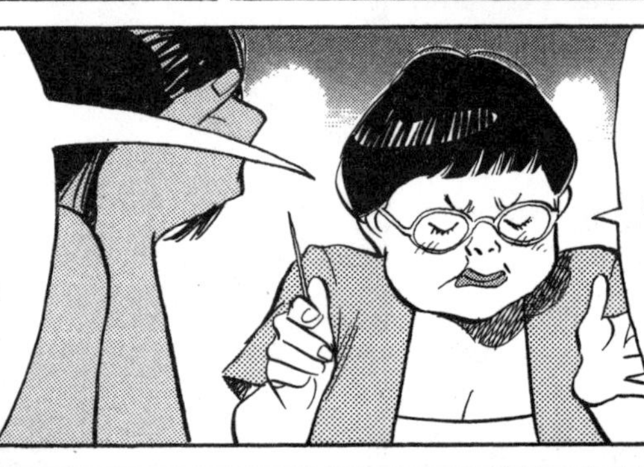
WAS IST DAS ÜBERHAUPT FÜR EIN SCHWACHSINN? DEN NAMEN VON DEM LADEN KENNT KEINER UND DER ANFÜHRER HEISST "DER FREUND"?
UND DOCH HAT DIESES WINDEI BEI EINER VERSAMMLUNG NEULICH DAS GANZE BUDOUKAN GEFÜLLT, STELL DIR DAS MAL VOR...!

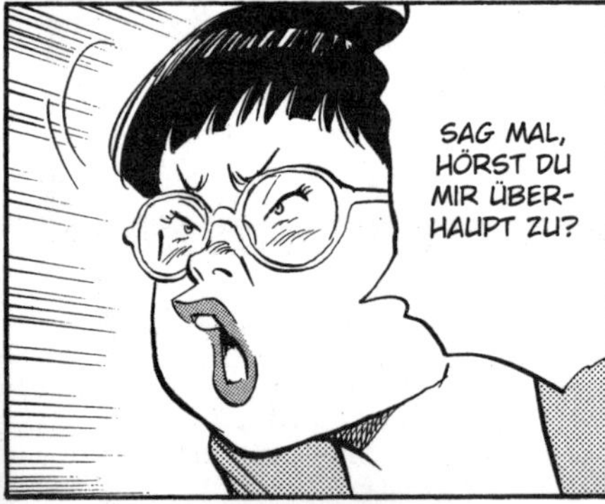
SAG MAL, HÖRST DU MIR ÜBERHAUPT ZU?

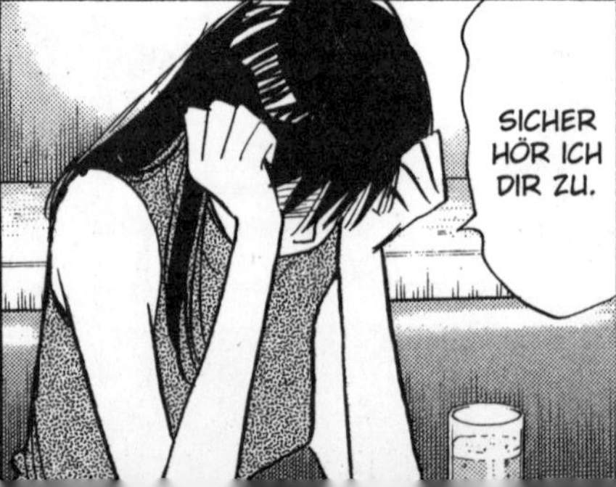
SICHER HÖR ICH DIR ZU.

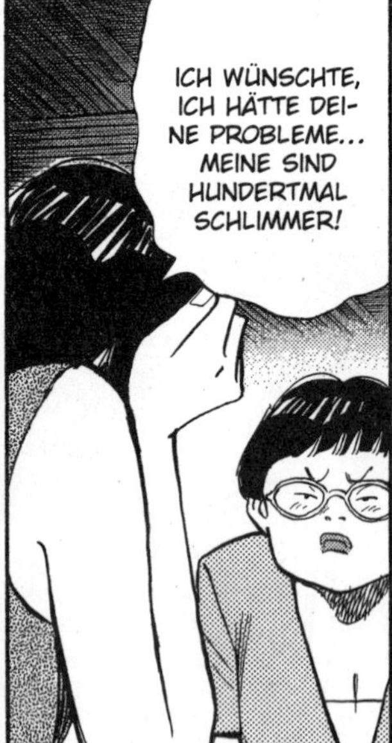
ICH WÜNSCHTE, ICH HÄTTE DEINE PROBLEME... MEINE SIND HUNDERTMAL SCHLIMMER!

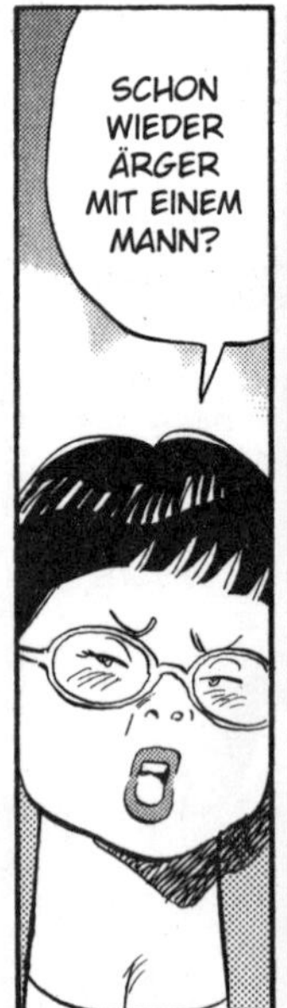
SCHON WIEDER ÄRGER MIT EINEM MANN?

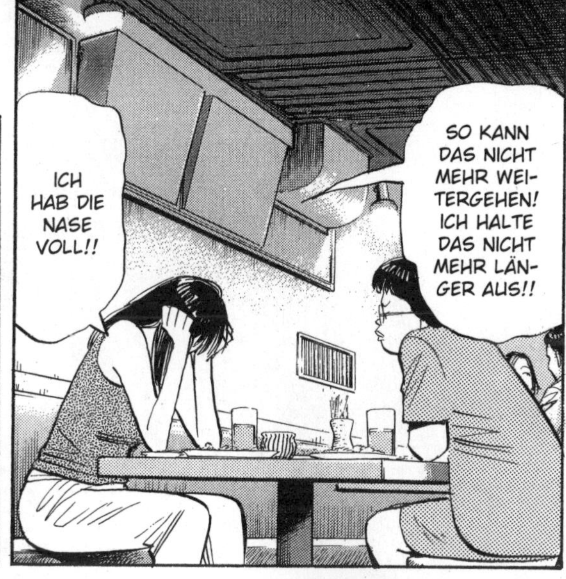
SO KANN DAS NICHT MEHR WEITERGEHEN! ICH HALTE DAS NICHT MEHR LÄNGER AUS!!
ICH HAB DIE NASE VOLL!!

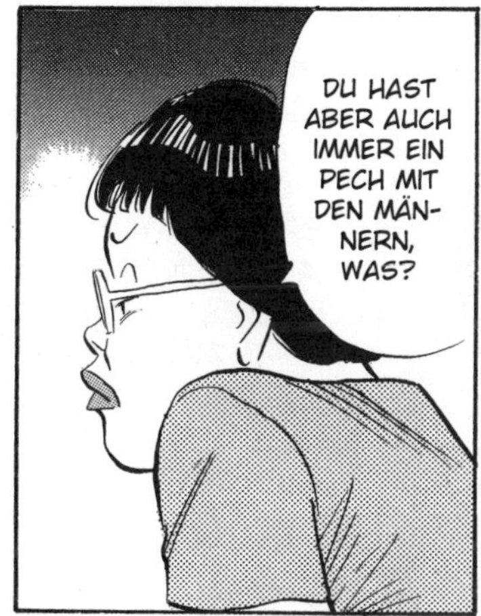
DU HAST ABER AUCH IMMER EIN PECH MIT DEN MÄNNERN, WAS?

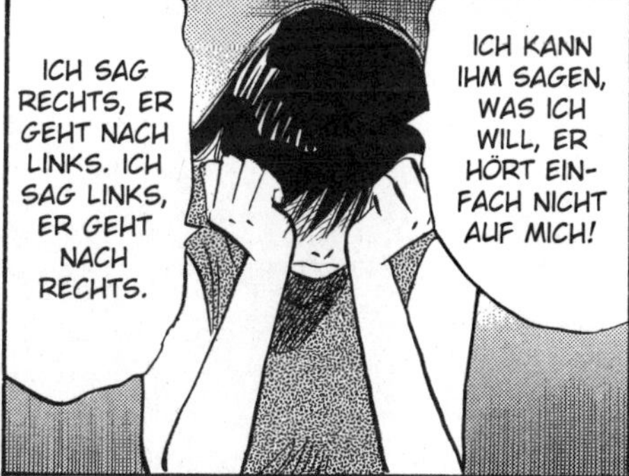
ICH KANN IHM SAGEN, WAS ICH WILL, ER HÖRT EINFACH NICHT AUF MICH!
ICH SAG RECHTS, ER GEHT NACH LINKS. ICH SAG LINKS, ER GEHT NACH RECHTS.

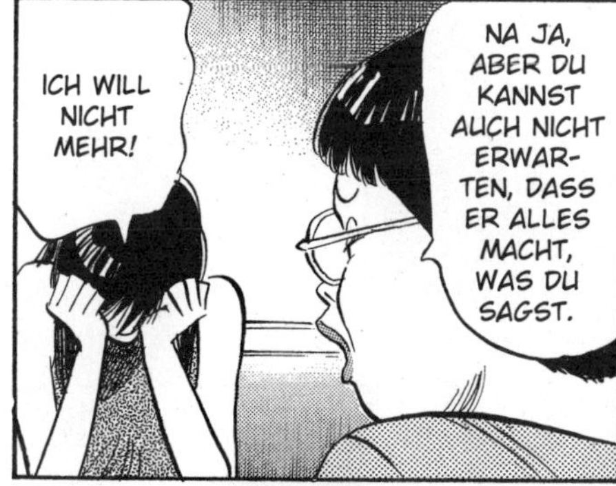
NA JA, ABER DU KANNST AUCH NICHT ERWARTEN, DASS ER ALLES MACHT, WAS DU SAGST.
ICH WILL NICHT MEHR!

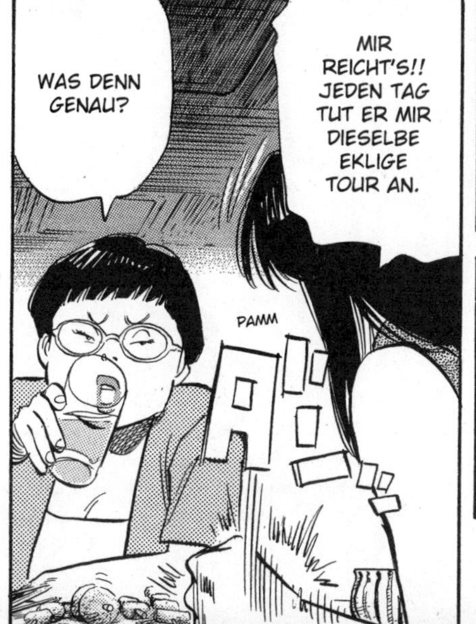
MIR REICHT'S!! JEDEN TAG TUT ER MIR DIESELBE EKLIGE TOUR AN.
WAS DENN GENAU?
PAMM

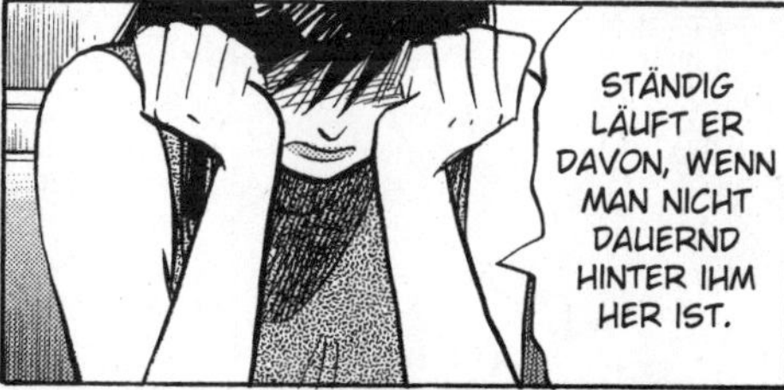
STÄNDIG LÄUFT ER DAVON, WENN MAN NICHT DAUERND HINTER IHM HER IST.

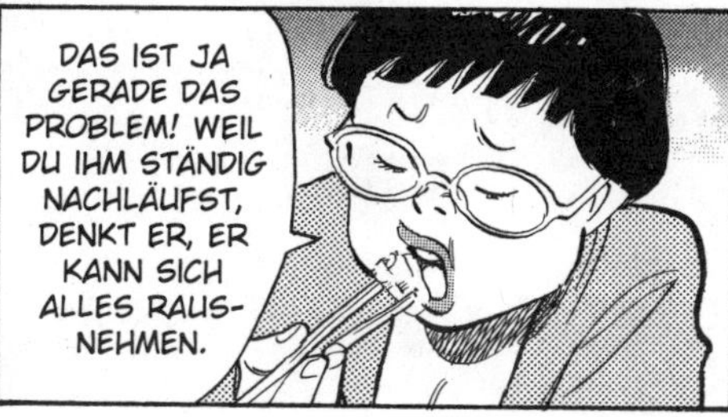
DAS IST JA GERADE DAS PROBLEM! WEIL DU IHM STÄNDIG NACHLÄUFST, DENKT ER, ER KANN SICH ALLES RAUSNEHMEN.

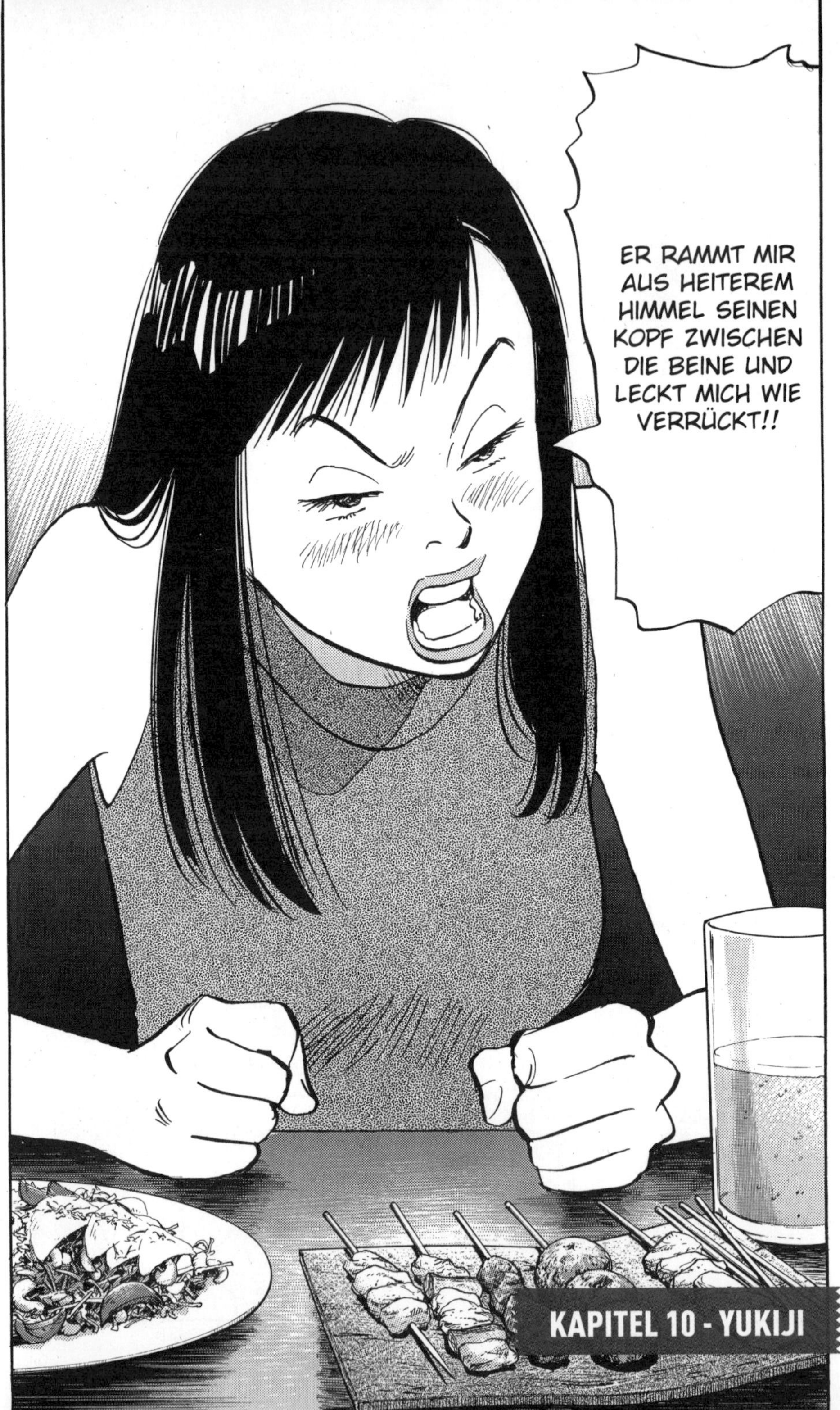
ER RAMMT MIR AUS HEITEREM HIMMEL SEINEN KOPF ZWISCHEN DIE BEINE UND LECKT MICH WIE VERRÜCKT!!
KAPITEL 10 - YUKIJI

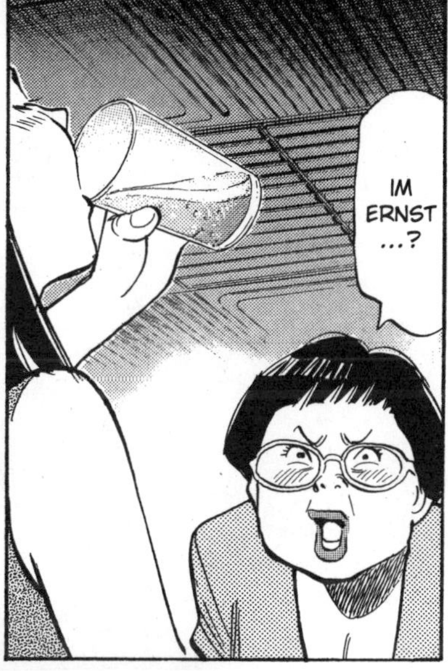
IM ERNST ...?

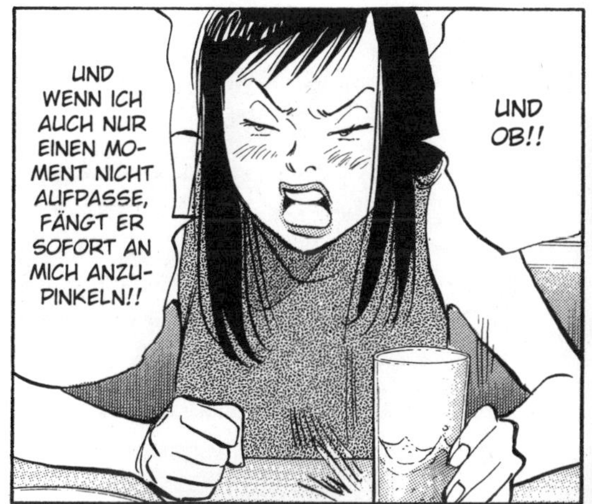
UND OB!!
UND WENN ICH AUCH NUR EINEN MO-MENT NICHT AUFPASSE, FÄNGT ER SOFORT AN MICH ANZU-PINKELN!!

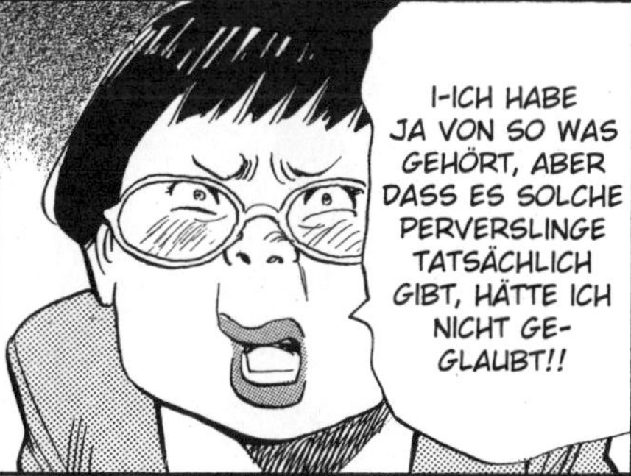
I-ICH HABE JA VON SO WAS GEHÖRT, ABER DASS ES SOLCHE PERVERSLINGE TATSÄCHLICH GIBT, HÄTTE ICH NICHT GE-GLAUBT!!

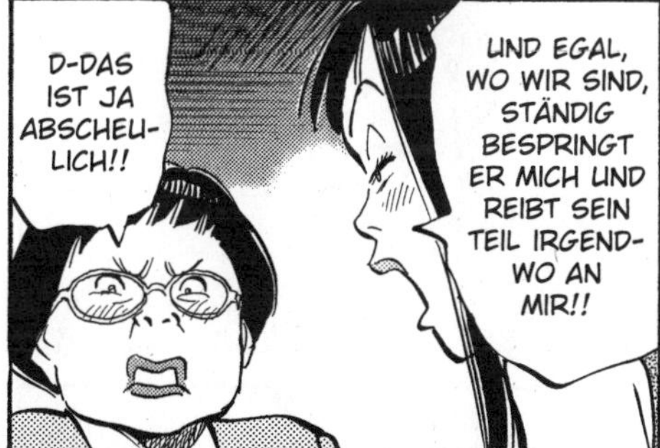
UND EGAL, WO WIR SIND, STÄNDIG BESPRINGT ER MICH UND REIBT SEIN TEIL IRGEND-WO AN MIR!!
D-DAS IST JA ABSCHEU-LICH!!

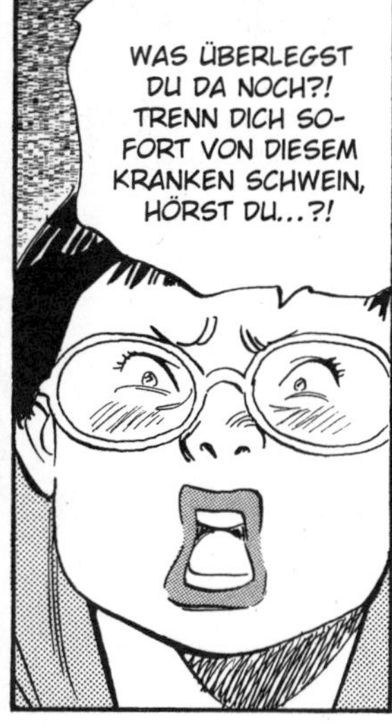
WAS ÜBERLEGST DU DA NOCH?! TRENN DICH SO-FORT VON DIESEM KRANKEN SCHWEIN, HÖRST DU...?!

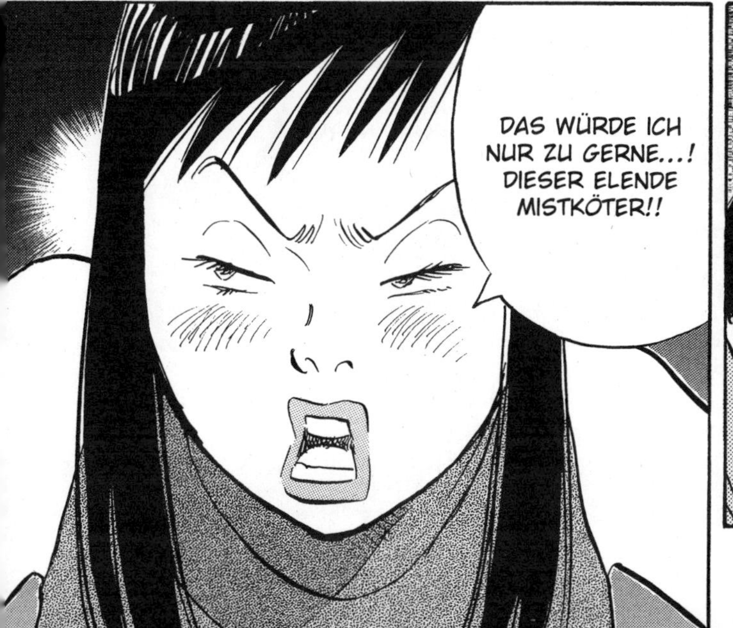
DAS WÜRDE ICH NUR ZU GERNE...! DIESER ELENDE MISTKÖTER!!

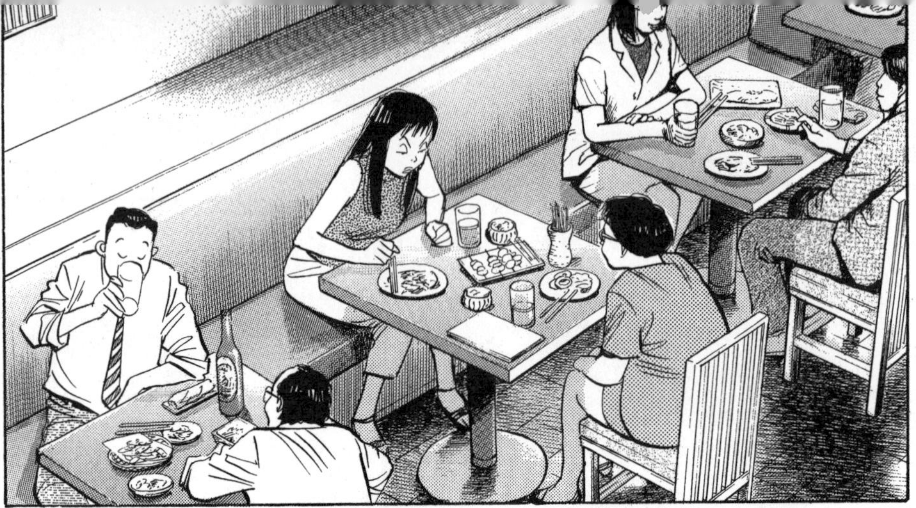

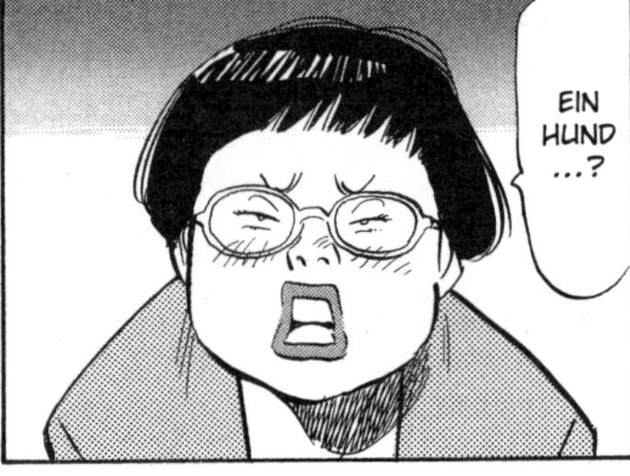
EIN HUND ...?

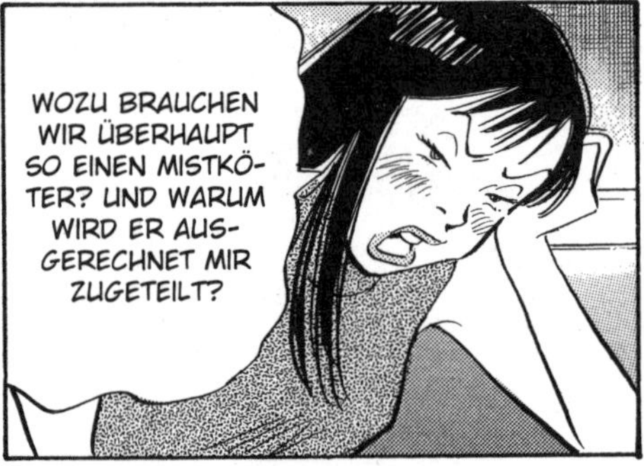
WOZU BRAUCHEN WIR ÜBERHAUPT SO EINEN MISTKÖTER? UND WARUM WIRD ER AUSGERECHNET MIR ZUGETEILT?

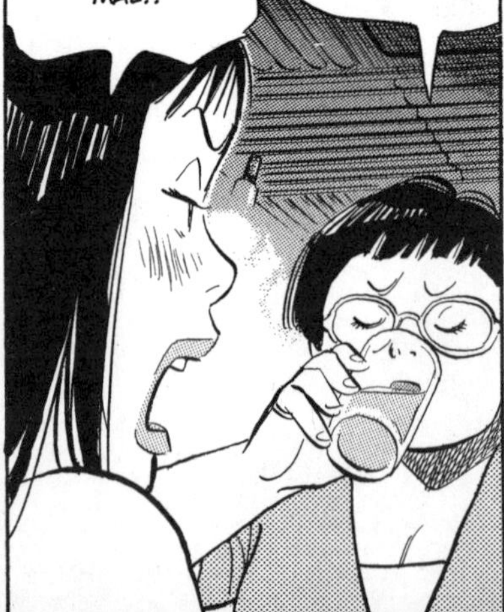
TJA, KEIN LEICHTER JOB BEIM RAUSCHGIFTDEZERNAT, WAS?
ICH BIN NICHT BEIM RAUSCHGIFTDEZERNAT, DAS HABE ICH DIR SCHON HUNDERTMAL GESAGT, VERDAMMT NOCH MAL!!

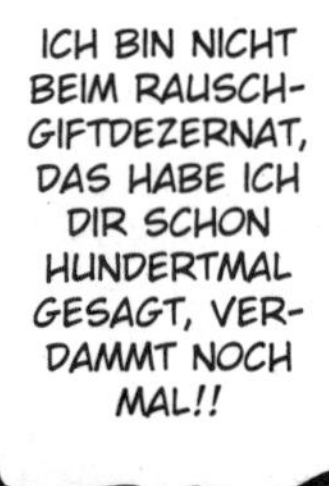
ICH BIN NUR EINE EINFACHE ZOLLBEAMTIN, VERDAMMT NOCH MAL!

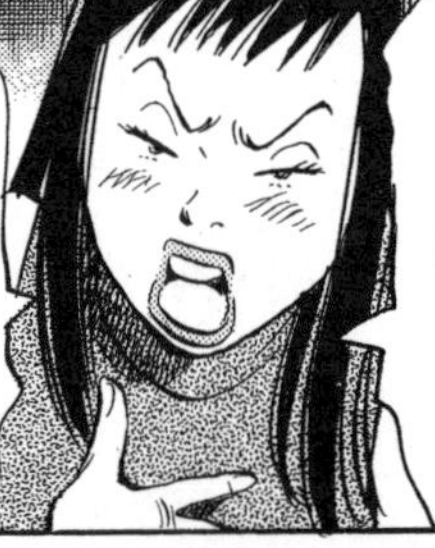

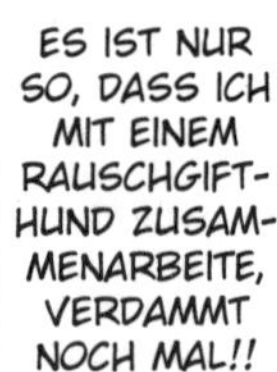
ES IST NUR SO, DASS ICH MIT EINEM RAUSCHGIFTHUND ZUSAMMENARBEITE, VERDAMMT NOCH MAL!!

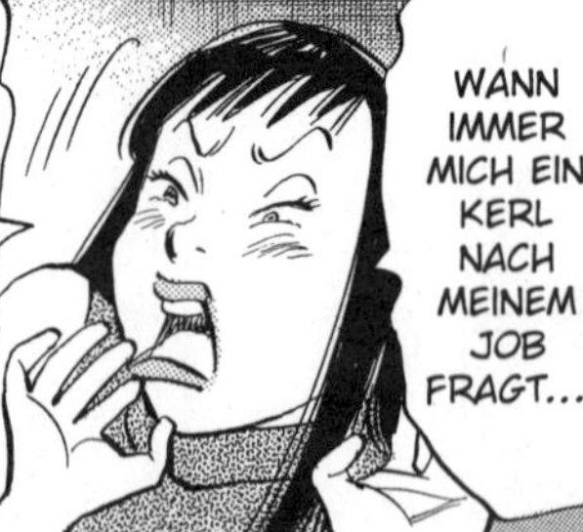
WANN IMMER MICH EIN KERL NACH MEINEM JOB FRAGT...

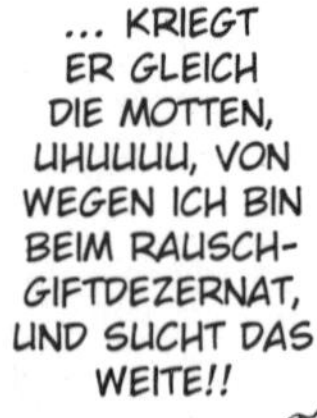
... KRIEGT ER GLEICH DIE MOTTEN, UHUUUU, VON WEGEN ICH BIN BEIM RAUSCHGIFTDEZERNAT, UND SUCHT DAS WEITE!!

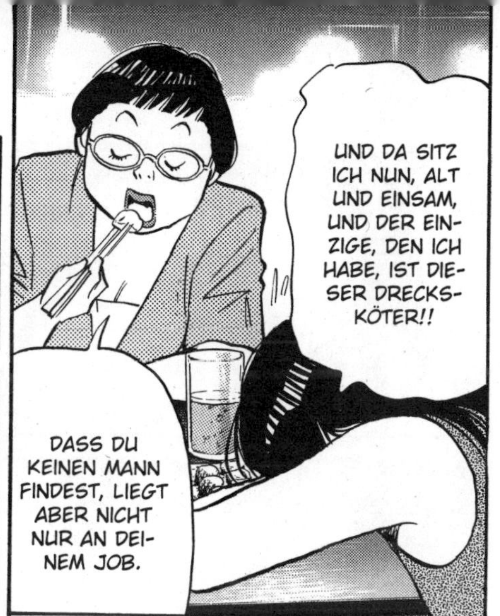
UND DA SITZ ICH NUN, ALT UND EINSAM, UND DER EINZIGE, DEN ICH HABE, IST DIESER DRECKSKÖTER!!
DASS DU KEINEN MANN FINDEST, LIEGT ABER NICHT NUR AN DEINEM JOB.

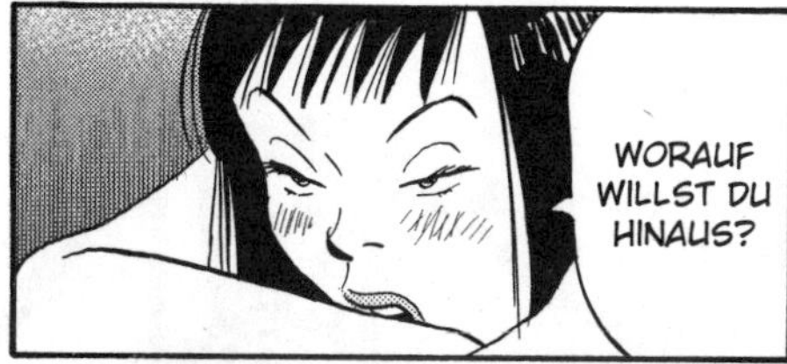
WORAUF WILLST DU HINAUS?

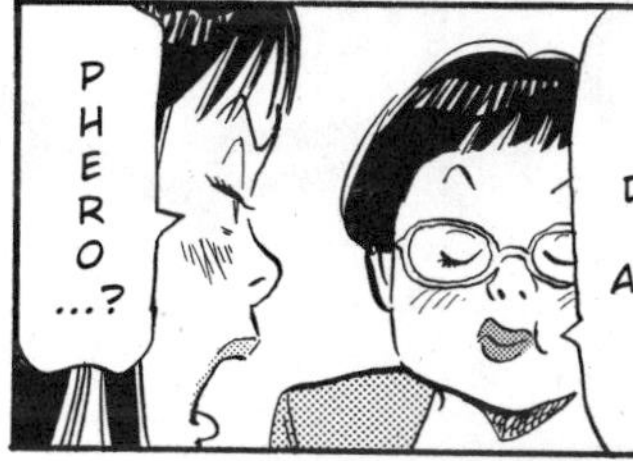
SAGEN WIR ES MAL SO, DIR MANGELT ES EINFACH AN GENÜGEND PHEROMONEN!
PHERO...?

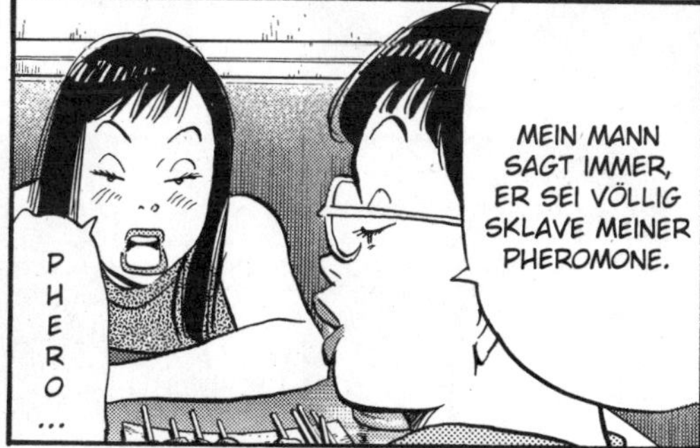
MEIN MANN SAGT IMMER, ER SEI VÖLLIG SKLAVE MEINER PHEROMONE.
PHERO...

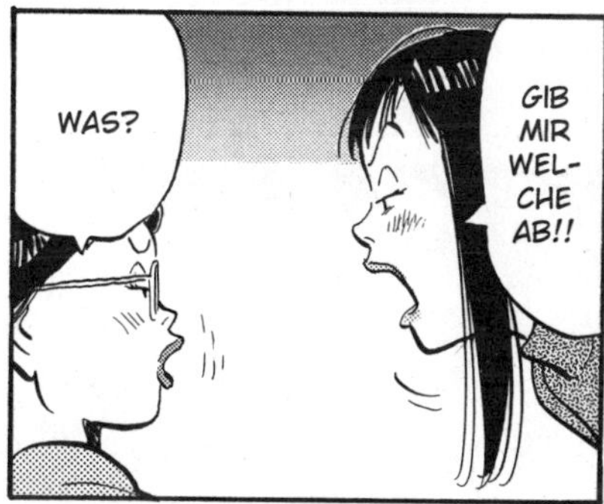
GIB MIR WELCHE AB!!
WAS?

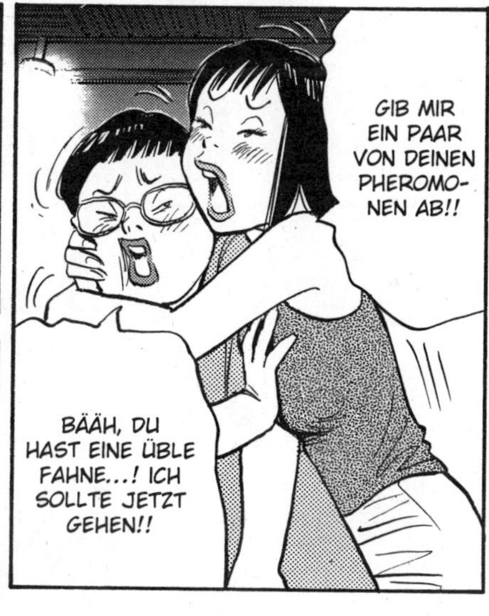
GIB MIR EIN PAAR VON DEINEN PHEROMONEN AB!!
BÄÄH, DU HAST EINE ÜBLE FAHNE...! ICH SOLLTE JETZT GEHEN!!

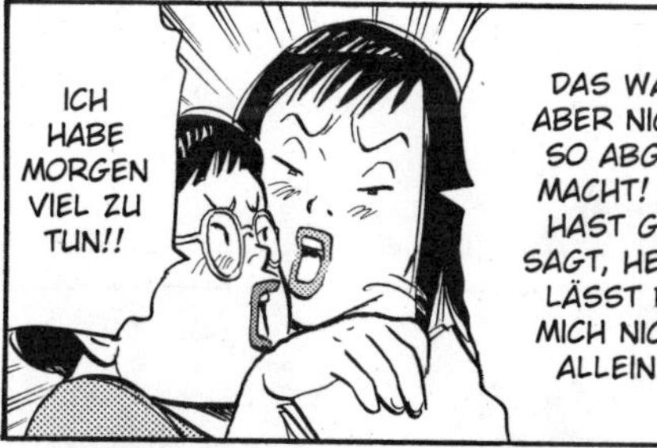
DAS WAR ABER NICHT SO ABGEMACHT! DU HAST GESAGT, HEUTE LÄSST DU MICH NICHT ALLEIN!!
ICH HABE MORGEN VIEL ZU TUN!!

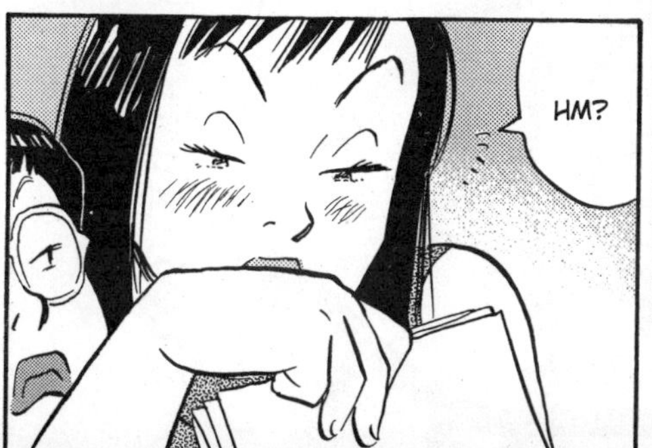
HM?

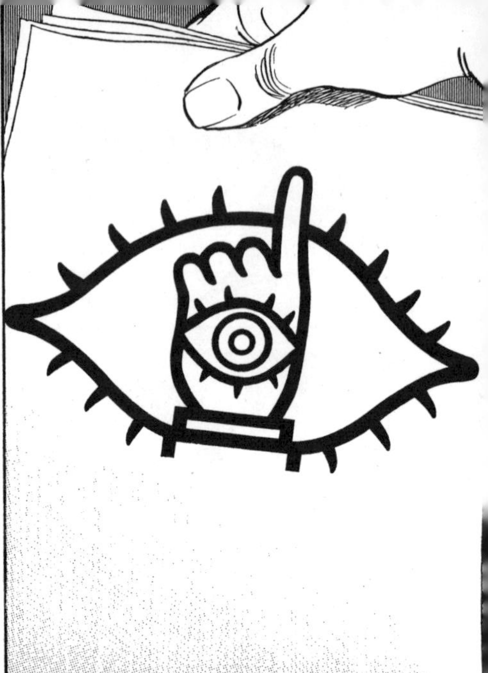

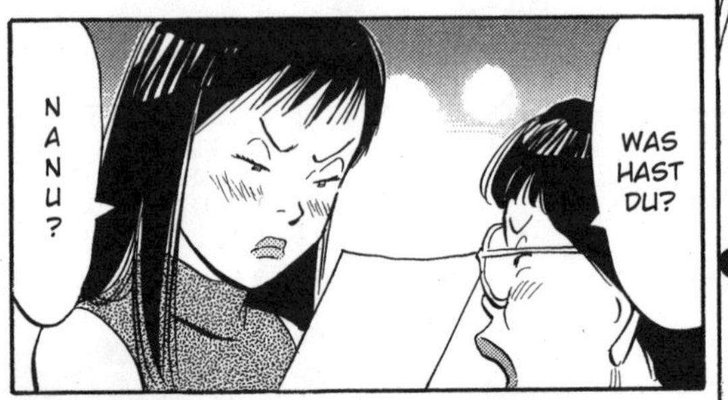

WAS HAST DU?
NANU?

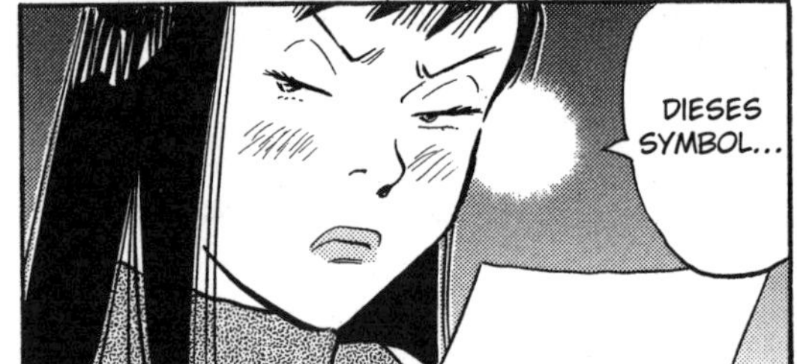

DIESES SYMBOL...

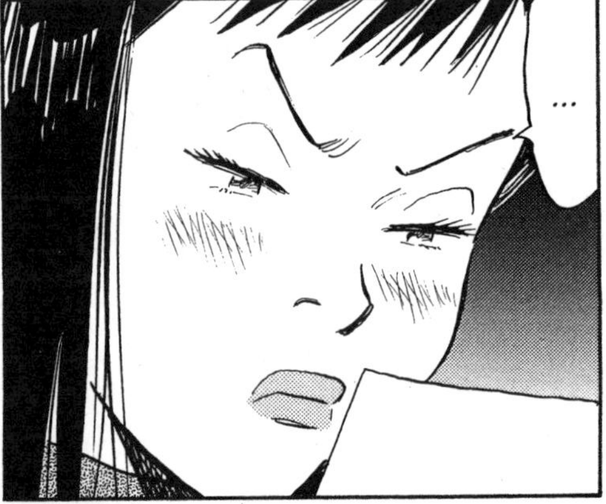

...

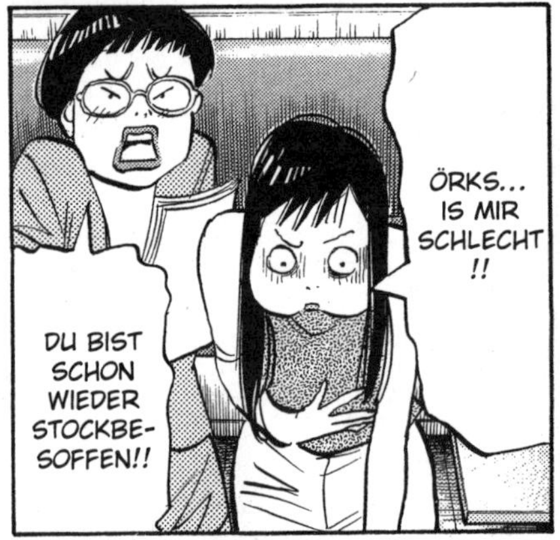

ÖRKS... IS MIR SCHLECHT!!
DU BIST SCHON WIEDER STOCKBE-SOFFEN!!

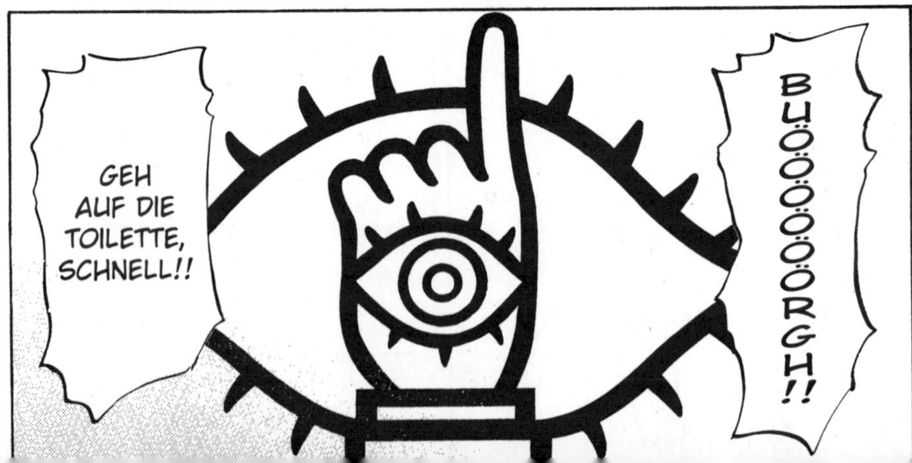

BUÖÖÖÖÖÖÖRGH!!
GEH AUF DIE TOILETTE, SCHNELL!!

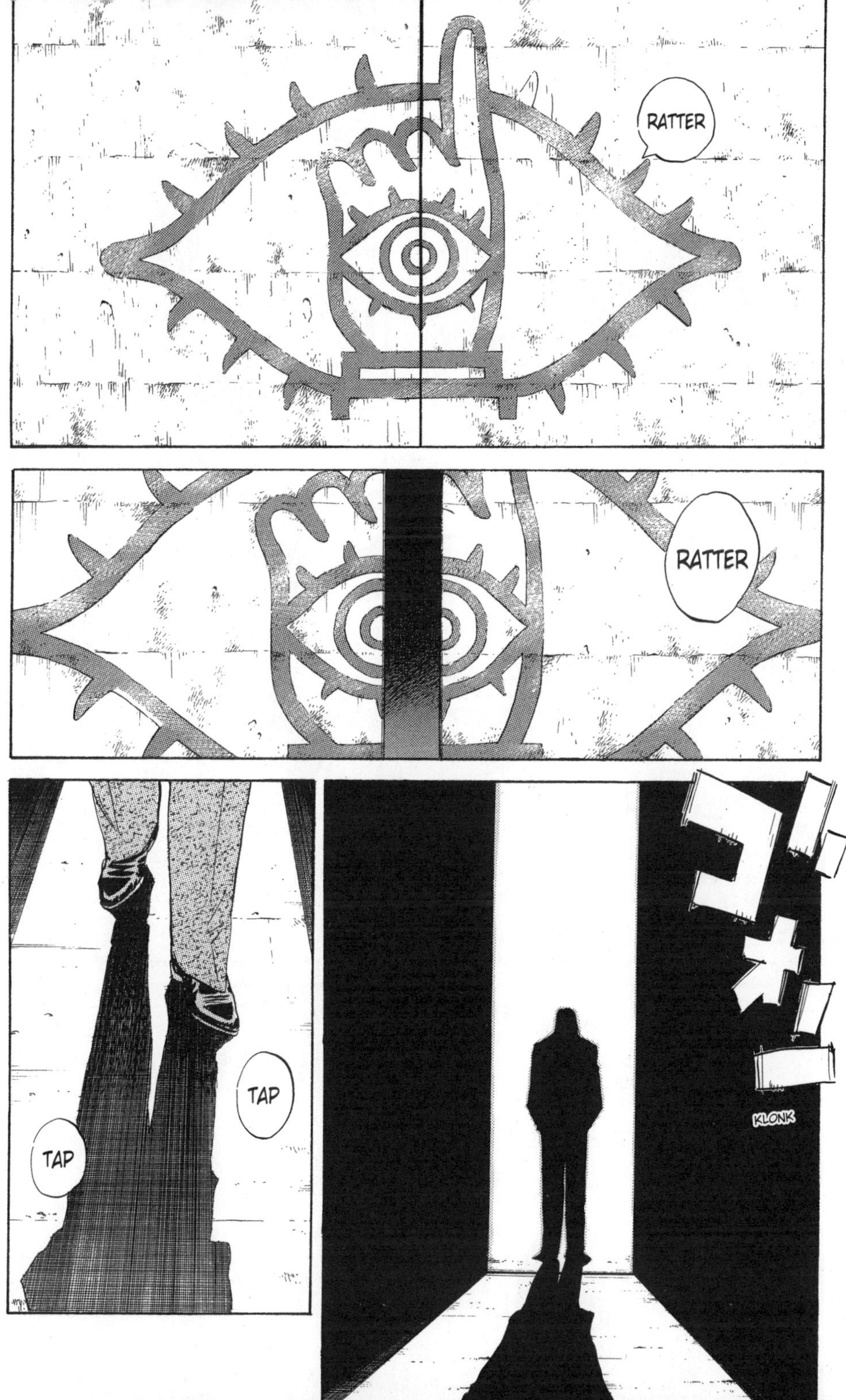
RATTER
RATTER
KLONK
TAP
TAP

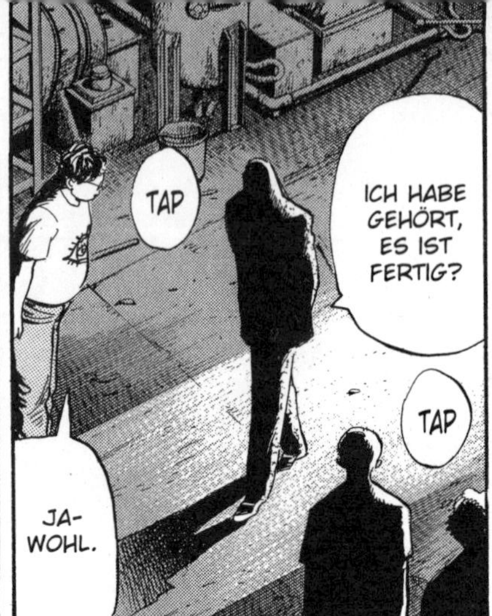
TAP
ICH HABE GEHÖRT, ES IST FERTIG?
TAP
JAWOHL.

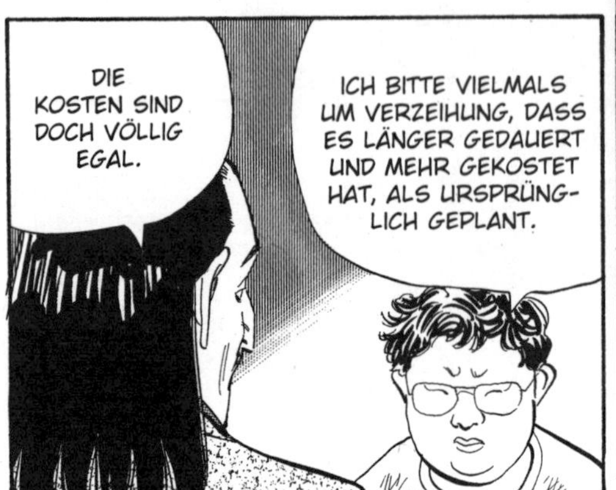
ICH BITTE VIELMALS UM VERZEIHUNG, DASS ES LÄNGER GEDAUERT UND MEHR GEKOSTET HAT, ALS URSPRÜNGLICH GEPLANT.
DIE KOSTEN SIND DOCH VÖLLIG EGAL.

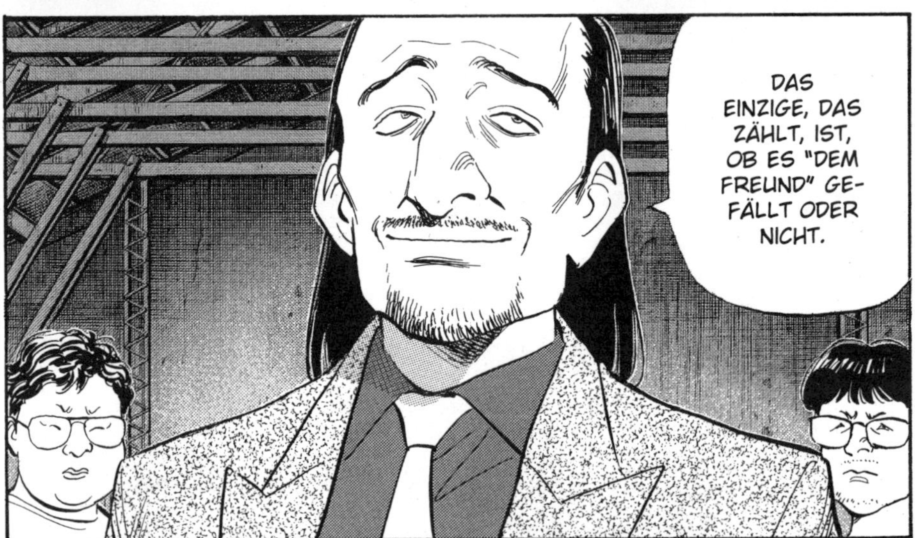
DAS EINZIGE, DAS ZÄHLT, IST, OB ES "DEM FREUND" GEFÄLLT ODER NICHT.

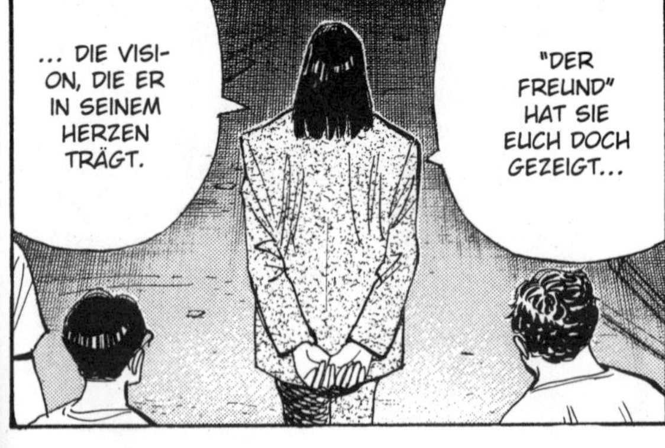
"DER FREUND" HAT SIE EUCH DOCH GEZEIGT...
... DIE VISION, DIE ER IN SEINEM HERZEN TRÄGT.

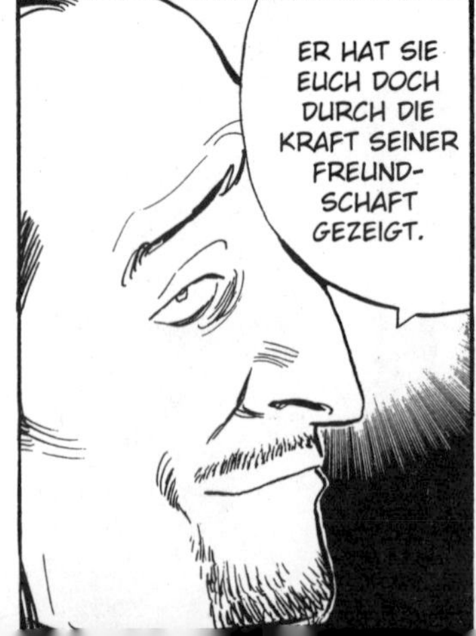
ER HAT SIE EUCH DOCH DURCH DIE KRAFT SEINER FREUNDSCHAFT GEZEIGT.

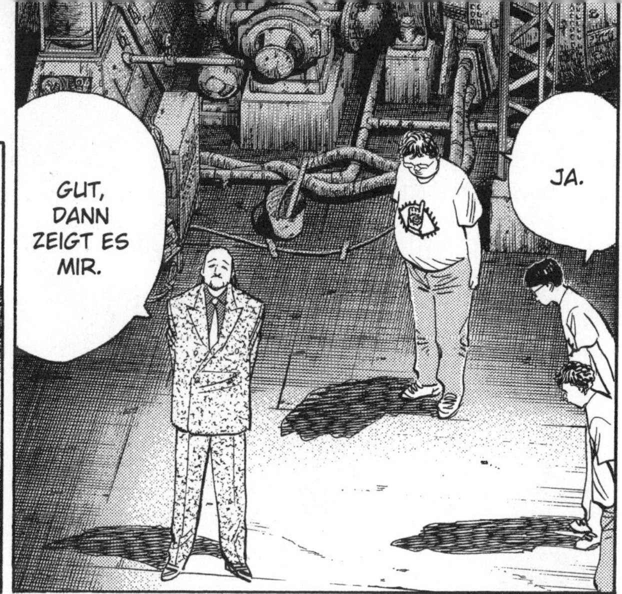
JA.
GUT, DANN ZEIGT ES MIR.

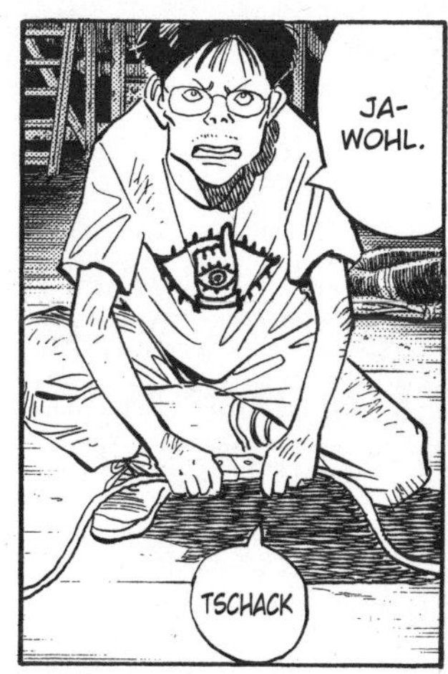
JA-WOHL.
TSCHACK

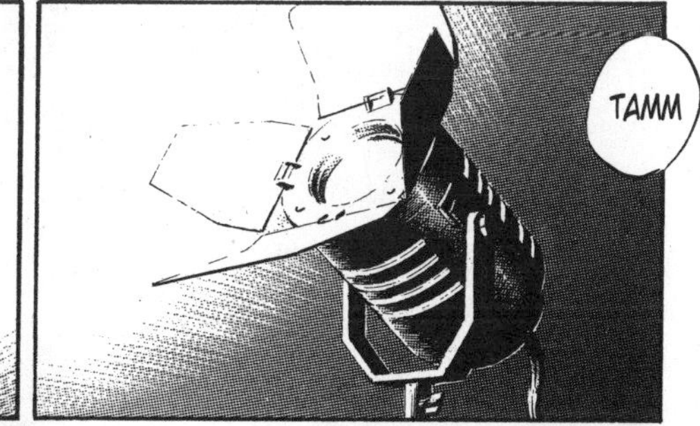
TAMM

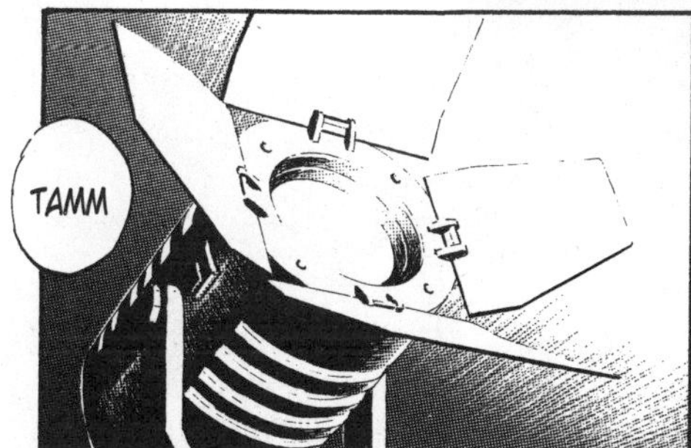
TAMM

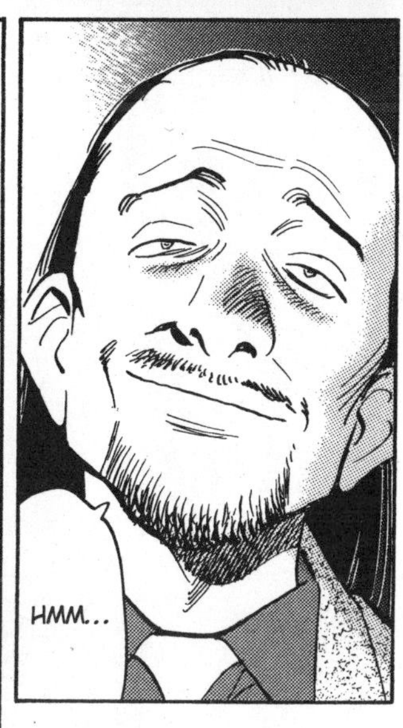
HMM...

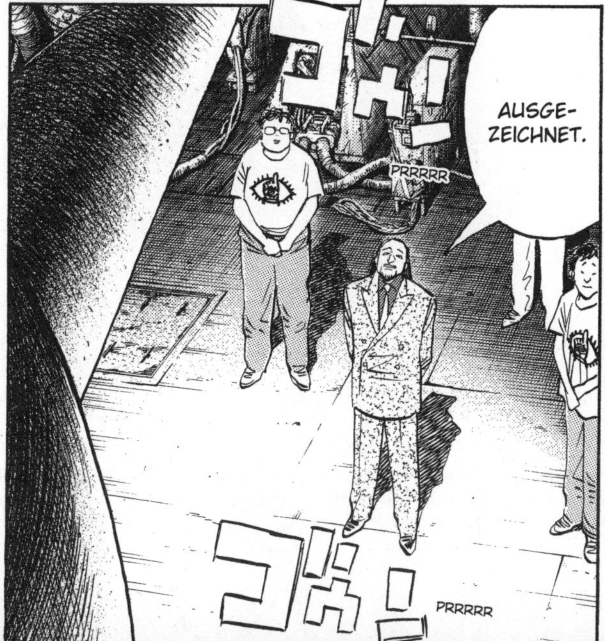
AUSGE-ZEICHNET.
PRRRRR
PRRRRR

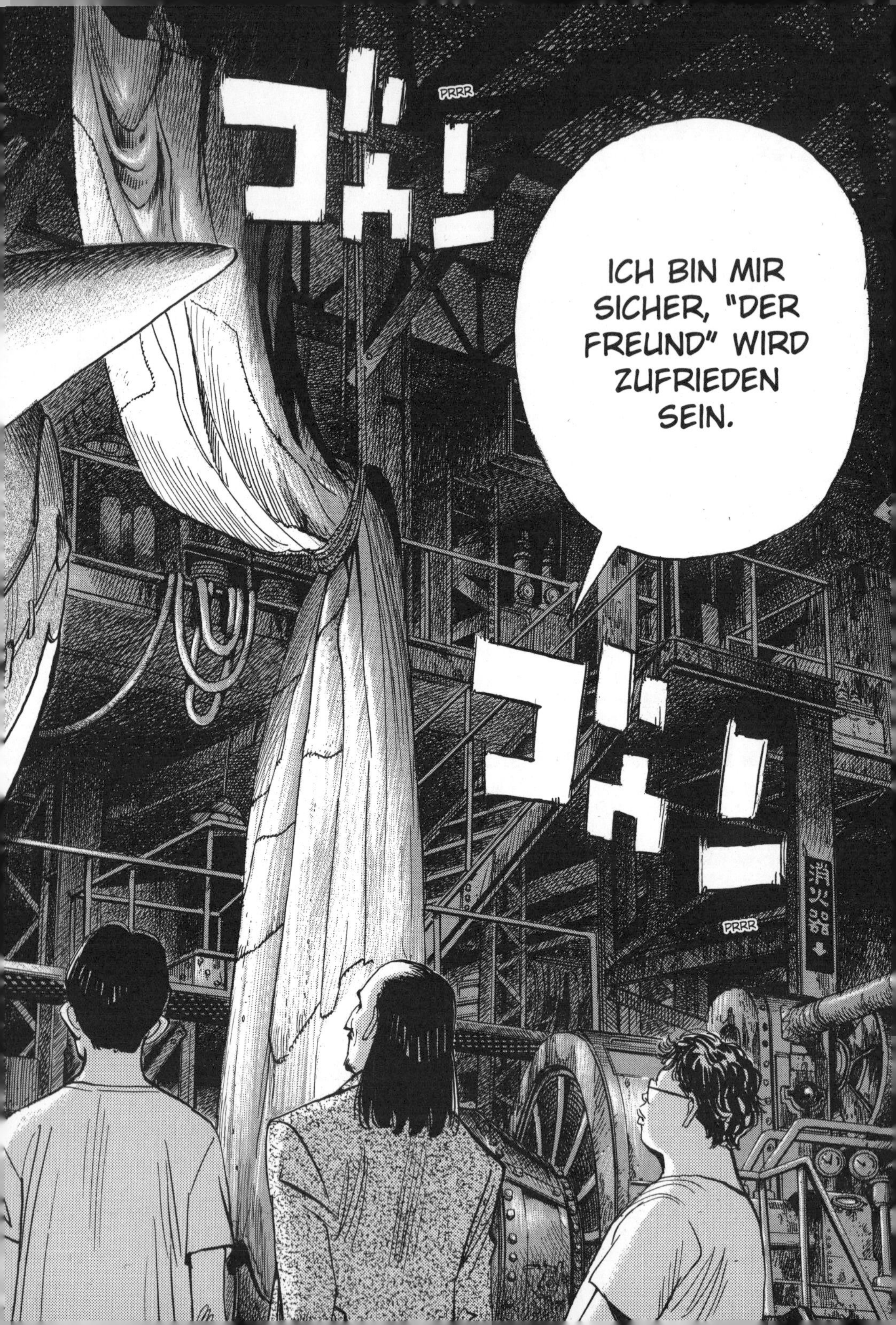
PRRR
ICH BIN MIR SICHER, "DER FREUND" WIRD ZUFRIEDEN SEIN.
PRRR
消火器

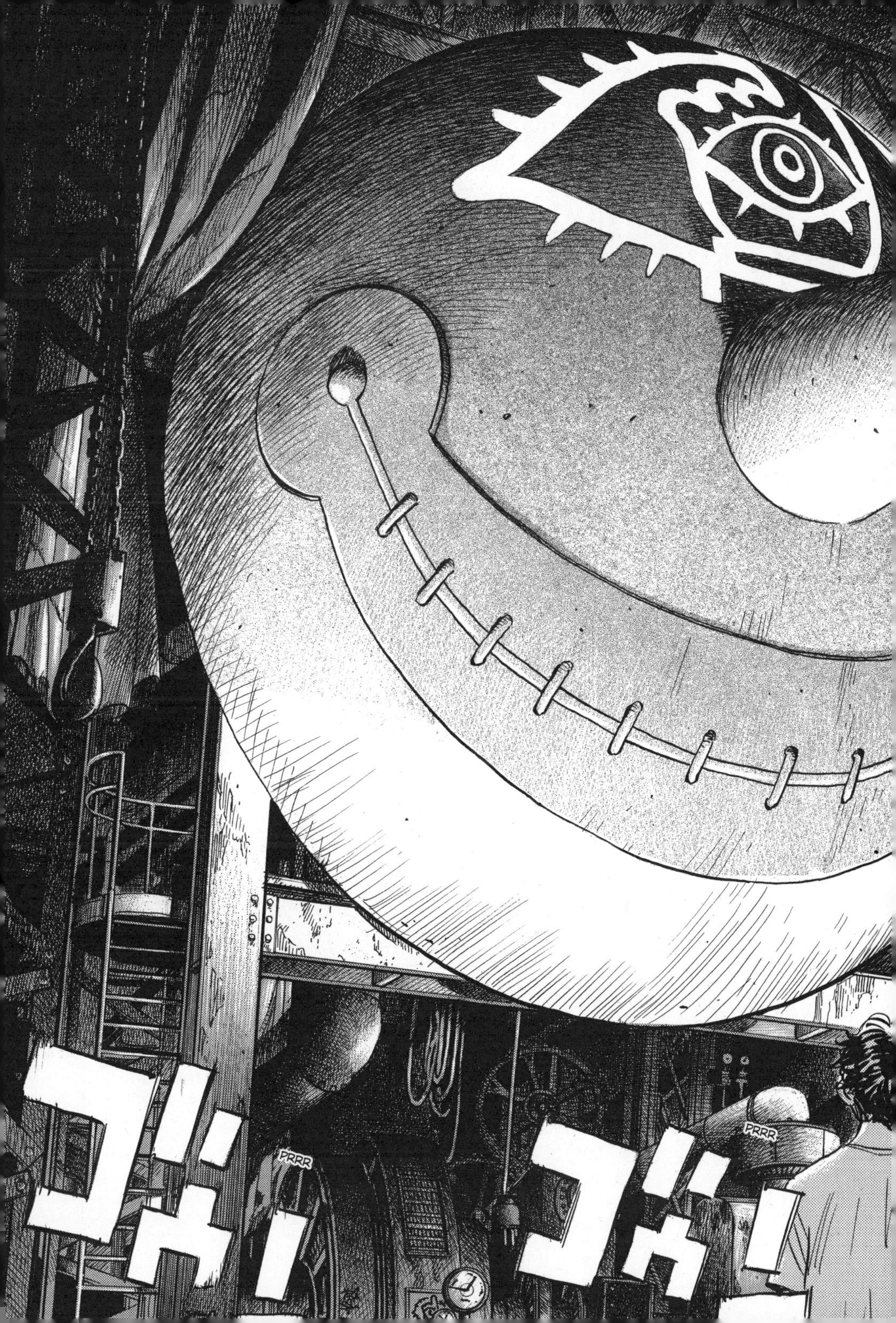
PRRR
PRRR

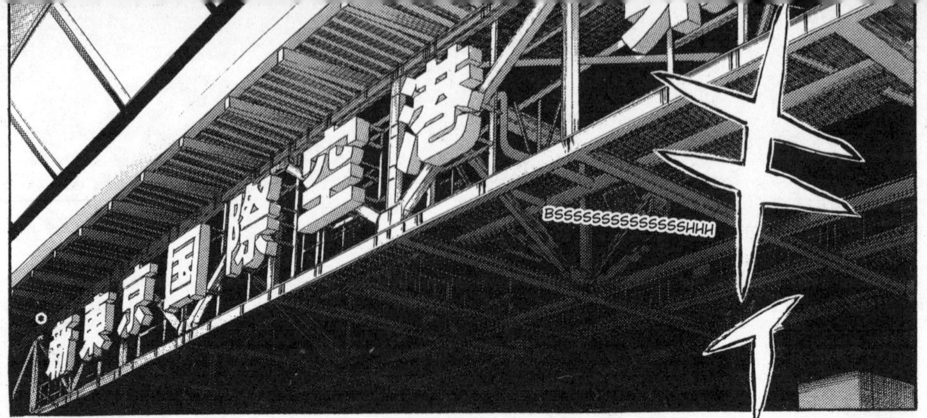

* NARITA INTERNATIONAL AIRPORT

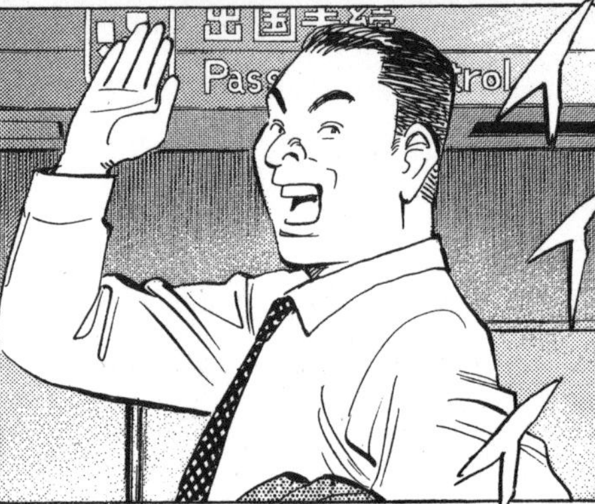

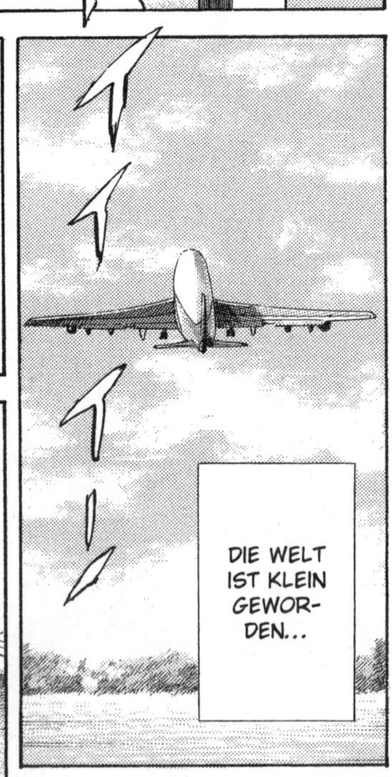

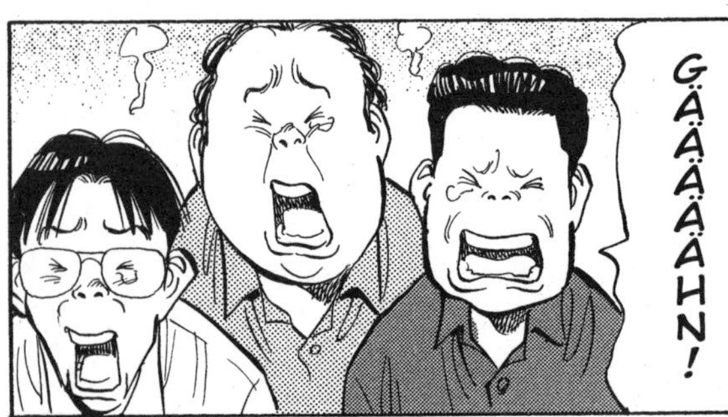

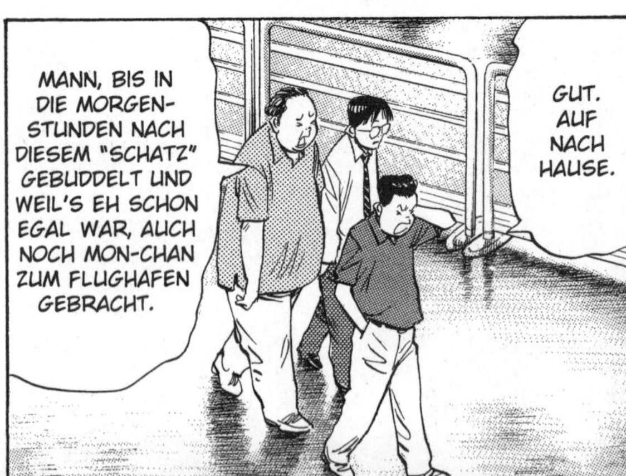

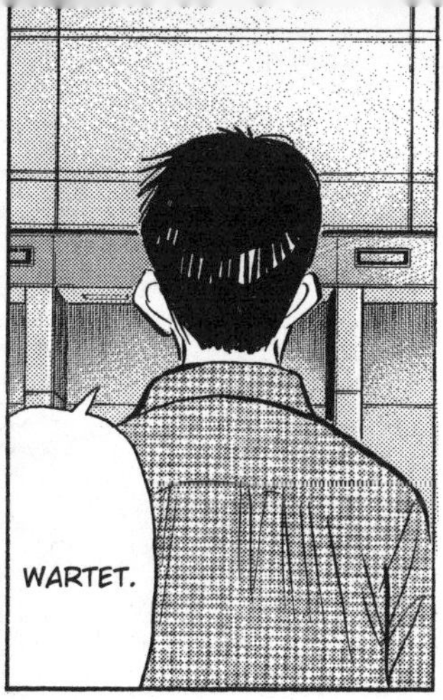
WARTET.

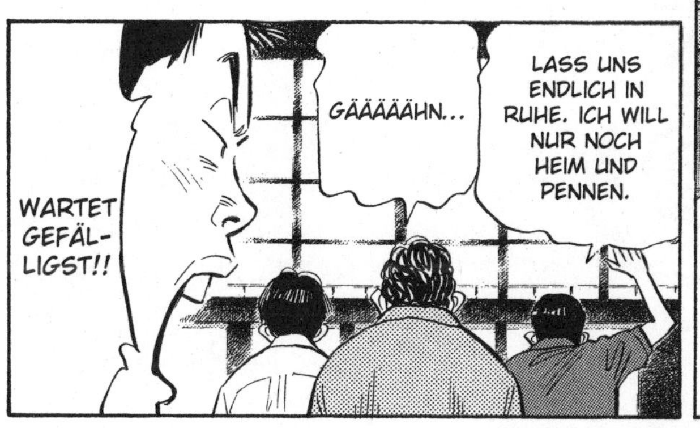
LASS UNS ENDLICH IN RUHE. ICH WILL NUR NOCH HEIM UND PENNEN.
GÄÄÄÄÄHN...
WARTET GEFÄLLIGST!!

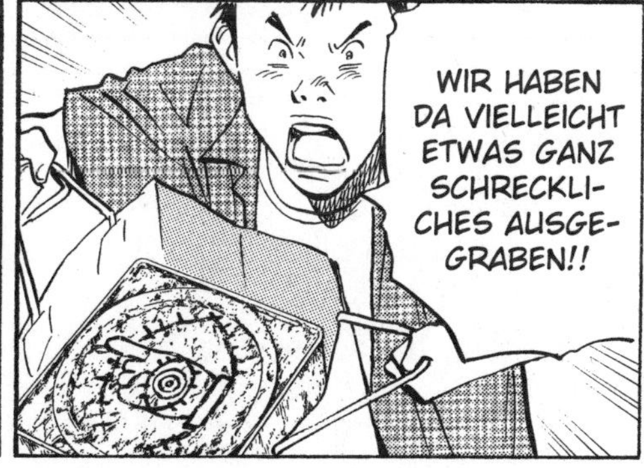
WIR HABEN DA VIELLEICHT ETWAS GANZ SCHRECKLICHES AUSGEGRABEN!!

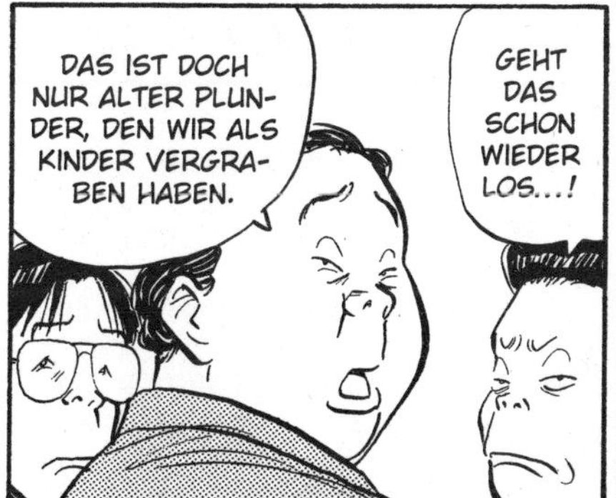
GEHT DAS SCHON WIEDER LOS...!
DAS IST DOCH NUR ALTER PLUNDER, DEN WIR ALS KINDER VERGRABEN HABEN.

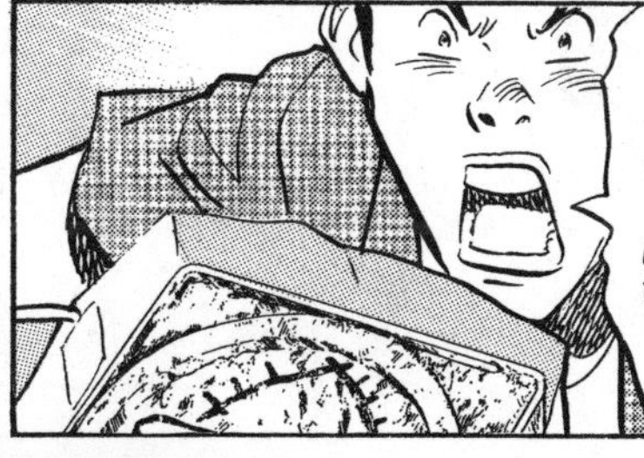
ACH JA, EINFACH ALS "ALTEN PLUNDER" ABTUN UND DAMIT IST DAS PROBLEM GELÖST, JA?

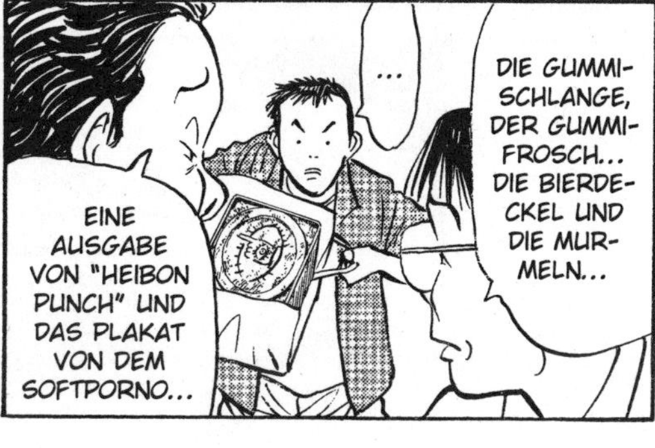
DIE GUMMISCHLANGE, DER GUMMIFROSCH... DIE BIERDECKEL UND DIE MURMELN...
...
EINE AUSGABE VON "HEIBON PUNCH" UND DAS PLAKAT VON DEM SOFTPORNO...

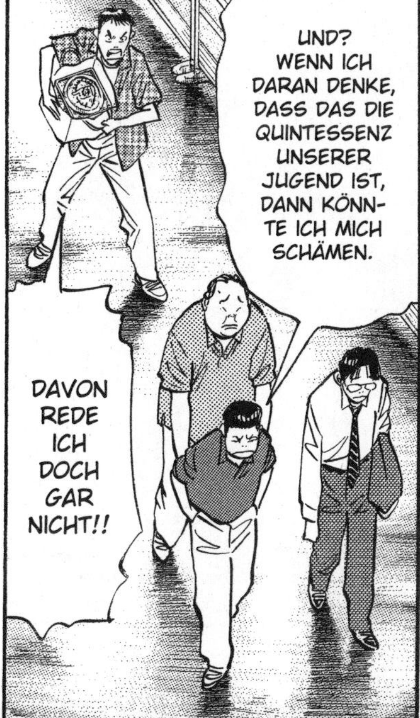
UND? WENN ICH DARAN DENKE, DASS DAS DIE QUINTESSENZ UNSERER JUGEND IST, DANN KÖNNTE ICH MICH SCHÄMEN.
DAVON REDE ICH DOCH GAR NICHT!!

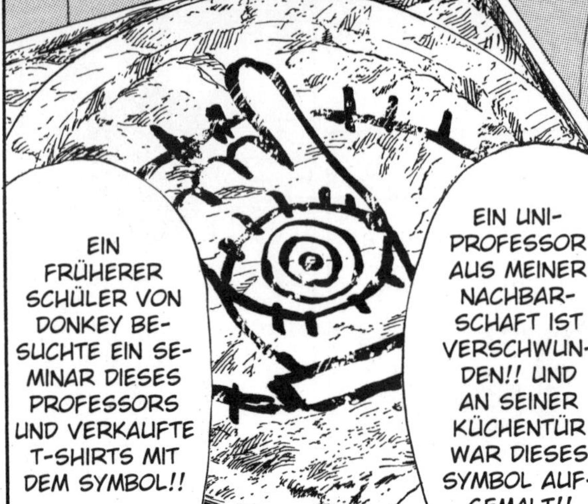
EIN UNI-PROFESSOR AUS MEINER NACHBARSCHAFT IST VERSCHWUNDEN!! UND AN SEINER KÜCHENTÜR WAR DIESES SYMBOL AUFGEMALT!!
EIN FRÜHERER SCHÜLER VON DONKEY BESUCHTE EIN SEMINAR DIESES PROFESSORS UND VERKAUFTE T-SHIRTS MIT DEM SYMBOL!!

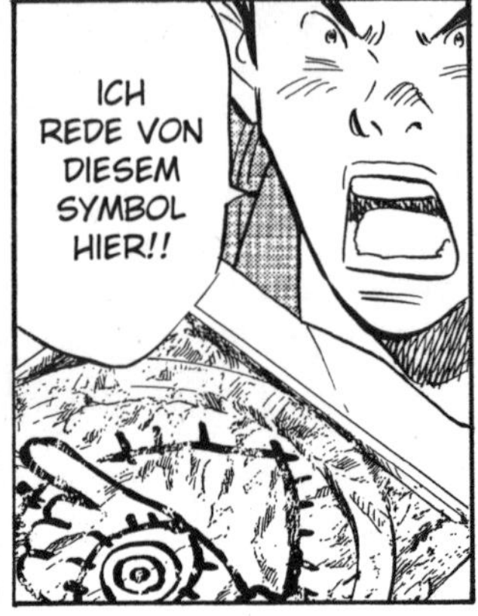
ICH REDE VON DIESEM SYMBOL HIER!!

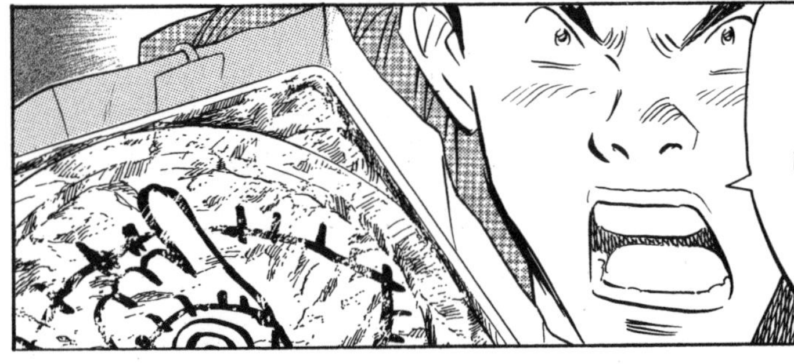
DONKEY SCHICKT MIR EINEN BRIEF, IN DEM ER MICH FRAGT, "ERINNERST DU DICH NOCH AN DIESES SYMBOL?", UND STIRBT KURZ DARAUF!!

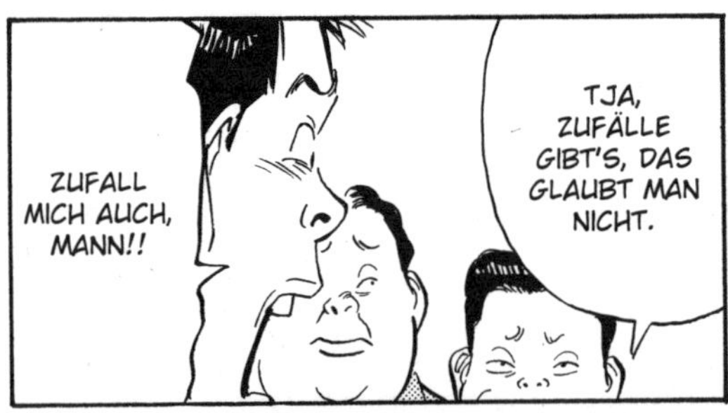
TJA, ZUFÄLLE GIBT'S, DAS GLAUBT MAN NICHT.
ZUFALL MICH AUCH, MANN!!

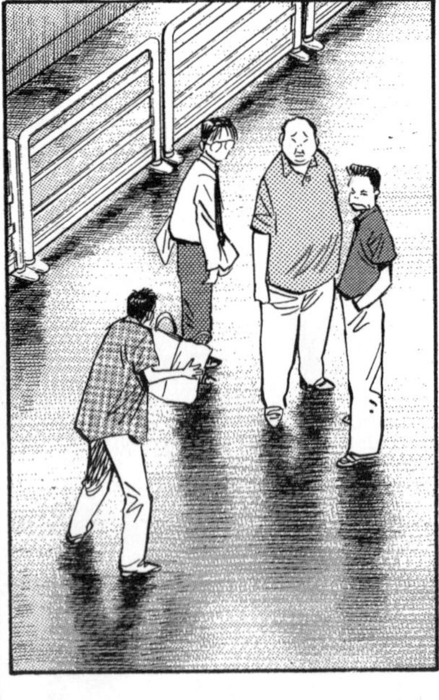

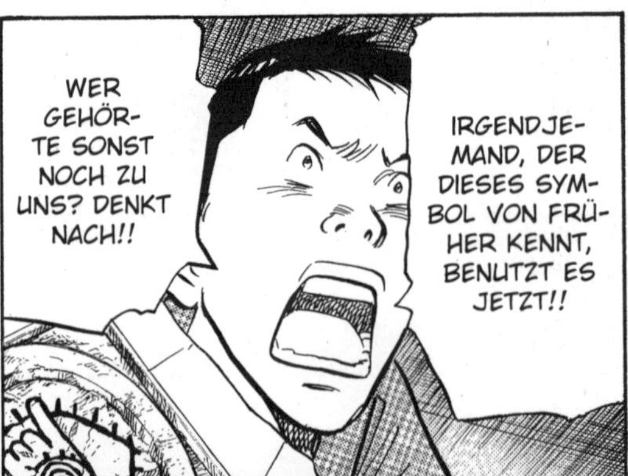
IRGENDJEMAND, DER DIESES SYMBOL VON FRÜHER KENNT, BENUTZT ES JETZT!!
WER GEHÖRTE SONST NOCH ZU UNS? DENKT NACH!!

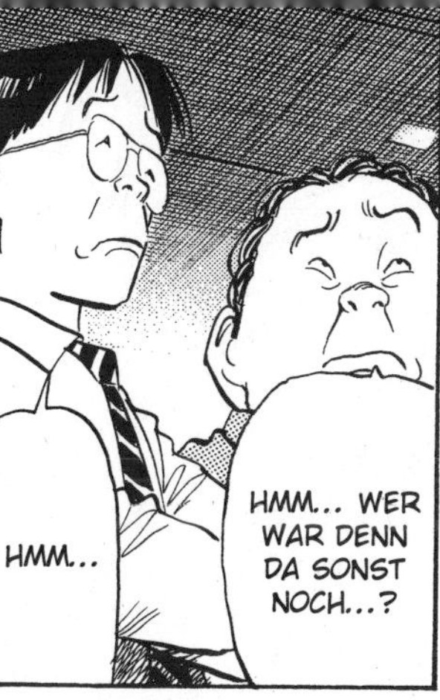
HMM... WER WAR DENN DA SONST NOCH...?
HMM...

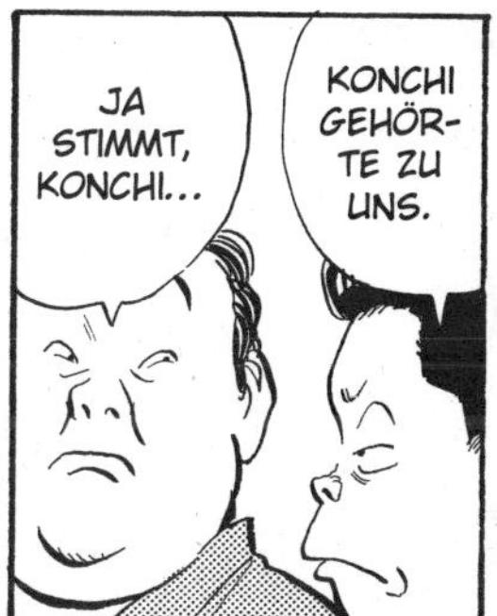
KONCHI GEHÖR-TE ZU UNS.
JA STIMMT, KONCHI...

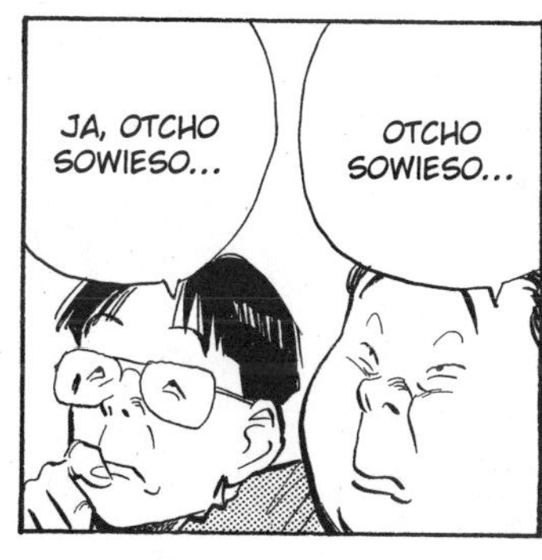
OTCHO SOWIESO...
JA, OTCHO SOWIESO...

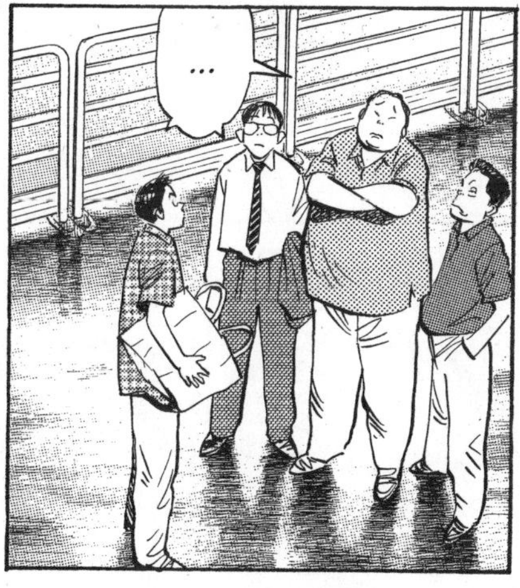
...

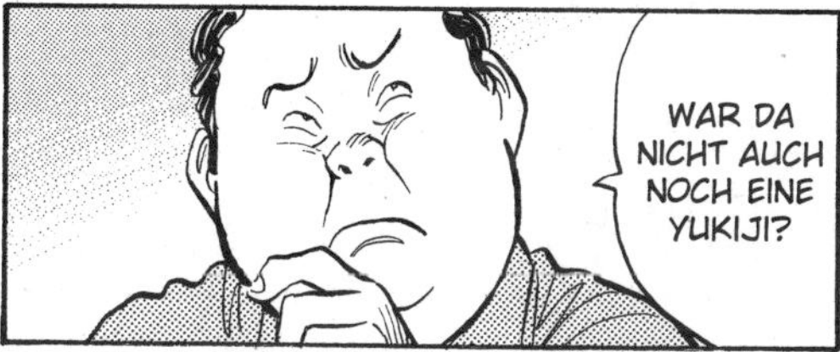
WAR DA NICHT AUCH NOCH EINE YUKIJI?

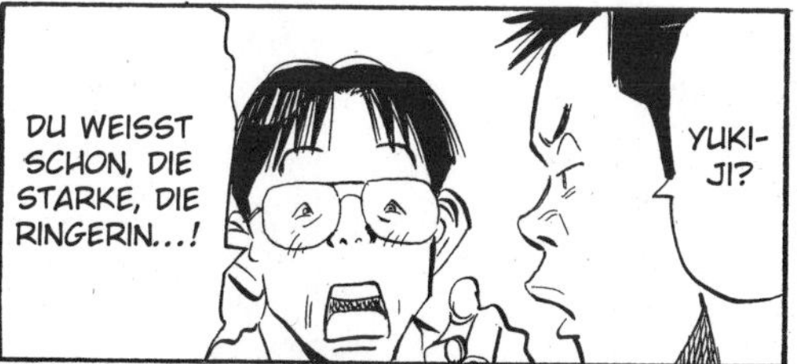
YUKI-JI?
DU WEISST SCHON, DIE STARKE, DIE RINGERIN...!

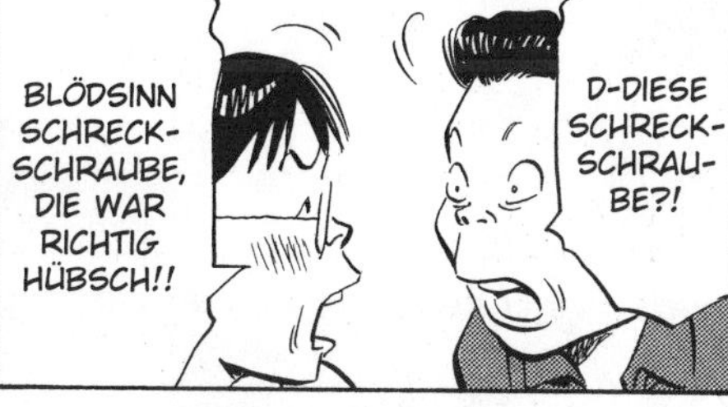
D-DIESE SCHRECK-SCHRAU-BE?!
BLÖDSINN SCHRECK-SCHRAUBE, DIE WAR RICHTIG HÜBSCH!!

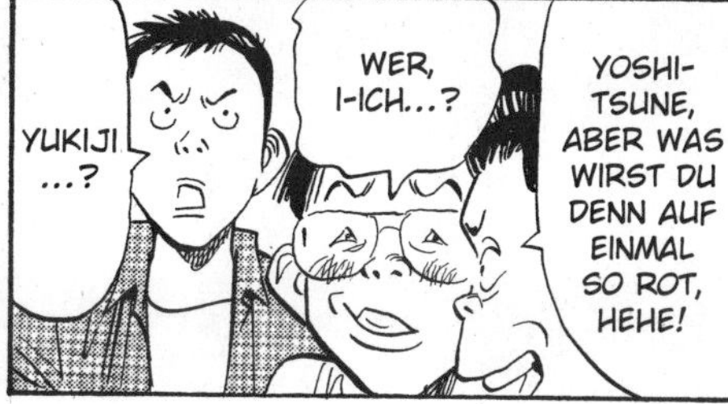
YOSHI-TSUNE, ABER WAS WIRST DU DENN AUF EINMAL SO ROT, HEHE!
WER, I-ICH...?
YUKIJI ...?

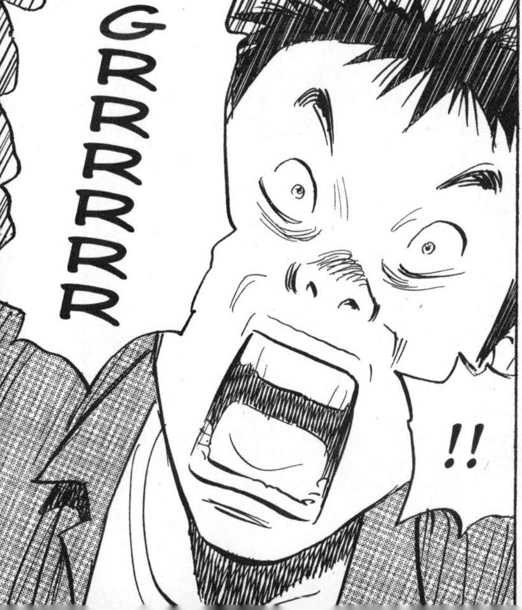
GRRRRRR
!!

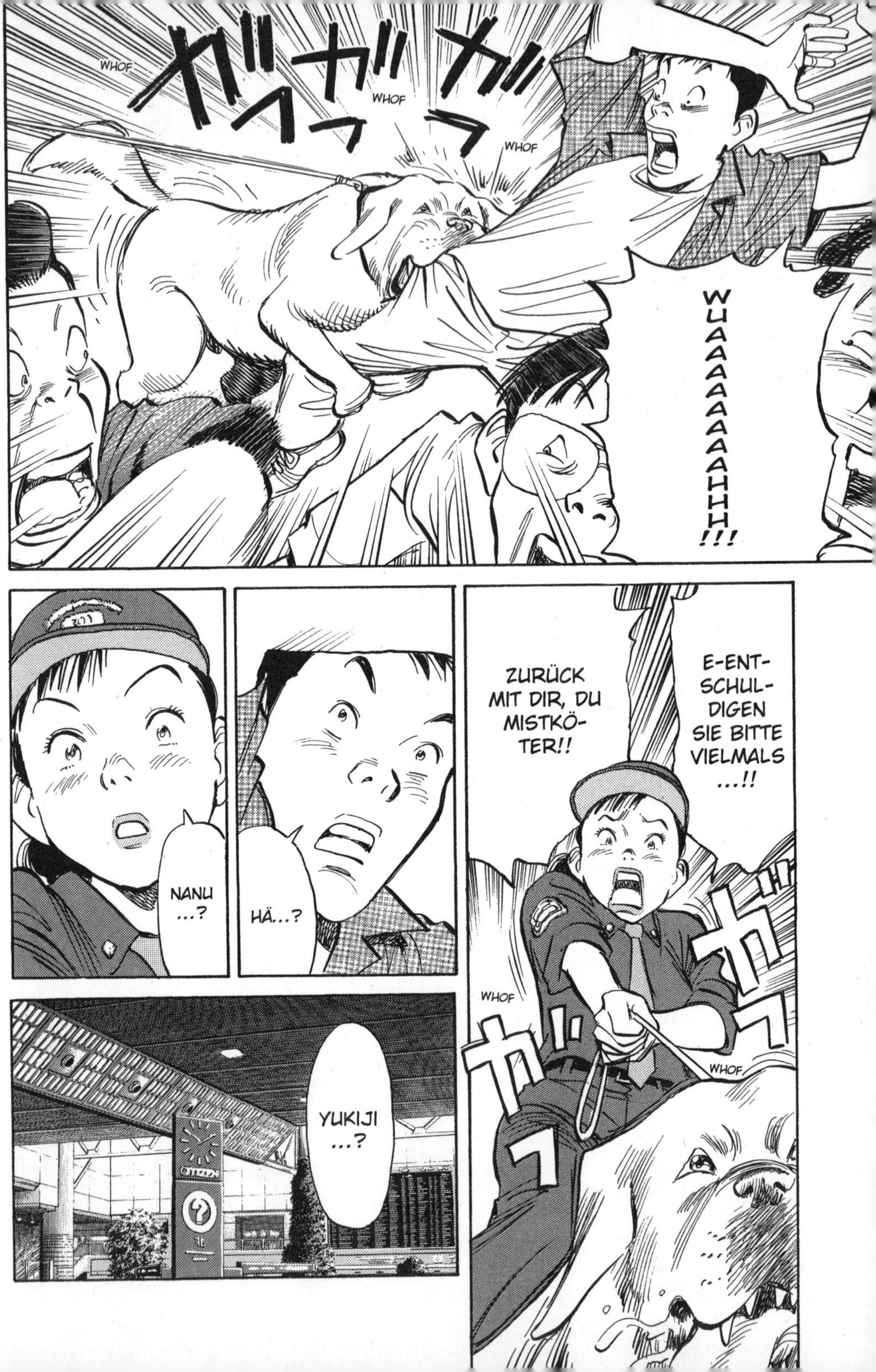

WHOF
WHOF
WHOF
WUAAAAAAAAHHH!!!

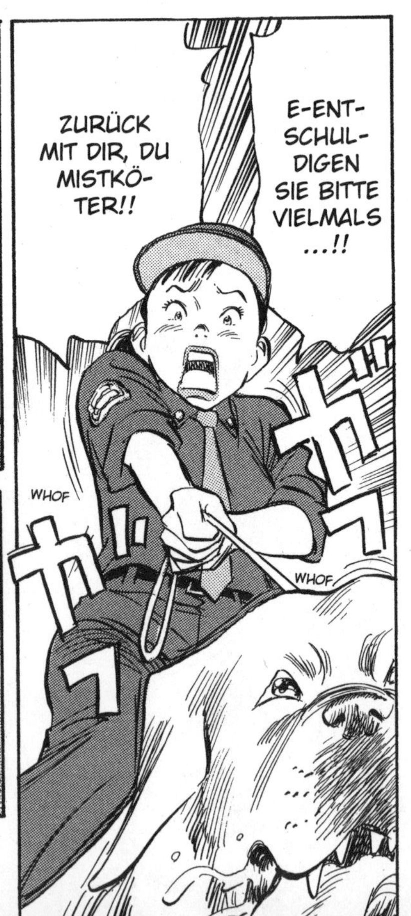

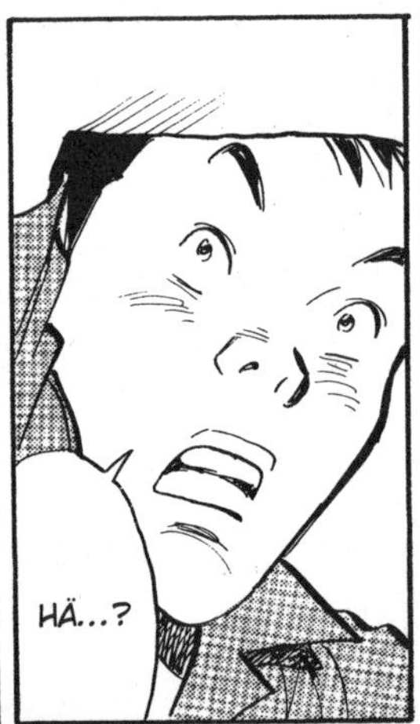

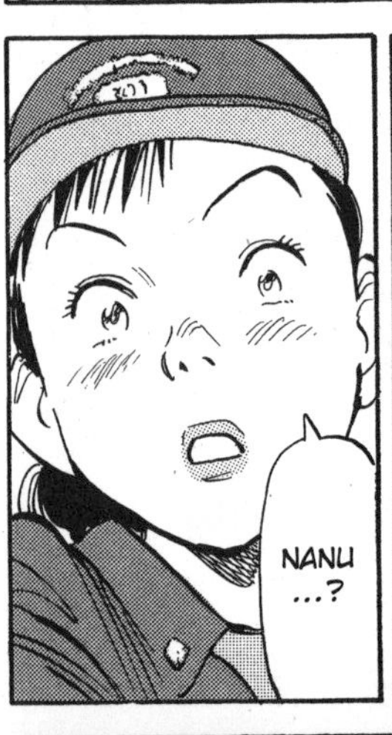

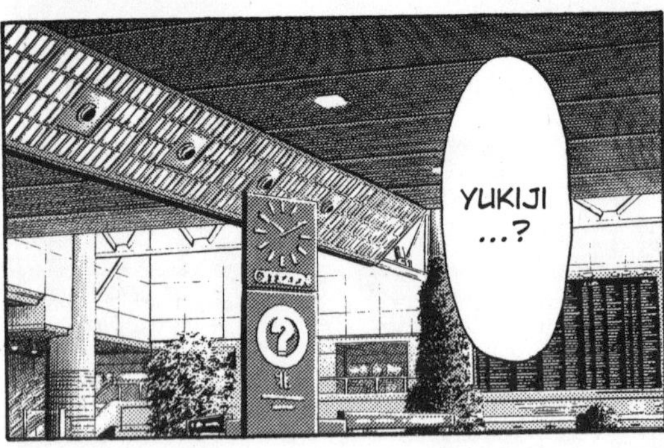

YANBOU UND MABOU, DIE SCHLIMMSTEN ZWILLINGE ALLER ZEITEN.

IS WAS?

DAMALS SPRANGEN DIE ZWILLINGE MIT UNS UM, WIE SIE WOLLTEN.

WAS GLOTZT DU SO BLÖD?

HERZLOS, DIABOLISCH, UNMENSCHLICH, NIEDERTRÄCHTIG, TYRANNISCH, SADISTISCH... MAN KÖNNTE DIESE LISTE BELIEBIG FORTSETZEN, UND DENNOCH TREFFEN ALL DIESE WORTE NICHT IHR WAHRES WESEN, DAS NOCH WEIT SCHLIMMER IST.

BRAUCHST DU EIN PAAR AUFS MAUL, ODER WAS?

DAS SCHLIMMSTE JEDOCH IST, DASS ES DIESE GEBALLTE LADUNG GLEICH IM DOPPELPACK GAB.

NIMM DAS!!

ABER...!!

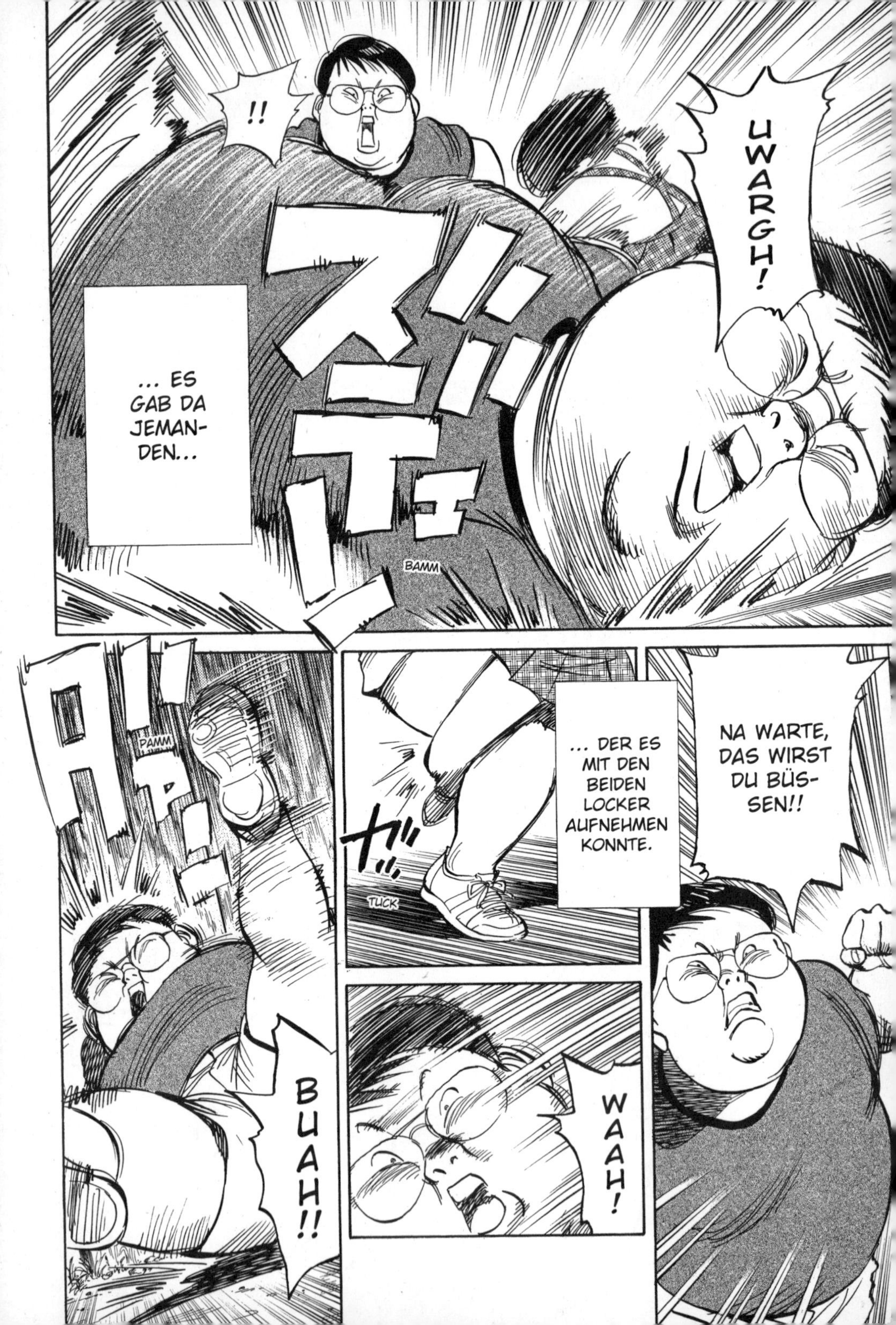
UWARGH!
!!
... ES GAB DA JEMANDEN...
BAMM
NA WARTE, DAS WIRST DU BÜSSEN!!
... DER ES MIT DEN BEIDEN LOCKER AUFNEHMEN KONNTE.
TUCK
WAAH!
PAMM
BUAH!!

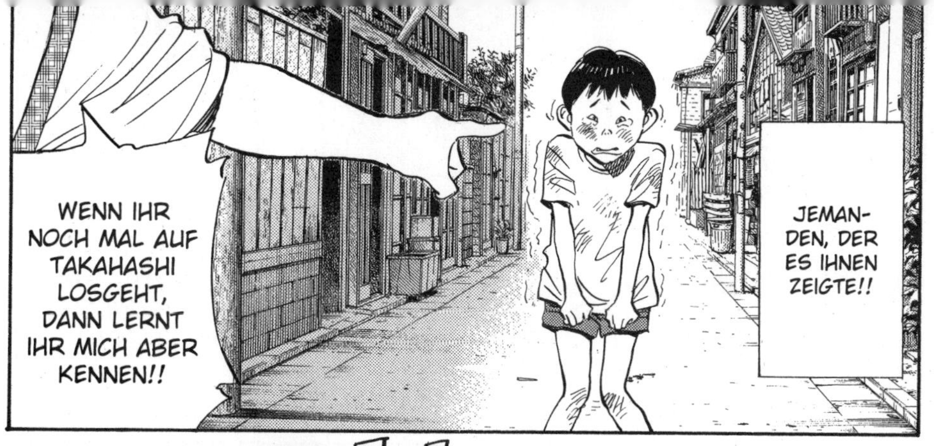
JEMANDEN, DER ES IHNEN ZEIGTE!!
WENN IHR NOCH MAL AUF TAKAHASHI LOSGEHT, DANN LERNT IHR MICH ABER KENNEN!!

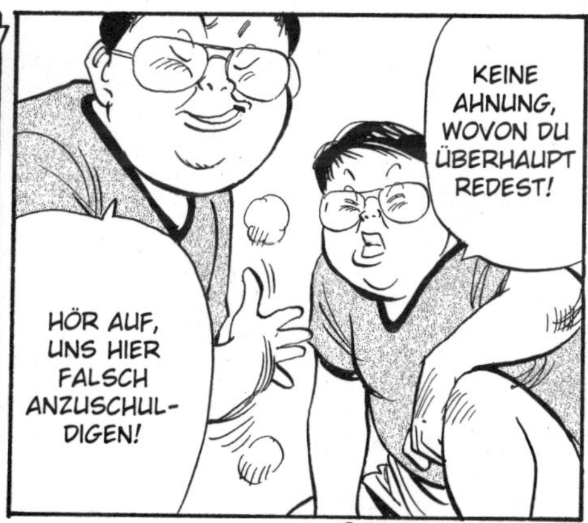
KEINE AHNUNG, WOVON DU ÜBERHAUPT REDEST!
HÖR AUF, UNS HIER FALSCH ANZUSCHULDIGEN!

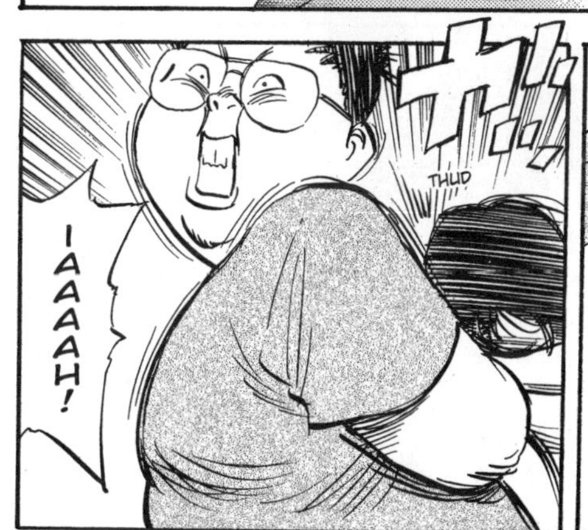
THUD
IAAAAAH!

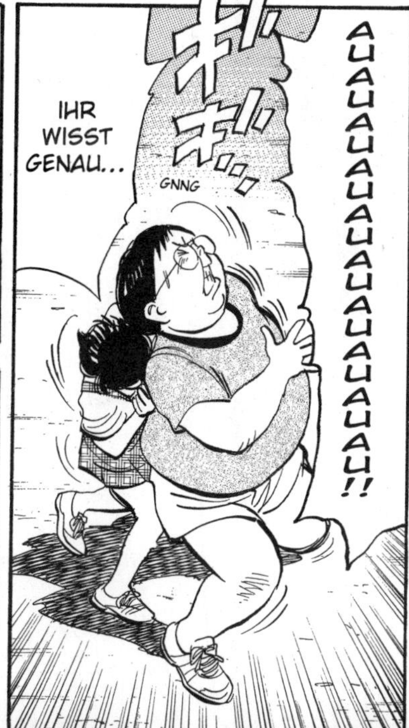
AUAUAUAUAUAUAUAUAU!!
IHR WISST GENAU...
GNNG

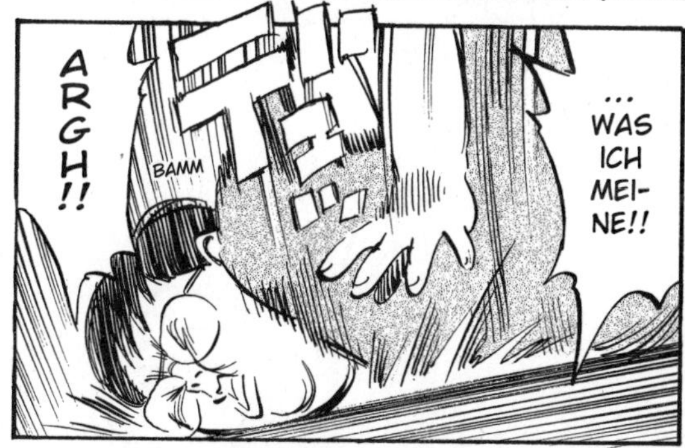
... WAS ICH MEINE!!
BAMM
ARGH!!

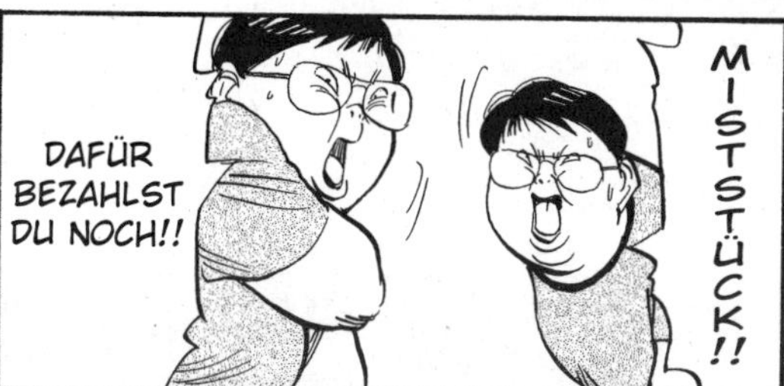
MISTSTÜCK!!
DAFÜR BEZAHLST DU NOCH!!

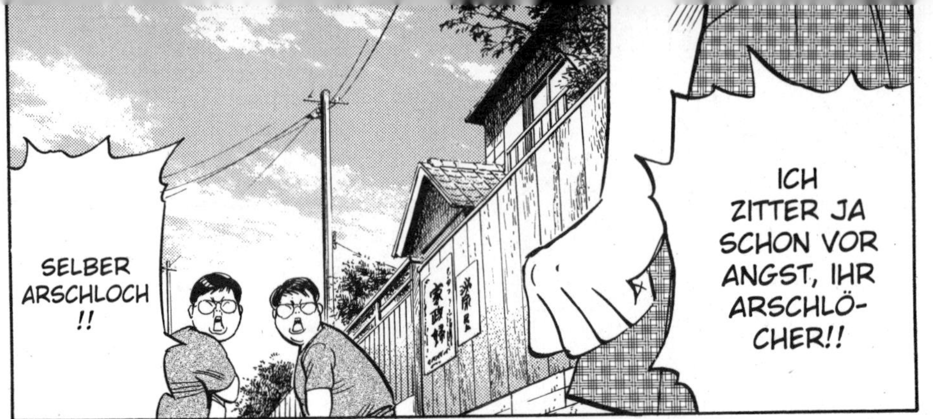

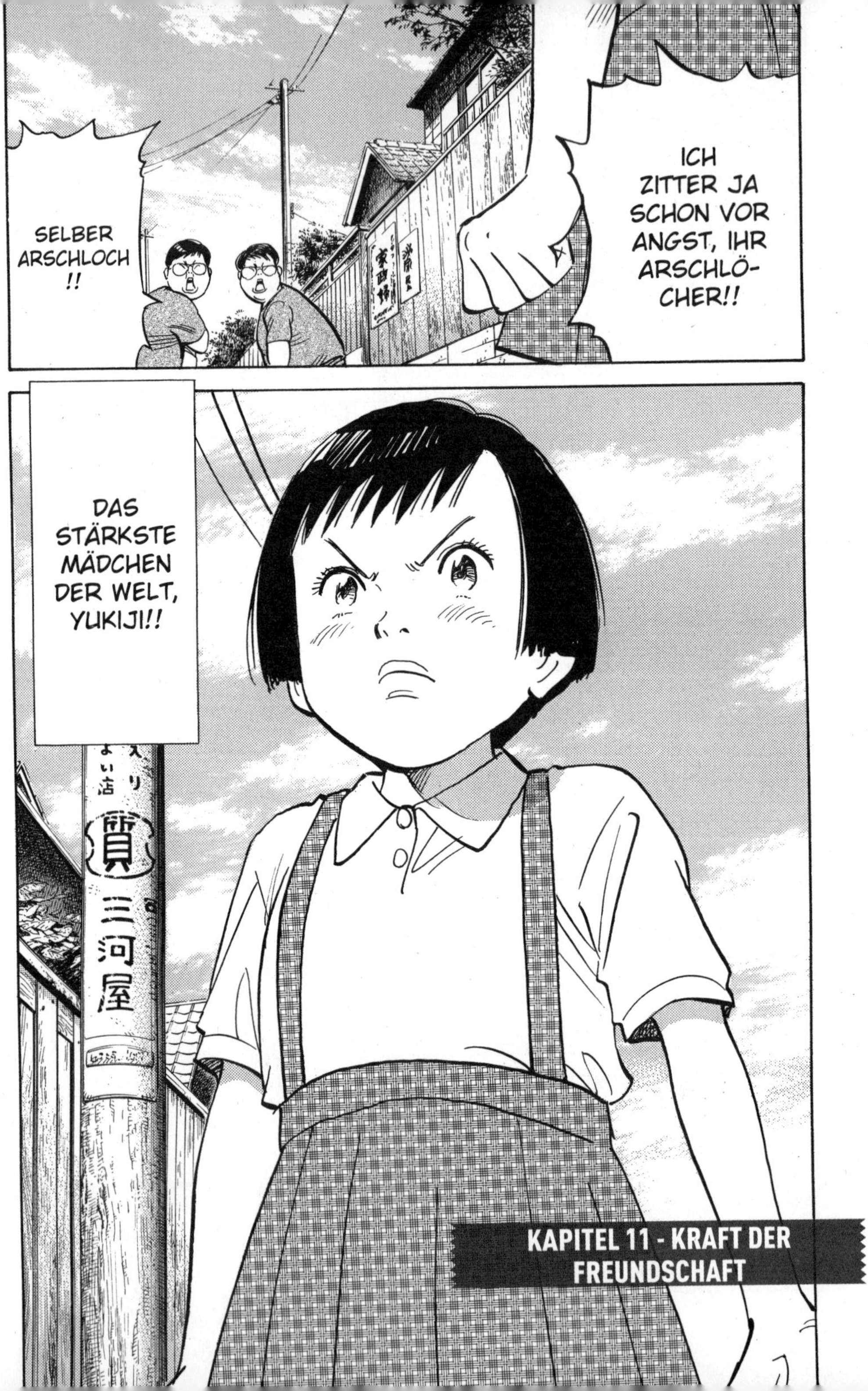

DAS STÄRKSTE MÄDCHEN DER WELT, YUKIJI!!

KAPITEL 11 - KRAFT DER FREUNDSCHAFT

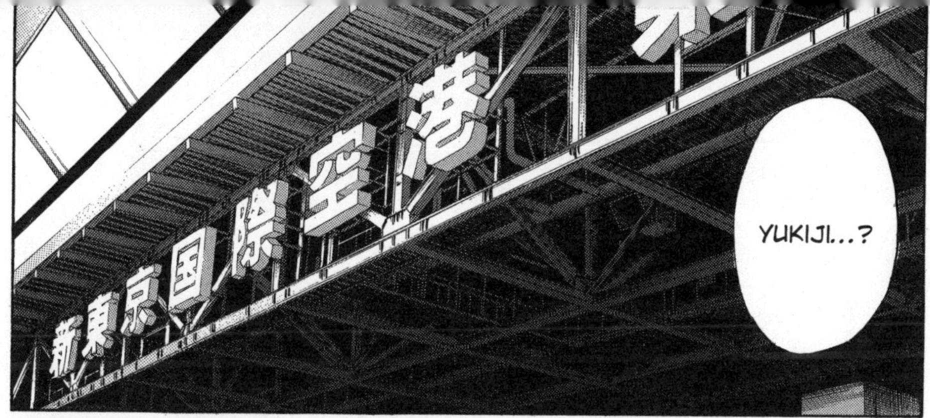
新東京国際空港
YUKIJI...?

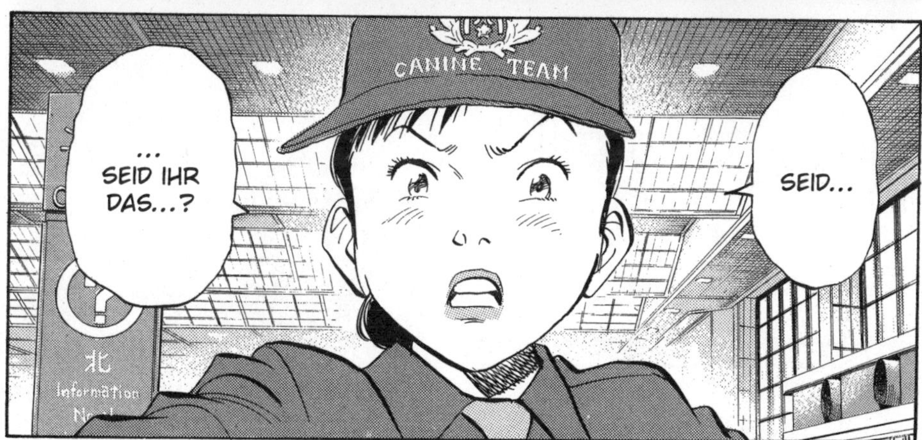
CANINE TEAM
SEID...
... SEID IHR DAS...?
北
Information

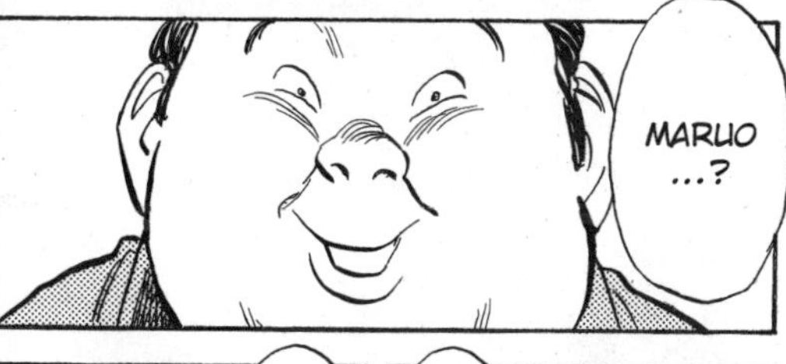
MARUO ...?

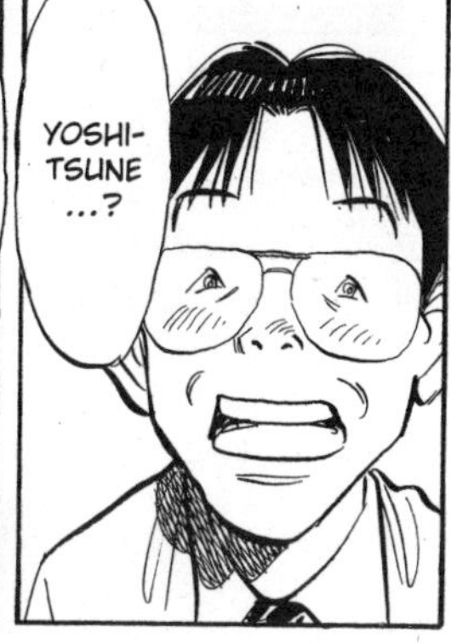
YOSHI-TSUNE ...?

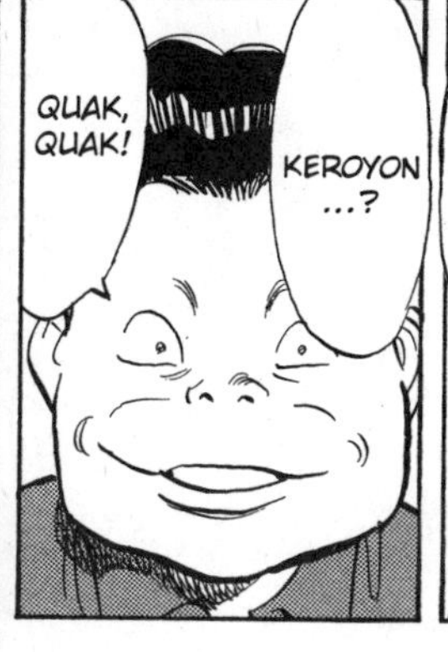
KEROYON ...?
QUAK, QUAK!

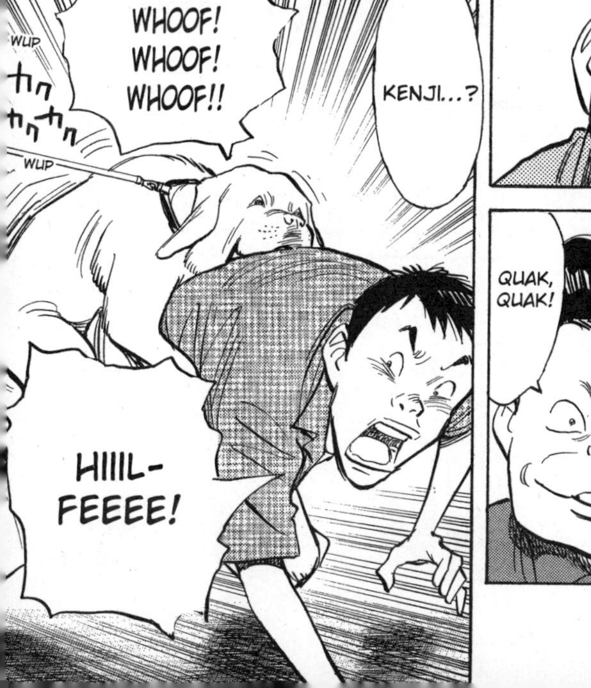
KENJI...?
WHOOF! WHOOF! WHOOF!!
WUP
WUP
HIIIL-FEEEE!

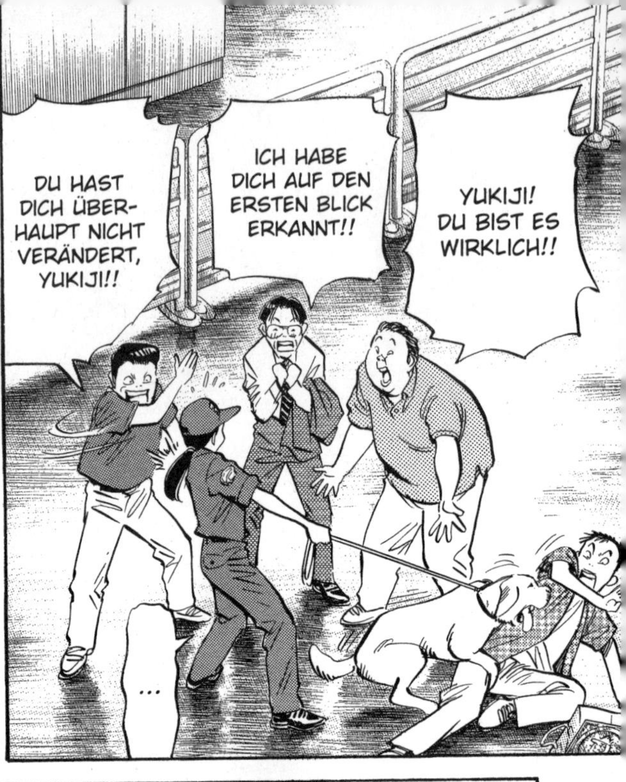
YUKIJI! DU BIST ES WIRKLICH!!
ICH HABE DICH AUF DEN ERSTEN BLICK ERKANNT!!
DU HAST DICH ÜBERHAUPT NICHT VERÄNDERT, YUKIJI!!
...

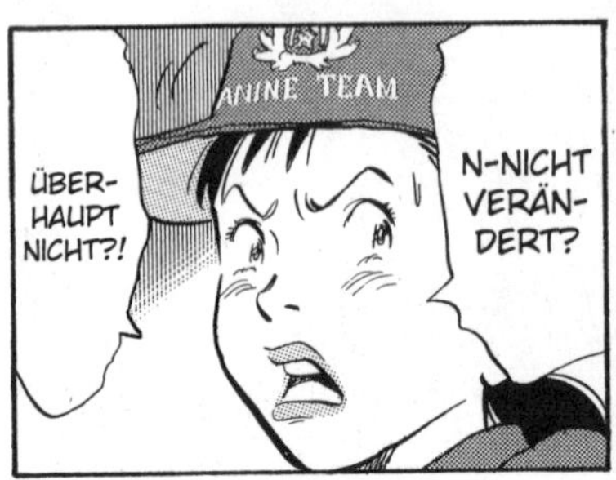
N-NICHT VERÄNDERT?
ÜBERHAUPT NICHT?!

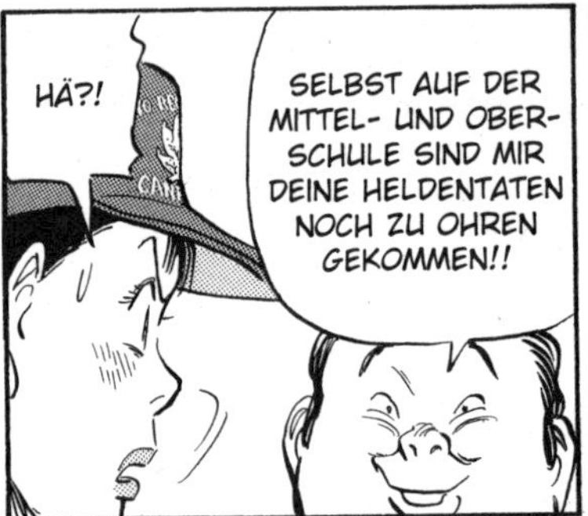
SELBST AUF DER MITTEL- UND OBERSCHULE SIND MIR DEINE HELDENTATEN NOCH ZU OHREN GEKOMMEN!!
HÄ?!

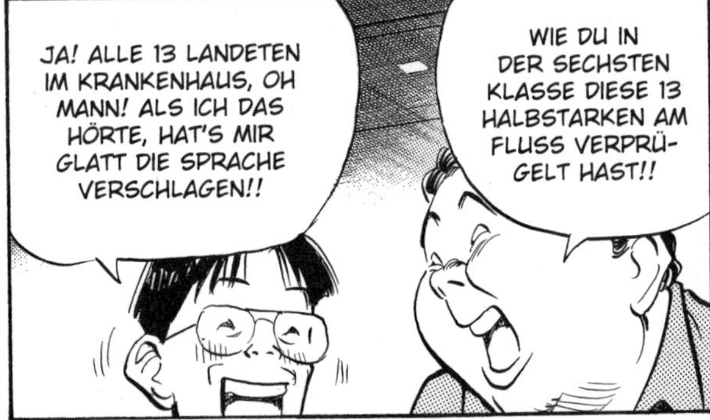
WIE DU IN DER SECHSTEN KLASSE DIESE 13 HALBSTARKEN AM FLUSS VERPRÜGELT HAST!!
JA! ALLE 13 LANDETEN IM KRANKENHAUS, OH MANN! ALS ICH DAS HÖRTE, HAT'S MIR GLATT DIE SPRACHE VERSCHLAGEN!!

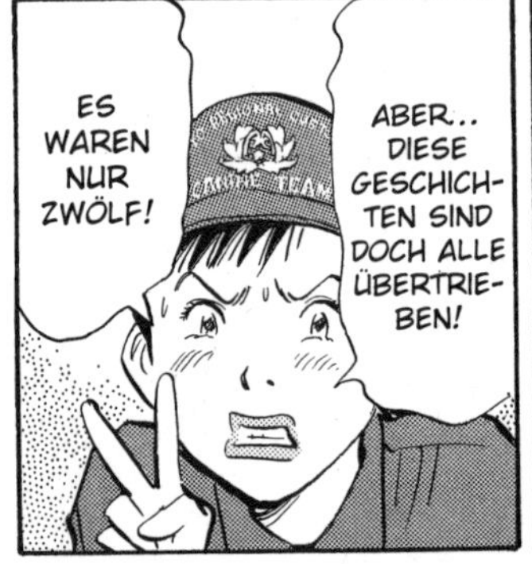
ABER... DIESE GESCHICHTEN SIND DOCH ALLE ÜBERTRIEBEN!
ES WAREN NUR ZWÖLF!

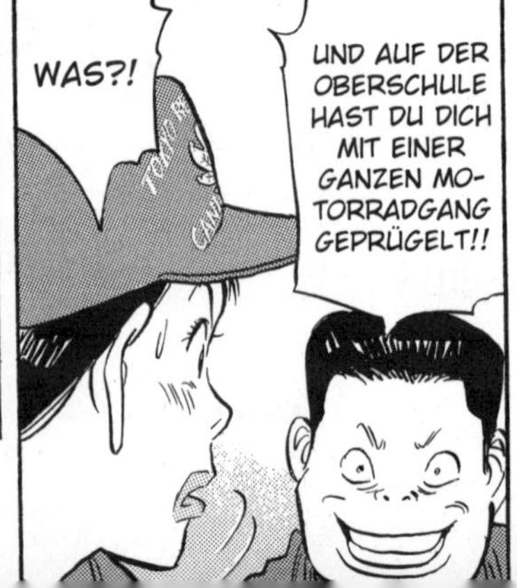
UND AUF DER OBERSCHULE HAST DU DICH MIT EINER GANZEN MOTORRADGANG GEPRÜGELT!!
WAS?!

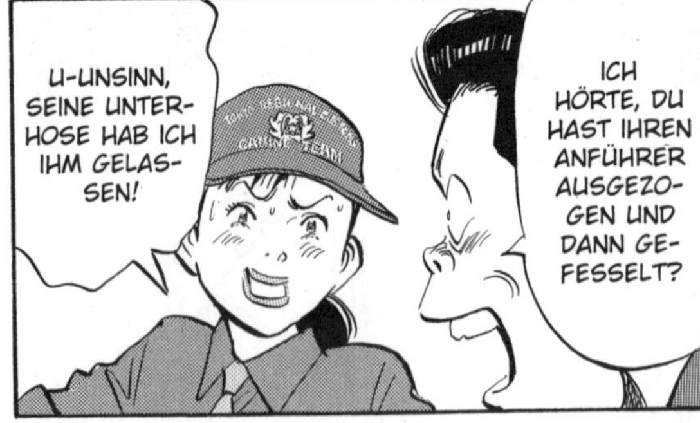
ICH HÖRTE, DU HAST IHREN ANFÜHRER AUSGEZOGEN UND DANN GEFESSELT?
U-UNSINN, SEINE UNTERHOSE HAB ICH IHM GELASSEN!

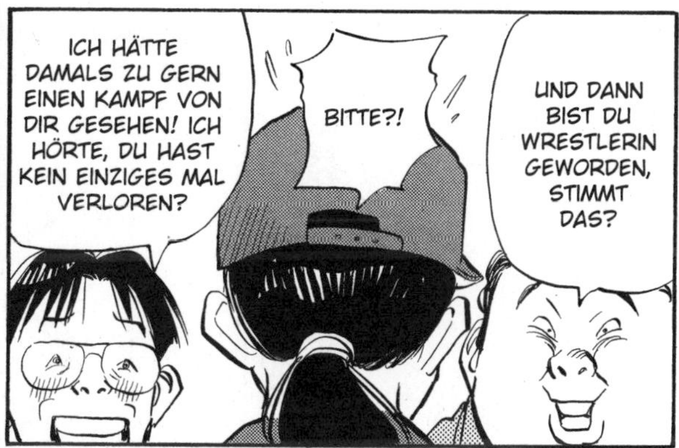
UND DANN BIST DU WRESTLERIN GEWORDEN, STIMMT DAS?
BITTE?!
ICH HÄTTE DAMALS ZU GERN EINEN KAMPF VON DIR GESEHEN! ICH HÖRTE, DU HAST KEIN EINZIGES MAL VERLOREN?

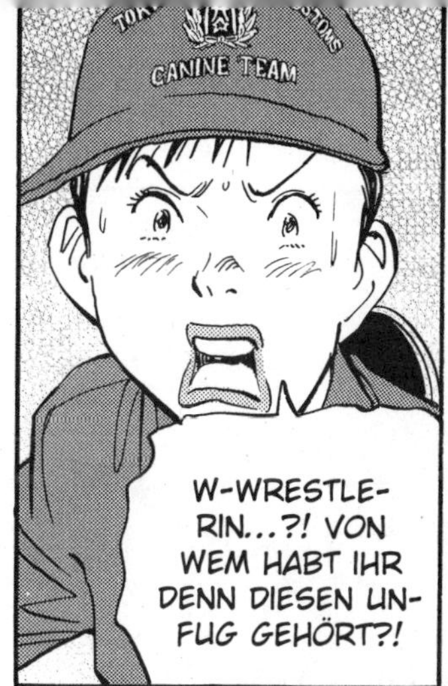
CANINE TEAM
W-WRESTLERIN...?! VON WEM HABT IHR DENN DIESEN UNFUG GEHÖRT?!

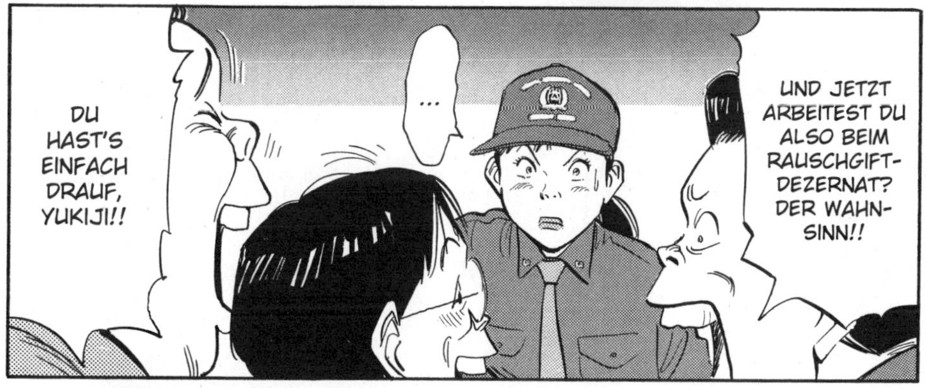
UND JETZT ARBEITEST DU ALSO BEIM RAUSCHGIFT-DEZERNAT? DER WAHNSINN!!
...
DU HAST'S EINFACH DRAUF, YUKIJI!!

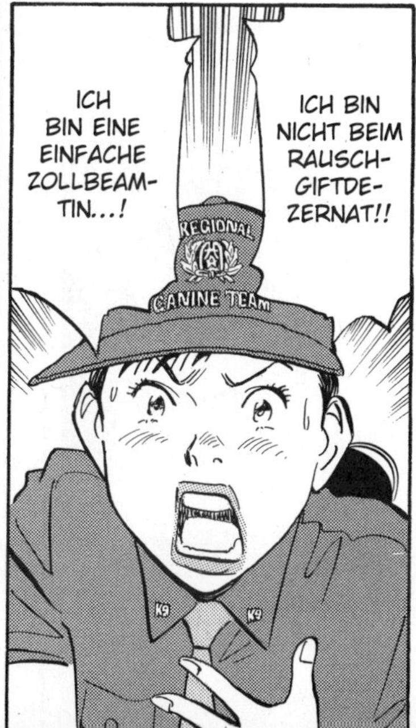
ICH BIN NICHT BEIM RAUSCHGIFTDEZERNAT!!
ICH BIN EINE EINFACHE ZOLLBEAMTIN...!
REGIONAL
CANINE TEAM

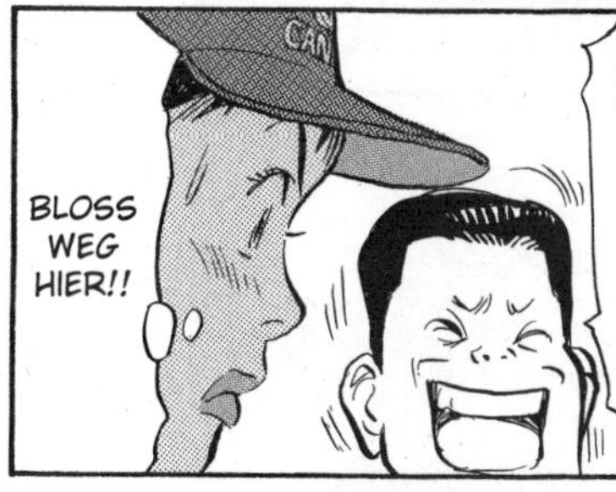
DEIN GROSSVATER WAR DOCH CHIROPRAKTIKER, DER HAT SICH AN DEN GANZEN TYPEN, DENEN DU ALLE KNOCHEN GEBROCHEN HAST, EINE GOLDENE NASE VERDIENT!!
BLOSS WEG HIER!!

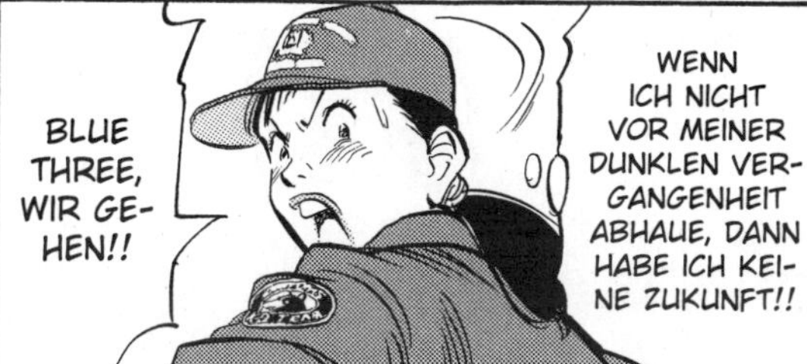
WENN ICH NICHT VOR MEINER DUNKLEN VERGANGENHEIT ABHAUE, DANN HABE ICH KEINE ZUKUNFT!!
BLUE THREE, WIR GEHEN!!

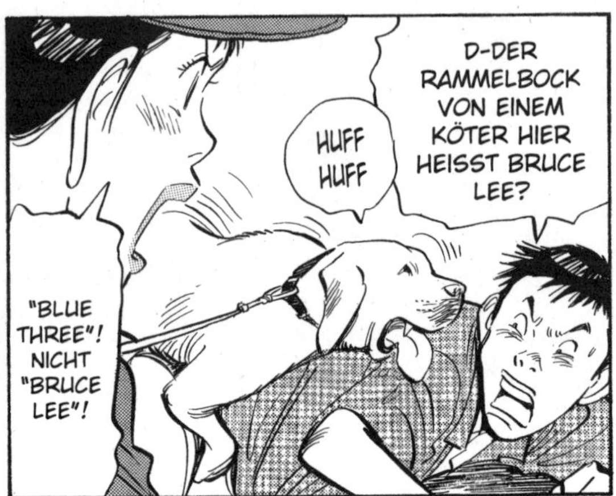
D-DER RAMMELBOCK VON EINEM KÖTER HIER HEISST BRUCE LEE?
HUFF HUFF
"BLUE THREE"! NICHT "BRUCE LEE"!

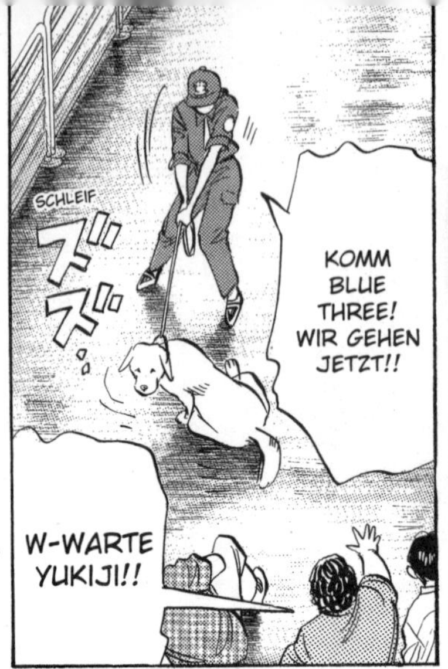
KOMM BLUE THREE! WIR GEHEN JETZT!!
SCHLEIF
W-WARTE YUKIJI!!

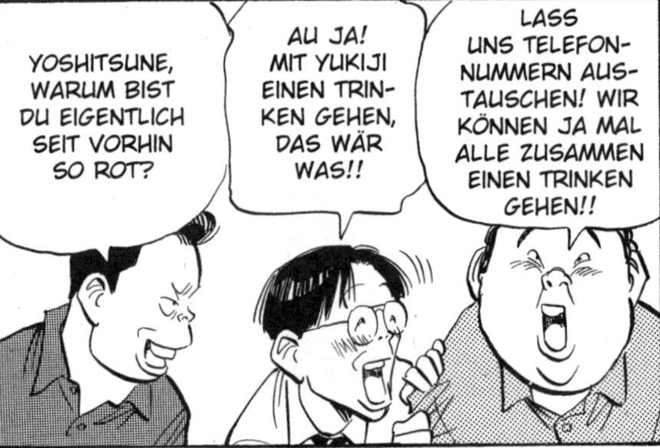
LASS UNS TELEFON-NUMMERN AUS-TAUSCHEN! WIR KÖNNEN JA MAL ALLE ZUSAMMEN EINEN TRINKEN GEHEN!!
AU JA! MIT YUKIJI EINEN TRIN-KEN GEHEN, DAS WÄR WAS!!
YOSHITSUNE, WARUM BIST DU EIGENTLICH SEIT VORHIN SO ROT?

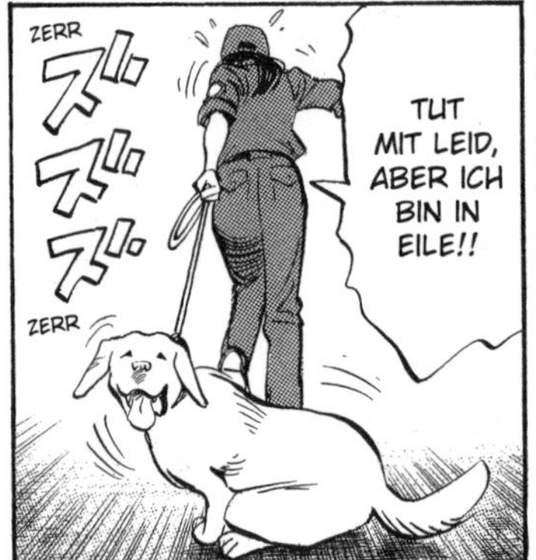
TUT MIT LEID, ABER ICH BIN IN EILE!!
ZERR
ZERR

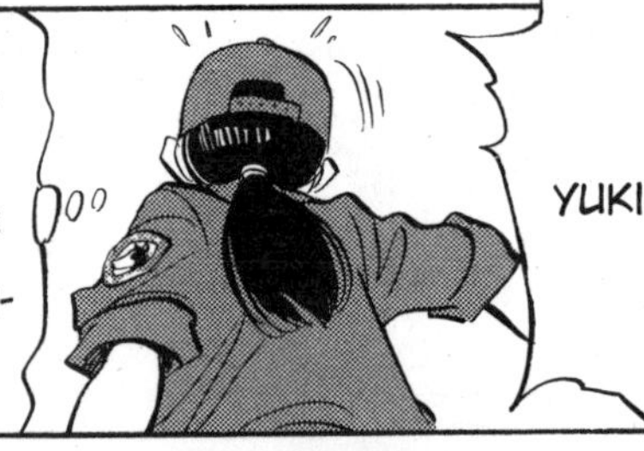
YUKIJI!!
WENN ICH MIT DEN KERLEN RUMHÄNGEN WÜRDE, WÄRE DAS DIE END-STATION IN MEI-NEM LEBEN!!

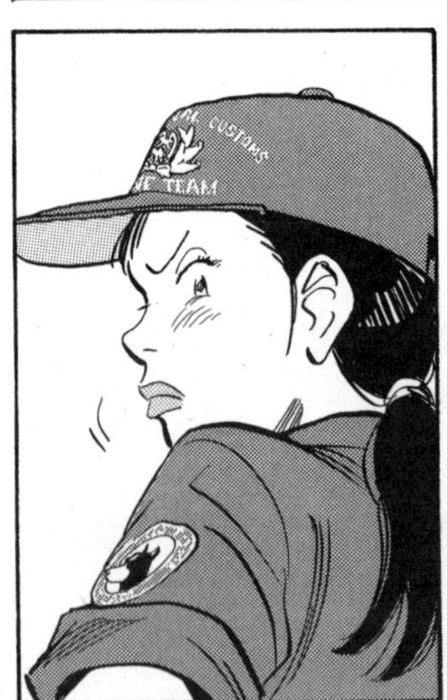

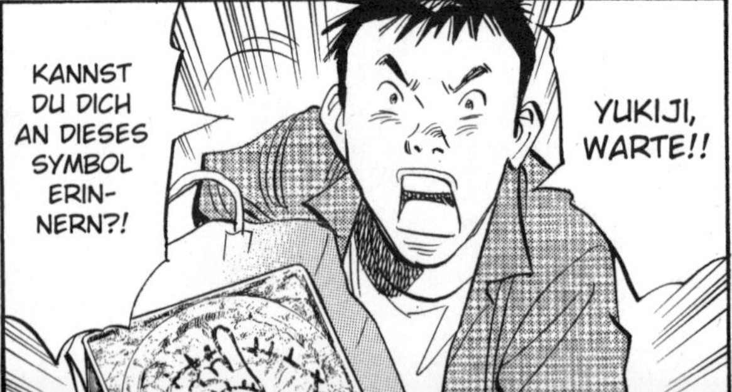
YUKIJI, WARTE!!
KANNST DU DICH AN DIESES SYMBOL ERIN-NERN?!

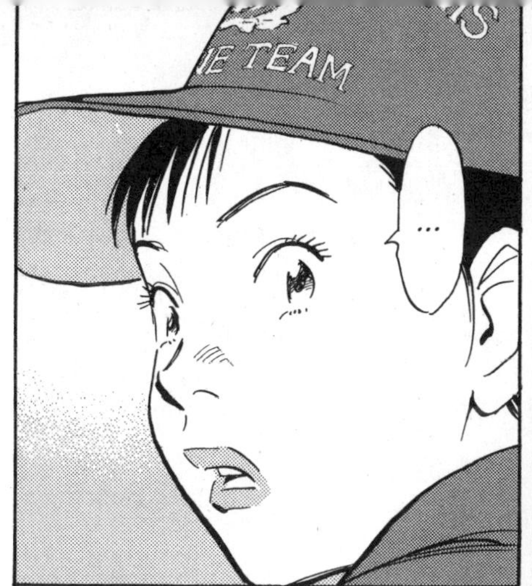
...

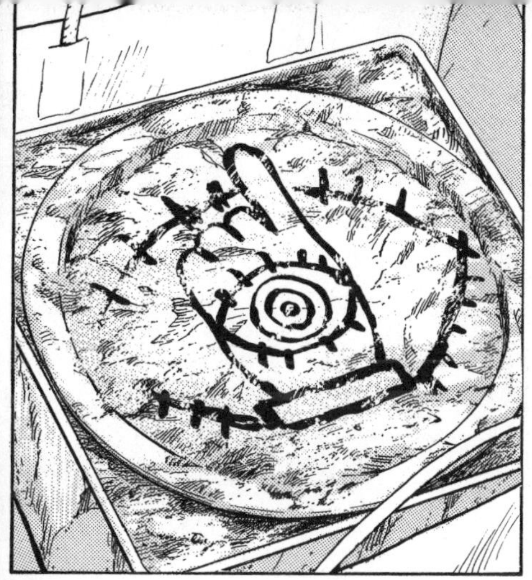

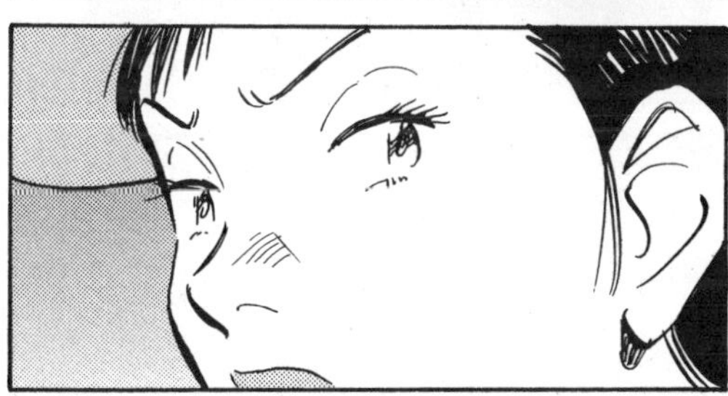

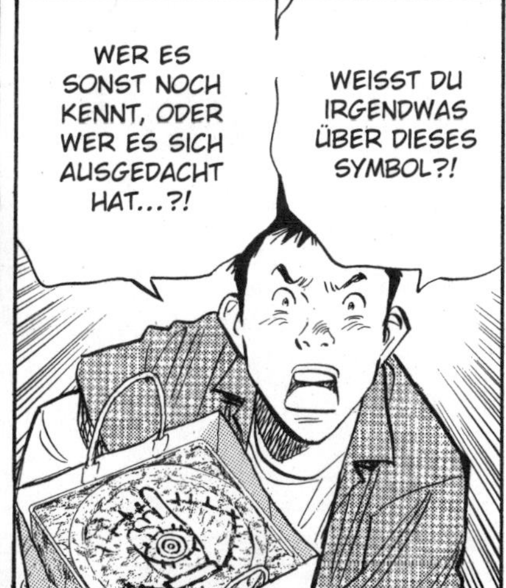
WEISST DU IRGENDWAS ÜBER DIESES SYMBOL?!
WER ES SONST NOCH KENNT, ODER WER ES SICH AUSGEDACHT HAT...?!

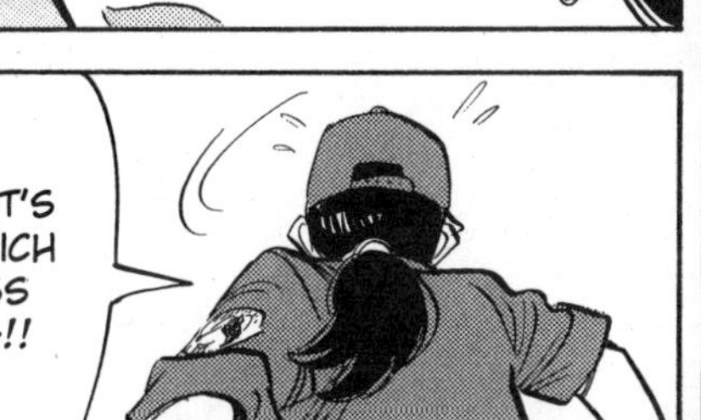
MACHT'S GUT! ICH MUSS WEG!!

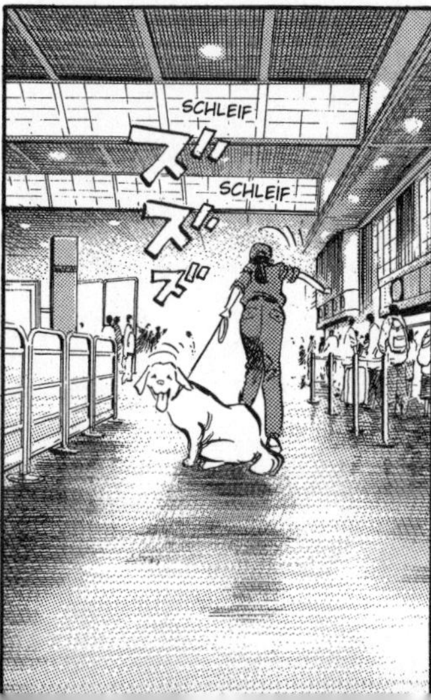
SCHLEIF
SCHLEIF

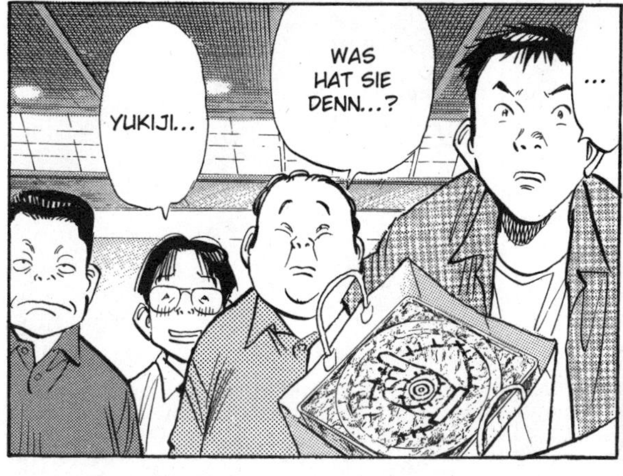
...
WAS HAT SIE DENN...?
YUKIJI...

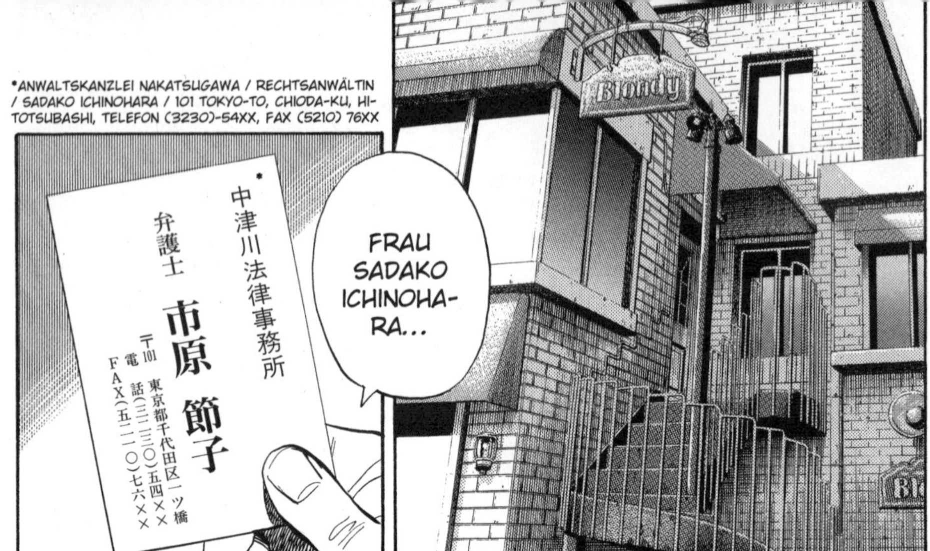
FRAU SADAKO ICHINOHARA...
中津川法律事務所
弁護士 市原 節子
〒101 東京都千代田区一ツ橋
電話(三二三〇)五四××
FAX(五二一〇)七六××
*ANWALTSKANZLEI NAKATSUGAWA / RECHTSANWÄLTIN / SADAKO ICHINOHARA / 101 TOKYO-TO, CHIODA-KU, HITOTSUBASHI, TELEFON (3230)-54XX, FAX (5210) 76XX

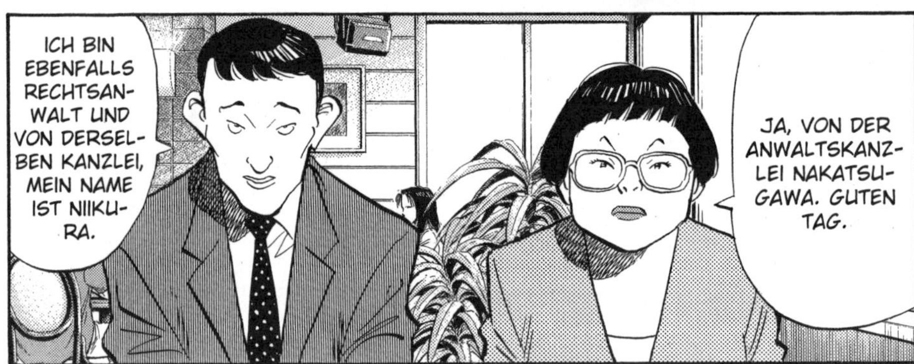
JA, VON DER ANWALTSKANZLEI NAKATSUGAWA. GUTEN TAG.
ICH BIN EBENFALLS RECHTSANWALT UND VON DERSELBEN KANZLEI, MEIN NAME IST NIIKURA.

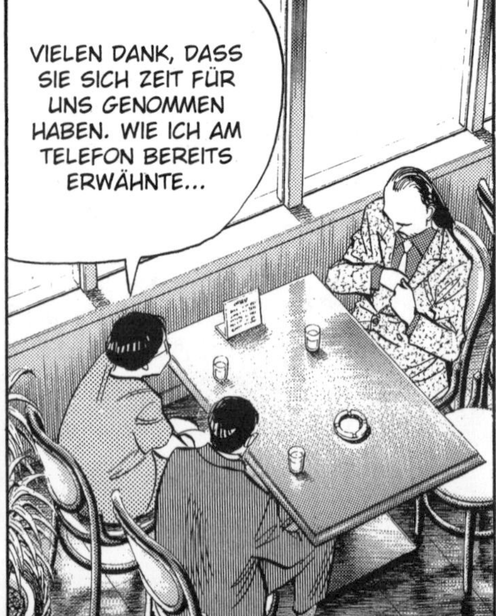
VIELEN DANK, DASS SIE SICH ZEIT FÜR UNS GENOMMEN HABEN. WIE ICH AM TELEFON BEREITS ERWÄHNTE...

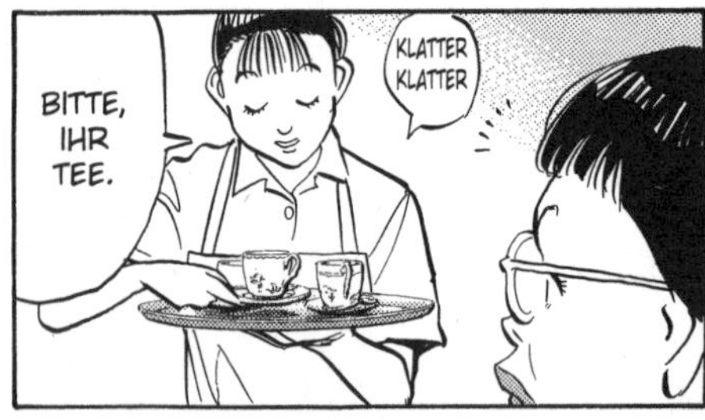
KLATTER KLATTER
BITTE, IHR TEE.

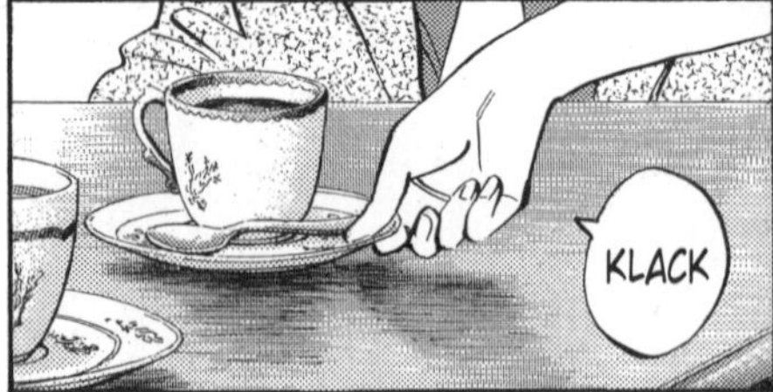
KLACK

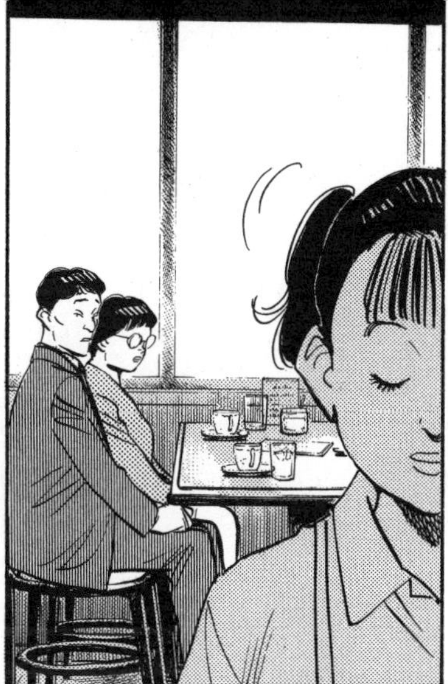

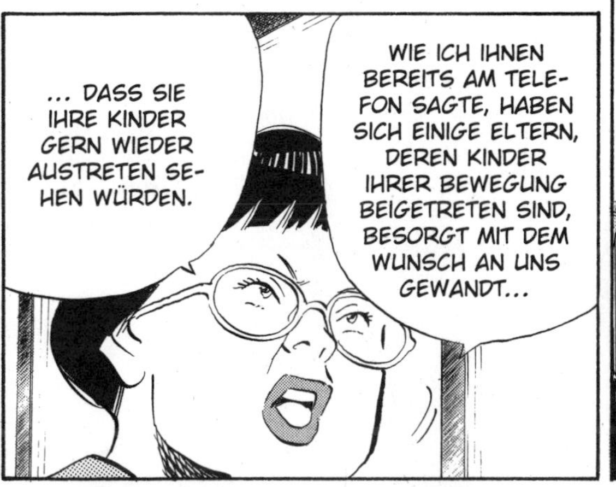
WIE ICH IHNEN BEREITS AM TELEFON SAGTE, HABEN SICH EINIGE ELTERN, DEREN KINDER IHRER BEWEGUNG BEIGETRETEN SIND, BESORGT MIT DEM WUNSCH AN UNS GEWANDT...
... DASS SIE IHRE KINDER GERN WIEDER AUSTRETEN SEHEN WÜRDEN.

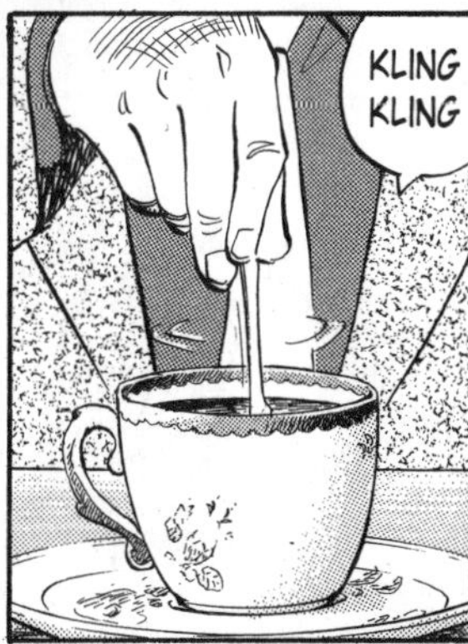
KLING KLING

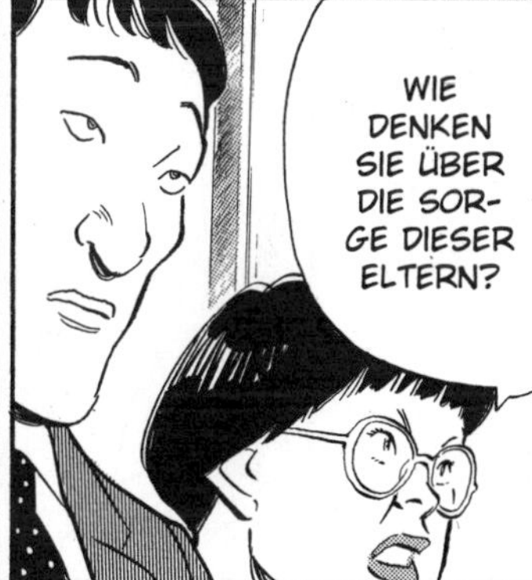
WIE DENKEN SIE ÜBER DIE SORGE DIESER ELTERN?

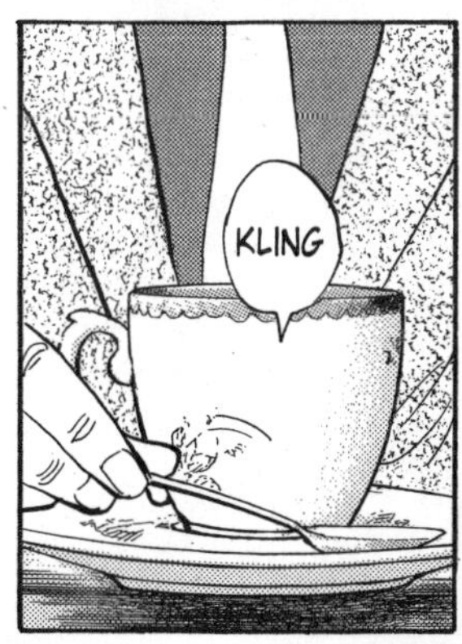
KLING

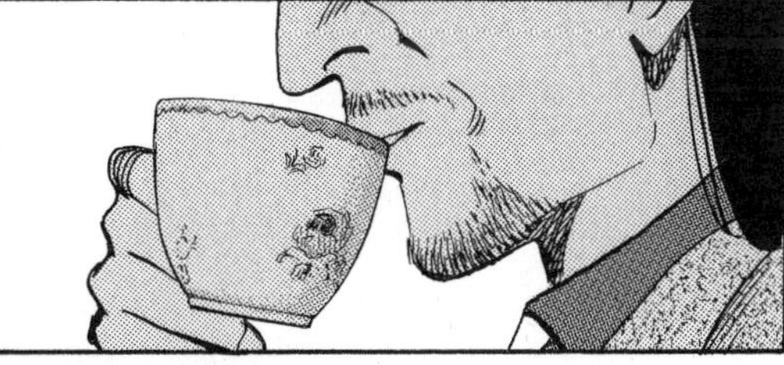

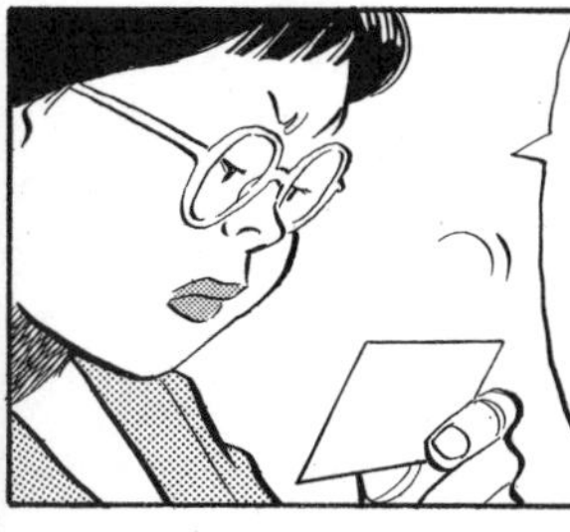
NUN, WENN SIE ZU DER SACHE KEINE STELLUNG BEZIEHEN WOLLEN, WERDEN WIR WOHL AUF ANDEREM WEGE ZU EINER ÜBEREINKUNFT KOMMEN MÜSSEN, HERR..

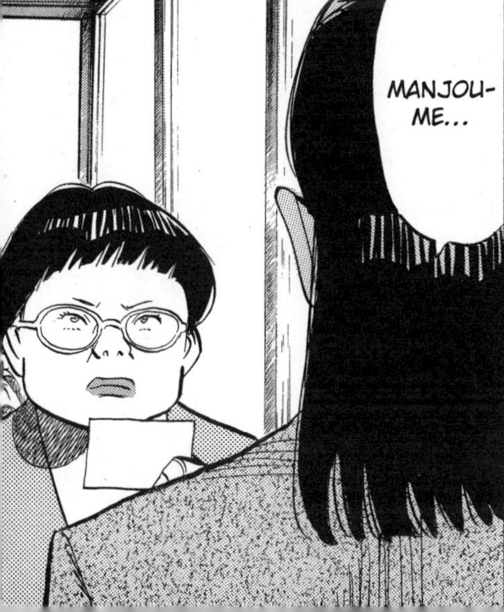
MANJOUME...

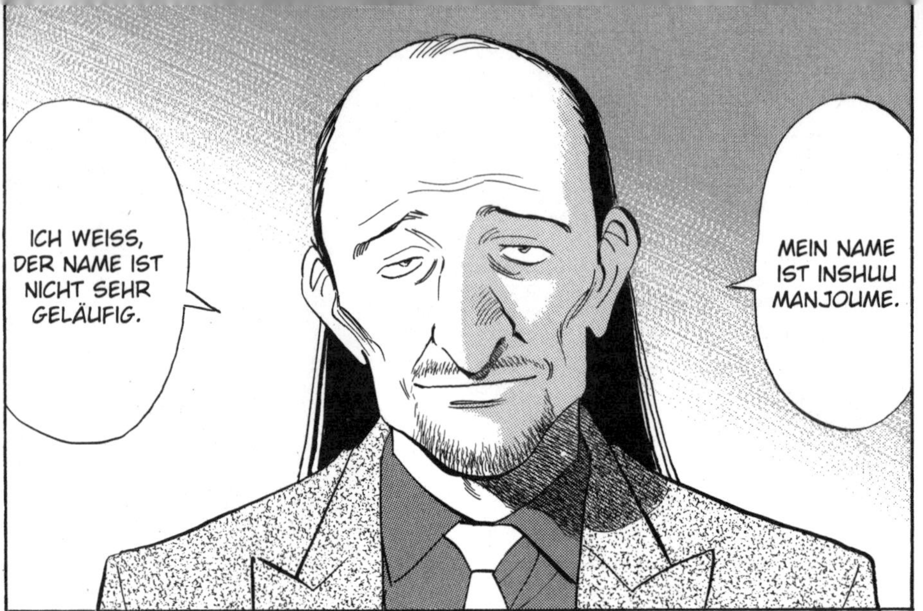
MEIN NAME IST INSHUU MANJOUME.
ICH WEISS, DER NAME IST NICHT SEHR GELÄUFIG.

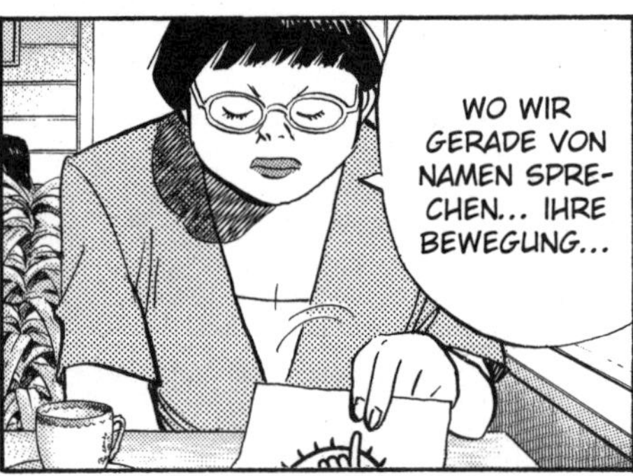
WO WIR GERADE VON NAMEN SPRECHEN... IHRE BEWEGUNG...

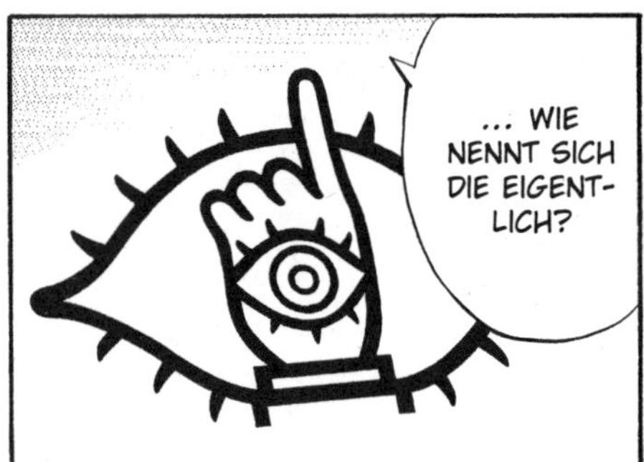
... WIE NENNT SICH DIE EIGENTLICH?

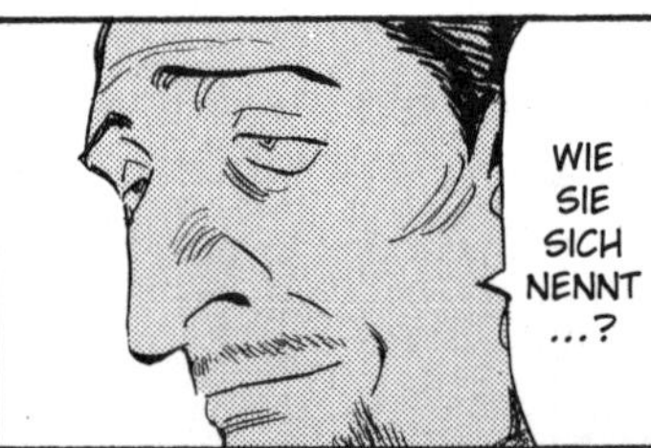
WIE SIE SICH NENNT ...?

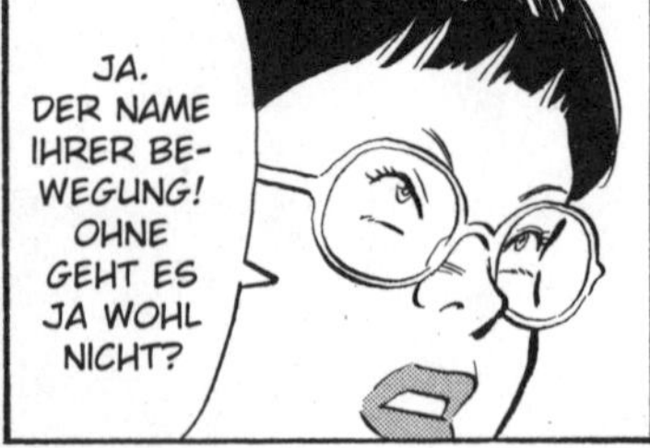
JA. DER NAME IHRER BEWEGUNG! OHNE GEHT ES JA WOHL NICHT?

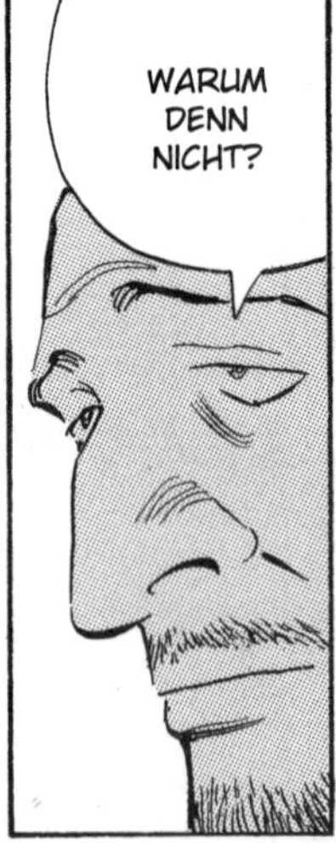
WARUM DENN NICHT?

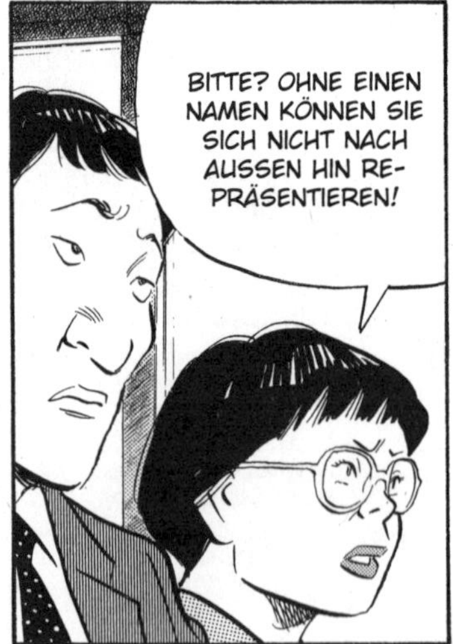
BITTE? OHNE EINEN NAMEN KÖNNEN SIE SICH NICHT NACH AUSSEN HIN REPRÄSENTIEREN!

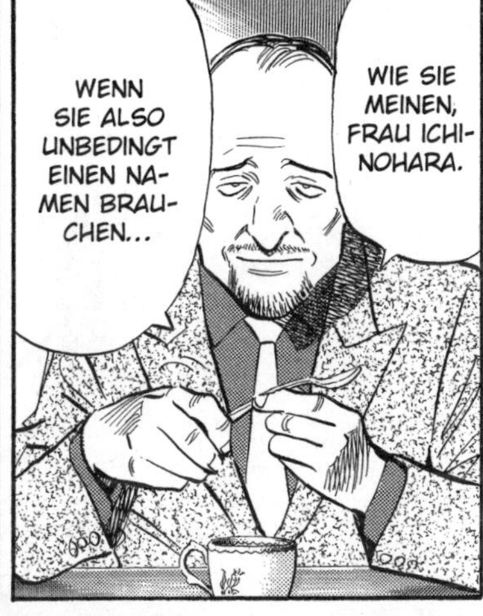
WIE SIE MEINEN, FRAU ICHINOHARA.
WENN SIE ALSO UNBEDINGT EINEN NAMEN BRAUCHEN...

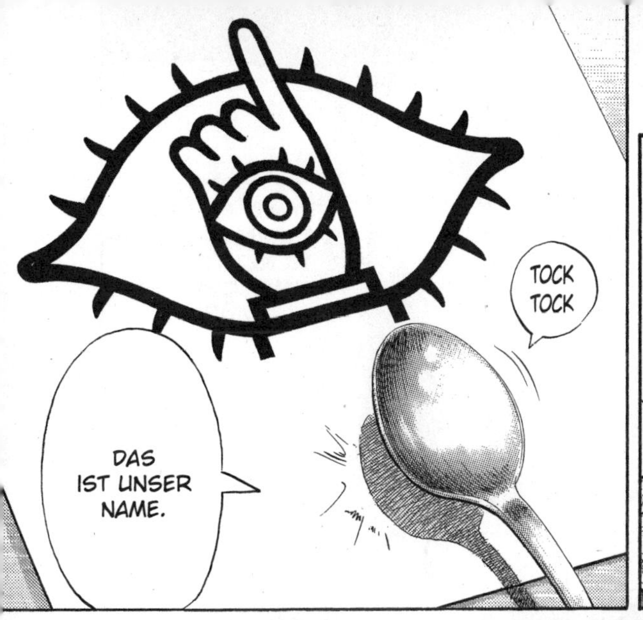
TOCK TOCK
DAS IST UNSER NAME.

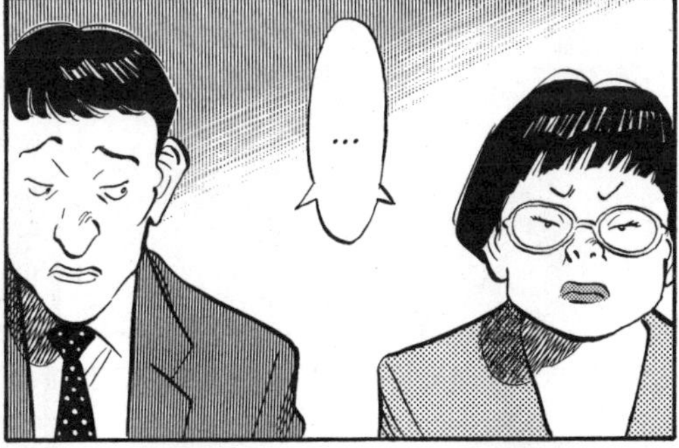
...

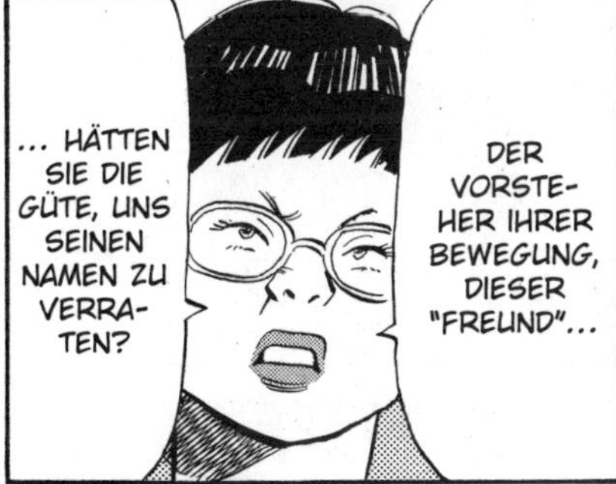
DER VORSTEHER IHRER BEWEGUNG, DIESER "FREUND"...
... HÄTTEN SIE DIE GÜTE, UNS SEINEN NAMEN ZU VERRATEN?

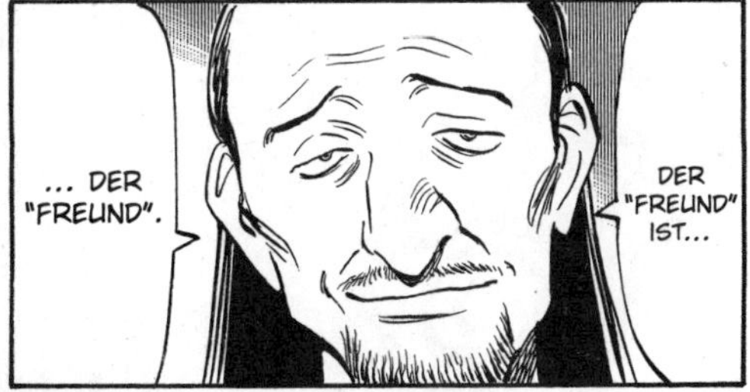
DER "FREUND" IST...
... DER "FREUND".

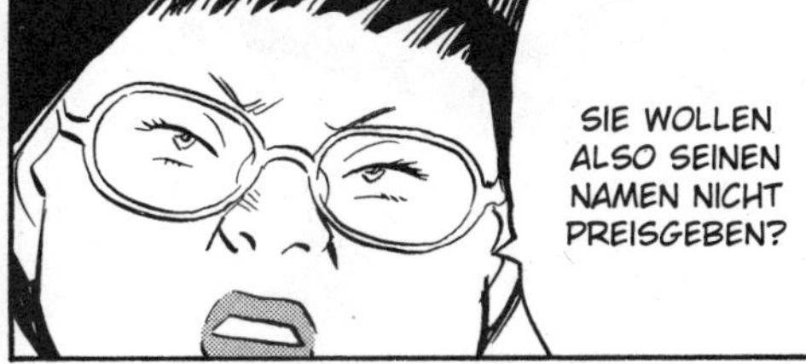
SIE WOLLEN ALSO SEINEN NAMEN NICHT PREISGEBEN?

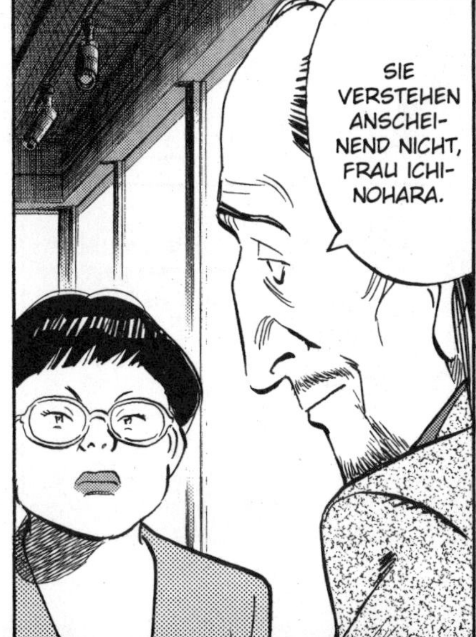
SIE VERSTEHEN ANSCHEINEND NICHT, FRAU ICHINOHARA.

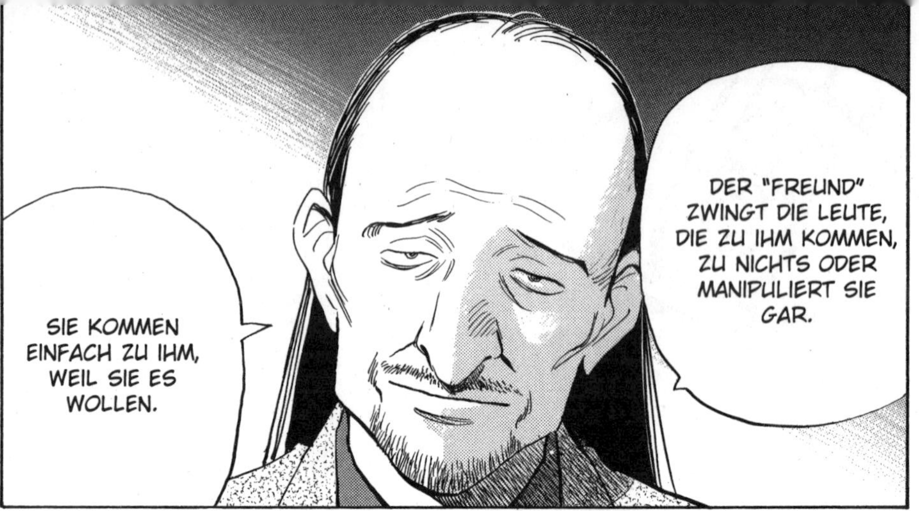
DER "FREUND" ZWINGT DIE LEUTE, DIE ZU IHM KOMMEN, ZU NICHTS ODER MANIPULIERT SIE GAR.
SIE KOMMEN EINFACH ZU IHM, WEIL SIE ES WOLLEN.

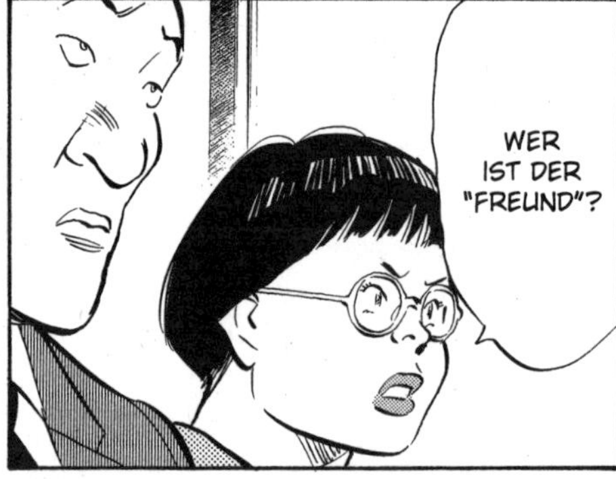
WER IST DER "FREUND"?

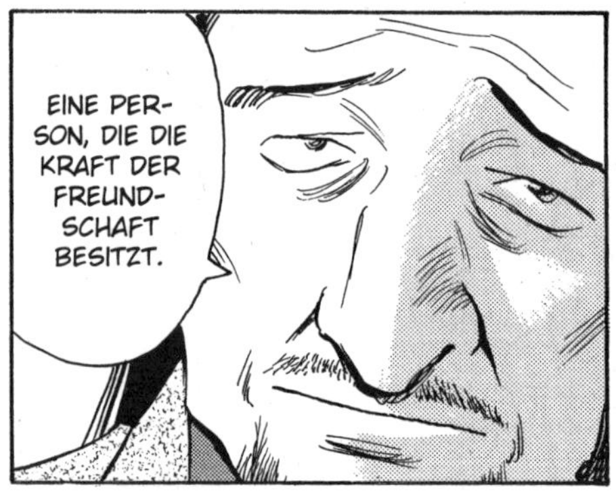
EINE PERSON, DIE DIE KRAFT DER FREUNDSCHAFT BESITZT.

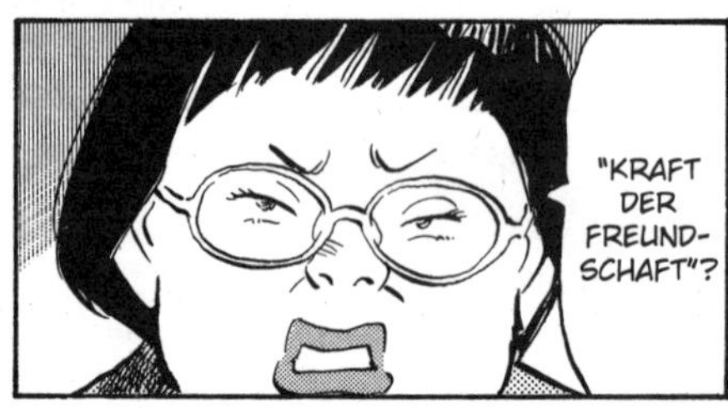
"KRAFT DER FREUNDSCHAFT"?

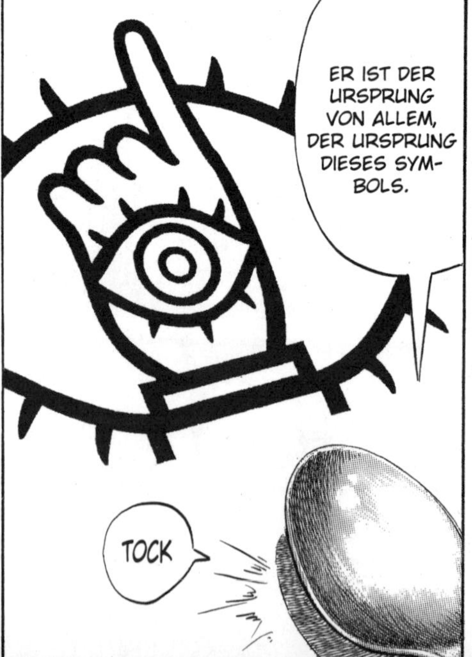
ER IST DER URSPRUNG VON ALLEM, DER URSPRUNG DIESES SYMBOLS.
TOCK

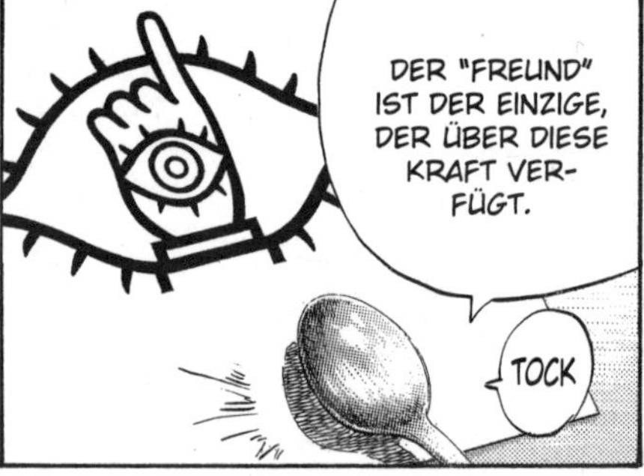
DER "FREUND" IST DER EINZIGE, DER ÜBER DIESE KRAFT VERFÜGT.
TOCK

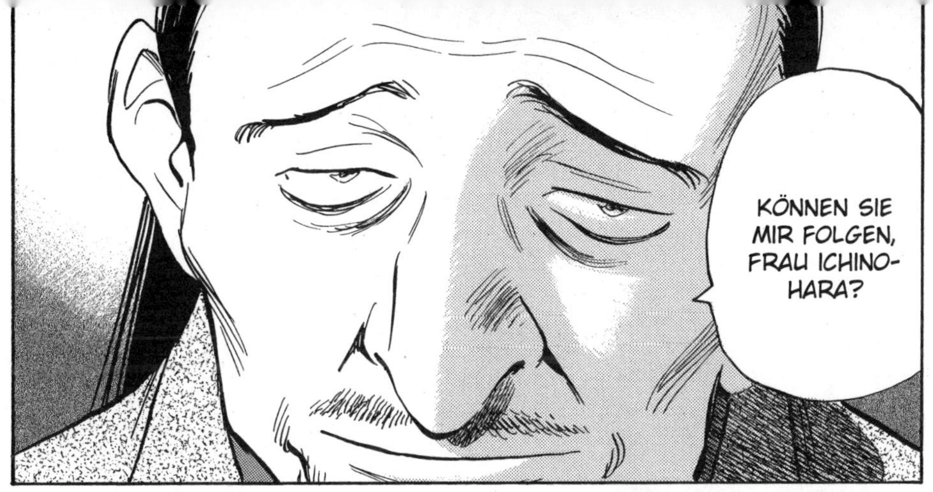
KÖNNEN SIE MIR FOLGEN, FRAU ICHINOHARA?

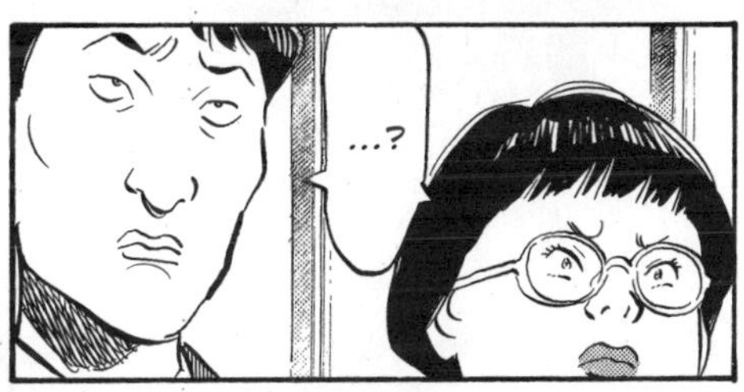
...?

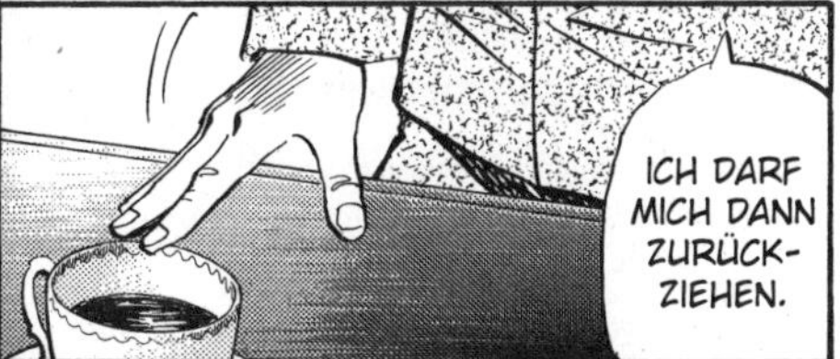
ICH DARF MICH DANN ZURÜCKZIEHEN.

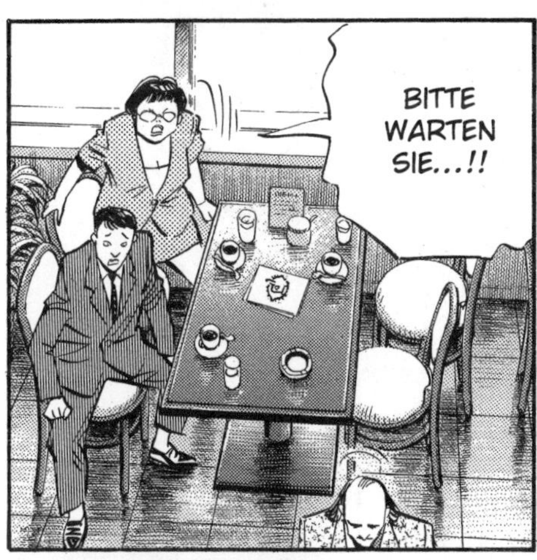
BITTE WARTEN SIE...!!

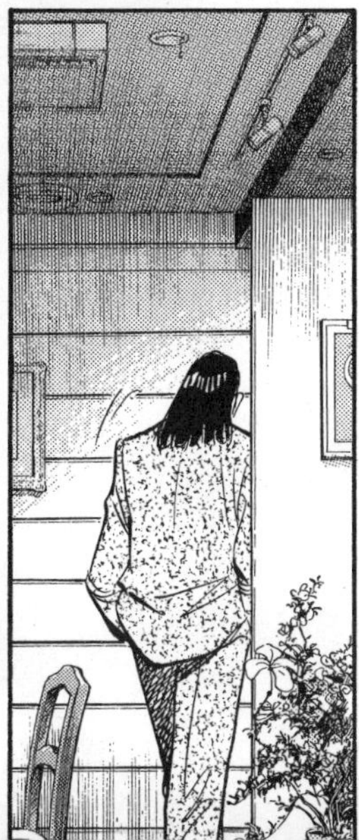

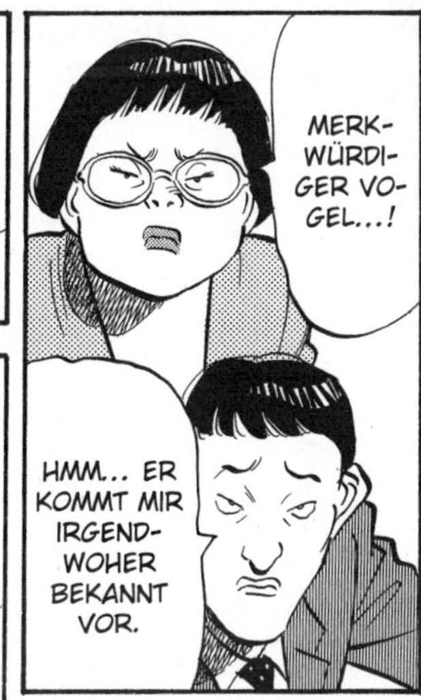
MERKWÜRDIGER VOGEL...!
HMM... ER KOMMT MIR IRGENDWOHER BEKANNT VOR.

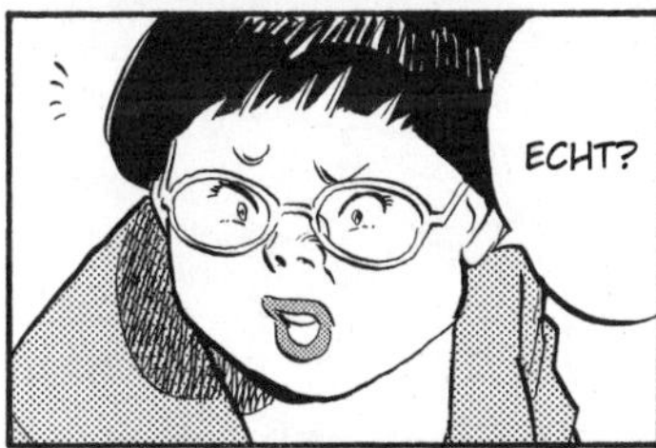
ECHT?

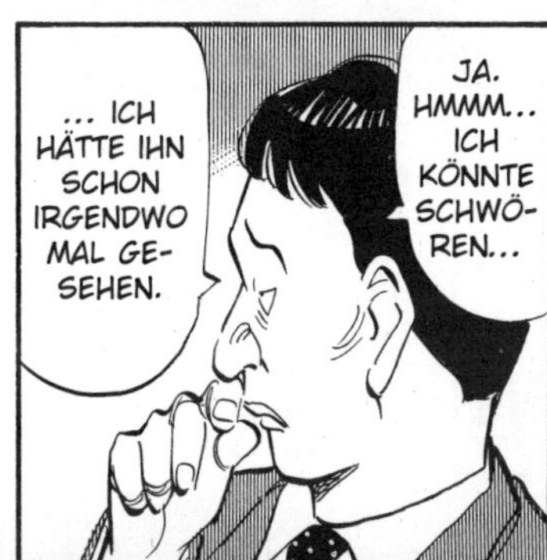
JA. HMMM... ICH KÖNNTE SCHWÖREN...
... ICH HÄTTE IHN SCHON IRGENDWO MAL GESEHEN.

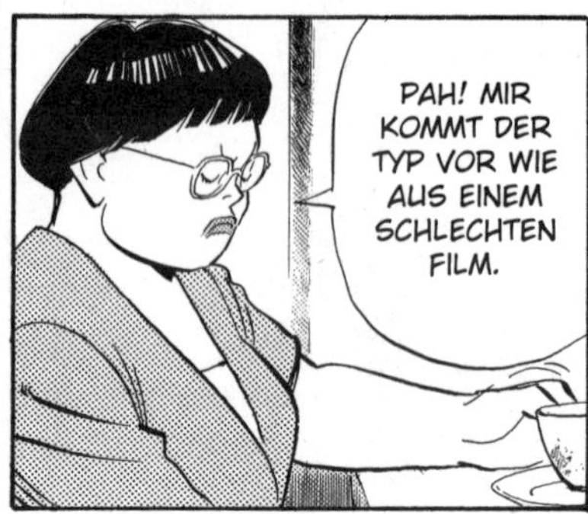
PAH! MIR KOMMT DER TYP VOR WIE AUS EINEM SCHLECHTEN FILM.

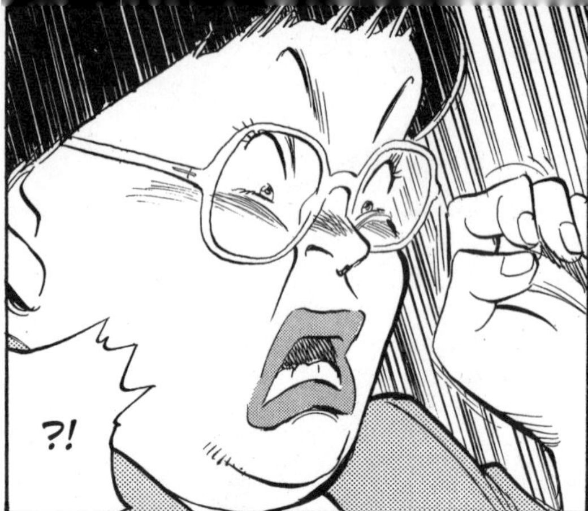
?!

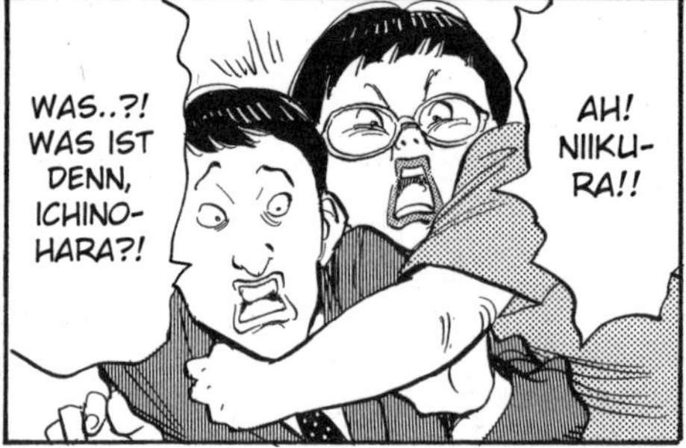
AH! NIIKU-RA!!
WAS..?! WAS IST DENN, ICHINO-HARA?!

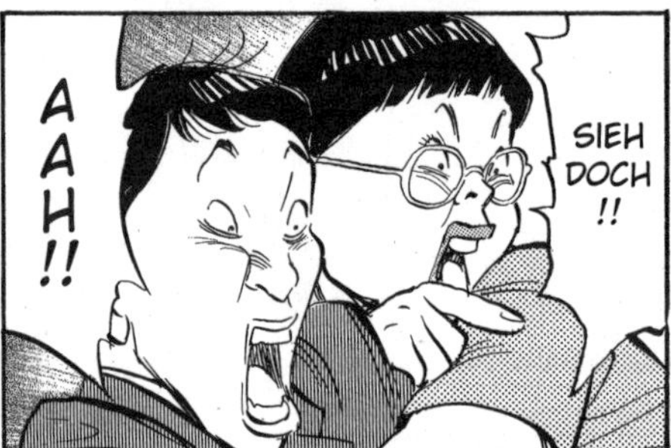
SIEH DOCH!!
AAAH!!

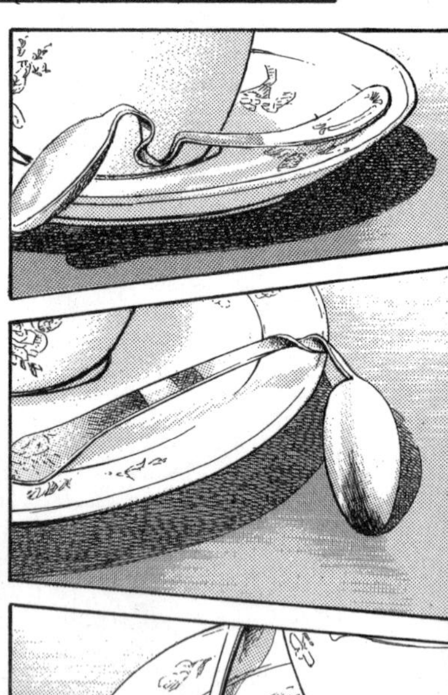

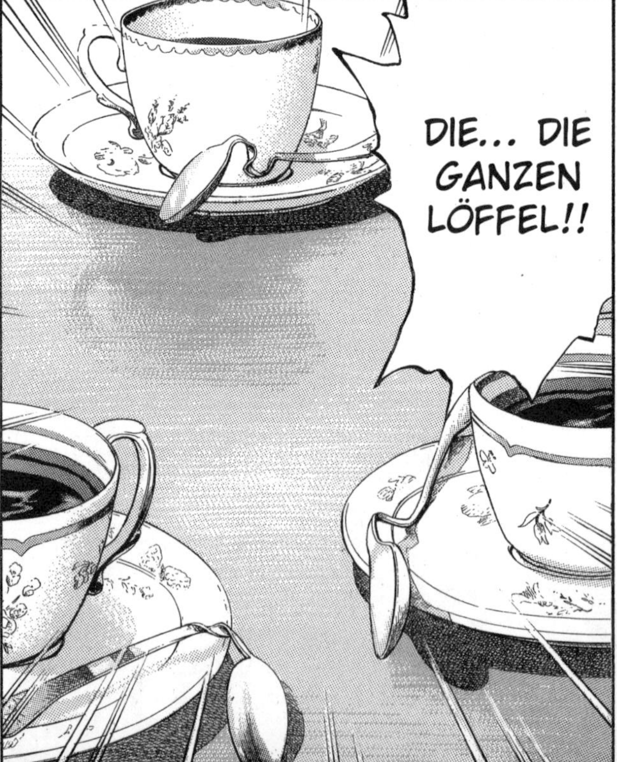
DIE... DIE GANZEN LÖFFEL!!

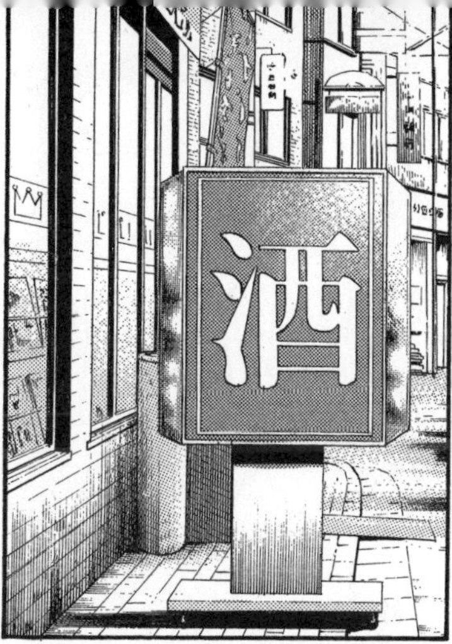
酒
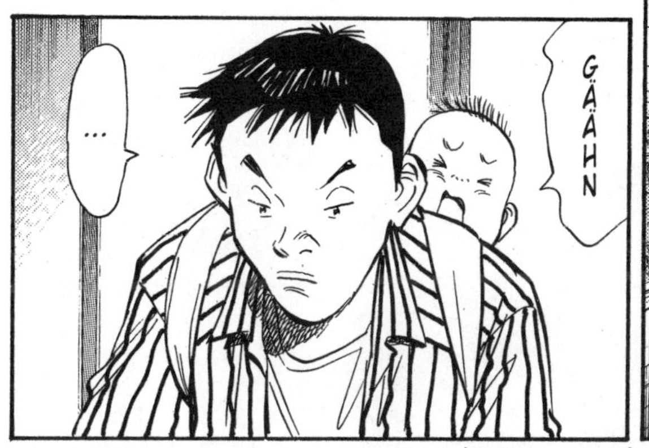
GÄHN
...
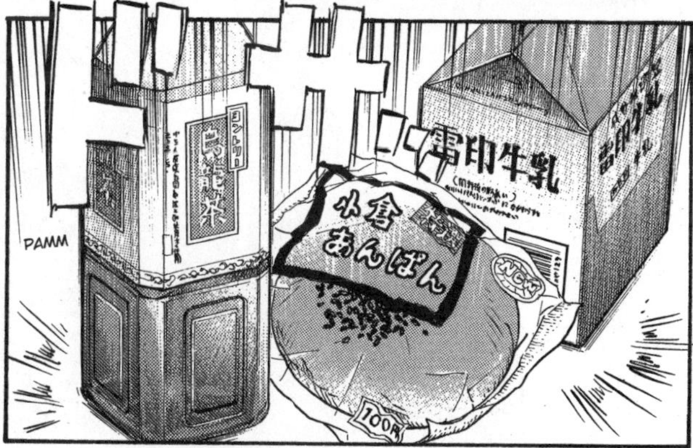
PAMM
雪印牛乳
小倉
あんぱん
100円
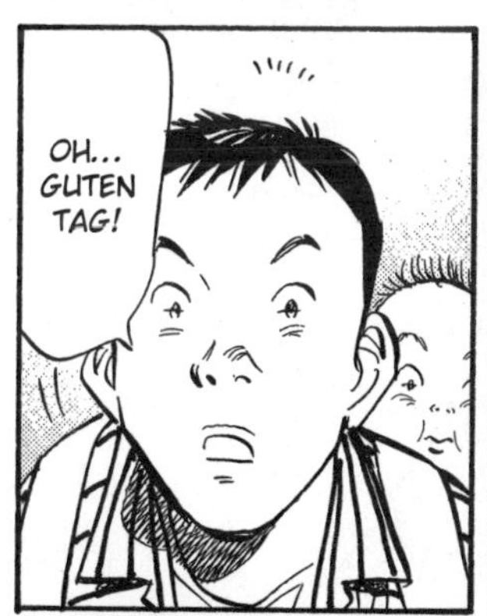
OH... GUTEN TAG!
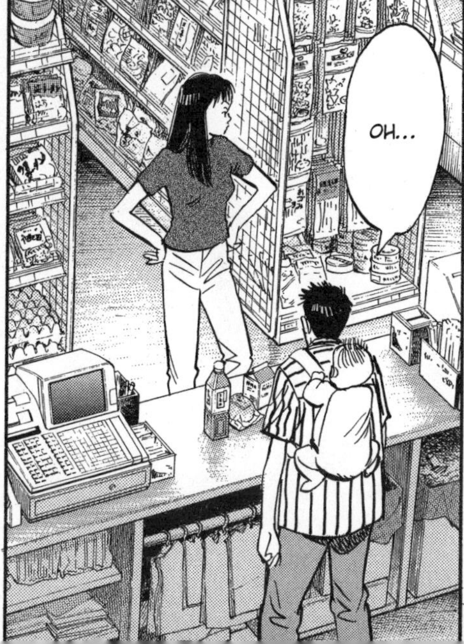
OH...
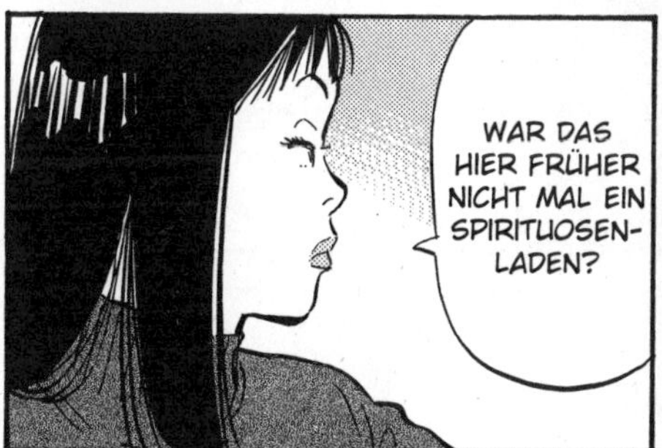
WAR DAS HIER FRÜHER NICHT MAL EIN SPIRITUOSEN-LADEN?
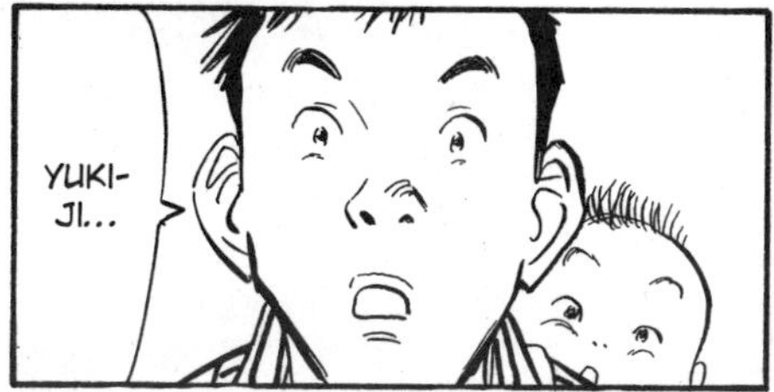
YUKI-JI...

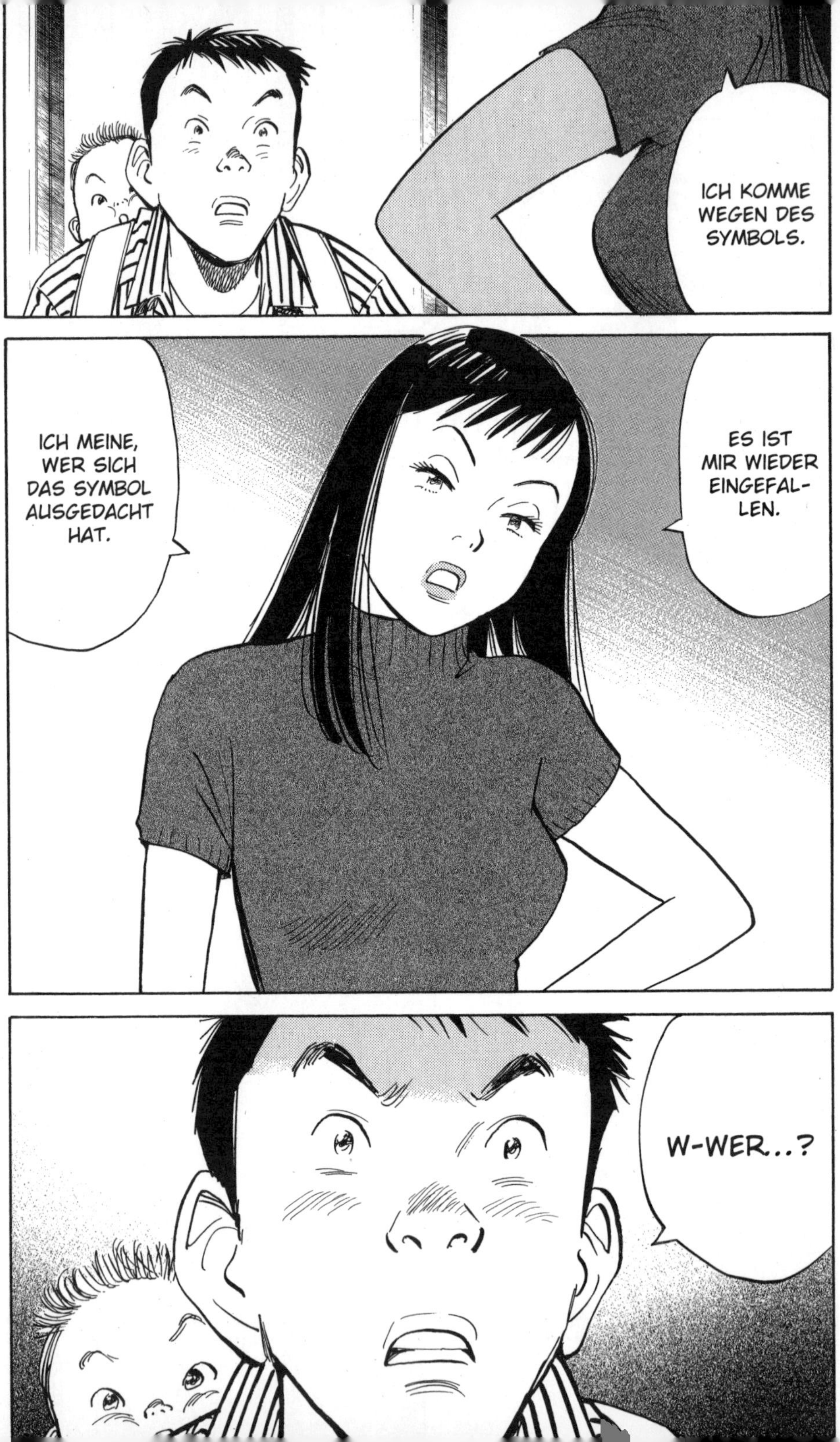

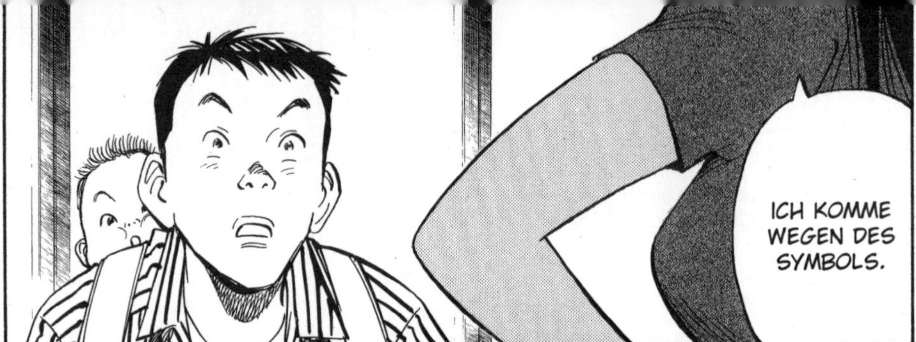

ES IST MIR WIEDER EINGEFAL-LEN.

ICH MEINE, WER SICH DAS SYMBOL AUSGEDACHT HAT.

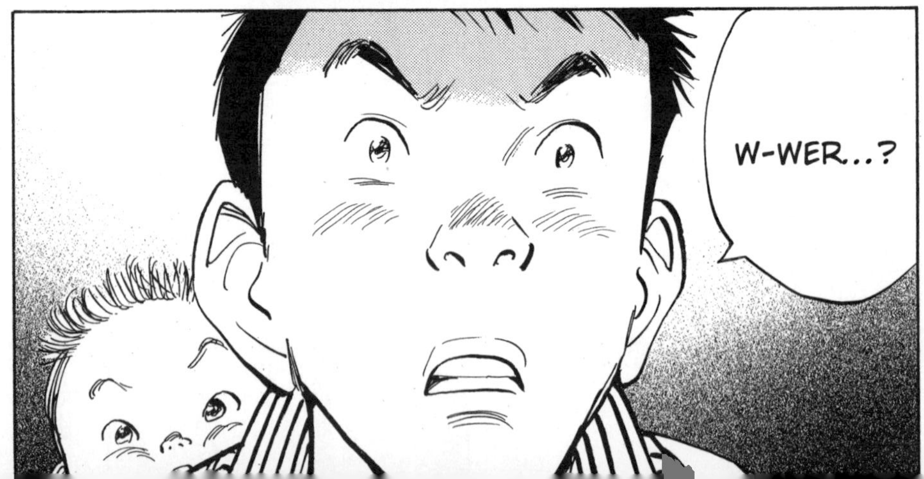

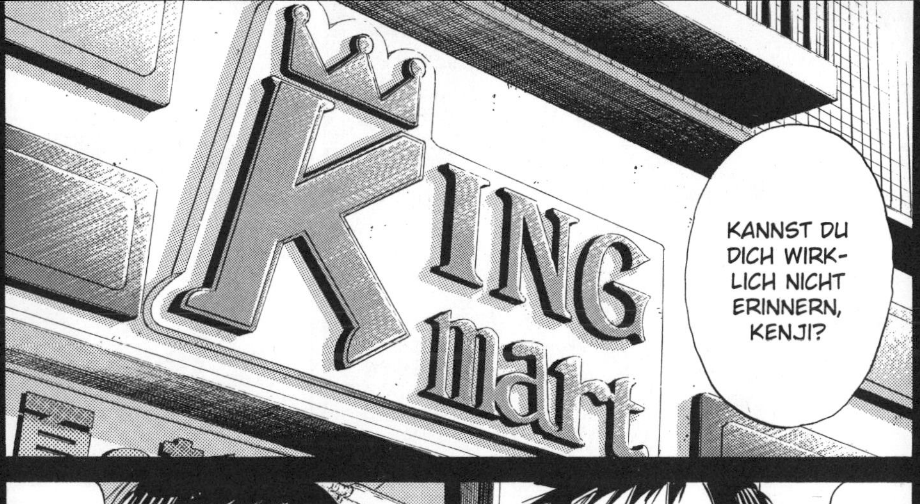
KING mart
KANNST DU DICH WIRKLICH NICHT ERINNERN, KENJI?

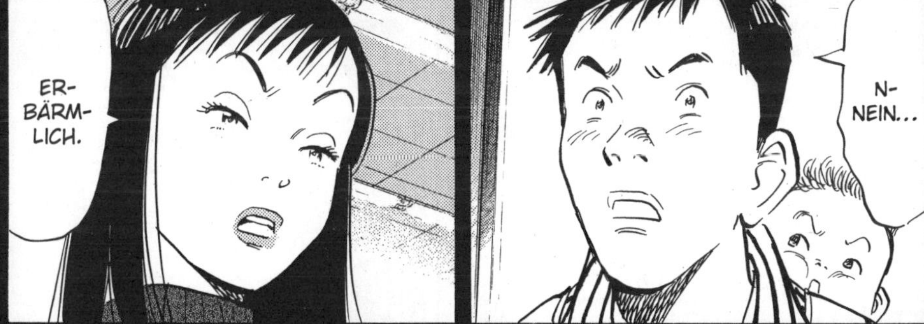
N-NEIN...
ERBÄRMLICH.

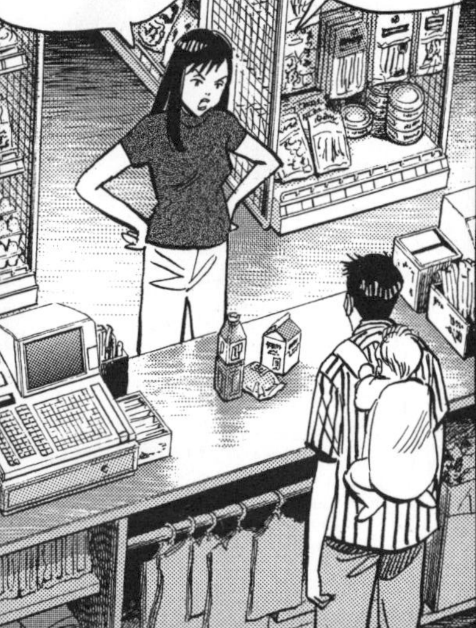
DU WARST DOCH DER VERRÜCKTESTE VON ALLEN UND HAST IHNEN DAS SYMBOL GLORREICH VERKÜNDET.
DU HAST VON NICHTS ANDEREM GEREDET, ALS DASS WIR DIE WELT BESCHÜTZEN UND DEN FRIEDEN WAHREN MÜSSTEN.

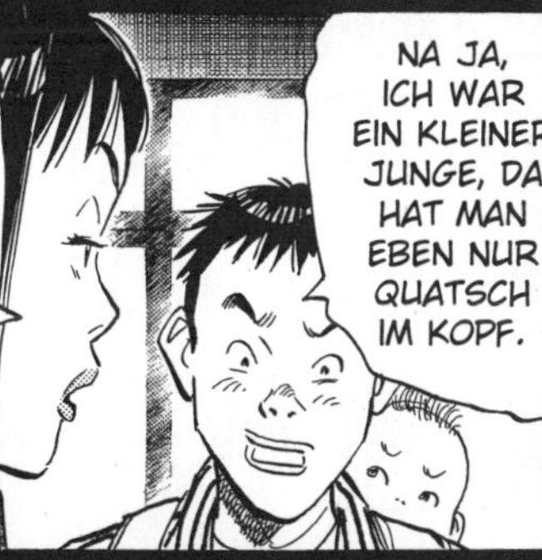
NA JA, ICH WAR EIN KLEINER JUNGE, DA HAT MAN EBEN NUR QUATSCH IM KOPF.

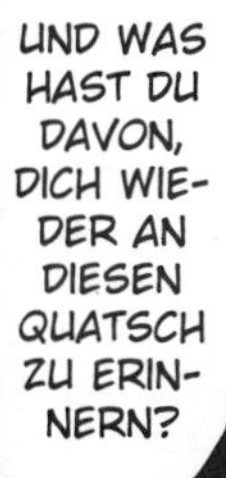
UND WAS HAST DU DAVON, DICH WIEDER AN DIESEN QUATSCH ZU ERINNERN?

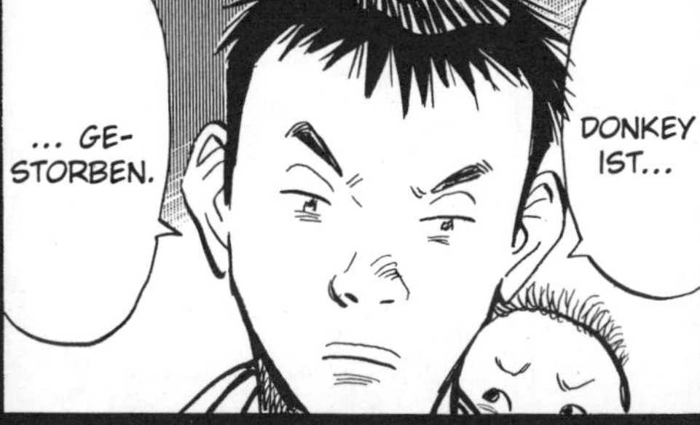
DONKEY IST...
... GESTORBEN.

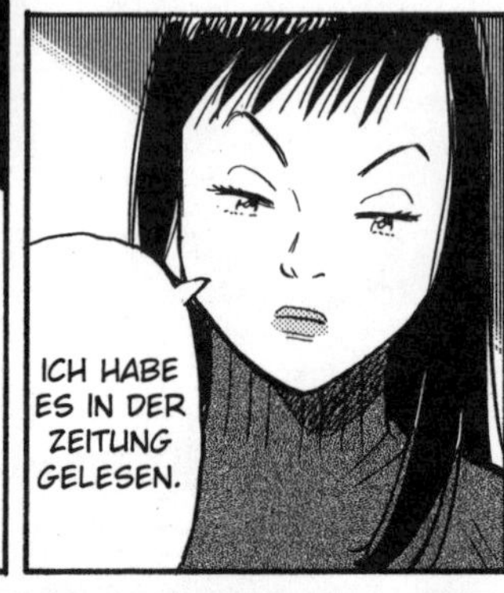
ICH HABE ES IN DER ZEITUNG GELESEN.

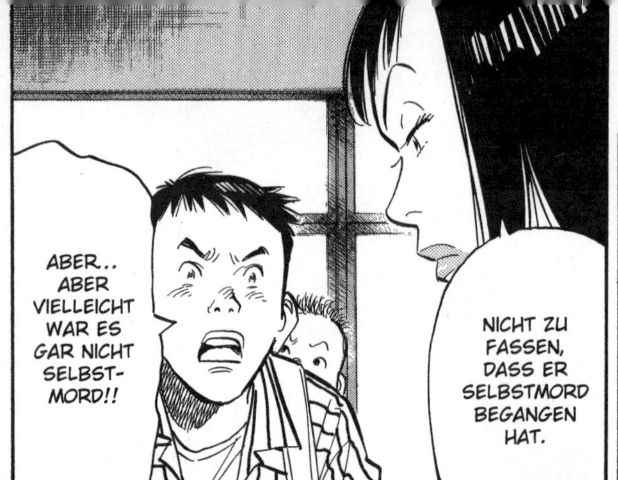
NICHT ZU FASSEN, DASS ER SELBSTMORD BEGANGEN HAT.
ABER.. ABER VIELLEICHT WAR ES GAR NICHT SELBST-MORD!!

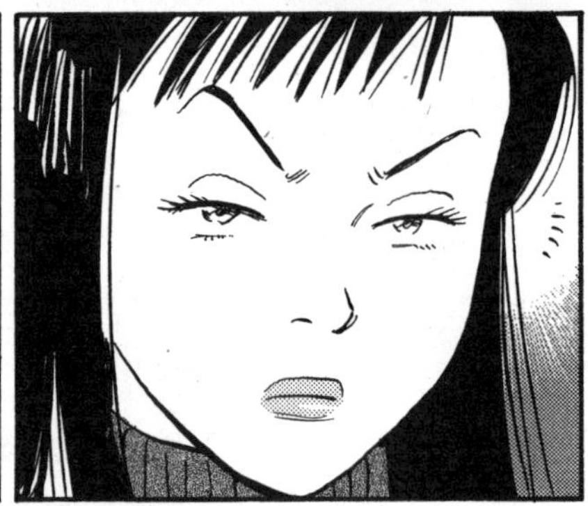

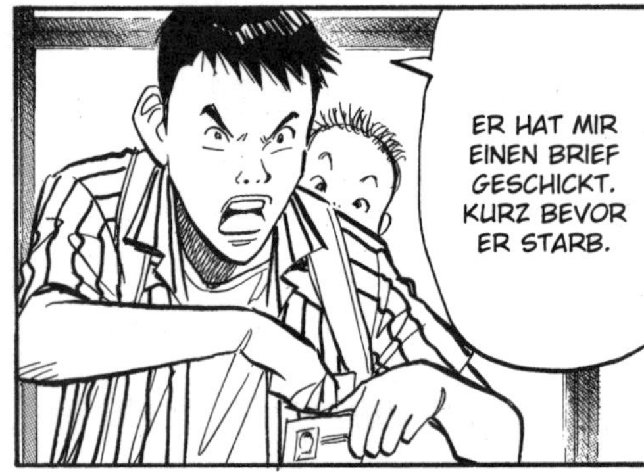
ER HAT MIR EINEN BRIEF GESCHICKT. KURZ BEVOR ER STARB.

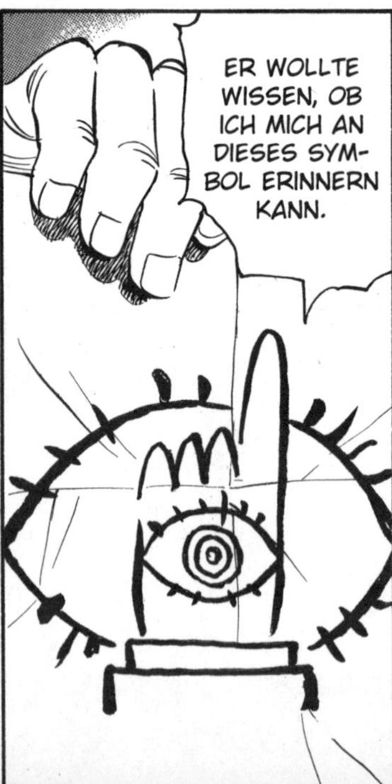
ER WOLLTE WISSEN, OB ICH MICH AN DIESES SYM-BOL ERINNERN KANN.

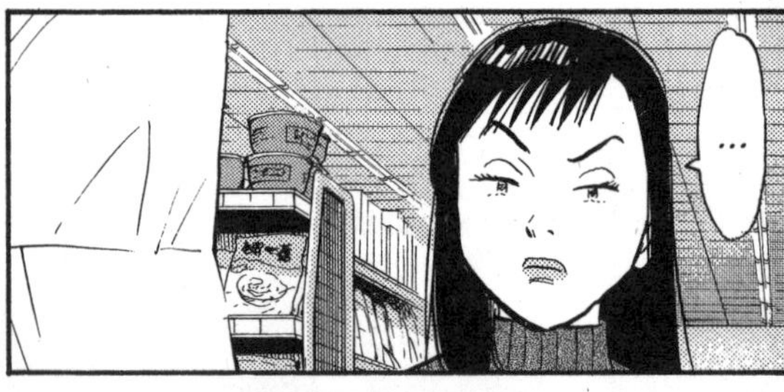
...

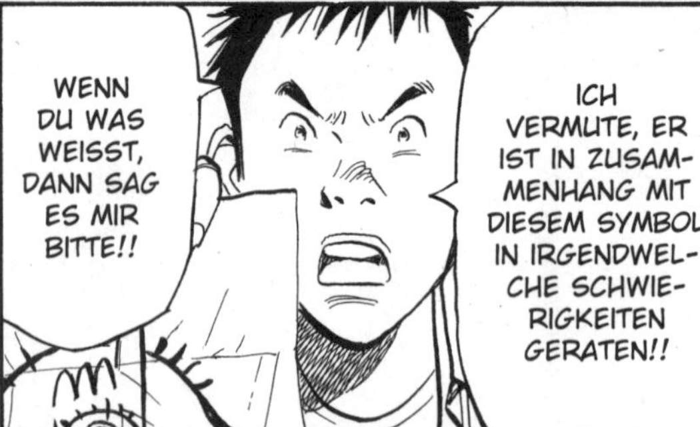
ICH VERMUTE, ER IST IN ZUSAM-MENHANG MIT DIESEM SYMBOL IN IRGENDWEL-CHE SCHWIE-RIGKEITEN GERATEN!!
WENN DU WAS WEISST, DANN SAG ES MIR BITTE!!

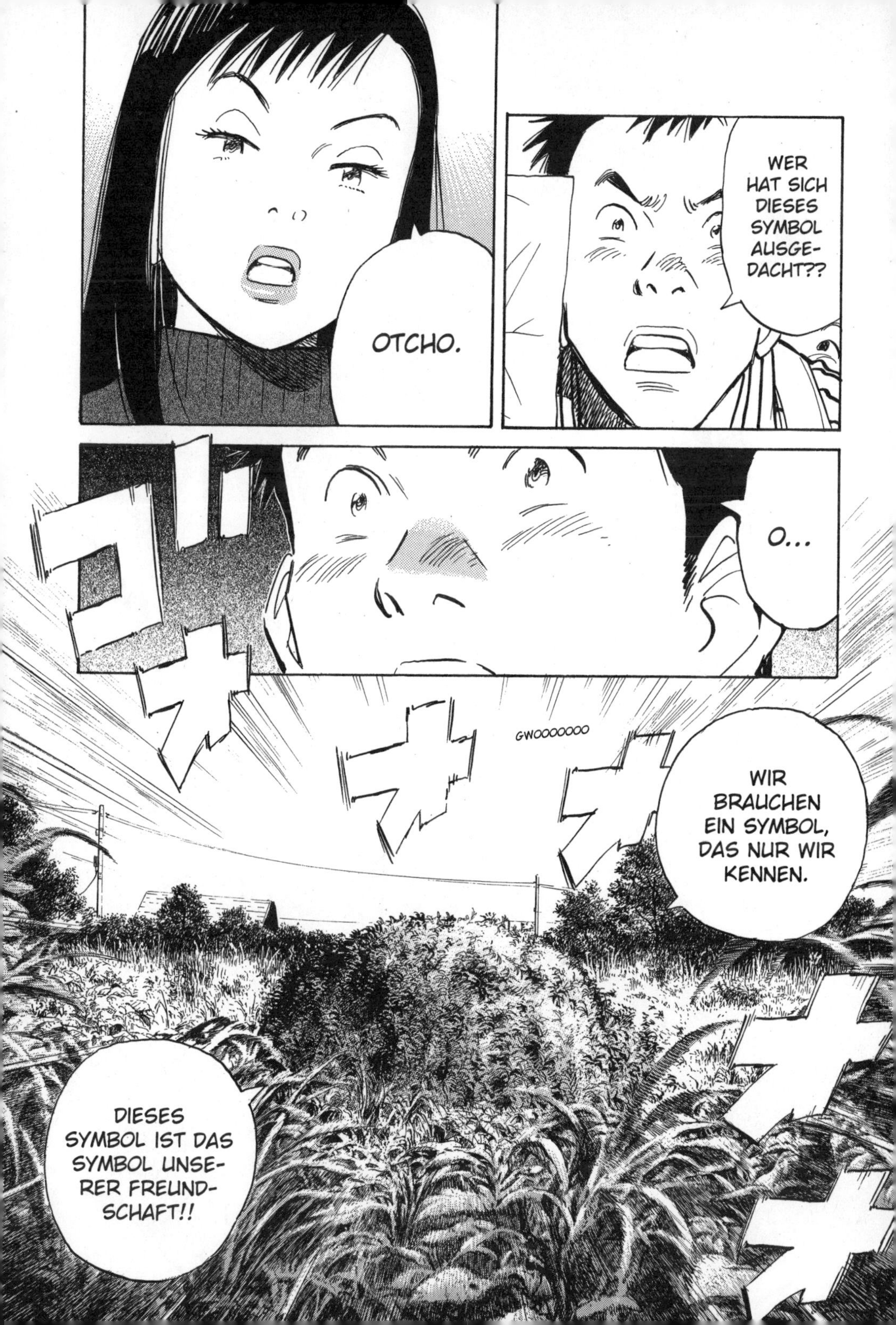
WER HAT SICH DIESES SYMBOL AUSGE-DACHT??
OTCHO.
O...
GWOOOOOOO
WIR BRAUCHEN EIN SYMBOL, DAS NUR WIR KENNEN.
DIESES SYMBOL IST DAS SYMBOL UNSE-RER FREUND-SCHAFT!!

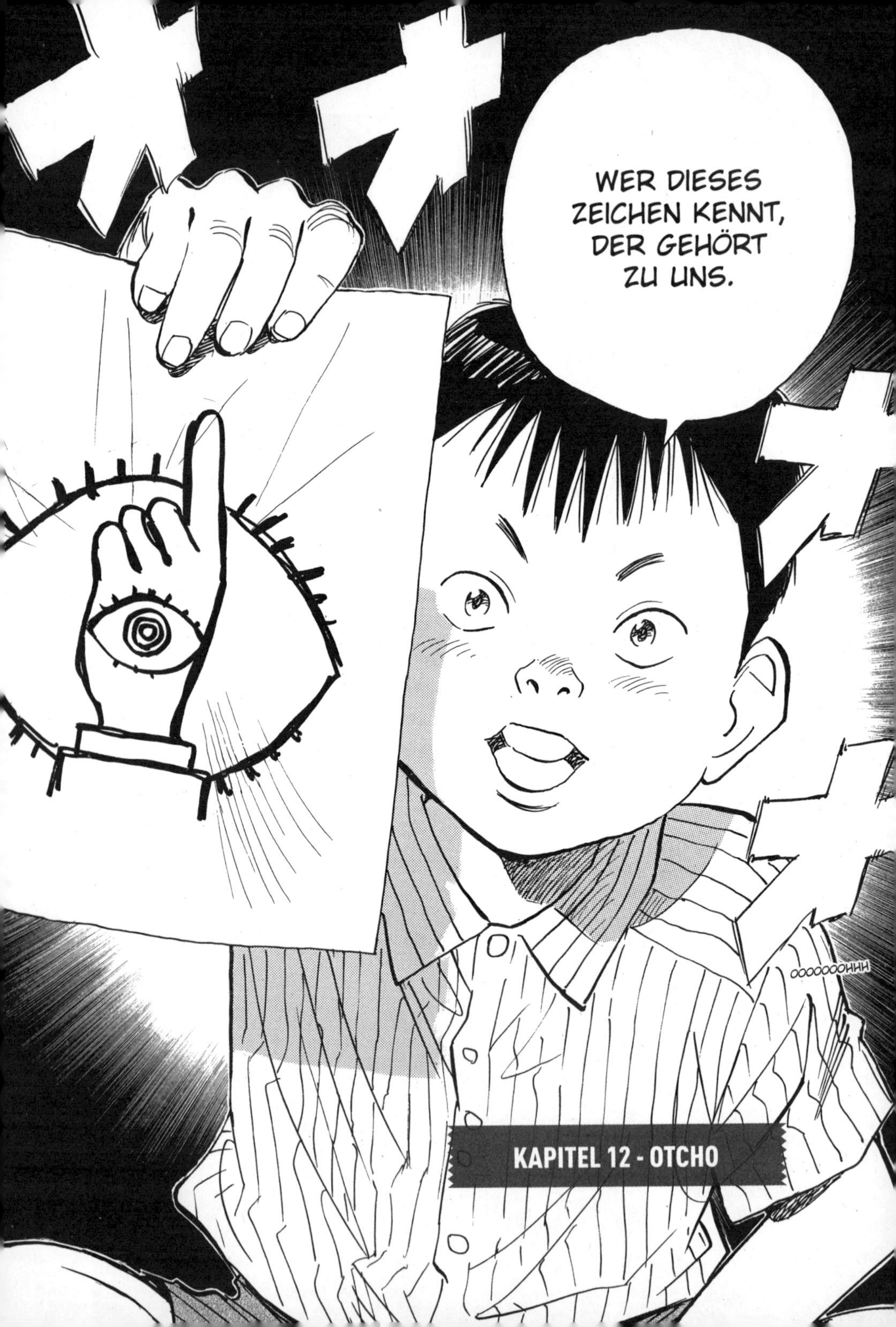
WER DIESES ZEICHEN KENNT, DER GEHÖRT ZU UNS.
OOOOOOOHHH
KAPITEL 12 - OTCHO

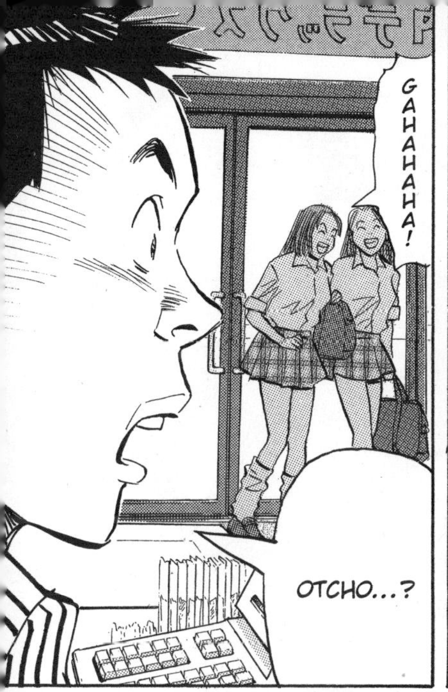
GAHAHAHAHA!
OTCHO...?

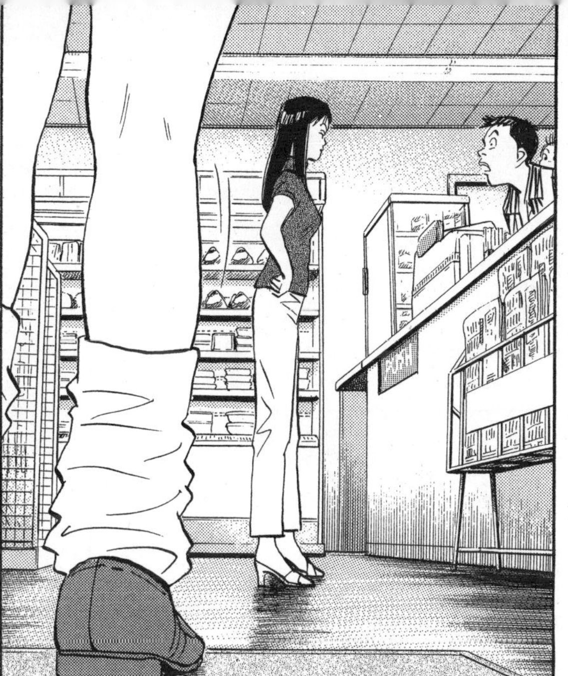

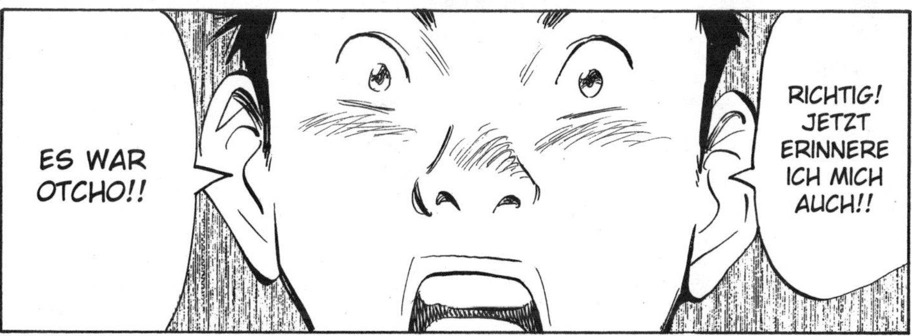
RICHTIG! JETZT ERINNERE ICH MICH AUCH!!
ES WAR OTCHO!!

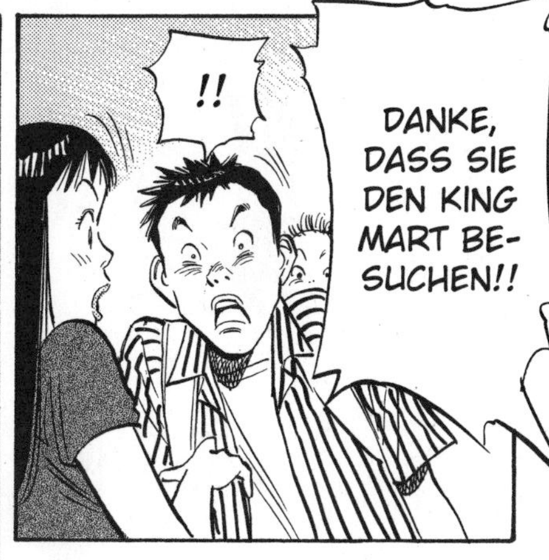
DANKE, DASS SIE DEN KING MART BE-SUCHEN!!
!!

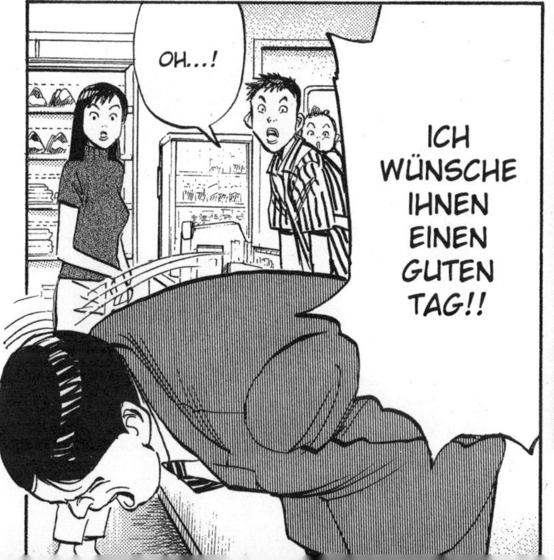
ICH WÜNSCHE IHNEN EINEN GUTEN TAG!!
OH...!

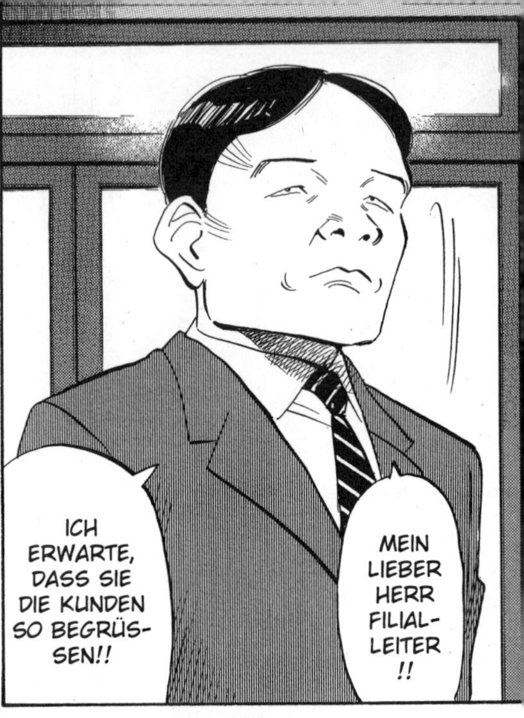
MEIN LIEBER HERR FILIAL-LEITER !!
ICH ERWARTE, DASS SIE DIE KUNDEN SO BEGRÜS-SEN!!

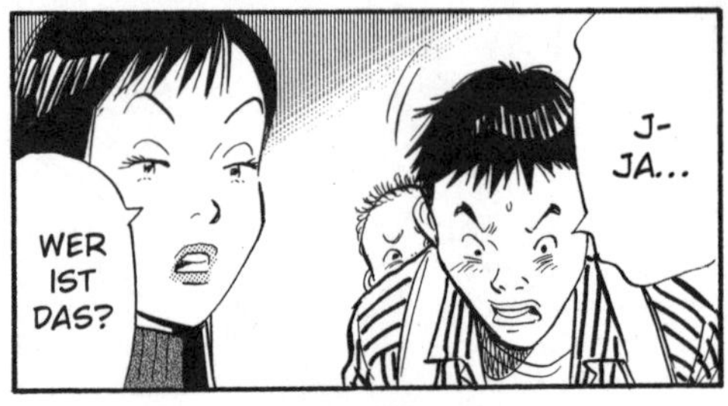
J-JA...
WER IST DAS?

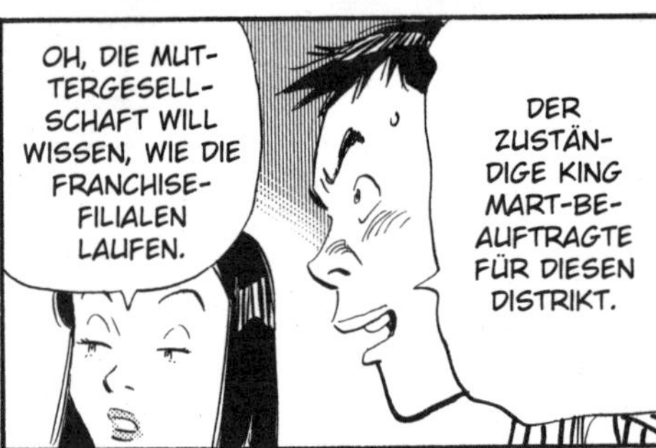
DER ZUSTÄN-DIGE KING MART-BE-AUFTRAGTE FÜR DIESEN DISTRIKT.
OH, DIE MUT-TERGESELL-SCHAFT WILL WISSEN, WIE DIE FRANCHISE-FILIALEN LAUFEN.

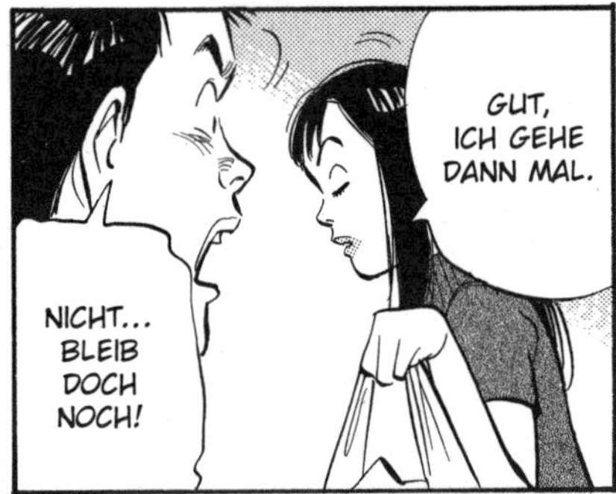
GUT, ICH GEHE DANN MAL.
NICHT... BLEIB DOCH NOCH!

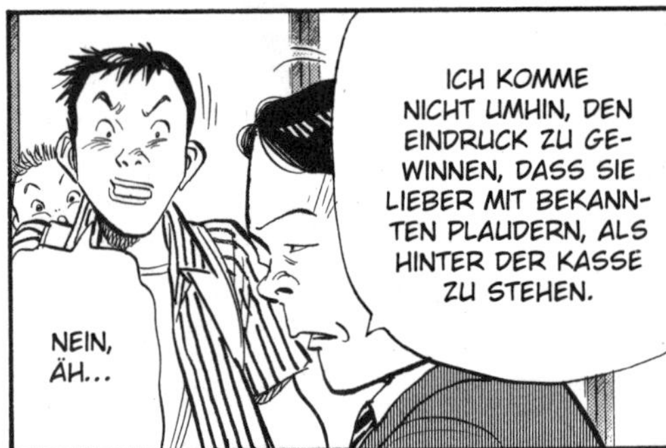
ICH KOMME NICHT UMHIN, DEN EINDRUCK ZU GE-WINNEN, DASS SIE LIEBER MIT BEKANN-TEN PLAUDERN, ALS HINTER DER KASSE ZU STEHEN.
NEIN, ÄH...

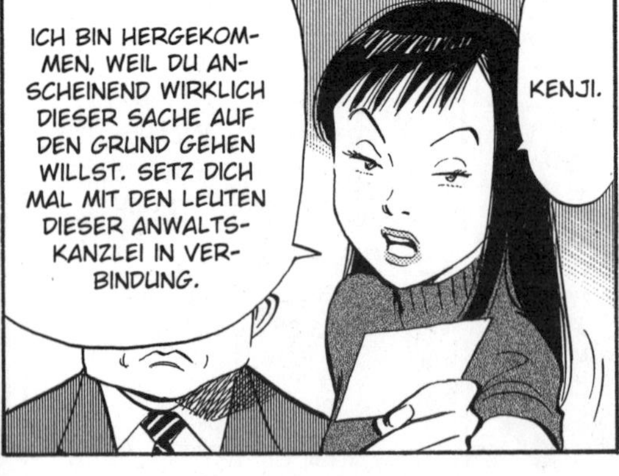
KENJI.
ICH BIN HERGEKOM-MEN, WEIL DU AN-SCHEINEND WIRKLICH DIESER SACHE AUF DEN GRUND GEHEN WILLST. SETZ DICH MAL MIT DEN LEUTEN DIESER ANWALTS-KANZLEI IN VER-BINDUNG.

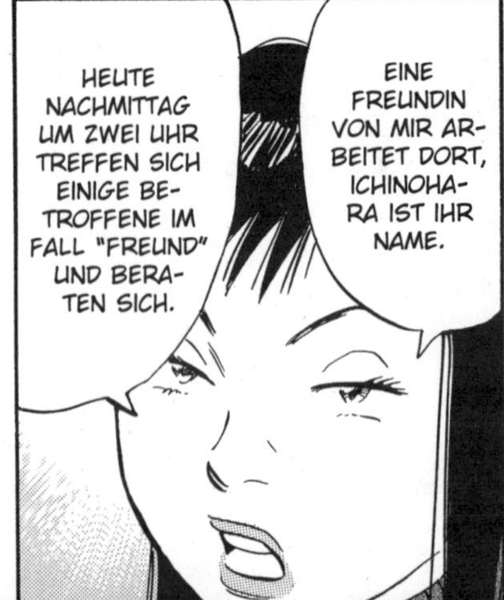
EINE FREUNDIN VON MIR AR-BEITET DORT, ICHINOHA-RA IST IHR NAME.
HEUTE NACHMITTAG UM ZWEI UHR TREFFEN SICH EINIGE BE-TROFFENE IM FALL "FREUND" UND BERA-TEN SICH.

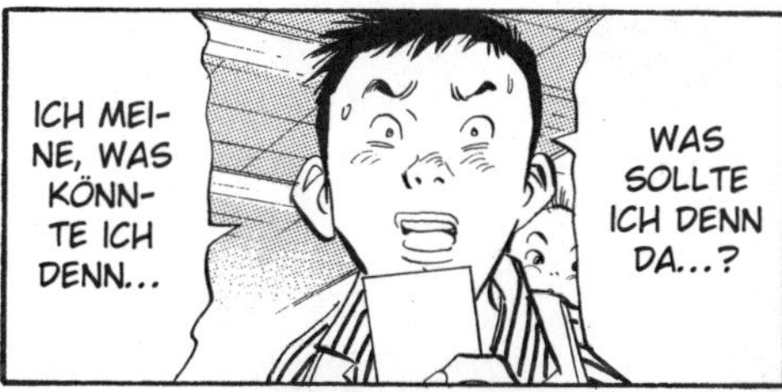

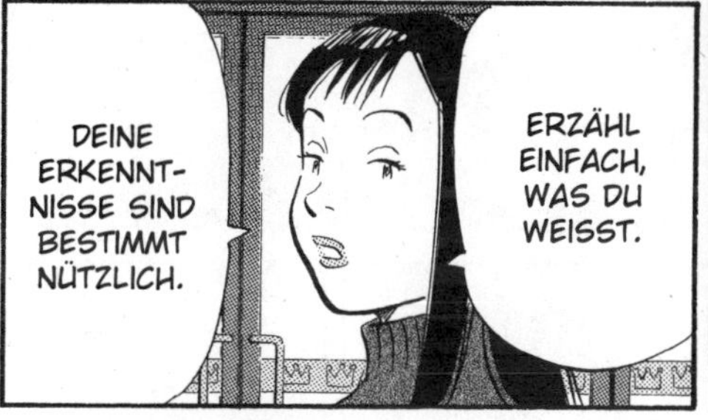

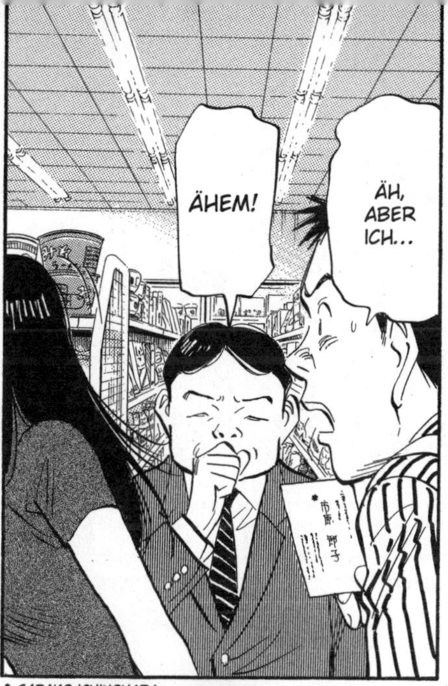

* SADAKO ICHINOHARA

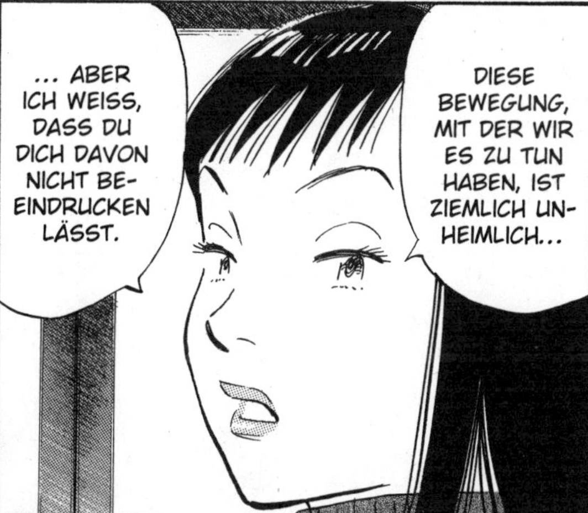

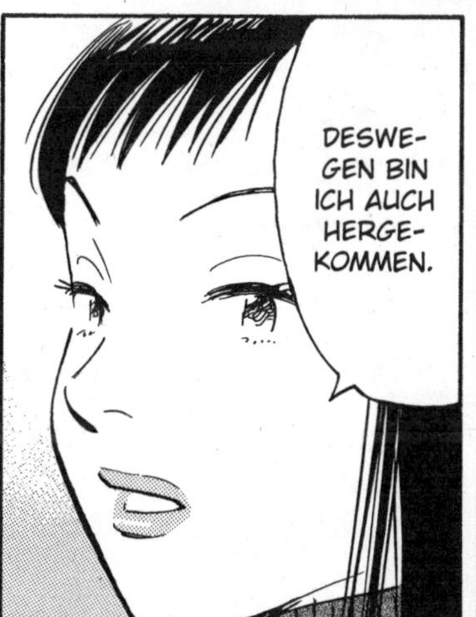

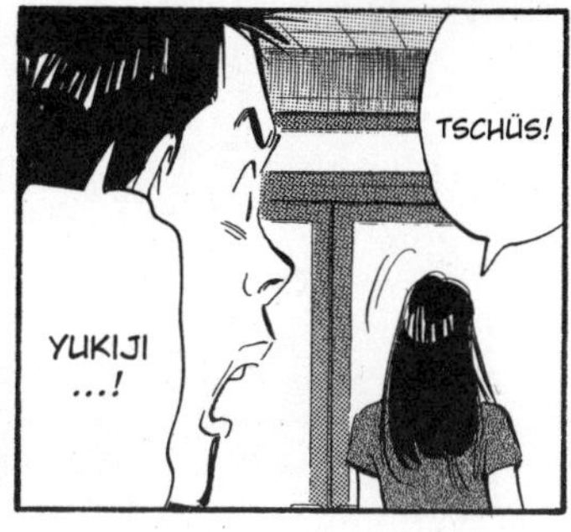

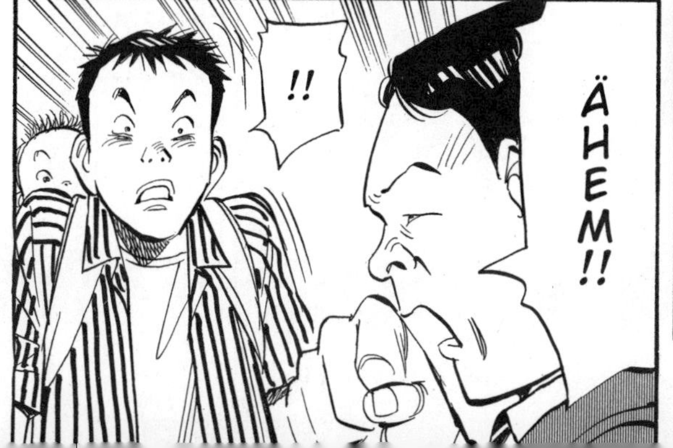

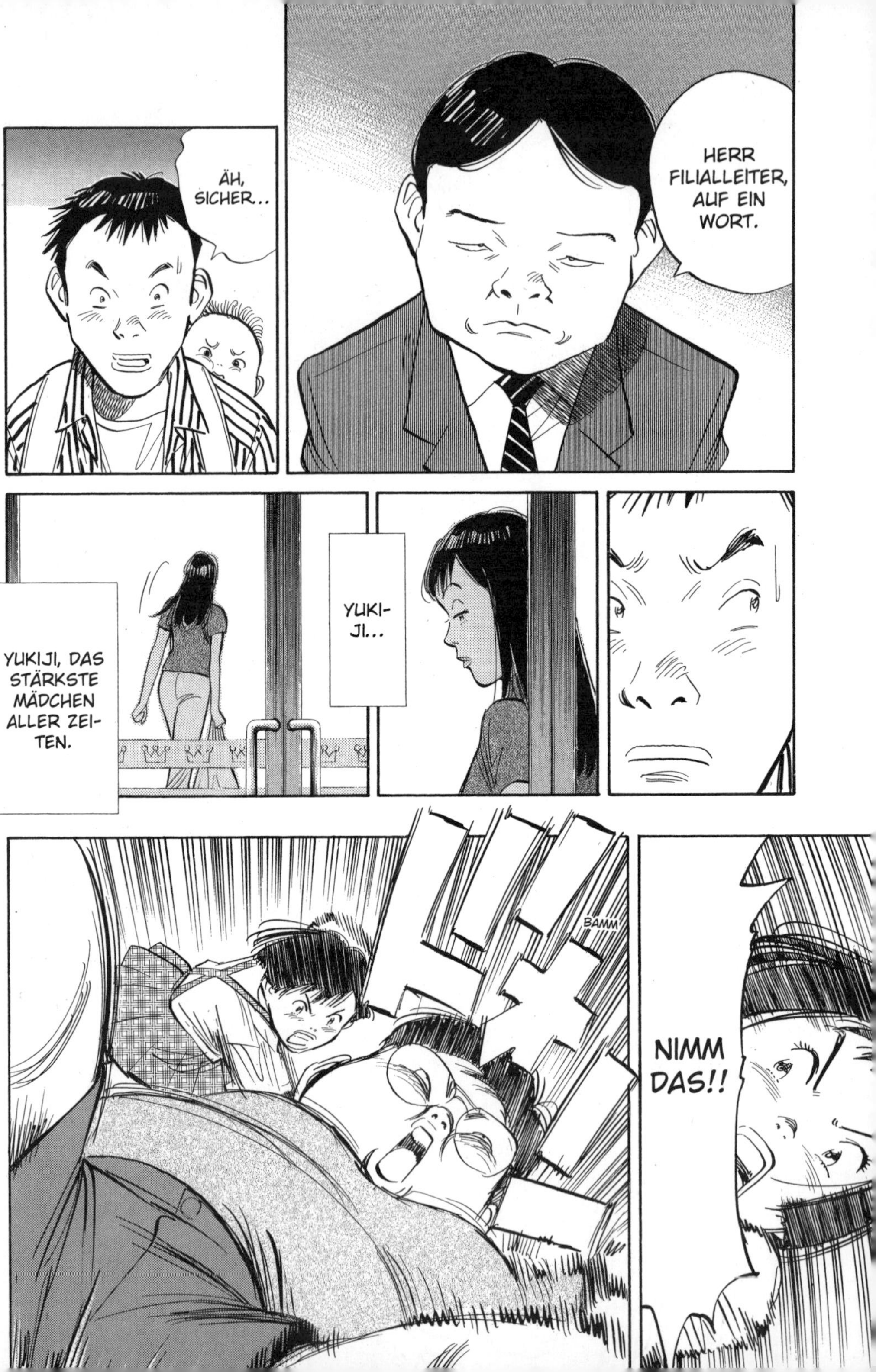

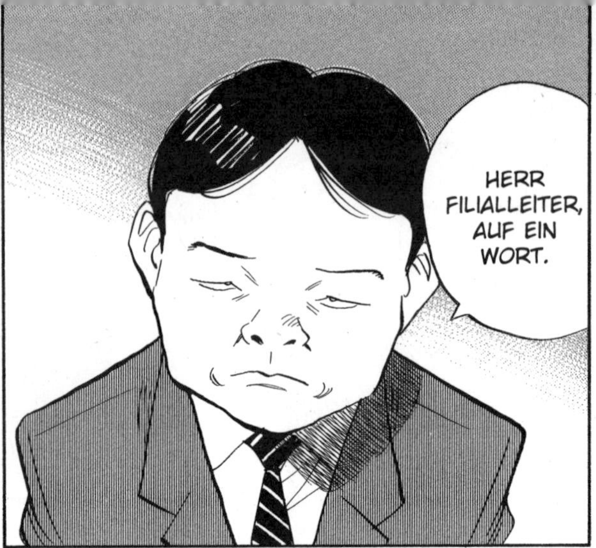
HERR FILIALLEITER, AUF EIN WORT.

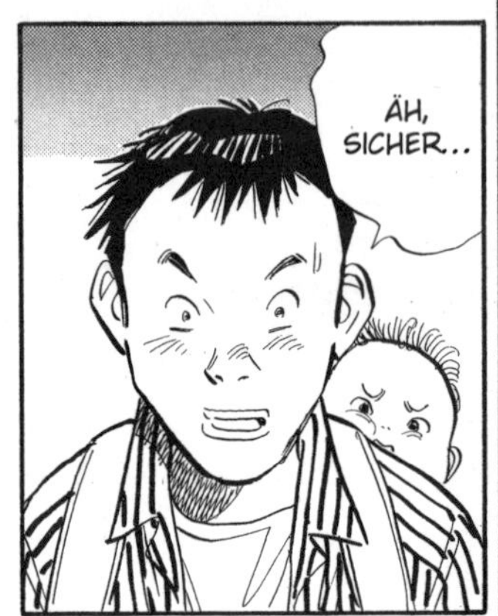
ÄH, SICHER...

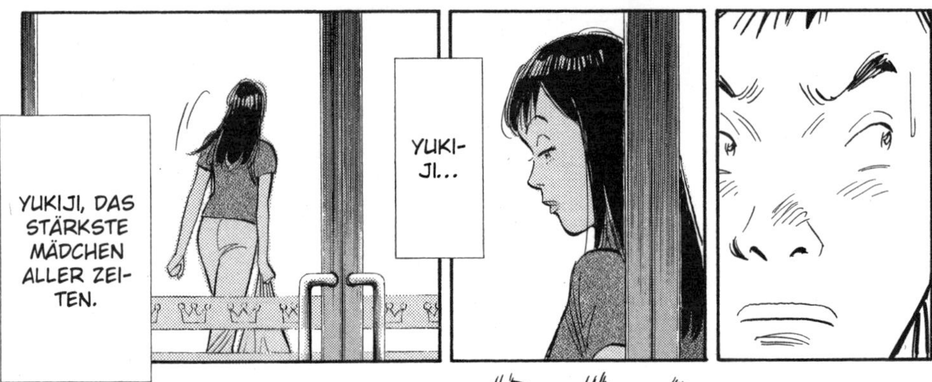
YUKI-JI...
YUKIJI, DAS STÄRKSTE MÄDCHEN ALLER ZEI-TEN.

BAMM
NIMM DAS!!

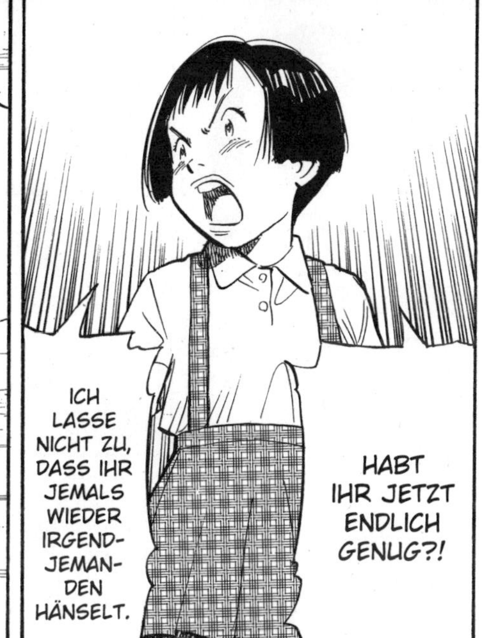
HABT IHR JETZT ENDLICH GENUG?!
ICH LASSE NICHT ZU, DASS IHR JEMALS WIEDER IRGENDJEMANDEN HÄNSELT.

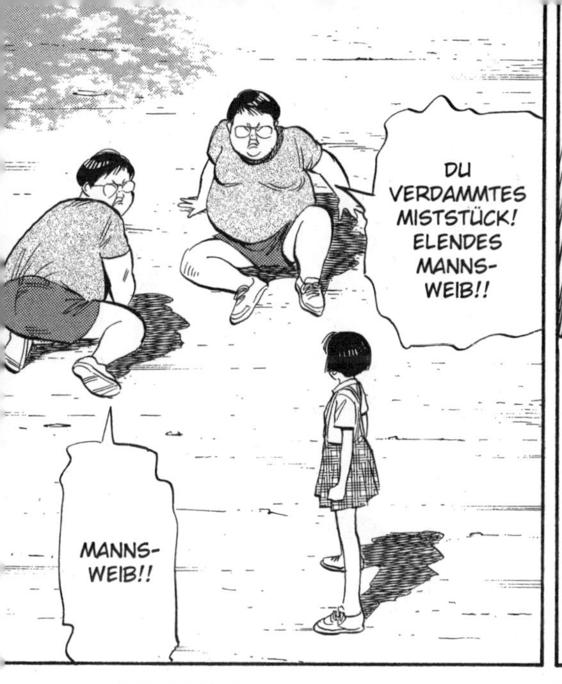
DU VERDAMMTES MISTSTÜCK! ELENDES MANNSWEIB!!
MANNSWEIB!!

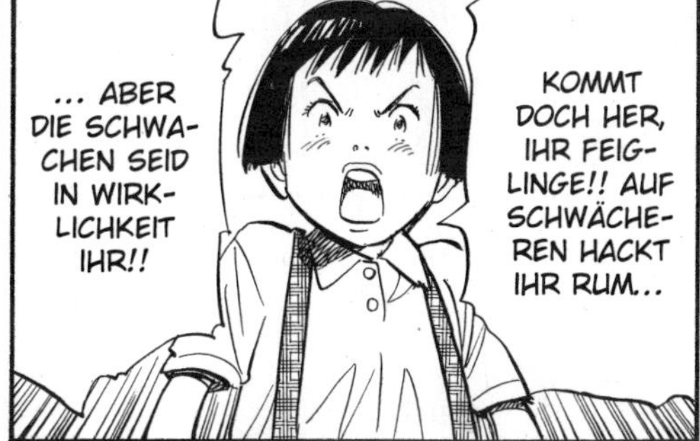
KOMMT DOCH HER, IHR FEIGLINGE!! AUF SCHWÄCHEREN HACKT IHR RUM...
... ABER DIE SCHWACHEN SEID IN WIRKLICHKEIT IHR!!

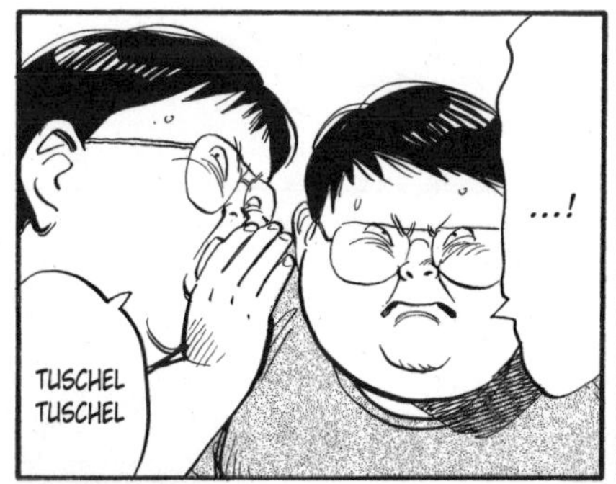
...!
TUSCHEL TUSCHEL

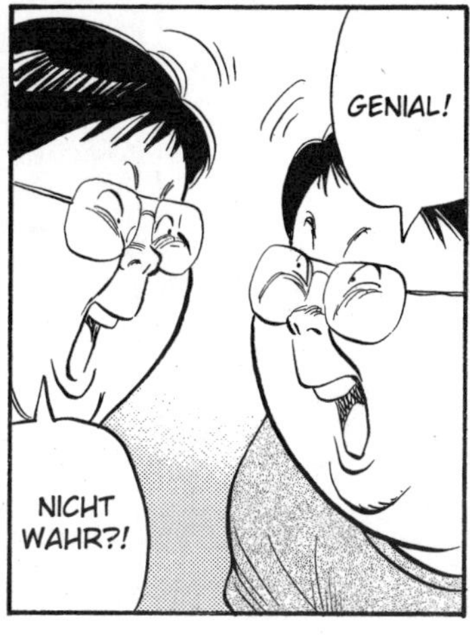
GENIAL!
NICHT WAHR?!

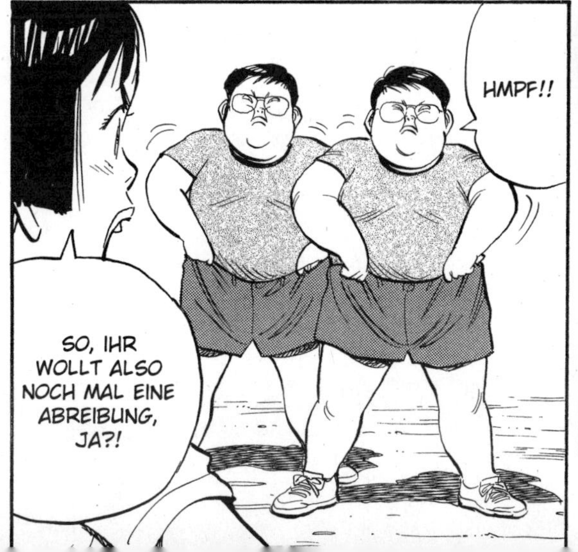
HMPF!!
SO, IHR WOLLT ALSO NOCH MAL EINE ABREIBUNG, JA?!

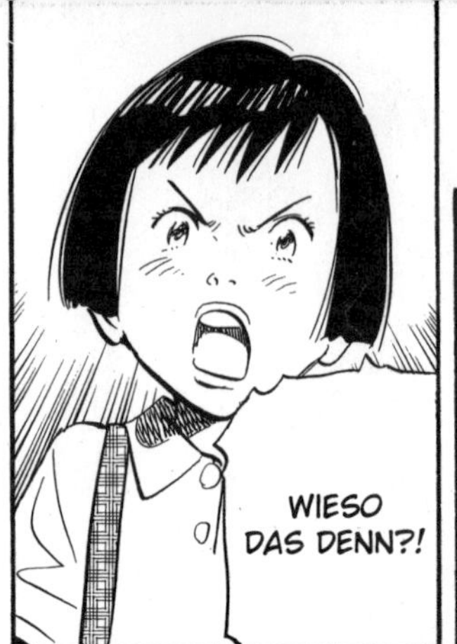
WIESO
DAS DENN?!

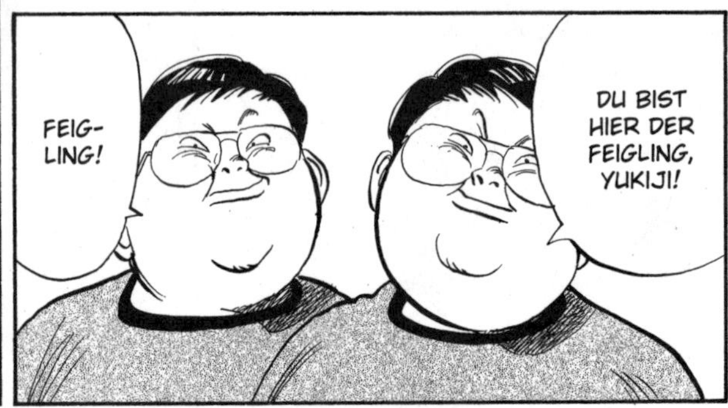
DU BIST
HIER DER
FEIGLING,
YUKIJI!
FEIG-
LING!

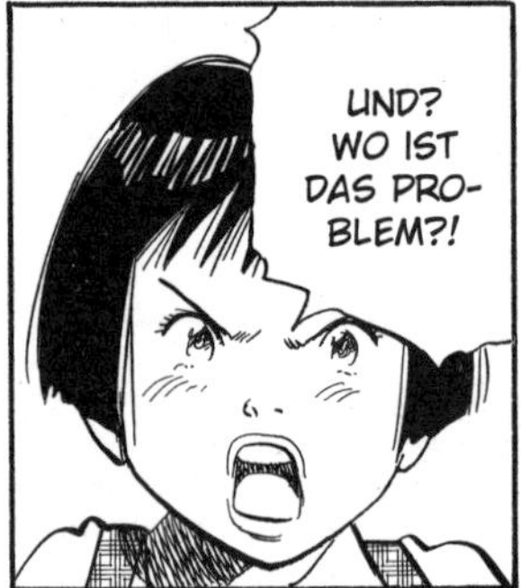
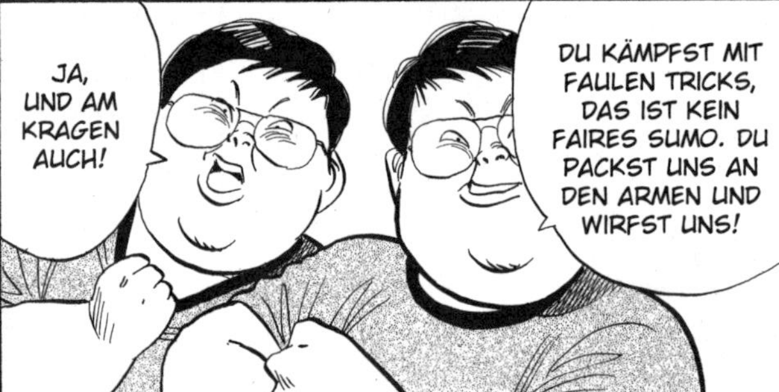
DU KÄMPFST MIT
FAULEN TRICKS,
DAS IST KEIN
FAIRES SUMO. DU
PACKST UNS AN
DEN ARMEN UND
WIRFST UNS!
JA,
UND AM
KRAGEN
AUCH!
UND?
WO IST
DAS PRO-
BLEM?!

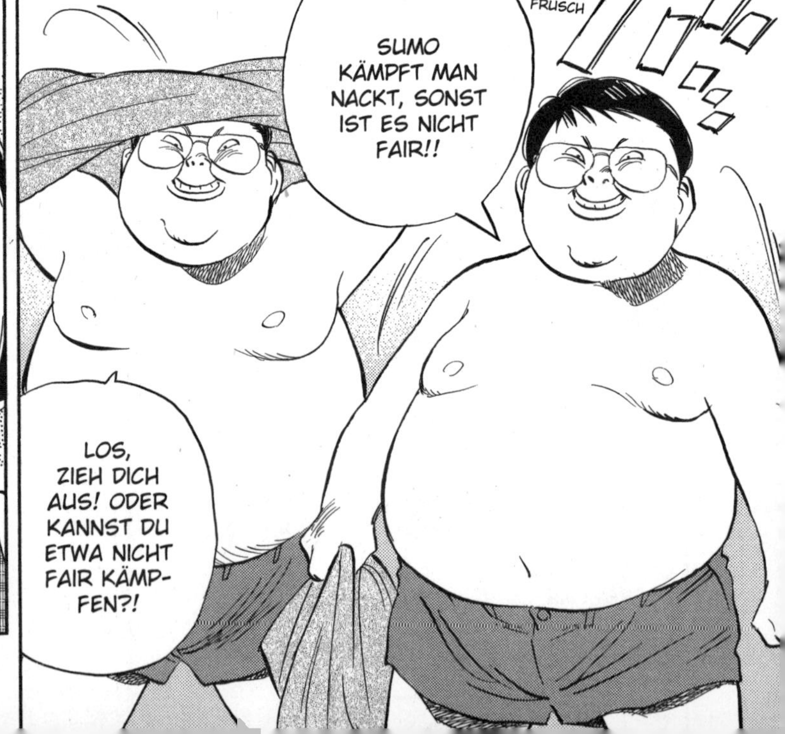
FRUSCH
SUMO
KÄMPFT MAN
NACKT, SONST
IST ES NICHT
FAIR!!
LOS,
ZIEH DICH
AUS! ODER
KANNST DU
ETWA NICHT
FAIR KÄMP-
FEN?!

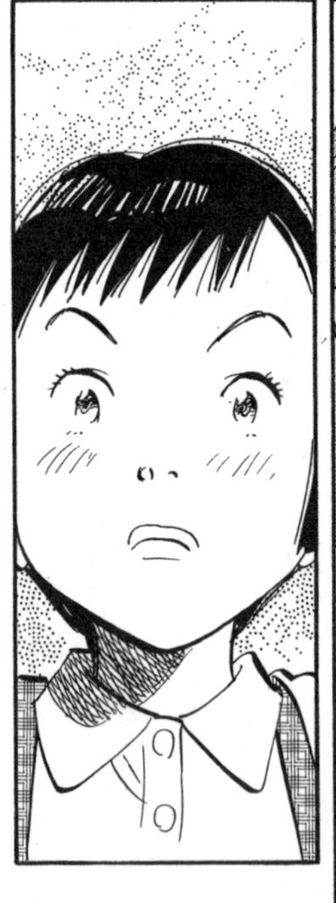

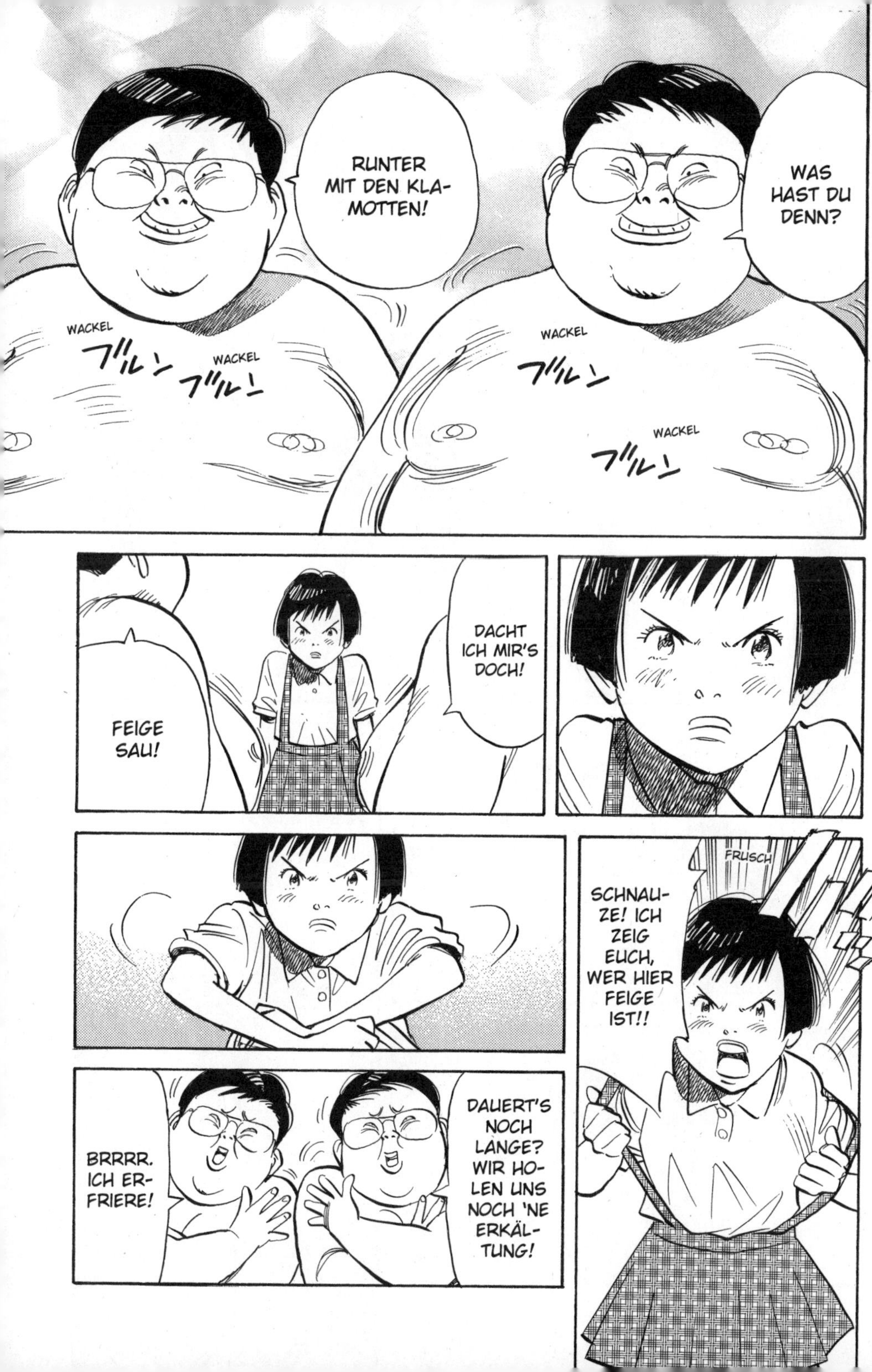

WAS HAST DU DENN?
RUNTER MIT DEN KLAMOTTEN!
WACKEL
ブルン
WACKEL
ブルン
WACKEL
ブルン
WACKEL
ブルン

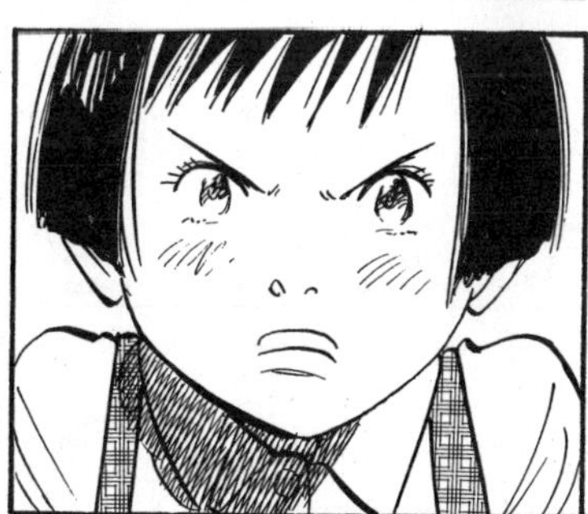

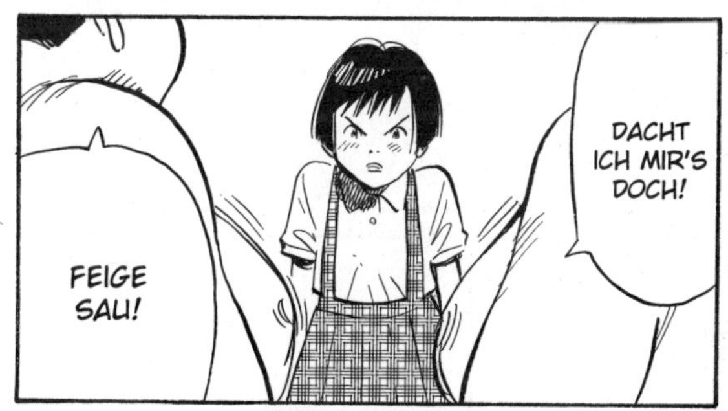
DACHT ICH MIR'S DOCH!
FEIGE SAU!

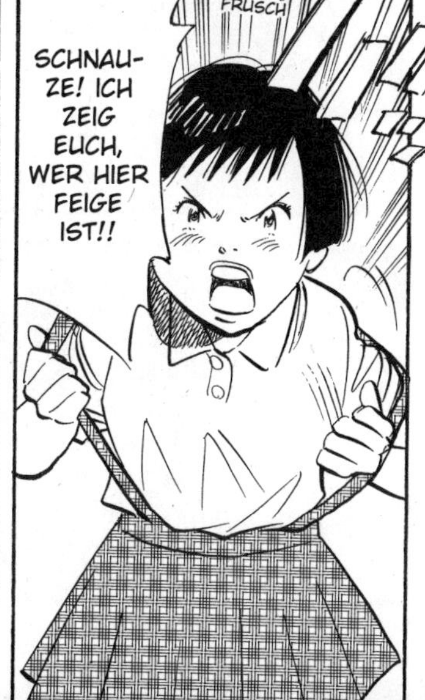
FRUSCH
SCHNAUZE! ICH ZEIG EUCH, WER HIER FEIGE IST!!

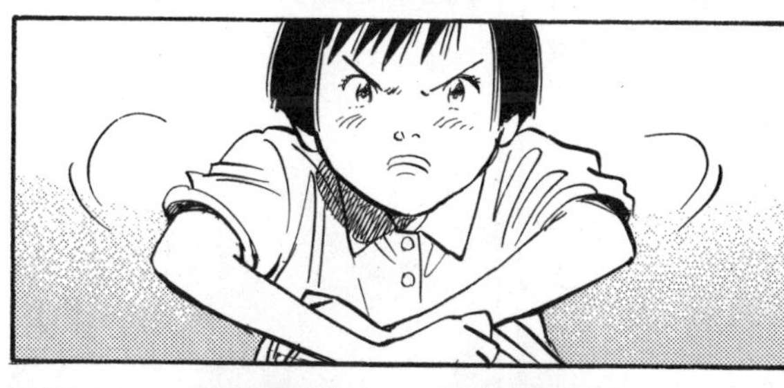

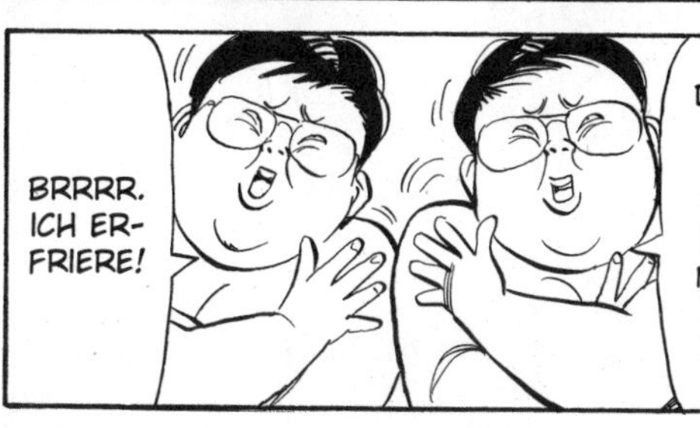
DAUERT'S NOCH LANGE? WIR HOLEN UNS NOCH 'NE ERKÄLTUNG!
BRRRR. ICH ERFRIERE!

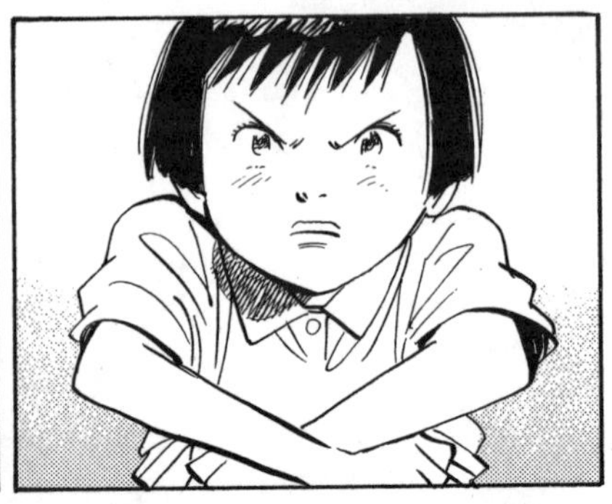

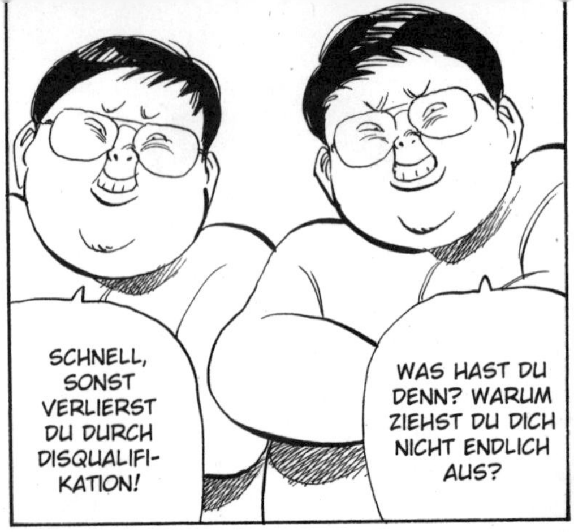
WAS HAST DU DENN? WARUM ZIEHST DU DICH NICHT ENDLICH AUS?
SCHNELL, SONST VERLIERST DU DURCH DISQUALIFI-KATION!

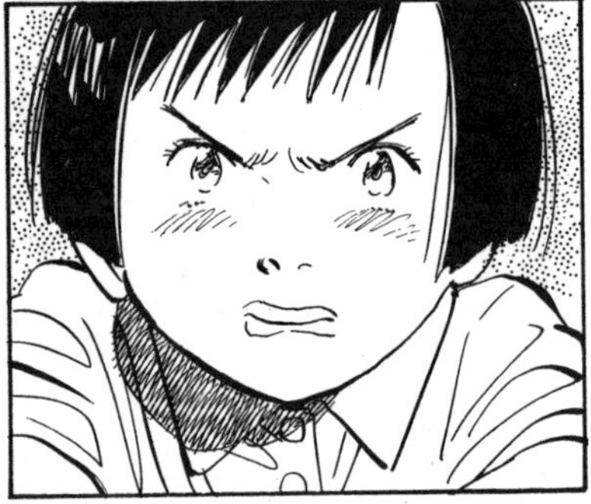

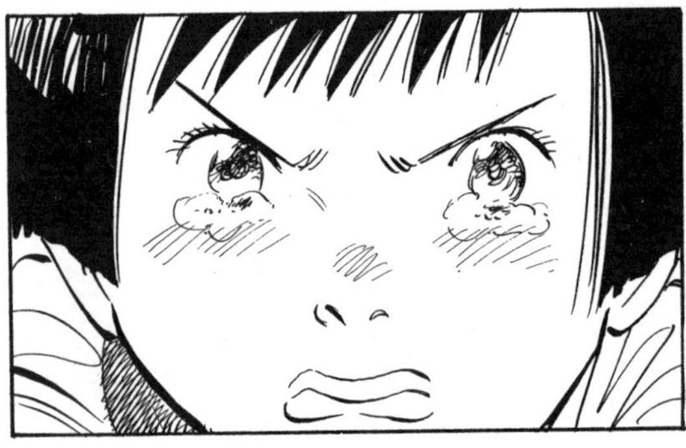

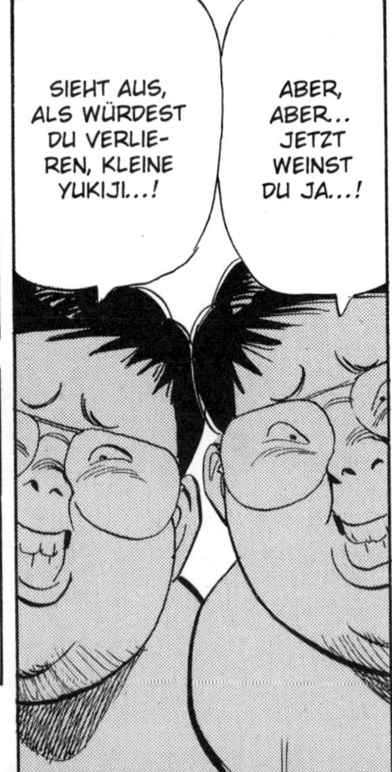
ABER, ABER... JETZT WEINST DU JA...!
SIEHT AUS, ALS WÜRDEST DU VERLIE-REN, KLEINE YUKIJI...!

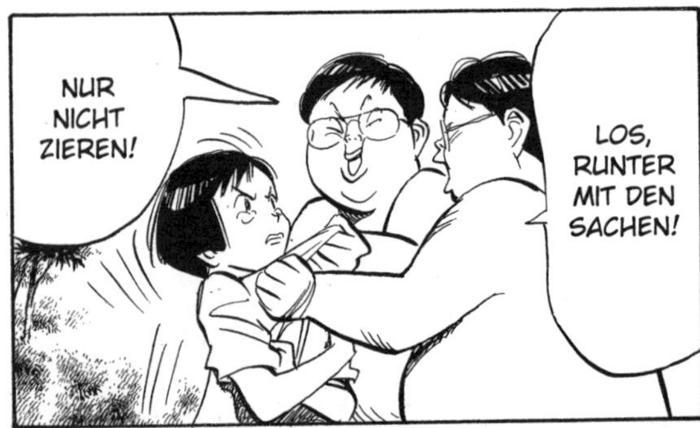
LOS, RUNTER MIT DEN SACHEN!
NUR NICHT ZIEREN!

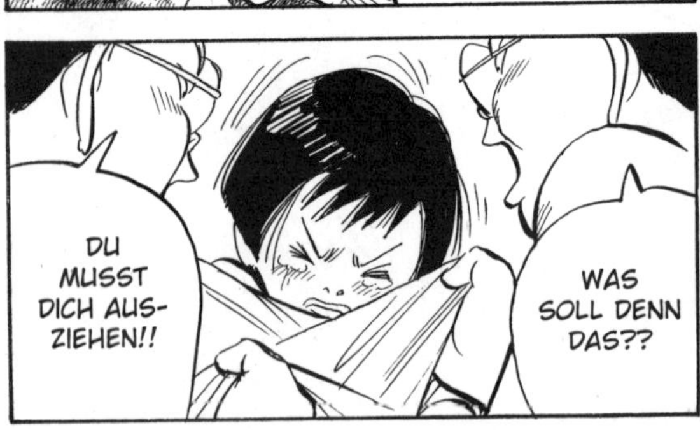
WAS SOLL DENN DAS??
DU MUSST DICH AUS-ZIEHEN!!

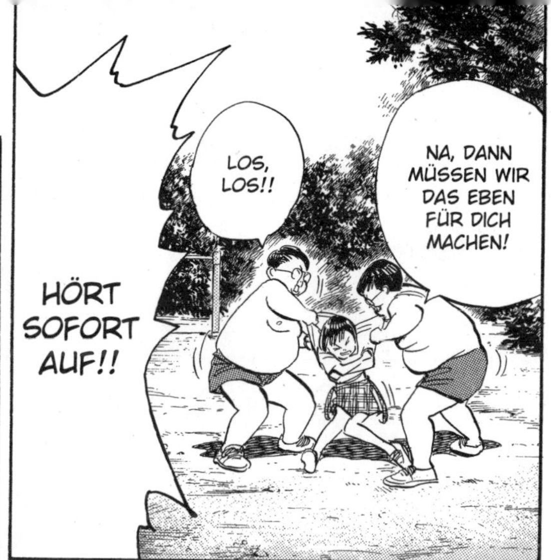
NA, DANN MÜSSEN WIR DAS EBEN FÜR DICH MACHEN!
LOS, LOS!!
HÖRT SOFORT AUF!!
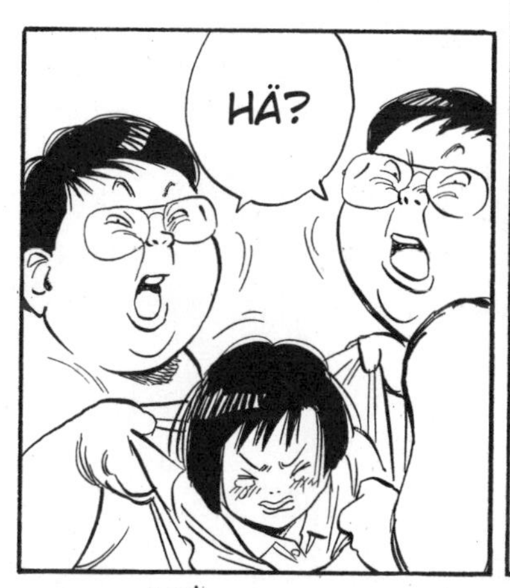
HÄ?
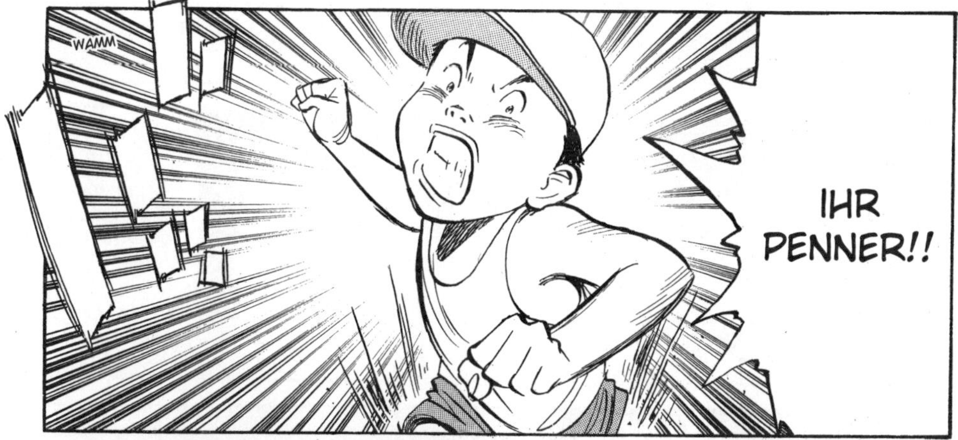
IHR PENNER!!
WAMM
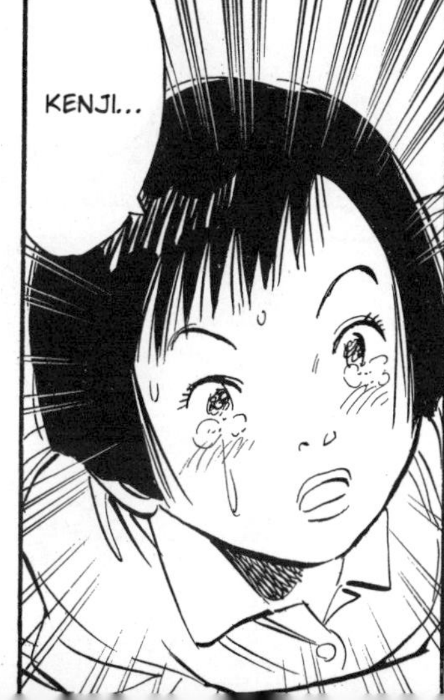
KENJI...
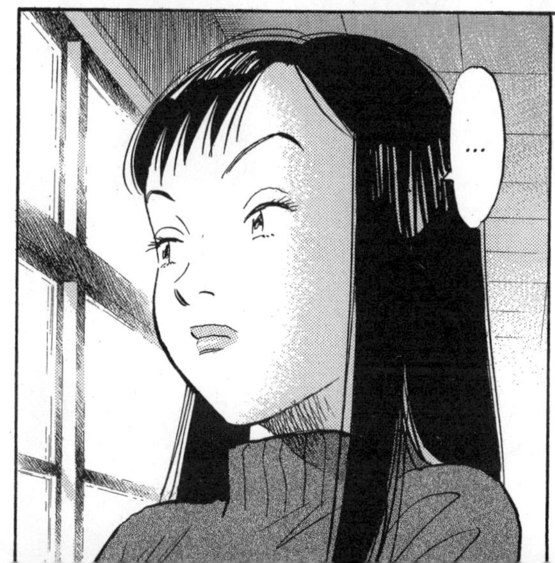
...

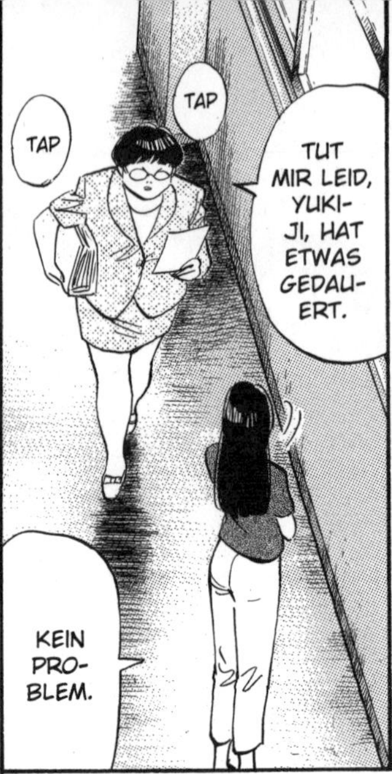
TAP
TAP
TUT MIR LEID, YUKIJI, HAT ETWAS GEDAUERT.
KEIN PROBLEM.

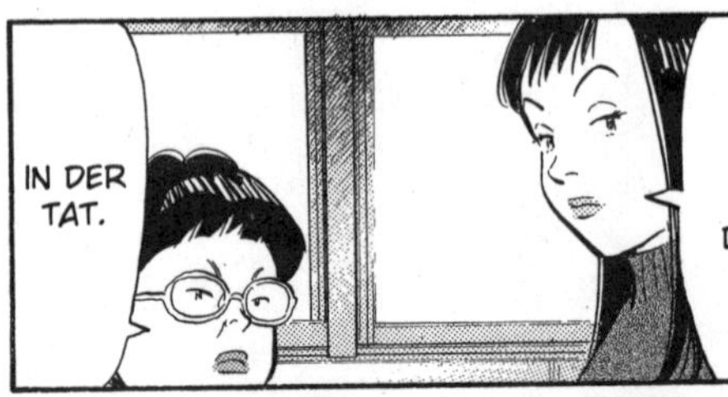
SIND JA ZIEMLICH VIELE GEKOMMEN ZU DER BETROFFENENVERSAMMLUNG.
IN DER TAT.

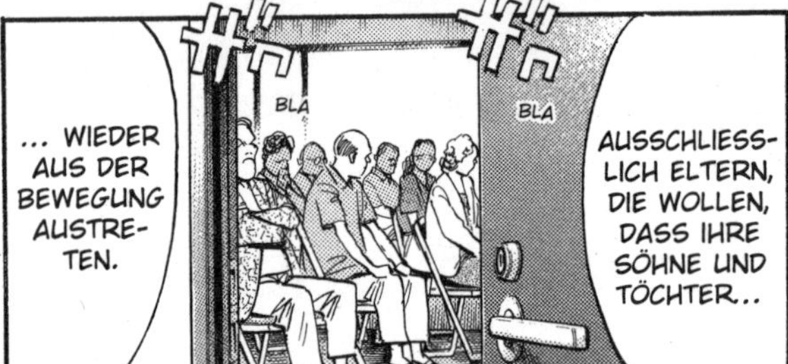
BLA
BLA
AUSSCHLIESSLICH ELTERN, DIE WOLLEN, DASS IHRE SÖHNE UND TÖCHTER...
... WIEDER AUS DER BEWEGUNG AUSTRETEN.

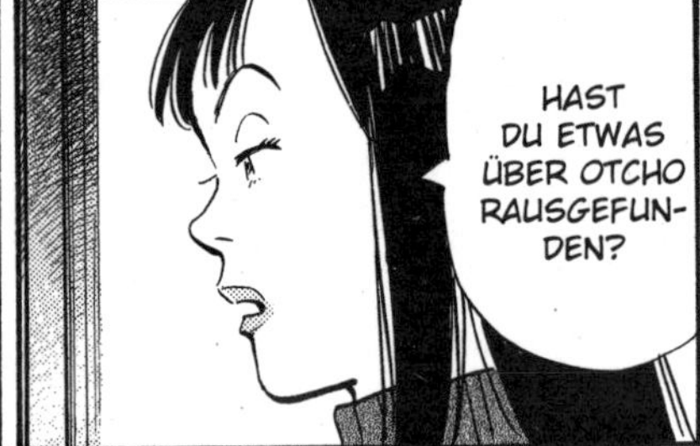
HAST DU ETWAS ÜBER OTCHO RAUSGEFUNDEN?

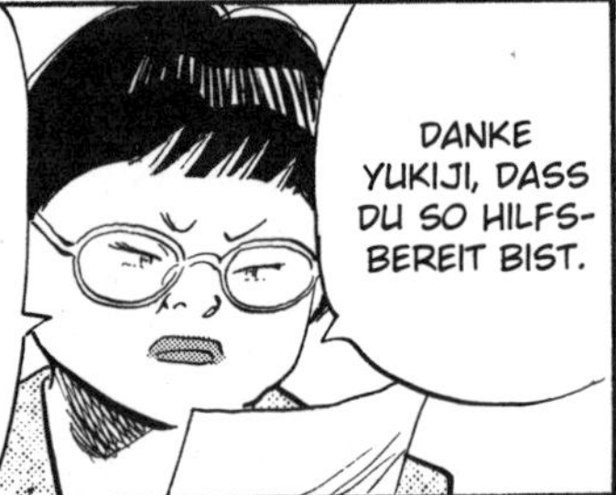
DANKE YUKIJI, DASS DU SO HILFSBEREIT BIST.
KAUM ZU GLAUBEN, DASS EINER DEINER JUGENDFREUNDE DIESES SYMBOL ENTWORFEN HAT.

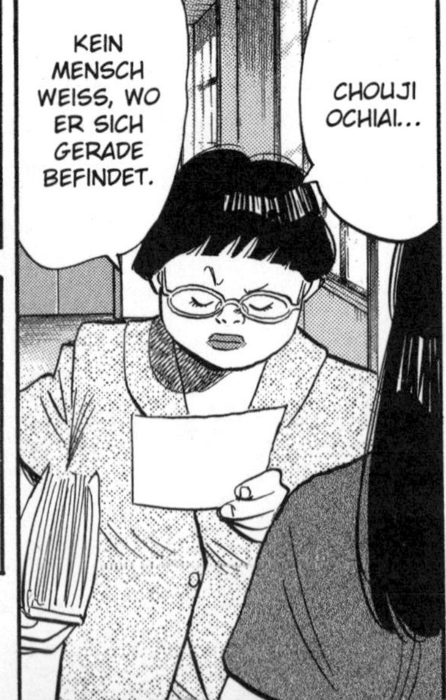
CHOUJI OCHIAI...
KEIN MENSCH WEISS, WO ER SICH GERADE BEFINDET.

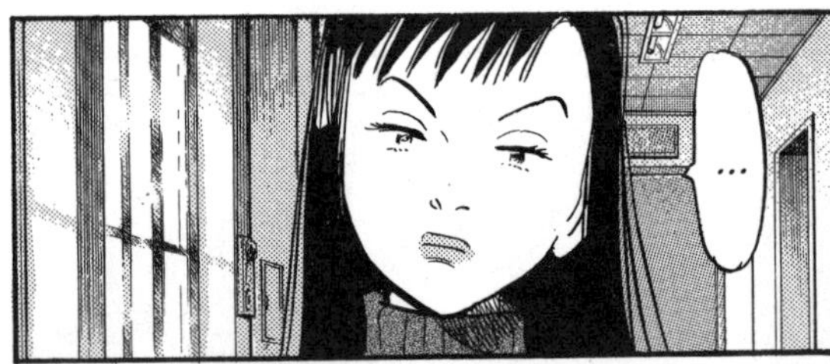
...

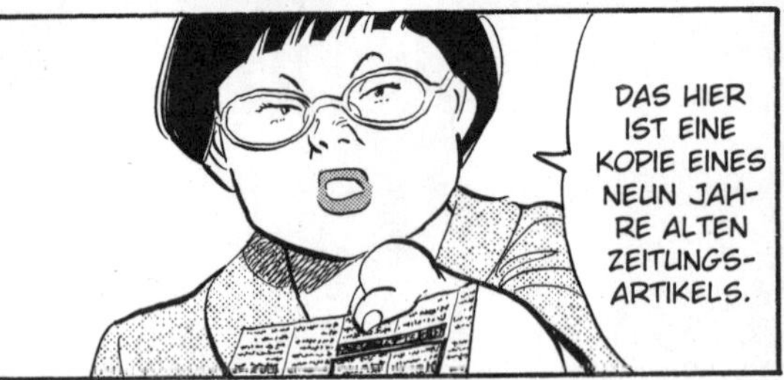
DAS HIER IST EINE KOPIE EINES NEUN JAHRE ALTEN ZEITUNGSARTIKELS.

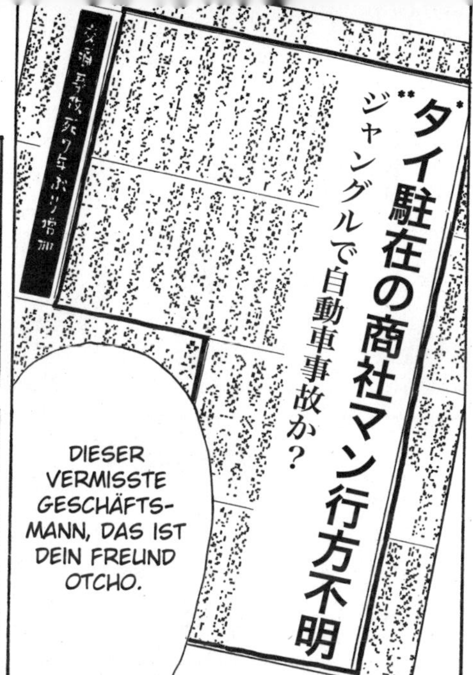

* GESCHÄFTSMANN IN THAILAND VERMISST
** EIN AUTOUNFALL IM DSCHUNGEL?

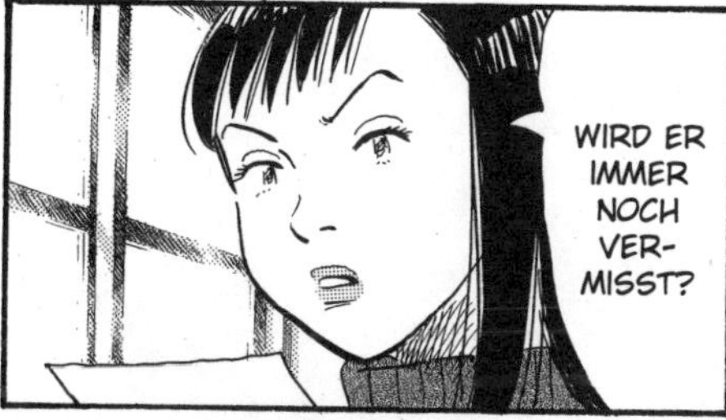

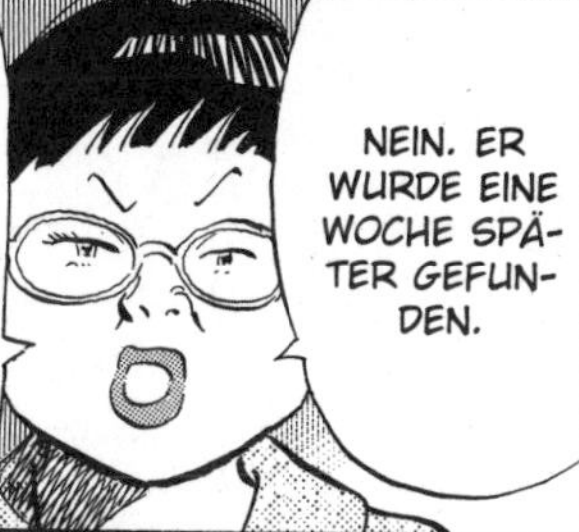

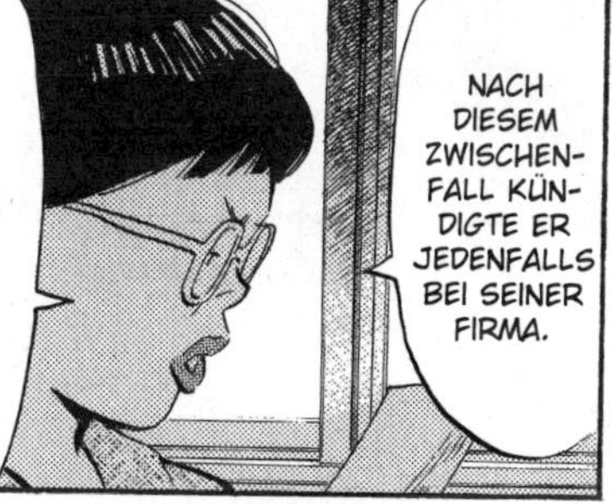

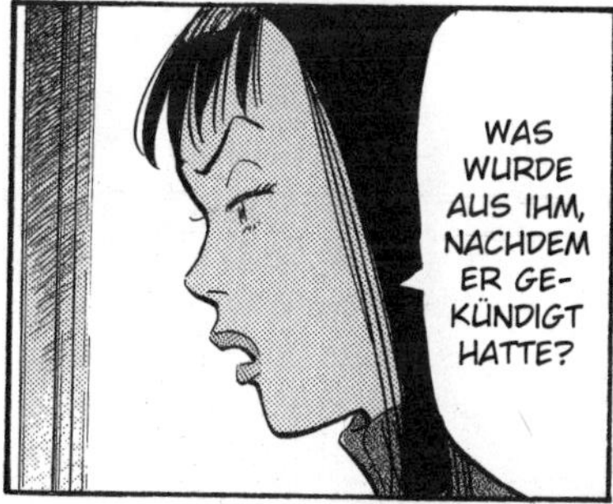

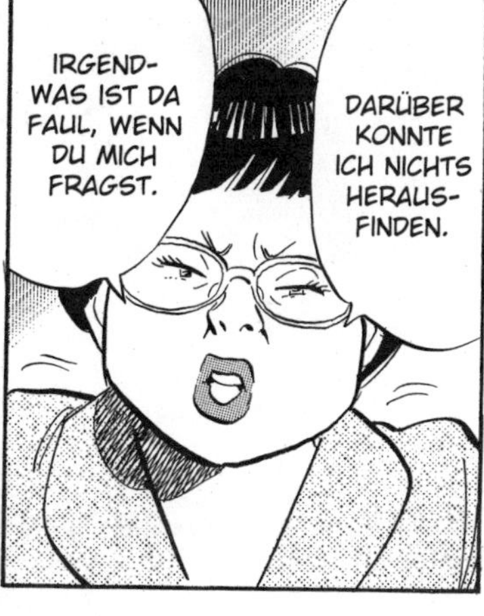

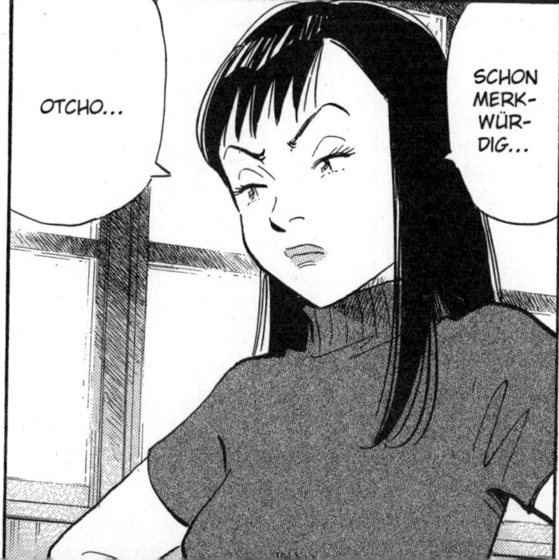

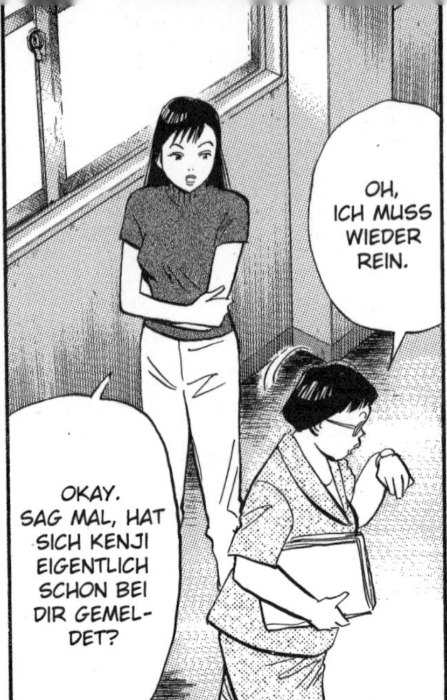
OH, ICH MUSS WIEDER REIN.
OKAY. SAG MAL, HAT SICH KENJI EIGENTLICH SCHON BEI DIR GEMEL-DET?

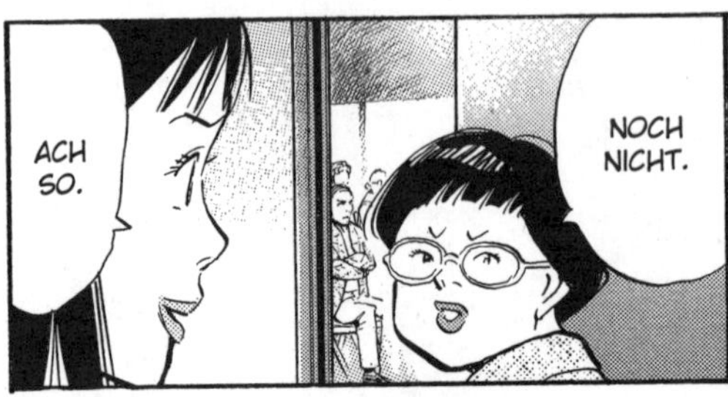
NOCH NICHT.
ACH SO.

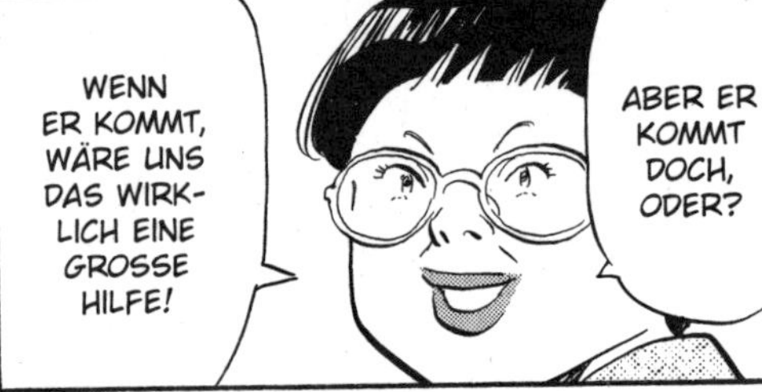
ABER ER KOMMT DOCH, ODER?
WENN ER KOMMT, WÄRE UNS DAS WIRK-LICH EINE GROSSE HILFE!

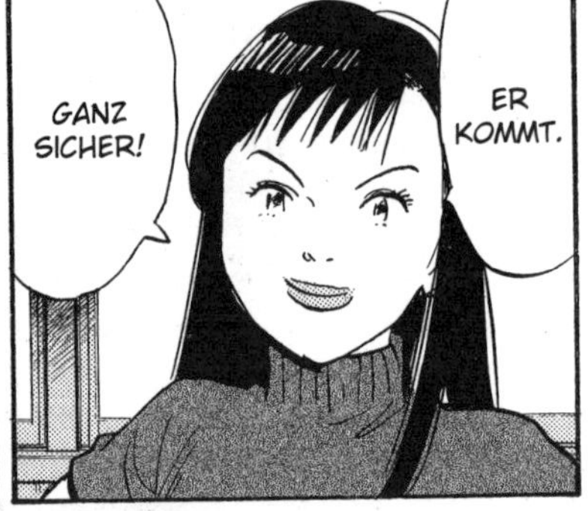
ER KOMMT.
GANZ SICHER!

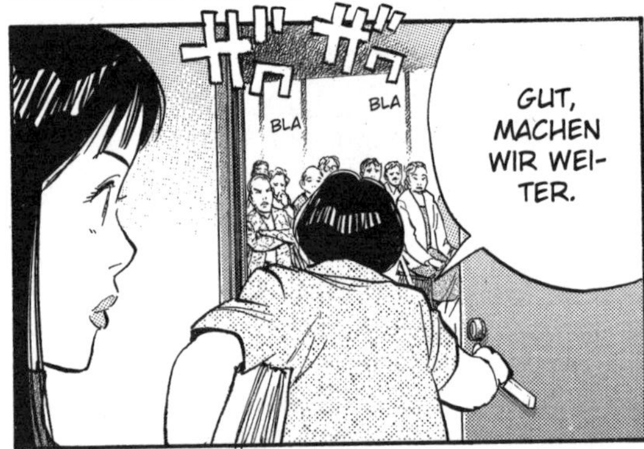
GUT, MACHEN WIR WEI-TER.
ザワ ザワ
BLA
BLA

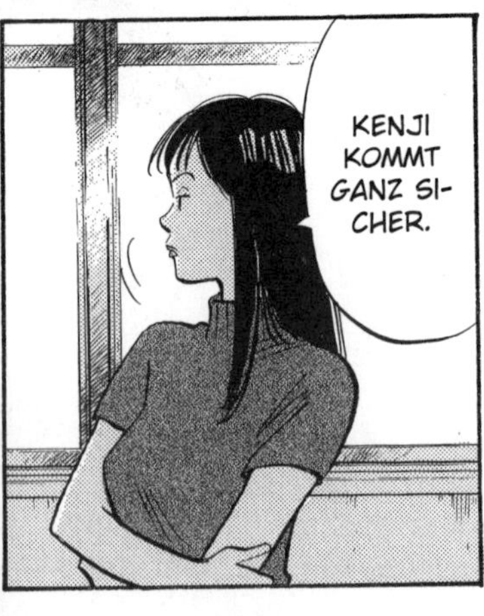
KENJI KOMMT GANZ SI-CHER.

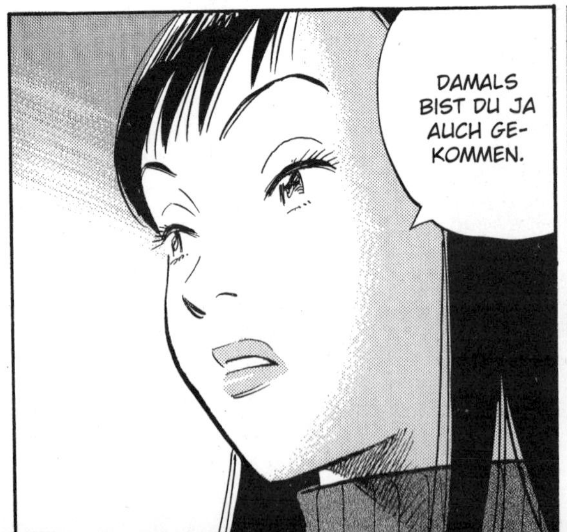
DAMALS BIST DU JA AUCH GE-KOMMEN.

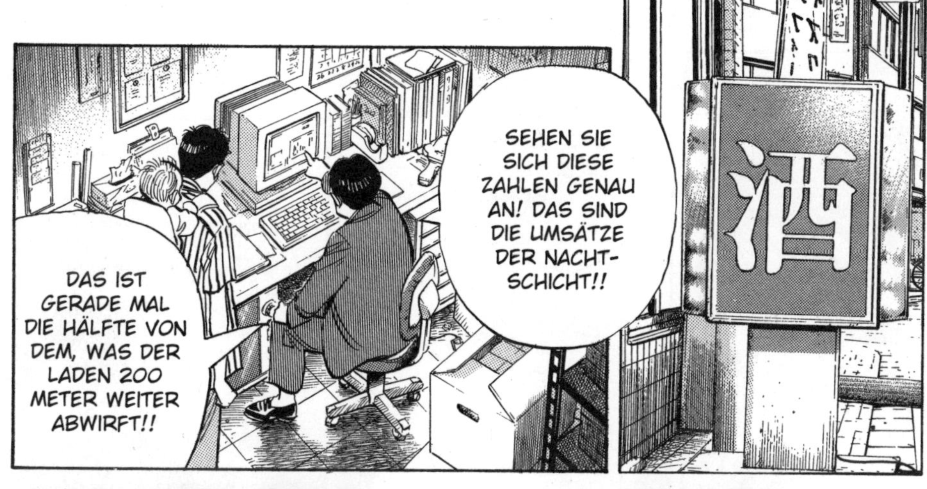
SEHEN SIE SICH DIESE ZAHLEN GENAU AN! DAS SIND DIE UMSÄTZE DER NACHT-SCHICHT!!
DAS IST GERADE MAL DIE HÄLFTE VON DEM, WAS DER LADEN 200 METER WEITER ABWIRFT!!
酒

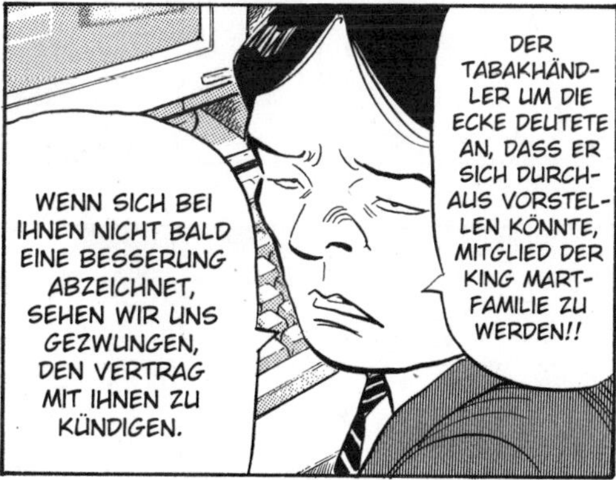
DER TABAKHÄND-LER UM DIE ECKE DEUTETE AN, DASS ER SICH DURCH-AUS VORSTEL-LEN KÖNNTE, MITGLIED DER KING MART-FAMILIE ZU WERDEN!!
WENN SICH BEI IHNEN NICHT BALD EINE BESSERUNG ABZEICHNET, SEHEN WIR UNS GEZWUNGEN, DEN VERTRAG MIT IHNEN ZU KÜNDIGEN.

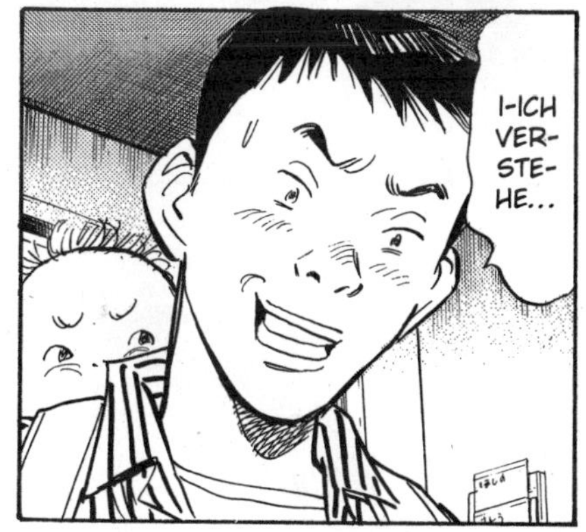
I-ICH VER-STE-HE...

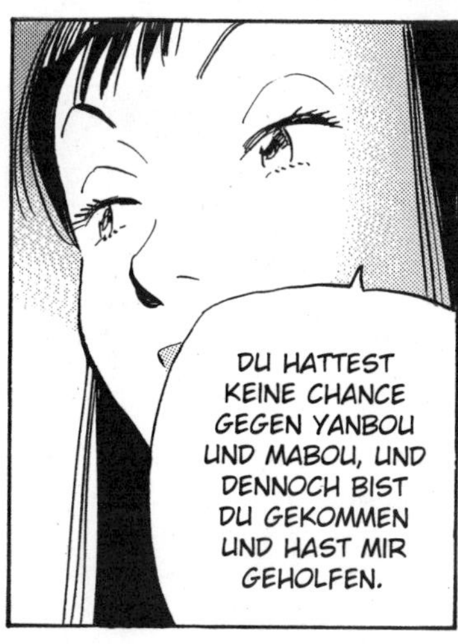
DU HATTEST KEINE CHANCE GEGEN YANBOU UND MABOU, UND DENNOCH BIST DU GEKOMMEN UND HAST MIR GEHOLFEN.

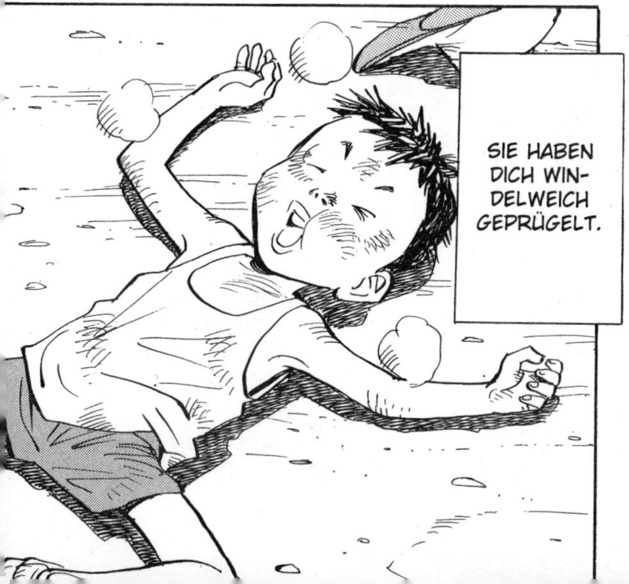
SIE HABEN DICH WIN-DELWEICH GEPRÜGELT.

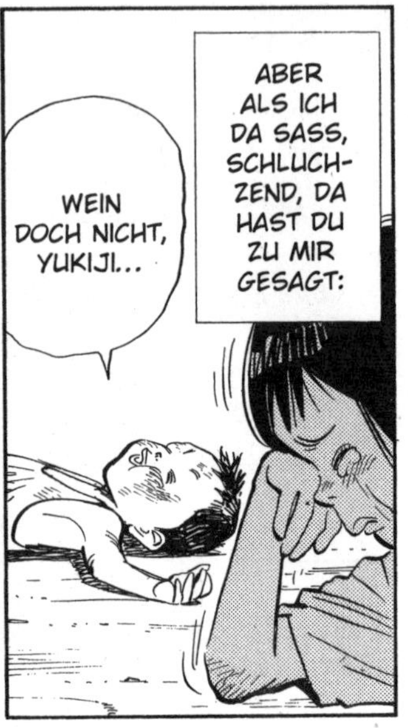
ABER ALS ICH DA SASS, SCHLUCHZEND, DA HAST DU ZU MIR GESAGT:
WEIN DOCH NICHT, YUKIJI…

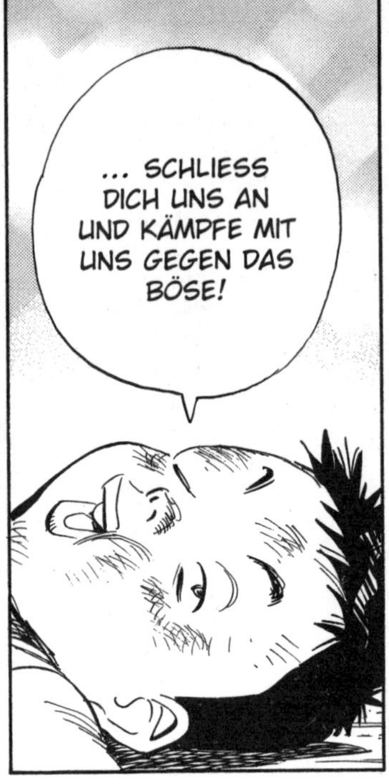
… SCHLIESS DICH UNS AN UND KÄMPFE MIT UNS GEGEN DAS BÖSE!

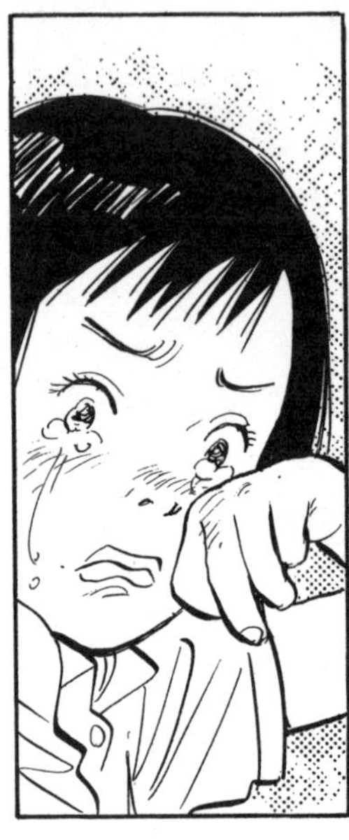

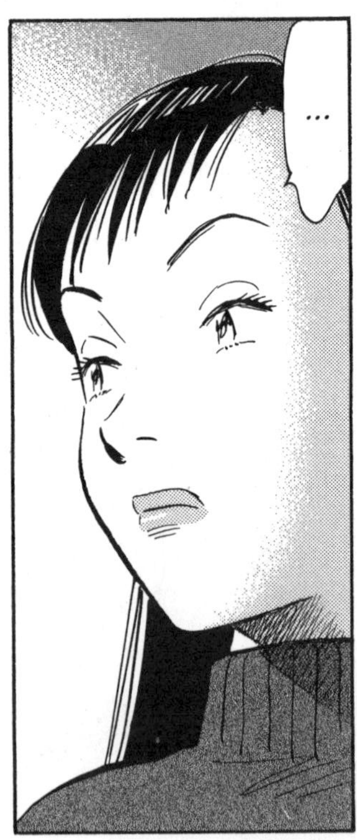
…

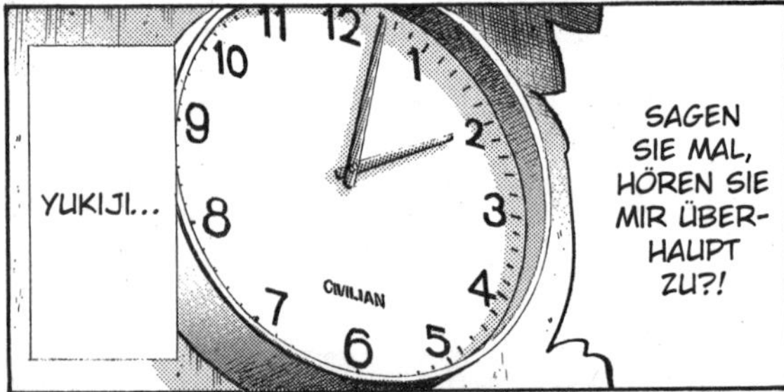
SAGEN SIE MAL, HÖREN SIE MIR ÜBER-HAUPT ZU?!
YUKIJI…
CIVILIAN

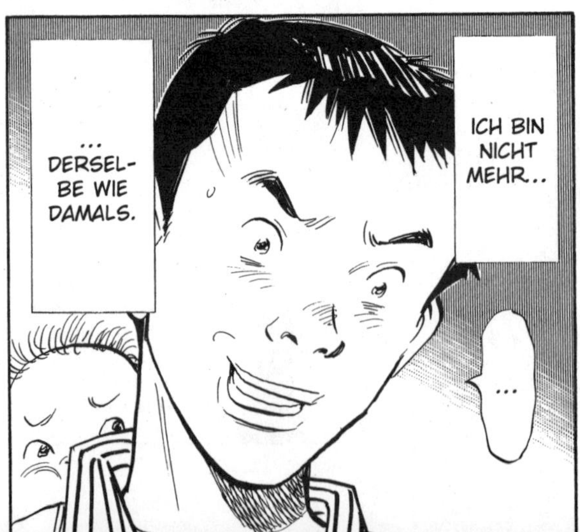
ICH BIN NICHT MEHR…
… DERSEL-BE WIE DAMALS.
…

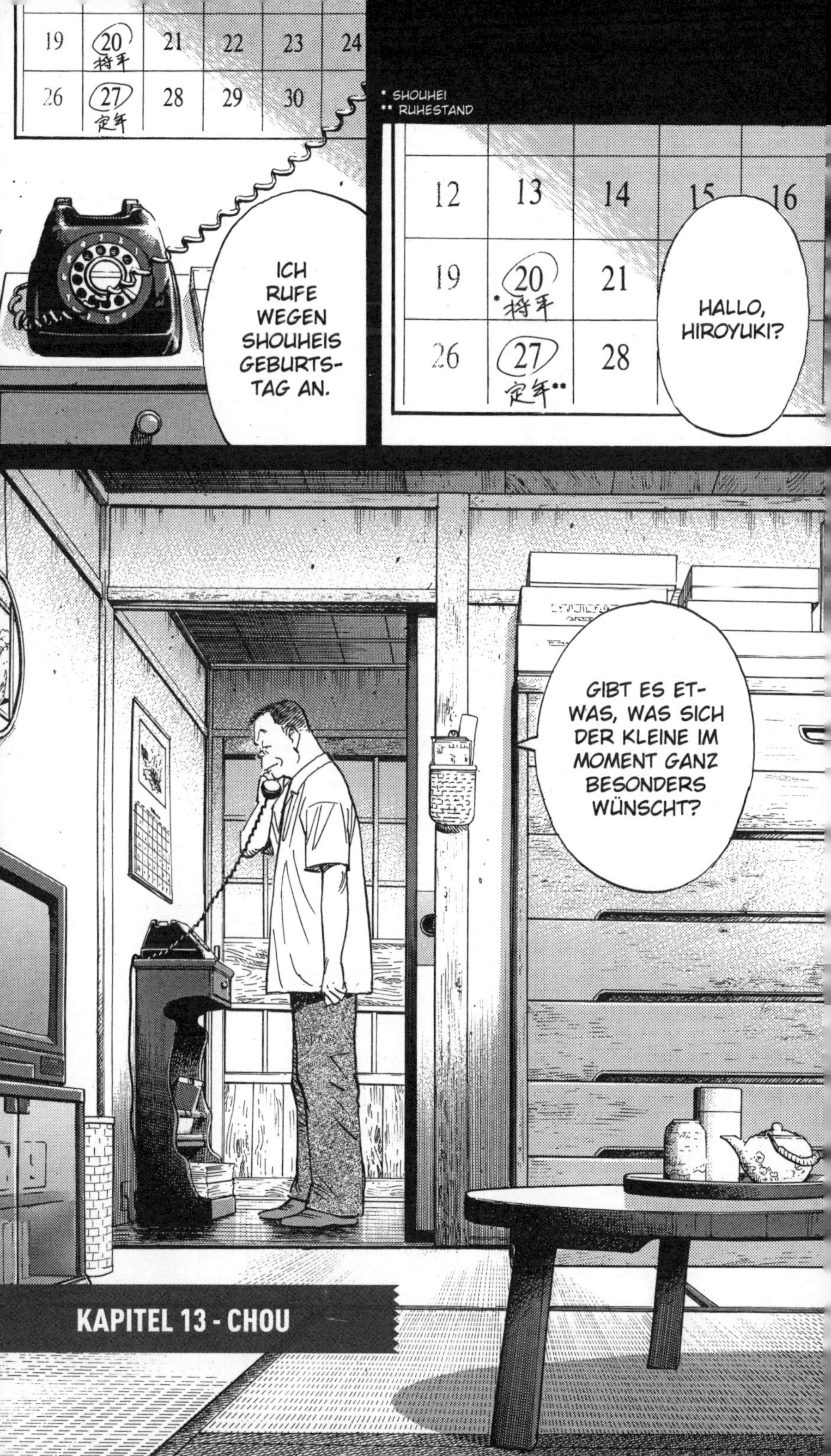

KAPITEL 13 - CHOU

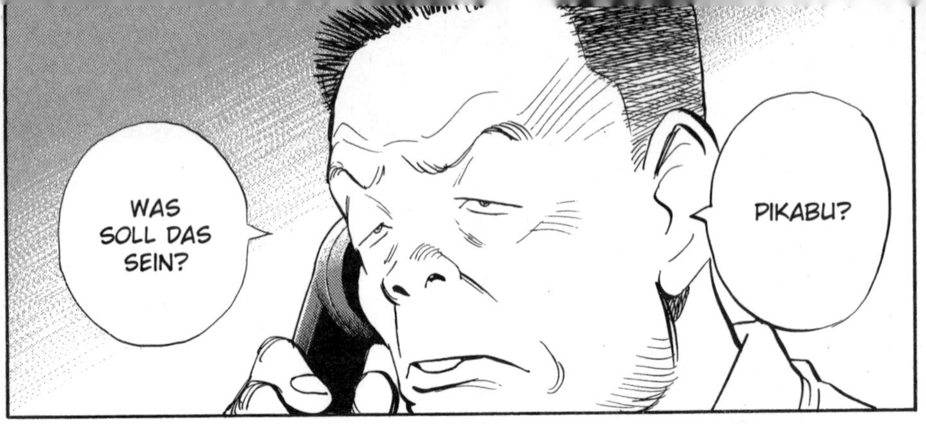
PIKABU?
WAS SOLL DAS SEIN?

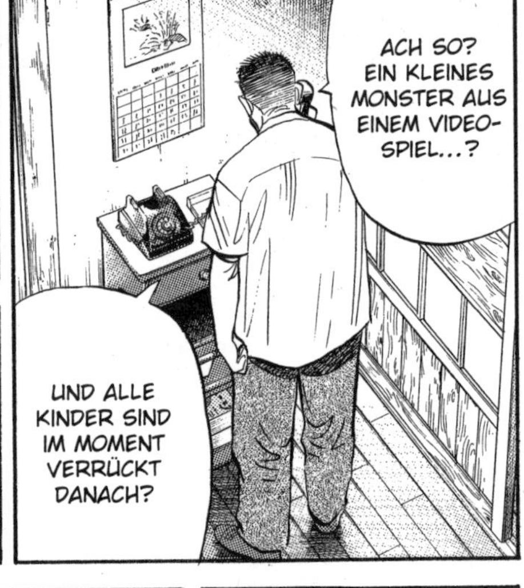
ACH SO? EIN KLEINES MONSTER AUS EINEM VIDEO-SPIEL...?
UND ALLE KINDER SIND IM MOMENT VERRÜCKT DANACH?

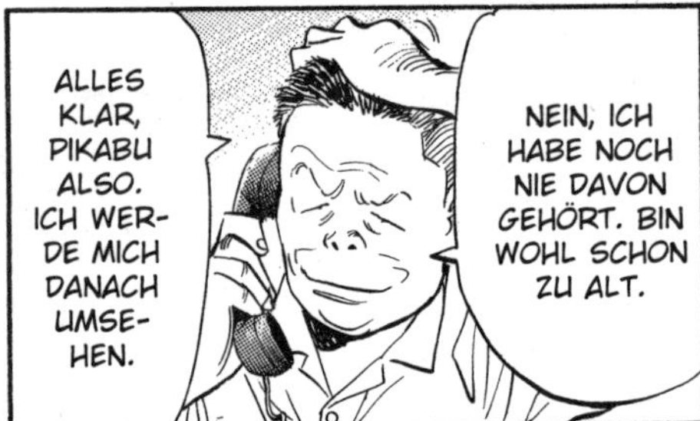
NEIN, ICH HABE NOCH NIE DAVON GEHÖRT. BIN WOHL SCHON ZU ALT.
ALLES KLAR, PIKABU ALSO. ICH WER-DE MICH DANACH UMSE-HEN.

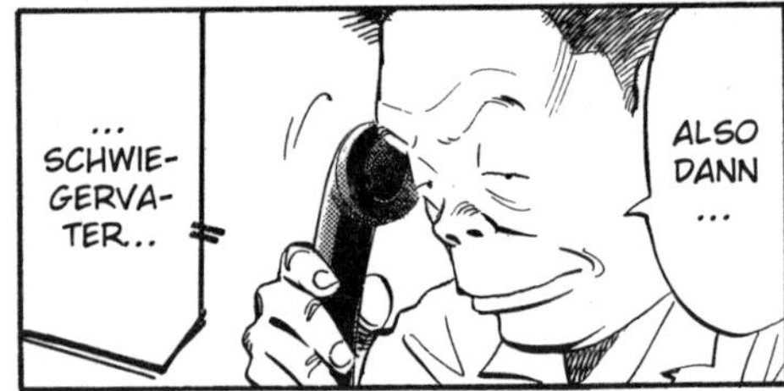
ALSO DANN ...
... SCHWIE-GERVA-TER...

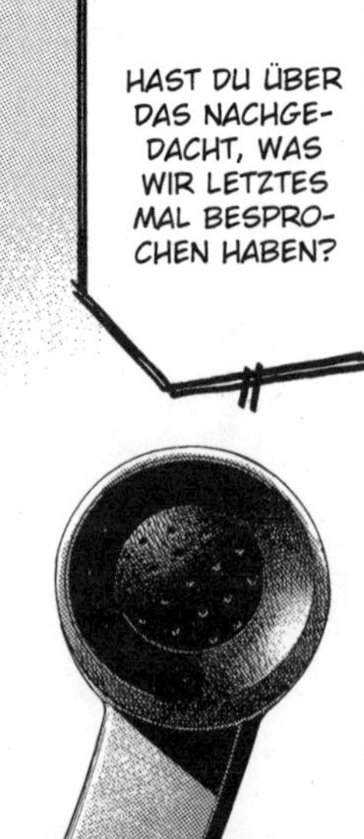
HAST DU ÜBER DAS NACHGE-DACHT, WAS WIR LETZTES MAL BESPRO-CHEN HABEN?

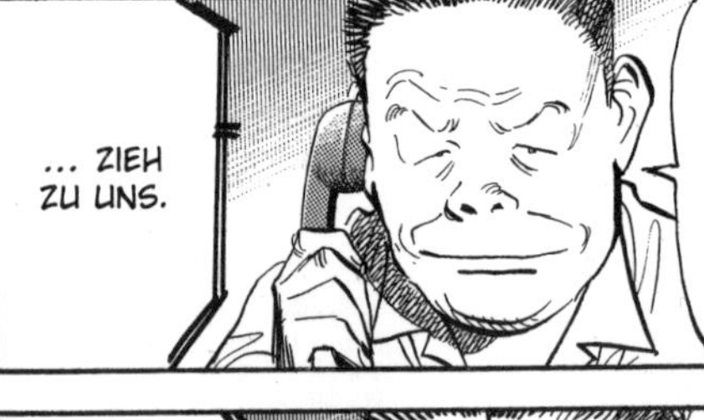
J-JA,.. WEISST DU, HIROYUKI, ICH FREUE MICH WIRKLICH, DASS DU SO DENKST, ABER..
... ZIEH ZU UNS.

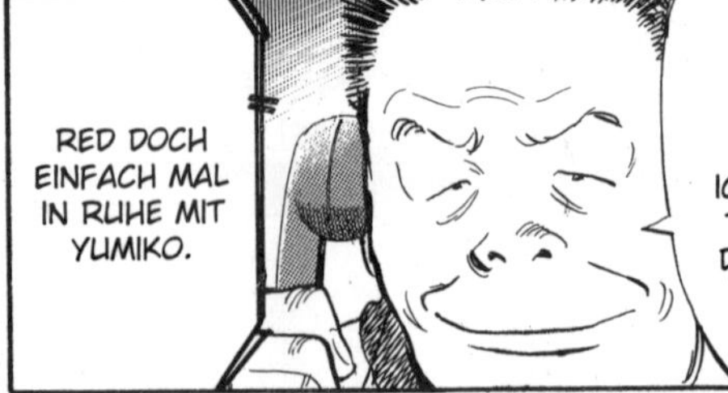
DAS IST WIRKLICH LIEB VON DIR, ABER ICH DENKE, MEINE TOCHTER FÄNDE DAS WOHL NICHT SO GUT.
RED DOCH EINFACH MAL IN RUHE MIT YUMIKO.

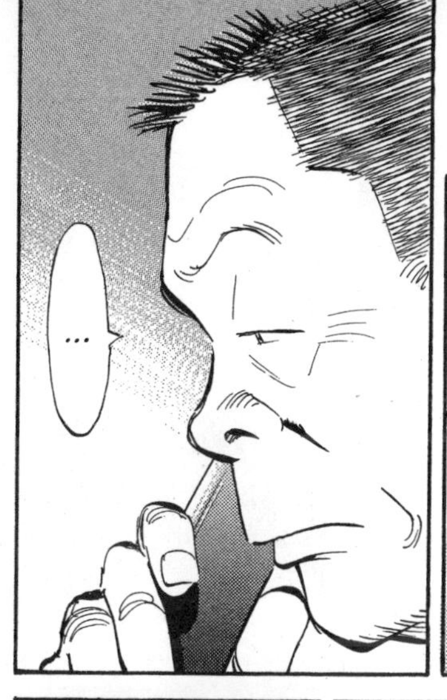
...

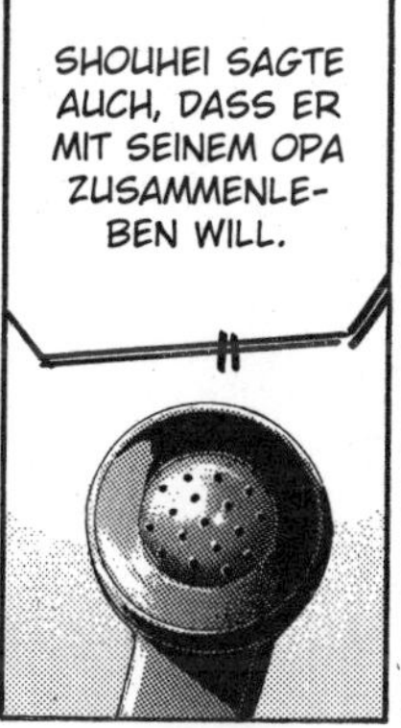
SHOUHEI SAGTE AUCH, DASS ER MIT SEINEM OPA ZUSAMMENLE-BEN WILL.

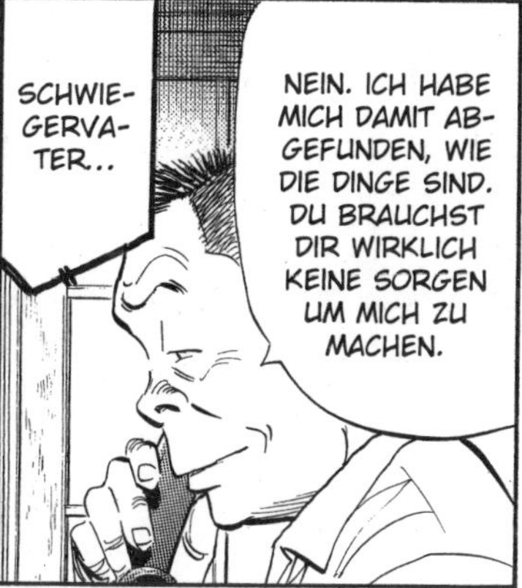
NEIN. ICH HABE MICH DAMIT AB-GEFUNDEN, WIE DIE DINGE SIND. DU BRAUCHST DIR WIRKLICH KEINE SORGEN UM MICH ZU MACHEN.
SCHWIE-GERVA-TER...

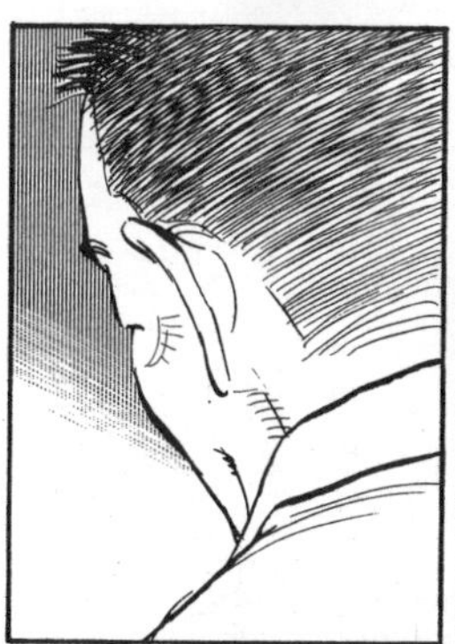

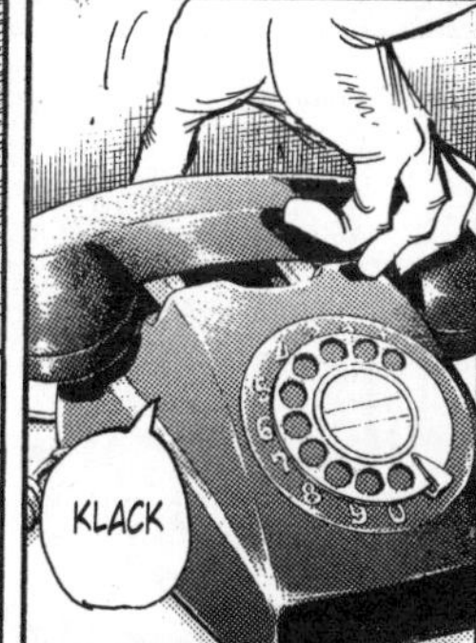
KLACK

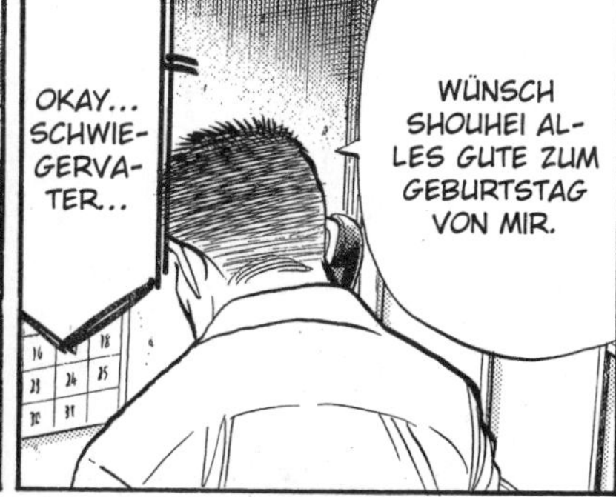
WÜNSCH SHOUHEI AL-LES GUTE ZUM GEBURTSTAG VON MIR.
OKAY... SCHWIE-GERVA-TER...

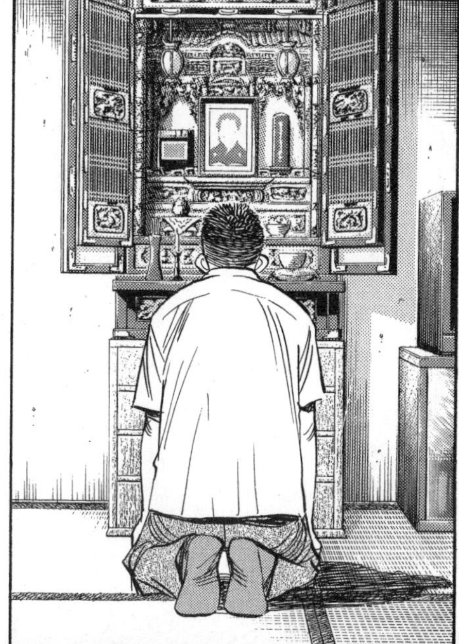

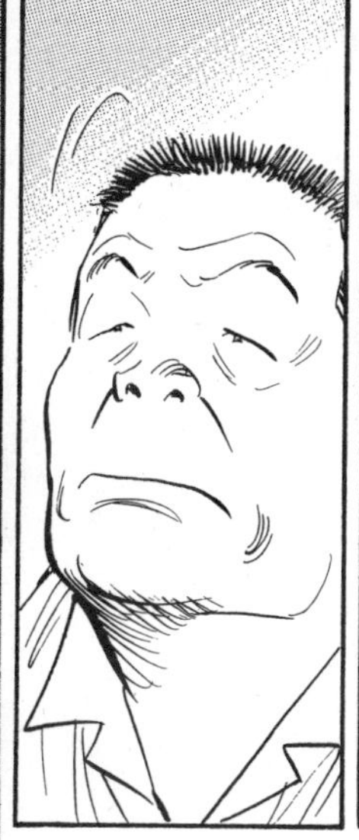

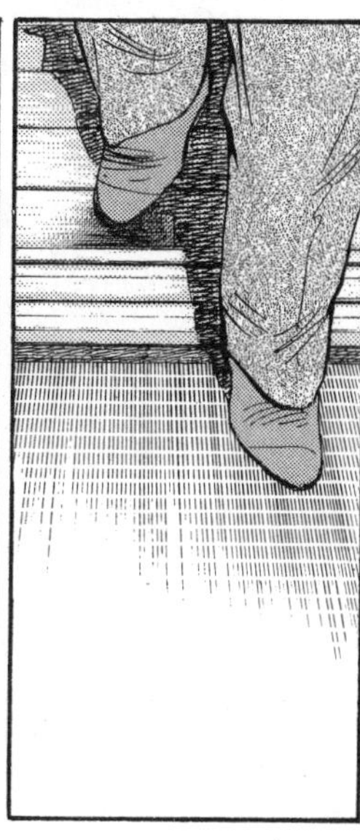

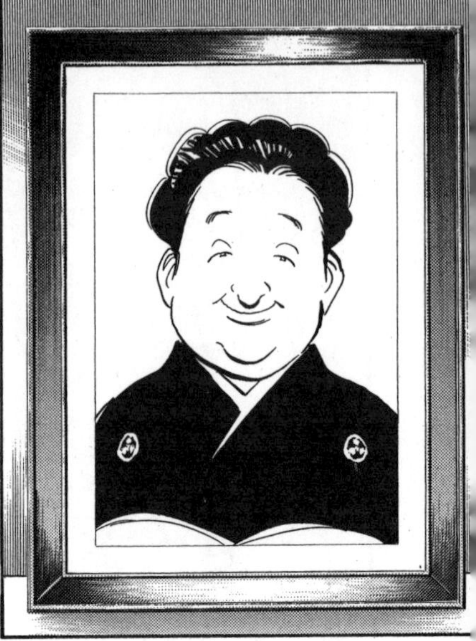
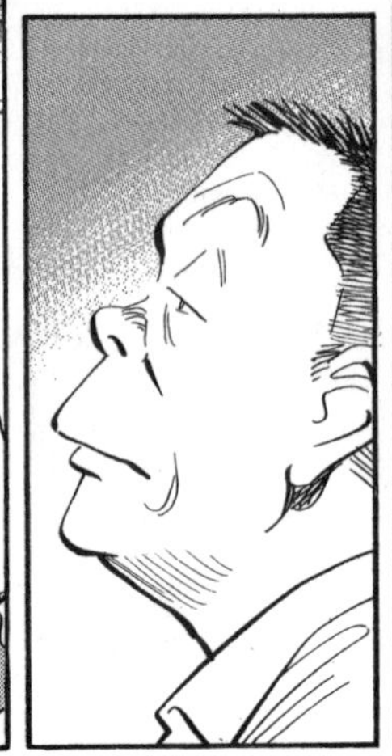
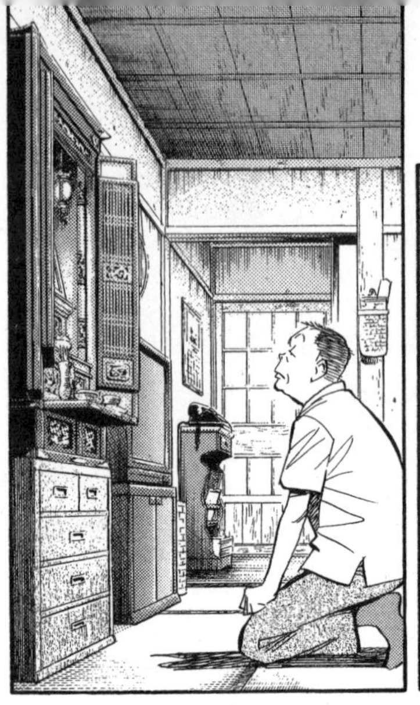

* LANGSAM FAHREN ** POLIZEIREVIER *** SICHERHEIT IM STRASSENVERKEHR

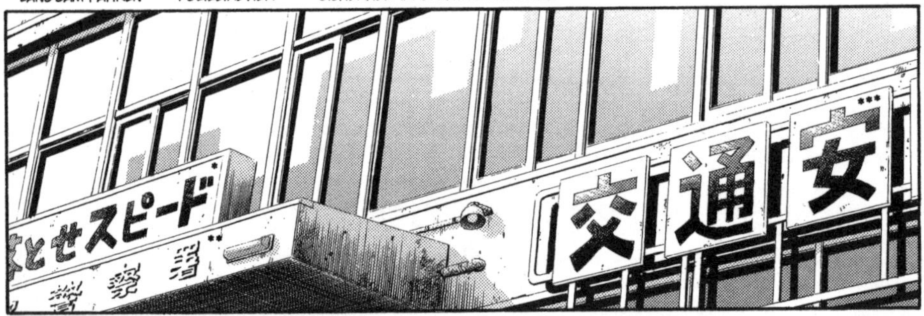

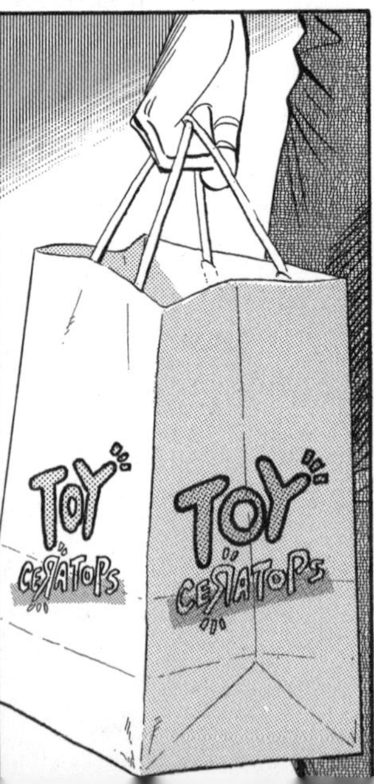

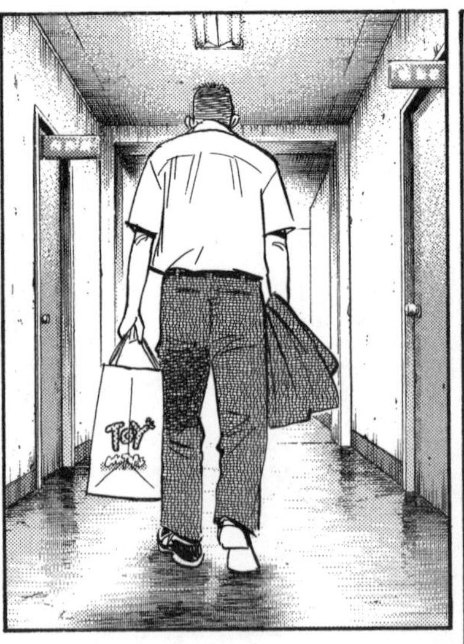

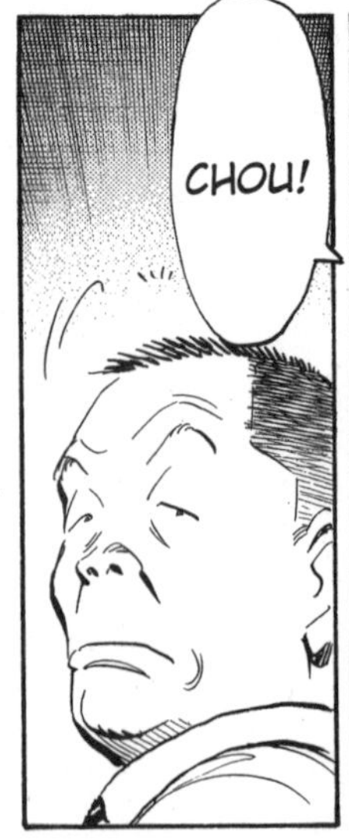

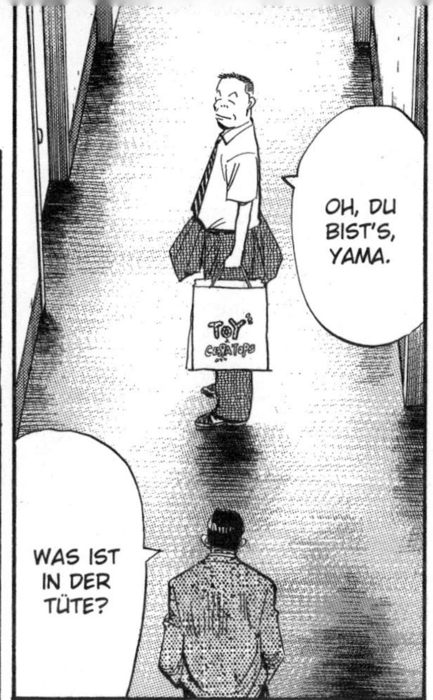
OH, DU BIST'S, YAMA.
WAS IST IN DER TÜTE?

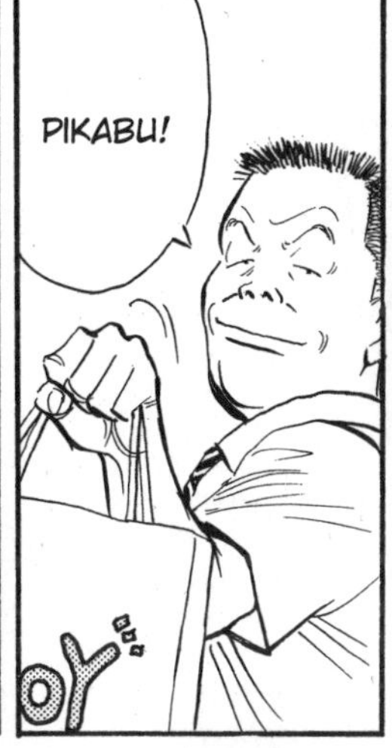
PIKABU!

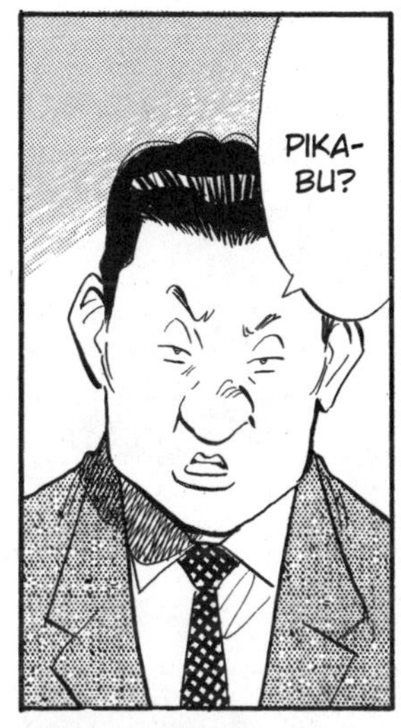
PIKA-BU?

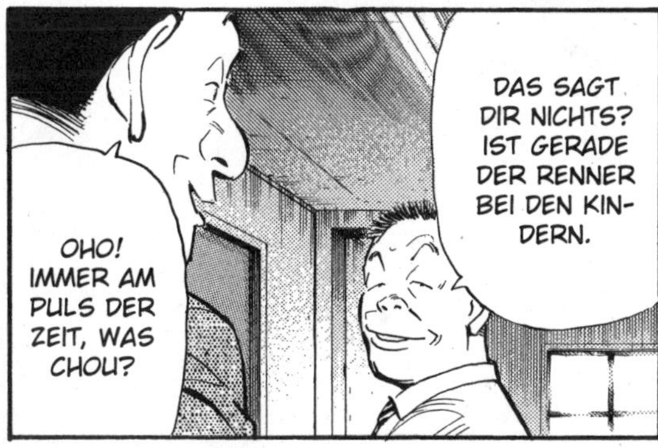
DAS SAGT DIR NICHTS? IST GERADE DER RENNER BEI DEN KINDERN.
OHO! IMMER AM PULS DER ZEIT, WAS CHOU?

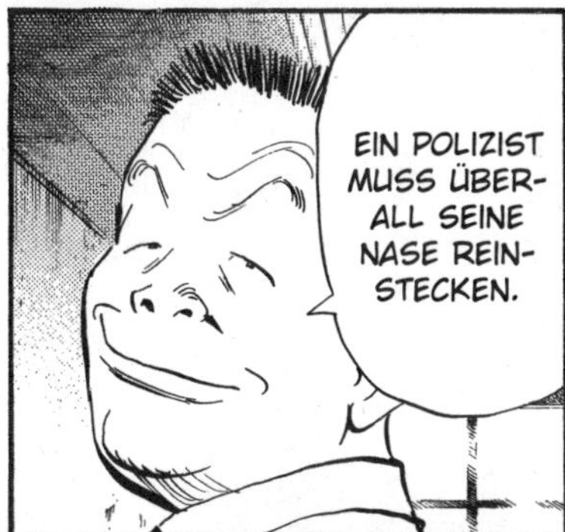
EIN POLIZIST MUSS ÜBERALL SEINE NASE REINSTECKEN.

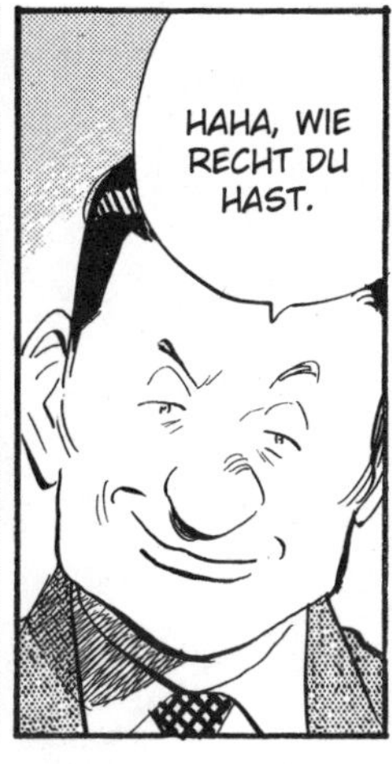
HAHA, WIE RECHT DU HAST.

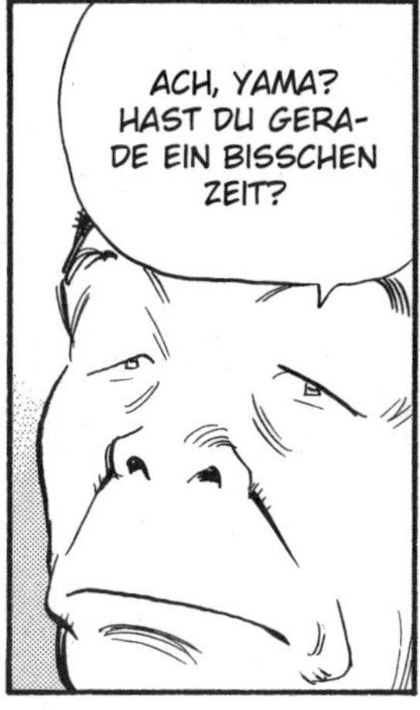
ACH, YAMA? HAST DU GERADE EIN BISSCHEN ZEIT?

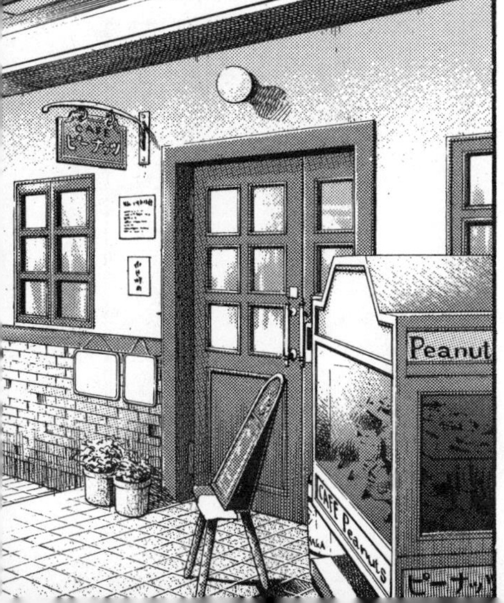
CAFE ピーナッツ
Peanut
CAFE Peanuts
ピーナッツ

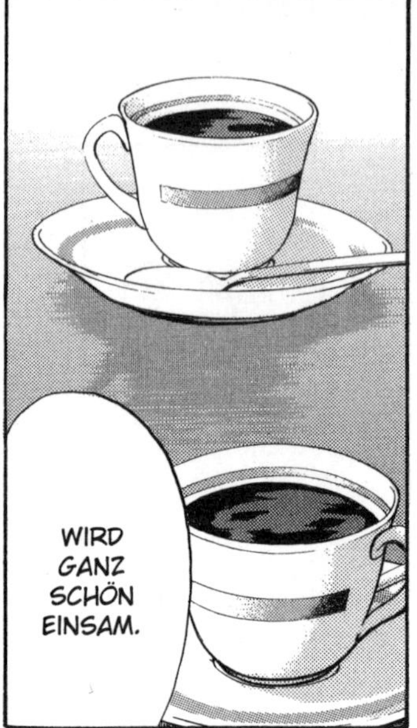
WIRD GANZ SCHÖN EINSAM.

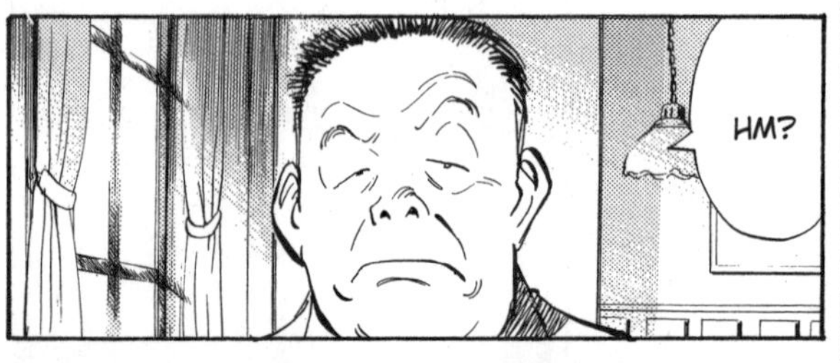
HM?

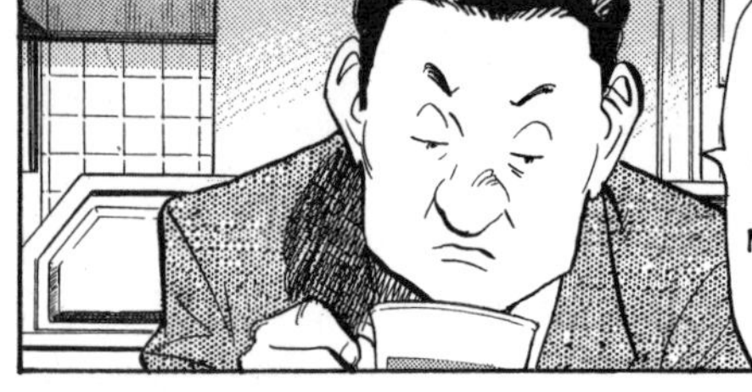
NA JA, NUR NOCH EINE WOCHE BIS ZU DEINER PENSIONIERUNG.

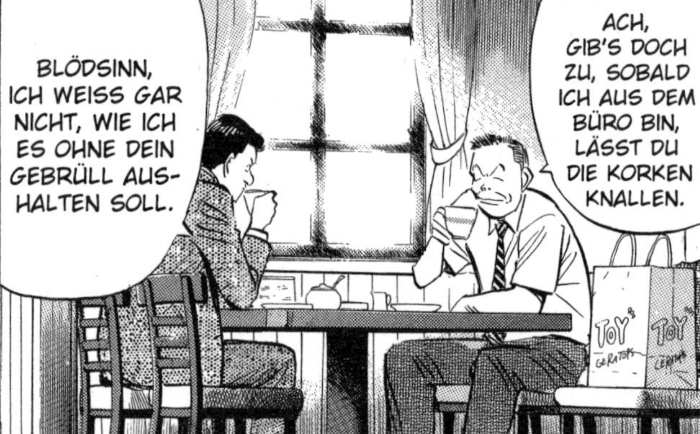
ACH, GIB'S DOCH ZU, SOBALD ICH AUS DEM BÜRO BIN, LÄSST DU DIE KORKEN KNALLEN.
BLÖDSINN, ICH WEISS GAR NICHT, WIE ICH ES OHNE DEIN GEBRÜLL AUSHALTEN SOLL.

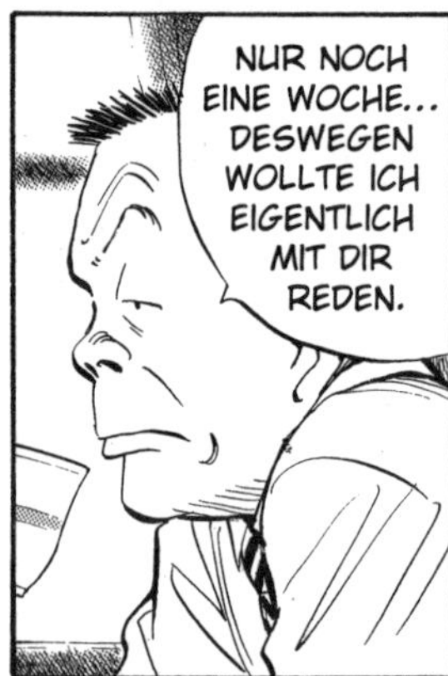
NUR NOCH EINE WOCHE... DESWEGEN WOLLTE ICH EIGENTLICH MIT DIR REDEN.

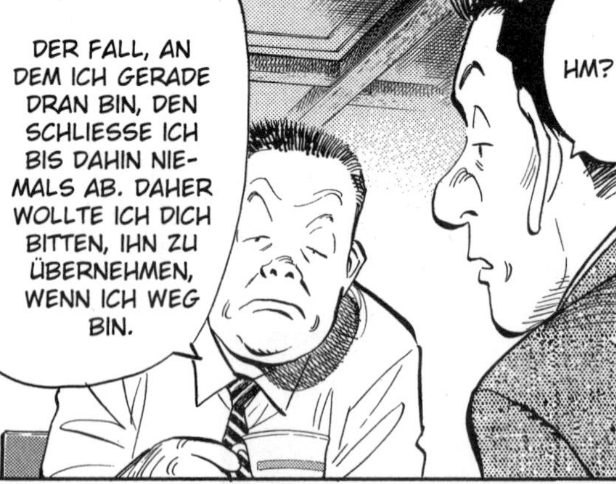
HM?
DER FALL, AN DEM ICH GERADE DRAN BIN, DEN SCHLIESSE ICH BIS DAHIN NIEMALS AB. DAHER WOLLTE ICH DICH BITTEN, IHN ZU ÜBERNEHMEN, WENN ICH WEG BIN.

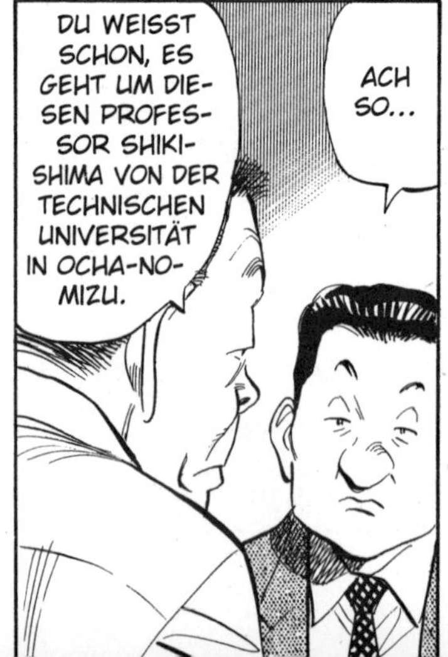
ACH SO...
DU WEISST SCHON, ES GEHT UM DIESEN PROFESSOR SHIKISHIMA VON DER TECHNISCHEN UNIVERSITÄT IN OCHA-NOMIZU.

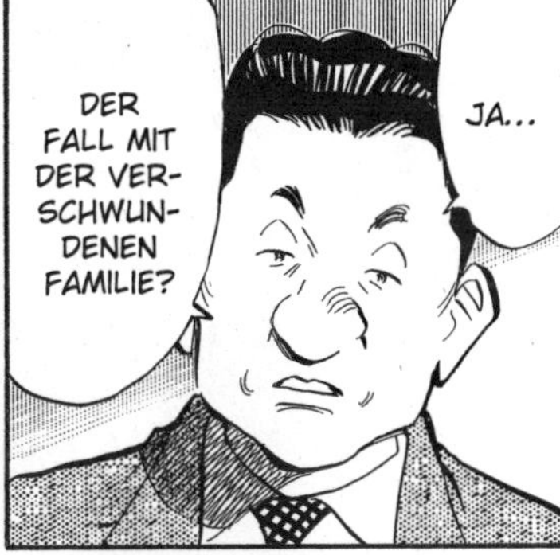
JA...
DER FALL MIT DER VERSCHWUNDENEN FAMILIE?

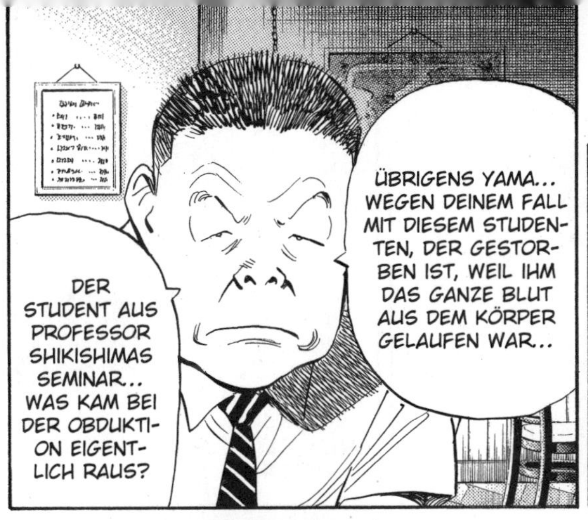
ÜBRIGENS YAMA... WEGEN DEINEM FALL MIT DIESEM STUDENTEN, DER GESTORBEN IST, WEIL IHM DAS GANZE BLUT AUS DEM KÖRPER GELAUFEN WAR...
DER STUDENT AUS PROFESSOR SHIKISHIMAS SEMINAR... WAS KAM BEI DER OBDUKTION EIGENTLICH RAUS?

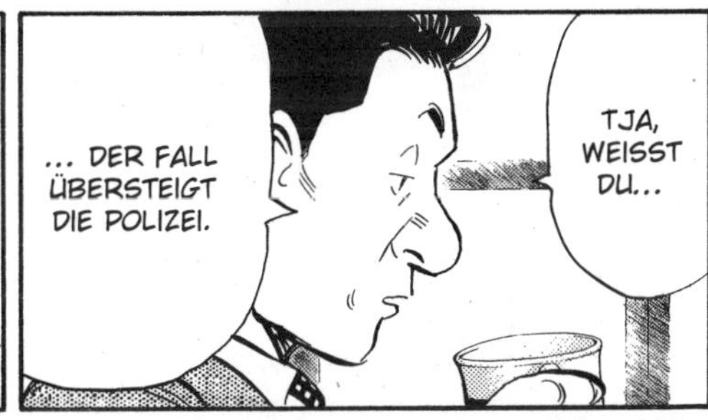
TJA, WEISST DU...
... DER FALL ÜBERSTEIGT DIE POLIZEI.

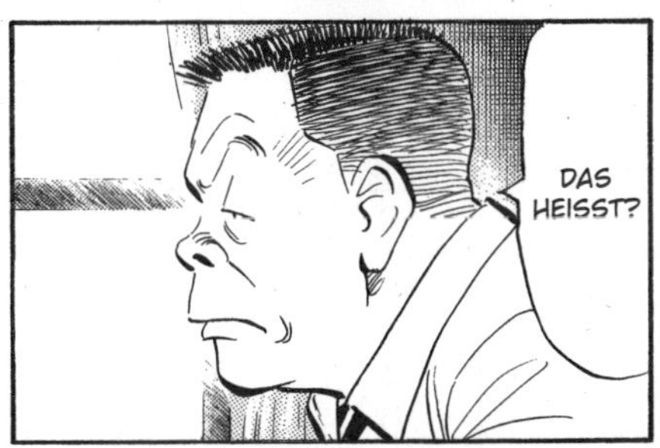
DAS HEISST?

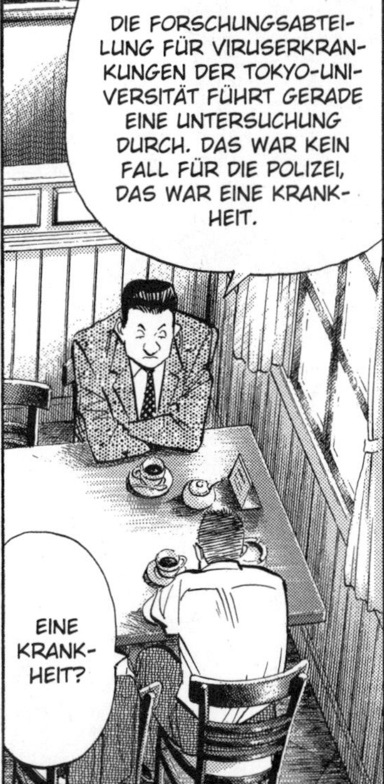
DIE FORSCHUNGSABTEILUNG FÜR VIRUSERKRANKUNGEN DER TOKYO-UNIVERSITÄT FÜHRT GERADE EINE UNTERSUCHUNG DURCH. DAS WAR KEIN FALL FÜR DIE POLIZEI, DAS WAR EINE KRANKHEIT.
EINE KRANKHEIT?

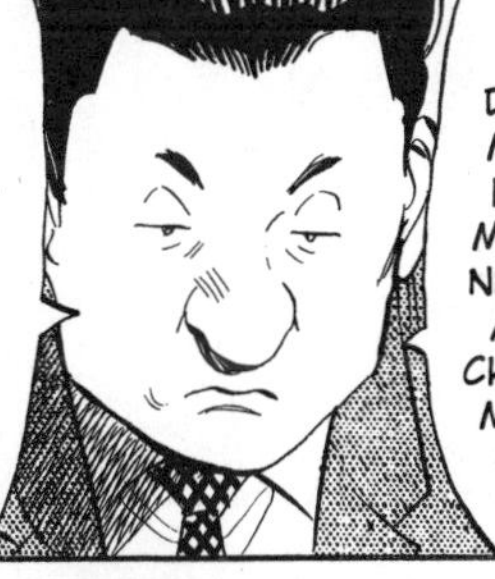
DIE SYMPTOME STIMMEN HAARGENAU MIT DENEN EINER IN AFRIKA AUSGEBROCHENEN EPIDEMIE ÜBEREIN.

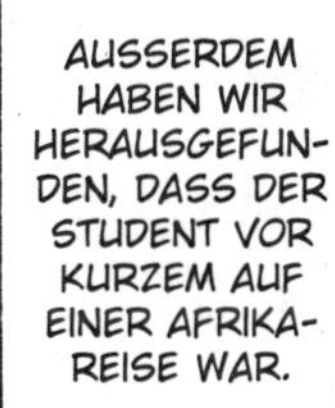
AUSSERDEM HABEN WIR HERAUSGEFUNDEN, DASS DER STUDENT VOR KURZEM AUF EINER AFRIKAREISE WAR.

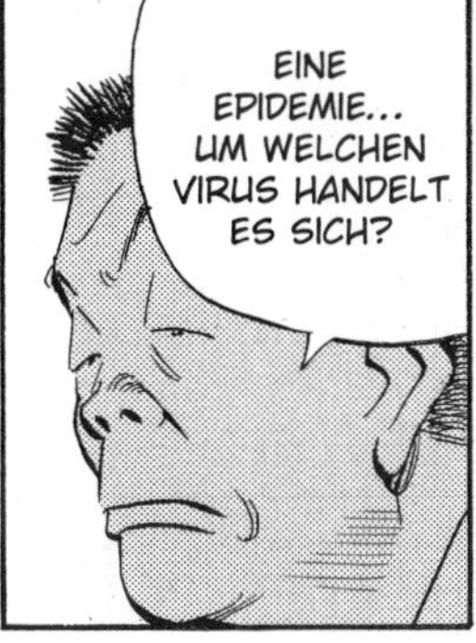
EINE EPIDEMIE... UM WELCHEN VIRUS HANDELT ES SICH?

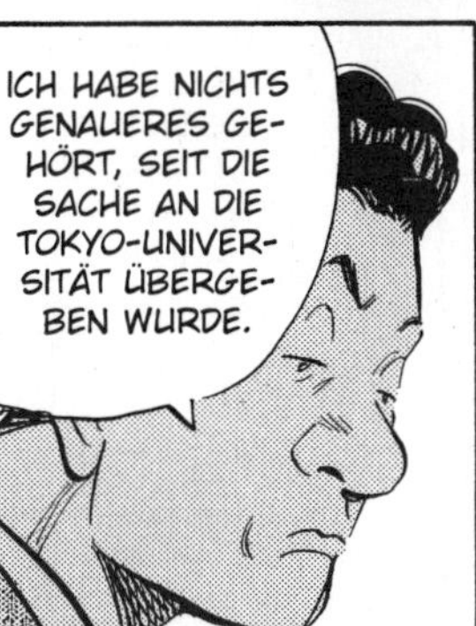
ICH HABE NICHTS GENAUERES GEHÖRT, SEIT DIE SACHE AN DIE TOKYO-UNIVERSITÄT ÜBERGEBEN WURDE.

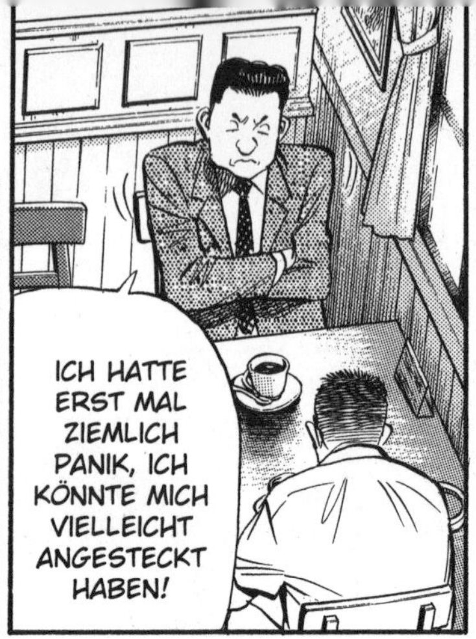
ICH HATTE ERST MAL ZIEMLICH PANIK, ICH KÖNNTE MICH VIELLEICHT ANGESTECKT HABEN!

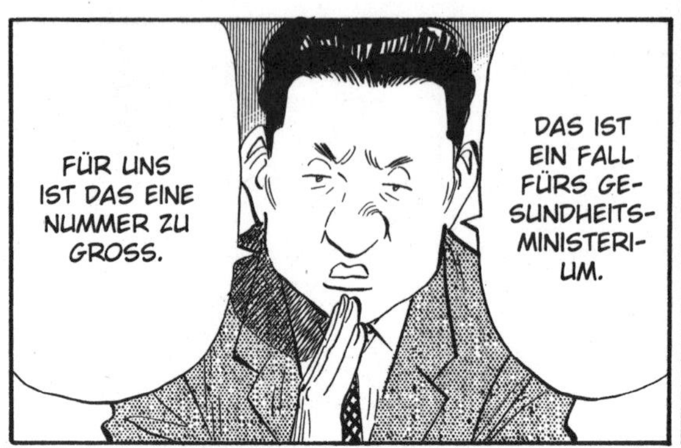
DAS IST EIN FALL FÜRS GESUNDHEITSMINISTERIUM.
FÜR UNS IST DAS EINE NUMMER ZU GROSS.

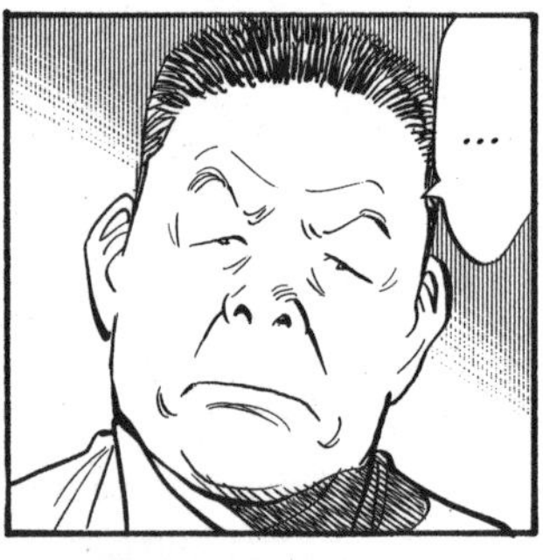
...

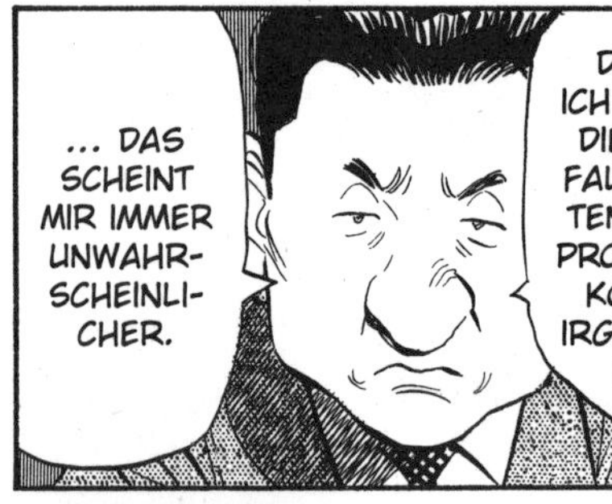
DAMALS ÄUSSERTE ICH DIR GEGENÜBER JA DIE VERMUTUNG, DER FALL MIT DEM STUDENTEN UND DER FALL MIT PROFESSOR SHIKISHIMA KÖNNTEN VIELLEICHT IRGENDWIE ZUSAMMENHÄNGEN, ABER..
... DAS SCHEINT MIR IMMER UNWAHRSCHEINLICHER.

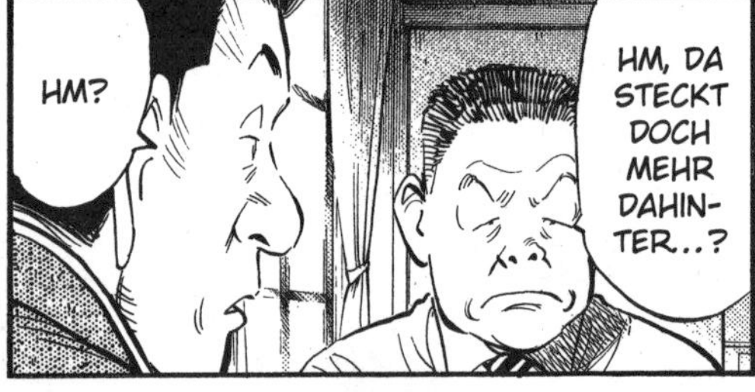
HM, DA STECKT DOCH MEHR DAHINTER...?
HM?

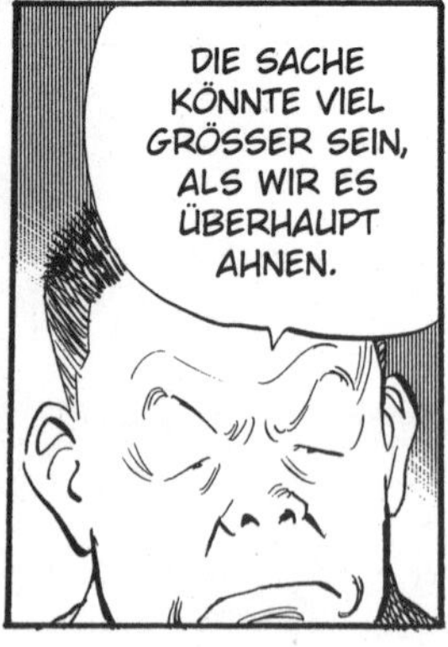
DIE SACHE KÖNNTE VIEL GRÖSSER SEIN, ALS WIR ES ÜBERHAUPT AHNEN.

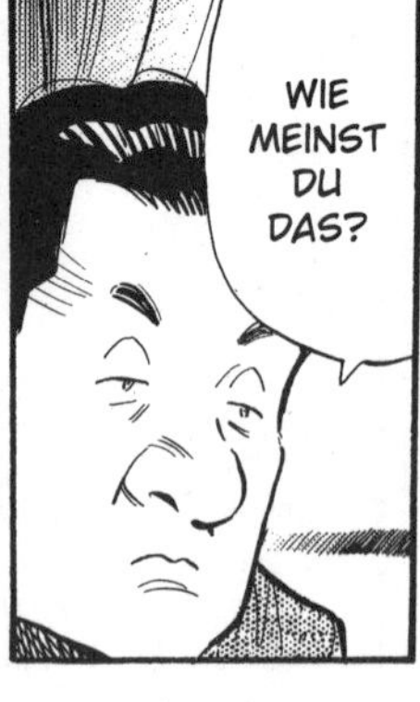
WIE MEINST DU DAS?

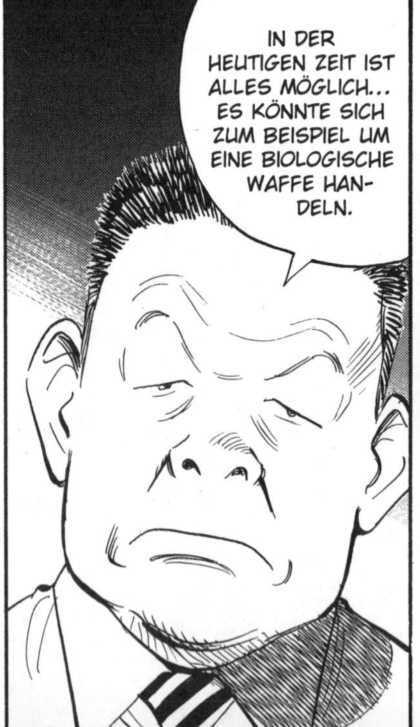
IN DER HEUTIGEN ZEIT IST ALLES MÖGLICH... ES KÖNNTE SICH ZUM BEISPIEL UM EINE BIOLOGISCHE WAFFE HANDELN.

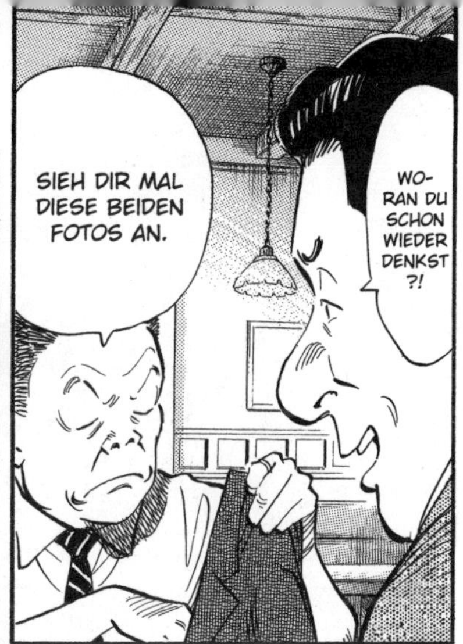
SIEH DIR MAL DIESE BEIDEN FOTOS AN.
WO-RAN DU SCHON WIEDER DENKST ?!
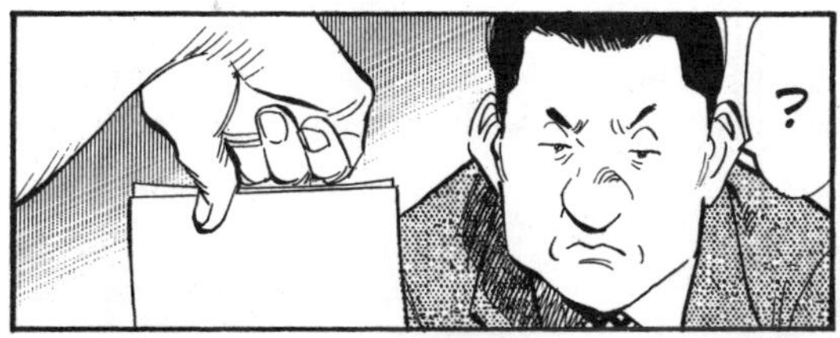
?
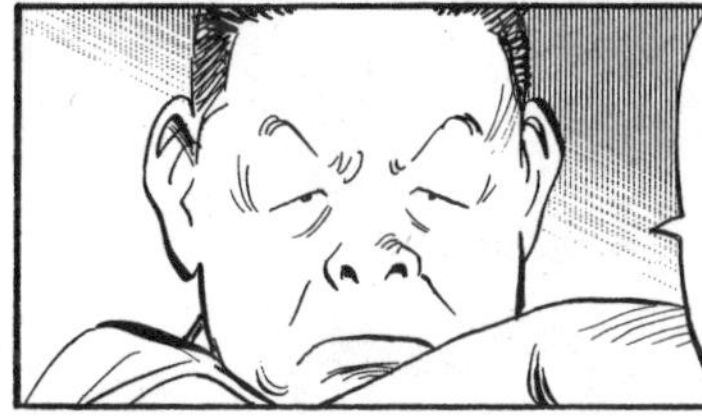
DIESES HIER IST VOR SHIKISHIMAS KÜCHENTÜR AUFGENOMMEN WORDEN.
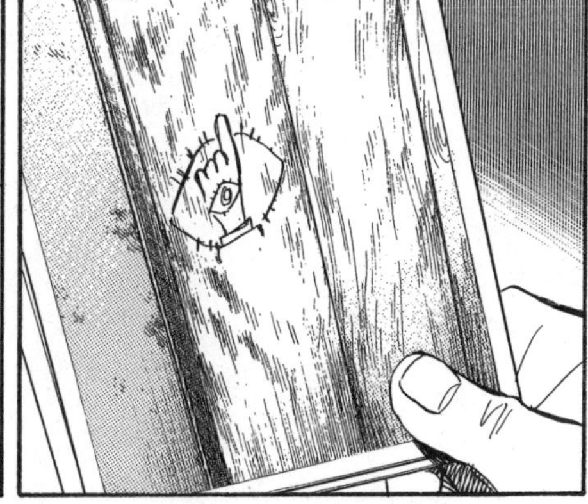
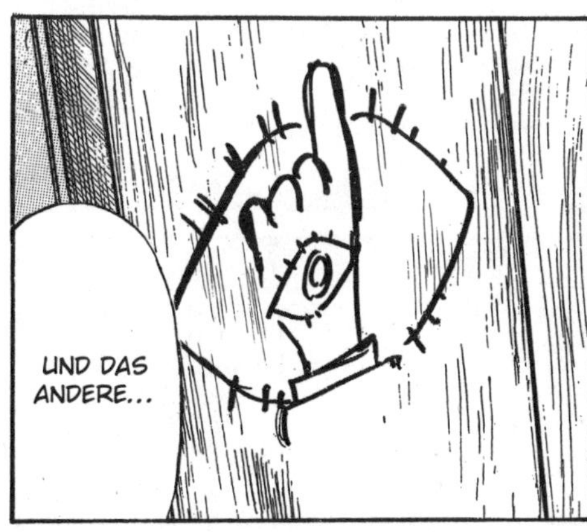
UND DAS ANDERE...
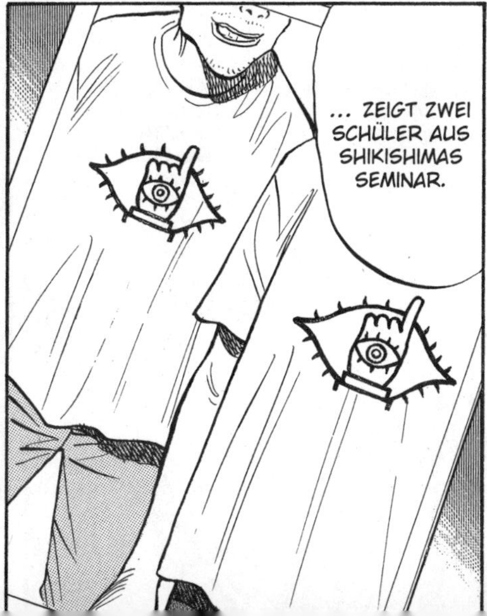
... ZEIGT ZWEI SCHÜLER AUS SHIKISHIMAS SEMINAR.
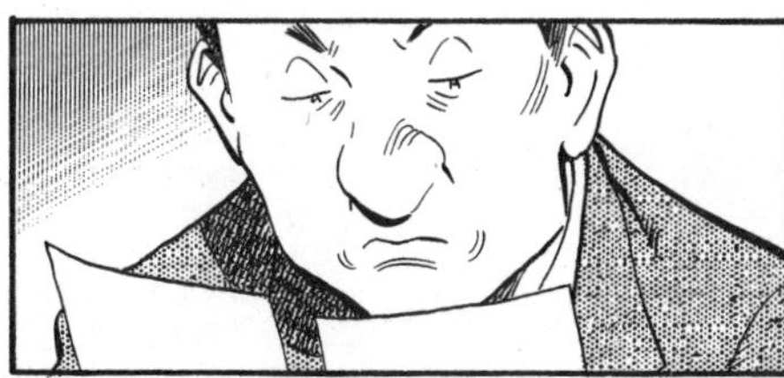
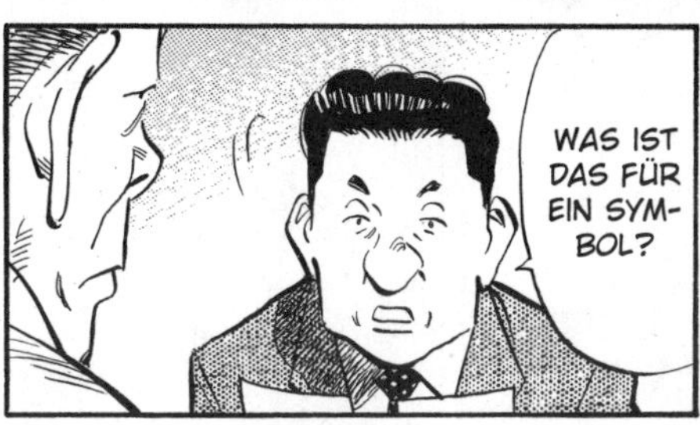
WAS IST DAS FÜR EIN SYM-BOL?

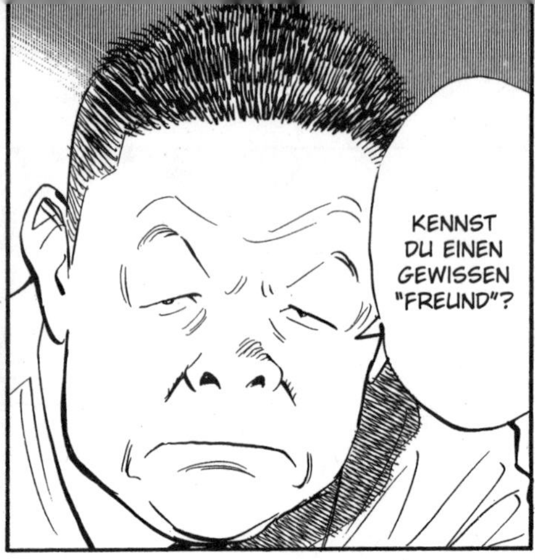
KENNST DU EINEN GEWISSEN "FREUND"?

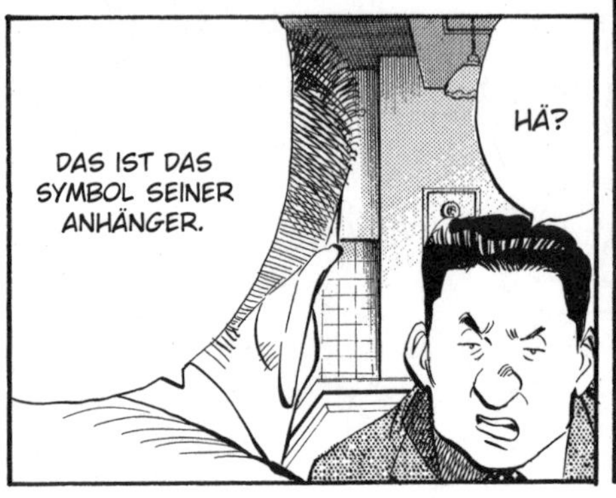
HÄ?
DAS IST DAS SYMBOL SEINER ANHÄNGER.

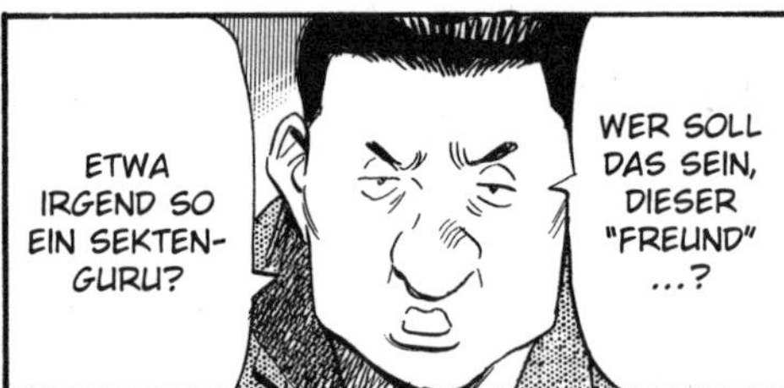
WER SOLL DAS SEIN, DIESER "FREUND" ...?
ETWA IRGEND SO EIN SEKTEN-GURU?

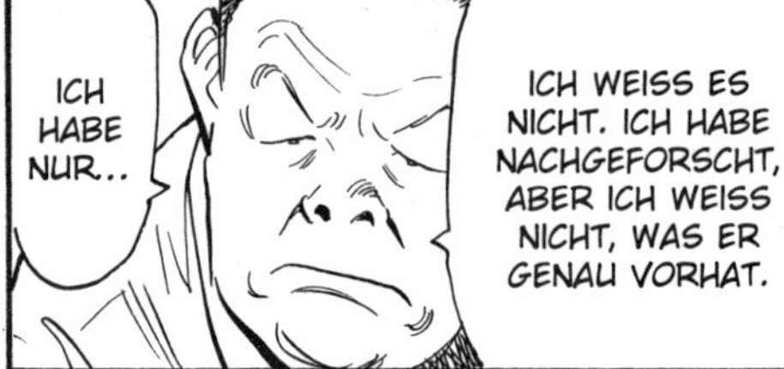
ICH WEISS ES NICHT. ICH HABE NACHGEFORSCHT, ABER ICH WEISS NICHT, WAS ER GENAU VORHAT.
ICH HABE NUR...

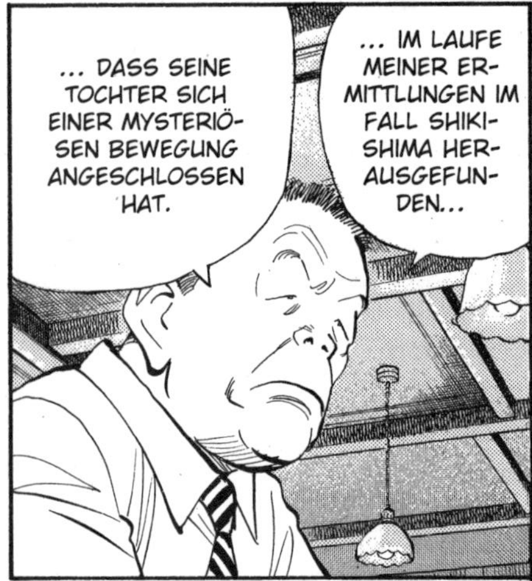
... IM LAUFE MEINER ER-MITTLUNGEN IM FALL SHIKI-SHIMA HER-AUSGEFUN-DEN...
... DASS SEINE TOCHTER SICH EINER MYSTERIÖ-SEN BEWEGUNG ANGESCHLOSSEN HAT.

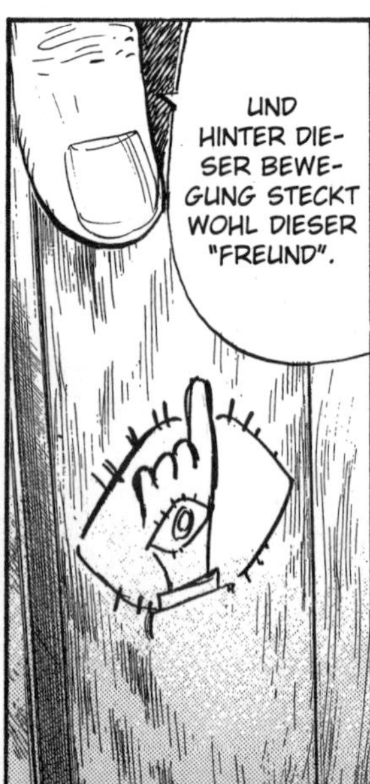
UND HINTER DIE-SER BEWE-GUNG STECKT WOHL DIESER "FREUND".

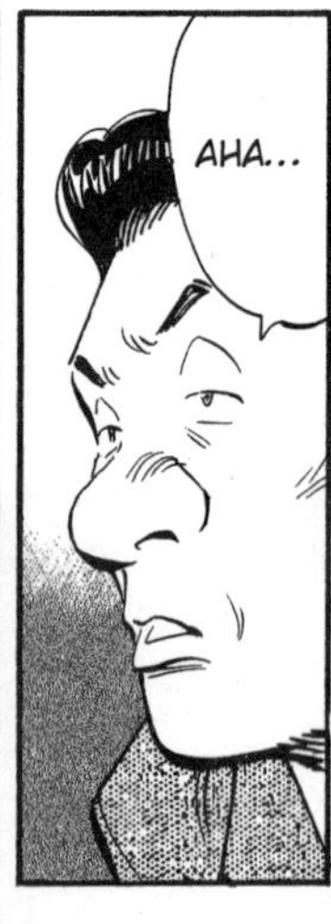
AHA...

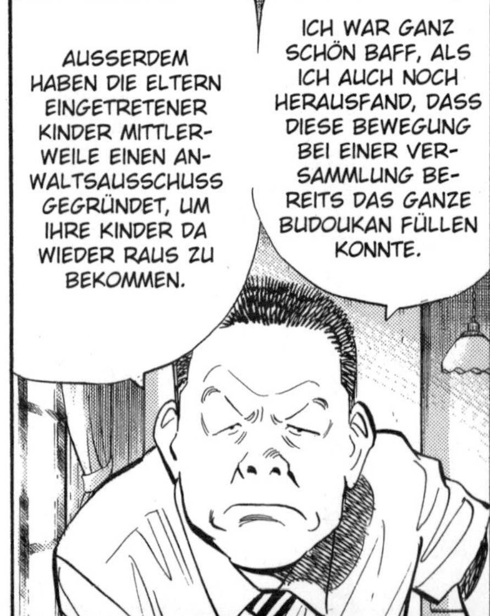
ICH WAR GANZ SCHÖN BAFF, ALS ICH AUCH NOCH HERAUSFAND, DASS DIESE BEWEGUNG BEI EINER VER-SAMMLUNG BE-REITS DAS GANZE BUDOUKAN FÜLLEN KONNTE.
AUSSERDEM HABEN DIE ELTERN EINGETRETENER KINDER MITTLER-WEILE EINEN AN-WALTSAUSSCHUSS GEGRÜNDET, UM IHRE KINDER DA WIEDER RAUS ZU BEKOMMEN.

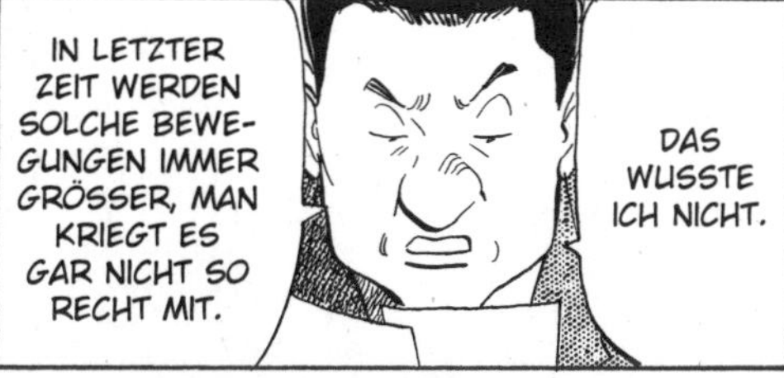
DAS WUSSTE ICH NICHT.
IN LETZTER ZEIT WERDEN SOLCHE BEWE-GUNGEN IMMER GRÖSSER, MAN KRIEGT ES GAR NICHT SO RECHT MIT.

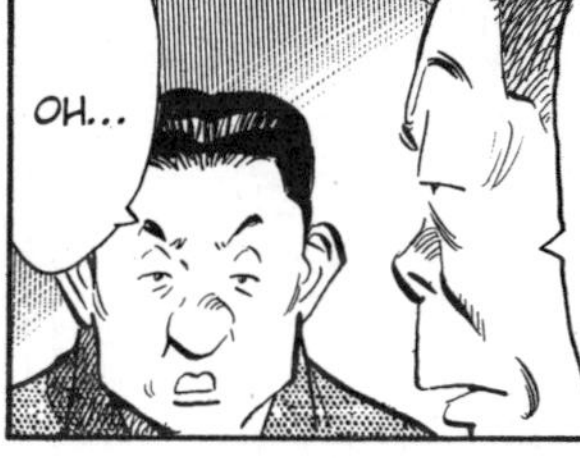
ICH HABE JE-DENFALLS EINEN SEKTENFORSCHER BESUCHT, UM EIN BISSCHEN MEHR ÜBER DIESEN "FREUND" ZU ERFAHREN.
OH...

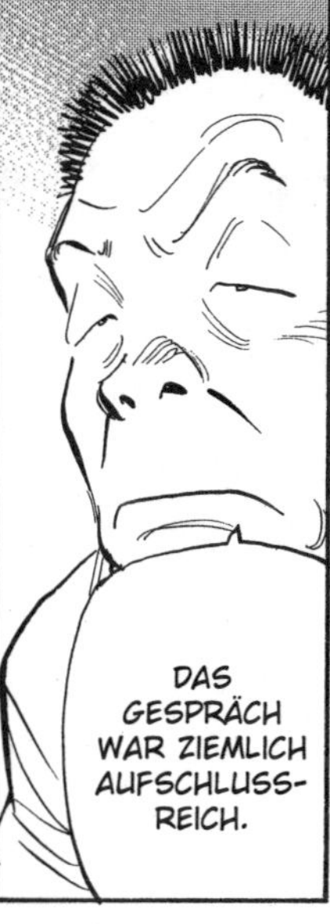
DAS GESPRÄCH WAR ZIEMLICH AUFSCHLUSS-REICH.

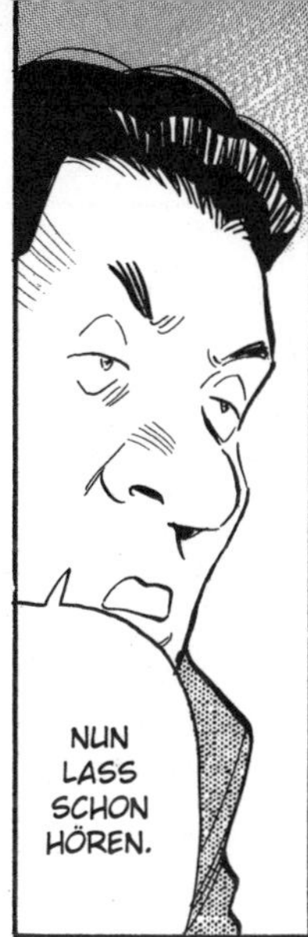
NUN LASS SCHON HÖREN.

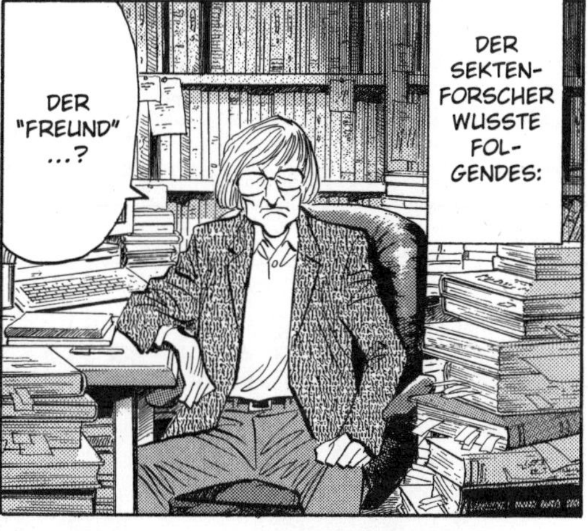
DER SEKTEN-FORSCHER WUSSTE FOL-GENDES:
DER "FREUND" ...?

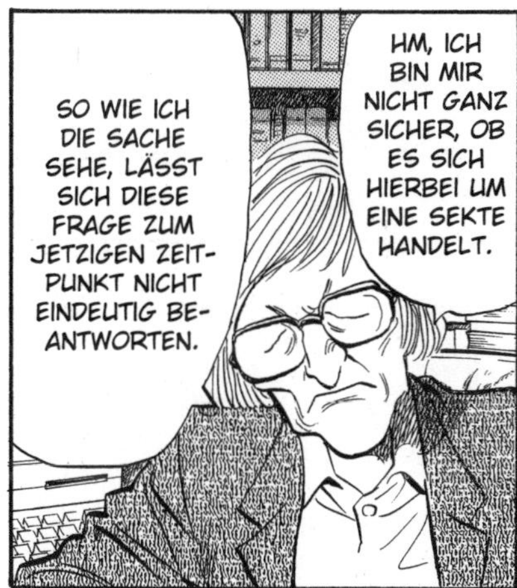
HM, ICH BIN MIR NICHT GANZ SICHER, OB ES SICH HIERBEI UM EINE SEKTE HANDELT.
SO WIE ICH DIE SACHE SEHE, LÄSST SICH DIESE FRAGE ZUM JETZIGEN ZEIT-PUNKT NICHT EINDEUTIG BE-ANTWORTEN.

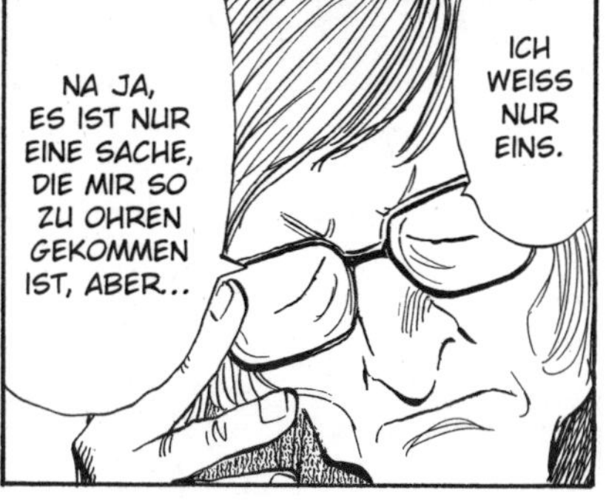
ICH WEISS NUR EINS.
NA JA, ES IST NUR EINE SACHE, DIE MIR SO ZU OHREN GEKOMMEN IST, ABER...

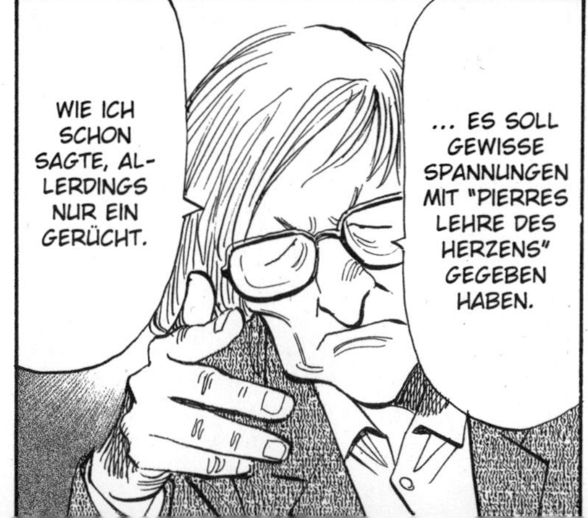
... ES SOLL GEWISSE SPANNUNGEN MIT "PIERRES LEHRE DES HERZENS" GEGEBEN HABEN.
WIE ICH SCHON SAGTE, AL-LERDINGS NUR EIN GERÜCHT.

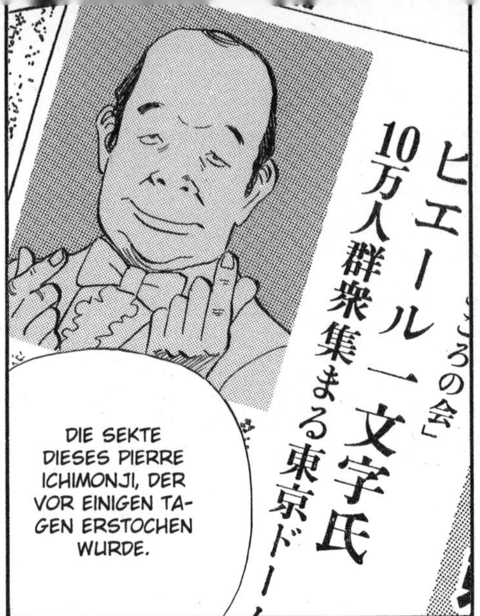

ピエール一文字氏
10万人群衆集まる東京ド
DIE SEKTE DIESES PIERRE ICHIMONJI, DER VOR EINIGEN TA-GEN ERSTOCHEN WURDE.

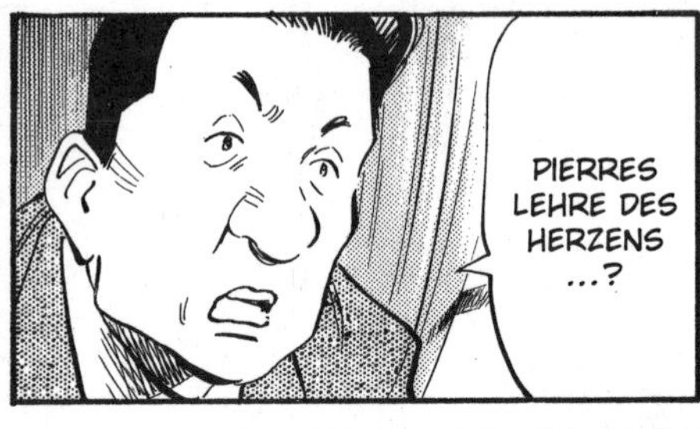

PIERRES LEHRE DES HERZENS ...?

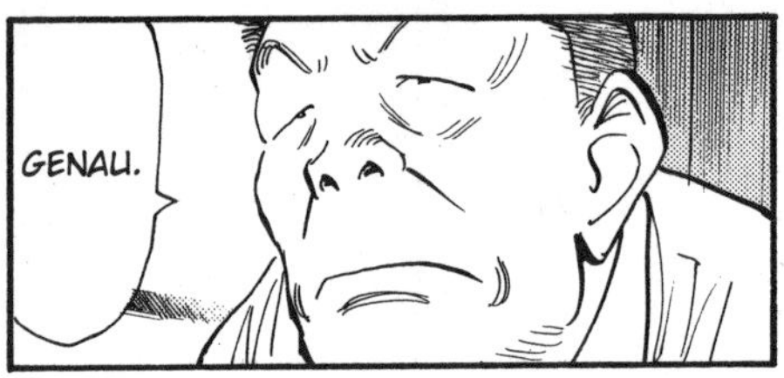

GENAU.

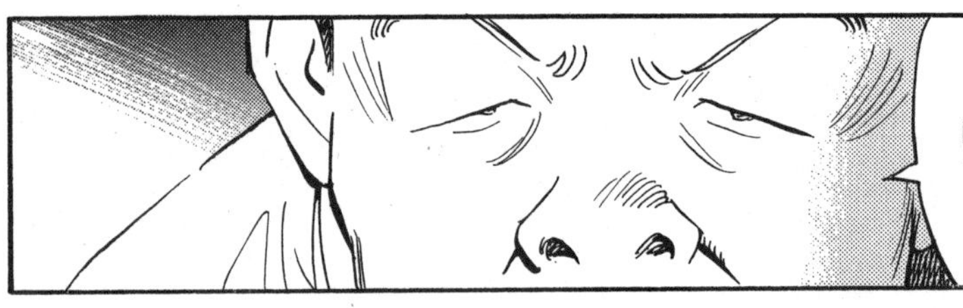

DARAUFHIN GING ICH ZUM SITZ VON "PIERRES LEHRE DES HERZENS".

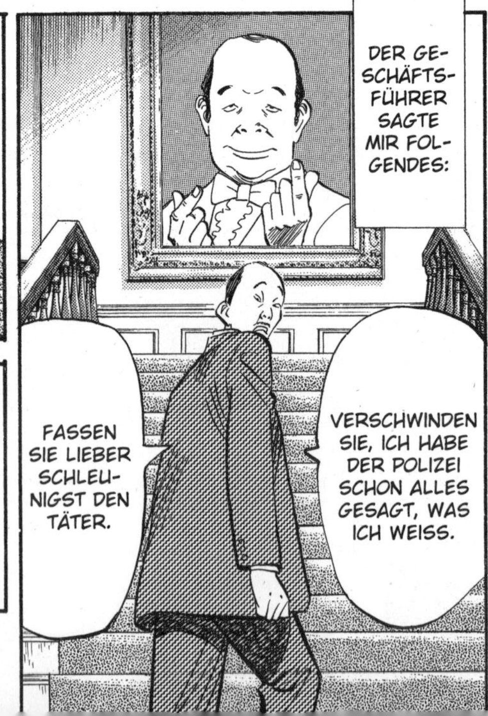

DER GE-SCHÄFTS-FÜHRER SAGTE MIR FOL-GENDES:
VERSCHWINDEN SIE, ICH HABE DER POLIZEI SCHON ALLES GESAGT, WAS ICH WEISS.
FASSEN SIE LIEBER SCHLEU-NIGST DEN TÄTER.

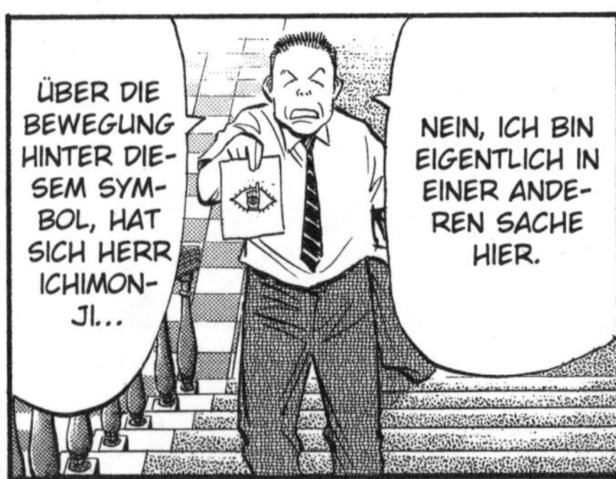

NEIN, ICH BIN EIGENTLICH IN EINER ANDE-REN SACHE HIER.
ÜBER DIE BEWEGUNG HINTER DIE-SEM SYM-BOL, HAT SICH HERR ICHIMON-JI...

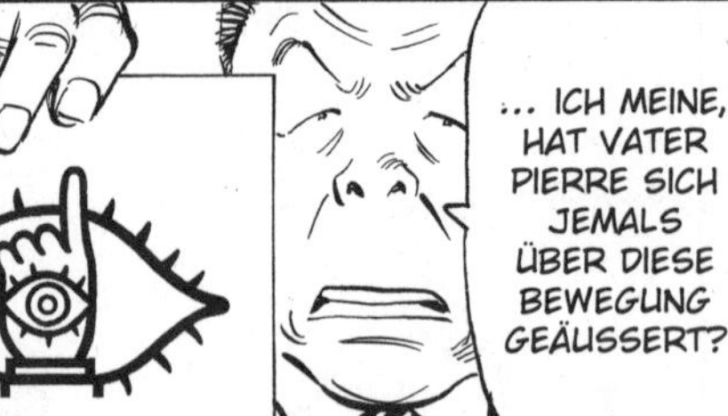

... ICH MEINE, HAT VATER PIERRE SICH JEMALS ÜBER DIESE BEWEGUNG GEÄUSSERT?

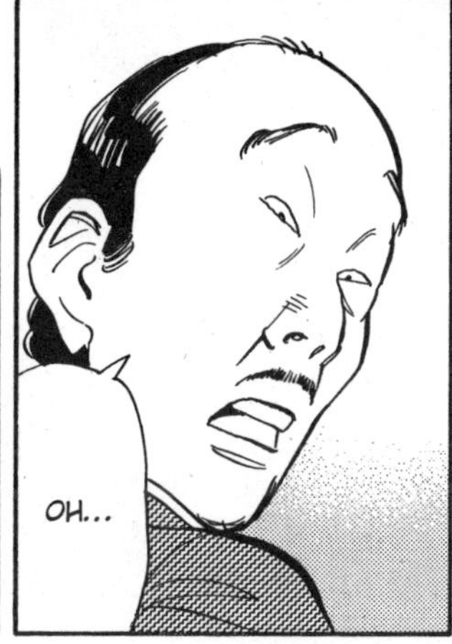
OH...

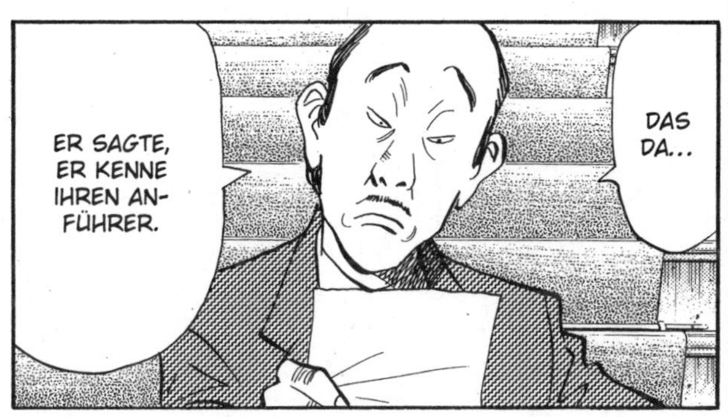
DAS DA...
ER SAGTE, ER KENNE IHREN ANFÜHRER.

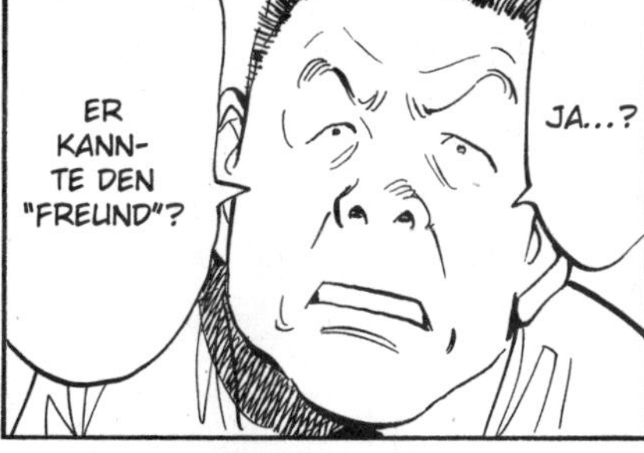
JA...?
ER KANNTE DEN "FREUND"?

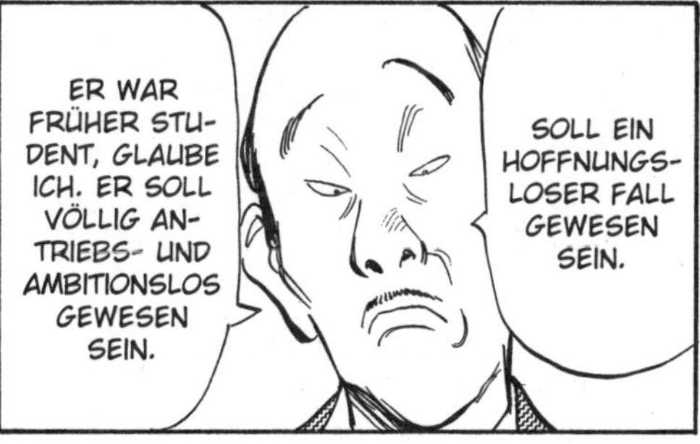
SOLL EIN HOFFNUNGSLOSER FALL GEWESEN SEIN.
ER WAR FRÜHER STUDENT, GLAUBE ICH. ER SOLL VÖLLIG ANTRIEBS- UND AMBITIONSLOS GEWESEN SEIN.

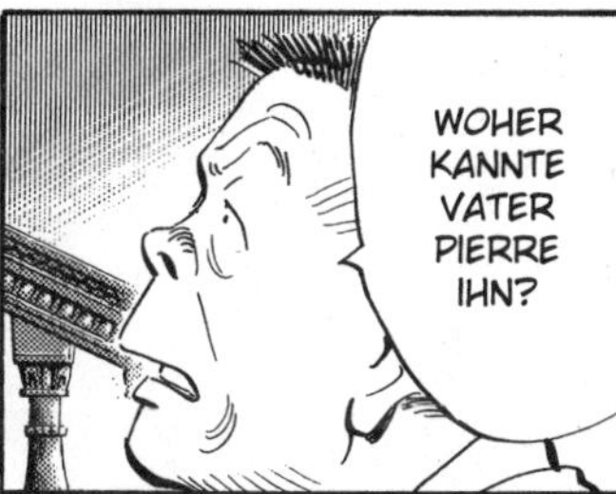
WOHER KANNTE VATER PIERRE IHN?

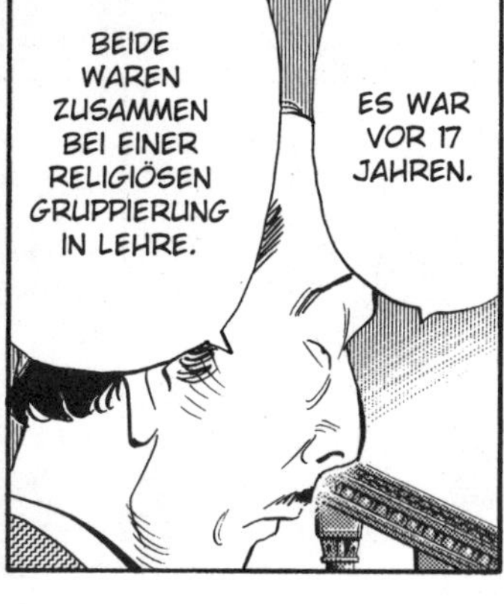
ES WAR VOR 17 JAHREN.
BEIDE WAREN ZUSAMMEN BEI EINER RELIGIÖSEN GRUPPIERUNG IN LEHRE.

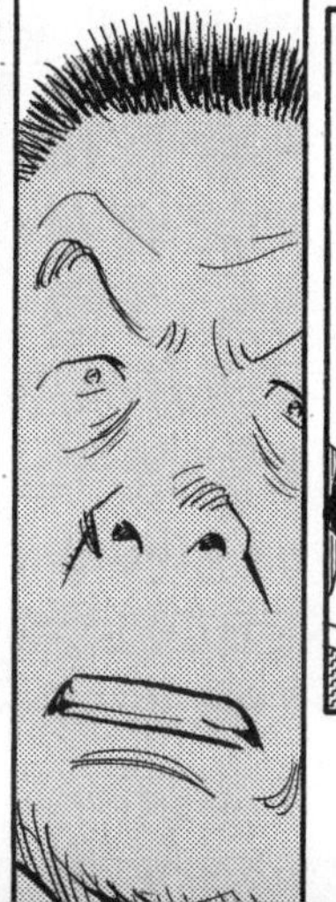
BEI EINER RELIGIÖSEN GRUPPIERUNG IN LEHRE...?

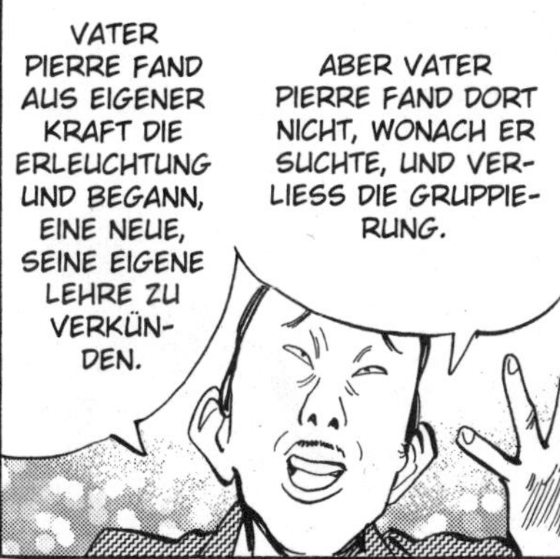
ABER VATER PIERRE FAND DORT NICHT, WONACH ER SUCHTE, UND VERLIESS DIE GRUPPIERUNG.
VATER PIERRE FAND AUS EIGENER KRAFT DIE ERLEUCHTUNG UND BEGANN, EINE NEUE, SEINE EIGENE LEHRE ZU VERKÜNDEN.

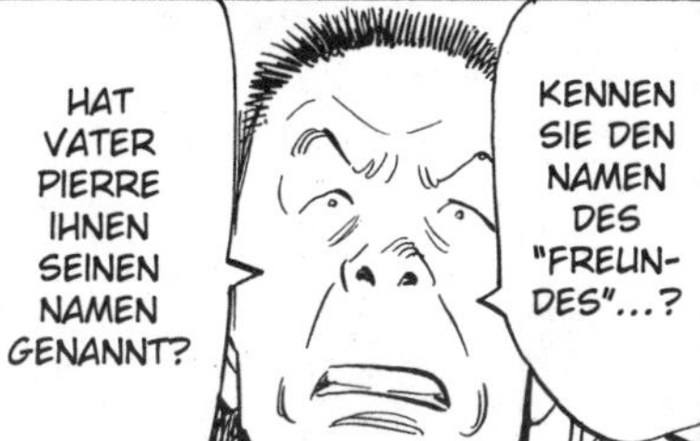
KENNEN SIE DEN NAMEN DES "FREUNDES"...?
HAT VATER PIERRE IHNEN SEINEN NAMEN GENANNT?

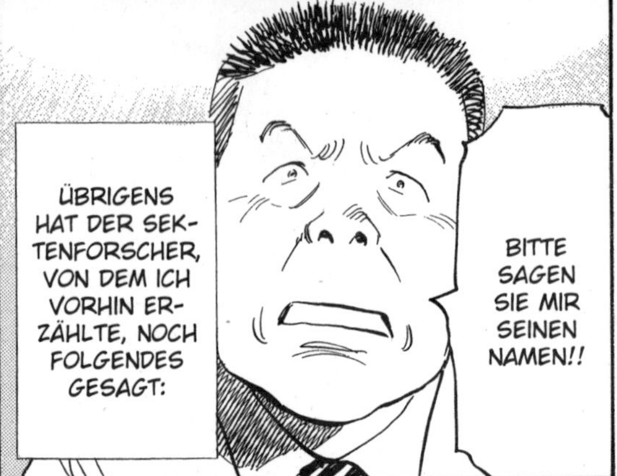

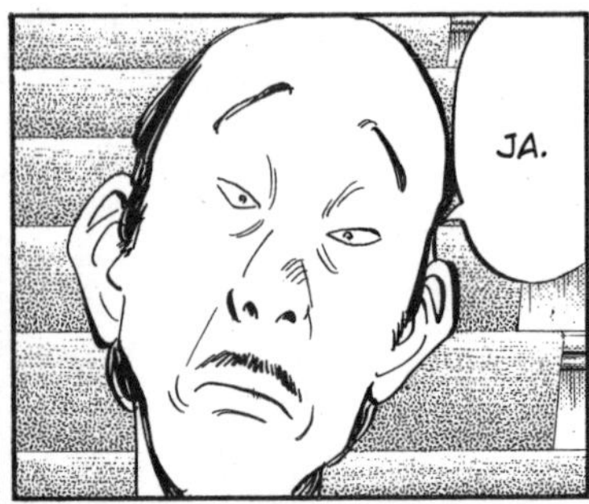

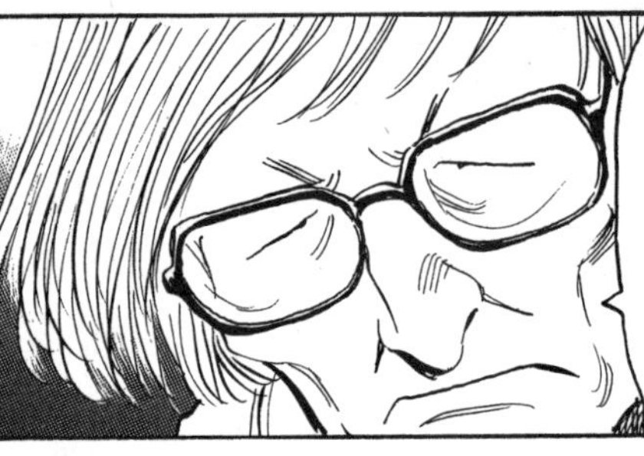

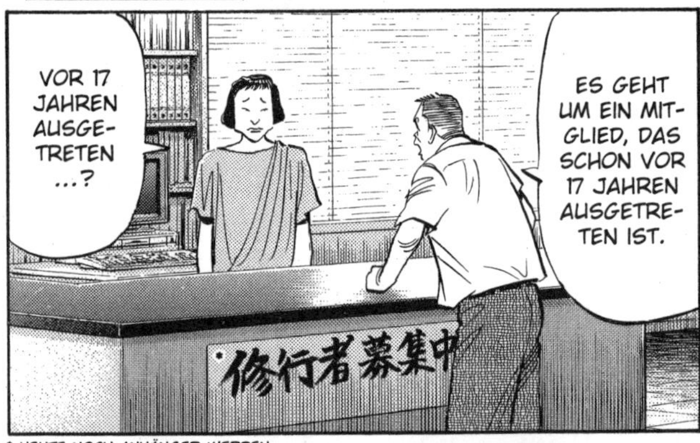

* HEUTE NOCH ANHÄNGER WERDEN

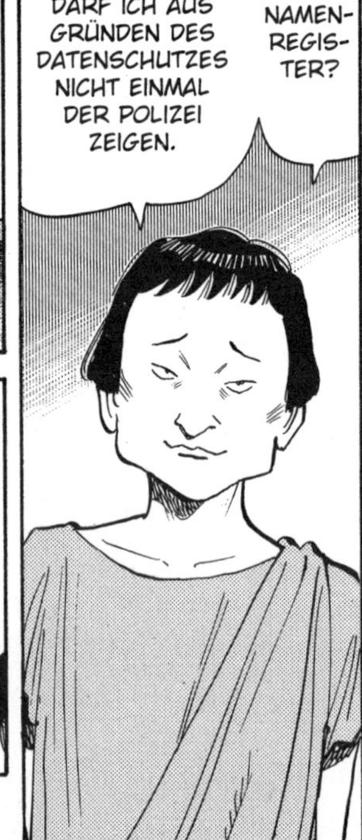

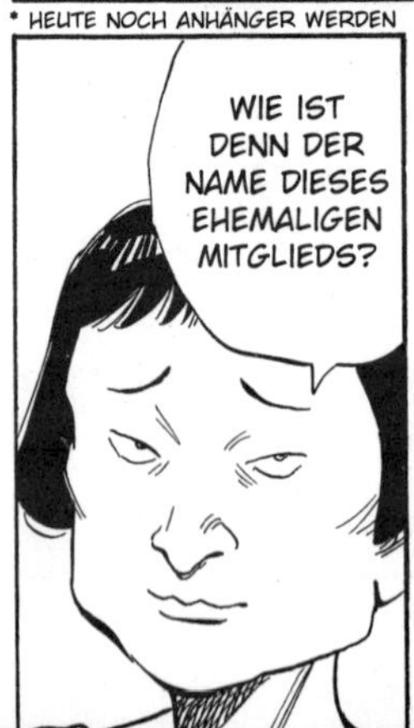

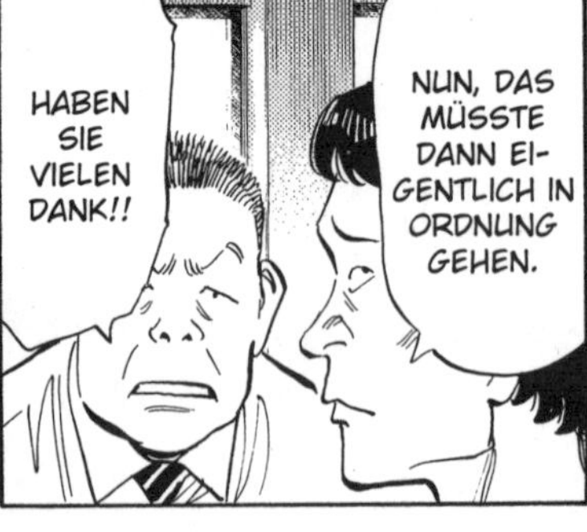

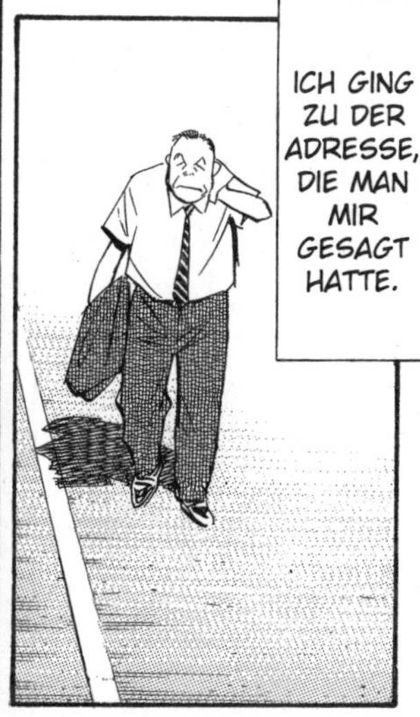

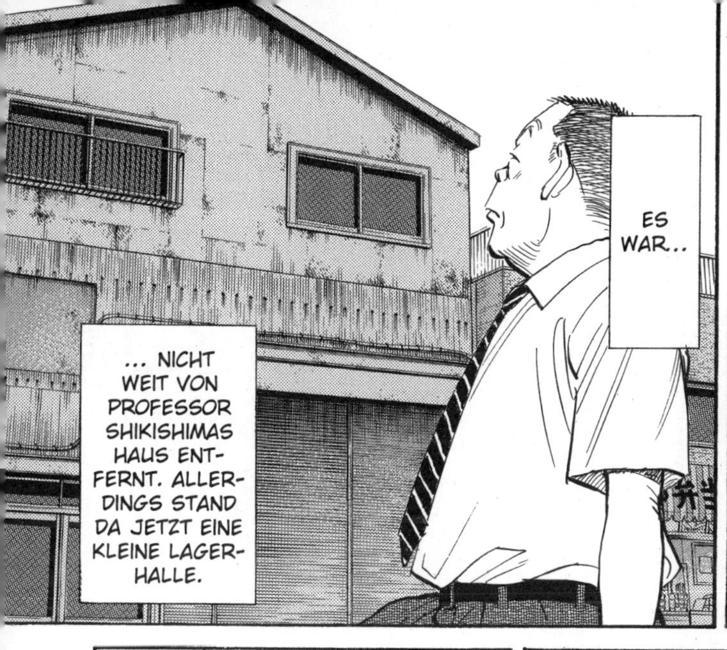

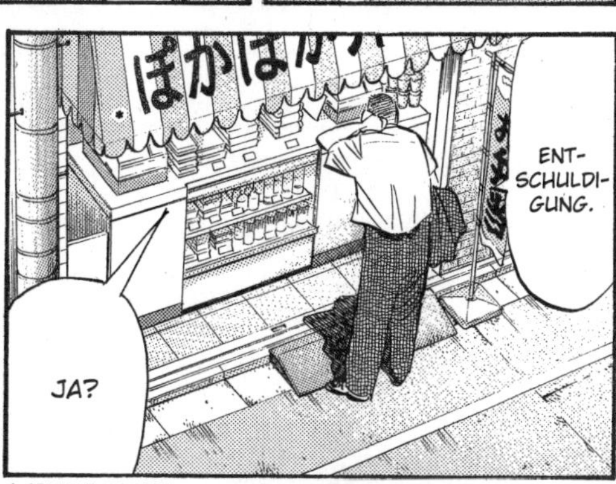

* FRISCHE BENTOU

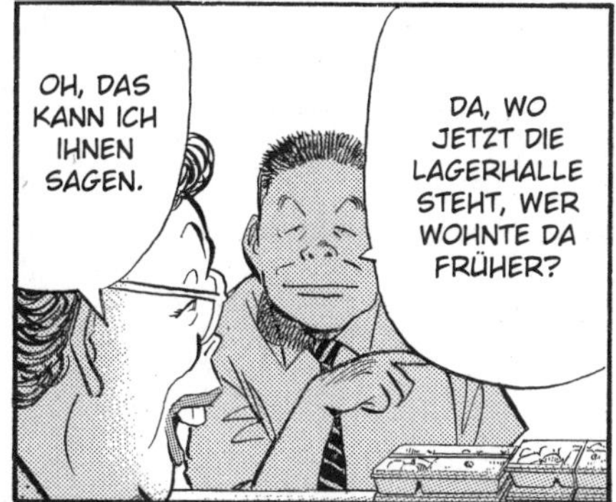

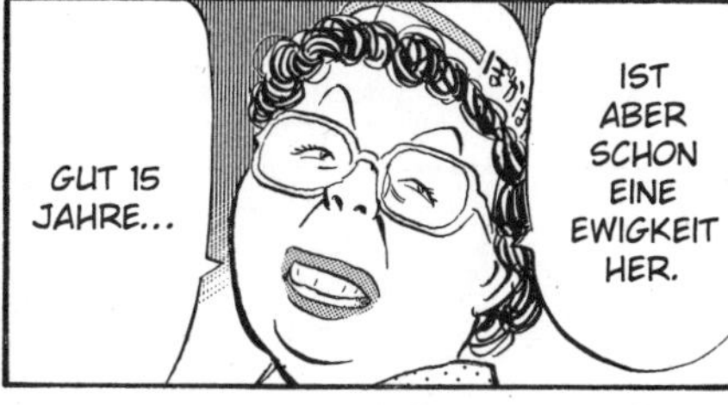

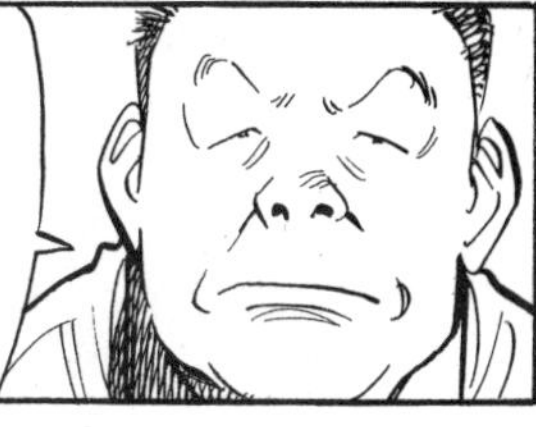
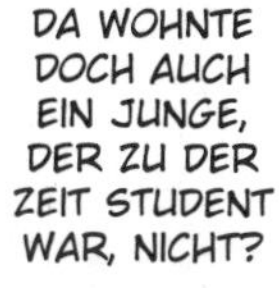

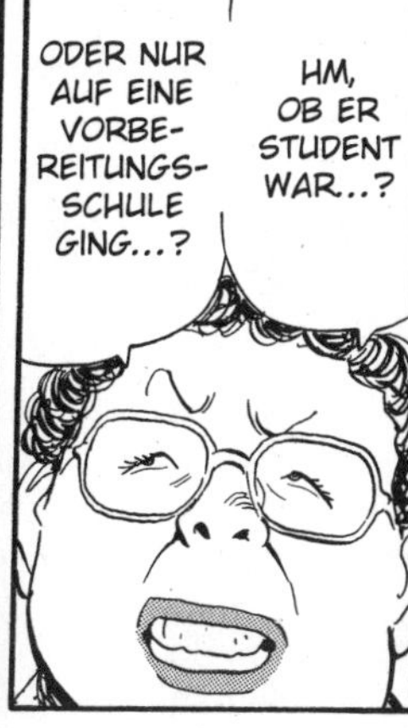

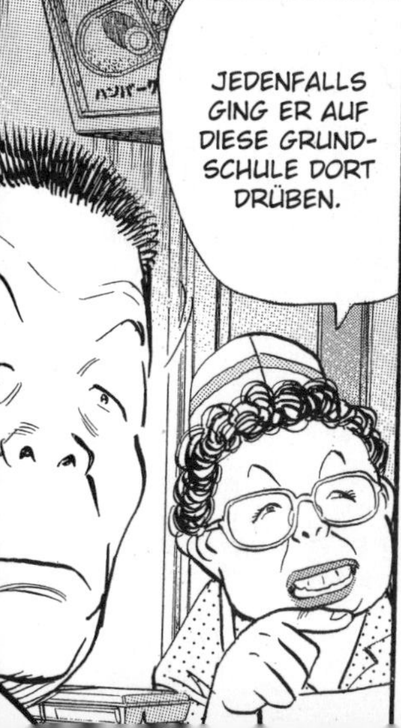

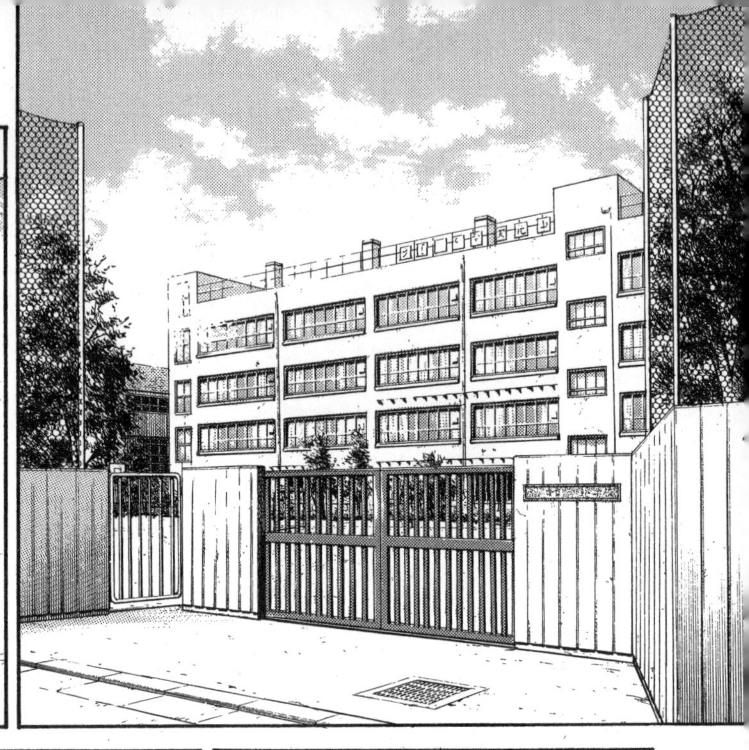

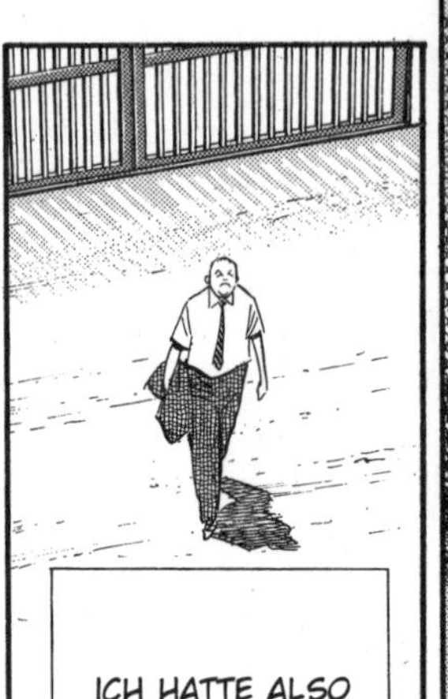
ICH HATTE ALSO DIE GRUNDSCHULE GEFUNDEN, AUF DIE DER "FREUND" GEGANGEN WAR.

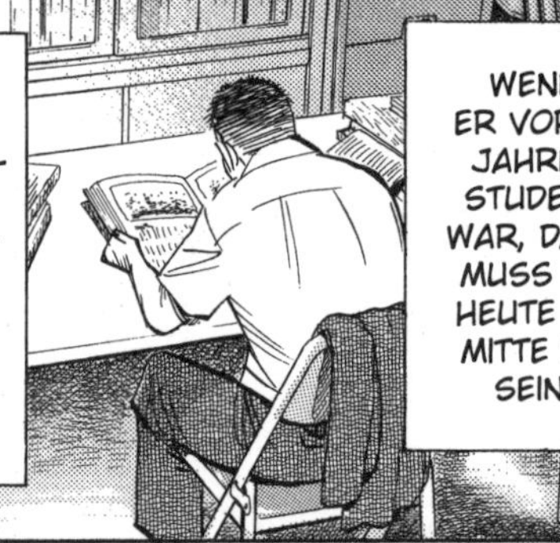
WENN ER VOR 17 JAHREN STUDENT WAR, DANN MUSS ER HEUTE SO MITTE 30 SEIN.

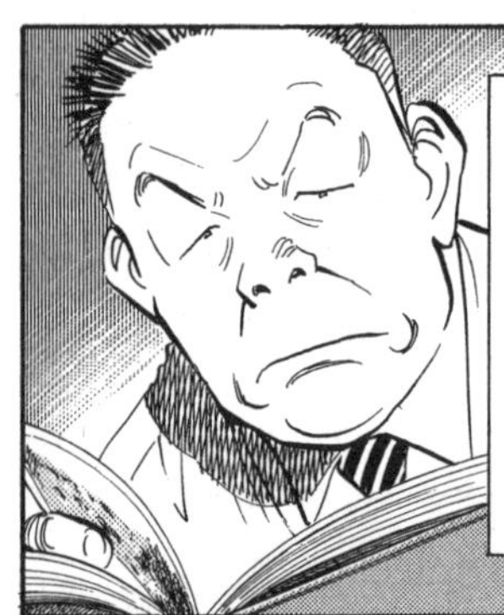
ICH SAH ALLE ALBEN DER IN FRAGE KOMMENDEN ABSCHLUSSJAHRGÄNGE DURCH, UND HIELT NACH SEINEM NAMEN AUSSCHAU.

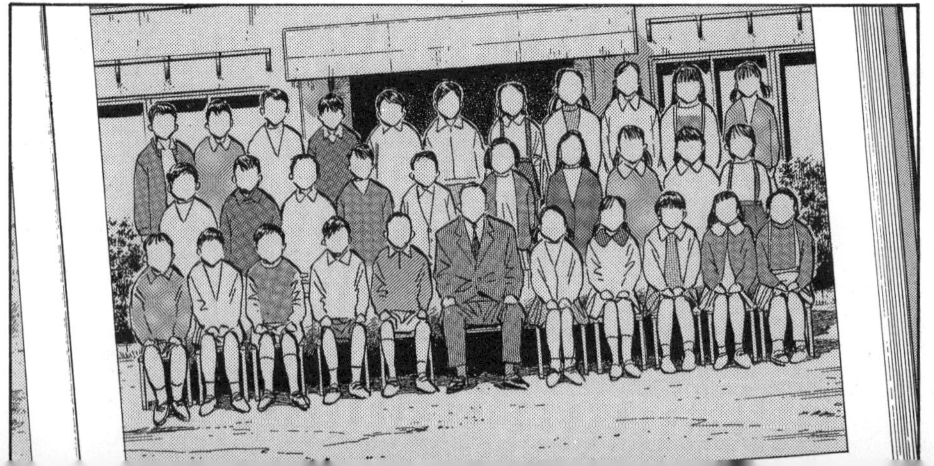

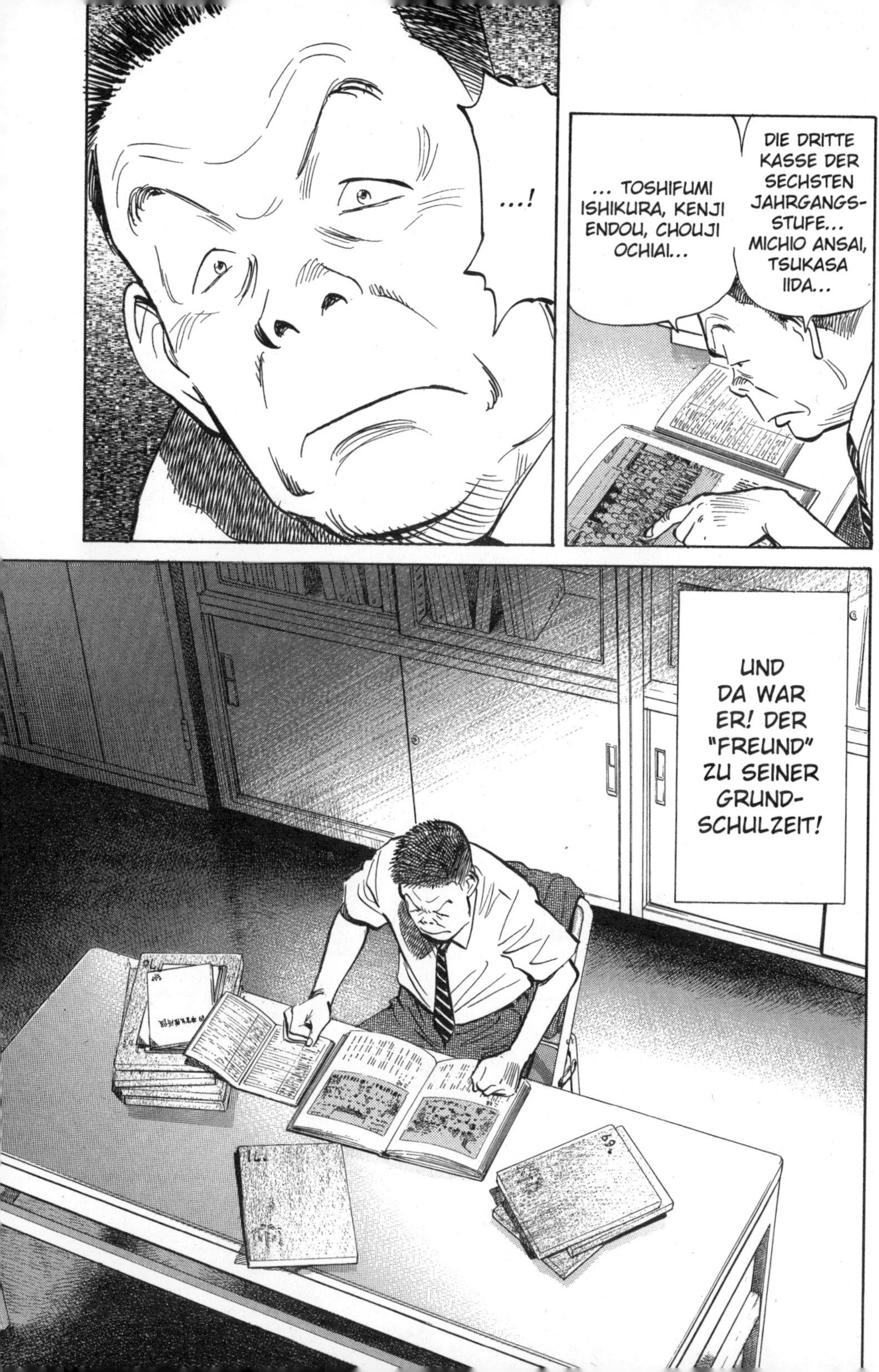

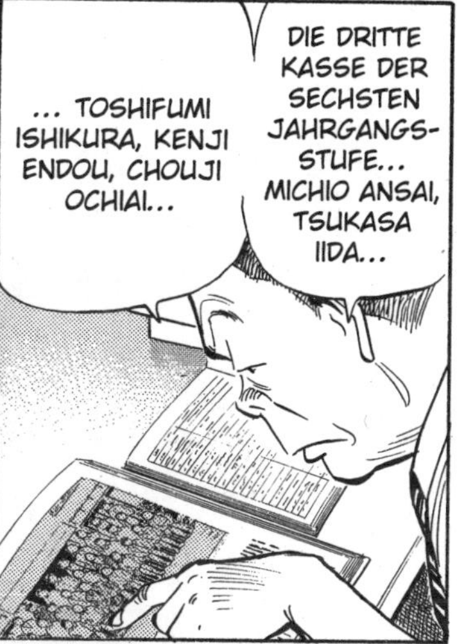

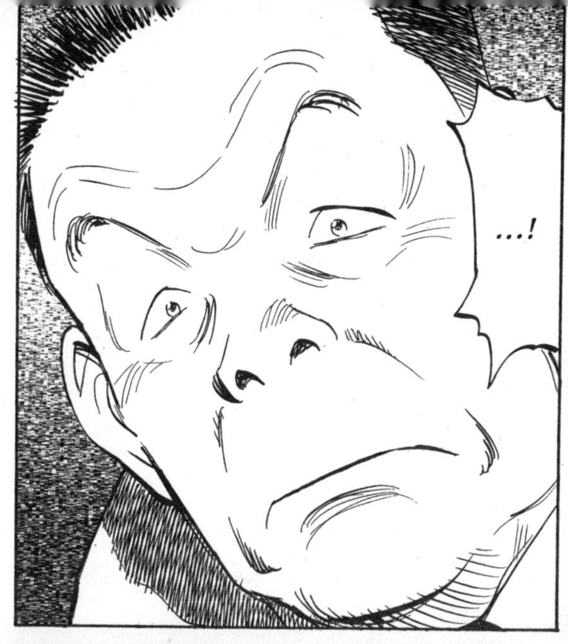

UND DA WAR ER! DER "FREUND" ZU SEINER GRUND-SCHULZEIT!

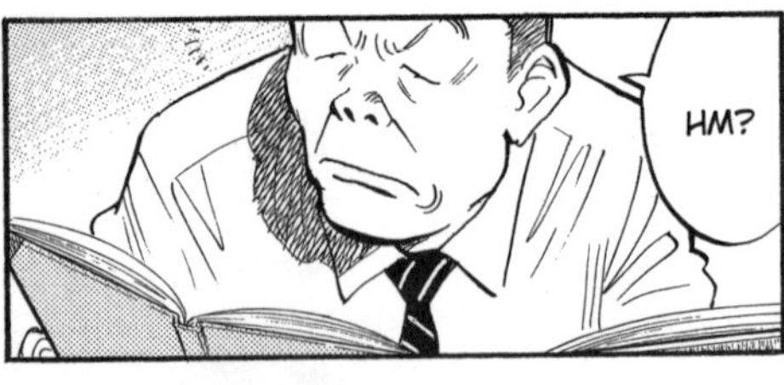
HM?

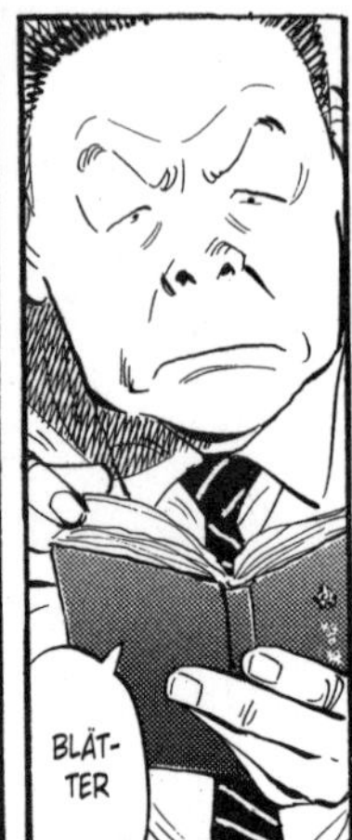
BLÄT-
TER

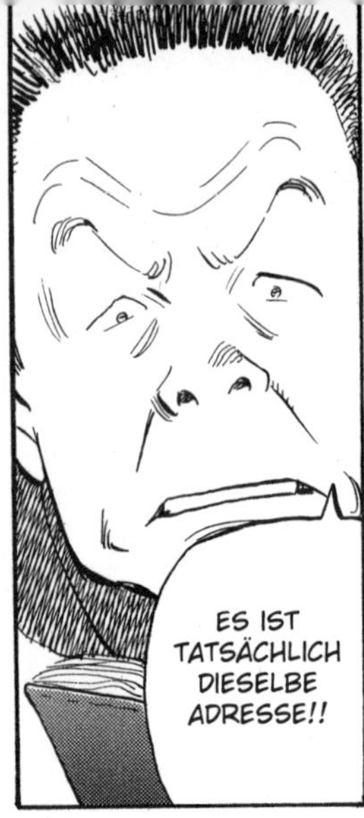
ES IST TATSÄCHLICH DIESELBE ADRESSE!!

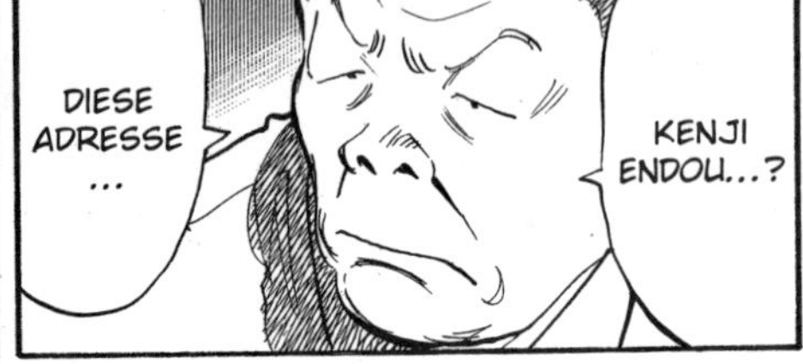
KENJI ENDOU...?
DIESE ADRESSE ...

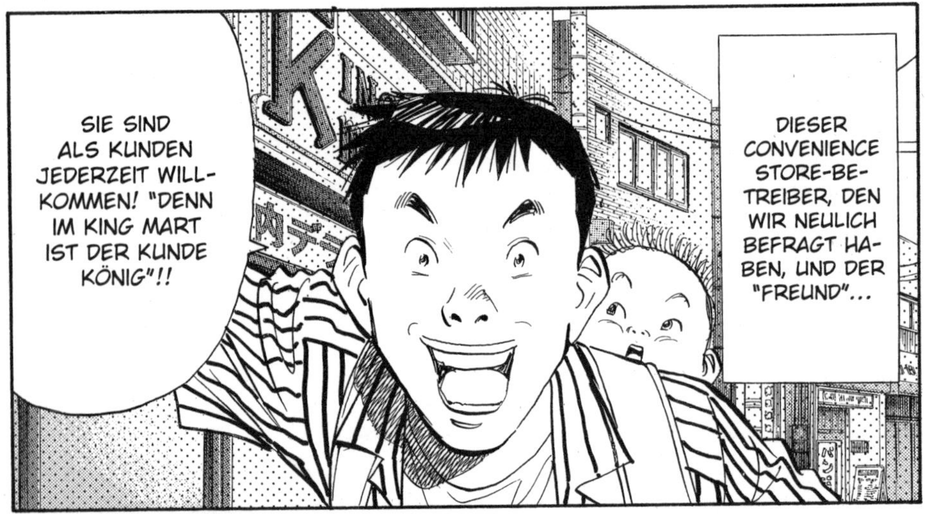
DIESER CONVENIENCE STORE-BETREIBER, DEN WIR NEULICH BEFRAGT HABEN, UND DER "FREUND"...
SIE SIND ALS KUNDEN JEDERZEIT WILLKOMMEN! "DENN IM KING MART IST DER KUNDE KÖNIG"!!

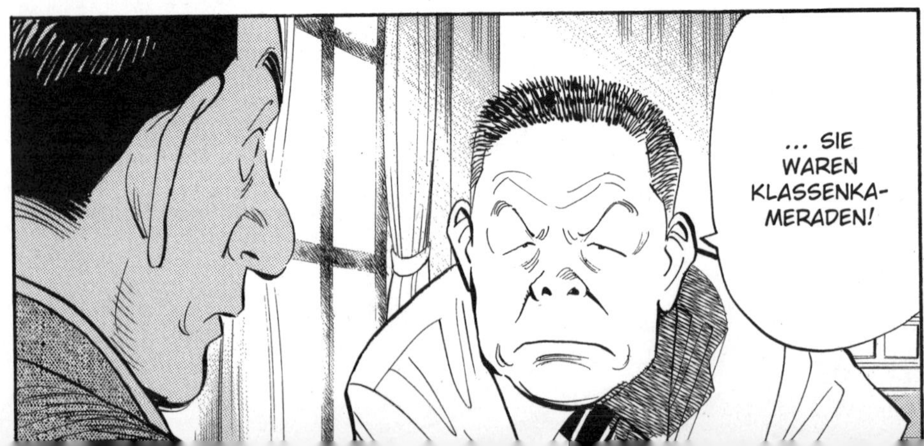
... SIE WAREN KLASSENKAMERADEN!

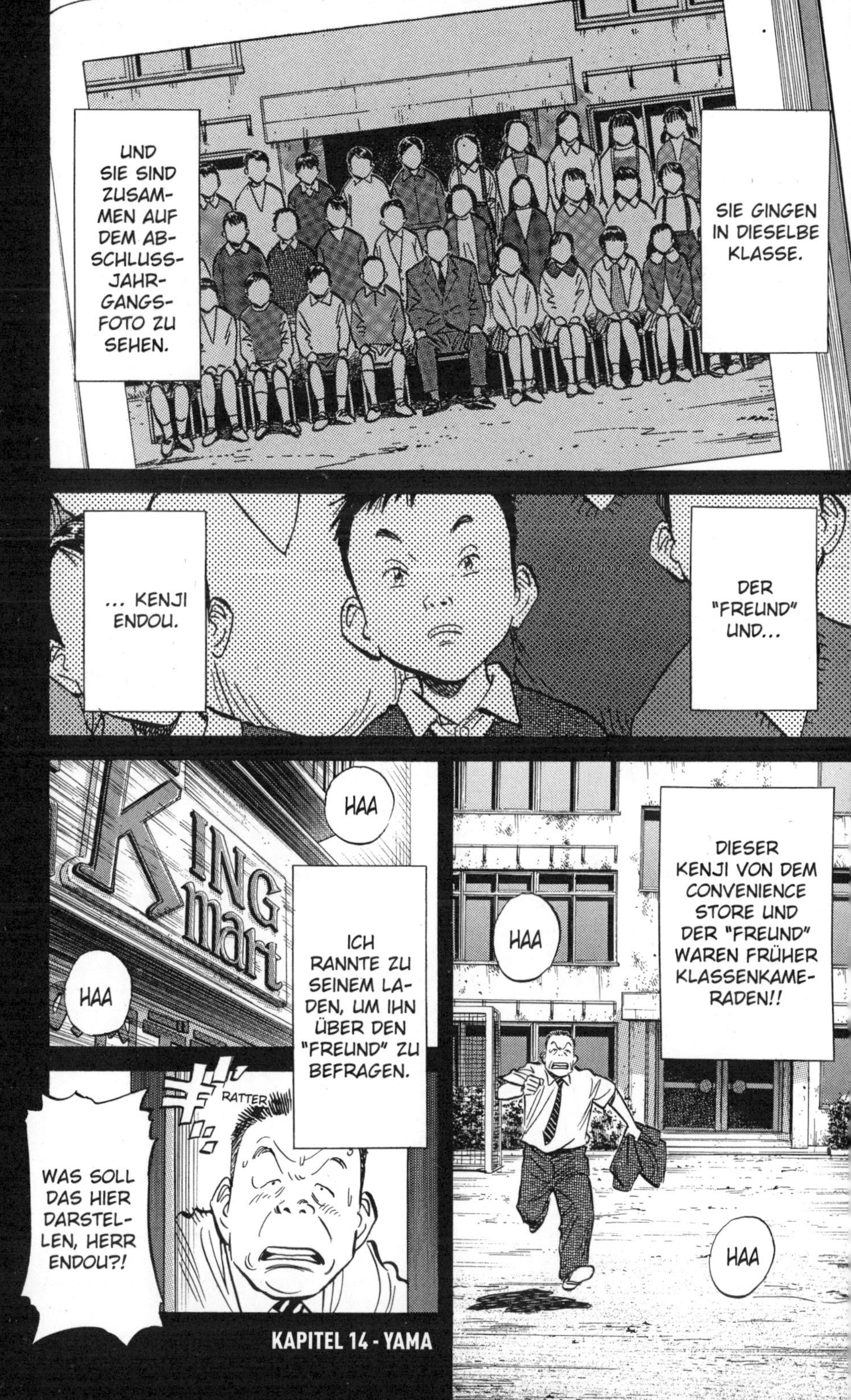

KAPITEL 14 - YAMA

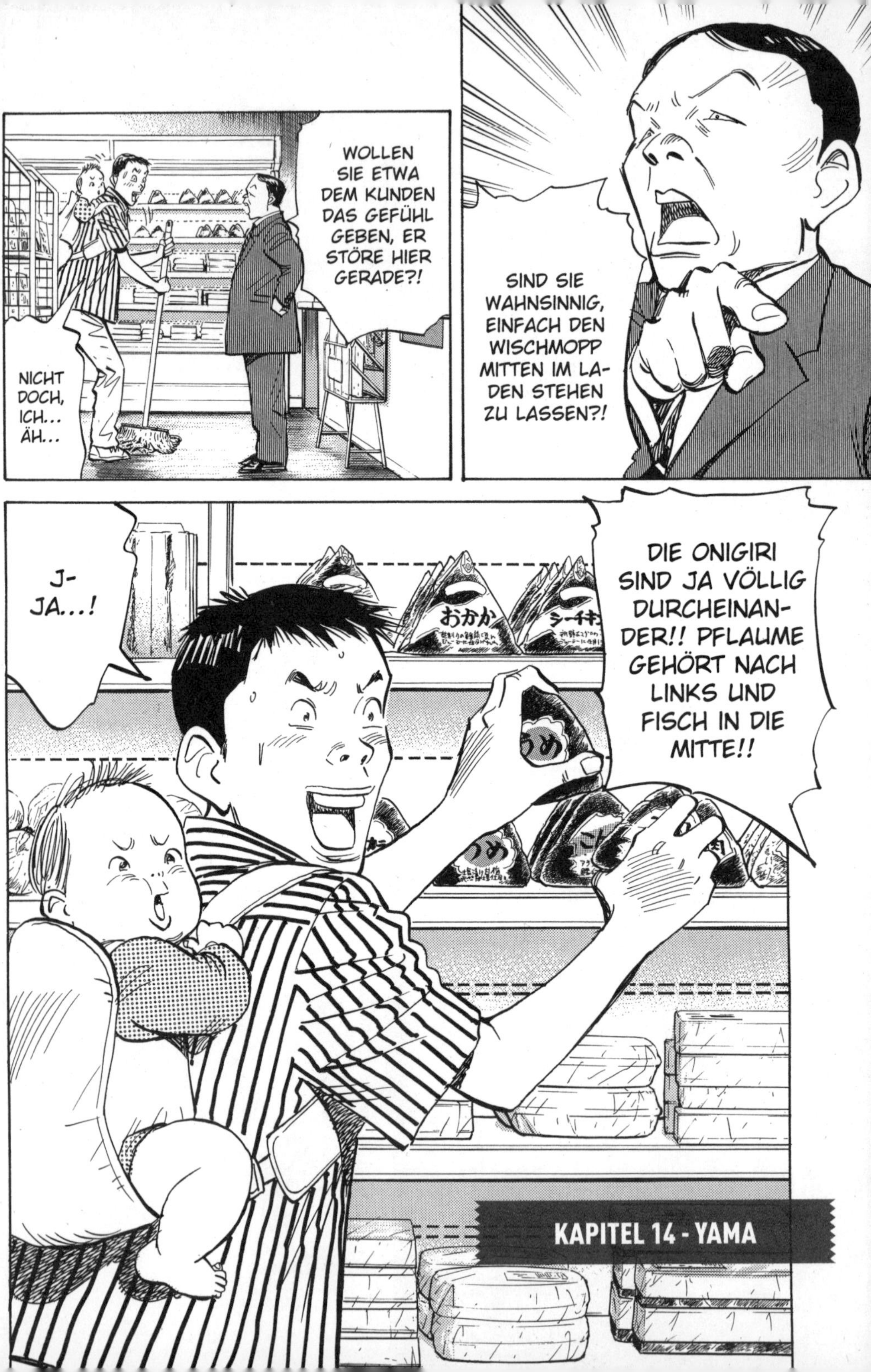

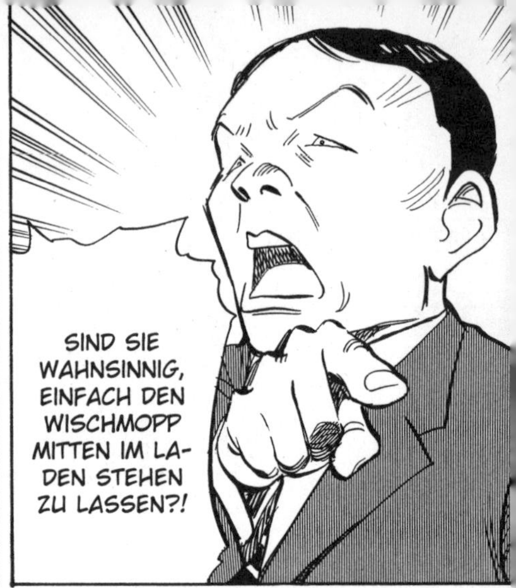

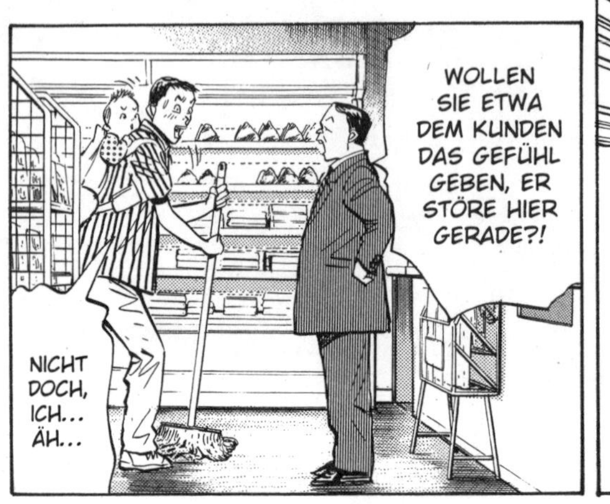

DIE ONIGIRI SIND JA VÖLLIG DURCHEINANDER!! PFLAUME GEHÖRT NACH LINKS UND FISCH IN DIE MITTE!!

J-JA...!

KAPITEL 14 - YAMA

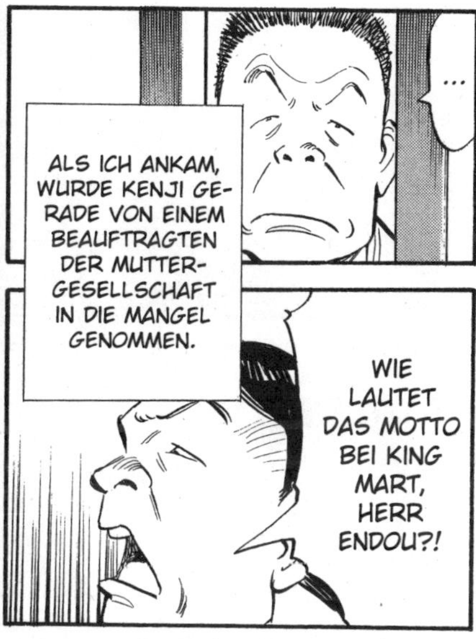
...
ALS ICH ANKAM, WURDE KENJI GERADE VON EINEM BEAUFTRAGTEN DER MUTTERGESELLSCHAFT IN DIE MANGEL GENOMMEN.
WIE LAUTET DAS MOTTO BEI KING MART, HERR ENDOU?!

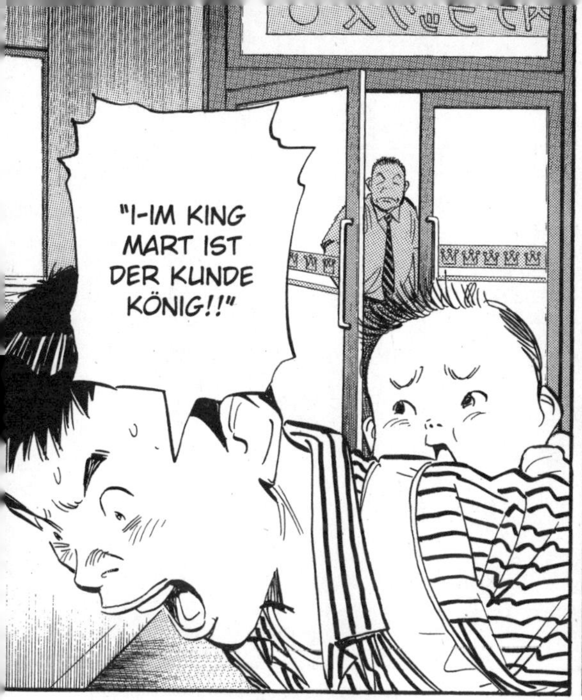
"I-IM KING MART IST DER KUNDE KÖNIG!!"

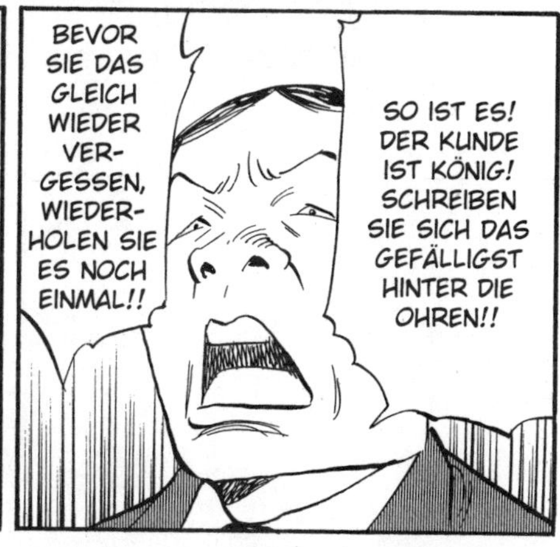
BEVOR SIE DAS GLEICH WIEDER VERGESSEN, WIEDERHOLEN SIE ES NOCH EINMAL!!
SO IST ES! DER KUNDE IST KÖNIG! SCHREIBEN SIE SICH DAS GEFÄLLIGST HINTER DIE OHREN!!

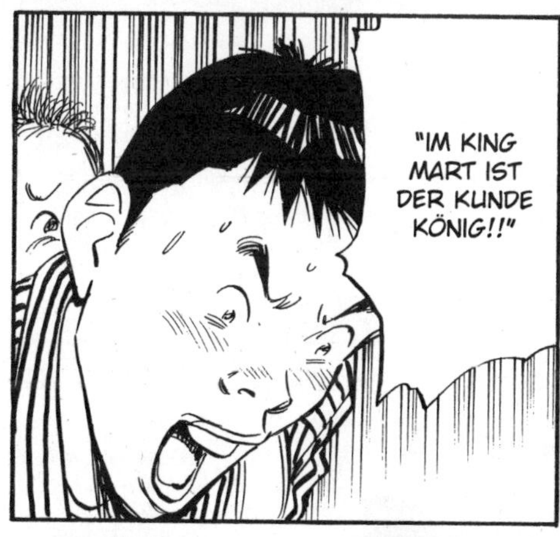
"IM KING MART IST DER KUNDE KÖNIG!!"

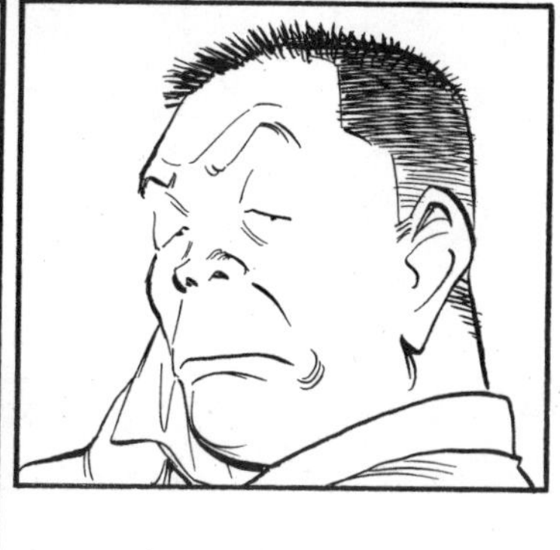

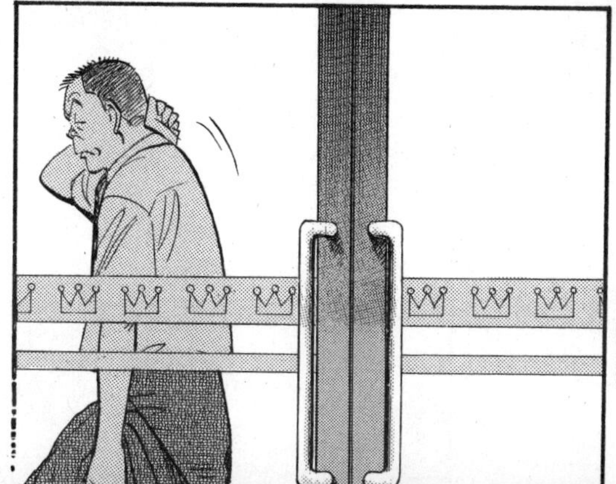

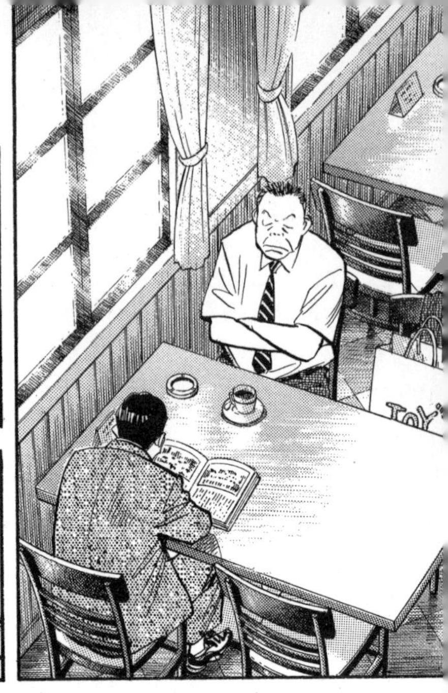

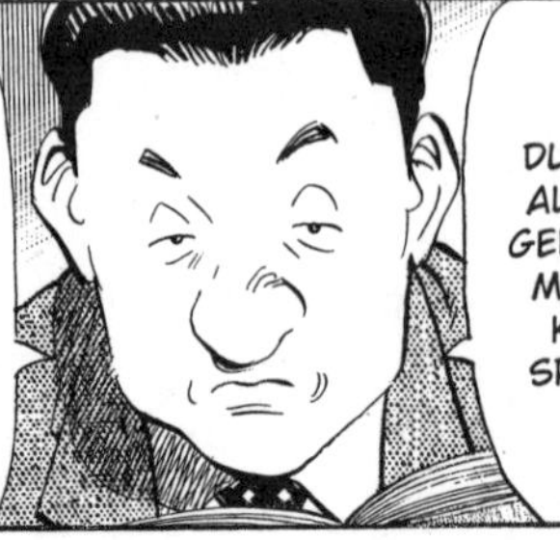

DU HATTEST ALSO KEINE GELEGENHEIT, MIT DIESEM KENJI ZU SPRECHEN?
DAS HEISST, MEHR HAST DU ÜBER DIESEN "FREUND" NOCH NICHT HERAUSGEFUNDEN...?

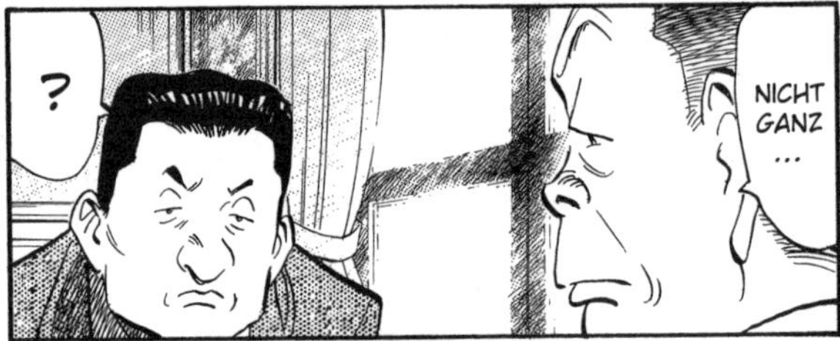

NICHT GANZ ...
?

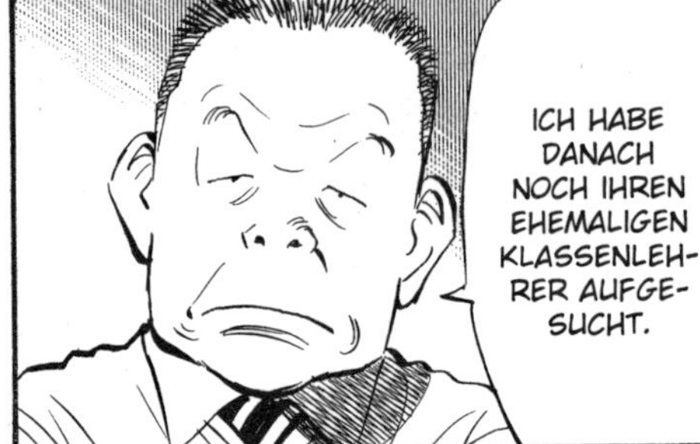

ICH HABE DANACH NOCH IHREN EHEMALIGEN KLASSENLEHRER AUFGESUCHT.

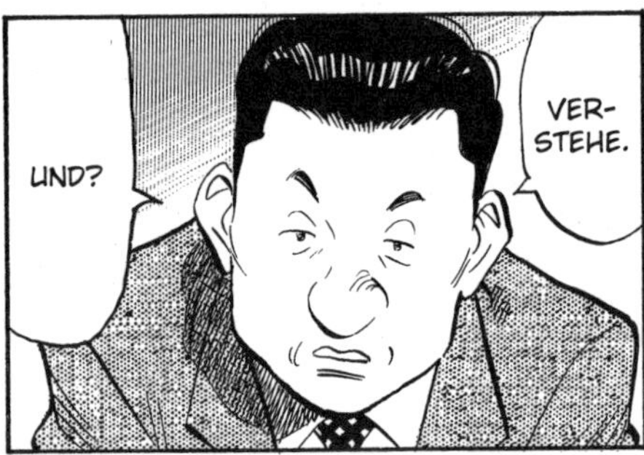

VERSTEHE.
UND?

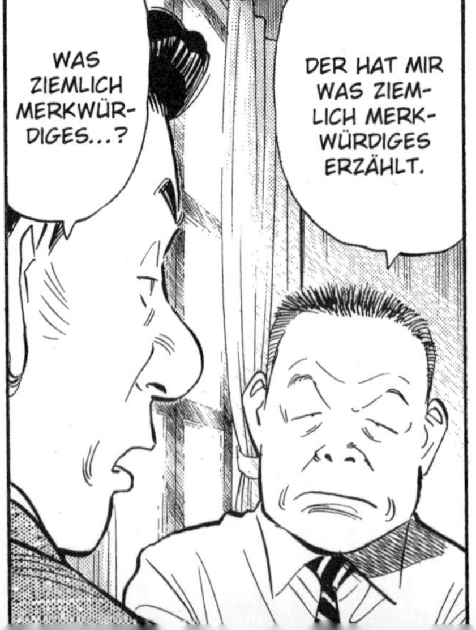

DER HAT MIR WAS ZIEMLICH MERKWÜRDIGES ERZÄHLT.
WAS ZIEMLICH MERKWÜRDIGES...?

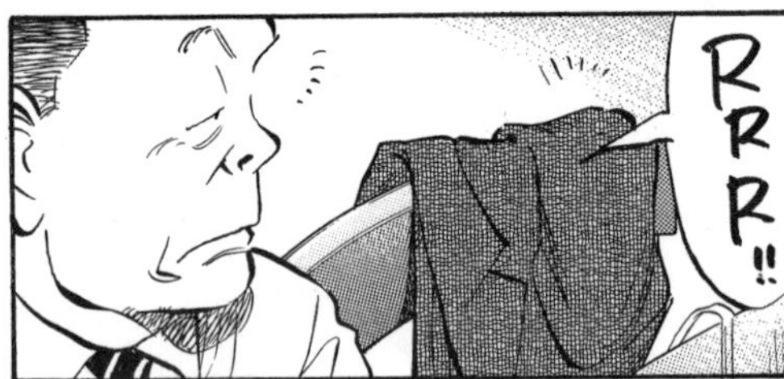

RRR!!

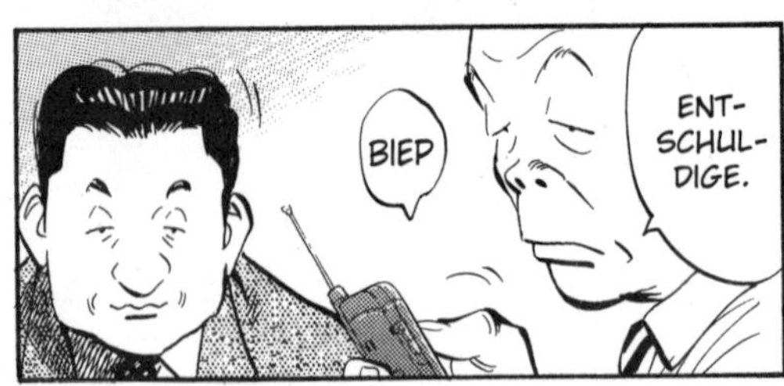

ENTSCHULDIGE.
BIEP

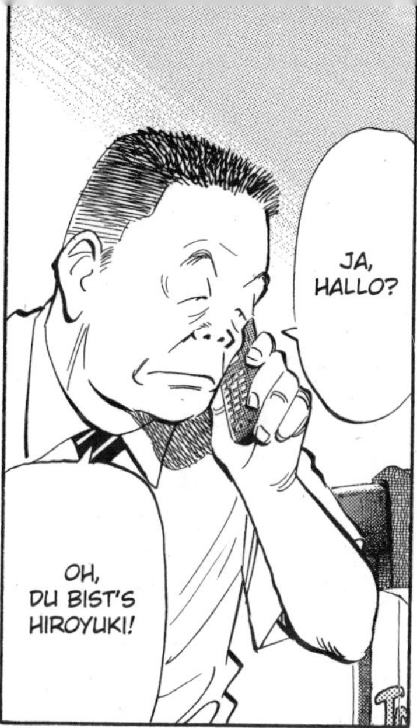
JA, HALLO?
OH, DU BIST'S HIROYUKI!

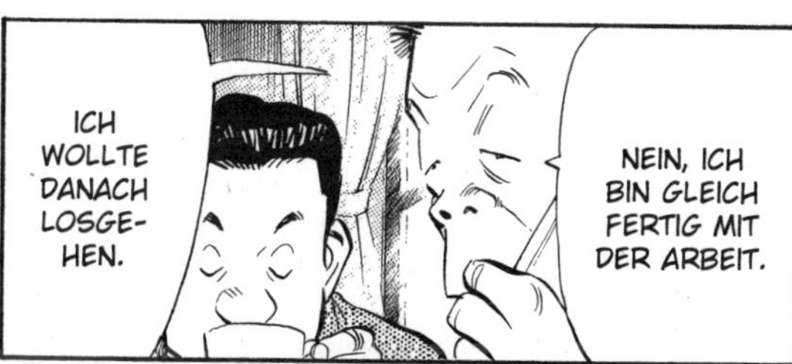
NEIN, ICH BIN GLEICH FERTIG MIT DER ARBEIT.
ICH WOLLTE DANACH LOSGE-HEN.

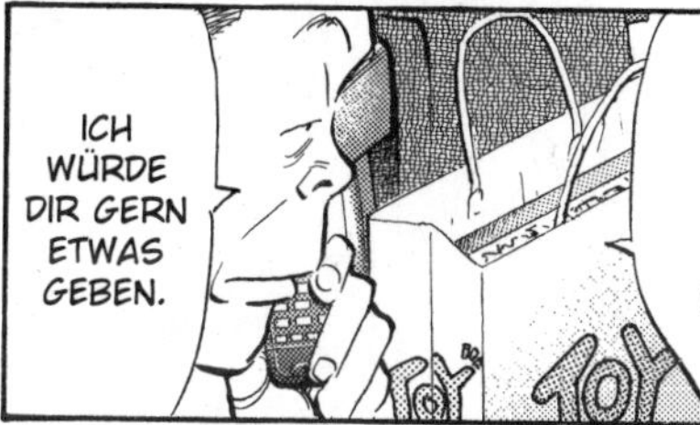
ICH RUFE NOCH MAL AN, WENN ICH IN DER NÄHE BIN. KANNST DU MICH DANN TREFFEN?
ICH WÜRDE DIR GERN ETWAS GEBEN.

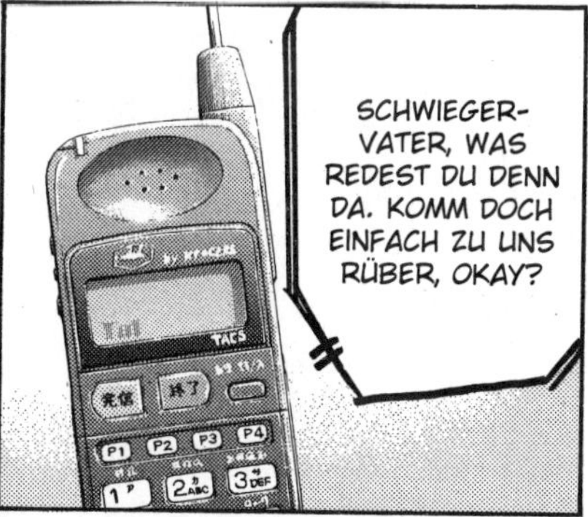
SCHWIEGER-VATER, WAS REDEST DU DENN DA. KOMM DOCH EINFACH ZU UNS RÜBER, OKAY?

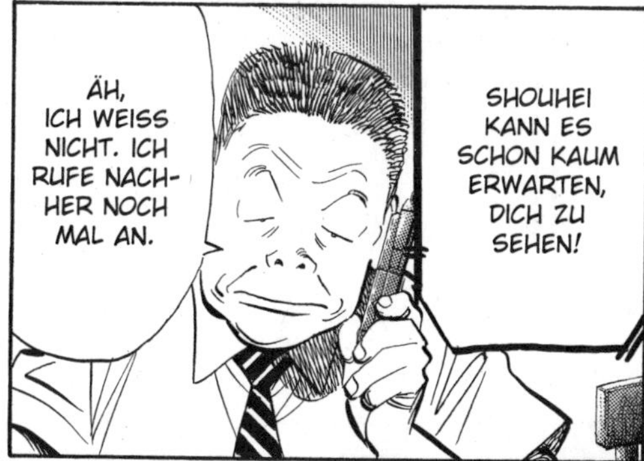
SHOUHEI KANN ES SCHON KAUM ERWARTEN, DICH ZU SEHEN!
ÄH, ICH WEISS NICHT. ICH RUFE NACH-HER NOCH MAL AN.

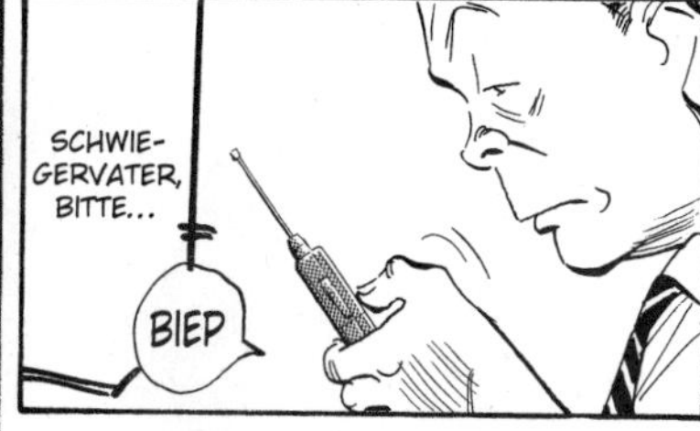
SCHWIE-GERVATER, BITTE...
BIEP

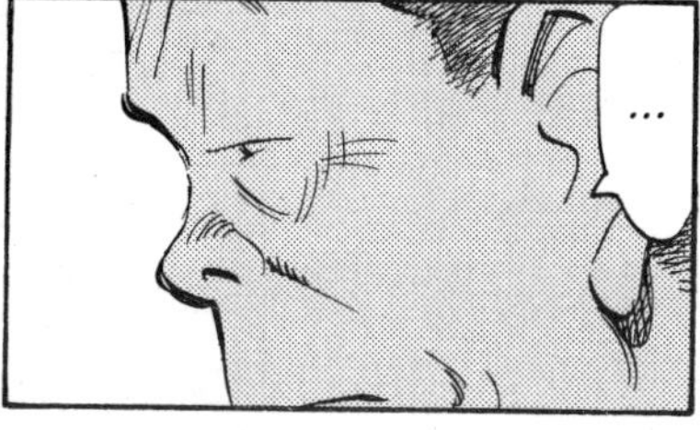
...

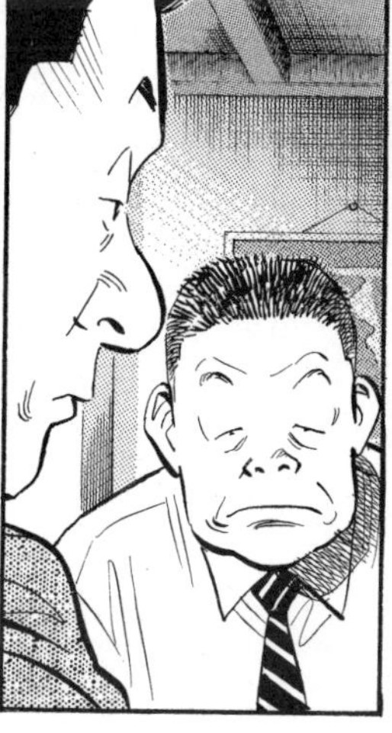

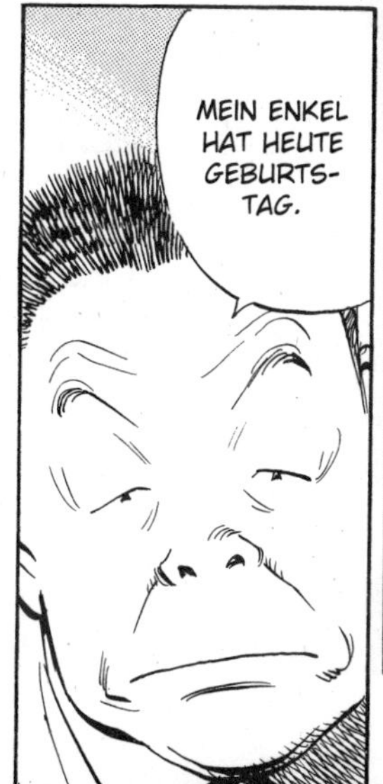
MEIN ENKEL HAT HEUTE GEBURTS-TAG.

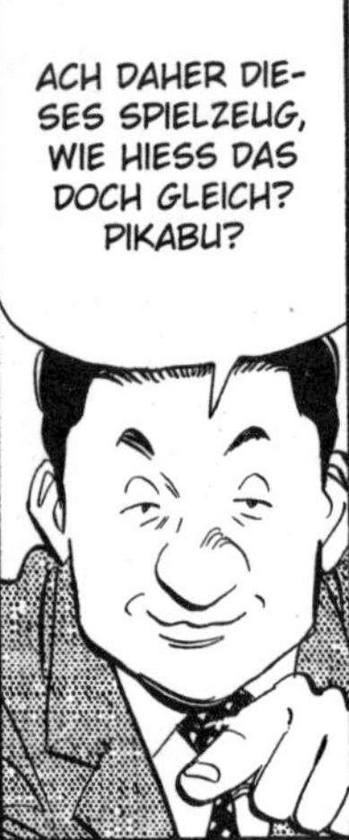
ACH DAHER DIESES SPIELZEUG, WIE HIESS DAS DOCH GLEICH? PIKABU?

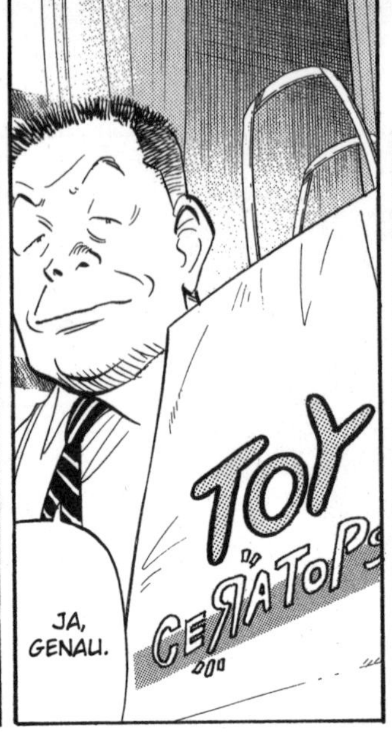
TOY
JA, GENAU.

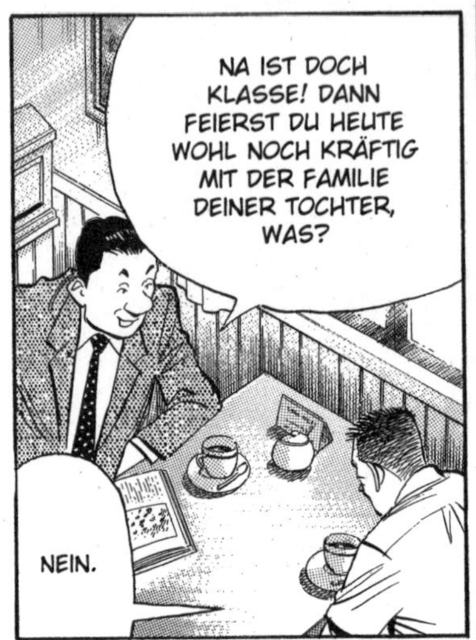
NA IST DOCH KLASSE! DANN FEIERST DU HEUTE WOHL NOCH KRÄFTIG MIT DER FAMILIE DEINER TOCHTER, WAS?
NEIN.

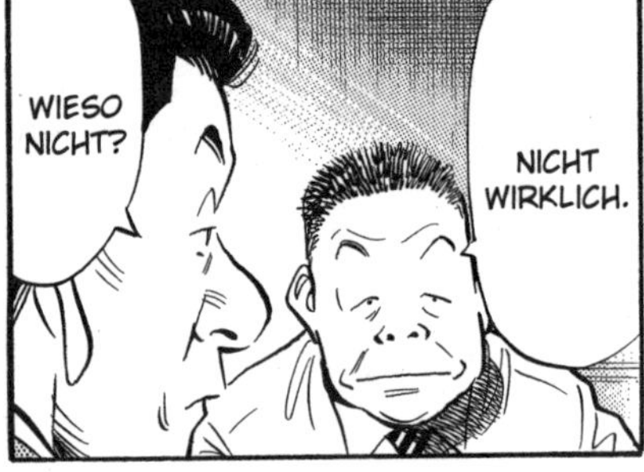
NICHT WIRKLICH.
WIESO NICHT?

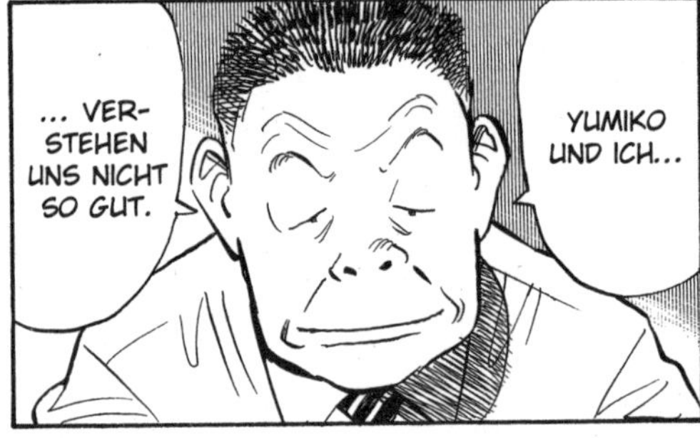
YUMIKO UND ICH...
... VERSTEHEN UNS NICHT SO GUT.

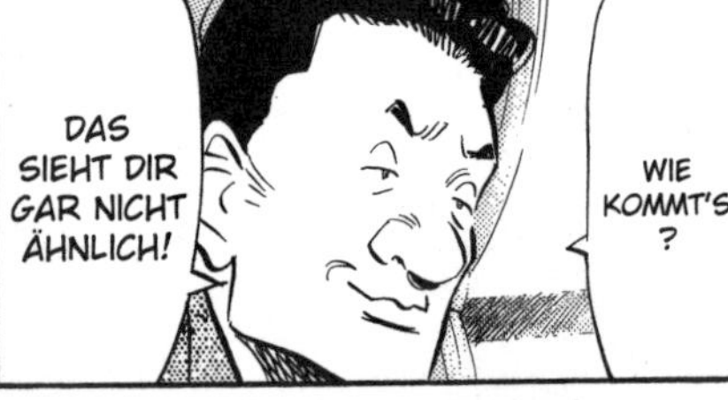
WIE KOMMT'S?
DAS SIEHT DIR GAR NICHT ÄHNLICH!

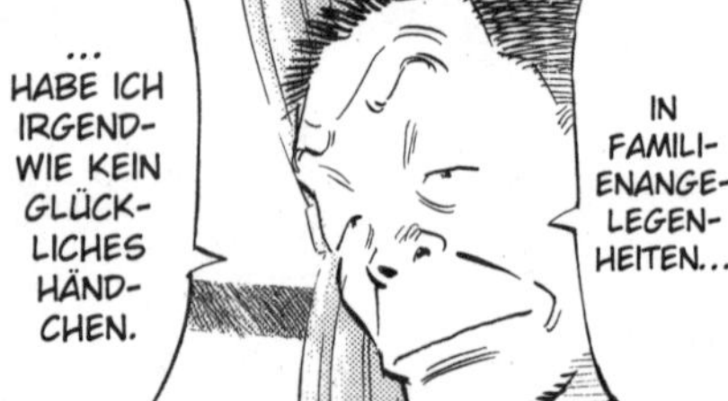
IN FAMILIENANGELEGENHEITEN...
... HABE ICH IRGENDWIE KEIN GLÜCKLICHES HÄNDCHEN.

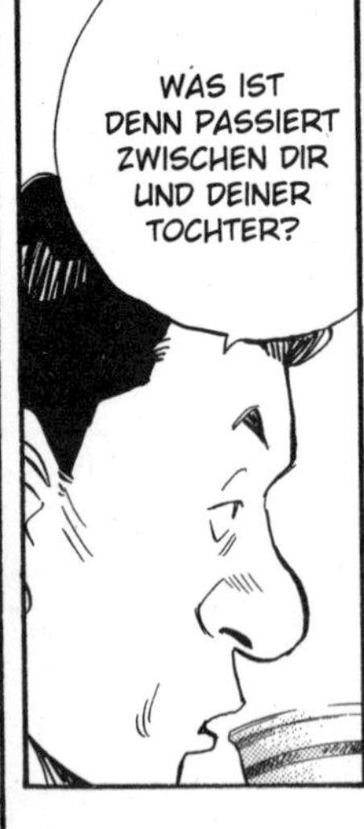
WAS IST DENN PASSIERT ZWISCHEN DIR UND DEINER TOCHTER?

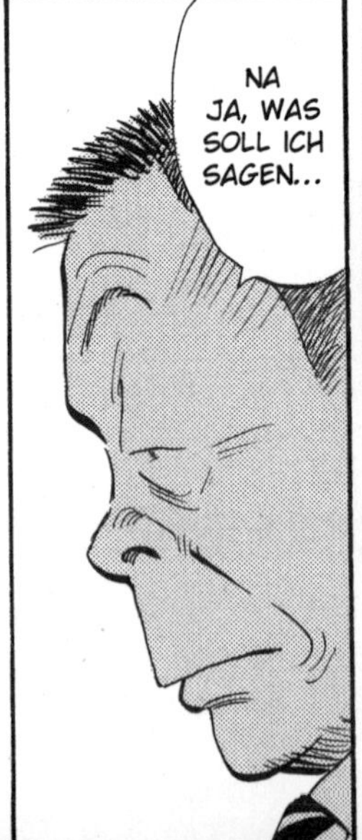
NA JA, WAS SOLL ICH SAGEN...

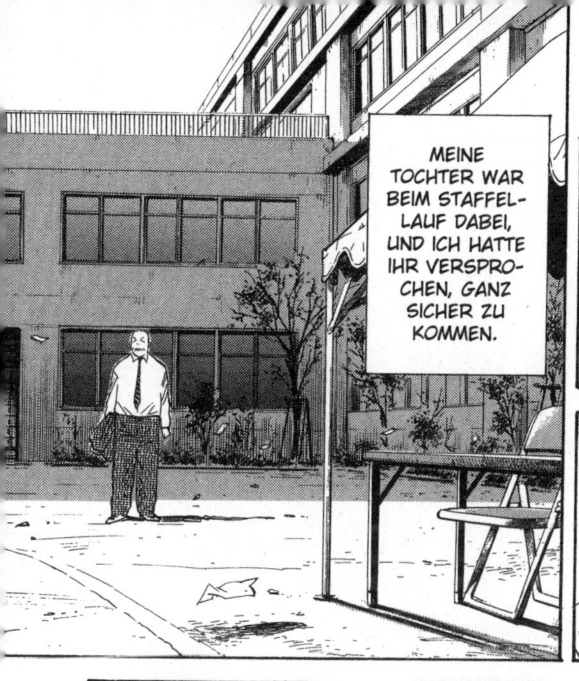
MEINE TOCHTER WAR BEIM STAFFEL-LAUF DABEI, UND ICH HATTE IHR VERSPRO-CHEN, GANZ SICHER ZU KOMMEN.

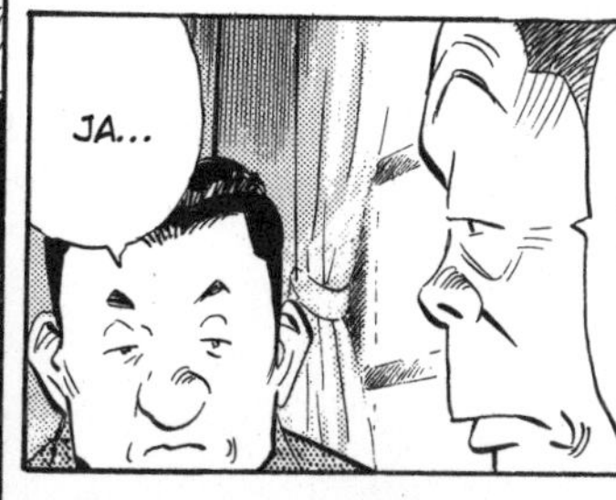
ES GIBT DOCH IMMER SOLCHE SPORT-FESTE IN DER SCHU-LE.
JA…

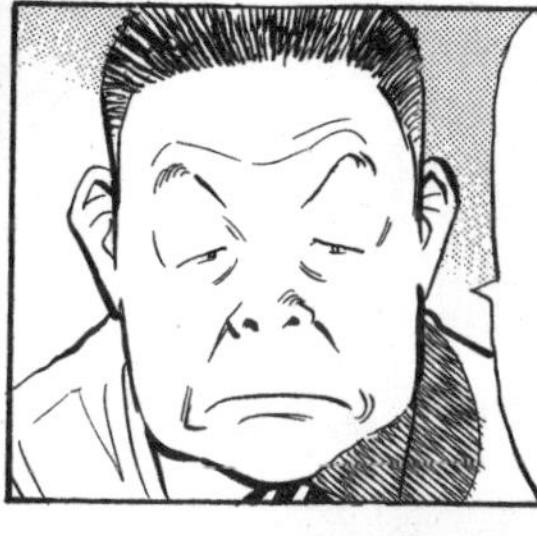
ALS ICH ANGELAUFEN KAM, WAR DIE ABSCHLUSS-ZEREMONIE SCHON ZWEI STUNDEN HER.

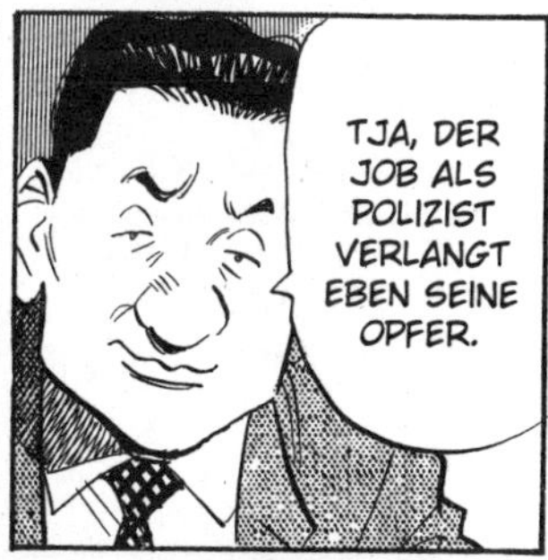
TJA, DER JOB ALS POLIZIST VERLANGT EBEN SEINE OPFER.

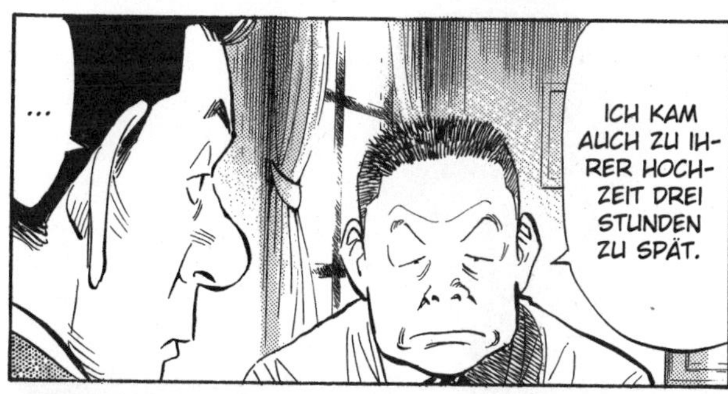
ICH KAM AUCH ZU IH-RER HOCH-ZEIT DREI STUNDEN ZU SPÄT.
…

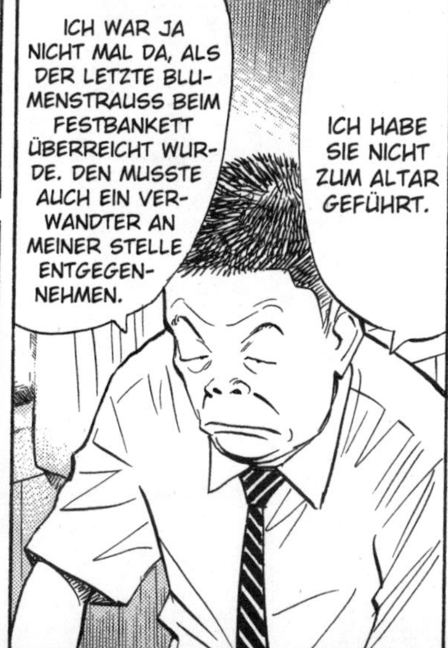
ICH HABE SIE NICHT ZUM ALTAR GEFÜHRT.
ICH WAR JA NICHT MAL DA, ALS DER LETZTE BLU-MENSTRAUSS BEIM FESTBANKETT ÜBERREICHT WUR-DE. DEN MUSSTE AUCH EIN VER-WANDTER AN MEINER STELLE ENTGEGEN-NEHMEN.

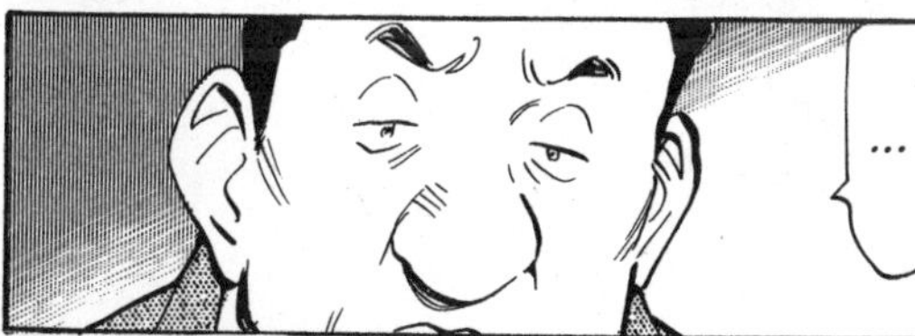
…

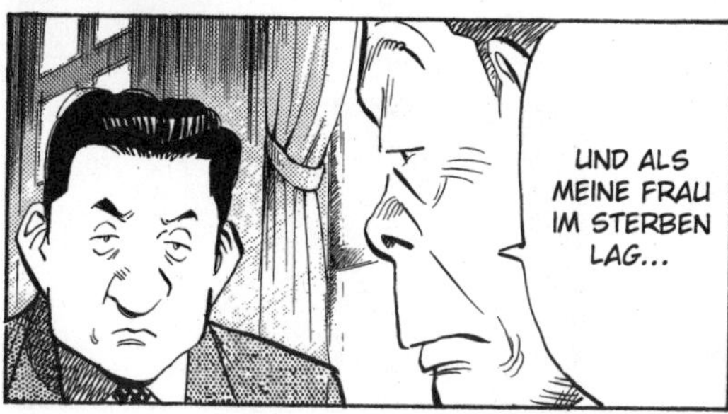
UND ALS MEINE FRAU IM STERBEN LAG…

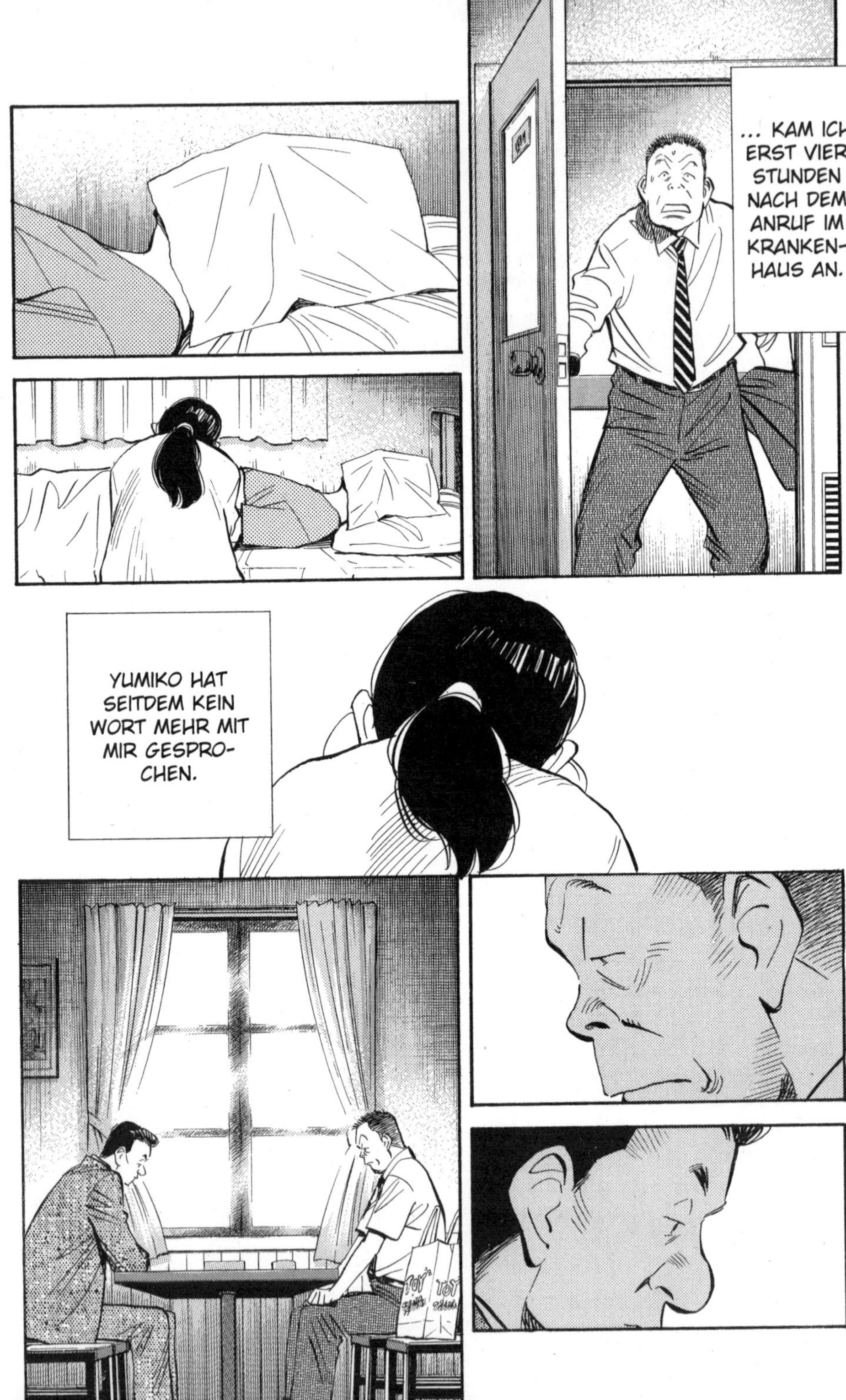
... KAM ICH ERST VIER STUNDEN NACH DEM ANRUF IM KRANKEN-HAUS AN.
YUMIKO HAT SEITDEM KEIN WORT MEHR MIT MIR GESPRO-CHEN.

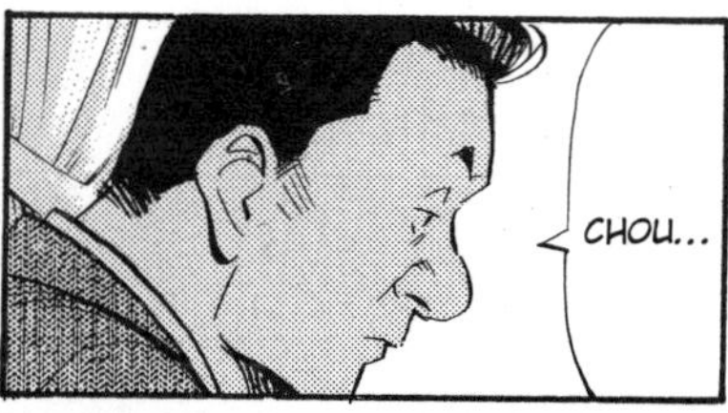
CHOU...

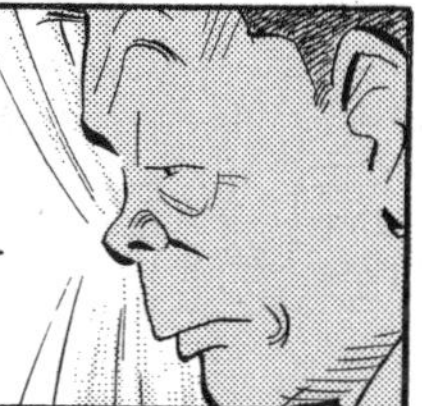
LASS UNS WIEDER AUF DEN "FREUND" ZU SPRECHEN KOMMEN.

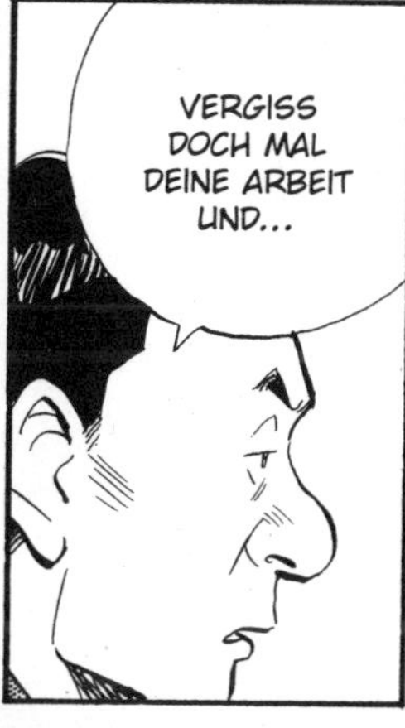
VERGISS DOCH MAL DEINE ARBEIT UND...

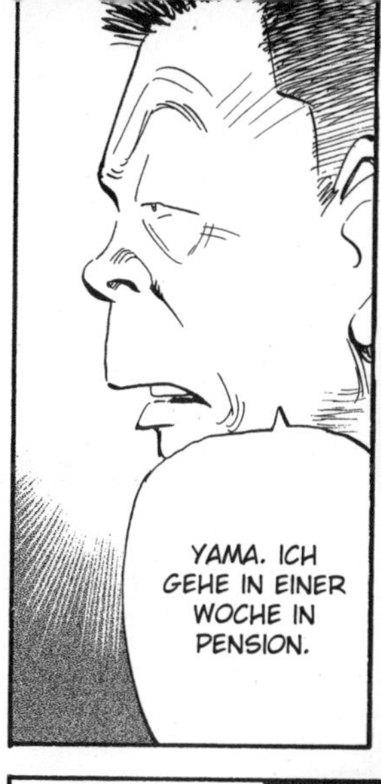
YAMA. ICH GEHE IN EINER WOCHE IN PENSION.

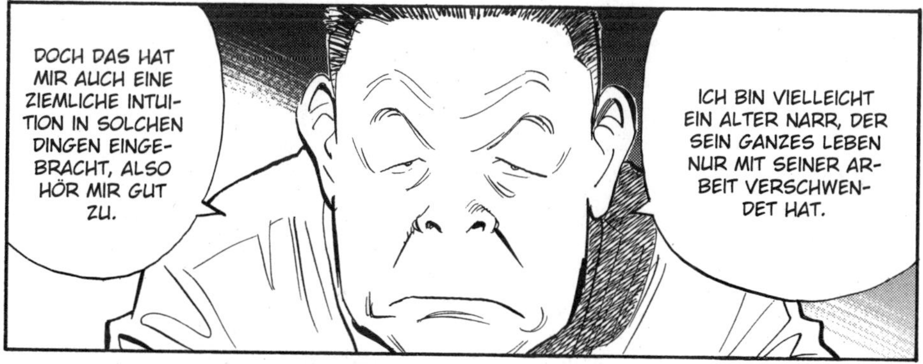
ICH BIN VIELLEICHT EIN ALTER NARR, DER SEIN GANZES LEBEN NUR MIT SEINER ARBEIT VERSCHWENDET HAT.
DOCH DAS HAT MIR AUCH EINE ZIEMLICHE INTUITION IN SOLCHEN DINGEN EINGEBRACHT, ALSO HÖR MIR GUT ZU.

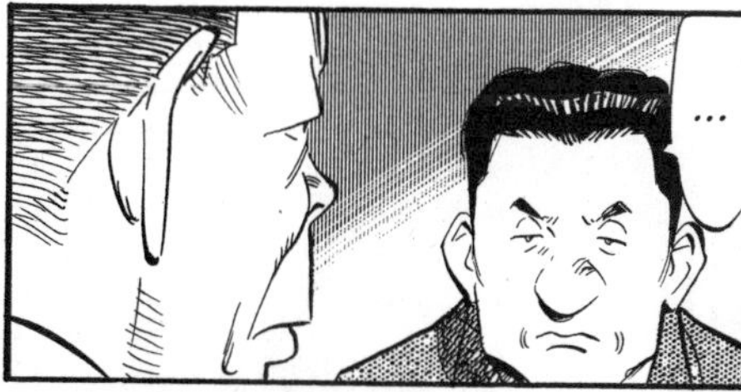
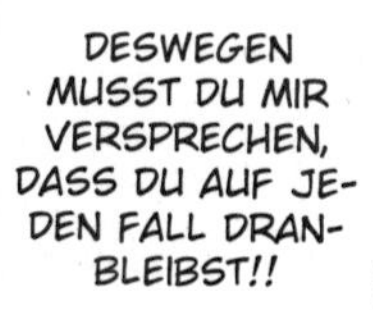
...

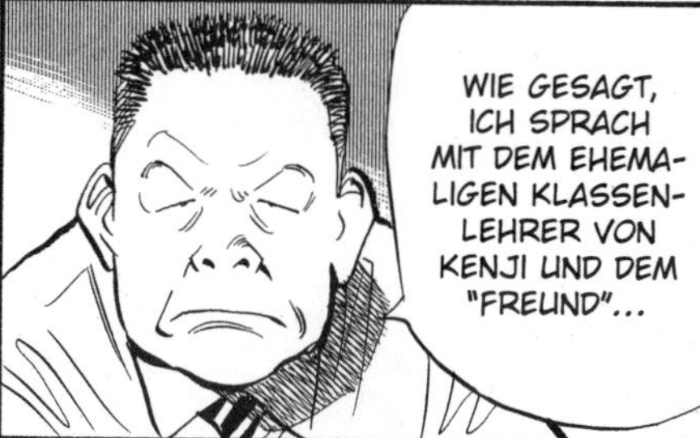
WIE GESAGT, ICH SPRACH MIT DEM EHEMALIGEN KLASSENLEHRER VON KENJI UND DEM "FREUND"...

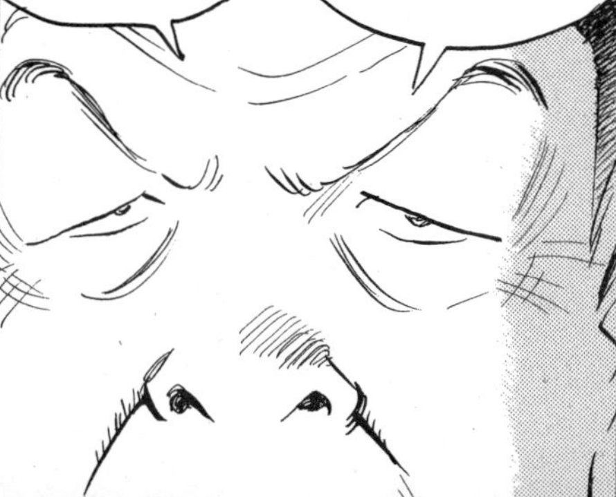
HINTER DIESEM FALL STECKT ETWAS GROSSES, ETWAS SCHRECKLICHES... UND DIE SACHE IST BEREITS INS ROLLEN GEKOMMEN!!
DESWEGEN MUSST DU MIR VERSPRECHEN, DASS DU AUF JEDEN FALL DRANBLEIBST!!

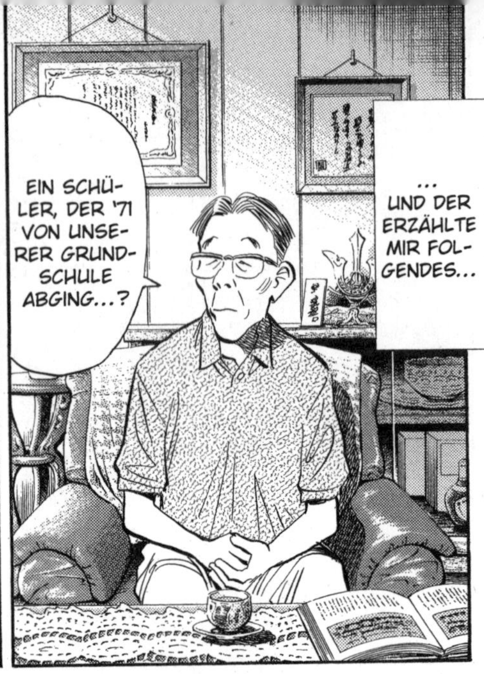
... UND DER ERZÄHLTE MIR FOLGENDES...
EIN SCHÜLER, DER '71 VON UNSERER GRUNDSCHULE ABGING...?

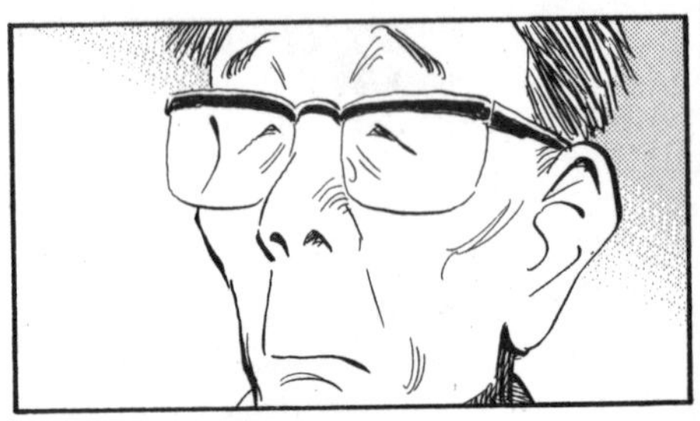

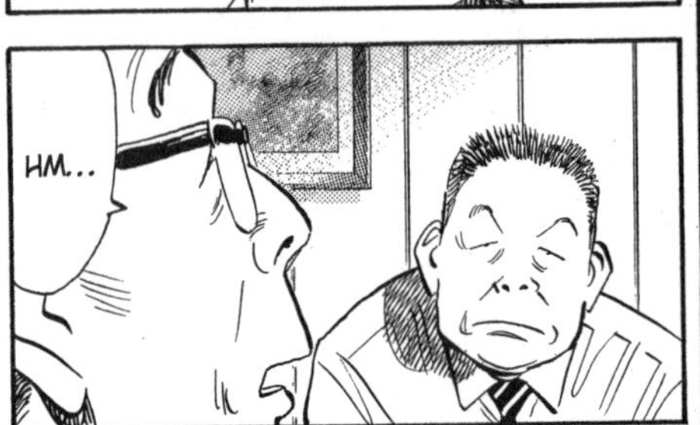
HM...

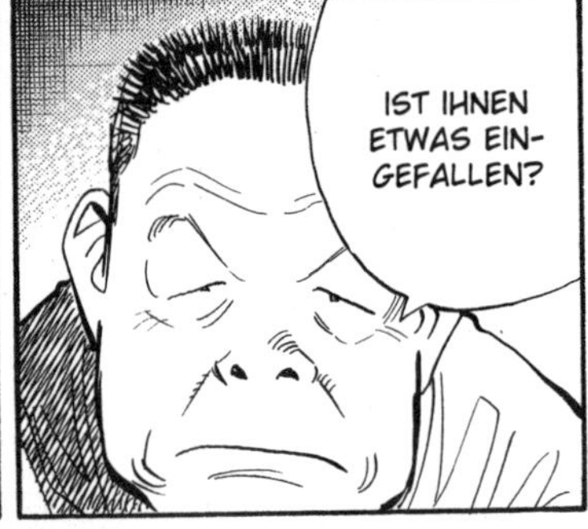
IST IHNEN ETWAS EINGEFALLEN?

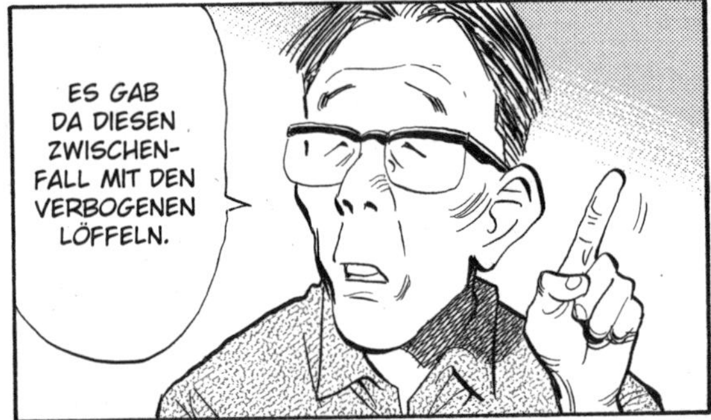
ES GAB DA DIESEN ZWISCHENFALL MIT DEN VERBOGENEN LÖFFELN.

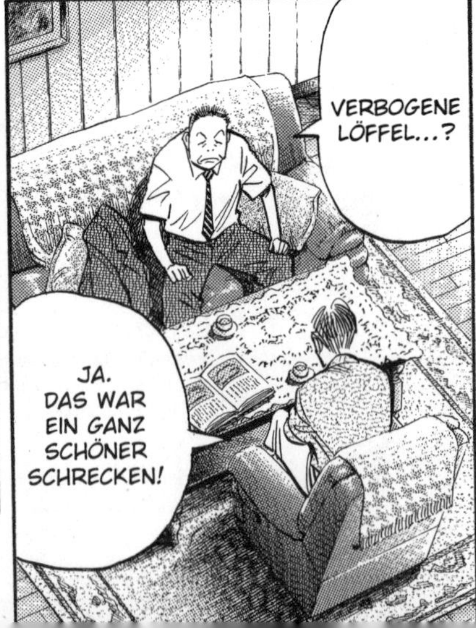
VERBOGENE LÖFFEL...?
JA. DAS WAR EIN GANZ SCHÖNER SCHRECKEN!

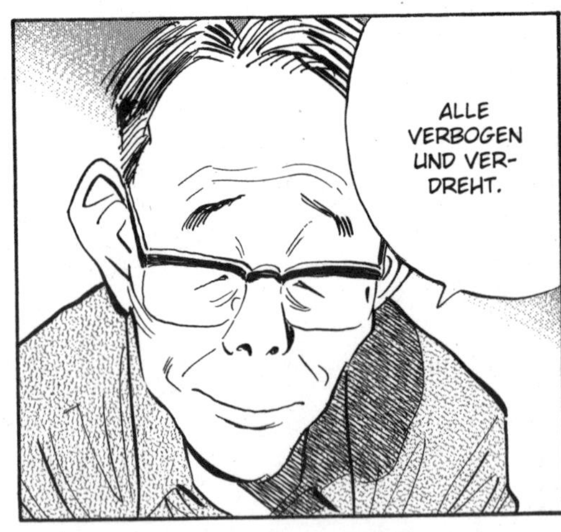
ALLE VERBOGEN UND VERDREHT.

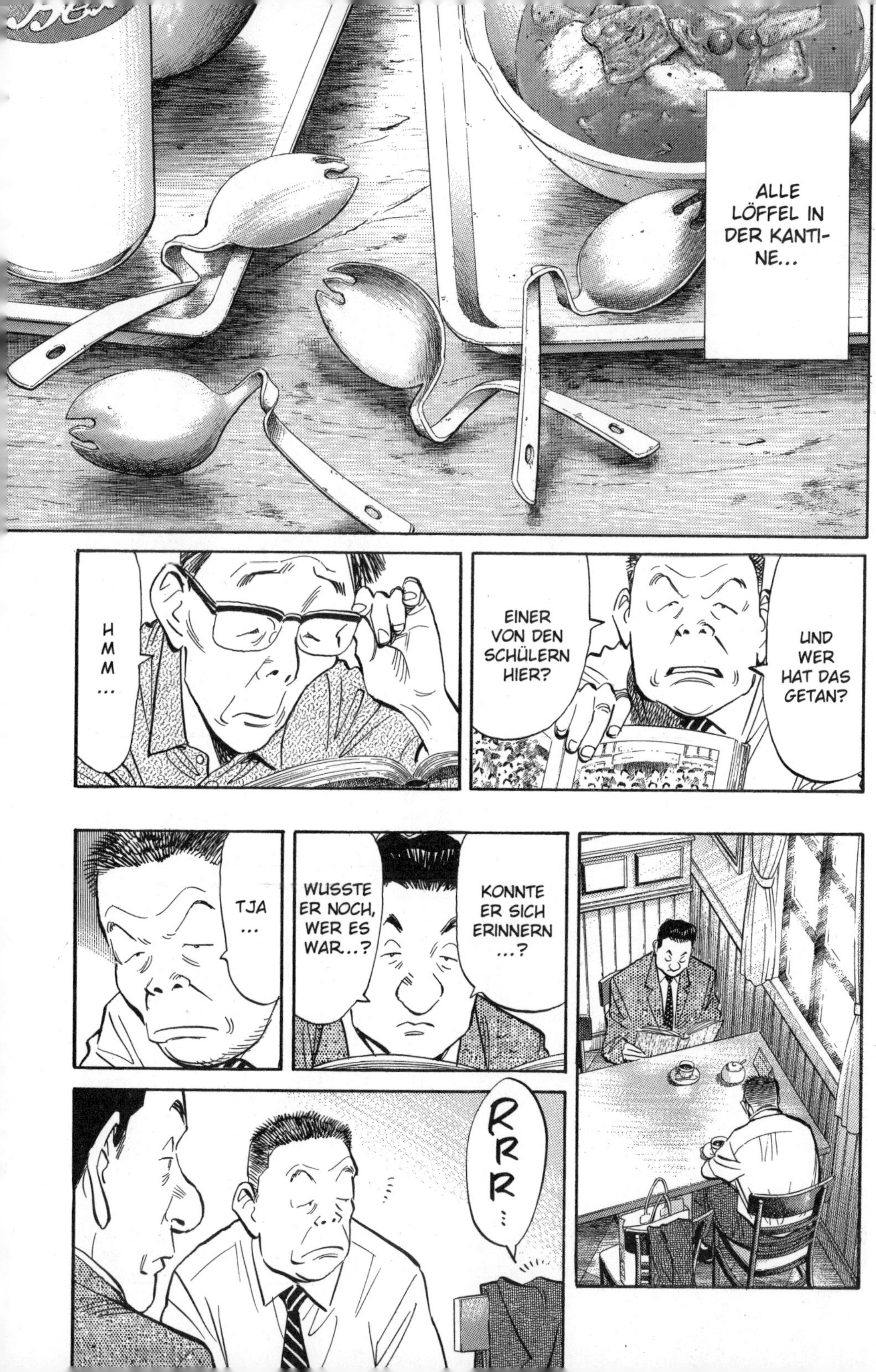

ALLE LÖFFEL IN DER KANTINE...

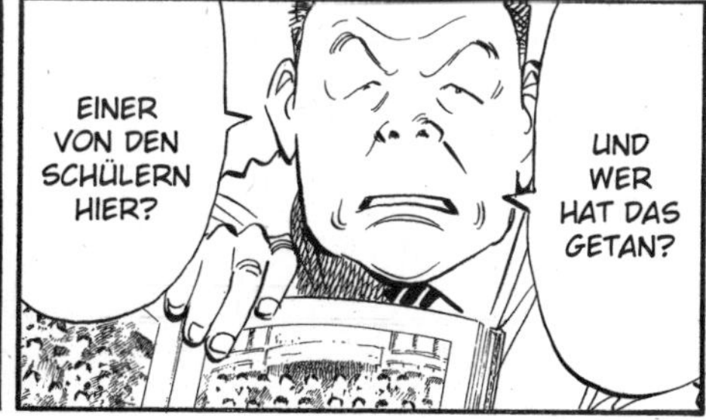

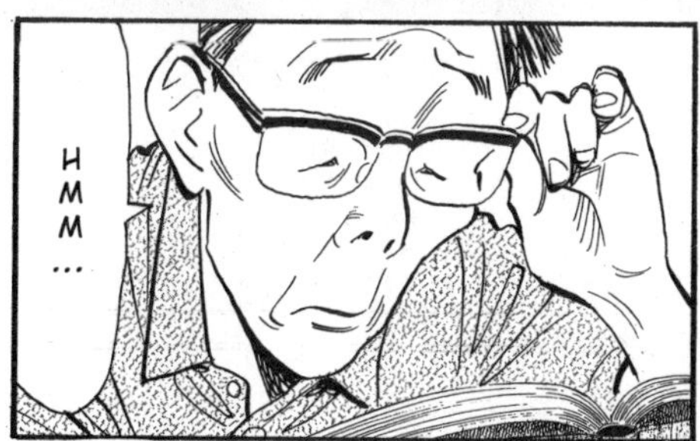

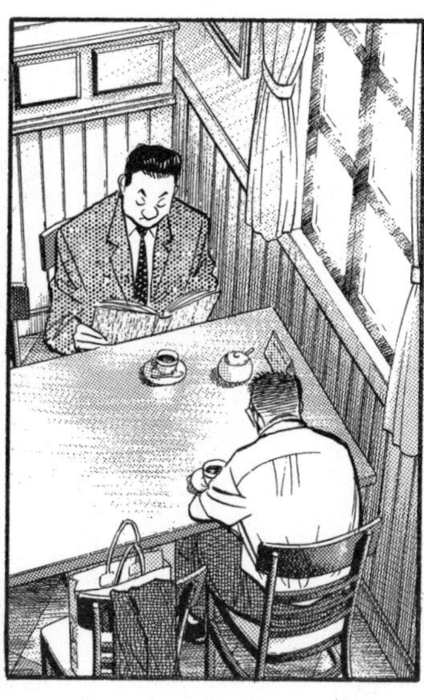

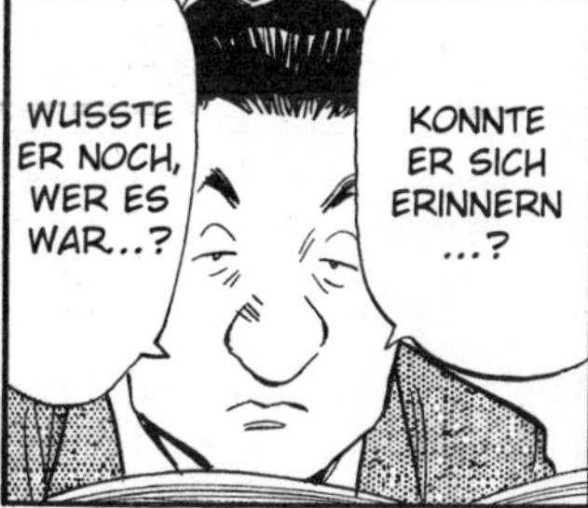

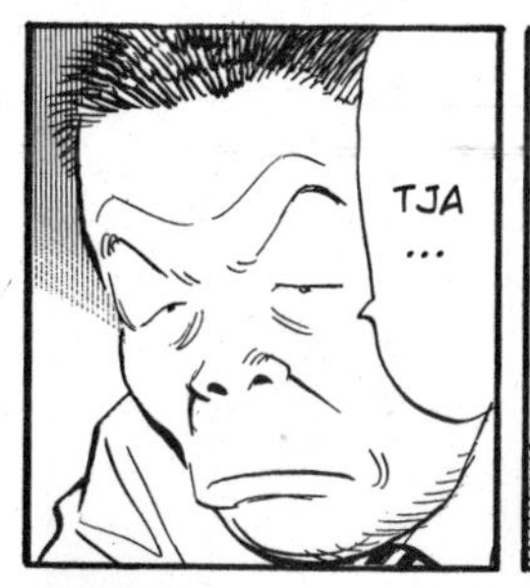

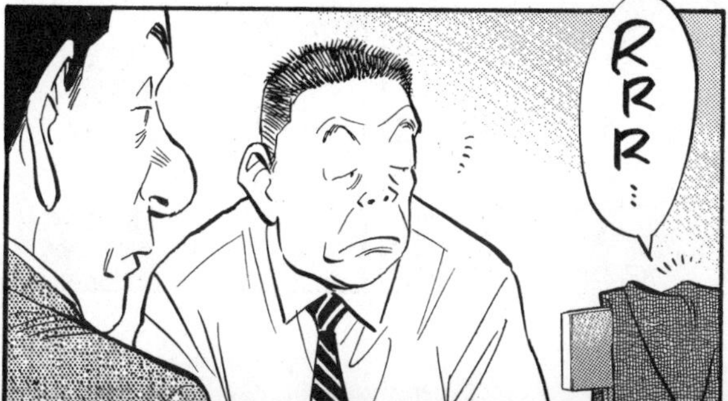

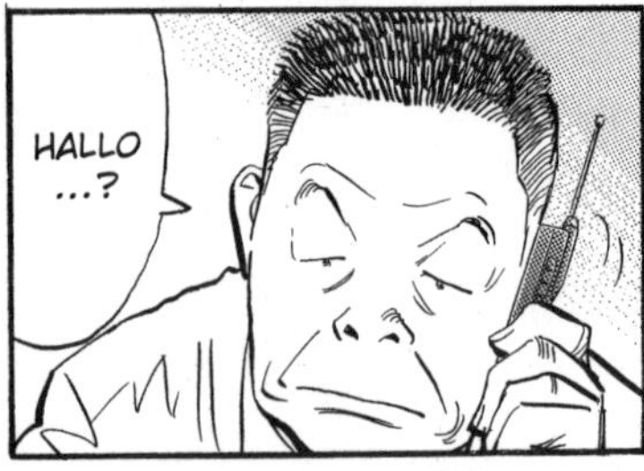
HALLO
...?

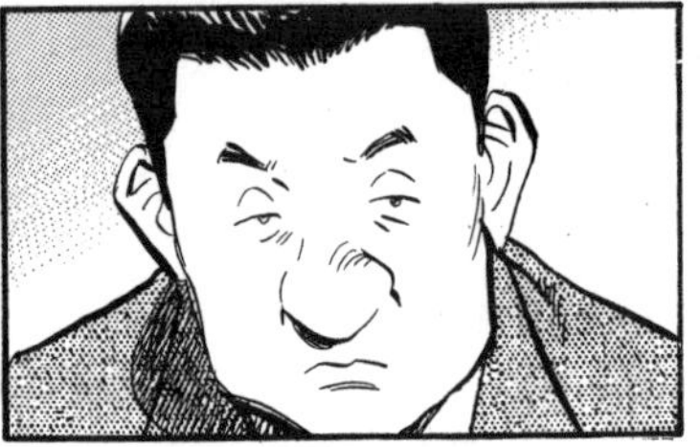

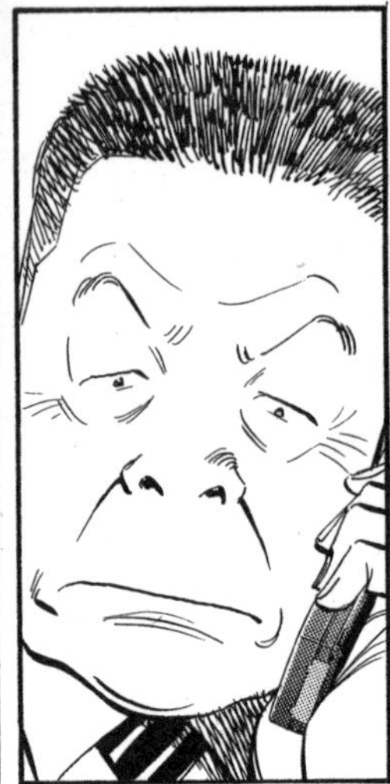

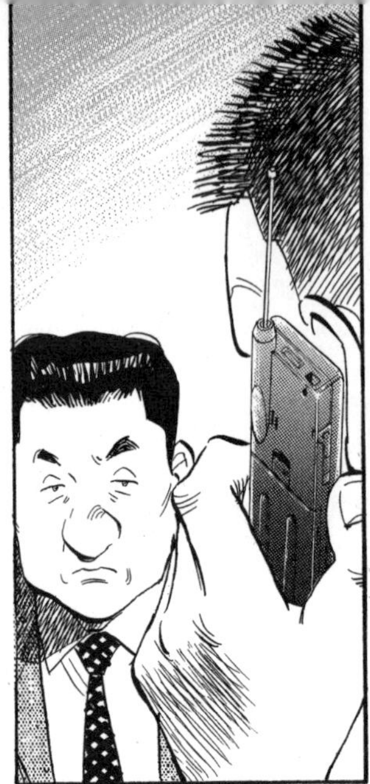

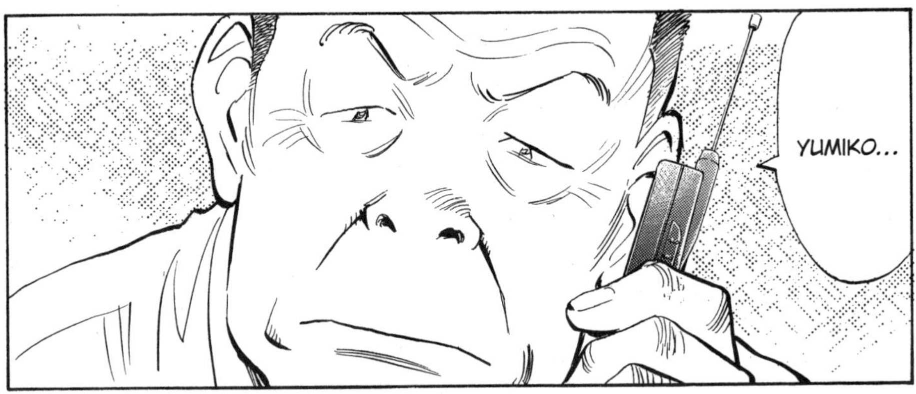
YUMIKO...

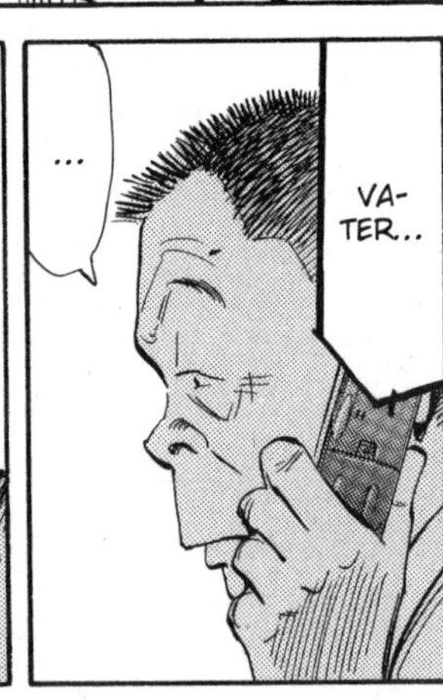
VA-
TER...
...

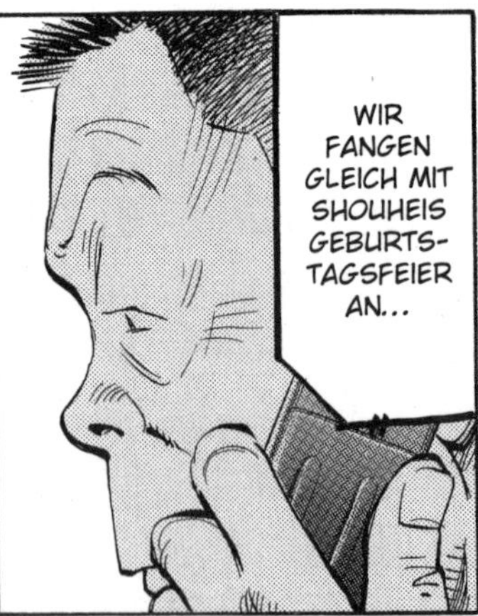
WIR
FANGEN
GLEICH MIT
SHOUHEIS
GEBURTS-
TAGSFEIER
AN...

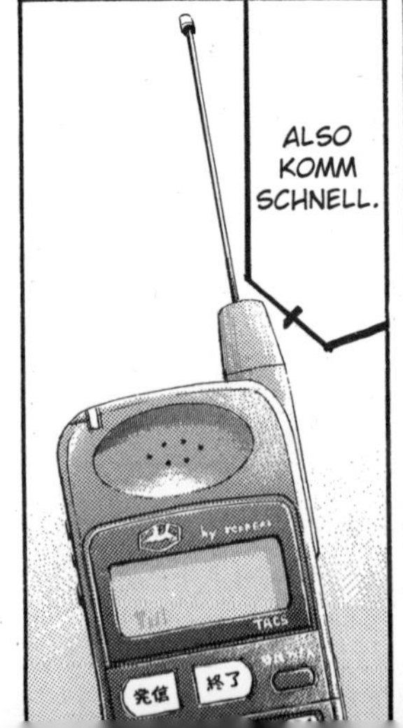
ALSO
KOMM
SCHNELL.
TACS
発信
終了

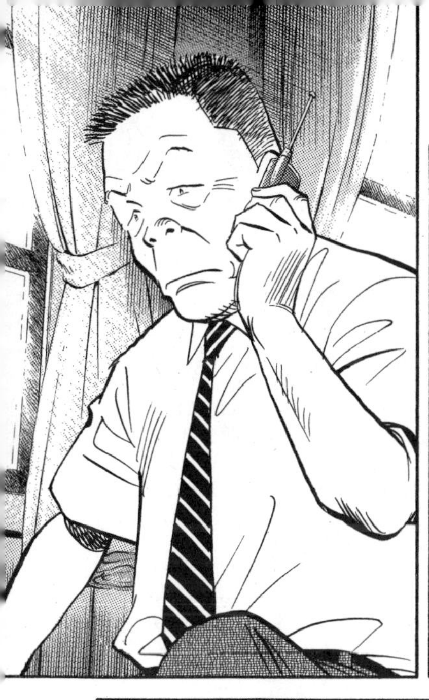
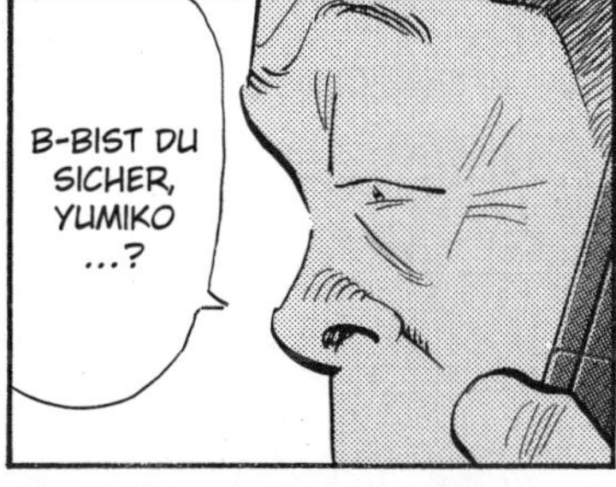
B-BIST DU SICHER, YUMIKO ...?
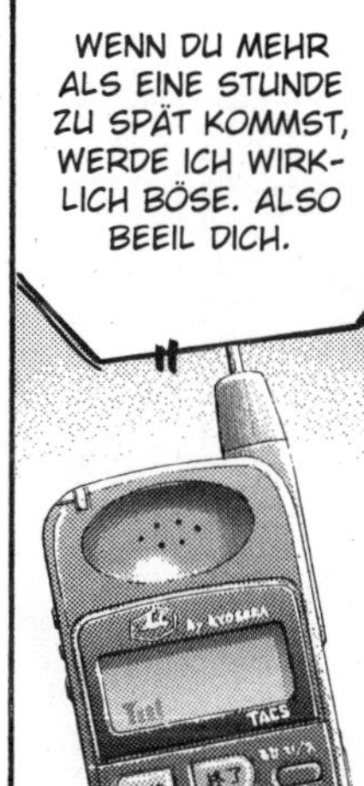
WENN DU MEHR ALS EINE STUNDE ZU SPÄT KOMMST, WERDE ICH WIRKLICH BÖSE. ALSO BEEIL DICH.
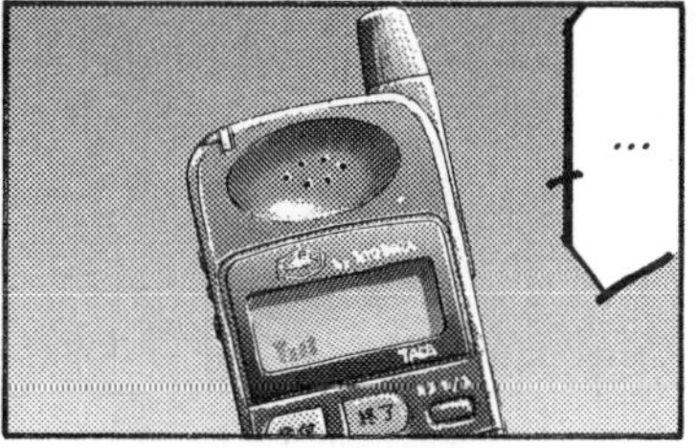
...
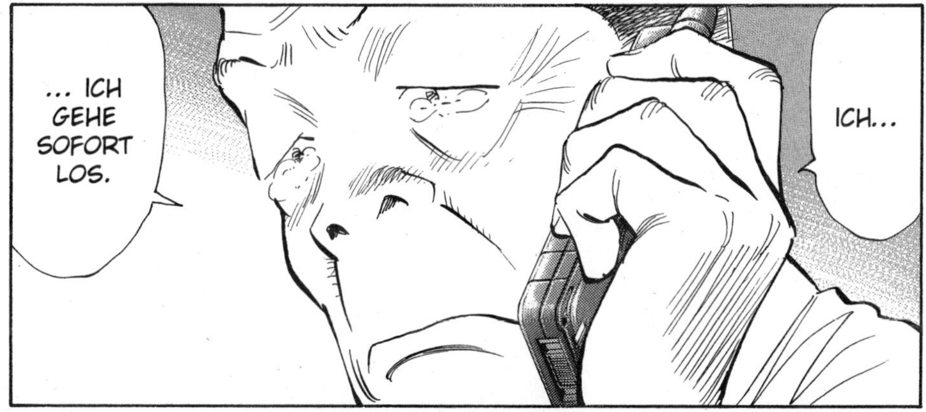
ICH...
... ICH GEHE SOFORT LOS.
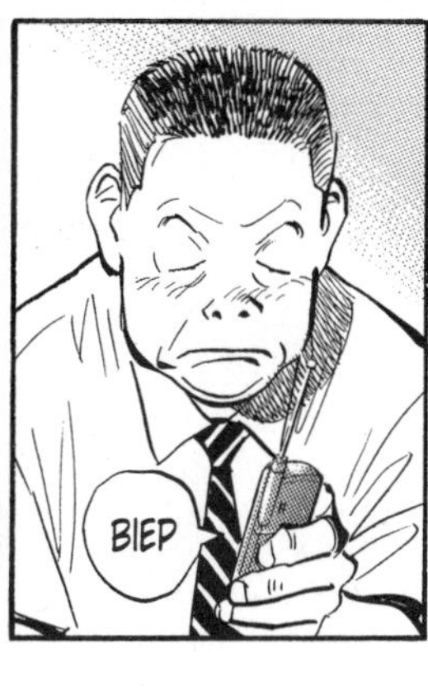
BIEP
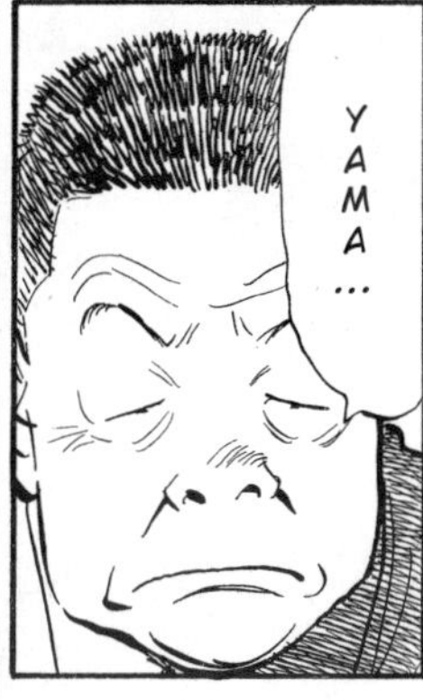
YAMA...
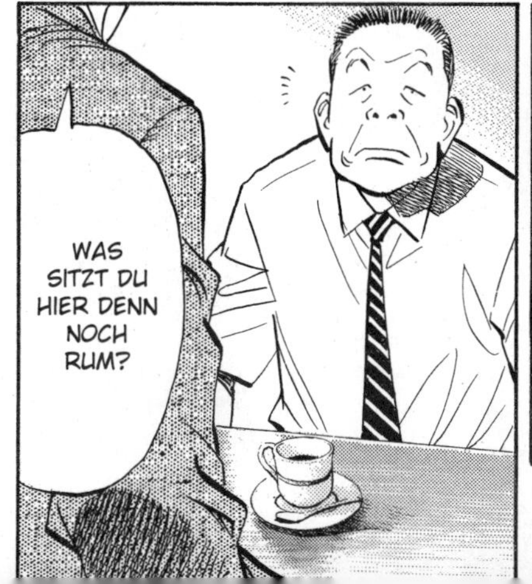
WAS SITZT DU HIER DENN NOCH RUM?

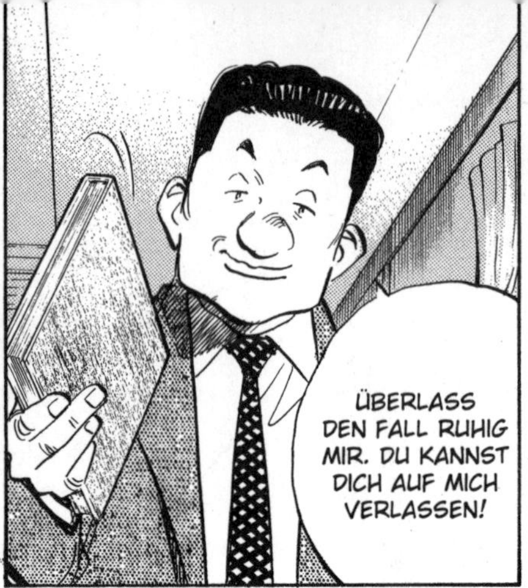
ÜBERLASS DEN FALL RUHIG MIR. DU KANNST DICH AUF MICH VERLASSEN!

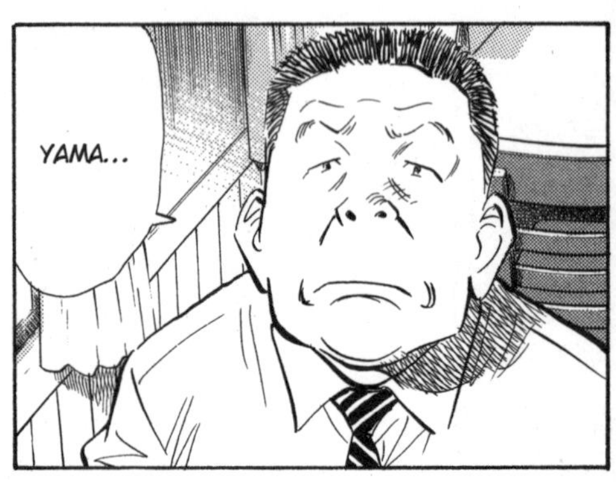
YAMA...

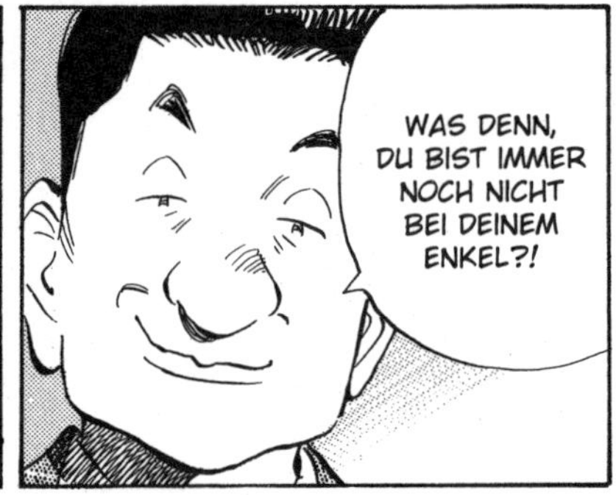
WAS DENN, DU BIST IMMER NOCH NICHT BEI DEINEM ENKEL?!

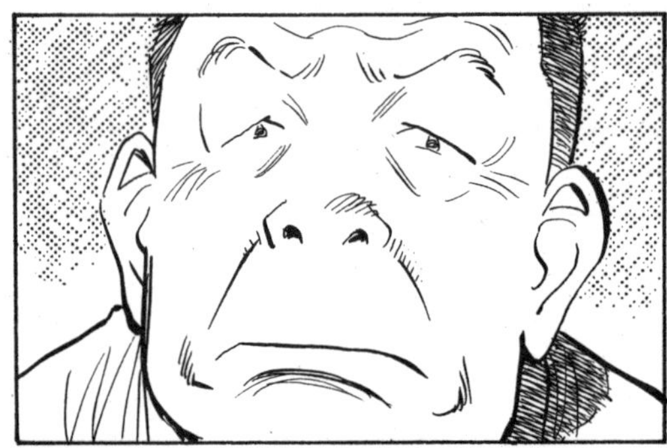

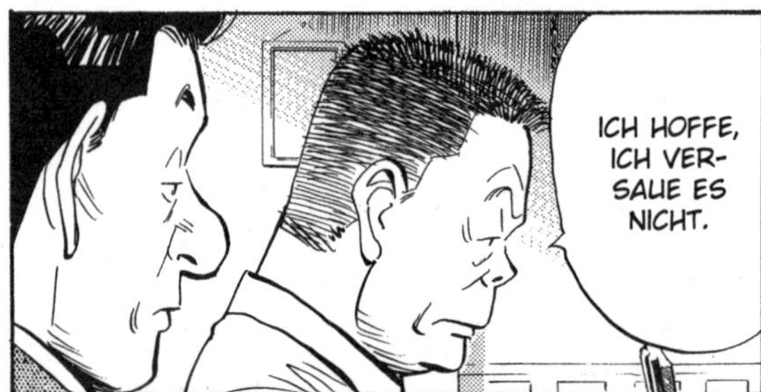
ICH HOFFE, ICH VER-SAUE ES NICHT.

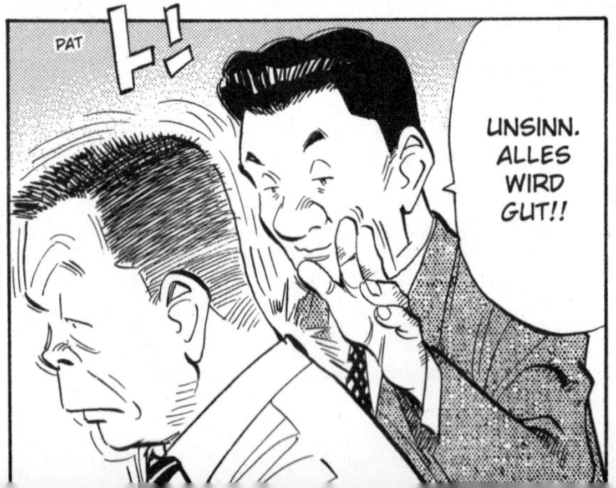
PAT
UNSINN. ALLES WIRD GUT!!

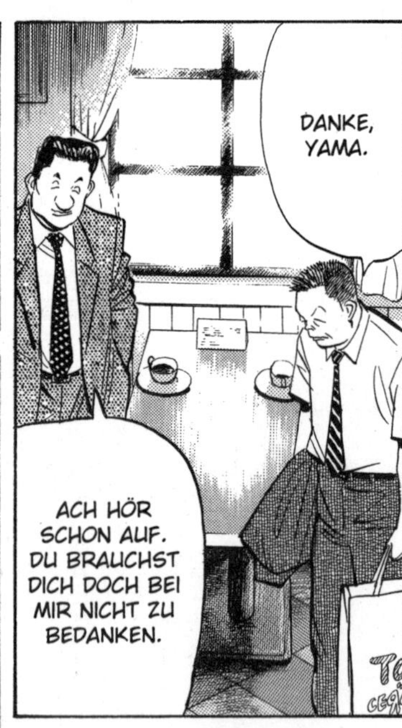
DANKE, YAMA.
ACH HÖR SCHON AUF. DU BRAUCHST DICH DOCH BEI MIR NICHT ZU BEDANKEN.

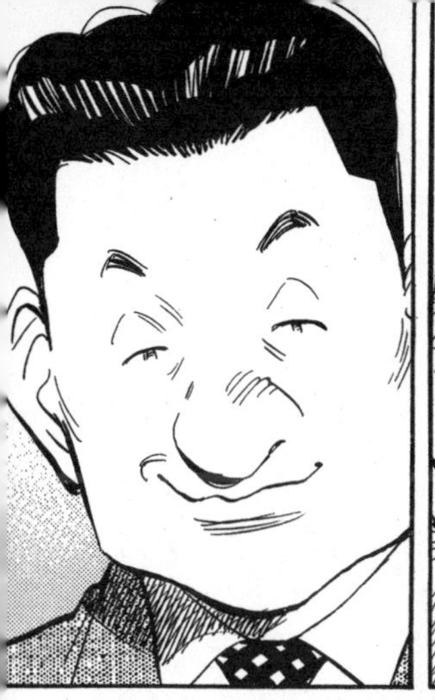
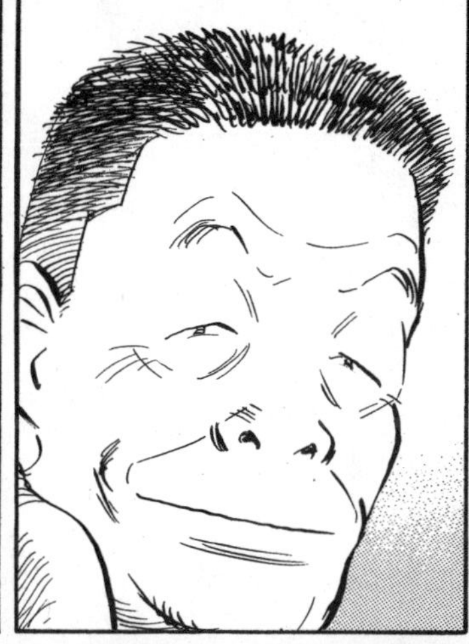
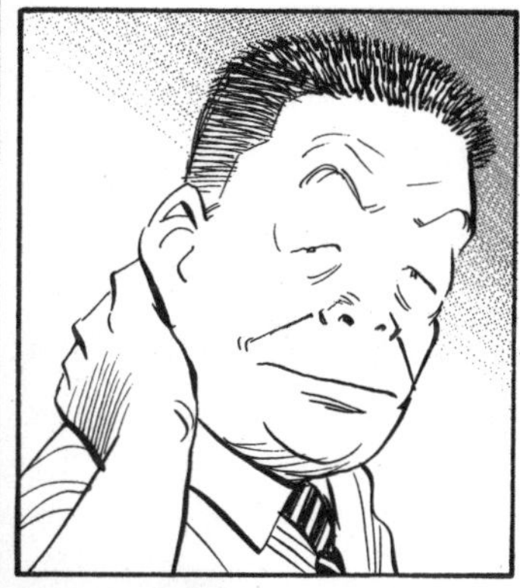
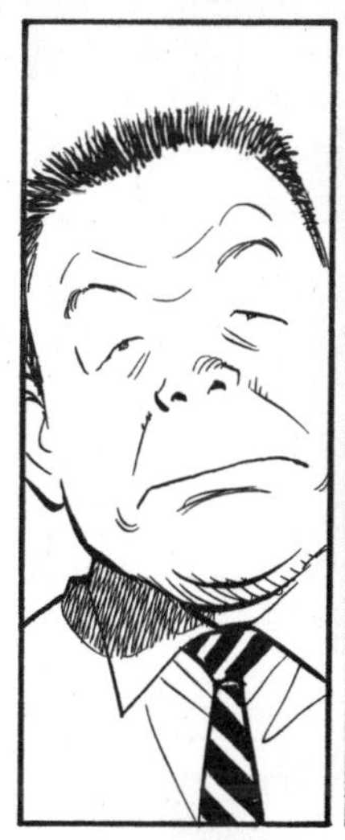
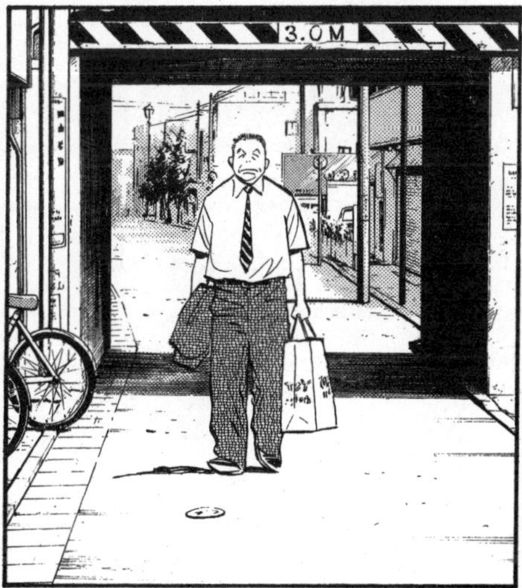
3.0M
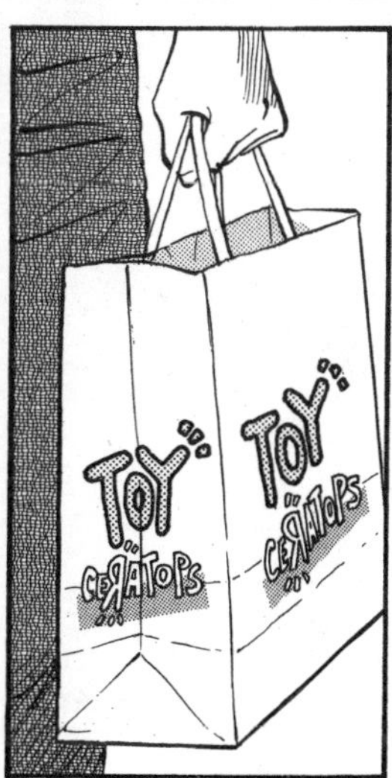
TOY
CERATOPS
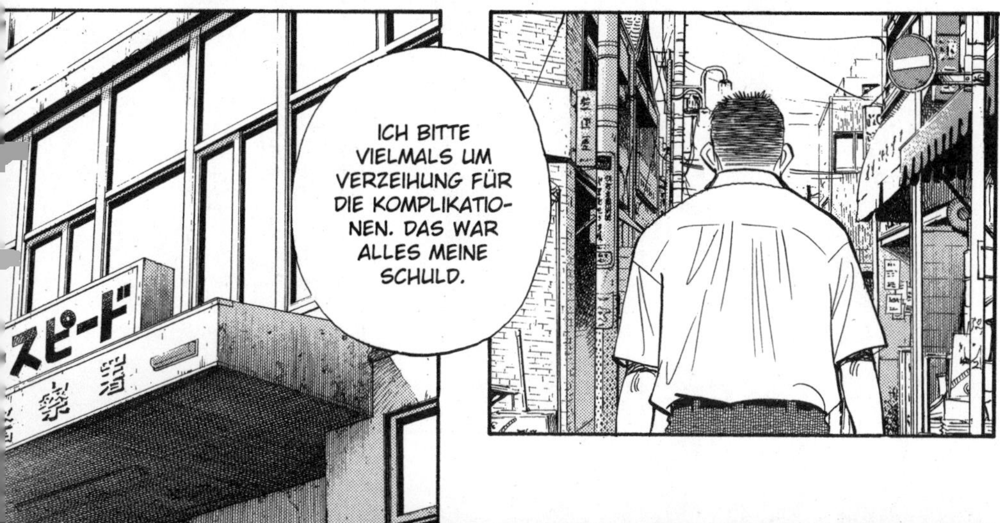
スピード
ICH BITTE VIELMALS UM VERZEIHUNG FÜR DIE KOMPLIKATIONEN. DAS WAR ALLES MEINE SCHULD.

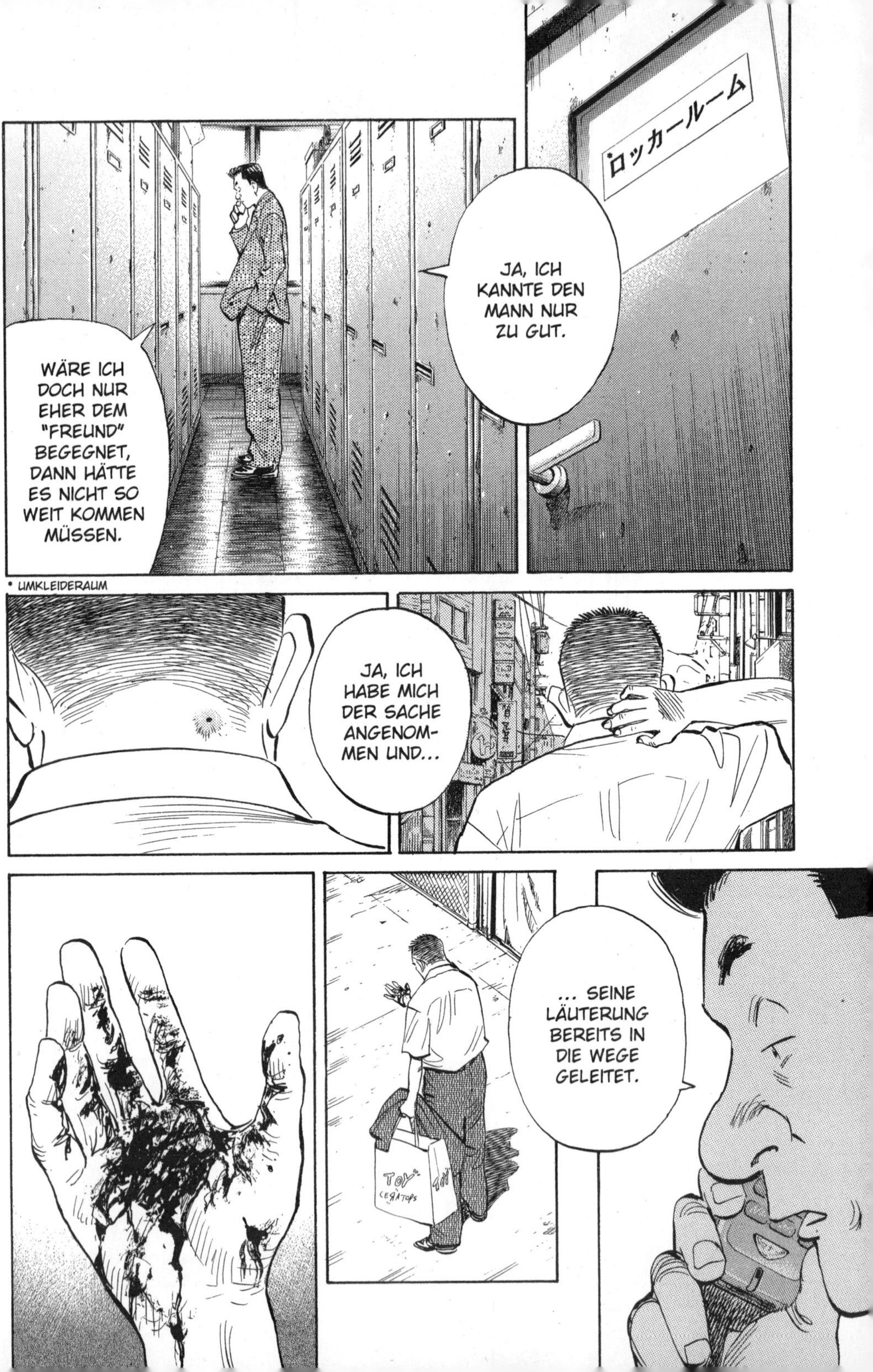

ロッカールーム*

JA, ICH KANNTE DEN MANN NUR ZU GUT.

WÄRE ICH DOCH NUR EHER DEM "FREUND" BEGEGNET, DANN HÄTTE ES NICHT SO WEIT KOMMEN MÜSSEN.

* UMKLEIDERAUM

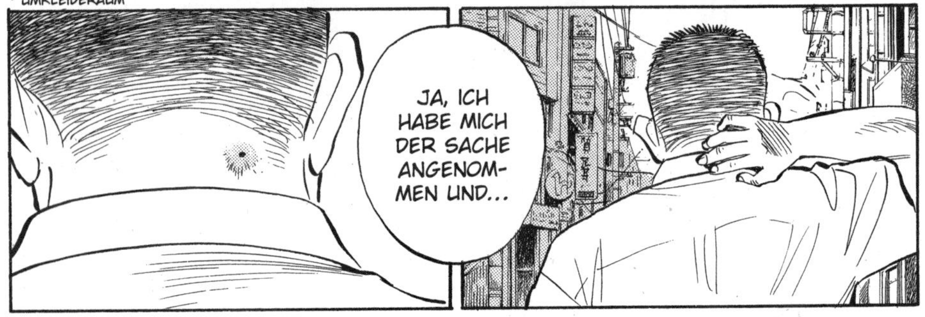

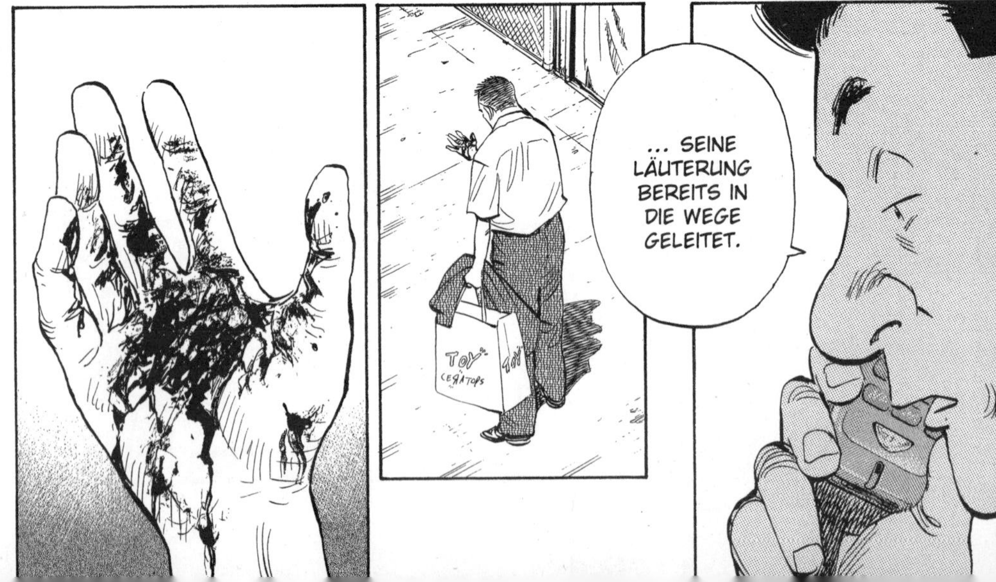

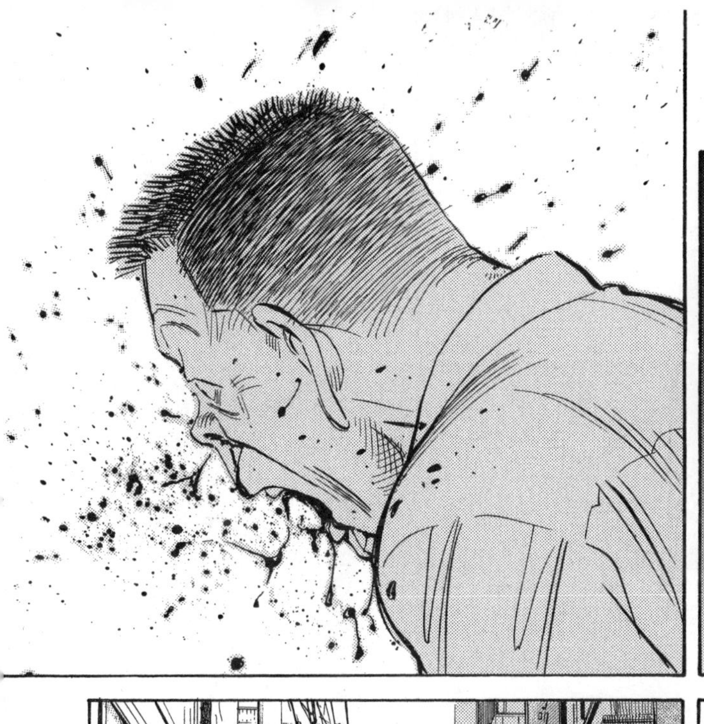
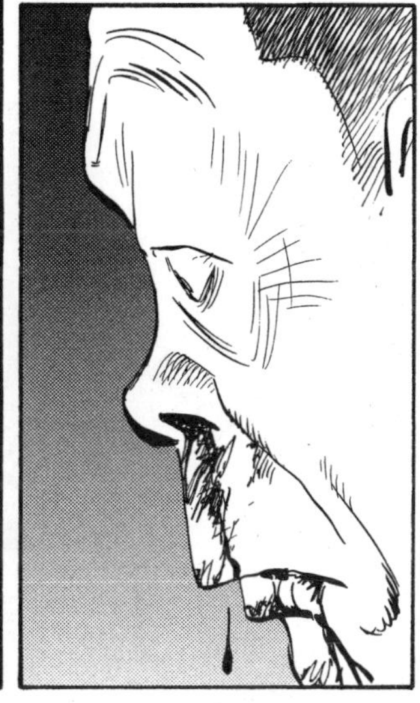
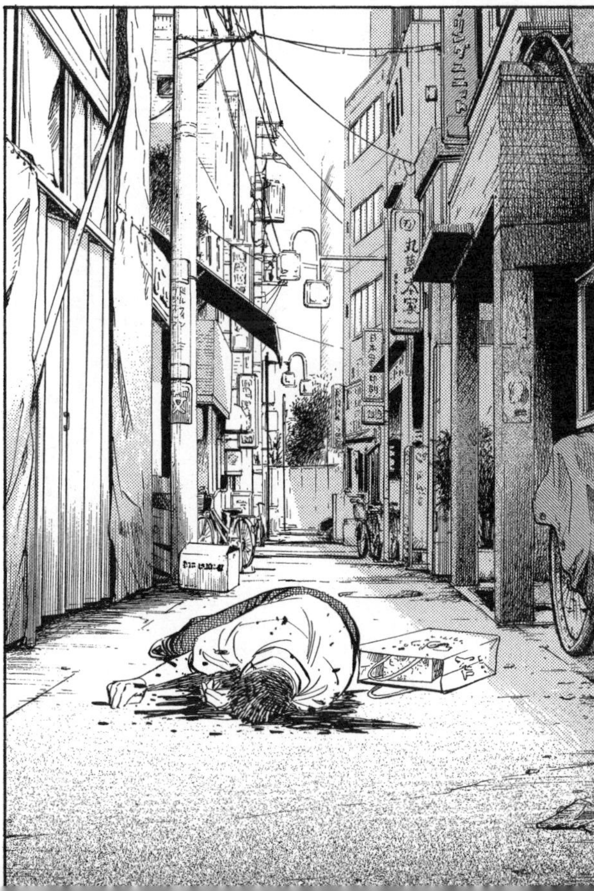
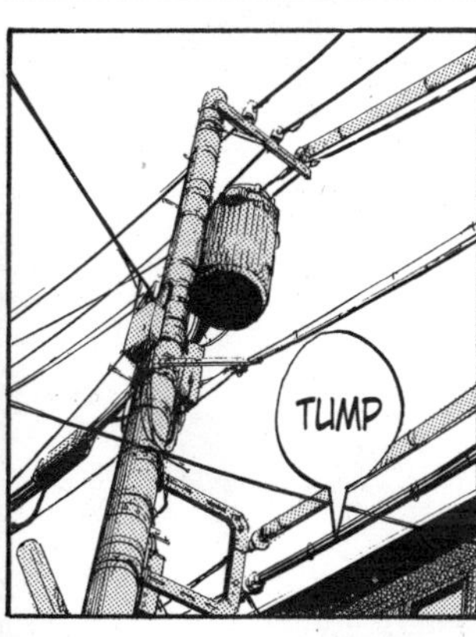
TUMP
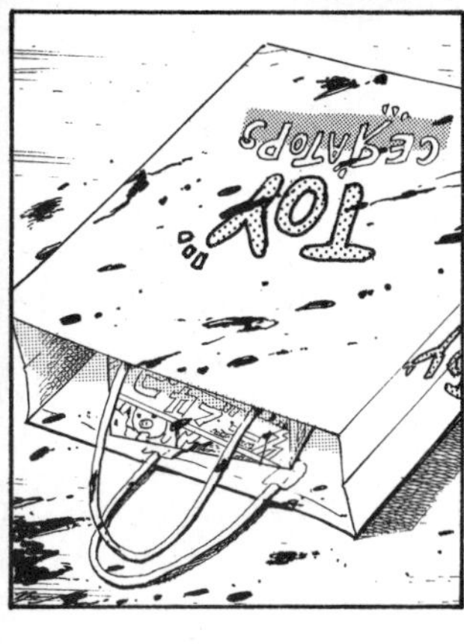
TOY

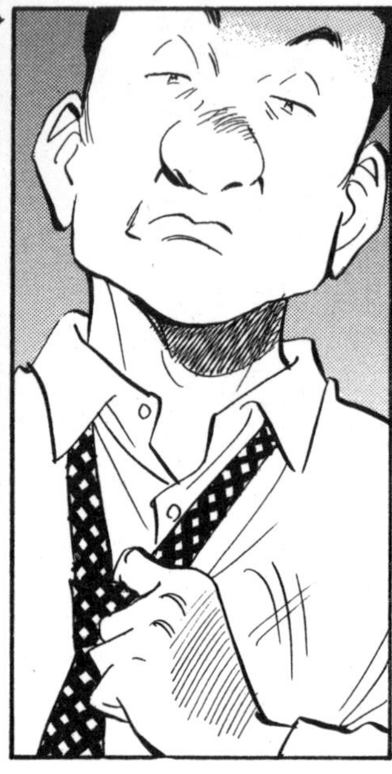

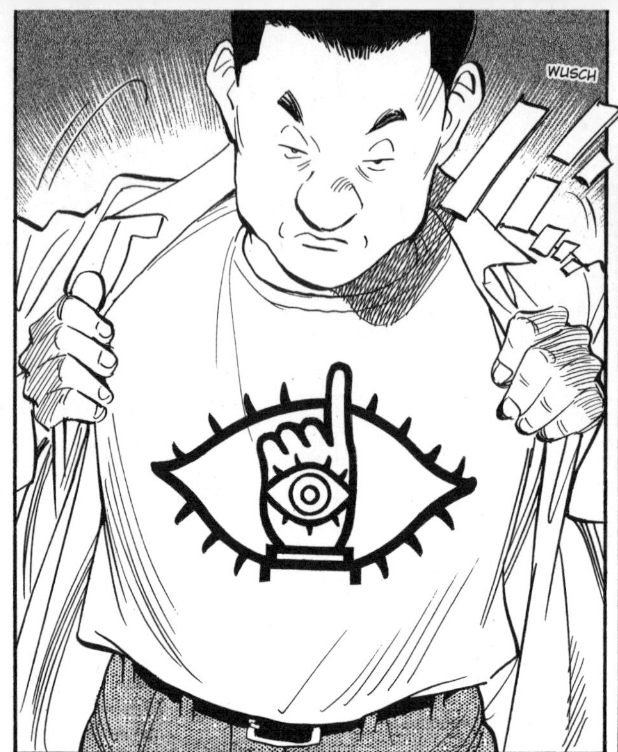

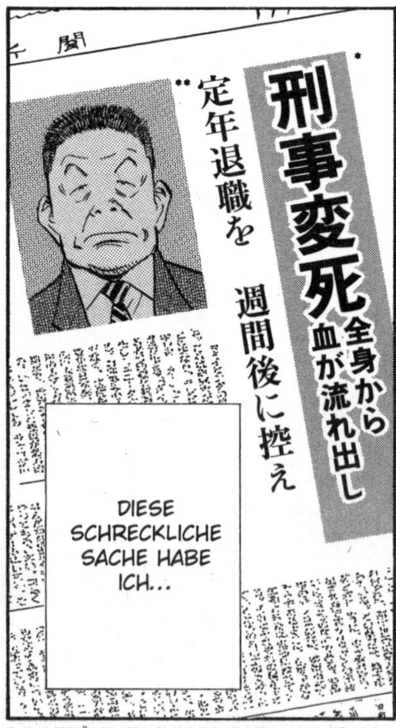

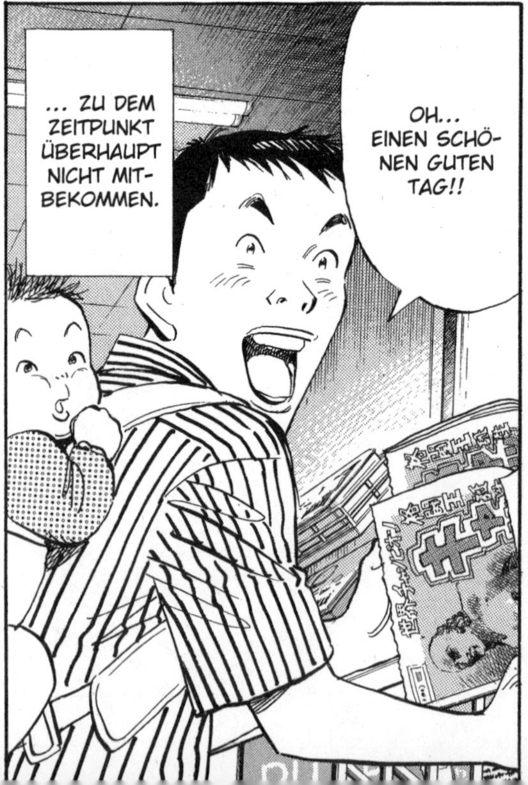

* MYSTERIÖSER TOD EINES POLIZISTEN - AUS SEINEM GANZEN KÖRPER FLOSS DAS BLUT
** IHM FEHLTE NUR NOCH EINE WOCHE BIS ZU SEINER PENSIONIERUNG

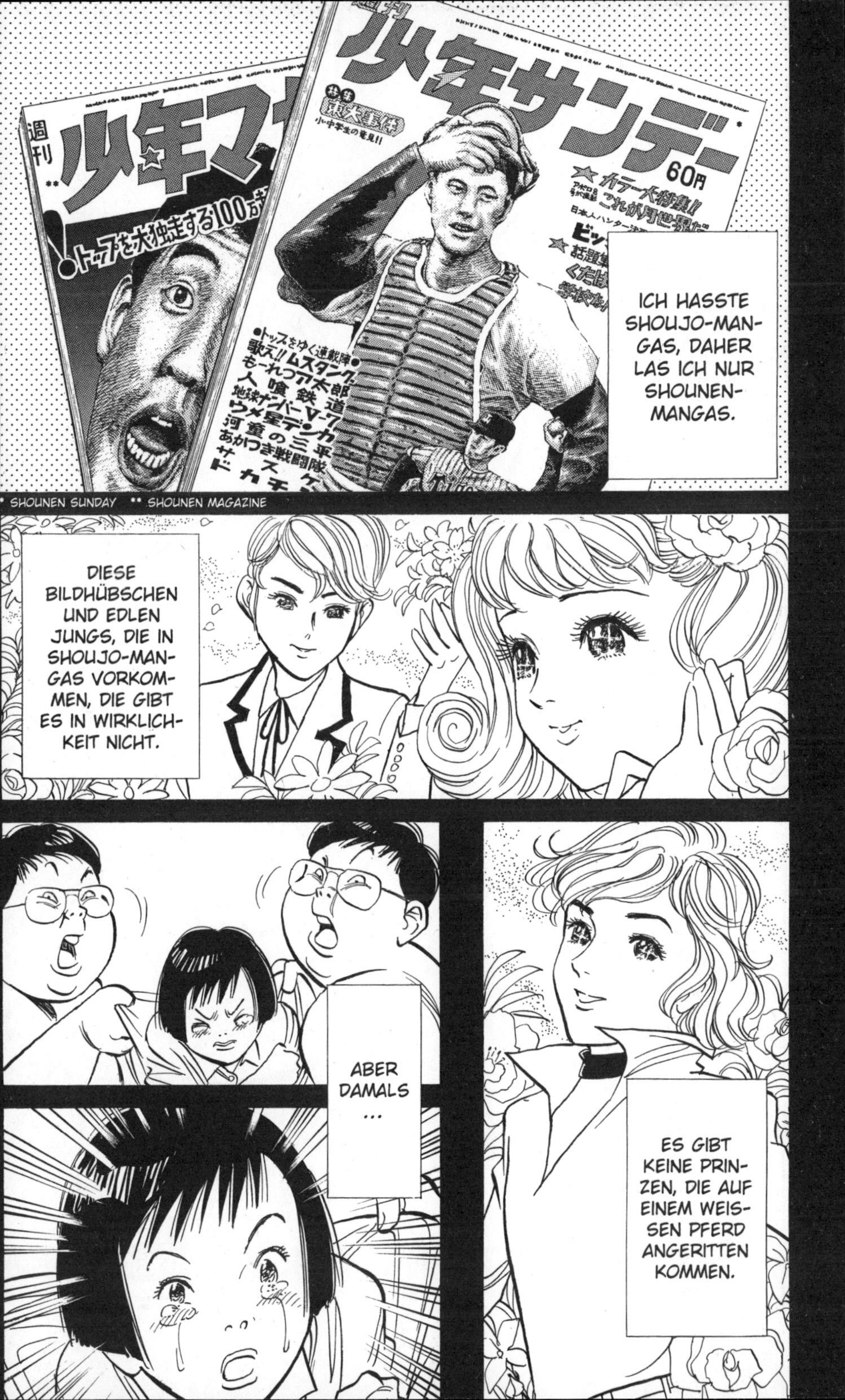

ICH HASSTE SHOUJO-MANGAS, DAHER LAS ICH NUR SHOUNEN-MANGAS.

* SHOUNEN SUNDAY ** SHOUNEN MAGAZINE

DIESE BILDHÜBSCHEN UND EDLEN JUNGS, DIE IN SHOUJO-MANGAS VORKOMMEN, DIE GIBT ES IN WIRKLICHKEIT NICHT.

ES GIBT KEINE PRINZEN, DIE AUF EINEM WEISSEN PFERD ANGERITTEN KOMMEN.

ABER DAMALS ...

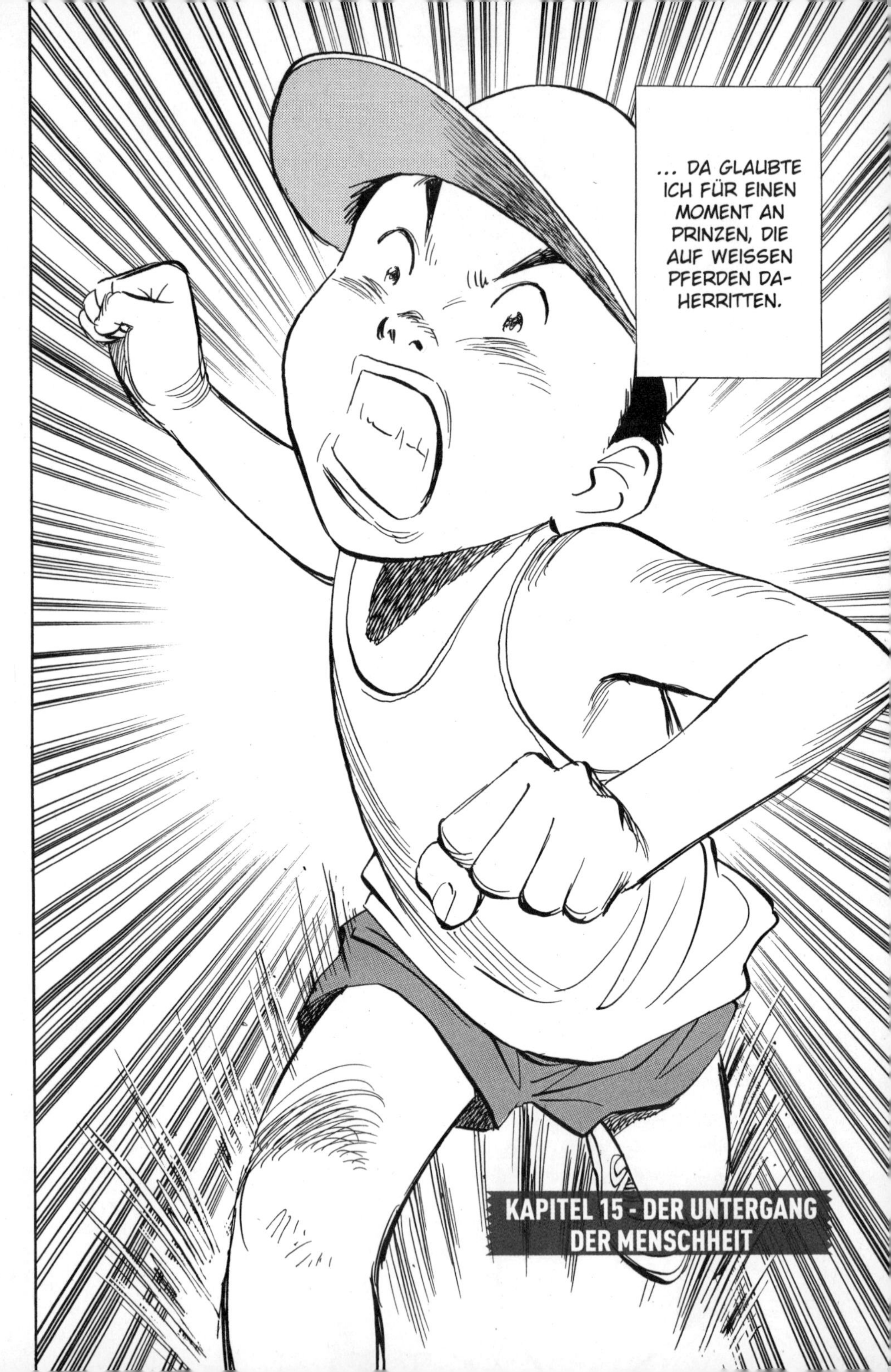
... DA GLAUBTE ICH FÜR EINEN MOMENT AN PRINZEN, DIE AUF WEISSEN PFERDEN DA-HERRITTEN.
KAPITEL 15 - DER UNTERGANG DER MENSCHHEIT

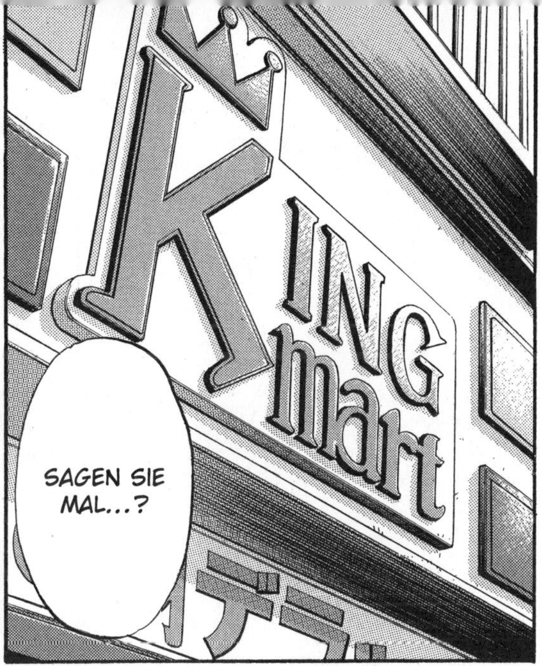
KING mart
SAGEN SIE MAL...?

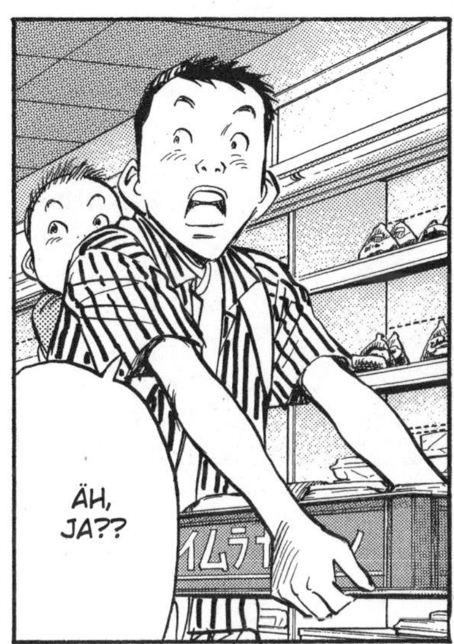
ÄH, JA??

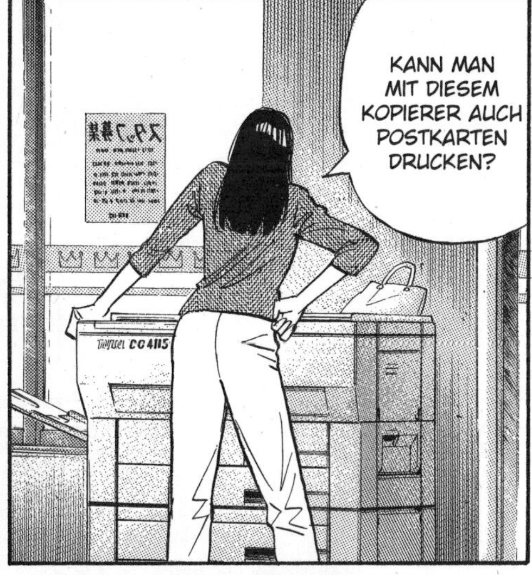
KANN MAN MIT DIESEM KOPIERER AUCH POSTKARTEN DRUCKEN?

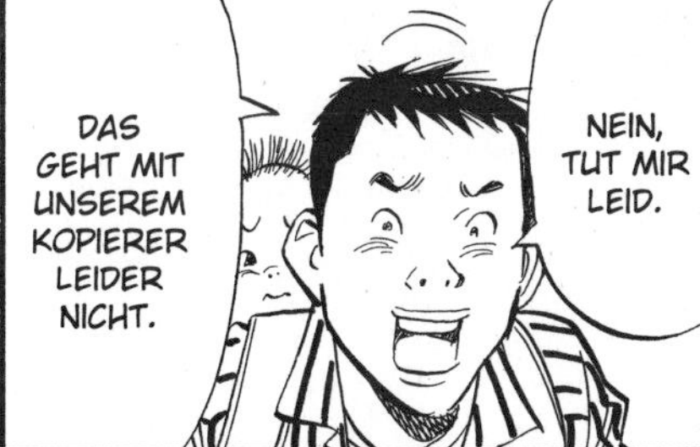
NEIN, TUT MIR LEID.
DAS GEHT MIT UNSEREM KOPIERER LEIDER NICHT.

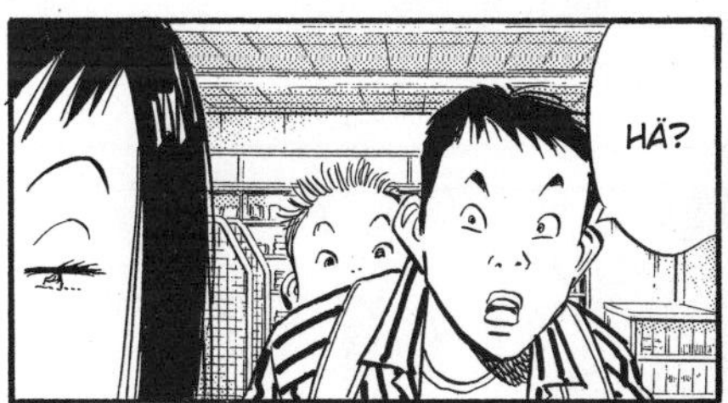
HÄ?

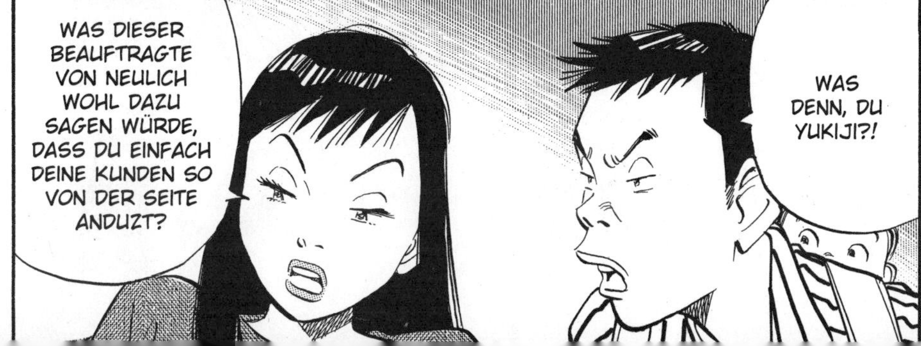
WAS DENN, DU YUKIJI?!
WAS DIESER BEAUFTRAGTE VON NEULICH WOHL DAZU SAGEN WÜRDE, DASS DU EINFACH DEINE KUNDEN SO VON DER SEITE ANDUZT?

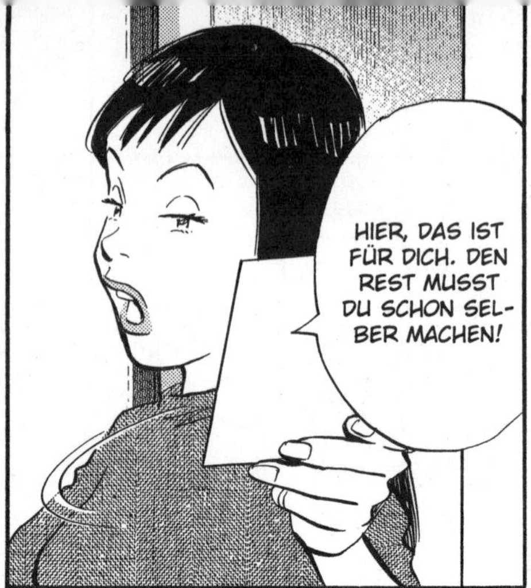
HIER, DAS IST FÜR DICH. DEN REST MUSST DU SCHON SELBER MACHEN!

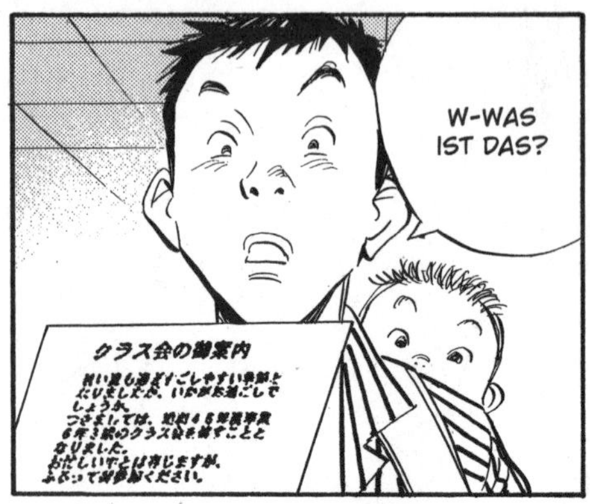
W-WAS IST DAS?
クラス会の御案内

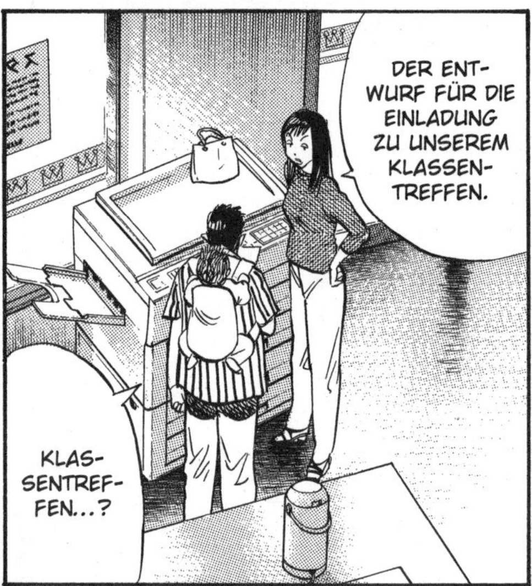
DER ENTWURF FÜR DIE EINLADUNG ZU UNSEREM KLASSENTREFFEN.
KLASSENTREFFEN...?

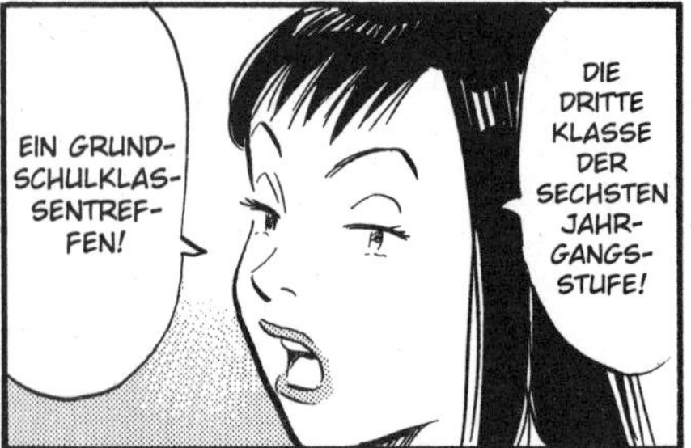
DIE DRITTE KLASSE DER SECHSTEN JAHRGANGSSTUFE!
EIN GRUNDSCHULKLASSENTREFFEN!

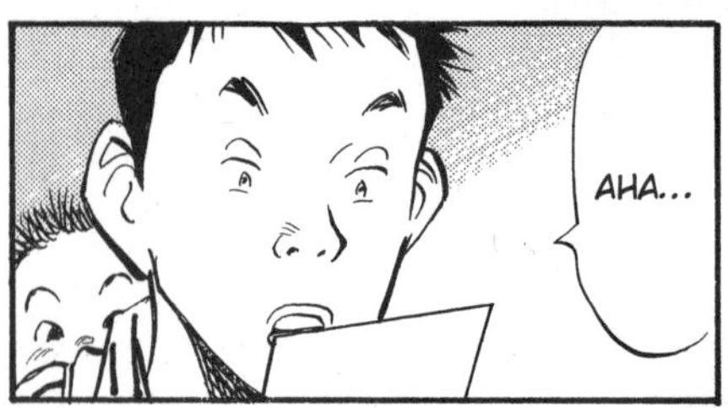
AHA...

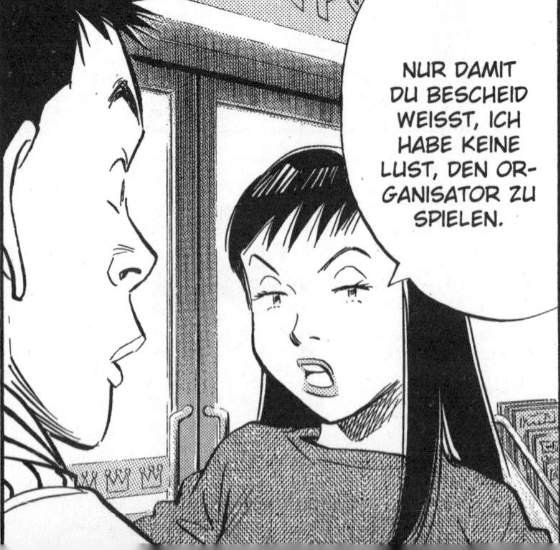
NUR DAMIT DU BESCHEID WEISST, ICH HABE KEINE LUST, DEN ORGANISATOR ZU SPIELEN.

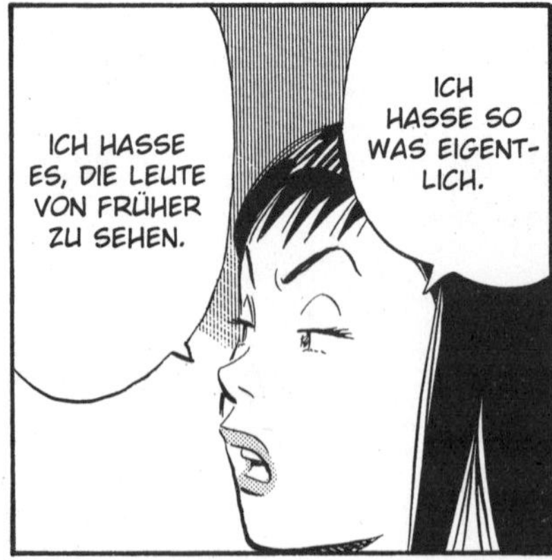
ICH HASSE SO WAS EIGENTLICH.
ICH HASSE ES, DIE LEUTE VON FRÜHER ZU SEHEN.

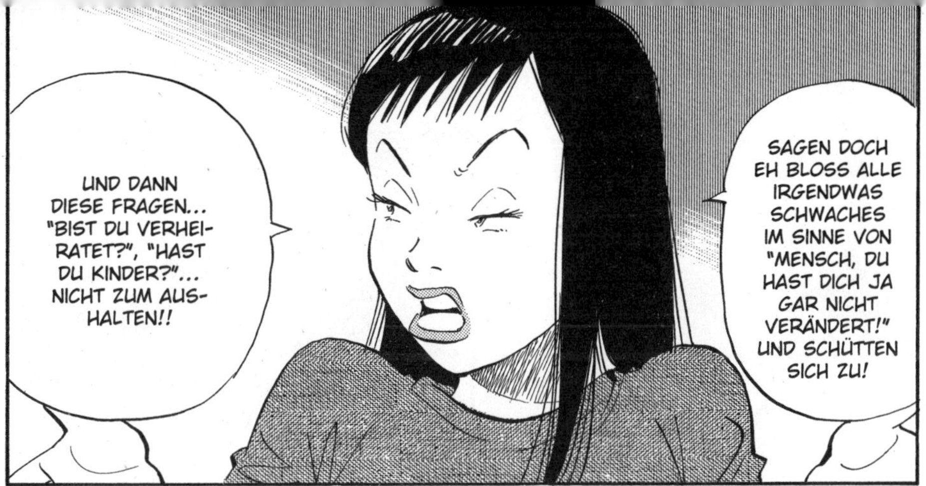
SAGEN DOCH EH BLOSS ALLE IRGENDWAS SCHWACHES IM SINNE VON "MENSCH, DU HAST DICH JA GAR NICHT VERÄNDERT!" UND SCHÜTTEN SICH ZU!
UND DANN DIESE FRAGEN... "BIST DU VERHEIRATET?", "HAST DU KINDER?"... NICHT ZUM AUSHALTEN!!

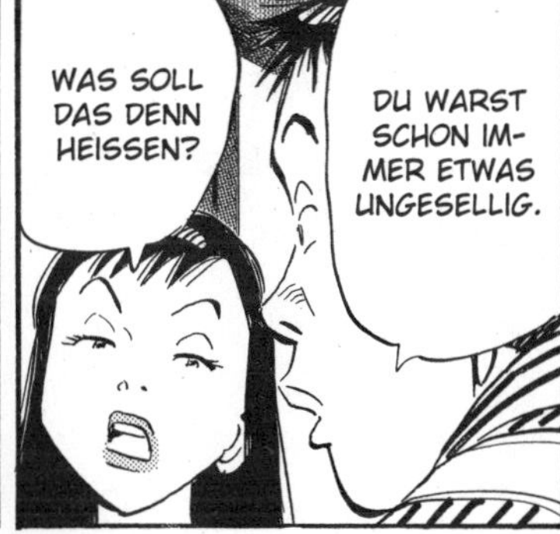
DU WARST SCHON IMMER ETWAS UNGESELLIG.
WAS SOLL DAS DENN HEISSEN?

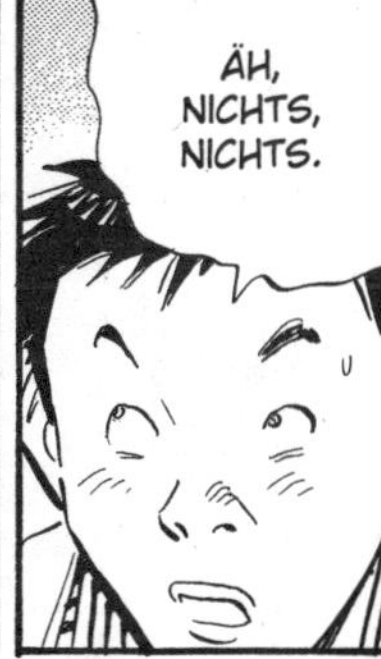
ÄH, NICHTS, NICHTS.

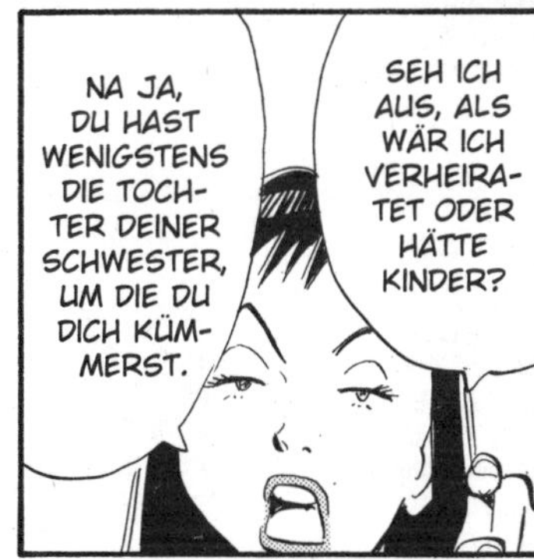
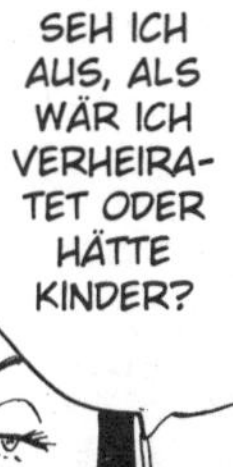
SEH ICH AUS, ALS WÄR ICH VERHEIRATET ODER HÄTTE KINDER?
NA JA, DU HAST WENIGSTENS DIE TOCHTER DEINER SCHWESTER, UM DIE DU DICH KÜMMERST.

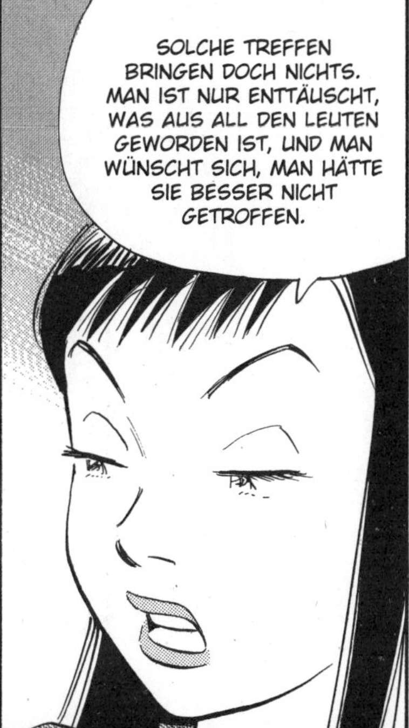
SOLCHE TREFFEN BRINGEN DOCH NICHTS. MAN IST NUR ENTTÄUSCHT, WAS AUS ALL DEN LEUTEN GEWORDEN IST, UND MAN WÜNSCHT SICH, MAN HÄTTE SIE BESSER NICHT GETROFFEN.

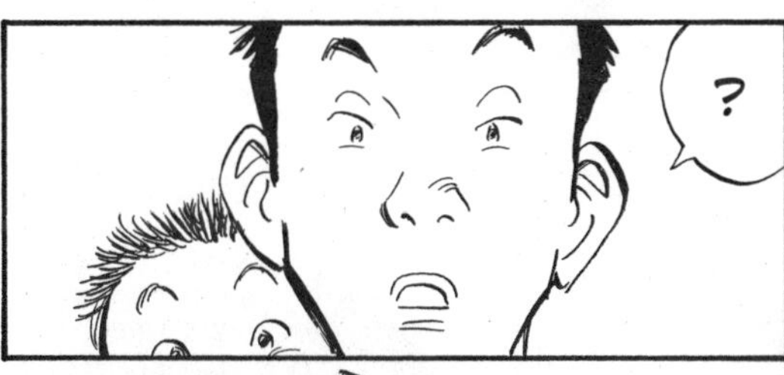
?

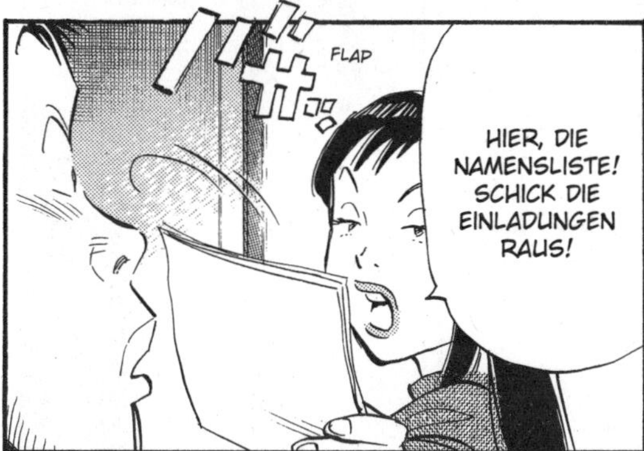
FLAP
HIER, DIE NAMENSLISTE! SCHICK DIE EINLADUNGEN RAUS!

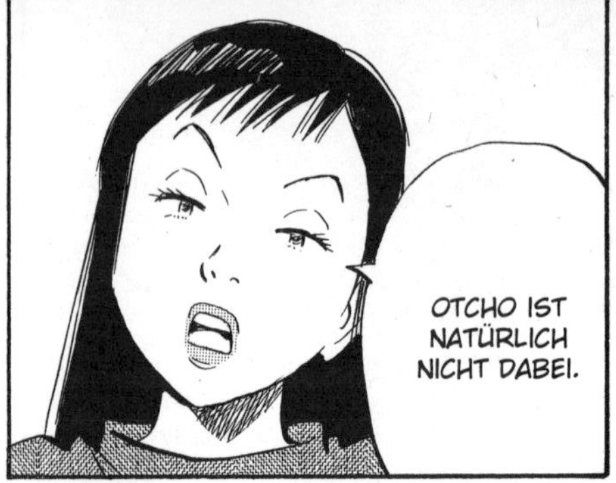
OTCHO IST NATÜRLICH NICHT DABEI.

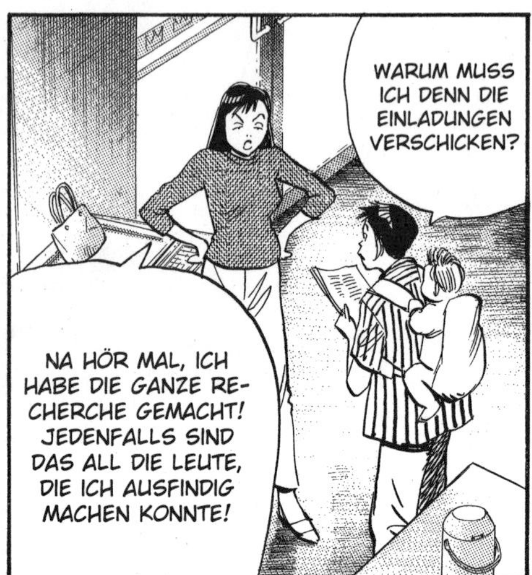
WARUM MUSS ICH DENN DIE EINLADUNGEN VERSCHICKEN?
NA HÖR MAL, ICH HABE DIE GANZE RECHERCHE GEMACHT! JEDENFALLS SIND DAS ALL DIE LEUTE, DIE ICH AUSFINDIG MACHEN KONNTE!

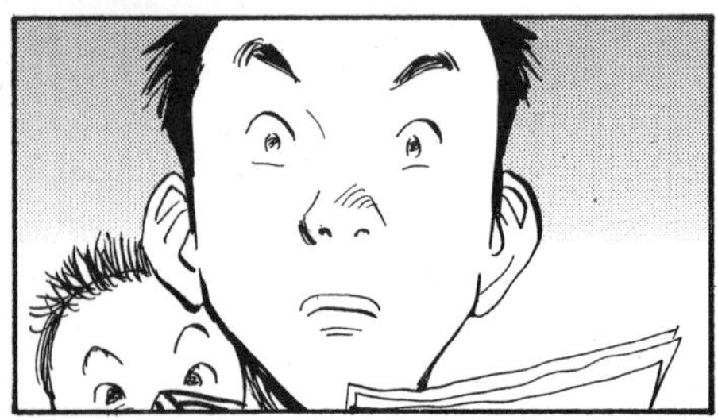

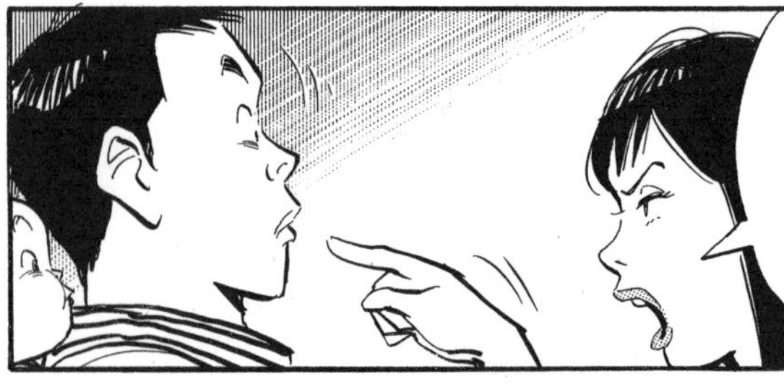
ALLES KLAR? DU WEISST JA, WOZU DIESES TREFFEN GUT SEIN SOLL!
NICHT, DASS DU MIR ALSO NUR HEITER ÜBER ALTE ZEITEN PLAUDERST UND DICH VOLLLAUFEN LÄSST!!

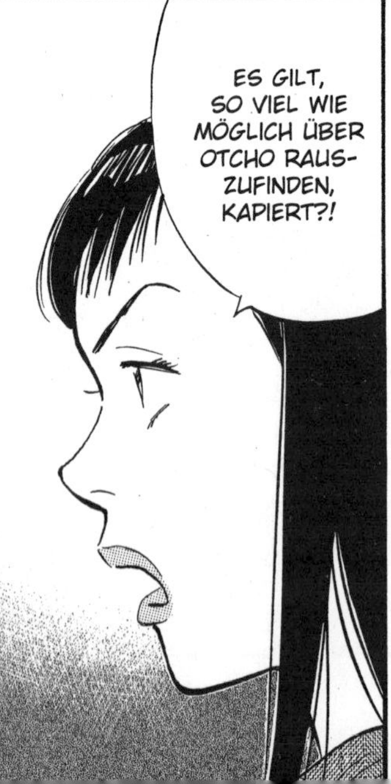
ES GILT, SO VIEL WIE MÖGLICH ÜBER OTCHO RAUSZUFINDEN, KAPIERT?!

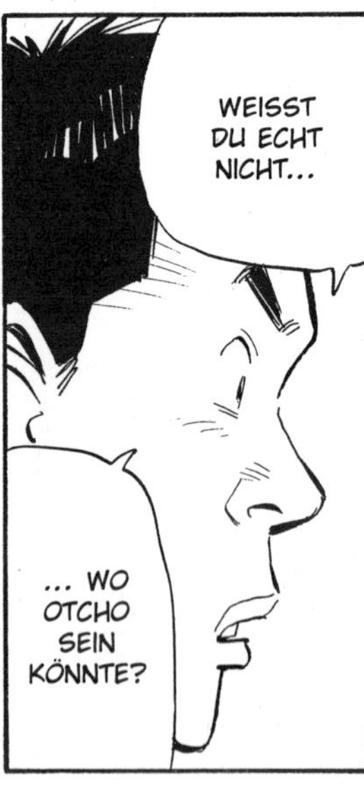
WEISST DU ECHT NICHT...
... WO OTCHO SEIN KÖNNTE?

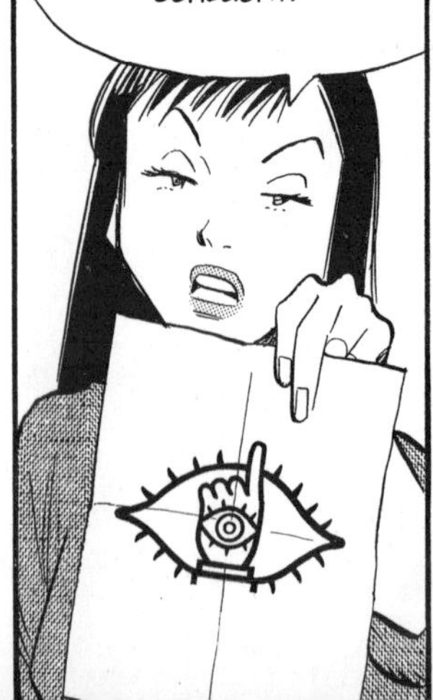
NEIN. DER MANN, DER SICH ALS KIND DIESES SYMBOL AUSGEDACHT HAT, IST WIE VOM ERDBODEN VERSCHLUCKT.

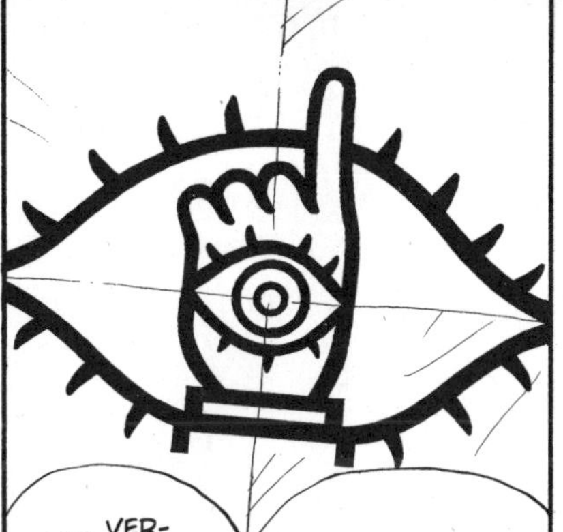
UND EIN MANN, DER SICH "FREUND" NENNT, BENUTZT NUN DIESES SYMBOL ALS ERKENNUNGS-ZEICHEN EINER MYSTERIÖSEN BE-WEGUNG UND...
... VER-SAMMELT IMMER MEHR UND MEHR ANHÄNGER UM SICH. UND KEINER WEISS SO RECHT, MIT WELCHEM ZIEL.

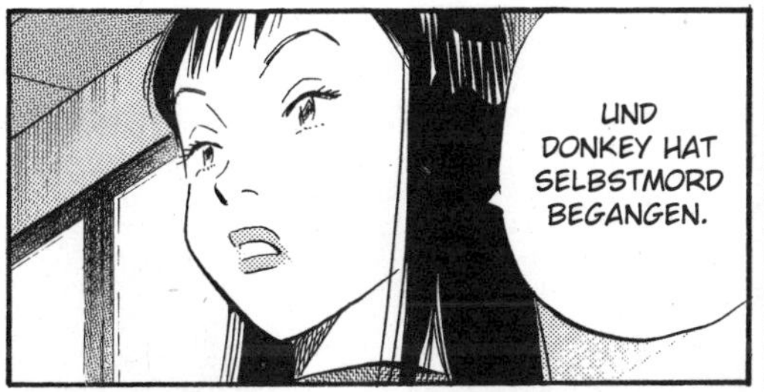
UND DONKEY HAT SELBSTMORD BEGANGEN.

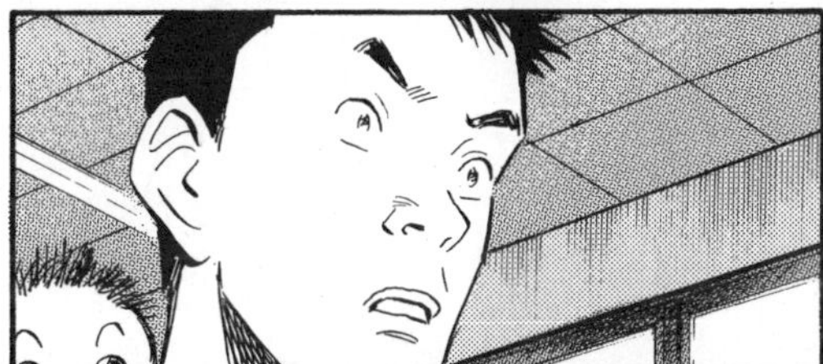

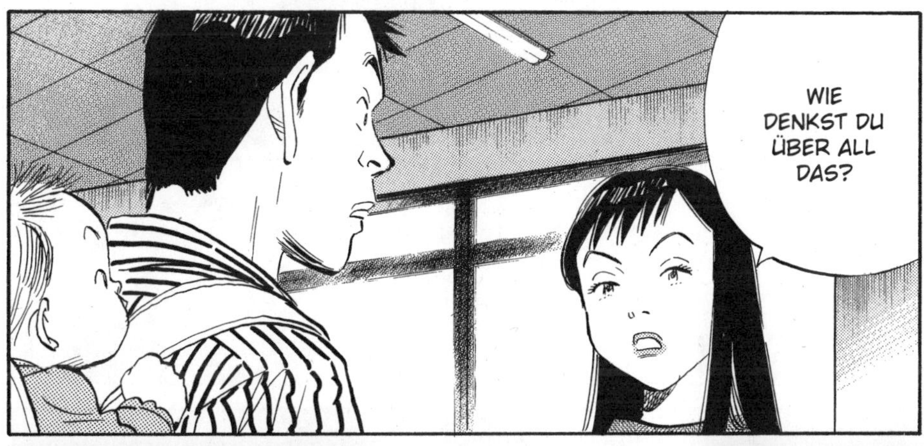
WIE DENKST DU ÜBER ALL DAS?

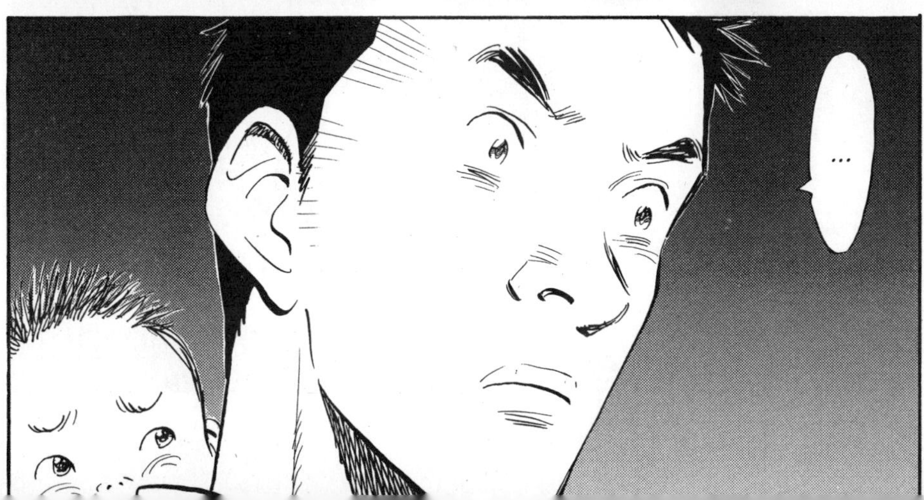
...

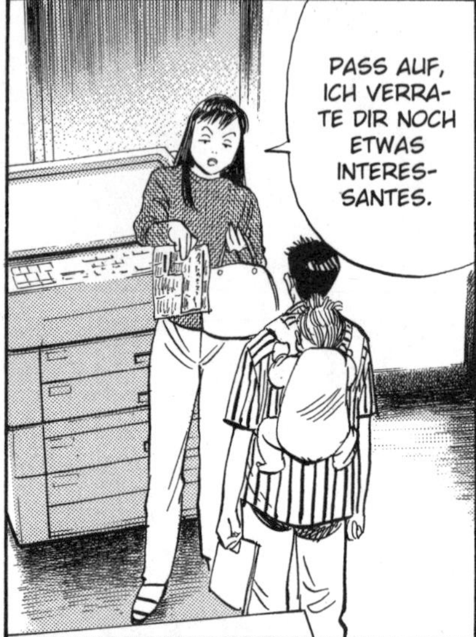
PASS AUF, ICH VERRATE DIR NOCH ETWAS INTERESSANTES.

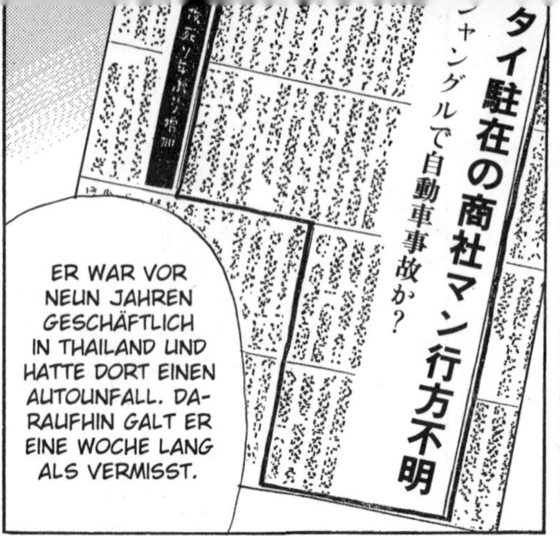
タイ駐在の商社マン行方不明
ャングルで自動車事故か?
ER WAR VOR NEUN JAHREN GESCHÄFTLICH IN THAILAND UND HATTE DORT EINEN AUTOUNFALL. DARAUFHIN GALT ER EINE WOCHE LANG ALS VERMISST.

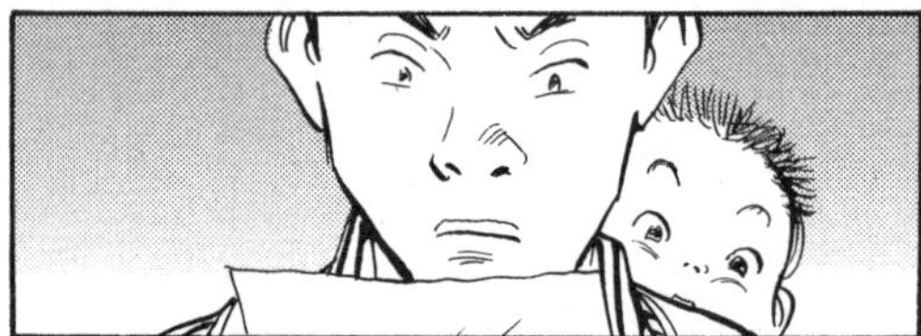

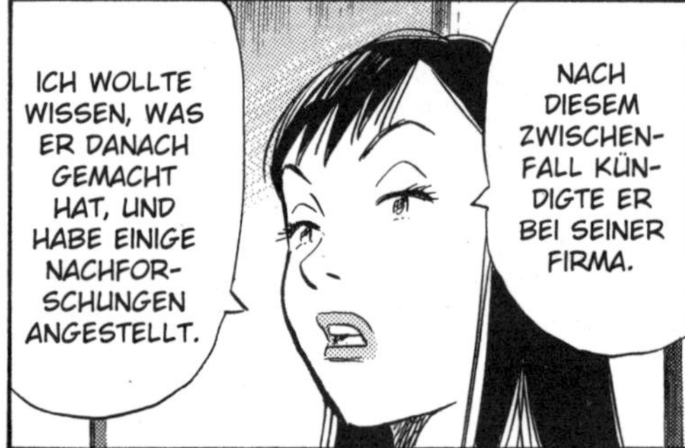
NACH DIESEM ZWISCHENFALL KÜNDIGTE ER BEI SEINER FIRMA.
ICH WOLLTE WISSEN, WAS ER DANACH GEMACHT HAT, UND HABE EINIGE NACHFORSCHUNGEN ANGESTELLT.

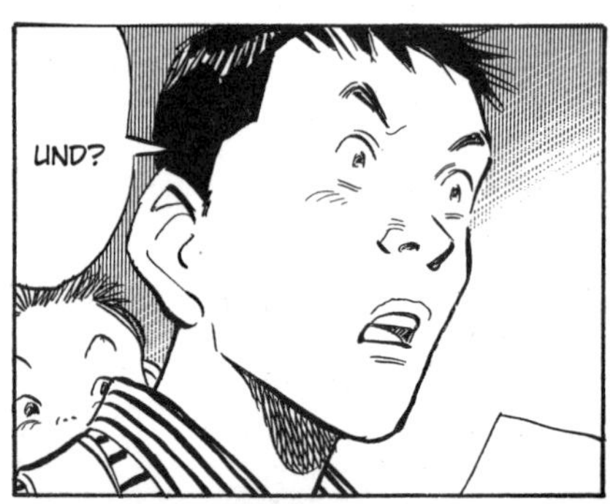
UND?

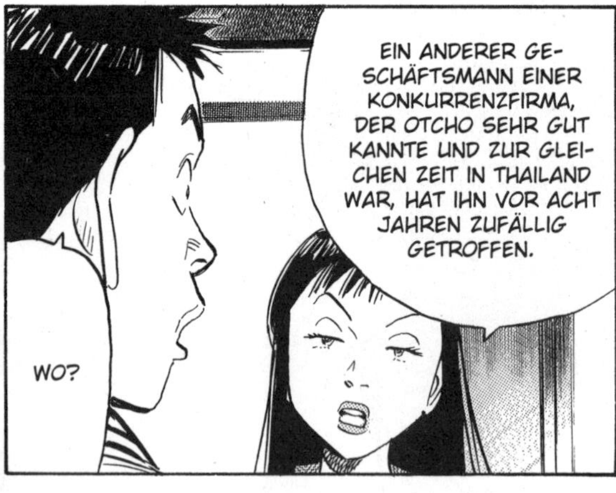
EIN ANDERER GESCHÄFTSMANN EINER KONKURRENZFIRMA, DER OTCHO SEHR GUT KANNTE UND ZUR GLEICHEN ZEIT IN THAILAND WAR, HAT IHN VOR ACHT JAHREN ZUFÄLLIG GETROFFEN.
WO?

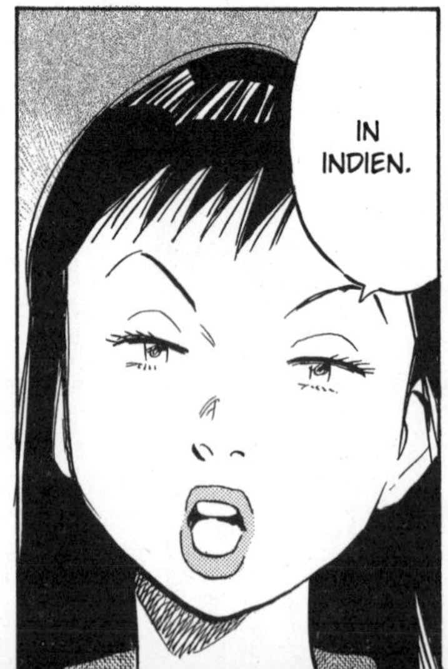
IN INDIEN.

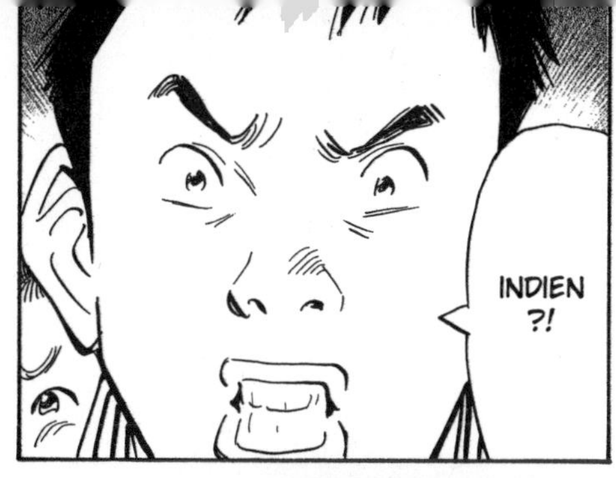
INDIEN ?!

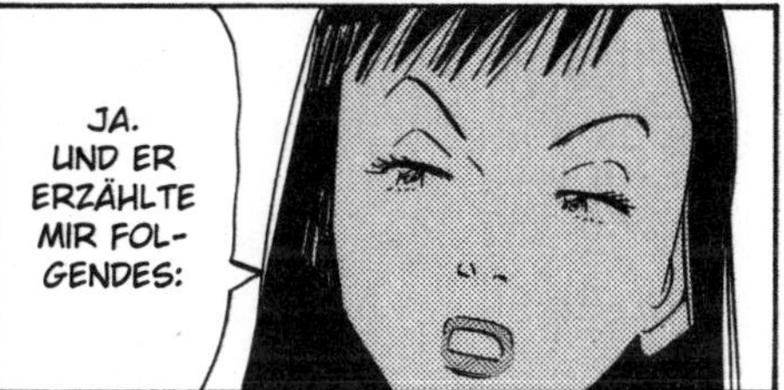
JA. UND ER ERZÄHLTE MIR FOL-GENDES:

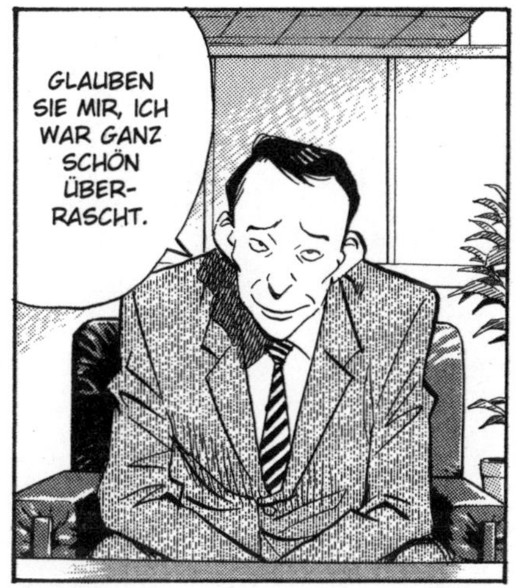
GLAUBEN SIE MIR, ICH WAR GANZ SCHÖN ÜBER-RASCHT.

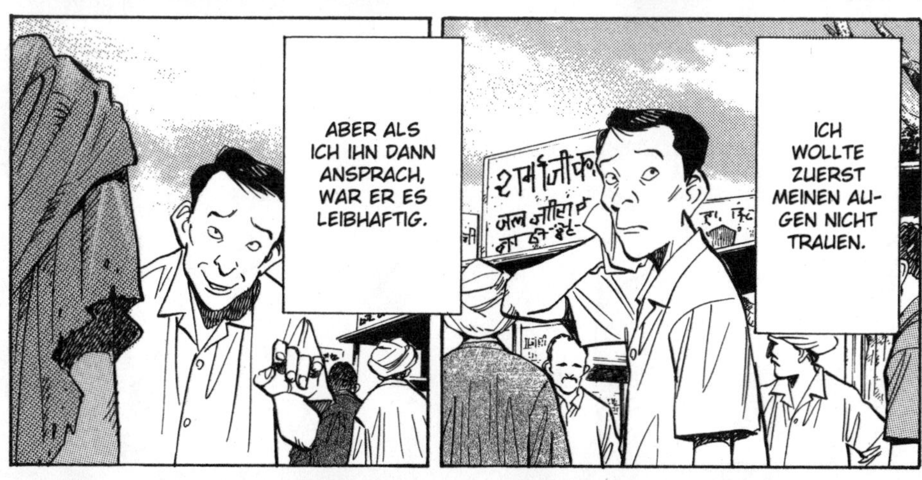
ICH WOLLTE ZUERST MEINEN AU-GEN NICHT TRAUEN.
ABER ALS ICH IHN DANN ANSPRACH, WAR ER ES LEIBHAFTIG.

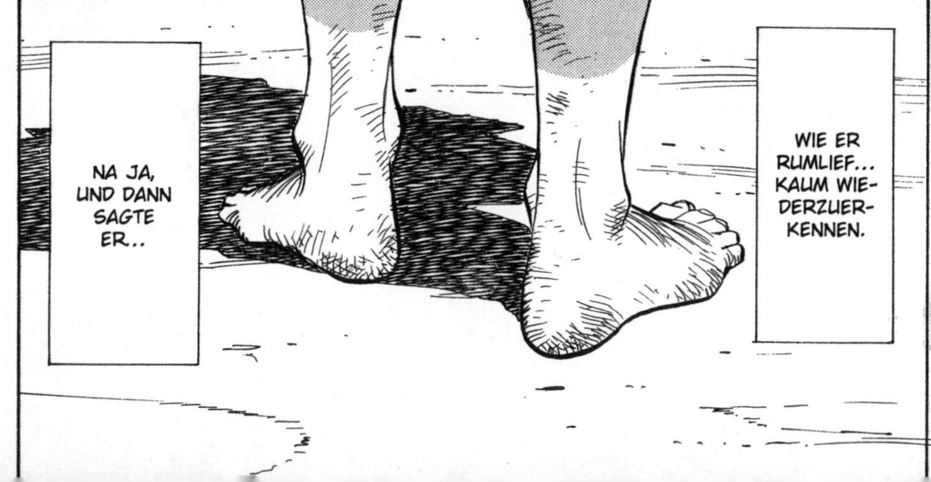
WIE ER RUMLIEF... KAUM WIE-DERZUER-KENNEN.
NA JA, UND DANN SAGTE ER...

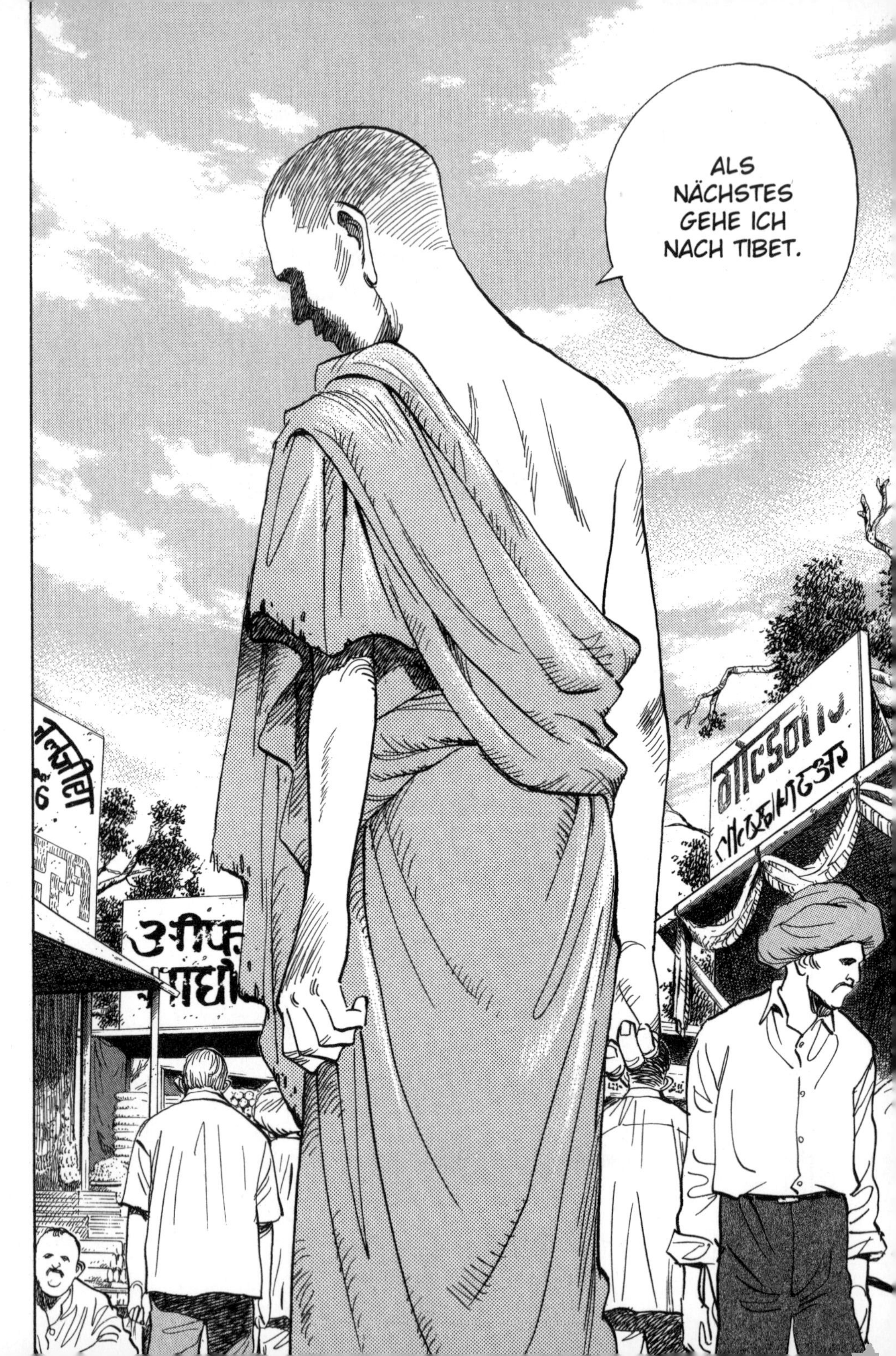
ALS NÄCHSTES GEHE ICH NACH TIBET.

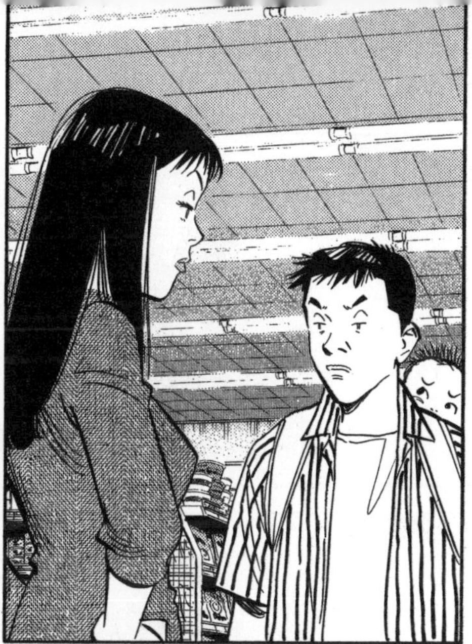

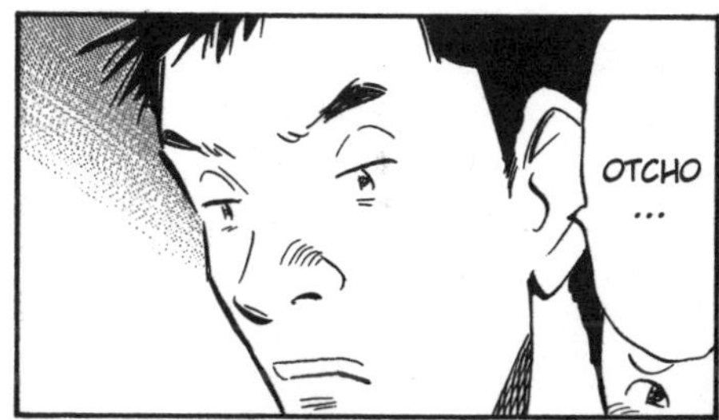
OTCHO
...

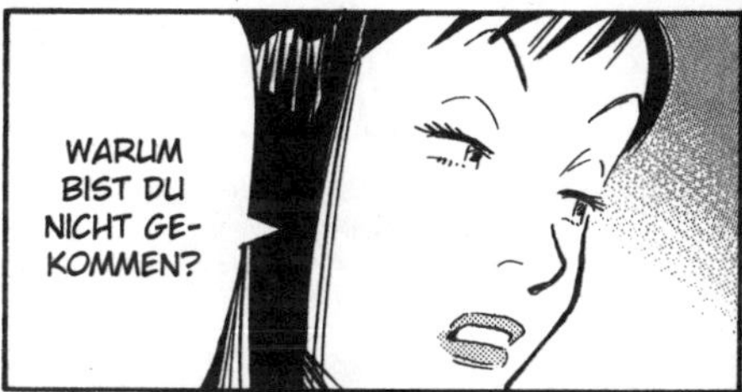
WARUM BIST DU NICHT GE-KOMMEN?

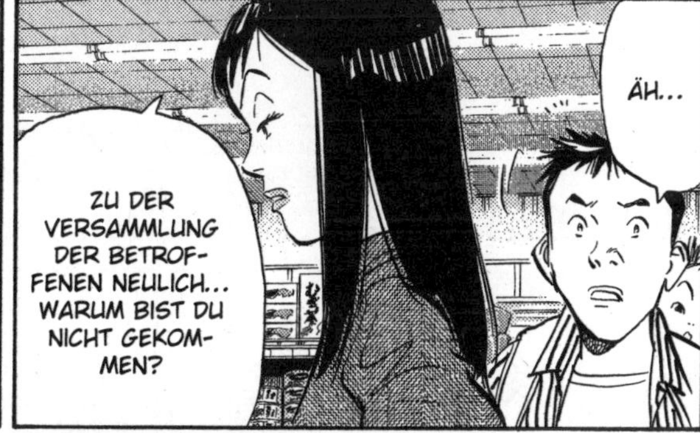
ÄH...
ZU DER VERSAMMLUNG DER BETROF-FENEN NEULICH... WARUM BIST DU NICHT GEKOM-MEN?

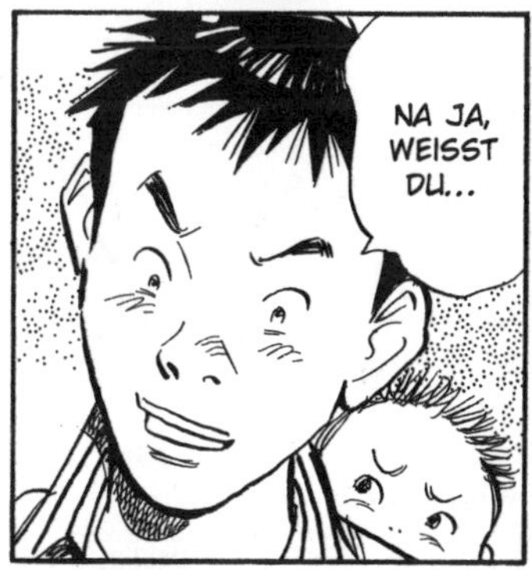
NA JA, WEISST DU...

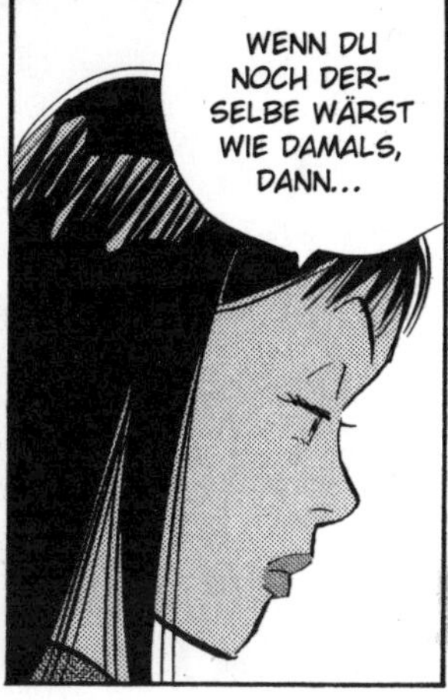
WENN DU NOCH DER-SELBE WÄRST WIE DAMALS, DANN...

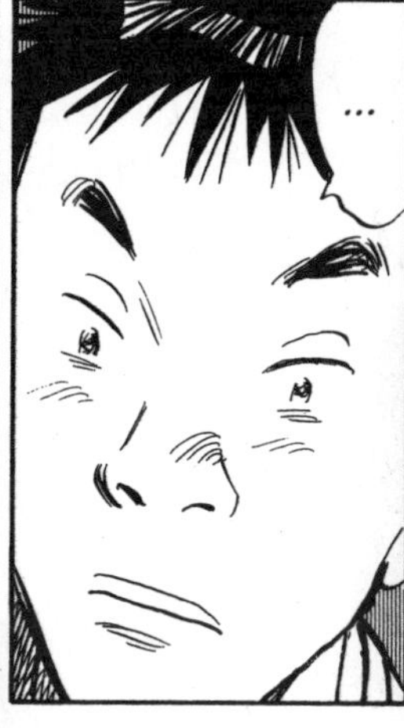
...

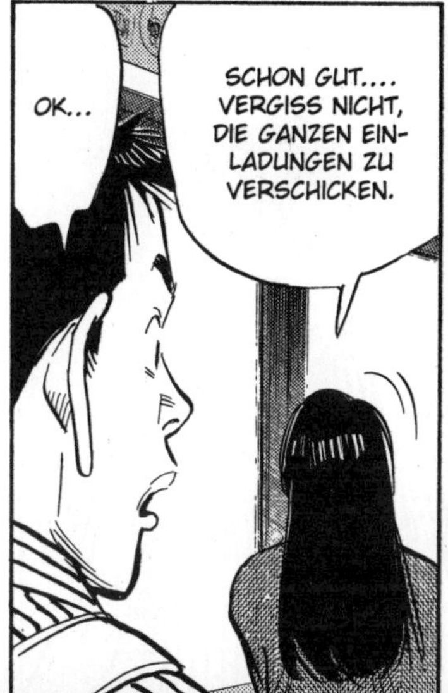
SCHON GUT.... VERGISS NICHT, DIE GANZEN EIN-LADUNGEN ZU VERSCHICKEN.
OK...

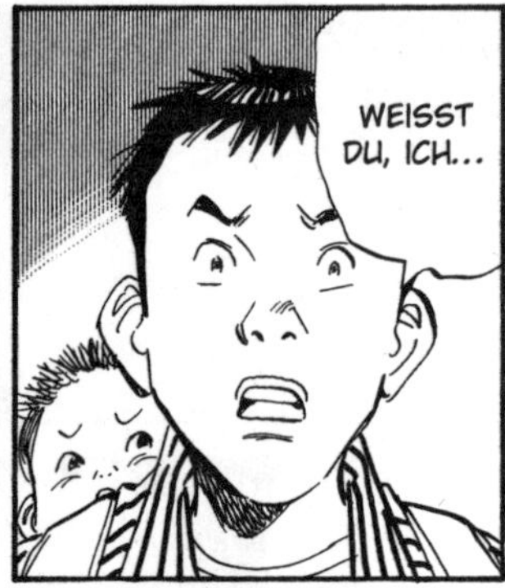
WEISST DU, ICH...

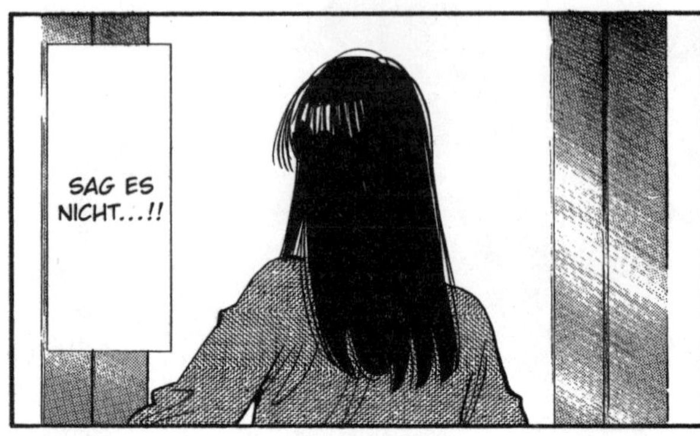
SAG ES NICHT...!!

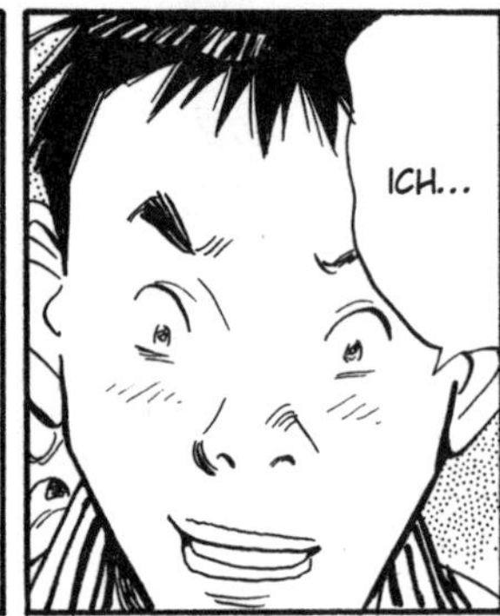
ICH...

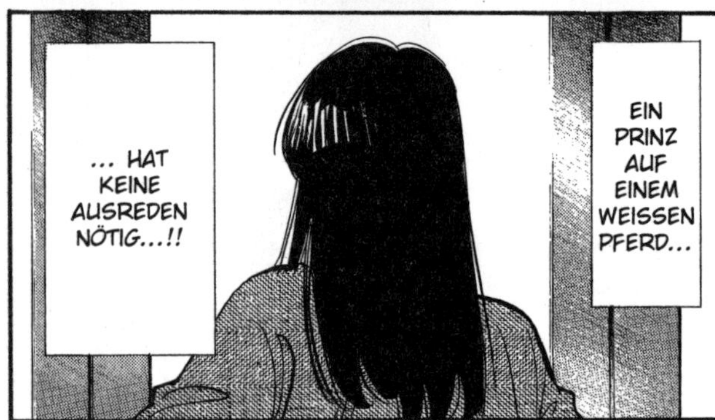
EIN PRINZ AUF EINEM WEISSEN PFERD...
... HAT KEINE AUSREDEN NÖTIG...!!

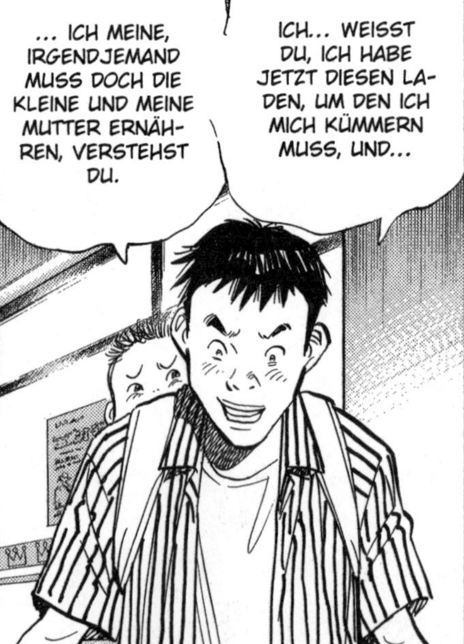
ICH... WEISST DU, ICH HABE JETZT DIESEN LADEN, UM DEN ICH MICH KÜMMERN MUSS, UND...
... ICH MEINE, IRGENDJEMAND MUSS DOCH DIE KLEINE UND MEINE MUTTER ERNÄHREN, VERSTEHST DU.

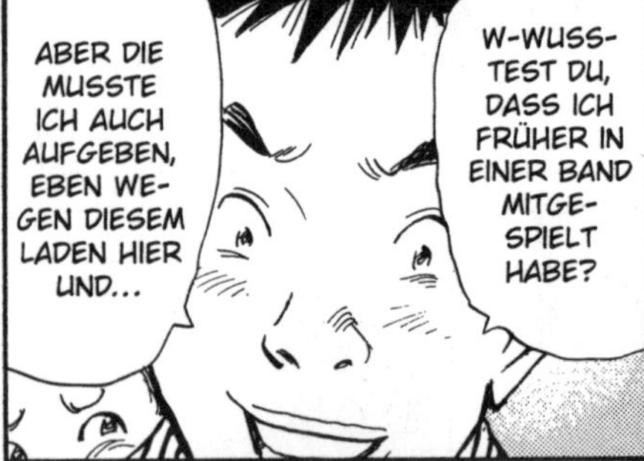
W-WUSSTEST DU, DASS ICH FRÜHER IN EINER BAND MITGESPIELT HABE?
ABER DIE MUSSTE ICH AUCH AUFGEBEN, EBEN WEGEN DIESEM LADEN HIER UND...

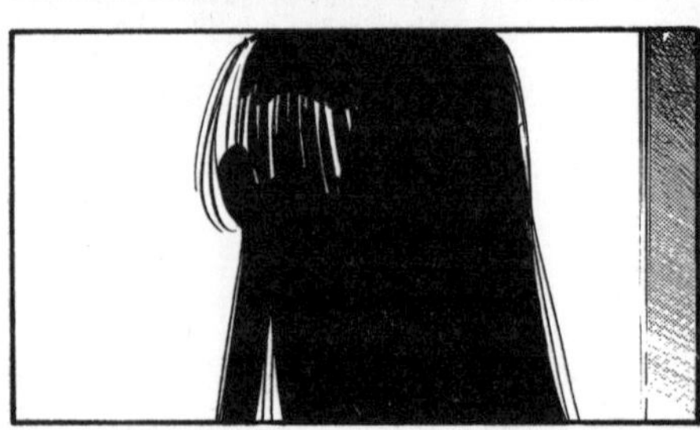

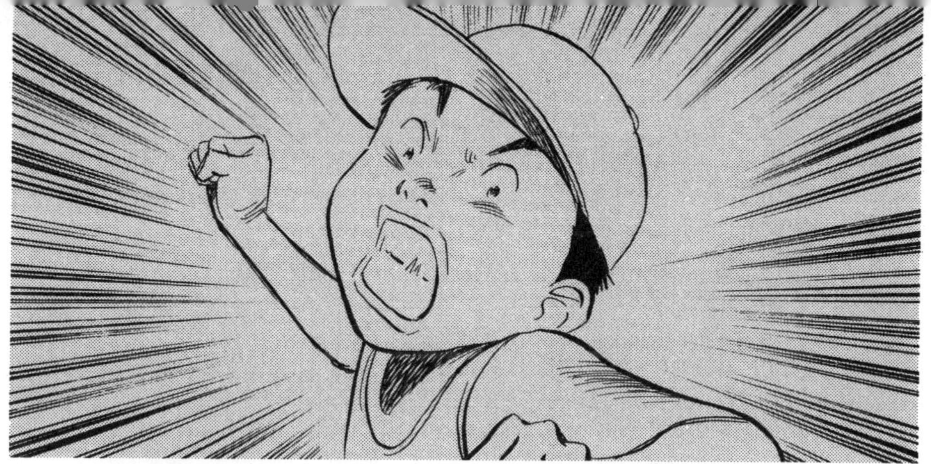

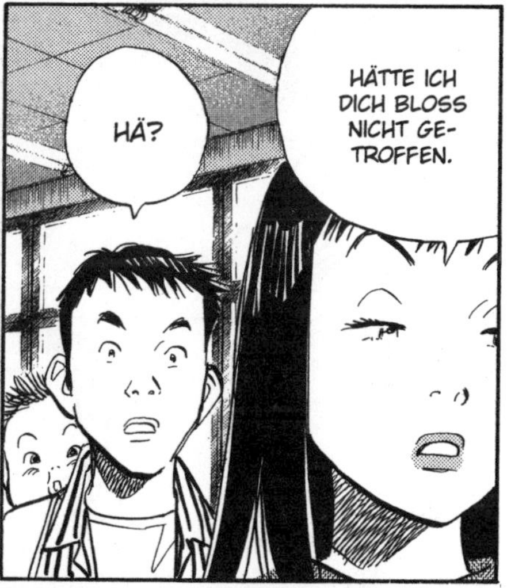
HÄTTE ICH DICH BLOSS NICHT GE-TROFFEN.
HÄ?

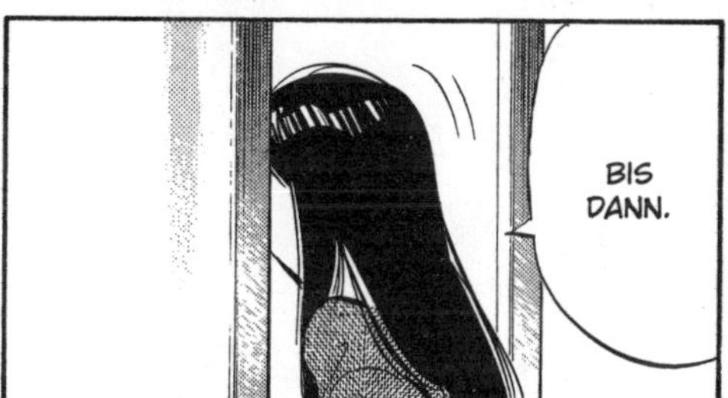
BIS DANN.

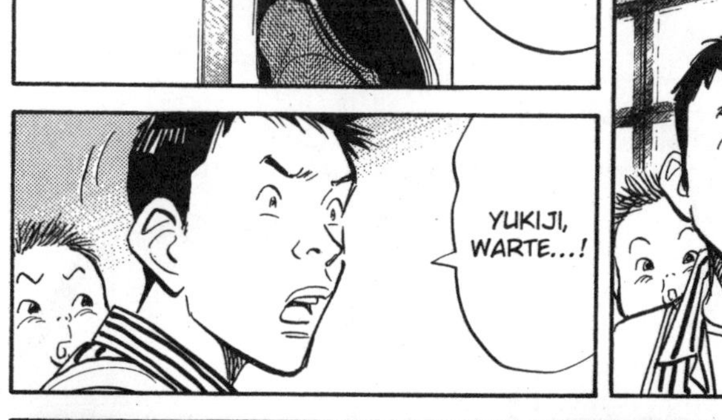
YUKIJI, WARTE...!

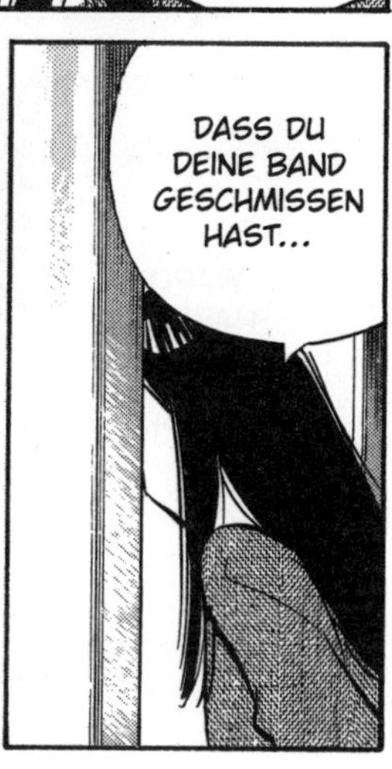
DASS DU DEINE BAND GESCHMISSEN HAST...

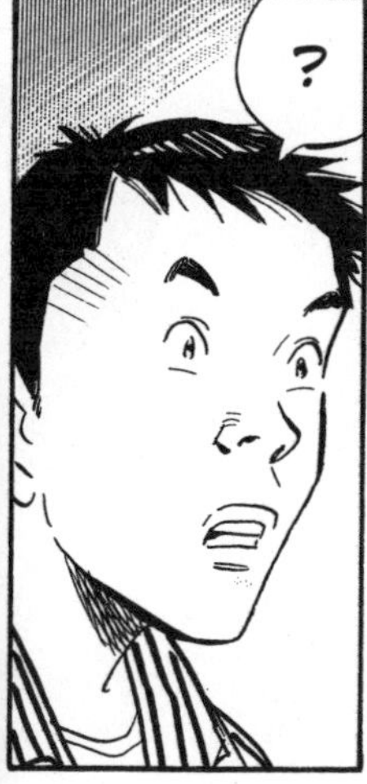
?

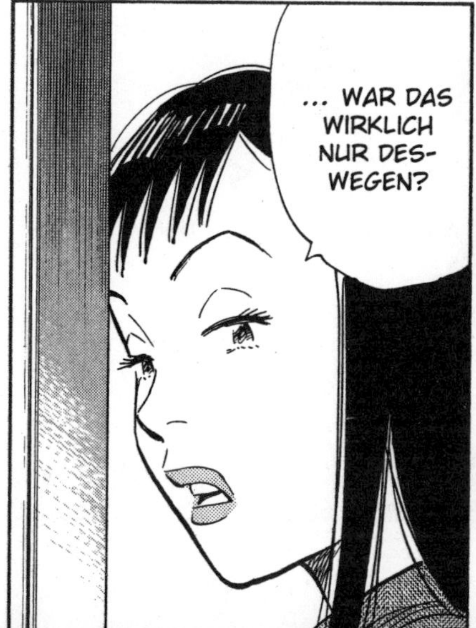
... WAR DAS WIRKLICH NUR DES-WEGEN?

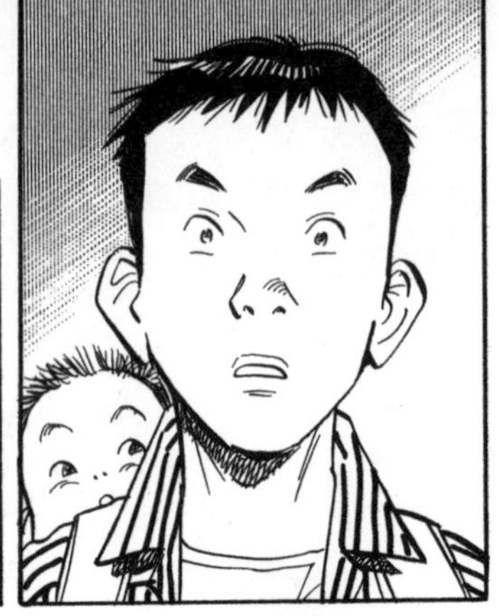

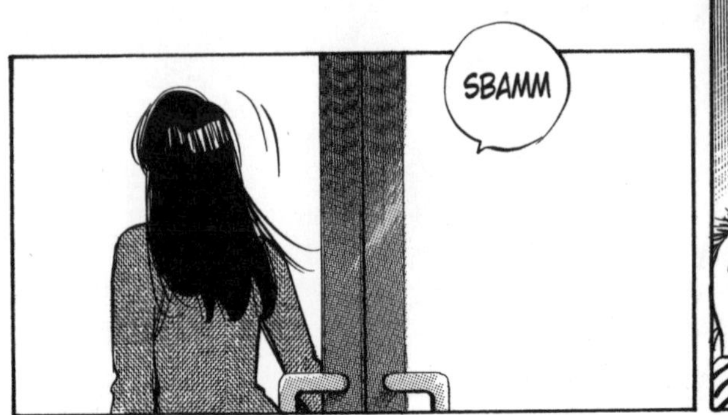
SBAMM

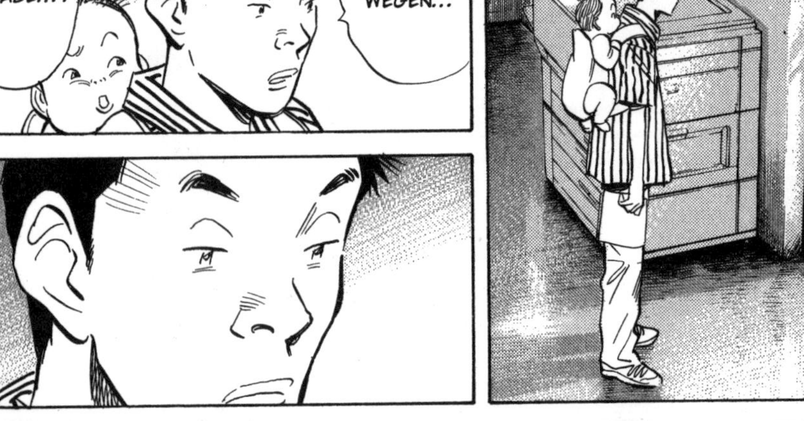

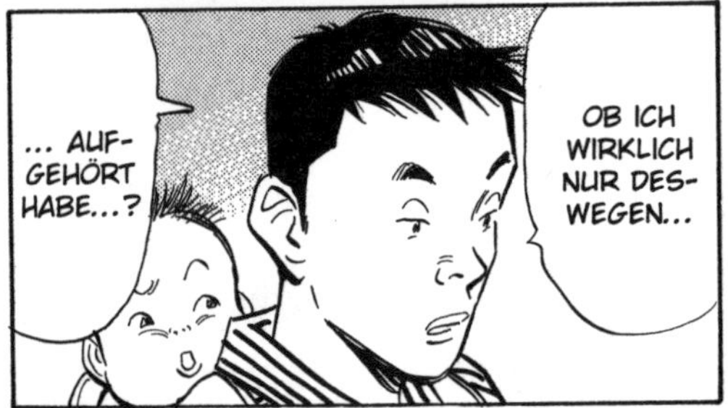
OB ICH WIRKLICH NUR DES-WEGEN...
... AUF-GEHÖRT HABE...?

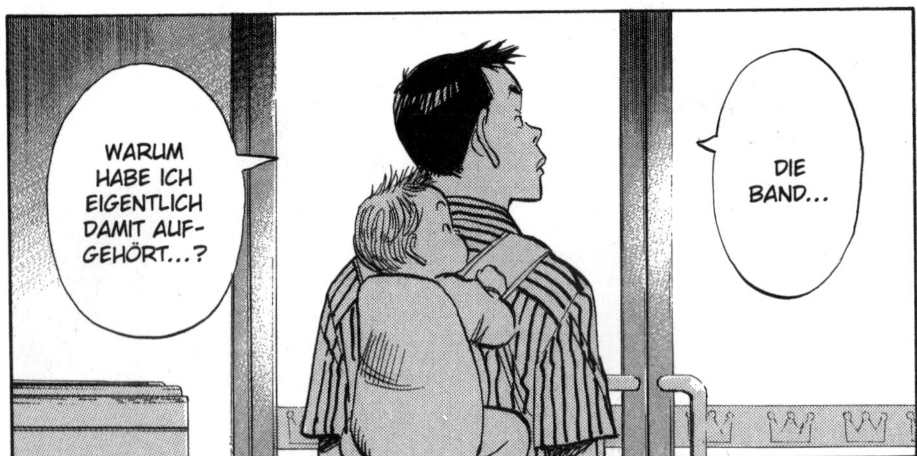
DIE BAND...
WARUM HABE ICH EIGENTLICH DAMIT AUF-GEHÖRT...?

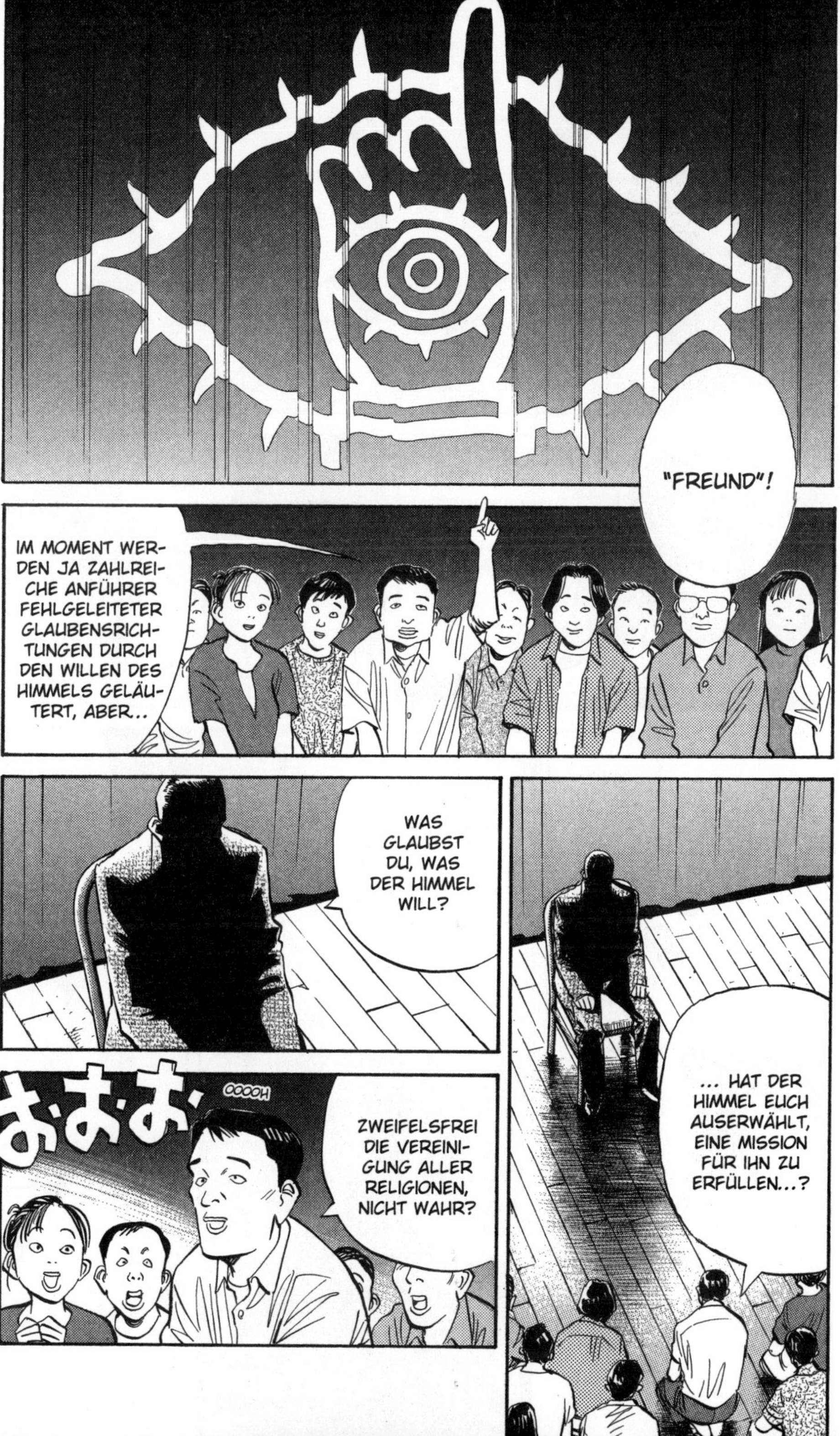

"FREUND"!

IM MOMENT WERDEN JA ZAHLREICHE ANFÜHRER FEHLGELEITETER GLAUBENSRICHTUNGEN DURCH DEN WILLEN DES HIMMELS GELÄUTERT, ABER...

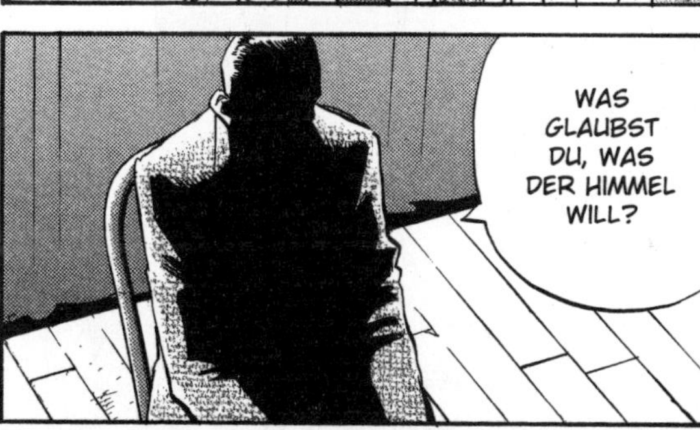

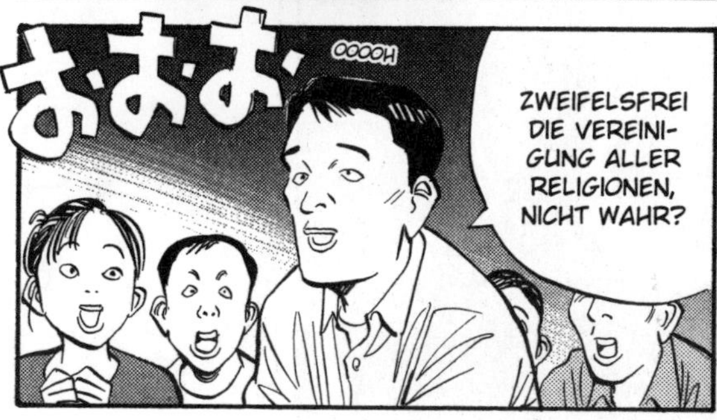

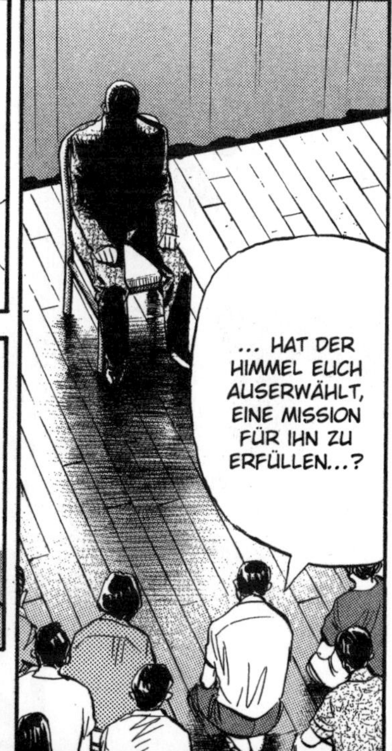

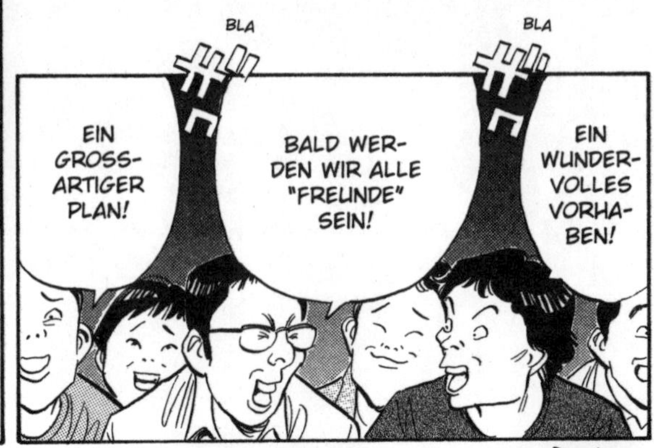
BLA
BLA
EIN WUNDERVOLLES VORHABEN!
BALD WERDEN WIR ALLE "FREUNDE" SEIN!
EIN GROSSARTIGER PLAN!

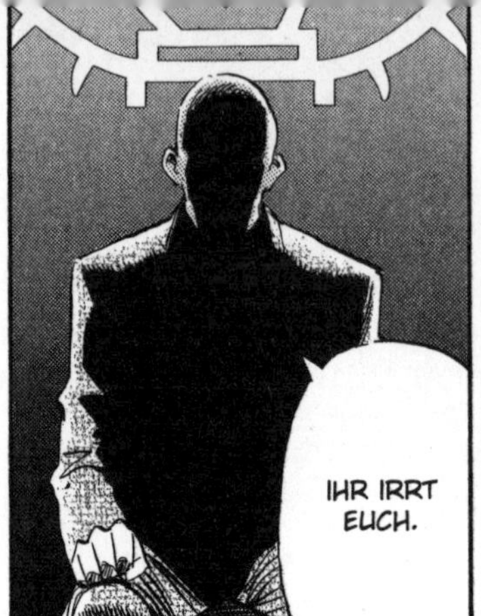
IHR IRRT EUCH.

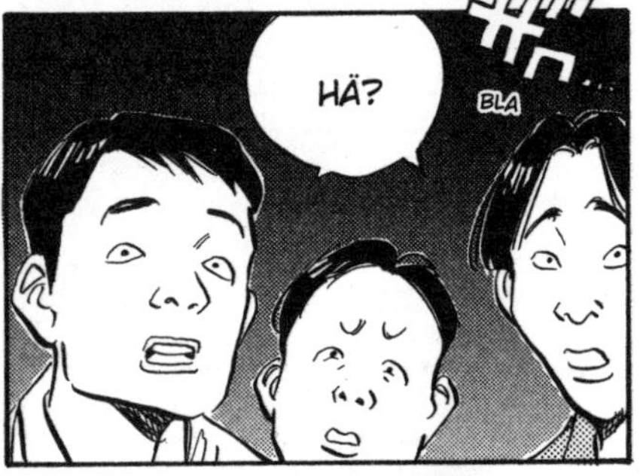
BLA
HÄ?

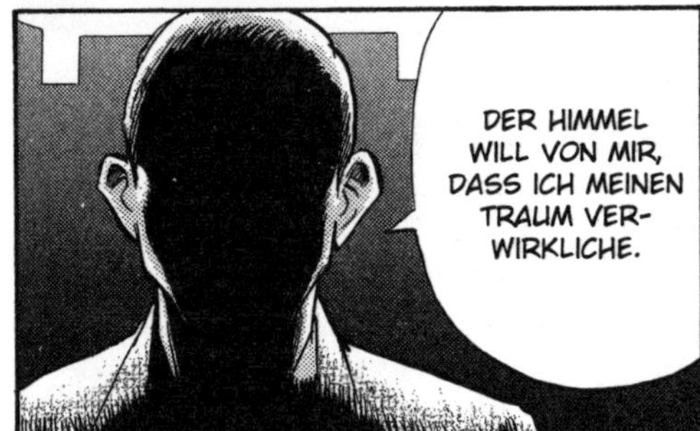
DER HIMMEL WILL VON MIR, DASS ICH MEINEN TRAUM VERWIRKLICHE.

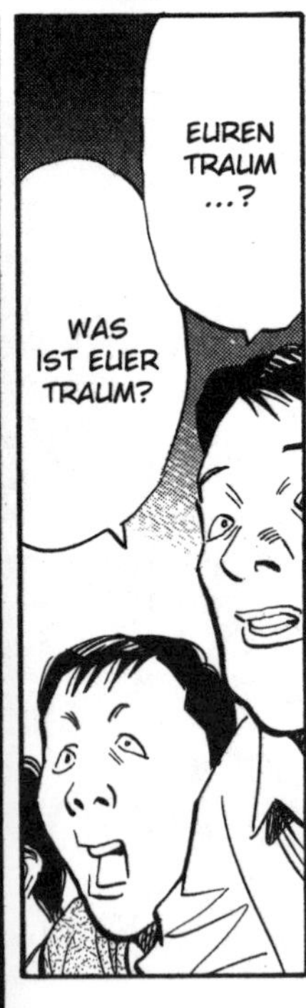
EUREN TRAUM ...?
WAS IST EUER TRAUM?

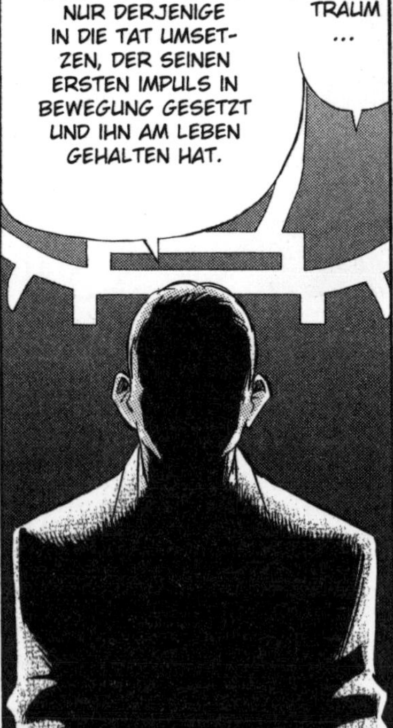
MEIN TRAUM ...
EINEN TRAUM KANN NUR DERJENIGE IN DIE TAT UMSETZEN, DER SEINEN ERSTEN IMPULS IN BEWEGUNG GESETZT UND IHN AM LEBEN GEHALTEN HAT.

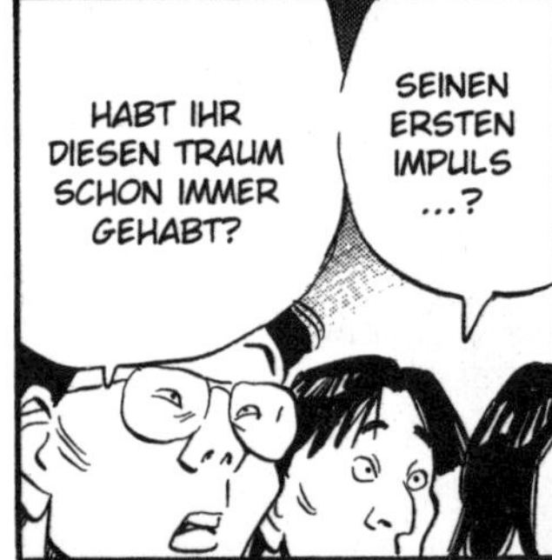
SEINEN ERSTEN IMPULS ...?
HABT IHR DIESEN TRAUM SCHON IMMER GEHABT?

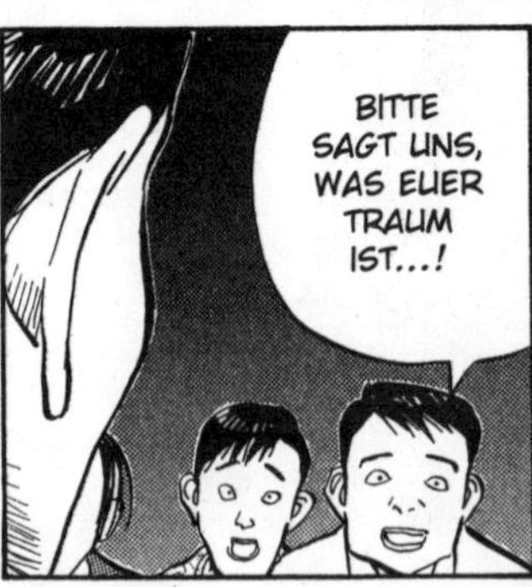
BITTE SAGT UNS, WAS EUER TRAUM IST...!

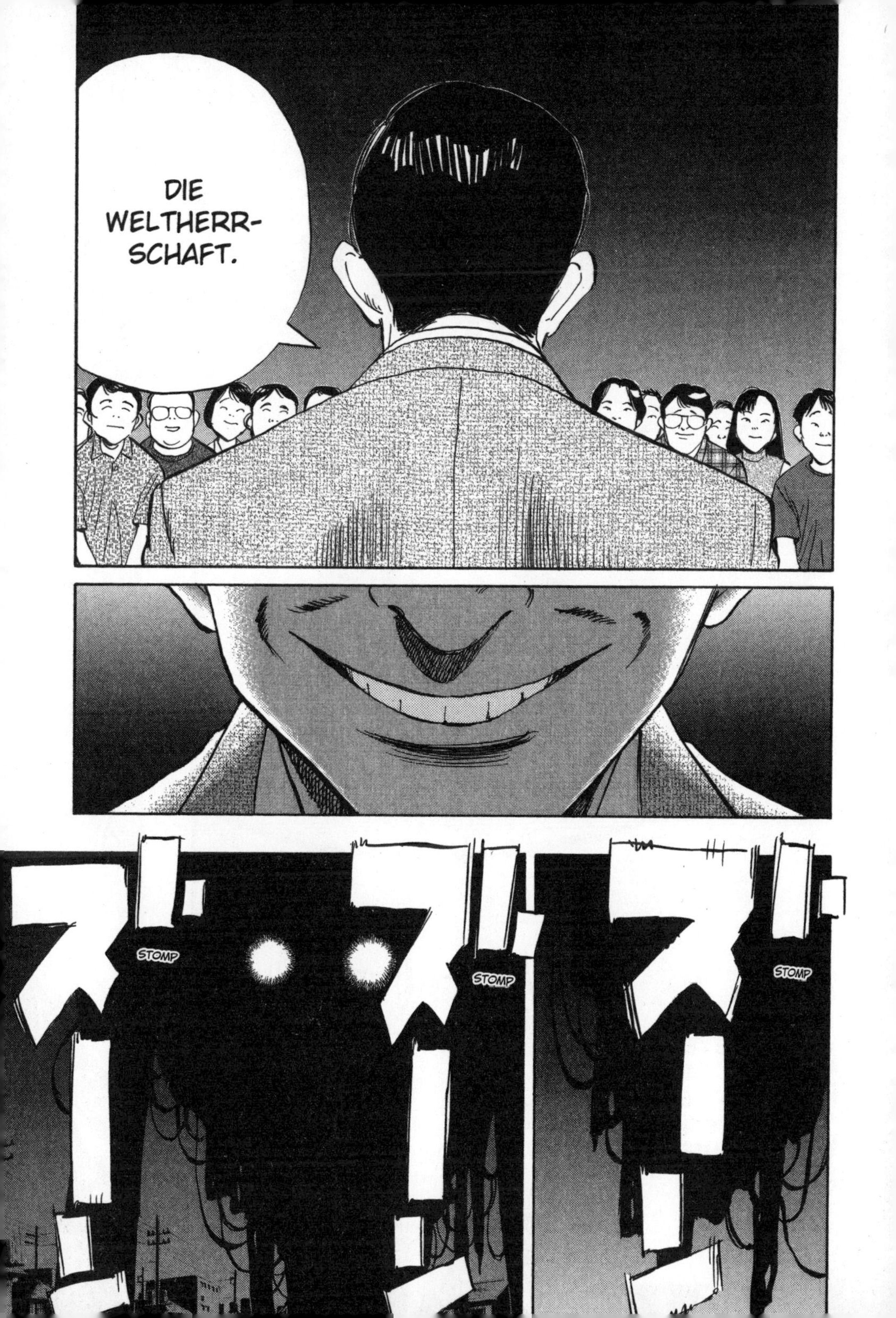

DIE WELTHERR-SCHAFT.

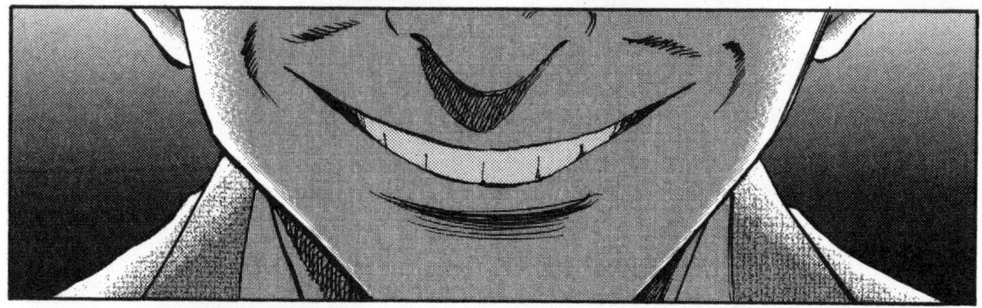

STOMP

STOMP

STOMP

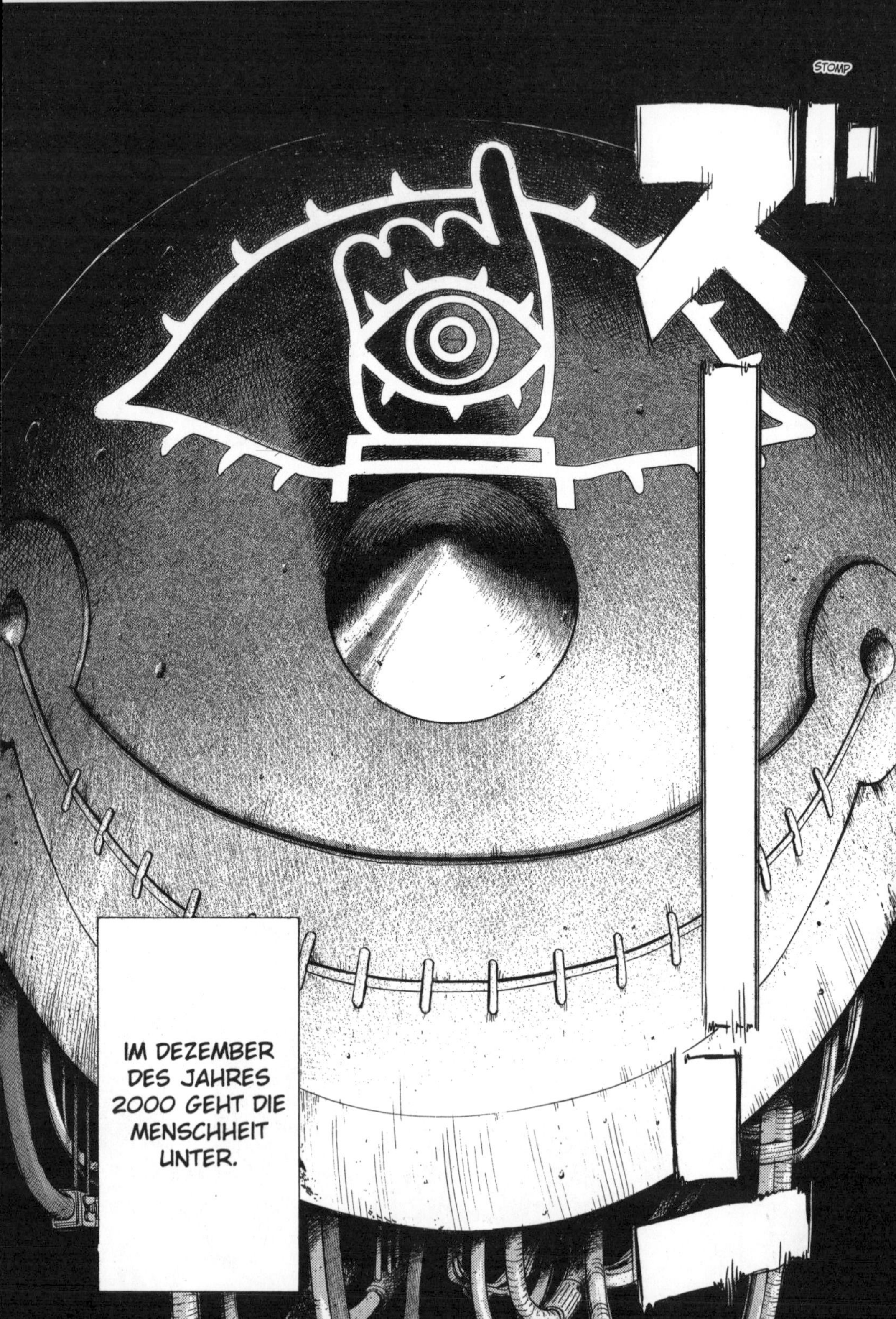
STOMP
ズ
IM DEZEMBER DES JAHRES 2000 GEHT DIE MENSCHHEIT UNTER.

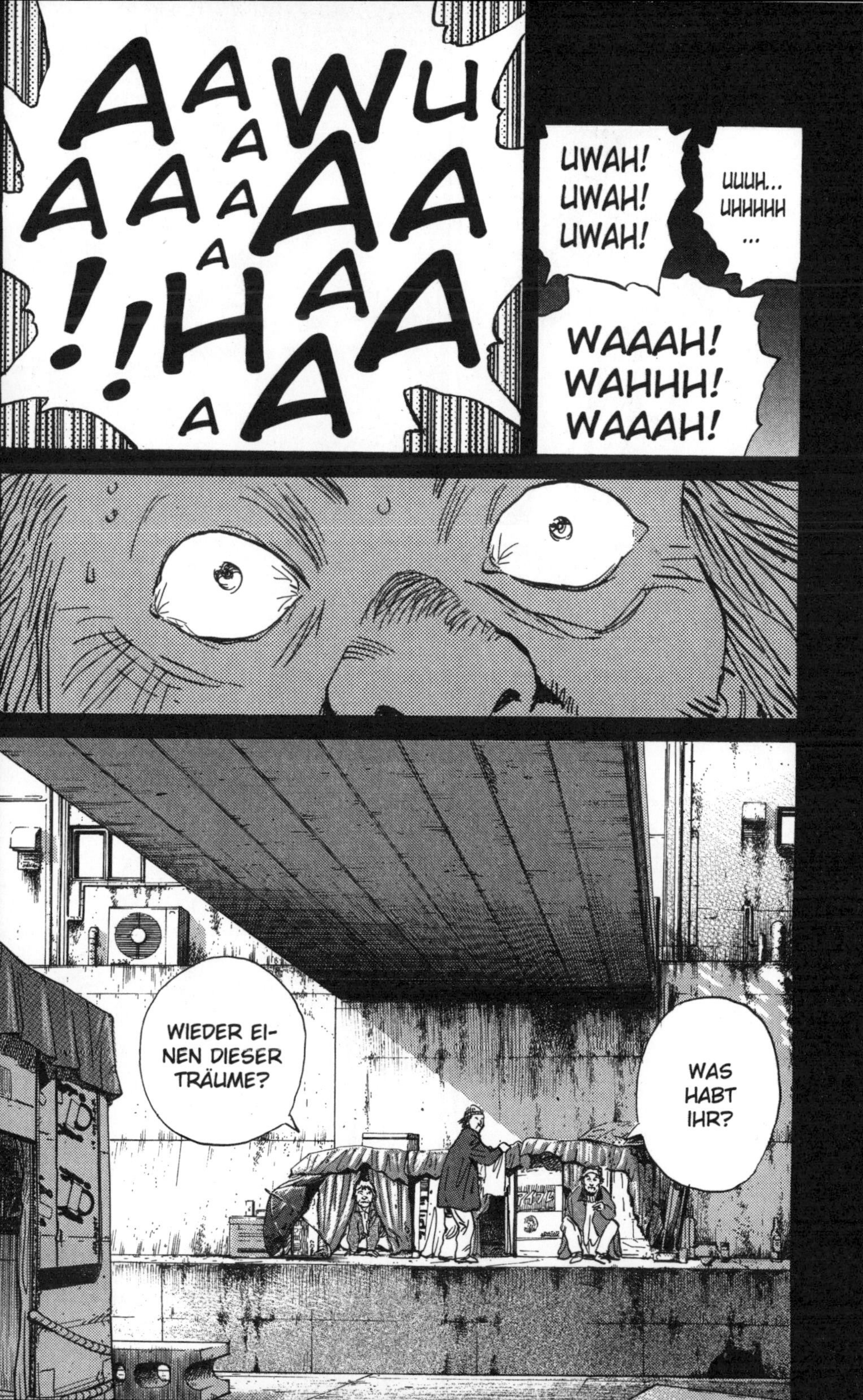

UWAH!
UWAH!
UWAH!

uuuh... uhhhhh ...

WAAAH! WAHHH! WAAAH!

AAWUAAAAAAAAHAAAA!!

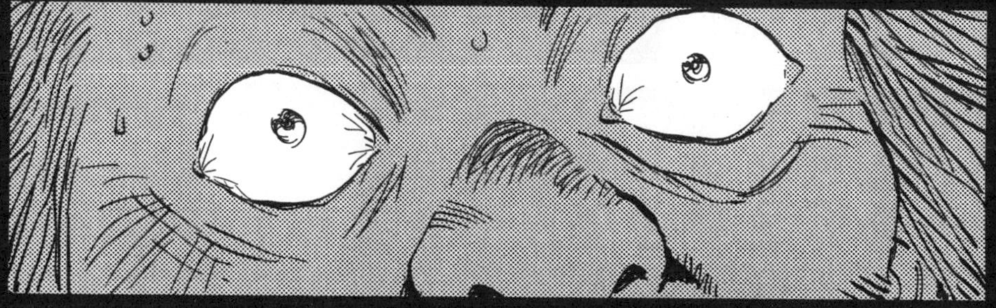

WAS HABT IHR?

WIEDER EINEN DIESER TRÄUME?

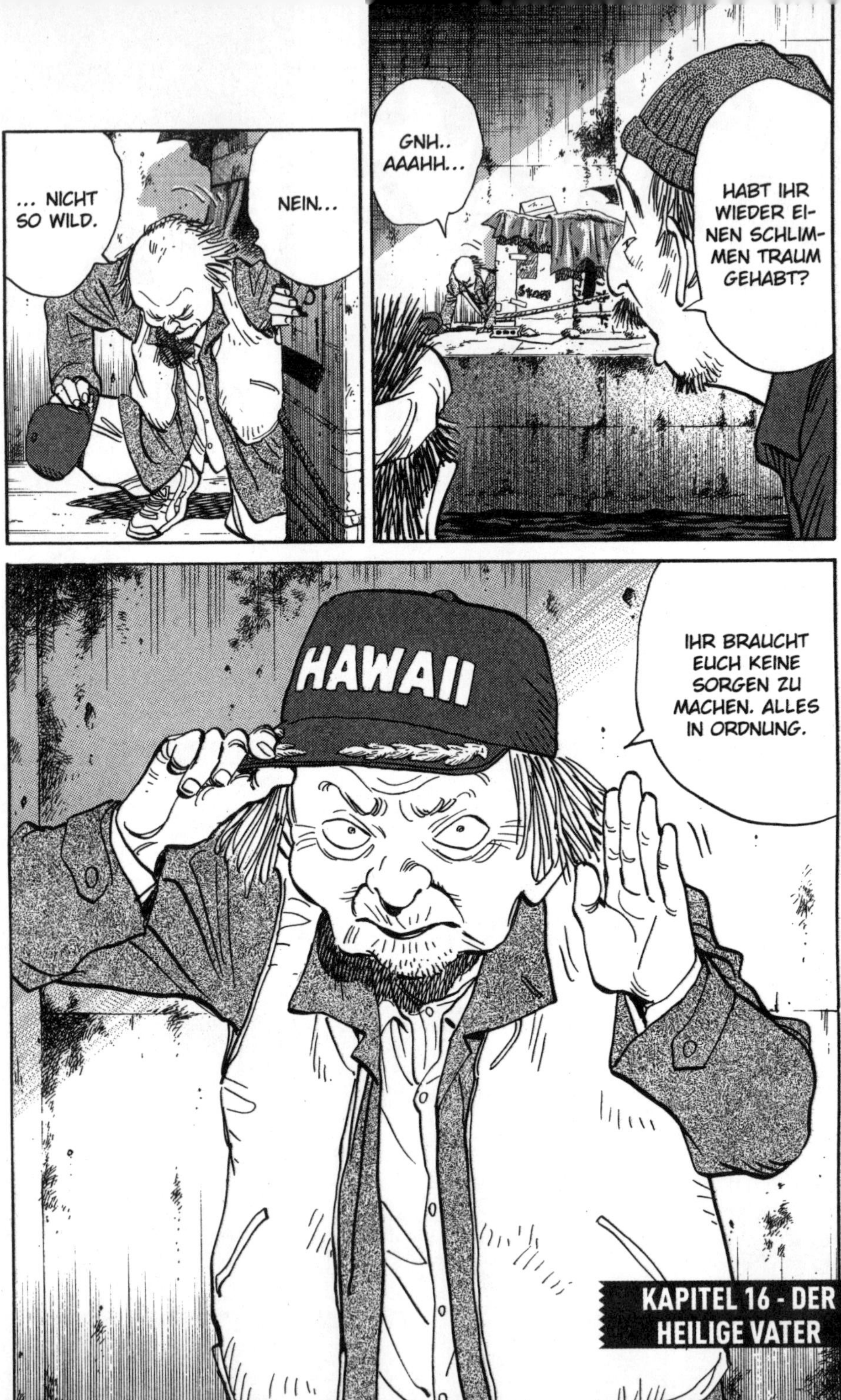

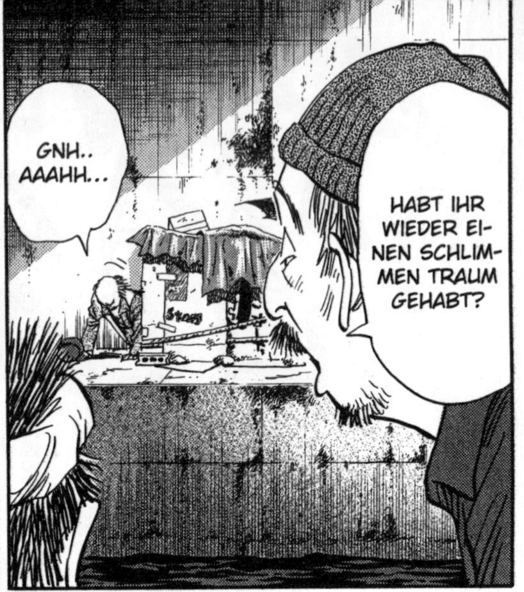

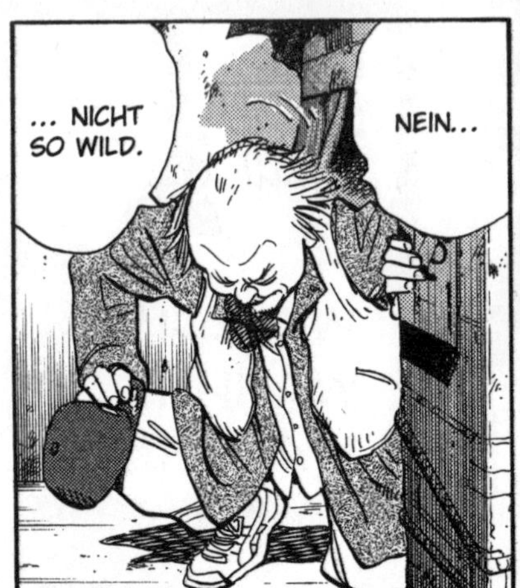

IHR BRAUCHT EUCH KEINE SORGEN ZU MACHEN. ALLES IN ORDNUNG.

HAWAII

KAPITEL 16 - DER HEILIGE VATER

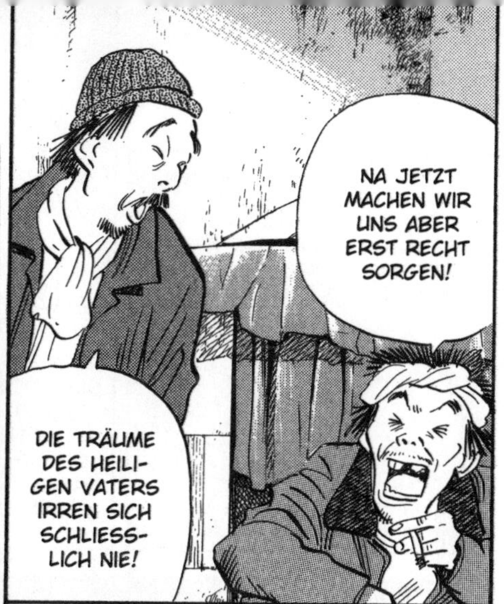
NA JETZT MACHEN WIR UNS ABER ERST RECHT SORGEN!
DIE TRÄUME DES HEILIGEN VATERS IRREN SICH SCHLIESSLICH NIE!

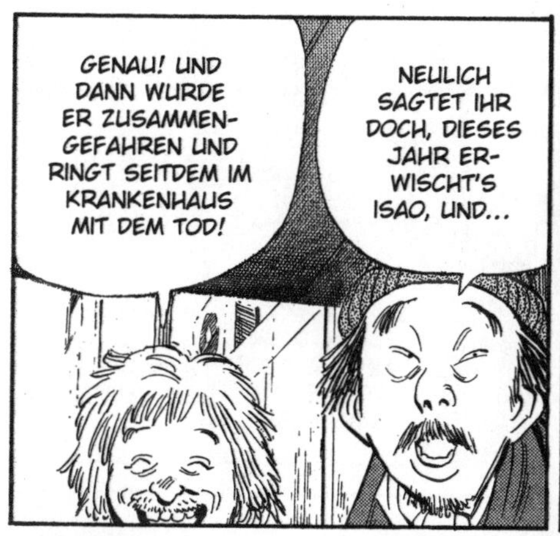
NEULICH SAGTET IHR DOCH, DIESES JAHR ERWISCHT'S ISAO, UND...
GENAU! UND DANN WURDE ER ZUSAMMENGEFAHREN UND RINGT SEITDEM IM KRANKENHAUS MIT DEM TOD!

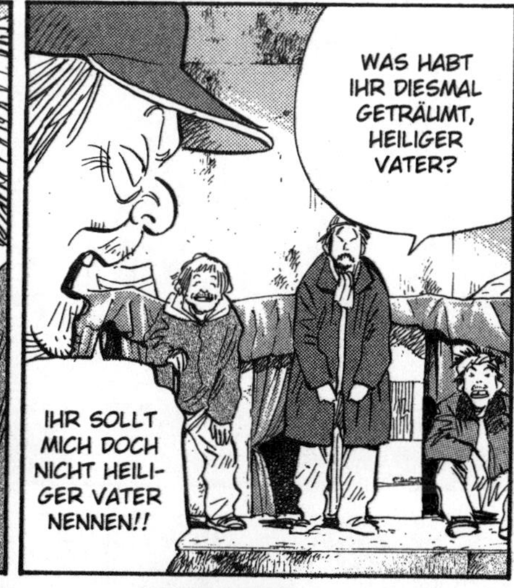
WAS HABT IHR DIESMAL GETRÄUMT, HEILIGER VATER?
IHR SOLLT MICH DOCH NICHT HEILIGER VATER NENNEN!!

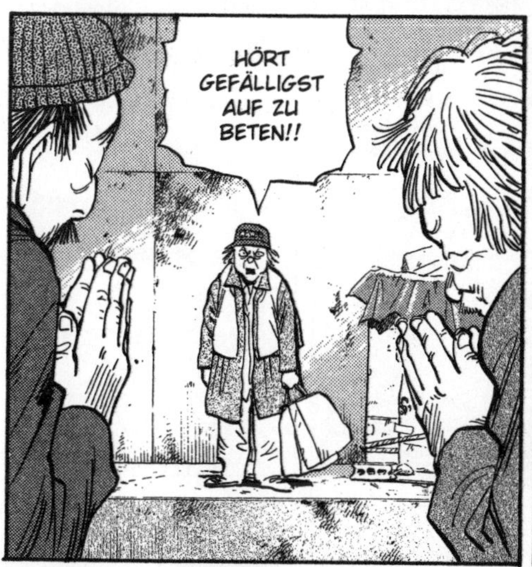
HÖRT GEFÄLLIGST AUF ZU BETEN!!

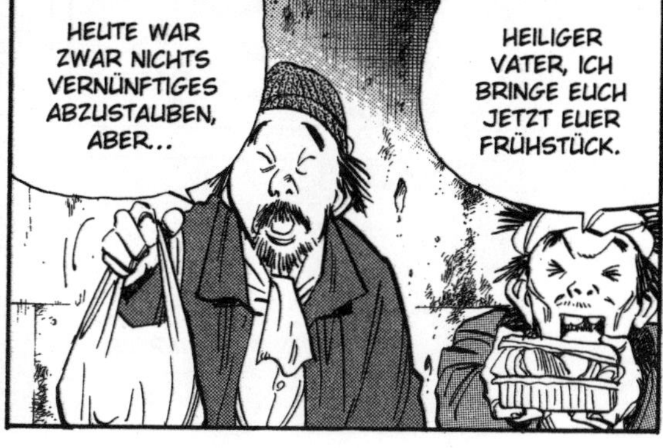
HEILIGER VATER, ICH BRINGE EUCH JETZT EUER FRÜHSTÜCK.
HEUTE WAR ZWAR NICHTS VERNÜNFTIGES ABZUSTAUBEN, ABER...

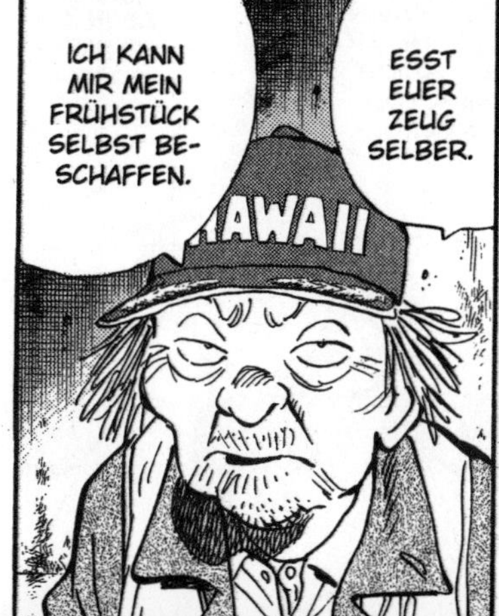
ESST EUER ZEUG SELBER.
ICH KANN MIR MEIN FRÜHSTÜCK SELBST BESCHAFFEN.

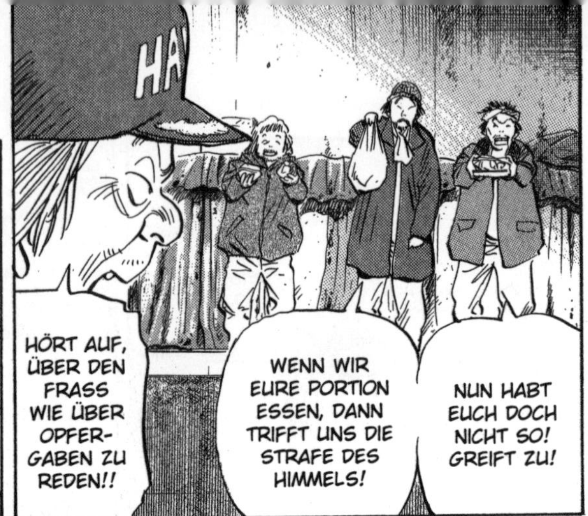
NUN HABT EUCH DOCH NICHT SO! GREIFT ZU!
WENN WIR EURE PORTION ESSEN, DANN TRIFFT UNS DIE STRAFE DES HIMMELS!
HÖRT AUF, ÜBER DEN FRASS WIE ÜBER OPFER-GABEN ZU REDEN!!

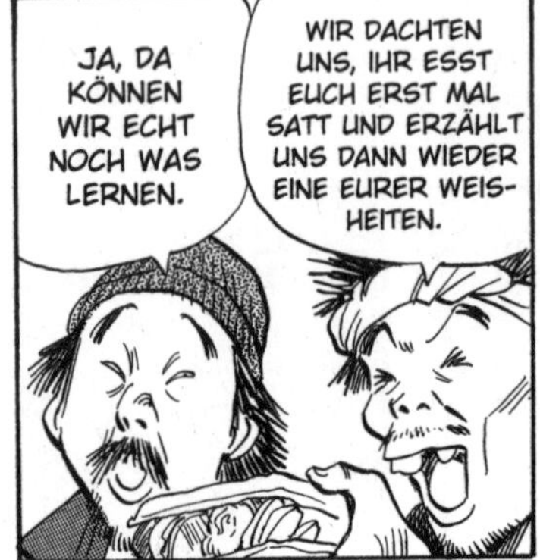
WIR DACHTEN UNS, IHR ESST EUCH ERST MAL SATT UND ERZÄHLT UNS DANN WIEDER EINE EURER WEIS-HEITEN.
JA, DA KÖNNEN WIR ECHT NOCH WAS LERNEN.

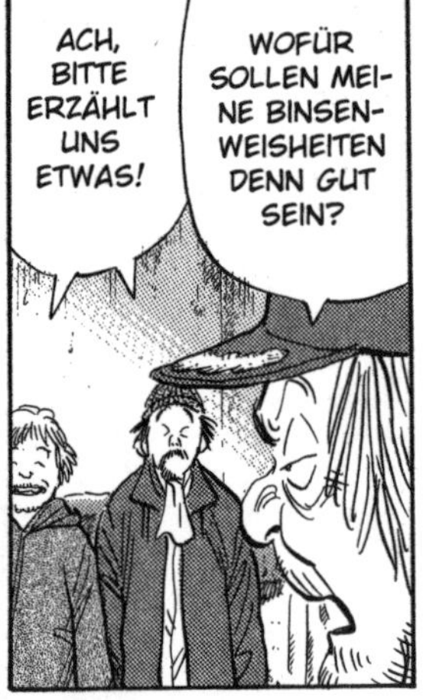
WOFÜR SOLLEN MEI-NE BINSEN-WEISHEITEN DENN GUT SEIN?
ACH, BITTE ERZÄHLT UNS ETWAS!

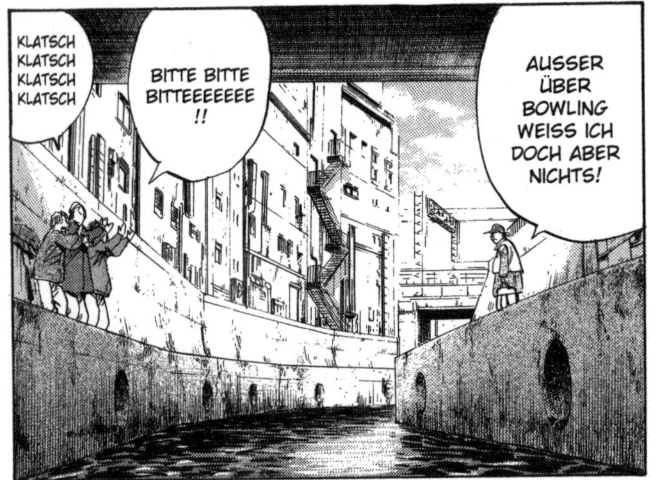
AUSSER ÜBER BOWLING WEISS ICH DOCH ABER NICHTS!
BITTE BITTE BITTEEEEEEE!!
KLATSCH KLATSCH KLATSCH KLATSCH

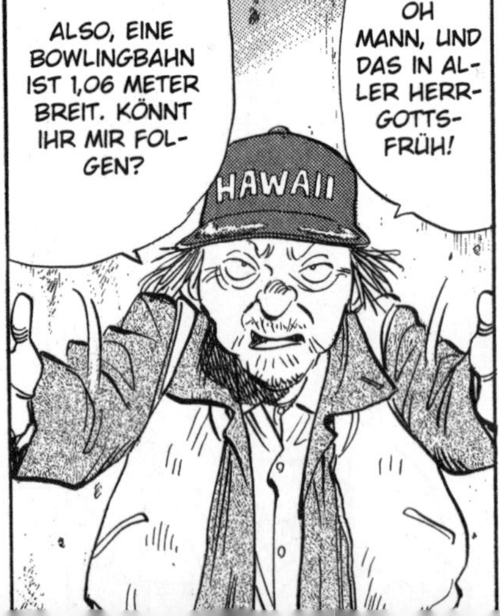
OH MANN, UND DAS IN AL-LER HERR-GOTTS-FRÜH!
ALSO, EINE BOWLINGBAHN IST 1,06 METER BREIT. KÖNNT IHR MIR FOL-GEN?
HAWAII

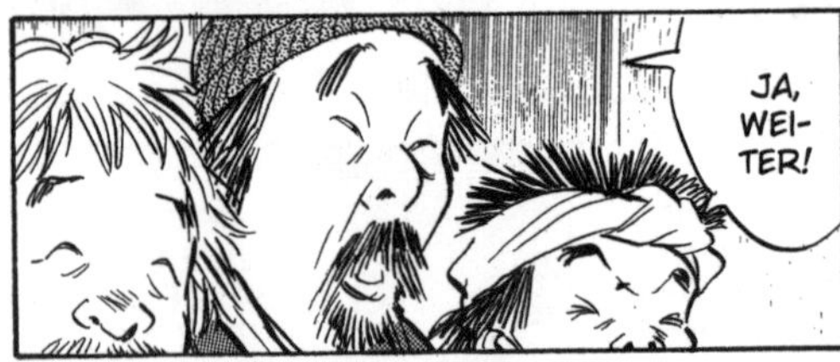
JA, WEI-TER!

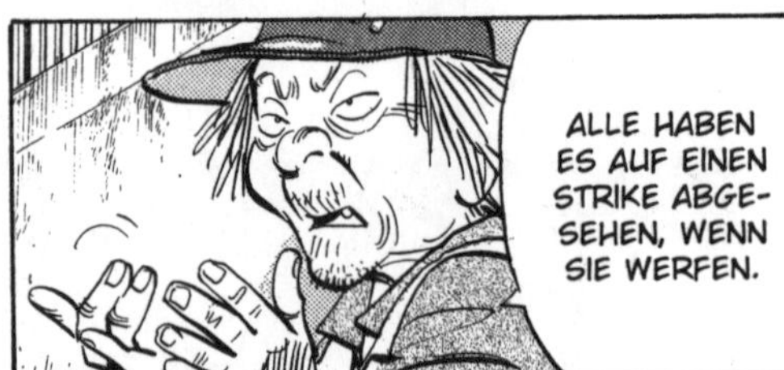
ALLE HABEN ES AUF EINEN STRIKE ABGE-SEHEN, WENN SIE WERFEN.

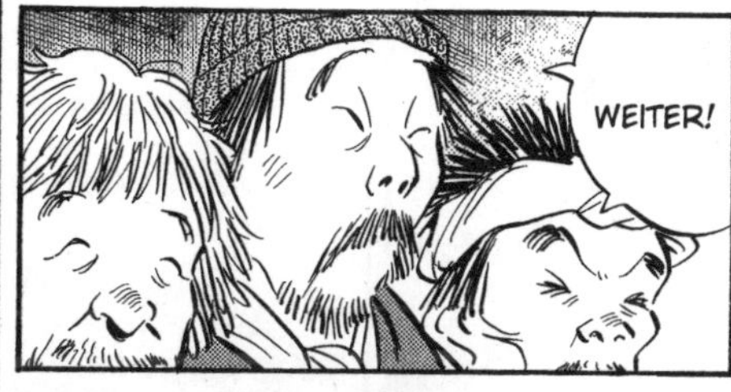
WEITER!

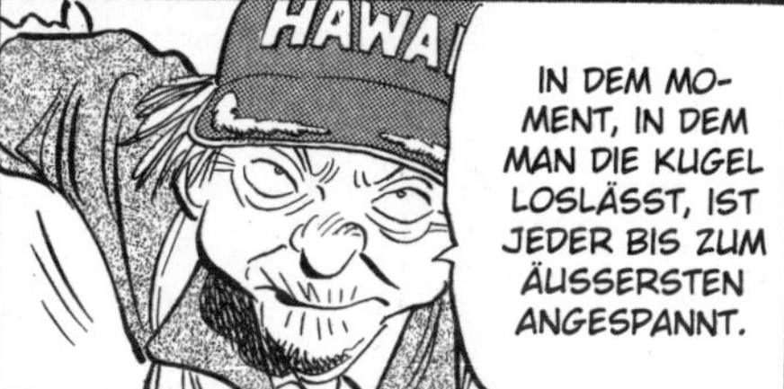
IN DEM MOMENT, IN DEM MAN DIE KUGEL LOSLÄSST, IST JEDER BIS ZUM ÄUSSERSTEN ANGESPANNT.

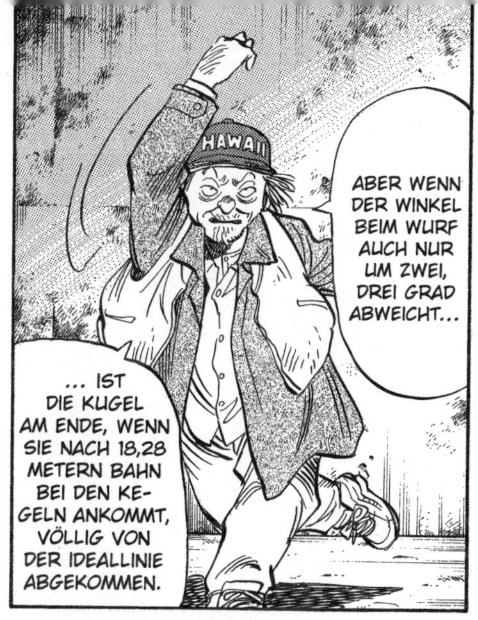
ABER WENN DER WINKEL BEIM WURF AUCH NUR UM ZWEI, DREI GRAD ABWEICHT…
… IST DIE KUGEL AM ENDE, WENN SIE NACH 18,28 METERN BAHN BEI DEN KEGELN ANKOMMT, VÖLLIG VON DER IDEALLINIE ABGEKOMMEN.

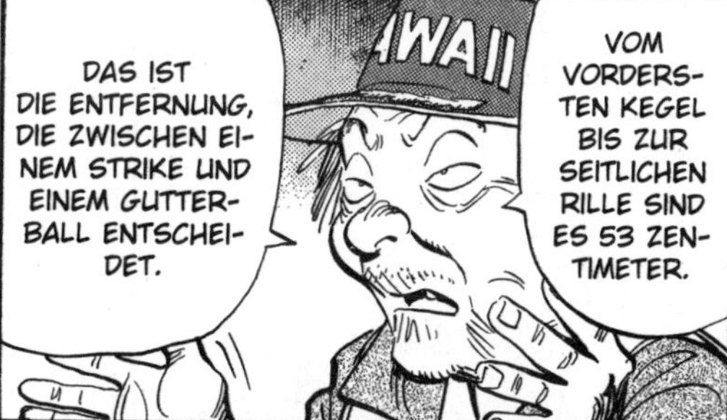
HAWAII
VOM VORDERSTEN KEGEL BIS ZUR SEITLICHEN RILLE SIND ES 53 ZENTIMETER.
DAS IST DIE ENTFERNUNG, DIE ZWISCHEN EINEM STRIKE UND EINEM GUTTERBALL ENTSCHEIDET.

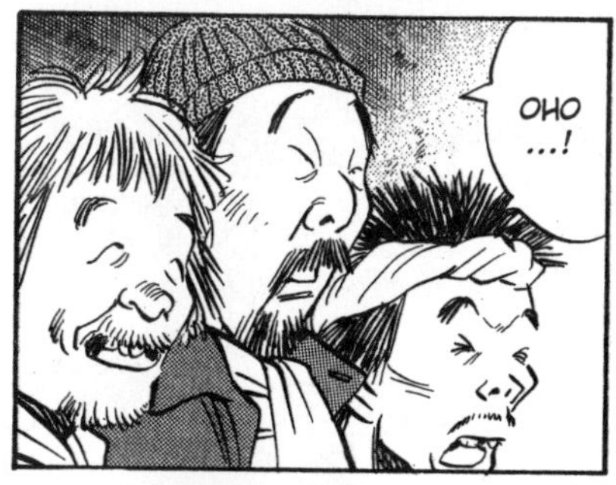
OHO …!

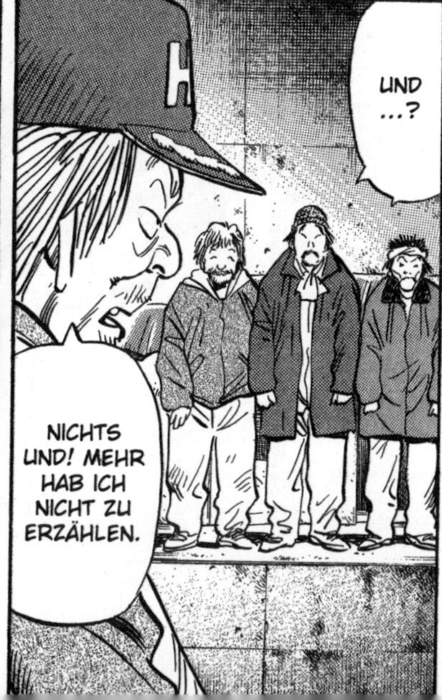
UND …?
NICHTS UND! MEHR HAB ICH NICHT ZU ERZÄHLEN.

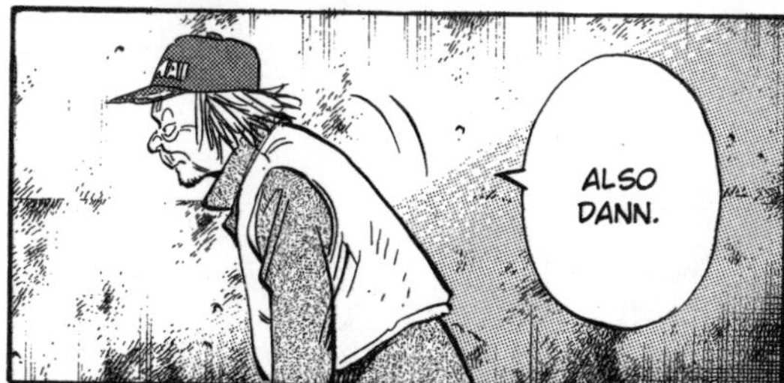
ALSO DANN.

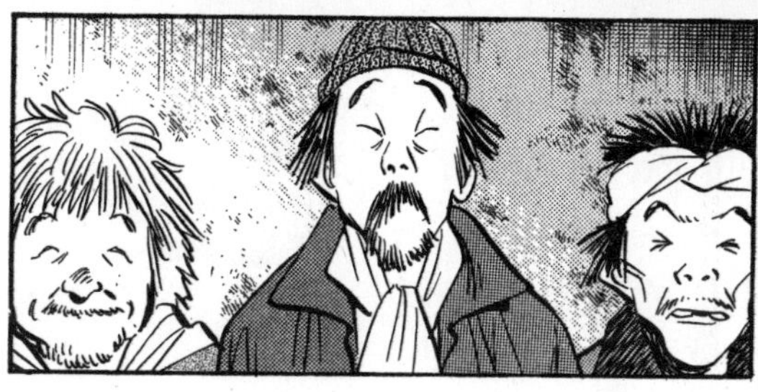

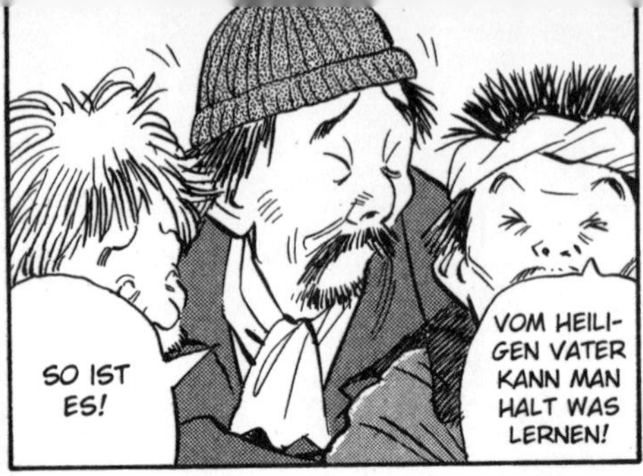
VOM HEILI-
GEN VATER
KANN MAN
HALT WAS
LERNEN!
SO IST
ES!

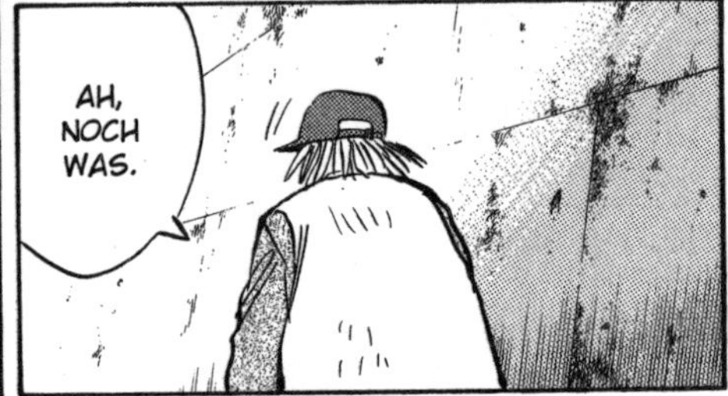
AH,
NOCH
WAS.

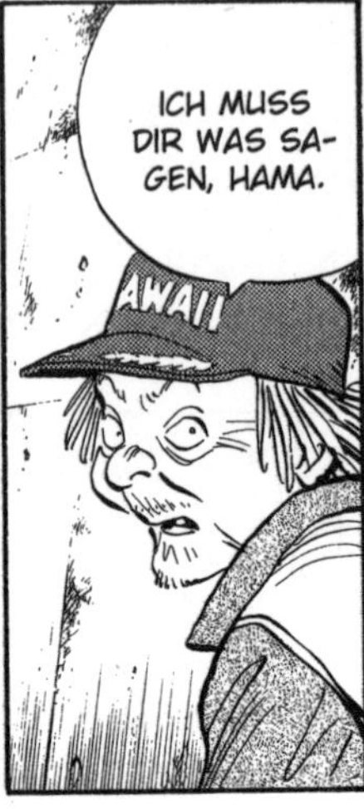
ICH MUSS
DIR WAS SA-
GEN, HAMA.
AWAII

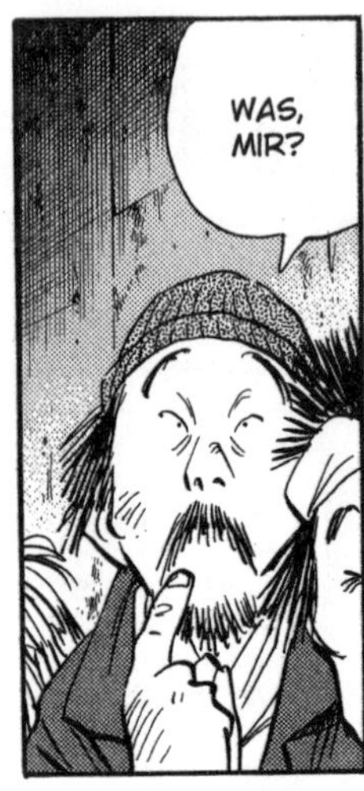
WAS,
MIR?

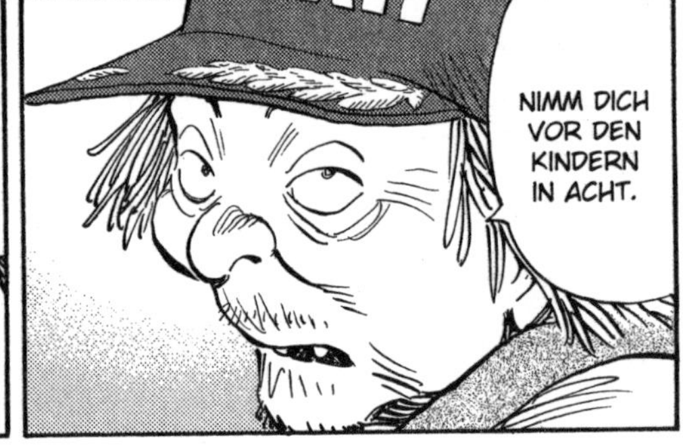
NIMM DICH
VOR DEN
KINDERN
IN ACHT.

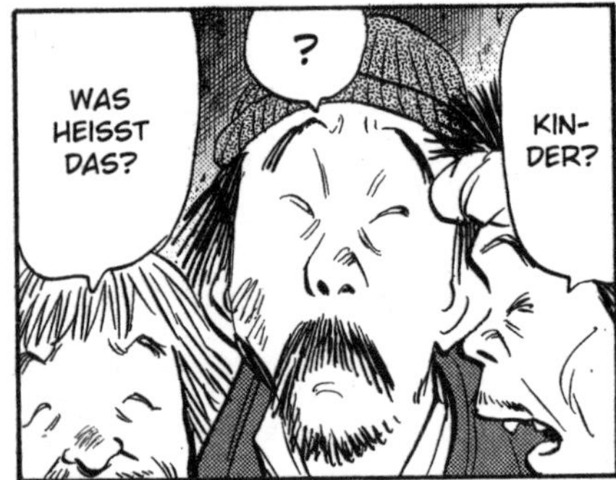
KIN-
DER?
?
WAS
HEISST
DAS?

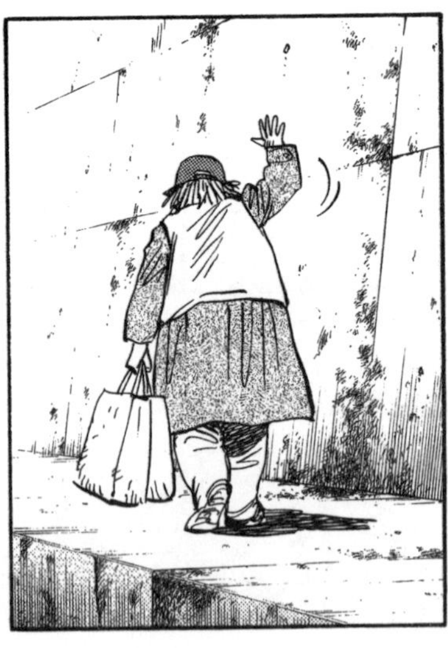

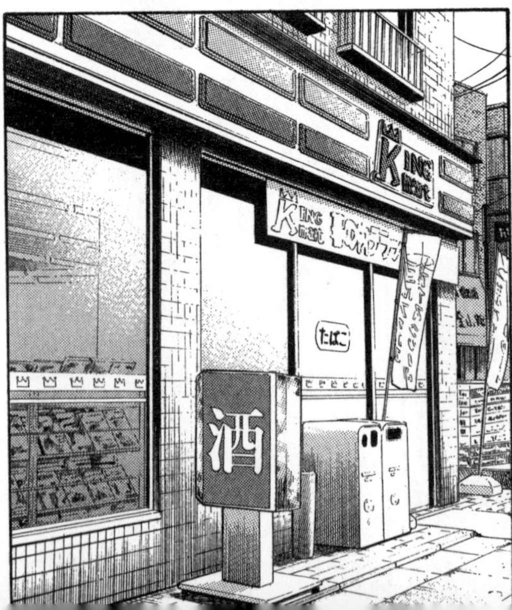
KING mart
たばこ
酒

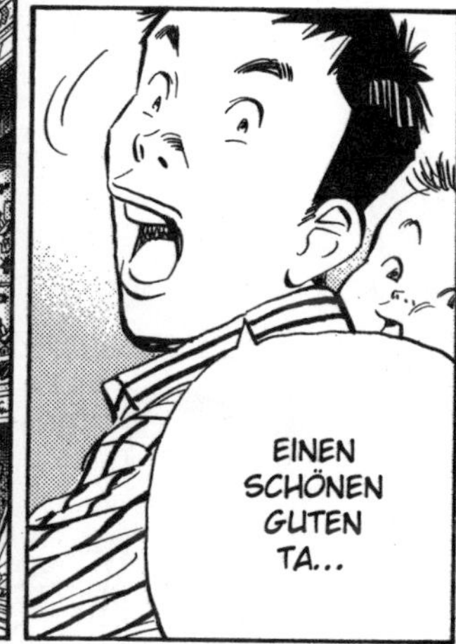
EINEN SCHÖNEN GUTEN TA...

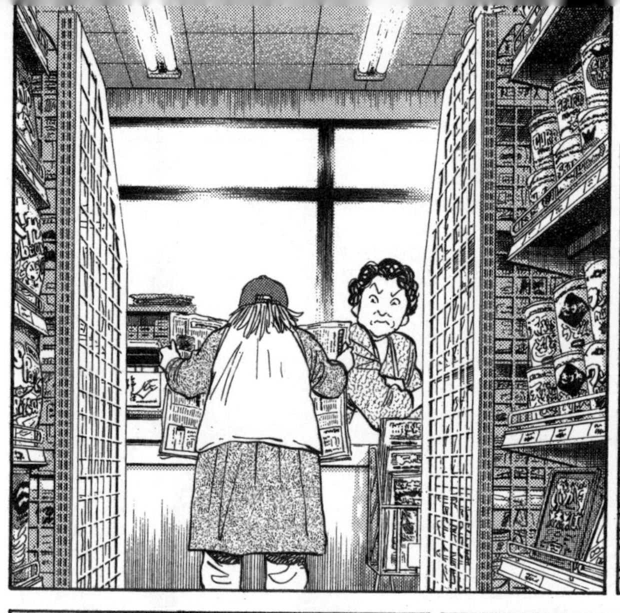

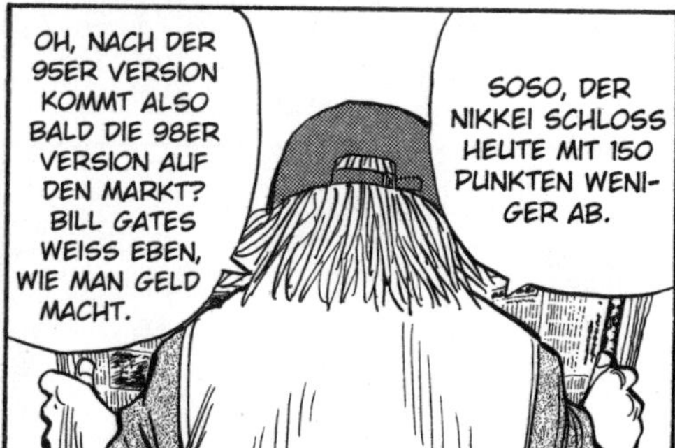
SOSO, DER NIKKEI SCHLOSS HEUTE MIT 150 PUNKTEN WENIGER AB.
OH, NACH DER 95ER VERSION KOMMT ALSO BALD DIE 98ER VERSION AUF DEN MARKT? BILL GATES WEISS EBEN, WIE MAN GELD MACHT.

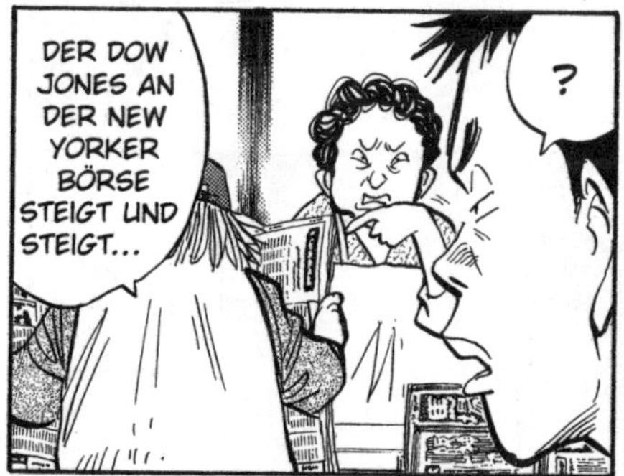
?
DER DOW JONES AN DER NEW YORKER BÖRSE STEIGT UND STEIGT...

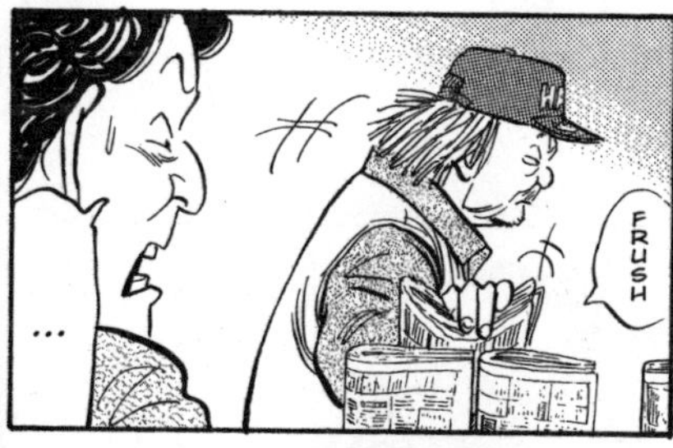
FRUSH
...

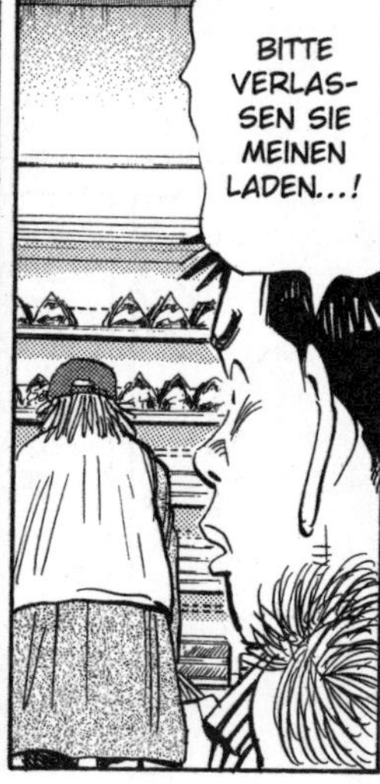
BITTE VERLASSEN SIE MEINEN LADEN...!

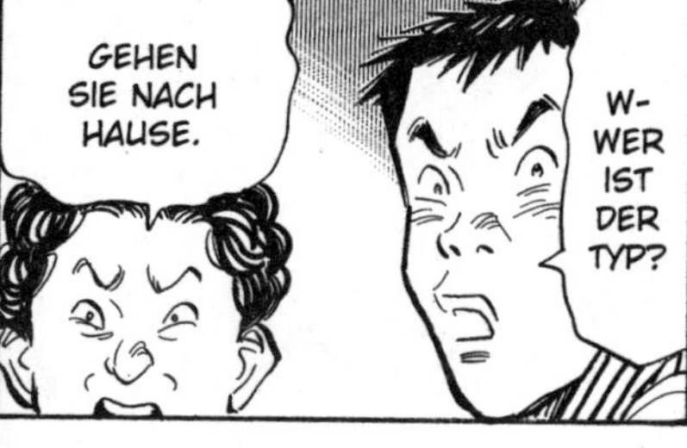
GEHEN SIE NACH HAUSE.
W-WER IST DER TYP?

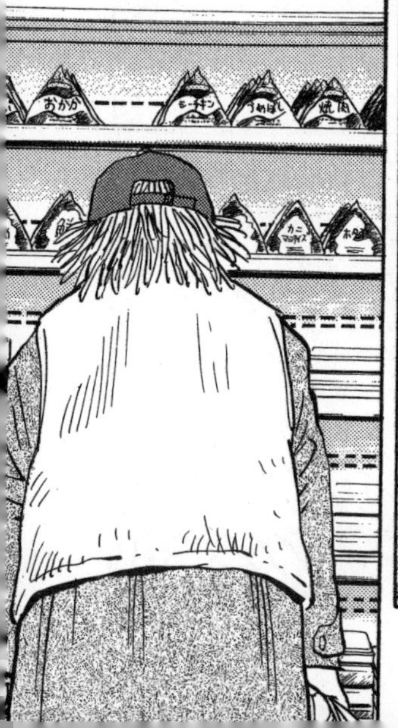

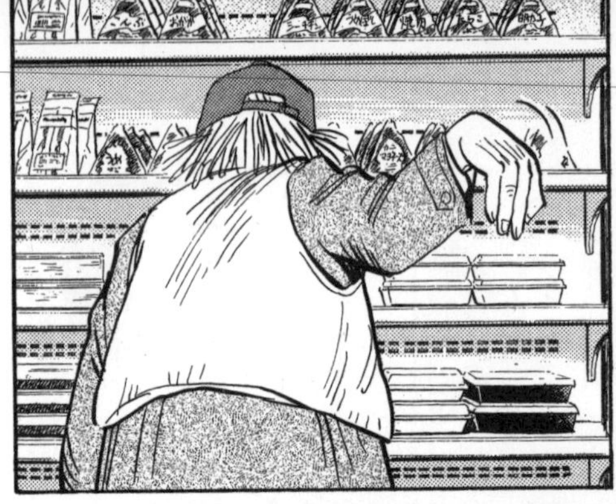

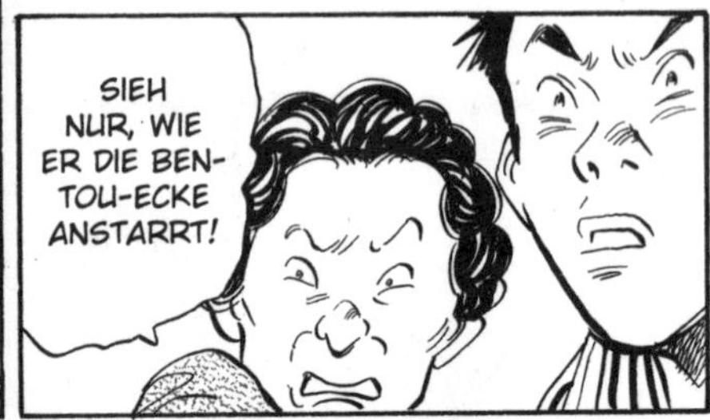
SIEH NUR, WIE ER DIE BENTOU-ECKE ANSTARRT!

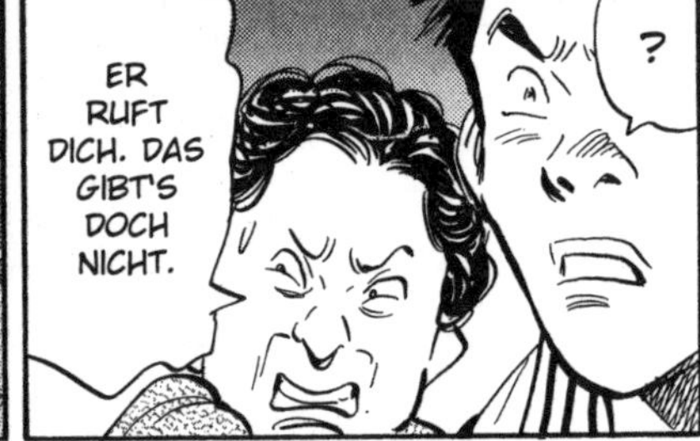
?
ER RUFT DICH. DAS GIBT'S DOCH NICHT.

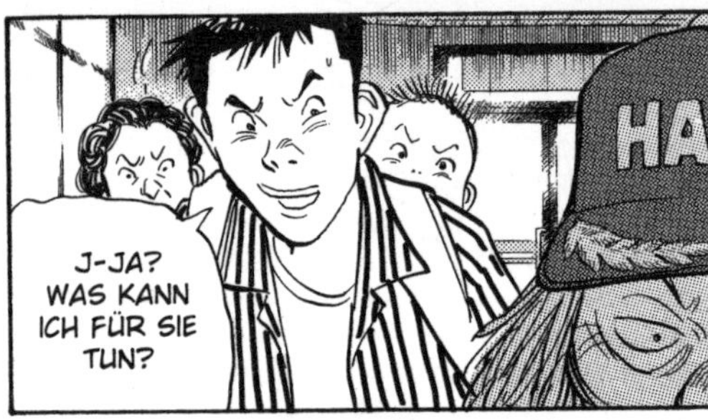
J-JA? WAS KANN ICH FÜR SIE TUN?

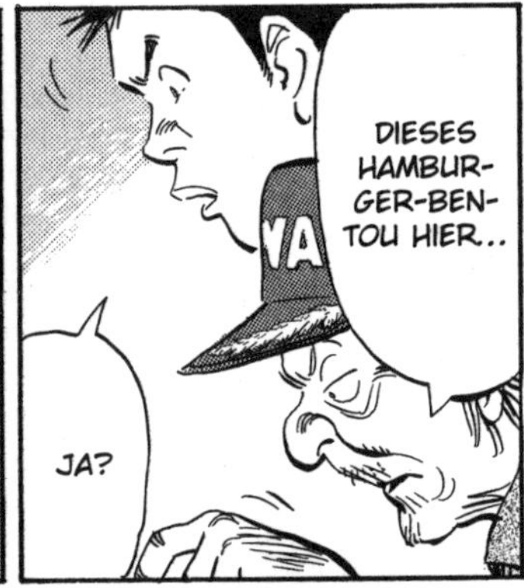
DIESES HAMBURGER-BENTOU HIER...
JA?

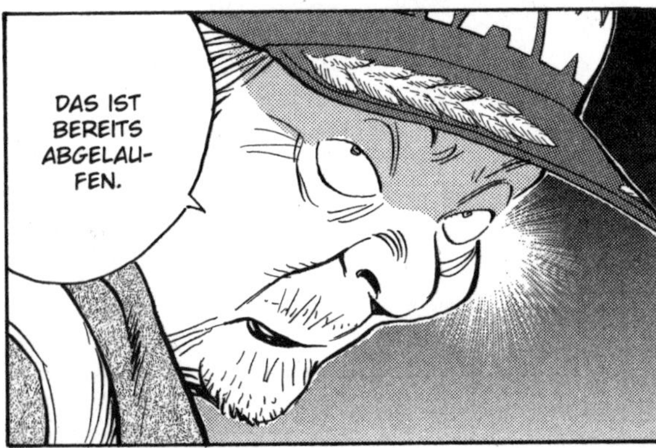
DAS IST BEREITS ABGELAUFEN.

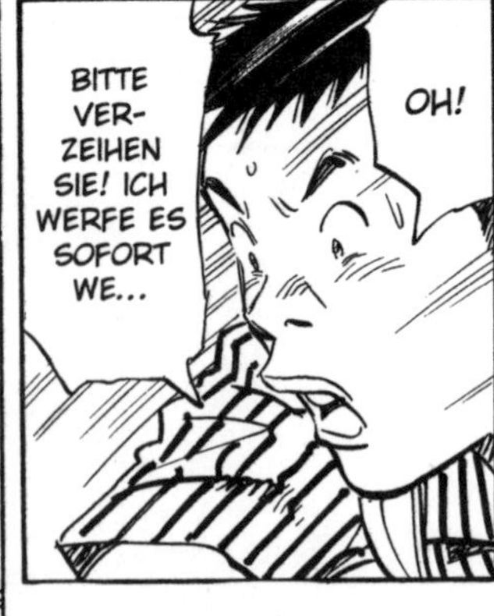
OH!
BITTE VERZEIHEN SIE! ICH WERFE ES SOFORT WE...

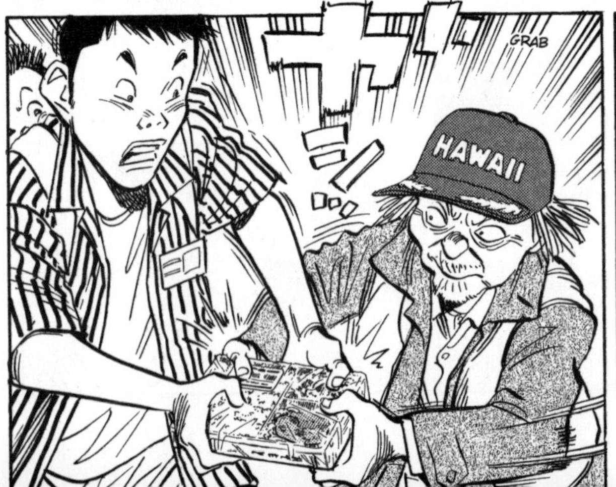
GRAB
HAWAII

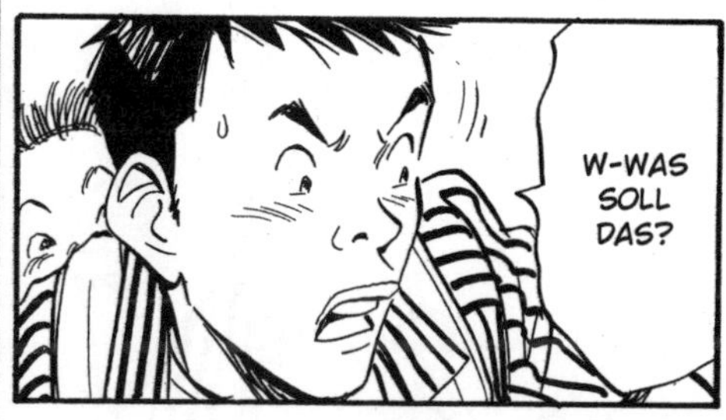
W-WAS SOLL DAS?

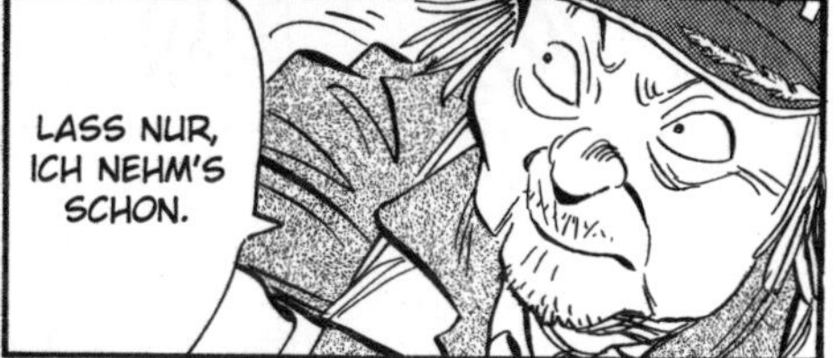
LASS NUR, ICH NEHM'S SCHON.

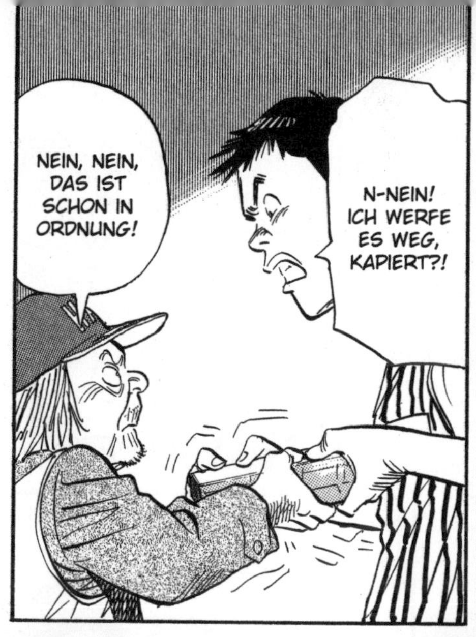
N-NEIN! ICH WERFE ES WEG, KAPIERT?!
NEIN, NEIN, DAS IST SCHON IN ORDNUNG!

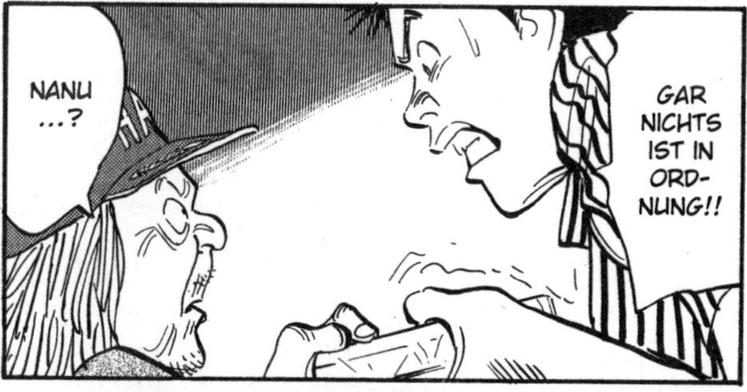
GAR NICHTS IST IN ORD-NUNG!!
NANU ...?

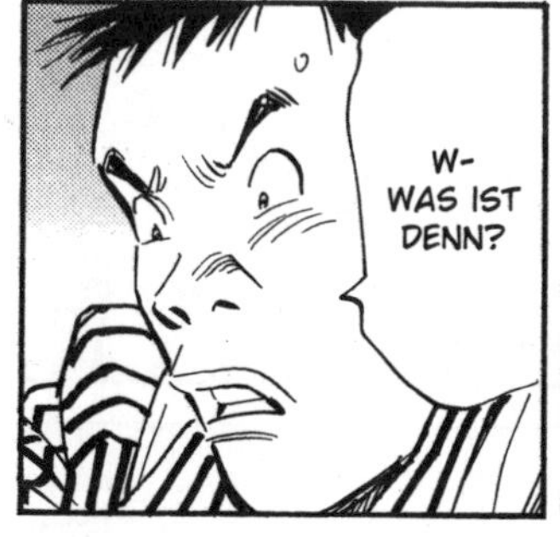
W-WAS IST DENN?

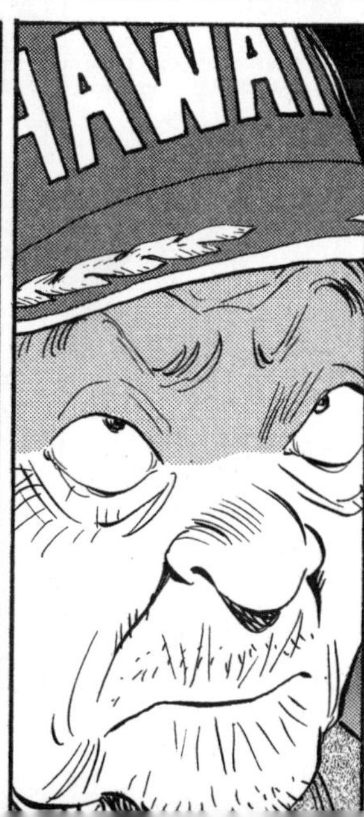

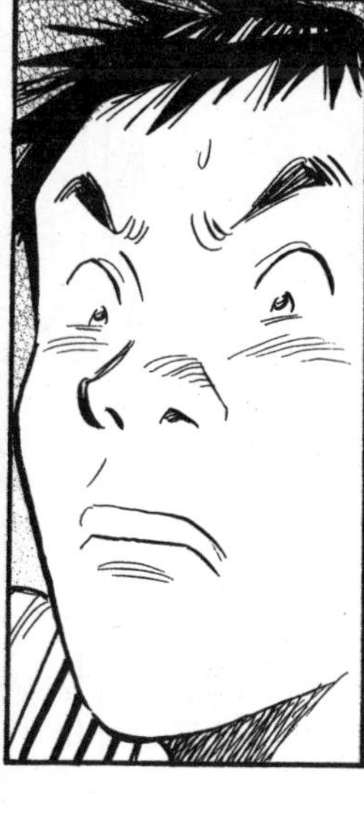

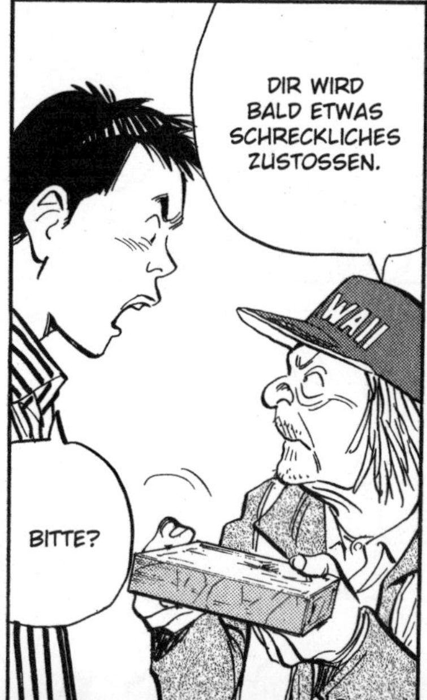
DIR WIRD BALD ETWAS SCHRECKLICHES ZUSTOSSEN.
BITTE?

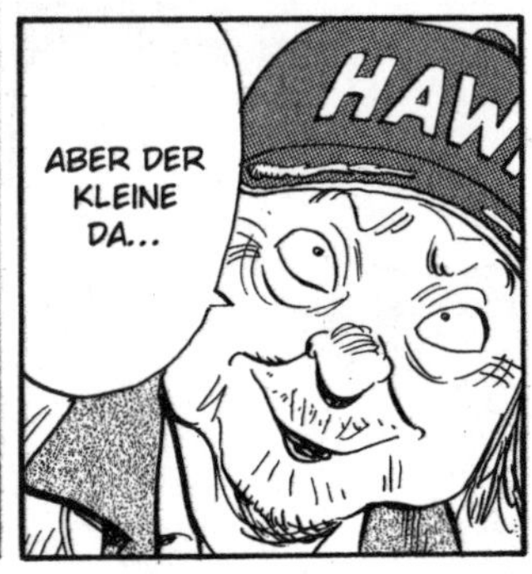
HAWA
ABER DER KLEINE DA...

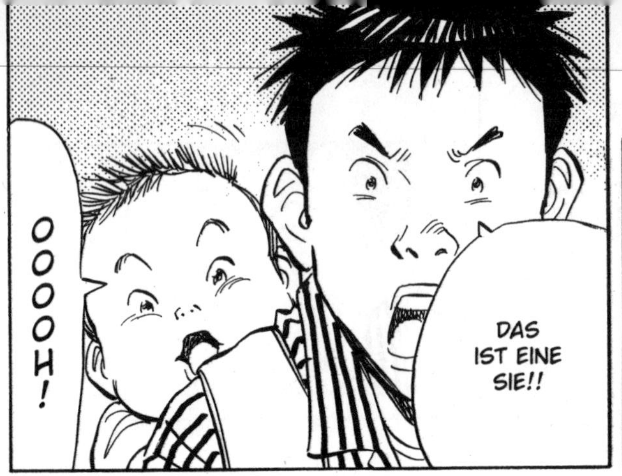
DAS IST EINE SIE!!
OOOOOH!

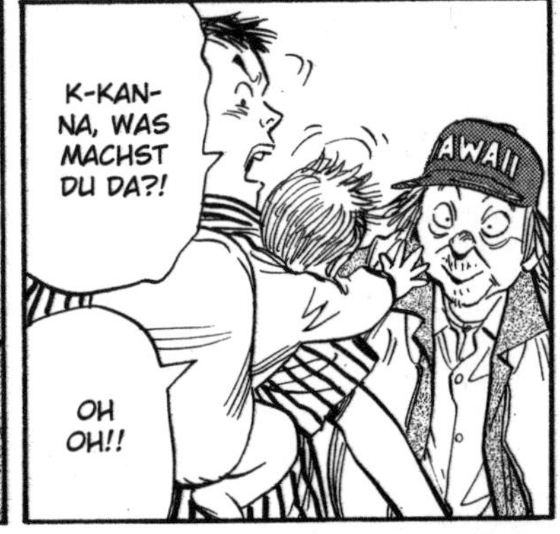
K-KAN-NA, WAS MACHST DU DA?!
AWAII
OH OH!!

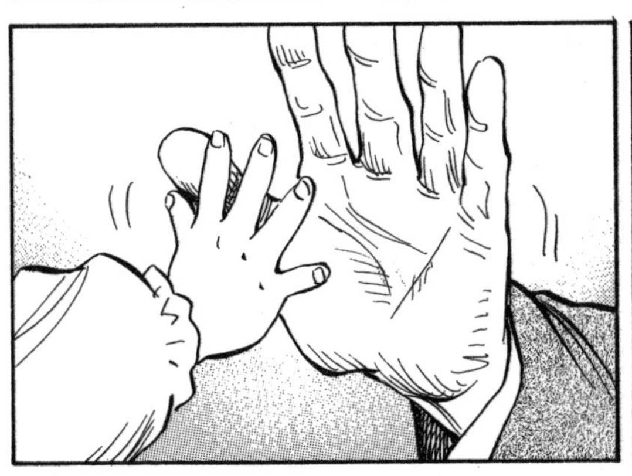

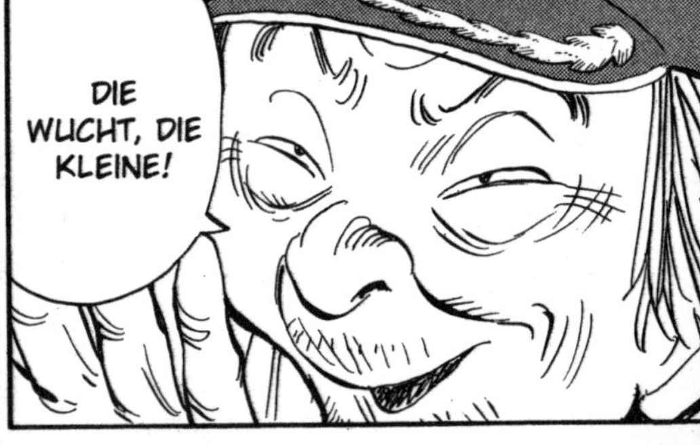
DIE WUCHT, DIE KLEINE!

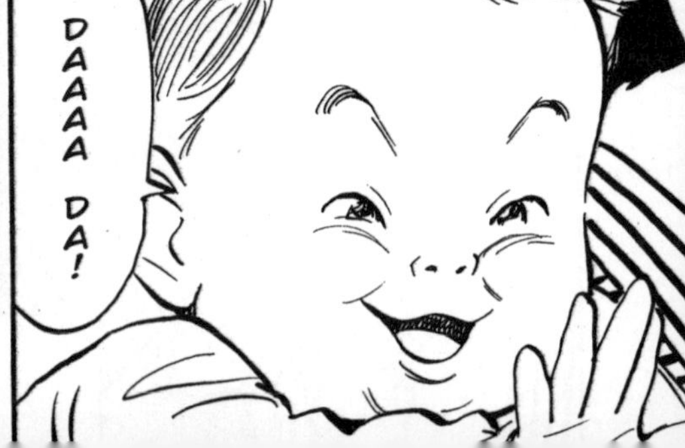
DAAAAA DA!

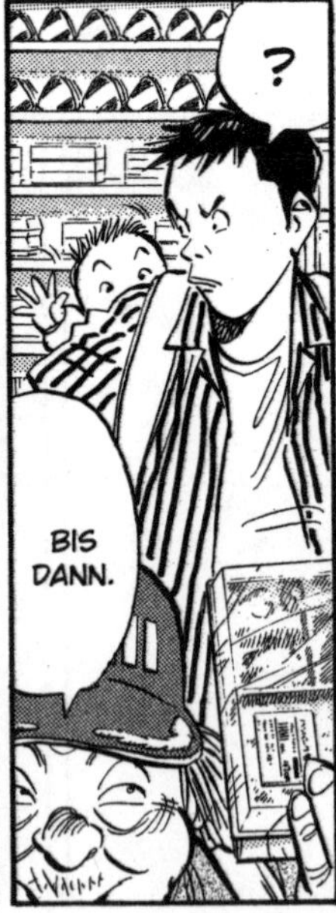
?
BIS DANN.

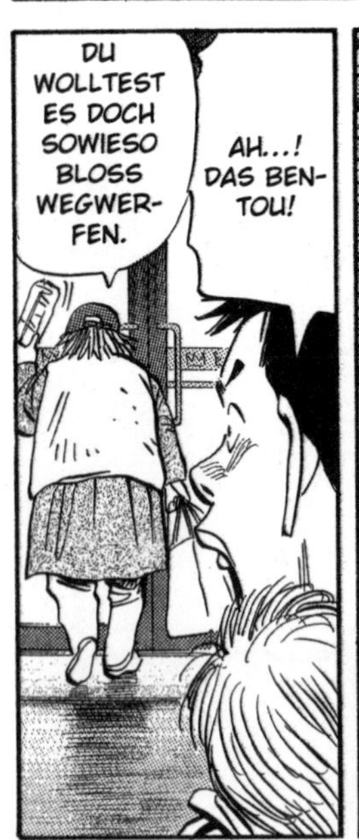
AH...! DAS BEN-TOU!
DU WOLLTEST ES DOCH SOWIESO BLOSS WEGWER-FEN.

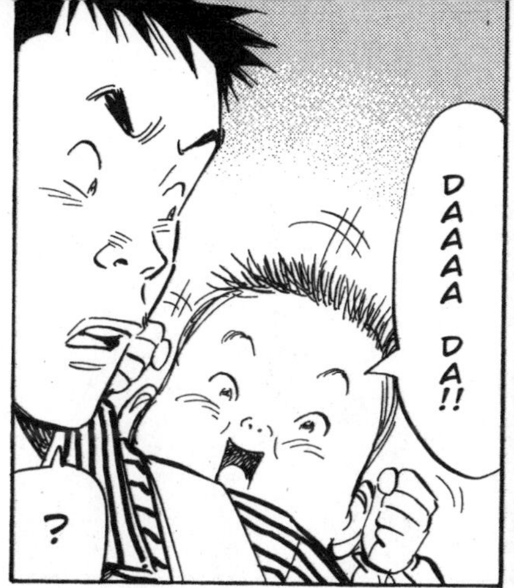
DAAAAA DA!!
?

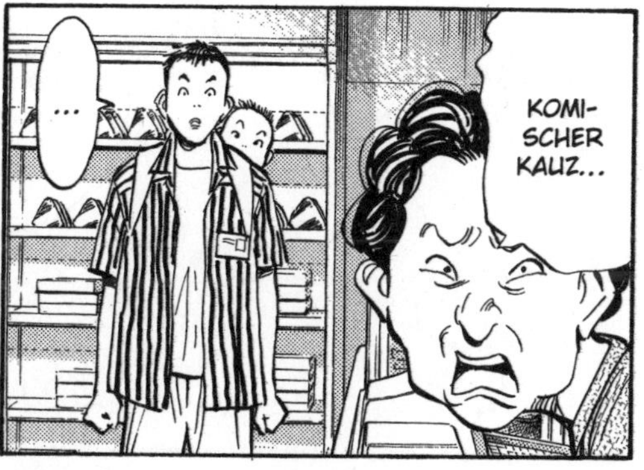
KOMI-SCHER KAUZ...
...

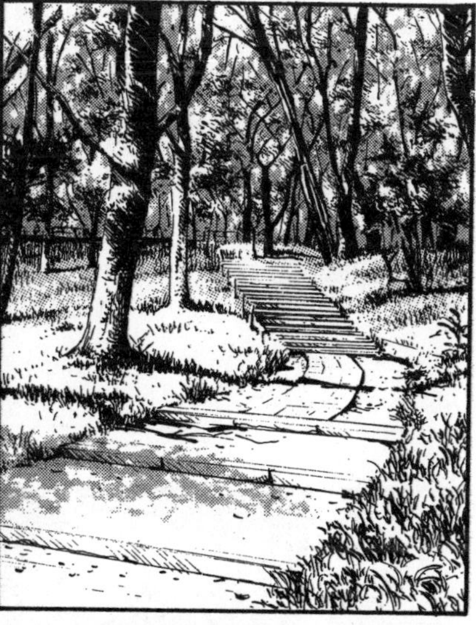

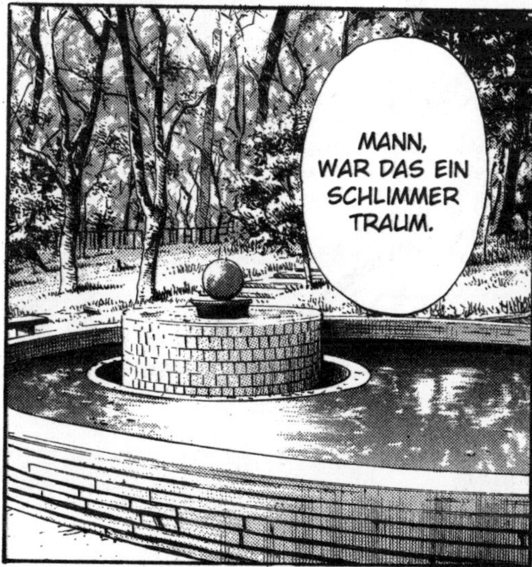
MANN, WAR DAS EIN SCHLIMMER TRAUM.

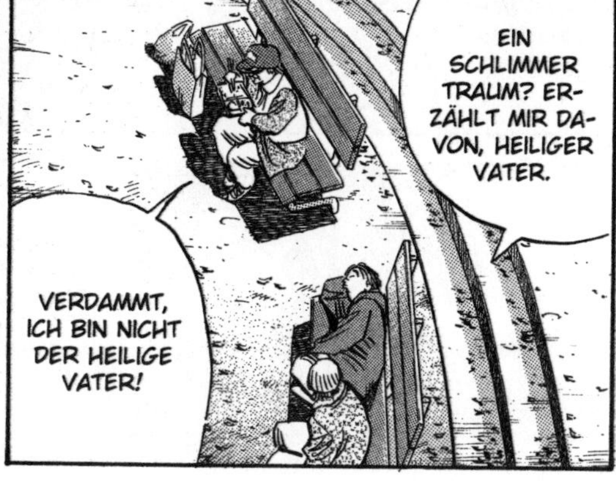
EIN SCHLIMMER TRAUM? ERZÄHLT MIR DAVON, HEILIGER VATER.
VERDAMMT, ICH BIN NICHT DER HEILIGE VATER!

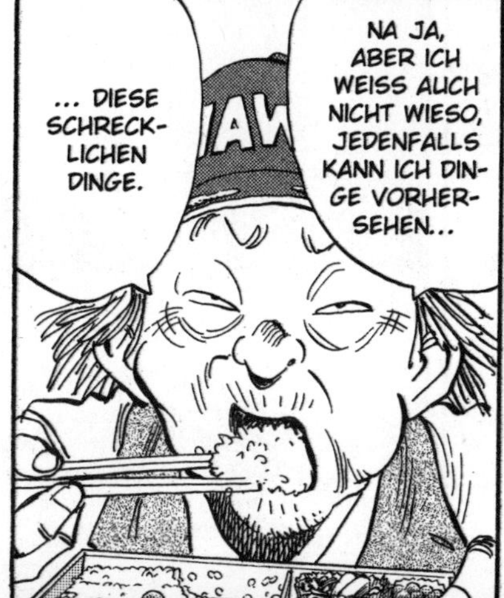
NA JA, ABER ICH WEISS AUCH NICHT WIESO, JEDENFALLS KANN ICH DINGE VORHERSEHEN...
... DIESE SCHRECKLICHEN DINGE.

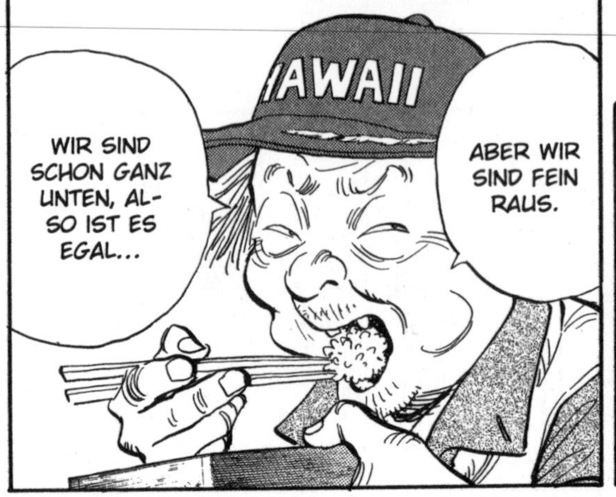
ABER WIR SIND FEIN RAUS.
WIR SIND SCHON GANZ UNTEN, AL-SO IST ES EGAL...
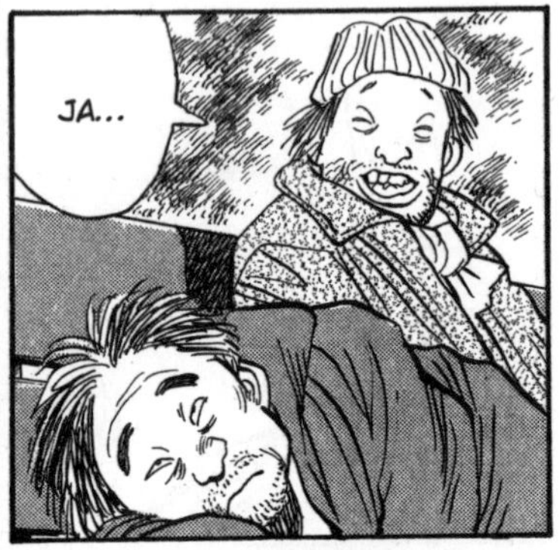
JA...
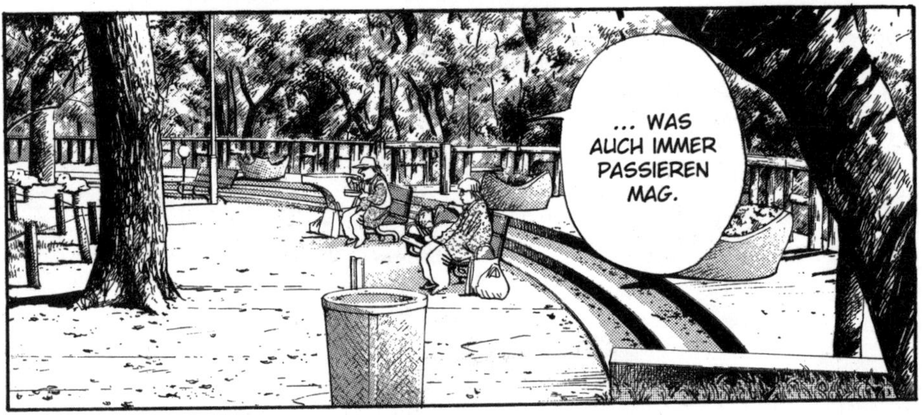
... WAS AUCH IMMER PASSIEREN MAG.
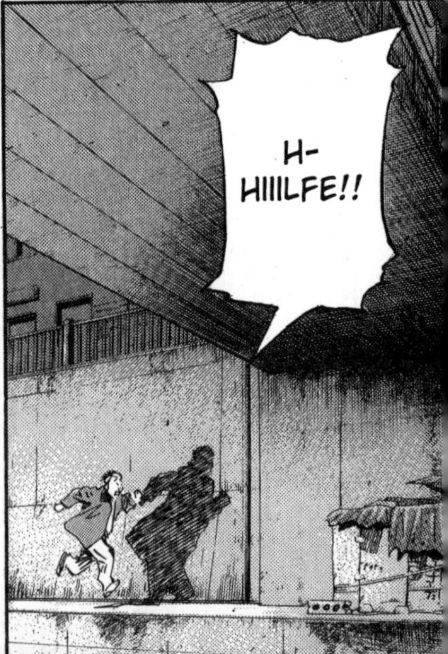
H-HIIILFE!!
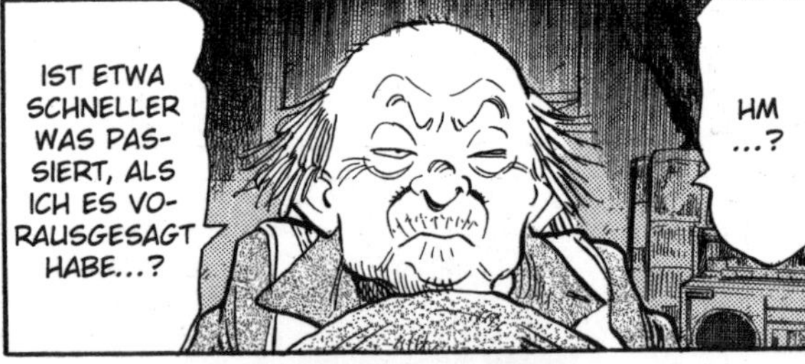
HM ...?
IST ETWA SCHNELLER WAS PAS-SIERT, ALS ICH ES VO-RAUSGESAGT HABE...?
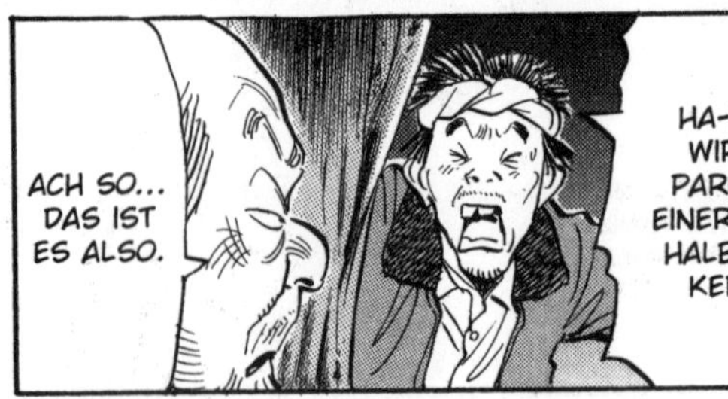
HA-HAMA WIRD IM PARK VON EINER BANDE HALBSTAR-KER...!!
ACH SO... DAS IST ES ALSO.

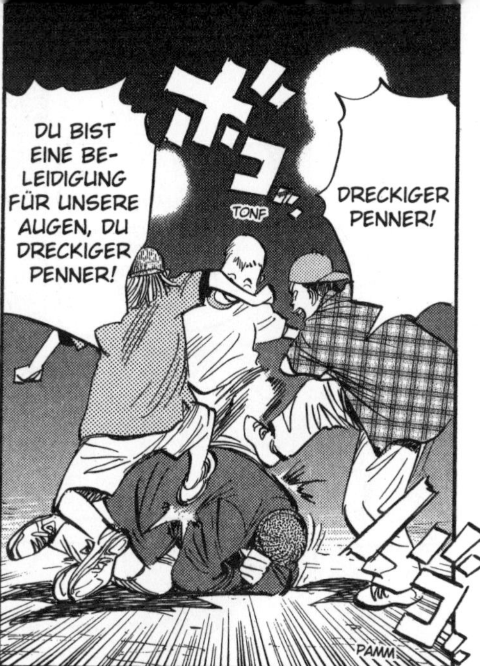
DRECKIGER PENNER!
DU BIST EINE BELEIDIGUNG FÜR UNSERE AUGEN, DU DRECKIGER PENNER!
TONF
PAMM

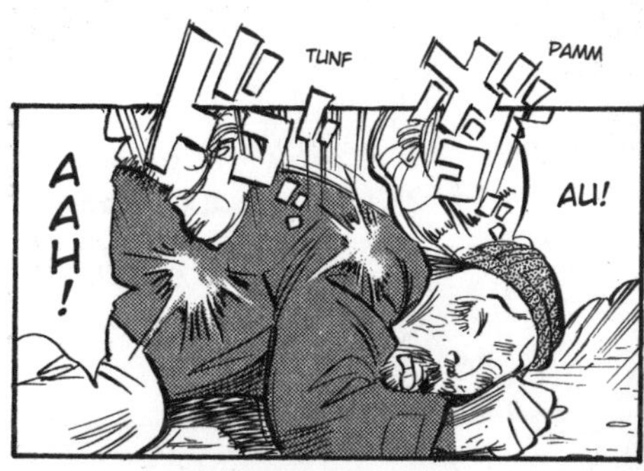
PAMM
TUNF
AU!
AAH!

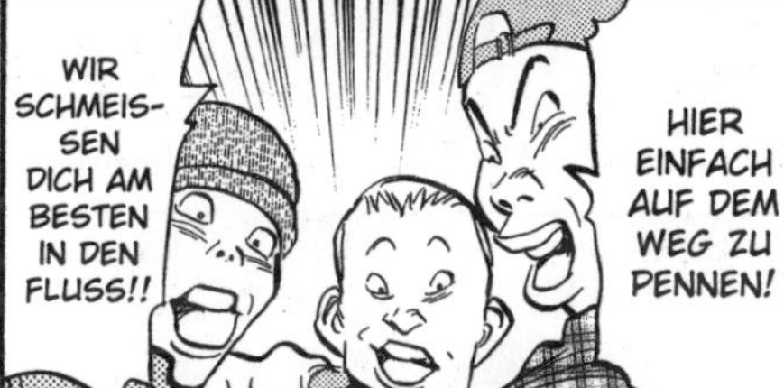
HIER EINFACH AUF DEM WEG ZU PENNEN!
WIR SCHMEISSEN DICH AM BESTEN IN DEN FLUSS!!

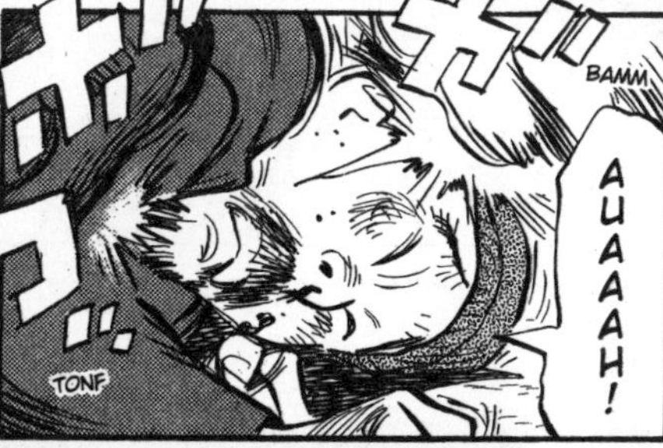
BAMM
AUAAAAH!
TONF

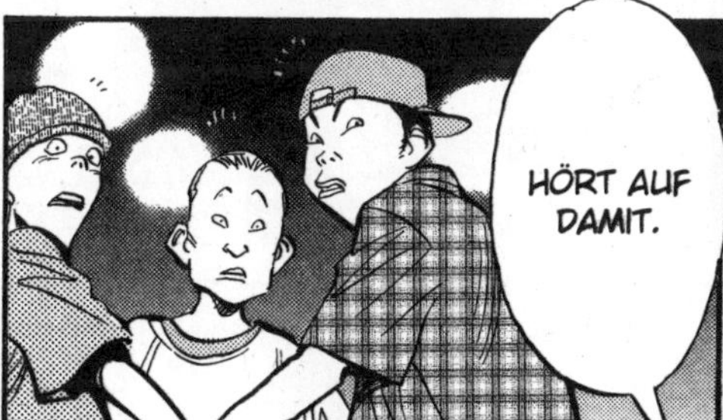
HÖRT AUF DAMIT.

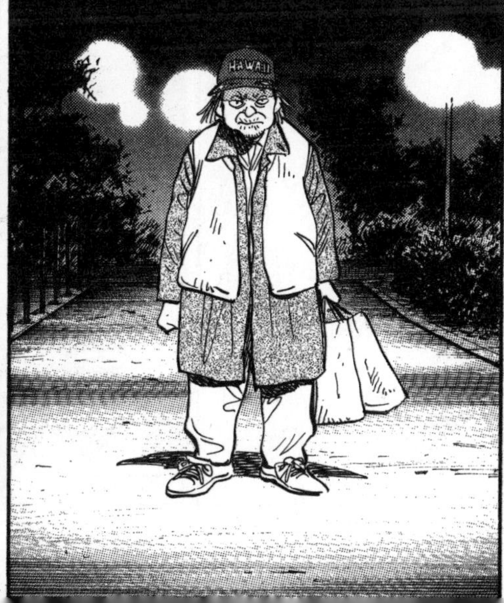

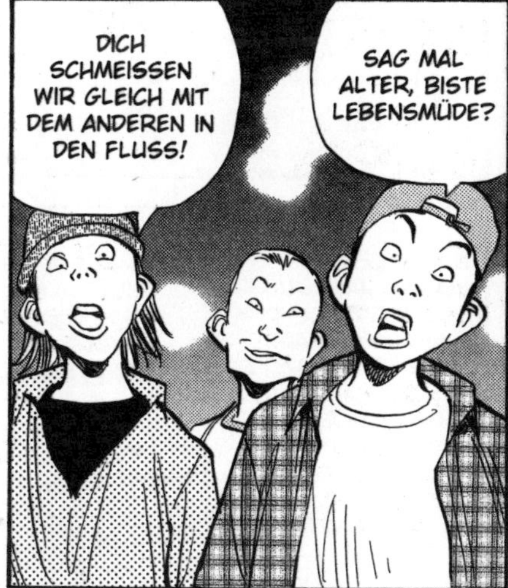
SAG MAL ALTER, BISTE LEBENSMÜDE?
DICH SCHMEISSEN WIR GLEICH MIT DEM ANDEREN IN DEN FLUSS!

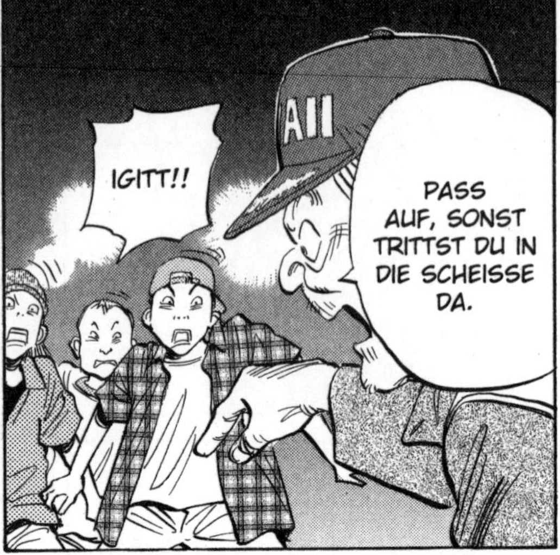
PASS AUF, SONST TRITTST DU IN DIE SCHEISSE DA.
IGITT!!

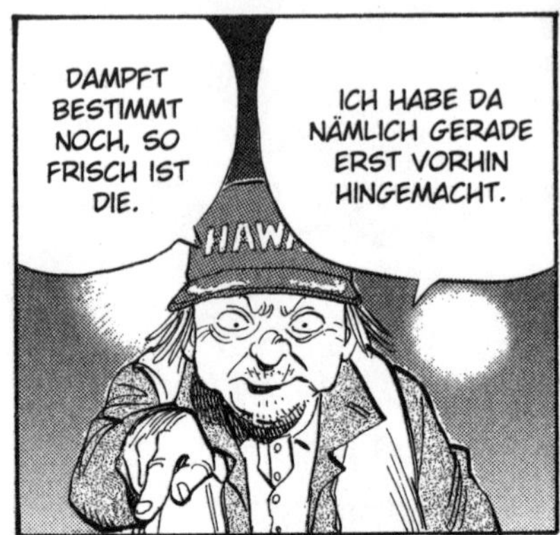
ICH HABE DA NÄMLICH GERADE ERST VORHIN HINGEMACHT.
DAMPFT BESTIMMT NOCH, SO FRISCH IST DIE.
HAWAII

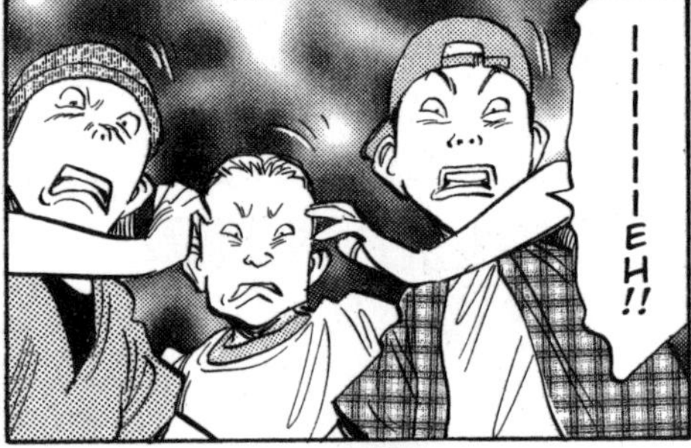
IIIIIIIEEH!!

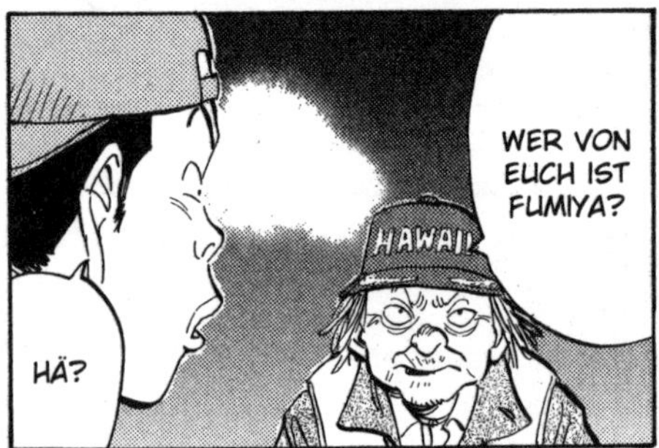
WER VON EUCH IST FUMIYA?
HÄ?
HAWAII

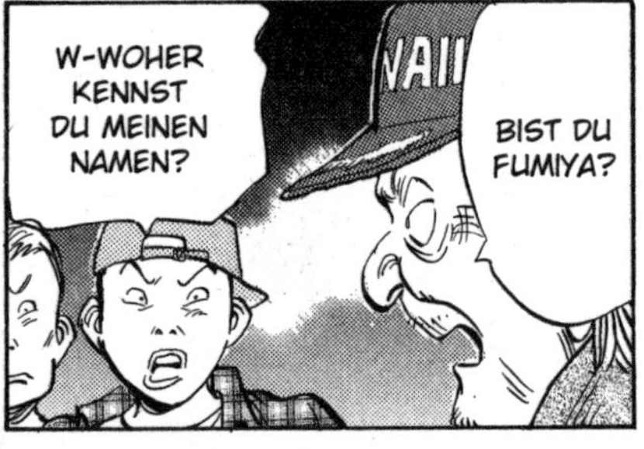
BIST DU FUMIYA?
W-WOHER KENNST DU MEINEN NAMEN?

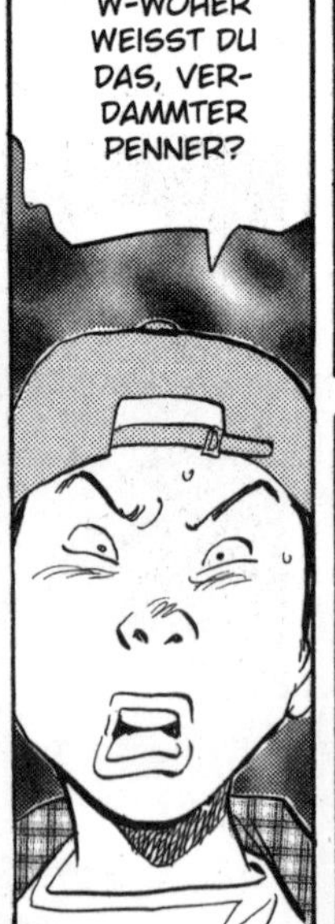
W-WOHER WEISST DU DAS, VER-DAMMTER PENNER?

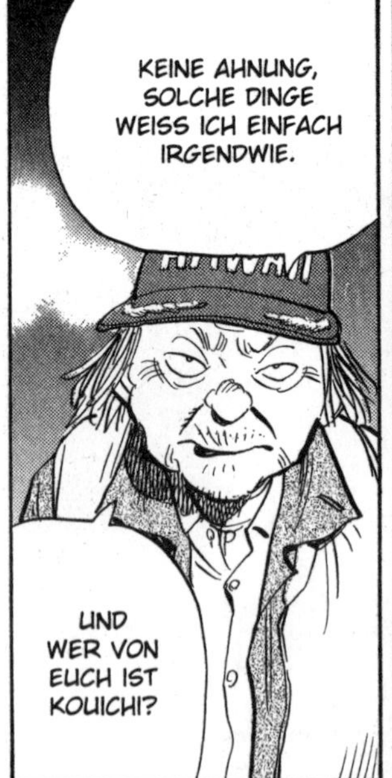
KEINE AHNUNG, SOLCHE DINGE WEISS ICH EINFACH IRGENDWIE.
UND WER VON EUCH IST KOUICHI?

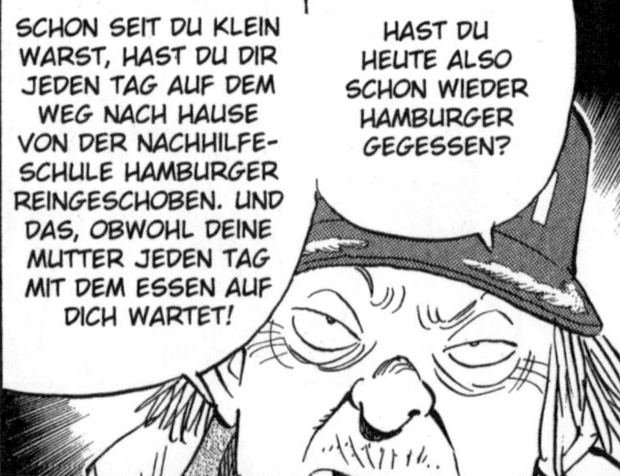
HAST DU HEUTE ALSO SCHON WIEDER HAMBURGER GEGESSEN?
SCHON SEIT DU KLEIN WARST, HAST DU DIR JEDEN TAG AUF DEM WEG NACH HAUSE VON DER NACHHILFE-SCHULE HAMBURGER REINGESCHOBEN. UND DAS, OBWOHL DEINE MUTTER JEDEN TAG MIT DEM ESSEN AUF DICH WARTET!

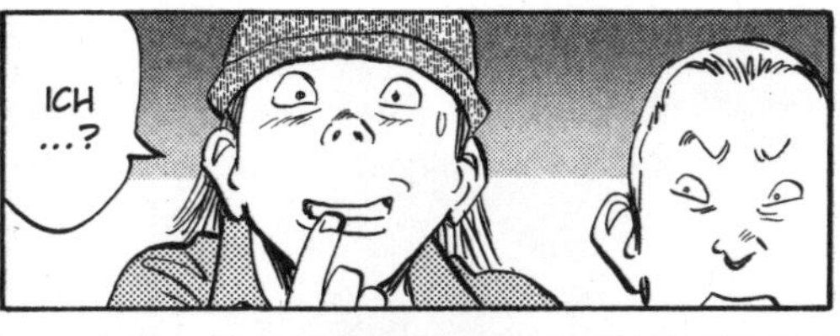
ICH …?

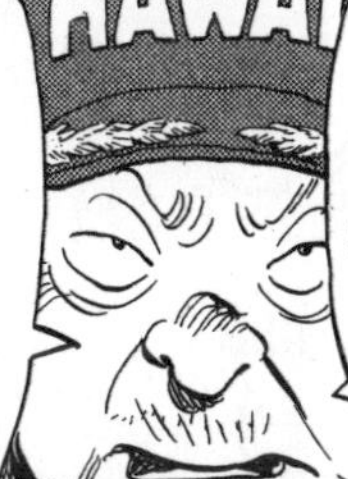
DU KLAUST DOCH IMMER GELD VON DEINEN ELTERN UND VERZOCKST ES IN DER NÄCHSTBESTEN SPIELHALLE, STIMMT'S?
DU IDIOT! DIESES GELD SPAREN SICH DEINE ELTERN VOM MUND AB, DAMIT DU SPÄTER MAL AUF EINE GUTE UNI GEHEN KANNST!!

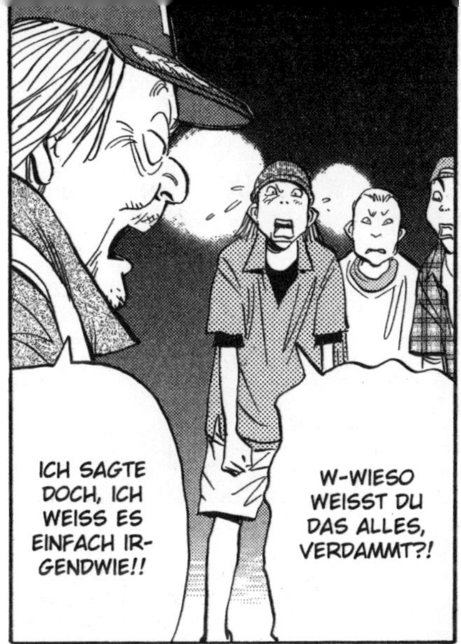
W-WIESO WEISST DU DAS ALLES, VERDAMMT?!
ICH SAGTE DOCH, ICH WEISS ES EINFACH IR-GENDWIE!!

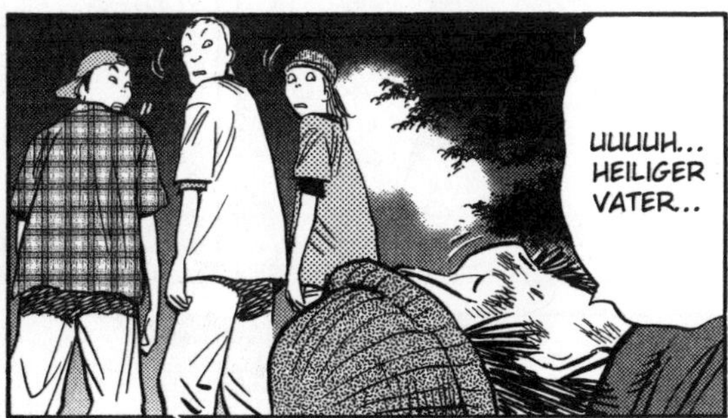
UUUUH… HEILIGER VATER…

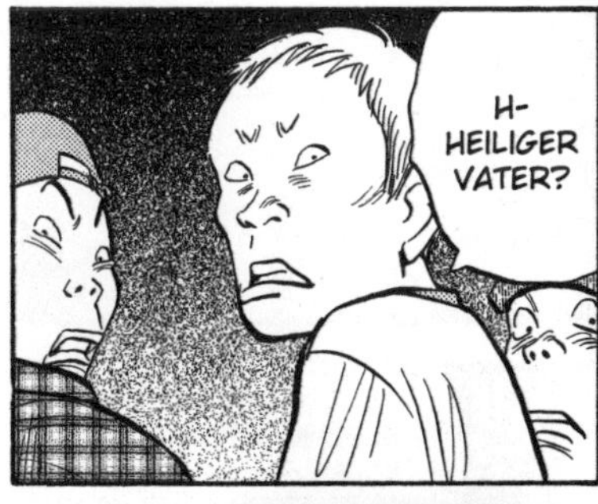
H-HEILIGER VATER?

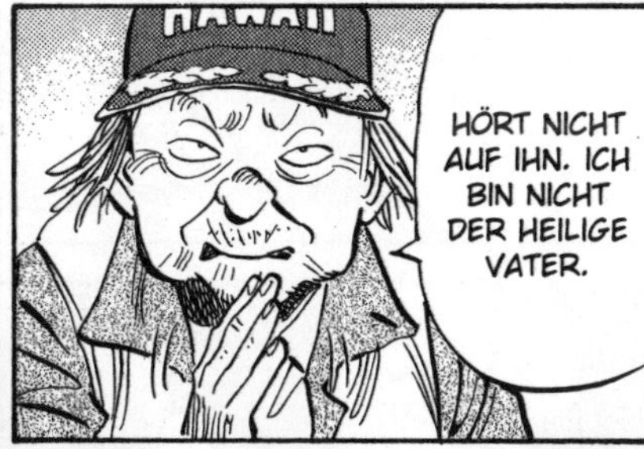
HÖRT NICHT AUF IHN. ICH BIN NICHT DER HEILIGE VATER.

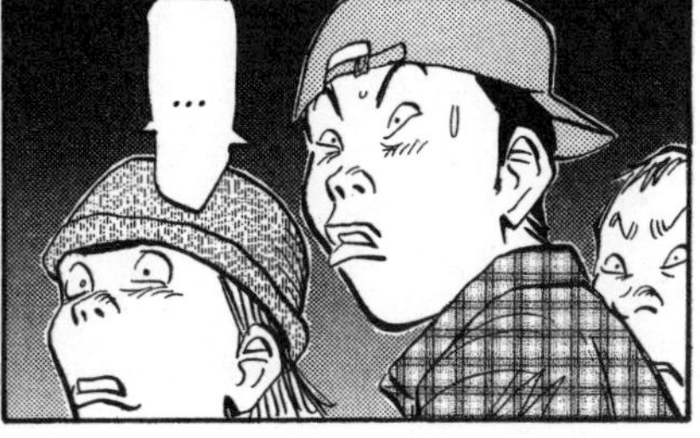
…

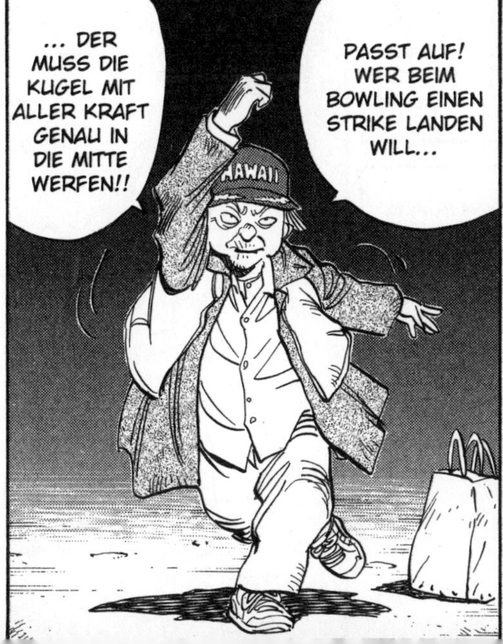
PASST AUF! WER BEIM BOWLING EINEN STRIKE LANDEN WILL…
… DER MUSS DIE KUGEL MIT ALLER KRAFT GENAU IN DIE MITTE WERFEN!!

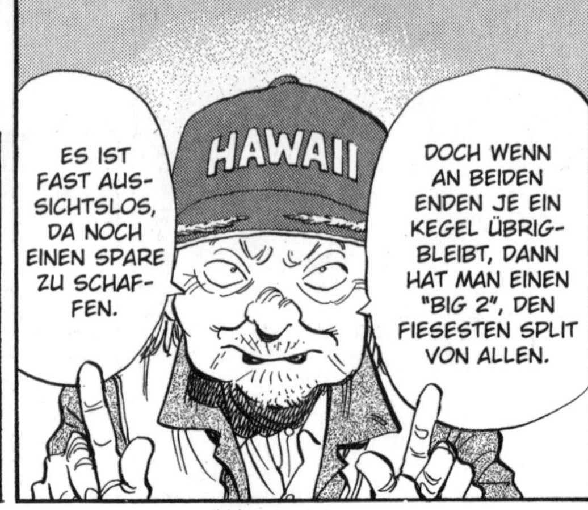
HAWAII
DOCH WENN AN BEIDEN ENDEN JE EIN KEGEL ÜBRIGBLEIBT, DANN HAT MAN EINEN "BIG 2", DEN FIESESTEN SPLIT VON ALLEN.
ES IST FAST AUSSICHTSLOS, DA NOCH EINEN SPARE ZU SCHAFFEN.

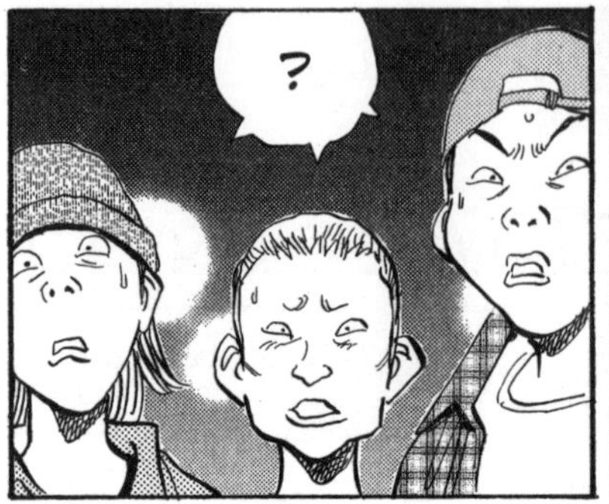
?

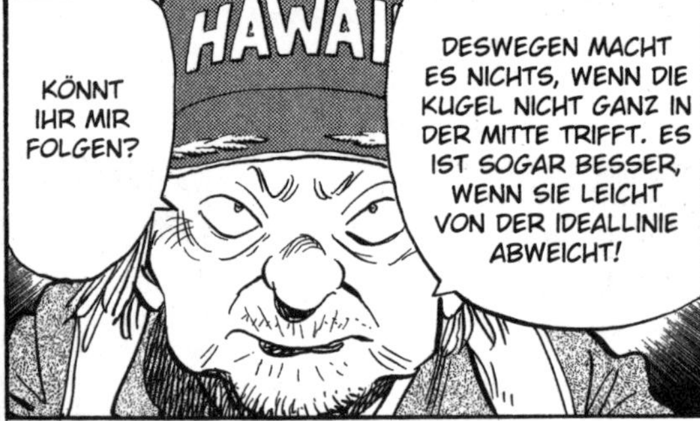
HAWAII
DESWEGEN MACHT ES NICHTS, WENN DIE KUGEL NICHT GANZ IN DER MITTE TRIFFT. ES IST SOGAR BESSER, WENN SIE LEICHT VON DER IDEALLINIE ABWEICHT!
KÖNNT IHR MIR FOLGEN?

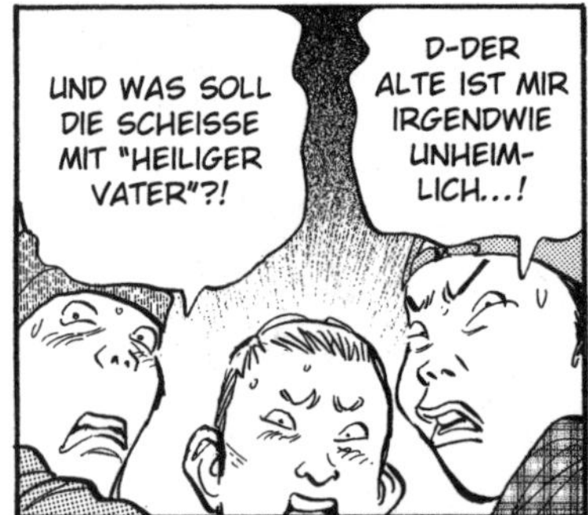
D-DER ALTE IST MIR IRGENDWIE UNHEIMLICH...!
UND WAS SOLL DIE SCHEISSE MIT "HEILIGER VATER"?!

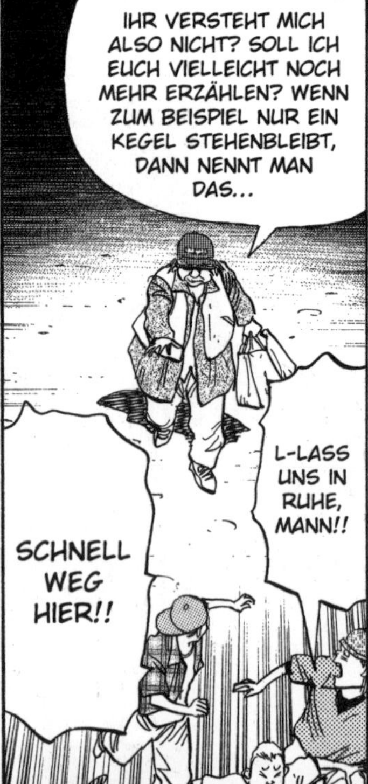
IHR VERSTEHT MICH ALSO NICHT? SOLL ICH EUCH VIELLEICHT NOCH MEHR ERZÄHLEN? WENN ZUM BEISPIEL NUR EIN KEGEL STEHENBLEIBT, DANN NENNT MAN DAS...
L-LASS UNS IN RUHE, MANN!!
SCHNELL WEG HIER!!

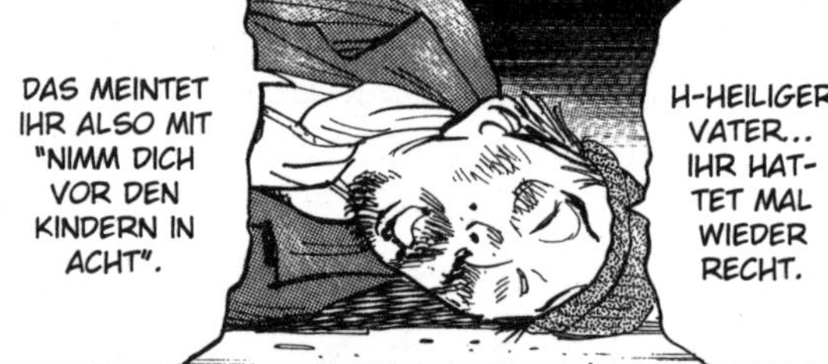
H-HEILIGER VATER.. IHR HATTET MAL WIEDER RECHT.
DAS MEINTET IHR ALSO MIT "NIMM DICH VOR DEN KINDERN IN ACHT".

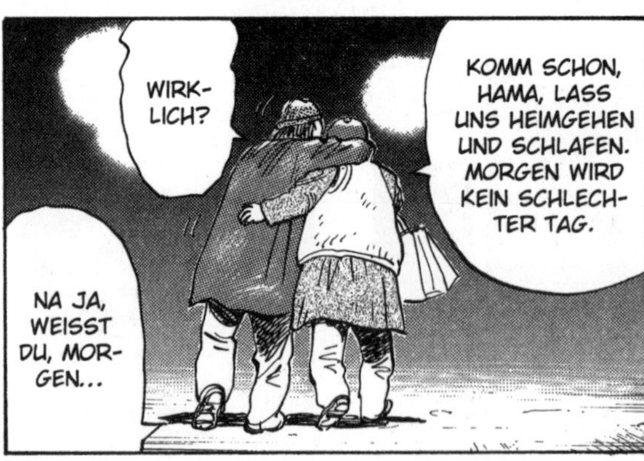
KOMM SCHON, HAMA, LASS UNS HEIMGEHEN UND SCHLAFEN. MORGEN WIRD KEIN SCHLECHTER TAG.
WIRKLICH?
NA JA, WEISST DU, MORGEN...

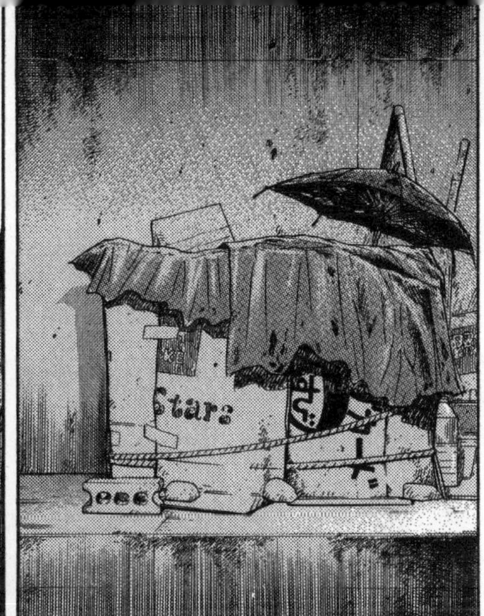

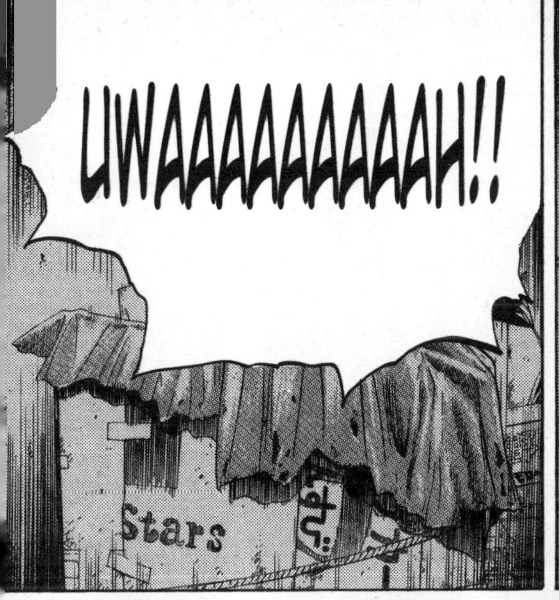

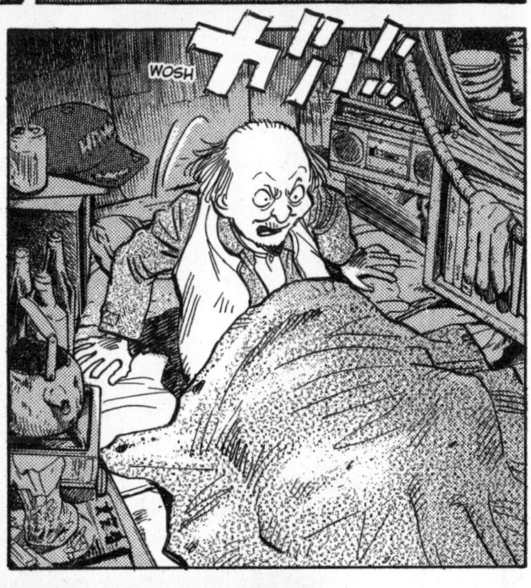

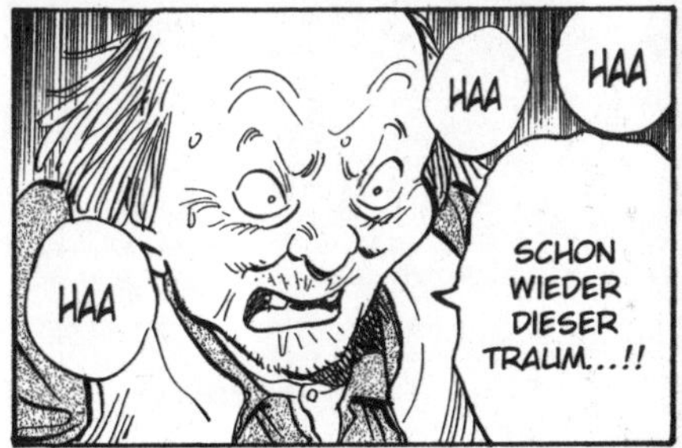

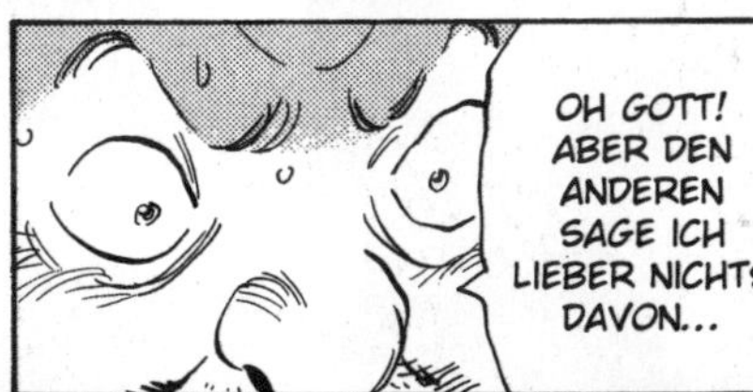

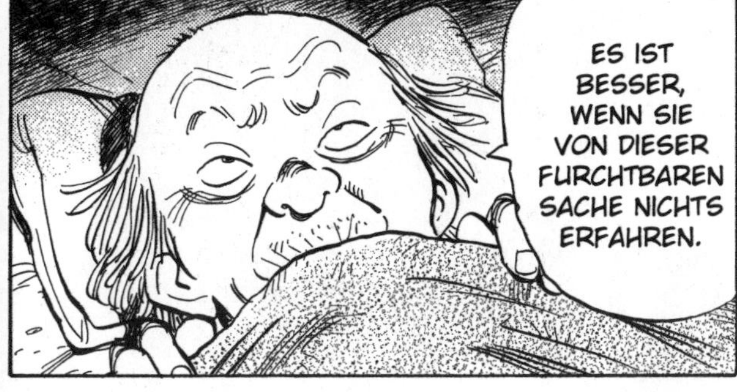

DIESES UNGEHEU-ER... "STOMP STOMP..." UND DIESER LÄRM...

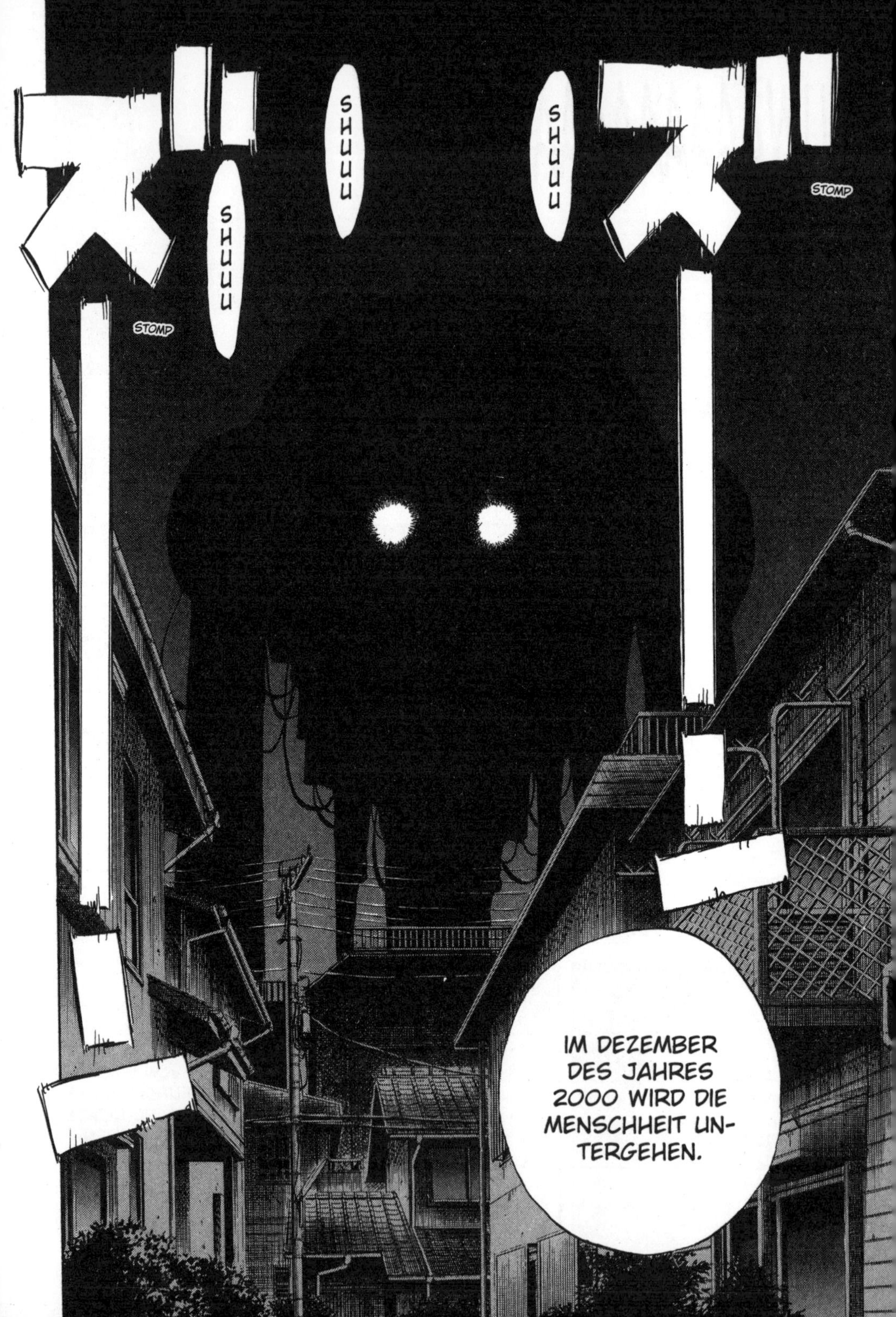
STOMP
SHUUU
SHUUU
SHUUU
STOMP
IM DEZEMBER DES JAHRES 2000 WIRD DIE MENSCHHEIT UNTERGEHEN.

Twentieth Century Boys

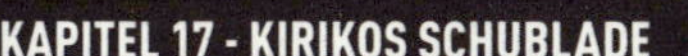
KAPITEL 17 - KIRIKOS SCHUBLADE

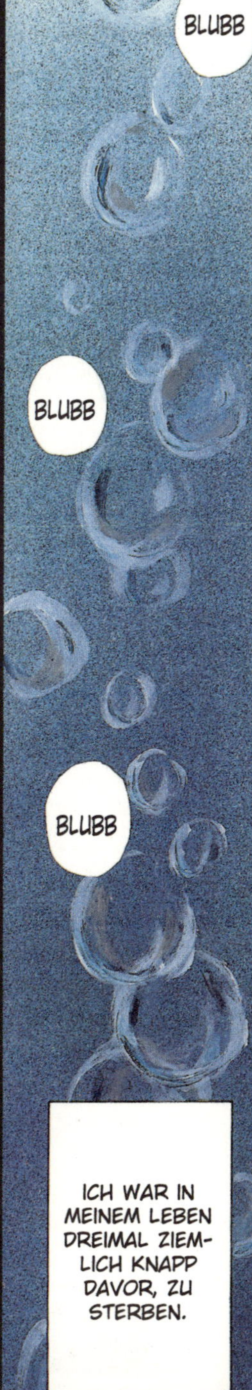
BLUBB
BLUBB
BLUBB
ICH WAR IN MEINEM LEBEN DREIMAL ZIEM-LICH KNAPP DAVOR, ZU STERBEN.

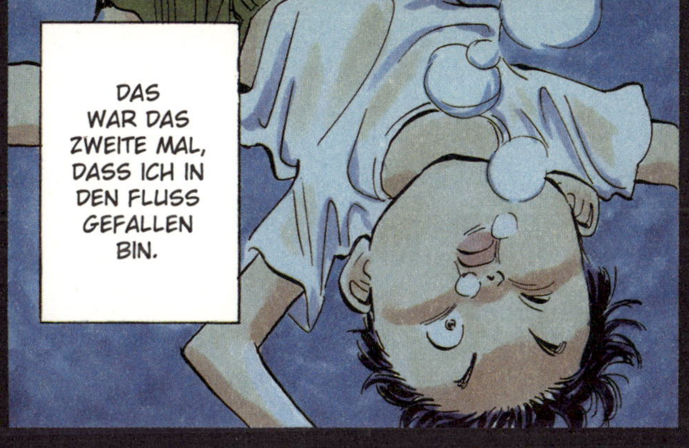
DAS WAR DAS ZWEITE MAL, DASS ICH IN DEN FLUSS GEFALLEN BIN.
DER MENSCH IST EINE LANDSPEZIES, UNTER WASSER ZU SCHWIMMEN ZÄHLT NICHT ZU SEINEN NATÜRLICHEN STÄRKEN.

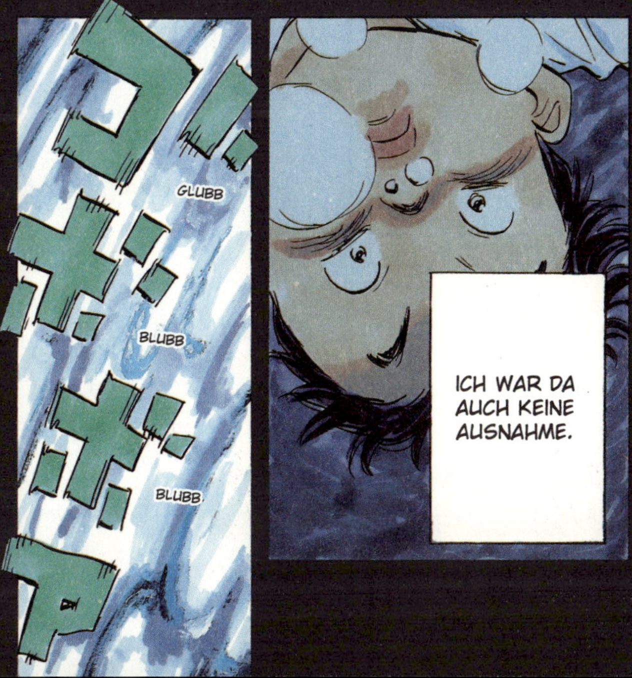
ICH WAR DA AUCH KEINE AUSNAHME.
GLUBB
BLUBB
BLUBB

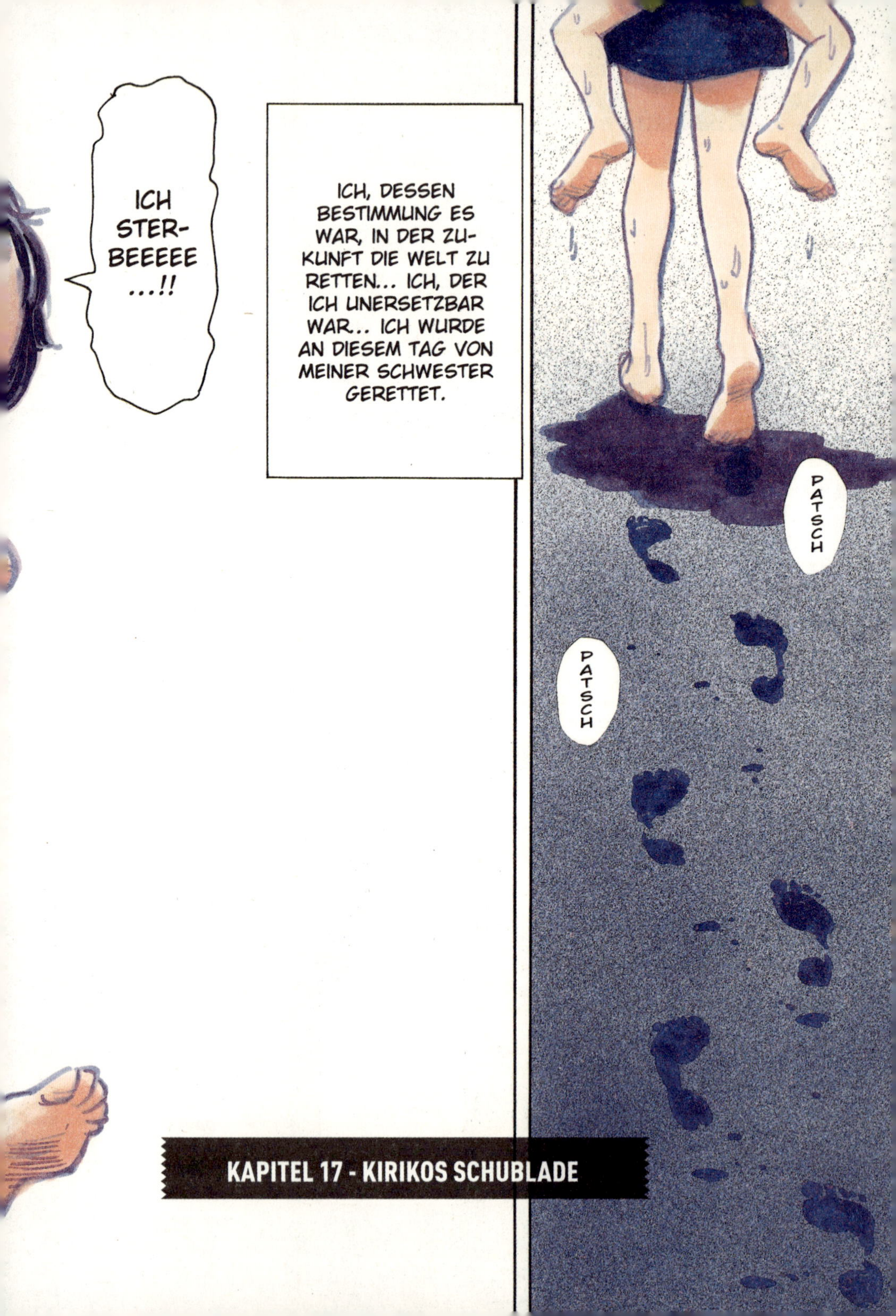

PATSCH

PATSCH

ICH, DESSEN BESTIMMUNG ES WAR, IN DER ZUKUNFT DIE WELT ZU RETTEN... ICH, DER ICH UNERSETZBAR WAR... ICH WURDE AN DIESEM TAG VON MEINER SCHWESTER GERETTET.

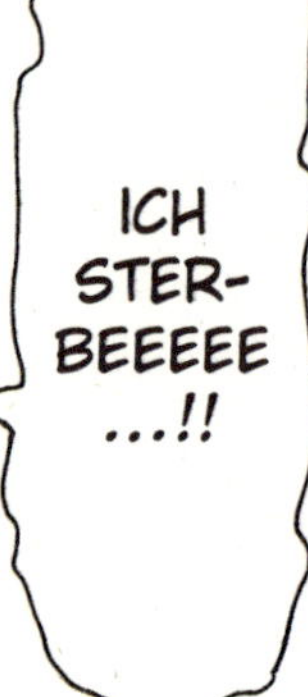

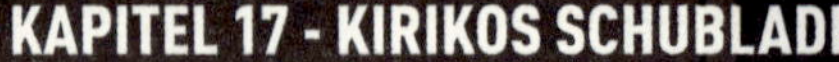

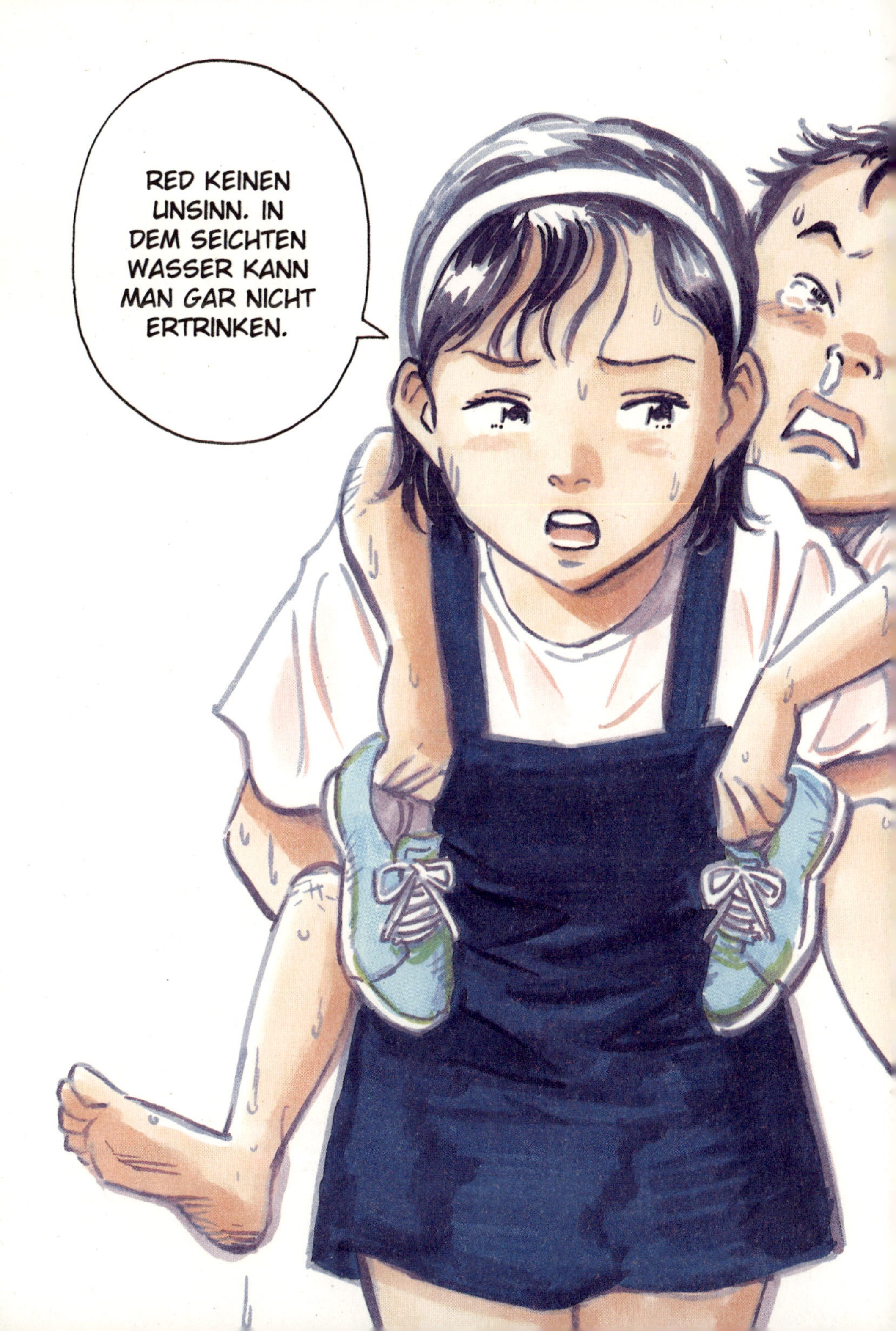
RED KEINEN UNSINN. IN DEM SEICHTEN WASSER KANN MAN GAR NICHT ERTRINKEN.

Twentieth Century Boys

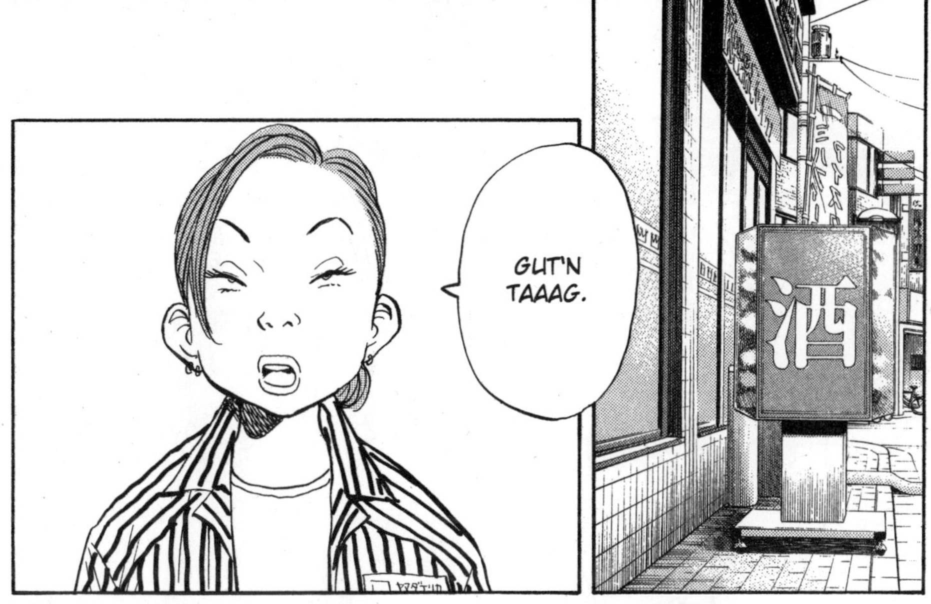
酒
GUT'N TAAAG.

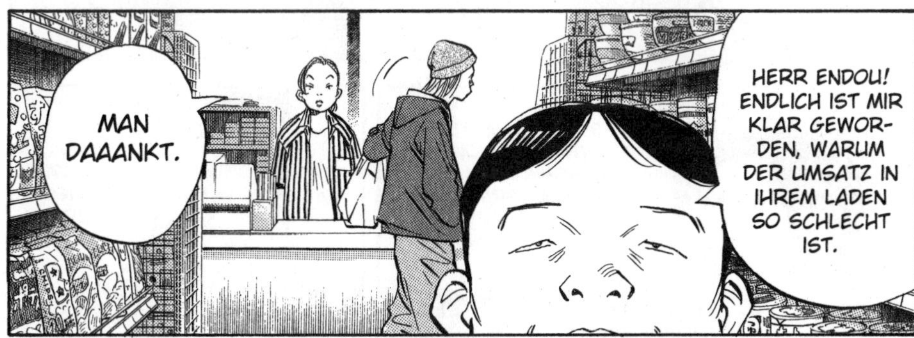
MAN DAAANKT.
HERR ENDOU! ENDLICH IST MIR KLAR GEWORDEN, WARUM DER UMSATZ IN IHREM LADEN SO SCHLECHT IST.

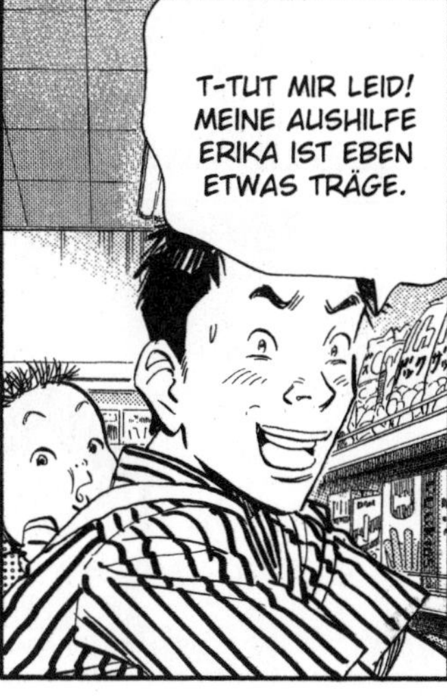
T-TUT MIR LEID! MEINE AUSHILFE ERIKA IST EBEN ETWAS TRÄGE.

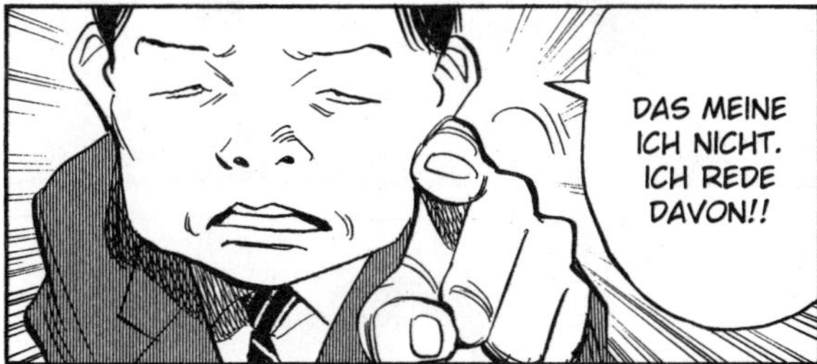
DAS MEINE ICH NICHT. ICH REDE DAVON!!

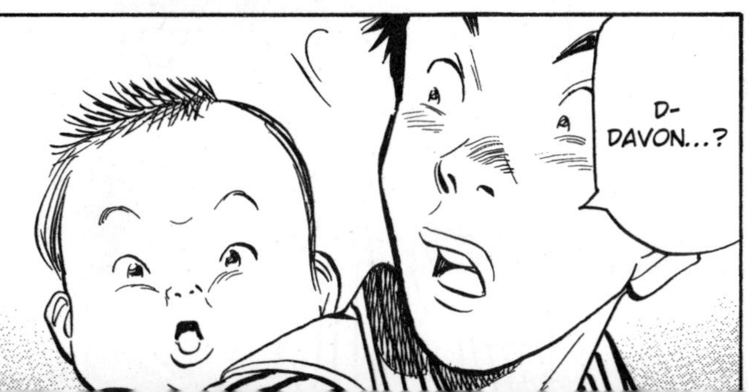
D-DAVON...?

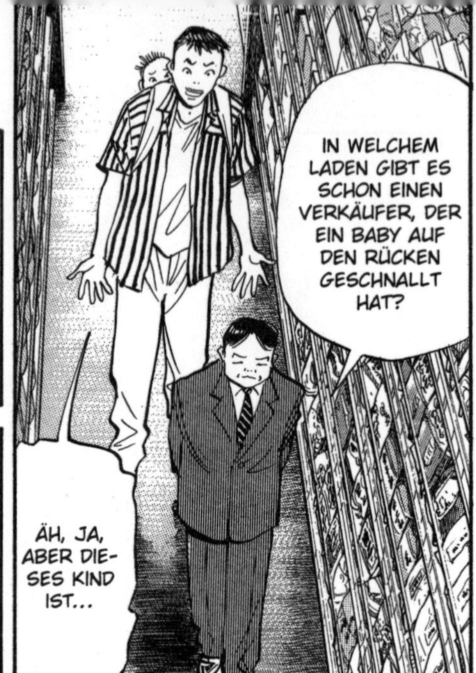
IN WELCHEM LADEN GIBT ES SCHON EINEN VERKÄUFER, DER EIN BABY AUF DEN RÜCKEN GESCHNALLT HAT?
ÄH, JA, ABER DIESES KIND IST...

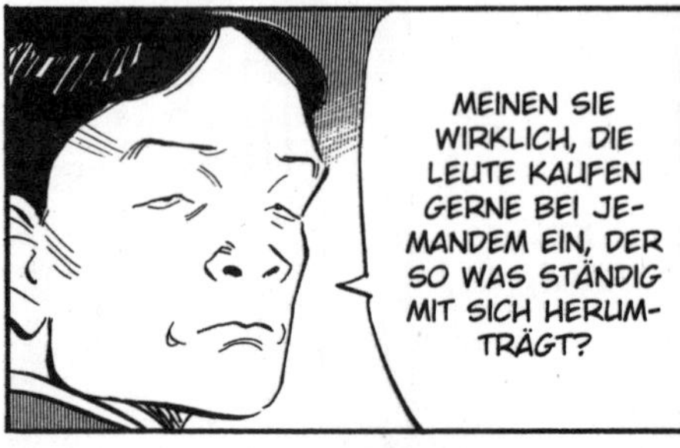
MEINEN SIE WIRKLICH, DIE LEUTE KAUFEN GERNE BEI JEMANDEM EIN, DER SO WAS STÄNDIG MIT SICH HERUMTRÄGT?

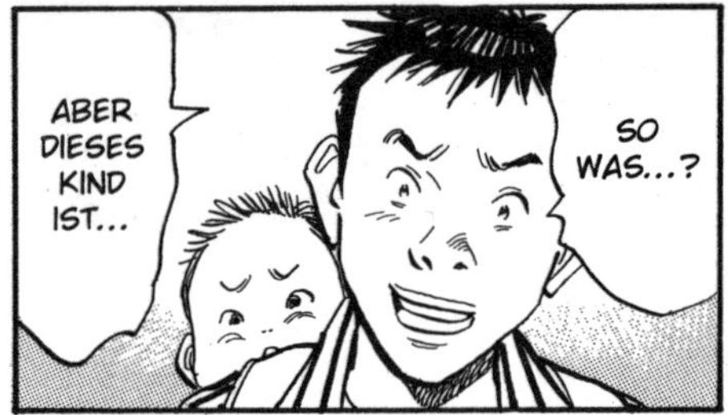
SO WAS...?
ABER DIESES KIND IST...

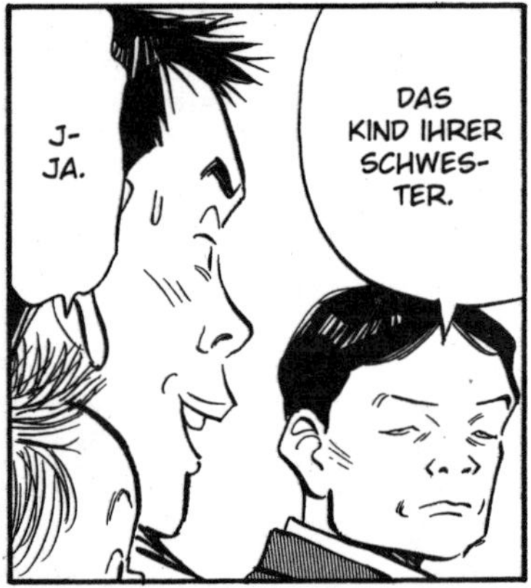
DAS KIND IHRER SCHWESTER.
J-JA.

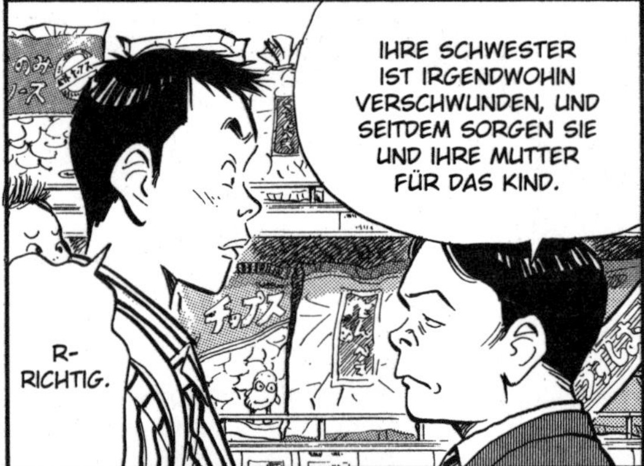
IHRE SCHWESTER IST IRGENDWOHIN VERSCHWUNDEN, UND SEITDEM SORGEN SIE UND IHRE MUTTER FÜR DAS KIND.
R-RICHTIG.
チップス

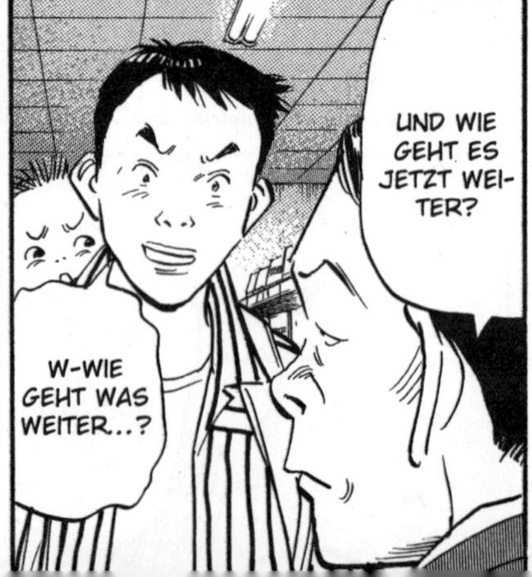
UND WIE GEHT ES JETZT WEITER?
W-WIE GEHT WAS WEITER...?

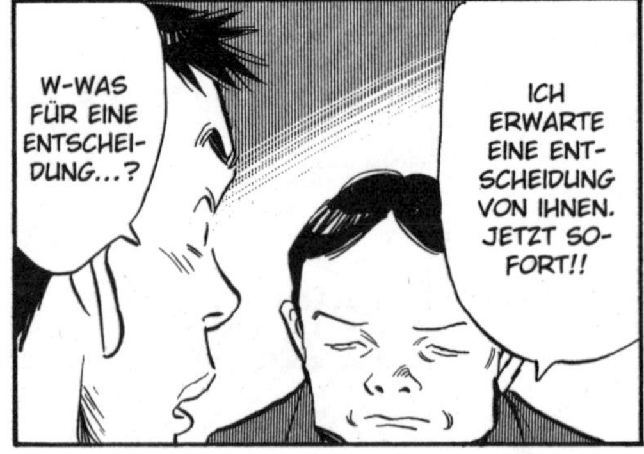
ICH ERWARTE EINE ENTSCHEIDUNG VON IHNEN. JETZT SOFORT!!
W-WAS FÜR EINE ENTSCHEIDUNG...?

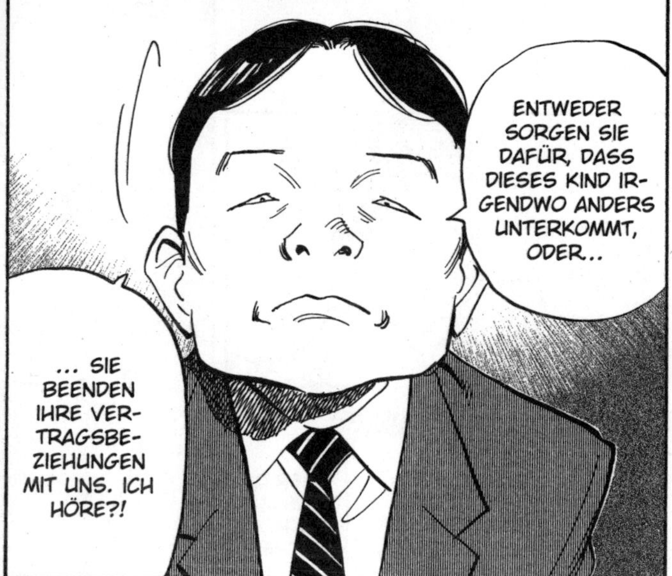

ENTWEDER SORGEN SIE DAFÜR, DASS DIESES KIND IRGENDWO ANDERS UNTERKOMMT, ODER...
... SIE BEENDEN IHRE VERTRAGSBEZIEHUNGEN MIT UNS. ICH HÖRE?!

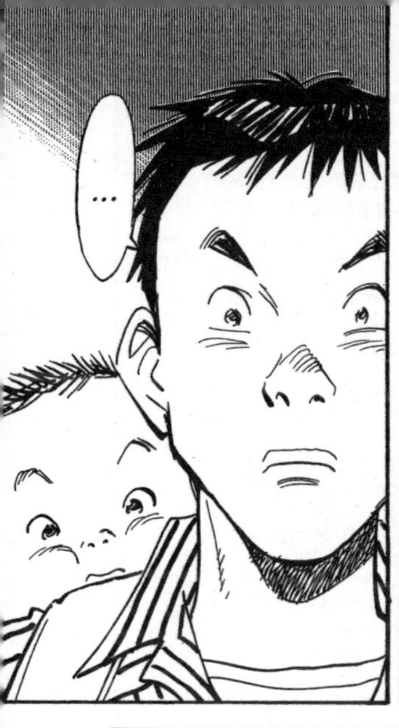

...

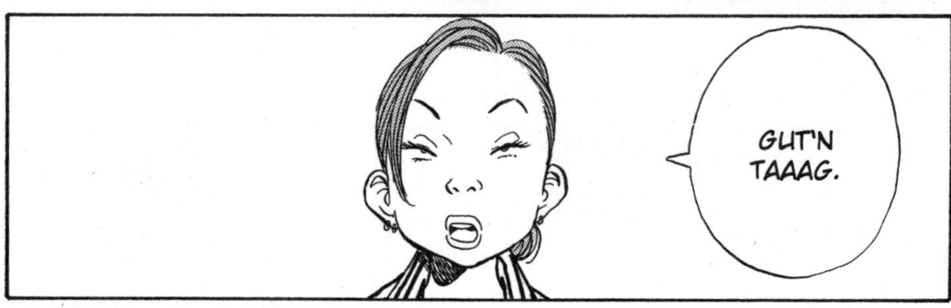

GUT'N TAAAG.

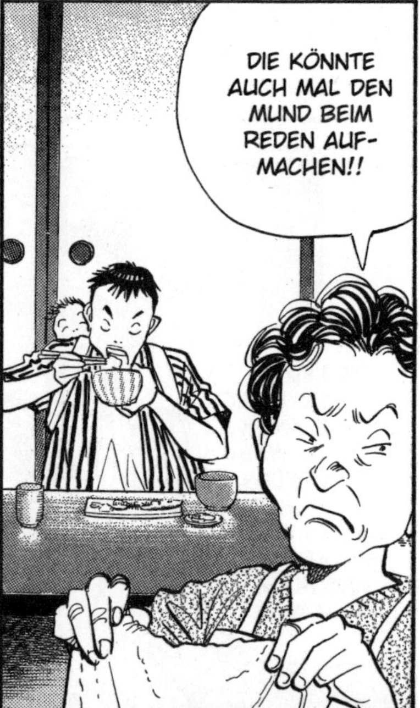

DIE KÖNNTE AUCH MAL DEN MUND BEIM REDEN AUFMACHEN!!

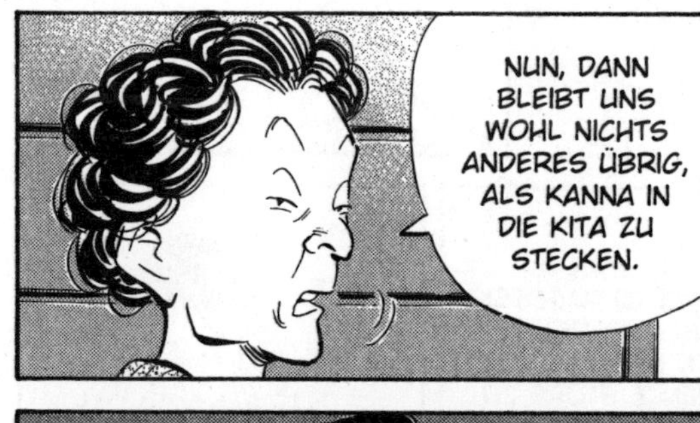

NUN, DANN BLEIBT UNS WOHL NICHTS ANDERES ÜBRIG, ALS KANNA IN DIE KITA ZU STECKEN.

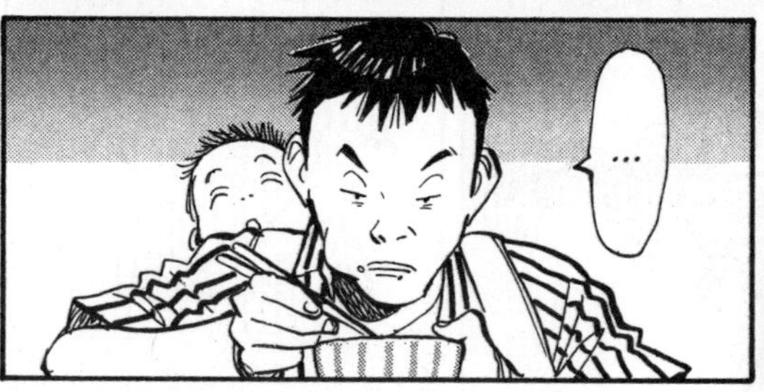

...

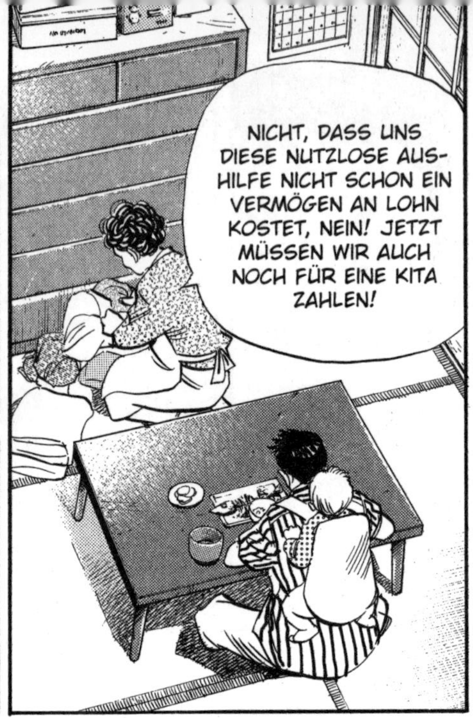
NICHT, DASS UNS DIESE NUTZLOSE AUSHILFE NICHT SCHON EIN VERMÖGEN AN LOHN KOSTET, NEIN! JETZT MÜSSEN WIR AUCH NOCH FÜR EINE KITA ZAHLEN!

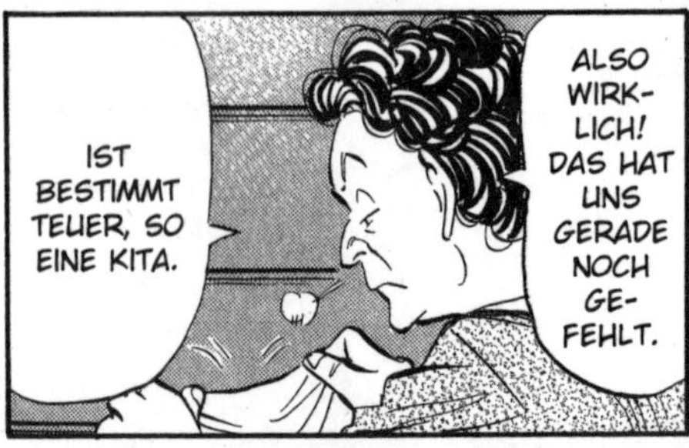
ALSO WIRKLICH! DAS HAT UNS GERADE NOCH GEFEHLT.
IST BESTIMMT TEUER, SO EINE KITA.

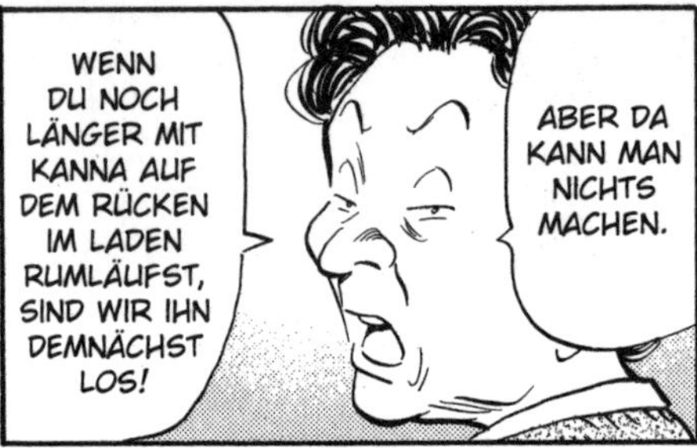
ABER DA KANN MAN NICHTS MACHEN.
WENN DU NOCH LÄNGER MIT KANNA AUF DEM RÜCKEN IM LADEN RUMLÄUFST, SIND WIR IHN DEMNÄCHST LOS!

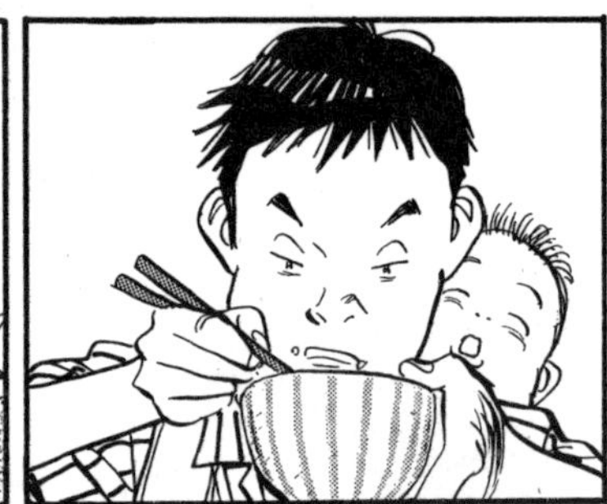

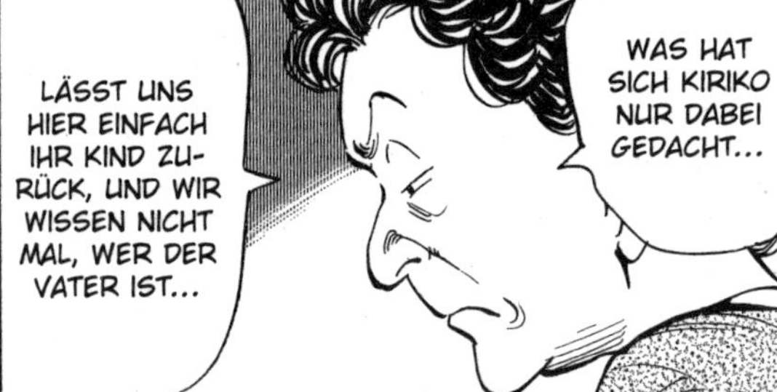
WAS HAT SICH KIRIKO NUR DABEI GEDACHT...
LÄSST UNS HIER EINFACH IHR KIND ZURÜCK, UND WIR WISSEN NICHT MAL, WER DER VATER IST...

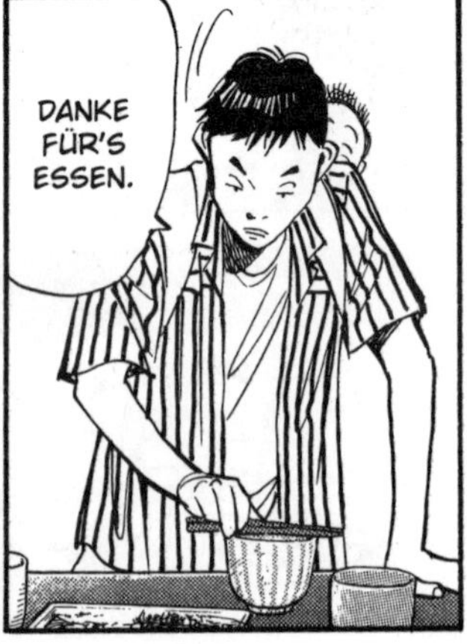
DANKE FÜR'S ESSEN.

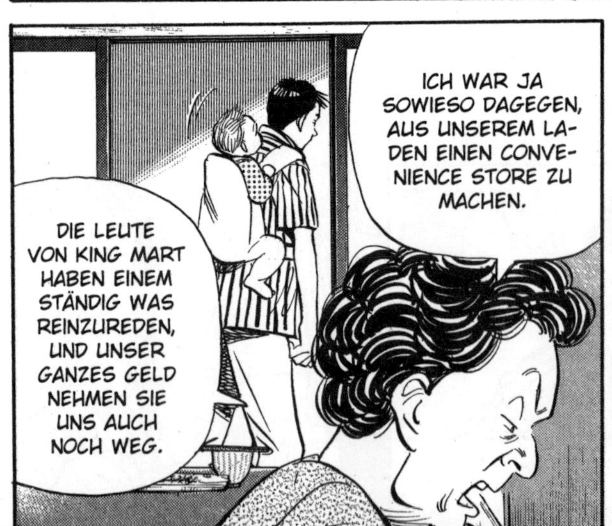
ICH WAR JA SOWIESO DAGEGEN, AUS UNSEREM LADEN EINEN CONVENIENCE STORE ZU MACHEN.
DIE LEUTE VON KING MART HABEN EINEM STÄNDIG WAS REINZUREDEN, UND UNSER GANZES GELD NEHMEN SIE UNS AUCH NOCH WEG.

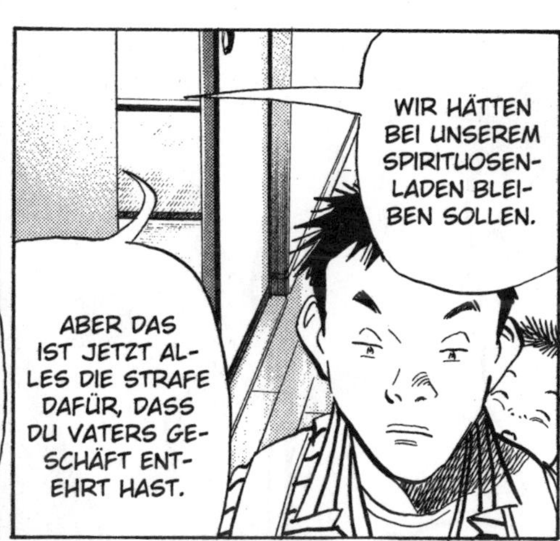
WIR HÄTTEN BEI UNSEREM SPIRITUOSEN-LADEN BLEIBEN SOLLEN.
ABER DAS IST JETZT ALLES DIE STRAFE DAFÜR, DASS DU VATERS GESCHÄFT ENTEHRT HAST.
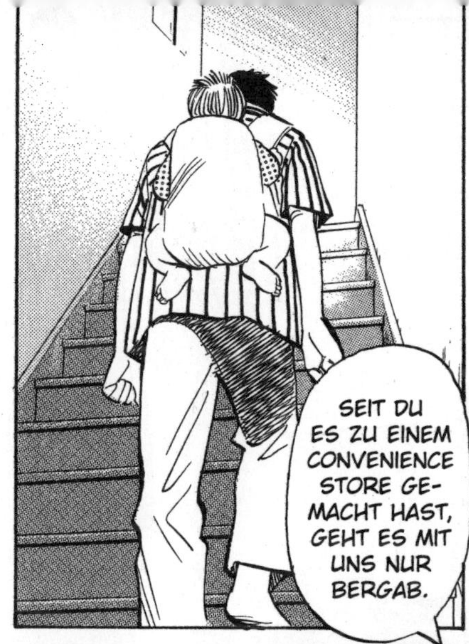
SEIT DU ES ZU EINEM CONVENIENCE STORE GEMACHT HAST, GEHT ES MIT UNS NUR BERGAB.
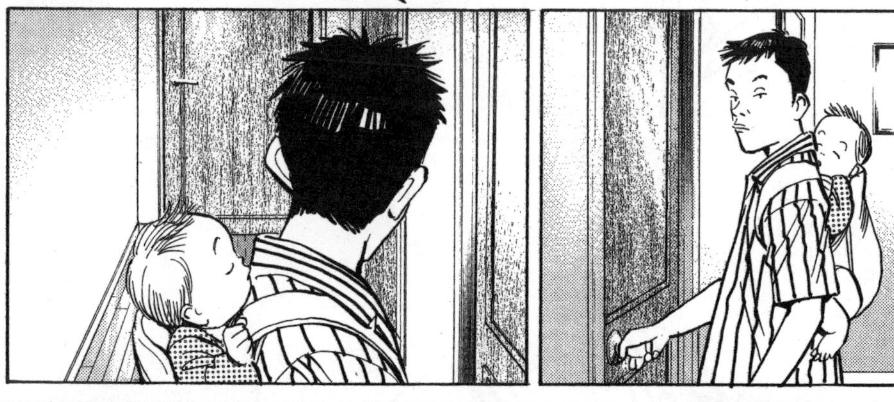
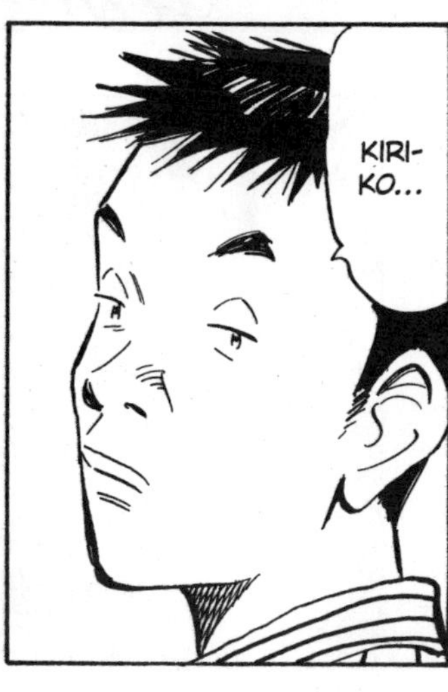
KIRI-KO...
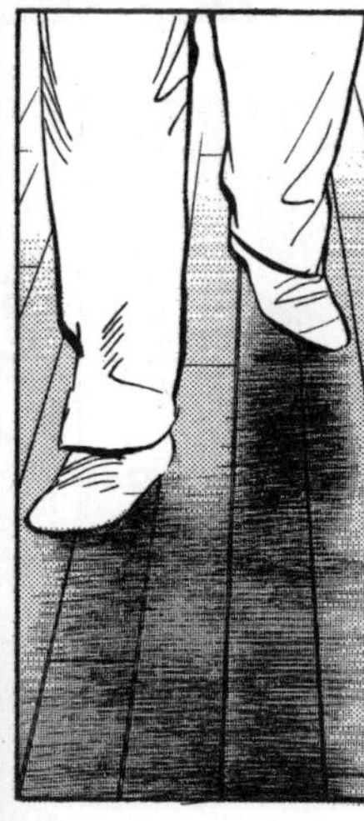
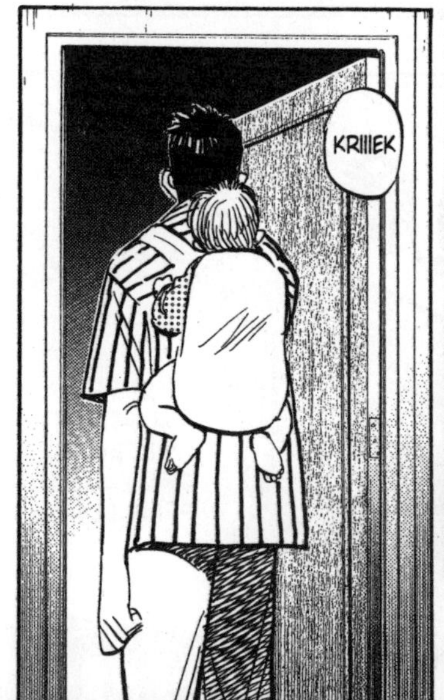
KRIIIEK

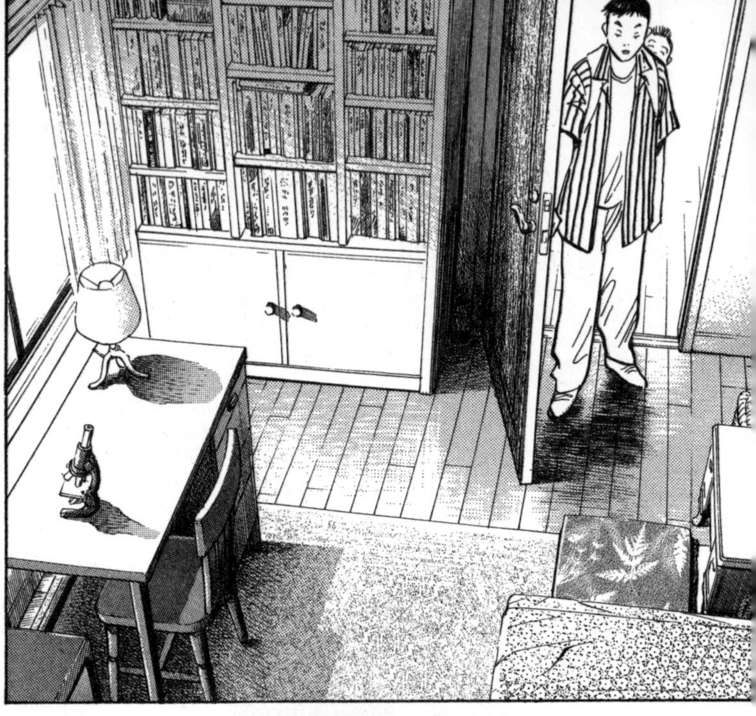

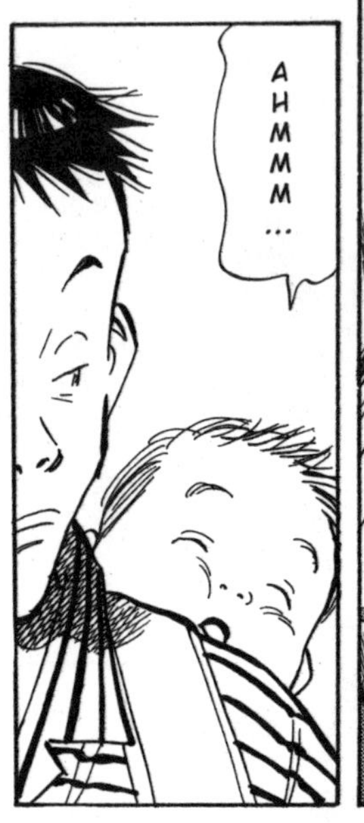

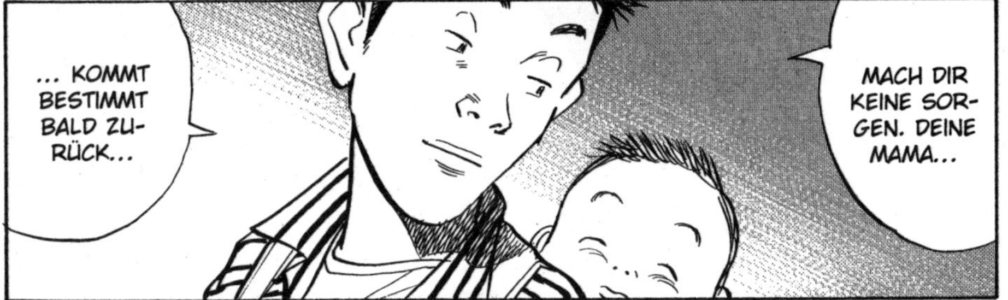

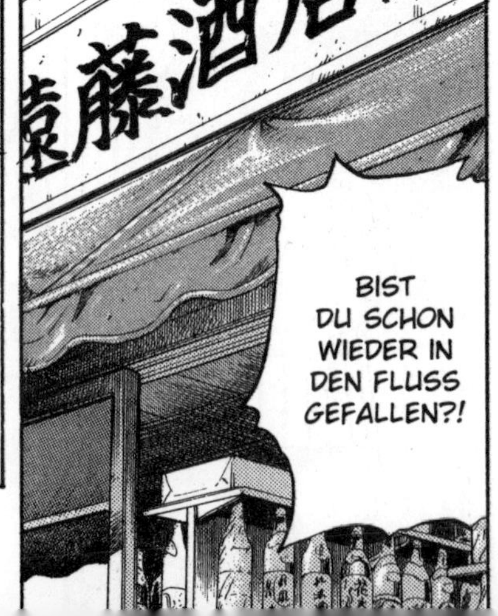

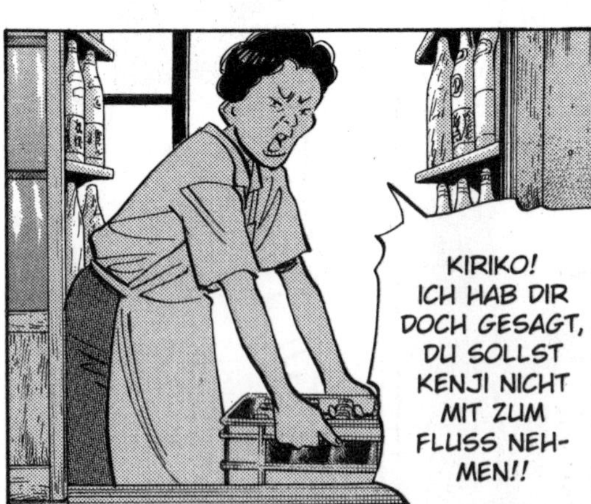

* ENDOU SPIRITUOSEN

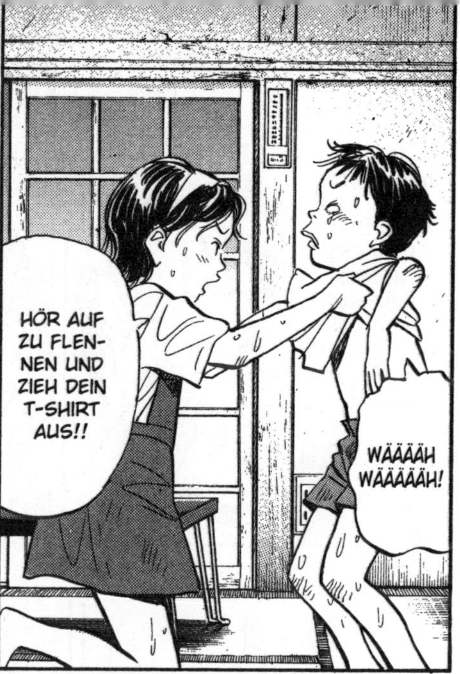
HÖR AUF ZU FLENNEN UND ZIEH DEIN T-SHIRT AUS!!
WÄÄÄÄH WÄÄÄÄÄH!

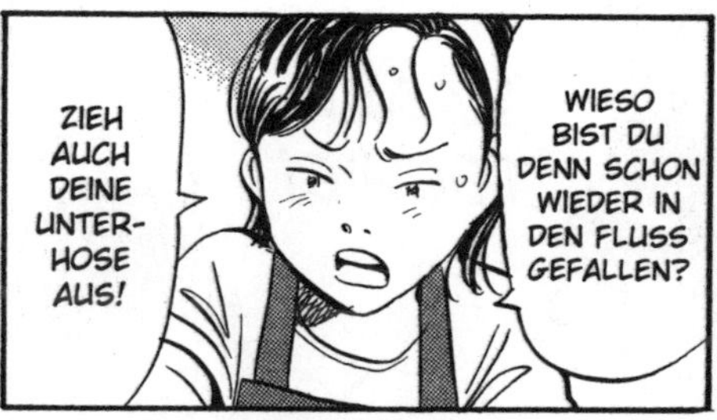
WIESO BIST DU DENN SCHON WIEDER IN DEN FLUSS GEFALLEN?
ZIEH AUCH DEINE UNTERHOSE AUS!

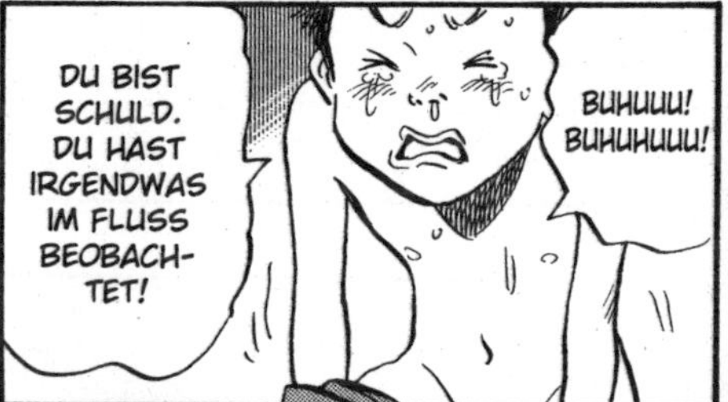
BUHUUU! BUHUHUUU!
DU BIST SCHULD. DU HAST IRGENDWAS IM FLUSS BEOBACHTET!

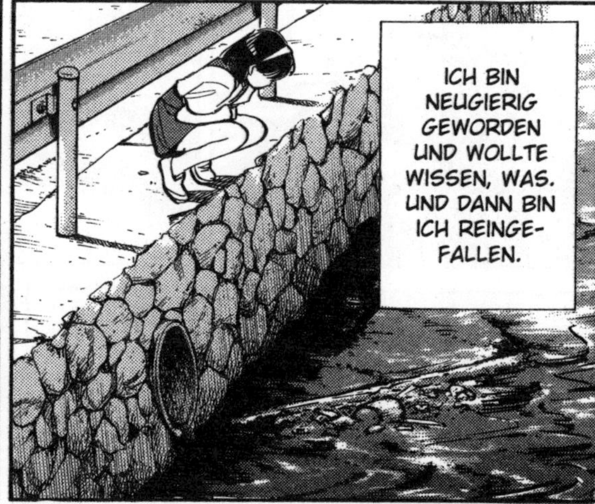
ICH BIN NEUGIERIG GEWORDEN UND WOLLTE WISSEN, WAS. UND DANN BIN ICH REINGEFALLEN.

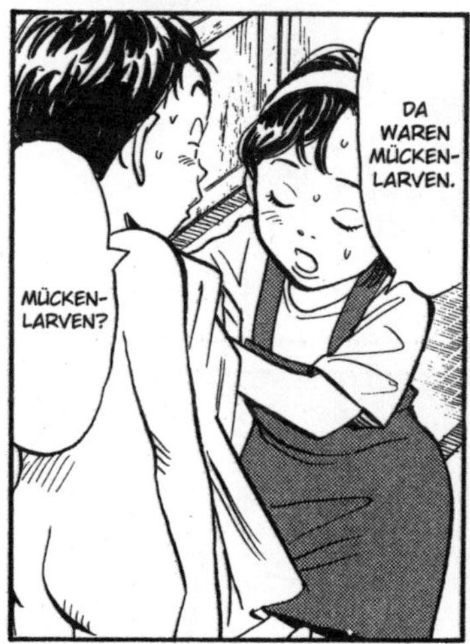
DA WAREN MÜCKENLARVEN.
MÜCKENLARVEN?

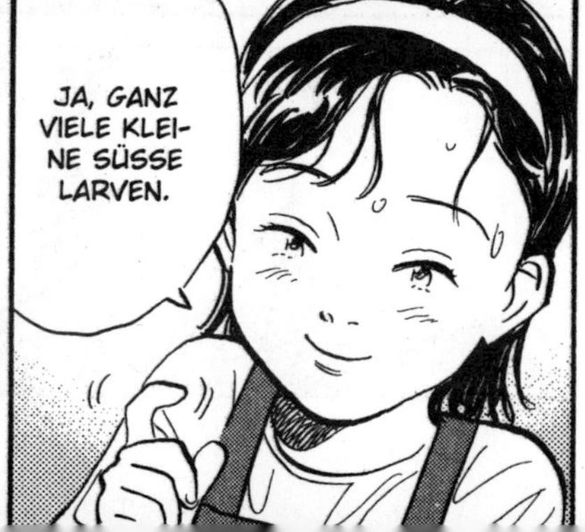
JA, GANZ VIELE KLEINE SÜSSE LARVEN.

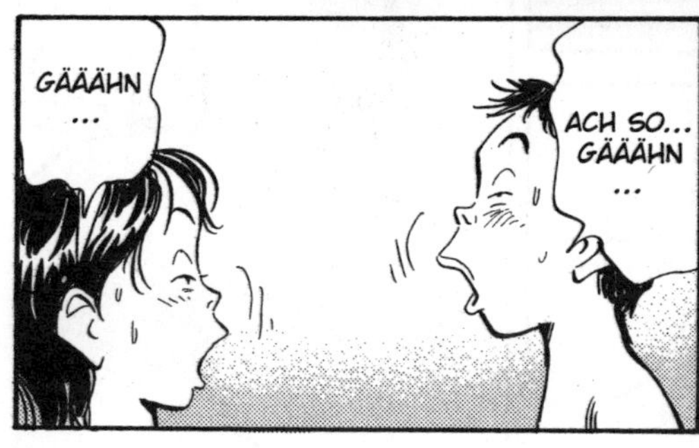
ACH SO... GÄÄÄHN ...
GÄÄÄHN ...

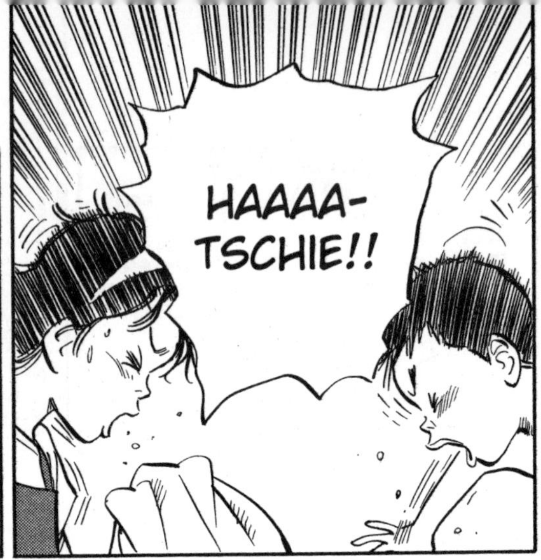
HAAAA-
TSCHIE!!

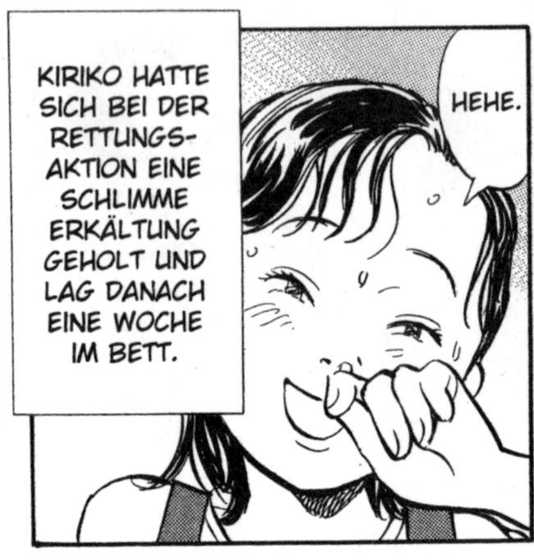
HEHE.
KIRIKO HATTE SICH BEI DER RETTUNGS-AKTION EINE SCHLIMME ERKÄLTUNG GEHOLT UND LAG DANACH EINE WOCHE IM BETT.

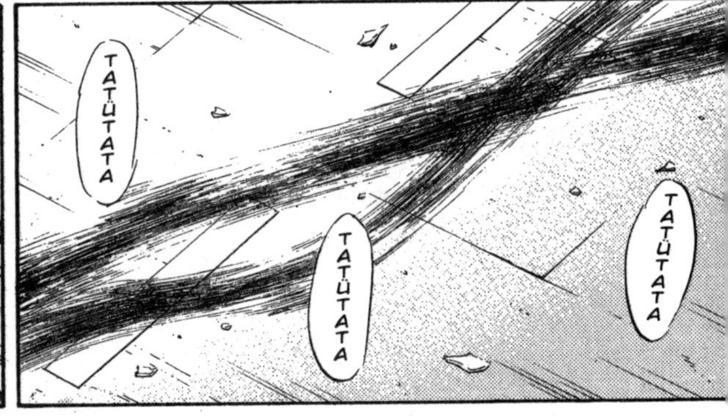
TATÜTATA
TATÜTATA
TATÜTATA

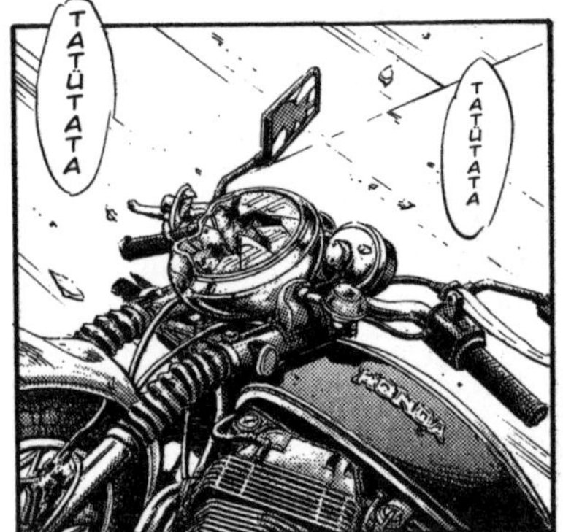
TATÜTATA
TATÜTATA

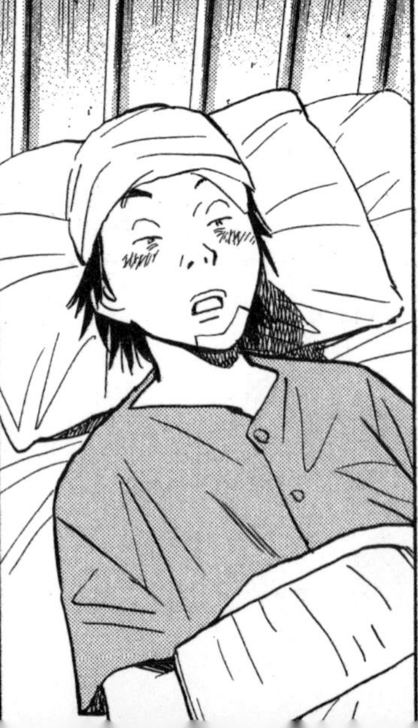

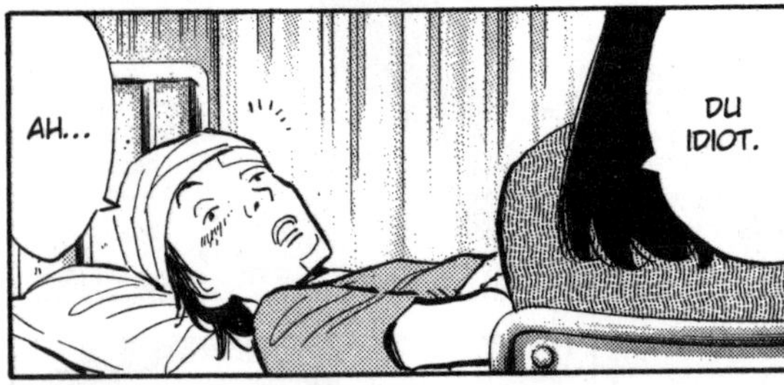
DU IDIOT.
AH...

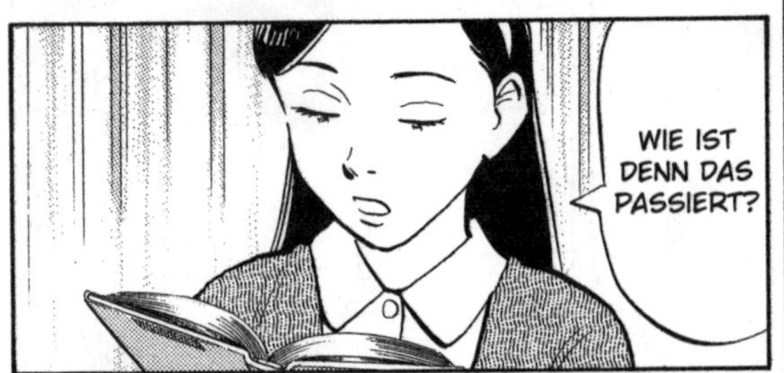
WIE IST DENN DAS PASSIERT?

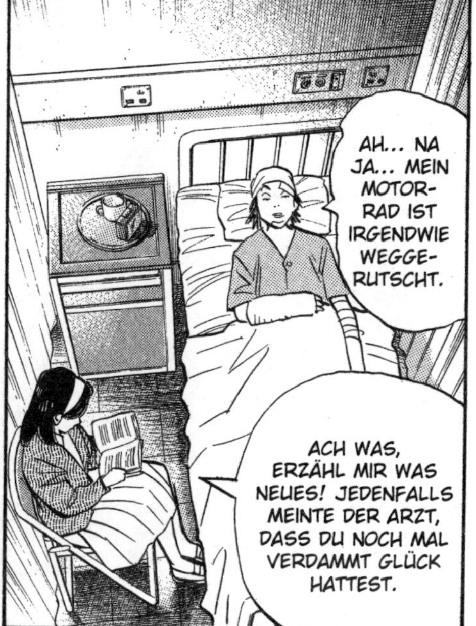
AH... NA JA... MEIN MOTORRAD IST IRGENDWIE WEGGERUTSCHT.
ACH WAS, ERZÄHL MIR WAS NEUES! JEDENFALLS MEINTE DER ARZT, DASS DU NOCH MAL VERDAMMT GLÜCK HATTEST.

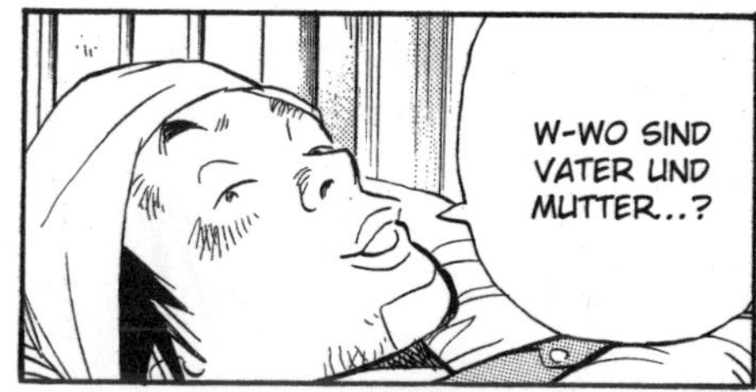
W-WO SIND VATER UND MUTTER..?

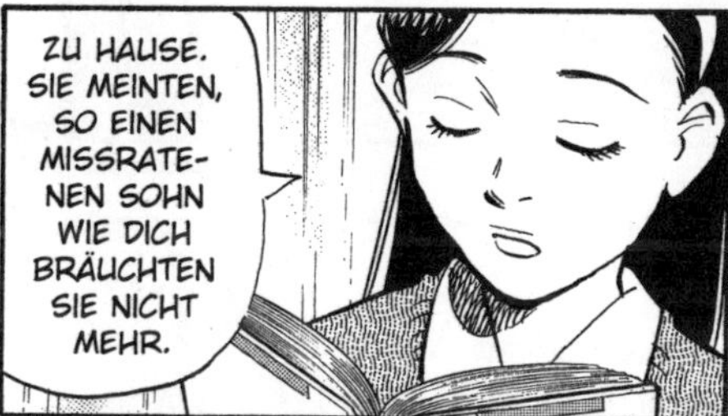
ZU HAUSE. SIE MEINTEN, SO EINEN MISSRATENEN SOHN WIE DICH BRÄUCHTEN SIE NICHT MEHR.

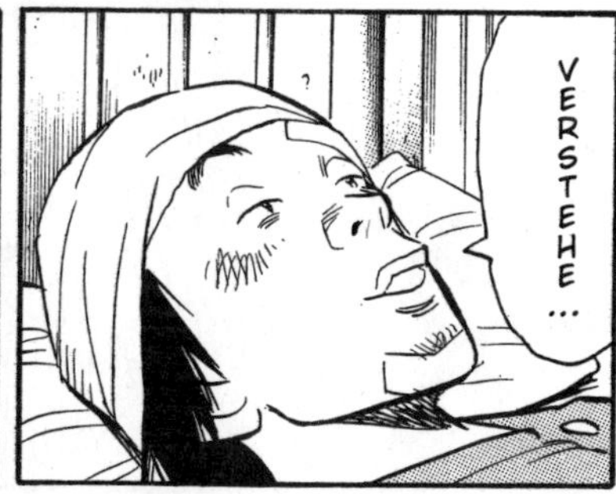
VERSTEHE...

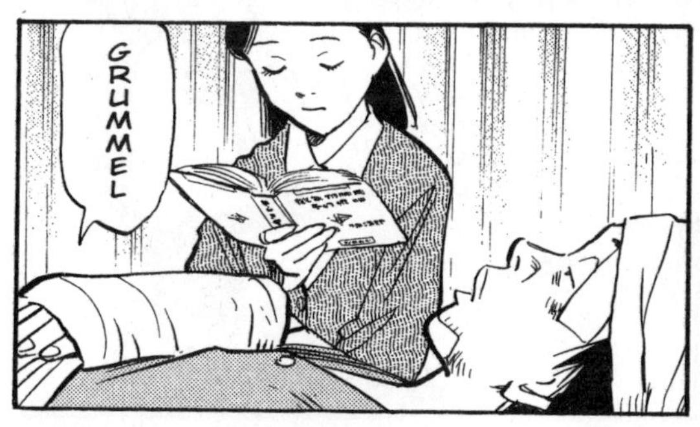
GRUMMEL

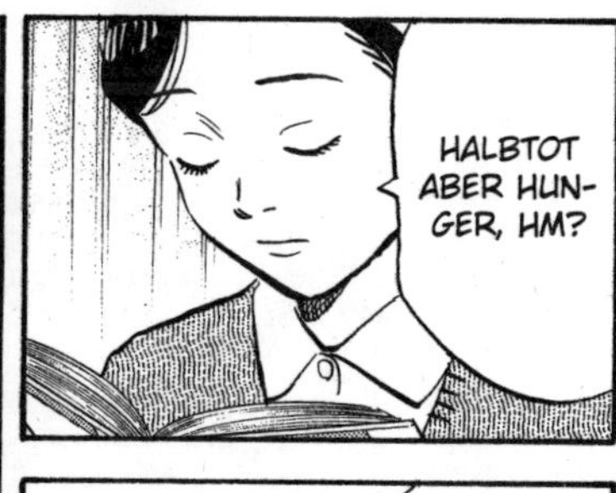
HALBTOT ABER HUNGER, HM?

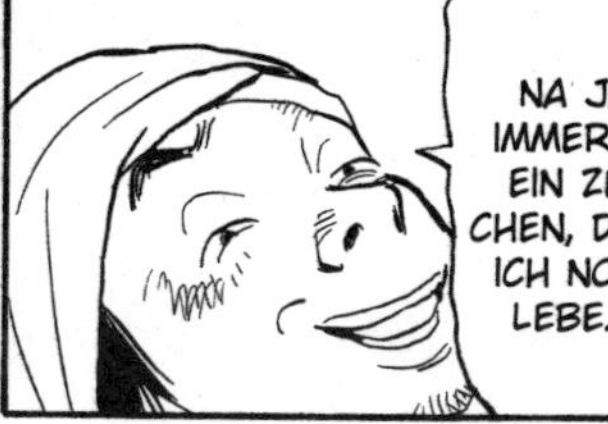
NA JA, IMMERHIN EIN ZEICHEN, DASS ICH NOCH LEBE...

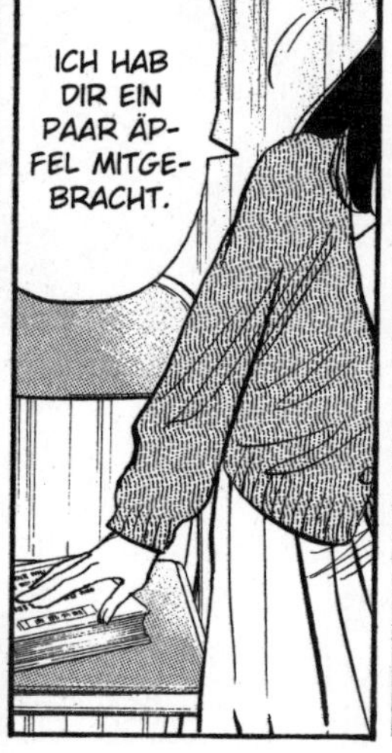
ICH HAB DIR EIN PAAR ÄPFEL MITGEBRACHT.

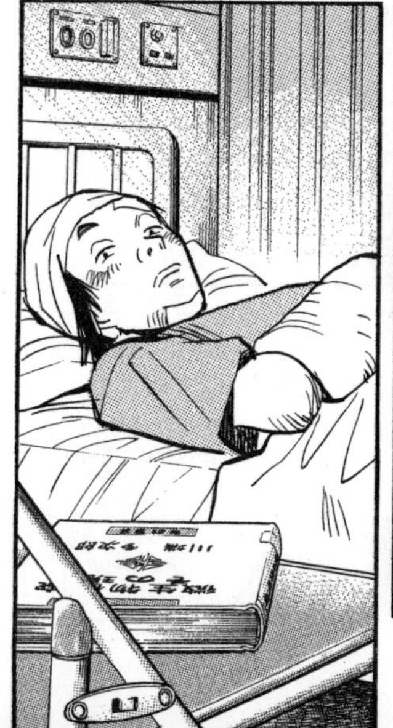

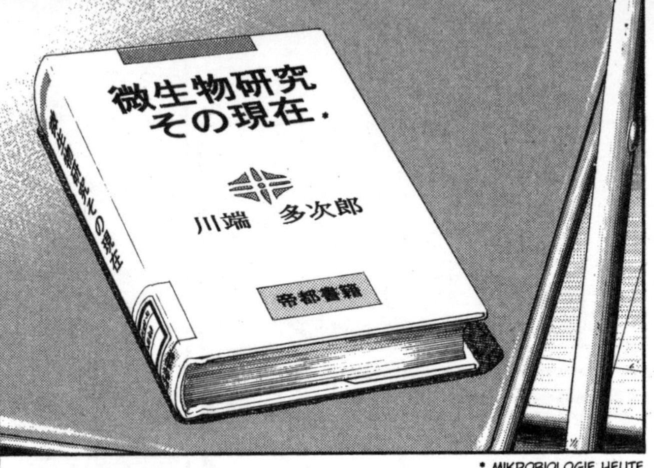

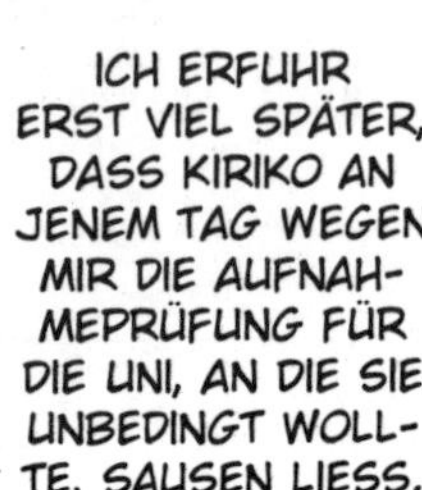

* MIKROBIOLOGIE HEUTE

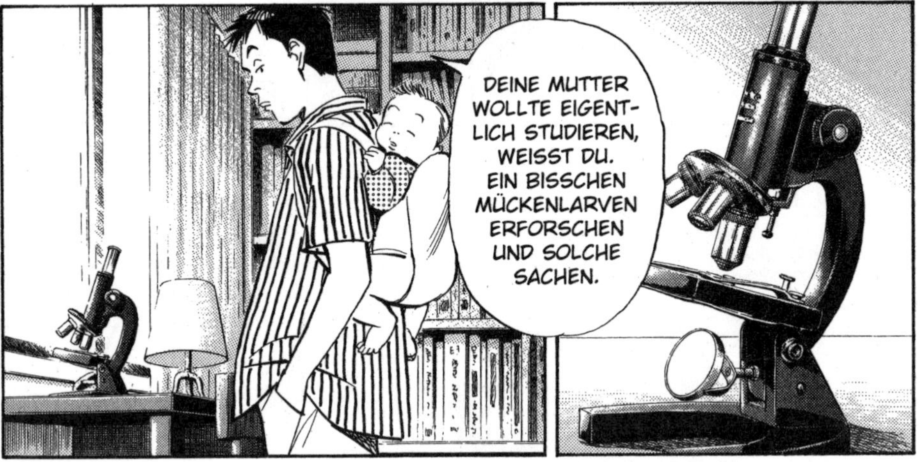

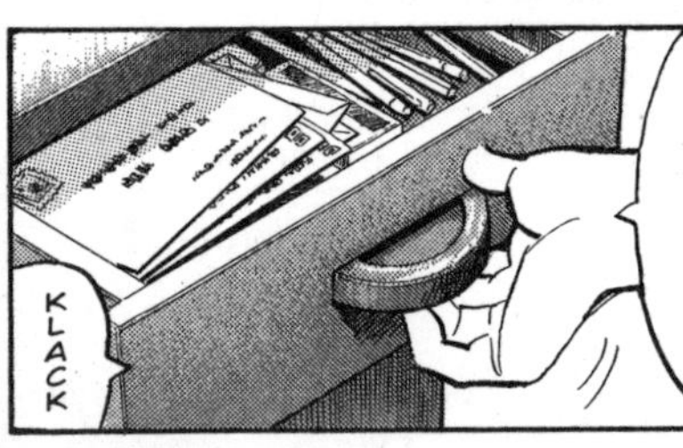

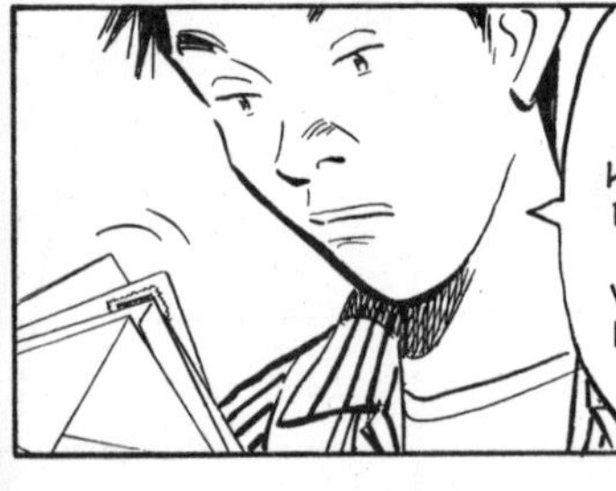

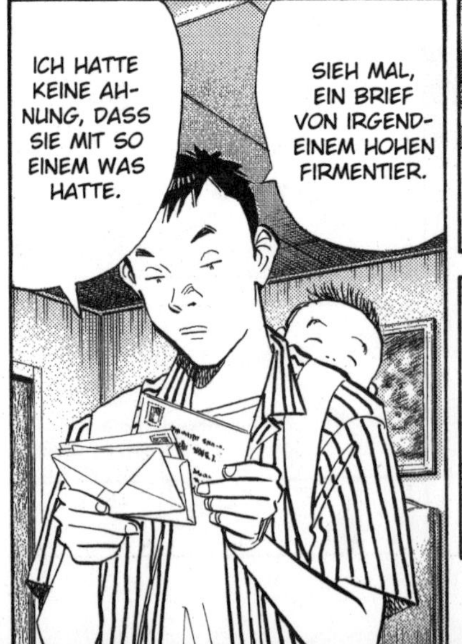

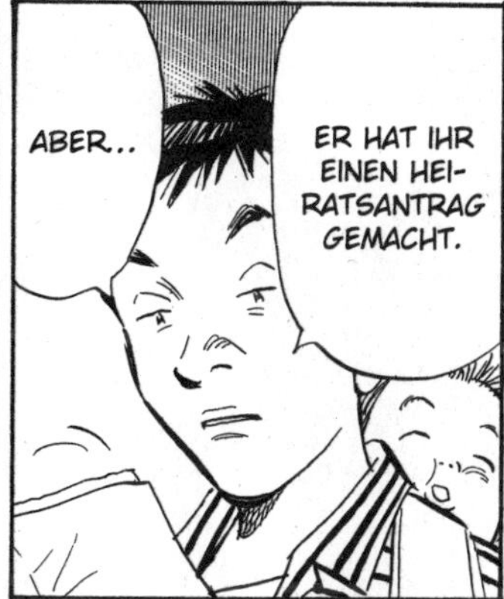
ER HAT IHR EINEN HEIRATSANTRAG GEMACHT.
ABER...

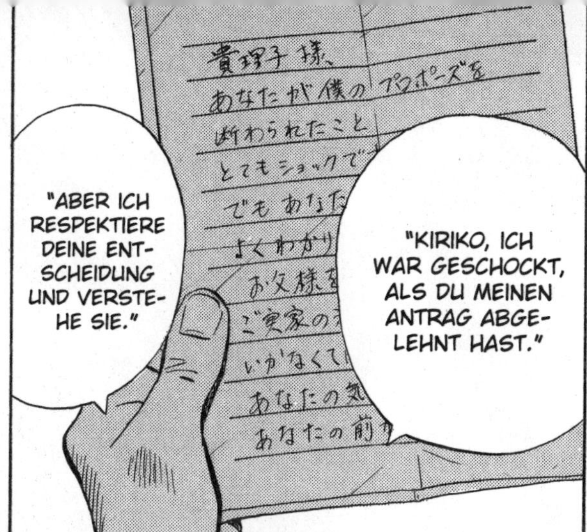
貴理子様、
あなたが僕のプロポーズを
断わられたこと
"KIRIKO, ICH WAR GESCHOCKT, ALS DU MEINEN ANTRAG ABGELEHNT HAST."
"ABER ICH RESPEKTIERE DEINE ENTSCHEIDUNG UND VERSTEHE SIE."

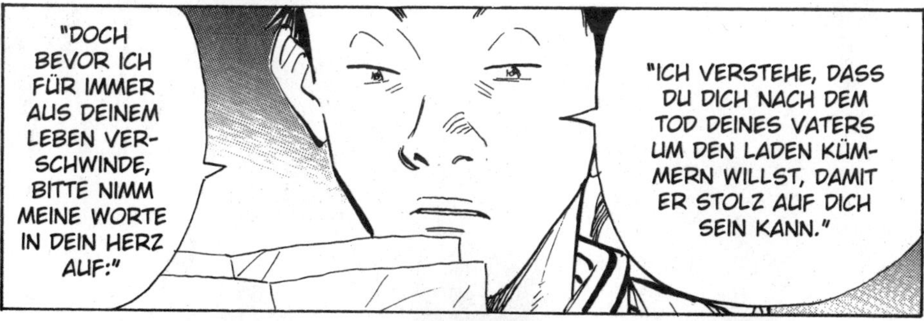
"ICH VERSTEHE, DASS DU DICH NACH DEM TOD DEINES VATERS UM DEN LADEN KÜMMERN WILLST, DAMIT ER STOLZ AUF DICH SEIN KANN."
"DOCH BEVOR ICH FÜR IMMER AUS DEINEM LEBEN VERSCHWINDE, BITTE NIMM MEINE WORTE IN DEIN HERZ AUF:"

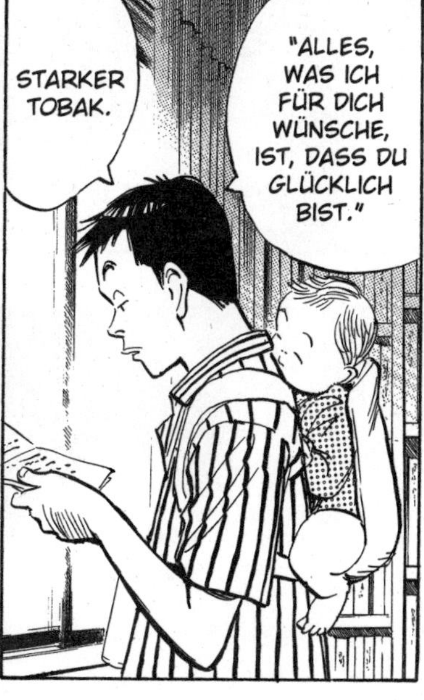
"ALLES, WAS ICH FÜR DICH WÜNSCHE, IST, DASS DU GLÜCKLICH BIST."
STARKER TOBAK.

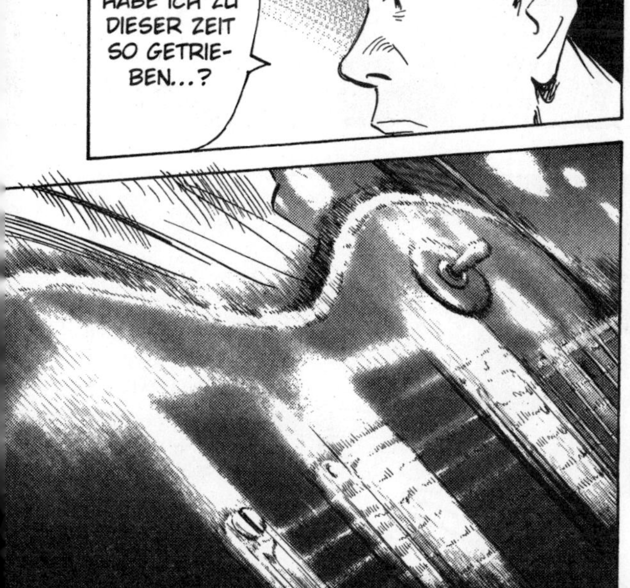
UND WAS HABE ICH ZU DIESER ZEIT SO GETRIEBEN...?

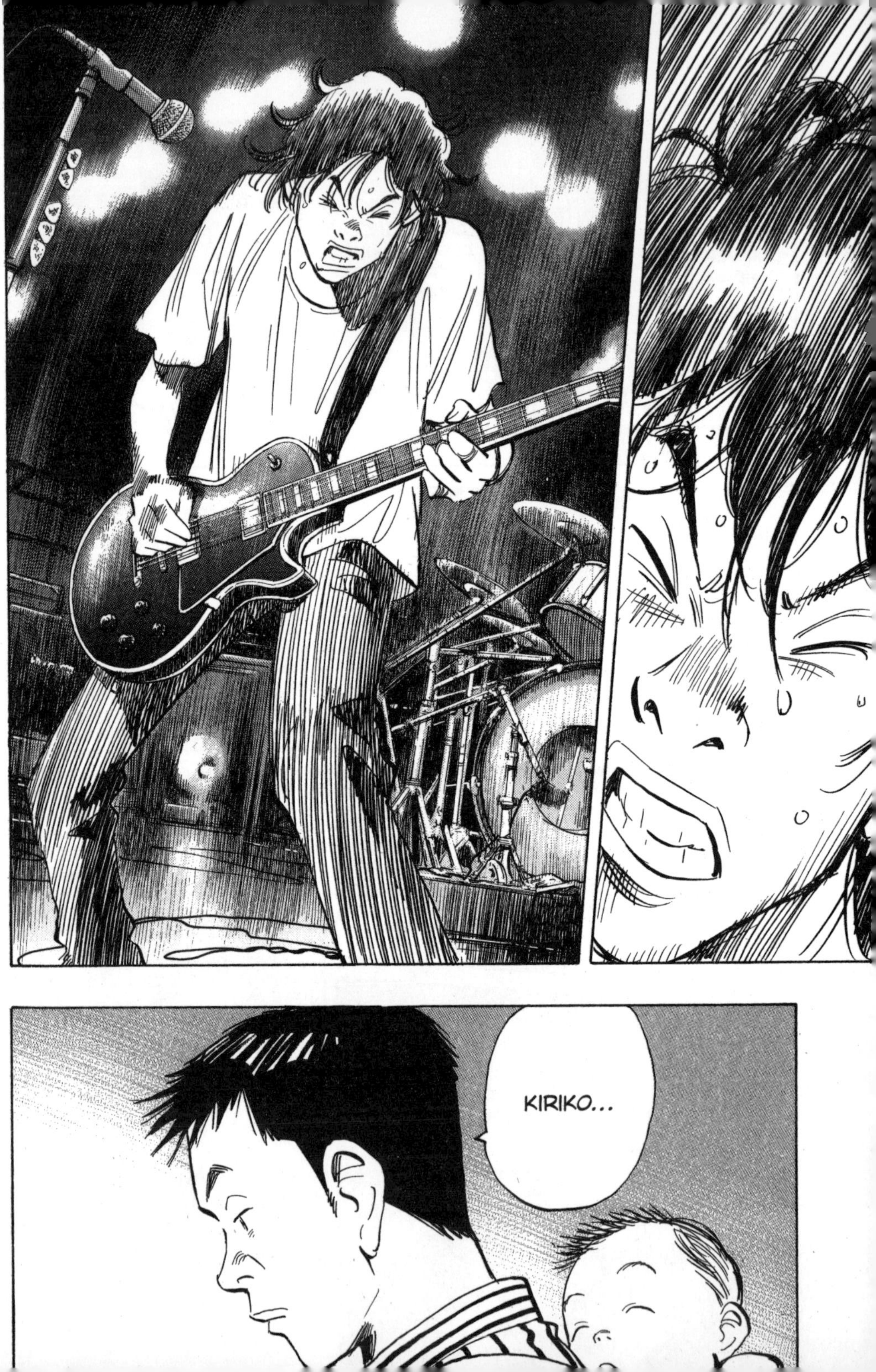

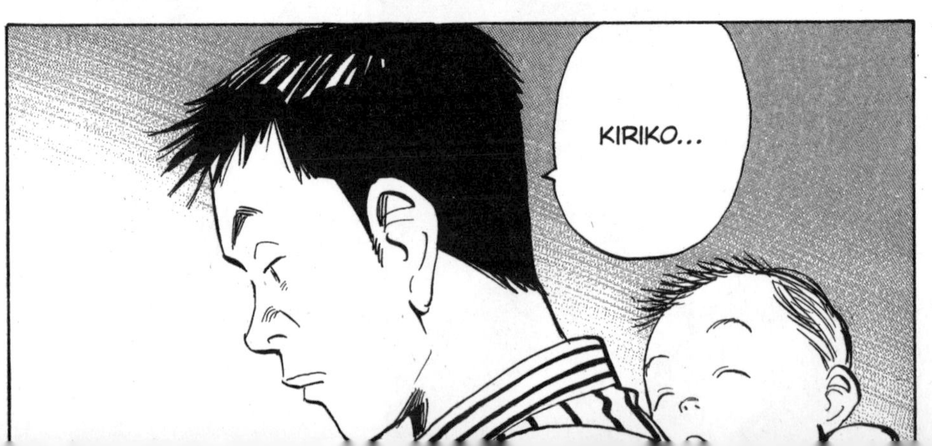
KIRIKO...

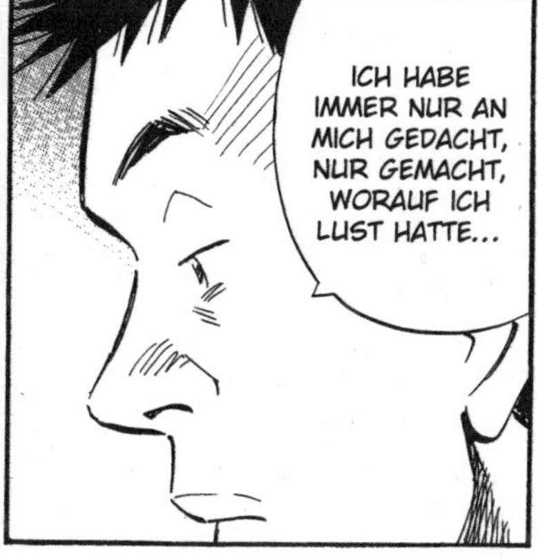
ICH HABE IMMER NUR AN MICH GEDACHT, NUR GEMACHT, WORAUF ICH LUST HATTE...

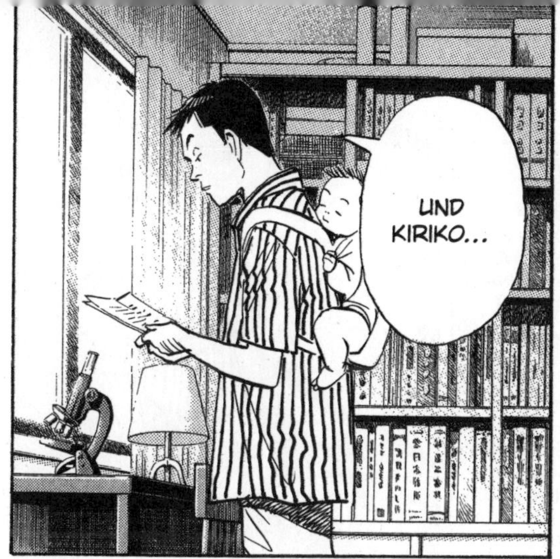
UND KIRIKO...

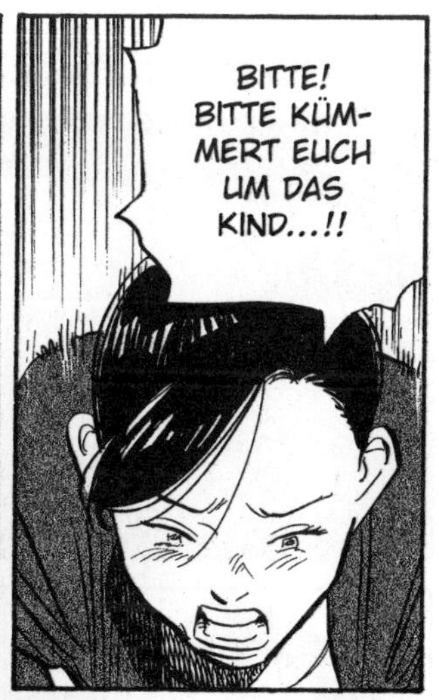
BITTE! BITTE KÜM-MERT EUCH UM DAS KIND...!!

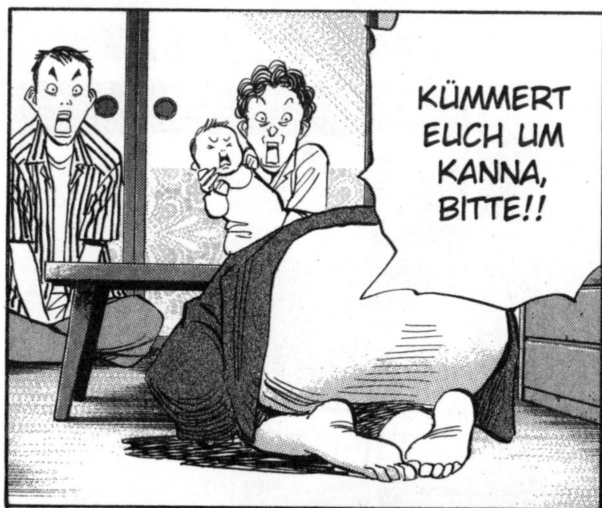
KÜMMERT EUCH UM KANNA, BITTE!!

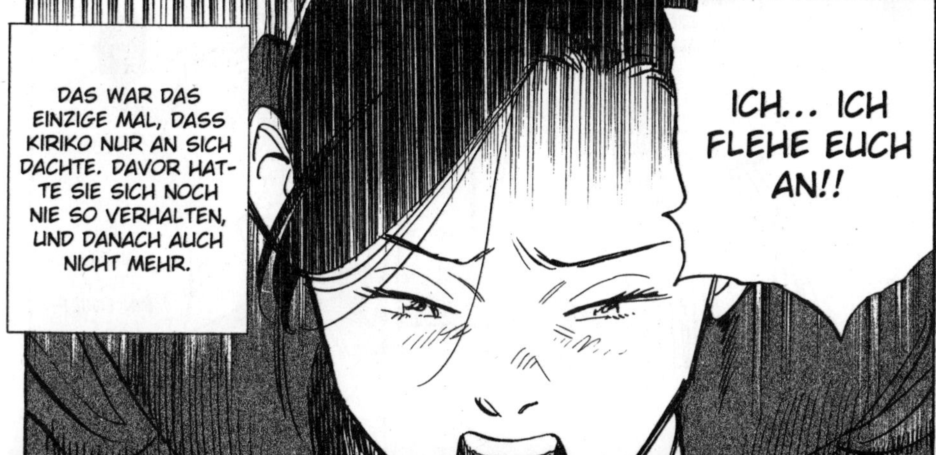
ICH... ICH FLEHE EUCH AN!!
DAS WAR DAS EINZIGE MAL, DASS KIRIKO NUR AN SICH DACHTE. DAVOR HAT-TE SIE SICH NOCH NIE SO VERHALTEN, UND DANACH AUCH NICHT MEHR.

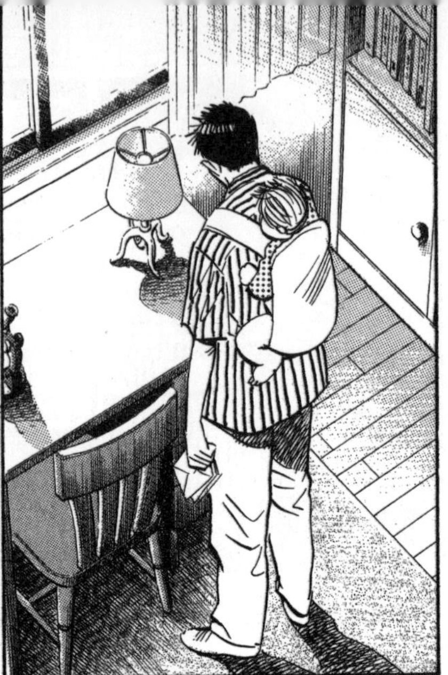
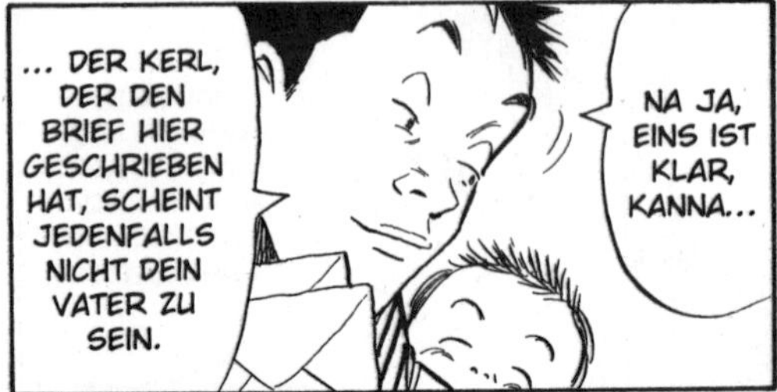
NA JA, EINS IST KLAR, KANNA…
… DER KERL, DER DEN BRIEF HIER GESCHRIEBEN HAT, SCHEINT JEDENFALLS NICHT DEIN VATER ZU SEIN.
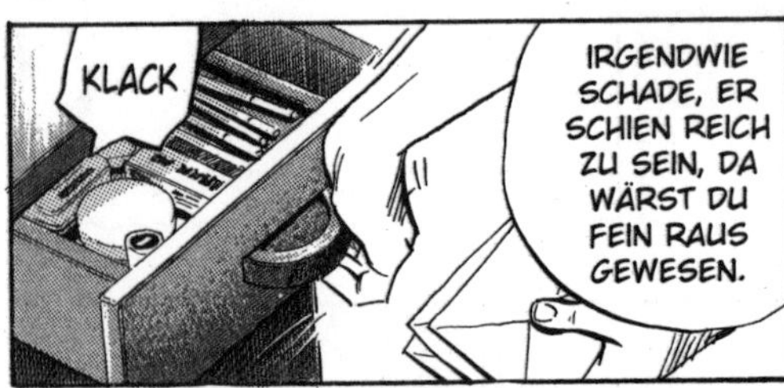
IRGENDWIE SCHADE, ER SCHIEN REICH ZU SEIN, DA WÄRST DU FEIN RAUS GEWESEN.
KLACK
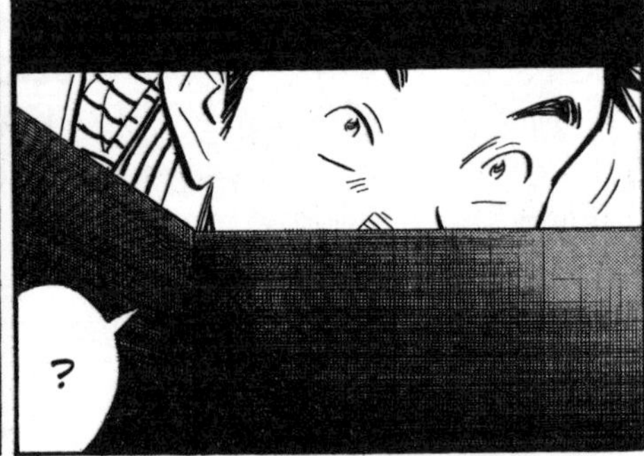
?
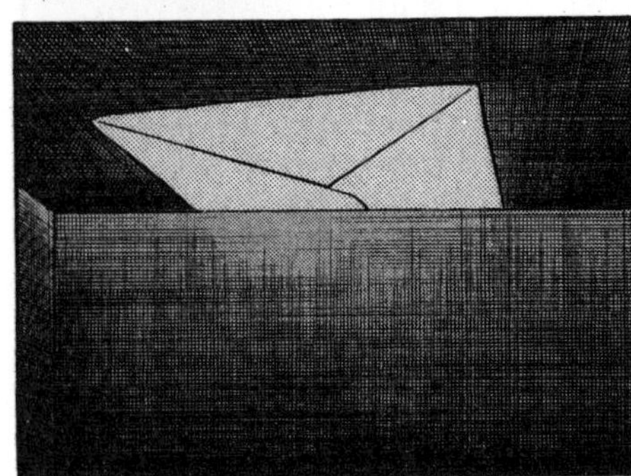
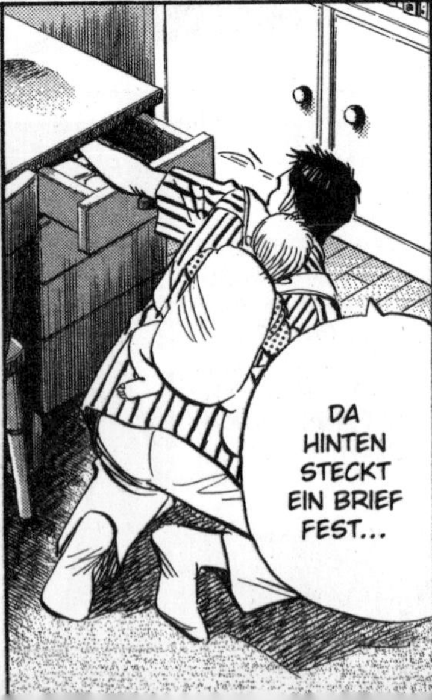
DA HINTEN STECKT EIN BRIEF FEST…
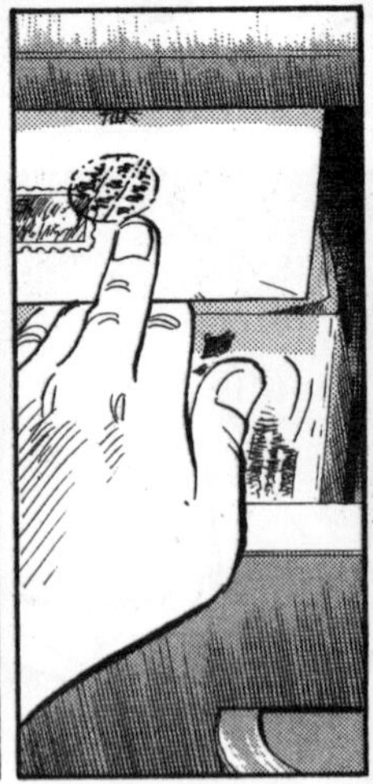
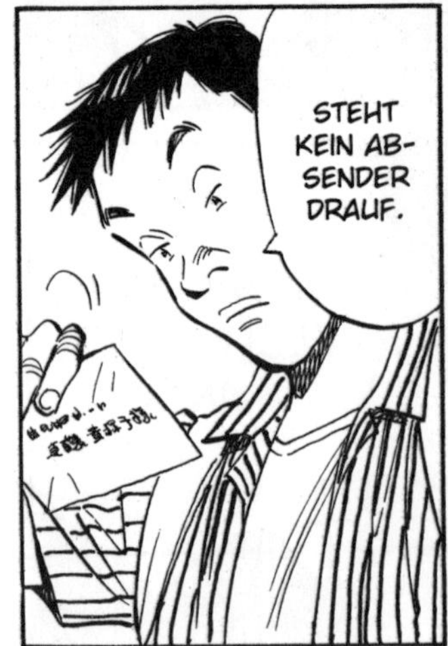
STEHT KEIN ABSENDER DRAUF.

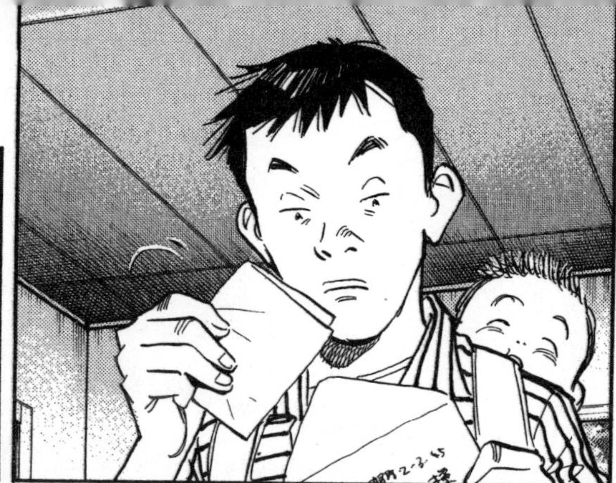

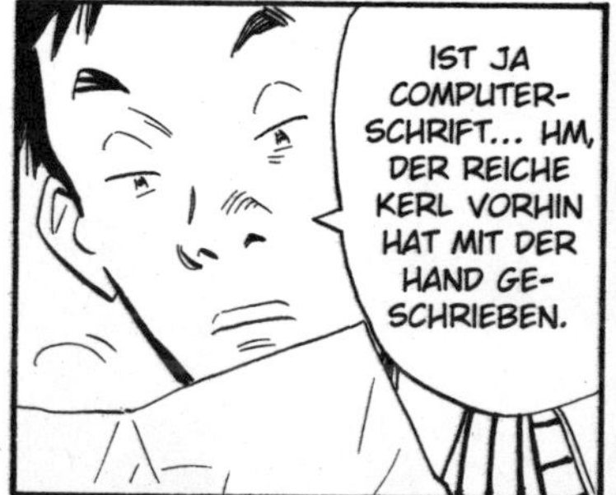

やはりあなたの計画と*
私の計画は同じでしたね。
なんて素晴らしいんだ。
私と同じ計画を持つ人と
出会えるなんて。

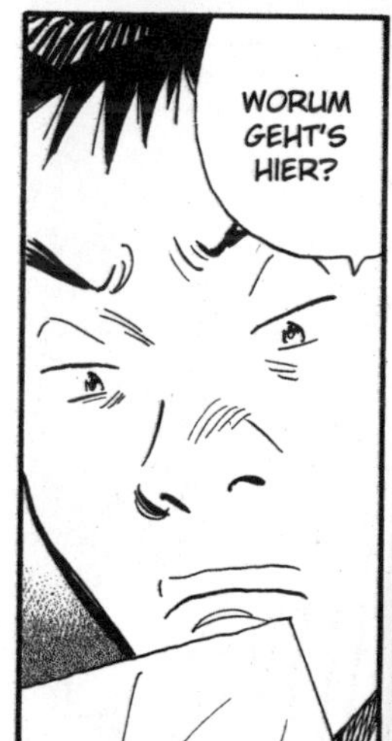

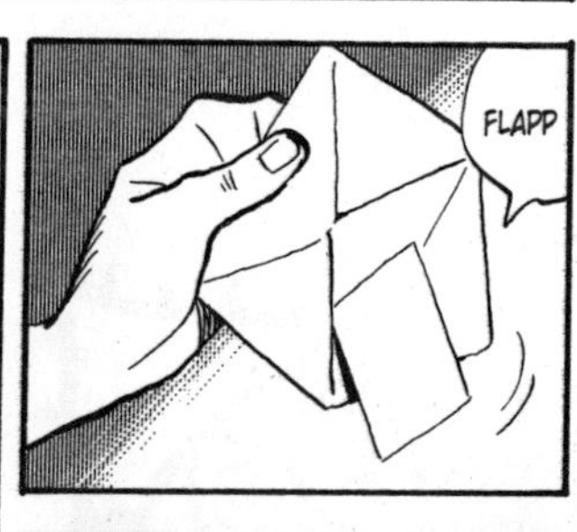

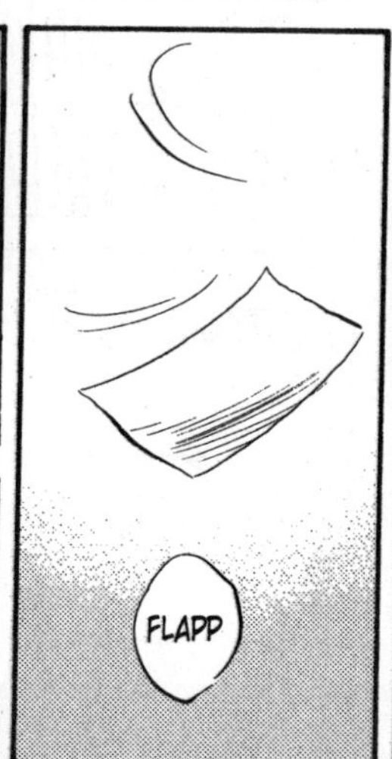

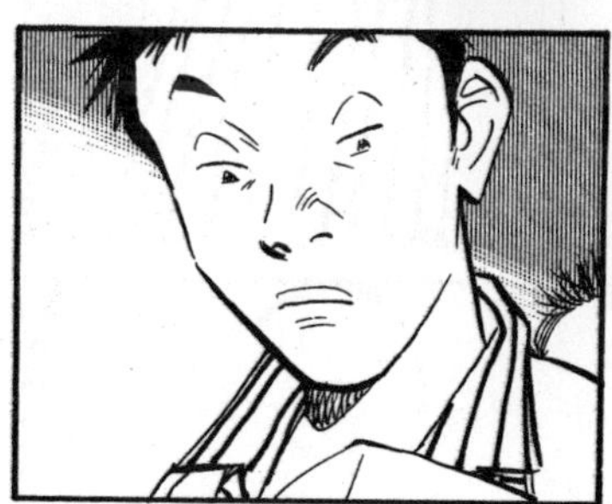

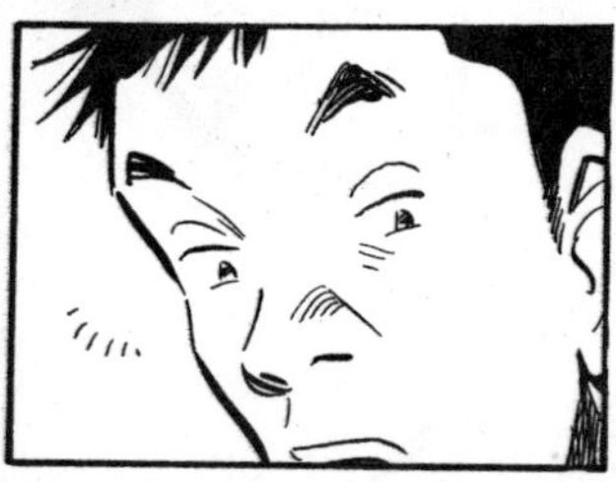

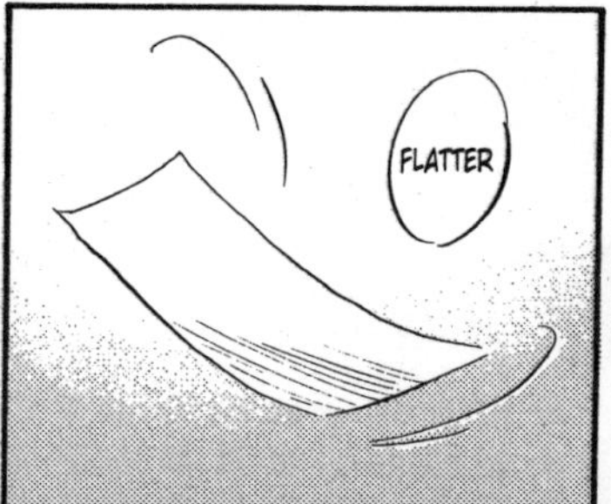

* ES HAT GANZ DEN ANSCHEIN, DASS DU UND ICH ALSO DAS GLEICHE VORHABEN. ICH KANN ES KAUM FASSEN! DASS ICH JEMANDEM BEGEGNE, DER SO DENKT WIE ICH. ES IST EIN SEGEN!

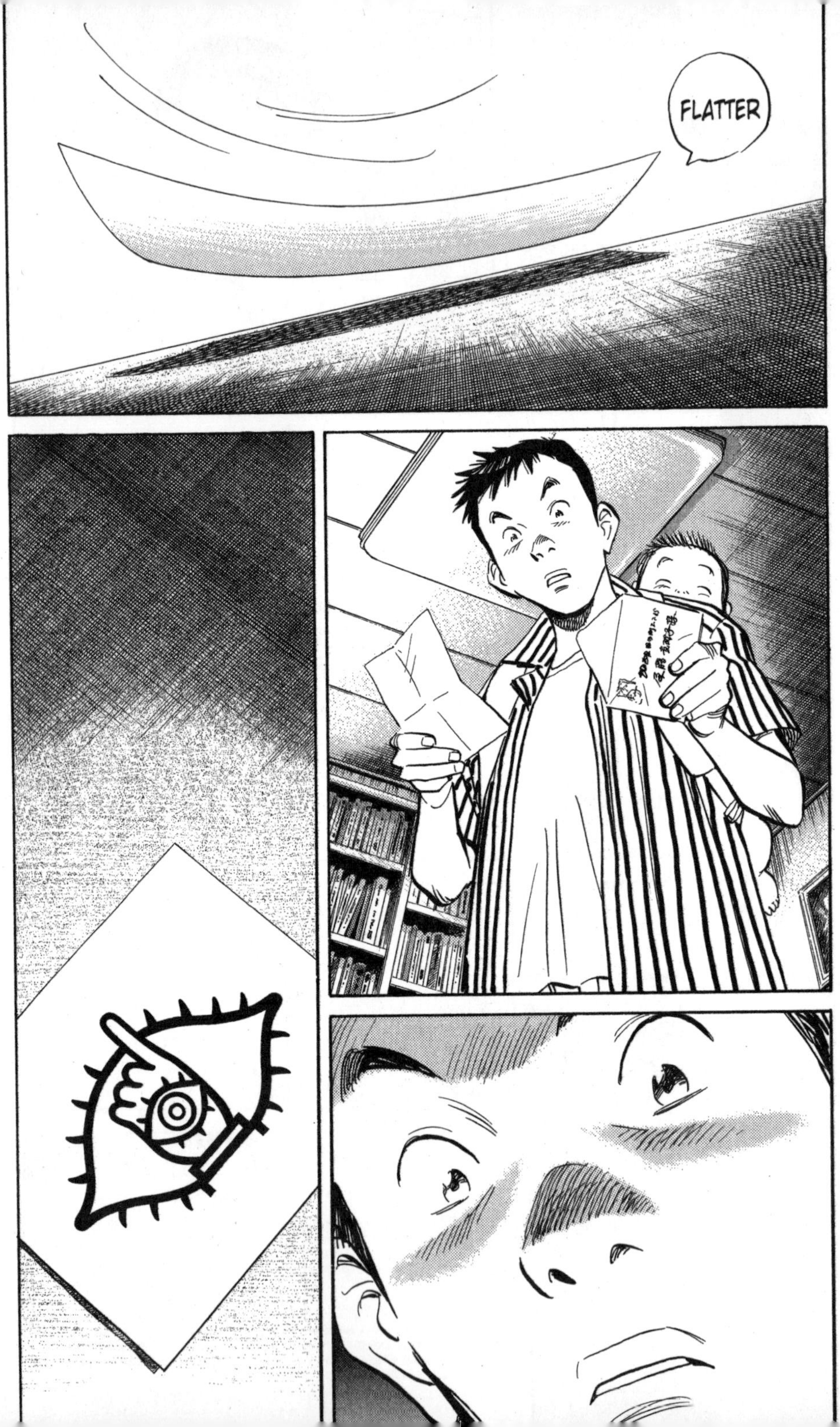

FLATTER

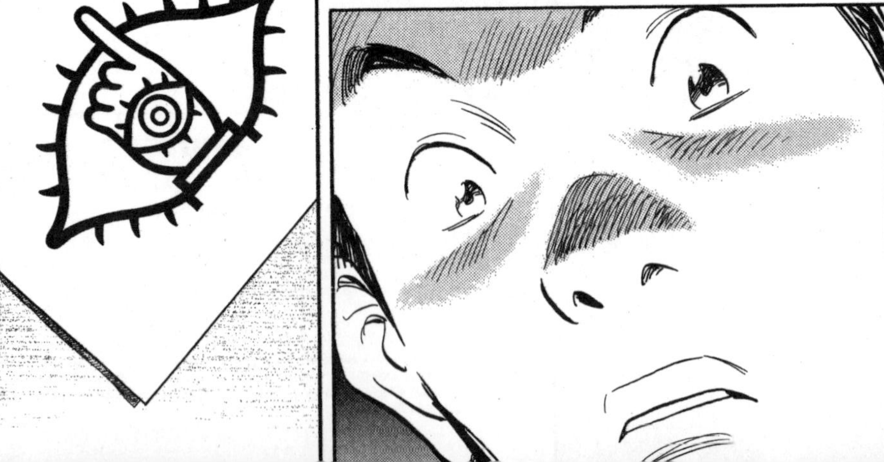

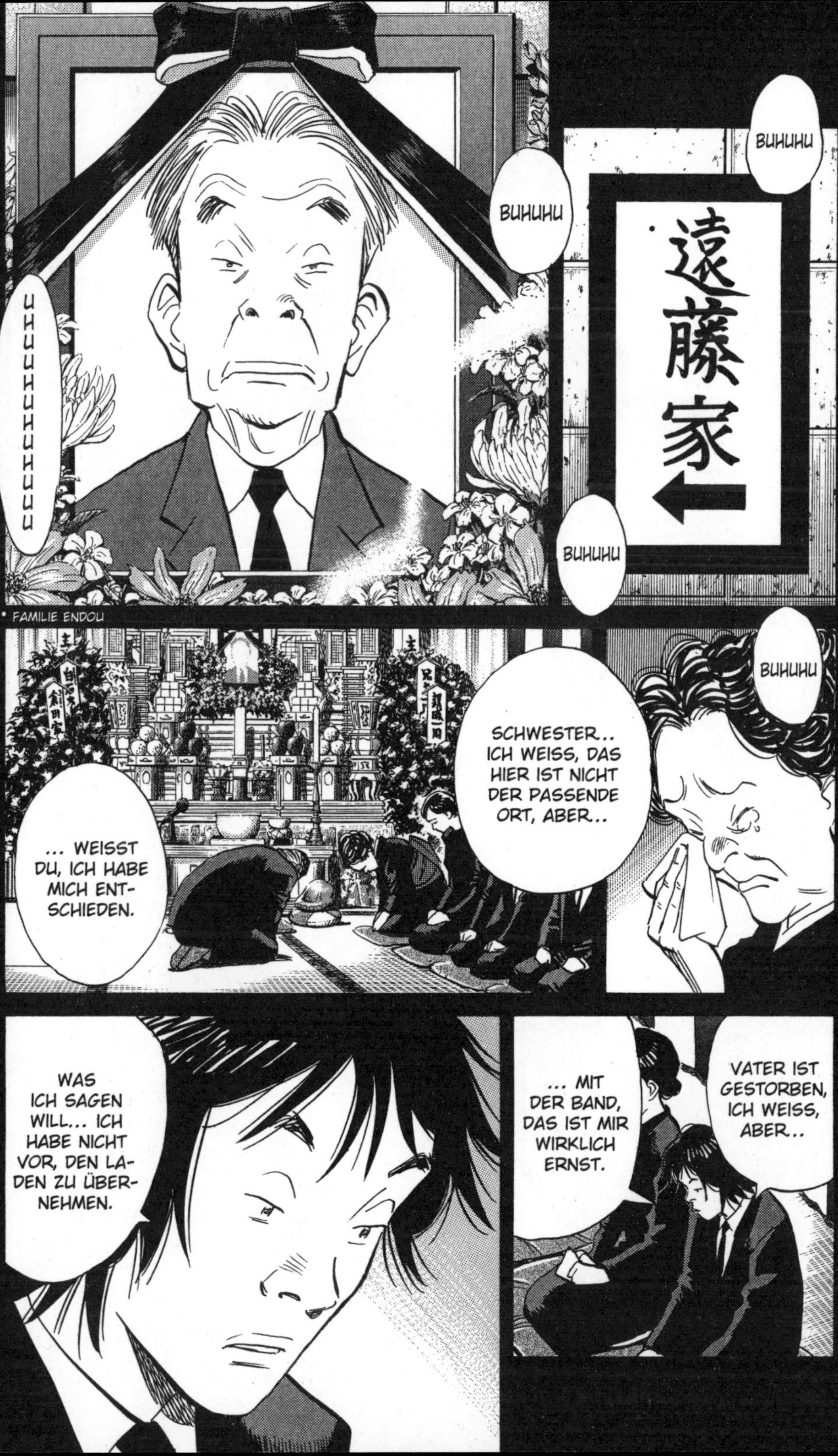

BUHUHU

BUHUHU

BUHUHU

UHUUHUHUHUUUU

遠藤家*

* FAMILIE ENDOU

BUHUHU

SCHWESTER.. ICH WEISS, DAS HIER IST NICHT DER PASSENDE ORT, ABER...

... WEISST DU, ICH HABE MICH ENT-SCHIEDEN.

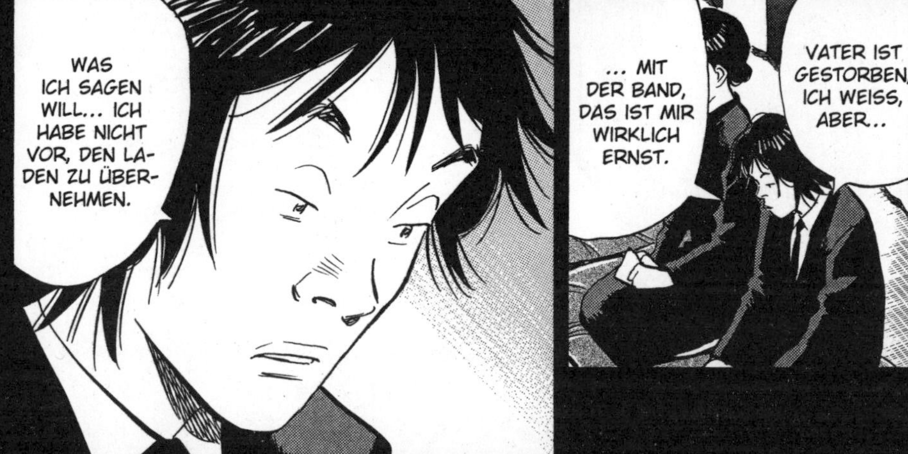

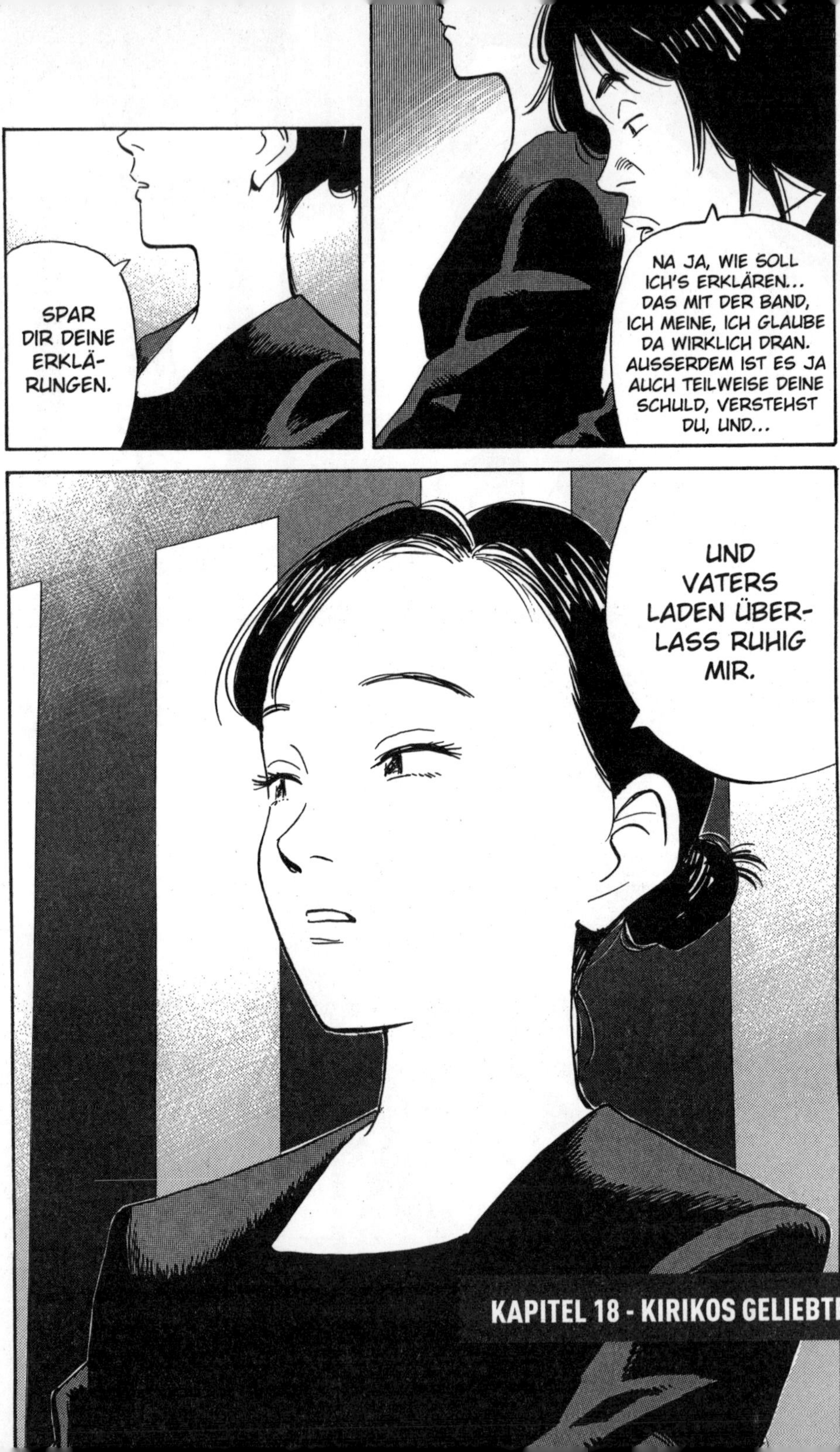

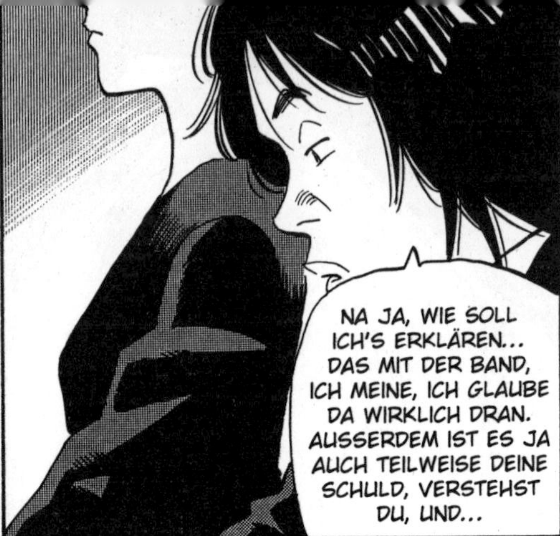

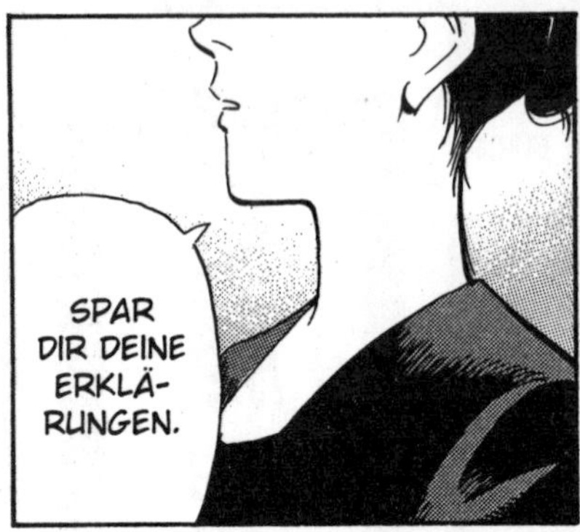

UND VATERS LADEN ÜBER-LASS RUHIG MIR.

KAPITEL 18 - KIRIKOS GELIEBTER

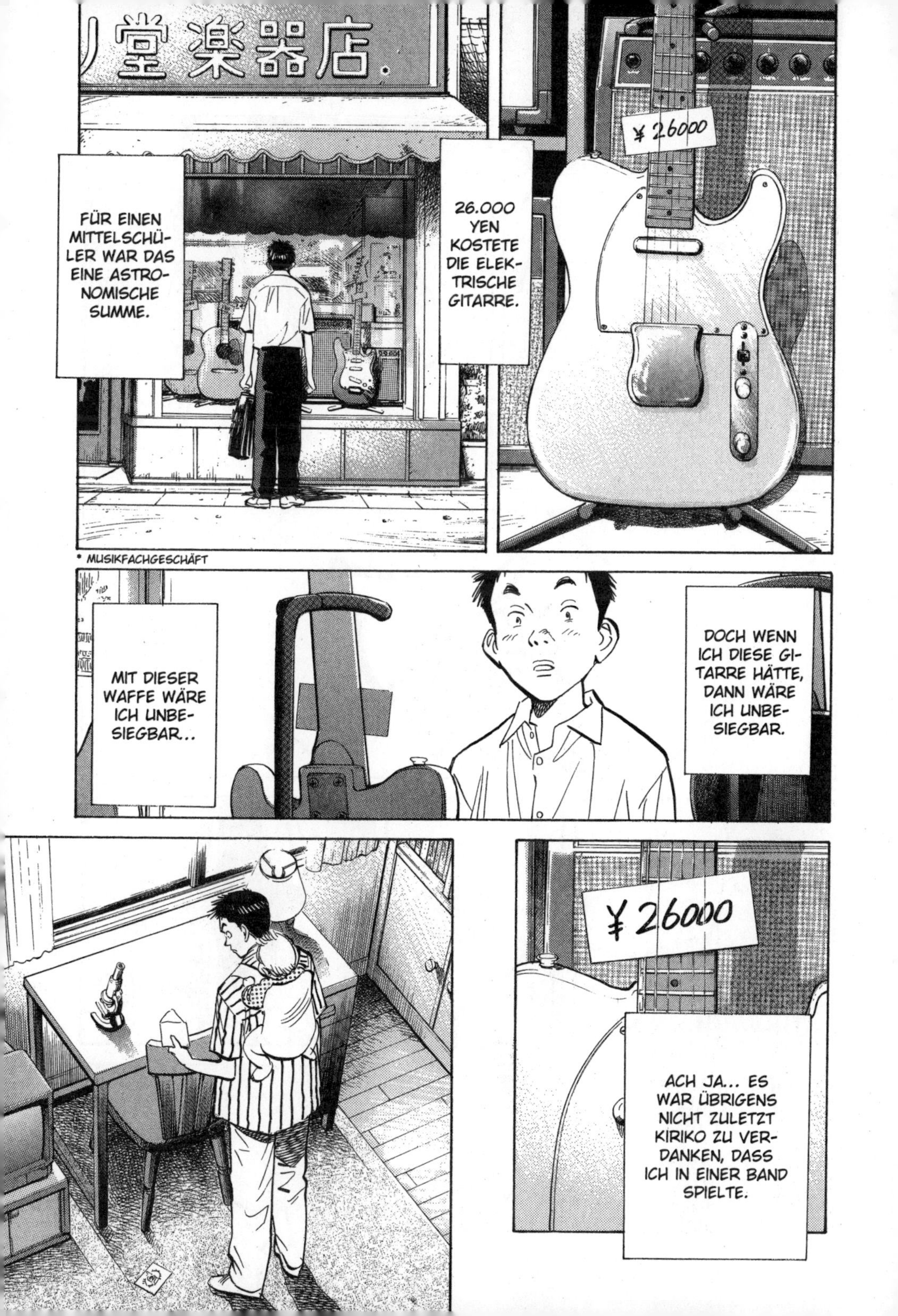

堂楽器店

¥ 26000

26.000 YEN KOSTETE DIE ELEKTRISCHE GITARRE.

FÜR EINEN MITTELSCHÜLER WAR DAS EINE ASTRONOMISCHE SUMME.

* MUSIKFACHGESCHÄFT

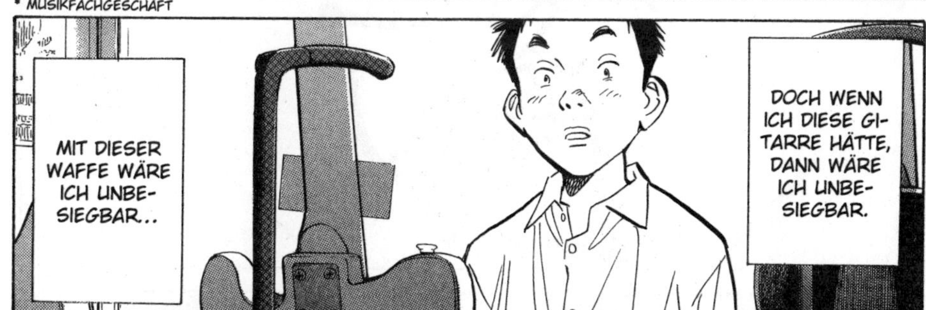

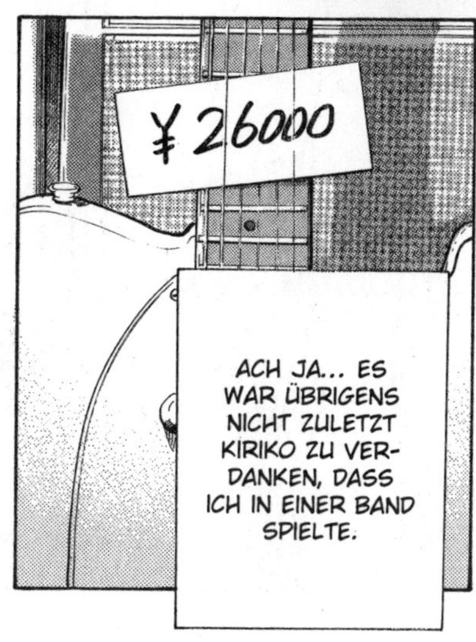

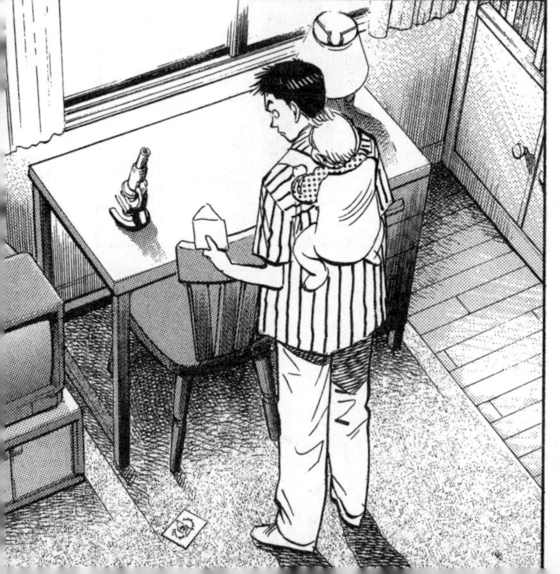

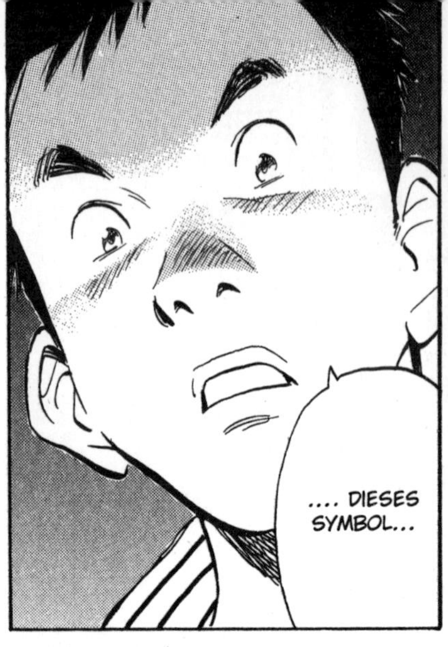
.... DIESES SYMBOL...
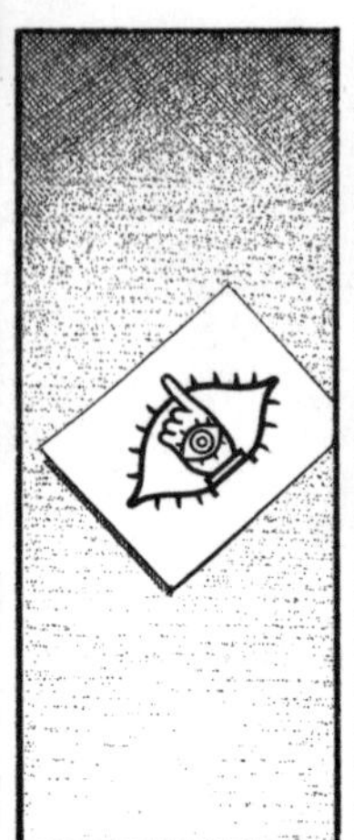
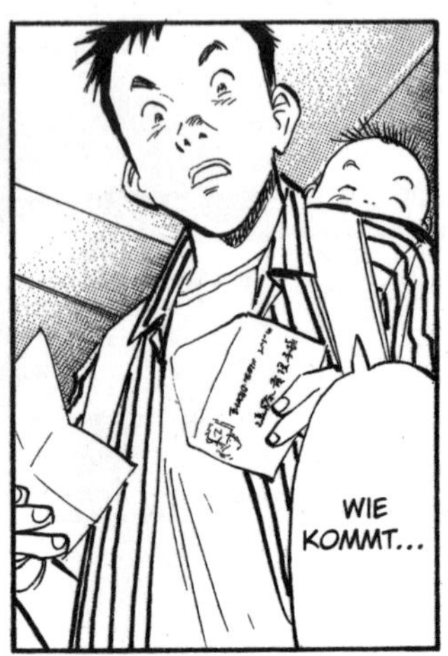
WIE KOMMT...
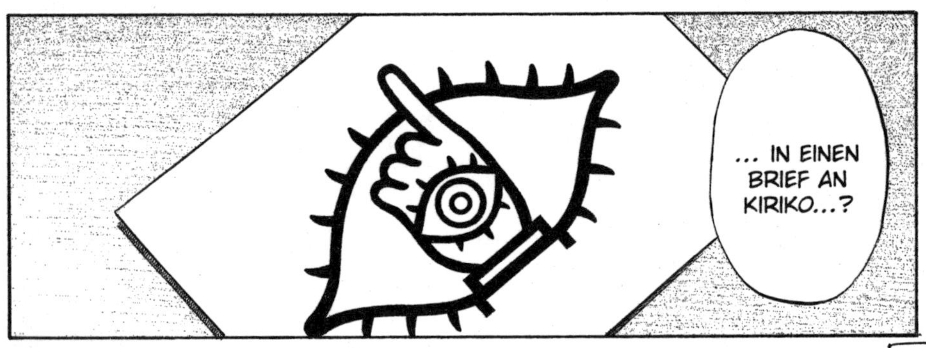
... IN EINEN BRIEF AN KIRIKO...?
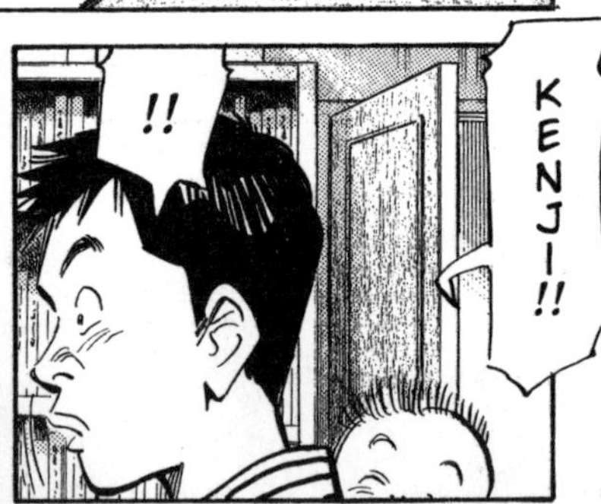
KENJI!!
!!
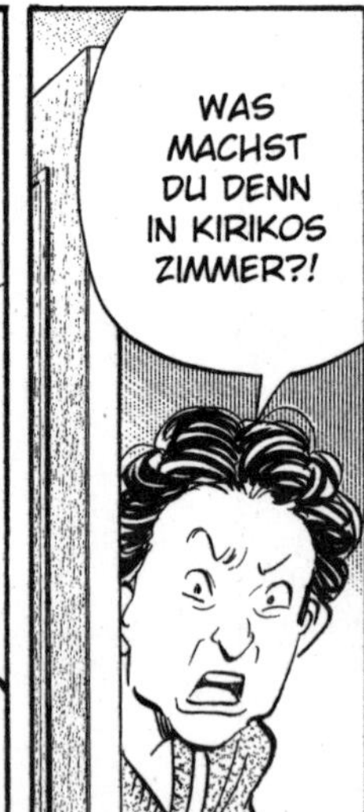
WAS MACHST DU DENN IN KIRIKOS ZIMMER?!
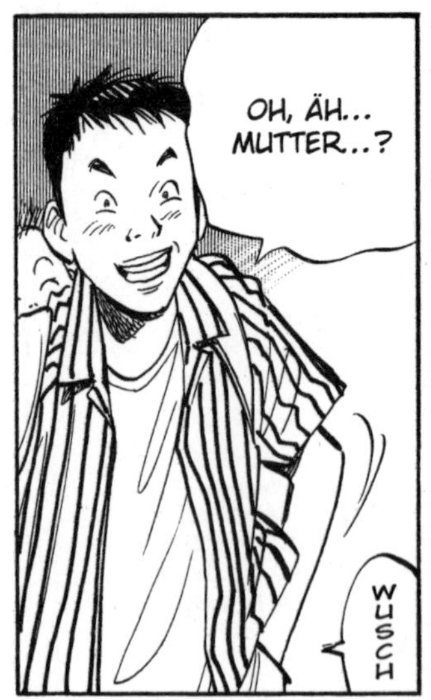
OH, ÄH... MUTTER...?
WUSCH
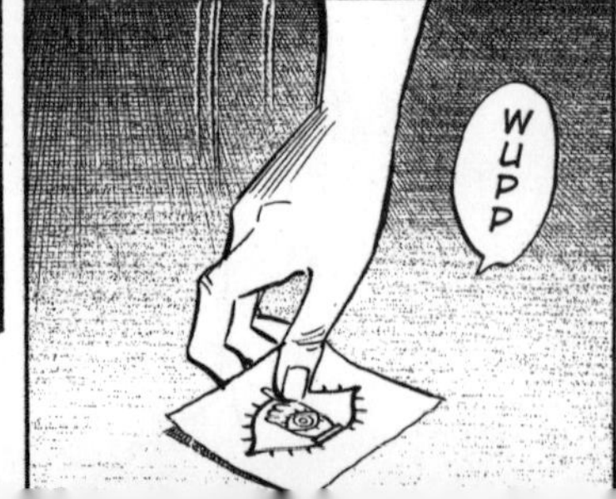
WUPP

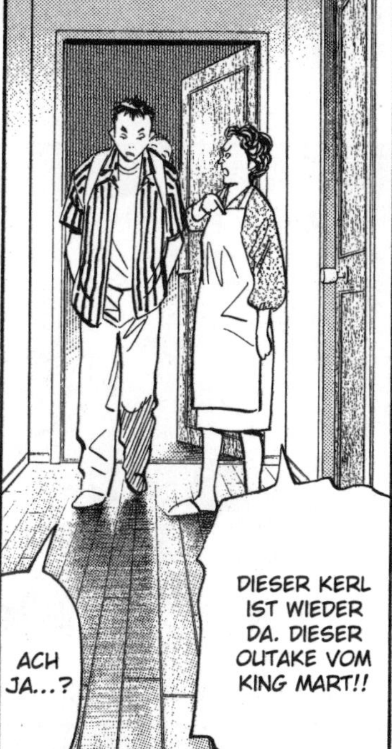
DIESER KERL IST WIEDER DA. DIESER OUTAKE VOM KING MART!!
ACH JA...?

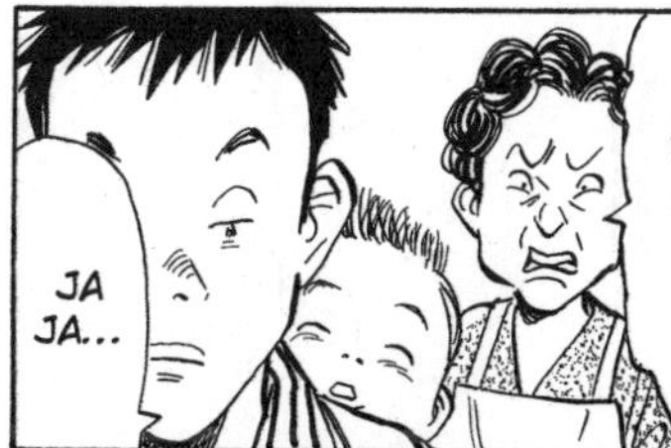
ER IST GEKOMMEN, UM NOCH EINMAL ZU BETONEN, DASS KING MART DEN VERTRAG MIT UNS KÜNDIGT, WENN WIR KANNA NICHT SCHLEUNIGST IN EINE KITA STECKEN!
JA JA...

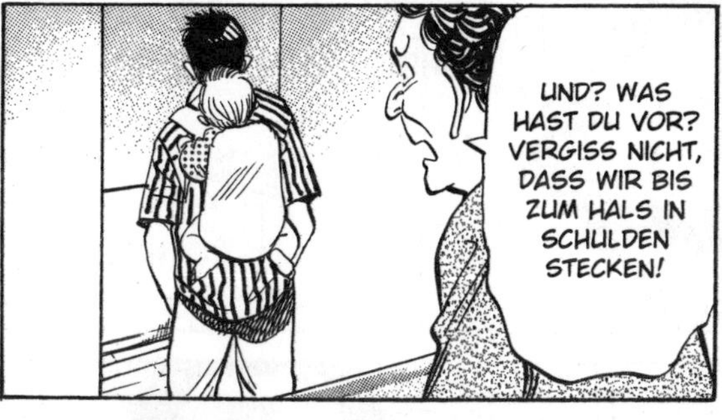
UND? WAS HAST DU VOR? VERGISS NICHT, DASS WIR BIS ZUM HALS IN SCHULDEN STECKEN!

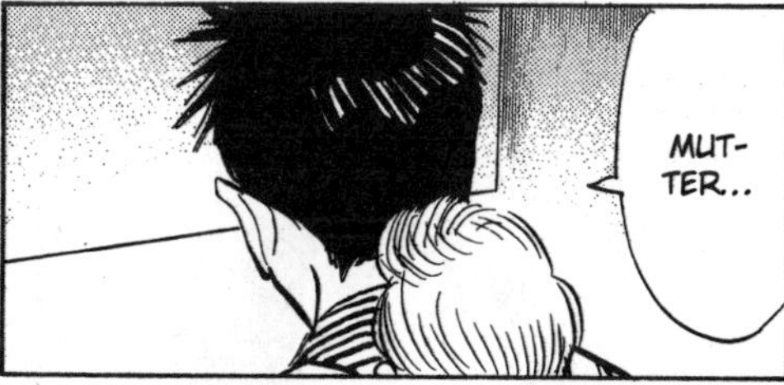
MUTTER...

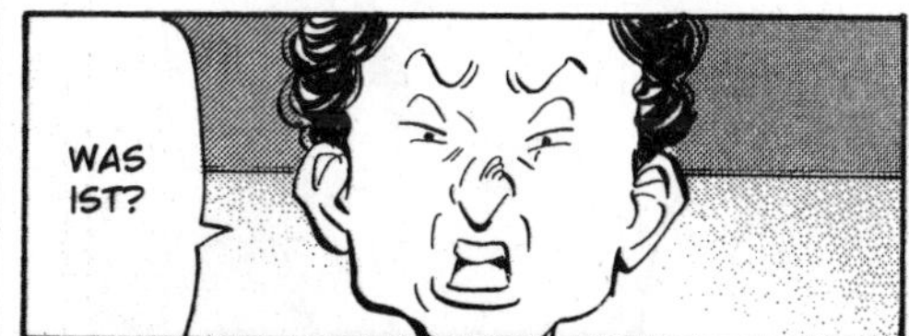
WAS IST?

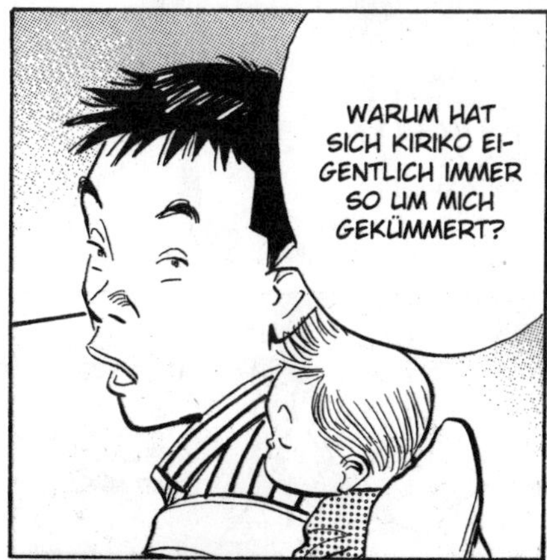
WARUM HAT SICH KIRIKO EIGENTLICH IMMER SO UM MICH GEKÜMMERT?

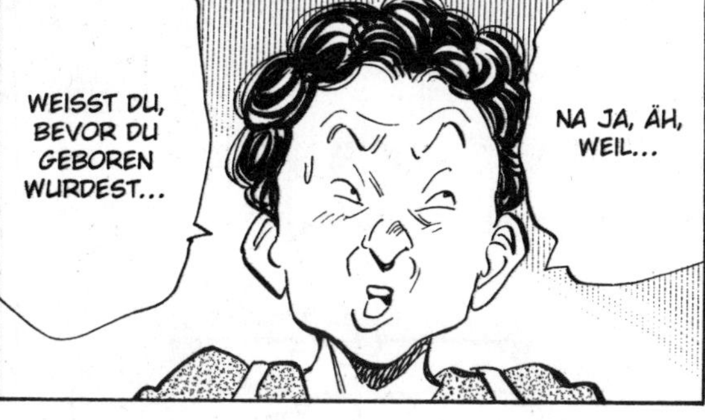
NA JA, ÄH, WEIL...
WEISST DU, BEVOR DU GEBOREN WURDEST...

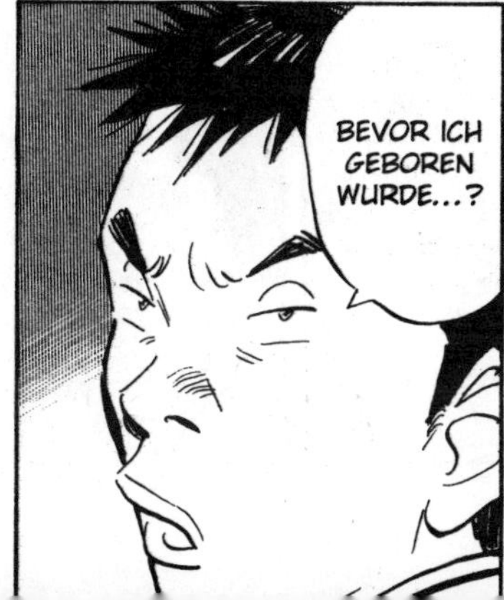
BEVOR ICH GEBOREN WURDE...?

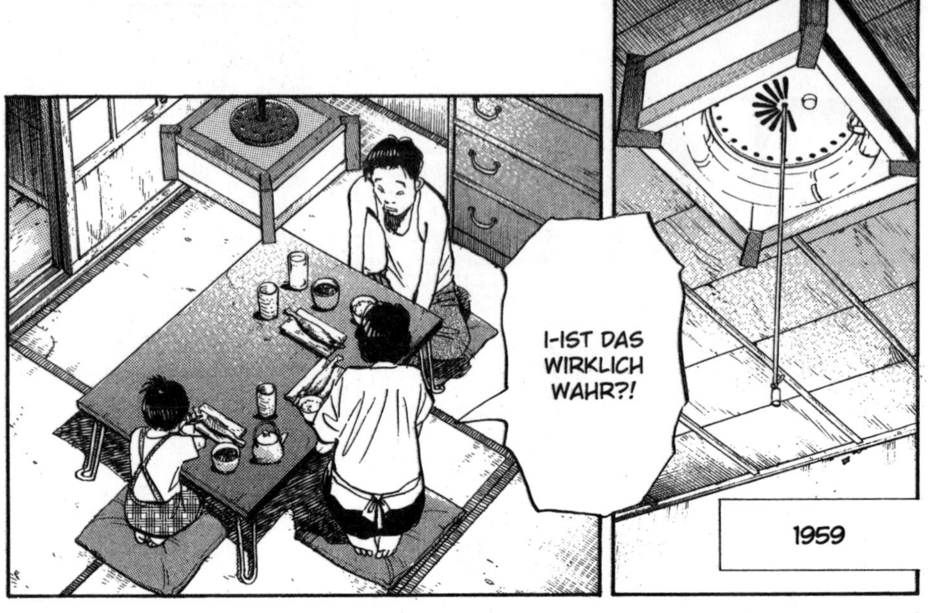
1959
I-IST DAS WIRKLICH WAHR?!

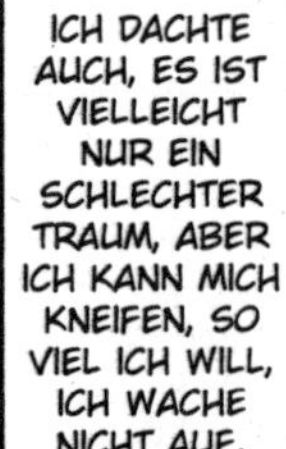
JA, LEI-DER...
ICH DACHTE AUCH, ES IST VIELLEICHT NUR EIN SCHLECHTER TRAUM, ABER ICH KANN MICH KNEIFEN, SO VIEL ICH WILL, ICH WACHE NICHT AUF.

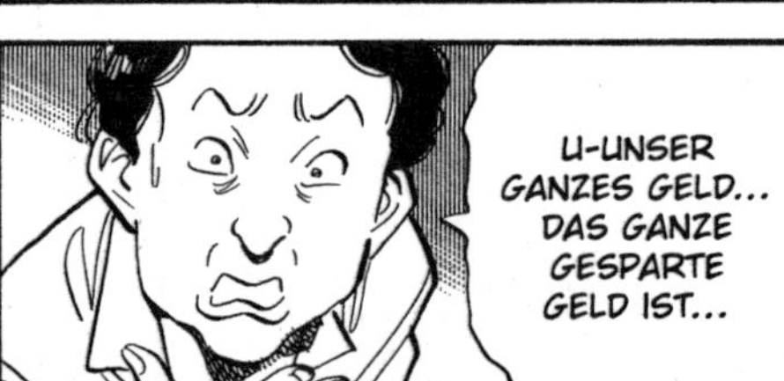
U-UNSER GANZES GELD... DAS GANZE GESPARTE GELD IST...

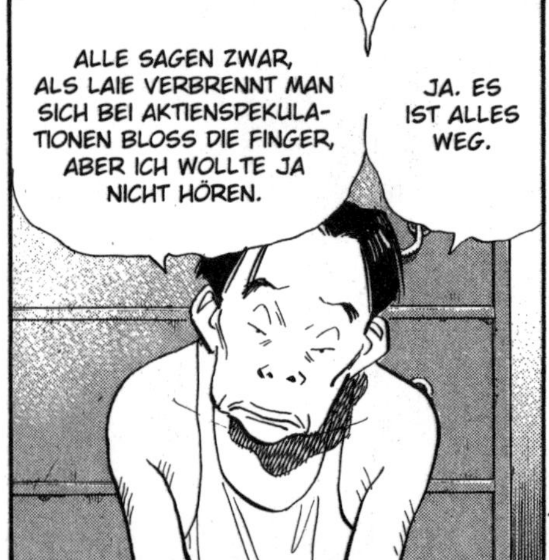
JA. ES IST ALLES WEG.
ALLE SAGEN ZWAR, ALS LAIE VERBRENNT MAN SICH BEI AKTIENSPEKULA-TIONEN BLOSS DIE FINGER, ABER ICH WOLLTE JA NICHT HÖREN.

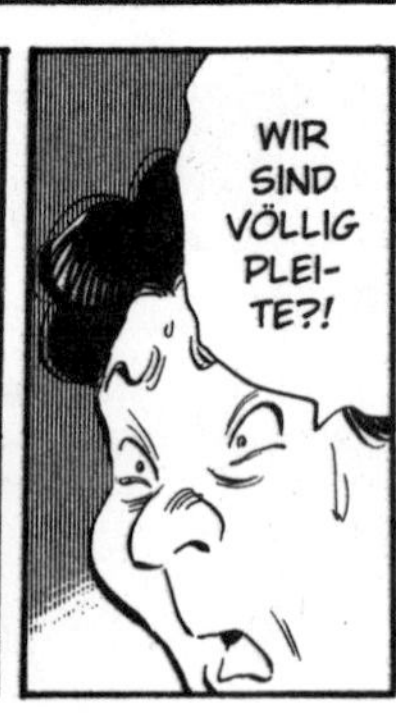
WIR SIND VÖLLIG PLEI-TE?!

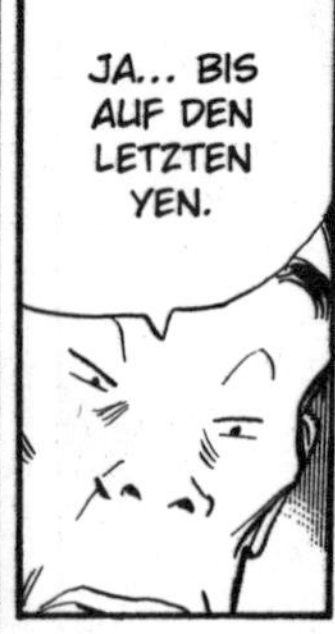
JA... BIS AUF DEN LETZTEN YEN.

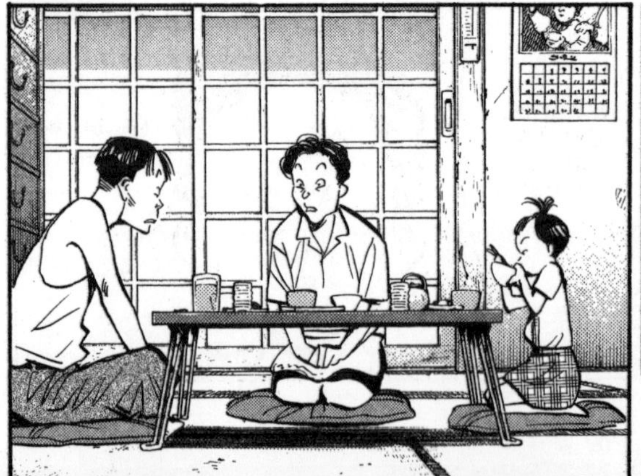

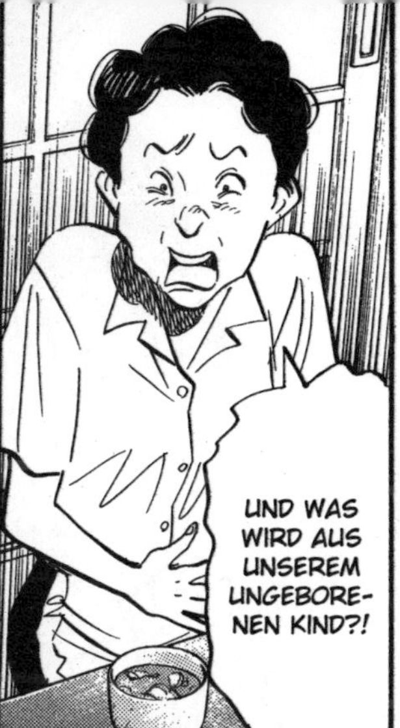
UND WAS WIRD AUS UNSEREM UNGEBORENEN KIND?!

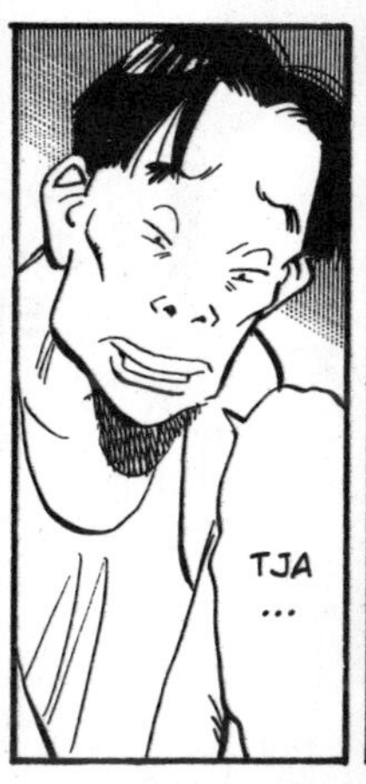
TJA ...

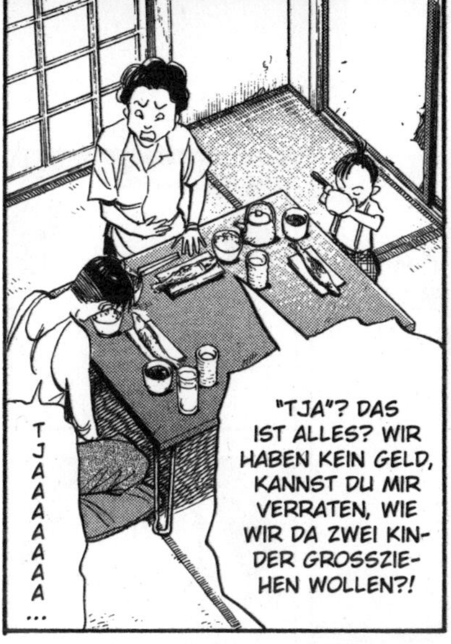
"TJA"? DAS IST ALLES? WIR HABEN KEIN GELD, KANNST DU MIR VERRATEN, WIE WIR DA ZWEI KINDER GROSSZIEHEN WOLLEN?!
TJAAAAAAAAA ...

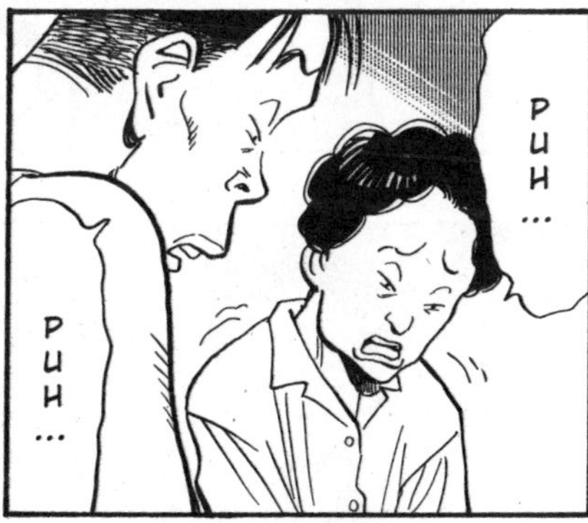
PUH ...
PUH ...

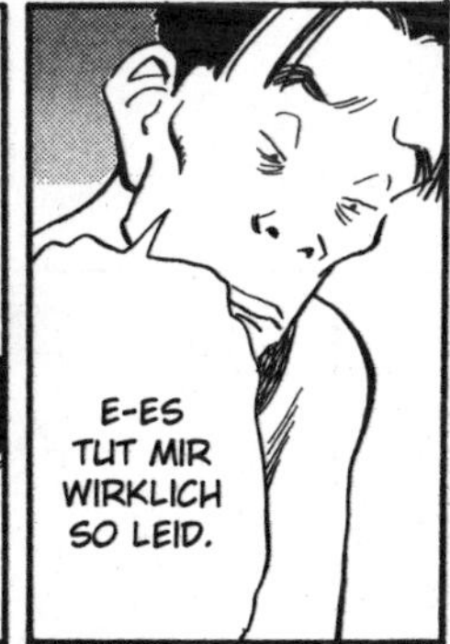
E-ES TUT MIR WIRKLICH SO LEID.

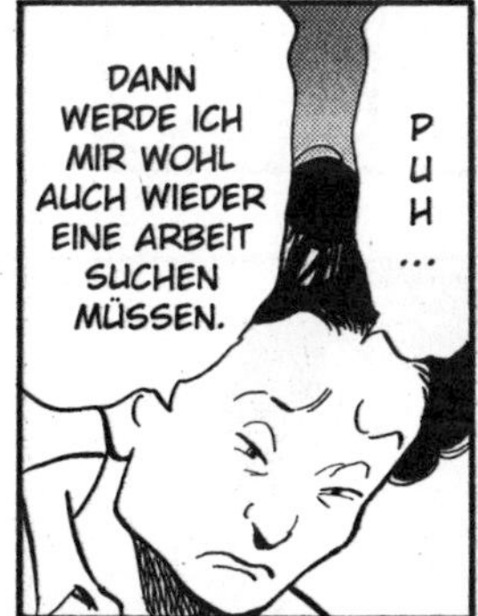
PUH ...
DANN WERDE ICH MIR WOHL AUCH WIEDER EINE ARBEIT SUCHEN MÜSSEN.

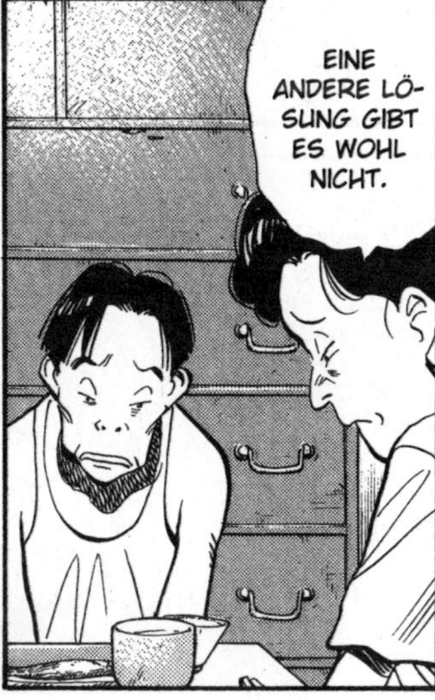
EINE ANDERE LÖSUNG GIBT ES WOHL NICHT.

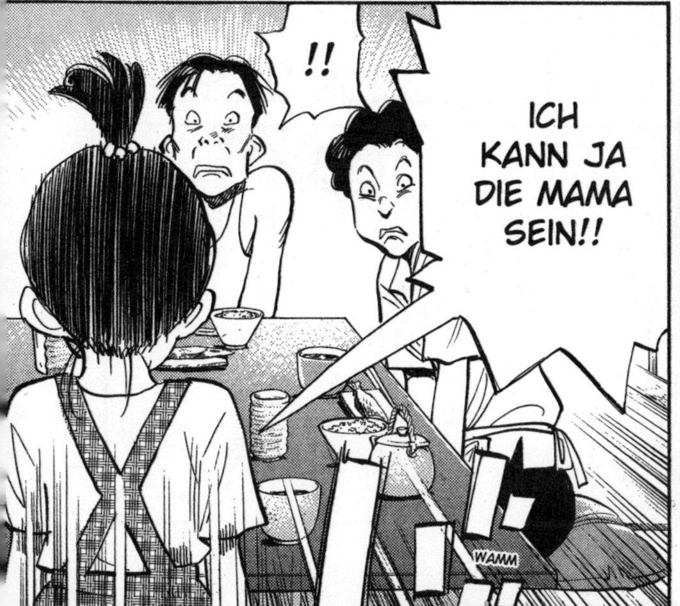
ICH KANN JA DIE MAMA SEIN!!
!!
WAMM

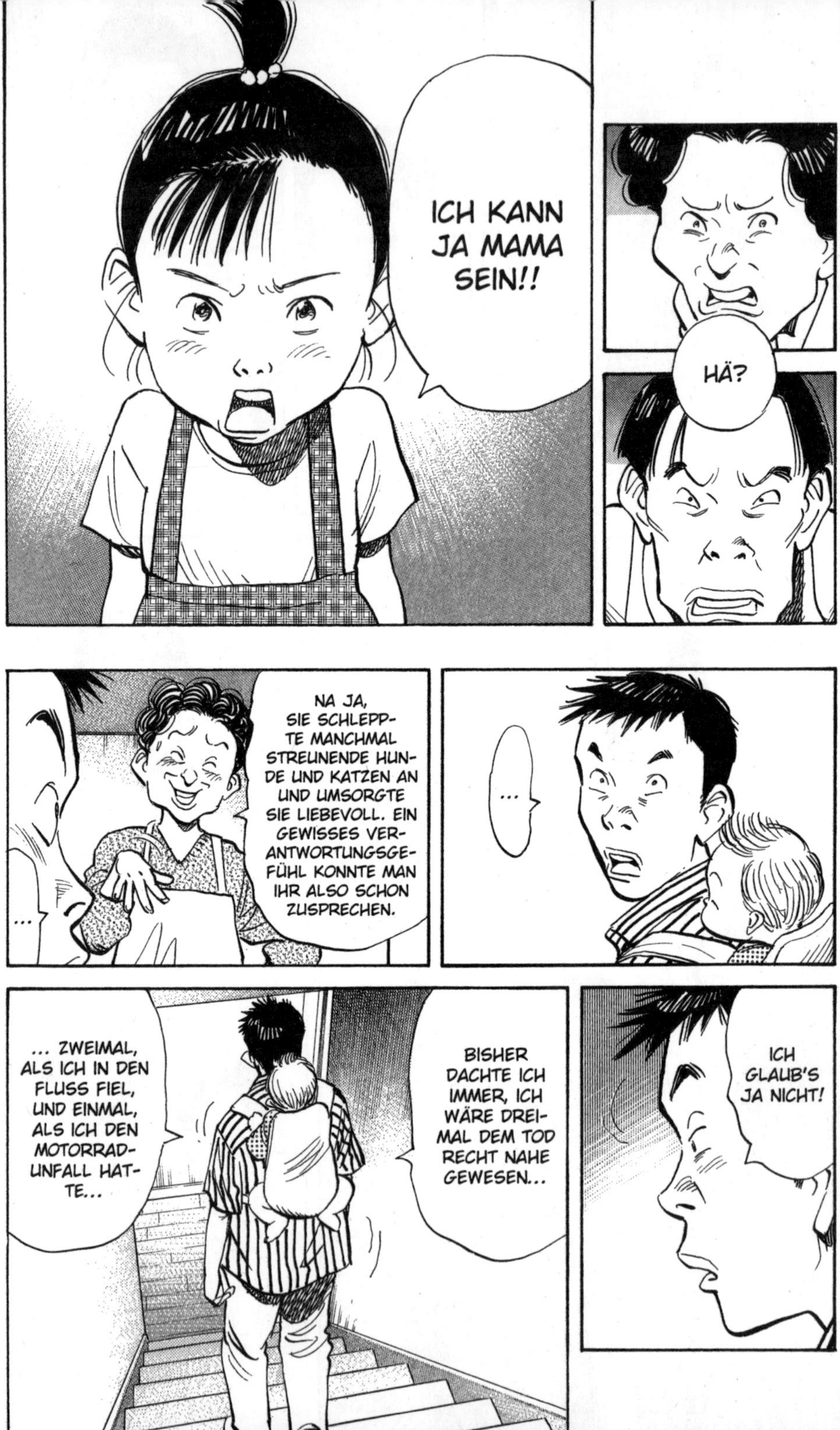

ICH KANN JA MAMA SEIN!!

HÄ?

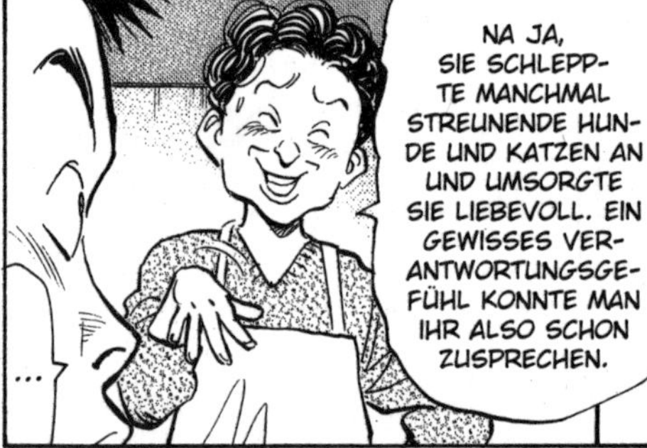

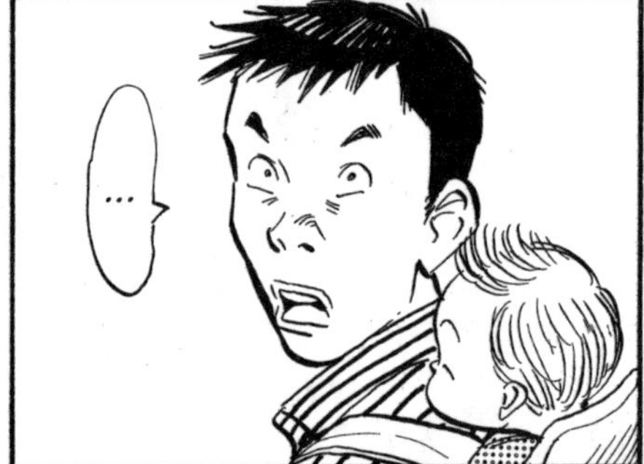

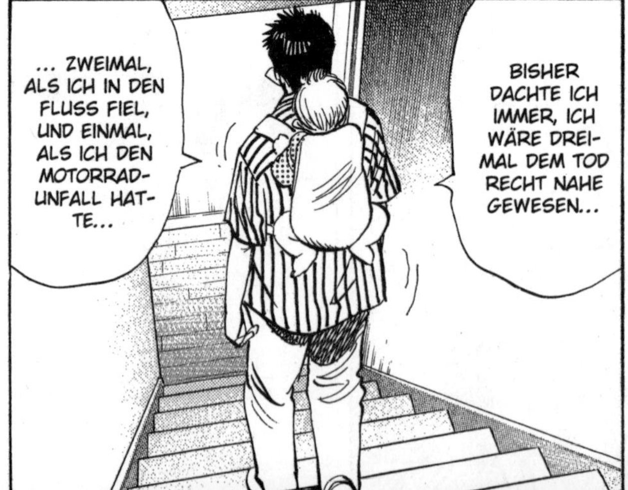

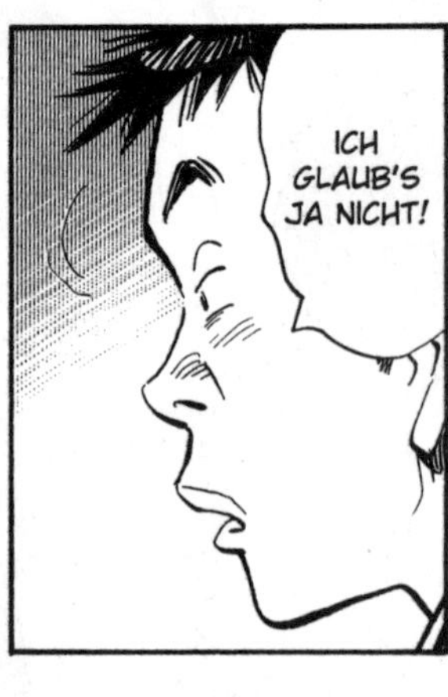

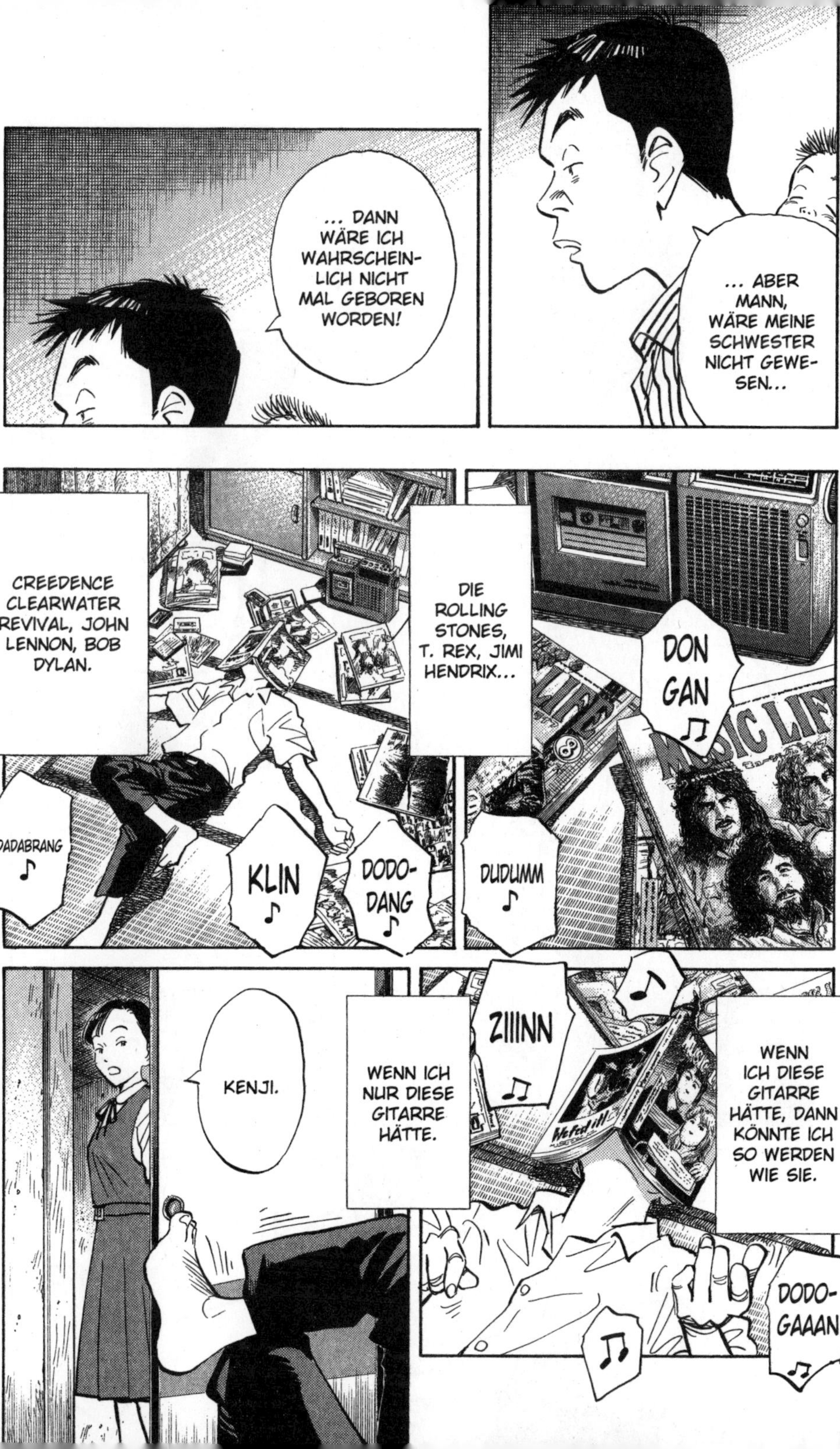

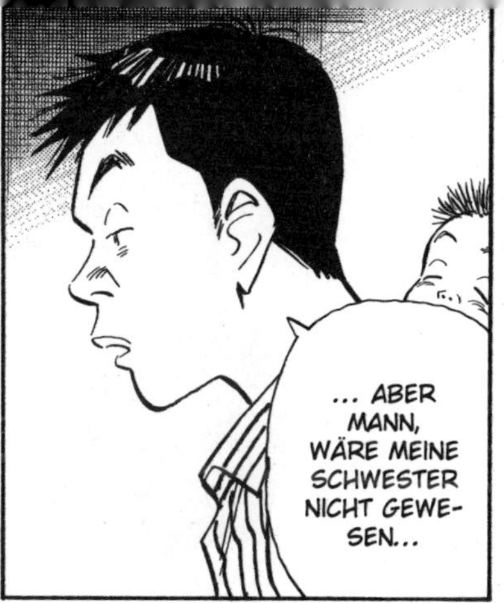

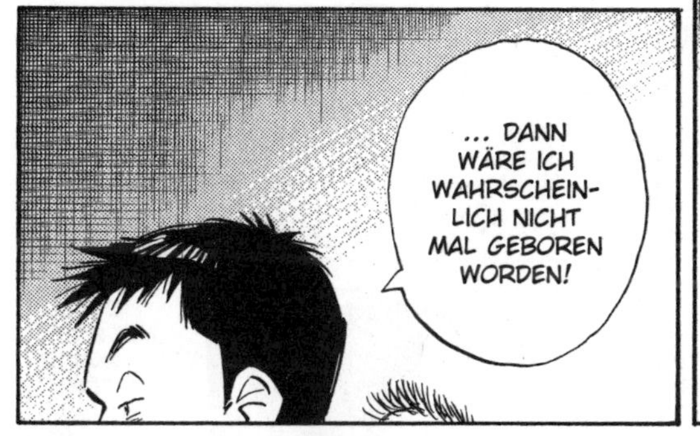

DIE ROLLING STONES, T. REX, JIMI HENDRIX...

DON GAN ♫

MUSIC LIFE

DUDUMM ♪

CREEDENCE CLEARWATER REVIVAL, JOHN LENNON, BOB DYLAN.

DODO-DANG ♪

KLIN ♪

DADABRANG ♪

WENN ICH DIESE GITARRE HÄTTE, DANN KÖNNTE ICH SO WERDEN WIE SIE.

♪

ZIIINN ♫

DODO-GAAAN ♫

♫

WENN ICH NUR DIESE GITARRE HÄTTE.

KENJI.

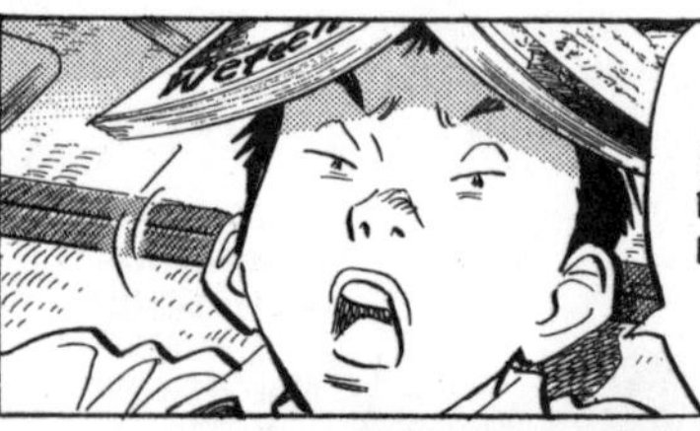
HEY! DU SOLLST DOCH NICHT EINFACH SO REINKOMMEN!

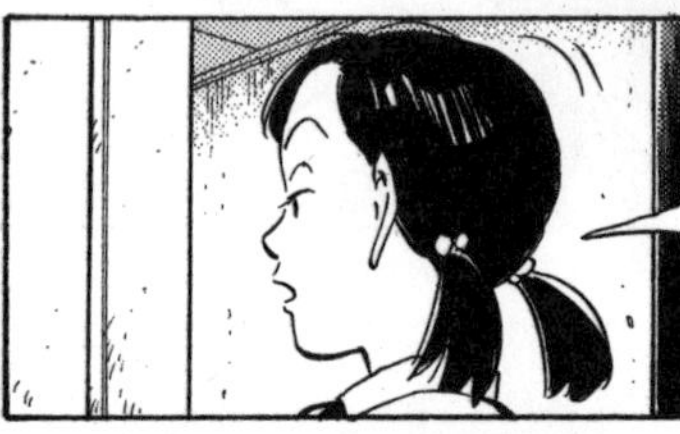
ICH MÜSSTE SCHON DIE TÜR EINSCHLAGEN, DAMIT DU MEIN KLOPFEN HÖRST.

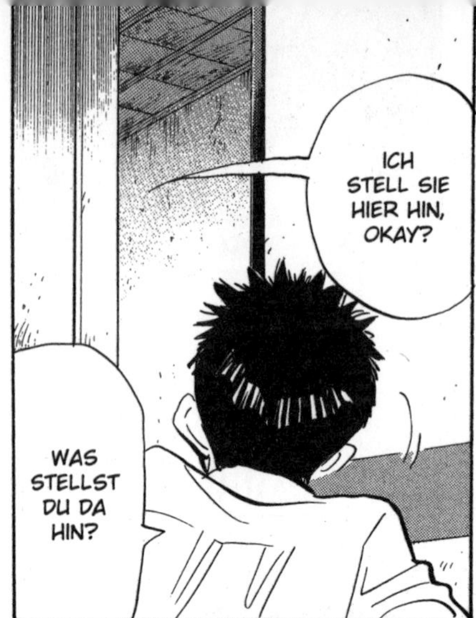
ICH STELL SIE HIER HIN, OKAY?
WAS STELLST DU DA HIN?

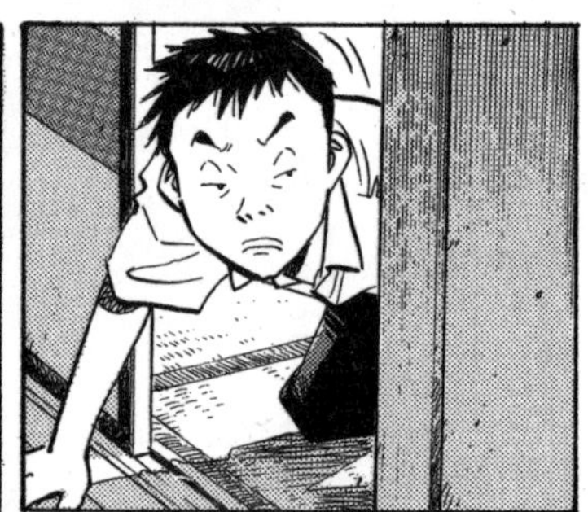

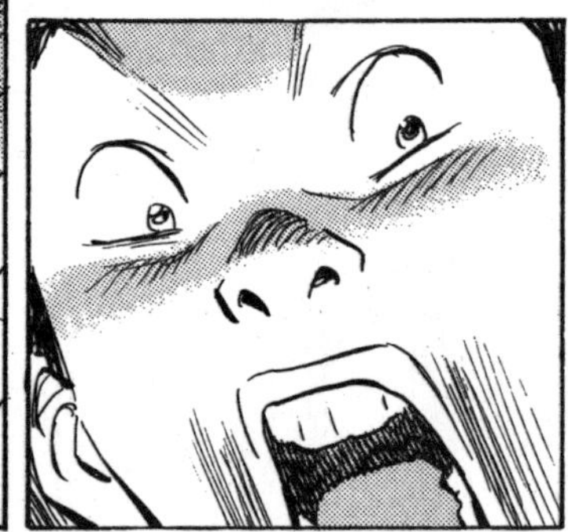

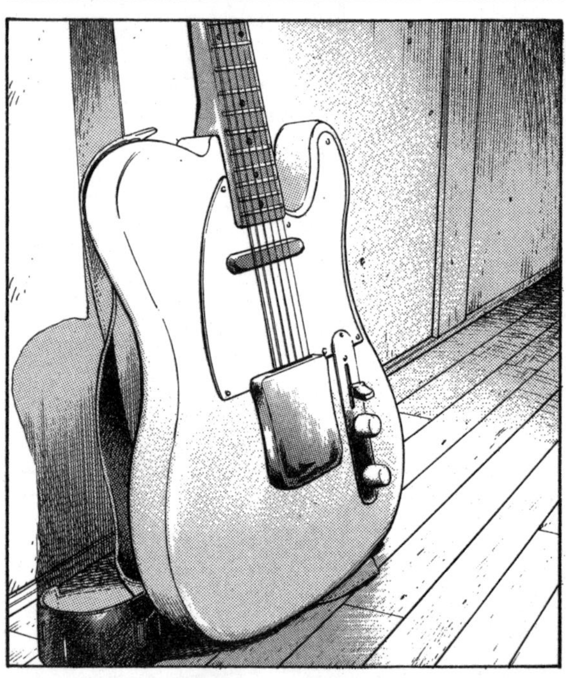

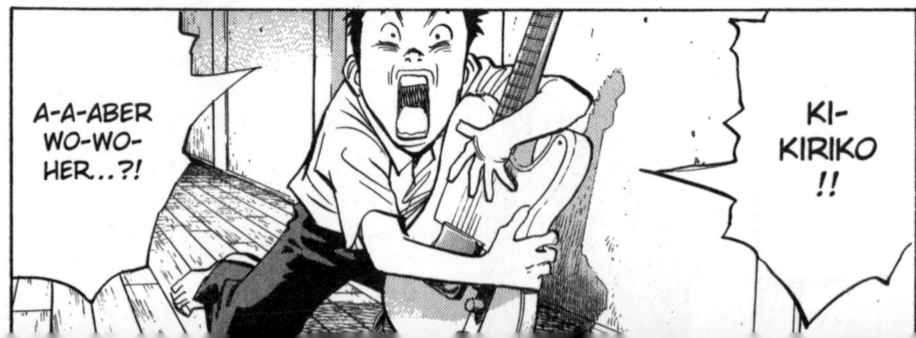
KI-KIRIKO !!
A-A-ABER WO-WOHER...?!

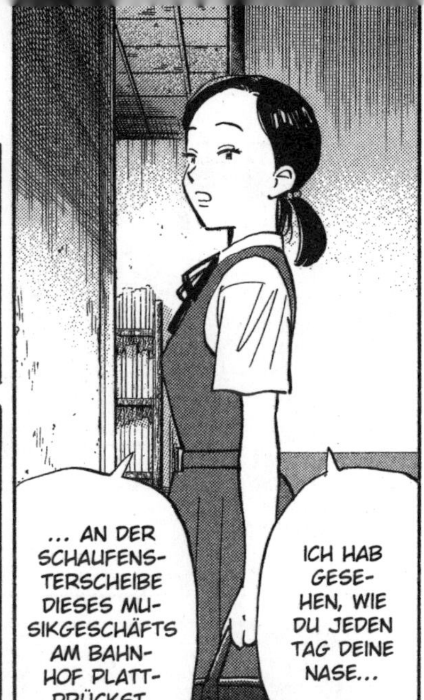
ICH HAB GESE-HEN, WIE DU JEDEN TAG DEINE NASE...
... AN DER SCHAUFENS-TERSCHEIBE DIESES MU-SIKGESCHÄFTS AM BAHN-HOF PLATT-DRÜCKST.

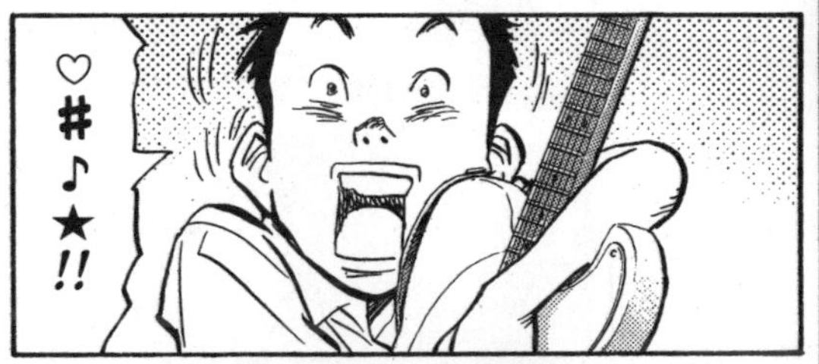
♡ # ♪ ★ !!

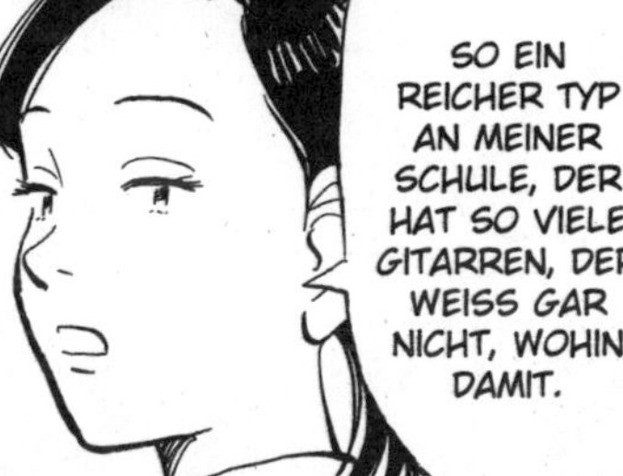
SO EIN REICHER TYP AN MEINER SCHULE, DER HAT SO VIELE GITARREN, DER WEISS GAR NICHT, WOHIN DAMIT.

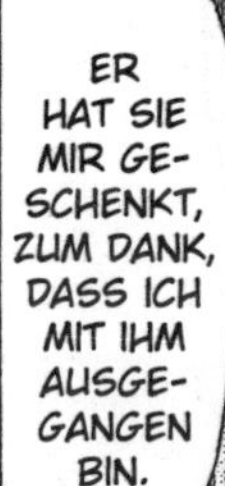
ER HAT SIE MIR GE-SCHENKT, ZUM DANK, DASS ICH MIT IHM AUSGE-GANGEN BIN.

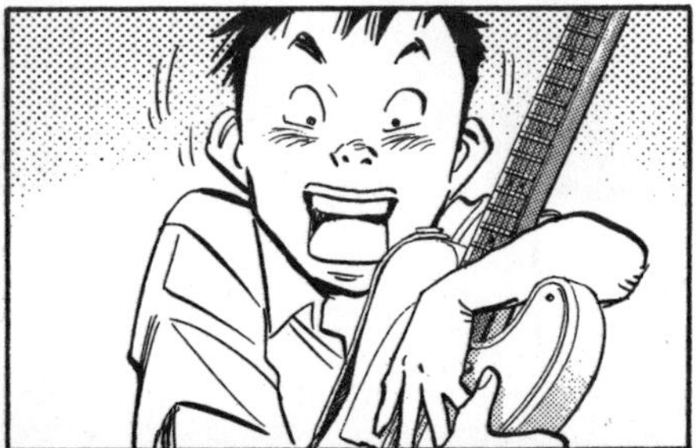

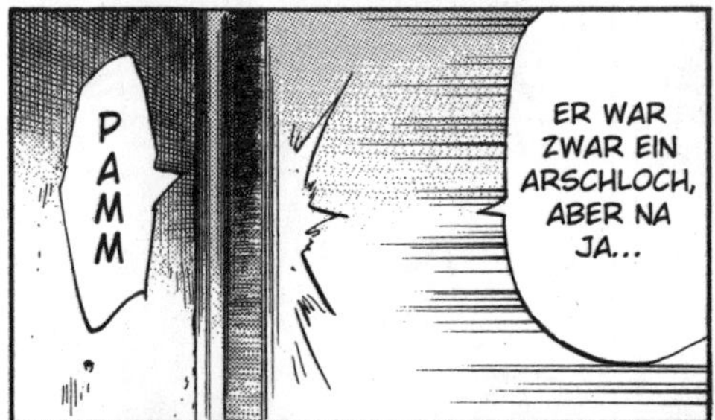
ER WAR ZWAR EIN ARSCHLOCH, ABER NA JA...
PAMM

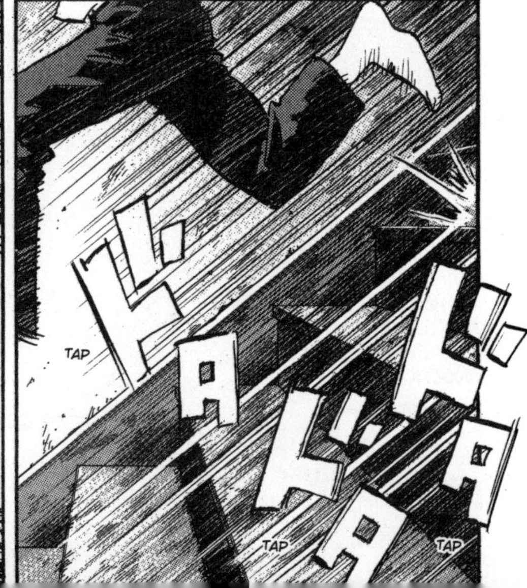
TAP
TAP
TAP

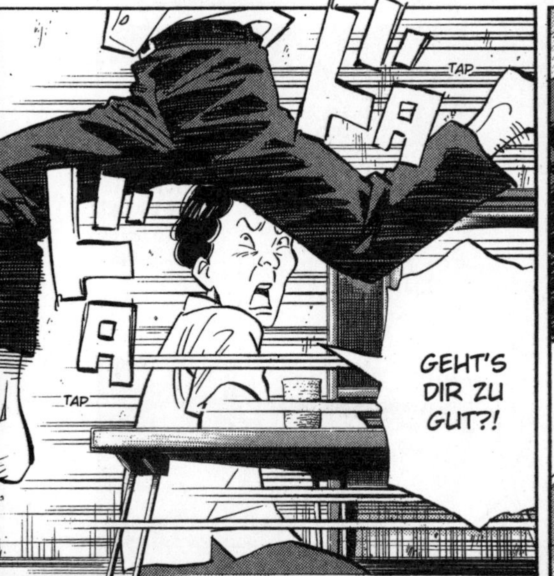
TAP
GEHT'S DIR ZU GUT?!
TAP

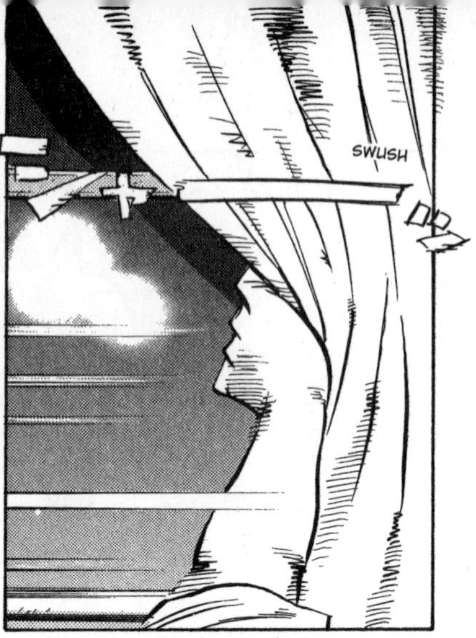
SWUSH

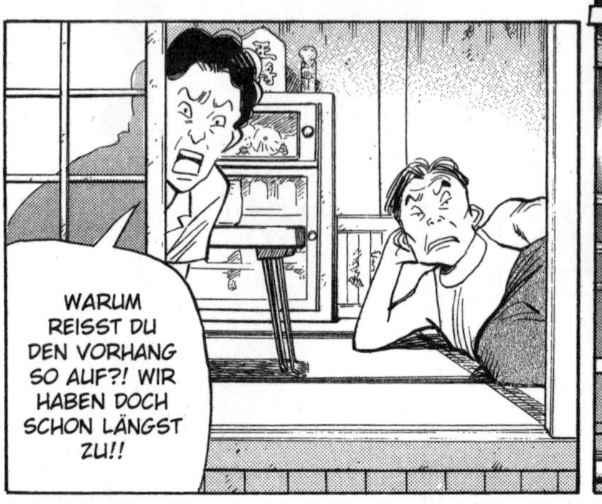
WARUM REISST DU DEN VORHANG SO AUF?! WIR HABEN DOCH SCHON LÄNGST ZU!!

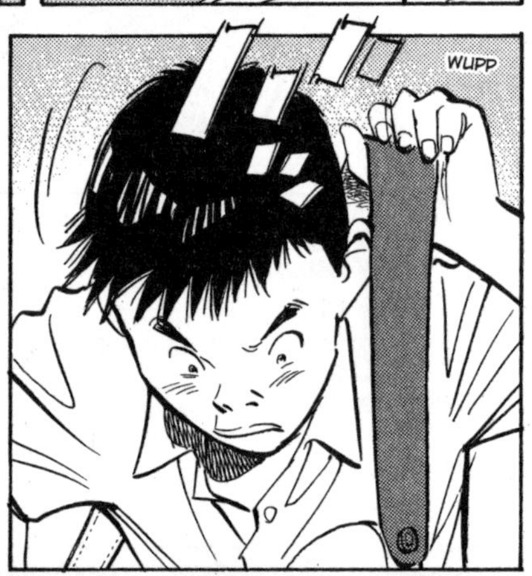
WUPP

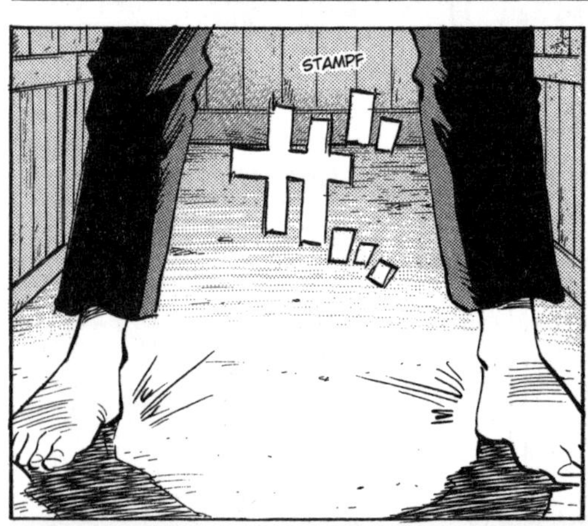
STAMPF

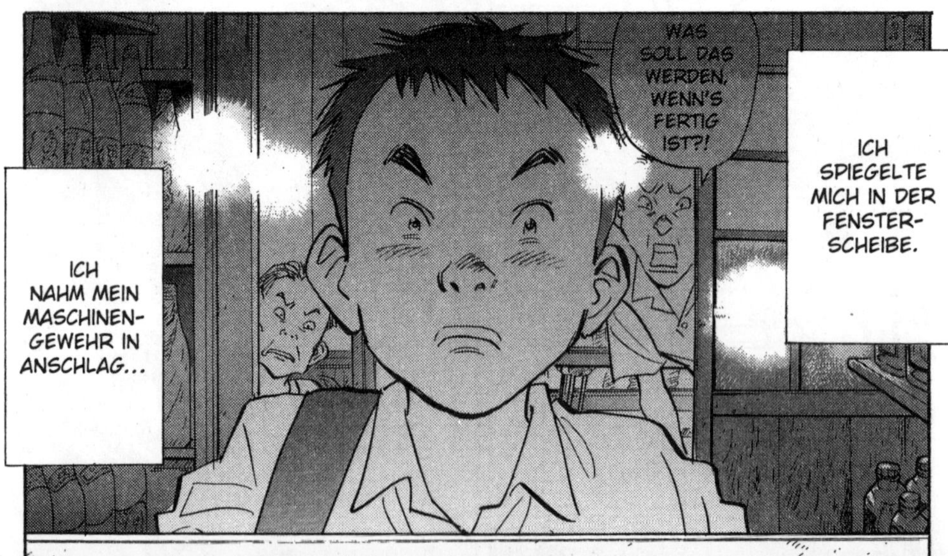
ICH SPIEGELTE MICH IN DER FENSTER-SCHEIBE.
WAS SOLL DAS WERDEN, WENN'S FERTIG IST?!
ICH NAHM MEIN MASCHINEN-GEWEHR IN ANSCHLAG...

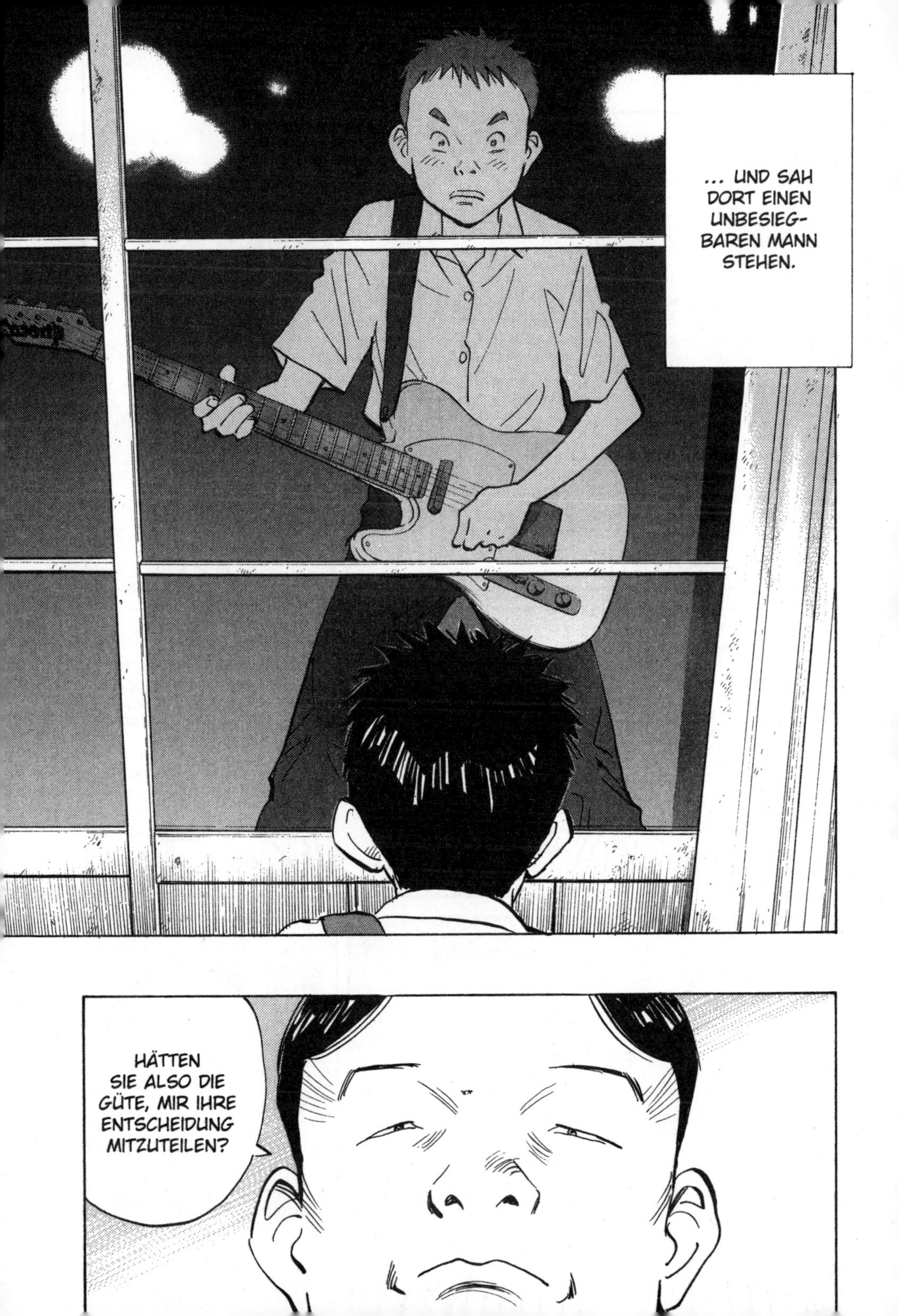

... UND SAH DORT EINEN UNBESIEG-BAREN MANN STEHEN.

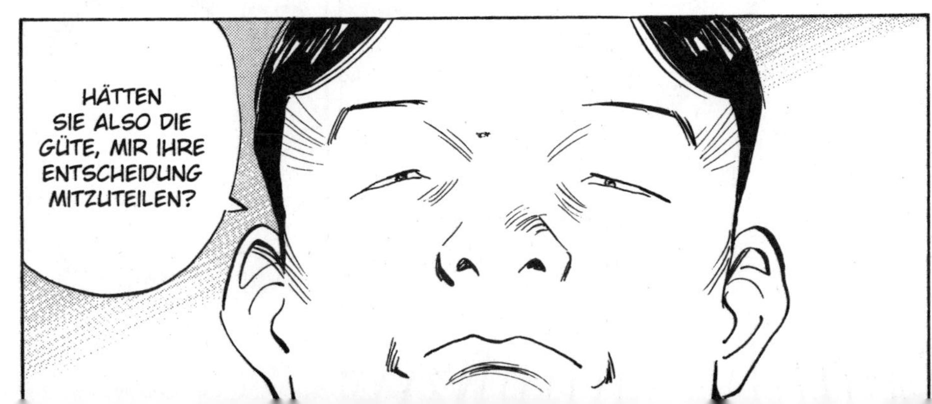

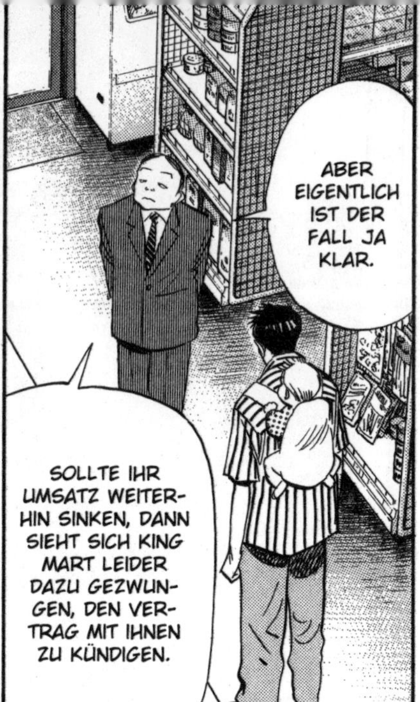
ABER EIGENTLICH IST DER FALL JA KLAR.
SOLLTE IHR UMSATZ WEITERHIN SINKEN, DANN SIEHT SICH KING MART LEIDER DAZU GEZWUNGEN, DEN VERTRAG MIT IHNEN ZU KÜNDIGEN.

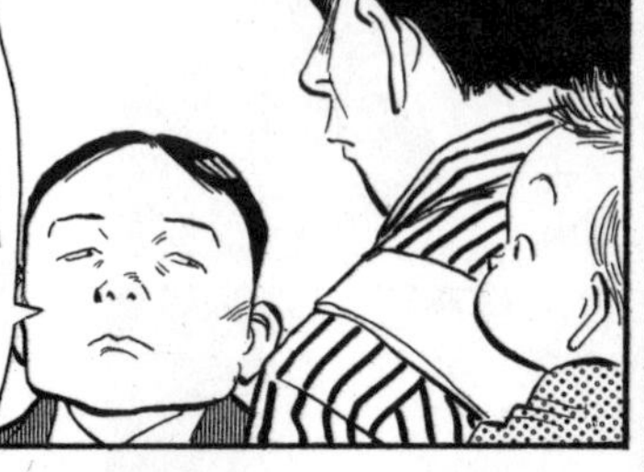

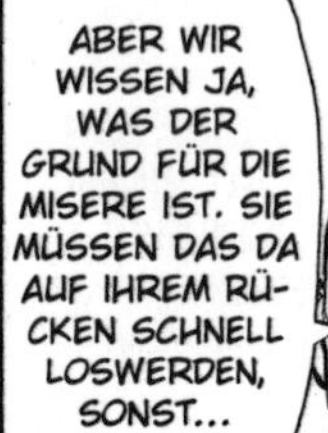
ABER WIR WISSEN JA, WAS DER GRUND FÜR DIE MISERE IST. SIE MÜSSEN DAS DA AUF IHREM RÜCKEN SCHNELL LOSWERDEN, SONST...

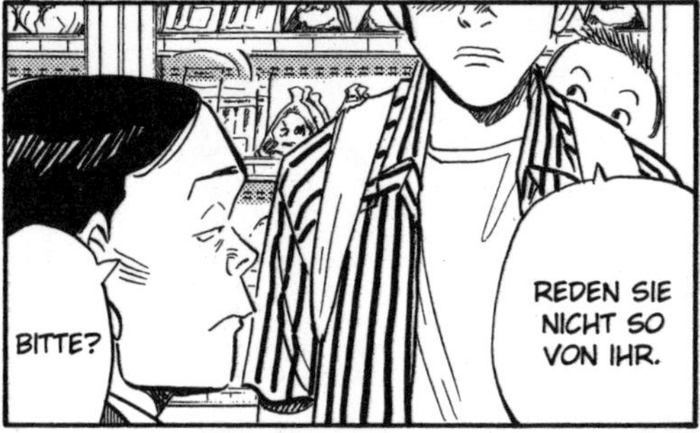
REDEN SIE NICHT SO VON IHR.
BITTE?

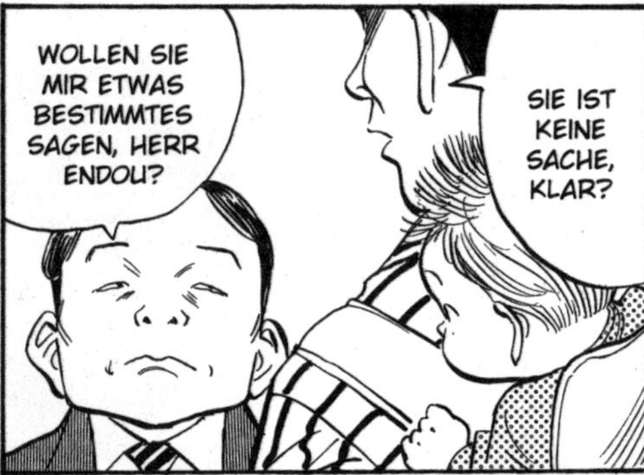
SIE IST KEINE SACHE, KLAR?
WOLLEN SIE MIR ETWAS BESTIMMTES SAGEN, HERR ENDOU?

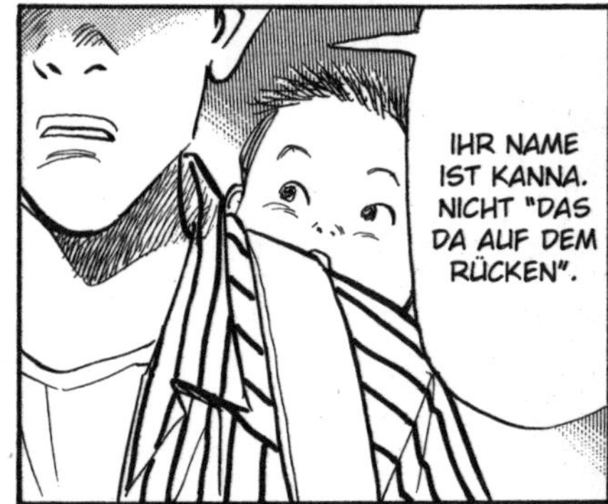
IHR NAME IST KANNA. NICHT "DAS DA AUF DEM RÜCKEN".

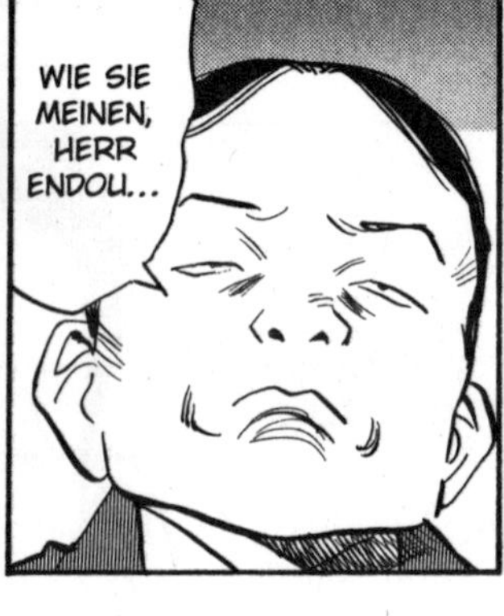
WIE SIE MEINEN, HERR ENDOU...

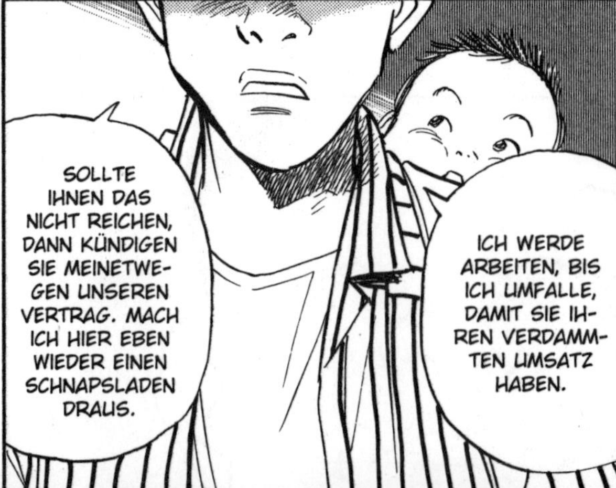
ICH WERDE ARBEITEN, BIS ICH UMFALLE, DAMIT SIE IHREN VERDAMMTEN UMSATZ HABEN.
SOLLTE IHNEN DAS NICHT REICHEN, DANN KÜNDIGEN SIE MEINETWEGEN UNSEREN VERTRAG. MACH ICH HIER EBEN WIEDER EINEN SCHNAPSLADEN DRAUS.

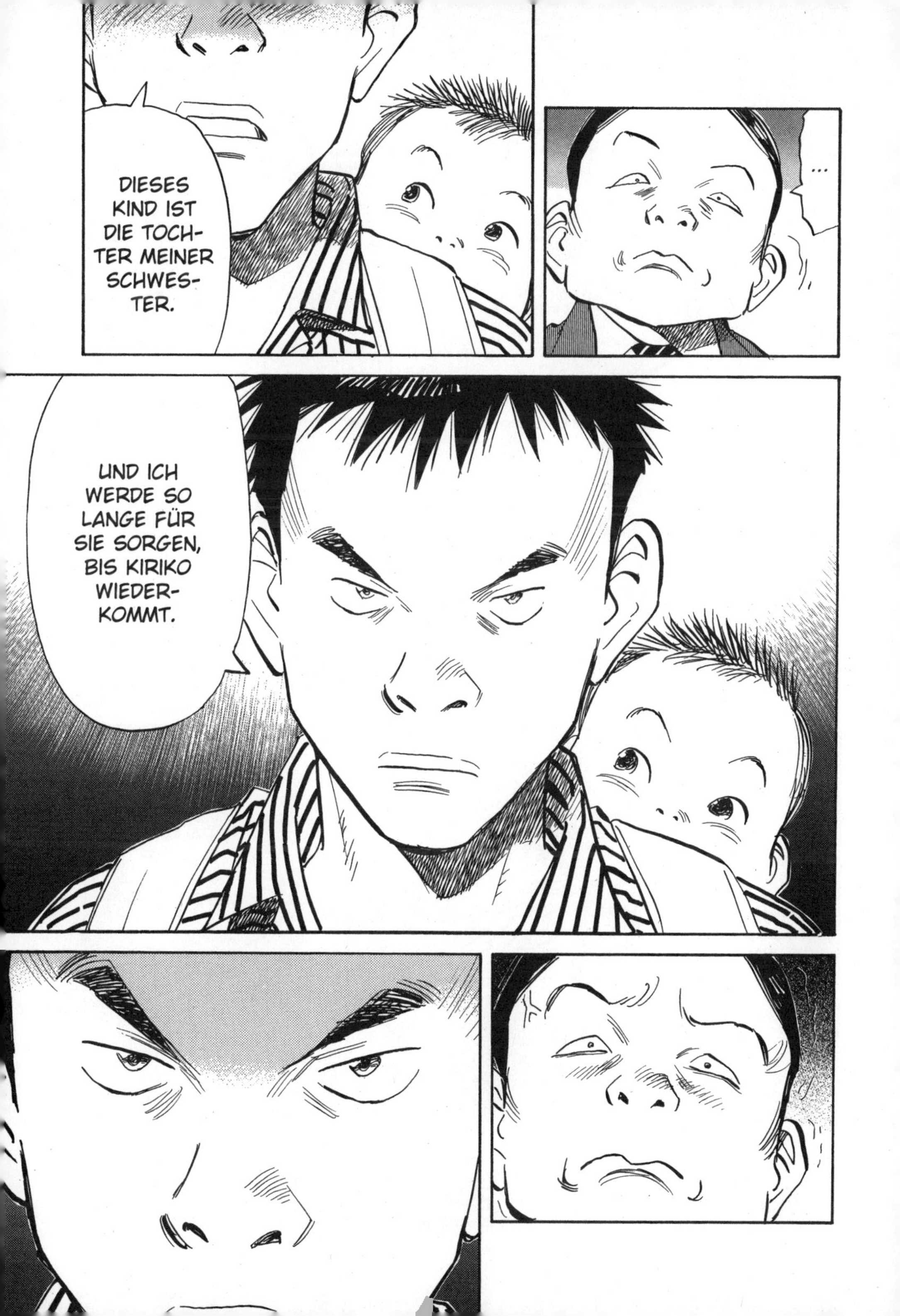

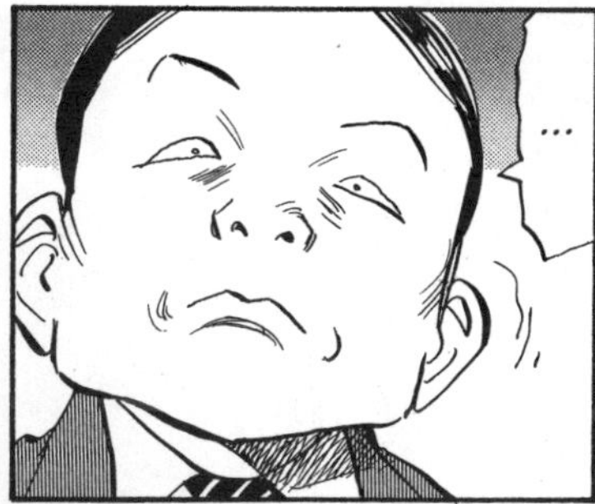

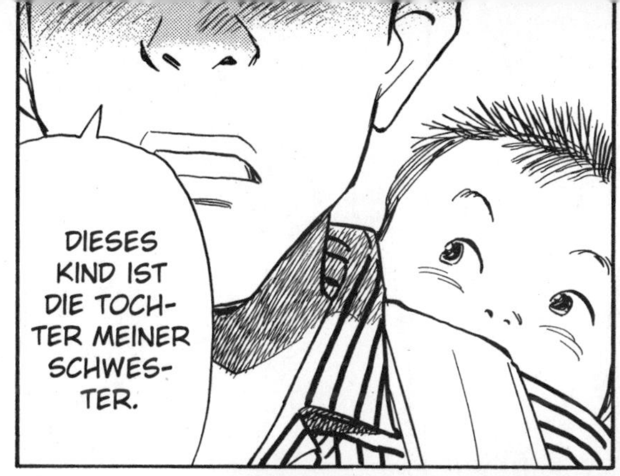

UND ICH WERDE SO LANGE FÜR SIE SORGEN, BIS KIRIKO WIEDERKOMMT.

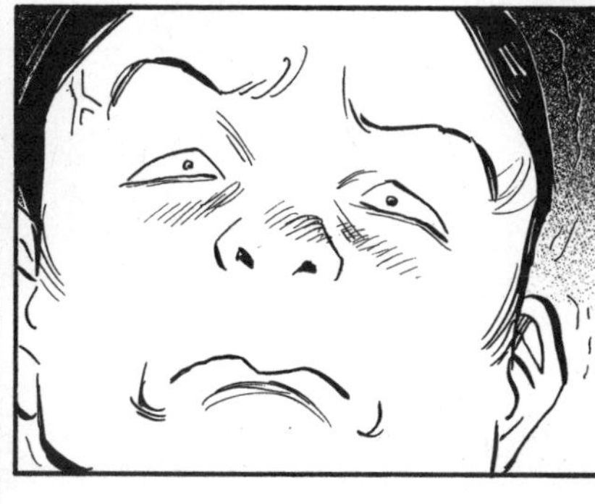

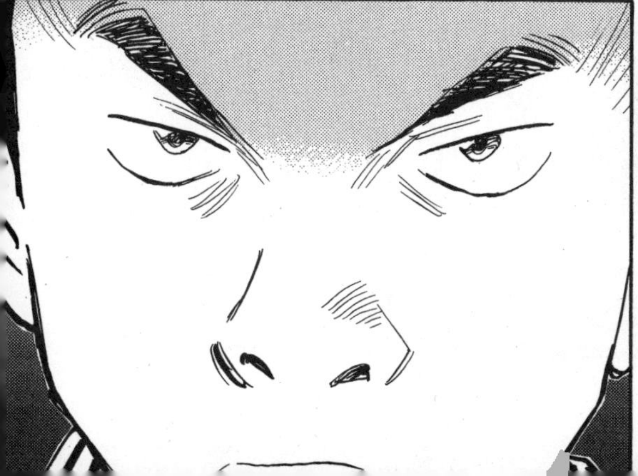

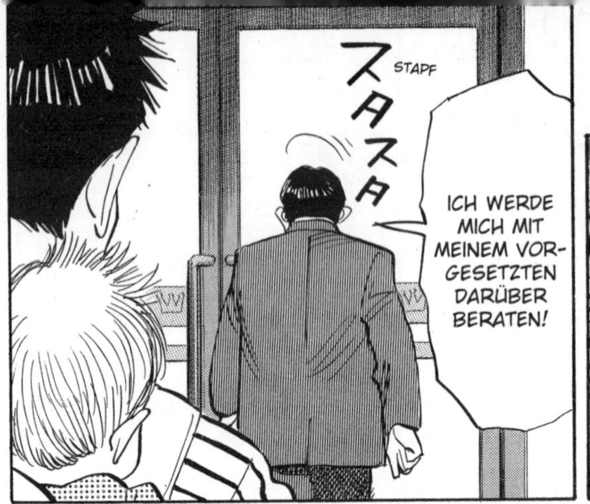
STAPF
ICH WERDE MICH MIT MEINEM VORGESETZTEN DARÜBER BERATEN!
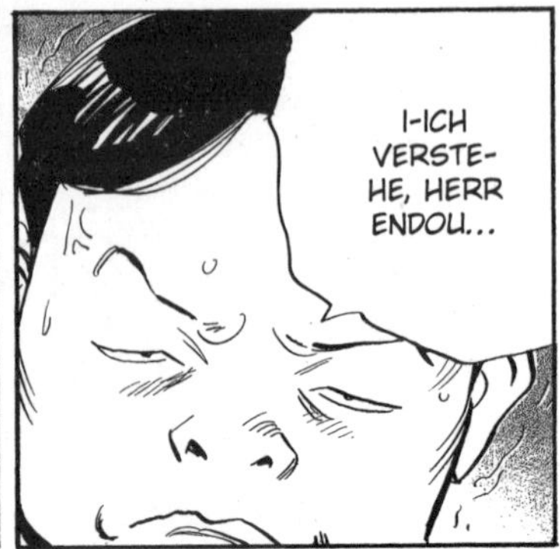
I-ICH VERSTEHE, HERR ENDOU...
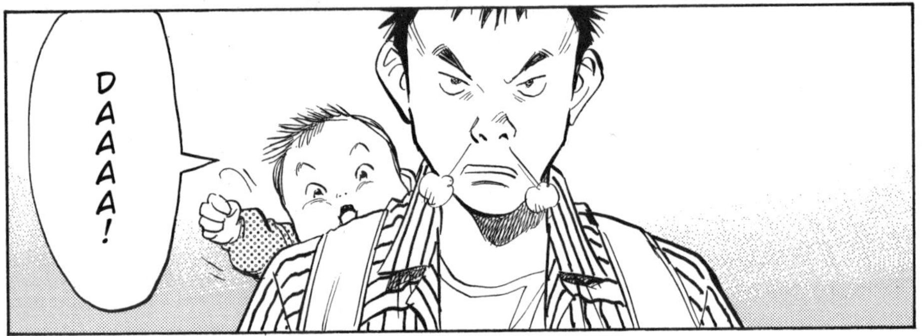
DAAAAA!
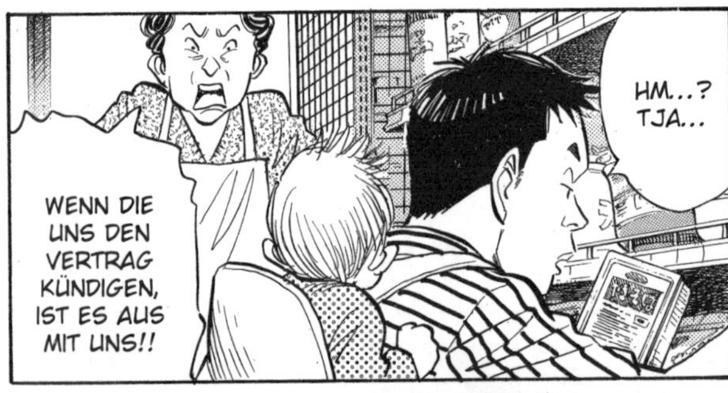
HM...? TJA...
WENN DIE UNS DEN VERTRAG KÜNDIGEN, IST ES AUS MIT UNS!!
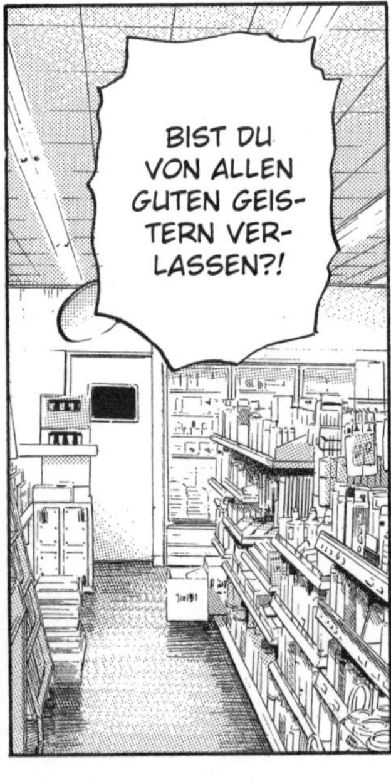
BIST DU VON ALLEN GUTEN GEISTERN VERLASSEN?!
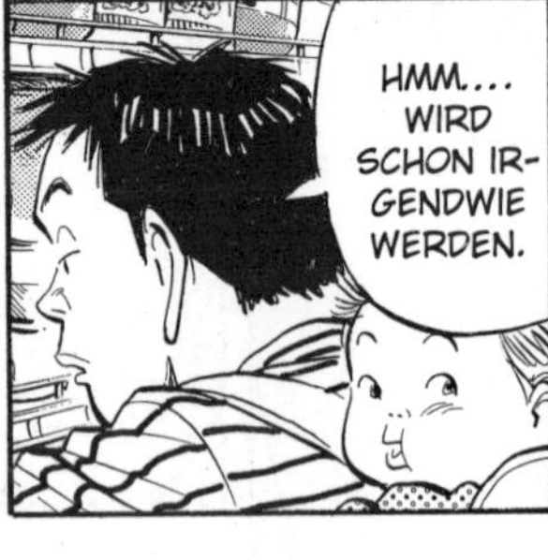
HMM... WIRD SCHON IRGENDWIE WERDEN.
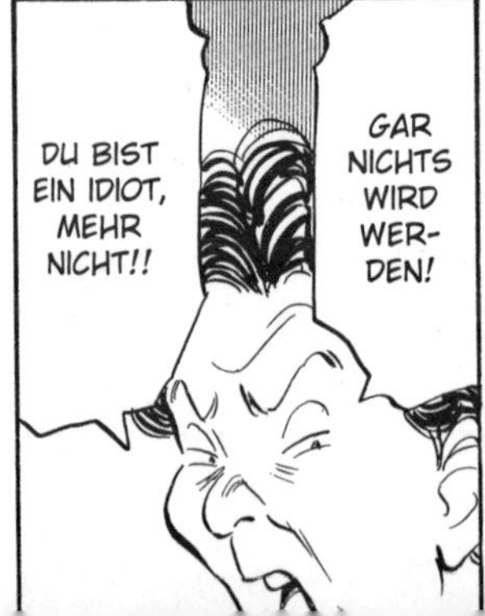
GAR NICHTS WIRD WERDEN!
DU BIST EIN IDIOT, MEHR NICHT!!

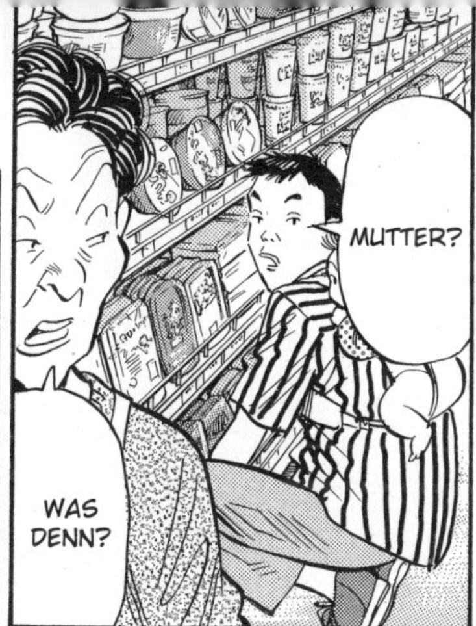

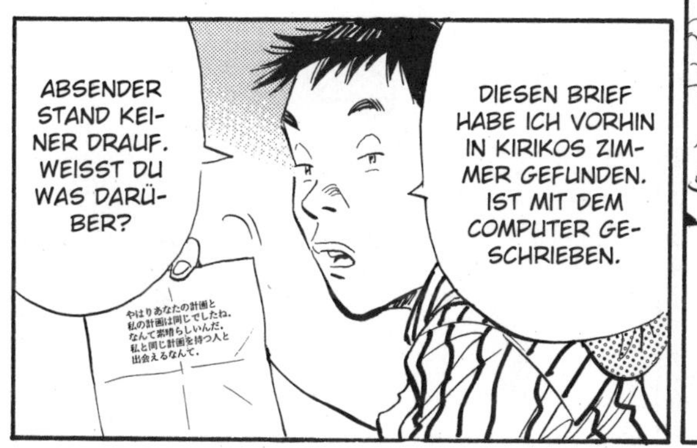

やはりあなたの計画と*
私の計画は同じでしたね。
なんて素晴らしいんだ。
私と同じ計画を持つ人と
出会えるなんて。

NEIN.
DIESER REICHE MOROBOSHI, DER HAT JEDENFALLS IMMER MIT DER HAND GESCHRIEBEN.

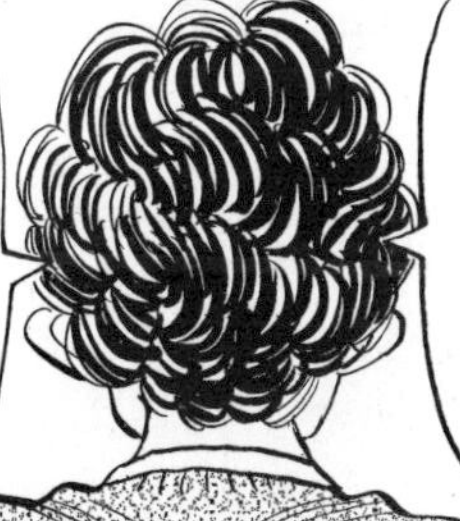

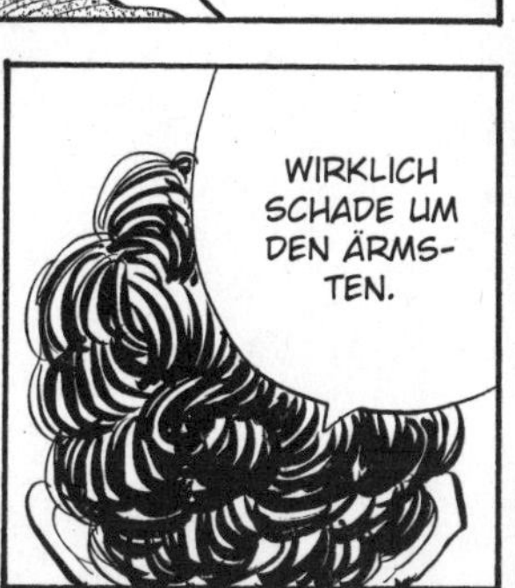

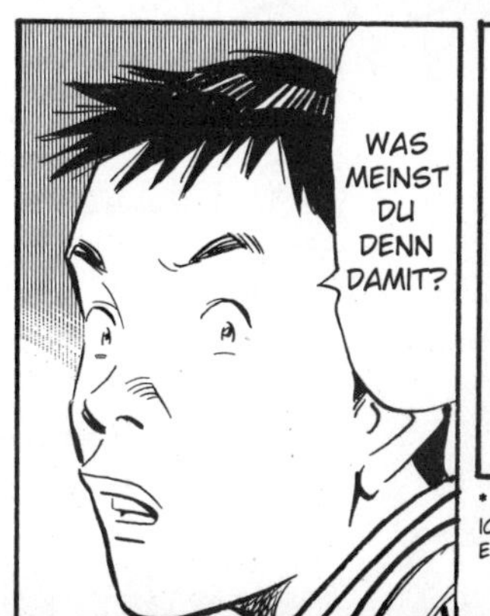

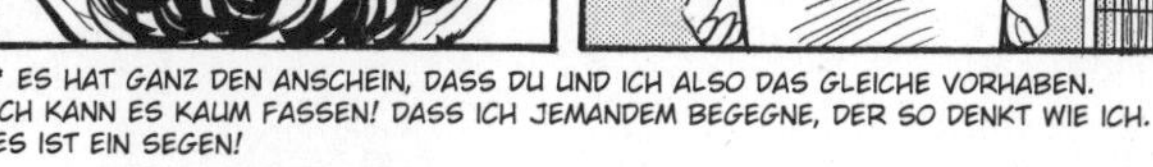
* ES HAT GANZ DEN ANSCHEIN, DASS DU UND ICH ALSO DAS GLEICHE VORHABEN. ICH KANN ES KAUM FASSEN! DASS ICH JEMANDEM BEGEGNE, DER SO DENKT WIE ICH. ES IST EIN SEGEN!

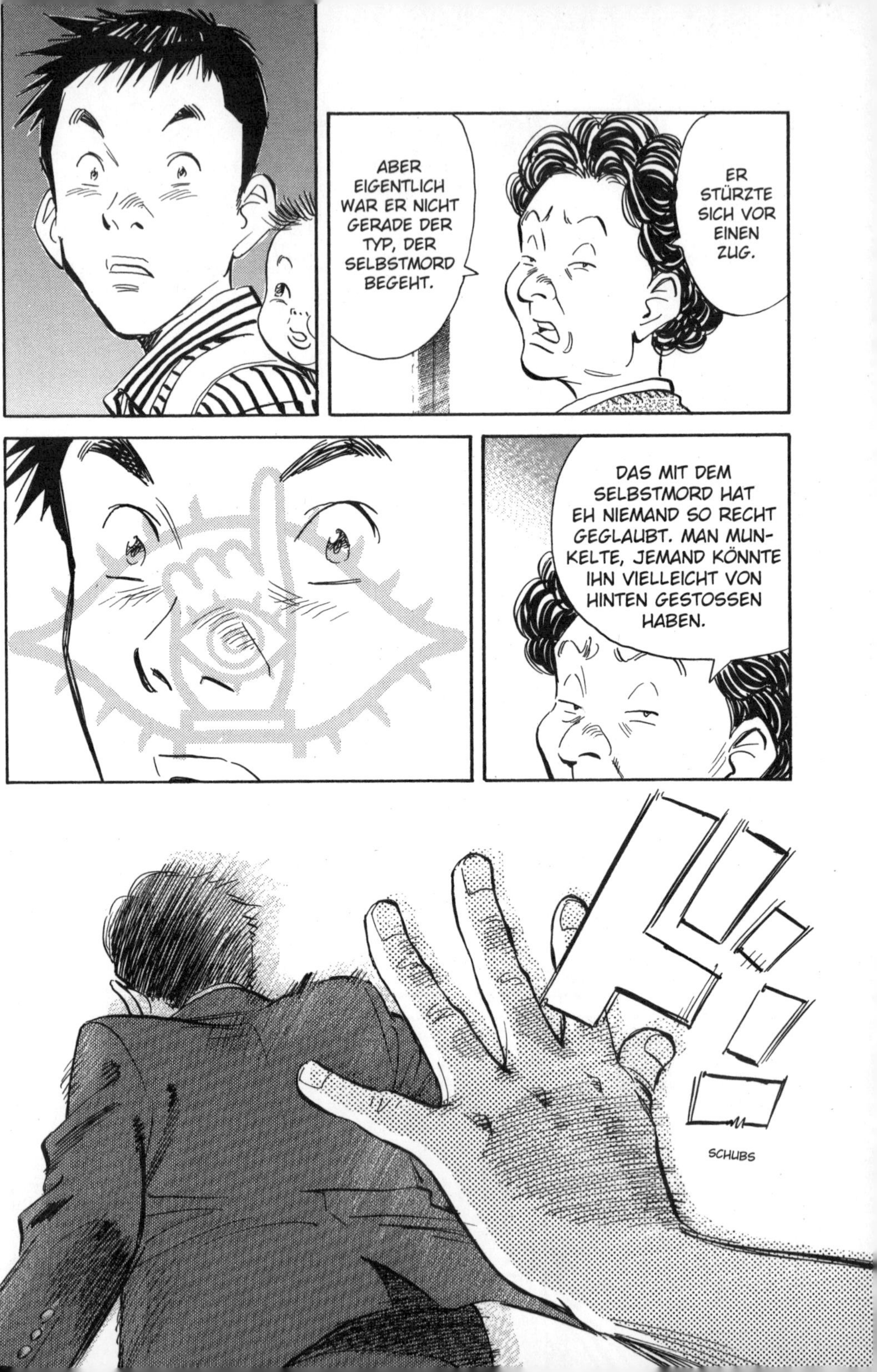

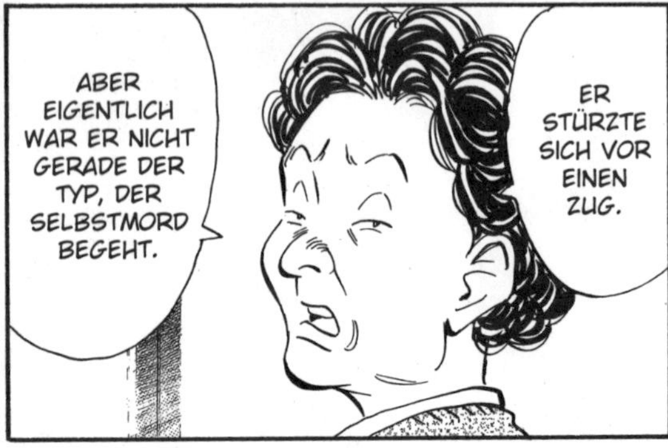
ER STÜRZTE SICH VOR EINEN ZUG.
ABER EIGENTLICH WAR ER NICHT GERADE DER TYP, DER SELBSTMORD BEGEHT.
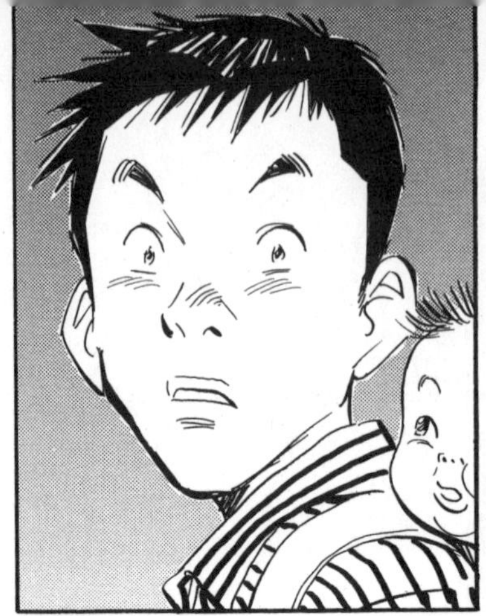
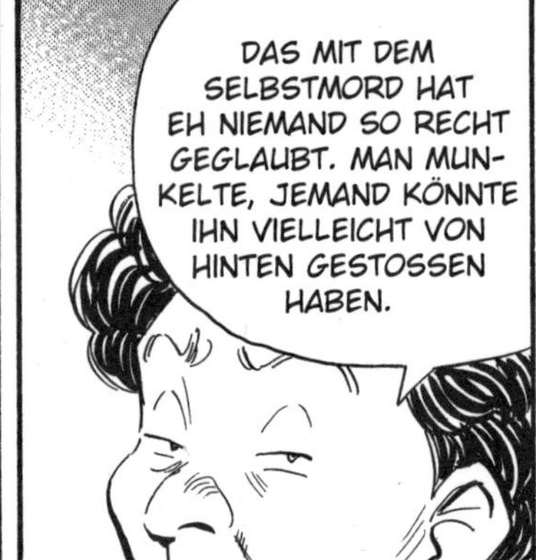
DAS MIT DEM SELBSTMORD HAT EH NIEMAND SO RECHT GEGLAUBT. MAN MUNKELTE, JEMAND KÖNNTE IHN VIELLEICHT VON HINTEN GESTOSSEN HABEN.
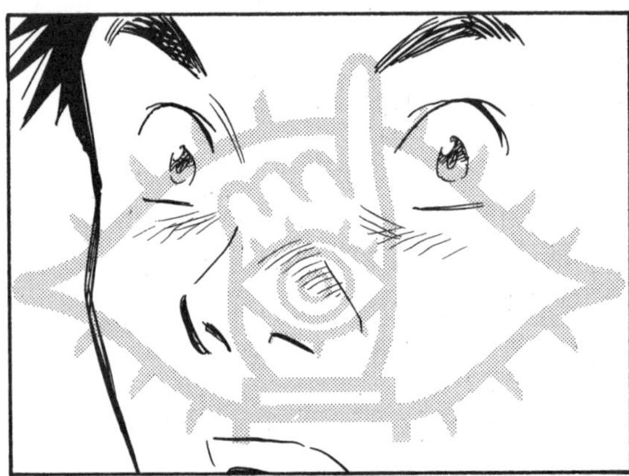
SCHUBS

KAPITEL 19 - DER MANN IM HINTERGRUND

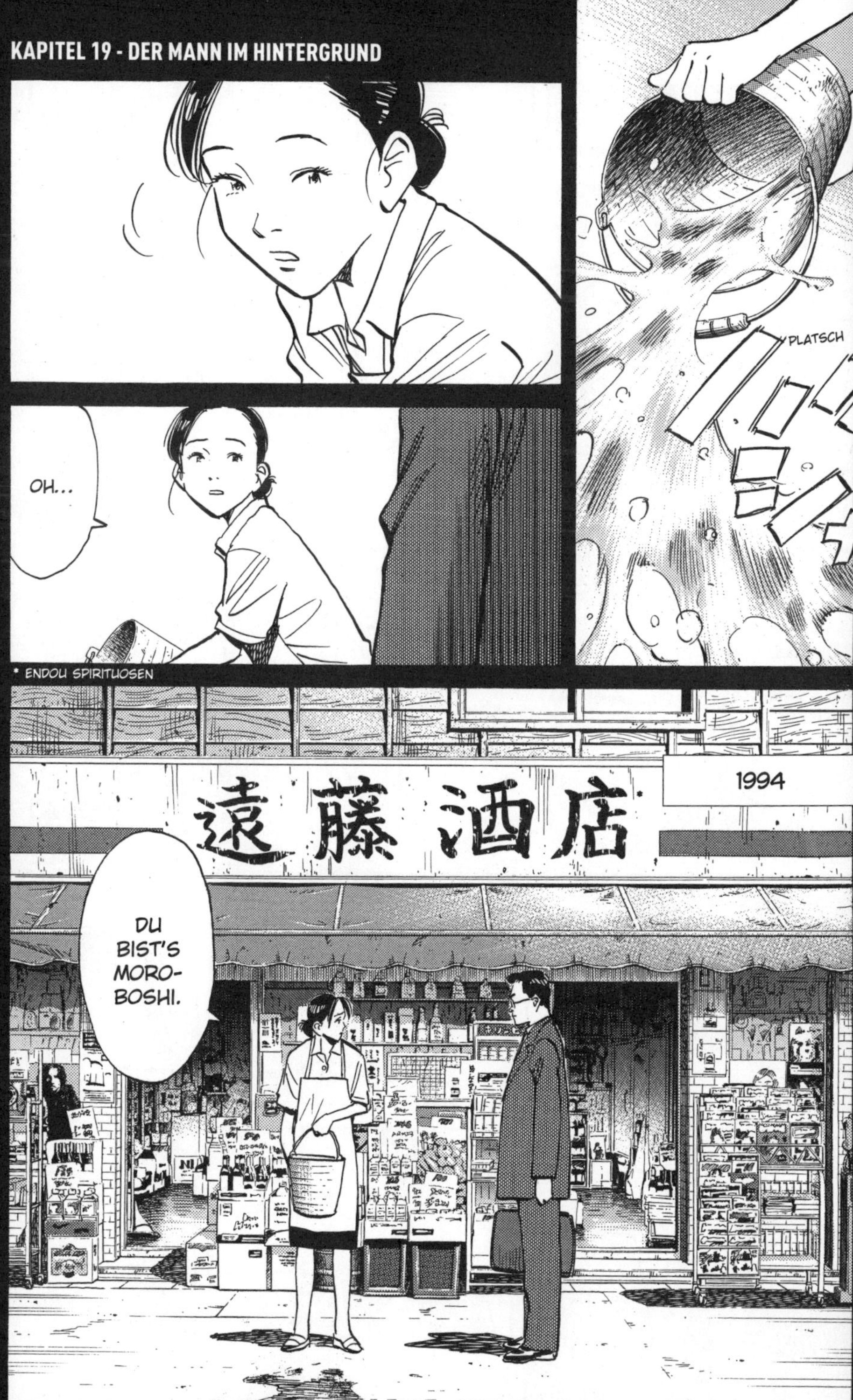

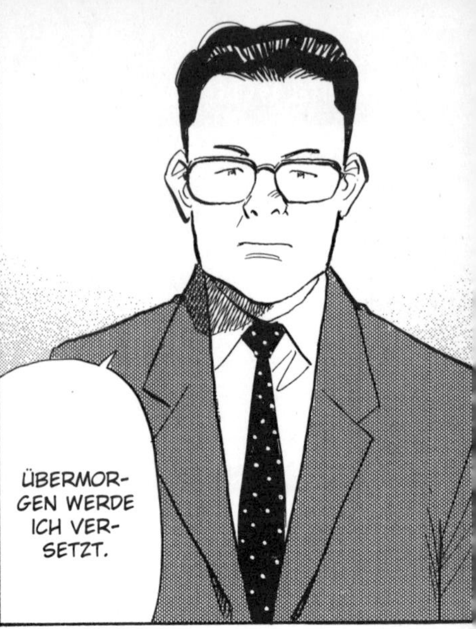
ÜBERMORGEN WERDE ICH VERSETZT.

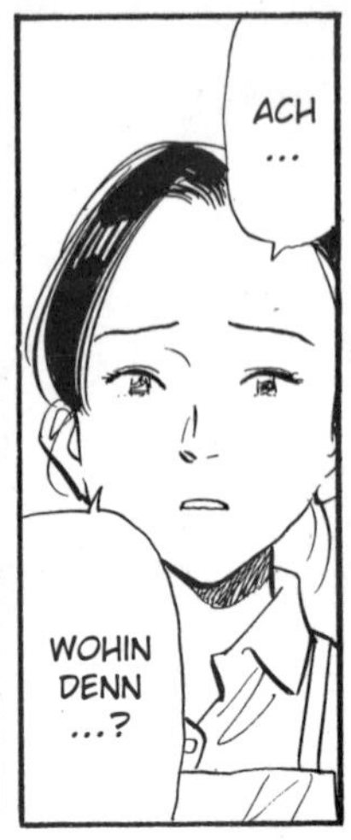
ACH …
WOHIN DENN …?

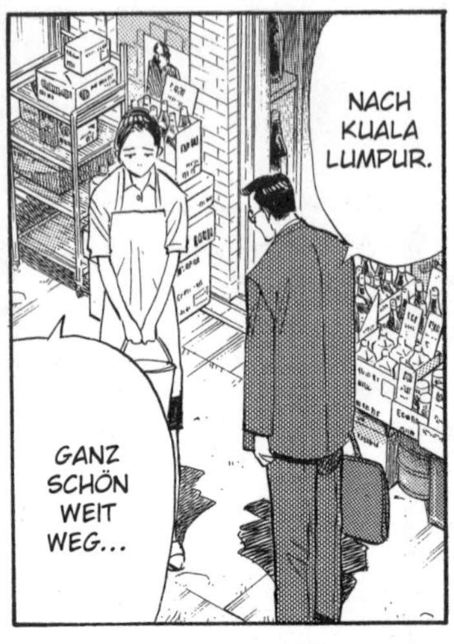
NACH KUALA LUMPUR.
GANZ SCHÖN WEIT WEG…

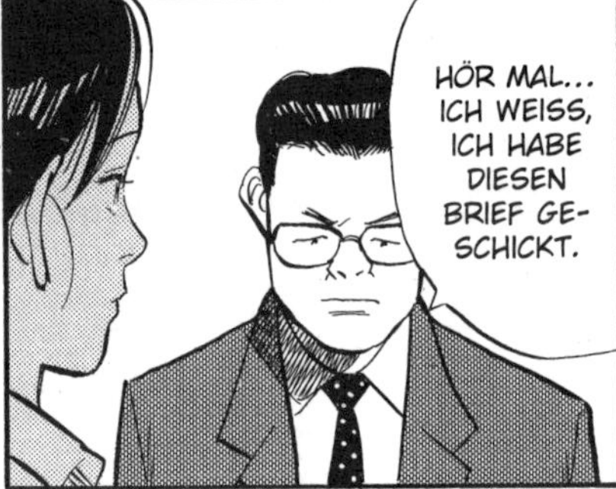
HÖR MAL… ICH WEISS, ICH HABE DIESEN BRIEF GESCHICKT.

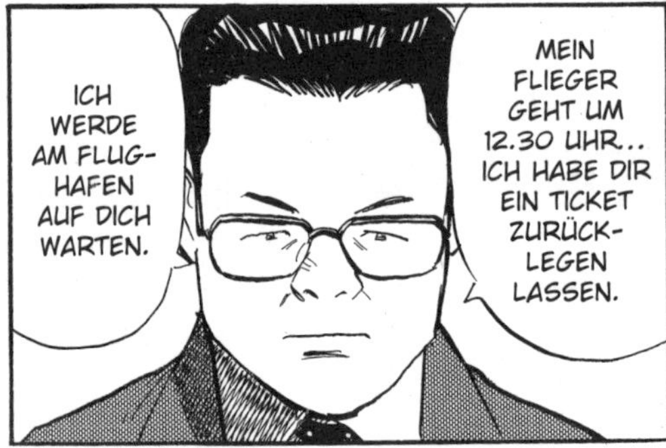
MEIN FLIEGER GEHT UM 12.30 UHR… ICH HABE DIR EIN TICKET ZURÜCKLEGEN LASSEN.
ICH WERDE AM FLUGHAFEN AUF DICH WARTEN.

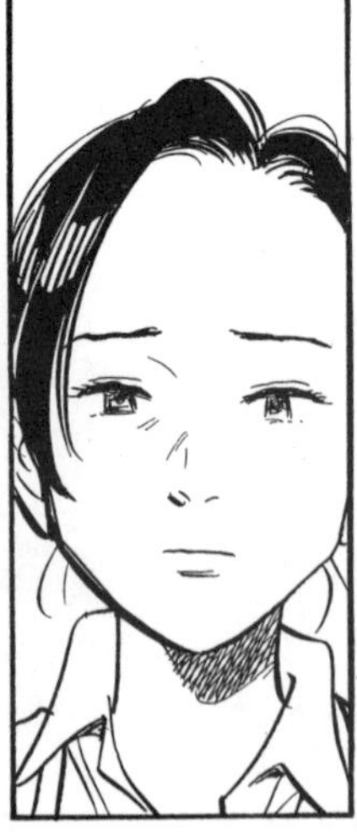

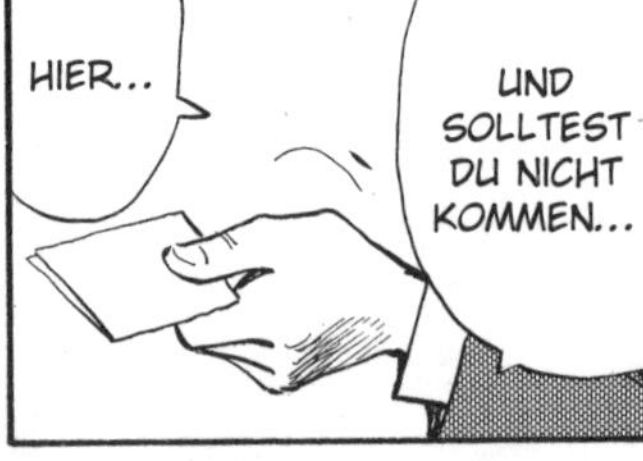
UND SOLLTEST DU NICHT KOMMEN…
HIER…

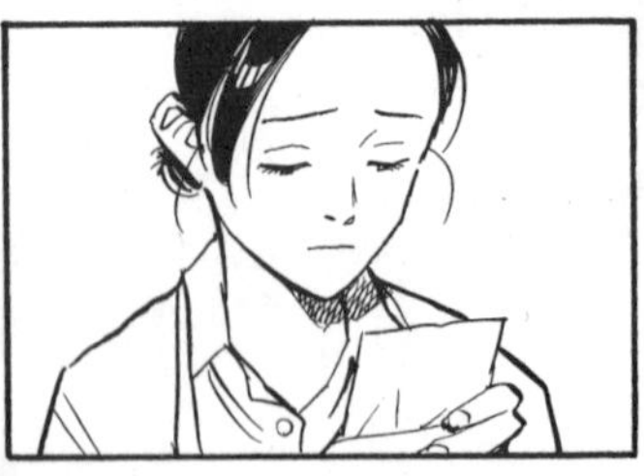

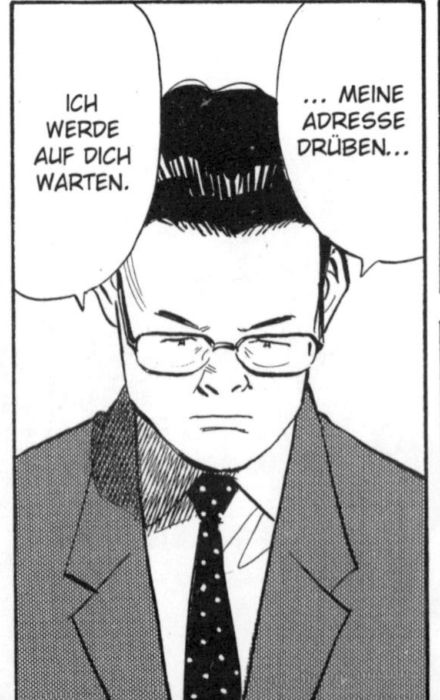
… MEINE ADRESSE DRÜBEN…
ICH WERDE AUF DICH WARTEN.

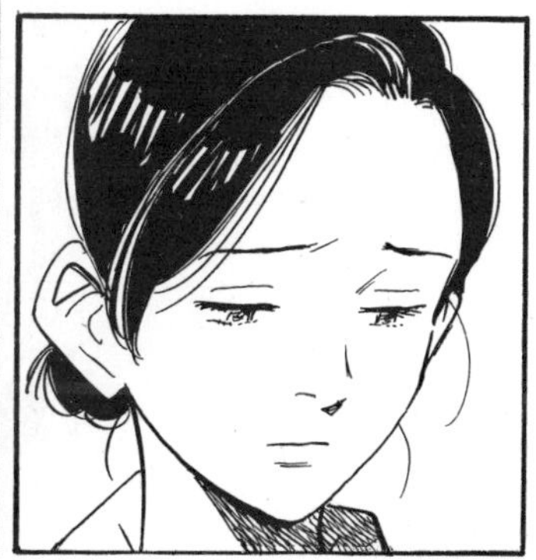

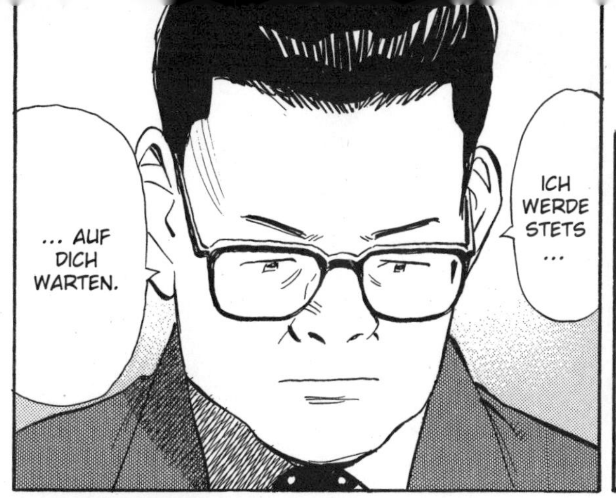
ICH WERDE STETS ...
... AUF DICH WARTEN.

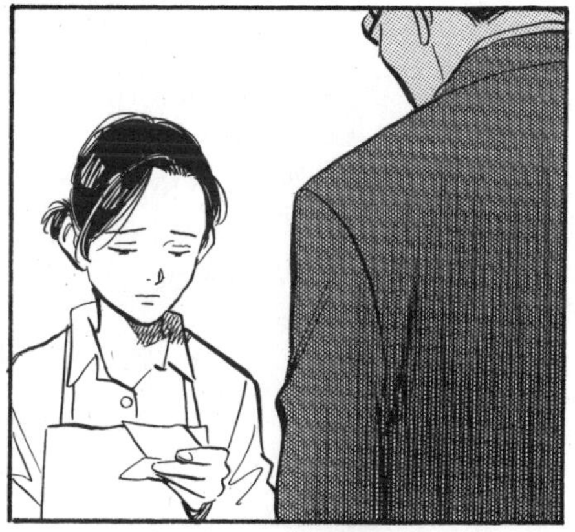

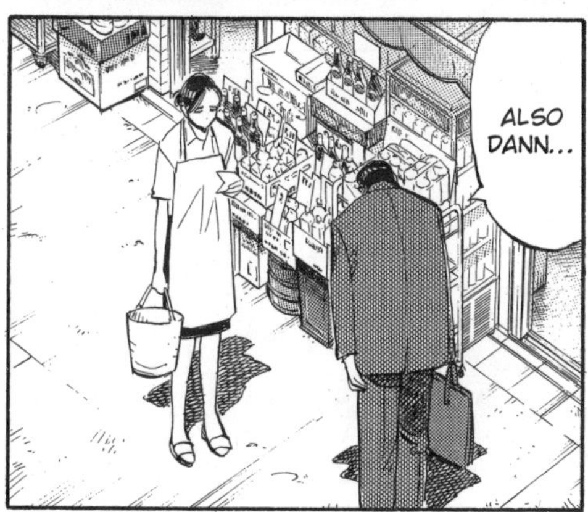
ALSO DANN...

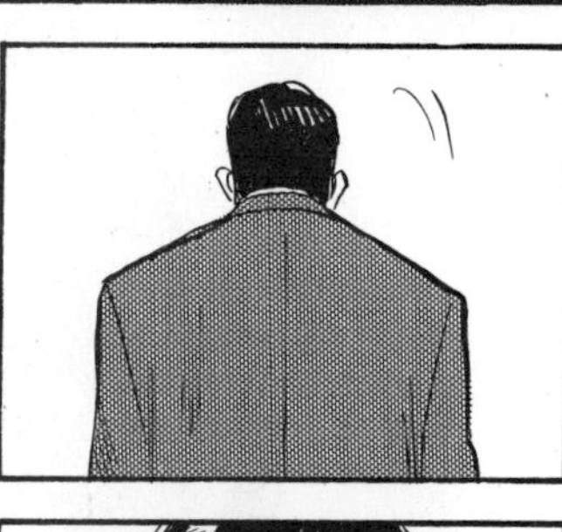

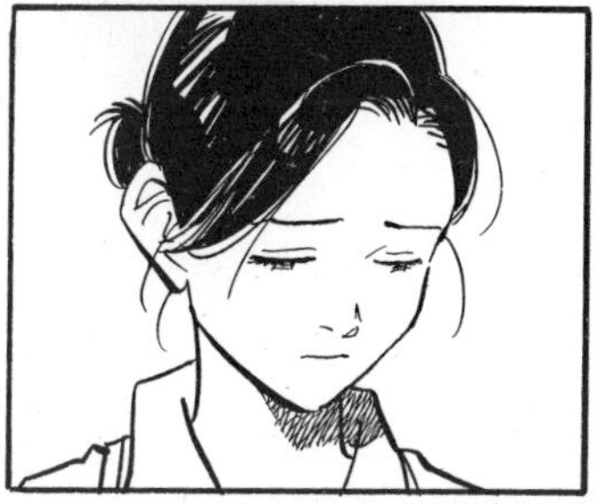

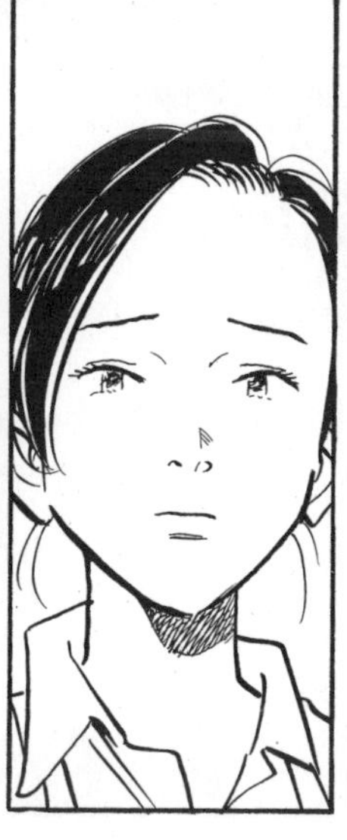

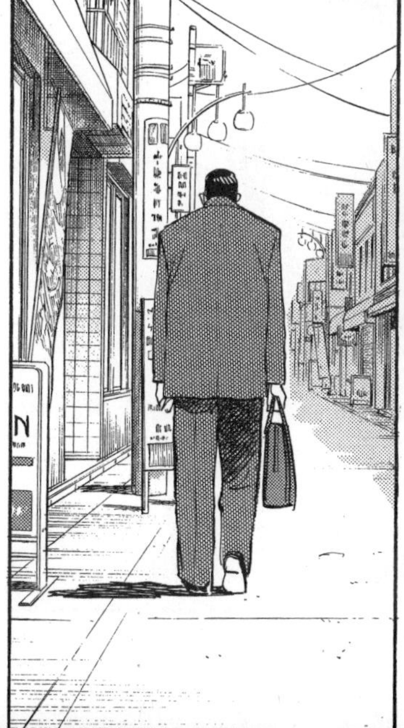

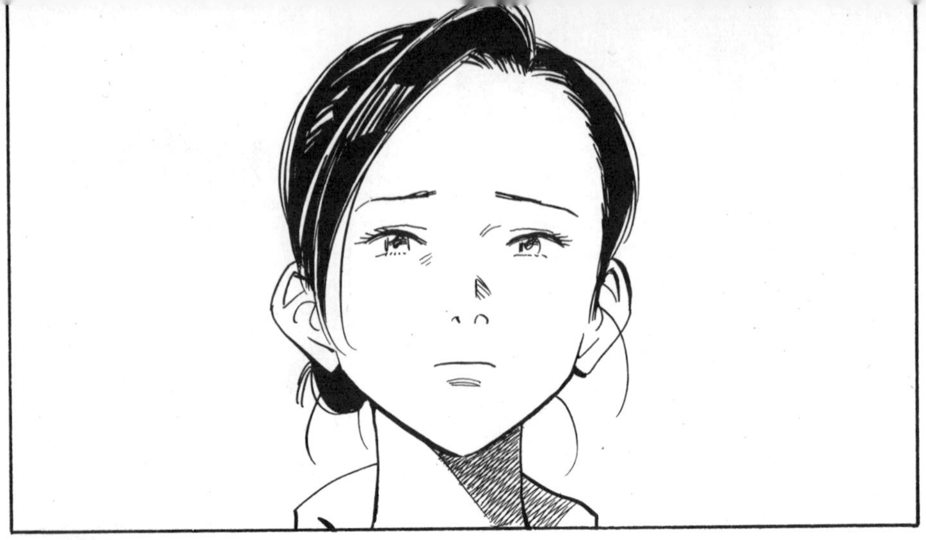

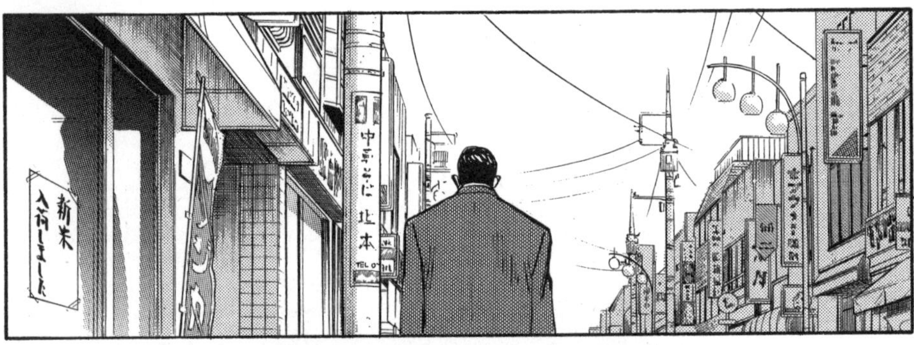
新米
入荷しました
中華そば 北本

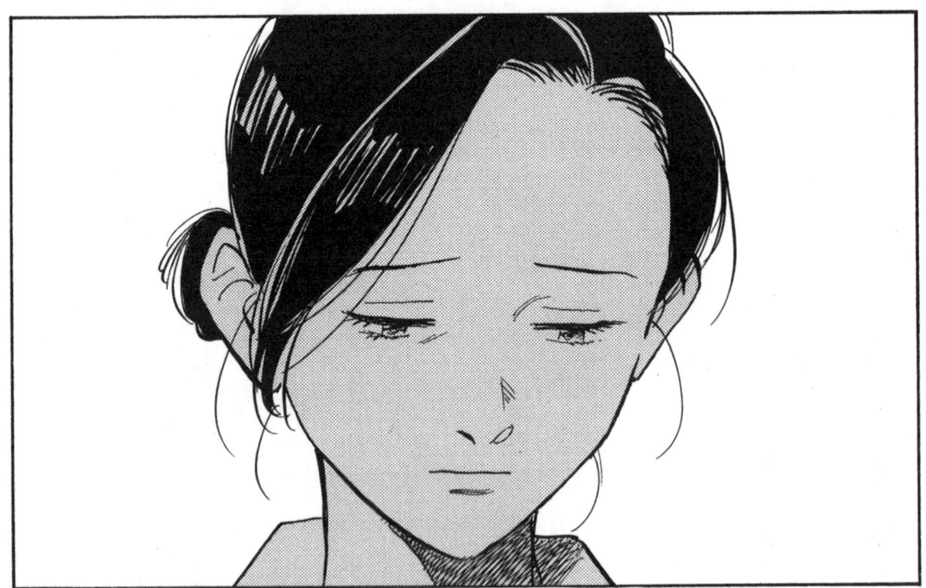

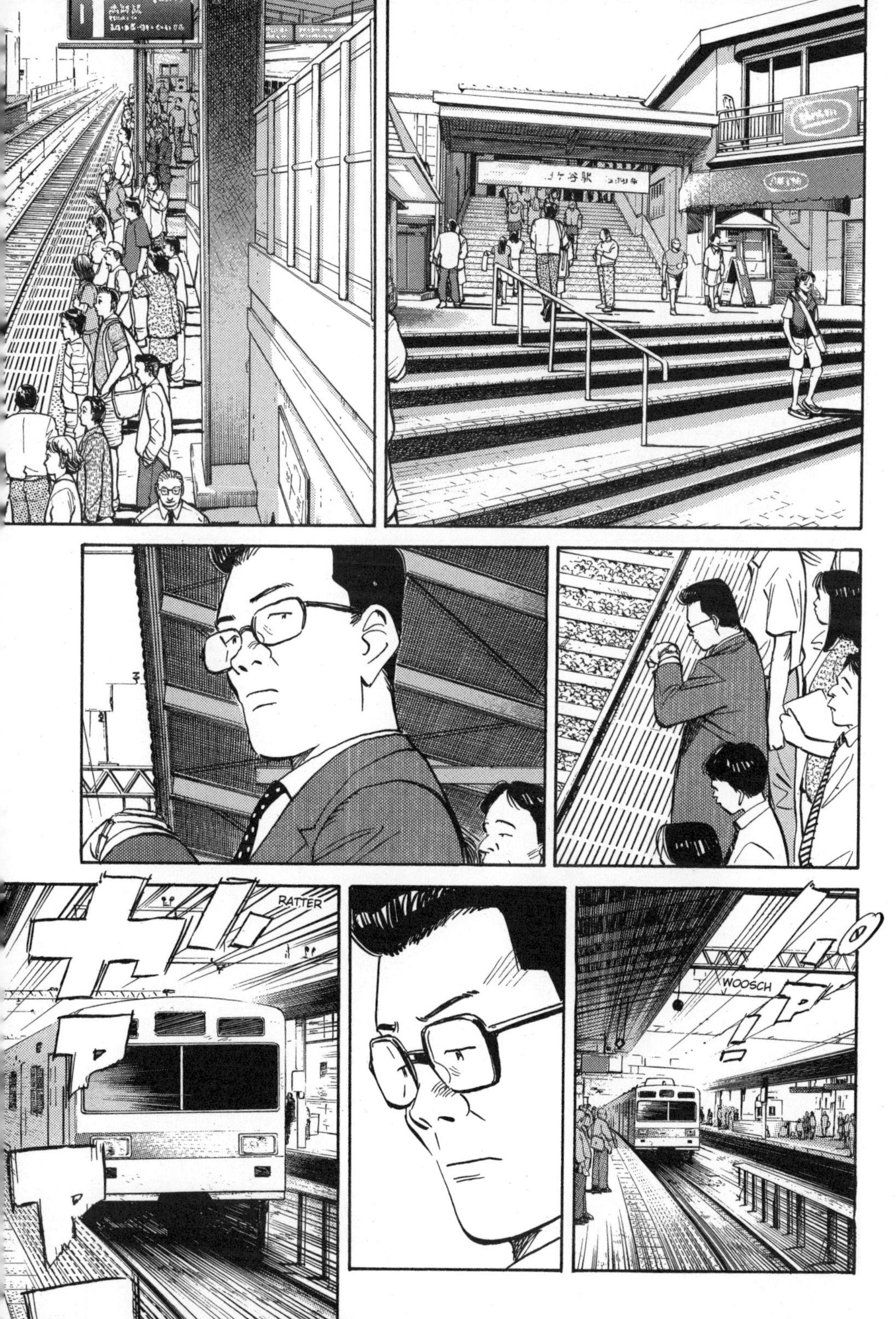
RATTER
WOOSCH

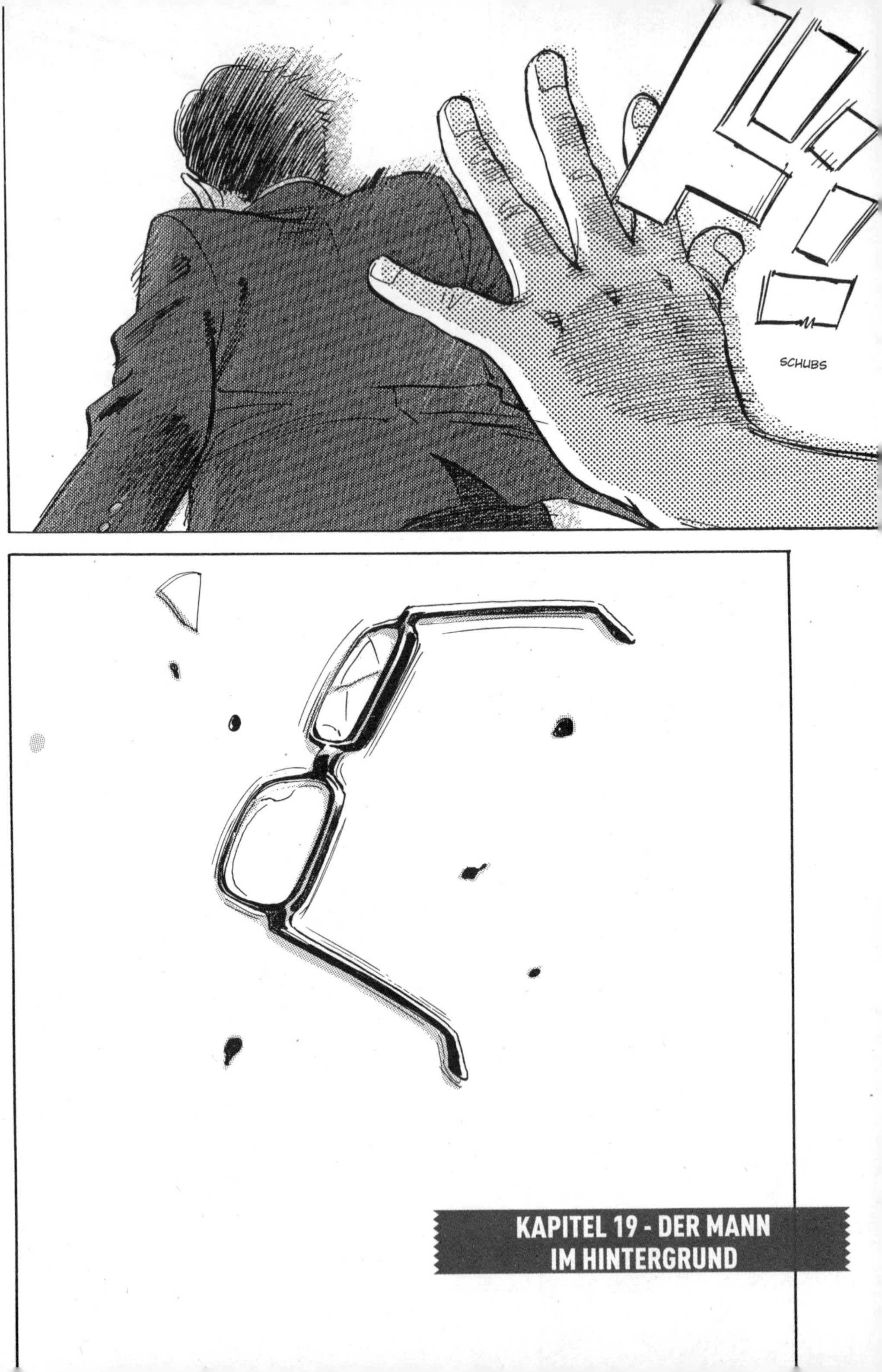

SCHUBS

KAPITEL 19 - DER MANN IM HINTERGRUND

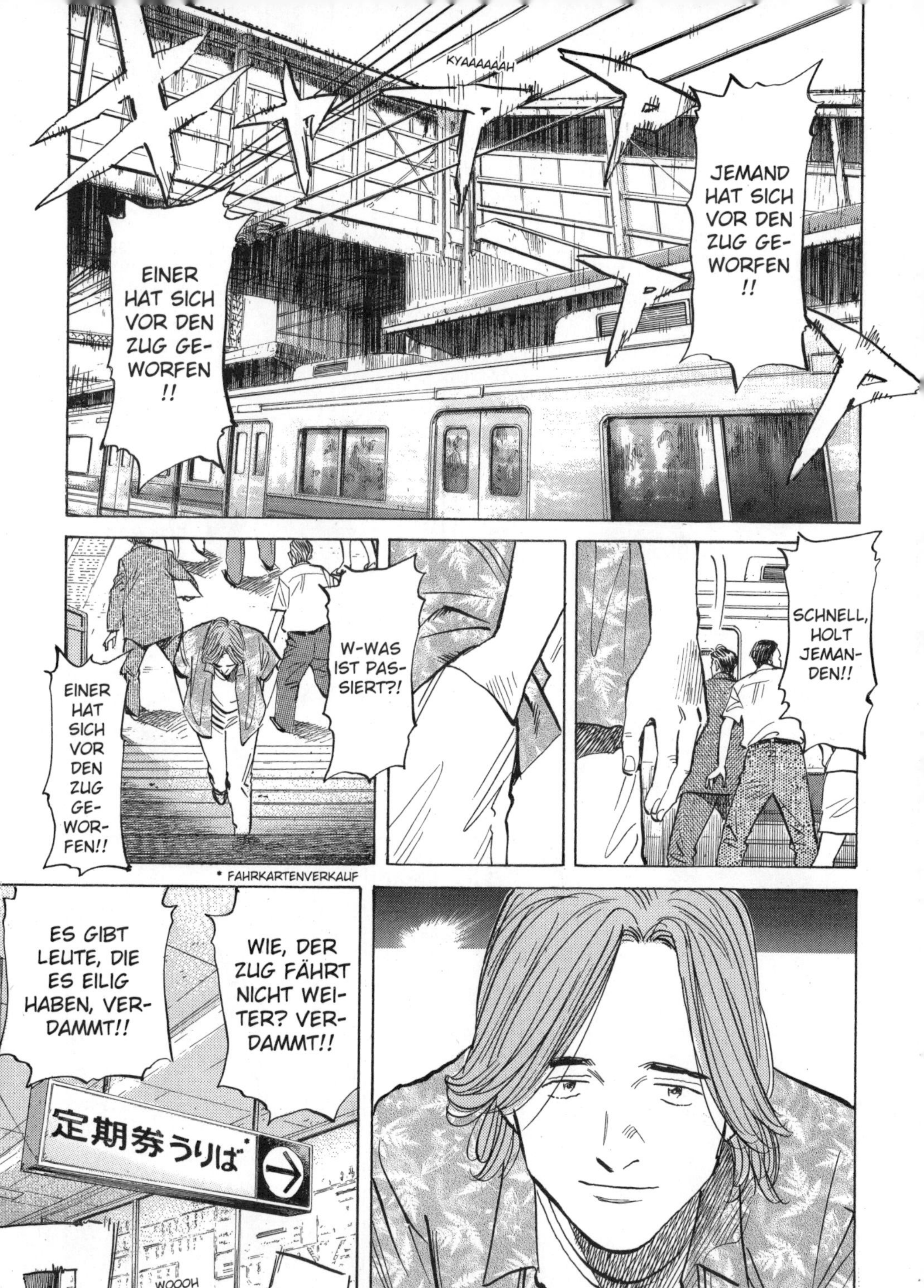

* FAHRKARTENVERKAUF

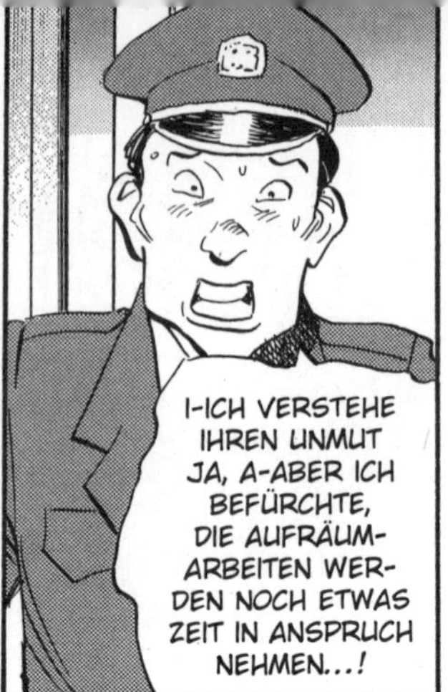
I-ICH VERSTEHE IHREN UNMUT JA, A-ABER ICH BEFÜRCHTE, DIE AUFRÄUM-ARBEITEN WER-DEN NOCH ETWAS ZEIT IN ANSPRUCH NEHMEN...!

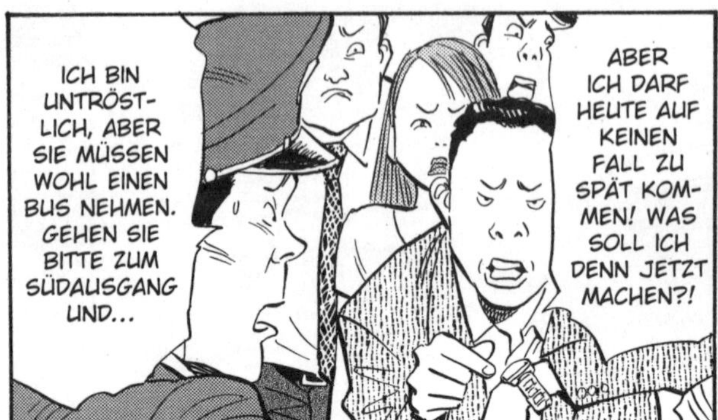
ABER ICH DARF HEUTE AUF KEINEN FALL ZU SPÄT KOM-MEN! WAS SOLL ICH DENN JETZT MACHEN?!
ICH BIN UNTRÖST-LICH, ABER SIE MÜSSEN WOHL EINEN BUS NEHMEN. GEHEN SIE BITTE ZUM SÜDAUSGANG UND...

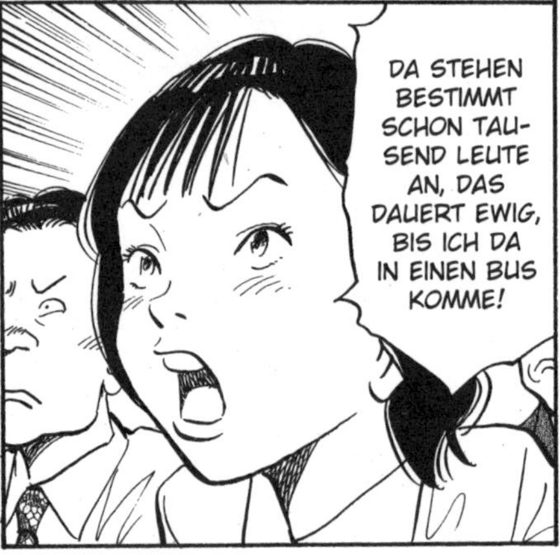
DA STEHEN BESTIMMT SCHON TAU-SEND LEUTE AN, DAS DAUERT EWIG, BIS ICH DA IN EINEN BUS KOMME!

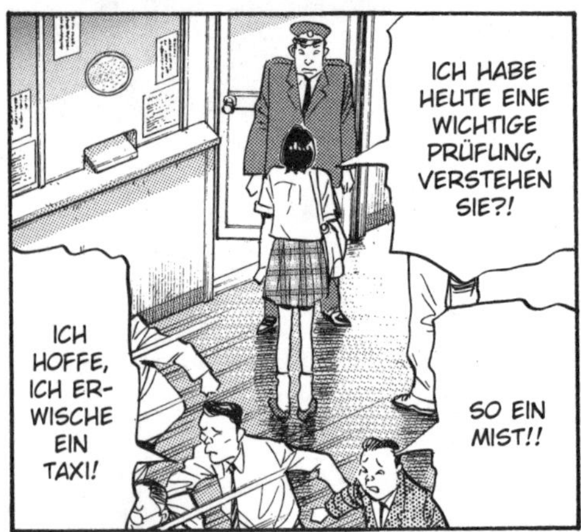
ICH HABE HEUTE EINE WICHTIGE PRÜFUNG, VERSTEHEN SIE?!
SO EIN MIST!!
ICH HOFFE, ICH ER-WISCHE EIN TAXI!

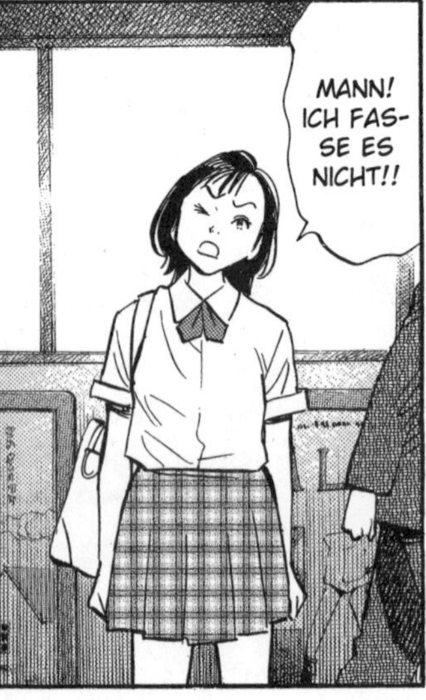
MANN! ICH FAS-SE ES NICHT!!

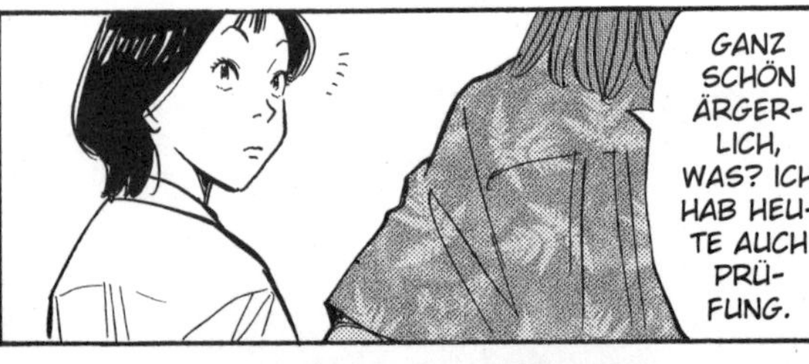
GANZ SCHÖN ÄRGER-LICH, WAS? ICH HAB HEU-TE AUCH PRÜ-FUNG.

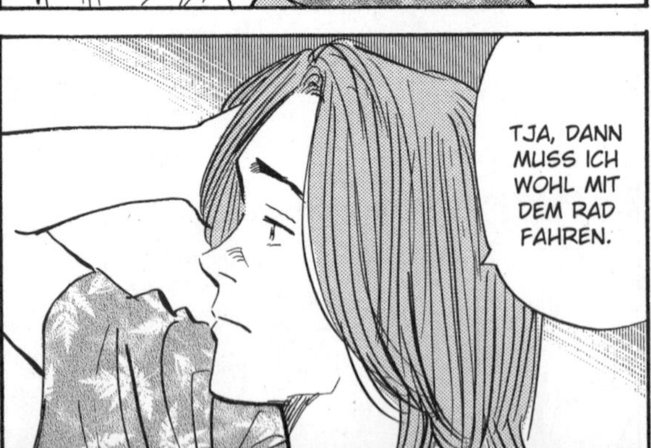
TJA, DANN MUSS ICH WOHL MIT DEM RAD FAHREN.

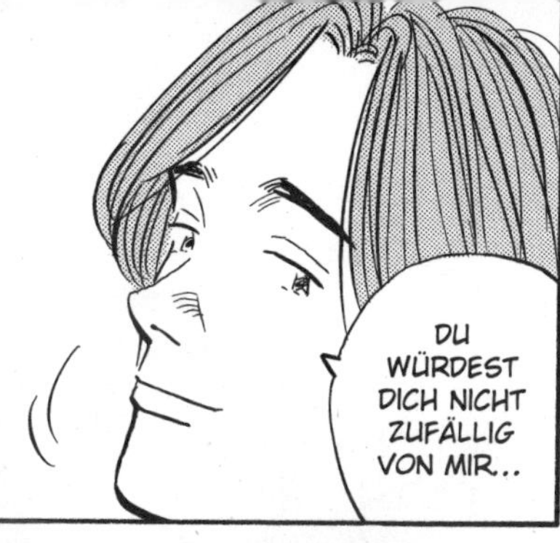

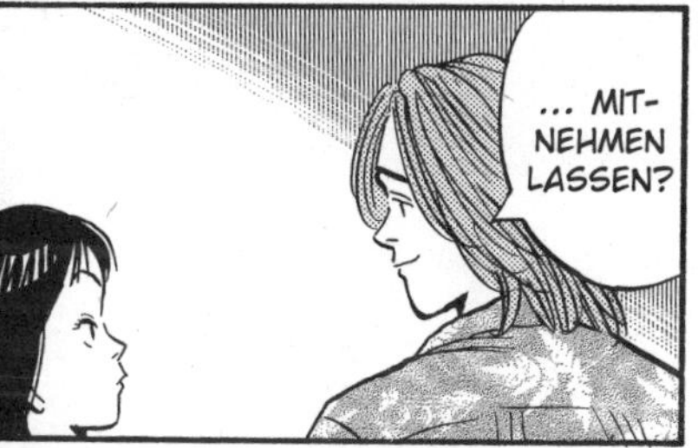

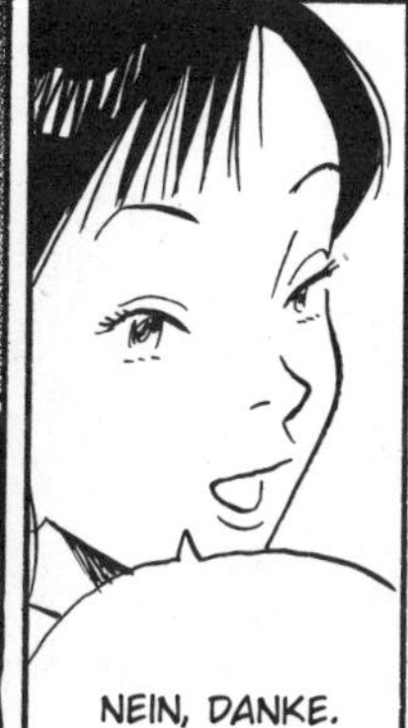

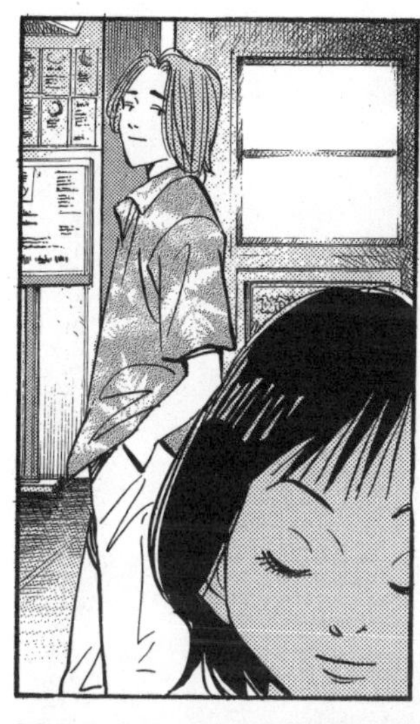

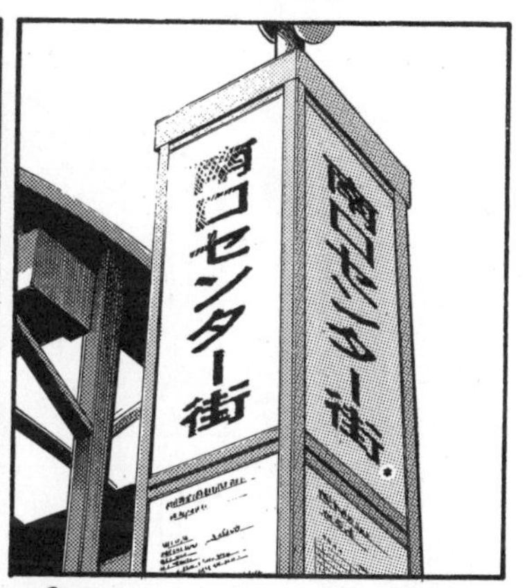

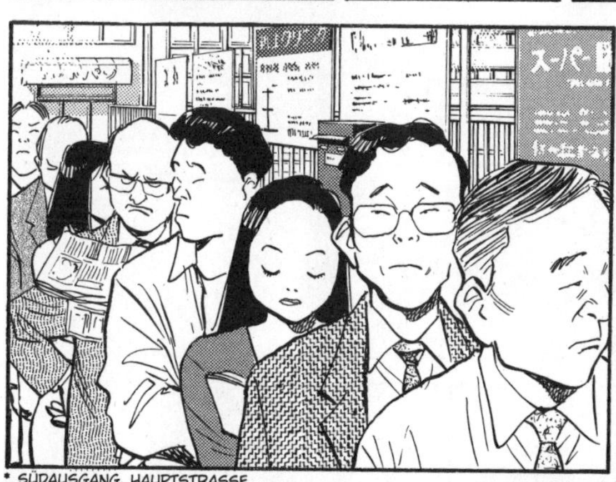

* SÜDAUSGANG, HAUPTSTRASSE

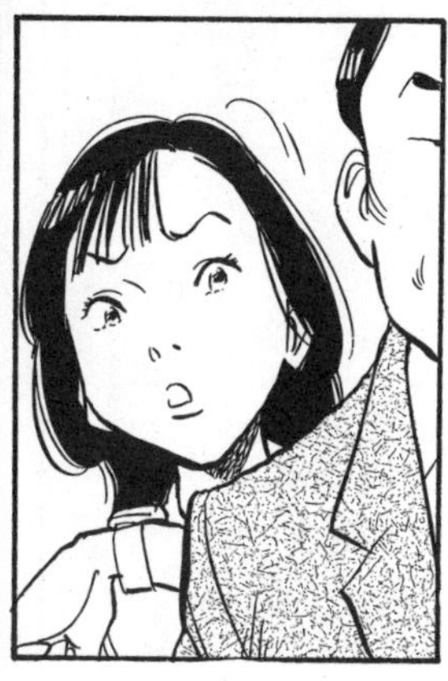

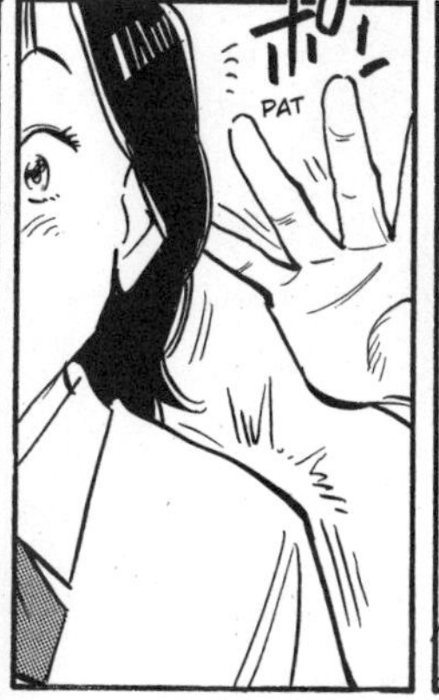

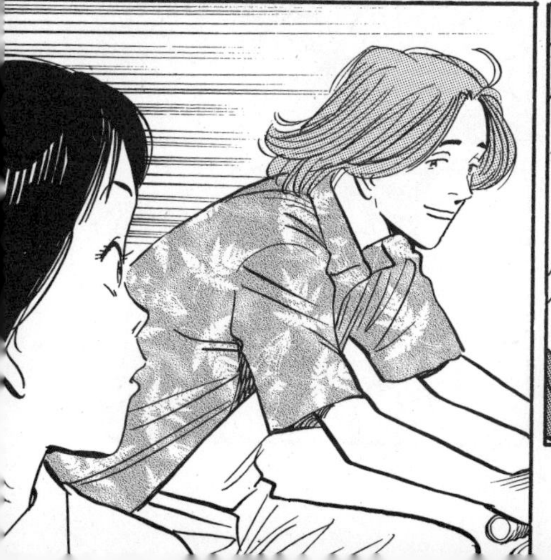

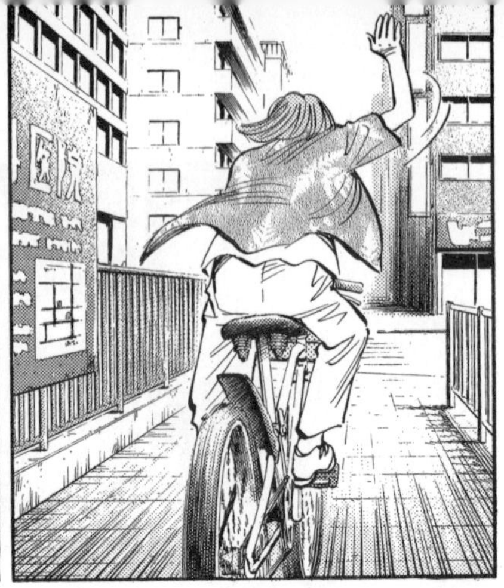
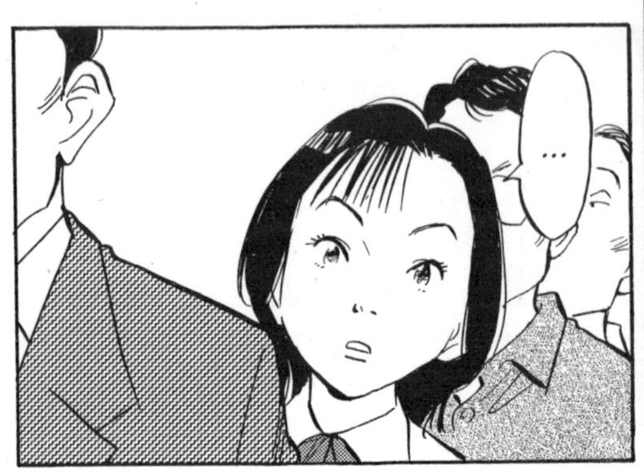
…
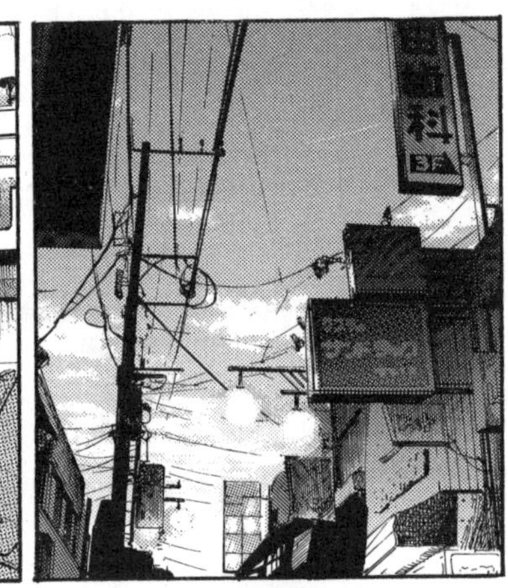
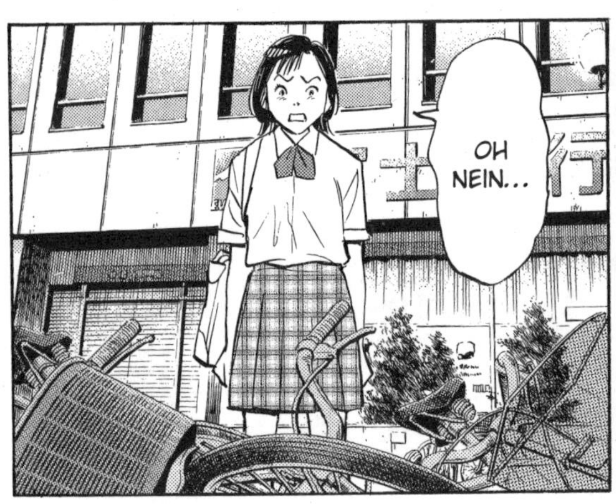
OH NEIN…
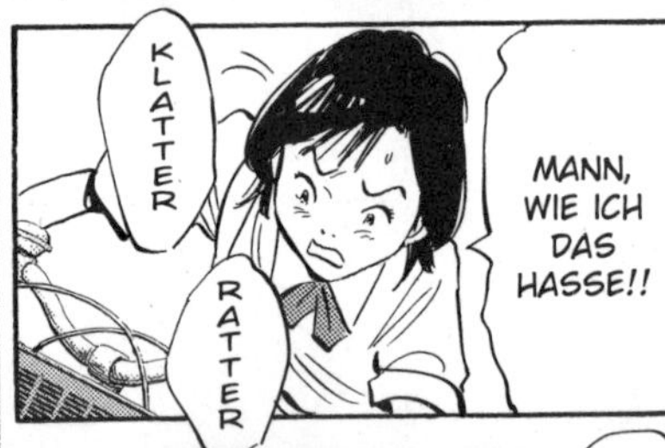
MANN, WIE ICH DAS HASSE!!
KLATTER
RATTER
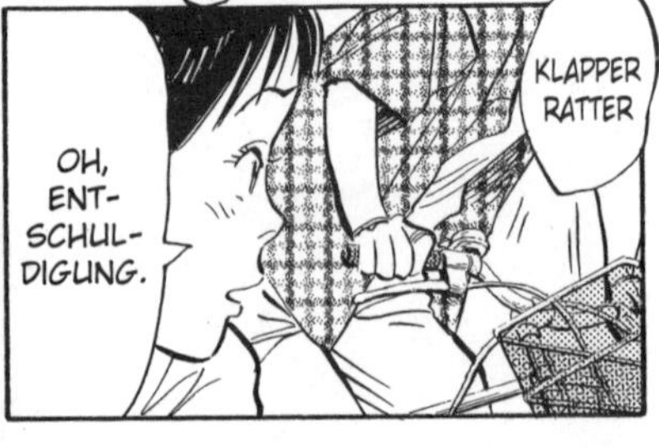
KLAPPER RATTER
OH, ENT-SCHUL-DIGUNG.
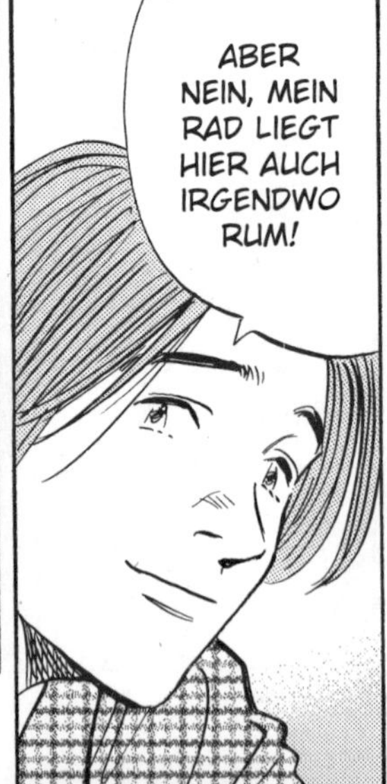
ABER NEIN, MEIN RAD LIEGT HIER AUCH IRGENDWO RUM!
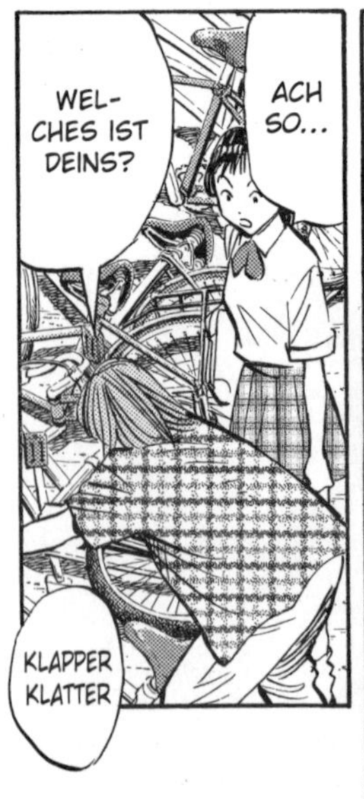
ACH SO…
WEL-CHES IST DEINS?
KLAPPER KLATTER

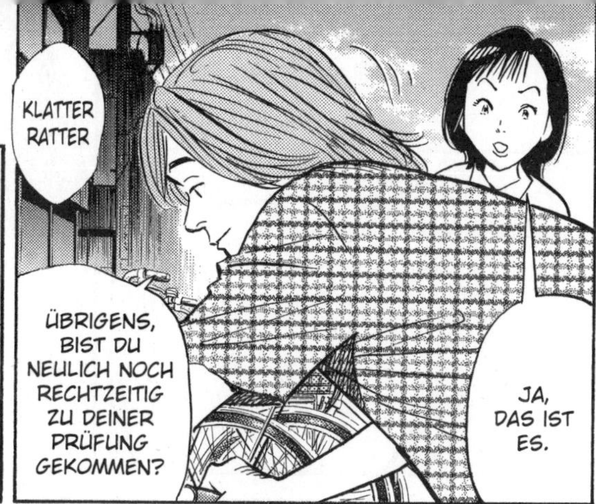
JA, DAS IST ES.
ÜBRIGENS, BIST DU NEULICH NOCH RECHTZEITIG ZU DEINER PRÜFUNG GEKOMMEN?
KLATTER RATTER

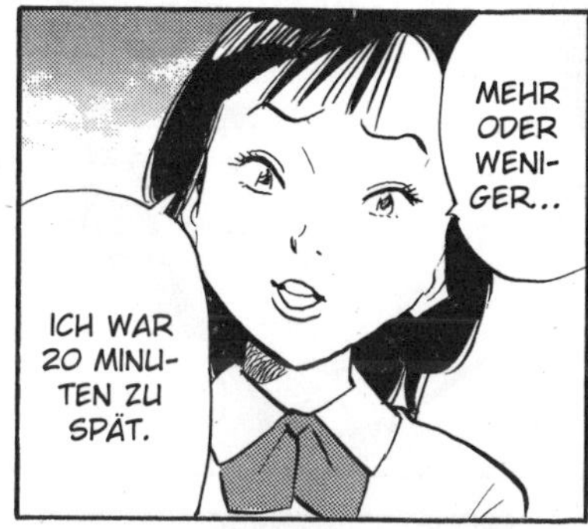
MEHR ODER WENIGER...
ICH WAR 20 MINUTEN ZU SPÄT.

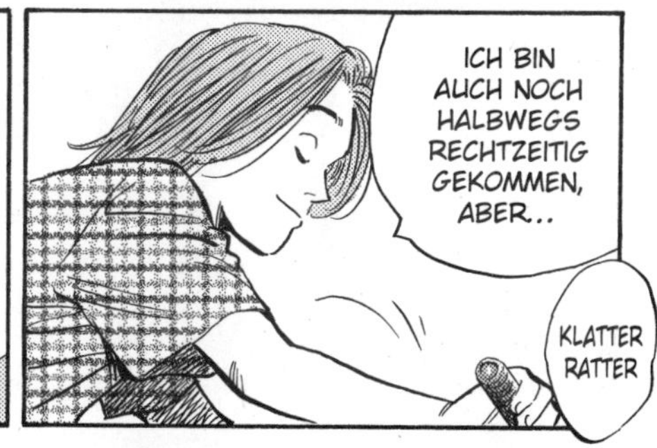
ICH BIN AUCH NOCH HALBWEGS RECHTZEITIG GEKOMMEN, ABER...
KLATTER RATTER

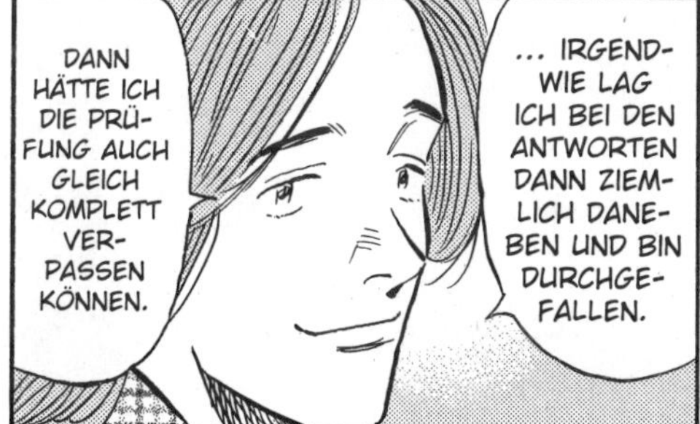
... IRGENDWIE LAG ICH BEI DEN ANTWORTEN DANN ZIEMLICH DANEBEN UND BIN DURCHGEFALLEN.
DANN HÄTTE ICH DIE PRÜFUNG AUCH GLEICH KOMPLETT VERPASSEN KÖNNEN.

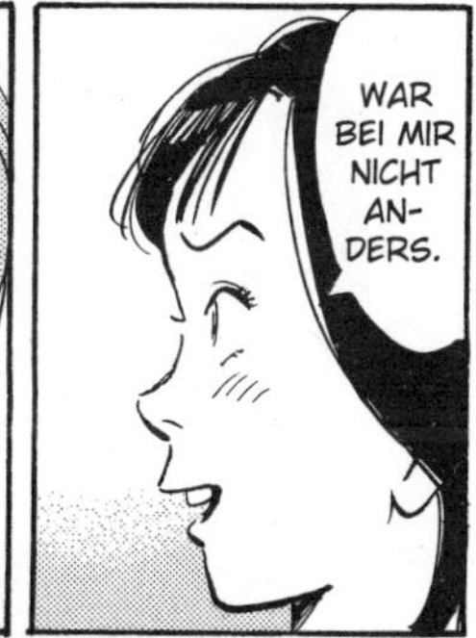
WAR BEI MIR NICHT ANDERS.

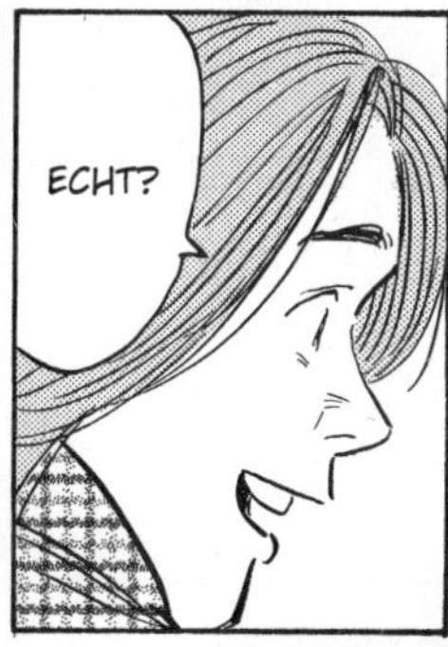
ECHT?

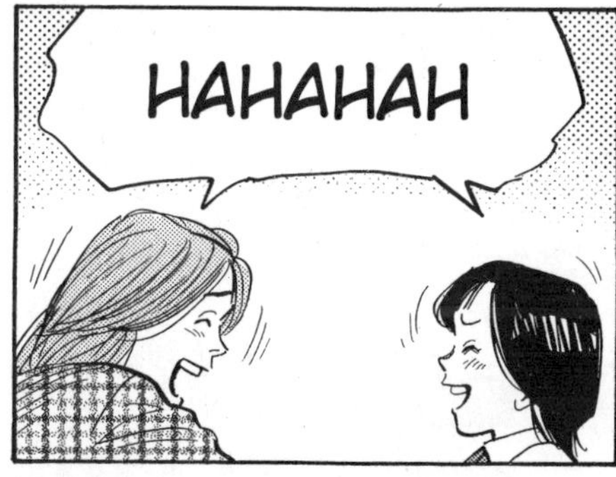
HAHAHAH

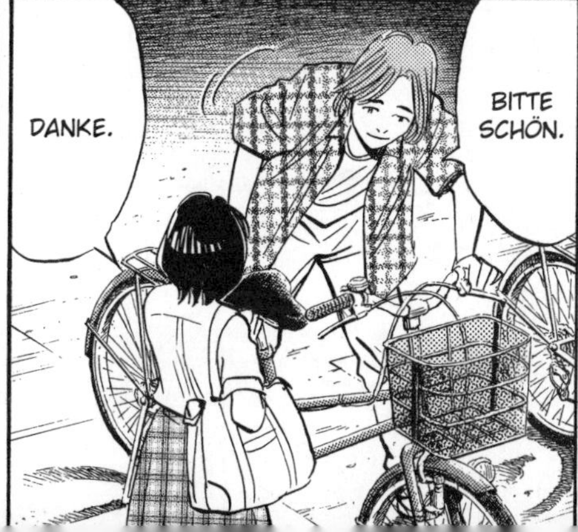
BITTE SCHÖN.
DANKE.

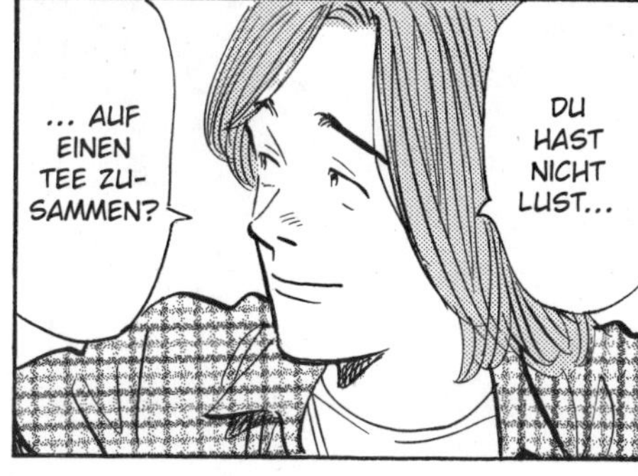
DU HAST NICHT LUST...
... AUF EINEN TEE ZUSAMMEN?

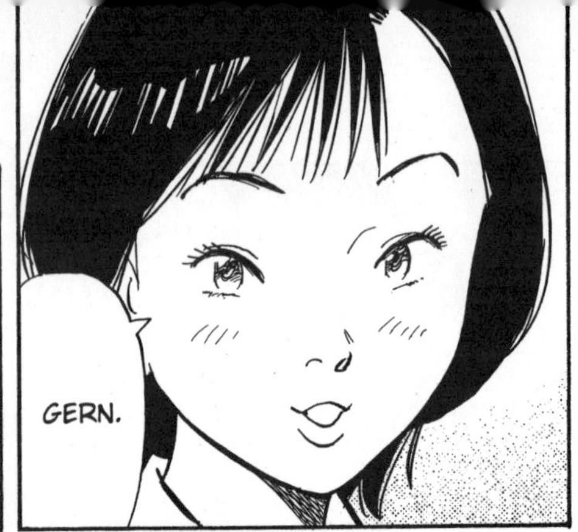
GERN.

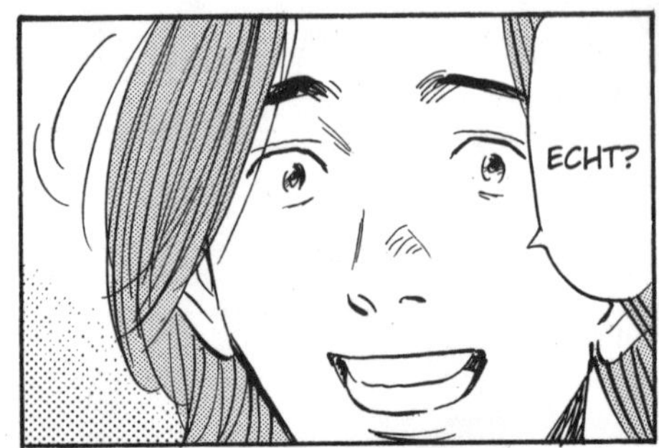
ECHT?

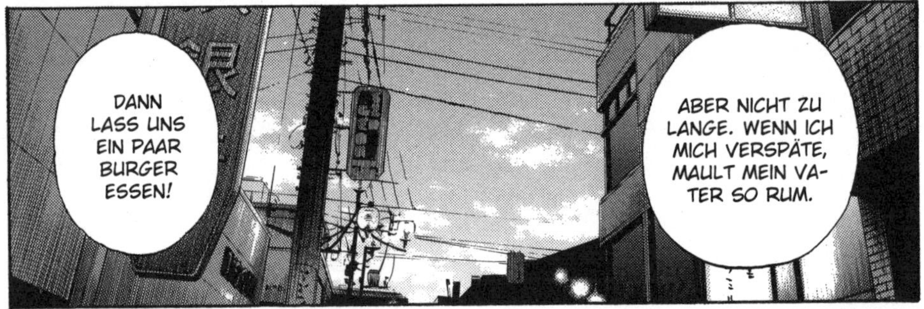
DANN LASS UNS EIN PAAR BURGER ESSEN!
ABER NICHT ZU LANGE. WENN ICH MICH VERSPÄTE, MAULT MEIN VATER SO RUM.

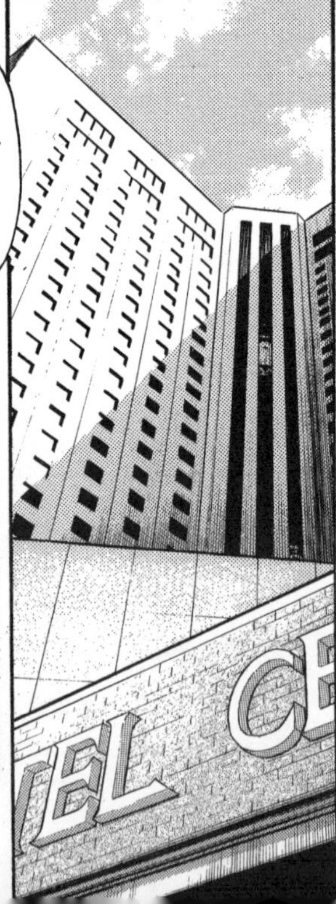

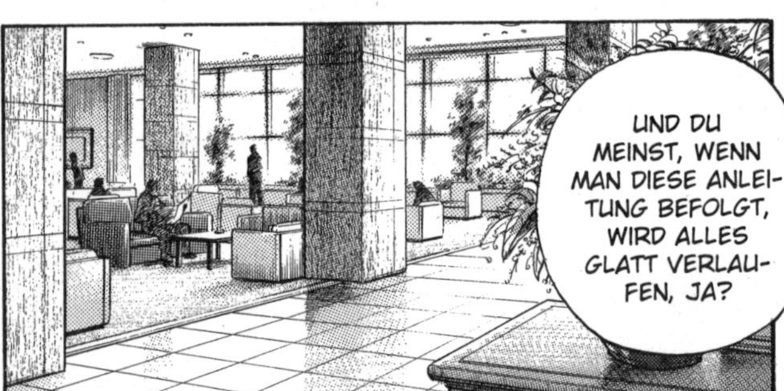
UND DU MEINST, WENN MAN DIESE ANLEITUNG BEFOLGT, WIRD ALLES GLATT VERLAUFEN, JA?

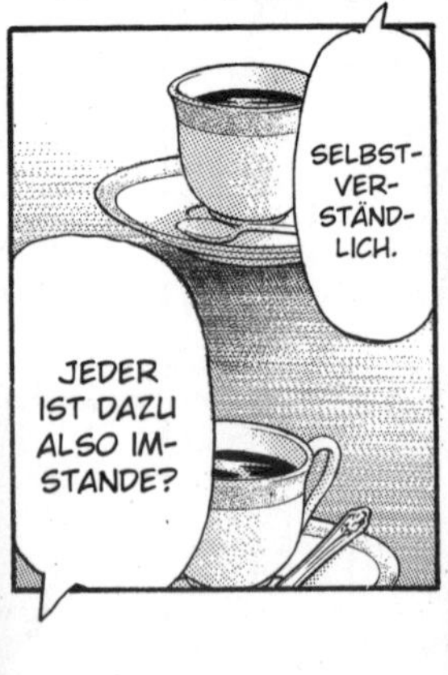
SELBSTVERSTÄNDLICH.
JEDER IST DAZU ALSO IMSTANDE?

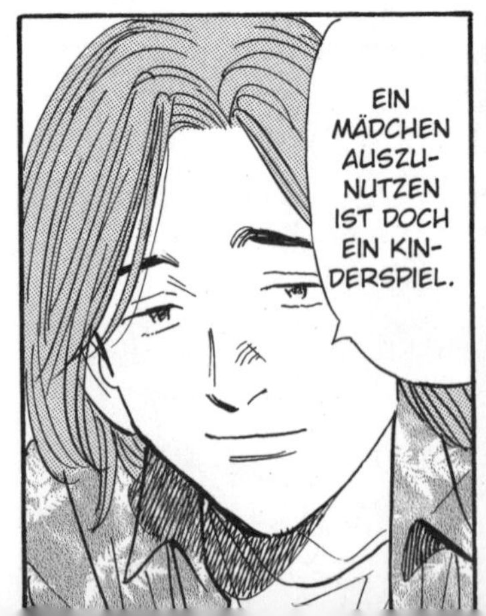
EIN MÄDCHEN AUSZUNUTZEN IST DOCH EIN KINDERSPIEL.

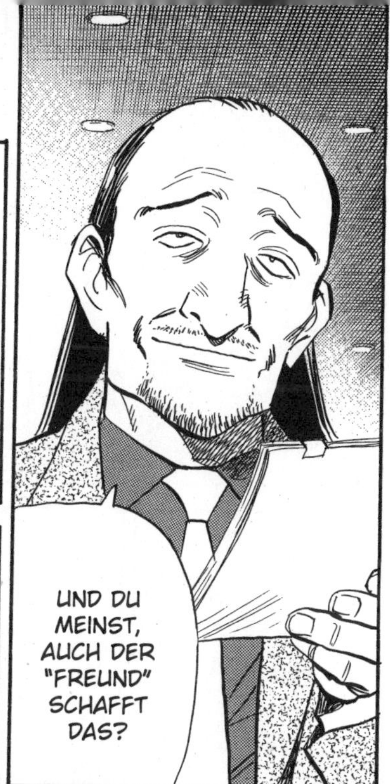
UND DU MEINST, AUCH DER "FREUND" SCHAFFT DAS?

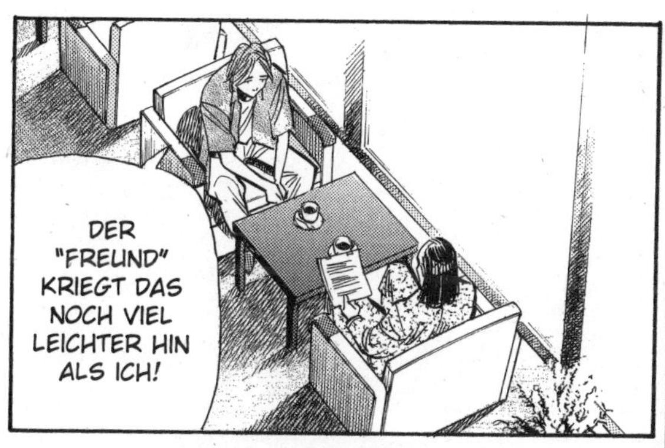
DER "FREUND" KRIEGT DAS NOCH VIEL LEICHTER HIN ALS ICH!

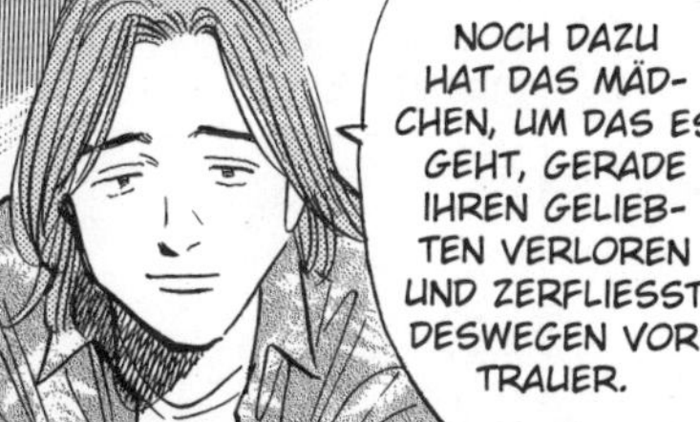
NOCH DAZU HAT DAS MÄD-CHEN, UM DAS ES GEHT, GERADE IHREN GELIEB-TEN VERLOREN UND ZERFLIESST DESWEGEN VOR TRAUER.

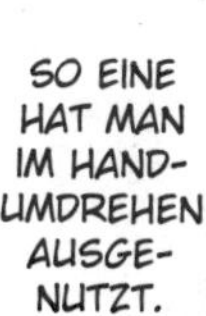
SO EINE HAT MAN IM HAND-UMDREHEN AUSGE-NUTZT.

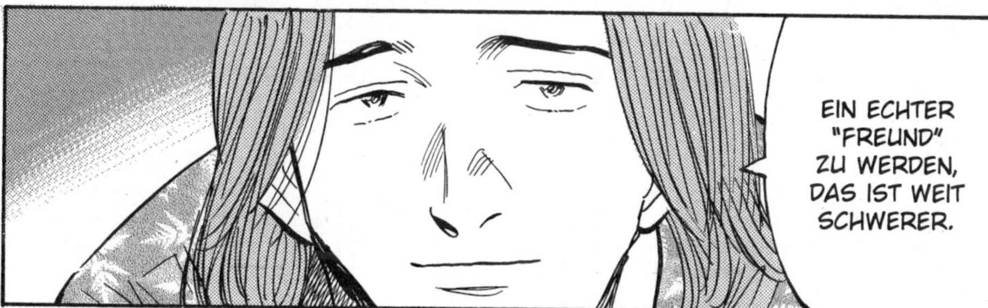
EIN ECHTER "FREUND" ZU WERDEN, DAS IST WEIT SCHWERER.

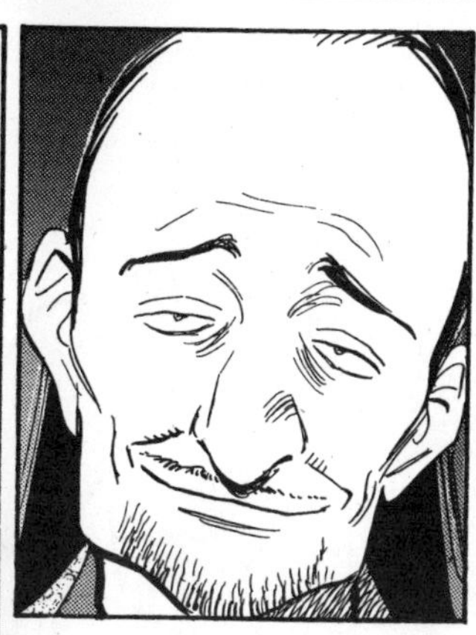

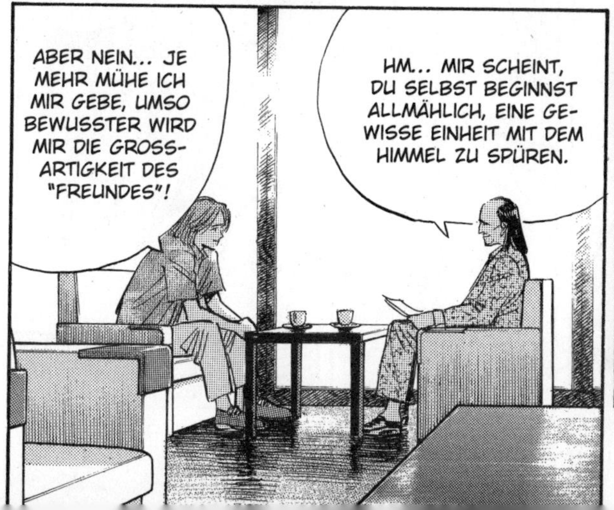
HM... MIR SCHEINT, DU SELBST BEGINNST ALLMÄHLICH, EINE GE-WISSE EINHEIT MIT DEM HIMMEL ZU SPÜREN.
ABER NEIN... JE MEHR MÜHE ICH MIR GEBE, UMSO BEWUSSTER WIRD MIR DIE GROSS-ARTIGKEIT DES "FREUNDES"!

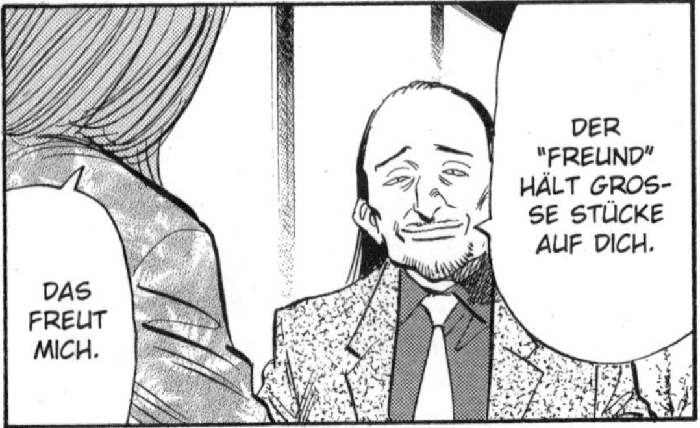
DER "FREUND" HÄLT GROSSE STÜCKE AUF DICH.
DAS FREUT MICH.

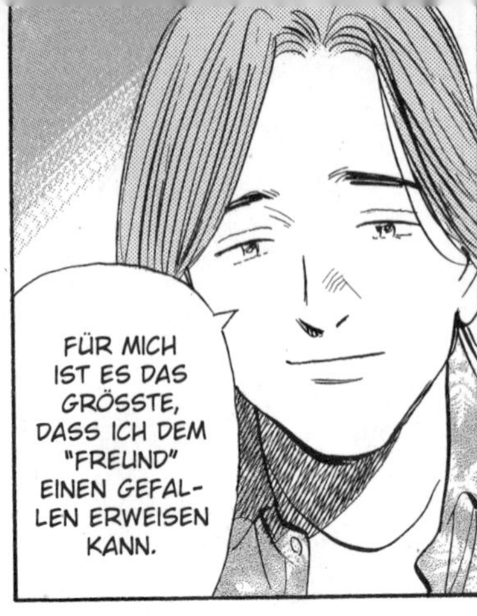
FÜR MICH IST ES DAS GRÖSSTE, DASS ICH DEM "FREUND" EINEN GEFALLEN ERWEISEN KANN.

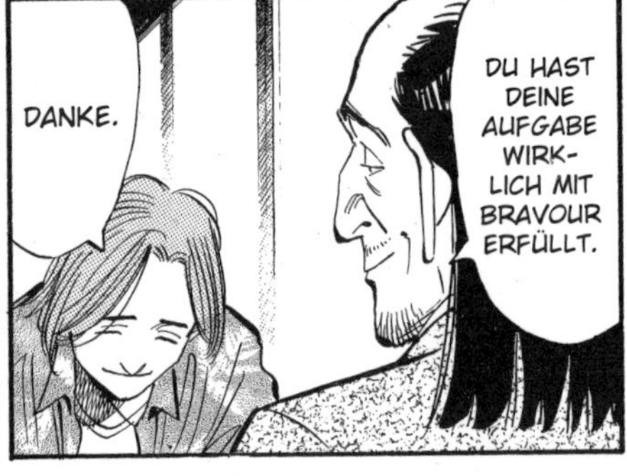
DU HAST DEINE AUFGABE WIRKLICH MIT BRAVOUR ERFÜLLT.
DANKE.

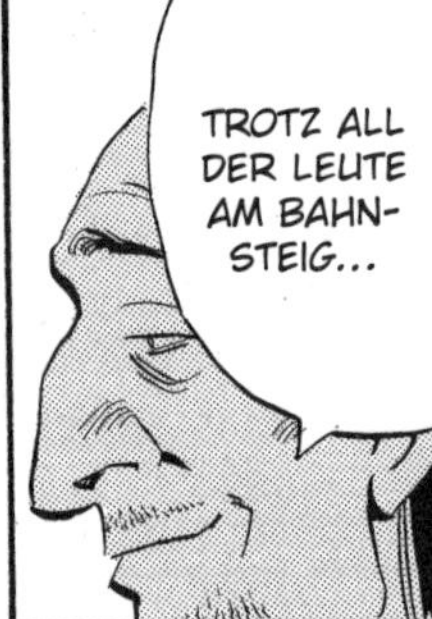
TROTZ ALL DER LEUTE AM BAHNSTEIG…

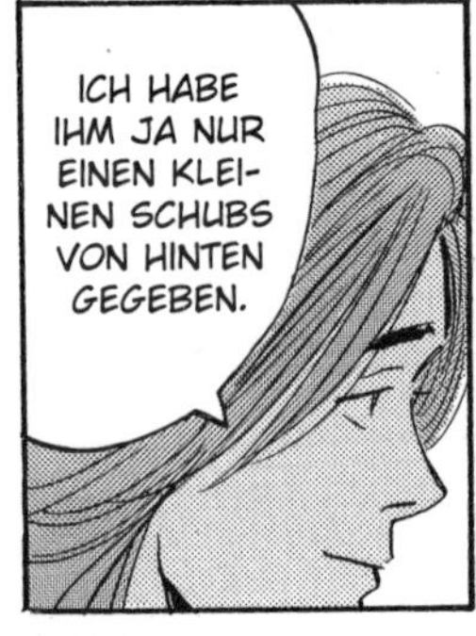
ICH HABE IHM JA NUR EINEN KLEINEN SCHUBS VON HINTEN GEGEBEN.

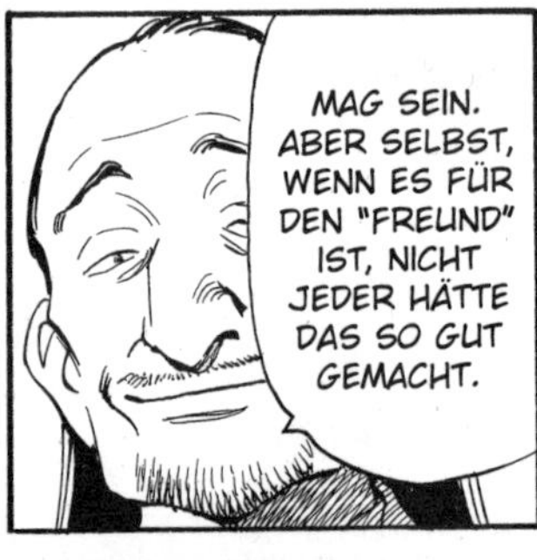
MAG SEIN. ABER SELBST, WENN ES FÜR DEN "FREUND" IST, NICHT JEDER HÄTTE DAS SO GUT GEMACHT.

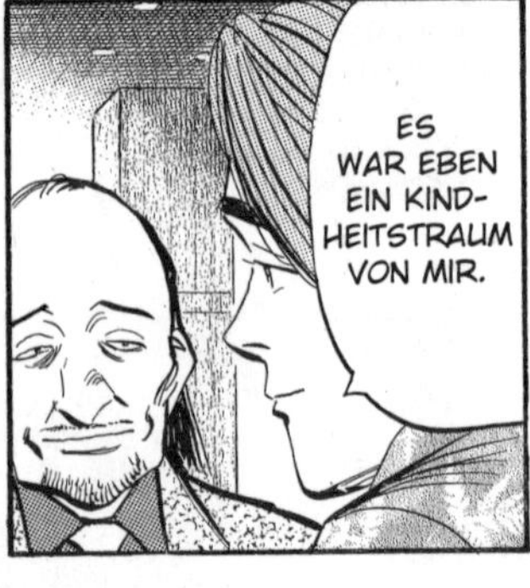
ES WAR EBEN EIN KINDHEITSTRAUM VON MIR.

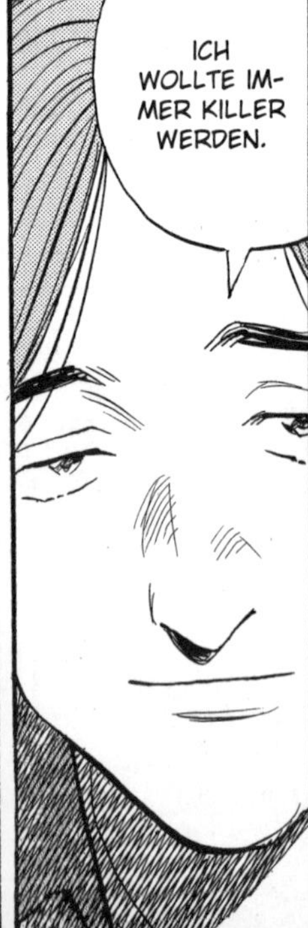
ICH WOLLTE IMMER KILLER WERDEN.

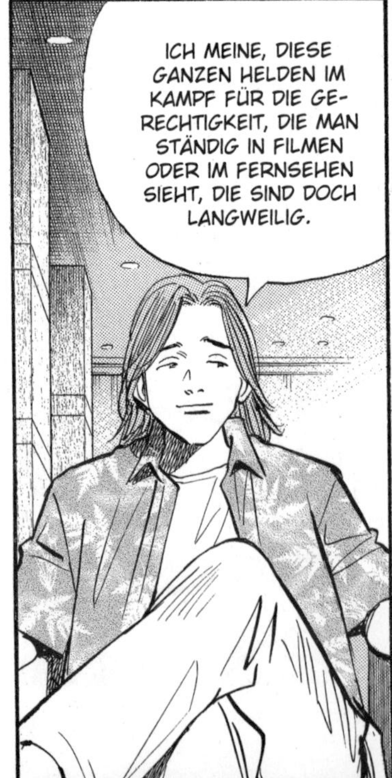
ICH MEINE, DIESE GANZEN HELDEN IM KAMPF FÜR DIE GERECHTIGKEIT, DIE MAN STÄNDIG IN FILMEN ODER IM FERNSEHEN SIEHT, DIE SIND DOCH LANGWEILIG.

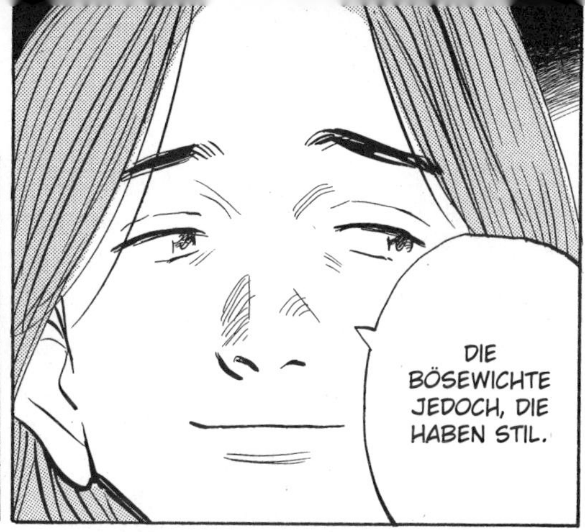
DIE BÖSEWICHTE JEDOCH, DIE HABEN STIL.

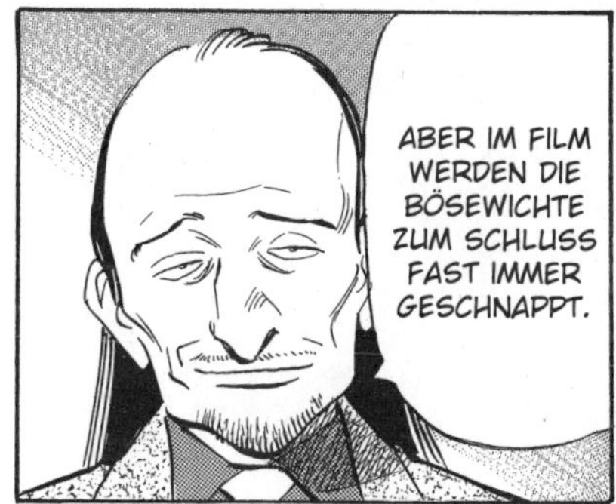
ABER IM FILM WERDEN DIE BÖSEWICHTE ZUM SCHLUSS FAST IMMER GESCHNAPPT.

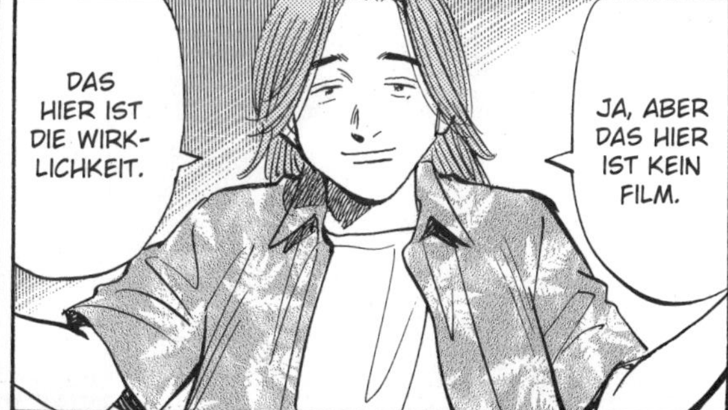
JA, ABER DAS HIER IST KEIN FILM.
DAS HIER IST DIE WIRK-LICHKEIT.

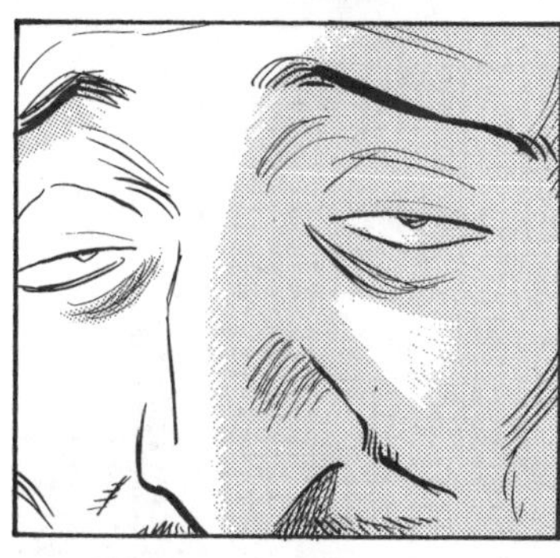

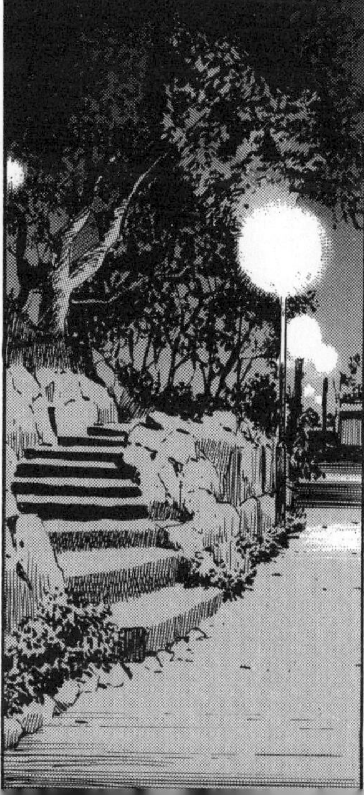

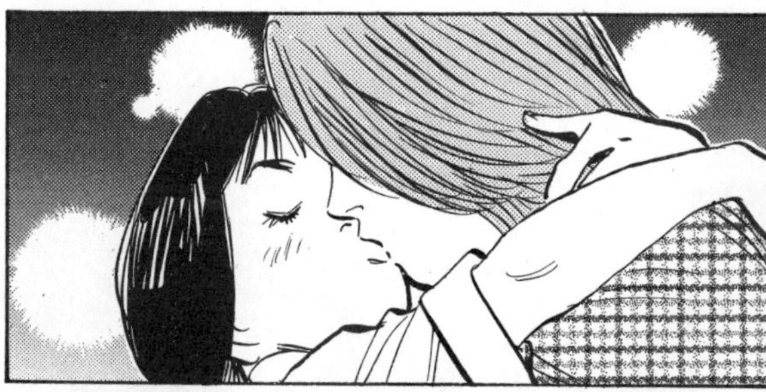

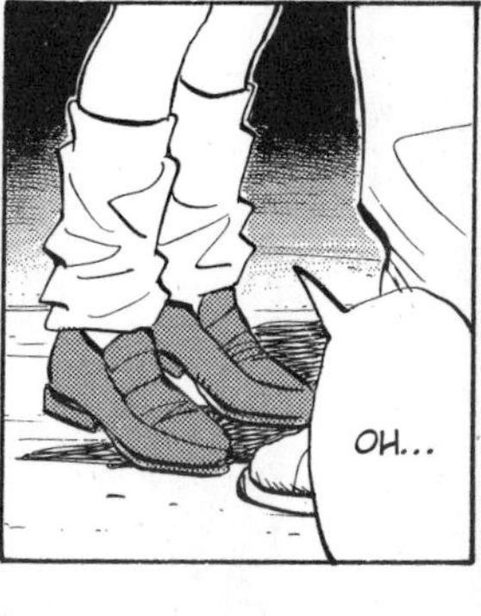
OH...

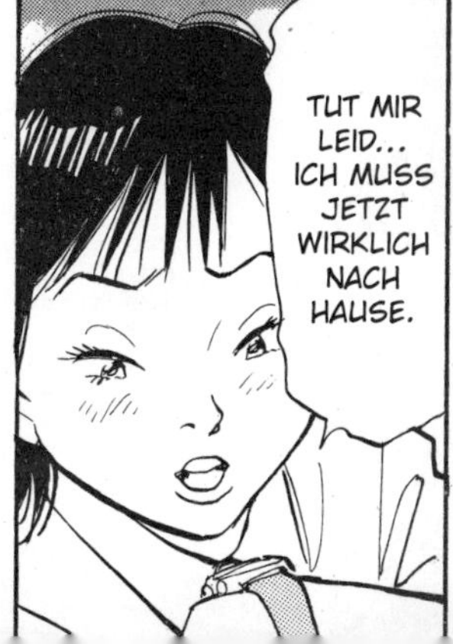
TUT MIR LEID... ICH MUSS JETZT WIRKLICH NACH HAUSE.

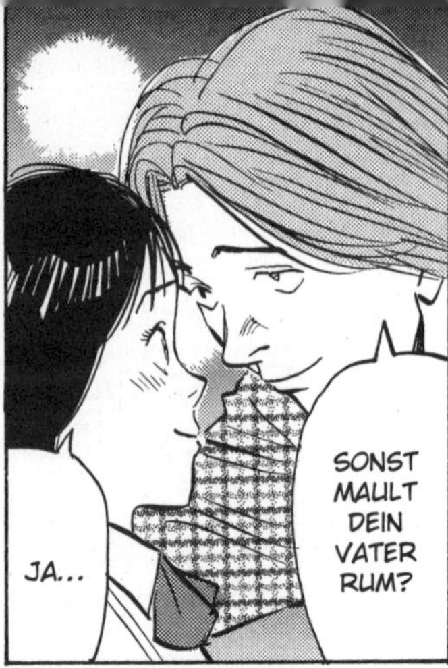
SONST MAULT DEIN VATER RUM?
JA…

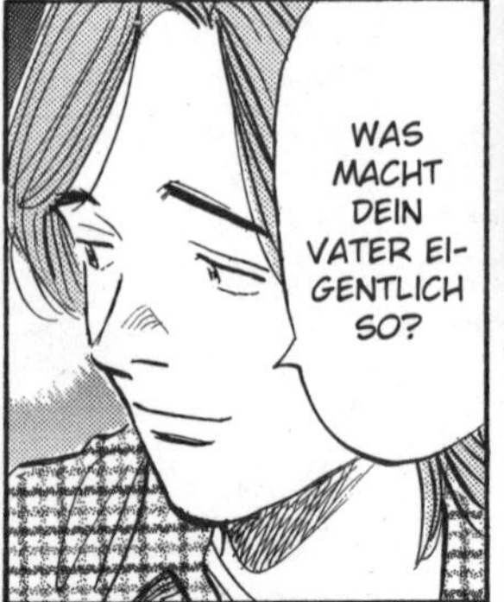
WAS MACHT DEIN VATER EIGENTLICH SO?

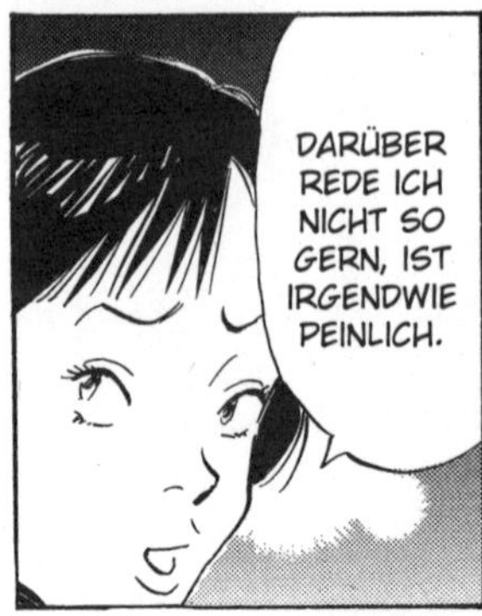
DARÜBER REDE ICH NICHT SO GERN, IST IRGENDWIE PEINLICH.

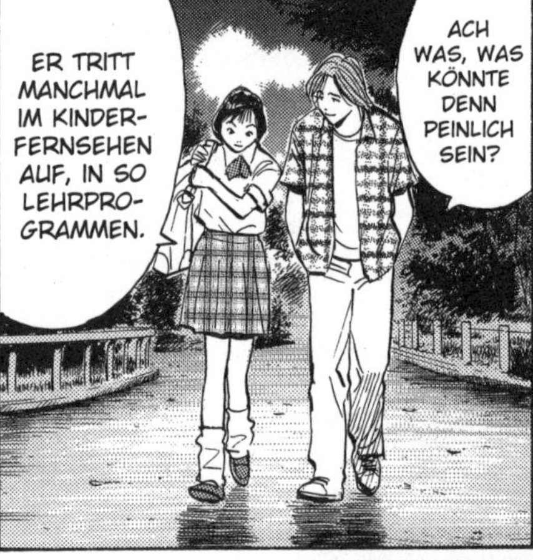
ACH WAS, WAS KÖNNTE DENN PEINLICH SEIN?
ER TRITT MANCHMAL IM KINDERFERNSEHEN AUF, IN SO LEHRPROGRAMMEN.

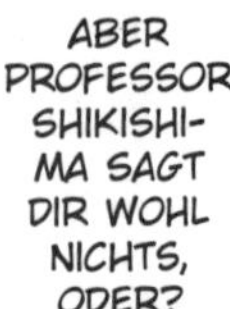

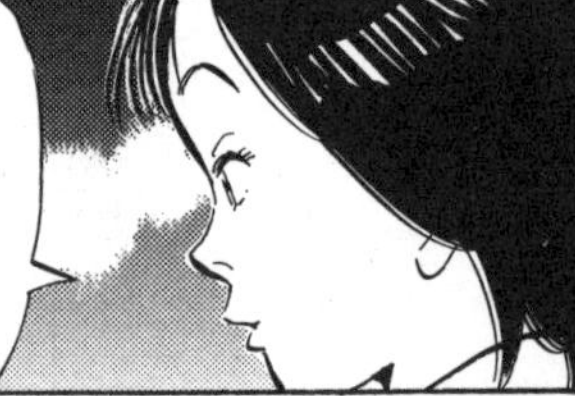
ABER PROFESSOR SHIKISHIMA SAGT DIR WOHL NICHTS, ODER?
PROFESSOR SHIKISHIMA… LEIDER NEIN, ABER ICH SEHE AUCH NICHT OFT KINDERFERNSEHEN.
UND WAS FÜR EINER FORSCHUNG WIDMET SICH DEIN VATER?

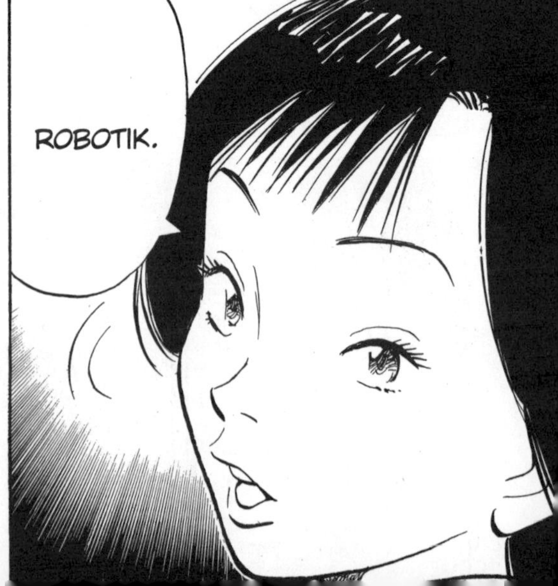
ROBOTIK.

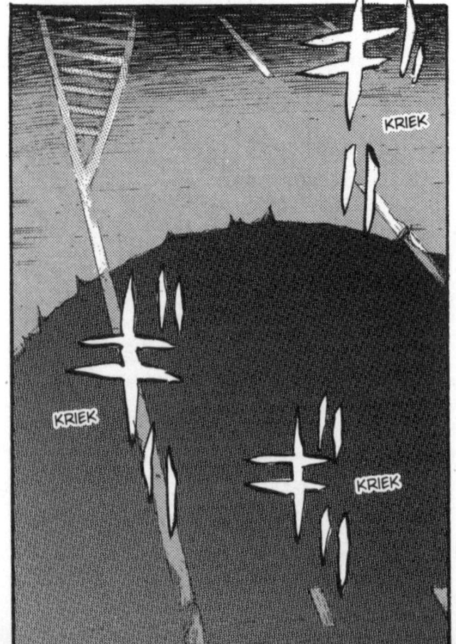
KRIEK
KRIEK
KRIEK

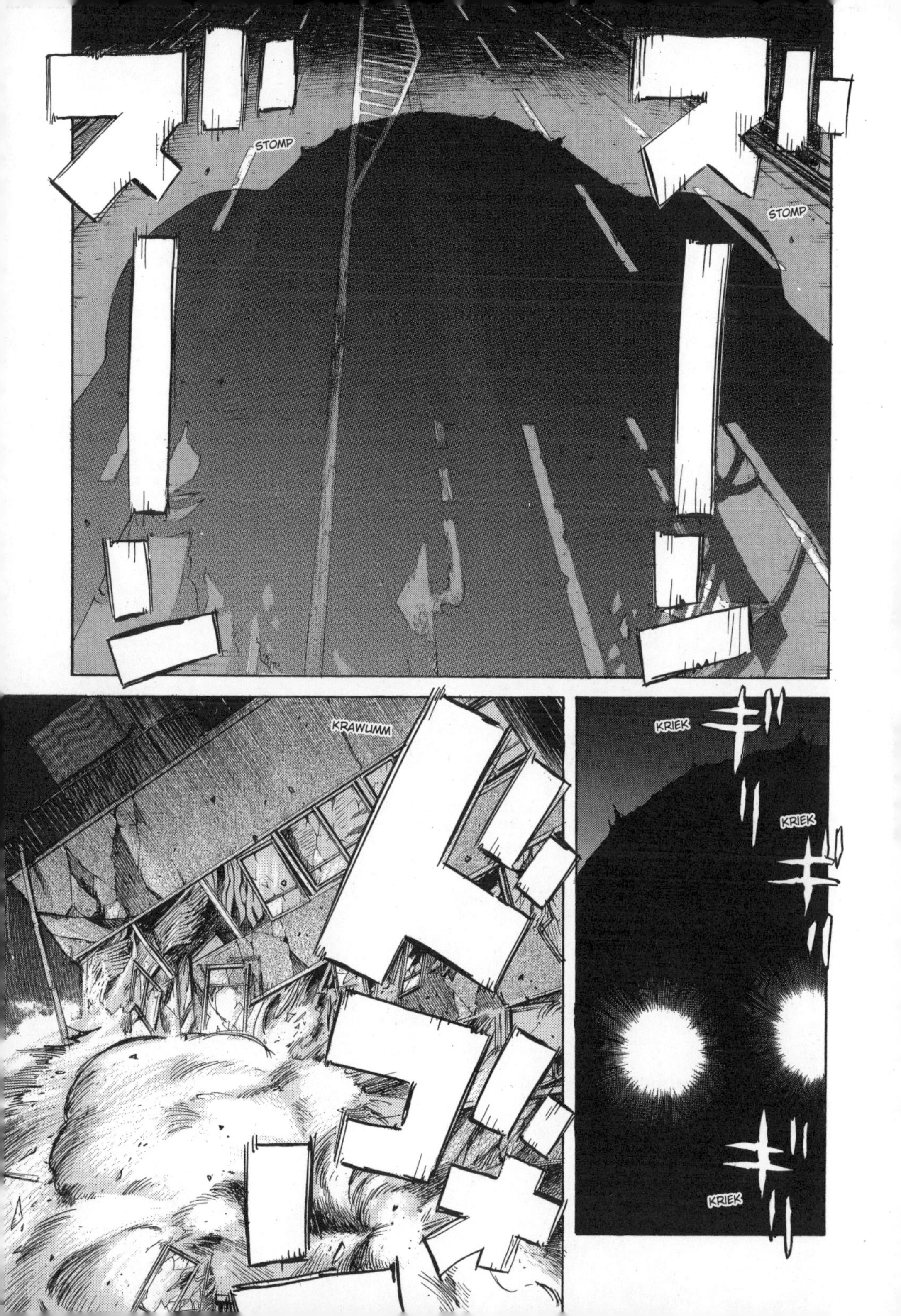

STOMP
STOMP
KRIEK
KRIEK
KRIEK
KRAWUMM

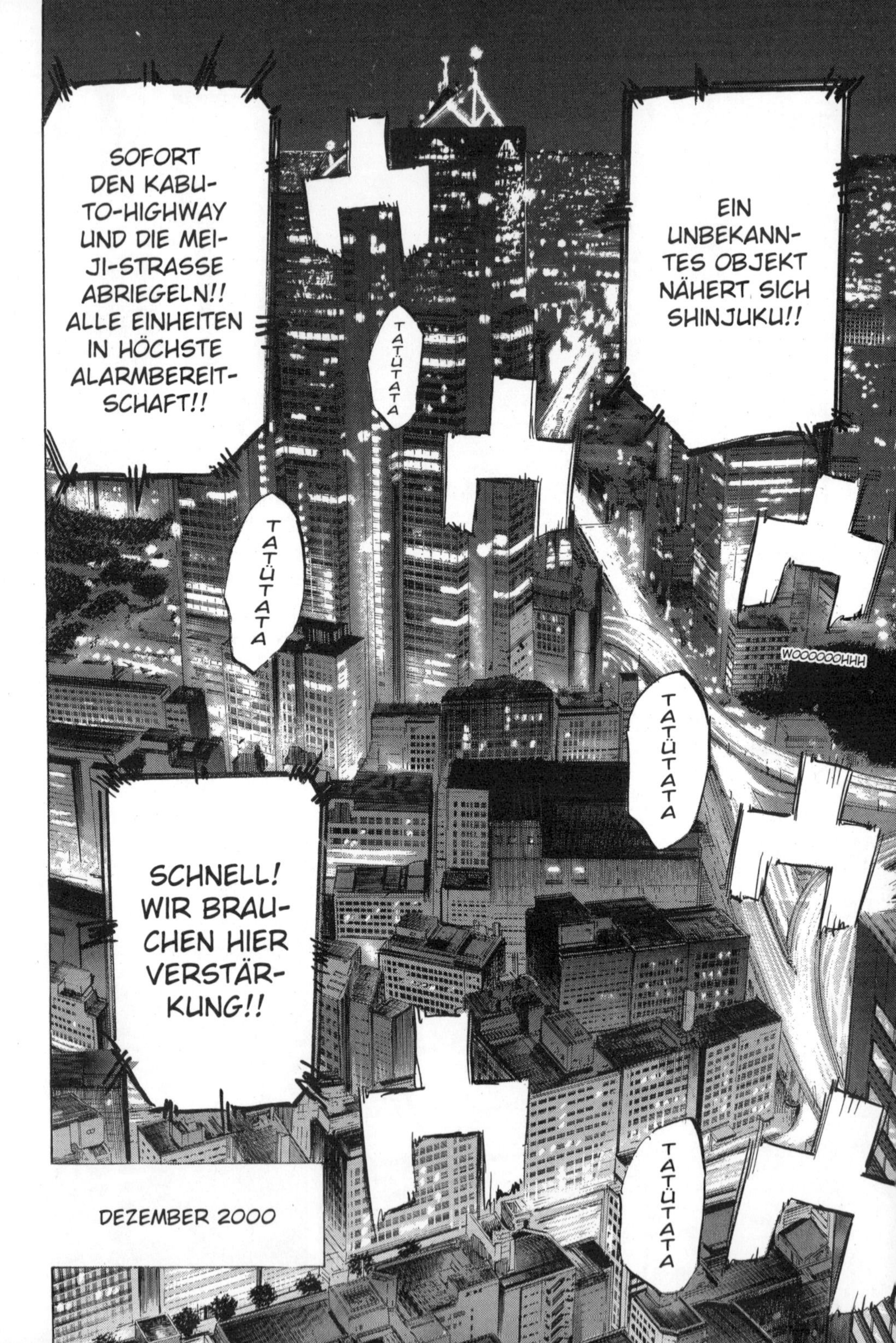
EIN UNBEKANNTES OBJEKT NÄHERT SICH SHINJUKU!!
SOFORT DEN KABUTO-HIGHWAY UND DIE MEIJI-STRASSE ABRIEGELN!! ALLE EINHEITEN IN HÖCHSTE ALARMBEREITSCHAFT!!
TATÜTATA
WOOOOOOHHH
TATÜTATA
TATÜTATA
SCHNELL! WIR BRAUCHEN HIER VERSTÄRKUNG!!
TATÜTATA
DEZEMBER 2000

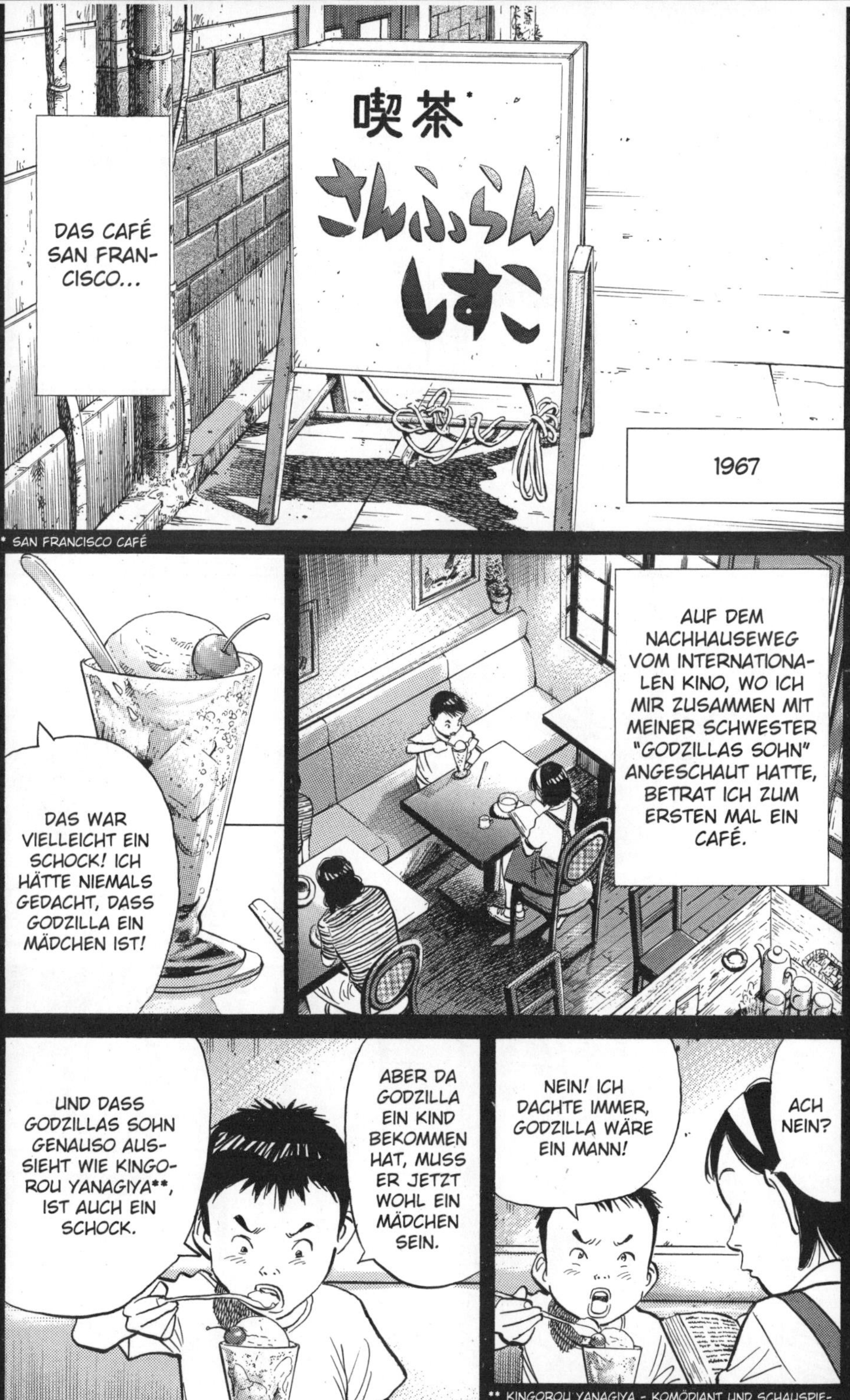

喫茶*
さんふらんしすこ

DAS CAFÉ SAN FRANCISCO...

1967

* SAN FRANCISCO CAFÉ

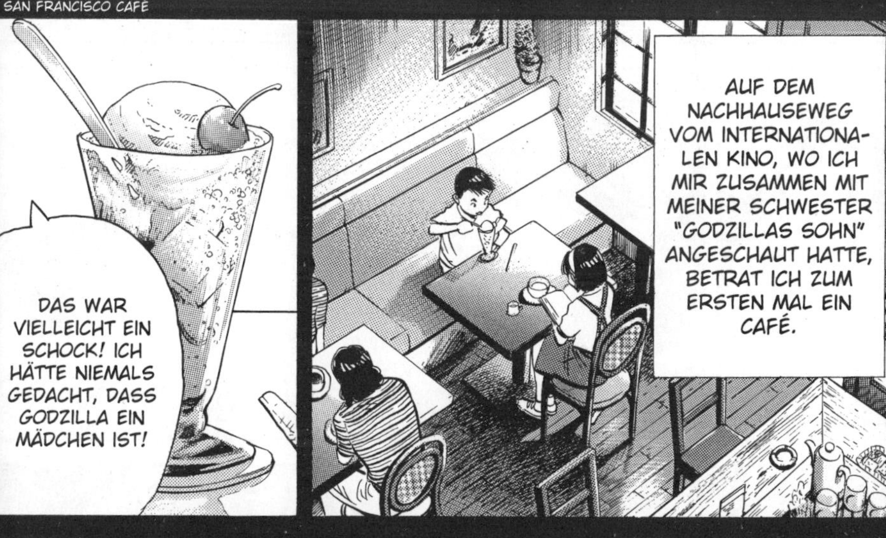

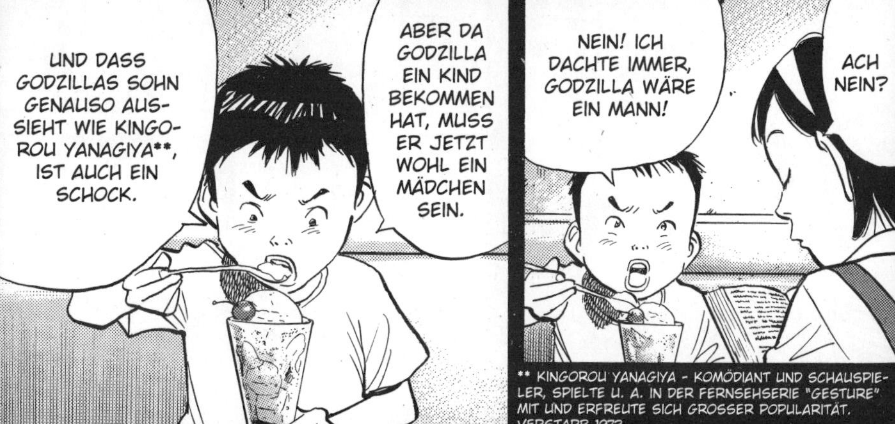

** KINGOROU YANAGIYA - KOMÖDIANT UND SCHAUSPIELER, SPIELTE U. A. IN DER FERNSEHSERIE "GESTURE" MIT UND ERFREUTE SICH GROSSER POPULARITÄT. VERSTARB 1972.

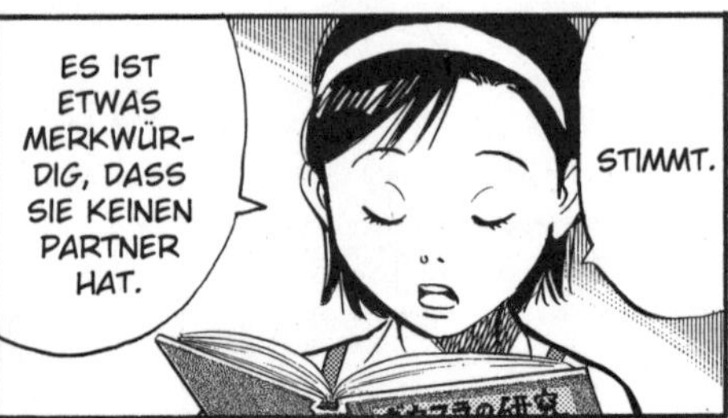
STIMMT.
ES IST ETWAS MERKWÜRDIG, DASS SIE KEINEN PARTNER HAT.

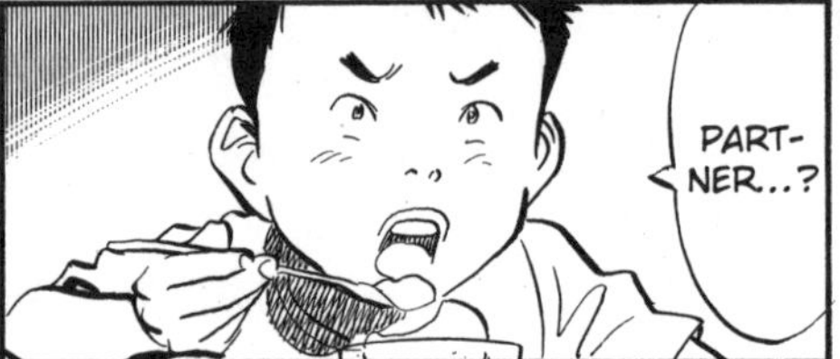
PARTNER...?

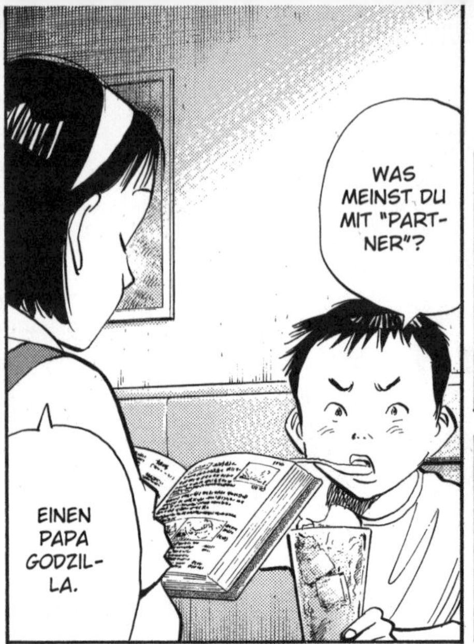
WAS MEINST DU MIT "PARTNER"?
EINEN PAPA GODZILLA.

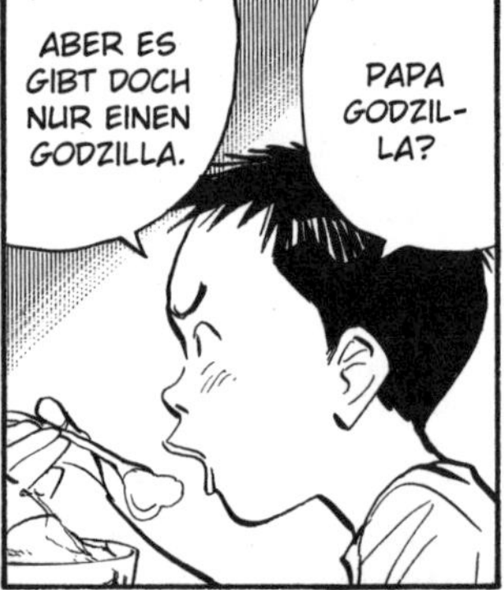
PAPA GODZILLA?
ABER ES GIBT DOCH NUR EINEN GODZILLA.

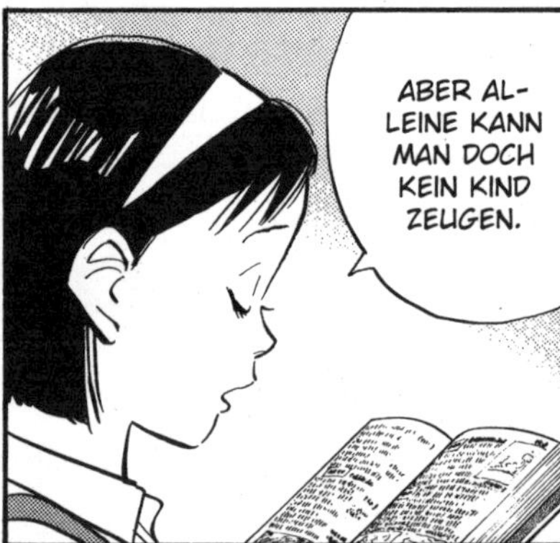
ABER ALLEINE KANN MAN DOCH KEIN KIND ZEUGEN.

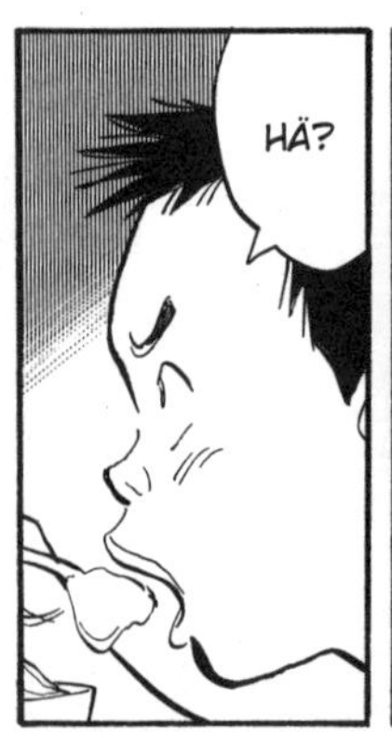
HÄ?

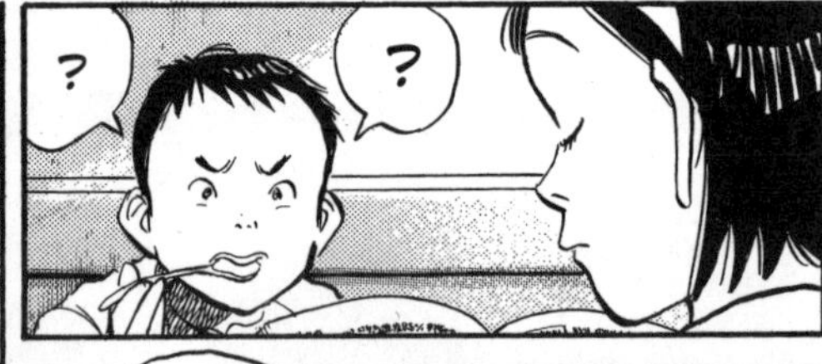
?
?

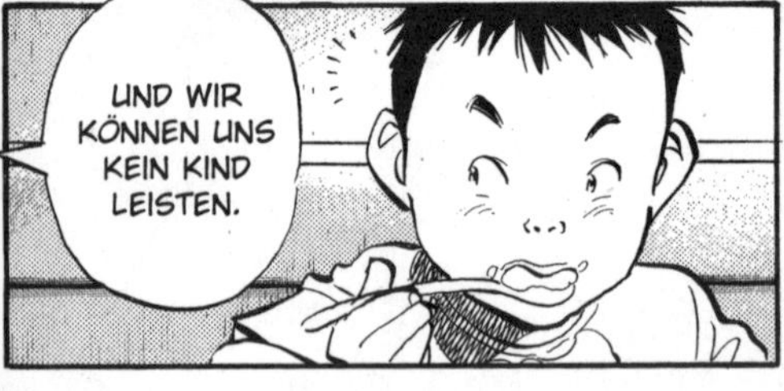
UND WIR KÖNNEN UNS KEIN KIND LEISTEN.

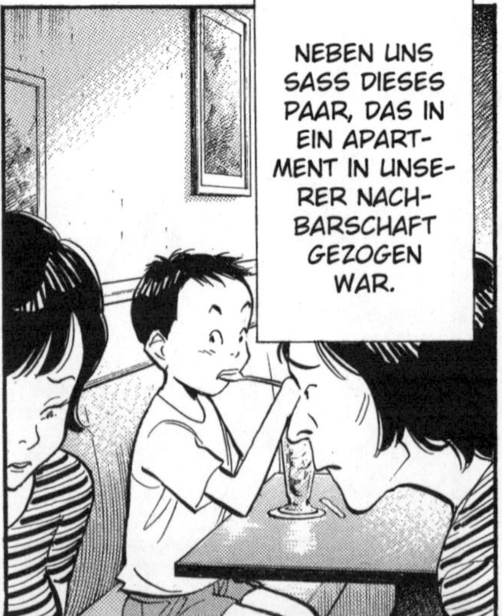
NEBEN UNS SASS DIESES PAAR, DAS IN EIN APARTMENT IN UNSERER NACHBARSCHAFT GEZOGEN WAR.

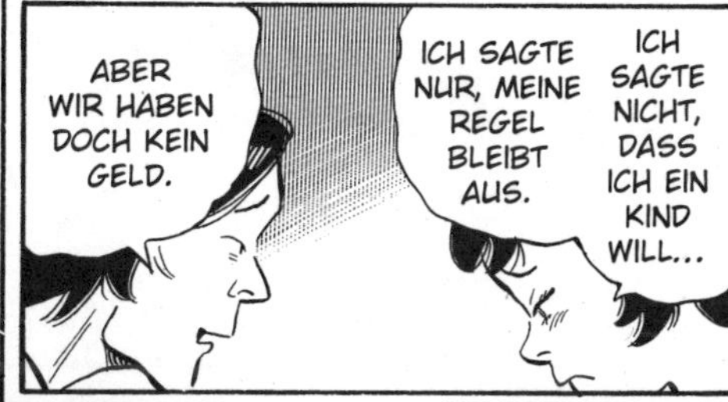

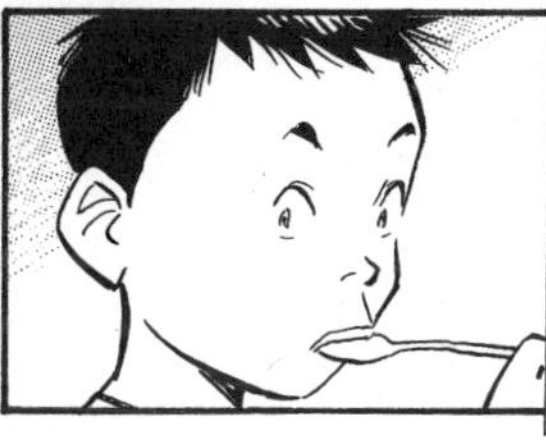

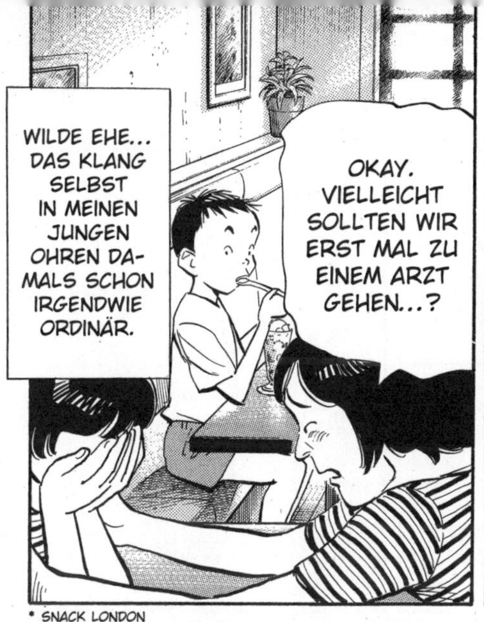

* SNACK LONDON

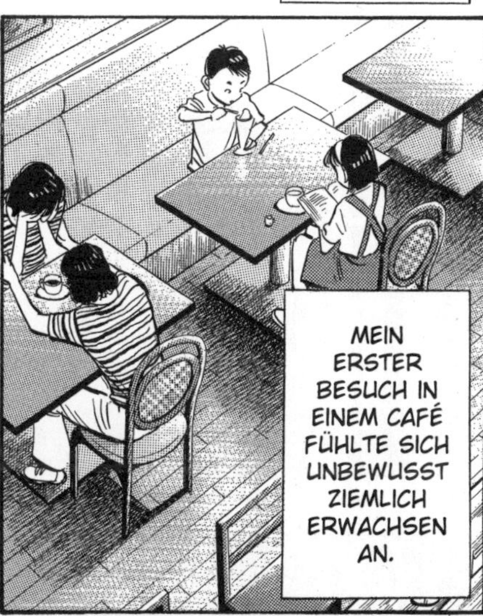

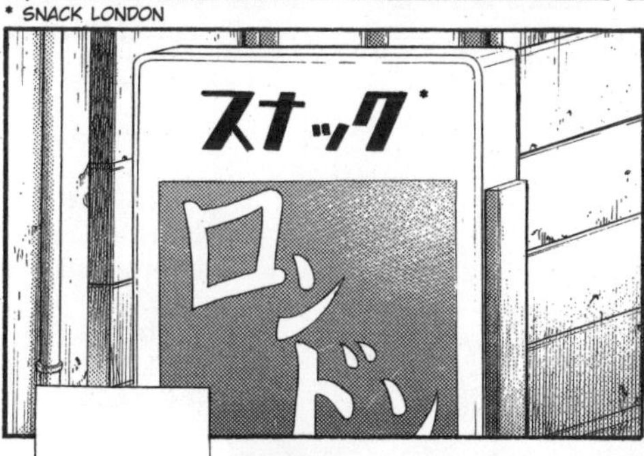

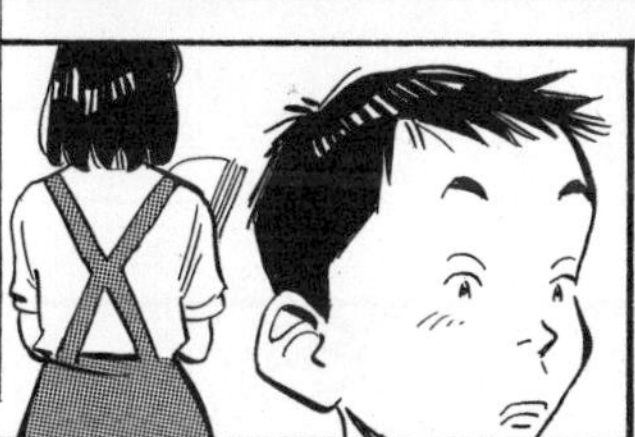

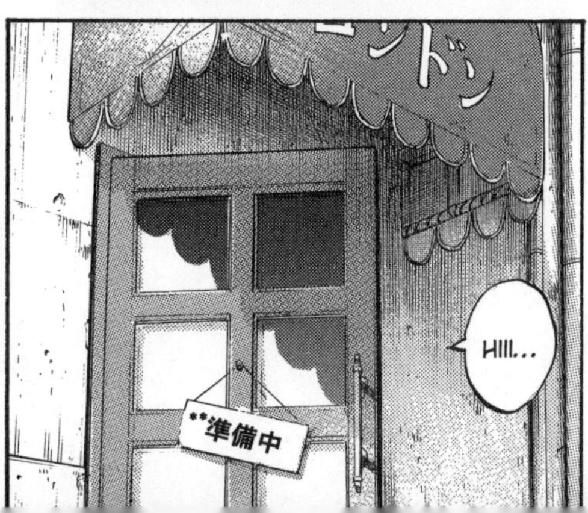

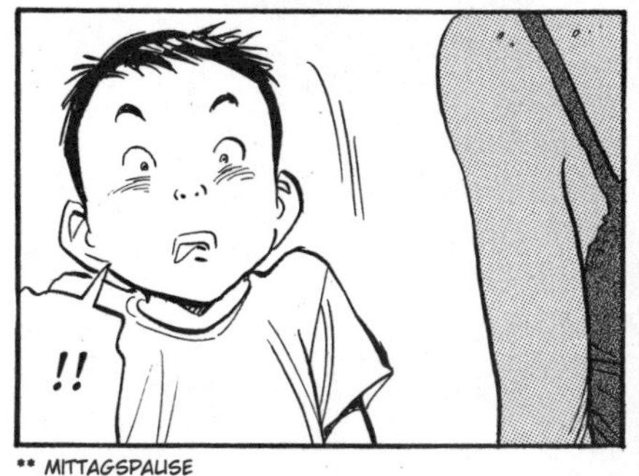

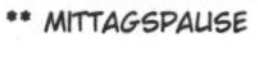
** MITTAGSPAUSE

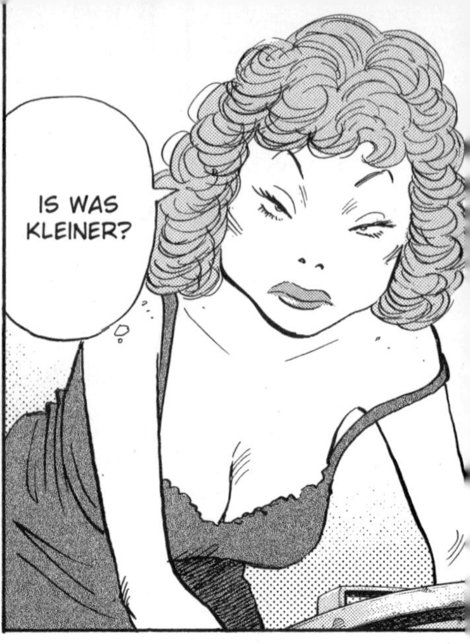

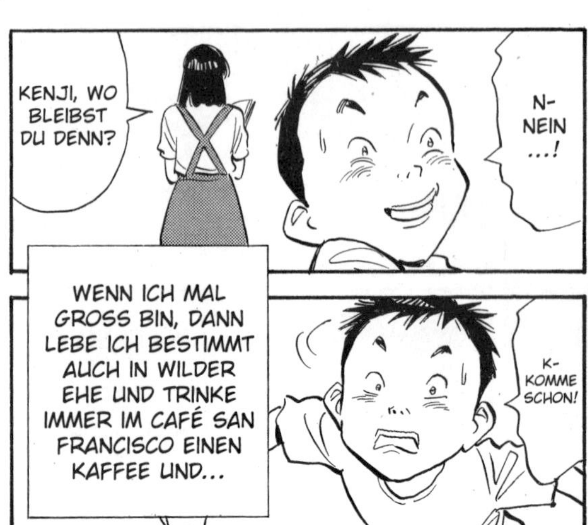

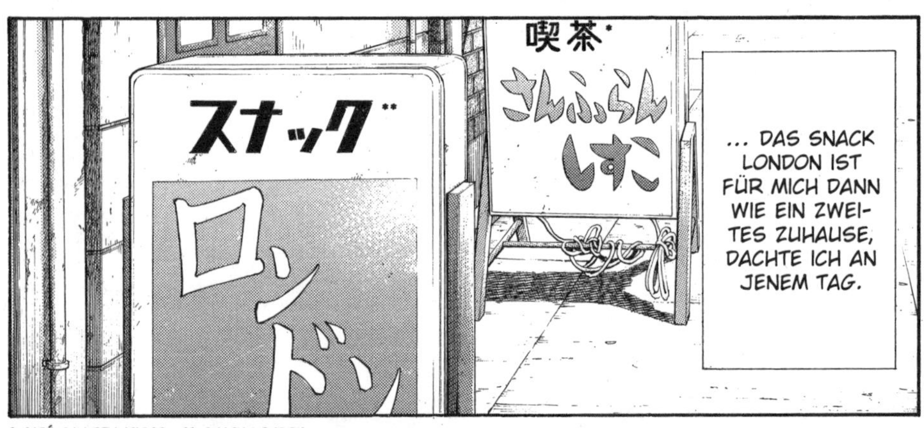

* CAFÉ SAN FRANCISCO ** SNACK LONDON

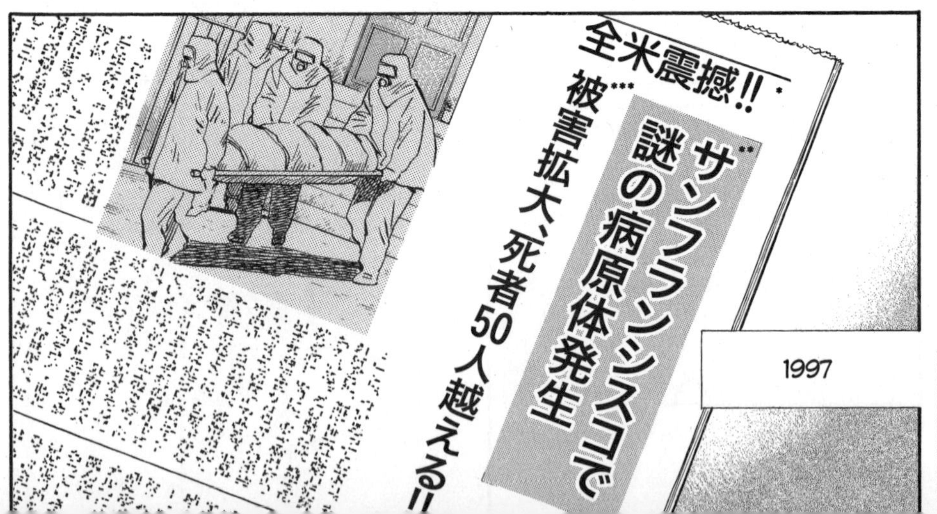

* USA UNTER SCHOCK!
** MYSTERIÖSE KRANKHEIT IN SAN FRANCISCO AUSGEBROCHEN
*** SCHON ÜBER 50 TOTE ZU BEKLAGEN, UND ES WERDEN IMMER MEHR!!

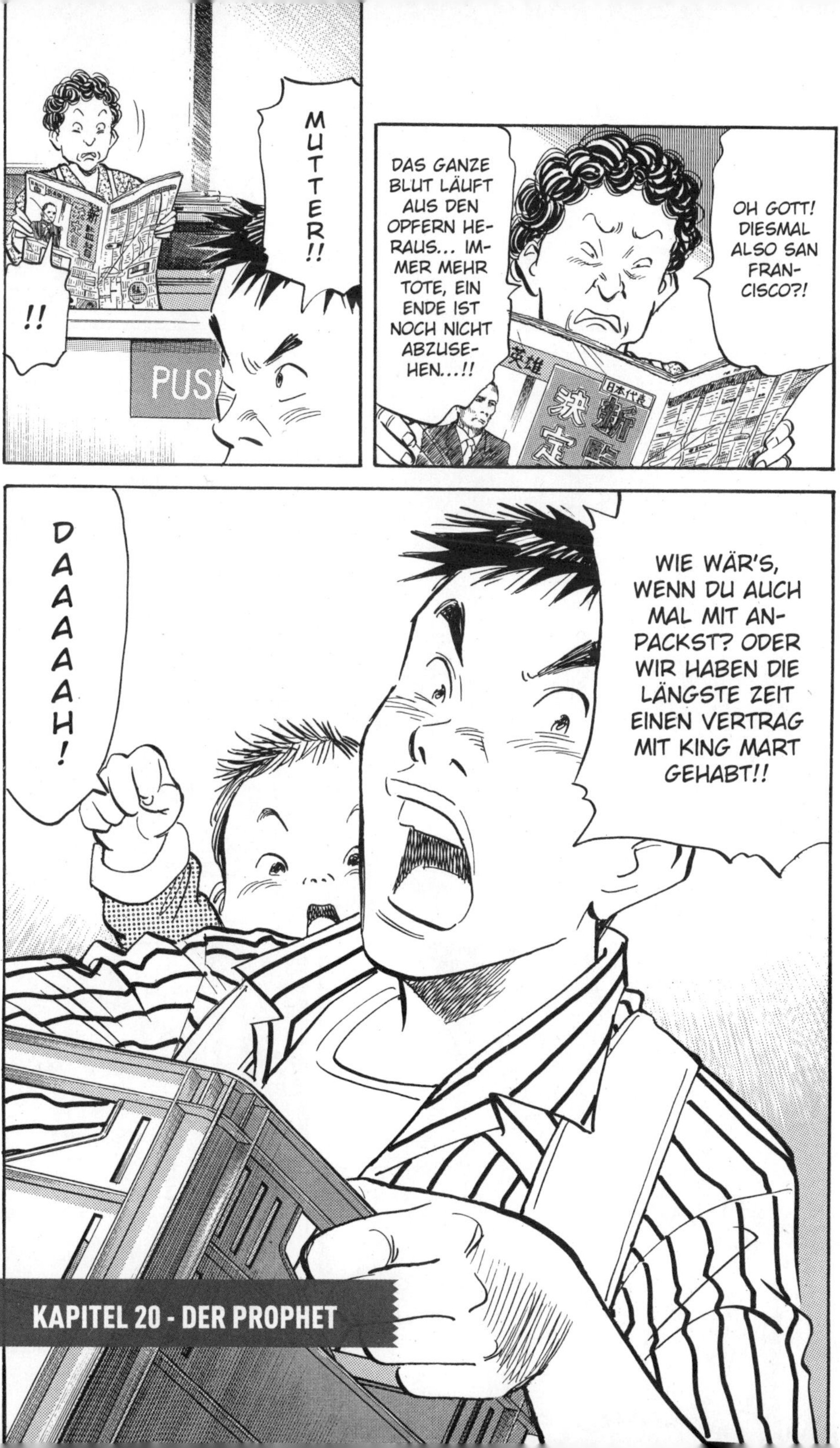

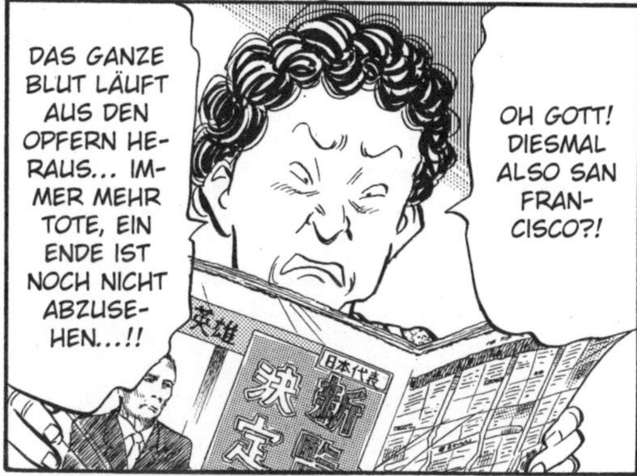

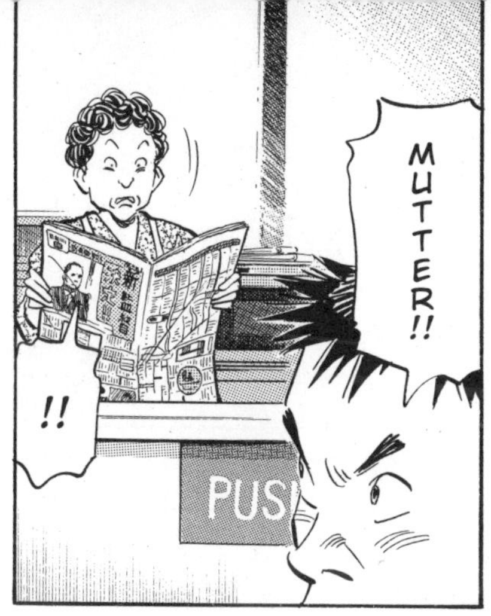

WIE WÄR'S, WENN DU AUCH MAL MIT ANPACKST? ODER WIR HABEN DIE LÄNGSTE ZEIT EINEN VERTRAG MIT KING MART GEHABT!!

DAAAAAAAH!

KAPITEL 20 - DER PROPHET

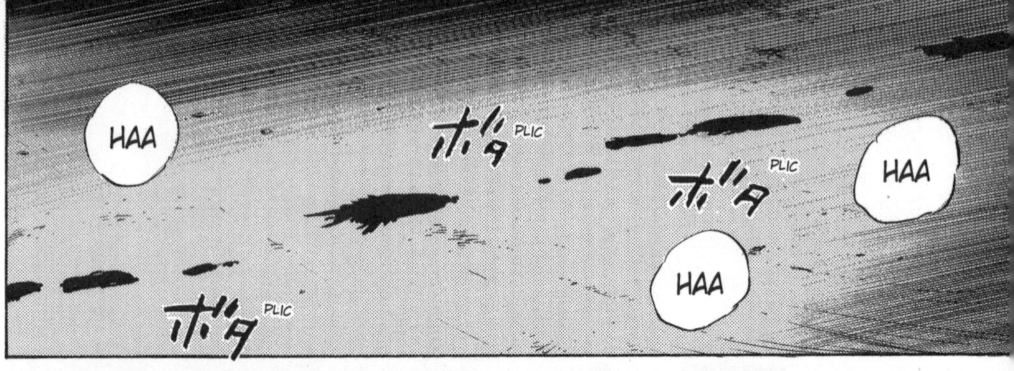
HAA
HAA
ポタ PLIC
HAA
ポタ PLIC
ポタ PLIC

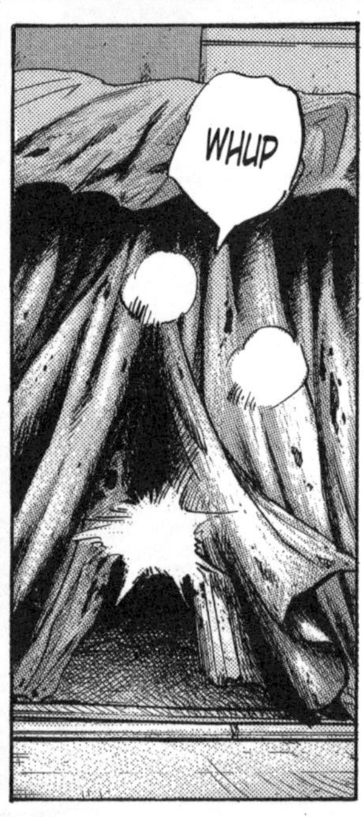
WHUP

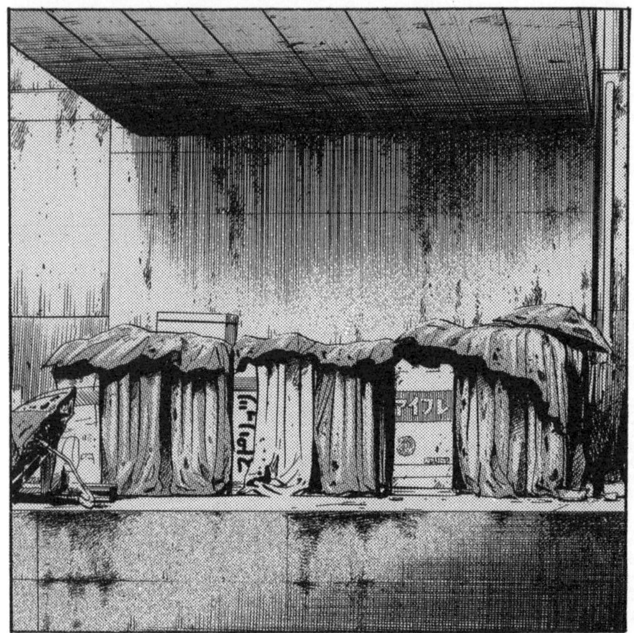

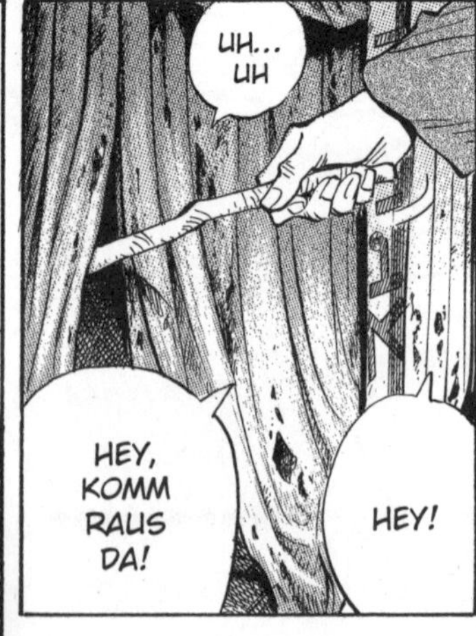
UH... UH
HEY!
HEY, KOMM RAUS DA!

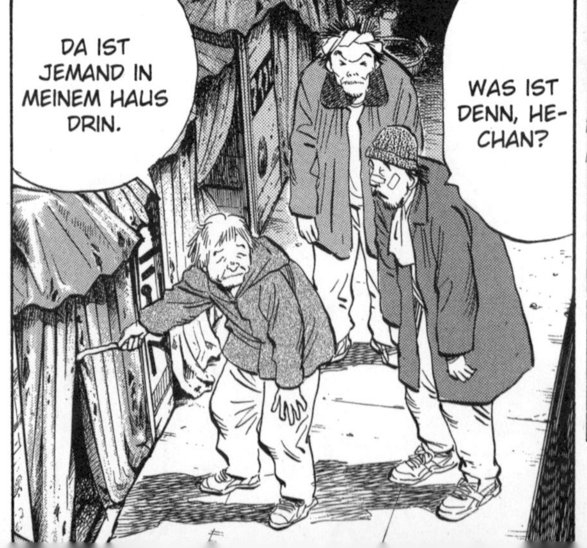
WAS IST DENN, HE-CHAN?
DA IST JEMAND IN MEINEM HAUS DRIN.

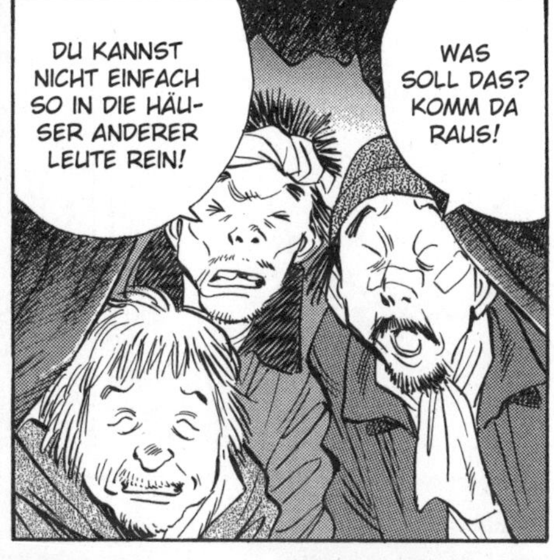
WAS SOLL DAS? KOMM DA RAUS!
DU KANNST NICHT EINFACH SO IN DIE HÄUSER ANDERER LEUTE REIN!

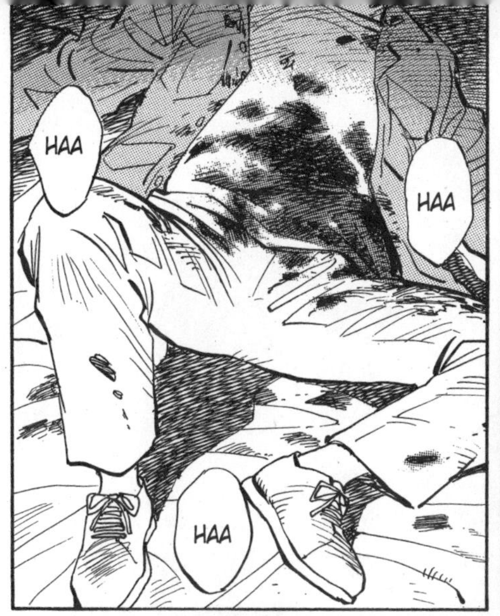
HAA
HAA
HAA

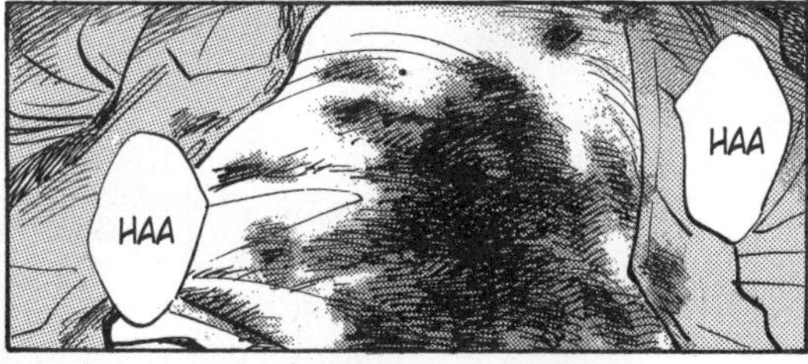
HAA
HAA

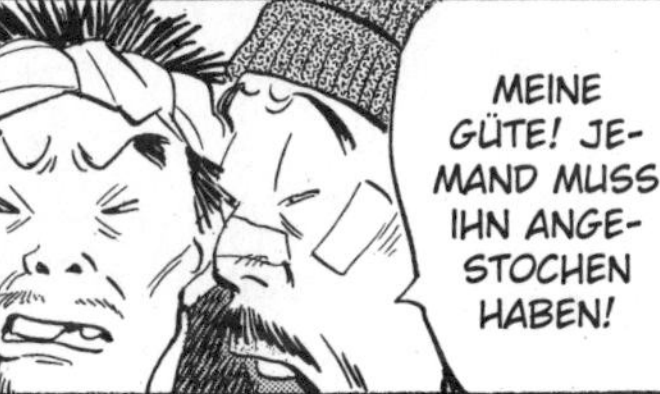
MEINE GÜTE! JEMAND MUSS IHN ANGESTOCHEN HABEN!

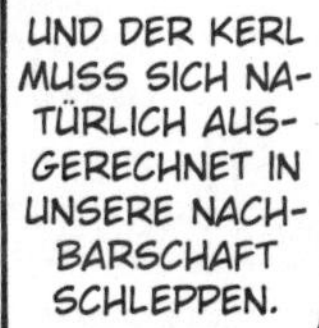
UND DER KERL MUSS SICH NATÜRLICH AUSGERECHNET IN UNSERE NACHBARSCHAFT SCHLEPPEN.

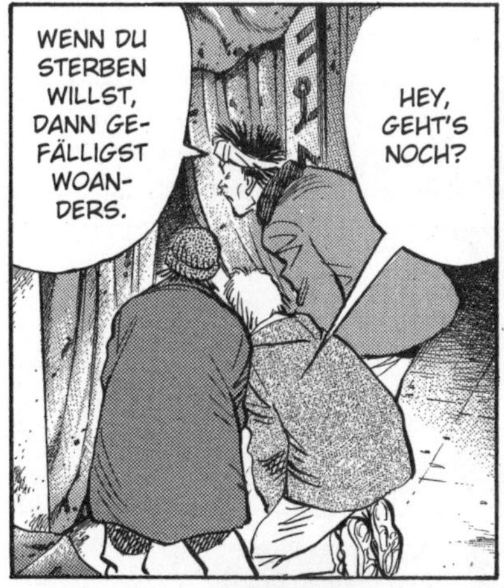
HEY, GEHT'S NOCH?
WENN DU STERBEN WILLST, DANN GEFÄLLIGST WOANDERS.

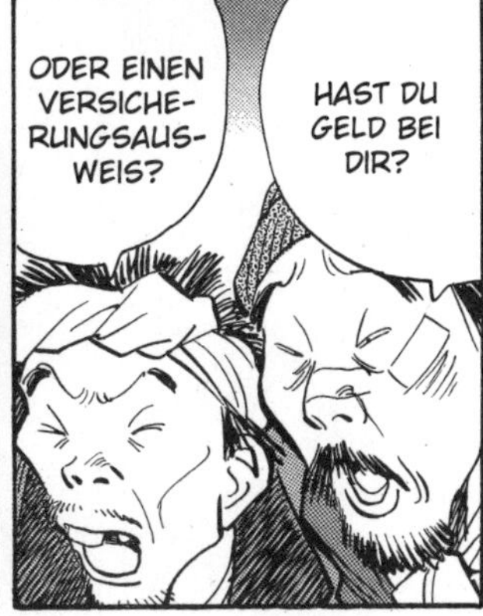
HAST DU GELD BEI DIR?
ODER EINEN VERSICHERUNGSAUSWEIS?

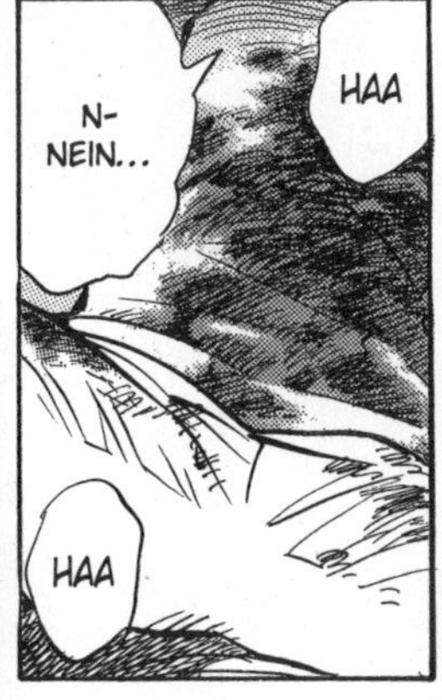
HAA
N-NEIN...
HAA

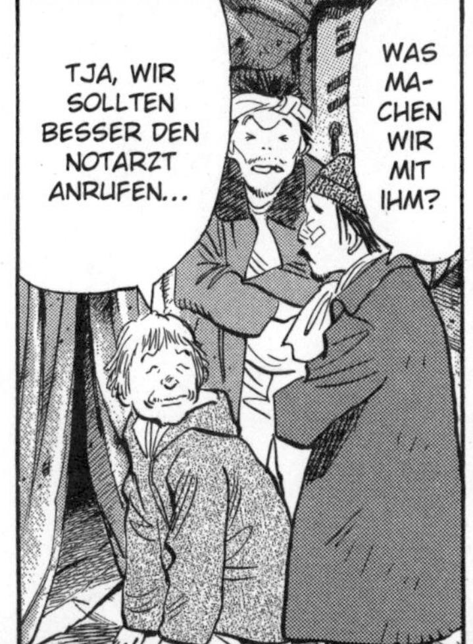
WAS MACHEN WIR MIT IHM?
TJA, WIR SOLLTEN BESSER DEN NOTARZT ANRUFEN...

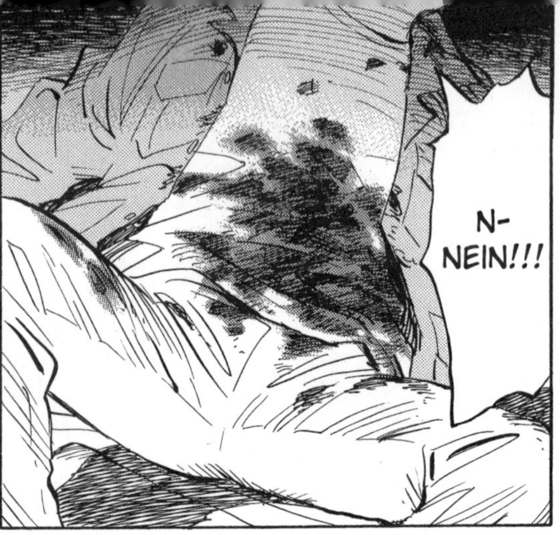
N-
NEIN!!!

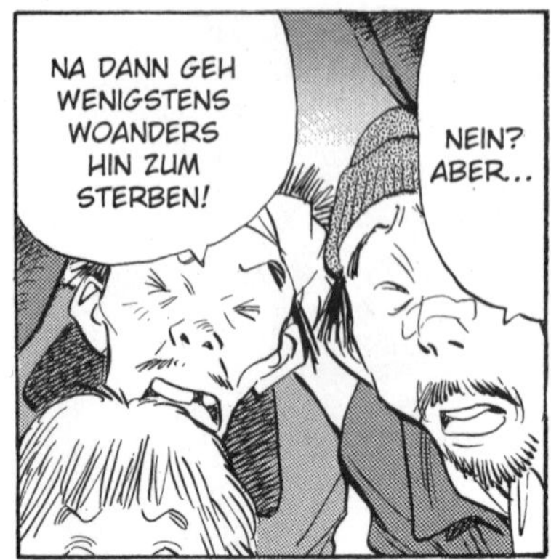
NEIN? ABER…
NA DANN GEH WENIGSTENS WOANDERS HIN ZUM STERBEN!

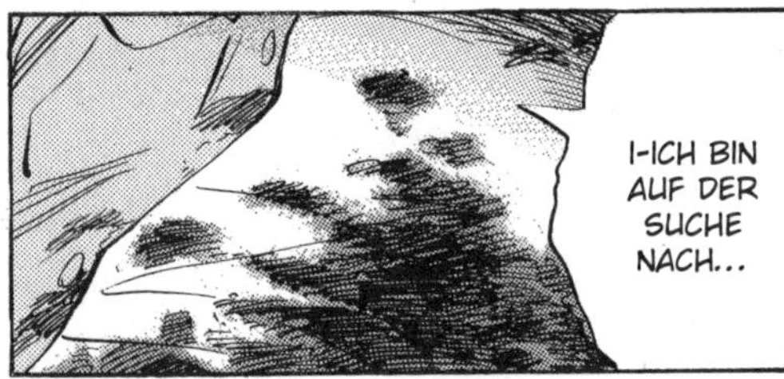
I-ICH BIN AUF DER SUCHE NACH…

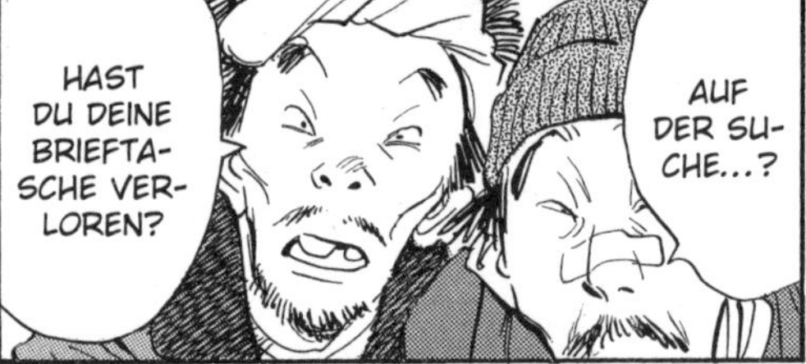
AUF DER SU-CHE…?
HAST DU DEINE BRIEFTA-SCHE VER-LOREN?

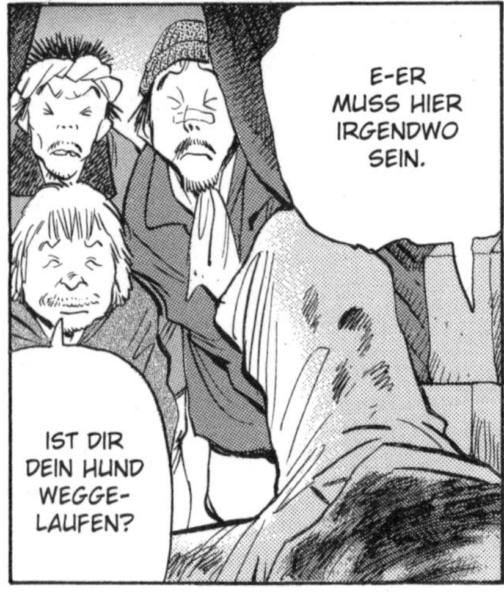
E-ER MUSS HIER IRGENDWO SEIN.
IST DIR DEIN HUND WEGGE-LAUFEN?

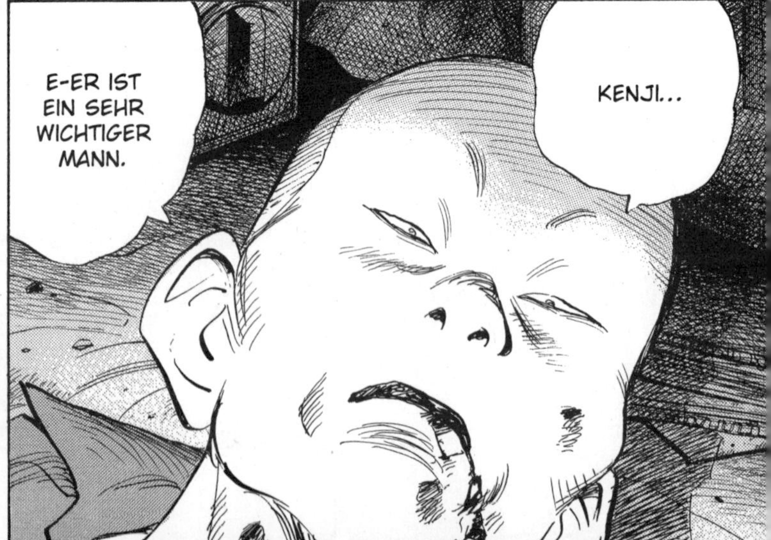
KENJI…
E-ER IST EIN SEHR WICHTIGER MANN.

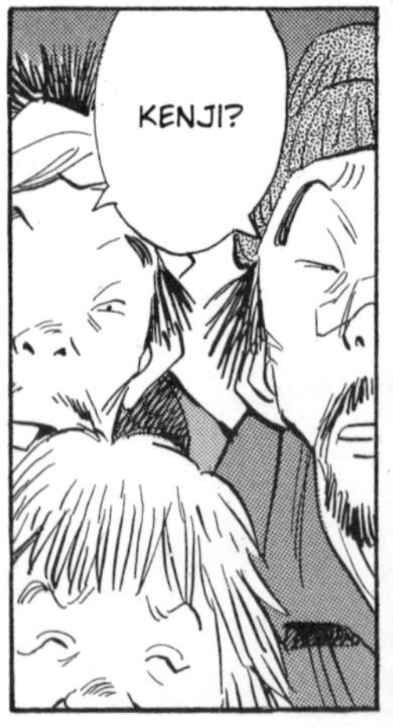
KENJI?

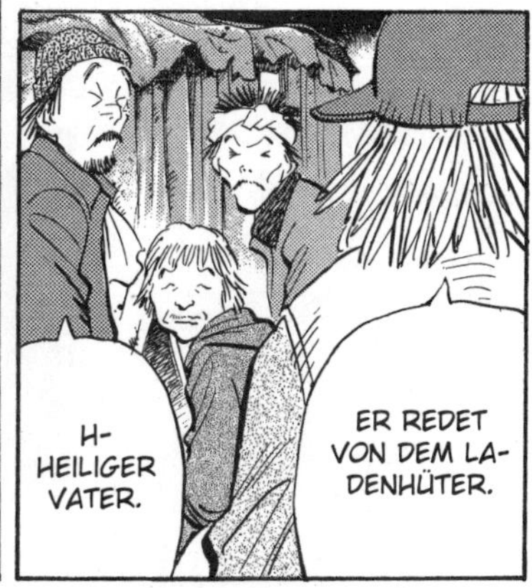
ER REDET VON DEM LADENHÜTER.
H-HEILIGER VATER.

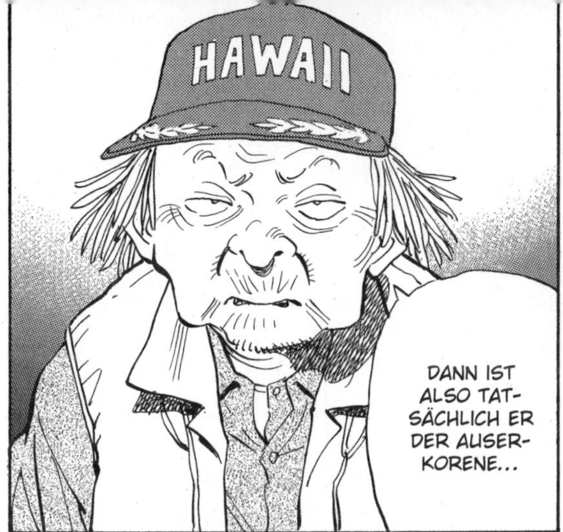
HAWAII
DANN IST ALSO TATSÄCHLICH ER DER AUSERKORENE...

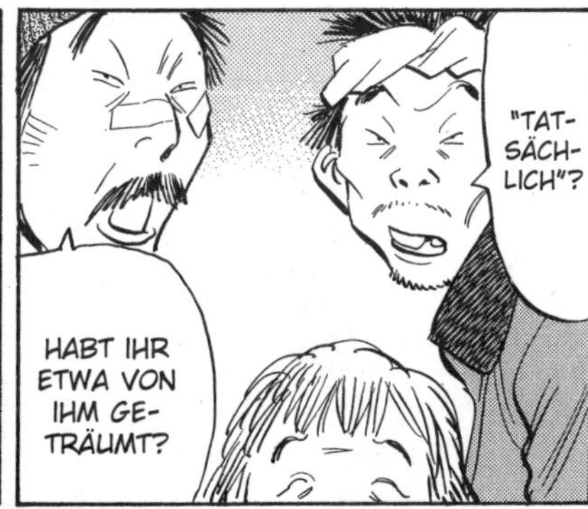
"TATSÄCHLICH"?
HABT IHR ETWA VON IHM GETRÄUMT?

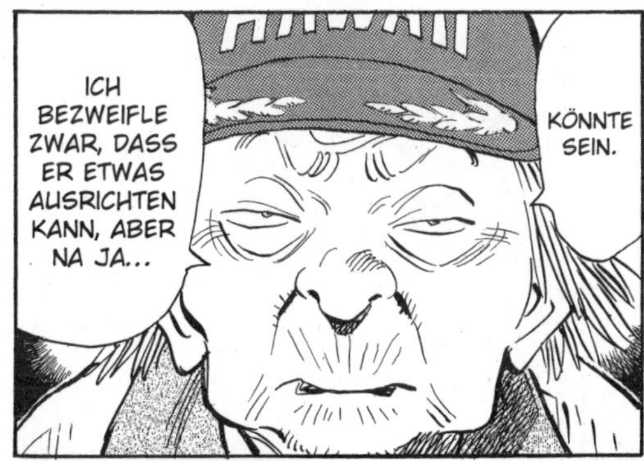
KÖNNTE SEIN.
ICH BEZWEIFLE ZWAR, DASS ER ETWAS AUSRICHTEN KANN, ABER NA JA...

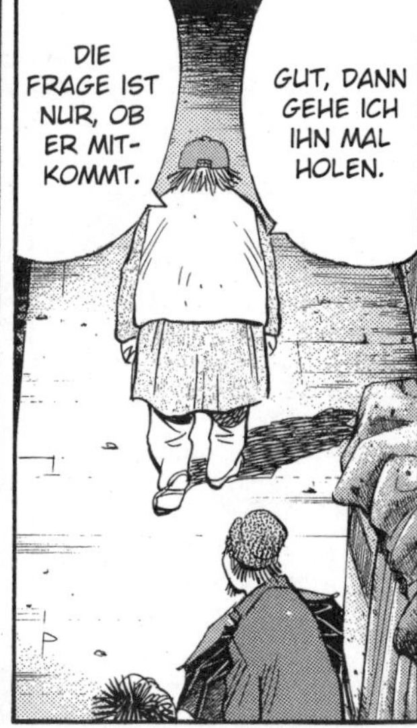
GUT, DANN GEHE ICH IHN MAL HOLEN.
DIE FRAGE IST NUR, OB ER MITKOMMT.

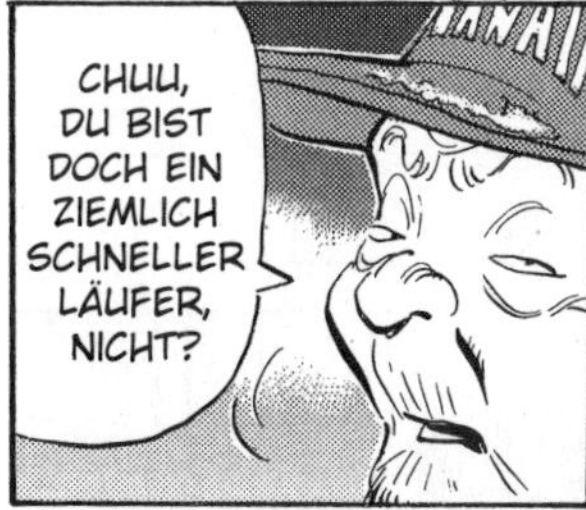
CHUU, DU BIST DOCH EIN ZIEMLICH SCHNELLER LÄUFER, NICHT?

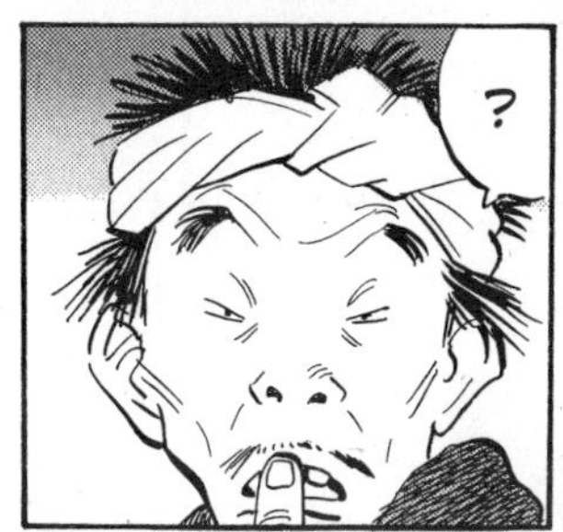
?

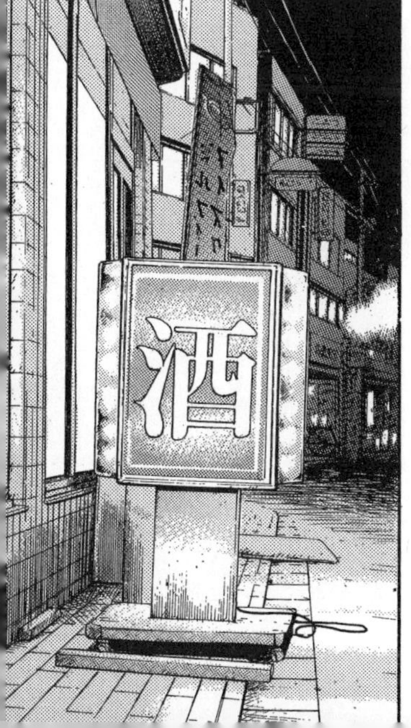
酒

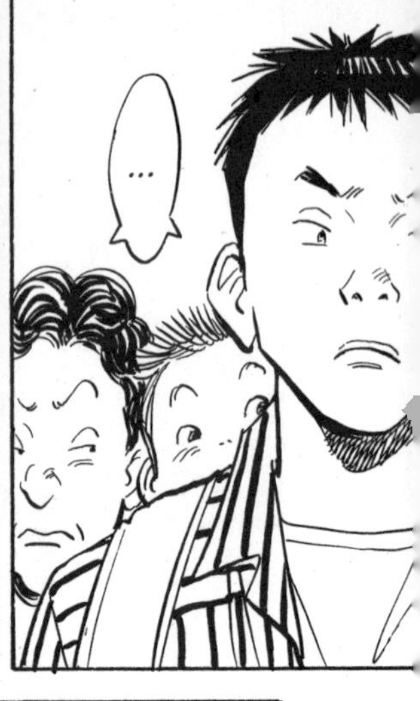
...
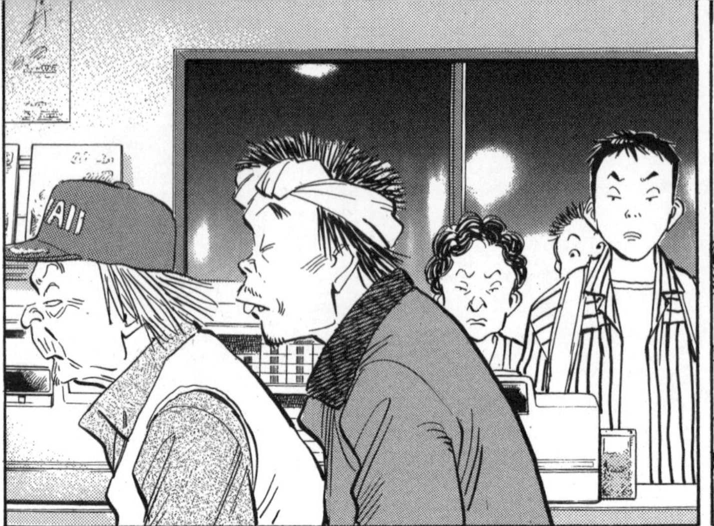
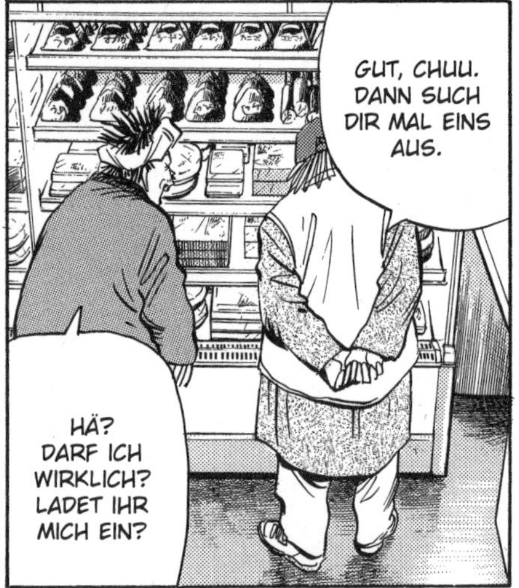
GUT, CHUU. DANN SUCH DIR MAL EINS AUS.
HÄ? DARF ICH WIRKLICH? LADET IHR MICH EIN?
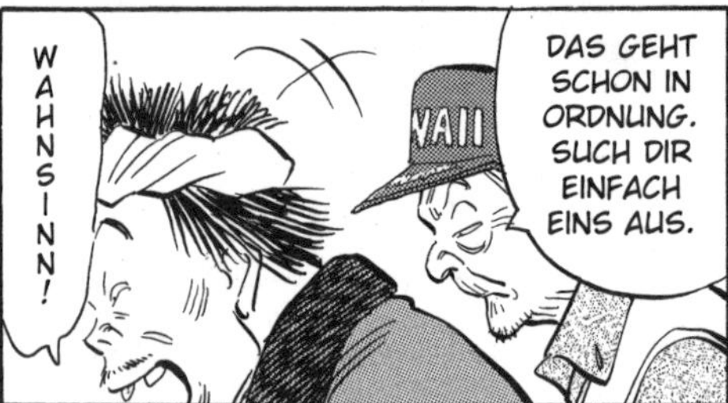
DAS GEHT SCHON IN ORDNUNG. SUCH DIR EINFACH EINS AUS.
WAHNSINN!
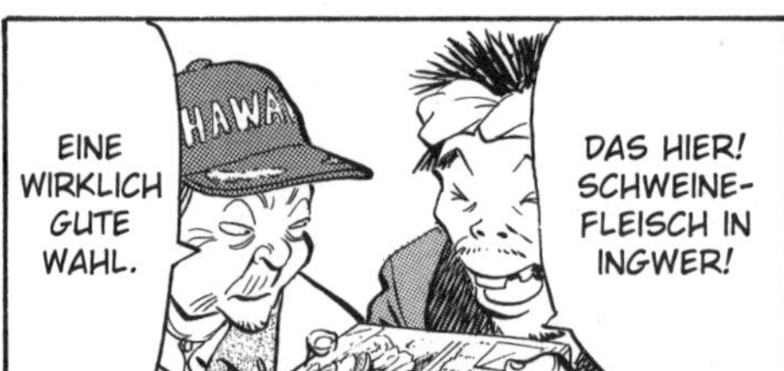
DAS HIER! SCHWEINE-FLEISCH IN INGWER!
EINE WIRKLICH GUTE WAHL.
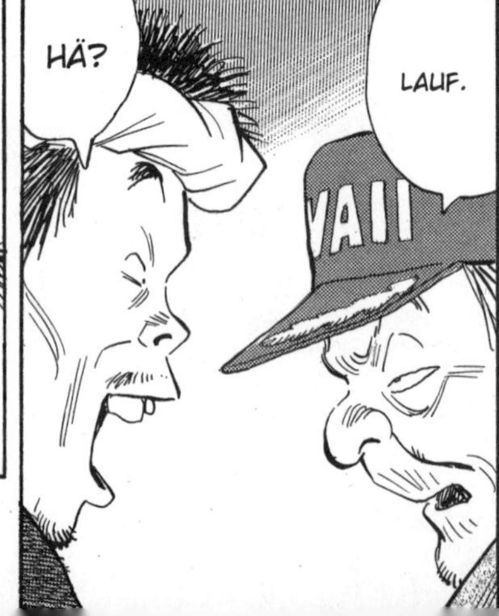
LAUF.
HÄ?
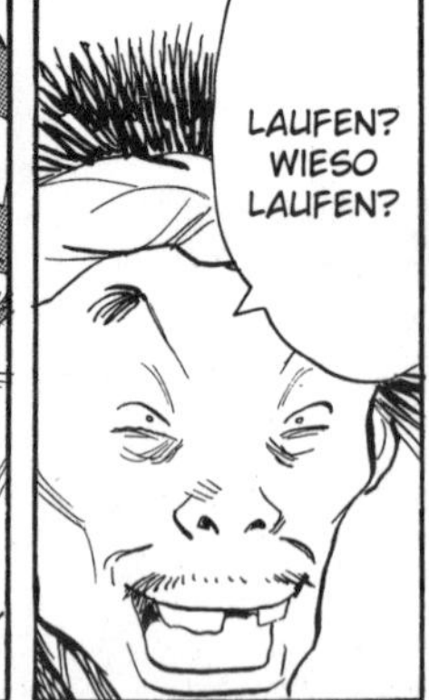
LAUFEN? WIESO LAUFEN?
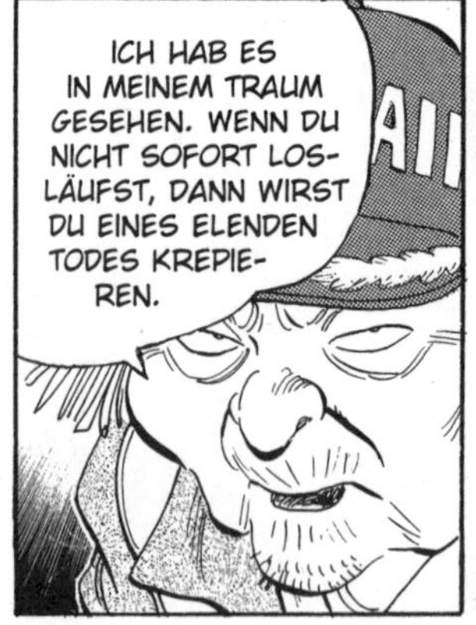
ICH HAB ES IN MEINEM TRAUM GESEHEN. WENN DU NICHT SOFORT LOS-LÄUFST, DANN WIRST DU EINES ELENDEN TODES KREPIE-REN.

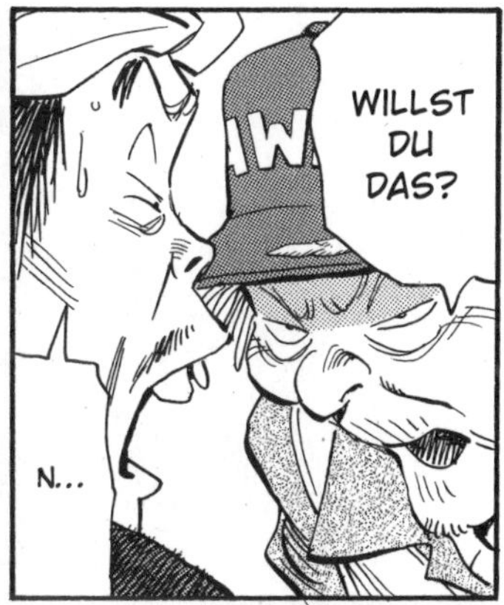
WILLST DU DAS?
N...

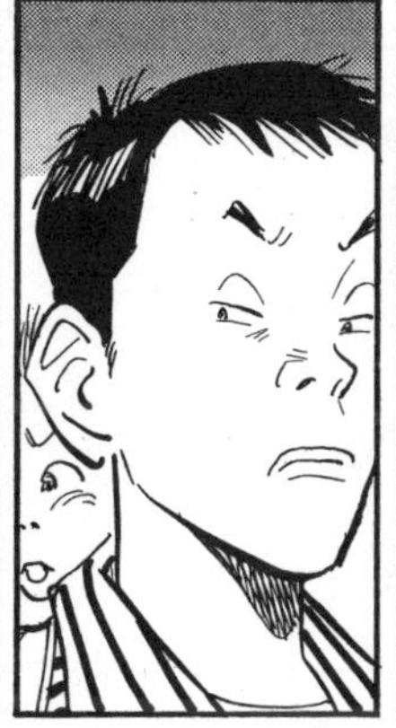

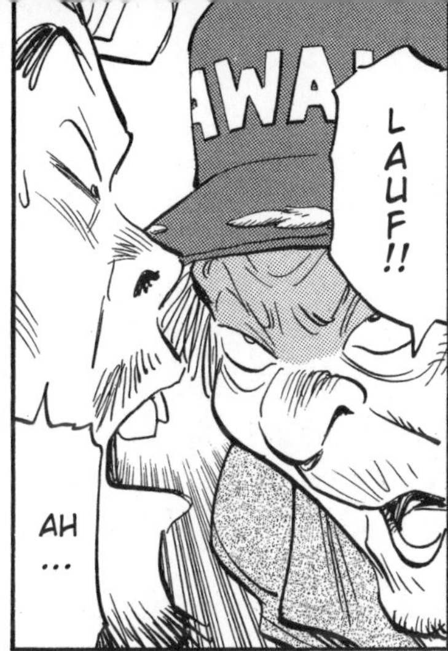
LAUF!!
AH ...

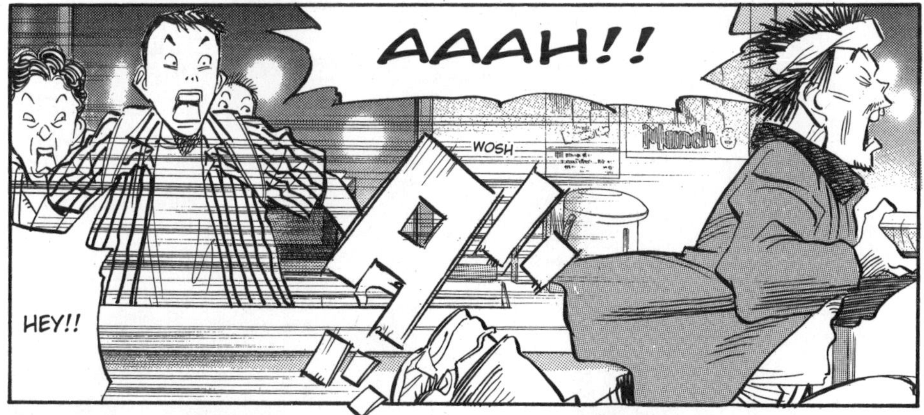
AAAH!!
WOSH
HEY!!

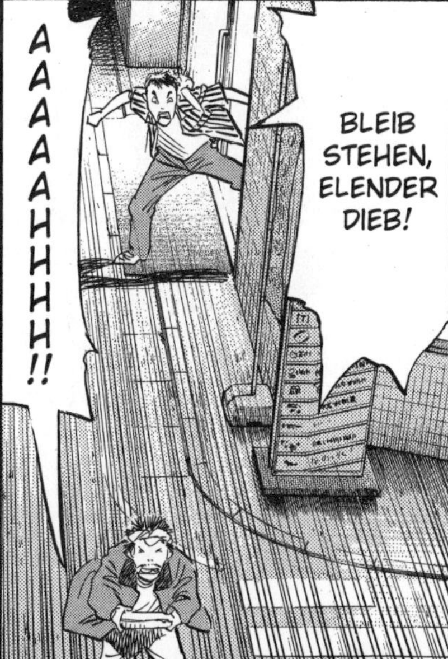
BLEIB STEHEN, ELENDER DIEB!
AAAAAAAHHHH!!

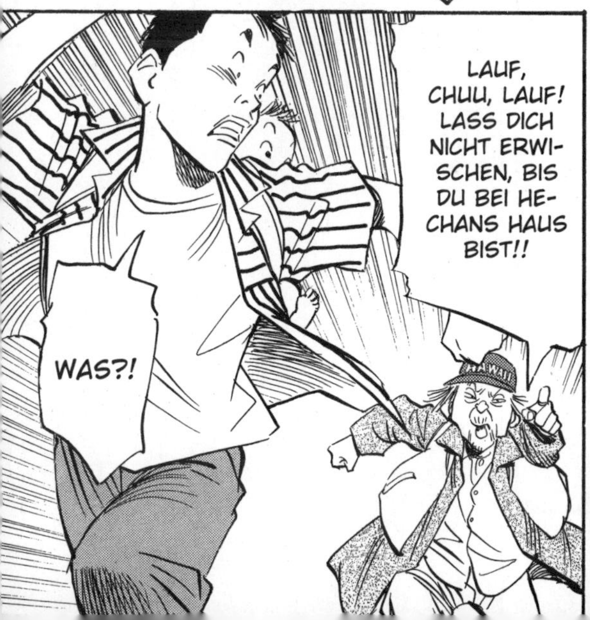
LAUF, CHUU, LAUF! LASS DICH NICHT ERWI-SCHEN, BIS DU BEI HE-CHANS HAUS BIST!!
WAS?!

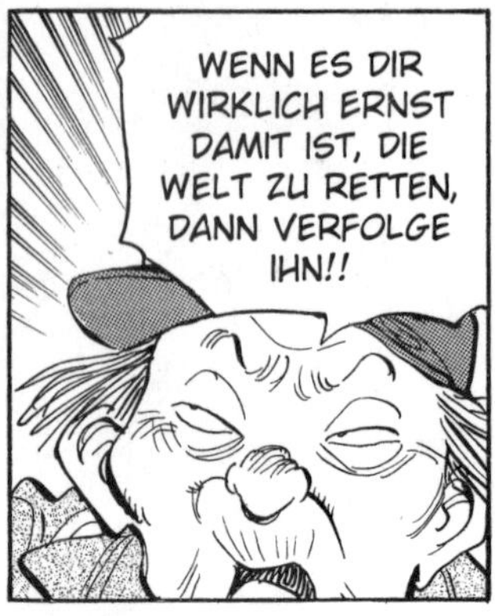
WENN ES DIR WIRKLICH ERNST DAMIT IST, DIE WELT ZU RETTEN, DANN VERFOLGE IHN!!

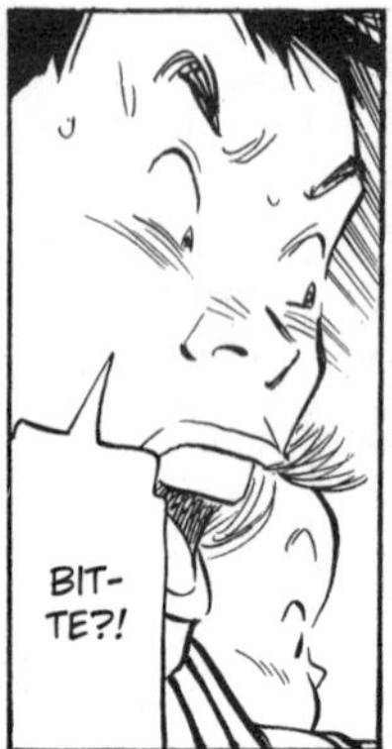
BIT-TE?!

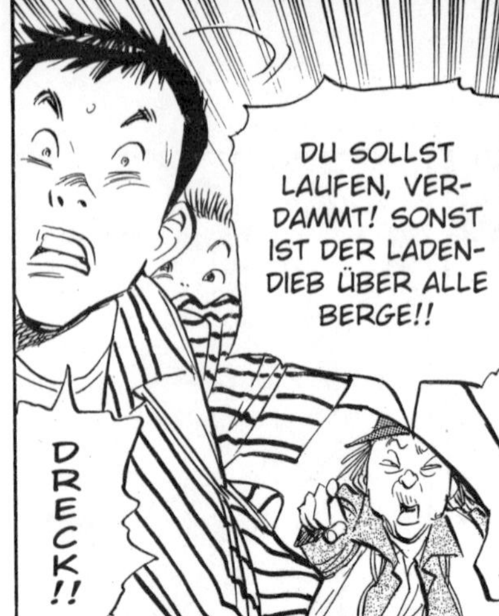
DU SOLLST LAUFEN, VER-DAMMT! SONST IST DER LADEN-DIEB ÜBER ALLE BERGE!!
DRECK!!

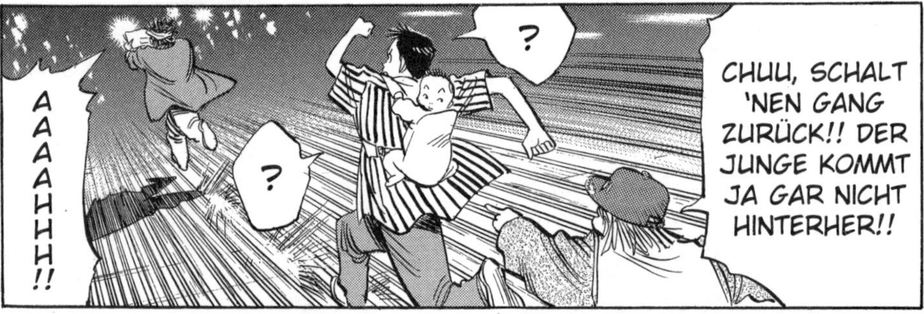
CHUU, SCHALT 'NEN GANG ZURÜCK!! DER JUNGE KOMMT JA GAR NICHT HINTERHER!!
?
?
AAAAHHHH!!

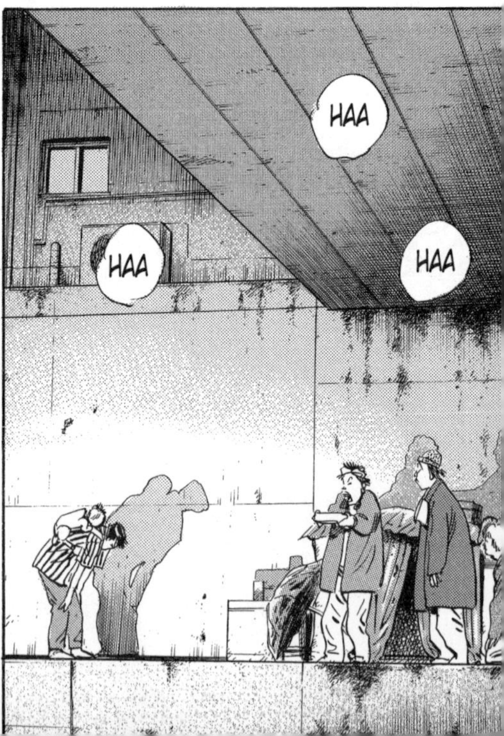
HAA
HAA
HAA

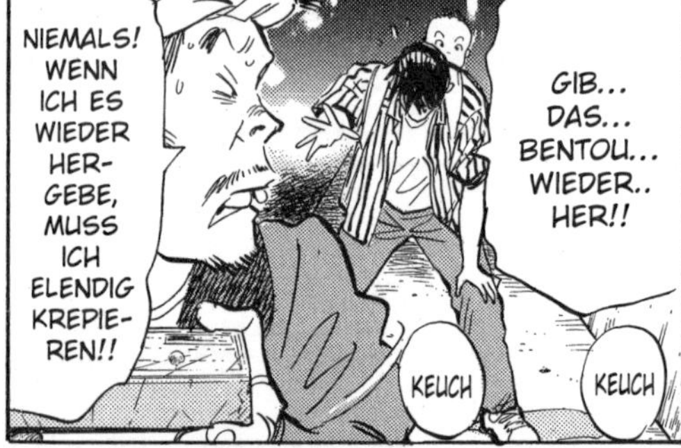
GIB... DAS... BENTOU... WIEDER.. HER!!
NIEMALS! WENN ICH ES WIEDER HER-GEBE, MUSS ICH ELENDIG KREPIE-REN!!
KEUCH
KEUCH

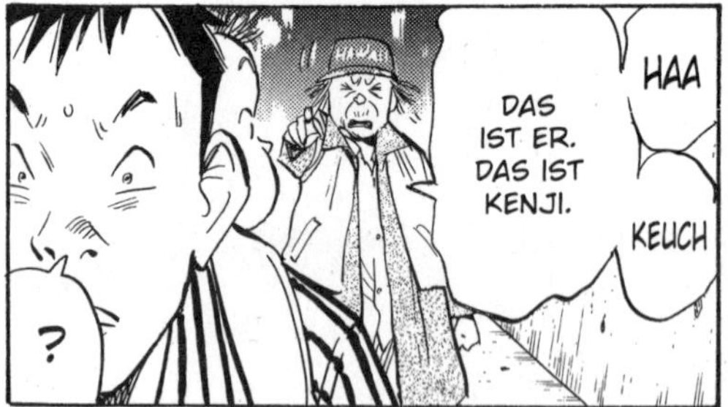
HAA
DAS IST ER. DAS IST KENJI.
KEUCH
?

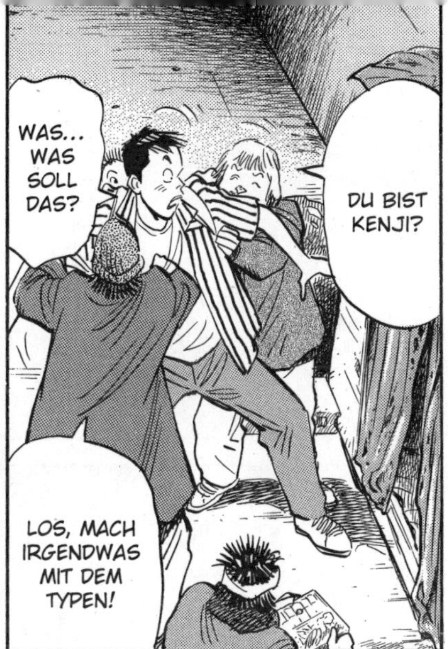
DU BIST KENJI?
WAS... WAS SOLL DAS?
LOS, MACH IRGENDWAS MIT DEM TYPEN!

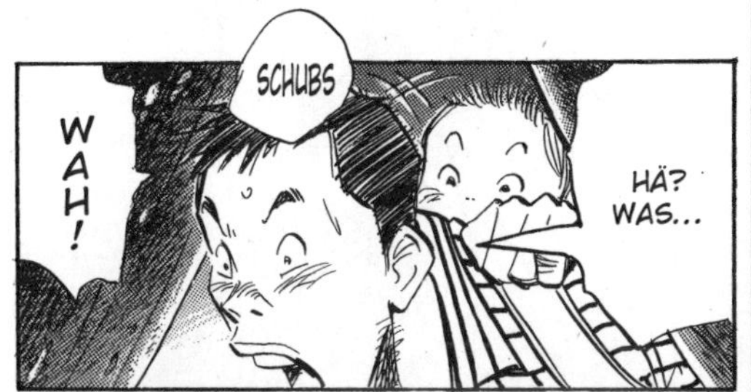
HÄ? WAS...
SCHUBS
WAH!

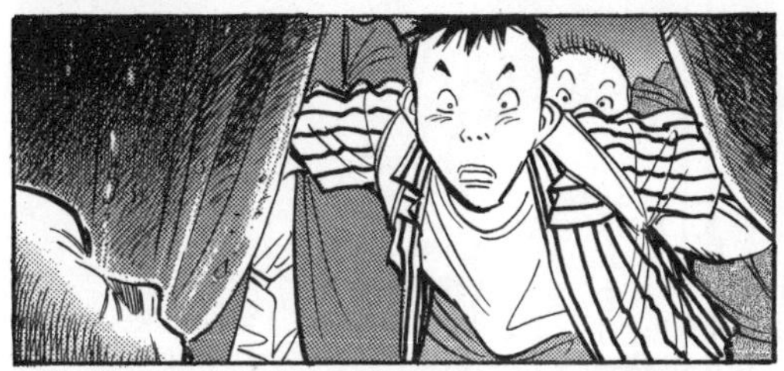

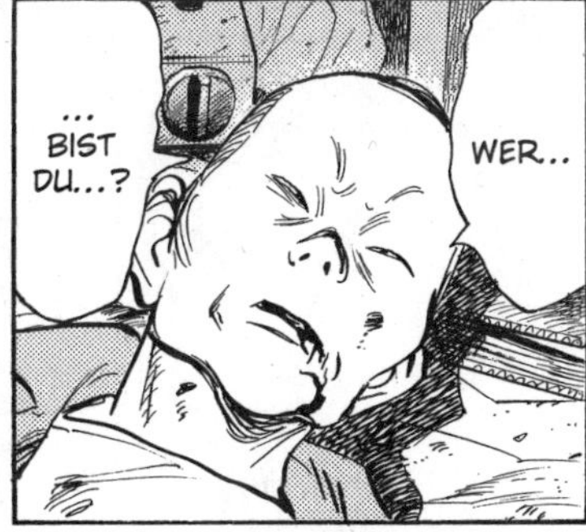
WER...
... BIST DU...?

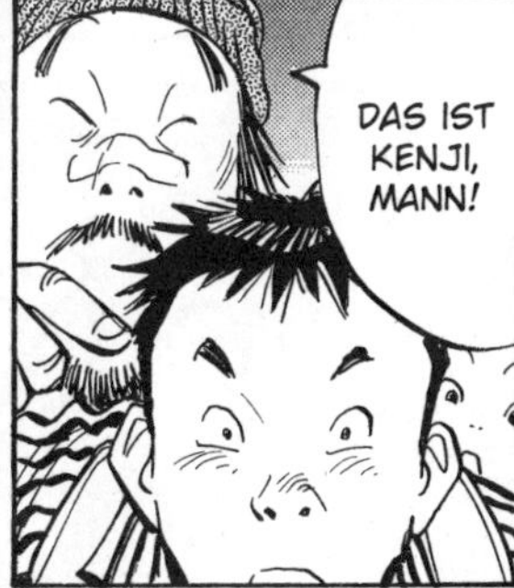
DAS IST KENJI, MANN!

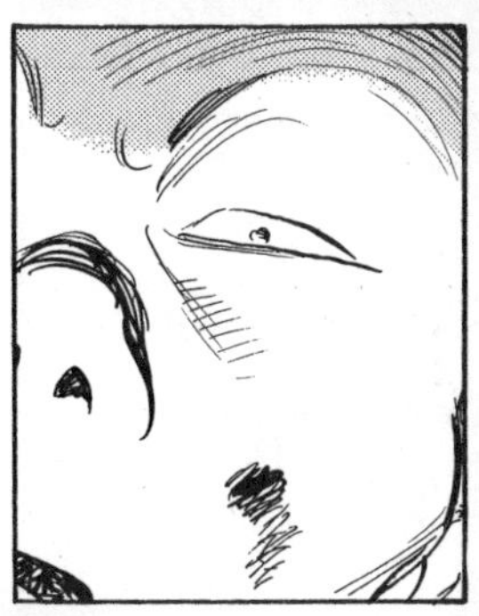

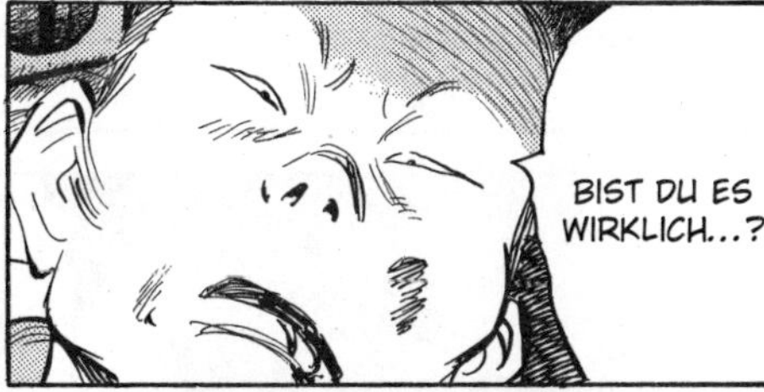
BIST DU ES WIRKLICH...?

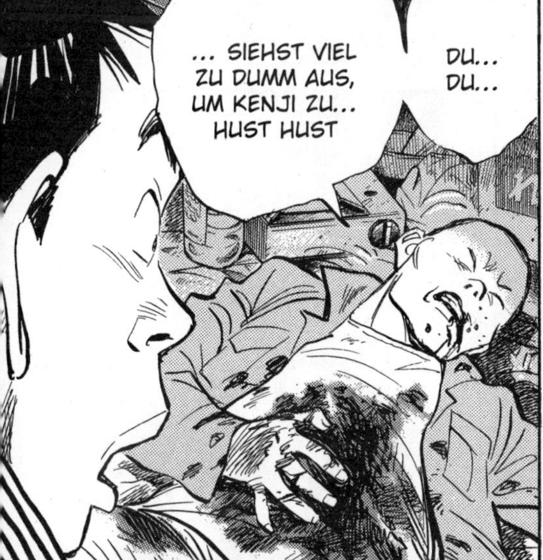
DU... DU...
... SIEHST VIEL ZU DUMM AUS, UM KENJI ZU... HUST HUST

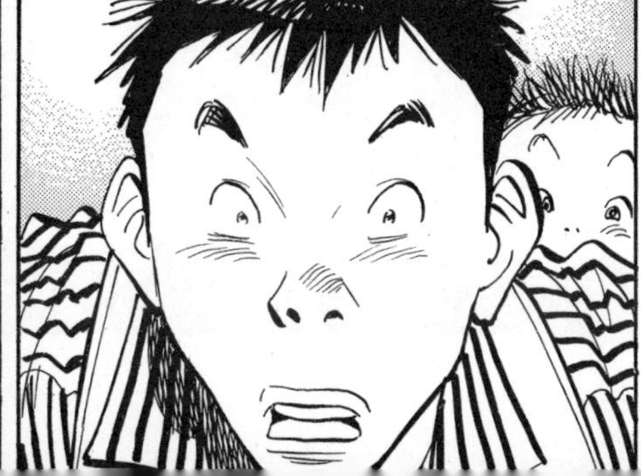

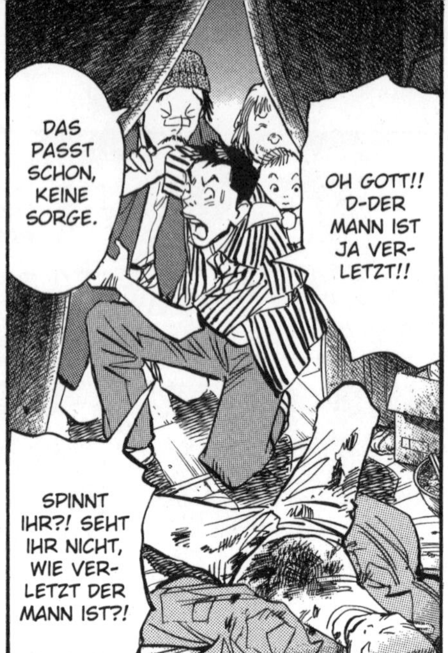
OH GOTT!! D-DER MANN IST JA VER-LETZT!!
DAS PASST SCHON, KEINE SORGE.
SPINNT IHR?! SEHT IHR NICHT, WIE VER-LETZT DER MANN IST?!

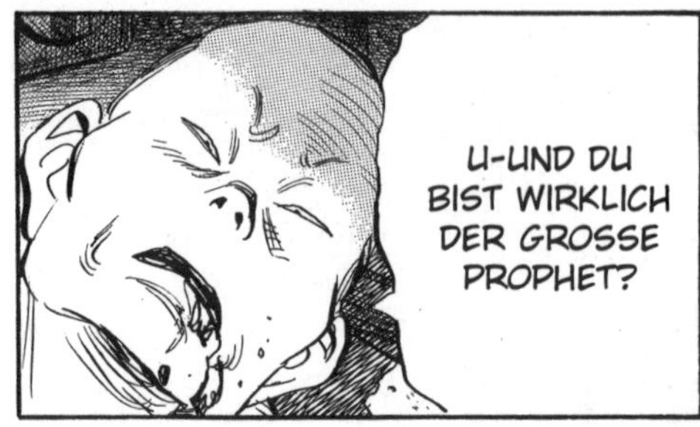
U-UND DU BIST WIRKLICH DER GROSSE PROPHET?

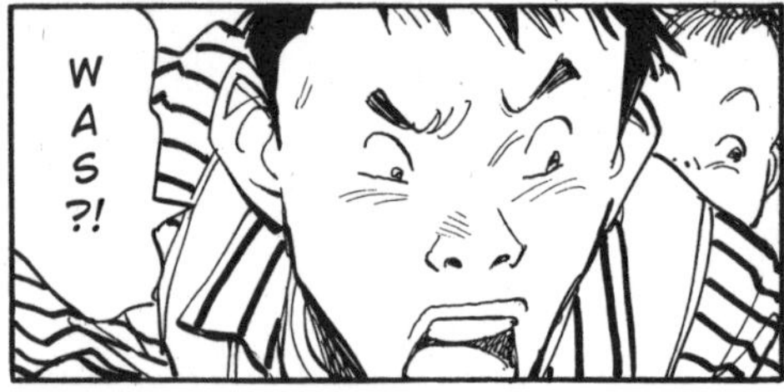
WAS?!

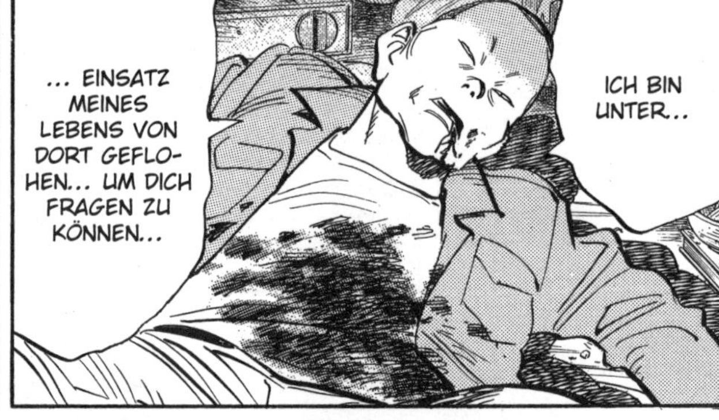
ICH BIN UNTER…
… EINSATZ MEINES LEBENS VON DORT GEFLO-HEN… UM DICH FRAGEN ZU KÖNNEN…

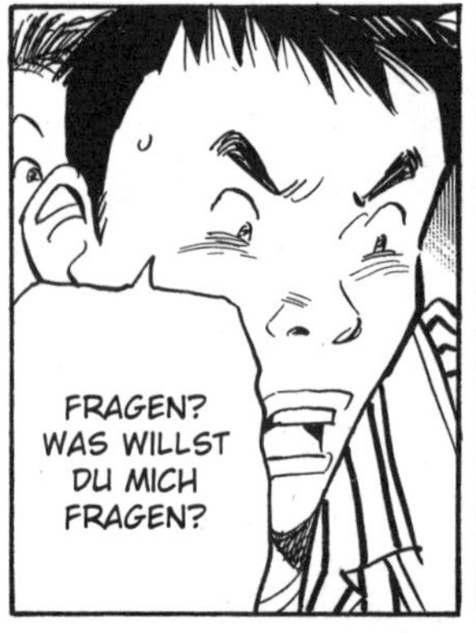
FRAGEN? WAS WILLST DU MICH FRAGEN?

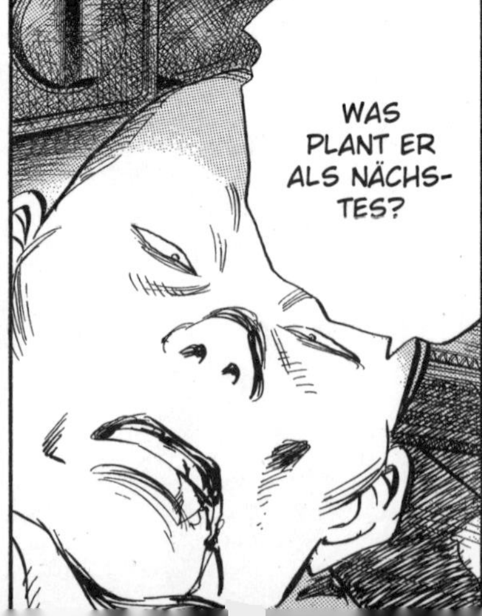
WAS PLANT ER ALS NÄCHS-TES?

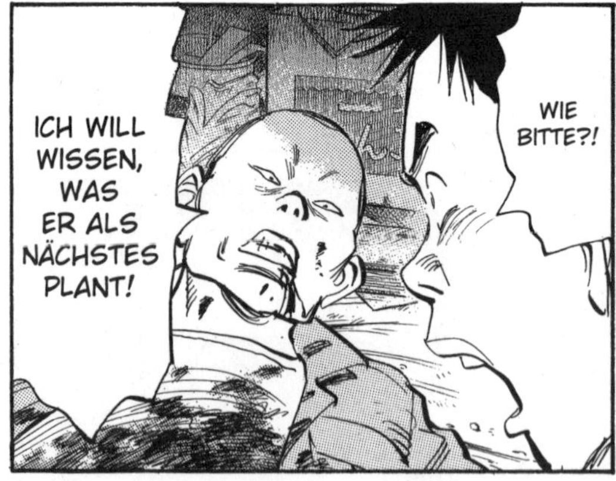
WIE BITTE?!
ICH WILL WISSEN, WAS ER ALS NÄCHSTES PLANT!

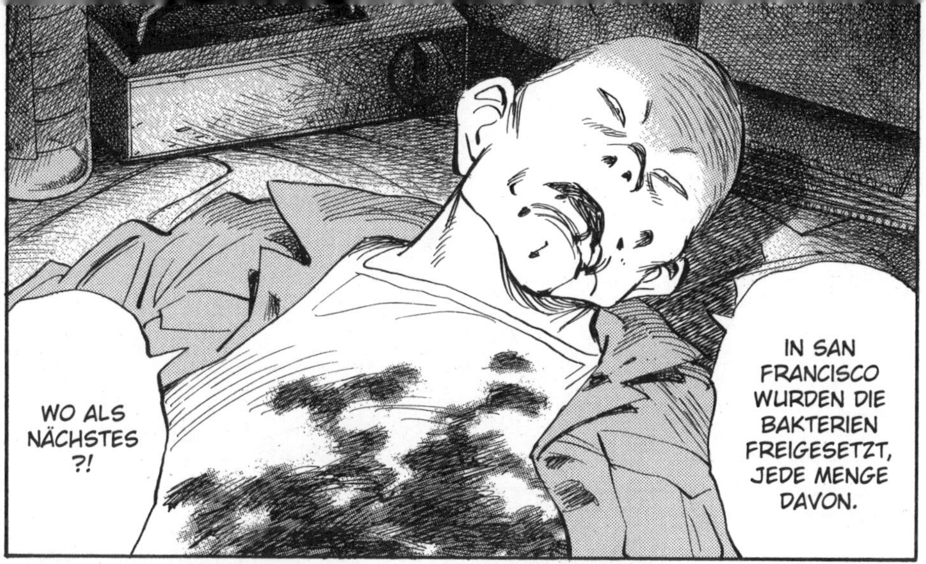
IN SAN FRANCISCO WURDEN DIE BAKTERIEN FREIGESETZT, JEDE MENGE DAVON.
WO ALS NÄCHSTES ?!

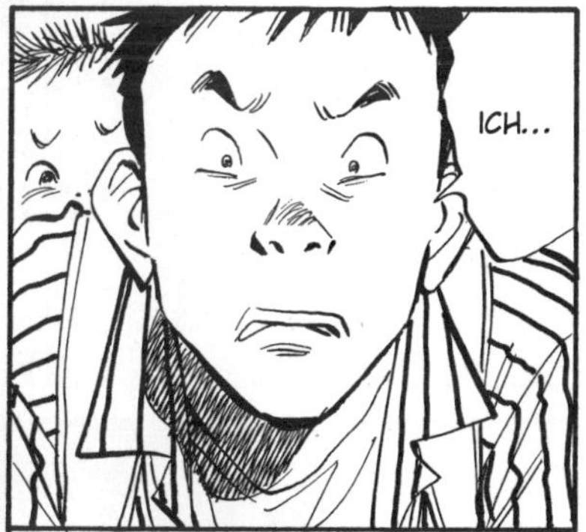
ICH…

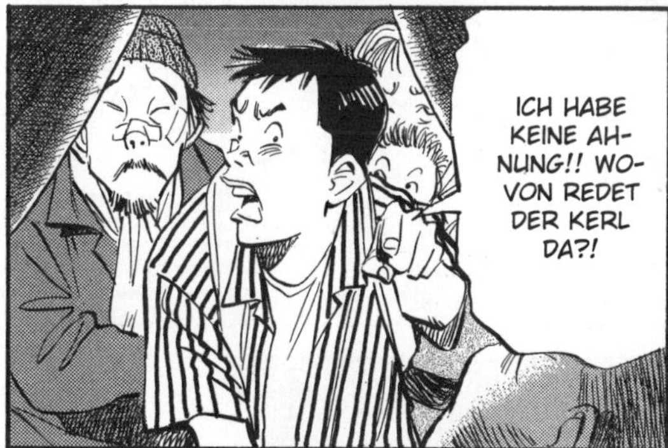
ICH HABE KEINE AH-NUNG!! WO-VON REDET DER KERL DA?!

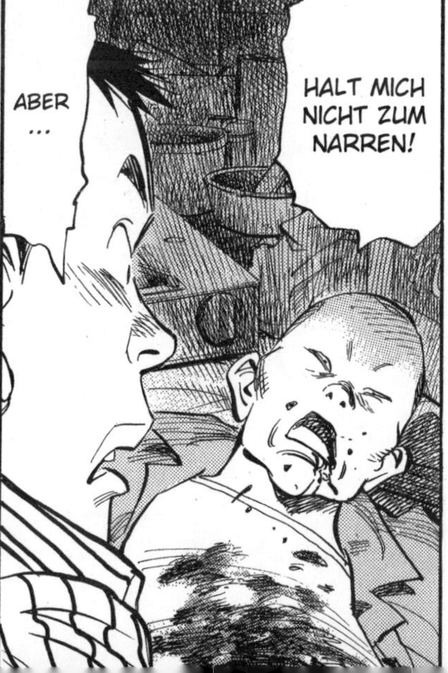
HALT MICH NICHT ZUM NARREN!
ABER …

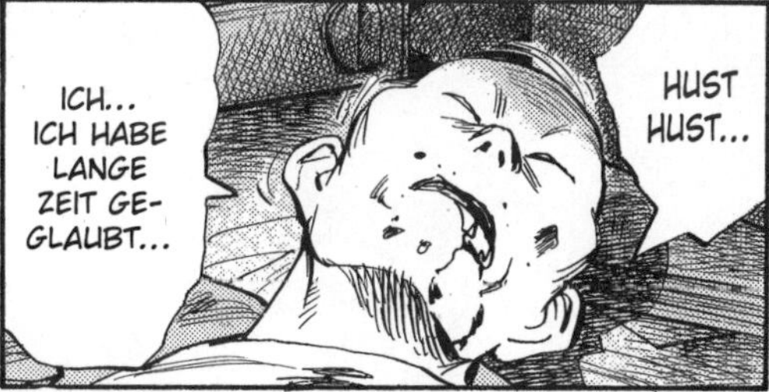
HUST HUST…
ICH… ICH HABE LANGE ZEIT GE-GLAUBT…

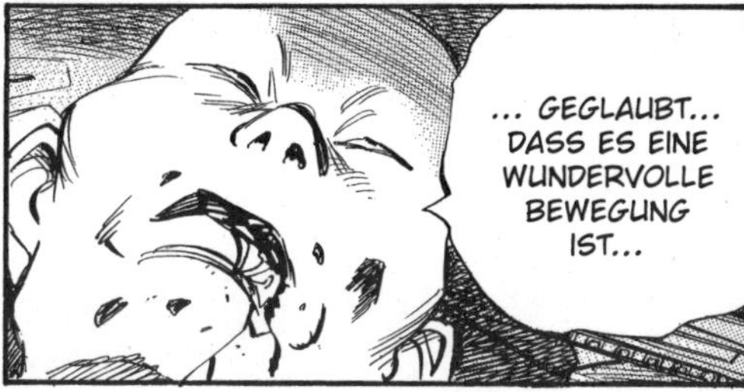
… GEGLAUBT… DASS ES EINE WUNDERVOLLE BEWEGUNG IST…

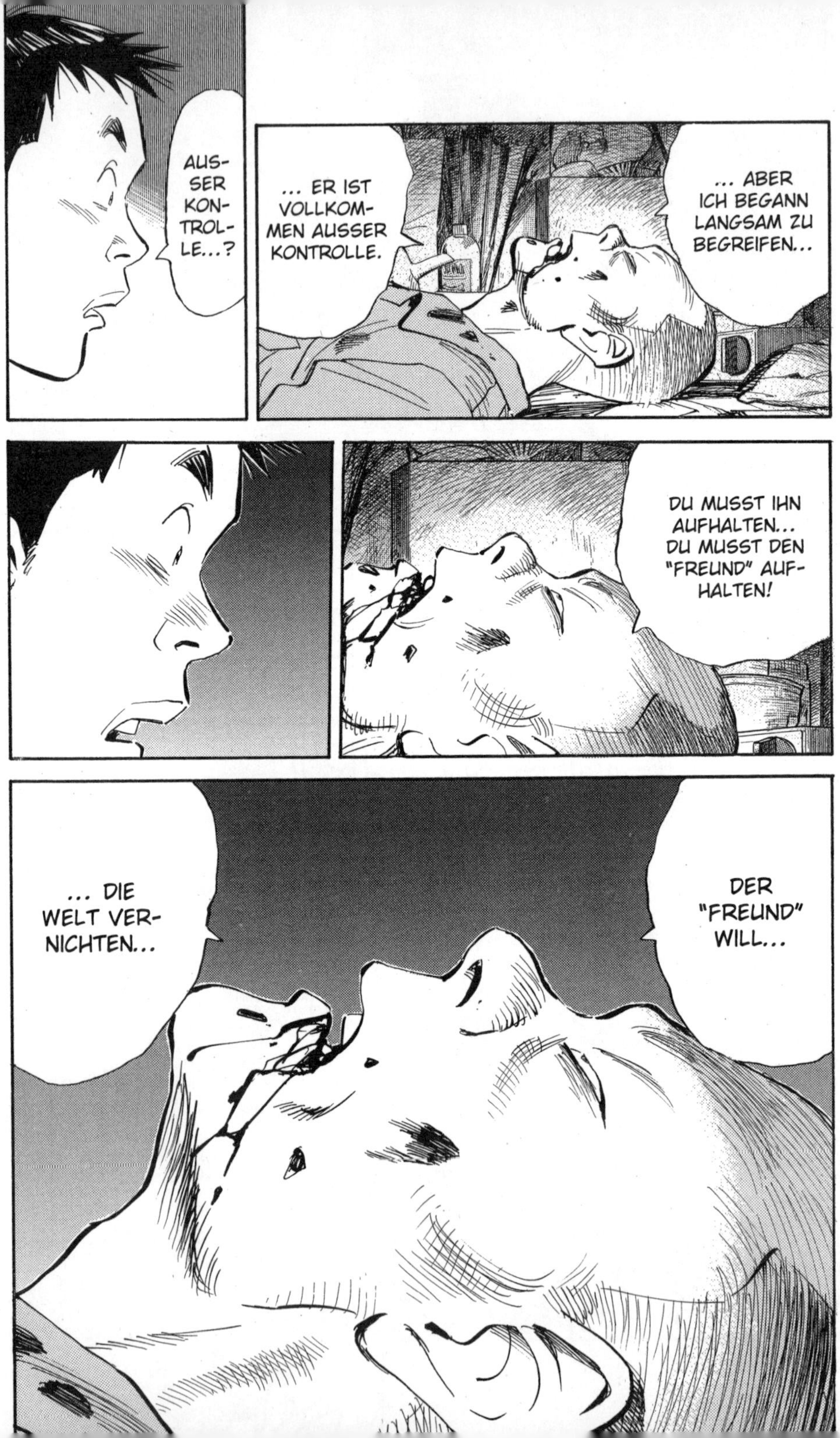

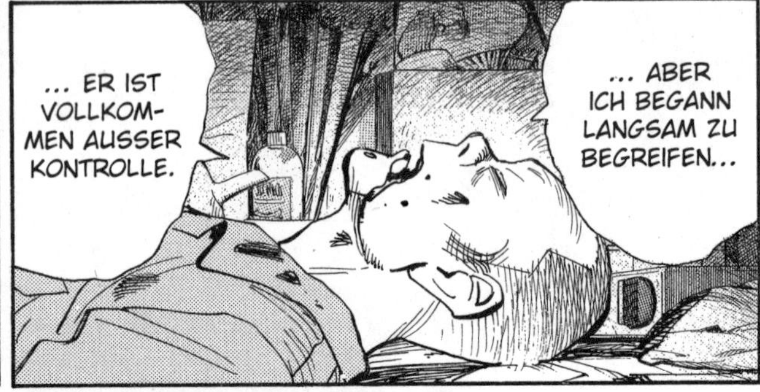

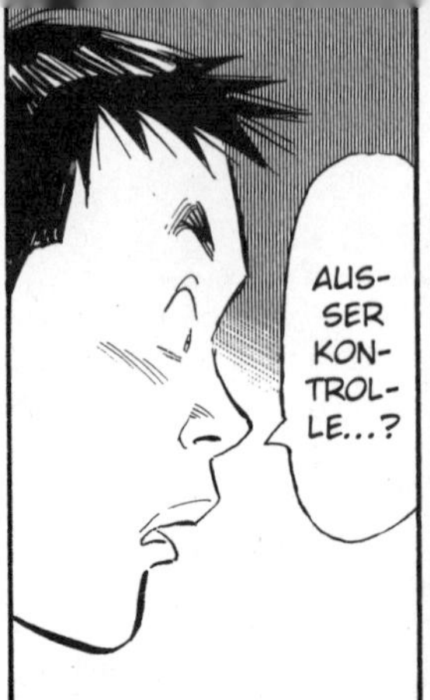

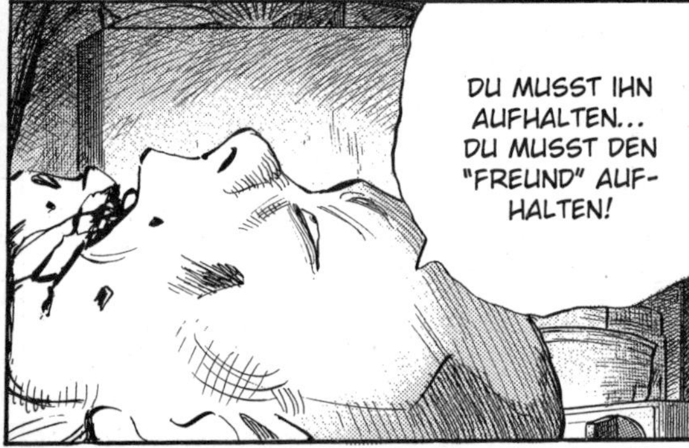

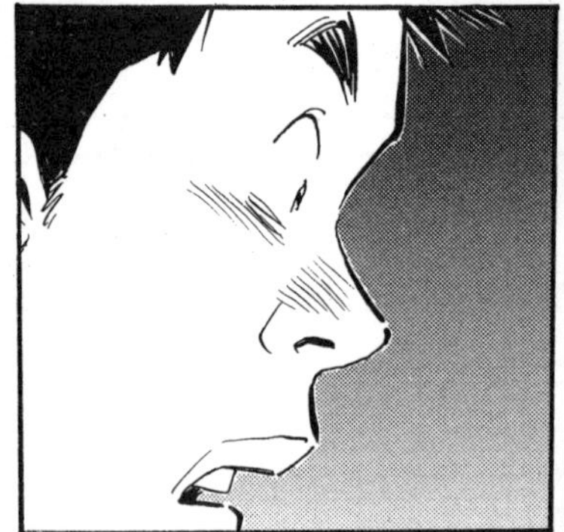

DER "FREUND" WILL...

... DIE WELT VERNICHTEN...

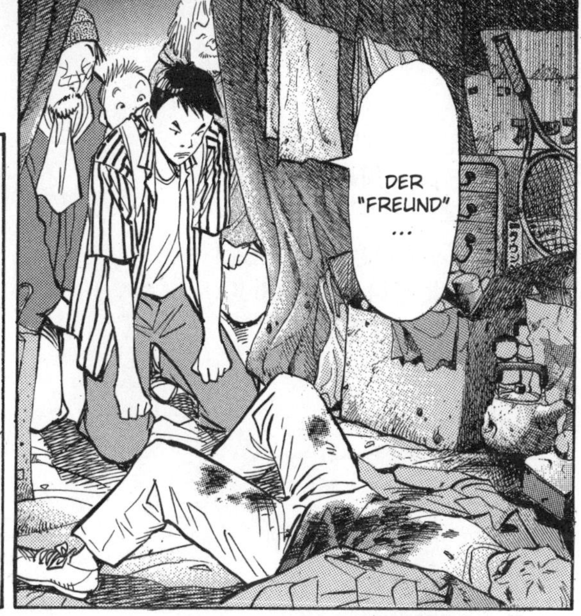
DER "FREUND" ...

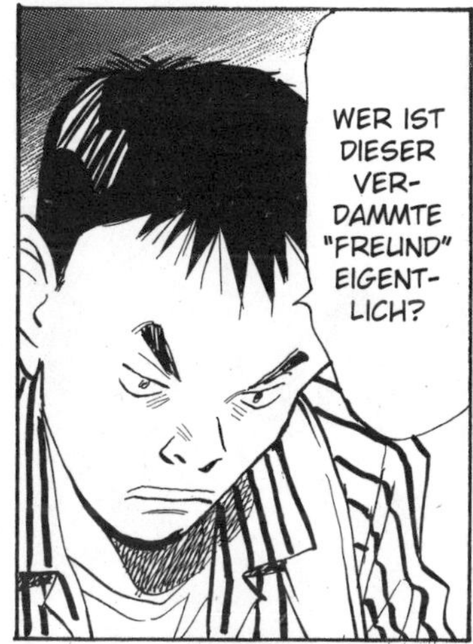
WER IST DIESER VER-DAMMTE "FREUND" EIGENT-LICH?

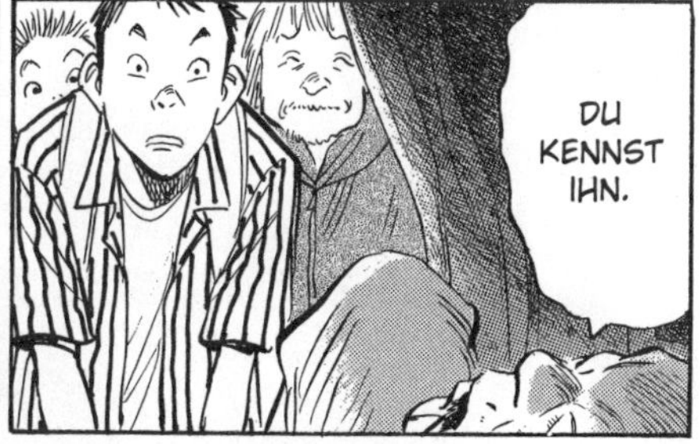
DU KENNST IHN.

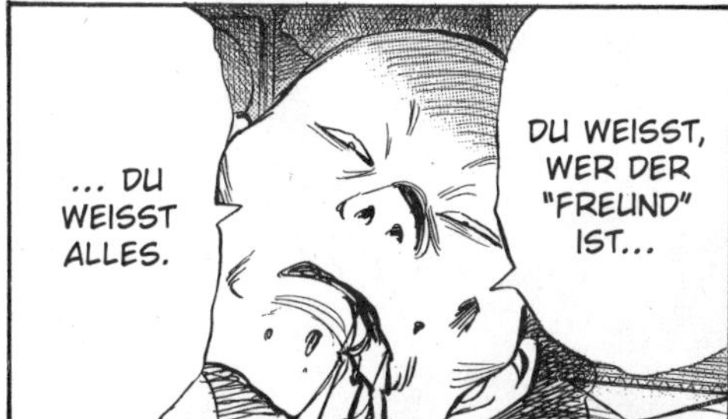
DU WEISST, WER DER "FREUND" IST...
... DU WEISST ALLES.

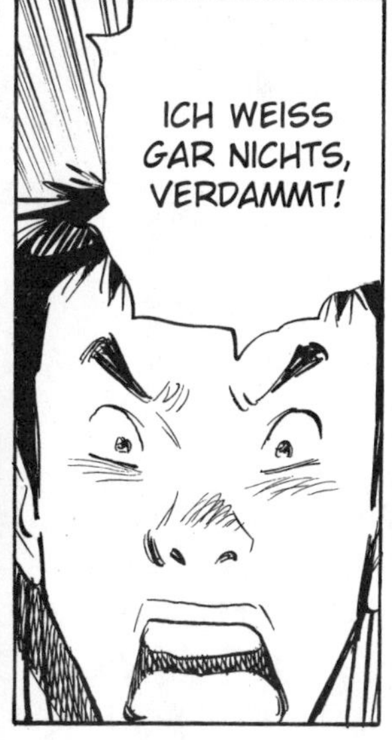
ICH WEISS GAR NICHTS, VERDAMMT!

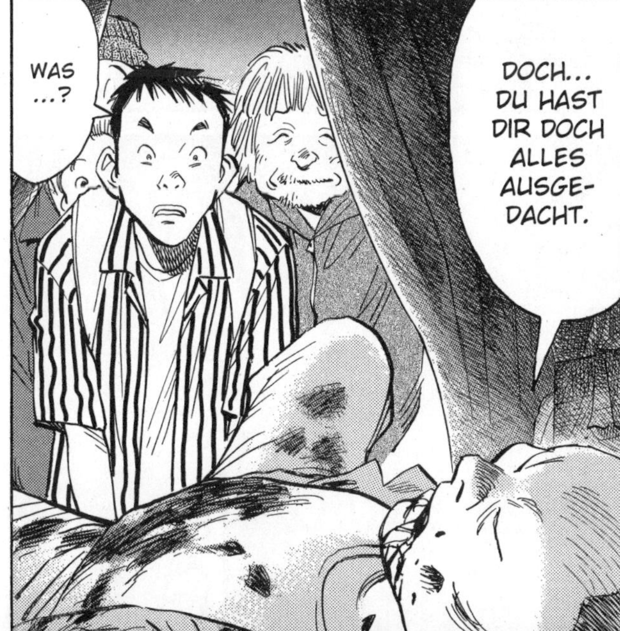
DOCH... DU HAST DIR DOCH ALLES AUSGE-DACHT.
WAS ...?

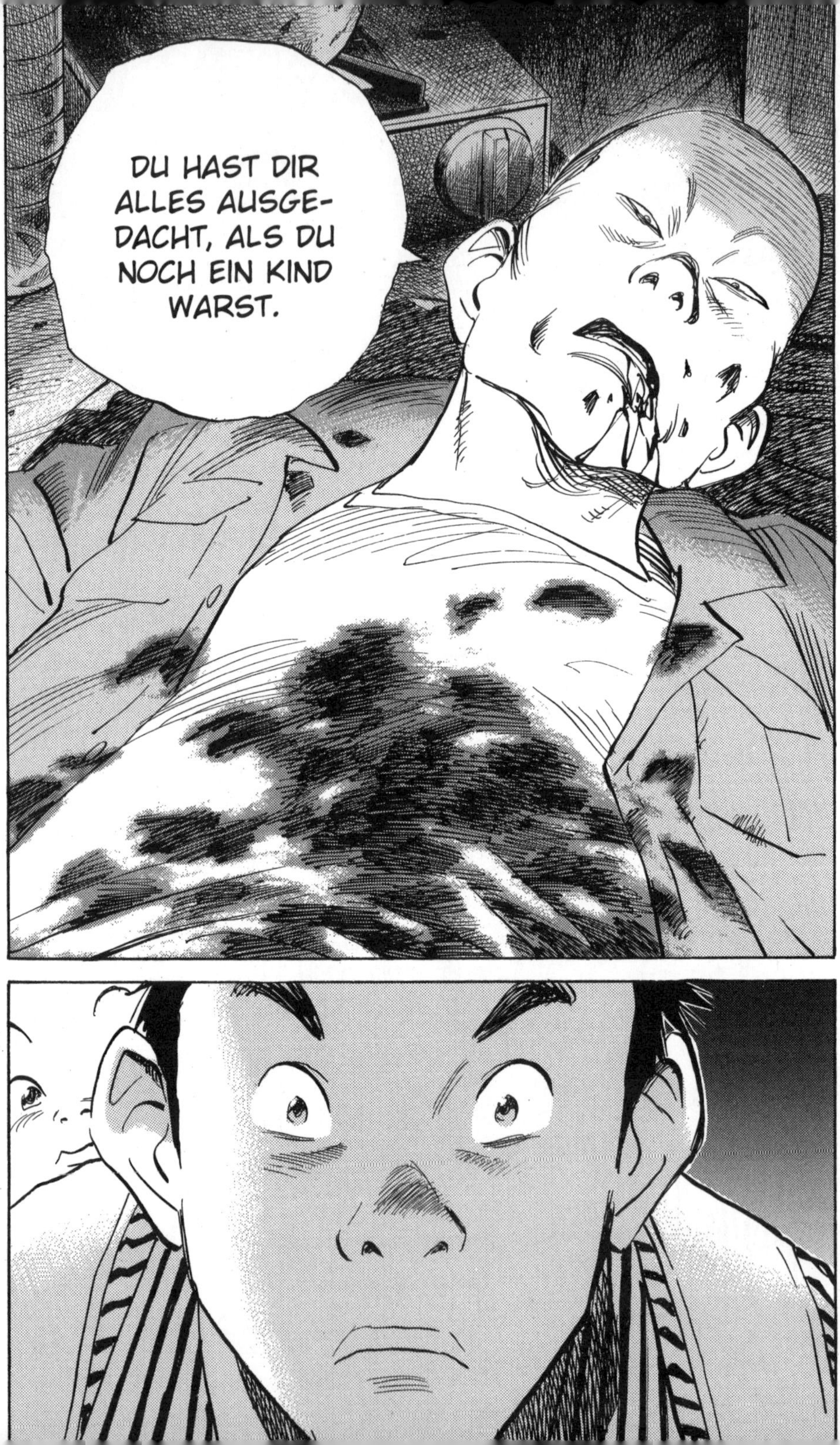

DU HAST DIR ALLES AUSGE-DACHT, ALS DU NOCH EIN KIND WARST.

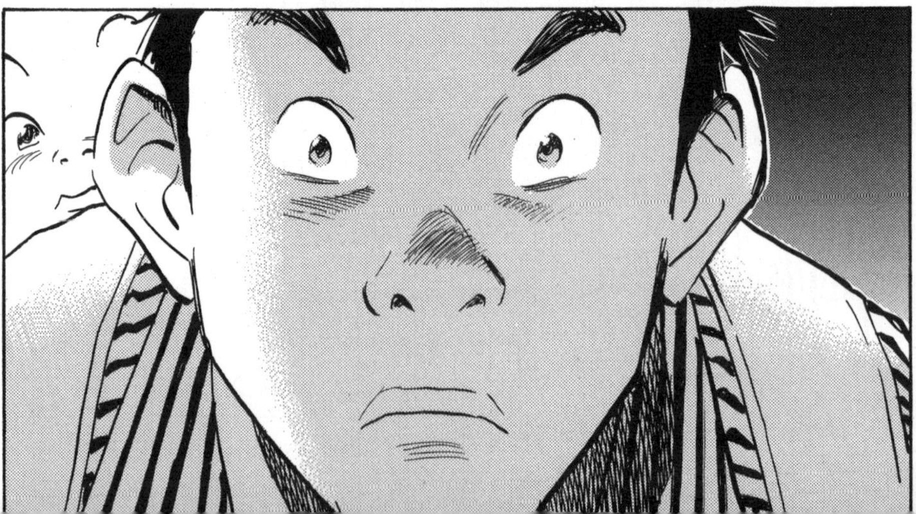

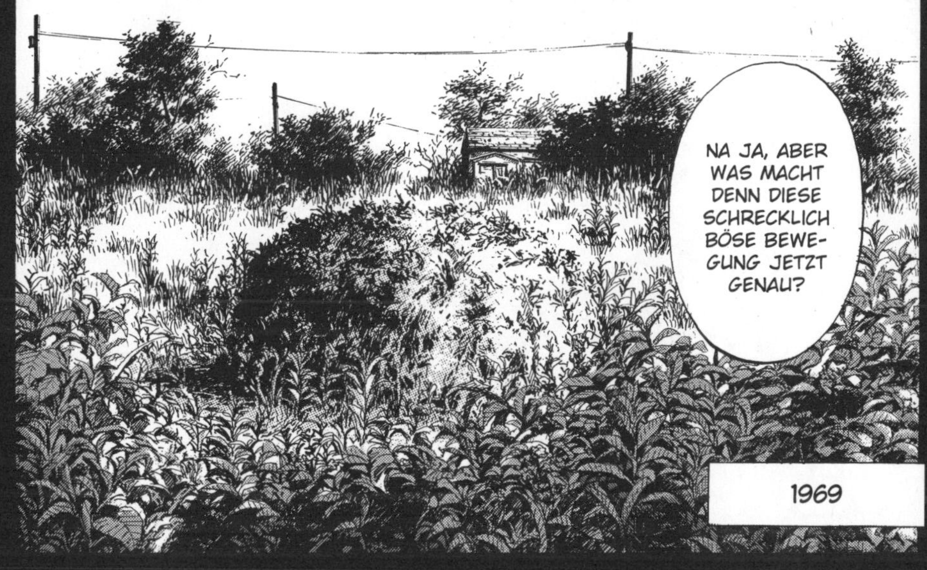
NA JA, ABER WAS MACHT DENN DIESE SCHRECKLICH BÖSE BEWE-GUNG JETZT GENAU?
1969

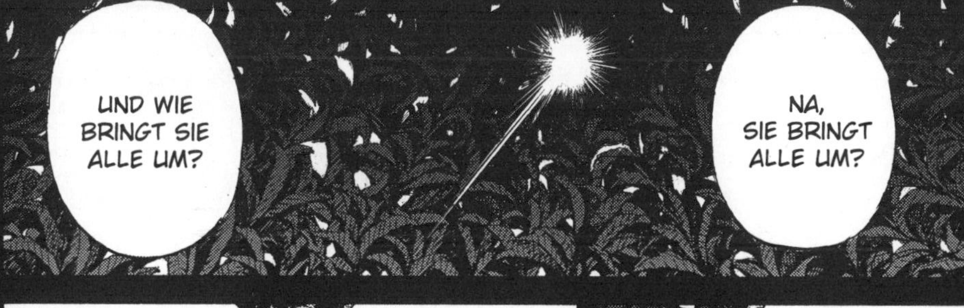
NA, SIE BRINGT ALLE UM?
UND WIE BRINGT SIE ALLE UM?

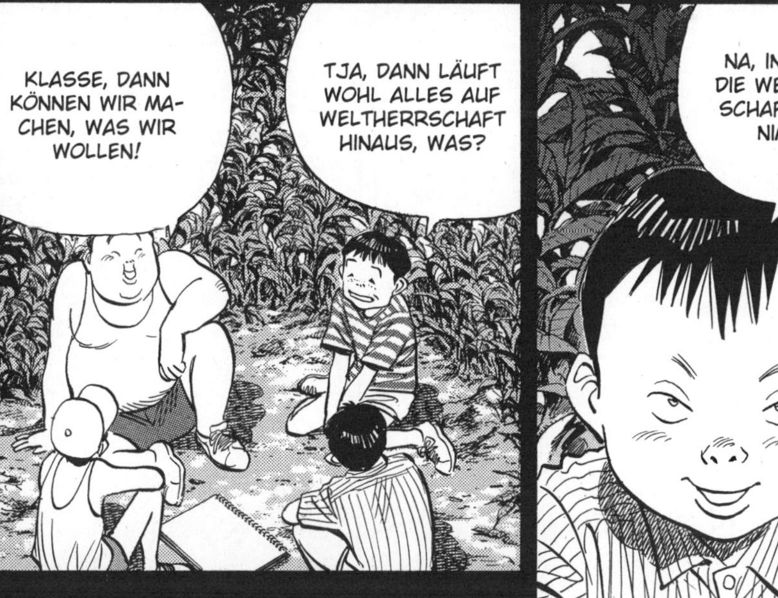
NA, INDEM SIE DIE WELTHERR-SCHAFT ÜBER-NIMMT?
TJA, DANN LÄUFT WOHL ALLES AUF WELTHERRSCHAFT HINAUS, WAS?
KLASSE, DANN KÖNNEN WIR MA-CHEN, WAS WIR WOLLEN!

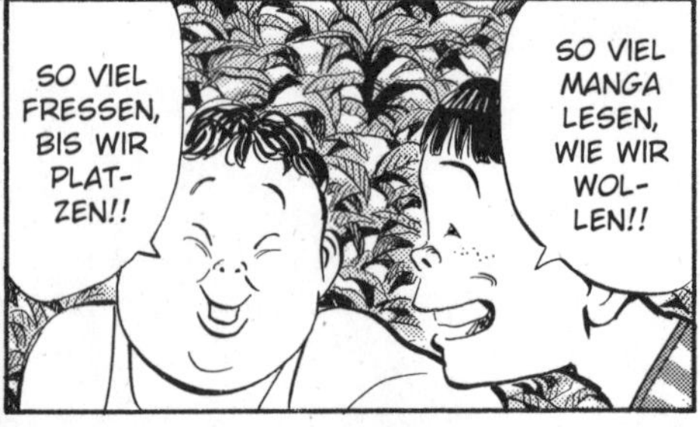
SO VIEL MANGA LESEN, WIE WIR WOLLEN!!
SO VIEL FRESSEN, BIS WIR PLATZEN!!

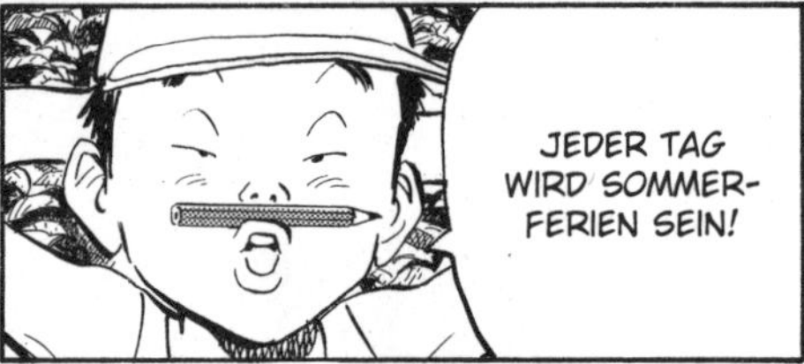
JEDER TAG WIRD SOMMERFERIEN SEIN!

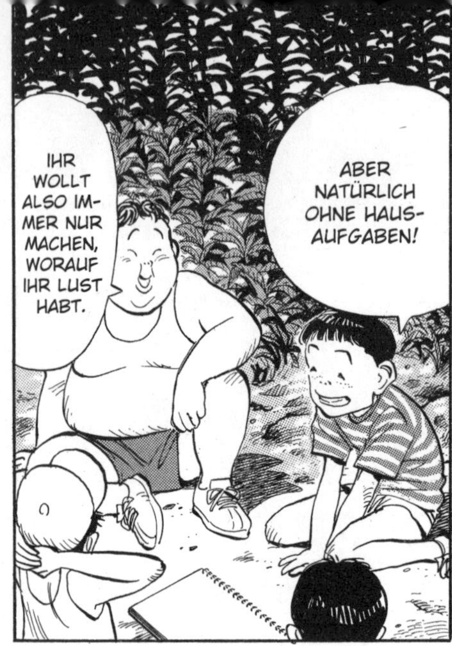
ABER NATÜRLICH OHNE HAUSAUFGABEN!
IHR WOLLT ALSO IMMER NUR MACHEN, WORAUF IHR LUST HABT.

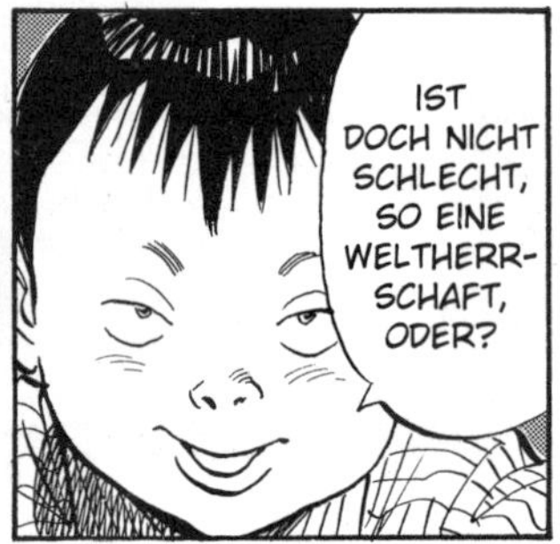
IST DOCH NICHT SCHLECHT, SO EINE WELTHERRSCHAFT, ODER?

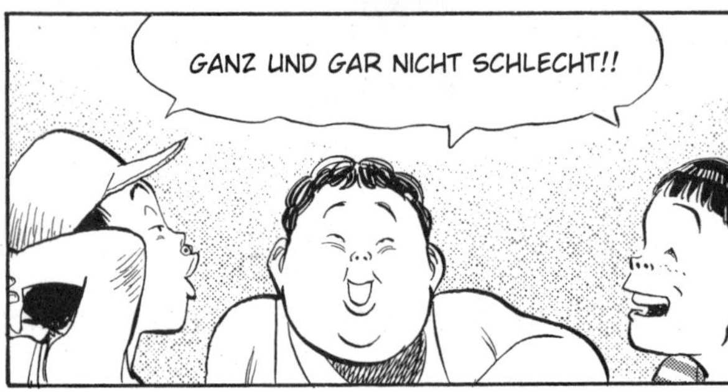
GANZ UND GAR NICHT SCHLECHT!!

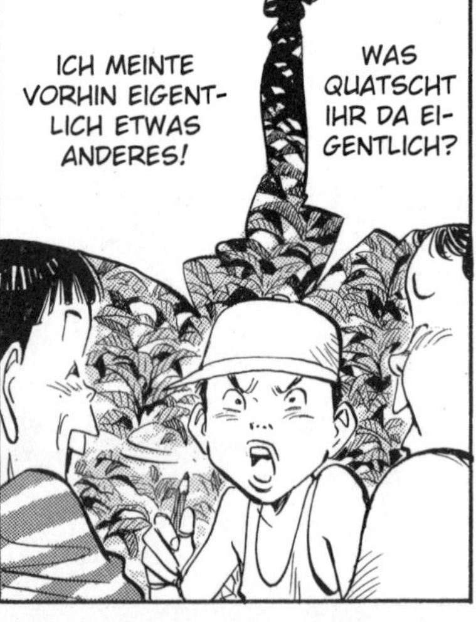
WAS QUATSCHT IHR DA EIGENTLICH?
ICH MEINTE VORHIN EIGENTLICH ETWAS ANDERES!

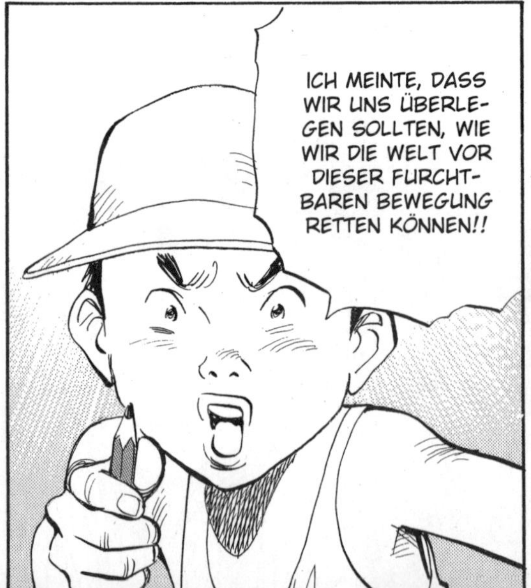
ICH MEINTE, DASS WIR UNS ÜBERLEGEN SOLLTEN, WIE WIR DIE WELT VOR DIESER FURCHTBAREN BEWEGUNG RETTEN KÖNNEN!!

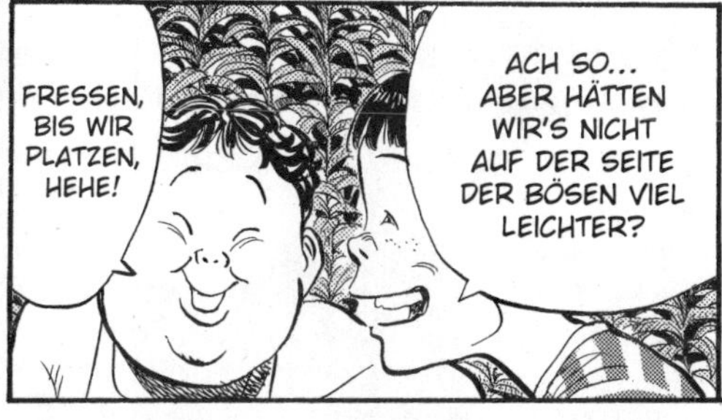
ACH SO… ABER HÄTTEN WIR'S NICHT AUF DER SEITE DER BÖSEN VIEL LEICHTER?
FRESSEN, BIS WIR PLATZEN, HEHE!

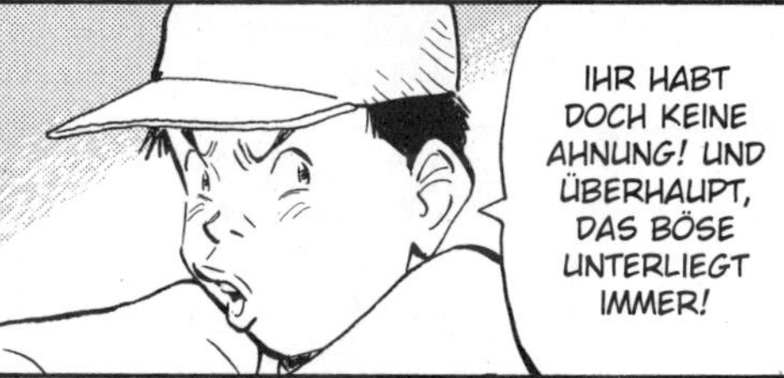
IHR HABT DOCH KEINE AHNUNG! UND ÜBERHAUPT, DAS BÖSE UNTERLIEGT IMMER!

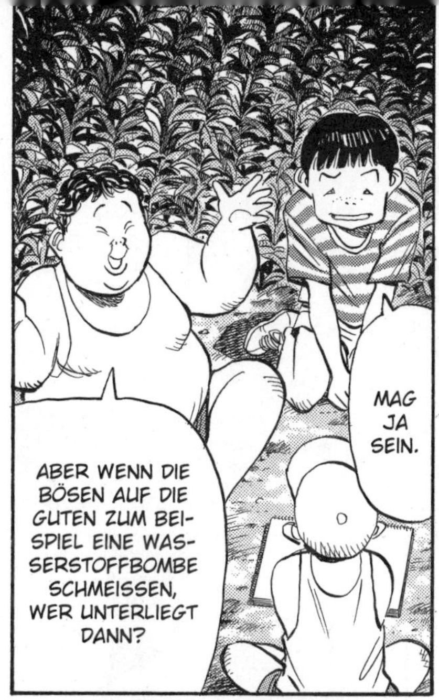
MAG JA SEIN.
ABER WENN DIE BÖSEN AUF DIE GUTEN ZUM BEISPIEL EINE WASSERSTOFFBOMBE SCHMEISSEN, WER UNTERLIEGT DANN?

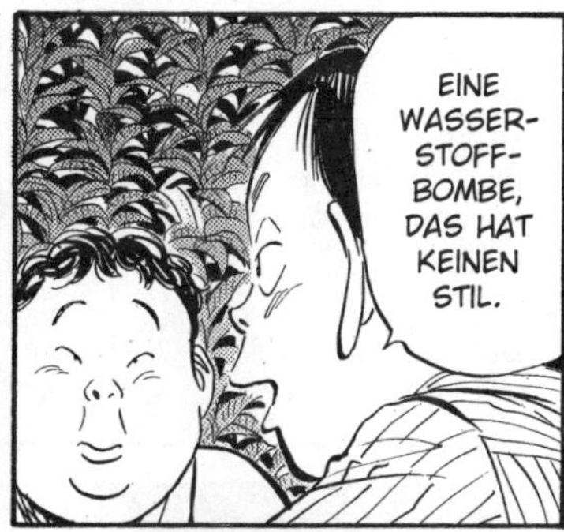
EINE WASSERSTOFFBOMBE, DAS HAT KEINEN STIL.

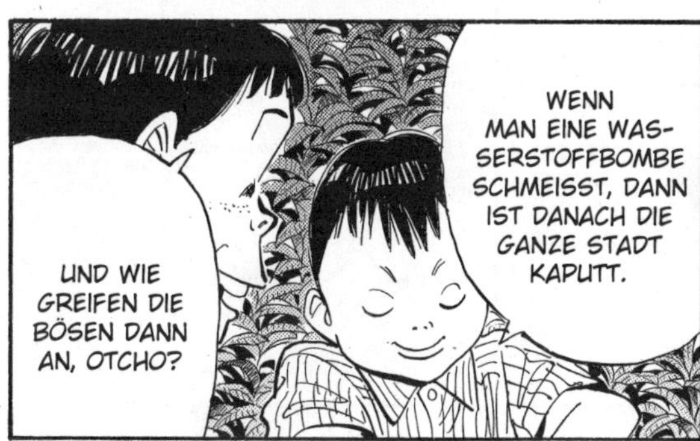
WENN MAN EINE WASSERSTOFFBOMBE SCHMEISST, DANN IST DANACH DIE GANZE STADT KAPUTT.
UND WIE GREIFEN DIE BÖSEN DANN AN, OTCHO?

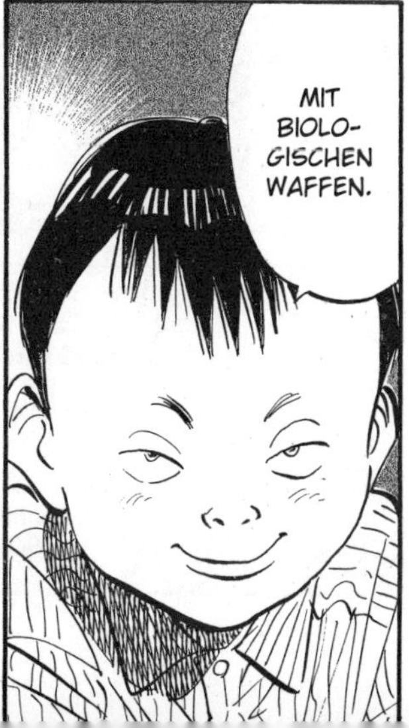
MIT BIOLOGISCHEN WAFFEN.

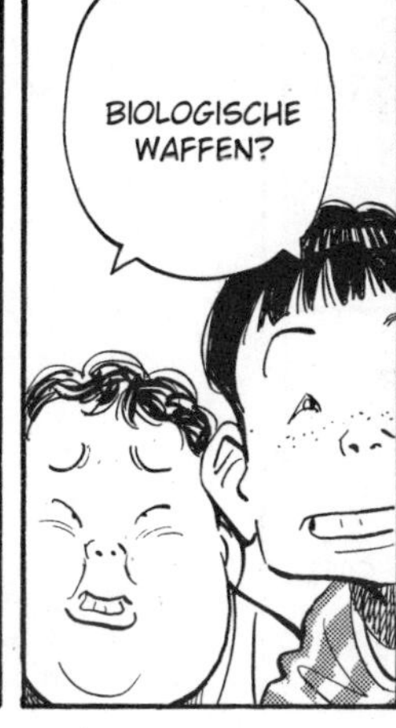
BIOLOGISCHE WAFFEN?

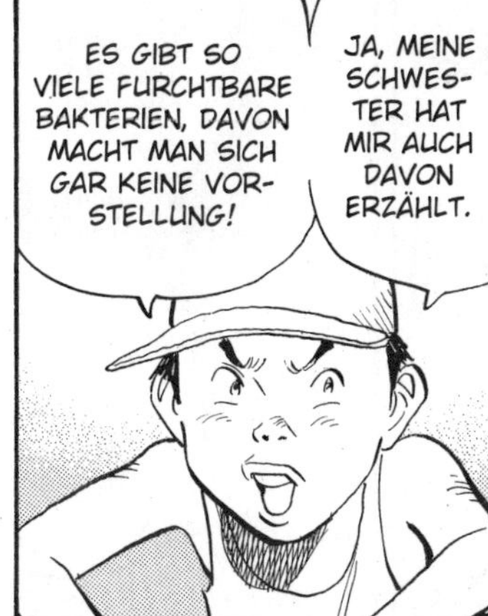
JA, MEINE SCHWESTER HAT MIR AUCH DAVON ERZÄHLT.
ES GIBT SO VIELE FURCHTBARE BAKTERIEN, DAVON MACHT MAN SICH GAR KEINE VORSTELLUNG!

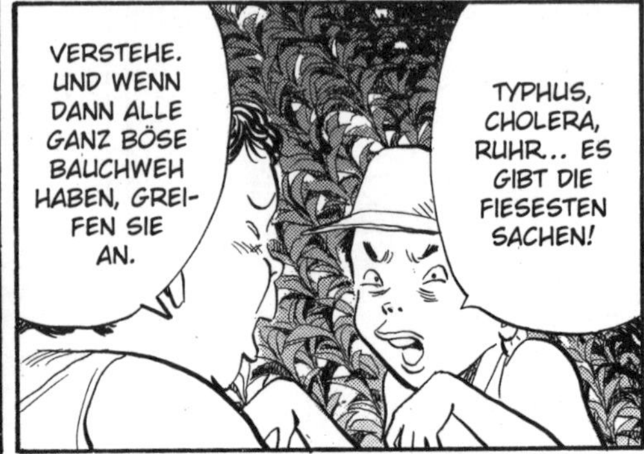
TYPHUS, CHOLERA, RUHR... ES GIBT DIE FIESESTEN SACHEN!
VERSTEHE. UND WENN DANN ALLE GANZ BÖSE BAUCHWEH HABEN, GREIFEN SIE AN.

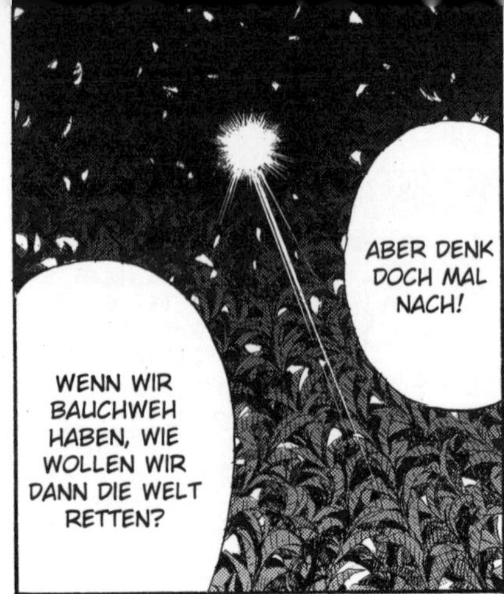
ABER DENK DOCH MAL NACH!
WENN WIR BAUCHWEH HABEN, WIE WOLLEN WIR DANN DIE WELT RETTEN?

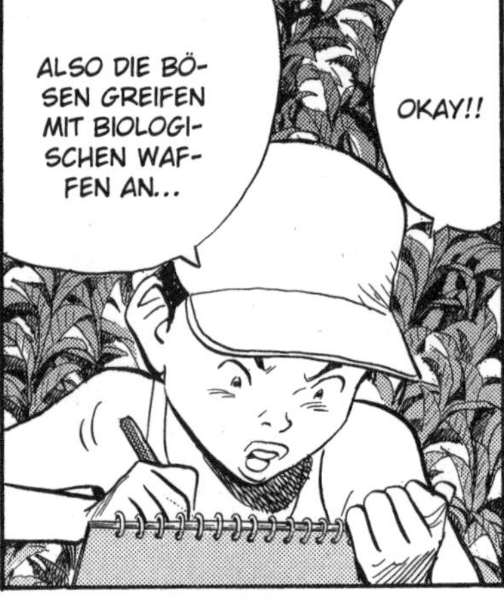
OKAY!!
ALSO DIE BÖSEN GREIFEN MIT BIOLOGISCHEN WAFFEN AN...

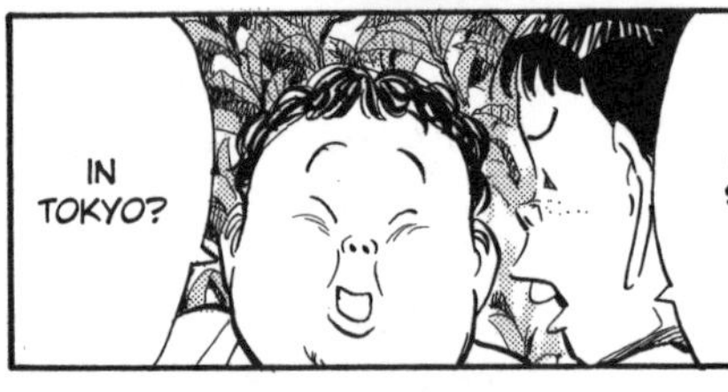
WO GREIFEN SIE DENN ZUERST AN?
IN TOKYO?

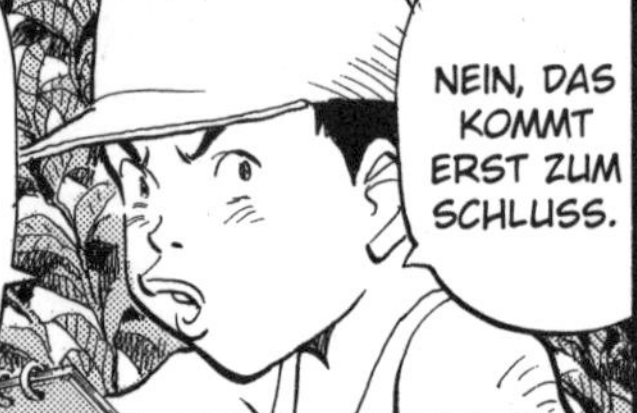
NEIN, DAS KOMMT ERST ZUM SCHLUSS.
DIE GESCHICHTE SPIELT SCHLIESSLICH IN JAPAN, WENN SIE ALSO ALS ERSTES TOKYO ANGREIFEN WÜRDEN, DANN WÄR ALLES AUS.

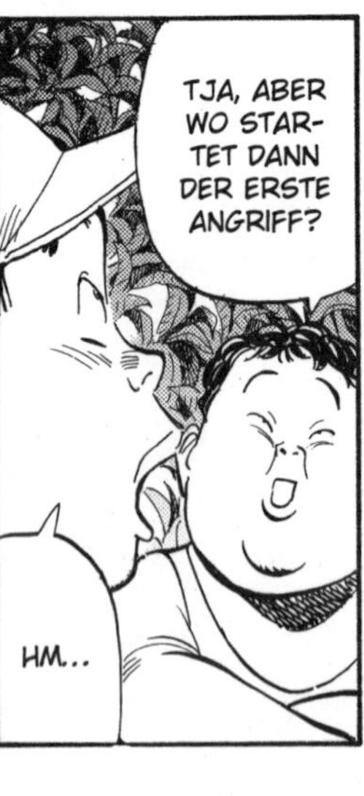
TJA, ABER WO STARTET DANN DER ERSTE ANGRIFF?
HM...

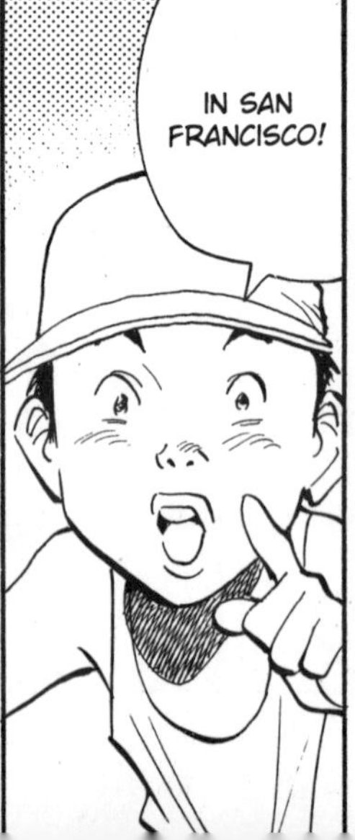
IN SAN FRANCISCO!

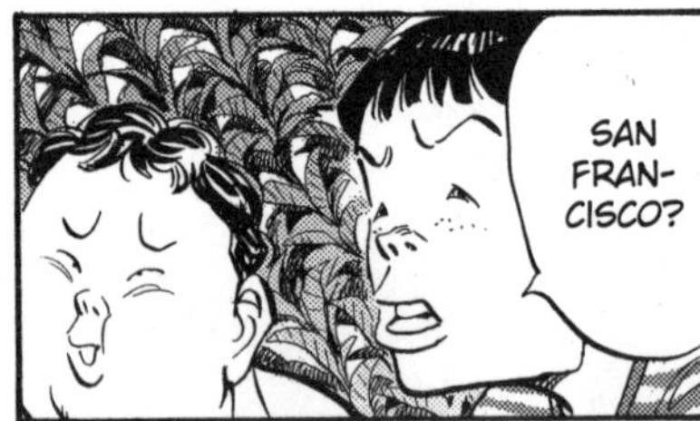
SAN FRANCISCO?

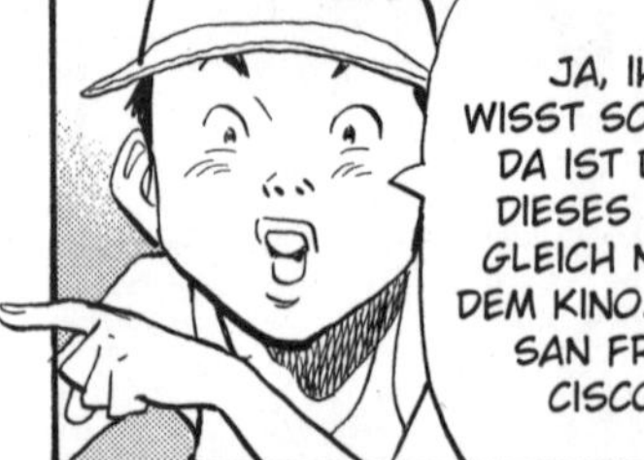
JA, IHR WISST SCHON... DA IST DOCH DIESES CAFÉ GLEICH NEBEN DEM KINO. "CAFÉ SAN FRANCISCO"!

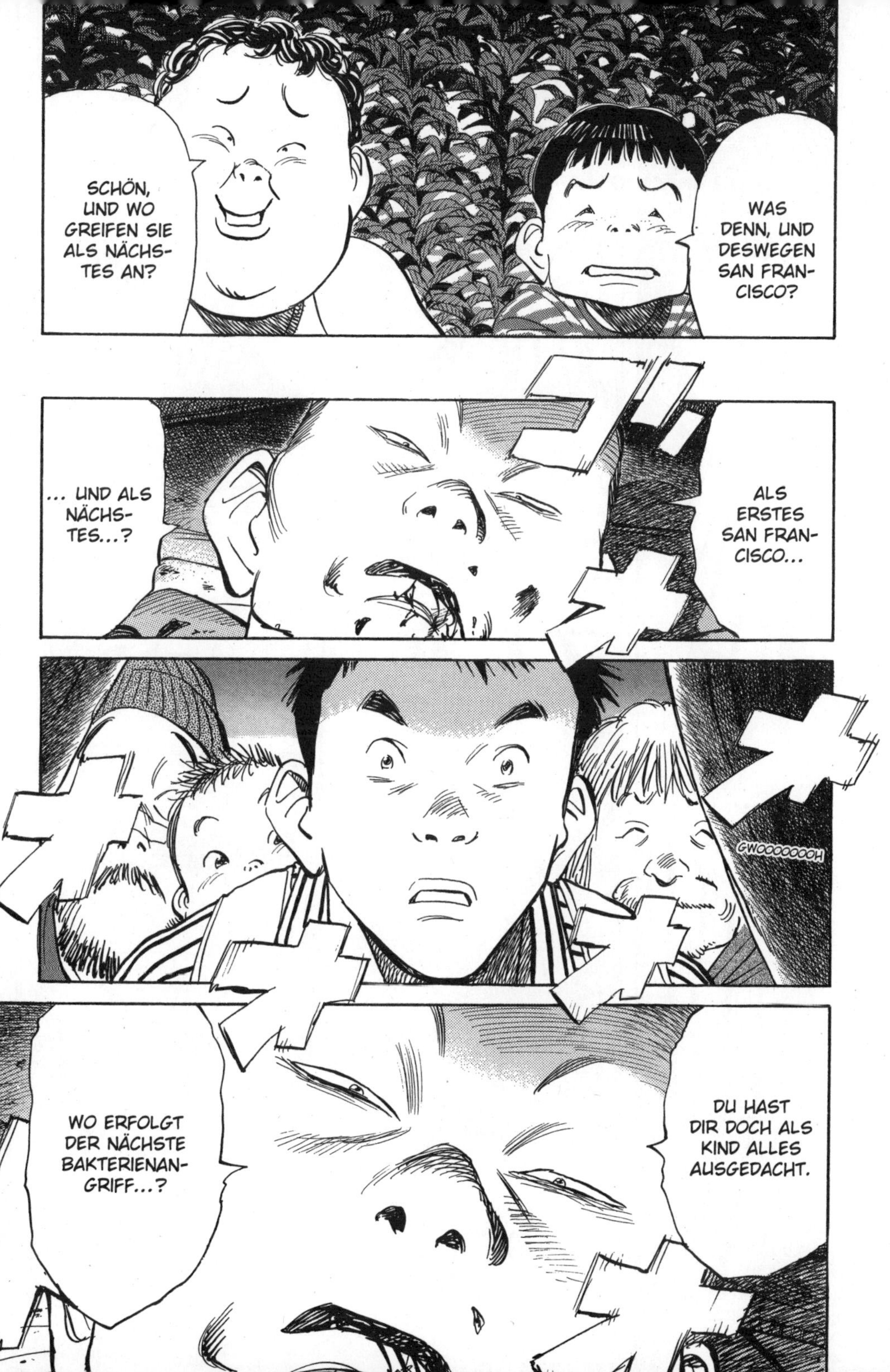
WAS DENN, UND DESWEGEN SAN FRAN-CISCO?
SCHÖN, UND WO GREIFEN SIE ALS NÄCHS-TES AN?
ALS ERSTES SAN FRAN-CISCO…
… UND ALS NÄCHS-TES…?
GWOOOOOOOH
DU HAST DIR DOCH ALS KIND ALLES AUSGEDACHT.
WO ERFOLGT DER NÄCHSTE BAKTERIENAN-GRIFF…?

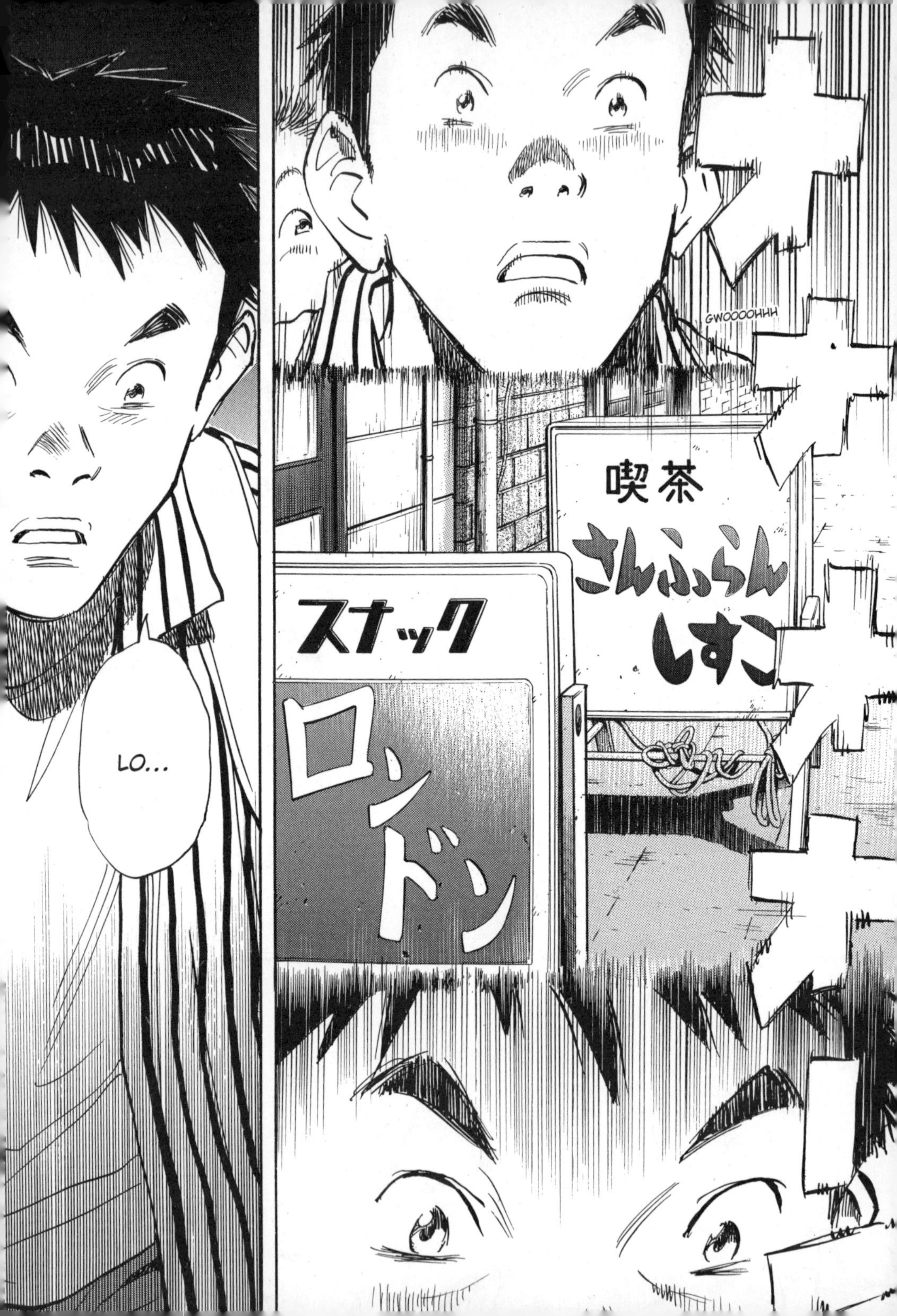
GWOOOOHHH
喫茶
さんふらんしすこ
スナック
ロンドン
LO...

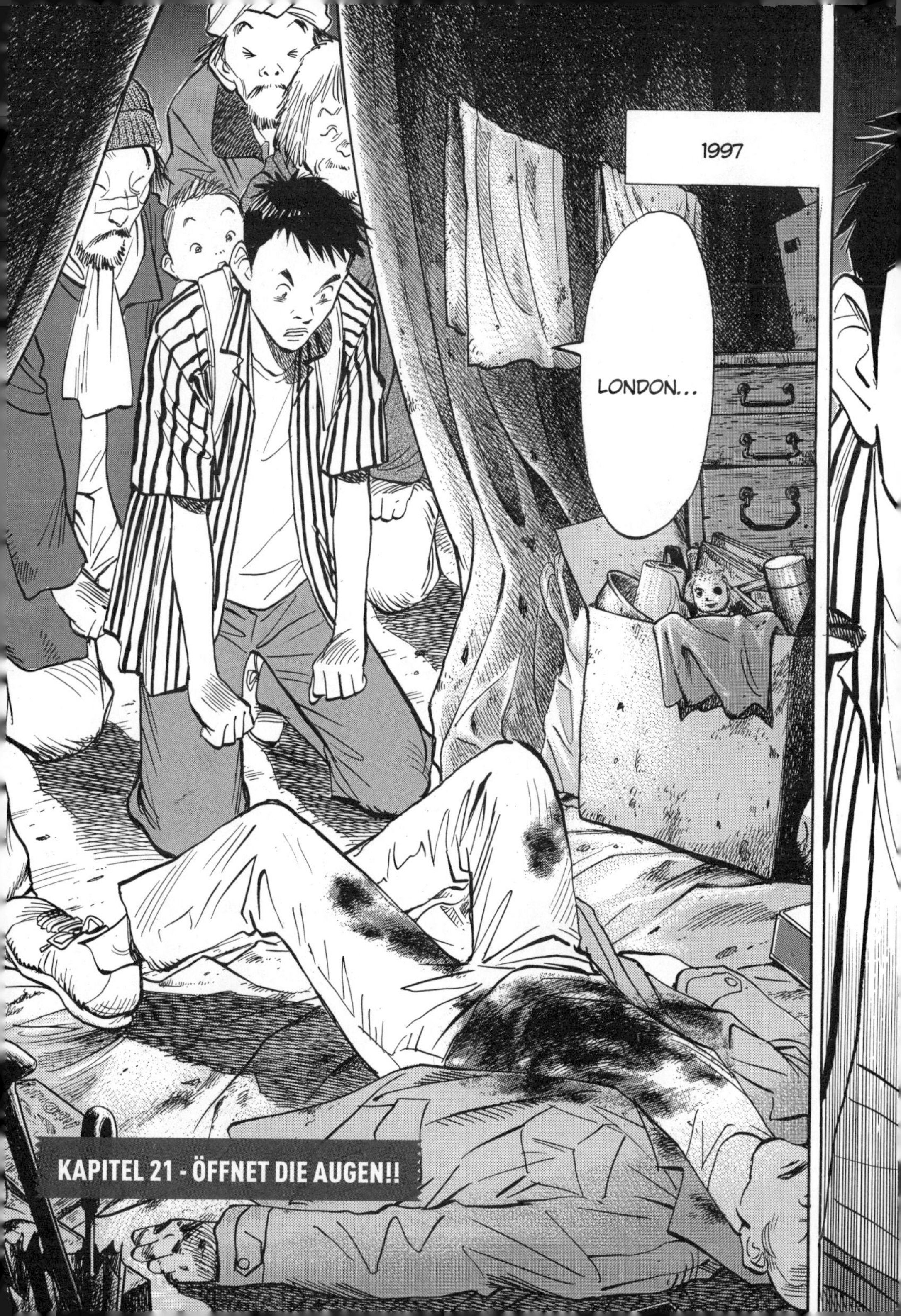
1997
LONDON...
KAPITEL 21 - ÖFFNET DIE AUGEN!!

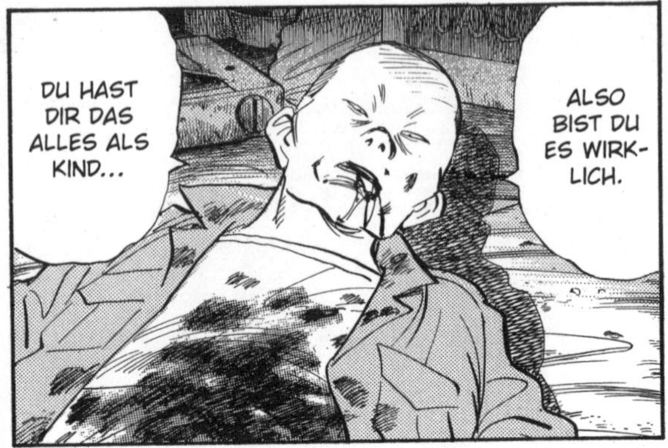
ALSO BIST DU ES WIRKLICH.
DU HAST DIR DAS ALLES ALS KIND...

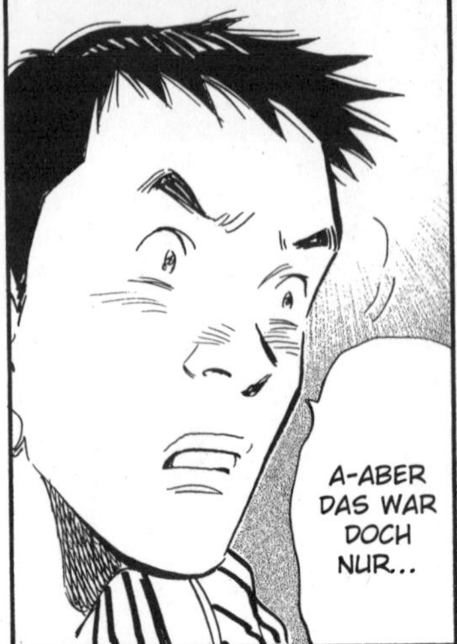
A-ABER DAS WAR DOCH NUR...

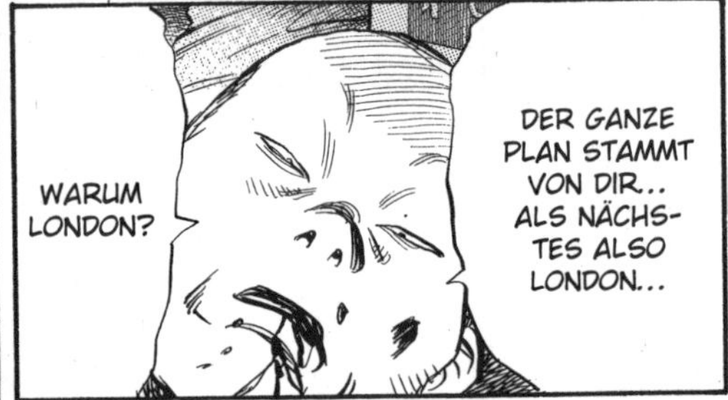
DER GANZE PLAN STAMMT VON DIR.. ALS NÄCHSTES ALSO LONDON...
WARUM LONDON?

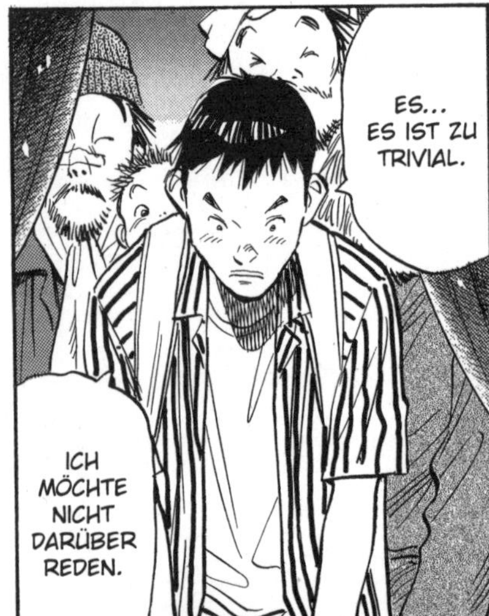
ES... ES IST ZU TRIVIAL.
ICH MÖCHTE NICHT DARÜBER REDEN.

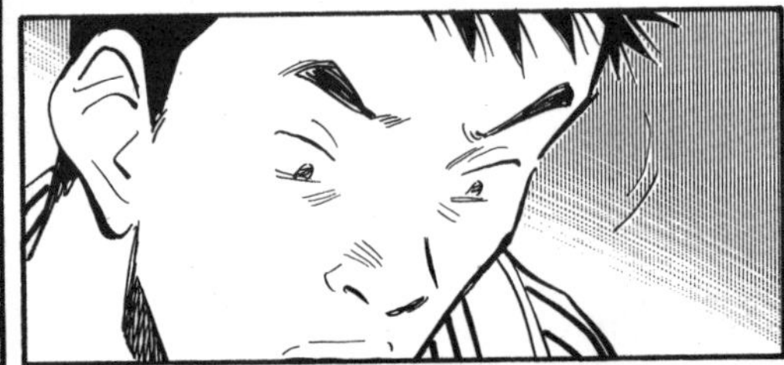

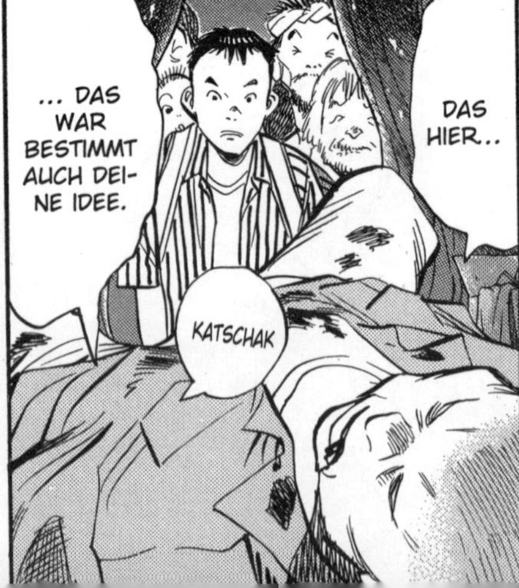
DAS HIER...
... DAS WAR BESTIMMT AUCH DEINE IDEE.
KATSCHAK

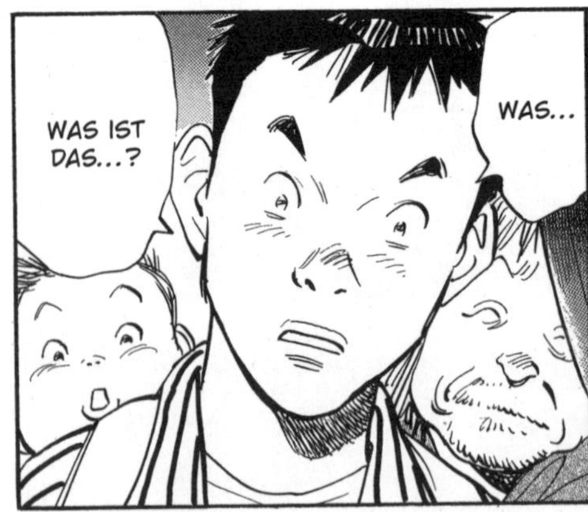
WAS...
WAS IST DAS...?

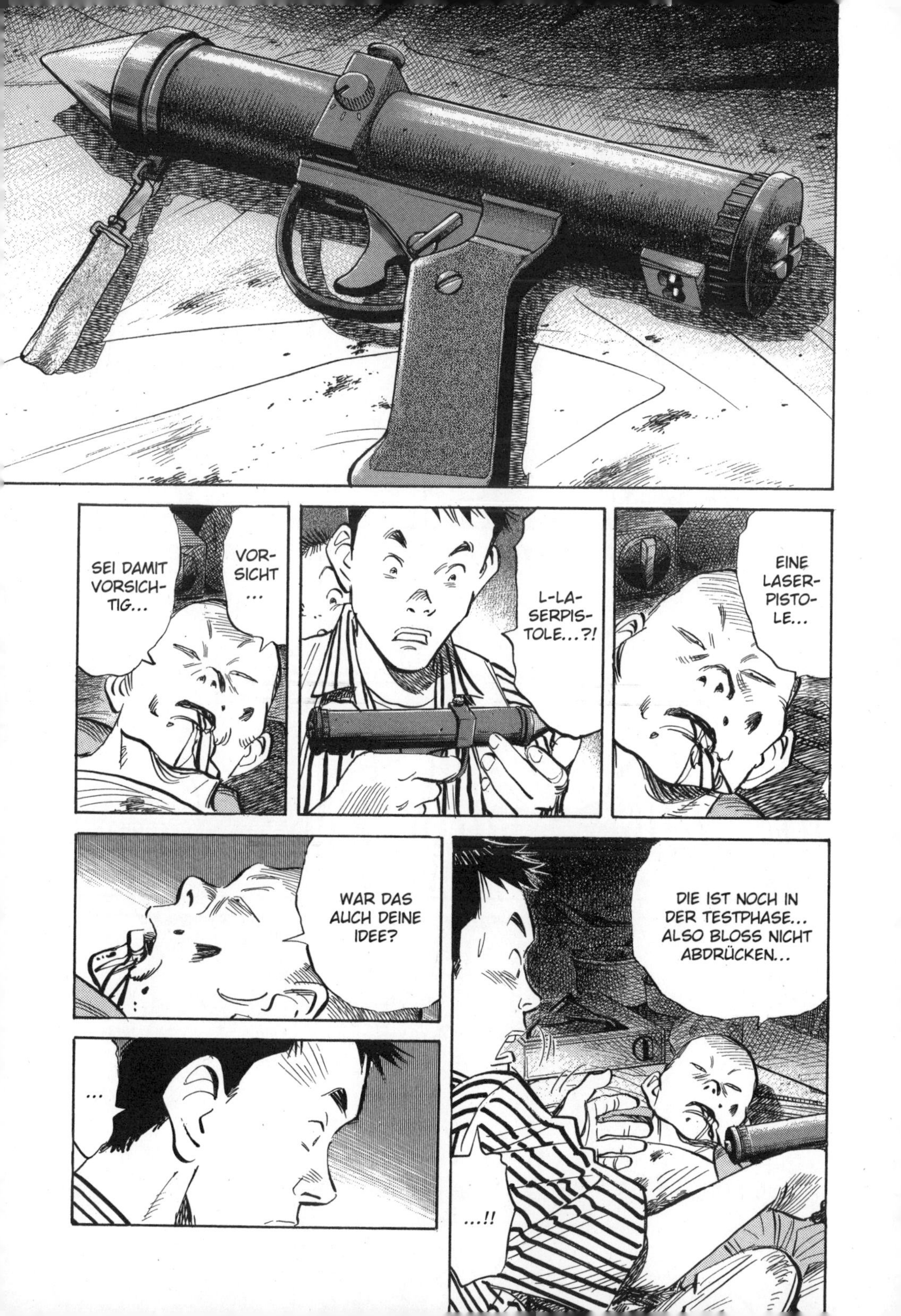

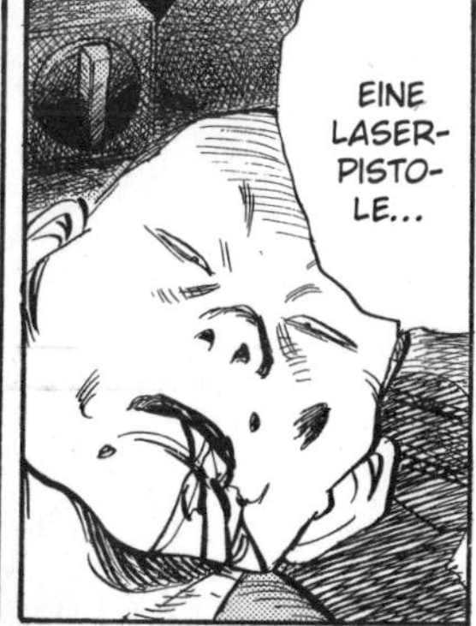
EINE LASERPISTOLE...

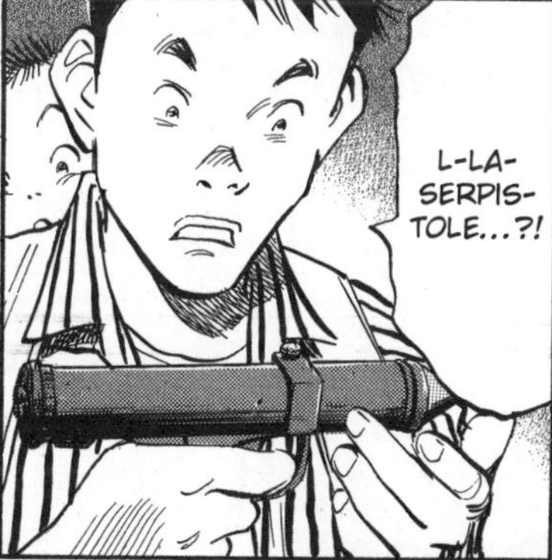
L-LASERPISTOLE...?!

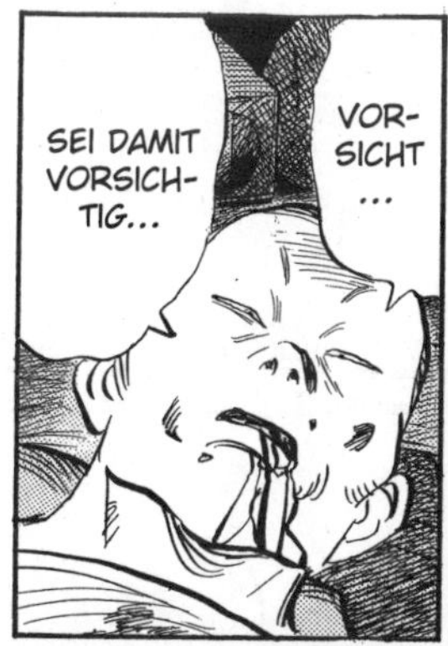
VORSICHT...
SEI DAMIT VORSICHTIG...

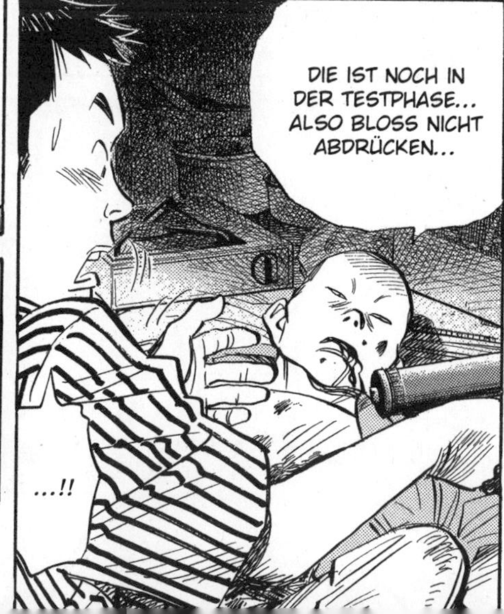
DIE IST NOCH IN DER TESTPHASE... ALSO BLOSS NICHT ABDRÜCKEN...
...!!

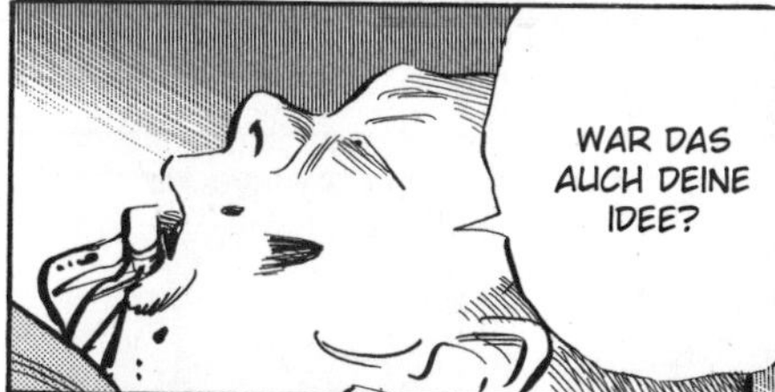
WAR DAS AUCH DEINE IDEE?

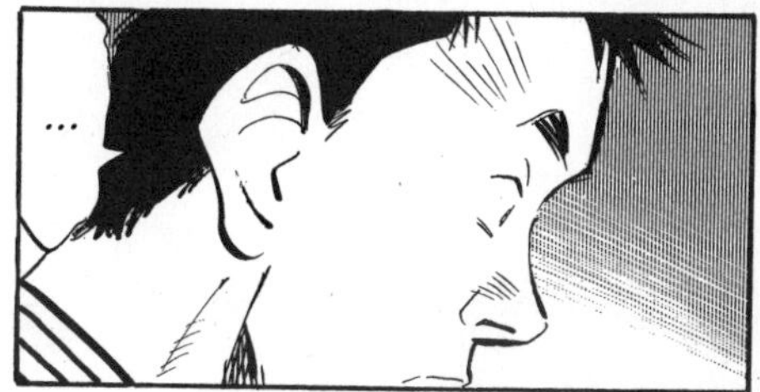
...

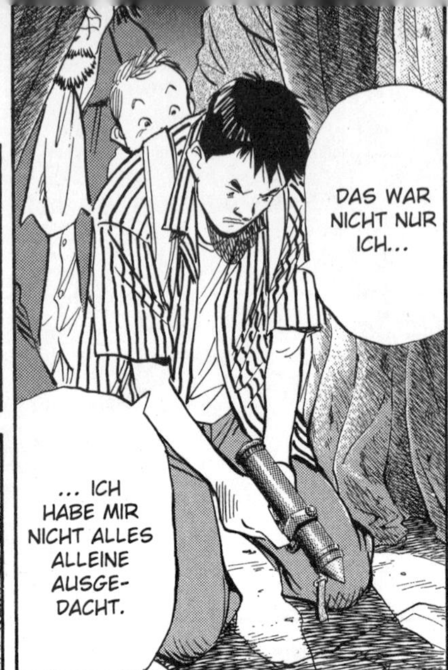
DAS WAR NICHT NUR ICH...
... ICH HABE MIR NICHT ALLES ALLEINE AUSGE-DACHT.

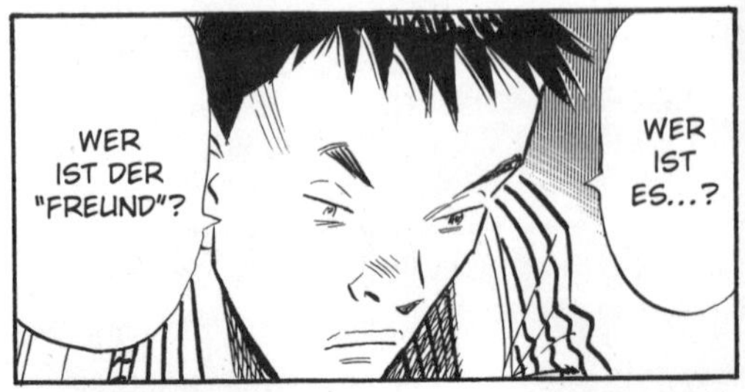
WER IST ES...?
WER IST DER "FREUND"?

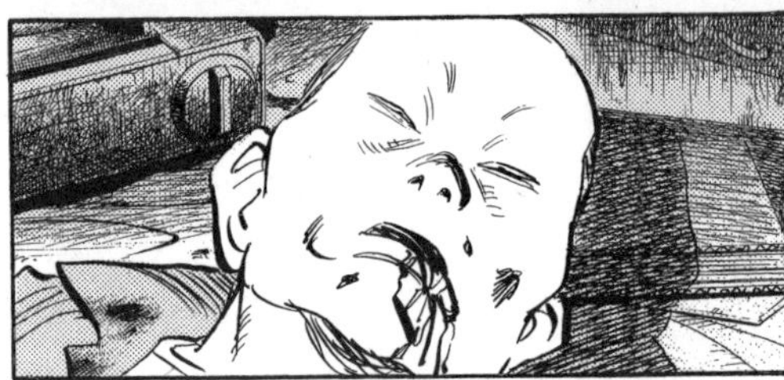

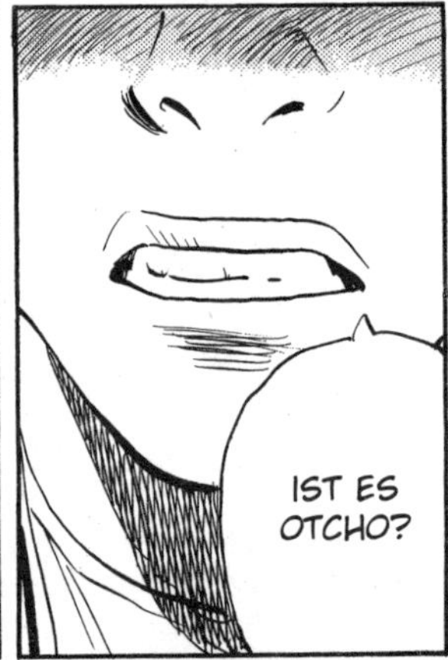
IST ES OTCHO?

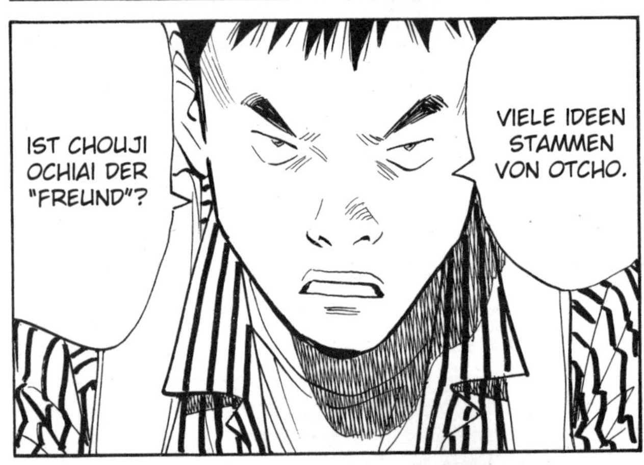
VIELE IDEEN STAMMEN VON OTCHO.
IST CHOUJI OCHIAI DER "FREUND"?

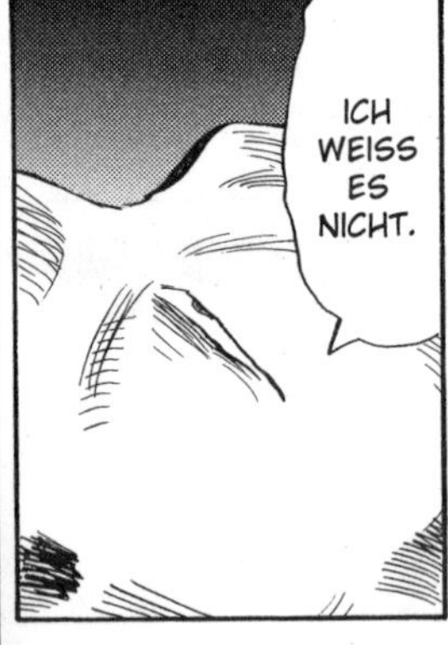
ICH WEISS ES NICHT.

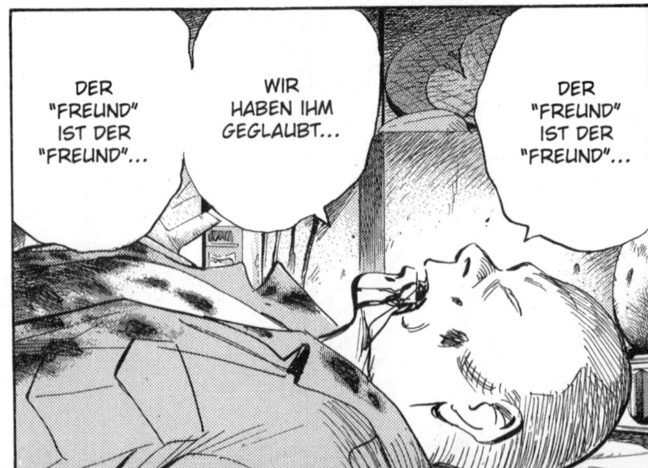
DER "FREUND" IST DER "FREUND"...
WIR HABEN IHM GEGLAUBT...
DER "FREUND" IST DER "FREUND"...

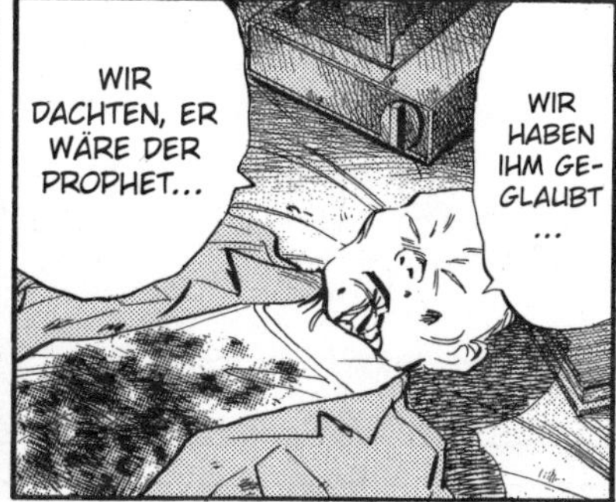
WIR HABEN IHM GEGLAUBT …
WIR DACHTEN, ER WÄRE DER PROPHET…

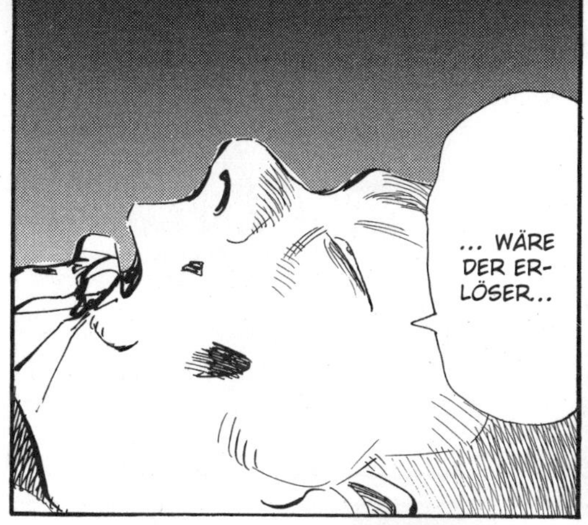
… WÄRE DER ERLÖSER…

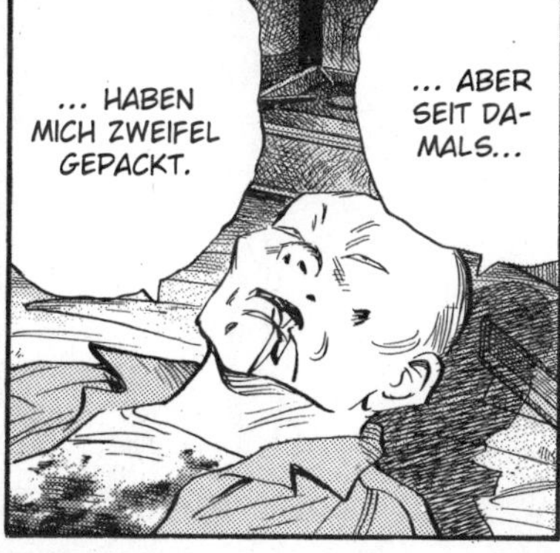
… ABER SEIT DAMALS…
… HABEN MICH ZWEIFEL GEPACKT.

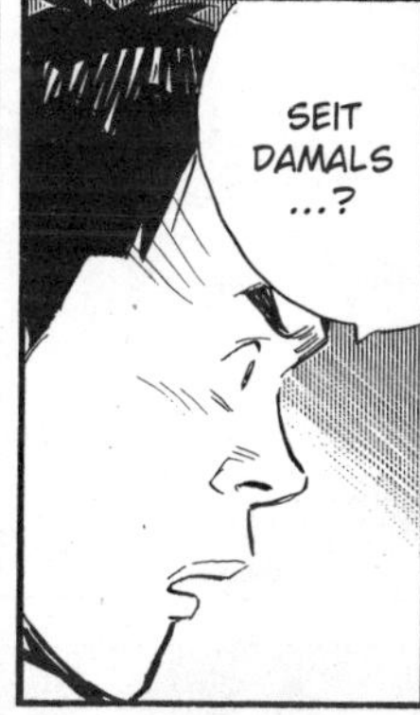
SEIT DAMALS …?

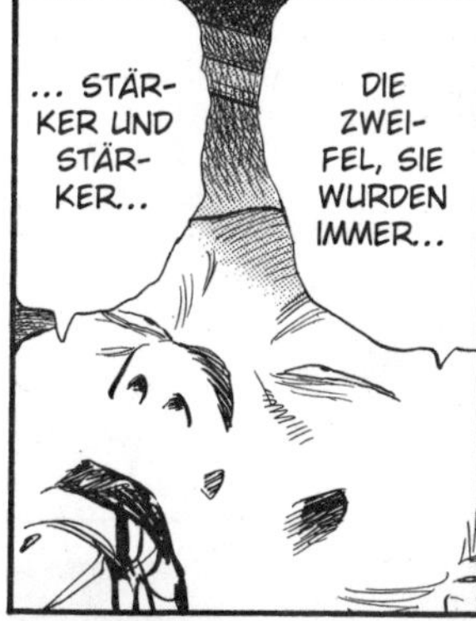
DIE ZWEIFEL, SIE WURDEN IMMER…
… STÄRKER UND STÄRKER…

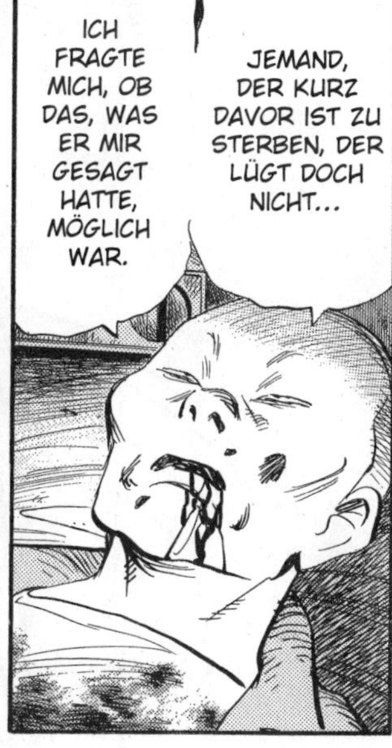
JEMAND, DER KURZ DAVOR IST ZU STERBEN, DER LÜGT DOCH NICHT…
ICH FRAGTE MICH, OB DAS, WAS ER MIR GESAGT HATTE, MÖGLICH WAR.

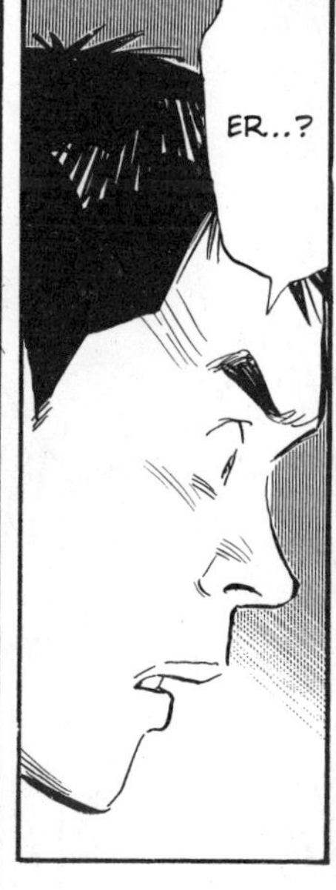
ER…?

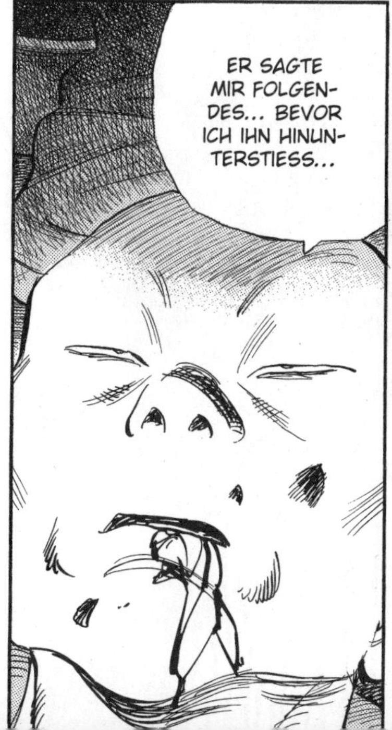
ER SAGTE MIR FOLGENDES… BEVOR ICH IHN HINUNTERSTIESS…

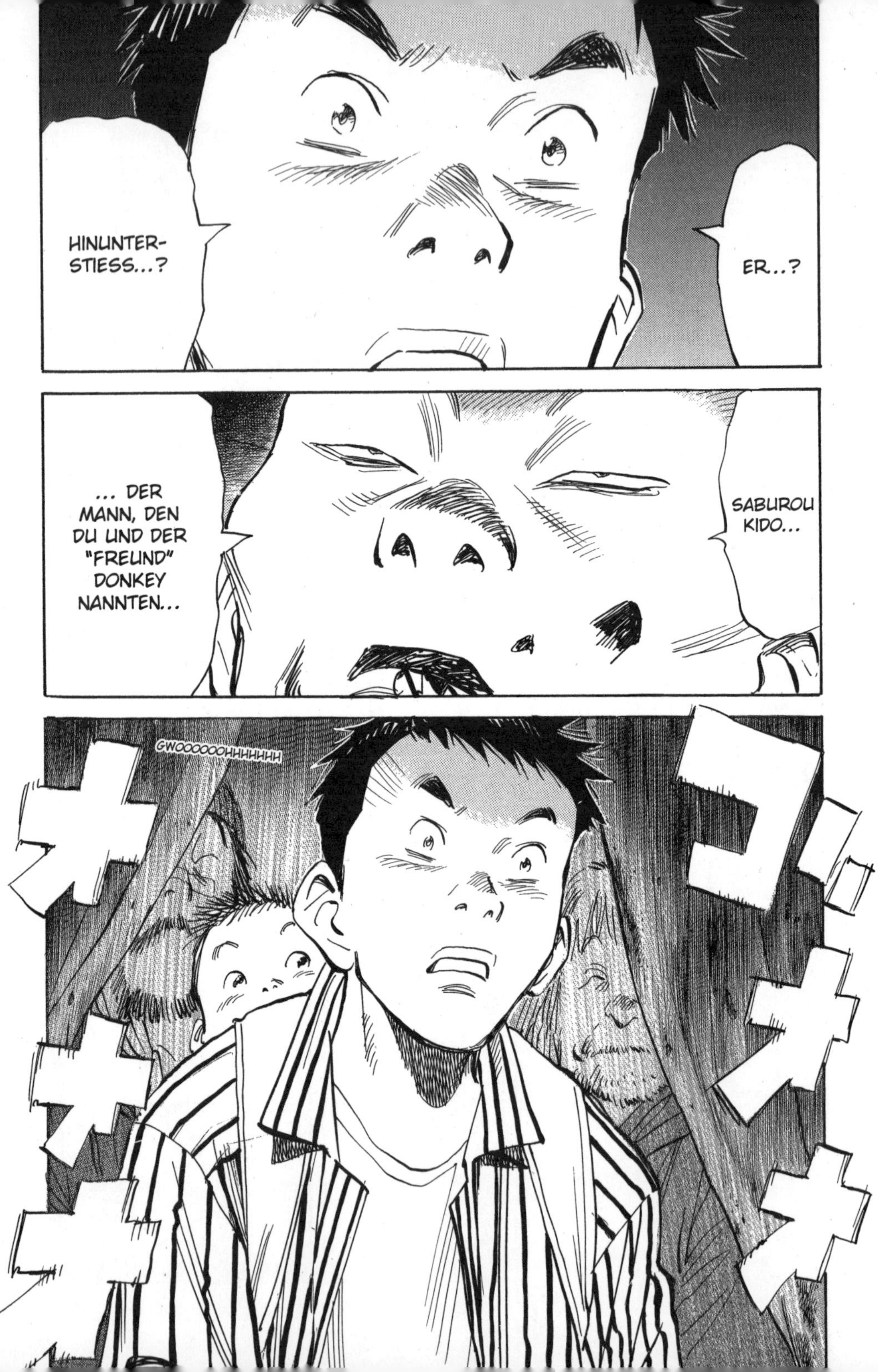

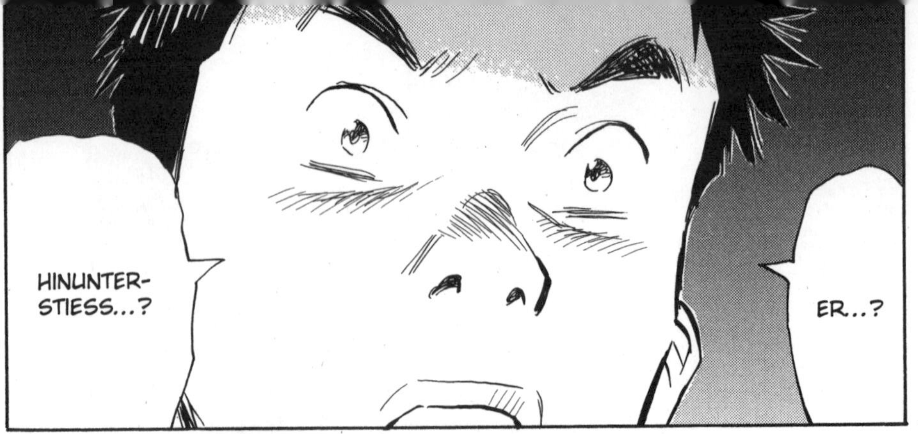
ER...?
HINUNTER-STIESS...?

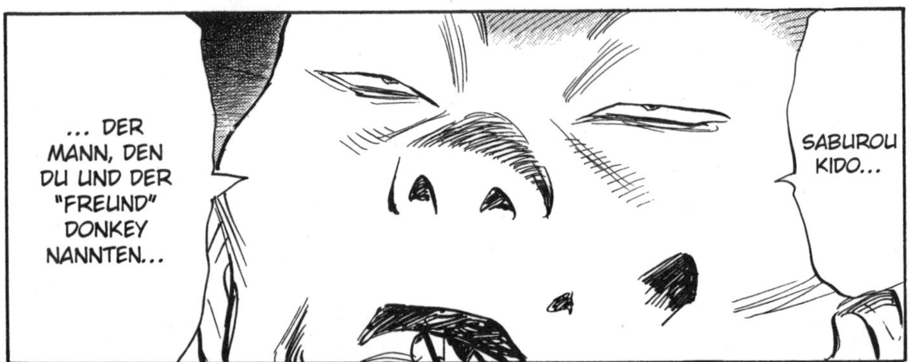
SABUROU KIDO...
... DER MANN, DEN DU UND DER "FREUND" DONKEY NANNTEN...

GWOOOOOOOHHHHHHH

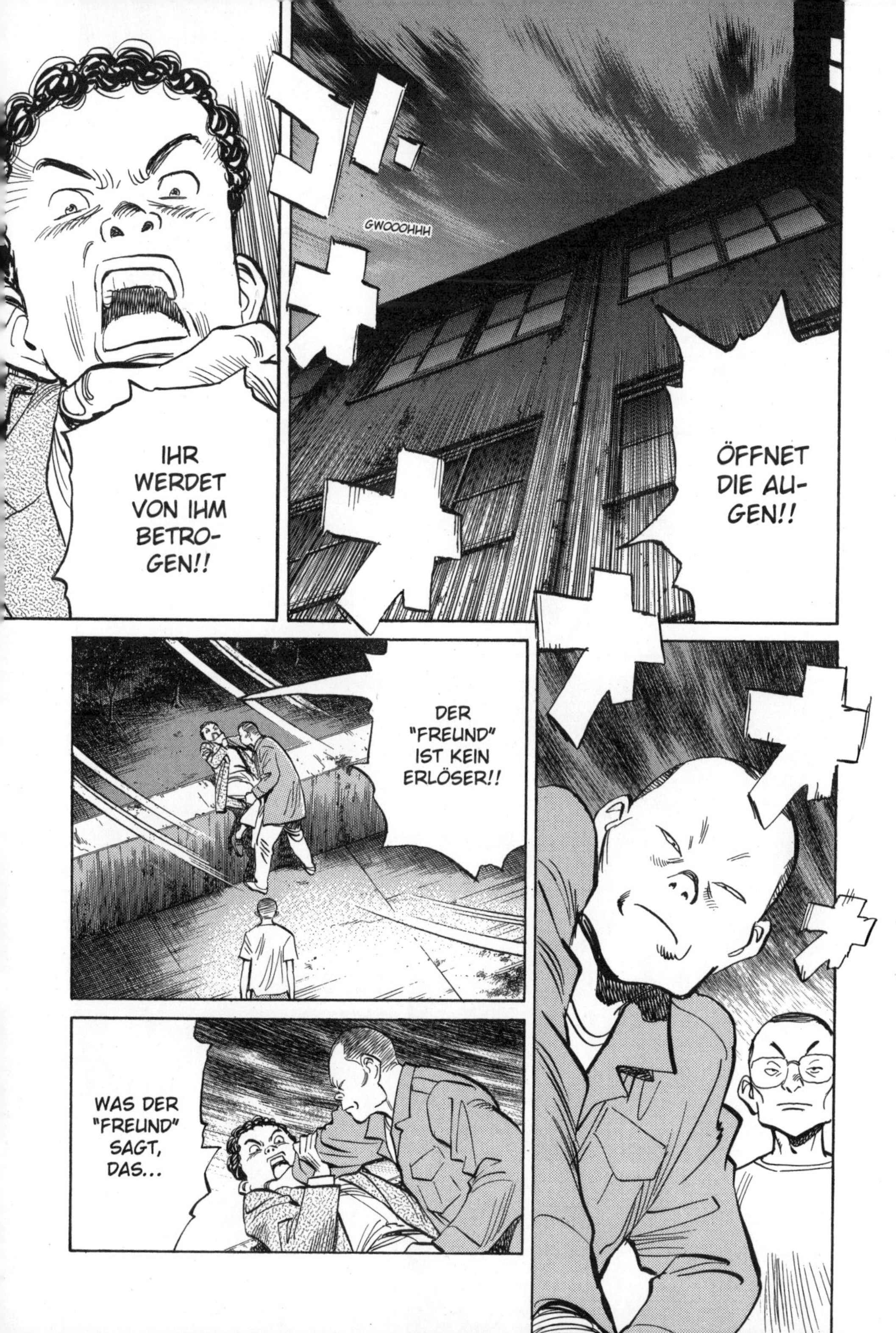

GWOOOHHH
ÖFFNET DIE AU-GEN!!
IHR WERDET VON IHM BETRO-GEN!!
DER "FREUND" IST KEIN ERLÖSER!!
WAS DER "FREUND" SAGT, DAS...

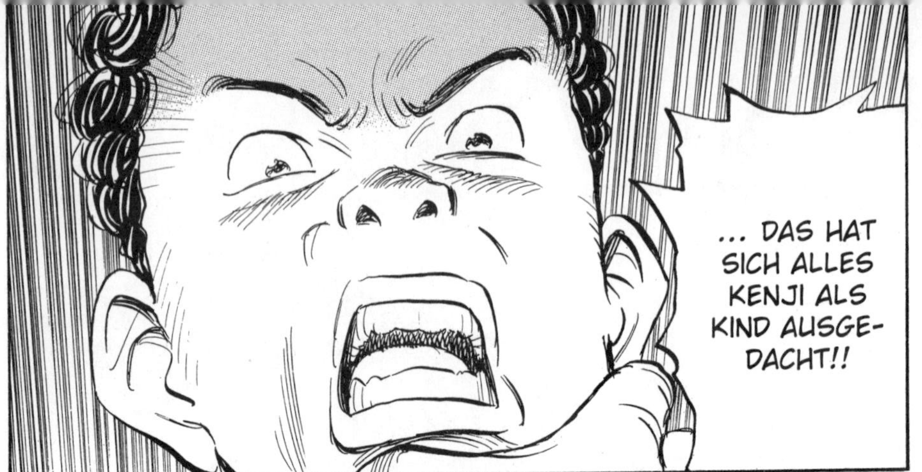
... DAS HAT SICH ALLES KENJI ALS KIND AUSGE- DACHT!!

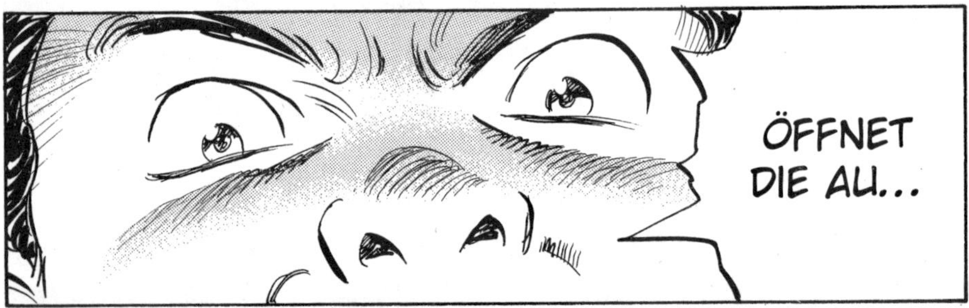
ÖFFNET DIE AU...

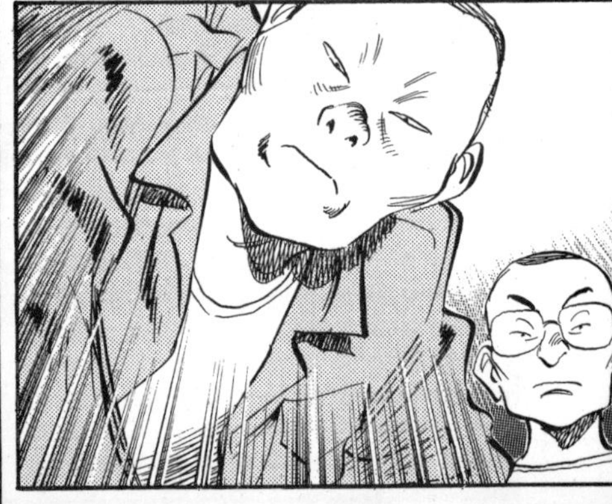

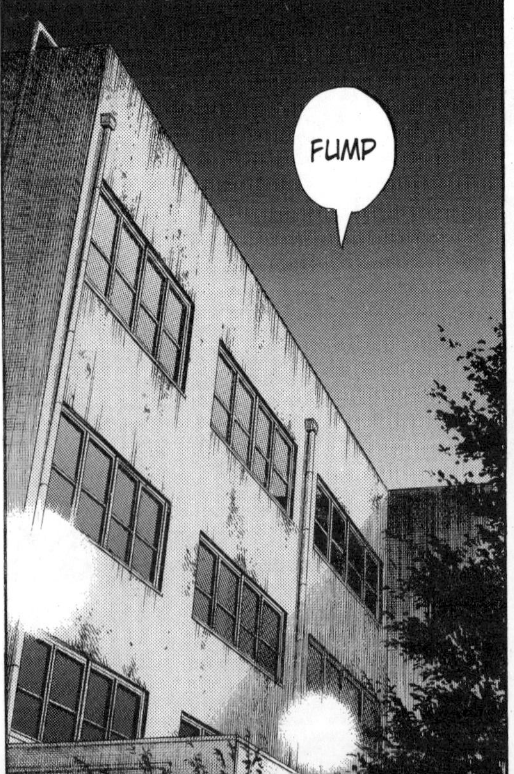
FUMP

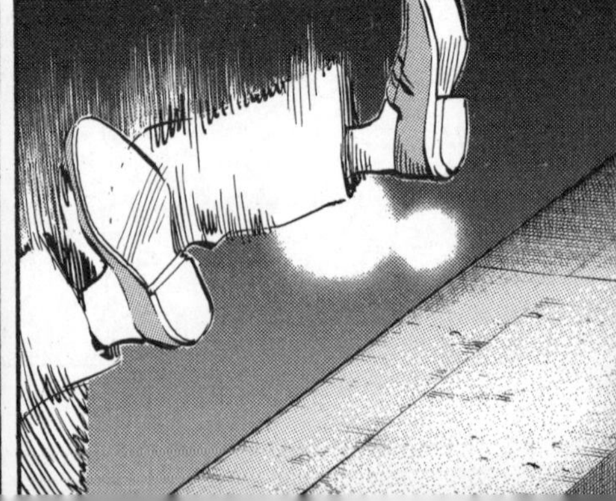

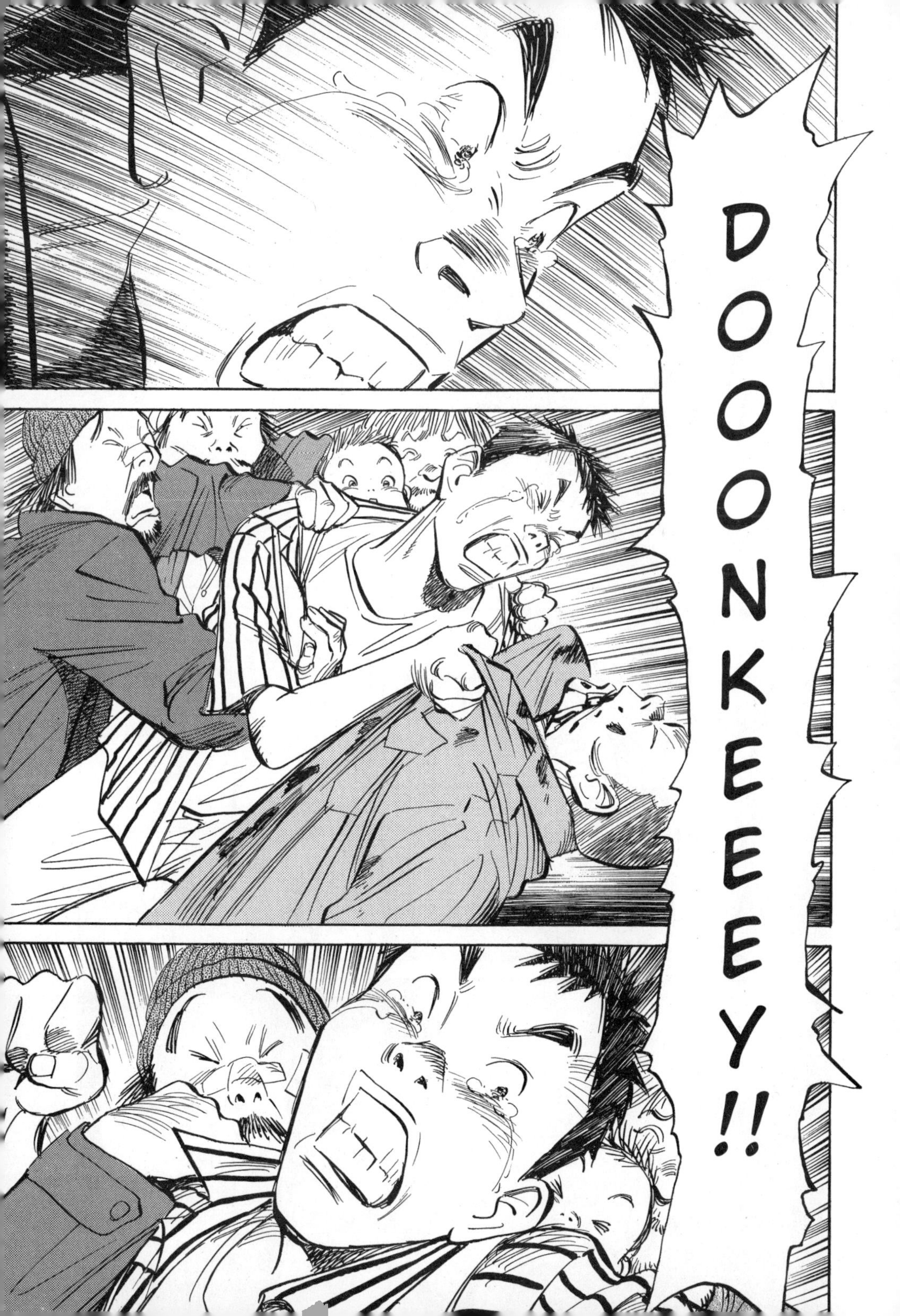
DOOOONKEEEY!!

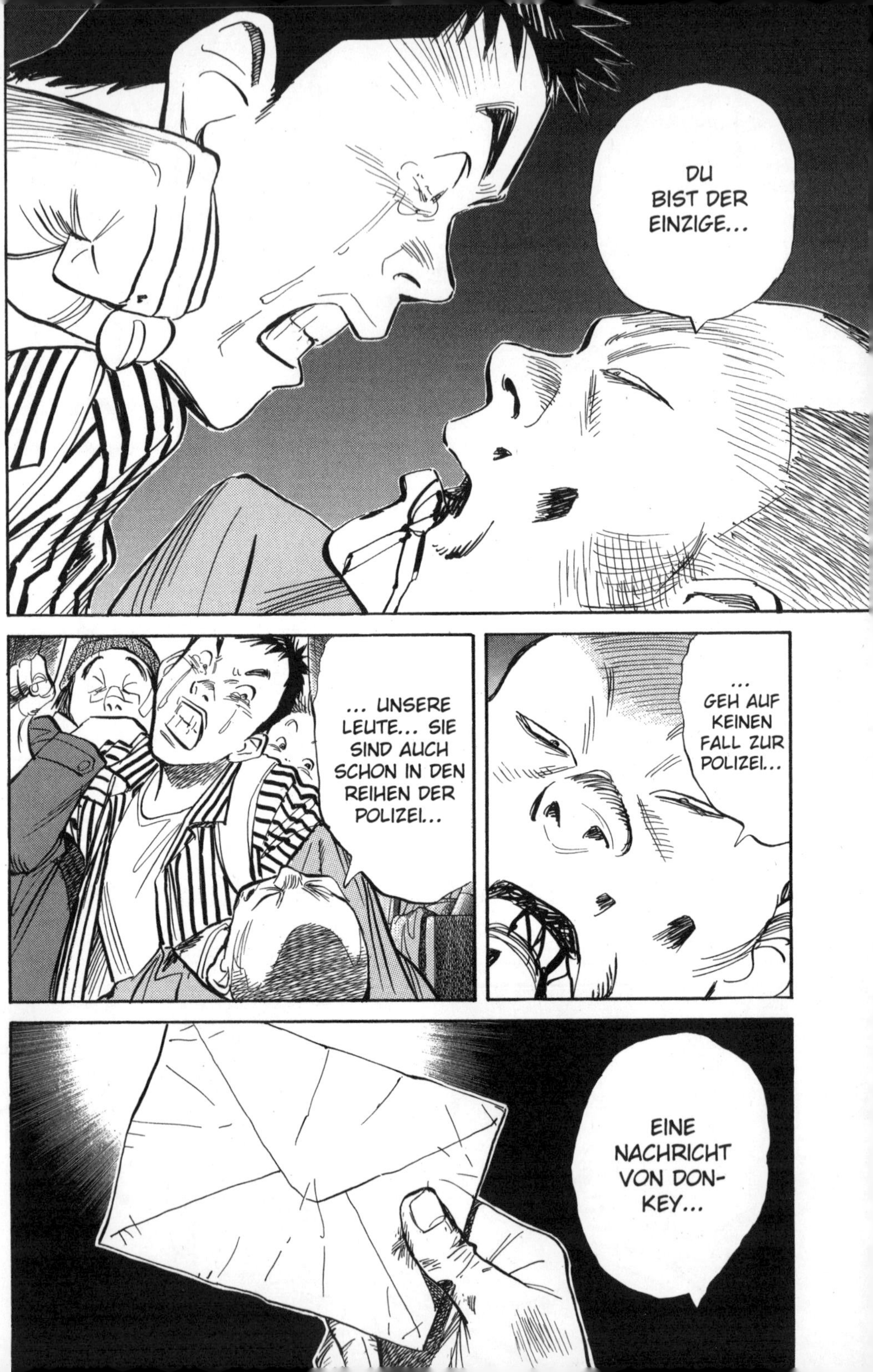

DU BIST DER EINZIGE...

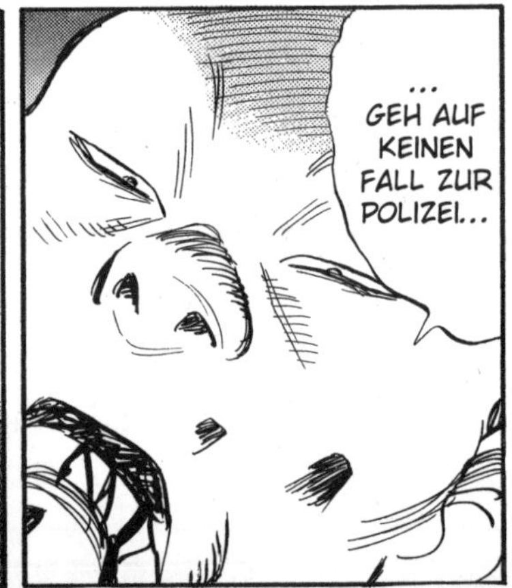

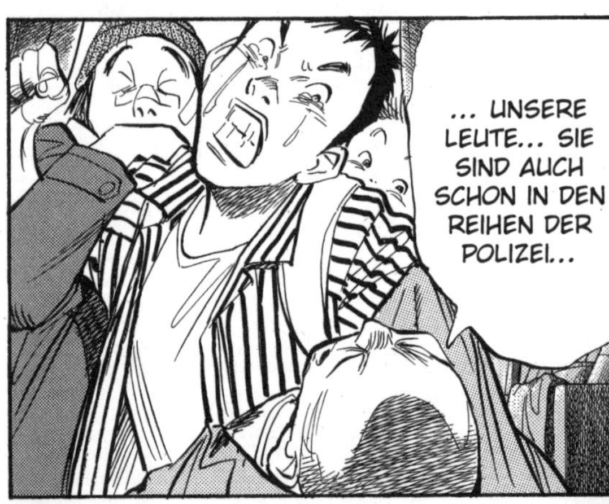

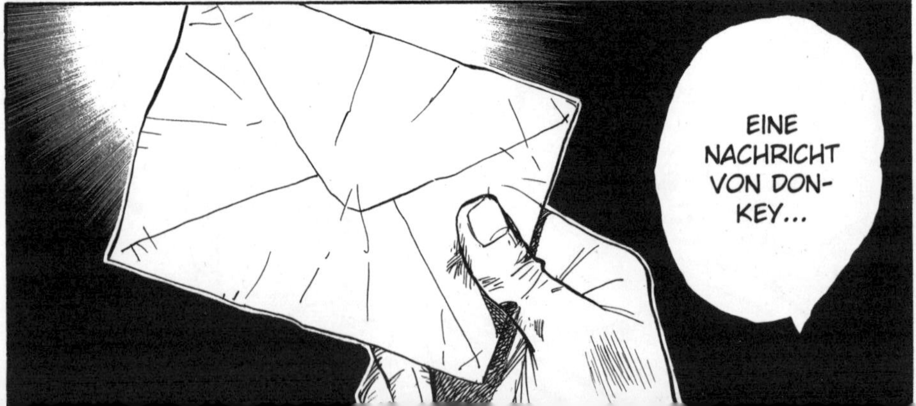

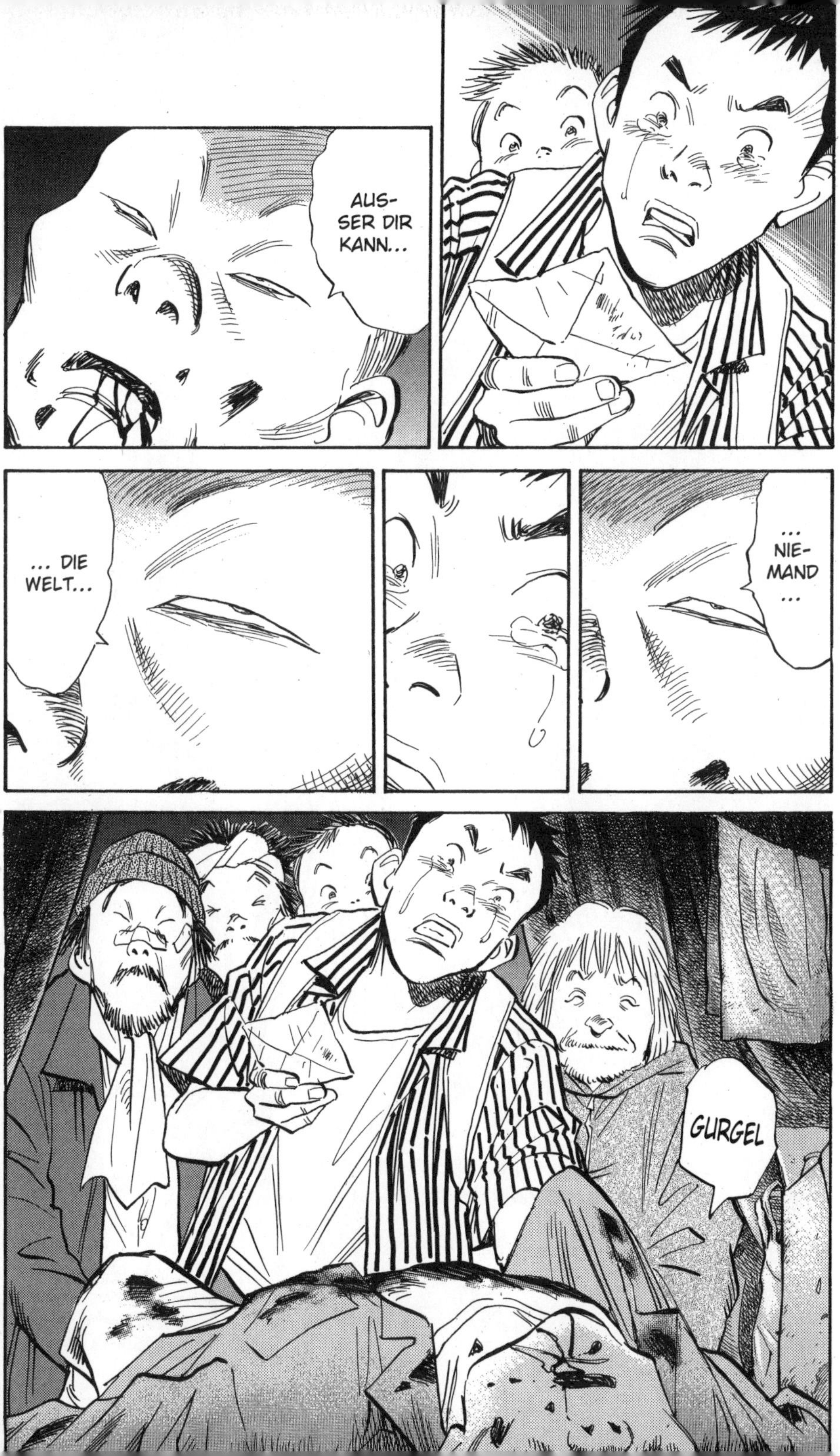

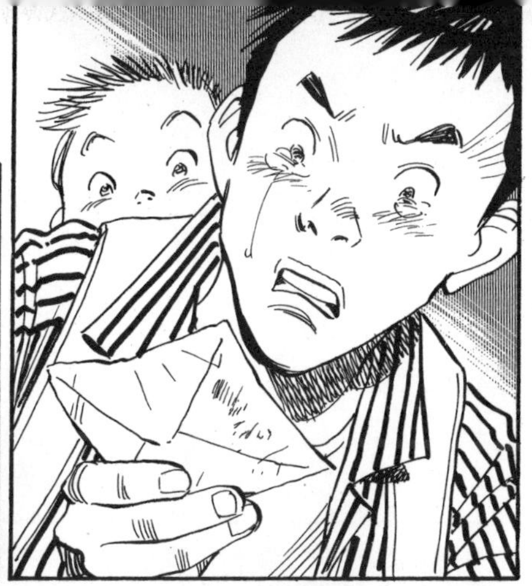

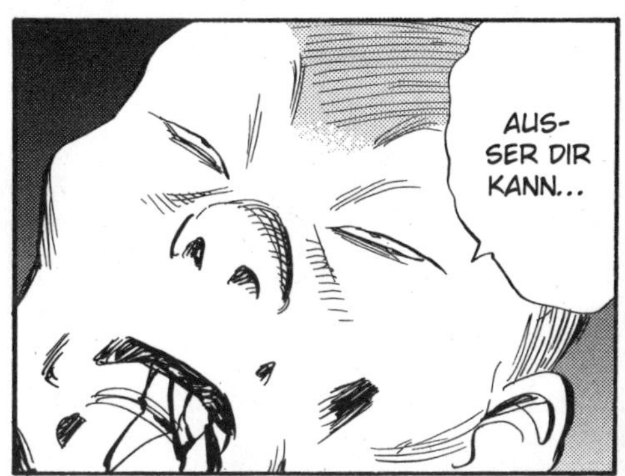

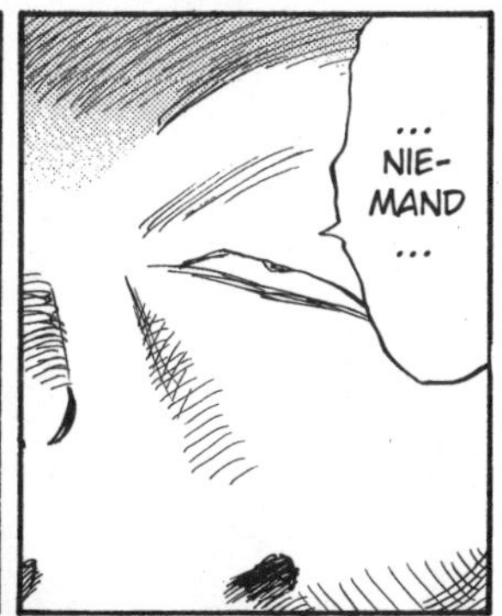

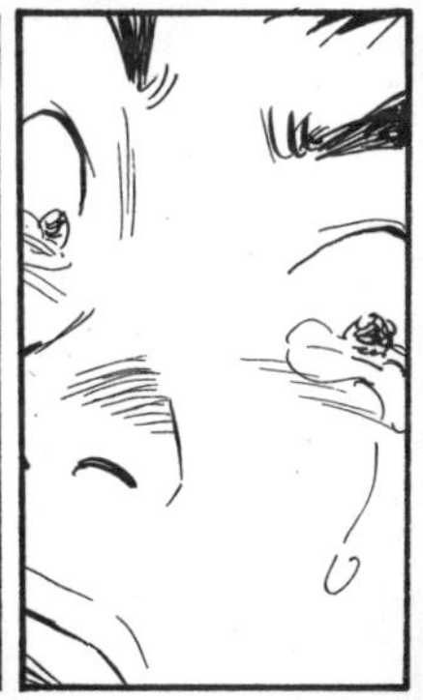

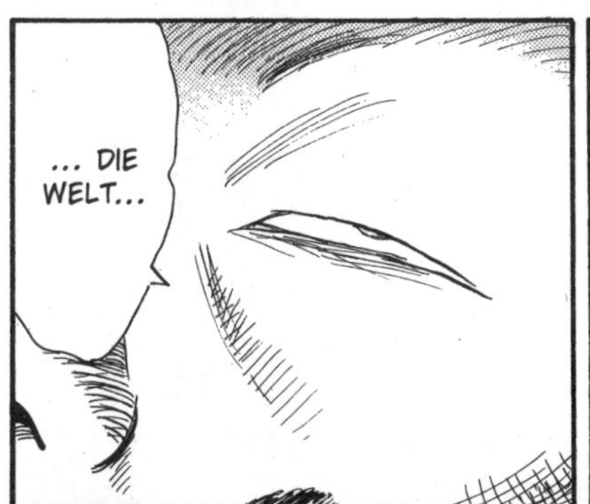

GURGEL

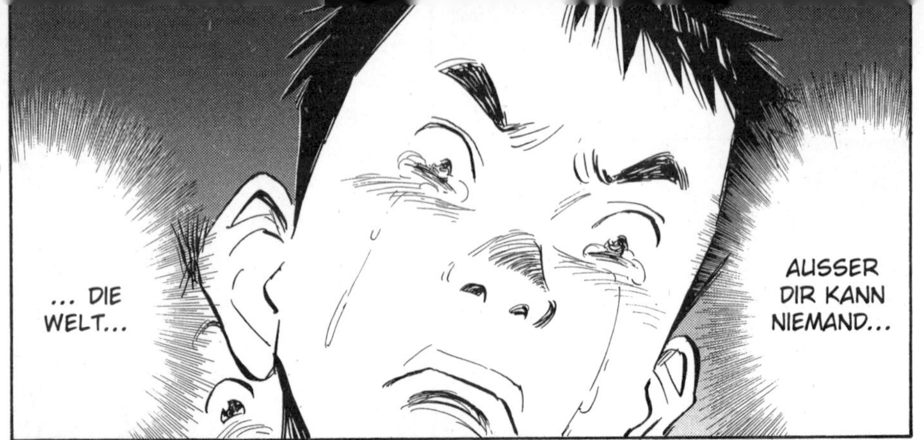

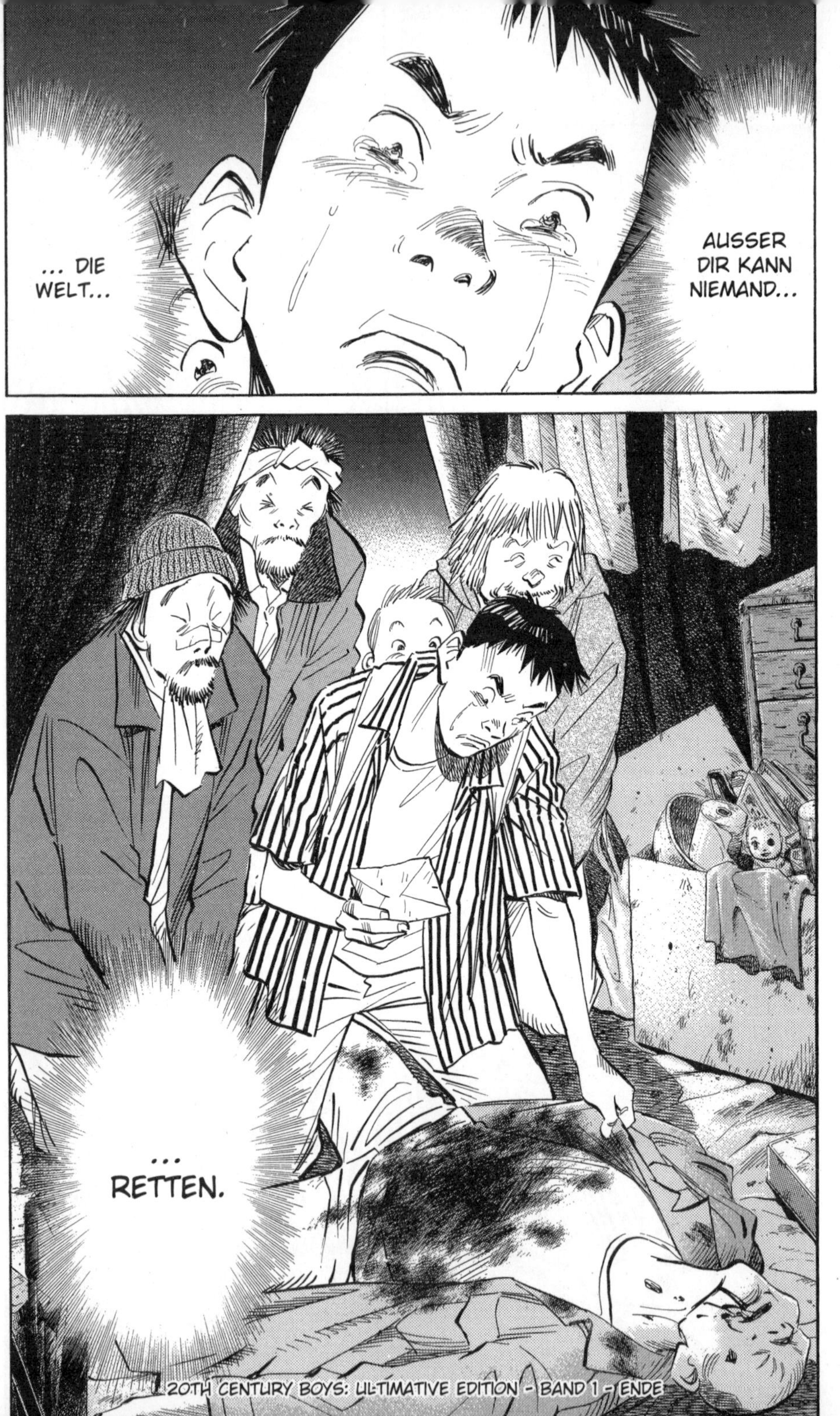

... RETTEN.

20TH CENTURY BOYS: ULTIMATIVE EDITION - BAND 1 - ENDE

NÄCHSTE NUMMER

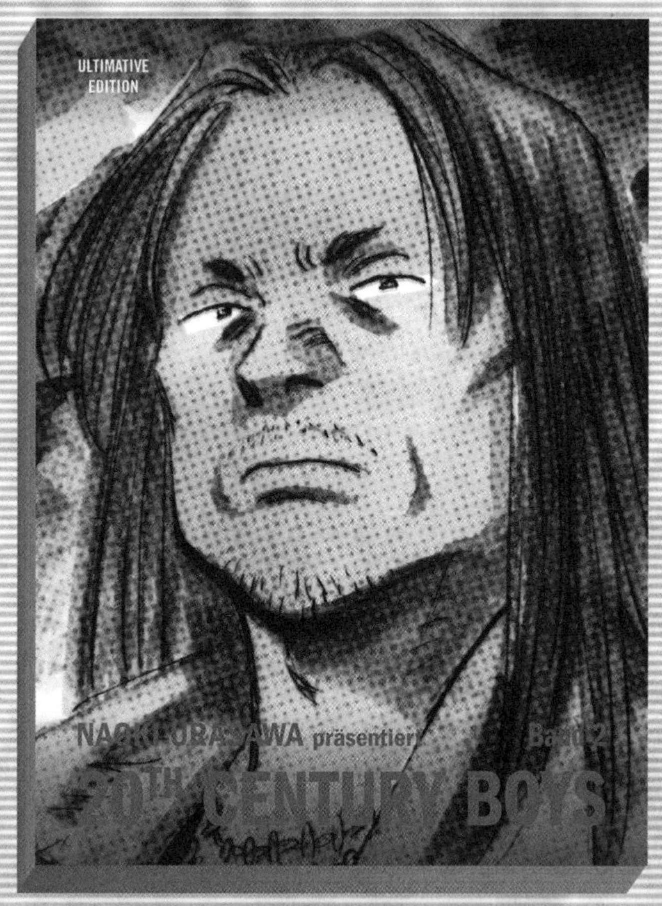

BEREITS ERHÄLTLICH

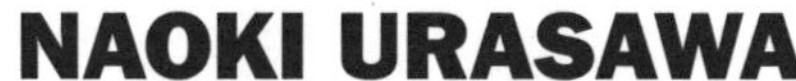

NAOKI URASAWA

Geschichte und Zeichnungen

TAKASHI NAGASAKI
Story Co-Production

JOSEF SHANEL & MATTHIAS WISSNET
Übersetzung

RICARDA NUGK
Bearbeitung

LARA IACUCCI
Lettering

ISAO YOSHIMURA + BAY BRIDGE STUDIO
Original-Grafik

Achtung!

Dieser Comic wird wie im Original gelesen:
von rechts nach links,
also fangt einfach von der anderen Seite des Buches
an und stürzt euch in die Welt von
20th Century Boys

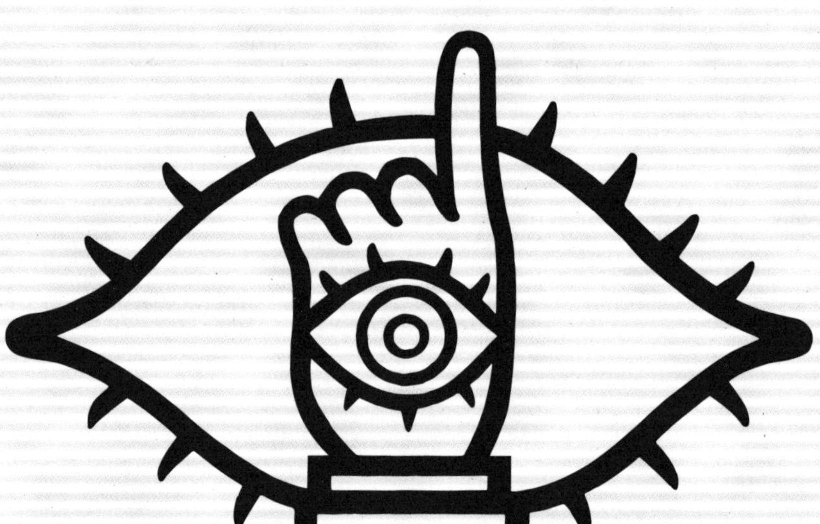

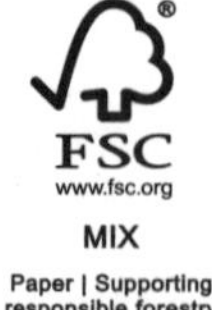

20TH CENTURY BOYS: ULTIMATIVE EDITION erscheint bei **PANINI MANGA**, Schloßstraße 76, D-70176 Stuttgart. 20TH CENTURY BOYS: ULTIMATIVE EDITION wird unter Lizenz in Deutschland von PANINI Verlags-GmbH veröffentlicht. Druck: Gravinese Industrie Grafiche Srl – Leinì (TO). Direkt-Abos auf **www.paninimanga.de**. Geschäftsführer **Hermann Paul**, Publishing Director Europe **Marco M. Lupoi**, Finanzen/Logistik **Felix Bauer**, Marketing Director **Holger Wiest**, Marketing **Dr. Rebecca Haar**, **Jessica Langer**, Vertrieb **Alexander Bubenheimer**, PR/Presse **Steffen Volkmer**, Publishing Manager **Lisa Pancaldi**, Redaktion **Marlene Eggertsberger**, **Stephanie Jakob**, **Matthias Korn**, **Philipp Nakata**, **Sebastian Spietz**, **Daniela Uhlmann**, Übersetzung **Josef Shanel**, **Matthias Wissnet**, Proofreading **Ricarda Nugk**, grafische Gestaltung **Rudy Remitti**, **Nicola Spano**, Art Director **Alessandro Gucciardo**, Redaktion Panini Comics **Elisa Panzani**, **Ludovica Ungari**, Repro/Packager **Alessandro Nalli** (coordinator), **Anna Boselli**, **Mario Da Rin Zanco**, **Valentina Esposito**, **Luca Ficarelli**, **Simone Guidetti**, **Linda Leporati**, **Fabio Melatti**. **ISBN** 978-3-7416-0878-0

7. Auflage

Bibliografische Information der Deutschen Nationalbibliothek
Die Deutsche Nationalbibliothek verzeichnet diese Publikation in der Deutschen Nationalbibliografie; detaillierte bibliografische Daten sind im Internet über dnb.d-nb.de abrufbar.